Ulrich von Hintzenstern

Notarztleitfaden

D1994600

Notarzt-Leitfaden

Diagnostik
Therapie
Organisation
Abrechnung

Herausgeber: Dr. Ulrich v. Hintzenstern, Spardorf

Unter Mitarbeit von: Dr. L. Arens, Leipzig; B. Babich, Köln; Dr. N. Bauer, Erlangen; Dr. A. Betzenberger, Mainz; Dr. U. Cammerer, München; PD Dr. D. Ebert, Freiburg; PD Dr. K. Ellinger, Mannheim; Dipl.-Psych. PD Dr. F. Erbguth, Erlangen; Dr. G. Frey, Ulm; Dr. G. Geldner, Ulm; Polizeioberrat K. Geyer, Nürnberg; Dipl.-Ing. S. Hasenfuß, Braunschweig; Dr. H.-J. Hennes, Mainz; Dr. W. Hetz, Erlangen; Dipl.-Med. Ch.-E. Heyde, Bad Düben; Dr. W. Hinrichs, Nürnberg; Dr. J. v. Hintzenstern, Spardorf; Dr. K. v. Hintzenstern, Erlangen; Dipl.-Ing. Dr. U. Herrmann, München; Dr. I. Horn, Stegaurach; Dr. A. Keller, Illertissen; Dr. W. Kniefeld, Bergkamen; Dr. P. Knuth, Köln; Dr. P. Koch, Cuxhaven; Dipl.-Ing. Prof. Dr. R. Koch, Dortmund; Dr. W. Kögler, Ingolstadt; Dr. K. Kötter, Schweinfurt; PD Dr. Dr. T. Krafft, Erlangen; Dr. R. Kretschmer, Hamburg; Dipl.-Ing. (FH) K. Kreuser, München; Dipl.-Ing. Dr. G. Langer, Herne; W. Maleck, Mannheim; Dipl.-Ing. R. P. Maschke, Nürnberg; Dr. Hp. Moecke, Hamburg; Dr. C. Neumann, Regensburg; Dr. H.-R. Nürnberger, Dortmund; Dr. D. Olenik, Mannheim; Prof. Dr. E. Pfenninger, Ulm; Dr. H.-J. Pilster (†), Paunzhausen; Dr. P. Plantiko, Buchholz; R. Poppe, Nürnberg; Dr. T. Reinhardt, Mainz; Dr. G. Rödig, Regensburg; Dr. R. Rossi, Ansbach; Prof. Dr. K. W. Ruprecht, Homburg/Saar; Dipl.-Ing. K. Schäfer, Dortmund; Dr. M. Schipplick, Mannheim; Dipl.-Phys. Prof. Dr. T. Schmidt, Nürnberg; Dr. U. Schmidt, Hannover; Prof. Dr. P. Sefrin, Würzburg; PD Dr. S. Sell, Tübingen; Dr. E. A. Spitzenpfeil, Fürth; Dr. H. Strauss, Erlangen; Dr. O.-W. Ullrich, Regensburg; Dr. G. Waitz, Eichstätt; Dr. J. Weindler, Homburg/Saar; Dr. G. Wiesner, Regensburg; Pfarrer H. v. Wietersheim, Wiesenbronn; Dr. K.-J. Wild, Regensburg; Dipl.-Ing. (FH) H. Wolf, Geretsried; Dipl.-Phys. Dr. M. Wucherer, Nürnberg; J. Zimmermann, Köln.

Grafiken: G. Raichle, Ulm; S. Adler, Lübeck; S. Weinert-Spieß, Neu-Ulm

2. aktualisierte und überarbeitete Auflage

GUSTAV FISCHER

Gustav Fischer Verlag
Ulm, Stuttgart, Jena, Lübeck

Zuschriften und Kritiken an:
Lektorat Medizin
Gustav Fischer Verlag Ulm
Postfach 3870
D-89028 Ulm

■ Wichtiger Hinweis

Die Erkenntnisse der Medizin unterliegen laufendem Wandel durch Forschung und klinische Erfahrungen. Die Autoren dieses Werkes haben große Sorgfalt darauf verwendet, daß die gemachten (therapeutischen) Angaben – insbesondere hinsichtlich Indikation, Dosierung und unerwünschten Wirkungen – dem derzeitigen Wissensstand entsprechen. Das entbindet den Benutzer aber nicht von der Verpflichtung, anhand der Beipackzettel zu verschreibender Präparate zu überprüfen, ob die dort gemachten Angaben von denen in diesem Buch abweichen, und seine Verordnung in eigener Verantwortung zu machen.

Die Deutsche Bibliothek – CIP-Einheitsaufnahme

Notarztleitfaden : Diagnostik, Therapie, Organisation, Abrechnung /
Hrsg.: Ulrich v. Hintzenstern. Unter Mitarb. von: L. Arens . . .
Grafiken: G. Raichle . . . – 2., aktualisierte Aufl. – Ulm ; Stuttgart ;
Jena ; Lübeck : G. Fischer, 1997
ISBN 3-437-51300-1

Gedruckt auf chlorfrei gebleichtem Papier

Alle Rechte vorbehalten
1. Auflage Mai 1996
2. aktualisierte Auflage September 1997

© 1997 Gustav Fischer Verlag Ulm Stuttgart Jena Lübeck

Das Werk einschließlich aller seiner Teile ist urheberrechtlich geschützt. Jede Verwertung außerhalb der engen Grenzen des Urheberrechtsgesetzes ist ohne Zustimmung des Verlages unzulässig und strafbar. Dies gilt insbesondere für Vervielfältigungen, Übersetzungen, Mikroverfilmungen sowie die Einspeicherung und Verarbeitung in elektronischen Systemen.

Satz: Aprinta GmbH & Co. KG, Wemding
Druck: Clausen & Bosse, Leck
Umschlag: SRP, Ulm; Graphiken: R. Dunkel, Berlin

Vorwort

Der Notarzt muß bei seinen Einsätzen mit vielfältigen Problemen rechnen:

- Er kann mit Erkrankungen aus *allen* klinischen Bereichen konfrontiert werden
- Das Meldebild aufgrund des Notrufes und die vorgefundene Realität können stark differieren, d.h. er sollte neben den „vitalen" Einsatzindikationen (☞ 1.2.3) ein breites medizinisches Feld abdecken
- Präklinische Therapie muß oft nur aufgrund eines Notfallsyndroms und nicht auf der Basis einer gesicherten Diagnose durchgeführt werden
- Neben der ärztlichen Tätigkeit muß der Notarzt das Management der Notfallsituation beherrschen, d.h. innerhalb kürzester Zeit alleinverantwortlich Entscheidungen über medizinische, soziale und organisatorische Probleme treffen, ohne sich mit erfahrenen Kollegen besprechen oder in Lehrbüchern nachlesen zu können
- Da fundierte Forschungsergebnisse fehlen, funktioniert effektive präklinische Notfallmedizin häufig als Erfahrungswissenschaft. Mangels diagnostischer und therapeutischer Richtlinien, die von einem breiten interdisziplinären Konsens getragen werden, entstehen zusätzliche Orientierungsschwierigkeiten.

Das definierte Ziel dieses Leitfadens ist es daher, den Notarzt bei den vielfältigen Schwierigkeiten, mit denen er präklinisch konfrontiert werden kann, *kompetent* und *effektiv* zu unterstützen:

- Alle Informationen, die für die tägliche Arbeit des Notarztes von Bedeutung sein *können,* werden in übersichtlicher Form unter dem Aspekt einer kompromißlosen Praxisrelevanz dargestellt
- Besonderer Wert wurde darauf gelegt, die diagnostischen und therapeutischen Algorithmen so zu formulieren und präsentieren, daß auch ein Notarzt mit geringer Einsatzerfahrung *sicher* und *zuverlässig* angeleitet wird. Deshalb werden auch selten auftretende Notfälle relativ ausführlich beschrieben
- Die Angaben zu den Sofortmaßnahmen setzen nicht einen perfekten Notarzt voraus, sondern berücksichtigen auch eventuelle praktische Probleme und zeigen praktikable Alternativen auf.

Herausgeber, Mitarbeiter und Lektor hoffen, daß auch die 2. Auflage des Notarztleitfadens aus der Reihe der Gustav Fischer Kitteltaschenbücher einen festen Platz in den Jackentaschen der Notärzte finden wird.

Alle aufmerksamen und engagierten Leser möchten wir dazu anregen, uns auch in Zukunft Korrekturen und Ergänzungsvorschläge zukommen zu lassen. Wir werden alle Kritiken und Anregungen gerne prüfen und ggf. in die 3. Auflage einarbeiten.

Spardorf, im September 1997 U.v. Hintzenstern

Danksagung

Mein Dank gilt allen, die direkt oder indirekt am Zustandekommen bzw. der Überarbeitung des Notarztleitfadens beteiligt waren:

Dr. M. Brockstedt, Berlin, Prof. Dr. H.-P. Schuster, Hildesheim, Dr. N. Grießinger, Erlangen, Dr. D. Risack, Nürnberg, PD Dr. H. Götz, Bielefeld, Dr. U. Teimann, Dortmund, T. Keller, Nürnberg, K.-U. Jochims, Bad-Berleburg, Prof. Dr. H. Rupprecht, Erlangen, Dr. C. Lott, Mainz, Dr. G. Dollinger, Forchheim, Prof. Dr. Püschel, Hamburg, T. Freudig, Pfronten, Dr. C. Heuschmid, Nürnberg, J. E. Koch, Dortmund, Dr. A. Obermayer, Erlangen, Dr. P. Borlinghaus, München sowie einige engagierte Notarztleitfaden-Leser lieferten wertvolle Anregungen, unterstützten den Herausgeber bei der Durchsicht von Manuskripten oder stellten umfangreiches Informationsmaterial zur Verfügung.

Y. Aydogan, Mönchengladbach, N. Braunen, Aachen, L. Buch, Bad Waldsee, S. v. Hintzenstern, Erlangen, Dr. A. Kozlowski, Erding, Dr. H.-G. Pache, Nürnberg, A. Pohnert, München, U. v. Schwartzenberg, Borchen, M. Tomasic, Buckenhof, A. Wertmiller, Sulzbach-Rosenberg und B. Ziemski, Mönchengladbach übersetzten den Sprachführer.

Prof. Dr. K. Püschel, Hamburg, gab freundlicherweise die Erlaubnis zum Abdruck seiner Schemazeichnungen zum Thema Kindsmißhandlung.

Fa. AUDI AG, Ingolstadt gestattete uns, Teile der Broschüre „Aspekte der Sicherheit“ des AUDI Fahr- und Sicherheitstrainings als Grundlage für das Kapitel „Fahrtechnik“ zu verwenden.

H. Herrmann, Erlangen, stellte sein Faxgerät zu allen Tages- und Nachtzeiten zum Versand und Empfang der umfangreichen Herausgeberkorrespondenz zur Verfügung.

T. Böttcher, Bad Waldsee, war als betreuender Lektor der ideale Gegenpart des Herausgebers. Als Leitfadenlotse trug er mit großer Fachkenntnis, psychologischem Geschick und maximalem Engagement entscheidend dazu bei, den Notarztleitfaden in Fahrt zu bringen, an vielen Klippen und Untiefen vorbeizumanövrieren und schließlich in den sicheren Hafen zu steuern.

Jutta, Lennart und Fredrik danke ich besonders. Sie mußten während des Buchprojekts mit einem immer unter Zeitdruck stehenden Herausgeber zusammenleben und auf viele Dinge eines gemeinsamen Familienlebens verzichten.

Bedienungsanleitung

Der Notarztleitfaden ist ein Kitteltaschenbuch. Wir haben versucht, medizinisches Wissen komprimiert und übersichtlich darzustellen. Ziel dieses Buches ist es, den Notarzt mit praxisrelevanten Fakten zu unterstützen und klare Informationen zu diagnostischen und therapeutischen Vorgehensweisen zu bieten. Theoretische Grundlagen wie z. B. Pathophysiologie oder allgemeine Pharmakologie wurden daher nicht aufgenommen.

- Von gebräuchlichen Abkürzungen wurde häufig Gebrauch gemacht. Ein Abkürzungsverzeichnis befindet sich auf Seite VIII
- Um Wiederholungen zu vermeiden, wurde eine große Anzahl von Querverweisen eingefügt, die jeweils mit einer Hand (☞) gekennzeichnet sind
- Anstatt eines vollständigen Inhaltsverzeichnisses hat der Notarztleitfaden einen ausführlichen Index. Zusätzlich befindet sich auf der Titelseite eines jeden Kapitels eine Detailübersicht über den Kapitelinhalt und -aufbau
- Zur besseren Übersicht wurden die wichtigsten Abschnitte mit speziellen Logos gekennzeichnet:

  Symptomatik
  Kurzanamnese
  Sofortdiagnostik
  Sofortmaßnahmen

Tips, Tricks und vermeidbare Fehler sind durch eine Bombe hervorgehoben

Weitere Hinweise und Infos werden durch das Lämpchen gekennzeichnet

- Um der speziellen Situation „draußen“ gerecht zu werden, wurde ein symptomorientierter Aufbau gewählt. Die kardinalen Leitsymptome sind in Kapitel 4 zusammengestellt, von wo in entsprechende Tabellen zur weiteren Differentialdiagnostik verwiesen wird
- Die Kernkapitel des Buches führen über differentialdiagnostische Algorithmen zur Verdachtsdiagnose. Von hier wird auf die Abschnitte verwiesen, in denen die Primärtherapie einzelner Krankheitsbilder dargestellt ist
- In den Randkapiteln am Anfang und Ende des Buches sind Zusatzinformationen zusammengestellt, die die Einsatzvor- und Nachbereitung unterstützen
- Nach dem Index sind einige Leerseiten eingefügt. Hier können eigene Ergänzungen eingetragen oder eingeklebt werden.

Der Bildnachweis befindet sich auf Seite XII.

Abkürzungsverzeichnis

Symbole

®	Handelsname
↑	hoch, erhöht
↓	tief, erniedrigt
→	daraus folgt
☞	siehe (Verweis)

A

A (a).	Arterie(n)
abs.	absolut
AC	Acromio-clavicular
ACLS	Advanced Cardiac Life Support
AD	Außendurchmesser
AHA	American Heart Association
AIDS	Acquired Immune Deficiency Syndrome
allg.	allgemein
Amp.	Ampulle
ant.	anterior
ANV	Akutes Nierenversagen
a.p.	anterior-posterior
APSAC	Anistreplase
ARDS	Adult Respiratory Distress Syndrome
art.	arteriell
ASB	Arbeiter-Samariter-bund
ASS	Azetylsalizylsäure
AT III	Antithrombin III
ATLS	Advanced Trauma Life Support
AVK	Arterielle Verschlußkrankheit
AZ	Allgemeinzustand

B

bakt.	bakteriell
BB	Blutbild
bds.	beidseits, bilateral
BE	Base Excess
BF	Berufsfeuerwehr
bes.	besonders
BGA	Blutgasanalyse
BOS	Behörden und Organisationen mit besonderen Aufgaben
BRK	Bayerisches Rotes Kreuz
BWK	Brustwirbelkörper
BWS	Brustwirbelsäule
BZ	Blutzucker
bzw.	beziehungsweise

C

C1 – C8	Zervikalsegment 1–8
ca.	circa
Ca^{2+}	Kalzium
Ca	Karzinom
CCT	Kraniales Computertomogramm
Ch.	Charrière
chron.	chronisch
Cl^-	Chlorid
CPR	Kardiopulmonale Reanimation
COLD	Chronic Obstructive Lung Disease
CO_2	Kohlendioxid
CT	Computertomogramm
CVI	chron. venöse Insuffizienz

D

d	dies (Tag)
DD	Differentialdiagnose
Def.	Definition
desc.	descendens
d.h.	das heißt
Diab. mell.	Diabetes mellitus
Diagn.	Diagnostik
dist.	distal
DL	Drehleiter (Feuerwehr)
D,M,S	Durchblutung, Motorik, Sensibilität
Drg.	Dragee/-s
DRK	Deutsches Rotes Kreuz

E

e. b.	endobronchial
E. coli	Escherichia coli

E'lyte	Elektrolyte
EK	Erythrozyten-konzentrat
EKG	Elektrokardiogramm
EL	Einsatzleitung
ERC	European Resuscitation Council
Erkr.	Erkrankung
Erw.	Erwachsener
e.t.	endotracheal
evtl.	eventuell
EZ	Ernährungszustand

F

FF	Freiwillige Feuerwehr
FFP	Fresh Frozen Plasma

G

G	Gauge
Gew.	Gewicht
ggf.	gegebenenfalls
GIT	Gastrointestinaltrakt
Gy	Gray

H

h	hora (Stunde)
HA	Humanalbumin
HÄS	Hydroxyäthylstärke
Hb	Hämoglobin
HDM	Herzdruckmassage
HIV	Human Immuno-deficiency Virus
Hkt.	Hämatokrit
HNO	Hals, Nasen, Ohren
HT	Herzton
HWI	Harnwegsinfektion
HWK	Halswirbelkörper
HWS	Halswirbelsäule
HWZ	Halbwertszeit
Hz	Hertz
HZV	Herzzeitvolumen

i.a.	intraarteriell
IAV	Intermittent Assisted Ventilation
i.c.	intracutan
ICD	Implantierbare Cardioverter/Defibrillator-Einheit, International Code of Diseases
ICR	Interkostalraum
ICU	Intensive Care Unit
ID	Innendurchmesser
i.d.R.	in der Regel
IE	Internationale Einheit
i.m.	intramuskulär
Ind.	Indikation
Inf.	Infektion
inf.	inferior
insbes.	insbesondere
Insuff.	Insuffizienz
Intox.	Intoxikation
i.o.	intraossär
ISG	Iliosakralgelenk
ITH	Intensivtransporthub-schrauber
ITN	Intubationsnarkose
ITW	Intensivtransport-wagen
i.v.	intravenös

J

J.	Jahre
jährl.	jährlich
JUH	Johanniter Unfallhilfe

K

K^+	Kalium
KD	Kirschnerdraht
KFZ	Kraftfahrzeug
KG	Körpergewicht
/kg KG	pro Kilogramm Körper-gewicht
KH	Kohlenhydrate
KHK	koronare Herzkrankheit
KM	Knochenmark, Kontrast-mittel
KOF	Körperoberfläche
kons.	konservativ
Konz.	Konzentration
KI	Kontraindikation
KO	Komplikation
KTW	Krankentransport-wagen

L

L1 – L5	Lumbalsegment 1–5
LA	Lokalanästhesie, Lokalanästhetika
lat.	lateral
LF	Löschfahrzeug
li	links
LJ.	Lebensjahr
LNA	Leitender Notarzt
LWK	Lendenwirbelkörper
LWS	Lendenwirbelsäule

M

M	Männer
M., Mm.	Musculus, Musculi
max.	maximal
MCL	Medioclavicularlinie
med.	medial
Mg_{2+}	Magnesium
MHD	Maltheser Hilfsdienst
min.	minimal
Min.	Minute
mind.	mindestens
Mio.	Millionen
MKG	Mund-, Kiefer-, Gesichtschirurgie
ml	Milliliter
Mon.	Monat(e)
MOV	Multiorganversagen
MRT	Magnetresonanztomographie
ms	Millisekunden

N

n	nano
N., Nn.	Nervus, Nervi
NA	Notarzt
Na^+	Natrium
NaCl	Natriumchlorid
NAW	Notarztwagen
NEF	Notarzteinsatzfahrzeug
neg.	negativ
neurol.	neurologisch
NN	Normalnull
NNH	Nasennebenhöhlen
NW	Nebenwirkung

O

o.B.	ohne Besonderheit
oberfl.	oberflächlich
OEL	Örtlicher Einsatzleiter
OP, op.	Operation, operativ
ORGL	Organisatorischer Einsatzleiter
Orthop.	Orthopädie, orthopädisch
OSG	Oberes Sprunggelenk

P

p.a.	posterior-anterior
pAVK	periphere arterielle Verschlußkrankheit
Pat.	Patient
PEEP	Positive Endexpiratory Pressure
PDA	Periduralanästhesie
PHS	Periarthropathia humeroscapularis
phys.	physikalisch
physiol.	physiologisch
p.i.	post infectionem
p.m.	post mortem
p.o.	per os
pos.	positiv
postop.	postoperativ
präop.	präoperativ
PRIND	Prolonged Reversible Ischaemic Neurologic Deficit
Proc.	Prozedere
PSR	Patellarsehnenreflex

Q

QF	Querfinger

R

RA	Rettungsassistent
RD	Rettungsdienst
re	rechts
respir.	respiratorisch
rezid.	rezidivierend
RG	Rasselgeräusch
RH	Rettungshelfer
Rh	Rhesus
RLSt	Rettungsleitstelle

Rö	Röntgen
RR	Blutdruck nach Riva-Rocci
RS	Rettungssanitäter
RTH	Rettungshubschrauber
RTW	Rettungswagen
RW	Rüstwagen (Feuerwehr)

S

s.	siehe
S1 – S5	Sakralsegment 1–5
SAB	Subarachnoidalblutung
SAR	Search and Rescue
s.a.	siehe auch
s.c.	subkutan
SEG	Schnell-Einsatz-Gruppe
Sek.	Sekunde(n)
serol.	serologisch
SHF	Schenkelhalsfraktur
SHT	Schädel-Hirn-Trauma
SM	(Herz-)Schrittmacher
s.o.	siehe oben
sog.	sogenannte(r)
Sono	Sonographie
SPA	Spinalanästhesie
SSW	Schwangerschaftswoche
StGB	Strafgesetzbuch
s.l.	sublingual
s.u.	siehe unten
sup.	superior
supp.	Suppositorium/-en
Sy.	Syndrom
syn.	Synonym/-a
Szinti	Szintigraphie

T

tägl.	täglich
Tbc	Tuberkulose
Tbl.	Tablette/-n
Ther., ther.	Therapie, therapeutisch
THW	Technisches Hilfswerk
TEL	Technischer Einsatzleiter
TEP	Totalendoprothese
TIA	Transiente ischämische Attacke
TLF	Tanklöschfahrzeug
Tr.	Tropfen
TSR	Trizepssehnenreflex

U

u.a.	und andere
U/l	Units/Liter
usw.	und so weiter
u.U.	unter Umständen

V

V.a.	Verdacht auf
v.a.	vor allem
VES	ventrikuläre Extrasystole
vgl.	vergleiche
VK	Vitalkapazität
VKB	vorderes Kreuzband
VKOF	verbrannte Körperoberfläche
Vit.	Vitamin
VSD	Ventrikel-Septum-Defekt

W

weibl.	weiblich/e/er
WF	Werksfeuerwehr
Wo.	Woche(n)
WS	Wirbelsäule
WW	Wechselwirkung von Arzneimittel(n)

Z

z.B.	zum Beispiel
ZMK	Zahn, Mund, Kiefer
Z.n.	Zustand nach
ZNS	Zentrales Nervensystem
z.T.	zum Teil
z.Zt.	zur Zeit
ZVD	Zentraler Venendruck
ZVK	Zentraler Venenkatheter

Abbildungsnachweis

Dr. Geldner, Ulm:
Abb. 2.1, 2.2, 2.7, 2.8, 2.9, 3.3, 3.10
E. Weimer, Aachen:
Abb. 17.6, 17.11 a, 17.11b
Fa. Rüsch, Kernen:
Abb. 3.7, 3.13
Fa. Ambu, Karben:
Abb. 3.9
PD Dr. G. Grevers, München:
Abb. 17.11c

U. v. Hintzenstern, M. Schipplick, H. Strauss, R. P. Maschke, T. Reinhardt, H.-J. Hennes, R. Poppe, K. Geyer, H. Moecke, H. Wolf, E. Pfenninger, A. Keller, R. Koch, K. Schäfer, H.-J. Pilster †, W. Kögler, H. v. Wietersheim, K. Kreuser, P. Plantiko, P. Knuth

1 Tips und Informationen für den Rettungsdienst

1.1 Elf Gebote für den Notarzt

- **Setze Dich mit Notfallsituationen, vor denen Du Angst hast (Geburt, venö-se Zugänge und Intubation bei Kleinkindern, Thoraxdrainage etc.) vorher intensiv auseinander**
  - Fachlektüre
  - Mit Kollegen besprechen
  - Hospitation
  - „Trockentraining“, z.B. Trainingspuppe Dräger MaxPLUS® oder Laerdal Megacode Baby®
- **Betrachte den Notfallpatienten als kranken Menschen, nicht als kranken „Gegenstand“**
  - Z.B. persönliche Vorstellung als Notarzt Dr. . . .
  - Zuwendung entspannt viele Situationen und ist die einfachste und kostengün-stigste Form der Sedierung und Analgesie
- **Behandle (Erst-)Helfer, Angehörige und vor Ort befindliche Kollegen wie Du selbst behandelt werden möchtest**
  - „Zauberworte“: „bitte“, „danke“
  - Keine „Oberlehrerattitüden“, statt dessen sachliches und emotionsfreies Auf-treten
  - Nervosität und Fehler in Notfallsituationen sind menschlich und nicht vor-sätzlich
- **Verschaffe Dir zunächst einen Überblick über die Gesamtsituation, bevor Du eine Entscheidung für das Wesentliche und Machbare triffst**
  - „Weniger“ ist oft „mehr“
- **Bewahre immer Ruhe**
  - Durch übereiltes und hektisches Agieren kann dem Patienten mehr Schaden zugefügt werden als durch überlegtes Abwarten
- **Beherzige den Grundsatz, daß Erfolg nur durch ein Miteinander zu erzie-len ist**
  - Medizinische und technische Rettung sind ohne Kommunikation, Koordina-tion und Kooperation nicht möglich
- **Wende nach Möglichkeit nur Maßnahmen und Methoden an, die Du kennst und mit denen Du Erfahrung hast**
  - Keine Erstlingswerke oder „Experimente“ im Notarztdienst
- **Bedenke, daß ein Notarzt kein Hexer oder Wunderheiler sein kann**
  - Primäres Ziel ist die Stabilisierung des Patientenzustands, nicht eine Kausal-therapie, die außerklinisch selten möglich ist
  - Dennoch sollen die präklinischen Möglichkeiten der Diagnostik und Thera-pie möglichst umfassend genutzt werden
- **Dokumentiere Deine Befunde und Maßnahmen exakt und übersichtlich**
  - DIVI-Protokoll
  - Leserliche Schrift, evtl. Arztstempel
  - Dokumentation auch „negativer“ Ereignisse (z.B. Aspiration, Zahnschädi-gung bei der Intubation)
- **Fahre Kliniken nur nach Voranmeldung an**
  - Baldmöglichst der RLSt die bevorzugte Klinik nennen, die angefahren wer-den soll
  - Bereits vor der Abfahrt vom Notfallort sollte über die RLSt geklärt sein, ob die Klinik aufnahmebereit und der Pat. angemeldet ist

- **Führe nach jedem Einsatz mit Deinen Mitarbeitern eine konstruktive Manöverkritik durch**
  - „Man lernt nur aus Fehlern"
  - „Was kann man beim nächsten Mal besser machen?"
  - „Was hat gut geklappt?"

1.2 Grundbegriffe der präklinischen Notfallmedizin

1.2.1 Rettungskette

Nur durch eine *lückenlose Versorgung* des Notfallpatienten vom Notfallort bis zur Notaufnahme können optimale Behandlungsergebnisse erreicht werden. Das Konzept der Rettungskette veranschaulicht, daß für eine qualitativ hochwertige präklinische Notfallmedizin das Zusammenwirken der Kettenglieder unumgänglich ist.

Sofortmaßnahmen am Unfallort (Laienhilfe)

- Die Einführung der Breitenausbildung in Sofortmaßnahmen am Unfallort und Erster Hilfe machen eine schnelle Intervention am Notfallort durch Laienhelfer möglich
- Seit einigen Jahren ist die Durchführung der kardiopulmonalen Reanimation Lehrinhalt der Erste-Hilfe Ausbildung
- Gute Langzeitergebnisse hängen entscheidend von frühzeitigen Wiederbelebungsmaßnahmen durch Laienhelfer ab
- Meist sind am Unfallort schnell zahlreiche Passanten zur Stelle, die aber oft nur gaffen statt helfend einzugreifen und so die Arbeit der Rettungskräfte behindern
- Trotz der für den Führerscheinerwerb obligatorischen Ausbildung in Sofortmaßnahmen am Unfallort bzw. der Breitenausbildung in Erster Hilfe geht das Laienhelfer-Wissen und -Engagement meist nicht über die Durchführung der stabilen Seitenlage hinaus.

Notruf

- Zur besseren Koordinierung der Rettungsdiensteinsätze ist in Deutschland ein Netz von Rettungsleitstellen eingerichtet worden (☞ 1.3.1)

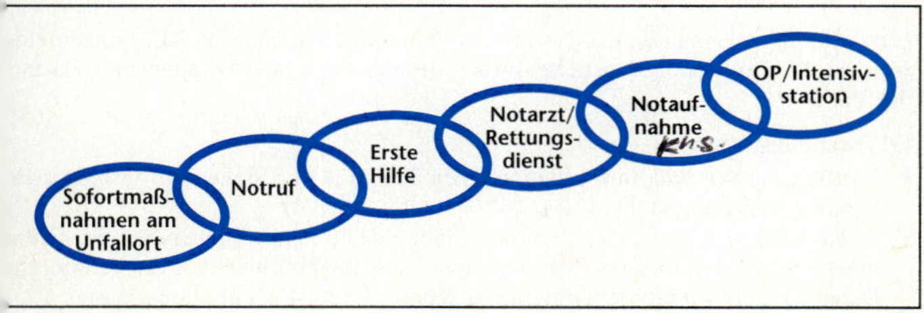

Abb. 1.1: Rettungskette

1

- Die Einführung einer bundeseinheitlichen Notrufnummer des Rettungsdienstes (vergleichbar der 110 der Polizei) steht noch immer aus. Nur in einigen Regionen hat sich die Notrufnummer 19222 als einheitliche Notrufnummer des Rettungsdienstes durchgesetzt
- Die Leitstellen entscheiden anhand eines Indikationskataloges über die Notwendigkeit eines Notarzteinsatzes (☞ 1.2.3).

Notarzt-/Rettungsdienst

Der bodengebundene Notarztdienst wird als Stations- oder als Rendez-vous-System betrieben:

- *Stations-System*: NA und RA sind an einem Krankenhaus stationiert. Sie rücken von hier zusammen mit dem NAW (☞ 1.6.2) zum Einsatz aus. *Vorteil:* eingespieltes Team aus bekannten Mitarbeitern
- *Rendez-vous-System*: Notarzt rückt vom Krankenhaus mit dem NEF (☞ 1.6.2) zum Einsatzort aus. Parallel dazu rückt ein RTW (☞ 1.6.2) von der Rettungswache aus. *Vorteil:* mehr Flexibilität und größere Schnelligkeit des NEF, v.a. in ländlichen Einsatzbereichen

Rettungshubschrauber (☞ 1.6.3) stehen für den Notarzteinsatz in einem größeren Einsatzradius bereit. NA und RA sind gemeinsam am Standort des RTH stationiert. Nach Versorgung des Pat. und Herstellung der Transportfähigkeit erfolgt der Transport entweder mit dem RTH oder einem zusätzlich alarmierten bodengebundenen Rettungsmittel (☞ 1.6.2). *Vorteil:* hohe Einsatzschnelligkeit bei größerem Einsatzradius, schneller und schonender Transport auch in entfernt gelegene Spezialkliniken (z.B. bei Verbrennungen, SHT, Polytrauma).

Notaufnahme

Die interdisziplinäre, zentrale Notaufnahme einer Klinik bietet zahlreiche Vorteile:

- Aufnahmeärzte, diagnostische und therapeutische Ressourcen sind rund um die Uhr schnell verfügbar
- Informationen über die Aufnahme- und Versorgungsfähigkeit einer Klinik sind zentral verfügbar
- Der organisatorische Ablauf der Patientenversorgung wird optimiert (kein Kompetenzgerangel, keine zeitraubenden Rückfragen)
- Versorgung v.a. von polytraumatisierten Notfallpatienten durch ein Trauma-Team (Anästhesist, Unfallchirurg) und Möglichkeit des schnellen Hinzuziehens weiter Fachdisziplinen (z.B. Radiologe, Neurochirurg, Pädiater).

Fehlt eine zentrale Notaufnahme, kommt es bei der Suche nach einer adäquaten Versorgungsmöglichkeit häufig zu Verzögerungen und unnötigen Transportwegen („Notfalltourismus").

Cave: Notfallpat. müssen in der zentralen Notaufnahme über die RLSt angemeldet werden. Wichtig sind detaillierte Informationen über Verletzungen und Zustand des Pat.

OP/Intensivstation

- Fortführung der präklinisch begonnenen Therapie zur Sicherung optimaler Behandlungsergebnisse
- Kapazitätsengpässe führen durch die Suche nach einem Intensivbett zur Unterbrechung der kontinuierlichen Therapie nach abgeschlossener Erstversorgung. Daher immer Aufnahmefähigkeit der Klinik durch RLSt abklären lassen.

1.2.2 „Stay and play" vs. „load and go"

Deutschsprachiger Raum: „Notarzt-System" *(„stay and play")*

- Versorgung von Notfallpat. durch ein Rettungs-Team aus 2 RA und NA
- Die Aufgabe vor Ort ist das schnelle Erkennen und die Soforttherapie vitaler Störungen
- Nach Herstellung der Transportfähigkeit folgt der Transport in die Klinik durch Rettungsfahrzeuge mit notfallmedizinischer Ausstattung unter NA-Begleitung (kontinuierliche ärztliche Überwachung).

Anglo-amerikanischer Raum: „Emergency Medical Service" *(„load and go", „scoop and run")*

- Versorgung von Notfallpat. durch 2 Paramedics (Ausbildungsstand vergleichbar dem von RA)
- Am Einsatzort wird nur eine Minimaltherapie durchgeführt; vorrangige Aufgabe ist der möglichst schnelle Transport in die nächstgelegene Klinik
- Die Ambulance-Fahrzeuge sind in ihrer notfallmedizinischen Ausstattung der geringen Versorgungsmaxime entsprechend eher spärlich ausgerüstet.

1.2.3 Einsatzindikationen

Die RLSt entscheidet nach Eintreffen eines Notrufs anhand eines Indikationskataloges über die einzusetzenden Rettungsmittel (☞ 1.6.2, 1.6.3)

Indikationen für NA-Einsatz:

- *Bewußtsein:* Plötzliche Bewußtseinseinschränkung, Bewußtlosigkeit
- *Atmung:* Schwere bzw. zunehmende Atemnot, Atemstillstand
- *Kreislauf:* starker, dauerhafter Brustschmerz, ggf. mit Ausstrahlung, Schocksymptomatik jeder Ursache, starke Blutungen jeder Ursache, Kreislaufstillstand
- *Verletzungsumfang, Verletzungsart:* Schwere Extremitätenverletzung (z. B. offene Fraktur, geschlossene Fraktur großer Röhrenknochen oder des Beckens, multiple Frakturen, Amputationsverletzung, Schädel-Hirn-Verletzung, schwere Gesichtsverletzung, Wirbelsäulenverletzung, offene Thoraxverletzung, geschlossene Thoraxverletzung mit Atemnot, offene Bauchverletzung, stumpfes Bauchtrauma, ausgedehnte Verbrennung oder Verätzung, Elektrounfall, Ertrinkungsunfall, Suizidversuch, Intoxikation, Einklemmung oder Verschüttung, mehrere Verletzte, Großschadensereignisse
- *Sonderfälle:* Geburt, Krampfanfall.

1.2.4 Notkompetenz

Steht zur Versorgung eines Notfallpat. ein NA nicht oder nur verzögert zur Verfügung, können entsprechend ausgebildete RA (☞ 1.3.2) bestimmte ärztliche Maßnahmen im Rahmen der Notkompetenz durchführen. Voraussetzung:

- Die Maßnahme ist erforderlich für den Erhalt des Lebens des Pat.
- Die Maßnahme wird vom RA sicher beherrscht (z.B. durch eine 30-stündige Fortbildung zu Indikationen, Wirkungen, Gefahren und Kontraindikationen und praktische Erfahrung).

1

Von RA im Rahmen der Notkompetenz durchführbare Maßnahmen:
- Legen eines peripher-venösen Zugangs und Verabreichen einer Vollelektrolytlösung
- Intubation ohne Verwendung von Muskelrelaxantien
- Orale Verabreichung von Nitrokörpern bei Angina-pektoris-Anfall oder akutem Myokardinfarkt
- Verabreichung von Dexamethason-Spray bei Reizgasinhalation
- Verabreichung von Fenoterol-Spray bei Asthma bronchiale
- Endobronchiale oder intravenöse Gabe von Adrenalin bei Herz-Kreislauf-Stillstand oder anaphylaktischem Schock Grad III und IV
- Intravenöse Verabreichung von Glukose 40 % bei hypoglykämischem Schock
- Verabreichung von Diazepam-Rectiolen bei kindlichem Krampfanfall
- Frühdefibrillation mit Halbautomaten
- Im Rahmen einer 30-stündigen Fortbildung werden die Durchführung dieser Maßnahmen sowie Kenntnisse zu Indikationen, Wirkungen, Gefahren und Kontraindikationen vermittelt
- Die Anwendung dieser Maßnahmen durch Rettungsassistenten im Rahmen der Notkompetenz setzt die erfolgreiche Teilnahme an der Abschlußprüfung sowie die fortlaufende Übung und die regelmäßige ärztliche Kontrolle des Kenntnisstandes zwingend voraus
- Die Dokumentation des Einsatzablaufes (Patientenzustand und durchgeführte Maßnahmen der Notkompetenz im zeitlichen Verlauf) auf den bundeseinheitlichen DIVI-Rettungsdienstprotokollen (☞ 1.15) ist zur medizinischen wie rechtlichen Absicherung der Rettungsassistenten unerläßlich
- Einen Durchschlag des Einsatzprotokolls erhält der für den Rettungsdienstbereich verantwortliche Arzt zur Auswertung des Einsatzablaufes und ggf. zur Fallanalyse gemeinsam mit dem RA.

1.2.5 Effektivitätskontrolle

- Art und Umfang der präklinischen Versorgung beeinflussen entscheidend das outcome der Notfallpat.
- Eine bundeseinheitliche Dokumentation mit dem DIVI-Notarztprotokoll (☞ 1.15) ist eine wichtige Voraussetzung für Untersuchungen zur Effektivitätskontrolle und Qualitätssicherung in der präklinischen Notfallmedizin
- Die Beurteilung dieser Effektivität kann in drei Stufen erfolgen:
  - *Primäre Effektivität:* Erreichte Verbesserung bzw. vermiedene Verschlechterung des Zustandes von Notfallpat. während der präklinischen Versorgung vom Notfallort bis zur Übergabe in der Klinik
  - *Sekundäre Effektivität:* Durch die präklinische Versorgung begünstigter bzw. verkürzter stationärer Verlauf bis zur Krankenhausentlassung (z. B. kürzere Intensivpflegebedürftigkeit)
  - *Tertiäre Effektivität:* Aufgrund der präklinischen Versorgung erreichter Zuwachs am gesamten Behandlungsergebnis, Grad der Wiederherstellung des Ausgangszustandes
- Bisher ist nur ein Nachweis der primären Effektivität (MEES, ☞ 1.10.1) möglich.

Kassenärztl. Bereitschaftsdienst – p. Notwork. braucht, aber Portal gefördert ist (Other. of Notarztdienst

1.3 Rettungsdienst

Leistungsträger

Der RD in Deutschland wird zu ca. 55 % vom Deutschen Roten Kreuz durchgeführt. Danach folgen die Berufsfeuerwehren mit ca. 20 %. Die restlichen ca. 25 % werden von den Hilfsorganisationen ASB, JUH, MHD und privaten Betreibern erbracht.

Aufgaben des Rettungsdienstes

- *Notfallrettung:* Erhalt des Lebens von Notfallpat., soweit an Ort und Stelle möglich, Herstellung der Transportfähigkeit und Transport unter fachlicher Betreuung in eine für die weitere Versorgung geeignete Klinik. Der RD stellt in der Rettungskette (☞ 1.2.1) die professionelle Schnittstelle zwischen Laienhilfe und klinischer Versorgung dar
- *Krankentransport:* Hilfeleistung für Kranke, Verletzte oder Hilfsbedürftige, die keine Notfallpat. sind und Transport unter fachgerechter Betreuung.

Rettungsdienstgesetze

In Deutschland liegt die Regelungskompetenz für den RD gemäß Grundgesetz bei den Bundesländern. Nach derzeitiger Rechtsauffassung der Länder ist der RD als Einheit, bestehend aus der Notfallrettung und dem Krankentransport, ein Teil der Daseinsvorsorge.

Nach den jeweiligen Rettungsdienst- oder Feuerwehrgesetzen sind die Landkreise und kreisfreien Städte Träger des RD. Diese Tätigkeit wird z. B. in Bayern, Saarland und Sachsen von Rettungszweckverbänden ausgeführt. Die gebildeten RD-Bereiche umfassen entweder einen oder mehrere kommunale Körperschaften.

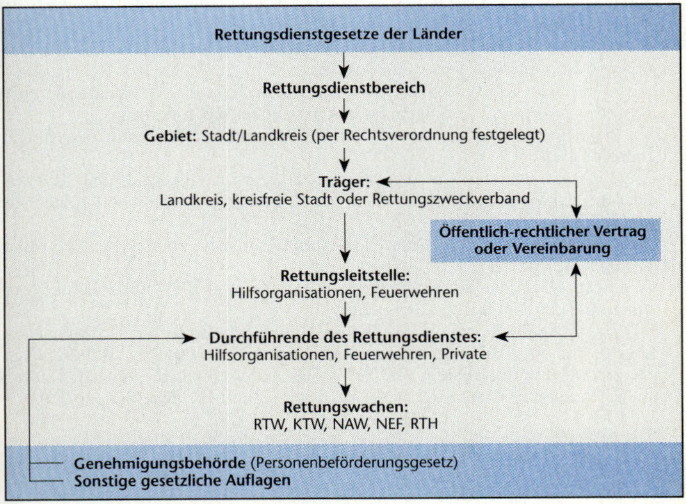

Abb. 1.2: Rechtliche Zuständigkeiten im Rettungsdienst

1

Hauptinhalte der Landesrettungsdienstgesetze: Allgemeine Bestimmungen und Begriffe, Definitionen des RD, der Notfallrettung und des Krankentransportes, Hilfsfristen (Zeitraum zwischen Eingang der Meldung in der Leitstelle und dem Beginn notfallmedizinischer Maßnahmen am Pat.), Aufgaben, Pflichten, Träger und Organisation, Strukturen der RD-Bereiche, RLSt und Rettungswachen, Luft-, Wasser-, und Bergrettung, Finanzierung, Genehmigungsverfahren für die Durchführenden, Anforderungen an die Leistungsträger, Qualifikation des Personals, Mitwirkung und Zusammenarbeit mit Dritten, Notarztdienst.

1.3.1 Organisation

Rettungsleitstelle (RLSt)

Ständig einsatzbereites Kommunikations- und Organisationszentrum für einen Rettungsdienstbereich, zuständig für den *medizinischen Rettungsdienst* oder als „integrierte Rettungsleitstelle" auch für Feuerwehr und Katastrophenschutz.

Die RLSt verfügt über alle rettungsdienstlich relevanten Informationen, z. B.
- Krankenbettennachweis, Krankenhausverzeichnisse
- Dienstpläne der regionalen Notärzte, Bereitschaftsärzte, Fachärzte, Apotheken
- Regionale und überregionale Zentralen (z. B. Vergiftung, Verbrennung, Strahlenschutz)
- Gefahrgut-Informationen
- Lagerorte für Blutprodukte, Antidota, Medikamente, Rettungsmaterial
- Funk- und Telefonverzeichnisse
- Einsatz- und Alarmpläne.

Aufgaben
- Entgegennahme von Notrufen, Hilfe- und Transportersuchen, Festlegung der Prioritäten unter Beachtung der Notarztindikationen
- Einsatz, Leitung und Koordinierung aller Rettungsmittel des Land-, Luft-, Wasser- und Bergrettungsdienstes im jeweiligen Bereich. Fachliches Weisungsrecht gegenüber dem RD-Personal. Davon unberührt bleibt das Weisungsrecht eines NA oder am Einsatz beteiligten Arztes in medizinischen Fragen
- Rücksprache und Pat.-Anmeldung bei den Kliniken zur Abklärung der Aufnahmebereitschaft
- Enge Zusammenarbeit mit dem ärztlichen Bereitschaftsdienst, den Krankenhäusern, der Feuerwehr, der Polizei, den Katastrophenschutzbehörden und -organisationen
- Vermittlung des Kassenärztlichen Bereitschaftsdienstes (unterschiedliche Landesregelungen)
- Bei einem Massenanfall von Verletzten/Erkrankten ist die RLSt zentrale Koordinations- und Kommunikationsstelle
- Überwachung des Funkverkehrs (betriebsführende Stelle). Zur Dokumentation werden alle ein- und ausgehenden Telefon- und Funkgespräche aufgezeichnet. Die zeitliche Aufbewahrungspflicht ist sehr unterschiedlich geregelt. Darüber hinaus werden Einsatzbelege und Funklisten geführt (heute meist per EDV).

Rettungswache

Die Rettungswachen gehören organisatorisch zu den durchführenden Institutionen. Sie sind funktionelle Einheiten des RD.

Aufgaben

- Einsatz- und abrufbereiter Vorhalt der mobilen Rettungsmittel (RTW, NAW, KTW, NEF, evtl. auch RTH), die im Einsatzfall der RLSt unterstellt sind sowie des erforderlichen Personals
- Instandhaltung und Wartung der Rettungsmittel: Überprüfen der Fahrzeugausrüstung (MedGV, MPG), Auffüllen verbrauchten Materials, Reinigen und Desinfizieren
- Die Alarmierung des Rettungsdienstpersonals erfolgt von der RLSt aus über Telefon („Draht"), Meldeempfänger, Lautsprecheranlage oder Funk.

1.3.2 Personal

Ärztliches Personal

Notarzt: Arzt, der im Rettungsdienst tätig ist und für seinen Einsatz über eine besondere Qualifikation verfügen muß:

- Fachkundenachweis „Rettungsdienst" (*länderspezifische* Fortbildung)
- Mindestvoraussetzungen je nach Landesärztekammer, z. B.
  - 12–18 Mon. klinische Tätigkeit, davon mind. 3 Mon. ganztägig auf einer Intensivstation, in der Anästhesiologie im operativen Bereich oder in einer Notaufnahme
  - Kenntnisse und Erfahrungen: Lagerung von Notfallpat., manuelle und maschinelle Beatmung, > 25 endotracheale Intubationen, > 50 peripher- und zentralvenöse Zugänge, Technik und Duchführung der wichtigsten Notfallpunktionen (davon > 2 Thoraxdrainagen), Reanimation (1 zertifizierter Reanimationsstandard am Phantom).

Leitender Notarzt: Arzt, der im RD tätig ist und über eine besondere Qualifikation für seine Aufgaben verfügen muß:

- Fachkundenachweis „Rettungsdienst" (medizinische Kompetenz). Umfassende Kenntnisse in der Notfallmedizin und regelmäßige Tätigkeit im RD.
- Spezielle Fortbildung (40 h)
- Detailkenntnisse der regionalen Infrastruktur des Rettungs- und Gesundheitswesens
- Gebietsanerkennung eines Gebietes mit Tätigkeit in der Intensivmedizin
- Bestallung durch die für den Rettungs- bzw. Notarztdienst zuständige Behörde.

Übernahme besonderer ärztlicher Aufgaben am Notfallort bei einer großen Anzahl Verletzter bzw. akut Erkrankter, v. a. Leitung, Koordinierung und Überwachung sämtlicher medizinischer Maßnahmen am Unfallort.

Ärztlicher Leiter Notarztstandort: Arzt mit entsprechender Qualifikation, der im RD tätig und mit der Sach- und Fachaufsicht für einen Notarztstandort beauftragt ist.

Ärztlicher Leiter Rettungsdienst: Arzt mit entsprechender Qualifikation, der im RD tätig ist und auf regionaler bzw. überregionaler Ebene die medizinische Leitung und Kontrolle über den RD wahrnimmt sowie die Verantwortung für Effektivität und Effizienz der präklinischen notfallmedizinischen Patientenversorgung und -betreuung übernimmt.

1

Nichtärztliches Personal

Rettungshelfer: Mitarbeiter mit minimaler rettungsdienstlicher Ausbildung (nur Zivildienstleistende und ehrenamtliche Mitarbeiter):

- Theoretische Ausbildung an einer Rettungsdienstschule (160 h)
- Klinischer Ausbildungsabschnitt, möglichst im Bereich Anästhesie/OP (80 h)
- Ausbildung auf einer Lehrrettungswache (80 h).

Rettungssanitäter: Mitarbeiter mit fortgeschrittener rettungsdienstlicher Ausbildung

- Ausbildung gemäß bundesweiter Richtlinie (520-h-Ausbildung):
  - Theoretischer Unterricht an einer Rettungsdienstschule (160 h), Krankenhauspraktikum im Bereich Anästhesie/OP (160 h), praxisorientierte Ausbildung an einer Lehrrettungswache (160 h), Abschlußlehrgang mit mündlicher und schriftlicher Prüfung (40 h).

Rettungsassistent: Mitarbeiter mit umfassender rettungsdienstlicher Ausbildung:

- Seit 1989 „Gesetz über den Beruf der Rettungsassistenten/innen": bundesweite Festlegung einheitlicher Ausbildungsrichtlinien für die zweijährige Ausbildung in Theorie und Praxis mit spezieller Prüfung:
  - 1. Ausbildungsjahr: *Theoretischer Unterricht* (780 h) an einer *Rettungsdienstschule* (Anatomie, Physiologie, allgemeine und spezielle Notfallmedizin, Rettungsdienst-Organisation und rechtliche Aspekte der präklinischen Notfallmedizin). *Praktikum* (420 h) im *Krankenhaus* (allgemeine Pflegestation, Notaufnahme, Anästhesie/Operationsbereich, Intensivstation)
  - 2. Ausbildungsjahr: *Praxisorientierte Ausbildung* (1600 h) an einer *Lehrrettungswache*
- Jährliche Fortbildung von mindestens 30 h
- Spezielle Fortbildungskurse: Rettungsleitstellen-Disponent, Lehrrettungsassistent, staatlich geprüfter Desinfektor, Leiter Rettungsdienst, Trainer für präklinische Reanimation, Notkompetenz: Frühdefibrillation (unter ärztlicher Aufsicht und Prüfung), EKG-Diagnostik, ATLS, ACLS.

1.3.3 Funk/Kommunikation

Technische Grundlagen

*B*ehörden und *O*rganisationen mit *S*icherheitsaufgaben (z.B. Polizei, Feuerwehr, Katastrophenschutz, Hilfsorganisationen) kommunizieren per Funk in einem speziellen Frequenzbereich, dem sog. *BOS*-Bereich

- Reserviert sind spezielle Frequenzen im UKW-Bereich im 2 m- (Einsatzstellenfunk, z.B. Handsprechfunkgeräte) und 4 m-Band (Leitstellenfunk, z.B. Fahrzeugfunkgeräte. In Ausnahmefällen auch Handsprechfunkgeräte, z.B. Bergwacht und Luftrettung). Dieser Bereich ist zwischen 74 und 87 MHz in verschiedene Kanäle in einem Abstand von 20 kHz aufgeteilt (am Funkgerät Kanalnummer, nicht Frequenz eingeben)
- Senden (i.d.R) im „Unterband", Empfangen im korrespondierenden Oberband (im Abstand von 9,8 MHz)
- Regulärer Betrieb als „Gegensprechen", d.h. beide Stationen können gleichzeitig senden und empfangen
  - Umsetzung des im Unterband vom Relais empfangenen Signals auf den im Oberband arbeitenden Sender durch Relaisstationen

- Weitere Teilnehmer, deren Kanalnummern der des ersten Teilnehmers entsprechen, können den Funkverkehr mithören
- Bei einigen Funknetzen ist die Relaisstation nicht ständig aktiv, sondern muß erst durch Senden eines Tonsignals (Tonruf I oder II) eingeschaltet werden (entsprechende Tonruftaste drücken).

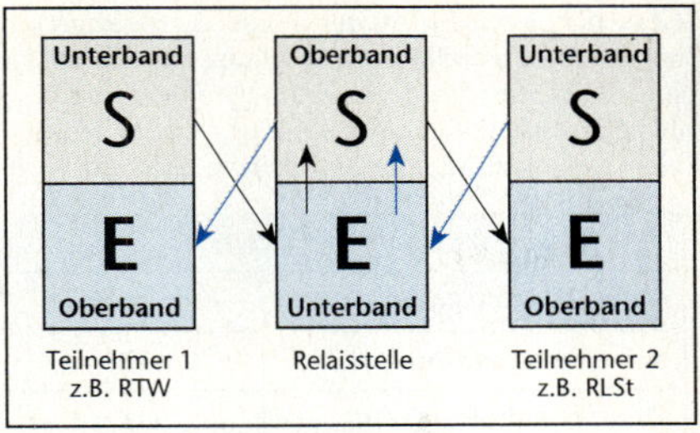

Abb. 1.3: Funkstrecke mit Gegensprechen

Störungsursachen

- UKW-Wellen breiten sich wie Lichtwellen geradlinig aus →Funkkontakt ist nur bei (theoretischem) „Sichtkontakt" zur Relaisstelle möglich. Durch Reflektionen werden jedoch auch andere Gebiete erfaßt
- Berge, Täler und Gebäude können einen *„Funkschatten"* mit schlechtem oder fehlendem Kontakt verursachen →Standortwechsel des Fahrzeugs (oft um nur wenige Meter) hilfreich
- Durch *Überreichweiten* entfernterer Sender auf dem gleichen Kanal oder durch Überlagerungen benachbarter Kanäle sind Störungen möglich
- Nicht entstörte Maschinen (z. B. Elektromotoren, Mofa- und Rasenmähermotoren, defekte KFZ-Lichtmaschinen) können Störungen verursachen →ggf. Abschalten veranlassen.

Durchführen des Funkverkehrs

Funkgeräte sind im Design zwar unterschiedlich, die Bedienelemente auf der Frontplatte (bzw. dem Hörer) jedoch identisch (☞ Abb. 1.4).

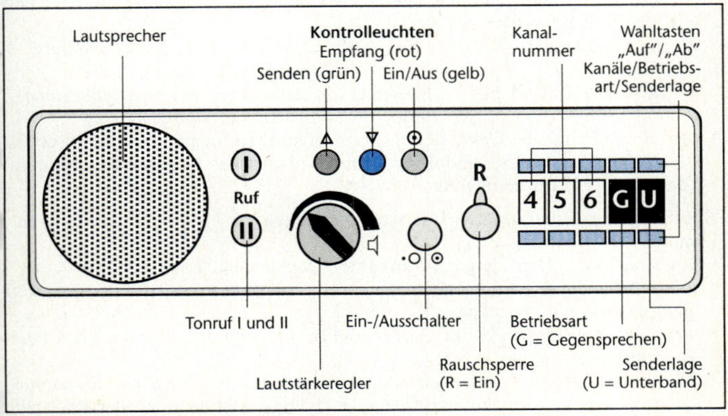

Abb. 1.4: Bedienelemente eines Funkgerätes

Gesprochen wird (d.h. der Sender ist aktiviert), wenn die Sprechtaste im Funkhö rer gedrückt ist. Nach Beendigung der Durchsage die Taste sofort wieder loslas sen. Falls die Taste weiterhin gedrückt bleibt, ist die Relaisstelle aktiviert un der Sprechfunkverkehr behindert. ***Cave:*** Hörer immer sorgfältig ablegen, dami nicht versehentlich die Sprechtaste aktiviert wird.

Tab. 1.1.: Funkrufnamen für BOS

Organisation	Abkürzung	4 m-Band	2 m-Band
Arbeiter Samariter Bund	ASB	Sama	Samuel
Deutsches Rotes Kreuz	DRK	Rotkreuz	Äskulap
Bayerisches Rotes Kreuz	BRK	Rotkreuz	Äskulap
Johanniter Unfallhilfe	JUH	Akkon	Jonas
Malteser Hilfsdienst	MHD	Johannes	Malta
Bergwacht	–	Bergwacht	Bergwacht
Wasserwacht	–	Wasserwacht	Wasserwacht
Deutsche Lebensrettungs-gesellschaft	DLRG	Pelikan	Pelikan
Technisches Hilfswerk	THW	Heros	Hermine
Feuerwehr	FW	Florian	Florentine
Katastrophenschutz	KatS	Kater	Katherina
Polizei	POL	regional unterschiedlich	

- Rufname: Jede Funkstelle besitzt einen eindeutigen und unverwechselbarer Namen, der die Zuordnung nach Zugehörigkeit und Fahrzeugtyp erlaubt. Teils sind auch Zuordnungen in Gebrauch, die keinen Rückschluß auf die Fahrzeug-art erlauben. Beispiele:
  - „Sama Erlangen 41/71/2“: Sama *(Organisation)* Erlangen *(Landkreis)* 41 *(Wachen-Nr.)* 71 *(Fahrzeugart)* 2 *(fortlaufende Fahrzeug-Nr.)*
  - „Rotkreuz Bayern 5262“: Rotkreuz *(Organisation)* Bayern *(Bundesland)* 5 *(Regierungsbezirk)* 2 *(RD-Bereich)* 62 *(fortlaufende Fahrzeug-Nr.)*
- *Anruf:* [Rufname der Gegenstelle] „von“ [eigener Rufname], Nachricht (nur bei sicheren Sprechfunkverbindungen, sonst Antwort der Gegenstelle abwarten) „kommen“ (Aufforderung zur Antwort)

Beispiel: „Leitstelle Nürnberg von Sama Erlangen 41 71 2 – Einsatzstelle an - kommen“

- *Anrufantwort:* „Hier“ [eigener Rufname], „verstanden“ bzw. „kommen“
- *Abschluß* einer Nachricht/Meldung jeweils mit „kommen“, Empfangsbestätigung jeweils mit „verstanden“
- *Abschluß des Gesprächs* mit „Ende“ und Bestätigung der aufnehmenden Funkstelle mit „verstanden – Ende“
- *Meldungen:* Abmeldung (nach Alarmierung beim Verlassen des Standortes), Eintreffmeldung (am Einsatzort), Lagemeldung (Unterrichtung der RLSt über Art und Umfang des Ereignisses sowie über getroffene Maßnahmen), ggf

Nachforderung (weiterer Kräfte), Schlußmeldung (Ende der Tätigkeit an der Einsatzstelle), Bereitmeldung (erneute Einsatzbereitschaft), Zurückmeldung (Wiedereintreffen am Standort)

- Eine reibungslose Kommunikation setzt „Funkdisziplin" voraus, sonst häufige Rückfragen (v.a. bei größeren Schadenslagen evtl. Zusammenbruch der Funknetze):
  - Unnötige Funksprüche unterlassen
  - Kurze, klare Funksprüche, nur mit den absolut erforderlichen Informationen
  - Keine überflüssigen Floskeln („Bitte", „Danke") und Flüche
  - Deutlich und nicht hastig sprechen; „zwo" statt „zwei"; kein Dialekt
  - Möglichst keine Abkürzungen verwenden
  - Schwierige Worte ggf. buchstabieren (Buchstabiertafel s. u.)
  - Personenbezogene Daten und Diagnosen nur durchgeben, wenn unbedingt erforderlich (Funkkanäle können leicht von Unbeteiligten mit Scannern abgehört werden)
  - Funkspruch erst dann absetzen, wenn das laufende Gespräch beendet ist
  - Bei lebenswichtigen Meldungen Ankündigung mit „Notfall" →Unterbrechung des weniger dringlichen Gespräches
  - Von der RLSt angekündigte „Funkstille" (z. B. zur Auslösung von Funkmeldeempfängern) einhalten, da Relaisaktivierung durch Senderaktivität zum Ausfall der Funkmeldeempfänger-Alarmierung führt
  - Immer auf dem zugewiesenen Kanal bleiben. Wechseln auf Kanäle anderer Benutzer (Feuerwehr, Polizei) nur nach Anordnung durch die RLSt (z. B. bei Katastrophenfällen) oder wenn zwingend erforderlich (z. B. Rückfrage bei Polizei wegen Straßensperrung).

Kanal 444 (bundeseinheitlicher Not- und Anrufkanal der Polizei): Befindet man sich mit einem BOS-Funkgerät in einem Bereich, in dem man keine BOS-Kanalnummern kennt, kann man in Notfällen über diesen Kanal im gesamten Bundesgebiet mit der nächsten Polizeieinsatzzentrale Kontakt aufnehmen und dort z. B. die Kanalnummer der nächsten RLSt erfragen.

Spezielle Funksysteme

Funkmeldesystem (FMS)

- Ziel: Freihalten des Funkverkehrskreises von der Vielzahl an Routinemeldungen vom Einsatzfahrzeug zur Leitstelle (z. B. „Fahrzeug XYZ Notfallstelle an")
- Funktion: Durch Tastendruck auf dem Zusatzgerät bzw. Bedienhörer wird eine im Leitstellenbereich vorher festgelegte Kodierung (z. B.: 1 = „einsatzbereit über Funk", 2 = „auf Wache einsatzbereit", 3 = „rückt aus") zusammen mit der Fahrzeugkennung an die RLSt durch ein kurzes Signal (50 ms) übertragen. Ein derartiges Signal wird auch bei belegtem Kanal weitergeleitet bzw. erkannt. *Ausbaustufe:* Zusätzlich durch Buchstaben kodierte Anweisungen oder Meldungen von der RLSt an die Einsatzfahrzeuge (z. B.: L = Notarzt ist alarmiert, c = Krankenhaus ist verständigt).

2m-4m-Überleitung

- *Problematik:* Funkkontakt zur RLSt, wenn Einsatzort weit vom Einsatzfahrzeug (4 m-Gerät) entfernt ist →Rückkehr zum Fahrzeug (Zeitverlust!) oder Übermittlung der Meldung über das 2 m-Handsprechfunkgerät an eine „Ordonanz" im Fahrzeug, die über das 4 m-Band Meldungen an die RLSt weiterleitet (Personalbedarf, Hörfehler und Mißverständnisse möglich)

1

- *Lösung* (finanziell aufwendig): Verbindung zwischen dem 4 m-Fahrzeuggerät und einem im Fahrzeug verbleibenden 2 m-Handsprechfunkgerät (Anschluß an 2 m- oder Zweibereichsantenne) mit einem 2. Handsprechfunkgerät über einen im Fahrzeug eingebauten 2 m/4 m-Funkumsetzer.

Funk-Draht-Aufschaltung

Überleitung des Funkverkehrs durch entsprechende technische Maßnahmen in das Telefonnetz der Telekom (z. B. Rückfragen in Vergiftungszentralen, Gespräch mit Klinikarzt). Nur Wechselsprechen möglich (es kann immer nur ein Teilnehmer sprechen, der andere muß warten).

Bei ausgedehnten und längerdauernden Schadenslagen ggf. durch entsprechende Kräfte der Hilfsorganisationen (Fernmeldetrupp) oder der Telekom Anschlüsse an das vorhandene Netz neu schalten lassen und über diese „Standleitungen" den Informationsaustausch zwischen den Führungsstrukturen abwickeln → geringere Störanfälligkeit, Abhörsicherheit und erhebliche Entlastung des Funkverkehrskreises.

Telefon-Systeme

- Verschiedene Funktelefonnetze (C, D1, D2, E) werden im RD erprobt
- *Vorteil:* direkte Anrufe im Gegensprechverkehr (z. B. bei einer Vergiftungszentrale) möglich

Tab. 1.2.: Buchstabiertafel

	Inland	International (bei Fernmeldeverkehr mit Militär und Luftrettung)
A	Anton	Alfa
Ä	Ärger	–
B	Berta	Bravo
C	Cäsar	Charlie
Ch	Charlotte	–
D	Dora	Delta
E	Emil	Echo
F	Friedrich	Foxtrott
G	Gustav	Golf
H	Heinrich	Hotel
I	Ida	India
J	Julius	Juliett
K	Kaufmann	Kilo
L	Ludwig	Lima
M	Martha	Mike
N	Nordpol	November
O	Otto	Oscar
Ö	Ökonom	–
P	Paula	Papa
Q	Quelle	Quebec
R	Richard	Romeo
S	Samuel	Sierra
Sch	Schule	–
T	Theodor	Tango
U	Ulrich	Uniform
Ü	Übermut	–
V	Viktor	Victor
W	Wilhelm	Whisky
X	Xanthippe	X-ray
Y	Ypsilon	Yankee
Z	Zacharias	Zulu

Nachteil: Funknetze häufig überlastet (bei Stau auf der Autobahn viele Anrufe: „Ich komme später nach Hause")
Nutzbringender Einsatz bei Führungsgruppen (z.B. Sanitätseinsatzleitung) zur Übermittlung von Daten (Datex-J) oder Dokumenten (Telefax).

1.4 Juristische Aspekte

1.4.1 Aufklärungs- und Behandlungspflicht

Aufklärung

- Der NA ist zur (minimalen) Aufklärung des Pat. in groben Zügen verpflichtet:
  - *Verlaufsaufklärung:* Art, Umfang, Durchführung, Schmerzhaftigkeit und Folgen des geplanten präklinischen Eingriffs
  - *Risikoaufklärung:* typische oder nicht unwahrscheinliche Komplikationen des geplanten präklinischen Eingriffs
- Je dringlicher der Eingriff, desto geringer der Umfang der Aufklärungspflicht
- Einwilligung des Pat.: *ausdrücklich, schlüssig* (stillschweigend) oder *mutmaßlich* (bei Bewußtlosigkeit)
- Aufklärung bei Verweigerung von therapeutischen Maßnahmen durch den Pat.:
  - Folgen und Gefahren bei Nichtdurchführung des geplanten Eingriffs
  - Je dringlicher der Eingriff, desto umfassender ist der *behandlungsunwillige* Pat. aufzuklären.
  - Ablehnung bei willensfähigen Pat. sorgfältig dokumentieren und vom Pat. und Zeugen gegenzeichnen lassen. Pat. ist nicht zur Unterschrift verpflichtet →Zeugen bestätigen lassen!
  - Bei Verweigerung eines vital indizierten Eingriffs →nächste Angehörige oder Hausarzt informieren (kein Verstoß gegen die Schweigepflicht; ggf. Strafbarkeit wegen unterlassener Hilfeleistung § 323c StGB).

Verhalten gegenüber behandlungsunwilligen Patienten

- Ablehnung einer erforderlichen Behandlung nur bei Pat. mit freier Willensentscheidung akzeptieren
- Rettungs*pflicht* besteht immer bei Suizidversuchen, Schock, Alkohol- oder Drogeneinwirkung, psychischen Notfällen, Bewußtlosen, eingeschränkt auch bei Kindern (☞ 12.1.2)
- „Zwangseinweisung" (☞ 10.2)
- Bei Widerstand des Pat. gegen Behandlung oder Transport bei gleichzeitiger Eigengefährdung Polizei verständigen (Gewaltmonopol). Bei akuter Gefährdung des Pat. und noch nicht eingetroffener Polizei maßvolle Nötigungsmittel einsetzen und nur im äußersten Notfall Gewaltanwendung zum Schutz des Pat. sowie zum Eigenschutz.

1.4.2 Schweigepflicht und -recht

Schweigepflicht

Die Schweigepflicht ist verankert in § 203 des Strafgesetzbuches, außerdem auch in der „Berufsordnung für Ärzte", den RD-Gesetzen und Dienstanweisungen für den RD. Alle Rettungsdienstmitarbeiter sind schweigepflichtig (auch nach dem Tod des Pat.), d.h. keine Weitergabe von personenbezogenen Daten.

Nicht unter die Schweigepflicht fallen Angaben über die äußeren Umstände (An laß, Ort und Zeit des Einsatzes) bei Unfällen im öffentlichen Bereich (z.B. Ver kehrs- oder Arbeitsunfall).

- Bei Auskunftswünschen der Polizei keine Diagnosen nennen. Klassifizierun der Verletzung in „leicht/schwer/lebensbedrohlich" ist ausreichend für die Poli zeiarbeit. Wachen Pat. ggf. fragen, ob er mit solch einer allgemeinen Aussag einverstanden sei
- Bei *Einwilligungsunfähigkeit* (z.B. Bewußtlosigkeit, Trunkenheit, Kleinkinder können personenbezogene Daten offenbart werden, wenn dies dem *mutmaßliche Willen* (z.B. Weitergabe von Daten eines Unfallopfers an die Polizei zur Wahrun seiner Rechte, Angabe des Transportzieles an Familienangehörige) entspricht
- Keine Weitergabe von Informationen an die Presse (an die Polizei verweisen)

Die Schweigepflicht kann bzw. muß unter besonderen Umständen gebrochen wer den:

- Der NA ist von der Schweigepflicht entbunden, wenn die Weitergabe personen bezogener Daten mit dem Behandlungsauftrag im Zusammenhang steht (z.B an die Rettungsleitstelle, DIVI-Protokoll, Abrechnung mit der KV)
- Bei geplanten schweren Verbrechen wie z.B. Mord, Totschlag, Landesverra gemeingefährlichen Straftaten (z.B. Attentat, Bombenanschlag) oder der Ge fahr der Verbreitung von Seuchen, die evtl. noch abgewendet werden könner *muß* Anzeige erstattet werden (§ 138 StGB)
- Die Schweigepflicht sollte gebrochen werden, wenn die Wiederholung eine Tat gegen „Leben und Leib" droht, z.B. bei schwerer Kindsmißhandlun (☞ 12.5.9), oder sexuellem Mißbrauch von Minderjährigen (§ 34 StGB), d sonst ggf. Strafbarkeit wegen unterlassener Hilfeleistung (§ 323c StGB). Kin deswohl geht immer vor Schweigepflicht!

Schweigerecht

Über das, was man in seiner Eigenschaft als Arzt erfahren hat, darf man aufgrund de Zeugnisverweigerungsrechtes schweigen. *Ausnahme:* Entbindung von der Verpflich tung zur Verschwiegenheit durch den Pat. (§ 53 StPO) oder durch Gerichtsbeschluß

Cave: Haftpflichtversicherungsverträge sehen meist einen „Zwang" zur Zeugnis verweigerung vor: Bei Abgabe haftungsrechtlich relevanter Erklärungen evtl. Ver lust des Haftpflichtversicherungsschutzes.

1.4.3 Betäubungsmittel im Rettungsdienst

Analgetika, die der Betäubungsmittel-Verschreibungsverordnung (BtMVV) unter stehen: Fentanyl®, Morphin®, Pentazocin (Fortral®), Pethidin (Dolantin®), Piritra mid (Dipidolor®).

Personenunabhängige Ausstattung der RD-Fahrzeuge mit Betäubungsmitteln („Stationsbedarf"):

- Beauftragung eines Arztes durch den Träger des RD zur Verschreibung der be nötigten BtM und Durchführung der monatlichen Bestandsprüfung
- Verschreibung mittels BtM-Anforderungsschein (bei der Bundesopiumstelle er hältlich ☞ 21.9.4)
- Verschreibungsmenge: durchschnittlicher Zweiwochenbedarf, mindestens je doch die kleinste Verpackungseinheit; die Vorratshaltung sollte den Monatsbe darf nicht überschreiten

Nach Verabreichen eines BtM ist der NA zur Aufzeichnung des Verbleibs und Bestandes im BtM-Buch verpflichtet (bei der Bundesanzeiger-Verlagsgesellschaft erhältlich ☞ 21.9.4)
Mindestens halbjährlich werden die BtM-Vorräte des RD durch die beliefernde Apotheke hinsichtlich einwandfreier Beschaffenheit (Verfall) und ordnungsgemäßer Aufbewahrung überprüft

Personengebundene Ausrüstung eines NA mit Betäubungsmitteln („Praxisbedarf")

Verschreibung des Bedarfs an BtM für den privaten NA-Koffer.
- Verschreibung mittels BtM-Rezept (bei der Bundesopiumstelle erhältlich ☞ 21.9.4)
- Verschreibungsmenge wie bei personenunabhängiger Ausstattung (s. o.)
- Der NA ist zur Aufzeichnung des Verbleibs und Bestandes, d. h. zur Führung von Karteikarten nach amtlichem Formblatt (bei der Bundesanzeiger-Verlagsgesellschaft erhältlich ☞ 21.9.4) verpflichtet.

1.4.4 Medizingeräteverordnung/Medizinproduktegesetz

Derzeit existieren zwei Regelwerke für das Inverkehrbringen, Betreiben und Anwenden medizinisch-technischer Geräte:

Medizingeräteverordnung (MedGV)

V.a. Bestimmungen für den Betrieb und die Anwendung:
- Einweisung der Anwender mit Dokumentation durch den Betreiber (Träger des RD)
- Regelmäßige Kontrolle auf ordnungsgemäßen Zustand und Funktionssicherheit
- Schadhafte oder mangelhafte Geräte dürfen nicht betrieben werden → Meldung bei Gerätestörungen
- Bei Zwischenfällen Unfall- und Schadensanzeige an den Betreiber.

Medizinproduktegesetz (MPG)

Das MPG ist seit 1.1.95 in Kraft und löst sukzessive die MedGV ab. Die Unterschiede zwischen der MedGV und dem MPG bestehen hauptsächlich in den Verfahren für das Inverkehrbringen und der Geräteklasseneinteilung. Zusätzlich wurden für die unsachgemäße Handhabung und den Einsatz mangelhafter Geräte Strafvorschriften und Ordnungswidrigkeiten eingeführt.

1.5 Ethische Überlegungen im Rettungsdienst

Problematik

Die Situation am Notfallort stellt eine Ausnahmesituation dar: Unter ungewohnten ınd evtl. ungeeigneten Umgebungsbedingungen müssen unter Zeitdruck Entscheidungen getroffen werden, die für das Leben und das outcome des Pat. entscheidend sein können. Erschwerend wirken sich Streßmomente (z. B. Reanimation auf Marktplatz mit großer Menschenmenge, aufgeregte Angehörige) und sehr eingeschränkte diagnostische Möglichkeiten aus.

Da sich der NA im Einsatz nicht mit Kollegen besprechen kann, muß er alleinverantwortlich Entscheidungen fällen, die menschliche Grenzbereiche berühren (z. B. Verzicht bzw. Abbruch der Reanimation → sicherer Tod des Pat.).

1

„Ethische Algorithmen“ (z.B. allgemeingültige Kriterien zum Abbruch einer Re animation) für jede Notfallsituation fehlen → der NA ist bei jedem Einsatz erneu vor Entscheidungskonflikte gestellt.

Typische ethische Konfliktsituationen im Rettungsdienst

- Reanimation (präklinisch „erfolgreiche“ Reanimationen → häufig hypoxisch Dauerschäden)
- Anfall mehrerer Verletzter (Versorgungspriorität)
- Krisen bei inkurablen Krankheiten, z.B. Hirntumor (☞ 8.3.4) oder irreversibl neuromuskuläre Erkrankungen (☞ 8.3.5)
- Berücksichtigung des Patientenwillens (z.B. multimorbider Pat. im Finalstadi um: Recht auf einen würdevollen Tod zuhause vs. Krankenhauseinweisung).

Lösungsansätze

Ethische Entscheidungen im Rettungsdienst sind *immer situationsgebunden*, d.h. es kann keine allgemeingültigen Richtlinien geben.

Jede Entscheidung muß unter folgenden Prämissen getroffen werden:

- Derjenige, der sie trifft, muß sie für richtig halten und alleine vertreten könner da ihm niemand die Verantwortung dafür abnehmen kann
- Die Entscheidungsfindung sollte nicht unbewußt („aus dem Bauch heraus → Entscheidungsprozeß wird auf ein intuitives „Ja“ oder „Nein“ reduziert sondern so transparent ablaufen („*warum* breche ich *jetzt* bei *diesem* Pat. di Reanimation ab?“), daß man sich selbst über die eigene Motivation im klare ist und seine Entscheidung auch noch später vertreten kann
- Auf den *Beginn* einer Reanimation wird meist nur verzichtet werden könner wenn sichere Todeszeichen vorliegen (☞ 1.14) oder wenn der NA den Pa und seine Krankengeschichte genau kennt (z.B. Tumorpat. mit infauster Pro gnose, aus der Klinik oder von früheren Einsätzen bekannt)
- Werden während der Reanimation Informationen bekannt, die eine weitgehend si chere infauste Prognose erwarten lassen (Arztbrief, Unfallmechanismus), so kan ein „vorzeitiger“ Abbruch der Reanimation erwogen bzw. verantwortet werde
- Ggf. kann ein kurzer Reanimationsversuch auch bei infauster Prognose gerecht fertigt sein, wenn dadurch z.B. den Angehörigen eine bessere Verarbeitung de unerwarteten Verlustes (z.B. Reanimation eines „toten“ Säuglings → „es wurd alles versucht“) ermöglicht wird.

Ethische Probleme und die daraus resultierenden Emotionen sollten nicht verdrängt, sondern nach Möglichkeit in offenen Gesprächen mit anderen Kollegen und Rettungsdienstmitarbeitern vertieft werden → Stärkung der eigenen Konfliktlösungs- und Verantwortungsfähigkeit.

1.6 Rettungsmittel

1.6.1 Fahrtechnik

Sonderrechte

Wenn höchste Eile zur Rettung von Menschenleben oder Abwendung schwere gesundheitlicher Schäden geboten ist, sind Fahrzeuge des RD von den Vorschrif ten der Straßenverkehrsordnung befreit

- Voraussetzung zur Inanspruchnahme der Sonderrechte ist ein entsprechendes Meldebild
- Wegerecht kann von anderen Verkehrsteilnehmern nur bei Verwendung von Blaulicht *und* Einsatzhorn gefordert werden
- Zu verkehrsarmen Zeiten (nachts) kann in Hinsicht auf das Ruhebedürfnis der Bevölkerung mit Blaulicht ohne Einsatzhorn gefahren werden. ***Cave:*** überproportional viele Unfälle nachts bei Einsatzfahrten ohne Einsatzhorn.

Grundsätze beim Führen von Einsatzfahrzeugen

- Bei sämtlichen Fahrten sind die *Grundsätze der Verkehrssicherheit* zu beachten
- Die *Sicherheit* der Insassen und der anderen Verkehrsteilnehmer haben *immer* Vorrang *vor* der *Schnelligkeit* des Einsatzes, *unabhängig von der Dringlichkeit des Einsatzes*:
  - Geschwindigkeit an Ampeln, Kreuzungen oder Einmündungen verringern oder gegebenfalls anhalten
  - Nicht an unübersichtlichen Streckenabschnitten überholen
  - Nur links überholen und dabei rechtzeitig den Fahrbahnwechsel durch Blinken anzeigen
  - Überholen möglichst nur im Bereich des Mittelstreifens und nicht auf der kompletten Gegenfahrbahn fahren
  - In Stausituationen nicht „Slalom" fahren, sondern eine „Gassenbildung" im Bereich des Mittelstreifens veranlassen (ggf. durch Außenlautsprecher)
  - Immer nur in der vorgeschriebenen Fahrtrichtung fahren, außer evtl. in Ausnahmesituationen auf kurzer übersichtlicher Strecke
  - Sobald die Unfallstelle zu erkennen ist, Geschwindigkeit verringern. Nicht plötzlich bremsen (Gefahr von Auffahrunfällen)
- Bei Unfällen: überprüfen, ob ein Personenschaden vorliegt. Sofort Polizei über die RLSt verständigen lassen. Fahrt fortsetzen, wenn kein schwerer Personenschaden vorliegt bzw. wenn kein anderes Rettungsmittel gleich schnell am Einsatzort sein kann.
- Abblendlicht bei Einsatzfahrt am Tage: durchaus sinnvoll, um früher gesehen und im Zweifelsfall nicht übersehen zu werden.

Sitzeinstellung

Aufgrund des überproportional hohen Unfallrisikos bei Einsatzfahrten möglichst günstige Voraussetzungen zur Bewältigung dieser Situation schaffen (optimale Einstellung der Sitzposition):

- *Einstellung in Längsrichtung:* linkes Bein noch leicht angewinkelt bei voll durchgetretenem Kupplungspedal
- *Position der Sitzlehne:* Körper über den linken Fuß in den Sitz drücken und die Lehne so einstellen, daß die Hände auch den oberen Bereich des Lenkrades umfassen können, ohne daß sich die Schultern von der Lehne lösen
- *Justierung der Kopfstütze:* Oberkante in Höhe der Augenbrauen
- *Sicherheitsgurt:* nach Einklinken im Schloß Brustgurt mit einer Handbewegung nach oben ziehen (Gurt dabei nicht verdrehen!), so daß der Beckengurt eng am Körper anliegt. Den Gurt in der Höhe so einstellen, daß er mittig über das Schlüsselbein läuft. „Erst gurten, dann starten" und darauf achten, daß keine Gegenstände (z. B. Kugelschreiber, Instrumente, Pieper) zwischen Gurtband und Körper liegen (hohes Verletzungsrisiko z. B. durch einen durch den hohen Druck zersplitternden Kugelschreiber).

1

Untersteuern

Bei frontgetriebenen Fahrzeugen wirken sämtliche Antriebskräfte auf die Vorder räder und verringern die Seitenführungskraft an der Vorderachse. Fronttriebler nei gen daher bei zu kräftigem Gasgeben in der Kurve zum Untersteuern.

- *Erkennen:* der Kurvenrand kommt immer näher und die Lenkung wir „schwammig". Fahrzeug schiebt über die Vorderachse aus der Kurve. Reifen quietschen ist kein zuverlässiger Indikator
- *Gegenmaßnahmen:* Sofort vom Gas gehen und den Lenkeinschlag etwas zu rücknehmen, d.h. in die Richtung, in die „man eigentlich nicht will".

Übersteuern

Bei heckangetriebenen Fahrzeugen verringert sich durch Gasgeben in der Kurv die Seitenführungskraft der Hinterräder. Dadurch neigt das Heck zum „Ausbre chen", das Fahrzeug übersteuert.

- *Erkennen:* das Fahrzeug beginnt sich einzudrehen, die Blickrichtung wander mehr und mehr zum inneren Kurvenrand. *Problem:* der Fahrer sitzt sehr dich am Drehpunkt des Fahrzeugs und nimmt deshalb Drehbewegungen erst wahr wenn sie schon in einem relativ weit fortgeschrittenen Stadium sind
- *Gegenmaßnahmen:*
  - Sofort auskuppeln (Elimination der Motorbremskräfte, die die Seitenführun der Hinterräder schwächen) und gegenlenken
  - Sobald das Gegenlenken Wirkung zeigt und sich das Fahrzeug wieder in di ursprüngliche Fahrtrichtung bewegt, unverzüglich zurücklenken, da es sons zu einem Überschwingen des Hecks kommt, d.h. lieber zweimal kurz, al einmal zu lange gegenlenken
  - *Übersteuern mit Automatikgetriebe:* moderne Automatikgetriebe übertrage auch Motorbremskräfte (auch in Fahrstufe „D"). Dies kann man nur durc noch schnelleres und konsequenteres Gegenlenken kompensieren. Von einem Wechsel in Fahrstufe „N" ist abzuraten, da dies Zeit kostet, bis das Getrieb reagiert und die dafür benötigte Hand am Lenkrad fehlt.

Ausweichen

- Die erste Lenkbewegung – vom Hindernis weg – erfolgt stets progressiv, d.h die Lenkgeschwindigkeit steigert sich vom Beginn bis zum Ende
- Je glatter der Untergrund, desto progressiver muß gelenkt werden, die Lenkbe wegung sollte nicht mehr als eine halbe Lenkradumdrehung betragen, da da Fahrzeug aus der Geradeausfahrt selbst bei trockener Straße nicht in der Lag ist, einen höheren Lenkwinkel zu übertragen (zusätzlicher Vorteil: Hände blei ben am Lenkrad, Orientierung über Lenkwinkel bleibt somit erhalten).
- Nach dem Ausweichen sofort mit schneller und kurzer Bewegung zurücklenke →das durch abruptes Hin- und Herlenken aufpendelnde Fahrzeug wird durc Geradestellen des Lenkrads stabilisiert
- Nicht das Hindernis, sondern immer die angestrebte Richtung im Auge behalte

Einflüsse auf das Ausweichmanöver: Hecktriebler neigen zum Ausbrechen de Hecks, Fronttriebler reagieren evtl. mit Verzögerung auf den Lenkimpuls. Fahr zeuge mit Allradantrieb verhalten sich weitgehend neutral. Ein schwer beladene Fahrzeug tendiert zum Aufschaukeln.

Bremsen mit ABS

- Sofort bei Beginn des Bremsvorgangs auskuppeln, da sonst ein Teil der Bremskra zum Herunterbremsen des Motors verschenkt würde oder der Motor kurz vor de Stillstand absterben könnte →evtl. nötiges Durchstarten nicht mehr möglich

Auch in Kurven ist eine Vollbremsung ohne Verlust der Lenkbarkeit möglich
Auf einseitig glatter Fahrbahn ist trotz ungleicher Haftungsverhältnisse eine Vollbremsung möglich.

;latte Fahrbahn

'erhaltensregeln bei *Nässe, Schnee und Eis:* alle Fahrmanöver immer gleichmäßig urchführen:

- Vorsichtig anfahren und mit niedriger Drehzahl fahren
- Überholmanöver und ruckartiges Lenken nach Möglichkeit vermeiden
- In Kurven möglichst weder bremsen noch beschleunigen. Lastwechsel vermeiden
- Andere Autofahrer nicht zu plötzlichen Bremsmanövern zwingen → beim Queren von/Einfädeln in vorfahrtsberechtigte Straßen genügend große Lücke abwarten
- Verlängerten Anhalteweg gegenüber trockener Fahrbahn beachten
- Rutscht der Wagen aus der Fahrtrichtung, Bremse ganz lösen und mit der Lenkung korrigieren
- Nicht zu stark mit dem Motor bremsen (Schleudergefahr bei heckgetriebenen, Untersteuergefahr bei frontgetriebenen Fahrzeugen). Z. B. durch Herunterschalten rutscht das Fahrzeug aufgrund der Motorbremskräfte. Auskuppeln nimmt diese Störkräfte von den Rädern, bei Automatikgetriebe hilft die Position „N" (aber nur wenn ausreichende Zeit zur Verfügung steht, vgl. auch „Übersteuern").

1.6.2 Bodengebundene Rettungsmittel

rankentransportwagen (KTW)

'onzept: (Verlegungs-)Transport von Nicht-Notfallpatienten, d. h. Patienten, bei de-en eine Störung der Vitalfunktionen nicht vorliegt und auch nicht zu erwarten ist.

usstattung (DIN 75 080 Teil 1 und 3): Infusionslösungen (3 x 500 ml) samt Zube-ör, 1 manueller Beatmungsbeutel, Sauerstoffanlage (2 x 400 l) mit Inhalations-röglichkeit, Absaugeinrichtung, Vakuummatratze, Set zur Notgeburt, Replantat-eutel. Gelegentlich weitergehende Ausstattung als „Hilfs-RTW" bei manchen Iilfsorganisationen.

echnik: Meist auf größeren PKW-Fahrgestellen oder kleinen Lieferfahrzeugen ufgebaut. Geeignet zum Transport von 2 liegenden oder 1 liegenden und einem tzenden Pat.

'esatzung: 2 Mann, i. d. R. mindestens 1 RS und 1 RH; bundeslandspezifische Re-elungen.

onderform: 4-Tragen-KTW (Typ C nach DIN 75 080) des Katastrophenschutzes. insatz bei der Betreuung von Veranstaltungen, im Rahmen der SEGs, bei Groß-nfällen und Katastrophen. Transportkapazität 4 liegende Patienten; außerordent-ch beengte Raumverhältnisse, medizinische Ausstattung wie KTW (mengenmä-ig erweitert).

ettungswagen (RTW)

'onzept: Versorgung und Transport von Pat., bei denen gestörte Vitalfunktionen viederhergestellt und aufrechterhalten werden müssen.

usstattung (DIN 75 080 Teil 1 und 2): Zur Versorgung nahezu aller Notfälle aus-ichend. EKG/Defibrillator-Einheit, Notfall-Beatmungsgerät, Intubationsbesteck, pritzenpumpe, Pulsoxymeter, Infusionsbestecke, Infusionslösungen und Medika-ente, Sauerstoffanlage 2 x 2200 Liter, transportable und stationäre Absaugeinhei-n, Vakuummatratze, Luftkammer- und sonstige Schienen, Notfallkoffer (Atmung, Kreislauf, Kinder, Vergiftungen, chirurgisches Besteck, Entbindung), Infusionswärmebox, Replantatbeutel. Zusätzliche Ausrüstung durch Hilfsorganisationen häufig üblich.

Technik: Meist größere Kastenwagen mit Stehhöhe für Personal und von drei Seiten zugängliche Trage; geeignet zum Transport von 1 liegenden und 1 sitzenden Pat. Nur in Ausnahmefällen Transport von 2 liegenden Patienten (extreme Raumnot!

Besatzung: 2 Mann, meist 2 RA, ausnahmsweise 1 RA und 1 RS.

Notarztwagen (NAW)

Konzept: Ärztliche Primärversorgung von Pat. mit vital gefährdenden Störungen und Transport unter ärztlicher Begleitung.

Ausstattung (DIN 75 080 Teil 1): mit einem Arzt besetzter RTW. Im Kompaktsystem meistens mit standortspezifischer Zusatzbeladung (z. B. 12-Kanal-EKG, Brandverletztenset, MAST-Hose, Narkosekreisteil, Schaufeltrage) ausgestattet. Optimale Ausnutzung der Ausrüstung nur durch einen entsprechend ausgebildeten Arzt (Notarzt) möglich.

Notarzteinsatzfahrzeug (NEF)

Konzept: Schneller Antransport des NA (und eines RA) mit Ausrüstung zum Notfallort im Rendezvous-System (☞ 1.2.1).

Ausstattung (DIN 75 079): Ausrüstung zur Erstversorgung bis zum Eintreffen des RTW. Notfallkoffer, EKG/Defi-Einheit, Pulsoxymeter, Absaugpumpe, transportable Sauerstoffanlage (400 Liter); häufig erweiterte Zusatzausstattung nach ortsspezifischen Notwendigkeiten

Technik: PKW-Fahrzeuge üblicher Bauart, häufig Kombifahrzeuge. Keine Trage oder Transportmöglichkeit für Pat.

Besatzung: 1 NA und 1 RA als Fahrer; selten in ländlichen Gebieten NA als Selbstfahrer (erhebliche psychische Belastung).

Fahrzeuge der SEG (☞ 1.9.6)

Konzept: Fahrzeuge zur Zuführung von Personal und Material bei Großschadenereignissen. Ausrückzeiten konzeptbedingt wenige Min. bis 1/2 h.

Ausstattung: Medizinisches Material zur Erstversorgung einer größeren Anzahl von Verletzten („von Wenigem viel"), logistische Unterstützung durch Zelte, Container, Notstromversorgung, Funk etc. Ausschließlich regionale Konzepte, keine Normung.

Technik: Einsatzfahrzeuge verschiedenster Bauart, meist klassifizierbar in Fahrzeuge für Personal-, Material- und Patiententransport.

Besatzung: SEG-spezifische Regelungen.

Infektions-Krankentransportwagen (ITW)

Konzept: Transport von (potentiell) Infektionskranken („Seuchenwagen") oder radioaktiv kontaminierten Pat.

Ausstattung: Sehr einfache Innenausstattung und medizinisch-technische Ausrüstung; z. T. eigener Betreuerraum; gasdichte Trennung von Fahrerkabine und Krankenraum, luftdichter Verschluß der Außentüren, kontrollierte Zu- und Abluft (Fenster und Dachluken verschlossen); Schutzanzüge für die Betreuer.

Technik: Fahrzeuge verschiedenster Bauart.

Besatzung: Standortspezifische Regelungen.

50km Umkreis → 12' ; 200-220 km/h

1.6.3 Rettungsmittel der Luftrettung

Tab. 1.3.: Einsatzgrenzen für zivile Rettungshubschrauber

	Tag (Primär- und Sekundäreinsätze)	Nacht (nur Sekundärtransporte)
Flugsicht (horizontal)	> 0,8 km	> 3 km
Wolken	keine Wolkenberührung	keine Wolkenberührung
Mindestflughöhe	–	ca. 150 m über Land ca. 100 m über See
Wind	< 45 Knoten	< 45 Knoten

Rettungshubschrauber (RTH)

pro 1' = 90 DM,

Konzept: Schneller Transport des NA und des RA samt Ausrüstung zum Notfallort, v.a. bei abgelegenen oder schwer zugänglichen Schadensstellen sowie zum schonenden Transport des Pat. Prinzipiell wird bei jedem Einsatz eines RTH gleichzeitig ein bodengebundenes Rettungsmittel alarmiert (meist RTW).

Ausstattung (DIN 13 230 Teil 1 und 2): Medizinische Ausstattung im Prinzip wie RTW. Viele standortspezifische Variationen.

Technik: Hubschrauberbaumuster in 1- oder 2-Turbinentechnik (z. B. Bell UH 1D, Bell 212, BO 105, BK 117). Seilwinde teilweise fest eingebaut, in einigen Fällen nachrüstbar in Minutenfrist (Rettung aus Gebirge, Wasser etc.). Fluggeschwindigkeiten um 200 km/h; Innenraum außerordentlich beengt. Transportmöglichkeit für 1, bei einigen Baumustern unter sehr beengten Verhältnissen auch 2 liegende Patienten. Einsatzbereit im Sommer von 07:00 h, im Winter von 07:30 h bis Sonnenuntergang. I. d. R. keine Primäreinsätze nach Sonnenuntergang oder bei schlechten Wetter- und Sichtbedingungen.

Besatzung: 1 Pilot, u. U. 1 Bordmechaniker bzw. Copilot, 1 RA, 1 NA.

Intensivtransporthubschrauber (ITH)

Vorlauf 20' bis 30'

Konzept: Dringliche Verlegung intensivmedizinisch versorgter Pat. zur Behandlung in Spezialkliniken

Ausstattung (DIN 3): Intensivmedizinisches Equipment zur lückenlosen Weiterführung der Intensivbehandlung. Respirator zur differenzierten Beatmung, mehrere Spritzenpumpen, Infusionspumpen etc. Keine (wenig) Ausrüstung zur Erstversorgung.

Technik: Hubschrauberbaumuster in (1- oder) 2-Turbinentechnik (Bell 212, Agusta A109, Bell 222, Bell 412HP etc.) Transportmöglichkeit für 1 Intensivpatienten. Einsatzbereit rund um die Uhr für Flüge von Landeplatz zu Landeplatz an Kliniken. I. d. R. keine Außenlandungen.

Besatzung: 2 (1) Piloten, 1 RA, 1 NA mit intensivmedizinischer Erfahrung, fallweise weiteres Personal (z. B. Pädiater, Intensiv-Kinderkrankenschwester).

Großraumhubschrauber Sikorsky CH-53

Konzept: Mittlerer Transporthubschrauber (Ladekapazität > 5 Tonnen) der Bundeswehr für Einsätze bei Massenanfall von Verletzten (Transport von zusätzli-

GRTH (Großraumhubschrauber) anfordern bei Unfall v. 30-40 Pers, – 15-20 Pers. passen rein

6 Ärzte am Bord.

chem Fachpersonal oder von Verbrauchsmaterial und Spezialgerät an die Notfallstelle, v.a. bei blockierten Verkehrswegen oder in schwer zugänglichem Gelände bzw. zur Verlegung einer größeren Anzahl von Patienten (max. 12 Liegendverletzte, davon 6 Beatmete) in entferntere Kliniken. Vorlaufzeit nach Alarmierung a Werktagen tagsüber ca. 30 Min., bei Nacht und an Sonn- und Feiertagen ca. 6 Min. Standorte in Rheine-Bentlage, Mendig und Laupheim.

Ausstattung: Sonderausrüstung zur autarken Versorgung von 12 Schwerverletzten verpackt in je 6 Kisten, Notfallpaket für 35 Brandverletzte.

Besatzung: 2 Piloten, 1 Bordmechaniker, ärztliches und nichtärztliches Persona der Bundeswehr.

Search and Rescue (SAR) Vorlaufzeit 60'

Konzept: Die ICAO (International Civil Aviation Organization) fordert einen flächendeckenden Such- und Rettungsdienst nach abgestürzten und vermißten Luftfahrzeugen. Wird in Deutschland von Hubschraubern und Flugzeugen der Bundeswehr sichergestellt (SAR-Kommandos). Ein Teil dieser Rettungshubschrauber is bei Rettungszentren (RZ) in den regulären Luftrettungsdienst eingebunden un wird wie die anderen RTH über die zuständige RLSt alarmiert. Die übrigen Rettungsmittel können über die SAR-Leitstellen (☞ 21.2) im Rahmen der dringliche Nothilfe (☞ 1.11.5) angefordert werden.

Technik: Hubschrauber Bell UH 1 D, Sikorsky SeaKing MK 41.

Tab. 1.4.: Vorlaufzeiten und Besatzung von militärischen Rettungshubschraubern

Baumuster	Vorlaufzeiten		Besatzung	Ausstattung
	07:30 Uhr bis Sonnenuntergang	Sonnenuntergang bis 07:30 Uhr		
Bell UH 1D (RZ)	max. 5 Min. (meist kürzer!)	kein Einsatz	1 Pilot, 1 Bordmechaniker, 1 RA, 1 NA	entspricht RTH fakultativ Rettungswinde
Bell UH 1D (SAR)	max. 15 Min.	max. 60 Min.	1 Pilot, 1 Bordmechaniker, 1 Luftrettungsmeister	entspricht eingeschränkt RTW Rettungswinde
SeaKing MK 41 (SAR)	max. 15 Min.	max. 60 Min.	2 Piloten, 1 SAR-Operations-Offizier 1 Bordmechaniker	entspricht eingeschränkt RTW Rettungswinde

Sich dem Hubschrauber nähern nur: v. Unten v. Vorne
→ gebückt
→ Nachts ?!?, im Schnee ?

Polizei Hubschrauber hilft sehr gut! um Pat. zu finden (Wärmebildkamera!)

DIN = deutsche industrie Formen

1.7 Notarztausrüstung

Q-Versicherung!

1.7.1 Notarztkoffer

In jedem NEF, RTW und NAW muß ein „Notfall-Arztkoffer“ (DIN 13232) und „Notfall-Arztkoffer für Säuglinge und Kleinkinder“ (DIN 13233) mitgeführt werden, die es dem NA ermöglichen, direkt am Einsatzort Gefährdungen der Vitalfunktionen zu diagnostizieren und Maßnahmen zu deren Erhaltung einzuleiten.

„Notfall-Arztkoffer“

Die Mindestausstattung nach DIN stellt einen Kompromiß aus den Ansprüchen des Notarztdienstes und der kassenärztlichen Notfallbehandlung dar und genügt nicht den Ansprüchen einer professionellen Notfallmedizin. Daher wird der Inhalt i. d. R. nach einem der etablierten Systeme (z. B. Ulmer System) oder standortspezifisch ergänzt. Der Inhalt kann auch in 2 Koffern („Atmung“ und „Kreislauf“) untergebracht sein.

Notarztkoffer „Atmung“ (blau)

- *Absaugung und Beatmung*: tragbare Sekretabsaugpumpe (Sog mind. 0,3 bar), Einmalabsaugkatheter (in 3 Größen), Beatmungsbeutel, Beatmungsmasken für Erwachsene (2 Größen), Guedel-Tuben für Erwachsene (3 Größen), Wendl-Tuben (2 Größen), 1 Punktionskanüle für Pneumothorax. Zusätzlich empfehlenswert: Sauerstoffflasche mit mindestens 160 l, Sauerstoffreservoir für Beatmungsbeutel
- *Notintubation*: Laryngoskopgriff, 3 Spatel (klein, mittel und groß), Magillzange, je 1 Trachealtubus mit 3,5, 4 und 4,5 (jeweils ohne Cuff), 5, 6, 7,5, 8 und 2 mit 8,5 mm ID (jeweils mit Cuff), je 1 flexibler Einführungsmandrin in den Größen 1, 2 und 3. Gleitmittel, 10 ml Einmalspritze, 2 gerade Peanklemmen, Heftpflaster
- *Medikamente:* In der DIN sind nur Arzneimittelgruppen genannt. Die Auswahl der einzelnen Präparate ist dem Anwender überlassen, so z. B.:
  1 Fenoterol-Spray (z. B. Berotec® 200), 1 Amp. Theophyllin (z. B. Euphyllin 200®), 2 Amp. Etomidat (z. B. Etomidat-Lipuro® 20 mg), 4 Amp. Ketamin (z. B. Ketanest® 50 mg), 2 Amp. Succinylcholin (z. B. Lysthenon® 2 %), 2 Amp. Vecuronium (Norcuron® 4 mg), je 2 Amp. Prednisolon (z. B. Solu-Decortin® H 250 mg), 5 Amp. Midazolam (Dormicum® V 5 mg), je 1 Amp. Thiopental (z. B. Trapanal® 0,5 g), 1 Dexamethason-Spray (z. B. Auxiloson®).

Notarztkoffer „Kreislauf“ (rot)

- *Diagnostik:* Blutdruckmeßgerät mit je einer Blutdruckmanschette für Erwachsene und für Kinder, Stethoskop, Diagnostikleuchte, Reflexhammer, BZ-Teststreifen
- *Infusions-Therapie:* Hautdesinfektionsmittel, 6 Venenverweilkanülen in verschiedenen Größen, 4 Punktionssysteme für zentrale Venenpunktion in verschiedenen Größen, 500 ml Volumenersatzmittel (im Kunststoffbeutel), 500 ml Infusionslösung (im Kunststoffbeutel), 250 ml Pufferlösung, 4 Infusionsbestecke, Staubinde. Zusätzlich empfehlenswert: Druckinfusionsmanschette
- *Ge- und Verbrauchsmaterial:* je 1 chirurgische und anatomische Pinzette, gerade Arterienklemme, spitz/stumpfe chirurgische Schere, 3 Einmal-Skalpelle in verschiedenen Formen, 12 Kompressen 10 x 10 cm, 2 elastische Fixierbinden 4 m x 8 cm, 4 Verbandpäckchen, 3 Verbandtücher, 2 Dreiecktücher; Wundschnellverband, Heftpflaster, metallisierte Polyesterfolie (Oberfläche Aluminium, Rückseite farbig, Größe 220 x 140 cm), Händedesinfektionslösung, 2 Paar

sterile Handschuhe, Einmalspritzen (5 á 2 ml, 5 á 5 ml, 2 á 10 ml, 2 á 20 ml), je 10 Einmalkanülen Größe 1 und 12. Zusätzlich empfehlenswert: Kleiderschere, überbreite elastische Binden

- *Medikamente:* In der DIN sind nur Arzneimittelgruppen genannt. Die Auswahl der einzelnen Präparate ist dem Anwender überlassen, so z. B.:
  3 Nifedipin-Kapseln (z. B. Adalat® 10 mg), 1 Amp. Cafedrin/Theodrenalin (Akrinor®), 2 Amp. Atropin® 0,5 mg, 2 Amp. Butylscopolamin (z. B. Buscopan®), 2 Amp. Dopamin® 250 mg, 2 Amp. Dobutamin (z. B. Dobutrex® 250 mg), 1 Amp. Urapidil (z. B. Ebrantil® 50 mg), 2 Amp. Dimetinden (Fenistil®), 5 Amp. Glukose 40 %, 2 Amp. Heparin 5000 I. E., 1 Amp. Verapamil (z. B. Isoptin®), 1 Amp. Kaliumchlorid 7,45 %, 1 Amp. Metildigoxin (Lanitop®), 2 Amp. Furosemid (z. B. Lasix® 20 mg), 2 Amp. Morphin® 10 mg, 1 Nitroglycerin-Spray (z. B. Nitrolingual®), 5 × 10 ml Amp. NaCl 0,9 %, 1 Amp. Triflupromazin (Psyquil® 10 mg), 5 Amp. Adrenalin (Suprarenin®), 2 Amp. Lidocain (z. B. Xylocain® 2 %), 500 ml Ringer-Lösung, 500 ml HÄS, 100 ml Natriumbicarbonat 8,4 %. Opiate (Notarzt)

„Notfall-Arztkoffer für Säuglinge und Kleinkinder"

- *Absaugung und Beatmung:* Handabsaugpumpe, 3 Baby-Schleimabsauger, 6 Einmal-Absaugkatheter (je 2 Stück 1,3, 2,0 und 2,8 mm), Baby-Beatmungsbeutel, Rendell-Baker-Beatmungsmasken (Größen 0, 1, 2), 4 Guedeltuben (Größen 00, 0, 1, 2). Zusätzlich empfehlenswert: Sauerstoffreservoirschlauch
- *Intubation:* Laryngoskopgriff, Spatel für Kleinkinder (2 Größen), Magillzange für Kleinkinder, jeweils 1 Trachealtubus ohne Cuff mit 2, 2,5, 3, 3,5, 4 und 4,5 mm ID, 1 flexibler Einführungsmandrin (Größe 1), Gleitmittel
- *Diagnostik:* Blutdruckmeßgerät mit 2 Blutdruckmanschetten für Kinder in verschiedenen Breiten, Kinderstethoskop, Diagnostikleuchte, Fieberthermometer
- *Infusions-Therapie:* 6 Flügelkanülen (3 Größen), 4 Venenverweilkanülen (2 Größen), 2 Infusionsbestecke, 500 ml Volumenersatzflüssigkeit, 250 ml Glukose 10 %, Hautdesinfektionsmittel, Staubinde, evtl. intraossäre Nadel
- *Ge- und Verbrauchsmaterial:* je 1 chirurgische und anatomische Pinzette, 1 Klemme, spitz/stumpfe chirurgische Schere, 2 Einmal-Skalpelle in verschiedenen Formen, 2 elastische Fixierbinden 4 m x 6 cm, 2 Nabel-Einmalklemmen, 1 Verbandpäckchen, 1 Verbandtuch, Wundschnellverband, Heftpflaster, Pflasterstrips (verschiedene Größen), 12 Kompressen 10 x 10 cm, metallisierte Polyesterfolie (Oberfläche Aluminium, Rückseite farbig, Größe 220 x 140 cm), 2 Silberwindeln, Händedesinfektionslösung, 2 Paar sterile Handschuhe; Einmalspritzen (5 á 2 ml, 3 á 5 ml, 1 á 10 ml), 10 Einmalkanülen (verschiedene Größen)
- *Medikamente:* In der DIN sind nur Arzneimittelgruppen genannt. Die Auswahl der einzelnen Präparate ist dem Anwender überlassen, so z. B.:
  Je 2 Paracetamol-Supp. (z. B. ben-u-ron®) á 125, 250, 500 mg, je 2 Diazepam-Rectiolen (z. B. Stesolid® 5, 10 mg), je 2 Prednison-Supp. (Rectodelt® 30, 100 mg), 1 Fenoterol-Spray (z. B. Berotec® 200), 1 Amp. Theophyllin (z. B. Euphyllin 200 ®), 2 Amp. Ketamin (z. B. Ketanest® 50 mg), 2 Amp. Succinylcholin (z. B. Lysthenon® 2 %), 2 Amp. Vecuronium (Norcuron® 4 mg), je 2 Amp. Prednisolon (z. B. Solu-Decortin® H 50 mg), 2 Amp. Diazepam (Valium® MM), je 1 Amp. Thiopental (z. B. Trapanal® 0,5 g), 1 Dexamethason-Spray (z. B. Auxiloson®), 2 Amp. Atropin® 0,5 mg, 2 Amp. Dimetinden (Fenistil®), 1 Amp. Glukose 40 %, 1 Amp. Furosemid (z. B. Lasix® 20 mg), 1 Amp. Morphin® 10 mg, 3 × 10 ml Amp. NaCl 0,9 %, 2 Amp. Adrenalin (Suprarenin®), 1 Amp. Lidocain (z. B. Xylocain® 2 %), 500 ml Ringer-Lösung, 50 ml Humanalbumin 5 %, 100 ml Natriumbicarbonat 8,4 %.

+ EKG + Defibrillator

bswang. vor d. Geburt !
s verletz / Schädel-Hirn trauma / Herzkreislauf ⊕ Indi

Notarztkoffer „Chirurgische Zusatzausrüstung"

Keine DIN-Norm, mögliche Ausstattung:

- *Allgemein:* 3 Einmalskalpelle (verschiedene Formen), spitz/stumpfe chirurgische Schere, Wundspreizer mit Gelenk, 2 Einmallochtücher, 2 Wundhaken 2-zinkig scharf, sterile Einmalhandschuhe
- *Koniotomie:* Nasenspekulum, Koniotomiebesteck (z. B. Mini-Trach II®)
- *Thoraxdrainage:* Abdecktuch, Nahtmaterial und Nadelhalter, Klemme, Thoraxdrainagen verschiedener Größen
- *Verbrennungen:* Burn Pac®
- *Blutungen:* anatomische und chirurgische Pinzette, je 1 Klemme nach Overhold, Pean gerade und Halsted, Schere, 12 Kompressen 10 x 10 cm, 2 elastische Fixierbinden 4 m x 8 cm, 2 Verbandpäckchen.

Toxkoffer

Keine DIN-Norm, mögliche Ausstattung:

- Medikamente: 2 Amp. Biperiden (Akineton®), 2 Amp. Cafedrin/Theodrenalin (Akrinor®), 2 Amp. Flumazenil (Anexate® 1,0), 2 Amp. Physostigmin (Anticholium®), 2 Amp. Apomorphin®, 5 Amp. Atropin® 100 mg, 1 Dexamethason-Spray (z. B. Auxiloson®), 120 Tbl. Medizinische Kohle (z. B. Kohle-Compretten®), 2 Amp. 4-DMAP, 250 ml Augenspüllösung (z. B. Isogutt®), 2 Amp. Naloxon (z. B. Narcanti®), 100 g Natriumsulfat, 10 Amp. Natriumthiosulfat® 10 %, Paraffinum liquidum 250 ml, Polyäthylenglycol 400 200 ml, Dimeticon-Susp. (z. B. Sab-Simplex®), 2 Amp.Tolonium (Toluidinblau®), 2 Amp. Obidoxim (Toxogonin®)
- Asservatenbehältnisse. Gerätschaften zur Magenspülung: Trichter, Gießbecher, Verbindungsschlauch, Eimer, dicke Magensonden (weicher Gummi, 12 mm und 18 mm), Schlauchklemme, Einmalhandschuhe, Blasenspritze, Gummiunterlage, Gummischürze.

1.7.2 Einsatzkiste „Großunfall" (☞ 1.9.5)

Keine DIN-Norm, Bevorratung an definierten Depotstellen. Materialauslegung: 1 Behältnis für die Versorgung von 5–10 Verletzten.

- Ausstattungsvorschlag:
  5 Metallinefolien (80 × 120 cm), je 5 Verbandtücher (60 × 80 cm und 80 × 120 cm), 2 Rollen Pflaster 2,5 cm, 10 Rettungsdecken, 2 Venen-Stauschläuche, Kleiderschere, 10 Einmalhandschuhe, Filzschreiber, 10 Einsatzprotokolle, 10 × 500 ml HÄS®, 5 × 500 ml Ringer-Lösung, 15 Infusionssets (je 1 Venenverweilkanüle 18 G (grün) und 16 G (grau), 1 Infusionssystem, 2 Kanülenpflaster, 1 ES-Kompresse), 2 Spritzensets I (je 5 Amp. Midazolam (Dormicum®) 5 mg, 5 Kanülen, 5 2 ml-Spritzen, 5 Alkoholtupfer), 2 Spritzensets II (je 5 Amp. Ketamin (z. B. Ketanest ®) 50 mg, 5 Kanülen, 5 5 ml-Spritzen, 5 Alkoholtupfer).

1.7.3 Sauerstoffapplikatoren

- Transport des Sauerstoffs in Gasflaschen (blau mit weißer Schulter) mit Volumina von 0,5/1/2,5/5 und 10 l
- Inhalt = Volumen × Druck (bar). ***Cave:*** Da Respiratoren bei einem Flaschendruck < 20 bar nicht mehr zuverlässig arbeiten, verringert sich das Nutzvolu-

men. Beispiel: 5 l-Flasche mit 200 bar →nutzbarer Inhalt = 5 × (200–20) = 900 l. Flow von 6 l/Min. →O_2-Vorrat für 150 Min.

- Auswahl des Sauerstoffapplikators abhängig vom erforderlichen F_iO_2.
- *Nasensonde* und *O_2-Brille:* gute Toleranz durch den Pat.; ungenaue Dosierbarkeit
- *Nasopharynxkatheter:* Wendl-Tubus mit integrierter O_2-Zuführung; bei Pat. mit eingeschränktem Bewußtsein
- *Maske:* höherer F_iO_2, schlechte Toleranz durch den Pat. (Engegefühl, Sprechen und Husten behindert). Mindestflow 5 l/Min. (sonst CO_2-Rückatmung), mit Beutel und speziellem Nicht-Rückatemventil (z. B. Oxy-Demand®) →CPAP (z. B. bei Lungenödem, ☞ 7.5)
- Einmal begonnene O_2-Gabe nicht unterbrechen.

Tab. 1.5.: Möglichkeiten der O_2-Applikation bei Spontanatmung

O_2-Applikator	Flow (l/Min.)	F_iO_2
Nasensonde	4/6/(8)	0,3/0,4/0,5
O_2-Brille	3/6/8	0,3/0,4/0,5
Nasopharynxkatheter	4/5/6	0,3/0,4/0,5
Maske ohne Beutel	5/6,5/7,5	0,4/0,5/0,6
Maske mit Beutel	6/8/10	0,5/0,6/0,8
Maske mit Beutel und Nicht-Rückatemventil	14	0,9

1.7.4 Pulsoxymeter

Indikation: Erkennen respiratorischer Störungen (hypoxische Hypoxämie) und Erfolgskontrolle der O_2-Zufuhr bzw. Beatmung.

- Meßfehler, z. B. durch Bewegungsartefakte, unzureichende Perfusion bei Zentralisation oder Hypothermie, Nagellack. Evtl. Meßsonde statt am Finger am Ohrläppchen anbringen
- Überschätzen der Meßwerte (falsch positive Ergebnisse) bei Dyshämoglobinämien: CO-Exposition (z. B. Raucher, Suizidversuch mit Autoabgasen, Rauchgasinhalation) oder Met-Hb (Nitritvergiftung)
- Im Bereich hoher Sauerstoffsättigungen (98–100 %) kann wegen des nichtlinearen Verlaufs der pO_2- und SpO_2-Relation nicht direkt auf den entsprechenden pO_2-Wert (100 oder 500 mm Hg?) geschlossen werden
- Das Pulsoxymeter zeigt den *prozentualen Anteil* des O_2-gesättigten Hb am Gesamt-Hb an →keine Aussage über den *absoluten* O_2-Gehalt des Blutes möglich (Hb-abhängig).

1.7.5 Blutdruckmeßgerät

Messung nach Riva Rocci:

- Palpatorische Methode: Manschettendruck zum Zeitpunkt eines gerade distal der Manschette erstmals tastbaren Pulses → systolischer RR
- Auskultatorische Methode: 1. hörbarer Ton → systolischer RR, völliges Verschwinden der Töne → diastolischer RR

Oszillometrische Messung → systolischer, mittlerer und diastolischer RR. Vorteil: Einstellbare Zeitintervalle und Alarmgrenzen, unabhängig von Umgebungsgeräuschen

- Die Manschettenbreite sollte ca. 40 % des Extremitätenumfangs entsprechen. Zu große Manschette → falsch niedriger Wert. Zu kleine Manschette → falsch hoher Wert
- Schlechte Schalleitung durch Kleidung bzw. Behinderung der Zirkulation durch nach oben geschobene Kleidungsteile → Extremität entkleiden
- Fehlmessungen bei automatischen Geräten z. B. bei ausgeprägten Arrhythmien, starkem Muskelzittern oder Fahrzeugschwingungen.

1.7.6 EKG

Indikation: Routinemäßiges Monitoring aller Notfallpat., v. a. bei Manipulationen am Pat. (z. B. Injektion, Intubation), zur Rhythmusdiagnostik, Diagnosesicherung (Arrhythmien, Myokardinfarkt), Therapiekontrolle bei Defibrillation, Kardioversion und Schrittmachertherapie, ZVK-Lagekontrolle.

Geräte und Leistungsumfang

- Häufig als EKG/Defi-Kombination oder in Multifunktionsmonitoren
- Eingebaute Drucker zur Dokumentation der EKG-Ableitungen; elektronische Speicher (RAM) oder Magnetbandspeicher zur retrospektiven Analyse des Notfallgeschehens (Einsatzbesprechung, Dokumentation)
- Z.T. mit „Diagnose"-Algorithmus zur Interpretation der Ableitungen
- Z.T. Datenübertragung per Funk in ein Krankenhaus zur Interpretation durch einen erfahrenen Kardiologen möglich
- 1-, 3- oder 6-Kanalgeräte
- Die EKG-Ableitung über aufgesetzte Defi-Paddles ist nur zur ersten orientierenden Untersuchung (Kammerflimmern?) geeignet, sehr hohe Artefaktrate
- 3-Pol-Kabel: Ableitung von I, II und III. Monitoring von Herzfrequenz und -rhythmus; keine Infarktdiagnostik möglich
- 5-Pol-Kabel: Ableitung von I, II, III, aVR, aVL, aVF. Bei Plazierung der weißen Elektrode nacheinander auf Position V1 bis V6 ist die Auswertung von 12 vollständigen Ableitungen (6 Extremitäten- und 6 Brustwandableitungen) mit *jedem* EKG-Monitor möglich → Infarktdiagnostik (präklinische Lyse?)
- 10-Pol-Kabel: Ableitung von I, II, III, aVR, aVL, aVF, V1 bis V6 ohne Elektrodenwechsel.

Plazierung der Elektroden

- Positionen für Defi-Elektroden (☞ 1.7.13) freilassen
- Ableitung über Defi-Paddles: Plazierung wie zur Defibrillation (☞ 1.7.13)
- 3-Pol-Kabel: rot rechte Schulter, gelb (Erde) linke Schulter, grün Verlängerung der Herzachse auf Höhe des Bauchnabels (linke Flanke auf der hinteren Axillarlinie)

1

- 5-Pol-Kabel: rot rechter Arm/Schulter, gelb linker Arm/Schulter, grün linkes Bein/Leiste, schwarz rechtes Bein/Leiste, weiß 6 Positionen von V1 bis V6 (☞ Abb. 1.5)
- 10-Pol-Kabel: 4 Extremitätenableitungen (wie 5-Pol-Kabel), 6 Brustwandableitungen (s. Abb. 1.5).

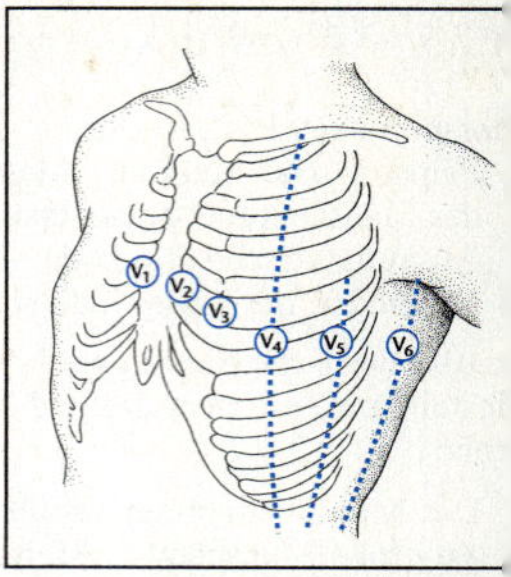

Abb. 1.5: EKG-Brustwandableitungen

- Wichtig ist die korrekte Anlage der EKG-Elektroden. Mit den häufig anzutreffenden „Phantasie-Ableitungen" ist nur ein Rhythmus-Monitoring möglich und nahezu jede pathologische Veränderung (ST-Strecke) zu simulieren bzw. zu unterdrücken
- Unregelmäßige kleingezackte Artefakte weisen auf muskuläre Ursachen hin wie z. B. Kältezittern, falsche Lagerung, Angst, M. Parkinson
- Falsche Polung: werden die Elektroden des re und li Armes vertauscht, resultieren negative Kammerkomplexe in Abl. I und aVF
- Durch Elektrodenablösung wird evtl. Kammerflimmern vorgetäuscht.

1.7.7 Laborchemische Schnelltests

- Blut zur Untersuchung aus dem Ansatz der Punktionsnadel oder mittels Lanzette aus Fingerbeere, Ohrläppchen, Ferse bei Kindern gewinnen (meist 1 Tropfen ausreichend)
- Zahlreiche Fehlerquellen durch Fehlbedienung und durch Abpressen von Kapillarblut
- Regelmäßige Funktionskontrollen mit Kontrollösungen erforderlich.

Blutzucker

- *Indikation:* sämtliche Bewußtseinsstörungen, Therapiekontrolle
- *Durchführung:* Blutstropfen auf Teststreifen (z. B. Glucostix®) aufbringen. Nach definiertem Zeitintervall (meist 1 Min., s. Gebrauchsanleitung) Blut abwischen und Farbton des Teststreifens mit der Farbskala der Verpackung vergleichen. Genauere Auswertung durch Reflexionsphotometer (z. B. Reflotron®: Meßergebnis unabhängig von den Lichtverhältnissen und der Farbwahrnehmung des Untersuchers). Normalwert 60–120 mg/dl.

Hämoglobin

- *Indikation:* V. a. größeren Blutverlust
- *Durchführung* (z. B. HemoCue®): Meßküvette mit Blut füllen und in das Gerät einschieben und Meßwert ablesen. Normalwert 12–16 g/dl.

Die präklinische Hb-Bestimmung hat nur eine sehr eingeschränkte Relevanz. Bei akuter Blutung nimmt das Blutvolumen, nicht der Hb-Wert ab. Außerdem ergeben sich für die präklinische Versorgung keine therapeutischen Konsequenzen, da keine Blutkonserven verfügbar sind.

Troponin T

- *Indikation:* V. a. Myokardinfarkt.
- *Durchführung:* Mit Pipette 150 µl heparinisiertes oder EDTA-Blut in das Testfeld des TROPT®-Stick geben, Ergebnis nach 5 – max. 20 Min. ablesen: ein Kontroll-

strich zeigt die korrekte Funktion an, ein zusätzlicher Strich bedeutet ein positives Meßergebnis. ***Cave***: Eine Ausschlußdiagnostik ist mit diesem Test nicht möglich.

rogenscreening

Indikation: V. a. Intoxikation. Testkarten verfügbar für Amphetamine, Metamphetamine, Barbiturate, Benzodiazepine, Cannabinoide, Kokain, Methadone, Opioide, PCP's.

Durchführung: Vier Tropfen Urin auf das Testfeld (z. B. microLine®) geben. Nach 5–10 Min. kann das Ergebnis abgelesen werden: Ergebnis negativ bei zwei Strichen im Testfeld, ein Strich bedeutet den positiven Nachweis der Droge oder ihrer Metaboliten.

1.7.8 Blutgasanalyse-Gerät

Indikation: Kontrolle des Säure-Basen-Status bei Reanimation ($NaHCO_3$-Gabe) bzw. beatmeter Pat. bei längeren Transportwegen

Durchführung: Bei manchen Geräten ist vor jeder Messung eine Kalibration notwendig. Mit Blut (art. oder arterialisiertes Kapillarblut) gefüllte Kapillare in das Meßgerät einstecken und Anzeige des Meßergebnisses abwarten. ***Cave:*** manche Geräte sind bei Temperaturen > 30 °C nicht mehr funktionsfähig.

1.7.9 Beatmungsgerät

tandardbeatmungsmuster

Kontrollierte Beatmung (IPPV, *intermittent positive pressure ventilation*): Beatmungsform der Wahl beim Pat. ohne Spontanatmung. Sämtliche Beatmungsparameter werden vom Beatmungsgerät vorgegeben. Der intrapulmonale Druck in den Atemwegen fällt auf max. 0 cm H_2O, wird jedoch nie negativ wie bei Spontanatmung

PEEP-Beatmung (*positive endexpiratory pressure*): kontrollierte Beatmung, bei der der intrapulmonale Druck max. auf einen voreingestellten Mindestdruck abfällt (z. B. 5 cm H_2O)

Mischform aus maschineller Beatmung und Spontanatmung (SIMV, *synchronized intermittent mandatory ventilation*): der Pat. kann in vorgegebenen, regelmäßigen Pausenzeiten spontan atmen, während in der Zwischenzeit mandatorische Beatmungshübe eine Mindestventilation sichern.

Spontanatmung mit positivem Atemwegsdruck (CPAP, *continuous positive airway pressure*): Spontanatmung, bei der der intrapulmonale Druck nicht unter einen voreingestellten Mindestdruck abfällt. Mit speziellen Geräten oder behelfsmäßig mit Maske und PEEP-Ventil.

instellungen am Beatmungsgerät

F_iO_2 wählbar zwischen 1,0 oder 0,6 (z. T. 0,45; 0,5)

Einstellung der Beatmungsparameter geräteabhängig: AMV und Frequenz (V_T = AMV : f) oder Atemzugvolumen (V_T) und Frequenz (AMV = $V_T \times f$)

Fakultativ: variable inspiratorische Druckbegrenzung, I:E-Verhältnis, Triggersignal, PEEP; exspiratorisches Minutenvolumen.

Bei maschineller Beatmung immer sorgfältige Überwachung (Pulsoxymeter, ggf. Kapnographie)

- Für die Beatmung von Kleinkindern und Säuglingen sind die Transportbea mungsgeräte ungeeignet → manuelle Beatmung mittels Kuhn'schem Syste oder Beatmungsbeutel
- Ab einem Flaschendruck von ca. 20 bar ist keine korrekte Respiratorfunktio gewährleistet → Flasche wechseln.

1.7.10 Absaugpumpe

- *Indikation:* Verlegung von Nasen-, Mund- und Rachenraum, Aspiration. Vak ummatratze entlüften.
- RTW: stationäre (elektrische) Absaugpumpe oder akkubetriebene Absaugpum pe, die über das Bordnetz des Fahrzeugs aufgeladen wird und auch mobil b trieben werden kann (bester Kompromiß zwischen Leistung und Handling)
- Sonstige transportable Modelle: Hand- oder fußbetriebene Produkte (mäßig Saugkraft). Bessere Leistung bieten gasbetriebene Absaugpumpen, die nac dem Injektorprinzip mit Druckgas (O_2) arbeiten und meist in Notfallkoffer eingebaut sind. ***Cave:*** hoher Gasverbrauch (bis 20 l/Min.).

1.7.11 Kapnometer

- *Indikation:*
  - Unterscheidung von trachealer und ösophagealer Tubuslage (alle Modelle)
  - Kontinuierliche Überwachung der Beatmung bezüglich Tubuslage, Disko nektion oder Stenose (nur elektronische Kapnometer)
  - Steuerung des Atemminutenvolumens zur Erzielung einer Normo- bzw. Hy perventilation (nur quantitative Kapnometer)
- Kapnographie: digitale CO_2-Anzeige und Kurvendarstellung → Plausibilität kontrolle und Interpretationshilfe.

Tab. 1.6.: Kapnometer

CO_2-Anzeige	Aussage	Gerätebeispiel
Elementar qualitativ	CO_2 vorhanden: ja/nein	MiniCAP® III
Semiquantitativ	Abschätzung der CO_2-Konzentration innerhalb bestimmter Skalen (Anzahl geräteabhängig)	EASY CAP® (3-stufige Skala) Statcap® (8-stufige Skala)
Quantitativ	digitale CO_2-Anzeige	Normocap®, Capnogard®; Multifunktionsmonitore

- Effektiver und sicherer Einsatz nur bei Spontankreislauf. Unter Reanimat onsbedingungen (☞ 3.4) u.U.z.B. kein CO_2-Nachweis trotz korrekter Tubu lage
- Semiquantitative Kapnometrie erlaubt keine differenzierten Aussagen („U schärfe“ der CO_2-Werte in bestimmten Bereichen → nur grobe Orientierung)

- Kapnometrie ohne BGA-Abgleich fehlerbehaftet. Einstellung des AMV nach CO_2 trotzdem sinnvoller, als nach Schätzung des KG
- Für den RD besonders geeignet: Kapnographie als Teil eines Multifunktionsmonitors.

1.7.12 Spritzenpumpe („Perfusor®", „Injektomat®")

- *Indikation:* Kontinuierliche Zufuhr hochwirksamer Pharmaka mit kurzer Halbwertszeit (z. B. Katecholamine, Vasodilatoren, Bronchodilatoren, Antiarrhythmika, Anästhetika)
- Netzunabhäng durch Akkubetrieb
- Zubehör (Spritzen, Leitungen) häufig herstellerspezifisch und nicht mit anderen Fabrikaten kompatibel → Mehrarbeit und Mehrkosten beim Wechsel des Rettungsmittels (RTW – RTH, RTW – Klinik)
- Neuere Produkte haben z. T. 2 bis 6 voneinander unabhängige Kanäle.

1.7.13 Defibrillator (☞ 3.4.11)

- *Indikation:*
  - Kammerflimmern oder -flattern, therapierefraktäre Asystolie → unsynchronisierte Defibrillation
  - Vorhofflimmern oder -flattern, symptomatische Tachykardien → synchronisierte Defibrillation (Kardioversion)
- Geräte:
  - Halbautomatische Defibrillatoren: Rhythmusdiagnose (Kammerflimmern: ja/nein) und Aktivierung des Ladevorgangs auf eine vorgegebene Energie durch das Gerät, Impulsabgabe durch Drücken der Entladetaste durch den Anwender; Speichermedien zur Dokumentation und späteren Analyse von EKG und z. T. von Betriebsdaten oder Umgebungsgeräuschen bzw. Stimmen
  - Manuelle Defibrillatoren: Energiewahl, Laden und Entladen durch den Anwender.

1.7.14 Herzschrittmacher (☞ 3.4.12)

Indikation: Adam-Stokes-Anfall, hämodynamisch wirksame SA- oder AV-Blockierungen oder Bradykardien, die pharmakologisch nicht beeinflußbar sind.

- *Elektrodenpositionierung bei transkutaner Stimulation:* vordere negative Elektrode (FRONT): präkordial links parasternal (Wilson-Ableitung V4), hintere positive Elektrode (BACK): zwischen Wirbelsäule und unterem linkem Schulterblattrand; beide Elektroden sollten sich möglichst gegenüber liegen (☞ Abb. 3.12)
- *Arbeitsmodi:* starrfrequent (FIX-Modus, V00) oder inhibiert (DEMAND- oder INHIBIT-Modus, VVI)
- *Einstellungen:* Frequenz und Impulsstärke (Spannung, Stromstärke, Impulsbreite) sowie die Sensing-Schwelle (nur bei VVI).
- Kontrolle der korrekten Funktion durch Frequenzzählung (manuell oder Pulsoxymeter), da die elektrische Aktivität im EKG von der mechanischen Systole differieren kann!

1

1.7.15 Thermometer

- Für den RD besonders geeignet sind elektronische Thermometer (Bruchgefahr und eingeschränkter Meßbereich bei Quecksilber-Fieberthermometern)
- Einige Multifunktionsmonitore haben eine Temperaturmessung über verschiedene Sonden (rektal/ösophageal/dermal/vesikal/epitympanal) integriert.

1.8 Risiken und Sicherungsmaßnahmen der Einsatzstelle

1.8.1 Gefahren der Einsatzstelle erkennen

- Bereits *bei der Anfahrt* zur Einsatzstelle das *Alarmstichwort* (Baugrubeneinsturz, Wohnungsbrand, Eisunfall) hinsichtlich potentieller Gefahren auswerten
- Zunächst Überblick verschaffen und die eigene Gefahrenlage beurteilen. Ein bewährtes Schema zur Gefahreneinschätzung ist die *„4A1C4E"-Merkregel.* Durch die 9 „Bausteine der Gefahrenanalyse" können alle denkbaren Gefahren einer Einsatzstelle erfaßt werden:
  - **A1** *Ausbreitung der Gefahr.* **A2** *Atemgifte.* **A3** *Angstreaktion.* **A4** *Atomare Gefahren*
  - **C** *Chemische Gefahren*
  - **E1** *Explosion, Stichflamme, Brand.* **E2** *Elektrizität.* **E3** *Einsturz, Absturz.* **E4** *Erkrankung, Verletzung*

Beispiele für drohende Gefahren:
- *Ausbreitung:* Ausweitung eines Brandes, Nachfließen eines Gefahrgutmediums nach Leckage, Folgeunfälle auf einer Schnellstraße
- *Atemgifte:* Austretendes Gas aus einer defekten Leitung, Rauchgase bei Bränden, CO_2 in Gärkellern und Silos
- *Angstreaktion:* Angstzustände bei Pat., Angehörigen oder Passanten (z.B. Fenstersprung bei Brandgefahr). Überstürztes, unorganisiertes Handeln der Hilfeleistenden
- *Atomare Gefahren:* Unfälle und Defekte an kerntechnischen Anlagen
- *Chemische Stoffe:* in Industrieanlagen, bei Transportunfällen
- *Explosion, Stichflamme, Brand:* durch entzündbare oder explosible Gase, Dämpfe, Nebel, Schwebstoffe, Defibrillation in explosiblem Gas-/Luftgemisch, Treibstoffdämpfe
- *Elektrizität:* durch vorhandene (Person unter U-Bahn, Kabeldefekt), durch nicht vorhandene (Beleuchtungsausfall, Ausfall der Aufzugstromversorgung)
- *Einsturz/ Absturz:* Bauunfälle, nach Explosion geschwächte Bauteile, Nachrutschen von Erdmassen, Umkippen labiler Lasten
- *Erkrankung und lebensbedrohliche Zustände:* Infektionsgefahr, Schädigung durch Einsatzmaßnahmen (Funkenflug bei Trennschleiferarbeiten, Herumfliegen abgetrennter Metallteile).

1.8.2 Einsatzstelle sichern

- Bei Ankunft Einsatzfahrzeug möglichst weit rechts abstellen
- Warnblinkanlage einschalten. Blaulicht nur bei sehr unübersichtlich gelegener Unfallstelle laufen lassen, hoher Batteriestromverbrauch
- Warndreieck mind. 50 m vor Einsatz-/Unfallstelle aufstellen, mind. 100 m bei schnellfließendem Verkehr (auf Autobahnen 200 m) sowie vor unübersichtlichen Kurven oder Kuppen (Abstand zwischen den Leitpfosten beträgt 50 m)

Bei speziellen Gefährdungen entsprechende Maßnahmen ergreifen bzw. veranlassen:

- Bei Gefährdung durch fließenden Verkehr Sperrung oder Umleitung veranlassen
- Bei Freisetzung von gesundheitsgefährdenden Stoffen, Brand, Absturz, Einsturz oder Elektrizität unverzüglich technische Hilfe (Feuerwehr, ggf. Stadtwerke, Stromversorgungsunternehmen, THW) nachfordern
- Bei Anhaltspunkten für ein hohes Gefährdungspotential Einsatzstelle nicht vor Sicherung und Freigabe durch technische Hilfe betreten
- Bis zum Eintreffen technischer Hilfe, Gefährdungszone räumen und absperren lassen
- Bei der Einschätzung des Gefahrenbereichs bei Bränden, giftigen oder radioaktiven Stoffen Ausbreitung durch Wind, Wasser, oder Nachfließen bei Leckage bedenken
- Bei Brand oder Explosionsgefahr Zündquellen fernhalten. Elektrische Geräte (auch Defi) und Fahrzeugzündanlagen ausschalten, Notabschaltung von stromführenden Leitungen veranlassen, absolutes Rauchverbot
- Einsturzgefährdete Gebäude und Baugruben sowie durch herabstürzende Teile gefährdete Bereiche abschätzen und räumen lassen
- ***Cave:*** Eigensicherung niemals vernachlässigen! Sicherheit vor Schnelligkeit!

1.8.3 Eigensicherung

Eigensicherung durch permanente sorgfältige Beobachtung und Beurteilung der speziellen *Schadenslage* sowie der daraus drohenden *Gefahren* (☞ 1.8.1), Tragen einer angemessenen persönlichen *Schutzausrüstung, gesundheits- und sicherheitsbewußtes Verhalten* sowie ausreichenden *Impfschutz* (Tetanus, Hepatitis B, Poliomyelitis).

Schutzausrüstung

Da das Umfeld eines Einsatzes und eines evtl. direkt daran anschließenden Folgeeinsatzes nie vorhersehbar sind (z. B. Regen, Eisglätte, splitterndes Glas, spritzende Flüssigkeiten, spitze Metallteile, offenes Feuer, Dunkelheit, bissige Hunde) immer Schutzausrüstung tragen (Schutzkleidung, Schuhwerk) bzw. mitführen (Kopfschutz, Handschuhe, Atemschutz).

- *Schutzkleidung:* Overalls oder die Kombination aus Einsatzjacke und (Latz-)Hose mit guter Signalwirkung (fluoreszierend hellrot oder orange) mit zusätzlich aufgenähten Reflexstreifen nach DIN EN 471 (früher: DIN 30177). Material: nur chemisch-thermisch-mechanisch stabile Gewebe (nach DIN EN 533) empfehlenswert, z. B. aus Schurwolle (flammhemmend) oder Polyaramid-Fasern (z. B. NOMEX III®); eine Kombination mit atmungsaktiven Geweben (mikroporös) nach DIN EN 343 verbessert Wetterschutz und Tragekomfort. ***Cave:*** Absolut ungeeignet und gefährlich sind als Einsatzbekleidung OP-Kleidung, Freizeitbekleidung oder ein Arztkittel
- *Schuhe:* durchtrittsichere, chemiekalienbeständige, grobstollige Sohlen. Zehenschutz durch Stahlkappe. Einschluß des Sprunggelenks verhindert Distorsionen. Neben Unfallschutzschuhen aus der Industrie eignen sich insbesondere Feuer-

wehreinsatzstiefel (nach DIN EN 345, S 3; früher DIN 4843, S 9) oder gleichartige Anfertigungen speziell für den RD (nach DIN EN 4843, S 1). ***Cave:*** Turnschuhe, Sandalen und „Klinik-Clogs" sind absolut ungeeignet

- *Kopfschutz:* Feuerwehrhelm nach DIN EN 443 (früher DIN 14940) mit aufklappbarem Gesichtsvisier, Nackenleder (z.B. bei Verkehrsunfall, Baustelle, Brände), nachleuchtender Farbe und umlaufendem Reflexband
- *Handschuhe:* generell Einmalhandschuhe aus Latex oder Kunststoff nach DIN EN 455 verwenden (Infektionsschutz, kein Schutz vor mechanischen Verletzungen). Bei Einsätzen mit Verletzungsgefahr (z.B. technische Rettung) über den Latexhandschuhen zusätzlich Schutzhandschuhe mit langen Lederstulpen nach DIN EN 659 (früher DIN 4841) tragen
- *Atemschutz:* Für RD-Mitarbeiter nur in extrem seltenen Fällen erforderlich (Aufenthalt i.d.R. nur im sicheren Bereich; Rettung der Pat. aus Gefahrenbereich z.B. durch Feuerwehr). Ohne entsprechende Ausbildung (z.B. bei einer Feuerwehr) ist der Einsatz eines umluftunabhängigen Atemschutzgerätes (Preßluftatmer) nicht zulässig, risikobehaftet und gefährlich. Als Fluchtmaske *in offenem Gelände* kann allenfalls eine Atemschutzmaske mit einem „Universal-Filter" (Klasse ABEK2-CO-P3) vorgehalten werden.

Verhaltensregeln am Einsatzort

- Brennende oder einsturzgefährdete Gebäude und ungesicherte Baugruben keinesfalls betreten
- Bei Atemgiften Sicherheitsabstand wahren (auf Windrichtung achten)
- Spannungsführende Teile erst nach sicherer Freischaltung berühren, bei Hochspannung (Fahrdraht) Abstand halten
- Bei Rettungsmaßnahmen mit schwerem Gerät Abstand wahren oder zumindest Schutzkleidung tragen:
  - Funkenflug bei Trennschleifereinsatz → Helm mit Visier oder Schutzbrille, Handschuhe
  - Mechanische Spannungen können sich plötzlich entladen (Herumfliegen von Metallteilen bei Einsatz von Rettungsspreizern oder -scheren bzw. von Holzteilen beim Durchtrennen umgestürzter Masten oder Bäume) → Sicherheitsabstand, Helm
- Verunfallte Gefahrguttransporte erst von Feuerwehr oder THW untersuchen lassen, Kontamination mit freigesetzten Stoffen vermeiden.

Sicherheitsmaßregeln im Umgang mit gebrauchten Kanülen und Skalpellen

- Sofort nach Gebrauch in sichere Behälter entsorgen, niemals Kappe wiederaufsetzen, Instrumente mit Klingen und Spitzen nach Blutkontakt selbst entsorgen, scharfe oder spitze Gegenstände nicht übergeben

Im Falle einer Selbstverletzung kurze Inspektion: Verletzungstiefe, Blutgefäße betroffen?

- Bei blutender Wunde:
  - Extremität nach unten halten, bluten lassen
  - Wunde möglichst rasch mit Seife unter fließendem Wasser reinigen, danach großzügig mit einem viruswirksamen Hautdesinfektionsmittel desinfizieren
  - Verletzung dokumentieren (D-Arzt-Bericht)
  - Versuch, Pat. serologisch untersuchen zu lassen (Hepatitis, bei HIV Zustimmung des Pat. erforderlich)
  - Eigene serologische Untersuchung und Kontrolle nach 6 und 12 Wochen, ggf. auch noch später (bei positivem Ergebnis Mitteilung an die BG → Anerkennung als Berufskrankheit)

- Ggf. Simultanimpfung gegen Hepatitis B, bei *gesicherter* HIV-Infektiosität Prophylaxe mit Kombinationstherapie (z. B. AZT, Lamivudin, Indinavir) erwägen. Die Behandlung sollte innerhalb von 2 h nach der Verletzung beginnen. Risiko einer HIV-Infektion liegt bei 0.3 %. Es wird größer, wenn das Stichobjekt äußerlich mit Blut kontaminiert war, der Stich sehr tief geht oder sich die verletzende Hohlnadel zuvor in einem Gefäß des Pat. befand. Kontakt mit einer Institution mit Erfahrung in HIV/AIDS-Therapie aufnehmen. Empfehlungen und Verhaltensregeln („Überlegungen zur Postexpositionsprophylaxe nach beruflicher HIV-Exposition") können auch über die Internet-Website (unter „Infektionskrankheiten") des Robert-Koch-Instituts (☞ 21.9.4) abgerufen werden
- Bei nicht spontan blutender Wunde kurz auf die Umgebung der Wunde drükken: wenn Blut austritt (Blutgefäß penetriert) vorgehen wie bei spontan blutender Wunde (s. o.). Andernfalls Hautdesinfektion
- Bei einer Kontamination von Schleimhaut oder entzündlich veränderten Hautarealen schnellstmöglich gründlich mit viel Wasser spülen
- Bei einer Kontamination der Mundschleimhaut Mundhöhle und Rachen mit einer 20–30 %igen alkoholischen Lösung gründlich spülen.

Keine längeren mechanischen Manipulationen an der Verletzung. Wunde nicht ausschneiden. Kontrolle des eigenen Infektionsstatus (HIV, HBV, HCV) sofort, nach 6 Wochen, 3 und 6 Monaten.

Rückenschonendes Arbeiten

RD-Mitarbeiter sind besonders exponiert für Wirbelsäulenprobleme (z. B. Heben von Pat.).

- Vor dem Anheben *immer* in die Knie gehen
- Den Rücken möglichst gerade halten
- Immer mit beiden Armen gleichzeitig anheben
- Nicht ruckartig anheben
- Rumpfrotation unter Last vermeiden
- Evtl. Hebegurte verwenden.

1.8.4 Einsätze in problematischen Umfeldern

RD-Mitarbeiter können an der Einsatzstelle evtl. eine unklare Situation vorfinden, Opfer krimineller Handlungen werden oder mit aggressiven Pat. oder gewaltbereiten Personen konfrontiert werden.

Allgemeine Einsatzvorbereitung

- Mit erfahrenen RD-Mitarbeitern reden bzw. den Lokalteil der Tageszeitung lesen: Wo sind *Gewalt- und Unfallschwerpunkte* des Einsatzgebietes (Bahnhofsbereich, Randgruppenviertel, Asylantenheime, „Problemkneipen", Drogenhandelsplätze)
- Erfahrungsaustausch mit Kollegen über erlebte Gefahrensituationen und ihre Bewältigung
- Vorbeugende Beratung durch die örtliche Polizeidienststelle über das Verhalten in Gewaltsituationen
- Möglichkeiten zum Absetzen eines *Notrufes bei Eigenbedrohung:* Funk (☞ 1.3.3), öffentliche Notrufmelder, Telefone an der Einsatzstelle, Sondersignal, Hupsignale, lautes Rufen nach RTW-Besatzung
- Ggf. mit der RLSt ein harmlos oder medizinisch klingendes Kodewort vereinbaren, damit auch im Beisein des Pat. mitgeteilt werden kann, daß eine akute Bedrohung durch den Pat. oder andere Personen vorliegt (Stichwort „Polizei" → mögliche Aggressionen)

- Ggf. mit der RLSt abklären, wie verfahren wird, wenn sich ein RD-Team 30 Min. nach Eintreffen an der Einsatzstelle nicht mehr gemeldet hat? Fährt jemand zum Nachsehen?

Aktuelle Einsatzvorbereitung

Gedanklich auf Gewaltsituationen einstellen bei

- Fußballspiel mit gewaltbekannten „Fans" (Hooligans), Volksfest
- Demonstrationen
- Einsatzstichwort, z. B. „Geiselnahme", „Überfall", „Drogennotfall", „Kindesmißhandlung", „angetrunkene Person", „Schußverletzung"
- Stadt-/polizeibekannter Alarmadresse.

Grundsätzliches Sicherheitsverhalten

- Fahrzeug nach Möglichkeit so abstellen, daß eine rasche Abfahrt ohne aufwendige Auspark- und Wendemanöver gewährleistet ist
- Schutzkleidung anlegen (Helm, Handschuhe)
- Fahrzeug beim Verlassen immer abschließen (eigener Schlüssel für jedes Besatzungsmitglied, Zentralverriegelung)
- Prüfen, ob Name und Adresse vor Ort mit der Meldung übereinstimmen. Wenn nicht, vor Betreten des Gebäudes Leitstelle informieren. Korrekturmeldungen z. B. über Stockwerksnummern durchgeben
- Bei Dunkelheit Taschenlampe/Handscheinwerfer seitlich vom Körper weghalten; beim Betreten zwielichtiger Plätze uneinsehbare Stellen ausleuchten (z. B. kurzer Blick hinter Müllcontainer)
- Bedrohlich wirkende Personen höflich aber bestimmt ansprechen und wie zufällig mit Handscheinwerfer blenden
- Bei unklaren Notfallsituationen:
  - Ggf. Polizei nachalarmieren, evtl. auf Eintreffen warten
  - Mit den RD-Mitarbeitern unverfängliches Stichwort für einen sofortigen Abzug ausmachen
  - Umgebung einprägen, mögliche Fluchtwege?
  - Bei (angeblich) bekanntem Aufenthaltsort des Pat. nach Möglichkeit immer dorthin führen oder begleiten lassen
  - Nicht hastig oder zögerlich, sondern mit ruhigen Schritten bewegen (keine Angst oder Unsicherheit anmerken lassen). In Distanz zu anderen RD-Mitarbeitern gehen (kein einheitliches Ziel für möglichen Angreifer bieten). Im Stand Beine nicht parallel, sondern versetzt stellen und vorderes Bein belasten (schnellere Rückzugsmöglichkeit bei Überraschungsangriff)
  - Immer 2 bis 3 Schritte Mindestabstand von Umstehenden bzw. Rücken zur Wand halten (Schutz vor unvermittelten Angriffen)
  - Niemals unmittelbar vor eine verschlossene Wohnungstüre, sondern immer neben den Türpfosten stellen, der zum Treppenhaus führt (Möglichkeit zum sofortigen unversperrten Rückzug Richtung Treppenhaus, Aufenthalt außerhalb des Schußbereichs)
  - Wird die Tür geöffnet, Abstand von 2 bis 3 Schritten halten und den Notfallkoffer mit angewinkeltem Arm auf Brusthöhe tragen (Schutzschild gegen Messerstiche oder Schläge)
- Gerät man in einen Hinterhalt, ggf. trotz alleiniger Anwesenheit bluffen, z. B. durch Zuruf an nicht anwesende RA Richtung Straße: „Thomas, Karl, hier gibt es Ärger, schickt die beiden Polizisten her"
- Ein Feuerlöscher, der abgeblasen wird, ist ein relativ harmloses, aber effektives Selbstverteidigungsmittel.

Verhalten bei Bedrohung durch Hunde

- Auf Türbeschriftung „Vorsicht Hund" achten; Hunde an die Leine nehmen oder in Zimmer sperren lassen
- Bei überraschender Konfrontation sofort stehenbleiben. Scharfes „Zurück"-Kommando. Hund ansehen, aber nicht in die Augen sehen, möglichst nicht bewegen, nicht weglaufen (→Jagdtrieb), evtl. ganz ruhig weitergehen
- Bei Angriff: Körper mit Notarztkoffer schützen, andernfalls einrollen, Kopf zur Brust ziehen, um Kehle nicht zu zeigen, wenig Körperteile exponieren. „Tot spielen". Notfalls kräftiger Schlag auf die Hundenase, Finger in die Augen des Hundes drücken oder Unterkiefers mit einer Hand festhalten und mit der anderen Hand Halsband greifen (Handschuhe!). Evtl. Maul zubinden.

Verhalten gegenüber aggressiven Patienten (☞ auch 10.3.2)

- „Unkooperativer" Pat. (☞ 1.4.1)
- Bei „Zwangseinweisung" (☞ 10.1.2) Polizei hinzuziehen
- Ständig mit dem Pat. reden („talk down"), Vertrauensbasis schaffen, ihn davon überzeugen, daß nur das „Beste" für ihn getan wird
- Bei Angst vor polizeilicher „Verfolgung" Hinweis auf die ärztliche Schweigepflicht
- Niemals körperliche Gewalt gegen Pat. anwenden („Gewaltmonopol" der Polizei); ggf. Verzicht auf diagnostische und therapeutische Maßnahmen bzw. Abbruch des Transportes
- Bei Gewaltanwendung durch Pat.:
  - Prinzipiell jegliche physische Konfrontation vermeiden
  - Im RTW Pat. zum Aussteigen auffordern, notfalls eigener Rückzug
  - Vorsicht vor „Bewaffnung" des Pat. mit medizinischem Material und Gerät.

Verhalten bei gewalttätigen Ausschreitungen oder kriminellen Handlungen

- Bereits bei der Anfahrt über Funk Art der Notlage bzw. des dazugehörigen Umfeldes soweit möglich erkunden
- Nicht mit NAW in „Krisengebiet" einfahren. Fluchtmöglichkeiten? An vorsätzlichen Hinterhalt und Versperrung des Rückzugweges denken
- An der Einsatzstelle vorrangig Kontakt zum Einsatzleiter der Polizei suchen, um eine kompetente Lageeinschätzung zu erhalten
- Ist die Polizei nicht vor Ort, genaue Lagebeschreibung an die RLSt absetzen, um der Polizei die Möglichkeit zur Entsendung ausreichender Kräfte zu geben
- Keine eigene Gewaltbereitschaft zeigen. Bestimmtes und souveränes, aber kein provozierendes Auftreten und Handeln. Deeskalation als Mittel der Wahl. Weisungen der Polizei folgen
- Bei Angriffen sofortiger Rückzug bzw. Deckung suchen
- Muß ein Einsatzfahrzeug inmitten einer aufgebrachten Menschenmenge fluchtartig verlassen werden, ggf. Funkgerät unbrauchbar machen (z. B. Durchschneiden der Stromzuführung und des Mikrofonkabels, Kanal verstellen) →Mißbrauch des Funkgeräts (Abhören und Stören des Funkverkehrs) durch Dritte erschwert
- In Situationen mit feindseliger oder aggressiver Stimmung versuchen, aus der aufgebrachten Menschenmenge den „Rädelsführer" ausfindig zu machen und mit diesem ins Gespräch zu kommen („talk down"; Erläuterung und Begründung der eigenen Maßnahmen)
- Ggf. den Pat. vor Verladung in den RTW von der Polizei nach Waffen durchsuchen und fesseln lassen

- Schutzmaßnahmen:
  - Evtl. getragenes Namensschild entfernen (Klettband) oder mittels Heftpflaster abkleben → Vermeiden späterer persönlicher Repressalien
  - Persönliche Schutzausrüstung (☞ 1.8.3), ABC-Schutzmaske/Atemschutzmaske (Reizgas, CS) verwenden
  - Türen des NEF bzw. RTW während der Fahrt durch Menschenmengen und am Einsatzort verschlossen halten
- Feuerlöscher und Löschdecke (Wolldecke) einsatzbereit halten.

1.9 Großschadensfall

1.9.1 Besonderheiten

Tab. 1.7: Ausmaß von Schadenslagen

	Notfall	Großschadensfall	Katastrophe
Gefährdung/ Schädigung	Einzelner Personen und/ oder Sachgüter	Zahlreicher Menschen und Sachgüter	Zahlreicher Menschen und Sachgüter, wesentlicher Lebensgrundlagen u. Versorgungsstrukturen größerer Bevölkerungskreise
Begrenzung (örtlich/zeitlich)	Lokal/kurzfristig	Regional/kurz- bis mittelfristig	Regional oder überregional/ i. d. R. mittel- bis langfristig
Bewältigung durch	Örtlich verfügbare, sofort einsetzbare, einzelne RD-Teams bzw. Rettungsmittel	Zusätzliche Ausschöpfung aller regional verfügbaren RD-Kräfte und Reserven	Zusätzlich überregionale Organisationen, Behörden u. Stellen unter Leitung einer KatS-Behörde

- Die *Übergänge* zwischen den Kategorien „Notfall", „Großschadensfall" und „Katastrophe" sind fließend und werden wesentlich durch die örtliche Infrastruktur, das soziale und wirtschaftliche Gefüge der betroffenen Bevölkerung sowie Vorkehrungen für den Ereignisfall bestimmt.
- Im *Einsatzfall unterhalb der Katastrophenschwelle* werden die alarmierten Behörden und Organisationen mit Sicherheitsaufgaben (BOS) zunächst selbständig nebeneinander tätig
- Ein Großschadensfall liegt vor, wenn die Anzahl der Verletzten oder Erkrankten oder die Schwere der gesundheitlichen Schädigung die Kapazität des regulären RD übersteigt
- Am Schadensort wird in der Regel unter der Führung des Einsatzleiters der Feuerwehr (FW-EL) eine *Technische Einsatzleitung* (TEL) gebildet, die sich aus fachlich kompetenten Fachgruppenleitern zusammensetzt

- Der Leitende Notarzt (LNA) fungiert hier als Fachgruppenleiter „Medizinische Versorgung". Ihm zur Seite steht der Organisatorische Leiter Rettungsdienst (OrgL), zuständig für die rettungsdienstlich taktisch-organisatorischen Aspekte der Schadenslage.

Einsatztaktische Grundsätze:
- Menschenrettung und Schutz von Menschen haben absoluten Vorrang
- Einsatzschwerpunkte bilden und Kräfte nicht überfordern, Zersplitterung von Kräften vermeiden
- Einsatz angemessener Mittel
- Rechtzeitig Kräfte und Material nachfordern, Anpassung an veränderte Situationen
- Klare und eindeutige Handlungsanweisungen geben
- Abgewogene Eigeninitiative ermöglichen.

Ziel medizinischer und organisatorischer Überlegungen beim Massenanfall von Verletzten ist die schnellstmögliche Wiederherstellung und Aufrechterhaltung der individualmedizinisch orientierten Notfallversorgung.

1.9.2 Frühphase

Grundregeln zur Aufstellung von Einsatzfahrzeugen des Rettungsdienstes

- Erstes Fahrzeug zur Absicherung der Einsatzstelle (falls notwendig)
- Fahrzeuge außerhalb des Gefahrenbereiches abstellen
- Rückzugsmöglichkeit offenhalten, Fahrzeuge nach späterer Abfahrtsrichtung ausrichten
- Zugang zur Einsatzstelle für Einsatzfahrzeuge der FW und des RD offenhalten
- Durchführung der RD-Maßnahmen nicht behindern (z. B. Einsatz von Drehleitern).

Lageerkundung und Lagemeldung

Auf den ersten Blick erkennen, daß das Team überfordert, d. h. personell und materiell nicht ausreichend in der Lage ist, um die Vielzahl der Verletzten zu versorgen → nicht durch Therapie Einzelner die Hilfe für alle verzögern!

- Rückmeldung an die Rettungsleitstelle über den Großunfall und LNA sowie Organisatorischen Leiter anfordern
- Erste orientierende Lageerkundung unter besonderer Beachtung des Eigenschutzes: ungefähre Anzahl der Verletzten, Schwere der Verletzungen, technische Hilfe erforderlich?
- Falls eine technische Einsatzleitung schon vor Ort ist, Kontakt aufnehmen und sich über die Lage informieren lassen
- Gezielte Lagemeldung über Anzahl und Schweregrad der Verletzten, über benötigte Rettungsmittel, technische oder organisatorische Hilfen (Feuerwehr, Polizei). Ziel: frühestmöglich personelle und materielle Verstärkung an der Einsatzstelle.

Erste Maßnahmen

Unter der Zwangssituation, mit wenigen Einsatzkräften eine große Zahl von Patienten versorgen zu müssen, gelten folgende *Einsatzgrundsätze:*

- Der ersteintreffende NA übernimmt die Funktion des LNA, bis dieser eintrifft
- Hilfeleistung beschränken auf die Durchführung einfacher, lebensrettender Sofortmaßnahmen
- Keine verfrühten Abtransporte der ersten oder am lautesten schreienden Verletzten in umliegende Krankenhäuser. Unaufschiebbare Transporte von Pat. mit höchster Versorgungs- und Transportpriorität ohne Arztbegleitung veranlassen. Ziel: Transport- und Aufnahmekapazität für Schwerstverletzte freihalten
- Einsatzschwerpunkte bilden, übersichtliche Verletztensammelstelle einrichten und für nachrückende Einsatzkräfte kennzeichnen. Dabei achten auf Sicherheit vor potentiell schädigenden Umwelteinflüssen, Löschmitteln, Hitze und inhalativen Noxen, Erreichbarkeit für Einsatzfahrzeuge
- Nachrückende Einsatzkräfte bestimmten Einsatzschwerpunkten/Patienten zuteilen
- Unverletzte Personen in die Patientenversorgung einbeziehen. Mögliche Einsatzbereiche: Wegweisen zur Einsatzstelle für nachrückende Kräfte, psychische Betreuung von Pat. (v.a. Kinder und Leichtverletzte), Tragehilfe oder Infusionshalter, Botendienste, Räumarbeiten

Typische Fehler in der Frühphase

- Chaotische Rückmeldungen, mangelnde Funkdisziplin
- Anfahrt der KTW vor den RTW
- Ungeordnete Aufstellung der Rettungsfahrzeuge mit gegenseitiger Behinderung
- Behandlungs- und Transportplätze werden blockiert
- Im weiteren Verlauf unübersichtliche Teamtrennung
- Vorzeitiger Patientenabtransport.

1.9.3 Konsolidierungsphase

Aufgaben des Leitenden Notarztes

Leitung, Koordination und Überwachung sämtlicher medizinischer Maßnahmen an der Einsatzstelle.

Lagebeurteilung

- Während der Anfahrt zur Großschadensstelle hält der LNA Kontakt zur RLSt → erste Informationen über die Schadenslage sowie über Personal- und Materialsituation. Nach Ankunft an der Einsatzstelle erster Informationsaustausch mit den Rettungsdienstkräften vor Ort, mit der TEL und dem OrgL

Beurteilung der Schadenslage

- Anzahl und Art der Verletzten/Erkrankten
- Schadensentwicklung (statisches Ereignis oder dynamischer Verlauf zu erwarten)
- Zusatzgefährdung der Pat., Helfer oder weiterer Bevölkerungskreise

Beurteilung des Einsatzortes

- An- und Abfahrtswege (Kapazität und Qualität)
- Verkehrslage (ggf. Verkehrsleitung oder -sperrung mit der Polizei absprechen)
- Hubschrauberlandemöglichkeit (Bebauung, Bewuchs)
- Geeignete Sammelstellen (Witterungsschutz, Beleuchtung, Zugänglichkeit)
- Potentielle Risiken (Einsturzgefahr, Feuer, Chemikalien, Rauchgase, Löschwasserabfluß)
- Bei unklarem Gefährdungspotential bei industriellen Großschadensfällen Kontaktaufnahme mit Informationssystemen (z. B. Gefahrgutdatenbanken) oder Informationssystemen der chemischen Industrie (TUIS, ☞ 21.12)

Beurteilung der eigenen Lage
- Zahl, Qualifikation und Belastbarkeit der eigenen Einsatzkräfte
- Ausstattung mit Geräten, Materialien, Fahrzeugen
- Versorgungslage (Versorgung mit Verbandsmitteln, Wasser, Strom, Licht)
- Fernmeldelage (genügend Funkgeräte vorhanden, ggf. Funk-Telefon-Aufschaltung veranlassen)

Zusammenfassende Beurteilung der Schadenslage
- Was ist geschehen?
- Ist die Einrichtung von Verletztensammel- und -versorgungsplätzen erforderlich? Ggf. Einrichtung durch OrgL veranlassen
- Wie ist die Schadensentwicklung in bezug auf Verlauf und Zusatzgefährdung von Patienten, Helfern und Bevölkerung → ggf. Evakuierung empfehlen, Sammelstellen verlegen, Schutzausrüstung nachfordern
- Ist die Versorgungskapazität in qualitativer und quantitativer Hinsicht ausreichend → ggf. zusätzliche oder spezialisierte Rettungskräfte nachfordern
- Ist die Transportkapazität vor Ort ausreichend → ggf. Transportkräfte nachfordern
- Sind die Behandlungsmöglichkeiten der regionalen Krankenhäuser ausreichend → ggf. überregionale Kliniken in die Versorgung einbeziehen. Aufnahme- und Versorgungskapazität der Kliniken durch RLSt abklären lassen

Tab. 1.8.: Organisatorische Erstmaßnahmen bei Großschadensfällen

Unfall	Erstmaßnahmen
Massenunfall	Unfallstelle absichern, An- und Abfahrtswege, Halteplätze und Bereitstellungsraum festlegen, Verletztensammelplatz ausweisen, evt. Abschnittsbildung zur Pat.-Sichtung und Versorgung
Großbrand/ Chemieunfall/ radioaktiver Unfall	Zusätzlich Gefahr von Explosion und Inhalation toxischer Stoffe abklären lassen, Stoffklassifikation abfragen, Konzentrationsmessungen zur Beurteilung der Schadensentwicklung veranlassen, Witterungseinflüsse auf die Schadenslage berücksichtigen, Evakuierung abschätzen und ggf. einleiten, Information des RD-Personals über Gefährdung und Eigenschutz, Vorabinformation von Krankenhaus-Spezialabteilungen
Hochspannungsunfälle	Elektrizitätswerk/Energieversorgungsunternehmen informieren und Abschaltung der Stromzufuhr veranlassen (☞ 11.12)
Bundesbahnunfälle	W.o., zusätzlich: ein Zug hat 2 Seiten d.h. mit mind. 2 Verletztenschwerpunkten rechnen, an Rettungszug denken
Außergewöhnliche Naturereignisse	Evtl. spezielle Rettungsmittel erforderlich, erhebliche Verzögerung in der Versorgung und Transport einplanen bei gestörter Infrastruktur
Drohende Panik	Bei passivem Angstreaktionsmuster Pat. rasch aus dem Gefahrenbereich entfernen; bei Hyperaktivität Informationsbedürfnis stillen, unter Aufsicht in gefahrlosen Arbeitsprozeß integrieren; bei manifester Panik Fluchtbewegung ungehindert abfließen lassen und gezielt weiterleiten

1

- Vor Eintreffen des LNA getroffene Entscheidungen überprüfen und ggf. korrigieren. ***Cave:*** Die Revision einer einmal getroffenen Entscheidung kann in dieser Lage selbst zum Chaos führen!)

Aufgaben des Organisatorischen Einsatzleiters Rettungsdienst (OrgL)

- Erkundung und Beurteilung der Lage aus logistisch-organisatorischer Sicht
- Kontaktaufnahme mit der Einsatzleitung von Feuerwehr und Polizei und Abstimmen der beabsichtigten Maßnahmen
- Verstärkungen heranführen und einweisen, Einsatz der Rettungsmittel lenken
- Verletztensammelstellen und -versorgungsstellen einrichten (s. u.)
- Krankenwagenbereitstellungsraum anlegen
- Kommunikation vor Ort, mit der RLSt und zu anderen Rettungseinheiten sicherstellen
- Erstinformation regionaler und angrenzender überregionaler Krankenhäuser
- Steuerung des Abtransportes der Verletzten.

Kriterien für die Einrichtung von Verletztenablagen/-sammelstellen

- Sichere Entfernung vom Gefahrenbereich und möglichst geringe Entfernung vom Schadensraum
- Schutz vor schädigenden Witterungseinflüssen
- Zu- und Abfahrtswege zum Schadensort und zum Sammelplatz offenhalten
- Eindeutige Kennzeichnung der Verletztensammelstelle und seiner Funktionsbereiche
- Sichere Kommunikationsverbindungen zwischen Patientensammelstelle, RD-Personal im Schadensgebiet, Einsatzleitung und RLSt.

Nicht jede größere Schadenslage macht den Aufbau eines vom Schadensraum abgesetzten Behandlungsraumes nötig, v. a. dann, wenn es sich um ein statisches Schadensereignis handelt, keine weitere Gefährdung zu erwarten ist, der Schadensraum übersichtlich und zugänglich ist und keine technische Hilfeleistung oder Brandbekämpfung nötig ist.

1.9.4 Patientenversorgung

Sichtung

Problem: Mißverhältnis zwischen medizinischem Bedarf und momentanem Behandlungs- und Transportmöglichkeiten. *Ziel:* das Bestmögliche für möglichst viele Erkrankte/Verletzte tun, d. h. nach bestem ärztlichen Wissen unter Zeitdruck pragmatisch Vordringliches von Aufschiebbarem trennen. Dazu individuelle Schädigungsmuster in ein einfaches und schnell handhabbares Bewertungssystem einordnen.

Sichtungs-System bei Großschadensfällen

Basiskriterien zur ersten Sichtungsentscheidung (1–2 Min./Pat.):

- Bewußtseinslage und ausreichende Schutzreflexe (ansprechen, berühren, gezielte Schmerzreize setzen, ☞ 4.1.2.)
- Anamnestische Angaben und spontan geklagte Beschwerden
- Atem-, Herz- und Kreislauffunktion: Atem- und Pulskontrolle, Zyanose?
- Sichtbare oder palpabele Verletzungen: Schädel, HWS, Thorax, Abdomen, Becken, Extremitäten, WS, große Gefäßverletzungen (☞ 11.1).

- Bei größeren Schadensereignissen Aufgaben abschnittsweise an andere NA delegieren

Stufe	Farbkodierung	Patienten	Therapie/ Transport	Beispiele
1	rot	akut vital bedroht	Behandlungs- und Transport-Priorität	Respiratorische Insuffizienz, Schock, Polytrauma, SHT, Verbrennung mit akuter Vitalbedrohung, Abdominaltrauma
2	gelb	nicht akut vital bedroht	Dringliche Behandlung, Maßnahmen sind evtl. delegierbar: Schienung, Lagerung, Infusion, Analgesie	Frakturen und Gelenkverletzungen mit größeren Blutverlusten, Amputationsverletzungen, ausgedehnte Weichteilwunden, Verbrennungen
3	grün	leichtverletzt	Minimalbehandlung: Pat. gesondert sammeln, Pat. gehen sonst evtl. ins nächste Krankenhaus → Betreuung, als Sammeltransport verzögerter Abtransport in entferntere Krankenhäuser	Leichte Weichteilverletzungen, unkomplizierte periphere Frakturen, Prellungen, Distorsionen
4	blau	tot oder moribund	keine Reanimation, eindeutige Kennzeichnung, Abdeckung	

Tab. 1.9.: Sichtung bei Großschadensfällen

In der Frühphase eines Großschadenfalles bei beschränkter ärztlicher Kapazität die weiteren ärztlichen Maßnahmen auf das notwendigste Maß beschränken → klare Handlungsanweisungen an das Rettungsdienstpersonal bezüglich der durchzuführenden Behandlung und Überwachung
Beurteilung auf jeder Versorgungsstufe wiederholen.

Therapeutische Behandlungsprinzipien bei Großschadensereignissen

Kernpunkt der notfallmedizinischen Maßnahmen ist die Überprüfung, die Wiederherstellung und die Aufrechterhaltung der Vitalfunktionen → Versorgungsmaßnahmen auf einer niedrigen Stufe nach individuellem Bedarf durchführen, soweit sie dem unmittelbaren Lebenserhalt und der Abwendung lebensbeeinträchtigender Gesundheitsschäden dienen

Phase 1 (Basismaßnahmen)
- Atemwege freimachen, ggf. Esmarch-Handgriff (☞ 3.4.1)
- Bei Bewußtlosigkeit und ausreichender Spontanatmung: stabile Seitenlagerun (☞ 2.5)
- Bei Schock nicht kardialer Genese: Volumenmangelschock-Lagerung (☞ 2.5)
- Bei Thoraxtrauma: leichte Oberkörperhochlagerung oder Lagerung auf die ve letzte Seite
- Bei bedrohlichen äußeren Blutungen: Druckverband (☞ 2.6).

> Bei Herzkreislaufstillstand traumatischer Genese wegen des hohen personellen Aufwandes und der extrem schlechten Prognose auf die Basismaßnahmen der CPR verzichten!

Phase 2 (erweiterte Maßnahmen)
- Spätestens an der Verletztensammelstelle, u. U. auch schon vor dem Begin technischer Rettungsmaßnahmen, jedem behandlungsbedürftigen Pat. 1, be Schockgefährdung 2–4 großvolumige i. v.-Zugänge legen
- Bei schwerem Trauma, Schock- oder Hypoxiegefahr mit suffizienter Spontanat mung: O_2-Gabe über Nasensonde oder Gesichtsmaske (☞ 1.7.3). Unterstützun durch Lagerungsmaßnahmen
- Indikation zur Intubation (☞ 3.4.4):
  - Höchste Dringlichkeit: schwere respiratorische Insuffizienz z. B. bei instabi lem Thorax oder Bewußtlosigkeit und schwerer Verletzung der oberen Atem wege im Gesichtsschädel- und Halsbereich
  - Hohe nachgeordnete Dringlichkeit: Pat. mit schwerem Polytrauma, Thorax trauma oder Schockgeschehen, bewußtlose Pat. mit aufgehobenen Schutzre flexen oder nach ausgedehnter Rauch- und Reizgasinhalation bzw. thermi schem Inhalationstrauma, schweres Schädel-Hirn-Trauma
  - Narkoseeinleitung (☞ 3.3) zur adäquaten Analgesie bei verzögerter techni scher Rettung.

Phase 3 (Stabilisierung der Vitalfunktionen und Herstellung der Transportfähig keit)

Standardtherapieansätze

Flüssigkeitstherapie, Blutstillung (Druckverband ☞ 2.6), Beatmung (☞ 3.4.8) Analgesie und Sedierung (☞ 3.1, 3.2) entsprechend den Grundsätzen der indivi dualmedizinischen Versorgung.

Spezielle Therapiemaßnahmen
- Schädel-Hirn-Trauma (☞ 11.2): zur Beurteilung, Verlaufskontrolle und Doku mentation Glasgow-Coma-Scale anwenden (☞ 8.1.3.)
- Thoraxtrauma (☞ 11.3): sofortige Entlastungspunktion bei Spannungspneumo thorax (☞ 2.9.1), vor Transportbeginn Bülau-Drainage anlegen (☞ 7.7), be stumpfem Thoraxtrauma nach Ausschluß vitaler Bedrohung maximale Zurück haltung mit der Beatmungsindikation
- Abdominaltrauma (☞ 11.4): nach kurzer Erstversorgung *hohe Transportpriori tät* auch ohne Arztbegleitung in das nächstgelegene Krankenhaus
- Polytrauma (☞ 11.8): nach Stabilisierung Frühtransport im RTW oder RTH mi Arztbegleitung in ein leistungsfähiges Traumazentrum
- Frakturen (☞ 11.7.1): Reposition bei groben Fehlstellungen der Extremitäte mit Sensibilitäts- und Durchblutungsstörungen, Rettung und Lagerung mi Schaufeltrage, Vakuummatratze, Luftkammerschienen

Verbrennungen, Verbrühungen (☞ 11.10), Inhalationstraumen (☞ 9.7.1): Kaltwassertherapie mit normal temperiertem Wasser, Infusionstherapie mit Ringerlösung, Wärmeerhalt (Alufolie). Bei Inhalationstrauma Dexamethason-Spray (z. B. Auxiloson®), Sauerstoff-Inhalation (☞ 1.7.3), Intubation (☞ 3.4.4)
Vergiftung (☞ 9): Selbstschutz ist oberstes Gebot. Symptomatische Maßnahmen zur Stabilisierung der Vitalfunktion. Dekontaminierung durch Säuberung der Haut, Augenspülung, kontaminierte Kleidung entfernen. Bei V. a. Inhalation toxischer Substanzen Dexamethason-Spray (z. B. Auxiloson®).

hase 4 (Transport)

Pat. nach Prioritäten geordnet in klinische oder ambulante Behandlung weiterleiten
Oberste Priorität haben dabei die Patienten der Dringlichkeitsstufe 1, soweit für sie in der Phase 3 Transportstabilität erreicht werden konnte oder sie vor Ort nicht weiter zu stabilisieren sind
Auswahlkriterien für ein geeignetes Zielkrankenhaus (durch RLSt abklären lassen):

- Diagnostische Möglichkeiten (z. B. Sonographie, Computertomographie)
- Kapazität zur Akutbehandlung (aktuelle verfügbare personelle und materielle Ausstattung in Notaufnahme und OP)
- Verfügbarkeit von Intensivbetten
- Entfernung vom Schadensort.

okumentation

Sichtung und Registrierung → *Anhängekarten* mit Farbkodierung (Ampelfarben rot, gelb und grün) und Durchnumerierung; einfach auszufüllen mit Kreuzen und Strichen (vorgefertigte Rubriken und Bilder)
Übersichtsdokumentation → *LNA-Übersichtsprotokoll:* Sichtungsergebnisse, Verletztensammelstelle, freie Krankenhausplätze, Bereitstellungsraum
Individualdokumentation → *Einsatzprotokoll* (☞ 1.15), z. B. NA-Protokoll für Gruppe 1 und 2, RD-Protokoll für Gruppe 3 in einer Anhänge-Dokumentationstasche.

1.9.5 Materialbevorratung für Großschadensfälle

erbindliche landes- oder bundeseinheitliche gesetzliche Regelungen zur Bevorraung für Schadensereignisse unterhalb der Katastrophenschwelle existieren nicht.

llgemeine Anforderungen an die Materialbevorratung

Präklinische Versorgung von bis zu 50 Pat. (40 % leicht-, 30 % mittelschwer- und 30 % schwerverletzt) bei einer zeitlich verlängerten präklinischen Versorgungsphase
Berücksichtigung der Behandlungsschwerpunkte bei Großschadensereignissen: Verletzungen, Verbrennungen, Intoxikationen und Schutz vor extremen Witterungseinflüssen (eindeutige Beschriftung und farbliche Kennzeichnung nötig)
Verfügbarkeit am Schadensort innerhalb von 30 Min. nach Anforderung
Kompatibilität mit den im Rettungsdienstbereich (besser landesweit) üblichen Materialien
Angemessener und realisierbarer Kostenrahmen.

atienten-Set oder Rucksack-System

Medizinisches Basismaterial zur Erstversorgung von 1–2 Pat.
Evtl. Unterteilung in einander ergänzende Basis-Sets, z. B. Trauma-Sets, Verbrennungs-Sets, Intoxikations-Sets

- Lagerung als Basis-Set dezentral bei jedem RD- oder SEG-Mitarbeiter od zentral in Kisten auf RTW, bei den Rettungswachen, der Feuerwehr oder d Rettungsleitstelle
- Problemloses Heranführen durch RD- oder SEG-Personal auch an unübersich liche Einsatzstellen
- Ausrüstungsbeispiel: 2 Ringer-Lösung 500 ml, 4 Infusionsbestecke, 8 Vene verweilkanülen verschiedener Größen, Verschlußstopfen, 10 Alkoholtupfe Pflaster, 2 Staubänder, diverse Verbandspäckchen, Mullkompressen, Mullbi den, Schere, Einmal-Handschuh, 2 Rettungsdecken.

Boxen-System

- Als Nachschubbox für das Patienten-Set-System oder Zusammenstellung d medizinischen Materials zur Primärversorgung von 15–20 Pat. u. U. unterte nach Versorgungsschwerpunkten Trauma, Verbrennung und Intoxikation sow Verbandsmaterial, Schienungs- und Lagerungsmaterial, Dokumentationsmat rialien
- Ermöglicht die materielle medizinische Ausrüstung von Patientensichtung und Versorgungsplätzen
- Lagerung bei den Rettungswachen, der Feuerwehr oder der Rettungsleitstelle
- Transport durch nachrückende RTW/SEG-Fahrzeuge oder durch spezielle „G rätewagen-Rettungsdienst".

Absetz-Container-System

- Als Sammelcontainer für Patienten-Sets/Boxen oder als Lagerungs- und Tran portsystem für das komplette sanitätstechnische und medizinische Material z Versorgung von ca. 50 Pat. möglichst in kleinen Versorgungseinheiten
- Nur für finanzstarke Rettungsdienstbereiche oder als überregionales Materia vorhaltekonzpt geeignet
- Lagerung bei der Feuerwehr, Transport mit LKW
- Beispiel für die medizinische Ausrüstung:

Notfallkoffer „Atmung", Sauerstoff-Inhalations- und Beatmungseinheiten, Rese ve-O_2-Flaschen, Notfallkoffer „Kindernotfall", Akku-Absaugpumpen, Notfallko fer „Chirurgisches Besteck", Schwerverbranntensets mit diversen Aluderm-Bet und -Verbandtüchern, Rettungsdecken (Silber/Gold), Notfallkoffer „Vergiftung Infusionslösungen: HÄS, Ringer, Glukose 5 %, NaCl 0,9 %, EKG-Defibrillation Einheiten inkl. Externer-Schrittmacher-Einheit; zusätzliche Ampullarien mit D azepam, Ketamin, Tramadol, Dexamethason-Spray, Augenspüllösungen, Kohl Pulvis

- Beispiel für die sanitätstechnische Ausstattung:
  Klapptragen mit Infusionshaltern, Bergetücher, Wolldecken, Rettungsdecke Behandlungsliegen, Entsorgungsmaterialien wie Müllsäcke, Kontamed®-B xen, Schaufeltragen, Dokumentationsmaterial, Vakuummatratzen mit Han pumpen, HWS-Immobilisationskragen, Großzelt mit Zeltheizung, Notstromg nerator, Halogenstrahler und Handscheinwerfer.

Zusätzliche Patienten-Transportmittel

- Vom Rettungsdienst ausrangierte KTW und RTW
- Linien- oder Reisebusse der nächstgelegenen Stadtwerke
- In einigen RD-Bezirken: 4-Tragen-KTW, Großraumkrankenwagen, Rettung busse und/oder Rettungszug der Bundesbahn.

Medikamentöse Ausstattung zur Behandlung von

- Traumapatienten: Volumenersatzmittel, Analgetika, Sedativa, Narkotika, Hautdesinfektionsmittel
- Verbrennungen, Inhalationstrauma: wie für Traumapatienten, zusätzlich inhalative Kortisonpräparate, Oberflächenanästhetika
- Intoxikationen: Medizinische Kohle. Vorhaltung größerer Mengen spezieller Antidota müssen regionale Risikokonstellationen und Gefahrenschwerpunkte berücksichtigt werden →Absprache mit Verantwortlichen der Industrie und den jeweiligen (Werks-)Feuerwehren
- Für alle Bereiche gilt neben den oben genannten Anforderungen:
  - Bevorratung von Arzneimitteln auf wenige Arzneigruppen beschränken (kleines Sortiment in großer Menge)
  - Zeit- und sachgerechte Umwälzung auf den regulären Rettungsdienst frühzeitig vor Ablauf der Verfallsdaten
  - Möglichst enge Kooperation mit Krankenhausapotheke anstreben, um deren Logistik zur Bevorratung von Arzneimitteln nutzen zu können
- Zusätzliche Einsatzbereitschaft von Material und Logistik des Katastrophenschutzes und der Bundeswehr für die Bewältigung eines Großschadensereignisses im Vorfeld abklären.

1.9.6 Schnell-Einsatz-Gruppen

Eine bundesweit einheitliche, gesetzliche Regelung über die Funktion, den Aufbau und die Ausstattung der SEG existiert nicht. Die max. Zeitspanne von der Alarmierung bis zum Eintreffen am Schadensort sollte aber 30 Min. nicht überschreiten.

Ausstattung

Personal: meist Gruppenstärken von 7 bis 15 Personen und 2–3 SEG pro Rettungsdienstbereich; Zusammensetzung: 1 Leiter SEG, (1 NA,) 1–2 RA, 2–4 RS, 4–7 Rettungs-, Sanitätshelfer oder andere geeignete Betreuungskräfte

Material: Transportfahrzeug mit Sondersignalanlage, Funkmeldeempfänger und Schutzausrüstung für jedes Mitglied, 1 Funkgerät BOS 4 m- und 2 m-Band, Infusions-, Verbandsmaterial, Notfallkoffer, Sauerstoffflaschen, Schienungs- und Immobilisationsmaterial, Decken und Tragen zur Versorgung von 20 Pat. (kompatibel mit den im regulären Rettungsdienst verwendeten Materialien), Dokumentationsmaterial.

Aufgabenbereiche

- Behandlung: Unterstützung des regulären RD-Personals bei notwendigen medizinischen und sanitätsdienstlichen Maßnahmen
- Transport: Heranführen von zusätzlich benötigtem Material und Personal zum Schadensort, Verletzten-/Patiententransport zum Verbandsplatz und/oder zum Bereitstellungsraum für RTW und RTH. Transportbegleitung in Krankenhäuser
- Betreuung: Einrichten von Verletztensammelstellen und Notunterkünften, Betreuung unverletzter und leichtverletzter Personen sowie der Angehörigen von Opfern. Mithilfe bei Evakuierungs- und Suchmaßnahmen.

Einsatzkriterien (Anforderung durch den LNA und/oder OrgL)

- Patientenzahl oder Transportkapazität übersteigt die Möglichkeiten des regulären Rettungsdienstes

1

- Ausreichende reguläre Rettungsmittel können nicht in weniger als 30 Min. am Schadensort zur Verfügung stehen
- Besetzung der Rettungswachen mit SEG-Personal zur Aufrechterhaltung des regulären Rettungsdienstes neben der Bewältigung eines Großschadensfalls.

1.10 Score-Systeme in der Notfallmedizin

Instrumente zur Patientenklassifizierung (z. B. nach Verletzungsschwere, Gefährdung der Vitalfunktionen oder Rettungsaufwand*)* → objektive und rasche Pat.beurteilung:
- Identifikation besonders gefährdeter Pat., Triageinstrument bei Großschadensfällen (☞ 1.9.4)
- Unterstützung bei der Entscheidungsfindung
- Effektivitätskontrolle der notärzlichen Maßnahmen (Qualitätskontrolle ☞ 1.2.5)
- Voraussetzung bei wissenschaftlichen Untersuchungen zum Vergleich von Pat.-kollektiven.

- Scores sind statistische Größen, aber *nie* zur individuellen Prognosestellung geignet
- Bisher ist keine Überlegenheit score-gestützter Entscheidungen gegenüber auf Erfahrung und Intuition basierenden Maßnahmen nachgewiesen.

1.10.1 Schweregrad einer Verletzung oder Vitalbedrohung

Glasgow Coma Scale (GCS)

Einteilung einer Bewußtseinsstörung (☞ 8.1.3).
- Punktsumme < 8 → Indikation zur Intubation
- Bewertung problematisch bei intubierten und/oder relaxierten Pat.

APGAR Schema

Einteilung der Vitalität Neugeborener (☞ 14.2.4)

NACA-Score *(National Advisory Committee for Aeronautics)*

Einteilung des Schweregrades einer Verletzung/Erkrankung.
- I: Geringfügige Verletzungen und Erkrankungen, die keiner akuten ärztlichen Therapie bedürfen
- II: Weitere Abklärung bzw. Therapie, aber kein stationärer Krankenhausaufenthalt erforderlich
- III: Stationäre Abklärung bzw. Therapie erforderlich, jedoch akut keine Vitalgefährdung zu erwarten
- IV: Keine unmittelbare Lebensgefahr, aber kurzfristige Entwicklung einer Vitalgefährdung nicht auszuschließen
- V: Akute Vitalgefährdung. Transport in Reanimationsbereitschaft
- VI: Z. n. Wiederherstellung der Vitalfunktionen oder erfolgreicher Reanimation
- VII: Verletzungen und Erkrankungen mit Todesfolge am Einsatzort oder auf dem Transport.

Injury Severity Score (ISS)

Traumaklassifikation nach anatomisch-morphologischen Variablen. Anwendung im Prinzip erst *nach klinischer* Diagnostik korrekt.

Untersuchung von 5 Körperregionen: Kopf oder Hals, Gesicht, Thorax, Abdomen oder Beckeninhalt, Extremitäten oder Beckengürtel

Beurteilung (Punktwert von 0–6) der Verletzungen in den einzelnen Körperregionen nach Schweregraden: 0: keine, 1: leichte, 2: mäßige, 3: ernste, 4: schwere, 5: lebensbedrohliche, 6: tödliche Verletzung(en)

Durchführung: Auswahl der 3 am schwersten verletzten Körperregionen → Einstufung der jeweiligen Körperregion mit dem maximal möglichen Punktwert (z. B. 3, 4, 5) → Quadrierung der jeweiligen Punktzahl (9, 16, 25) → Summierung dieser 3 Quadrate (9 + 16 + 25 = 50).

Revised Trauma Score (RTS)

Traumaklassifikation nach physiologischen Variablen (☞ Tab. 1.10).

- Umständliche Berechnung am Notfallort (Taschenrechner erforderlich)
- In den USA häufig von nicht-ärztlichem Rettungspersonal („paramedics") als Kriterium zur Triage oder zur Zuweisung in ein spezielles Trauma-Zentrum verwandt.

Tab. 1.10.: Revised Trauma Score (RTS)

Parameter	Glagow Coma Scale	Syst. Blutdruck (mm Hg)	Atemfrequenz (/Min)	RTS-Punktwert
Koeffizient	0,9368 (K_{GCS})	0,7326 (K_{RR})	0,2908 (K_{AF})	–
	13–15	> 89	10–29	4
	9–12	76–89	> 29	3
	6–8	50–75	6–9	2
	4–5	1–49	1–5	1
	3	0	0	0

Durchführung: Punktzuweisung für jede Variable (P_{GCS}, P_{RR}, P_{AF}) → Multiplikation jedes Punktwertes mit dem dazugehörigen Koeffizienten ($P_{GCS} \times K_{GCS}$, $P_{RR} \times K_{RR}$, $P_{AF} \times K_{AF}$) → Summierung der 3 Produkte $((P_{GCS} \times K_{GCS}) + (P_{RR} \times K_{RR}) + (P_{AF} \times K_{AF}))$.

Mainzer Emergency Evaluation Score (MEES)

Beurteilung der primären Effektivität der präklinischen Versorgung anhand von 7 Parametern der Vitalfunktionen und deren Abweichung vom Normalzustand (☞ Tab. 1.11).

- Bei bewußtlosen Pat. (GCS ≤ 7): Parameter „Schmerz" = 4 (schmerzfrei)
- Beim Blutdruck gilt der niedrigere Punktwert (systolisch bzw. diastolisch)
- Bei ausgekühlten und agitierten Pat. Artefakte bei der Pulsoxymetrie möglich
- Bei differenten Punktwerten für systolischen und diastolischen Blutdruck geht der jeweils niedrigere Wert in die Addition ein
- Quantifizierung des Parameters „Schmerz" von den individuellen Angaben des Pat. und der subjektiven Bewertung durch den NA abhängig.

1

Klassifikation der Abweichungen vom physiologischen Zustand anhand von Punkten: 4: physiologischer, 3: gering abweichender, 2: erheblich abweichender, 1*: lebensbedrohlicher Zustand.

Geht in die Punktsumme ein Parameter mit dem Wert „1*“ ein, so handelt es sich um einen lebensbedrohlichen Zustand, unabhängig von der Gesamtsumme des MEES.

Tab. 1.11.: MEES-Protokoll

MEES-Protokoll				$MEES_1$	$MEES_2$
Bewußtsein (Glasgow Coma Scale)	**4:** **3:** **2:** **1*:**	**15** **14–12** **11–8** **≤ 7**		☐	☐
Atemfrequenz	**4:** **3:** **2:** **1*:**	**12–18** **8–11, 19–24** **5–7, 25–30** **≤ 4, ≥ 31**		☐	☐
SpO_2	**4:** **3:** **2:** **1*:**	**100–96** **95–91** **90–86** **≤ 85**		☐	☐
Herzfrequenz	**4:** **3:** **2:** **1*:**	**60–100** **50–59, 101–130** **40–49, 131–160** **≤ 39, ≥ 161**		☐	☐
Rhythmus	**4:** **3:** **2:** **1*:**	**Sinusrhythmus** **SVES, VES_{mono}** **Absolute Arrhythmie, VES_{poly}** **VT, VF, Asystolie**		☐	☐
Blutdruck	 **4:** **3:** **2:** **1*:**	**systolisch** **120–140** **100–119, 141–159** **80–99, 160–229** **≤ 79, ≥ 230**	**diastolisch** **95–109** **≤ 39, 110–119** **≥ 120**	☐	☐
Schmerz	**4:** **3:** **2:**	**kein Schmerz** **leichter Schmerz** **starker Schmerz** **entfällt**		☐	☐
			MEES-Wert	☐	☐
			Δ MEES		☐

Durchführung: Bestimmung der Punktsumme beim Eintreffen an der Notfallstelle ($MEES_1$) und bei der Übergabe in der Notaufnahme ($MEES_2$) → Subtraktion de Punktsumme der Erstuntersuchung von der der Übergabe ($MEES_2$ – $MEES_1$ = DeltaMEES):

- DeltaMEES ≥ 2: Zustand gebessert
- DeltaMEES ± 1: Zustand unverändert
- DeltaMEES ≤ 2: Zustand verschlechtert.

1.10.2 Aufwand für medizinische und technische Rettung

Klassifikation der Pat. nach Aufwand für medizinische und technische Rettung:
- Objektive Erkundung und standardisierte Erfasssung der Gesamtlage → schneller Lageüberblick
- Instrument zur Planung von Prioritäten, Personaleinsatz, Geräteeinsatz und Nachforderung zusätzlicher Kräfte und Geräte.

Faktoren für technischen Rettungsaufwand (TR):
- Ausmaß der Schwierigkeiten für die eigentliche Befreiung vor Ort (gerätetechnischer Aufwand: einfaches Handwerkszeug oder schweres Maschinenwerkzeug)
- Erreichbarkeit bzw. Zugänglichkeit des Unfallortes (z. B. Autobahn oder abgelegene Waldlichtung)
- Zeit (sehr selten relevant, nur bei dynamischen Lagen wie z. B. Gaswolken, Hochwasser)

Faktoren für medizinischen Rettungsaufwand (MR):
- Schweregrad der jeweiligen (Einzel-)Verletzung
- Kombination von Verletzungen (Polytrauma)
- Zeit (z. B. Verschlechterung des Zustandes des Pat.).

Unterteilung des Schwierigkeitsgrades der erforderlichen medizinischen und technischen Rettungsmaßnahmen in jeweils 5 Klassen:
- 0: kein Handlungsbedarf
- 1: einfache Sofortmaßnahmen
- 2: Maßnahmen mit höherem Aufwand
- 3: Maßnahmen mit großem Aufwand
- 4: besondere Maßnahmen.

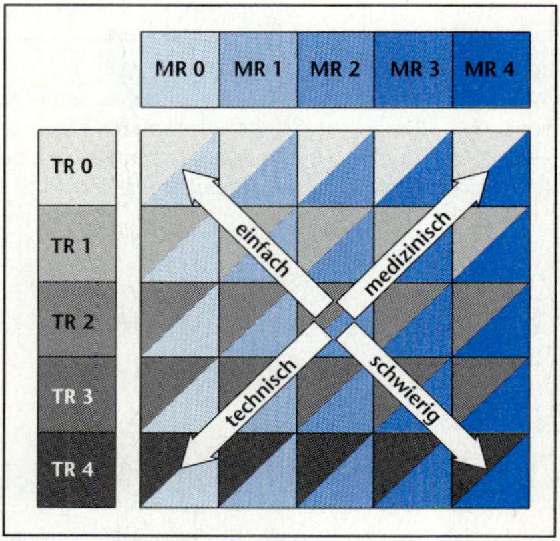

Abb. 1.6: Matrix zur Klassifikation des med. und techn. Rettungsaufwandes

Durch Einordnung in die Matrix (☞ Abb. 1.6) schnelle Übersicht über den Gesamtschadensumfang. In Abhängigkeit der Gesamtlage und der verfügbaren Kräfte kann eine Prioritätenfolge für die Rettung der einzelnen Pat. festgelegt werden. Beispiel für einen Pat. mit der Einstufung TR 4/MR 4:
- Bei geringer Anzahl von Verunfallten: hohe Priorität, d. h. sofortige Rettung
- bei Massenanfall und relativ geringem Potential an Rettungspersonal und -gerät: Vorrang für andere Maßnahmen, da dieser Pat. zu viele Kräfte binden würde.

1

Tab. 1.12.: Klassifizierung des medizinischen und technischen Rettungsaufwandes

Klasse	Rettungsaufwand	Personal/ Ausbildung	Rettungsmittel
Medizinische Rettung			
MR 1	Geringer Aufwand	2 RH	KTW
MR 2	Mittlerer Aufwand	2 RS oder 2 RA	RTW
MR 3	Erheblicher Aufwand	NA und 2 RA	NAW, evtl. NEF
MR 4	Großer Aufwand	Mehrere NA und RA	NAW, RTH, evtl. NEF
Technische Rettung			
TR 1	Geringer Aufwand	Grundausbildung	Löschgruppenfahrzeug mit Grundausstattung
TR 2	Mittlerer Aufwand	Gerätetechnik, Mechanik	RW 1, LF 24, Spreizer, Schere, Trennschleifer
TR 3	Erheblicher Aufwand	Zugführer, Rüstzug	Schwere Maschinenwerkzeuge; RW 2, RW 3
TR 4	Großer Aufwand	Spezialisten, z. B. Taucher, Sprengtechniker	Sondergerät, z. B. Kran- und Räumfahrzeuge, Wechsellader

Während des gesamten Einsatzablaufes ständige Aktualisierung der Lageerfassung und Überprüfung der Einsatzmaßnahmen durch Einsatzleitung (Regelkreis →in Abhängigkeit von nachrückenden Kräften und Einsatzmitteln ggf. neue Festlegung der Prioritäten der Maßnahmen und Einsatzschwerpunkte.

1.11 Zusammenarbeit mit anderen Organisationen

1.11.1 Grundsätze und Probleme

Bei vielen Einsätzen ist die Rettung des Pat. nicht allein durch NA und RD-Personal möglich. Ein *optimaler Einsatzablauf*, d.h. eine *effektive medizinische und technische Rettung sowie psychologische Betreuung* erfordert eine *enge Zusammenarbeit* ggf. mit Polizei, Feuerwehr, Technischem Hilfswerk (THW), Bundeswehr, Katastrophenschutzbehörden und Notfallseelsorger. Diese Organisatione sind *Partner, nicht Konkurrenten* bei der Rettung. Das Einsatzziel kann nur gemeinsam erreicht werden durch permanente *Kommunikation, Koordination und Kooperation.*

Kommunikation

Direkt nach dem Eintreffen an der Notfallstelle sollte der NA kurz Kontakt aufnehmen mit dem jeweiligen Einsatzleiter z.B. von Polizei und Feuerwehr. Dabei muß angesprochen werden:

- *Wieviele Personen* sind verletzt, erkrankt, oder bedroht?
- *Wo* befinden sich diese Personen?
- *Welche Gefahren* drohen an der Einsatzstelle (☞ 1.8.1)?
- Müssen *zusätzliche Kräfte* nachalarmiert werden?

Die gemeinsame Lagebeurteilung und gegenseitige Informationsweitergabe muß während des gesamten Einsatzes gewährleistet sein.

Koordination

Ein gemeinsamer Erfolg kann nur durch eine gemeinsame Strategie erreicht werden, d.h. bei Koordinierung der Einzeltaktiken. Unkoordinierte Maßnahmen können dem Pat. und den Helfern evtl. sogar schaden. Deshalb ist vor jeder Einzelaktion mit den jeweiligen Einsatzleitern abzuklären: Wer macht *was, wann, warum, wie lange, mit wessen Unterstützung?*

Kooperation

Eine *effektive Zusammenarbeit* ist nur möglich, wenn *jede* am Notfallort eingesetzte *Organisation* ihre *Aufgabe nicht als Selbstzweck*, sondern als *Teil einer Gesamtaufgabe* begreift, die *nur gemeinsam* mit vereinten Kräften bewältigt werden kann. Dabei muß die alleinige Fachkompetenz jeder Organisation für ihren Aufgabenbereich akzeptiert werden, das Vorgehen im einzelnen jedoch genau abgesprochen werden.

Nahtstellenprobleme im Zusammenwirken der beteiligten Organisationen

Probleme und Lösungsansätze

- Unklarheit über die Aufgaben und Kompetenzen des jeweils anderen Bereichs →Informationsbesuch bei den anderen Organisationen, gemeinsame Übungen, Planbesprechungen, Seminare, Einsatznachbereitung zur Erhöhung der Effizienz
- Mangelnde Erkennbarkeit der Verantwortlichen vor Ort →Anschaffung von Sonderkleidung, z.B. reflektierende Rückenschilder („Einsatzleiter", „Notarzt"), Kennzeichnung der Einsatzleitungsfahrzeuge, z.B. Dachaufsätze an Führungsfahrzeugen („Einsatzleitung", „Pressestelle")
- Keine gemeinsame Einsatzleitung (außer im Katastrophenfall) →Einsatz von Verbindungskräften zum jeweiligen Führungsstab fördert Verständnis für Maßnahmen der jeweils anderen Organisation/Einrichtung, erleichtert die Abstimmung/Koordination von Maßnahmen. Wagenburgprinzip für kurze Wege; Standleitungen schalten (Telefon, Telefax)
- Unterschiedlicher Informationsstand kann sich nachteilig auswirken, z.B. auf Pressearbeit →gemeinsame Öffentlichkeitsarbeit, d.h. „eine Sprache sprechen" fördert glaubwürdige Information.

1

1.11.2 Polizei

Aufgabenbereiche

- Abwehr von Gefahren für Leib und Leben anderer
- Unterstützung anderer Organisationen (z. B. Feuerwehr, Rettungsdienst, THW) zur Ermöglichung bzw. Gewährleistung deren Einsätze z. B. durch Freimachen/-halten der Anmarsch- und Rettungswege, Fernhalten von Schaulustigen, Betreuung der Presse- und Medienvertreter
- Schutz von Sachwerten
- Erforschung und Verfolgung von Straftaten und Ordnungswidrigkeiten (Verfolgungspflicht bei Straftaten)
- Sicherung von Beweismitteln und Spuren zur Ermittlung von Täter bzw. Verursacher.

Organisationsformen

- *Bundespolizei:* Bundesgrenzschutz (BGS), Bundeskriminalamt (BKA)
- *Länderpolizei:* Schutzpolizei (Streifendienst, Unfallaufnahme) und Kriminalpolizei. Grenzpolizei (nur in Bayern), Bereitschaftspolizei (Verstärkung/Unterstützung der Schutzpolizei bei besonderen Lagen), Landeskriminalamt (LKA).

Ausstattung

- Funkstreifenwagen, z. B. in Bayern: 2 Handscheinwerfer, Brechstange, Dreikantschlüssel zum Öffnen von Absperrpfosten, Einmaldecke, z. B. für Verletzte, Handdesinfektionsmittel und Schutzhandschuhe, Notfall-Beatmungstücher (Laerdal)
- Über die jeweilige Einsatzzentrale der Polzeidirektion abrufbar: Flutlichtanlagen zur weiträumigen Ausleuchtung von Unfallstellen und Tatorten, Lautsprecherwagen, Tauchergruppen, Strahlenspürtrupps (Gefahrgutgruppe), Polizeihubschrauber.

Zusammenarbeit zwischen Rettungsdienst und Polizei

Die Polizei erwartet als Arbeitsgrundlage von der Sanitätseinsatzleitung (NA, OrgL, z. T. im Zusammenwirken mit der Feuerwehr) folgende Informationen: Ausmaß der Schadens-/Gefahrenlage, Radius des Absperrbereichs, vorzusehende Anmarsch-/Not-/Rettungswege, Notwendigkeit einer Warnung/Evakuierung der Bevölkerung, Einrichten/Absperren von Hubschrauberlandeplätzen (RD, Polizei) sowie Verbandsplätzen, Vermißten-/Verletztensammelstellen, Erfassungsliste für Verletzte.

1.11.3 Feuerwehr

Aufgabenbereiche

- Abwehrender (Brandbekämpfung) und vorbeugender Brandschutz (Gefahrenvorbeugung)
- Technische Hilfeleistung für Menschen, Tiere, Umwelt und Sachwerte (Priorität in dieser Reihenfolge)
- Teilweise Mitwirkung im Krankentransport-, Rettungs-, Notarzt-, Wasserrettungs- und Luftrettungswesen.

Organisationsformen

Berufsfeuerwehr: Beamte, meist in Städten > 100 000 Einwohner

Freiwillige Feuerwehr mit ständig besetzter Wache: Hauptamtliche unterstützen Ehrenamtliche, wenn hohe Einsatzhäufigkeit in stark beanspruchten Städten freiwillige Helfer überlastet

Freiwillige Feuerwehr: meist Ehrenamtliche, häufigste flächendeckende Organisationsform

Pflichtfeuerwehr: verpflichtete Feuerwehrmänner, wenn eine freiwillige Einrichtung nicht zustande kommt

Werkfeuerwehr: gesetzlich geforderte Einrichtung in Betrieben mit besonderer Gefährdung

Betriebsfeuerwehr, Hausfeuerwehr: Selbsthilfeeinrichtung besonderer gewerblicher Betriebe.

Ausstattung

Hinweis: Abklären, ob die FW des Einzugsgebietes neben den typischen Löschfahrzeugen auch für den RD-Einsatz nützliches Sondergerät vorhält, z. B.: Gerät zur Rettung aus Höhen und Tiefen, zur Einsatzstellenausleuchtung, Kranwagen, Gefahrgutausrüstung, Strahlenschutzausrüstung, Meßgeräte aller Art, Taucher- bzw. Wasserrettungsgerät, Zelte.

Zusammenarbeit zwischen Rettungsdienst und Feuerwehr

Wurden vor dem Eintreffen der Feuerwehr durch den NA besondere Gefahren (☞ „4A1C4E-Regel“, 1.8.1) festgestellt?

Benötigt der NA technische Hilfe von der FW zur Patientenbehandlung?

Kann der RD einen Verbindungsmann („OrgL“) zur Feuerwehreinsatzleitung abstellen?

Feuerwehrsprache in Grundzügen erlernen! Was bedeutet es, wenn der Feuerwehr-Einsatzleiter „1 Trupp unter PA mit 1 C über DL“ einsteigen läßt?

1.11.4 Technisches Hilfswerk (THW)

Aufgabenbereiche

Technische Hilfe für Kräfte anderer Organisationen durch Sichern (z. B. Abstützen eines Gebäudes nach einer Explosion), Beseitigen oder Überwinden von Hindernissen (z. B. Brückenbau, Freimachen von Fahrbahnen, Seilbahnen zum Verletztentransport, Auf- und Abseilen von RD-Personal)

Mitwirkung im Katastrophenschutz und bei großen Schadensereignissen (Menschenrettung, Tierrettung, Beseitung von Umweltgefahren, Ölwehr, Transport von Hilfskräften, Betroffenen, Sachgütern)

Autobahndienst (Technische Hilfe auf Verkehrswegen)

Humanitäre Hilfe im Ausland.

Organisationsformen

Ortsverband (i. d. R. einmal pro Kreis/Stadt), Geschäftsführerbereich, Landesverband, Bundesleitung.

Ausstattung

Immer: Rettungs- und Bergungsgerät, Preßluftatmer, Gerät zur Rettung aus Höhen und Tiefen (bis 60 m) sowie zur Absturzsicherung, Beleuchtungsgerät.

- Es ist jeweils örtlich abzuklären, ob zusätzliche, auch für den Rettungsdiens nützliche Ausstattung vorhanden ist, wie z.B. Rüstsatz „Technische Hilfe au Verkehrswegen", Kranwagen, Radlader, Verpflegungseinrichtungen, Zelte, Son derausstattungen Gas, Wasser, Elektro, Ölwehr, Wasserrettungsgeräte, Boote.

Zusammenarbeit zwischen Rettungsdienst und THW

- Einzelabsprache im Einsatz: THW-Einsatz zur direkten Menschenrettung ode zur technischen Unterstützung des RD im Hintergrund (Zelte, Verpflegung Transport von Einsatzpersonal und Betroffenen, z.B. über Gewässer, Trümme Höhen und Tiefen)
- THW kann an Stellen arbeiten, die für den RD unerreichbar sind. (z.B. Trüm mer, große Höhen und Tiefen, Wassergefahr, Absturzgefahr, Atemgifte)
- Unterstützung durch Nachbarortsverbände mit Personal und schwerem techni schen Geräten nach Absprache unproblematisch (auch kurzfristig während de Einsatzes).

1.11.5 Bundeswehr

Jeder Kommandeur oder Dienststellenleiter kann in folgenden Fällen Hilfsmaß nahmen durch Einheiten der Bundeswehr anordnen:

- *Naturkatastrophen:* Waldbrände, Überschwemmungen, Erdbeben
- *Besonders schwere Unglücksfälle:* Explosionen, Massenerkrankungen, Nukle arunfälle, Flugzeug- oder Schiffskatastrophen
- *Dringende Nothilfe:* Hilfeleistung der Bundeswehr, wenn geeignete zivil Hilfskräfte und Material nicht, nicht ausreichend oder nicht rechtzeitig zur Ver fügung stehen

Die *Anforderung* von Truppenteilen erfolgt im Rahmen der dringenden Nothilf auf Ersuchen von Behörden oder privaten Organisationen nach Art. 35 Abs. GG. Grundsätzlich Anträge auf sanitätsdienstliche Hilfe an die jeweils zuständig RLSt richten.

Hinweis: Die Bundeswehr hat schnelle Kontakte zu NATO-Partnern (z.B. Anfor dern eines US-Helikopters).

Zuständigkeiten für zivile Hilfeersuchen

Tab. 1.13.: Zuständigkeiten für zivile Hilfeersuchen bei der Bundeswehr

Bereich	Zuständigkeit
Landkreis /Stadt	Standortältester des jeweiligen Bundeswehr-Standortes („Beauftragter der Streitkräfte für regionale Aufgaben")
Regierungsbezirk	Verteidigungsbezirkskommando (VBK)
Bundesland	Wehrbereichskommando (WBK)

Kranken- und Materialtransport (Primär-, Sekundär-, Such- und Rettungseinsätze)

- Hubschrauber (☞ 1.6.3): Anforderung über die zivilen RLSt oder über d SAR-Leitstellen (☞ 21.2)

Krankenkraftwagen, z. T. geländegängig, bis 4 Liegend-Verletzte (in jeder Kaserne)
Omnibus bis 12 und Transportflugzeug (Transall) bis 46 Liegend-Verletzte.

Standard-Krankenkraftwagen, Omnibusse u. Flugzeuge haben in der Regel reine Transportfunktion, Hubschrauber entsprechen RTH-Niveau.

Einsatz von Ärzten

In den Bundeswehrkrankenhäusern Koblenz, Hamburg, Ulm und Berlin bestehen spezielle ärztliche Einsatzgruppen (Anforderung über die RLSt bei den SAR-Leitstellen; ☞ 21.2).

Rund um die Uhr alarmierbar, Vorlaufzeit bis Einsatzbeginn beträgt ca. 12 bis 24 h. Zur Verfügung stehen je Standort:
1 chirurgische Gruppe (je 1 Chirurg, 1 Assistent, 1 Instrumenteur, 1 OP-Gehilfe)
1 Schock/Reanimationsgruppe (1 Anästhesist, 1 Narkosegehilfe, 1 Rettungssanitäter)
1 Internistengruppe (1 Internist, 1 Laborant, 1 Krankenpfleger).

Einsatz einer Sanitätseinheit

Die Anforderung dieser Einheiten erfolgt bei größeren Katastrophen über das zuständige Verteidigungsbezirkskommando direkt beim Bundesministerium der Verteidigung.

Sie verfügen über oben genannte ärztliche Einsatzgruppen und können unabhängig von Wasser- und Energieversorgung tätig werden. Entsprechende Aufbereitungs-, Erzeugungs- und Führungsmittel sowie Transportkomponenten sind vorhanden. Zusätzlich bei Bedarf Veterinär- und Hygienetrupp.
Einsatzbereitschaft innerhalb 12 bis 24 h (zuzüglich Verlegungszeit an Einsatzort)
Die Einheiten sind in ganz Deutschland verteilt. Die Verlegung erfolgt primär im Lufttransport, bei Bedarf an Großgerät i. d. R. per LKW oder Eisenbahn.

1.11.6 Katastrophenschutz

Die Feststellung über Vorliegen bzw. Ende einer Katastrophe erfolgt durch die Katastrophenschutzbehörde (Landrat/Oberbürgermeister bzw. ein Bevollmächtigter).

Der Katastrophenschutz ist keine für sich bestehende Organisation oder feste Einrichtung, sondern eine organisatorische Aufgabe der Behörden von Bund und Ländern.

Zur Mitwirkung bei der Katastrophenhilfe sind per Gesetz verpflichtet: Polizei, Behörden und Dienststellen der Länder, Gemeinden, Landkreise und Bezirke, Anstalten und Stiftungen des öffentlichen Rechts, Feuerwehren, Freiwillige Hilfsorganisationen (z. B. DRK/BRK, MHD, JUH, ASB, DLRG), Verbände der freien Wohlfahrtspflege, Katastrophenhilfe des Bundes (z. B. Bundeswehr, THW).

Aufgabenbereiche (der Katastrophenschutzbehörden):
Katastrophenvorbeugung, Anlegen von Katastrophenschutzplänen, Durchführen von Katastrophenschutzübungen, Bilden von Katastropheneinsatzleitungen. Tätigkeitsschwerpunkte sind Brandschutz, Bergung, Sanitätswesen, Betreuung, ABC-Schutz.

Organisationsformen

Träger der einzelnen Aufgabenbereiche sind in erster Linie bereits existierend geeignete Organisationen (z. B. Übertragung von Brandschutz an die Feuerwe ren, Sanitätswesen an die Hilfsorganisationen)

Tab. 1.14.: Führungsebenen des Katastrophenschutzes

Führungsebene	Weisungsbefugnis
Obere: Katastrophenschutzbehörde	gegenüber allen im Katastrophenschutz Mitwirkenden
Mittlere: Örtliche Einsatzleiter (ÖEL)	gegenüber allen vor Ort tätigen Kräften
Untere: Einheitenführer	innerhalb ihrer Einheiten (Zugführer > Gruppenführer > Truppführer > Helfer)

Ausstattung

Je nach Aufgabenbereich von Organisation zu Organisation unterschiedlich.

Zusammenarbeit zwischen Katastrophenschutz und Sanitätseinsatzleitung (LNA/ OrgL)

- Der Sanitätseinsatzleitung unterstehen alle eingesetzten Ärzte, Personal d RD, Einheiten und Helfer der Sanitätsdienstes der freiwilligen Hilfsorganisati nen solange diese am Schadensort tätig sind
- Enge Zusammenarbeit zwischen Örtlicher Einsatzleitung und Sanitätseinsat leitung. Bei Katastrophen, deren Schwerpunkt der Massenanfall von Verletzte ist, kann die Katastropheneinsatzleitung die Sanitätseinsatzleitung zur Örtliche Einsatzleitung bestimmen.

1.11.7 Notfallseelsorge

Aufgabenbereiche

- Stabilisierung der Geschädigten, ihrer Angehörigen und sonstiger Betroffene durch Gespräche und intensive persönliche Begleitung, Hilfe bei der seelische Bewältigung der Notlage
- Unterstützung bei der langfristigen Betreuung durch die Vermittlung ander sozialer Angebote
- Gespräche mit Einsatzkräften der Hilfsorganisationen nach psychisch beso ders belastenden Einsätzen
- Zugehörigkeit zu einer besonderen Konfession oder nichtchristlicher Religic (z. B. Moslems) spielt in der Praxis *keine* Rolle.

Organisationsformen

- Notfallseelsorge ist einsatztaktisch auf Landkreis- und Landesebene organisie
- Bundesweite Zusammenarbeit in der AGS (Arbeitsgemeinschaft Seelsorge Feuerwehr und Rettungsdienst, ☞ 21.9.3).

Ausstattung

- Einsatzbekleidung (Erkennungsfarbe: Gelb, Aufschrift: NOTFALLSEELSORGE). Kleines Seelsorge-Material (Bibel, Gesangbuch, Gebetbuch, Materialien für die Spende von Sakramenten)
- Bei zusätzlichen Qualifikationen auch Helm und Schutzbekleidung, evtl. San-Material.

Zusammenarbeit zwischen Rettungsdienst und Notfallseelsorge

- Wie viele Seelsorger werden benötigt?
- In welchem Bereich können die Seelsorger ungefährdet arbeiten?

1.12 Psychologisches Verhalten am Notfallort

Ziele einer *psychologischen Ersten Hilfe*: Vertrauen schaffen, Beruhigung des Pat., Situation entspannen, Sicherheit vermitteln.

- Dem Pat. nicht als medizinischer Roboter, sondern als Mensch mit Gefühlen gegenübertreten
- Immer so verhalten, wie man selbst behandelt werden wollte
- Es gibt kein allgemeingültiges Verhaltensschema → auf jeden Pat. individuell eingehen.

Verhalten gegenüber dem Patienten

Vertrauen schaffen

- Sich vorstellen: „Guten Tag, ich bin Dr. XY, wie kann ich Ihnen helfen"?
- Den Pat. als einen Menschen behandeln, den man ernst nimmt
- Pat. nicht aus der Distanz anreden, Blickkontakt und Nähe suchen
- Pat. mit „Sie" bzw. Nachnamen anreden (auch zu älteren Pat. nicht „Oma" oder „Opa")
- Kurze Sätze, einfache Sprache (kein „Fachchinesisch"!), ruhiger Sprachfluß
- Eigene Körperbewegungen und Gesichtsausdruck kontrollieren: Hektik und Anspannung verunsichern den Pat. Ruhig, souverän und kompetent handeln
- Pat. nach seinen Beschwerden und Schmerzen fragen
- Dem Pat. im Gespräch Verständnis für seine Situation und Beschwerden ausdrücken, Mut machen und Mitgefühl zeigen.

Beruhigen

- Dafür sorgen, daß der Pat. nicht von Schaulustigen „begafft" werden kann
- Dem Pat. keine Vorwürfe machen („warum mußten Sie auch so schnell fahren", „warum haben Sie uns nicht früher gerufen")
- Insbes. bei älteren Pat. vorsichtigen Körperkontakt suchen: z. B. Hand oder Schulter halten, frierenden Pat. zusätzliche Decke überlegen, bei unbequemer Kopflage weiteres Kissen unterschieben, Schweiß von der Stirn abtrocknen, Puls fühlen
- Gespräch mit alltäglicher Thematik zur Ablenkung versuchen

1

- Auf Fragen des Pat. der Situation entsprechend möglichst ehrlich antworten, d.h. weder banalisieren noch dramatisieren
- Pat. kurz erklären, warum er in ein Krankenhaus transportiert wird („Bein muß geröntgt werden"), in welches Krankenhaus er gebracht wird und wie lange die Fahrzeit etwa dauern wird
- Offene, entstellende Verletzungen, die sich im Blickfeld des Pat. befinden, baldmöglichst abdecken; Blutflecken abwischen
- Pat. nie alleine lassen
- Kinder (☞ auch 12.12):
  - ausreichend analgesieren und sedieren; ggf. Narkose
  - möglichst immer ein Elternteil beim Kind belassen
  - Kind in den Arm nehmen und wiegen (am besten durch die Mutter)
  - mit Worten beruhigen

Weitere Patientenführung

- Fragen, ob Angehörige verständigt werden sollen
- Fragen, ob noch etwas aus dem Unfallfahrzeug geholt werden soll
- Angehörige beruhigen (lassen), Transportziel mitteilen
- An Geduld appellieren: Diagnostik und Therapie erst in der Klinik und danach erst Prognose
- Affektausbrüche (Schreien, Weinen) des Pat. akzeptieren
- Medizinische Maßnahmen vorher kurz erklären; schmerzhafte Prozeduren ankündigen
- Auch „unsympathische" Pat. (Betrunkene, Drogenabhängige, Straftäter) korrekt behandeln
- Nicht in der Nähe des Pat. *über* ihn sprechen (Fehlinterpretationen → Verunsicherung)
- Keine Konflikte mit Mitarbeitern vor dem Pat. austragen
- Sich auch um unverletzte Unfallbeteiligte (insbesondere Unfallverursacher) kümmern
- Bei Übergabe nicht: „das ist eine Unterschenkelfraktur", sondern: „das ist Herr Müller, bei ihm besteht der V.a. eine Unterschenkelfraktur"
- Vom Pat. verabschieden („ich wünsche Ihnen noch alles Gute").

Verhalten gegenüber Rettungsdienstmitarbeitern

- Notärzte und Rettungsdienstmitarbeiter können Fehler machen
- RD-Mitarbeiter versuchen ihr Bestes zu geben, können aber trotzdem nicht hexen
  - Auch im dringendsten Notfall kann kein Mensch gleichzeitig eine Infusion richten, EKG anlegen, Tubus und Laryngoskop bereitstellen und Medikamente aufziehen
  - Auch „banale" Tätigkeiten (z.B. Tubusfixierung) erfordern ein Mindestmaß an Zeitaufwand → sorgfältiges Arbeiten erhöht die Sicherheit
  - Den Mitarbeitern anfangs einen ganz kurzen Gesamtüberblick („Gliederung") über die geplanten Maßnahmen geben und diese dann in einzelne Schritte unterteilen und nach Priorität ordnen („zuerst das Laryngoskop und einen Tubus Größe 9.0, jetzt . . .)
- Die eigene Ungeduld über langsame Mitarbeiter auch bei „vitaler Indikation" beherrschen. Andernfalls Hektik und Nervosität → Unsicherheit → Fehler
- Keine Auseinandersetzungen am Einsatzort. Bei Differenzen angeordnete Maßnahmen kurz und sachlich begründen („wir machen das, weil . . .") und dann nochmals einfordern. Diskussion des Konfliktstoffs nach dem Einsatz anbieten („wir besprechen das dann nachher in Ruhe, o.k.?")

- Ggf. Vorschläge oder Einwände der Mitarbeiter berücksichtigen
- Teamgedanken („wir sind eine Mannschaft und können unser Ziel nur gemeinsam erreichen") stärken und gemeinsam über Verbesserungsmöglichkeiten nachdenken
- Mitarbeiter motiviert man nur durch positive Verstärkungen und sachliche Kritik.

Verhalten gegenüber Kollegen

- Hausärzte und zufällig am Unfallort anwesende Kollegen, die den Pat. vor Eintreffen des NA betreut haben, besitzen z. T. sehr wenig Erfahrung in der präklinischen Versorgung von Schwerverletzten oder Pat. mit akuter Bedrohung der Vitalfunktionen → ein „professioneller Standard" kann nicht vorausgesetzt werden
- Ruhiges, kompetentes und zielgerichtetes Verhalten statt selbstherrlichem Gebärden („weg da, hier bin jetzt ich") → Anerkennung bzw. Führungsanspruch nicht durch forsches Auftreten, sondern durch fachliche Leistung erwerben
- Kollegen nicht in untätige Zuschauerrolle abdrängen, sondern miteinbeziehen („könnten Sie sich um den Beifahrer kümmern?")
- Leistung des „Vorgängers" anerkennen („danke, daß Sie schon mit der Reanimation begonnen haben")
- Bei inadäquater Versorgung durch den „Vorgänger":
  - Eine unzureichende Ersttherapie kann auch nicht durch aggressives Verhalten („so ein Schwachsinn") verbessert werden
  - Keine Belehrungen („wissen Sie denn nicht, daß . . .")
  - Ggf. klärendes Gespräch am Einsatzende (unter 4 Augen oder später telefonisch).

Verhalten gegenüber Mitarbeitern anderer Organisationen

- Im Mittelpunkt der medizinischen und technischen Rettung steht der Pat. Dessen Zustand kann nur der NA kompetent beurteilen → Koordination aller Maßnahmen und des Ablaufs der technischen Rettung durch NA (☞ 11.1)
- Immer möglichst umgehend Kontakt mit den Einsatzleitern der anderen Organisationen aufnehmen. Kommunikation während des gesamten Einsatzes aufrechterhalten
- Mitarbeiter anderer Organisationen nicht als „Hiwis" des RD, sondern als kompetente und für ihren Bereich eigenverantwortliche Fachleute behandeln
- Bei Unstimmigkeiten die eigene Position nicht „mit Gewalt durchdrücken", sondern die persönliche Auffassung kurz und sachlich begründen
- Bei tiefergreifenden Meinungsverschiedenheiten Angebot, sich nach dem Einsatz nochmals zusammenzusetzen und die Probleme „in Ruhe" zu diskutieren bzw. mögliche Mißverständnisse zu klären
- „Kleines Dankeschön" am Einsatzende („die Zusammenarbeit hat prima geklappt",) → „Klimaoptimierung" und Motivationssteigerung bei den Mitarbeitern der anderen Organisationen.

Verhalten gegenüber Ersthelfern

- Ersthelfer können Fehler machen, aber sie haben geholfen
- Für Tätigkeit danken
- Wenn möglich, Ersthelfer nicht abdrängen, sondern in weiteren Ablauf miteinbinden (z. B. weiter mit dem Pat. sprechen oder Infusion halten lassen)
- Bei größeren Unglücken oder bei (mehreren) Todesfällen: zu streßbearbeitenden Maßnahmen (☞ 21.9.3) einladen (lassen) bzw. dafür die Adresse des Ersthelfers erbitten.

Verhalten gegenüber Schaulustigen

Schaulustige auf Distanz halten

- Schaulustigen die Möglichkeit geben, ihr Verhalten aus eigener „Einsicht“ zu ändern: Nicht gereizt und unwirsch: „Sie stören, hauen Sie ab, Gaffer können wir hier nicht brauchen“, sondern höflich, aber bestimmt: „Bitte treten Sie zurück. Dem Pat. sind Ihre Blicke unangenehm, außerdem beeinträchtigen Sie unsere Arbeit. Bitte räumen Sie die Unfallstelle und gehen/fahren Sie weiter“
- Besonders störende Zuschauer mit einer „Aufgabe“ betreuen und direkt ansprechen:
  - „Bitte überprüfen Sie, ob die Unfallstelle richtig abgesichert ist“
  - „Bitte helfen Sie uns und sorgen Sie dafür, daß sich alle Passanten hinter die Ampel zurückziehen“
- Ggf. Zurückweisung der Schaulustigen durch Polizei.

„Gaffer“, die den Einsatzablauf nachhaltig behindern, können in manchen Bundesländern (z. B. Bayern) mit einer Geldbuße bis zu 10 000 DM belegt werden.

1.13 Hygienemaßnahmen

Hygienemaßnahmen im RD dienen dem Schutz des Pat. und des ihn versorgenden RD-Teams. Für den hygienischen Zustand des Rettungsmittels ist immer die jeweilige „Transportorganisation“ (Durchführende) verantwortlich

Problematik: Die Versorgung von Notfallpat. findet an den unterschiedlichsten Orten (z. B. Acker, Fahrzeugwrack, Vorratskeller) unter z. T. widrigen Bedingungen (Regen, Kälte, Dunkelheit) statt. Daraus resultieren auch zwangsläufig Unterschiede zwischen präklinischen und klinischen Hygienestandards.

Der *Erhalt von Vitalfunktionen* hat *immer Priorität vor der Vermeidung von Infektionsgefahren*

Kontaminationsschutz
- Routinemäßig Einmalhandschuhe verwenden (immer einige Handschuhe „am Mann“ mitführen)
- Haut- und insbesondere Schleimhautkontakt mit Blut, Speichel, Sekreten, Urin und Stuhl des Pat. unbedingt vermeiden
- Bei versehentlicher Kontamination sofortige Desinfektion: grobe Verunreinigungen mit Zellstoff, der mit Desinfektionsmittel getränkt ist, entfernen und danach die betroffene Hautfläche großzügig mit Desinfektionsmittel einreiben.

Hautdesinfektion
- „Sprühen – wischen (mit Tupfer oder Kompresse) – sprühen“
- Mindesteinwirkzeit des Hautdesinfektionsmittels: Venenpunktion: 15–30 Sek. chirurgische Maßnahmen (z. B. Thoraxdrainage): 1 Min.
- Händedesinfektion durchführen vor dem Anziehen steriler Handschuhe, nach Kontakt mit potentiellen Infektionsquellen, häufig „mal zwischendurch“.

Umgang mit Sterilgut:
- Sterilgut (Spritzen, Kanülen, Katheter, Drainagen, chirurgisches Besteck, Entbindungsset) nicht durch das Verpackungspapier drücken, sondern Umhüllung immer an den dafür vorgesehenen Stellen auseinanderziehen und Inhalt steril anreichen

- „OP-Gebiete“ immer möglichst weiträumig abdecken, so daß auch die verwendeten Materialien bequem und sicher abgelegt werden können
- Besonders geeignet zur sterilen Abdeckung sind durchsichtige Lochtücher mit Klebestreifen: können nicht verrutschen und beeinträchtigen nicht die anatomische Orientierung.

Abfallentsorgung
- Kanülen nie in die Schutzhülle zurückstecken (Verletzungsgefahr), sondern immer umgehend in einem dafür vorgesehenen durchstichsicheren Behälter entsorgen
- Keine gebrauchten Kanülen und Skalpelle am Unfallort oder in Patientennähe (z. B. auf der Trage) liegen lassen
- Während des Einsatzes Abfall nicht „wild in der Gegend“ verteilen, sondern möglichst an einer Stelle „häufeln“
- Möglichst keinen Abfall am Notfallort zurücklassen bzw. sachgerechte Entsorgung sicherstellen.

Todgeburt > 500g ⇒ Leiche!

1.14 Leichenschau/Todesbescheinigung

Grundlagen

Keine bundeseinheitliche Regelungen → Landesgesetze und -verordnungen:
- Nicht in allen Bundesländern ist der NA zur Leichenschau verpflichtet, teils abhängig vom Status des NA (Klinikarzt bzw. niedergelassener Arzt)
- Teils nur vorläufige Todesbescheinigung durch NA (s. u.); keine eindeutige Dokumentation des Todeseintritts
- Verstöße gegen die Leichenschauvorschriften (z. B. leichtfertige Ausstellung einer unzutreffenden Todesbescheinigung) können durch Ordnungsgeld oder sogar Strafverfolgung des Arztes geahndet werden!

Aufgaben der Leichenschau
- Sichere Todesfeststellung
- Aufdecken von nicht natürlichen Todesarten (insbesondere von Tötungsdelikten, Unfällen, Suiziden)
- Vermeiden der Ausbreitung von Infektionskrankheiten
- Feststellung von Berufskrankheiten
- Datenerhebung für die offizielle Todesursachenstatistik
- Wahrung der Interessen des Toten gegenüber Versicherungen (z. B. keine Leistung der Unfallversicherung bei natürlichem Tod) und Privatpersonen (z. B. Erben).

Problematik

- In den meisten Fällen kennt der NA weder den Pat. noch seine Vorgeschichte → falls möglich Hausarzt befragen bzw. diesen die Leichenschau durchführen lassen
- Im Prinzip kann eine Todesursache niemals durch eine äußere Leichenschau definitiv geklärt werden
- Der Kreislaufstillstand liegt meist erst so kurz zurück, daß noch keine sicheren Todeszeichen vorliegen → ggf. spätere Rückkehr an den Einsatzort
- Die Angabe „nicht natürliche“ oder „ungeklärte“ Todesursache kann Kontroversen mit Angehörigen, Polizei und Amtsärzten bewirken (Desinteresse an „Komplikationen“ und Mehrarbeit)

1

Durchführung

- Die sorgfältige Durchführung der Leichenschau erfordert erheblichen Zeitaufwand
- Keine Leichenschau im Freien (→Pat. in RTW verbringen)
- Angehörigen verdeutlichen, daß die Leichenschau keine Schikane oder Störung der Totenruhe, sondern eine sinnvolle und generell vorgeschriebene Untersuchung ist
- Für ausreichende Beleuchtung sorgen, um mögliche Hinweise auf einen nicht natürlichen Tod nicht zu übersehen →ggf. Überführung in eine Leichenhalle
- Nur vollständig entkleidete Leichen untersuchen. Bei Leichenstarre ggf. Kleidung aufschneiden →Angehörige hinzuziehen und mithelfen lassen
- Haut und Körperöffnungen der Leiche von allen Seiten gündlich inspizieren
- Hinweise auf Tod durch Ersticken (Strangfurchen am Hals, Würgemale; fein petechiale Blutungen in den Lid-, Binde- oder Mundschleimhäuten, im Gesich oder hinter den Ohren), für die Einwirkung spitzer oder scharfer Gewalt (Pflaster und Verbände entfernen), für ein SHT (Schädel betasten →abgrenzbar Beule?) oder für eine Vergiftung (Ätzgifte →Lippenveränderung, Warnfarb von Pflanzenschutzmitteln, Tablettenreste im Mund, Erbrochenes)?
- Rektale Körperkerntemperaturmessung (evtl. wichtig zur Bestimmung de Todeszeitpunktes)
- Orientierende Untersuchung des Leichenfundortes (z. B. in Hinblick auf Tabletten, Gifte, Spuren, Tatwerkzeuge)
- Befunde schriftlich mit Zeitpunkt der Beobachtung dokumentieren.

Todesfeststellung

„Sichere“ Todeszeichen:

- Totenflecken (Livores):
  - Rötlich-zyanotische Flecken (bei hellroter Färbung V. a. CO-Vergiftung ☞ 9.7.2)
  - Erstes Auftreten an abhängigen Körperpartien oder hinter den Ohren ca. 3 Min. p. m.
  - Konfluenzbeginn: 2–6 h p. m., vollständige Ausprägung mit Konfluenz: nac ca. 6 bis 12 h
  - Innerhalb der ersten 12 h verschwinden die Livores durch leichten Druck nach 1 bis 2 Tagen sind sie nicht mehr wegdrückbar
- Totenstarre:
  - Beginn: ca. 1–4 h p. m., v. a. im Kopfbereich (Lider, Unterkiefer)
  - Vollständige Ausprägung nach 6–12 h
  - Lösung (temperaturabhängig) ca. 2 bis 3 Tagen p. m. (bei 20 °C).
- Fäulnis
- Verletzungen, die nicht mit dem Leben vereinbar sind (z. B. Dekapitation).

„Unsichere“ Todeszeichen:

- Leichenblässe und -kälte, Atemstillstand, Asystolie, Korneatrübung, weich Bulbi, weite reaktionslose Pupillen, evtl. entrundet, Reflexlosigkeit.

Besondere Situationen

- Bei Verzicht auf Reanimationsmaßnahmen bei einer Leiche ohne sichere Todeszeichen →EKG-Null-Linien-Dokumentation über mind. 10 Min. Bei Schrittmacherpat. entspricht eine fehlende Depolarisation dem Null-Linien-EKG
- Ein Hirntod ist vom NA nicht diagnostizierbar (EEG bzw. Beobachtung übe 12 h erforderlich)

Todesfeststellung unter Reanimation (☞ 3.5)
Bei Leichenfunden, bei denen der V. a. eine Gewalttat vorliegt, sofort Polizei verständigen. Der NA ist dafür verantwortlich, daß der Tatort unverändert bleibt und keine Spuren verwischt werden. Also bis zum Eintreffen der Polizei am Tatort bleiben.

Todesbescheinigung

Ergebnisse der Leichenschau dokumentieren (entsprechende Formulare evtl. im Krankenhaus oder Arztpraxis besorgen und bei sich führen)

In manchen Bundesländern nur „vorläufige Bescheinigung des Todes" als reine Todesfeststellung. Leichenschau dann durch Hausarzt, kassenärztlichen Notfalldienst, gerichtsärztlichen Dienst o. ä. nach unverzüglicher Verständigung durch den NA.

- *Identifikation des Toten:* Eintrag entsprechend kommentieren: „persönlich bekannt", „aufgrund von Ausweispapieren/ Angaben Dritter" bzw. „unbekannt".
- *Sterbeort:* Bei nicht beobachtetem Todeseintritt: „Aufgefunden ..."
- *Zeitpunkt des Todes:* Bei nicht beobachtetem Todeseintritt „unsicher, tot aufgefunden am ... um ... Uhr." bzw. „ungeklärt".
- *Todesart:*
  - „Natürlicher Tod" (durch Krankheit, Mißbildung oder Lebensschwäche)
  - „Nicht natürlicher Tod" (z. B. durch Unfall, Suizid, Mord, Gewalteinwirkung, Komplikation medizinischer Behandlung, Intoxikation, Sturz, Ertrinken, aber auch bei einer letztlich natürlichen Todesursache, die sich aber über eine Kausalkette mit einem nicht natürlichen Ursprungsereignis verbinden läßt, z. B. Lungenembolie nach Gipsruhigstellung, Pneumonie bei verletzungsbedingtem Krankenlager)
  - „Nicht aufgeklärt, ob natürlicher oder nicht natürlicher Tod" (z. B. unbekannte Leiche ohne äußere Verletzungszeichen)
  - In Leichenschauscheinen, in denen der Terminus „ungeklärte Todesart" nicht vorkommt, entsprechenden handschriftlichen Eintrag vornehmen
  - Bei Verdacht eines nicht natürlichen Todes oder unbekannter Leiche keine Veränderungen an der Leiche (z. B. keine Entfernung von Kathetern und Tuben nach Reanimation) oder der Auffindungssituation vornehmen (Ausnahme: Aussicht auf Erfolg von Rettungsmaßnahmen). Umgehend Polizei verständigen
- *V.a. Erkrankung an einer übertragbaren Krankheit:* Besteht der V. a. einen Seuchenfall, Leiche in eine Transportfolie oder ein mit Desinfektionsmittel getränktes Tuch einhüllen, in eine Leichenhalle überführen lassen und den zuständigen Amtsarzt umgehend verständigen. Ansonsten „unbekannt" eintragen
- *Todesursache:* Bei jedem unklaren Todesereignis oder unerwarteten Tod aus natürlicher Ursache als Todesursache „Ohne Sektion nicht feststellbar" bzw. „ungeklärt" eintragen

Nach vollständigem Ausfüllen den Leichenschauschein so verschließen, daß die vertraulichen Angaben (u. a. Todesursache) für Unbefugte nicht einsehbar sind.

Die Todesbescheinigung erhält bei

- natürlichem Tod: ein Angehöriger zur Weitergabe an den Bestatter
- nicht natürlichem oder nicht aufgeklärten Tod: die Polizei.

In der Todesbescheinigung nur das beurkunden, was man selbst gesehen hat und sicher weiß. Falschangaben haben strafrechtliche Konsequenzen
Angaben von Angehörigen können unzutreffend sein
Nie von Polizisten zur Bescheinigung eines natürlichen Todes überreden lassen.

1.15 Dokumentation

Aufgaben und Ziele der Dokumentation

- Jeder NA ist verpflichtet (ärztliche Berufsordnung, z. T. einige Landesrettungs dienst-Gesetze), über jeden von ihm behandelten Pat. sachgerechte Aufzeich nungen zu erstellen
- Primäre Aufgabe der Dokumentation: Übermittlung von eindeutigen und aussa gefähigen Informationen über das Notfallgeschehen, die Anamnese, den Erstbe fund und die durchgeführten notfallmedizinischen Maßnahmen an die Mitarbei ter der aufnehmenden Klinik (Sicherung wichtiger Befunde für die weitere Dia gnostik und Behandlung des Pat.)
- Eine standardisierte Dokumentation des RD-Einsatzes ist Voraussetzung für di Datenerfassung und -analyse für das Qualitätsmanagement im RD
- Durch eine sorgfältige und umfassende Dokumentation schützt der NA sich un die RD-Mitarbeiter vor ungerechtfertigten Vorwürfen im Rahmen von juristi schen Auseinandersetzungen

Einsatzprotokolle

Die Empfehlung der Deutschen Interdisziplinären Vereinigung für Intensiv- un Notfallmedizin (DIVI) sieht zur Dokumentation zwei Vordrucke vor: *Notarztein satz- und Rettungsdienstprotokoll.*

Notarzteinsatzprotokoll

Dokumentation notärztlicher Befunde und Maßnahmen.

Das DIVI-Notarzteinsatzprotokoll wird mit 1 oder 2 Durchschlägen ausgeliefer Das Original verbleibt nach der Patientenübergabe im aufnehmenden Kranken haus. Der 1. Durchschlag wird am Standort des arztbesetzten Rettungsmittels ar chiviert. Der 2. Durchschlag kann entweder für die persönliche Archivierung de den Einsatz durchführenden Notarztes oder – nach Anonymisierung der personen bezogenen Daten – einer zentralen Datenerfassungsstelle zugeführt werden.

Für die Datenerfassung des DIVI-Notarzteinsatzprotokolls stehen mehrere Soft ware-Versionen zur Verfügung, die z. T. zum Selbstkostenpreis abgegeben werde (☞ 21.9.2).

Rettungsdienstprotokoll

Dokumentation rettungsdienstlicher Befunde und Maßnahmen. Zusätzlich ist ei Vordruck „Verordnung eines Krankentransports" beigeheftet.

Auf der Rückseite befinden sich Abschnitte zur Dokumentation einer Transport verweigerung durch den Pat., des Materialverbrauchs und von Zwischenfälle (Komplikationen seitens des Pat., technische und organisatorische Probleme, je weils mit Bewertung der Relevanz).

U. v. Hintzenstern, H. Strauss, G. Geldner, C. Neumann, R. P. Maschke, H.-R. Nürnberger, R. Kretschmer, E. Pfenninger, A. Keller, A. Betzenberger, P. Koch, B. Babich, J. Zimmermann, S. Hasenfuß, W. Kniefeld, G. Langer

2 Arbeitstechniken

2.1 Hilfsmittel zur Rettung

2.1.1 Helmabnehmen bei verletzten Zweiradfahrern

Ind.: Bewußtlosigkeit, Beeinträchtigung von Vitalfunktionen, V.a. HWS-Verletzung, Erbrechen (Aspirationsgefahr).

Durchführung: 2 Helfer notwendig (1. Helfer kniet hinter dem Kopf des Pat., 2. Helfer kniet neben dem Pat.)

- Visier des Helmes öffnen, evtl. Brille abnehmen
- Erster Helfer fixiert Kopf des Pat.: Helmunterrand *und* Unterkiefer fassen und Längszug ausüben
- Zweiter Helfer öffnet Helmverschluß und übernimmt die Fixierung des Kopfes: mit den Langfingern Hinterkopf und Nacken stützen, Daumen auf den Unterkiefer auflegen und Längszug ausüben
- Erster Helfer entfernt vorsichtig den Helm; erst im Nackenbereich bewegen, dann mit Kippbewegung über die Nase ziehen
- Erster Helfer übernimmt nach Helmabnahme den Kopf unter Längszug
- Zweiter Helfer legt Halskrawatte (z.B. Stifneck®) zur Stabilisierung an.

Es gibt sehr verschiedene, teils komplizierte Verschlußmechanismen → ggf. Kinnriemen durchschneiden.

- Beim Helmentfernen Nase schonen
- Längszug während des gesamten Vorgangs kontinuierlich aufrechterhalten.

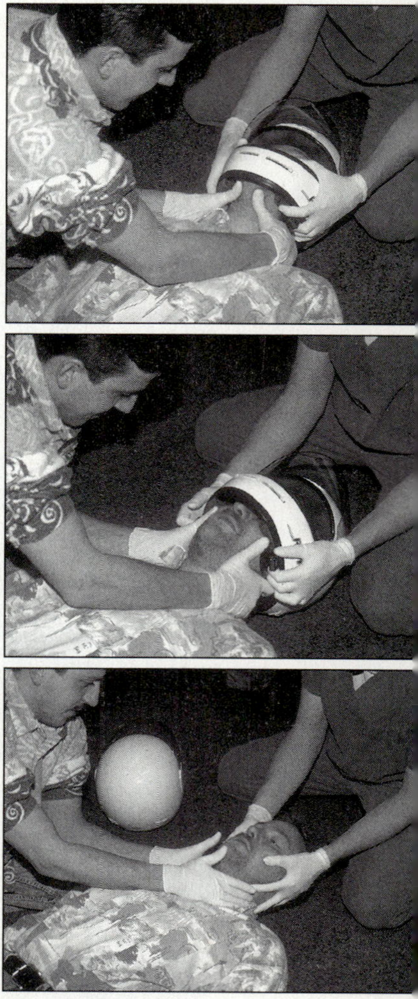

Abb. 2.1: Helmabnehmen

2.1.2 HWS-Stützkragen

Speziell vorgeformte Stützelemente zur Stabilisierung der HWS (z. B. Stifneck®).

Ind.: V. a. HWS-Verletzung (z. B. „Schleudertrauma", im Prinzip auch bei jedem schwer verletzten Pat.).

- Sich dem Pat. in dessen Blickrichtung nähern → Vermeiden von Kopf- oder Körperdrehungen
- Größe der Halskrawatte nach Abstand zwischen Kinnunterkante und Schulter auswählen
- Halskrawatte öffnen, nach Herstellerangaben vom Kinn her unter Kopflängszug (2. Helfer) anlegen
- Halskrawatte schließen.

- Keine Normen, verschiedene Modelle → Herstellerangaben beachten!
- Gute Fixierung des Kopfes und der HWS nur bei richtiger Auswahl der Stützkragengröße möglich
- Falls erforderliche Intubation erschwert, ggf. Halskrawatte öffnen.

2.1.3 Rettungskorsett/-weste

Spezielle Gerätschaften zur Immobilisation der BWS und LWS (z. B. KED-System®).

Ind.: V. a. BWS- oder LWS-Fraktur bei Pat., bei denen primär keine Schaufeltrage oder Vakuummatratze eingesetzt werden kann (z. B. eingeklemmter Autofahrer).

Durchführung: Anlegen nach Herstellerangabe, meist beidseits lateral Verschlußmechanismen.

Bei Verwendung eines Rettungskorsetts immer *vorher* einen HWS-Stützkragen anlegen.

2.1.4 Rautek-Griff

Ind.: Rettung von liegenden oder sitzenden Pat. aus einer Gefahrenzone.

Bei liegendem Pat.:

- Von hinten mit gespreizten Beinen an den Kopf des Pat. treten
- Nacken umfassen und Pat. in sitzende Stellung aufrichten, dabei Schultern abstützen
- Von dorsal mit den Armen durch beide Achseln des Pat. greifen und einen (nicht verletzten) Unterarm mit dem Affengriff umfassen
- Mit Schwung Pat. auf die eigenen Oberschenkel ziehen und mit Rückwärtsschritten aus der Gefahrenzone bewegen.

Bei sitzendem Pat. (z. B. Rettung aus Kfz; ☞ 2.3.1):

- Überprüfen, ob Extremitäten eingeklemmt sind, notfalls Beine aus den Autopedalen lösen
- Beide Hüften umfassen und Pat. so drehen, daß sein Rücken zum Helfer zeigt
- Weiteres Vorgehen wie nach Aufsetzen eines liegenden Pat. (s. o.).

Cave: Der Rautek-Griff ist eine ultima ratio-Maßnahme, wenn nur ein Helfer in einer gefährlichen Situation (z. B. Brand, Explosionsgefahr) zur Verfügung steht. Gefahr iatrogener Schäden (z. B. Leberruptur, Querschnittslähmung bei HWS-Fraktur)

- Beim Aufrichten des Patienten Schultern abstützen, sonst Gefahr des Vorneüberfallens
- V.a. WS-Verletzung → vorher entsprechend stabilisieren (☞ 2.1.2, 2.1.3)
- V.a Thoraxverletzungen → besonders schonend vorgehen und Thoraxkompression vermeiden
- V.a. Beinverletzungen → Beine durch 2. Helfer vorsichtig anheben und halten lassen
- Beim Retten aus KFZ auf Glasscherben achten → Eigenschutz (☞ 1.8.3).

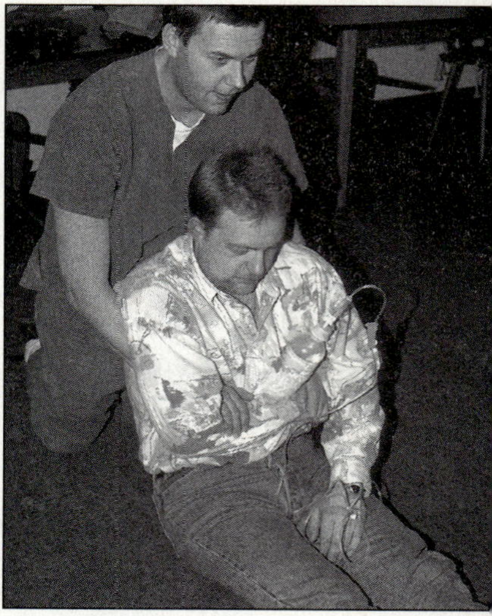

Abb. 2.2: Rautekgriff

2.1.5 Rettungstuch

Reißfestes Tragetuch mit Handgriffen zum Transport eines Pat. unter schwieriger räumlichen Verhältnissen (z. B. enges Treppenhaus).

- Rettungstuch der Länge nach zur Hälfte zusammenrollen
- Pat. vorsichtig seitlich drehen, gerolltes Rettungstuch unterschieben
- Pat. um 180° zurückdrehen
- Rettungstuch entrollen
- Pat. wieder in Rückenlage bringen.

- Ggf. Pat. vorher HWS-Stützkragen anlegen
- Beim Drehen des Patienten auf freie Atmung achten
- Zum Transport 3–4 Helfer notwendig.

2.1.6 Schaufeltrage

Hilfsmittel zur schonenden Rettung von liegenden Pat.

Ind.: Wirbelsäulen- oder Beckentrauma, multiple Frakturen.

- Schaufeltrage öffnen und der Größe des Pat. anpassen
- Beide Körperseiten des liegenden Pat. jeweils nacheinander minimal anheben und entsprechende Tragenhälfte bis zum Rand unterschieben

Schaufeltrage mit der Kopfseite (breites Teil) beginnend schließen
Pat. auf Vakuummatratze (☞ 2.1.7) umlagern, Schaufeltrage unter dem Pat. öffnen und entfernen.

Keine Körperteile des Patienten beim Schließen der Schaufeltrage einquetschen
Kopf- und Fußteil der Schaufeltrage nicht verwechseln → Verletzungsgefahr.

2.1.7 Vakuummatratze

Unterlage zur schonenden (Um-)Lagerung des Pat. und zur Stabilisierung verletzter Körperteile („Ganzkörperschiene").

Ind.: Polytrauma, proximale Extremitätenfrakturen, Becken- u. Wirbelsäulenverletzungen, SHT (Kopffixierung in der Mittellinie).
- Luftventil öffnen, Vakuummatratze glattstreichen
- Pat. auf Matratze ablegen
- Vakuummatratze an den Körper anformen, v. a. an zu stabilisierende Körperteile
- Vakuummatratze absaugen unter weiterem Anformen an den Körper des Pat.

- Ober- und Unterseite der Vakuummatratze beachten (sonst Umlagerung mit der Vakuummatratze unmöglich)
- Scharfe Gegenstände (z. B. Spritzenkanülen, Messer und Glasscherben) können Vakuummatratze beschädigen
- Absaugventil nach Absaugen fest schließen.

2.1.8 Pneumatische Schienen

Vorrichtung zur Stabilisierung peripherer Extremitätenfrakturen und Luxationen.
- Verletzte Extremität reponieren (☞ 11.7.2, 11.7.4)
- Ggf. Wunden mit sterilen Kompressen abdecken
- Geöffnete pneumatische Schiene überziehen
- Schiene schließen (meist Reiß- oder Klettverschluß) und Luftkammern vorsichtig aufblasen
- Periphere Pulse kontrollieren.

- Nur verwendbar bei peripheren Frakturen
- Schiene muß das proximal und das distal der Fraktur gelegene Gelenk umfassen
- Spitze Gegenstände vorher entfernen
- Auf Aufblasdruck achten (Patient äußert Schmerzen)
- Auf Blutungen in der pneumatischen Schiene achten (durchsichtige pneumatische Schienen verwenden).

Pneumatische Schienen sind Röntgenstrahlen-negativ, d. h. sie können bis zur definitiven chirurgischen Versorgung belassen werden.

2.1.9 Vakuum-Schienen

Schienen zur Ruhigstellung von Frakturen und Luxationen der Extremitäten.
- Verletzte Extremität reponieren (☞ 11.7.2, 11.7.4)
- Ggf. Wunden mit sterilen Kompressen abdecken
- Belüftete, weiche Schiene unter die Extremität schieben
- Vakuumschiene an die Extremität anformen und mit Klettbändern fixieren

- Vakuumschiene absaugen unter weiterem Anformen an die verletzte Extremit
- Ggf. Klettbänder nachregulieren.

- Im Gegensatz zur pneumatischen Schiene praktisch keine Gefahr der Beeinträchtigung der Blutzirkulation
- Die Vakuumschiene ist Röntgenstrahlen-negativ, d. h. sie kann bis zur definitiven chirurgischen Versorgung belassen werden
- Falls keine Vakuummatratze zur Verfügung steht, kann eine Vakuumschien auch zur behelfsmäßigen Ruhigstellung einer Schulterfraktur oder -luxatio verwendet werden.

- Schiene muß das proximal und das distal der Fraktur gelegene Gelenk umfassen
- Scharfe Gegenstände vorher entfernen
- Absaugventil nach Absaugen fest schließen.

2.2 Besondere Rettungssituationen

2.2.1 Luftrettung

Einsatzmöglichkeiten

Primär- (☞ 1.2.1) und Sekundäreinsatz, Patientenrettung (mit Seilwinde im Gebirge oder aus dem Wasser), Patientensuche (v.a. bei großflächigen und unübersichtlichen Unfallsituationen, Orten von Lawinenopfern), Beurteilung der Schadenslage (z. B. An- und Abfahrtswege, Gefahrenmomente), Transport zusätzlicher Rettungskräfte und -mittel (z. B. Taucher, Rettungshundestaffeln), technische Hilf (z. B. Ausleuchtung einer Unfallstelle, Luftmarkierungspunkt für Bodenfahrzeug oder weitere Hubschrauber).

Indikationen

Primäreinsatz:

- Schnellstmöglicher Transport von NA, RA und medizinischer Ausrüstung a den Notfallort, um den Pat. für den Weitertransport in die Klinik zu versorgen
- Transport eines Pat., für den der bodengebundene Transport eine zusätzlich Gefährdung bedeutet:
  - Weil bodengebundene Rettungsmittel nicht vorhanden sind oder zu langsam wären
  - Weil der Pat. in eine entfernte Spezialklinik gebracht werden soll.

Die Entscheidung über die Notwendigkeit eines Hubschraubertransportes trifft allein der Arzt. Er entscheidet auch, ob zuerst eine Stabilisierung im nächstgelegenen Krankenhaus durchgeführt wird, dem ein Postprimärtransport oder später ein Sekundärtransport folgt.

Sekundäreinsatz:

Verlegung von Pat. aus Krankenhäusern niedriger Versorgungsstufe in Krankenhäuser der Schwerpunkt- oder Maximalversorgung (☞ 2.10).

Bedingung: Der Lufttransport bringt gegenüber dem Bodentransport entscheidende Vorteile:

- *Zeitlich:* Entfernung für bodengebundenen Transport zu zeitraubend.

→ frühzeitige Intubation!

Bei Nachtflügen beträgt die Transportvorbereitung bis zu 1 h. Damit zerrinnt ein Zeitvorteil schnell.

Medizinisch: Vorteil gegenüber einem NAW:
- Geringere Beschleunigungskräfte in der Vertikal- und Längsachse
- Geringere Schwingungsamplitude.

Damit profitieren vom Hubschraubertransport insbesondere Pat., die möglichst ruhig gelagert werden müssen, z. B. Wirbelsäulenverletzte.

Kontraindikationen

- *Fliegerisch:* Flug außerhalb der Einsatzgrenzen (☞ Tab. 1.3), z. B. bei schlechter Sicht oder bei Vereisung und/oder gefrierendem Niederschlag an der Maschine. Der Pilot *kann* bei schlechten Sichtverhältnissen davon abweichen, wenn er im Rahmen einer Güterabwägung einen Flug für zwingend erforderlich hält.

Der Druck zur Durchführung solcher Einsätze geht dabei häufig unbeabsichtigt vom Arzt aus, der die medizinische Dringlichkeit betont, aber die Risiken von Flügen außerhalb der Einsatzgrenzen nicht abschätzen kann.

- *Medizinisch:* Mit zunehmender Flughöhe sinkt der Umgebungsdruck. Der pO_2 sinkt und im Körper befindliche Gase dehnen sich aus. Die einzige absolute Kontraindikation für einen Lufttransport ist der unbehandelte Pneumothorax. Bei schnellem Steigflug kommt es wegen des nachlassenden Außenluftdrucks zu einer Zunahme der Luftmenge im Pleuraspalt bis zum Spannungspneu.

Vor dem Lufttransport auch geringen Mantelpneumothorax mit Drainage entlasten. Drainage in jedem Fall (unabhängig ob Spontanatmung oder kontrollierte Beatmung) mit einem Heimlich-Ventil versehen (Drainage nicht abklemmen!).

Landeplatz

- *Größe:* tags 25 x 25 m, nachts 35 x 50 m
- *Beschaffenheit:* ebener und fester Boden (mit PKW befahrbar), kein Staub, Sand, lose Blätter etc., möglichst kein Bewuchs über 30 cm Höhe, keine hohen Hindernisse in der Nähe (Bäume, Kamine, Leuchten, Masten, Kräne), keine Freileitungen in Landeplatznähe. Optimal sind Sportplätze (oft sogar mit Flutlichtanlage)
- Landeplatz durch Hilfskräfte (Polizei, Feuerwehr) absperren lassen
- Landeplatz nach Möglichkeit neben der Fahrbahn wählen. Bei Landung auf der Fahrbahn Straße durch Polizei oder Feuerwehr vollständig sperren lassen
- Nachts deutlich kennzeichnen (Blaulicht) und ausleuchten (Fahrzeuge in weitem Kreis aufstellen, Abblendlicht nach innen) bzw. durch Flutlicht (Feuerwehr, THW).

Landenden Hubschrauber nicht mit Scheinwerfer oder Handlampe direkt anstrahlen (Blendung des Piloten).

Einweisung

- Der Pilot sucht sich seinen Landeplatz selbst, Vorschläge „vom Boden“ werden aber gerne entgegengenommen. Durch Einweisung des RTH darf die Patientenversorgung nicht leiden
- In der Nähe des Landeplatzes mit einem farbigen Kleidungsstück winken, in „Yes“-Position (beide Arme erhoben) aufstellen, Kleidungsstück zur Anzeige der Windrichtung hochhalten, mit dem Rücken in Windrichtung an den Rand des Landeplatzes stellen.

Sicherheitsregeln

In allen fliegerischen Belangen ist ausschließlich der Pilot weisungsbefugt!

- Auf Zeichen des Piloten warten
- Annähern nur von schräg vorn (☞ Abb.2.3) im Blickfeld des Piloten
- Vom Heckrotor fernhalten (Lebensgefahr), da er durch die Rotation nicht sichtbar ist
- Bei laufendem Hauptrotor gebückt mit Blickkontakt zum Piloten und langsam auf den Hubschrauber zugehen
- Gegenstände im Rotorenbereich nicht über Kopf oder auf der Schulter tragen

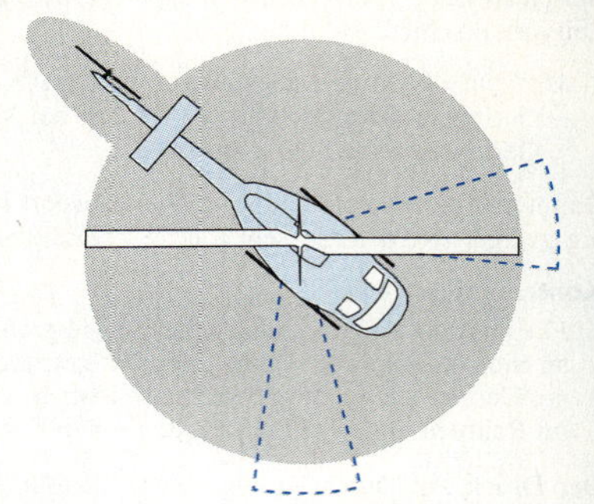

Abb. 2.3: RTH-Gefahrenzone

- In unebenem Gelände RTH immer talwärts verlassen bzw. besteigen
- Mützen und lose Gegenstände festhalten (Rotorabwind)
- Pat. vor Rotorabwind und aufgewirbelten Kleinteilen schützen (Pat. so lang wie möglich im RTW lassen, ggf. mit Decke abdecken)
- Keine Fahrzeuge in den Rotordrehbereich fahren (auch nicht bei Rotorstillstand
- Vor dem Transfer muß der Pat. auf der Trage angeschnallt sein
- Be- und Entladen prinzipiell mit mindestens 3 Helfern
- Briefing für RTH-Arzt vor Abflug:
  - Pilot informiert über Wetter, Flugzeiten, evtl. Verzögerungen (z. B. Tanken)
  - Arzt informiert über Diagnose, Zustand des Pat., mögliche Probleme während des Flugs, evtl. Beschränkungen in der Flughöhe, Steig- und Sinkrate
- Vor Anlassen der Turbine „start-up OK" (5er-Regel):
  - Patient versorgt und gesichert?
  - Geräte gesichert?
  - Crew angeschnallt (falls möglich mit 4-Punkt-Gurt, nicht mit Beckengurt)?
  - Gefahrenbereich frei von Menschen und hohen Gegenständen (z. B. RTW)?
  - Türen geschlossen?

Medizinische Besonderheiten

- Sehr eingeschränkte Therapie- und Überwachungsmöglichkeiten durch hohe Lärmpegel und außerordentlich begrenztes Raumangebot im RTH (bei kleine Hubschrauberbaumustern ist der erste Pat. nur bis zum Nabel, der zweite nu bis zum Thorax zugänglich)

Besser mehr Zeit in die medizinische Vorbereitung investieren, als während de Fluges in Schwierigkeiten kommen!

- Vor dem Abflug den Pat. vollständig versorgen und bestmöglichst stabilisiere → ausreichende Zahl von i. v.-Zugängen mit gut zugänglichen 3-Wegehähnen großzügige Indikation zu O_2-Gabe, Intubation und Beatmung bei Bewußtseins getrübten. Frühzeitige Anlage von Thoraxdrainagen bei Thoraxtrauma (Spannungspneu durch sinkenden Luftdruck in Flughöhe), unnötige Punktionsversu

che der V. subclavia vermeiden (Pneumothoraxgefahr), sorgfältige Lagerung in Luftkammer- oder Vakuumschienen bzw. Vakuummatratze, vollständiger Aufbau aller Monitorsysteme.
- Während des Flugs ständige Überprüfung von EKG, RR, SpO_2 und Inspektion des Pat. (Atemexkursionen, Zyanose?)
- Auch wenn die Flughöhe selten über 500 m ist (Gebirge!), kann sich ein abnehmender Sauerstoffpartialdruck bei grenzwertig kompensierten Patienten negativ auswirken. (☞ Tab. 2.1)

Tab. 2.1.: Blutgasveränderung beim Steigflug

Flughöhe	Atmosphärischer pO2	Arterieller pO2
NN	159 mm Hg	98 mm Hg
600 m ü. NN	148 mm Hg	86 mm Hg
1200 m ü. NN	137 mm Hg	73 mm Hg

- Das Volumen im Magen-Darmtrakt nimmt während des Steigfluges zu. Durch Dehnung des Magens erhöht sich die Regurgitations- und Refluxgefahr. Beim Vorliegen eines Ileus wird durch das erhöhte Darmvolumen die Zwerchfellfunktion behindert:
  - Bei bewußtseinsgetrübten Pat. eine Magensonde und bei Ileuspatienten zusätzlich ein Darmrohr legen. Während des Fluges nicht abklemmen
  - In den ersten 7 Tagen nach einer Magen- oder Darmoperation sollte kein Lufttransport erfolgen, da durch die Luftausdehnung die Gefahr einer Nahtperforation besteht
- Der Geräuschpegel im Hubschrauber ist deutlich höher als im NAW (95 dBA gegenüber 80 dBA) → wachen Patienten und sich selbst Gehörschutz aufsetzen
- Bei katarrhalischen Infekten abschwellende Nasentropfen applizieren
- Die Bewegungskrankheit (Kinetose) kann den Gesamtzustand des Pat. erheblich verschlechtern. Tritt sie beim Flugbegleiter auf, bedeutet das ein unkalkulierbares Sicherheitsrisiko für den Patienten:
  - Bei Erbrechen: Atemwege des Patienten freihalten
  - Dem Pat. ggf. prophylaktisch oder bei ersten Symptomen ein Antiemetikum (z. B. Dehydrobenzperidol) geben
  - Weitere Prophylaxe: Gute Frischluftversorgung, keine plötzlichen Bewegungen mit dem Kopf, Versuch, durch Beschäftigung Ablenkung zu finden, Blick auf die Landschaft außerhalb des RTH fixieren.

Einflüsse auf medizinisches Gerät

- Vibrationen:
  - Vor Flugantritt Tubus optimal mit Pflaster fixieren.
  - Katheter und Drainagen gegen Dislokation sichern. (Steckverbindungen lösen sich leichter unter Vibrationen als Schraubverbindungen)
- Höhenwirkung:
  - Glas-Infusionsflaschen: bei Steigflug (Höhe) Überdruck → schnellere Infusion, bei Sinkflug (Landung) Unterdruck → langsamere Infusion. Wenn möglich vor Abflug auf Kunststoff-Infusionsflaschen umsteigen (Infusionsgeschwindigkeit höhenunabhängig)
  - Luftkammerschienen dehnen sich bei Steigflug aus und können zu Kompressionen führen → betreffende Extremität regelmäßig kontrollieren

- Vakuummatratzen im Gegensatz dazu während des Steigflugs ggf. nachsaugen
- Tubuscuff bei Sinkflug ggf. nachblocken.

2.2.2 Seerettung

2

Einsatzmöglichkeiten

Abbergen von erkrankten oder verletzten Personen von Handels- oder Sportschiffen, Retten von verunglückten Personen aus dem Wasser, Suche nach Vermißten im Wasser und auf havarierten Schiffen.

Anfahrt

- Während der häufig langen Anfahrtszeit per Funk vom Kapitän nähere Einzelheiten über die Notfallsituation erfragen
- Bei Gefahrgutunfällen (☞ 21.11) Informationen beim MRCC Bremen (Maritime Rescue Coordination Center) der DGzRS (Deutsche Gesellschaft zur Rettung Schiffbrüchiger; ☞ 21.9.1) einholen. Evtl. Entstehung neuer toxischer Substanzen durch Reaktion mit Salzwasser einkalkulieren
- Bei speziellen Fragestellungen evtl. über „Mediko"-Gespräch mit dem Stadtkrankenhaus Cuxhaven Auskünfte einholen
- Medizinische Versorgungsgüter und technisches Gerät ggf. durch die DGzRS vor Ort bringen lassen.

Technische Rettung

Ausschließlich durch ausgebildete Fachkräfte. *Voraussetzung:* Kenntnisse der internationalen Seenotsignale, des Funkverkehrs, der navigatorischen Besonderheiten, der bes. Techniken horizontaler Rettung.

Sicherheitsregeln

- Übersteigen auf Schiffe nur auf Weisung des Bordpersonals. Schwierig oder unmöglich bei Sturm
- Bewegung an Bord nur unter Begleitung von Besatzungsmitgliedern (verwirrende Gangführung auf großen Schiffen)
- Suche nach Vermißten auf verlassenen Schiffen nur zu zweit durchführen, Rückweg sichern. Funkverbindung sicherstellen.

Typische medizinische Probleme bei Seenotfällen

- Verletzungen (z. B. Sturz aus großen Höhen, Einklemmungen, stumpfe Traumen, Verbrennungen (☞ 11.10), toxische Traumen nach Beschädigung von gefahrgutbeladenen Containern (oft unbekannter Inhalt), Unterkühlung (☞ 11.14), Beinahe-Ertrinken (☞ 11.15), Erschöpfung
- Die prähospitale Behandlungsphase kann sehr lang sein, z. B. beim Fortsetzen der Suchaktion nach weiteren vermißten Verunglückten über mehrere Stunden → evtl. Abbergung durch Hubschrauber einleiten.

2.2.3 Bergrettung

Besonderheiten

- Häufig Gefährdung des Rettungspersonals durch die alpine Umwelt (Sonne, große absolute Höhe, schwieriges Gelände, Stein- u. Eisschlag, Lawinen, Blitzschlag), wetterbedingte Behinderungen (Wettersturz, Kälte, Nebel, Sturm, Schneesturm) oder durch Einbruch der Dunkelheit

- Personal und Material (z. B. im „Notarzt-Rucksack“) müssen ggf. über weite Strecken in unzugängliches Gelände befördert werden → Beschränkung auf das absolut Notwendige
- Abhängig vom Notfallort bzw. der Schwere der Verletzung oder Erkrankung fachkundige Hilfe (Bergwacht, Bergrettung) und ggf. fliegerische Unterstützung erforderlich (***Cave:*** „Notfalltourismus per RTH“!)
- Ggf. technische Sofortrettung des Pat. aus Gefahrenbereich und danach erst medizinische und/oder psychologische Versorgung an einem gesicherten Platz
- Prinzipiell sollten aus Sicherheitsgründen nur speziell ausgebildete Ärzte (z. B. Bergwachtarzt) eingesetzt werden. Einem NA ohne entsprechende Bergerfahrung und -ausrüstung müßten die Pat. erst an einen sicheren Ort (Hütte, Seilbahnstation, Landeplatz) zugeführt werden
- In Klettergebieten sind besonders schwierige, gefährliche und zeitaufwendige Auf- und Abseilaktionen im Fels erforderlich (Stahlseilgerät, Anseilgurte, Bergseile, Bergwachttrage, Bergesack); ggf. technische Rettung mittels Rettungswinde im RTH oder Außenlastennetz.

Typische medizinische Probleme bei Notfalleinsätzen im Gebirge

- Polytraumata (☞ 11.8), Unterkühlung (☞ 11.4), Lungen- und Hirnödem (Höhenkrankheit; s. u.), kardiale Notfälle (ältere Skilangläufer und Wanderer (☞ 5)
- Bei Bergkletterern Sturz ins Seil mit Hänge-, Anprall-, Strangulations- oder Fangstoßtrauma (WS-Verletzungen). Freies Hängen im Seil bewirkt langsames Blutversacken in der unteren Körperhälfte → Pat. nach der Rettung nicht sofort flach lagern, sondern erst in Kauerstellung bringen
- Nach Lawinenverschüttung besteht das Hauptrisiko in einer Asphyxie (die Quote der Lebendgeborgenen fällt nach 15 Min. Verschüttungsdauer stark ab). Die Auskühlung (ca. 3 °C/h) ist durch den isolierenden Schnee nur ein sekundäres Problem.

Höhenkrankheit

Tritt meist nur in Höhen > 3000 m auf, v. a. bei schnellem Aufstieg (> 300 m/d) oder kardiopulmonalen Vorerkrankungen. Latenzzeit i. d. R. 24–72 h.

- Symptomatik: Kopfschmerz, Übelkeit, Leistungsverlust, Ruhepulsanstieg > 20 %. Später Dyspnoe, Ödeme, Schwindel. Oberhalb von ca. 4000 m ist innerhalb von Stunden oder Tagen Übergang in die schweren Formen Höhenlungenödem (HAPE) oder Höhenhirnödem (HACE) möglich
- Ersttherapie: O_2-Gabe, schnellstmöglicher Abstieg um mind. einige hundert Höhenmeter, evtl. Acetazolamid 250 mg alle 4 h p. o. (z. B. Diamox®)
- Beim Höhenlungenödem Nifedipin 10 mg p. o. (z. B. Adalat®, keine zugelassene Indikation!)
- Beim Höhenhirnödem Kortikoide, z. B. Prednisolon 100 mg i. v. (z. B. Solu Decortin H®) oder 80 mg p. o. (z. B. Urbason®) oder Dexamethason (z. B. Fortecortin® 20 mg. i. v. oder 8 mg p. o.).

Im Winter kann die Kombination aus langem Anmarschweg und Kälte besondere Maßnahmen erforderlich machen:

- Infusionslösungen und Ampullen durch Wärmepaks und Isolation vor Einfrieren schützen
- Plastikteile (Infusionsschläuche, Tuben) können spröde werden → vor Verwendung anwärmen (Wärmepak, Taschenofen, Körperwärme)
- Kältebedingte Leistungsabnahme von Batterien und Akkus bedenken → Defi-Akkus kältegeschützt transportieren
- Beatmungsventile können einfrieren → kontinuierliche Kontrolle

- Hände warmhalten (Handschuhe nur ausziehen, wenn unbedingt notwendig)
- Brillen möglichst abnehmen (Sichtbehinderung durch Beschlagen).

2.2.4 Höhlenrettung

Besonderheiten

- Ungewohnte Umgebungs- bzw. Arbeitsbedingungen (absolute Dunkelheit, hoh Luftfeuchtigkeit, niedrige Temperatur, teilweise extreme Enge)
- Einstiegsmöglichkeiten in die Höhlensysteme sind häufig abseits befestigte Wege und können sogar den Antransport mit dem Hubschrauber erforderlic machen
- Personal und Material müssen evtl. weite, unwegsame Strecken (bis zu mehrer Stunden) transportiert werden. Teilweise sind Techniken wie in der Bergrettun erforderlich
- Die mechanische Belastung der medizinischen Ausrüstung erfordert eine sorg fältige (wasserdichte) Verpackung in sog. „Schleifsäcke" und einen personen aufwendigen Transport bis zur Schadensstelle → Beschränkung auf das absolu Notwendige zwingend erforderlich
- Von öffentlich zugänglichen „Schauhöhlen" abgesehen ist für die Rettung un bedingt fachkundige Hilfe (Höhlenrettung, Grubenrettung, Bergwacht, Feuer wehr, THW) erforderlich, wobei teilweise Sonderausrüstung benötigt wir (Bergesack, „Höhlentrage", Ab- und Aufseileinrichtung etc.).

Voraussetzungen für den Höhleneinsatz

- Einsatz vor Ort: gute Kondition. Einem NA ohne entsprechende Höhlenerfah rung sollten die Pat. am Höhleneingang zugeführt werden
- Persönliche Schutzausrüstung: Schutzhelm, 2 voneinander unabhängige licht starke Lampen (keine Reflexleuchten). Beim Einstieg in nicht frei zugänglich Höhlen: Overall (sog. „Schlaz"), Kletterschuhwerk und entsprechende Abseil ausrüstung (Sitzgurt, Seil etc.).

Typische medizinische Probleme bei Höhlennotfällen

- Traumata durch Sturz und Einklemmung, Myokardinfarkt durch große Bela stung
- Psychiatrische Probleme (z.B. psychische Dekompensation bei Dunkelheit Angst, Klaustrophobie)
- Verbrennungen durch entzündetes Azetylen aus der Karbid-Lampe. Verätzun gen durch zersetztes Karbid oder Akku-Lauge/Säure
- Bei durch Wassereinbruch eingeschlossenen Höhlenforschern („Siphon") oft ta gelange Wartezeiten → Unterkühlung; Dehydratation und Erschöpfung (Hypo glykämie)
- Direkt am Notfallort meist Beschränkung auf Minimalversorgung erforderlic (bis zur Transportfähigkeit unter Höhlenbedingungen). Weitere Versorgun dann außerhalb der Höhle.

Vor Aufnahme einer Notarzttätigkeit in Gebieten mit unterirdischen Gefahren quellen (Höhlen, Bergwerke etc.) Informationen über die nächst-verfügbaren spe zialisierten Rettungskräfte einholen (Höhlenrettung ☞ 21.9.1).

2.3 Spezielle Unfallrettung

2.3.1 KFZ-Unfälle

ei Eintreffen an der Unfallstelle vor professioneller Unfallhilfe (Feuerwehr bzw. HW) Unfallstelle absichern und ggf. selbständige Rettungsmaßnahmen einleiten ☞ 1.8.2).

Kfz-Unfallrettung praxisnah in entsprechenden Kursen üben

ettung von KFZ-Insassen

rsten Überblick verschaffen

Eigenschutz immer vorrangig vor allen medizinischen Aktivitäten (☞ 1.8.3)
Bei Schaulustigen (☞ 1.12) unmißverständlich alleinige Handlungsführerschaft beanspruchen und Fachkompetenz demonstrieren: „Ich bin der NA, gehen Sie bitte zur Seite/helfen Sie mir.“ Keine unorganisierten Fremdaktionen dulden: „Ich leite hier die Rettungsmaßnahmen. Sie setzen Ihren Feuerlöscher nur nach meiner ausdrücklichen Anweisung ein.“
Kurzen Überblick über die Gesamtsituation gewinnen und Gefahrenmomente identifizieren (☞ 1.8.1): Benzingeruch, rauchende Passanten („machen Sie sofort die Zigarette aus“), fließender Verkehr; verstörte, schockierte, verwirrt umherirrende oder panisch agierende Unfallbeteiligte
Jedem Unfallbeteiligten (auch ohne äußere Verletzungszeichen) außerhalb des KFZ z. B. einen Passanten zur „Beaufsichtigung“ zuteilen
Sich dem Unfall-KFZ mit möglichst geringer Eigengefährdung nähern: Beachten des rollenden Verkehrs, Geländebeurteilung, z. B. glatter Untergrund
Durch die Heck-, ggf. Frontscheibe Gesamtüberblick über den Fahrzeuginnenraum gewinnen: Anzahl und Zustand der Insassen, Beschädigungen im Innenraum?

ugang zum Patienten verschaffen

Wenn es der Zustand des Pat. ermöglicht, immer Rettung statt Behandlung im Unfall-KFZ anstreben
Auto umrunden: ist eine Tür bzw. Heckklappe zu öffnen?
Bei blockierten Fahrzeugtüren ein Seitenfenster (nach Möglichkeiten personen- und verkehrsabgewandt) mittels eines geeigneten Werkzeugs (z. B. SISYPHUS-Rettungsstab) mit energischem Schlag zertrümmern. Wache Pat. vorher warnen
Fensterrahmen vollständig entglasen
In das Fahrzeug kriechen (nur wenn für ärztliche Maßnahmen unbedingt erforderlich)
Zündung ausschalten: Stromkreisunterbrechung → Deaktivieren von Airbag-Mechanismen, Ausschalten der Brandgefahr durch Funken
Insassen beruhigen: „Ich bin der NA, wir helfen Ihnen. Sie brauchen keine Angst zu haben.“
Ggf. „Arbeitsraum“ vergrößern: z. B. Sitzlehne verstellen
Grober Basischeck (☞ 4.1.2) aller KFZ-Insassen, kraniokaudale Untersuchung (☞ 11.1)
HWS-Stabilisierung (z. B. Stifneck®)
Ggf. O_2-Gabe (☞ 1.7.3)
Ggf. i. v.-Zugang (☞ 2.7.1) mit Infusion (☞ 5.9)

- Ggf. Analgesie und Sedierung (☞ 3.1, 3.2)
- Ggf. Intubation und Beatmung (☞ 3.4, 3.4.3, 3.4.8).

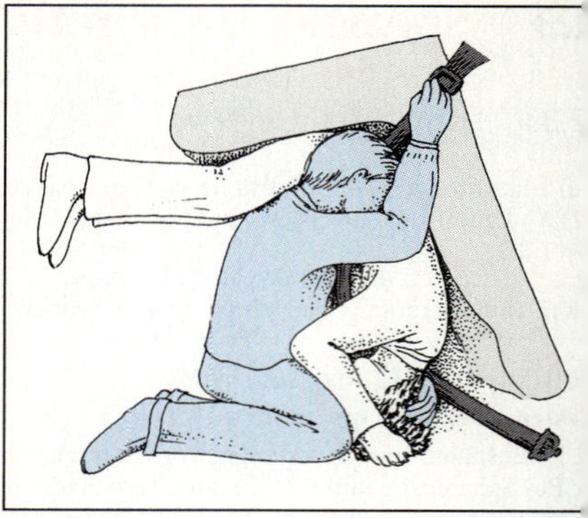
Abb. 2.4: Fremdrettung

Patientenrettung

Bei Normallage des KFZ

- Sicherheitsgurt lösen bzw. durchtrennen (z. B. mit Kleiderschere oder SISYPHUS-Rettungsstab).

Bei Seiten- oder Dachlage des KFZ

- Pat. im Hüftbereich mit einer Schulter abstützen (☞ Abb. 2.4)
- Mit einer Hand den Kopf des Pat. umfassen
- Sicherheitsgurt durchtrennen (lassen) oder Gurtschloß öffnen (lassen); ggf. Pa zur Gurtentlastung kurz anheben
- Den Kopf des Pat. zu sich ziehen und Pat. langsam abrollen lassen
- Pat. mittels Rautek-Griff (☞ 2.1.4) aus dem Fahrzeug transportieren.

Bei Einklemmung

- Feuerwehr bzw. THW zur Rettung mit Spezialgerät (Rettungsspreizer ur -schere) anfordern
- Schonende Rettung; Leitung unter medizinischen Gesichtspunkten durch N (☞ 11.1)
- Pat. zum Schutz vor Splittern und Funken (Trennschleifer) in (Lösch-)deck einhüllen und ggf. Helm aufsetzen.

- Verunfallte KFZ können in der Realität nicht explodieren (nur als Fiktion Action-Filmen)
- Brände durch ausgelaufenen Treibstoff verhindern: Potentielle Zündquellen w. eingeschaltete Zündung, brennende Zigaretten, Defibrillationen beachten
- Airbag:
  - Mit einem Airbag ausgerüstete Sitzpositionen sind gekennzeichnet durch d Aufschrift „SRS“, „AIRBAG“ oder „SRS-AIRBAG“ auf der Lenkradpral platte (Fahrerairbag) und der Instrumententafel (Beifahrerairbag) auf Lenl rad bzw. Armaturenbrett
  - Wenn ein Airbagsystem ausgelöst hat, sind keine besonderen Vorsichtsmal nahmen erforderlich
  - Wurde das Airbagsystem nicht ausgelöst → Zündung ausschalten, wenn mög lich, beide Batteriekabel abklemmen/abtrennen; keine Erschütterungen od ruckartigen Bewegungen oder starke Erhitzung bei Arbeiten an der Lenksä le bzw. im Bereich der Airbag-Einheit (Rettungsschere, Kette, Spreizer)
  - Sitz in die hinterste Position verschieben
  - Rettungsgeräte oder Werkzeuge nicht auf einen nicht entfalteten Airba legen
  - Bei der Rettung bzw. Therapie der Insassen im KFZ den Entfaltungsbereic des Airbags möglichst meiden

Medizinische Probleme:
- Durch die Schutzwirkung von Airbag und Sicherheitsgurt treten äußere Verletzungsmerkmale im Kopf- und Brustbereich seltener auf –> Gefahr, aufgrund der äußeren "Unversehrtheit" nicht an das Vorliegen okkulter Verletzungen (z.B. Milz-, Leber-, Aortenruptur, Herz-, Lungenkontusion) zu denken
- Neben der Versorgung des Pat. kurzen Blick auf das beschädigte Fahrzeug (Deformation von Karosserie und Innenraum) werfen –> Eindruck von der Gewalteinwirkung, der die Insassen ausgesetzt waren
- Dem Aufnahmearzt in der Zielklink Informationen über den Fahrzeugzustand bzw. die Unfallintensität geben (ggf. Polaroidfoto)
- Beim Aufblasen des Airbag entstehen ein lauter Knall, Verbrennungsgase (ungiftig) und Rauch- und Staubteilchen (evtl. Reizung von Augen, Atemwegen oder Haut).
- Nicht zwischen Pat. und unausgelöstem Airbag arbeiten.

'ave „Bergungstod": unerwarteter Tod nach erfolgreicher technischer Rettung urch unzureichende Sicherung der Vitalfunktionen *vor* technischer Rettung

Nie versuchen, Autoscheiben mit dem Fuß einzutreten bzw. mit ungeeigneten Gegenständen (z.B. Feuerlöscher) oder Ellenbogen einzuschlagen → Verletzungsgefahr

Bei Dunkelheit Lichtquelle (z.B. Stablampe) mit in das KFZ nehmen

Bei Seitenlage des PKW einen Helfer ständig eine Seitentür aufhalten lassen.

2.3.2 Bahnunfall

esonderheiten

Notfallort ist evtl. weitab von Straßen und Siedlungen; Neubaustrecken führen häufig durch Tunnels oder über Brücken

Gefährdung von RD-Personal durch Bahnverkehr auf Nebengleisen, Fahrleitungen und Hochspannungsanlagen.

laßnahmen am Notfallort

Kontakt zum Fahrdienstleiter des Unfallbereichsbahnhofs bzw. der Unfallmeldestelle herstellen

Ggf. Nothalt eines vorbeifahrenden Zuges durch kreisende Armbewegungen (bei Dämmerung oder nachts mit Handlampe) veranlassen → Zugführer muß anhalten

Erkundung der Unfallstelle nach Möglichkeit mit Hilfe eines Bahnlotsen

Definitive Auskunft einholen (dabei Namen des Auskunftgebenden notieren): ist die Oberleitung abgeschaltet und geerdet, ist die Bahnstrecke für andere Züge ganz oder nur teilweise gesperrt?

Bei schwieriger Anfahrt Diesellok mit Rangierpersonal und Gepäckwagen oder gedeckten Wagen anfordern (auch zum Abtransport von Pat.)

Ggf. Hilfszug („Einheitshilfsgerätewagen") mit schwerem Rettungsgerät anfordern

Bei Unfällen in Tunnelanlagen Rettungszug mit umfangreichem Feuerwehr- und RD-Personal und -material anfordern.

icherheitsregeln

Eigenschutz immer vorrangig vor allen medizinischen Aktivitäten (☞ 1.8.3)

Nach Möglichkeit immer Wege außerhalb des Gleisbereichs benutzen

- Immer mindestens 3 m Sicherheitsabstand von jeder Gleismitte halten (Druc und Sogwellen sowie Lärmentwicklung vorbeifahrender Züge!)
- Immer erhöhte Aufmerksamkeit beim Queren von Gleisen
- Mit Zugverkehr auf dem Nachbargleis rechnen
- Bis zur *definitiven* Einstellung des Zugverkehrs auf der Strecke keine Rettung aktionen ohne den Schutz von Sicherheitsposten der Bahn durchführen
- Bis zur zweifelsfreien Klärung, daß alle Leitungen der elektrotechnisch Bahnstromanlage abgeschaltet und bahngeerdet sind, keine Rettungsarbeit beginnen und mindestens 10 m Abstand von herabhängenden Leitungen halte
- Evakuierung des Waggons oder Zuges durch Zugbegleitpersonal (Strecke kenntnis) vornehmen lassen
- Immer den Anweisungen des Bahnpersonals und der Sicherheitsposten Fol leisten.

2.3.3 Luftfahrzeugunfälle

Besonderheiten

- Bei Unfällen außerhalb von Flughäfen ist der Notfallort häufig weit von Sie lungen oder Verkehrswegen entfernt und liegt in unwegsamem Gelände
- Bei Unfällen auf Verkehrsflughäfen Gefährdung des RD-Personals durch Ro verkehr von Flugzeugen, Abgasstrahl von laufenden Triebwerken und stark Fahrzeugverkehr im Bereich des Vorfeldes
- Brand – bzw. Explosionsgefahr durch auslaufenden Kraftstoff.

Maßnahmen am Unfallort

- Bei Unfällen auf Verkehrsflughäfen bereits vor und während der Anfahrt Ko takt zur Luftaufsicht herstellen und Treffpunkt mit Lotsenfahrzeug (Follo Me) vereinbaren. Ein Befahren der Betriebsflächen ohne Lotsen ist nicht mö lich
- Kleine Flugzeuge verfügen über keinerlei passive Sicherheit. Verletzte sind den meisten Fällen eingeklemmt und nur durch Einsatz von Rettungsgerät befreien. Daher schon während der Anfahrt entsprechende Kräfte anfordern
- Scheiben an Flugzeugen bestehen aus äußerst widerstandsfähigem Kunststo oder Mehrschichtlaminaten und sind mit einfachen Mitteln kaum zu zerstöre Zugang daher durch Türen oder mittels Einsatz von Rettungsschere oder Spre zer
- Vorsicht im Umgang mit Zündquellen (z. B. Trennschleifer, Defibrillator) w gen Brandgefahr. Löschmittel bereithalten
- Wracks nur betreten, wenn unumgänglich. In jedem Fall erst nach entspreche der Absicherung. Dabei Vorsicht vor scharfkantig gerissenen Aluminiumteile
- Körperflüssigkeiten von Verletzten und Getöteten verteilen sich oft weiträumi an der Unfallstelle. Daher Eigensicherung gegen Infektionen (Handschuhe)
- Häufige Verletzungsschemata: Polytraumatisierung, schwerste Schädelhirntra mata, innere Verletzungen durch hohe Beschleunigung in Achsrichtung d Torso (Aorten- oder Herzbeutelruptur), stumpfe Abdominal- oder Thoraxtra men durch Steuerorgane im Cockpitbereich. Bei Verkehrsflugzeugen mit Bra oder Rauchentwicklung im Innenraum: Intoxikationen durch toxische Rauc gase
- Bei eindeutigen Todeszeichen Position der Leiche und Umfeld möglichst unb rührt lassen

- Schwere Flugunfälle werden durch die Unfalluntersuchungsbehörde des Bundes untersucht. Daher vor dem Verlassen der Unfallstelle Namen und Erreichbarkeit zwecks eventueller Zeugenaussagen bei der Einsatzleitung hinterlassen.

2.3.4 Brandunfall

Besonderheiten

- Großschadensfall (☞ 1.9)
- Gefahr für Pat. und RD durch Hitze, Rauchgase und evtl. Einsturzgefahr
- Aufenthaltsort der Pat. evtl. nicht zugänglich.

Erste Maßnahmen an Brandstellen vor Eintreffen der Feuerwehr

- Eigenschutz immer vorrangig vor allen medizinischen Aktivitäten (☞ 1.8.3)
- Bei Brandgeruch, offenem Feuer, sichtbarem Rauch oder entsprechenden Hilferufen sofort die Feuerwehr alarmieren (meist Tel. „112")
- Andere Hausbewohner warnen. Gebäude verlassen, falls dies sicher möglich ist. Sammeln an festgelegter Sammelstelle. Anwesenheit aller Hausbewohner feststellen
- Ggf. unmittelbar gefährdete Personen retten, Gehunfähige herausführen
- Gebäude nur in zwingenden Fällen betreten. Jemandem mitteilen, daß man sich im Gebäude befindet. Nie Aufzug benutzen. Rauchgase (auch unsichtbar) beachten (Filtermasken wirkungslos!)
- Eigene Einsatzfahrzeuge fernhalten von gefährdeten Bereichen (Trümmer, Verschüttung, Gase, Stäube und Dämpfe)
- Ggf. mit geeigneten Maßnahmen erste Brandbekämpfung einleiten, z. B.
  - Friteusenbrand: Deckel oder nasses Tuch darüberlegen. Kein Wasser („Fettexplosion")
  - Brennende Personen am Weglaufen hindern. Beim Annähern die Decke an den Enden (Hände eingehüllt) in Augenhöhe als Gesichtsschutz halten. Person in Decke hüllen, hinlegen und ggf. umherwälzen
  - Feuerlöscher einsetzen: nicht gegen den Wind löschen. Nicht in die Flammen, sondern in den Brandherd spritzen, ggf. mehrere Feuerlöscher gleichzeitig einsetzen. Nach Möglichkeit Löschmittel nicht restlos ausspritzen, sondern Löschmittelreserve für ein Wiederaufflammen bereithalten
- KFZ-Brand: bei einem Motorbrand im PKW dauert es erfahrungsgemäß mindestens 3 bis 10 Min., bis der Brand in die Kabine eindringt. Brennende KFZ können praktisch nicht explodieren!

Verhalten im geschlossenen Raum

- Bei dunklen Treppenhäusern Notbeleuchtung bzw. ggf. Handlampe einschalten, falls vorhanden
- Fenster und Türen schließen (Ausbreitung von Feuer und Rauch wird behindert)
- Vor dem Öffnen einer Tür mit der Hand Türblatt oben, in der Mitte und unten befühlen. Falls die Tür bereits heiß ist, muß mit Flammen oder Rauchgasen dahinter gerechnet werden
- Tür nur aus der Deckung öffnen. Türblatt, das sich in die eigene Richtung hin öffnen läßt, als Deckung und Schutzschild benutzen. Während des Öffnens Gesicht abwenden und mit Arm bedecken. 15 Sek. warten, bevor man durch die Türe geht, da Stichflammenbildung möglich, wenn sauerstoffreiche Frischluft in den Brandraum tritt

2

- Ist der Flur mit Rauch gefüllt, ist die Luft am Boden manchmal noch atemba →zum Ausgang kriechen
- Zimmerschlüssel mitnehmen. Falls der Treppenraum unbegehbar ist und di Zimmertür hinter einem ins Schloß fällt, muß man wieder ins Zimmer zurück flüchten können
- Ist der Treppenraum nicht begehbar, erkunden, ob das Gebäude über einen 2 baulichen Rettungsweg verfügt
- Notfalls im Zimmer „verschanzen": nasses Taschentuch vor das Gesicht, i nasse Decke einhüllen, Badewanne füllen, nasse Handtücher in Türspalt (ve hindert Eindringen von Rauch). Dann Feuerwehr alarmieren und über Telefo durchgeben, daß man eingeschlossen ist. Genauen Aufenthaltsort angeber Am Fenster um Hilfe rufen. Zieht Rauch aus den unteren Geschossen an de Fassade nach oben, Fenster geschlossen halten. Nie aus dem Fenster springer Nie in Panik der ausfahrenden Drehleiterspitze der Feuerwehr entgegenspri gen. Sprung ins Sprungtuch oder Sprungpolster nur auf Weisung der Feuerweh

Maßnahmen an der Einsatzstelle nach Eintreffen der Feuerwehr

- Sofort Kontakt zur Feuerwehr-Einsatzleitung aufnehmen. Gemeinsam festle gen: Aufstellungsort RTW, Verletztensammelstelle, evtl. weiter benötigte Kräf te, Gefahrenbeurteilung
- Einsatzfahrzeuge der Feuerwehr und deren große Bewegungsradien (LKW Drehleiter) nicht behindern
- Von gefährlichem Feuerwehrgerät fernhalten
- Verlegte Schläuche möglichst nur über Schlauchbrücken überfahren
- Registrierung und Befragung auch schwerverletzter Patienten durch Polizei un Feuerwehr möglichst zulassen (Rückschlüsse auf noch drohende Gefahren ode vermißte Personen)
- Zur Eigensicherung der Feuerwehrkräfte immer ein RD-Ersatzfahrzeug ar Brandort vorhalten
- Geregelte An- und Abfahrt für RTWs organisieren
- Einsatzstelle nicht verlassen, ohne sich beim OrgEL oder Feuerwehr-Einsatzle ter abzumelden.

- Sich nicht davor scheuen, die Feuerwehr auch bei „kleineren" Anlässen rech zeitig nachzualarmieren.

2.3.5 Maschinenunfall

Besonderheiten

- Verletzungen durch bewegliche Teile von Maschinen (z.B. Bohrmaschin Kreissäge, Drehbank, Fräsmaschine), trennende Messer (z.B. Blechschere Schneidemaschinen, Pressen, Stanzen)
- Häufig schwere Quetschungen, tiefreichende Weichteildefekte oder Amputat onsverletzungen.

Rettung eines eingeklemmten Patienten

- Technische Unterstützung praktisch immer erforderlich: rechtzeitige (auch pr phylaktische) Alarmierung von Betreiber und Feuerwehr
- Rettung nur durch fachkundiges Personal, meist durch vorsichtige Demontag der Maschine
- Keine „Notamputationen" am Notfallort, sondern sorgfältige Betreuung des P tienten (Infusion, Sauerstoff, Monitoring), suffiziente Analgesie bis zur Nark

se. Sicherung aller Amputate (auch kleiner Gewebsstücke!) im doppelwandigen Kühlbeutel (☞ 11.7.6). Falls Amputation unumgänglich (Feuerwehr kann Maschine nicht demontieren), Nachforderung eines erfahrenen Chirurgen samt OP-Team. Nur als *ultima ratio* Notamputation durch NA (☞ 2.4)
- Bei Amputationsverletzungen und stabilisierten Vitalfunktionen primär Einweisung in eine handchirurgische oder plastische Spezialabteilung zur Replantation (Hubschraubertransport) anstreben.

Sicherheitsregeln
- Eigenschutz immer vorrangig vor allen medizinischen Aktivitäten (☞ 1.8.3)
- Vor Manipulationen an Maschinenteilen oder eingeklemmten Pat. sicherstellen, daß die Maschine spannungsfrei geschaltet und gegen Wiedereinschalten gesichert ist
- Vorsicht bei scharfen, beweglichen oder heißen Maschinenteilen
- Stempel, bewegliche Messer u.ä. Maschinenteile ggf. unterbauen oder blockieren (v.a. Hydraulikzylinder können sich durch Ölverlust aus beschädigten Leitungen auch nach Abschalten der Maschine noch bewegen).

2.3.6 Chemieunfall

Besonderheiten
- Gefährdung des RD-Personals durch unerkannte Ausbreitung, unbemerkten Kontakt mit der Chemikalie oder deren unbekannte Zusammensetzung
- Möglicherweise drohende Umweltschäden auch bei nur geringer Gefährdung von Menschen (z.B. Öl) → bei Verdacht auf Umweltgefährdung technische Hilfe informieren
- Häufig fehlt eine korrekte Kennzeichnung bei geringen Mengen toxischer Stoffe
- Unkontrollierte Reaktionen zwischen freigesetzten Chemikalien oder bei Feuereinwirkung mit Entstehung unbekannter Produkte möglich.

Informationen über gefährliche Stoffe
- Erstinformation durch Gefahrnummer, Stoffnummer und Gefahrenschilder (☞ 21.11)
- Information über die beteiligten Chemikalien durch den Benutzer der Substanzen (z.B. Gefahrgutblätter in Betrieben), bei Transportunfällen über den Fahrzeugfahrer (Unterlagen im Führerhaus und Gefahrgutschild mit Aufschrift)
- Evtl. weitere Informationen beim Hersteller einholen (TUIS-System, ☞ 21.12)
- Auch Giftnotrufzentralen und die RLSt verfügen über Gefahrgutinformationen.

Maßnahmen am Unfallort
- Den Pat. von technischen Rettungskräften außerhalb der Gefahrenzone bringen lassen und an sicherem Platz versorgen (z.B. Windrichtung beachten)
- Pat. frühestmöglich von anhaftenden Schadstoffen dekontaminieren (Entkleiden, Abduschen, z.B. Feuerwehrschlauch mit Sprühstrahl), auf jeden Fall aber noch außerhalb des NAW (z.B. Tränenreizstoffe „verseuchen" das Fahrzeug bis zur Unverwendbarkeit)
- Schadstoffreste in dichtschließenden Gefäßen (z.B. durch Feuerwehr) asservieren.

2

Sicherheitsregeln

- Eigenschutz immer vorrangig vor allen medizinischen Aktivitäten (☞ 1.8.3)
- Bei Betriebsunfällen möglichst umgehend mit dem betrieblichen Sicherheitsdienst (z. B. Sicherheitsingenieur) und der Werksfeuerwehr Kontakt aufnehmen
- Technische Rettung bei Austritt von Chemikalien nur unter strikter Berücksichtigung des Eigenschutzes und suffizienter persönlicher Schutzausrüstung
- Bei unklarer Lage (Art und Wirkung des Giftes, Gefahr weiteren Austritts) ist eine Rettung nur durch Fachpersonal (i. d. R. Feuerwehr oder Betreiber) unter umluftunabhängigem Atemschutz (Preßluftatmer) und Körpervollschutz (Chemikalienschutzanzug) zulässig

2.3.7 Silo- und Tankunfall

Großraumlagerbehälter für mittel- bis feinkörnige *Massenschüttgüter* (z. B. Sägespäne, Mineralien, Flüssigkeiten), meist zylindrische Form mit konisch zulaufendem unteren Ende.

Besonderheiten

- Durch lagerungsbedingte Veränderung können Gase wie Kohlenmonoxid, Kohlendioxid, Schwefelwasserstoff, Methan (☞ 9.7) entstehen
- Entstehende Stäube sind evtl. toxisch oder explosiv
- Feste Lagergüter können sich „pseudo-flüssig" verhalten → „Ertrinken im Lagergut wie in einem Sumpf"
- Gefährdung durch eingebaute Fördergeräte (Schraubenförderer, Häcksler, Förderbänder, Rührwerke) möglich → abschalten und gegen Wiedereinschalten sichern lassen
- Weitere Probleme: enge Zugangswege (Luken, Deckel), große Höhen (Auf- bzw. Abseilen im Silo, Leitern und Gerüste im Außenbereich, ggf. Drehleitereinsatz).

Maßnahmen am Unfallort

- Sicherstellen der Belüftung (Öffnen von Luken bei landwirtschaftlichen Silos, Be- und Entlüftungsgeräte der Feuerwehr)
- Brandbekämpfung prophylaktisch sicherstellen, Explosionsgefahren beachten
- Wenn unmittelbare Rettung nicht möglich, Verletzten sichern (Gefahr des weiteren Einsinkens → Anseilen, Inhalation von Schadstoffen → Atemmaske mit O_2-Zuleitung aufsetzen)
- Freiräumen (bei eingedrungenen Gütern, z. B. Sand, Späne) und Freihalten der Atemwege.

Sicherheitsregeln

- Eigenschutz immer vorrangig vor allen medizinischen Aktivitäten (☞ 1.8.3)
- Grundregel: Qualifizierter Eigenschutz vor Rettungsversuchen, d. h. keine heroischen Eigenaktionen, da Lebensgefahr
- Rettungsmaßnahmen nur durch entsprechend ausgebildete Kräfte, d. h. technische Unterstützung praktisch immer erforderlich; daher rechtzeitige (auch prophylaktische) Alarmierung von Feuerwehr (☞ 1.11.3), THW (☞ 1.11.4), Betreiber
- Zugang für den NA nur nach entsprechender Abstimmung mit der Einsatzleitung der Feuerwehr

- Vor Betreten Anseilen mit Fangleine und Brustgurt, umluftunabhängiger Atemschutz (Preßluftatmer), bei landwirtschaftlichen Silos auch sogenannte „Schutzhaube“ mit Luftzuleitungsschlauch; Masken mit „Gasfiltern“ sind untauglich und lebensgefährlich; Schutzbekleidung, ggf. Chemikalienschutzanzug.

2.3.8 Bergbauunfall

Besonderheiten

- Für größere Schadensfälle existiert ein bergbehördlich festgelegter „Notfallplan“. Hilfe durch Hauptrettungsstelle, Zentralgrubenwehr. Hubschrauberlandeplatz meist vorhanden
- Gefahr durch Grubenklima (Wärmestau, Hitzekollaps, Hitzschlag, ☞ 8.2.1), austretende Gase und Stäube (erstickend, toxisch, explosibel)
- Risiko mechanischer Verletzungen durch Steinfall, Verschüttung und automatisierte Arbeitsabläufe (Bandstraßen, Einschienenhängebahn). Quetschungen durch schweres Ausbaumaterial
- Häufig unzureichende Beleuchtung am Unfallort. Lange Transportwege!

Maßnahmen am Unfallort

- Ausgebildete freiwillige Grubenwehren stehen in jedem Bergwerk zur Verfügung
- Bei Werksleitung, Arbeitsschutz oder Grubenwehr über Schadenslage und Anzahl der Verletzten informieren
- Zugang für NA nur nach Rücksprache und unter Aufsicht (Arbeitsschutz/Grubenwehr).

Sicherheitsregeln

- Untertage sich niemals von der Gruppe entfernen
- Anweisungen des Grubenpersonals strikt befolgen
- Immer Schutzausrüstung verwenden (Overall, Helm, Stiefel)
- Grundsätzlich nur schlagwettergeschützte elektrische Geräten einsetzen. Wegen Explosionsgefahr ggf. Gasmessung vor Einsatz elektrischer Geräte wie Laryngoskop und Defibrillator.

2.3.9 Verschüttung

Teilweise oder vollständige Bedeckung eines Pat. durch in Bewegung gekommene Massen (Erde, Sand, Schnee, Schüttgüter etc.). *Sonderform:* Lawinenunglück (☞ 2.2.3).

Besonderheiten

- Bedrohung der Helfer durch nachrutschende Massen, praktisch immer Unterstützung durch Feuerwehr oder THW mit schwerem Gerät (Schaufellader, Bagger, Kran) erforderlich
- Schadenslage meist sehr unübersichtlich, oft auch weiträumig
- Vordringen zum Unfallort oft erheblich erschwert → medizinisches Rettungspersonal und -material ggf. durch technische Rettungskräfte mit Allradfahrzeug ins Schadensgebiet bringen lassen.

Maßnahmen am Unfallort

- Hauptprobleme: Atemwegsverlegung, schwere Quetschungen, evtl. Unterkühlung

- Bei Behinderung der Atmung durch Kompression des Thorax von außen Versuch, den komprimierten Thorax freizumachen (Freiräumen) oder eine weitere Verschüttung zu verhindern (Barrierenbildung)
- Bei freiliegendem Gesicht Mund- und Rachenraum auf Fremdmaterial inspizieren, ggf. mit Magill-Zange oder Absaugpumpe ausräumen
- Trachealinspektion mittels Laryngoskop, Versuch des Freimachens, Intubation und wiederholte Absaugung
- Nach Befreiung des restlichen Körpers Gefahr des plötzlichen Blutdruckabfalls durch Wegfall der Gewebskompression und azidosebedingte Vasodilatation (Crushsyndrom → Rhabdomyolyse) → großzügige Volumengabe *vor* Aufhebung der äußeren Kompression.

Sicherheitsregeln

- Annäherung an den Unfallort nur nach entsprechender Absicherung und Freigabe durch die technischen Rettungskräfte
- Bei Einsatz schweren Räumgerätes den Gefahrenbereich der Maschinen strikt meiden.

Begleitverletzungen nicht übersehen (z. B. Bauchtrauma, Wirbelsäulenverletzung, SHT).

2.3.10 Eiseinbruch

Besonderheiten

- Pat. meist nicht direkt zugänglich, evtl. erst längere Suchaktion bei unter die Eisdecke geratenem Pat.
- Unfallstelle mit Fahrzeugen oft nur schlecht erreichbar
- Kombinierte Bedrohung des Pat. durch Ertrinken (☞ 11.15) und Unterkühlung (☞ 11.14)
- Bei unterkühlten Pat. kann eine Reanimation auch noch nach ungewöhnlich langer Latenzzeit erfolgreich sein.

Maßnahmen am Unfallort

- Annäherung an die Einbruchstelle nur unter Ausnutzung lastverteilender Maßnahmen (Leitern, Tischplatten, Türblätter etc.) und mit angelegter Sicherheitsleine
- Meist Unterstützung durch technische Rettungskräfte (z. B. Feuerwehr, DLRG, Wasserwacht) mit Eisschlitten, Rettungsboot, Tauchausrüstung oder Kälteschutzkleidung erforderlich
- Bei unter die Eisdecke geratenen Pat. evtl. bei fließenden Gewässern unter Berücksichtigung der Strömung Löcher in das Eis schlagen oder sägen, um den Vorbeitreibenden zu fassen
- Frühzeitig RTH alarmieren: meist schnellere Sichtung unter Eis geratener Personen aus der Luft, ggf. Möglichkeit einer technischen Rettung mittels Seilwinde, schneller Transport des Pat.

Sicherheitsregeln

- Auch scheinbar festes Eis niemals ungesichert betreten
- Auf keinen Fall versuchen, unter das Eis geratene Patienten durch „Nachtauchen" zu retten.

2.3.11 Erhängen, Strangulation, Erwürgen

Besonderheiten

Verletzungsmuster bei Strangulation, Drosselung oder „atypischem“ Erhängen:

- Einengung der zu- und abführenden Blutgefäße mit venöser Stauung (Zyanose, petechiale Blutungen in Haut und Konjunktiven, zerebrale Einblutungen)
- Bei höheren Kräften zerebrale Ischämie durch Verschluß der Karotiden bei unzureichendem Blutfluß über die Aa. vertebrales
- Bei Einwirkung hoher Druck- und Zugkräfte stumpfe Gefäßverletzung mit Dissektion der Arterienintima und funktioneller Ischämie möglich
- Bereits bei geringen Traumen Atemwegsverlegung durch Kehlkopffraktur und Schwellung der Halsweichteile möglich.

Verletzungsmuster bei „klassischem = typischem“ Erhängen:

- Beim Sturz aus größerer Höhe in das Seil (sog. „long drop“) kommt es bei Sitz des Knotens hinter dem Ohr zur Fraktur des Dens axis mit Eindringen in die Medulla oblongata und Zerstörung vitaler Regionen („Genickbruch“)
- Evtl. zusätzlich Ein- oder Abrisse der großen Halsgefäße und der Trachea.

Maßnahmen am Unfallort

- Wenn sichere Todeszeichen bestehen, an der vorgefundenen Situation nichts verändern und Polizei verständigen. ***Cave:*** Der NA ist für die Sicherung der Beweislage verantwortlich. Notfallstelle erst verlassen, wenn Polizei vor Ort ist
- Sonst Erhängten schnellstmöglich abnehmen, dabei sorgfältig gegen einen Sturz absichern (mehrere Personen nötig)
- Frühestmöglich einen HWS-Stützkragen anlegen, um Läsionen im Halsmarkbereich zu vermeiden
- Bei V. a. Rückenmarksschädigung (☞ 11.6) und zur Reduzierung der Schwellung Kortison-Gabe (z. B. Solu-DecortinH® 30 mg/kg KG i. v.)
- Wache Pat. nach einer kriminellen Handlung einfühlsam psychisch betreuen („Droge Arzt“) → medikamentöse Sedierung (erschwerte Vernehmung des Pat.) häufig überflüssig.

- Grundregel: „Typisches Erhängen ist atypisch, atypisches Erhängen ist typisch“ → Genickbruch daher eher selten
- Häufig schwierige Intubation (Kehlkopftrauma, zunehmende Schwellung, Trachealabriß) → ggf. Koniotomie (☞ 3.4.7)

Forensische Aspekte:

- Bei jedem Erhängen/Strangulation/Würgen an das Vorliegen einer kriminellen Straftat denken, beim geringsten Verdacht Kriminalpolizei einschalten (mutmaßliches Interesse des Pat. an der Strafverfolgung ist das höhere Rechtsgut gegenüber der Schweigepflicht ☞ 1.4.2)
- Häufig wird auch versucht, eine Straftat durch nachträgliches Aufhängen als Suizid zu verdecken
- Strangulationswerkzeug so durchtrennen, daß später eine eindeutige Rekonstruktion möglich ist → Knoten nicht lösen, sondern Seil an einem geraden Stück durchtrennen und Enden kennzeichnen
- Befunde sorgfältig dokumentieren (Stauung, Petechien, Unterblutungen, Würgemale: einfach? doppelt?, Hautvertrocknungen). Falls möglich Foto (z. B. durch Polizei) veranlassen
- Strengste Schweigepflicht gegenüber allen Außenstehenden (Presse etc.).

2

2.4 Notamputation

Indikation

Die Abtrennung von intakten Gliedmaßen darf präklinisch nur vorgenommen werden, wenn ohne die Amputation das Leben des Patienten *akut* gefährdet wäre. *Beispiel:* Durch Feuer bedrohter Pat. mit eingeklemmtem Bein in brennendem Gebäude.

Bei subtotal amputierten Gliedmaßen und fehlender Replantationsindikation (zertrümmerte Extremität, Alter des Pat., Polytrauma) großzügigere Indikation, wenn dadurch das Anlegen eines suffizienten Druckverbandes erleichtert wird.

Material

Blutdruckmanschette, Skalpell, Säge, Gefäßklemmen oder Ligaturmaterial, Verbandmaterial.

Durchführung

- I.v.-Zugang mit Infusion
- Nach Möglichkeit Kurznarkose mit Intubation (☞ 3.4.4) oder zumindest Mononarkose mit Ketamin (Ketanest®)
- Blutsperre anlegen (Blutdruckmanschette am Oberarm bzw. Oberschenkel der zu amputierenden Extremität, Druck 250–300 mmHg)
- So distal wie möglich zirkuläre Amputation (Guillotine-Amputation):
  - Glatter Schnitt mit Skalpell durch Haut und Muskulatur bis auf den Knochen
  - Knochen durchsägen, dabei Weichteile schonen, ggf. auch Abtrennung im Gelenk möglich
  - Ausschließlich größere, spritzende arterielle Gefäße abklemmen oder ligieren
- Druckverband
- Extremität hochlagern
- Ggf. Blutsperre lösen, evtl. zusätzliche manuelle Kompression.

- Jede Notamputation ist ein verstümmelnder Eingriff, der nur als *ultima ratio* durchgeführt werden darf, wenn es andernfalls keine Überlebenschance für den Patienten gibt
- Der Blutverlust ist um so größer, je weiter proximal die Amputationshöhe liegt.

- Das Amputat nach seiner Befreiung verpacken (☞ 11.7.6) und mit in die Zielklinik nehmen (evtl. Replantation oder Verwendung zur Stumpfdeckung).

2.5 Prinzipien der Lagerung

Stabile Seitenlagerung

Ind.: bewußtseinsgetrübter oder bewußtloser Pat., der nicht intubiert ist.

Durchführung.

- Seitlich an den Pat. herantreten, das Becken anheben und den gleichseitigen Arm des Pat. gestreckt unter das Gesäß schieben
- Bein der gleichen Seite im Knie und Hüftgelenk abwinkeln und die Ferse dabei möglichst nahe an das Gesäß des Pat. stellen

- Pat. an Schulter und Hüfte der Gegenseite fassen und mit leichtem Schwung zu sich herüberziehen
- Kopf im Nacken überstrecken, Hand des vorne liegenden Armes zur Fixierung unter das Kinn schieben, anderen Arm im Ellenbogengelenk abwinkeln.

Besonderheiten:
- Bei V. a. HWS-Verletzung vorherige Stabilisierung z. B. mit Stifneck®
- Kopf in Seitenlage strecken, sonst Verlegung der Atemwege möglich
- Thoraxtrauma: Lagerung auf die verletzte Seite
- Kombination mit Kopf-tief-Lage möglich.

Volumenmangelschock-Lagerung

Ind.: alle Schockformen außer kardiogener Schock.

Durchführung: Beine ca. 30 ° anheben und geeignete Gegenstände unterlegen bzw. Trage in Kopf-tief-Lage bringen (Winkel abhängig von Schockzustand und Dyspnoe des Pat.)

Besonderheit: Kombination mit stabiler Seitenlage möglich.

Oberkörperhochlagerung

Ind.: internistische Notfälle, z. B. hypertone Krise, kardiogener Schock, Dyspnoe (z. B. bei Asthma, Thoraxtrauma); SHT.

Durchführung: Decken oder sonstige geeignete Gegenstände unter den Rücken schieben bzw. „Kopfteil" der Trage anheben; Neigung nach Patientenwunsch.

Besonderheiten:
- Lungenödem: sitzende Position (ca. 80–90 °) mit möglichst herabhängenden Beinen
- SHT: 30 °-Oberkörperhochlagerung; dabei kein Abknicken der Achse Kopf-Hals-Thorax-Abdomen.

2.6 Wundversorgung

Grundsätze

- *Material:* Wundauflagen (20 x 40 cm), Wundauflagen (10 x 20 cm), Mullbinden, elastische Binden in Breiten von 6–20 cm, Pflaster
- Die Wahl der Bindenbreite richtet sich nach der Lokalisation der Wunde: Kopf: 6–8 cm, Extremitäten: Durchmesser der Extremität im Wundbereich
- Bindenende mit Pfaster fixieren, nicht knoten.

Blutende Wunden

- Verletzte Körperstelle nach Möglichkeit über Herzniveau lagern
- Sterile Wundabdeckung, Kompressionsverband mit elastischer Binde anlegen
- Bei schwerer Blutung Druckverband anlegen:
  - Zunächst normalen Wundverband anlegen
  - Druckpolster (Verbandpäckchen, gefaltetes kleines Tuch, Kompressen o. ä.) über der Blutungsquelle auf den Wundverband legen
  - Druckpolster mit Binde kräftig anwickeln, dabei von distal nach proximal wickeln, um venöse Stauung bzw. Schmerzen zu vermeiden

2

- Wenn Blutung noch nicht steht, Druckverband *nicht* entfernen, sondern zusätzliche Lage mit Druckpolster und Binde darüberwickeln
- Möglichst die gesamte Extremität distal des Druckverbandes mit elastischen Binden straff wickeln (sonst venöse Stauung).

Schürfungen bzw. nicht blutende Wunden
Einfache Streifenverbände. Fixation der Wundauflage mit Pflaster.

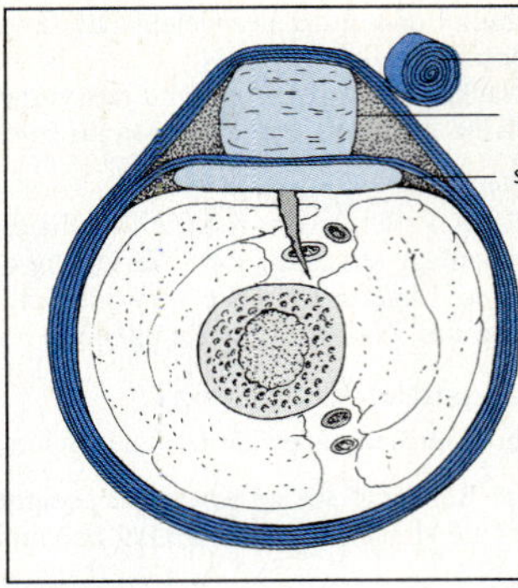

Abb. 2.5: Druckverband

Offene Thoraxverletzungen

- Luftdurchlässiger Verband nach Intubation.

Offene Brüche (☞ 11.7.1)
Fraktur reponieren, vorher ggf. eingeschlagene oder aufgespießte Hautteile vor Knochen lösen, dann Verband anlegen und Retention, z. B. durch eine Luftkammerschiene.

- Blutungen sind meist venös. Lagerung und (Druck-)Verband reichen zur Blutstillung auch bei schwereren Blutungen meist aus
- Bei Verbänden kommt es nicht auf Schönheit, sondern nur auf Effizienz an. Sie sind z. B. bei Kopfverbänden teilweise auch „untypische" Bindengänge erforderlich, um eine ausreichende Kompression auf die Wunde bringen zu können

Eine genaue Beschreibung der Wunde bei Übergabe des Pat. in der Klinik erspart unnötiges Ein- und Auspacken der Wunde mit erhöhtem Kontaminationsrisiko (ggf. Polaroidfoto oder durchsichtige OP-Folie).

2.7 Venöse Zugangswege

- Venenpunktion ist „Gefühlssache" → mit den im NEF/NAW befindlichen Venenverweilkanülen (z. B. Introcan®, Venflon®, Abbocath®, Vygonüle®) und ZVK-Sets (z. B. Cavafix®) eingehend vertraut machen
- *Vor jeder* Injektion Ampulle des aufgezogenen Medikamentes zeigen lassen (Gefahr der Verwechslung, Hörfehler)
- Bei fraktionierter Injektion zur einwandfreien Identifikation Spritze unmittelbar nach dem Aufziehen des Medikamentes mit wasserfestem Stift beschriften (Medikamentennamen bzw. eindeutige Abkürzung, evtl. Verdünnung) bzw. mit entsprechendem Ampullenaufkleber versehen lassen oder notfalls Ampulle möglichst mit transparentem Pflaster an der Spritze fixieren
- Die **Durchflußrate** ist abhängig von:
  - Anzahl der venösen Zugänge („viel hilft viel") → bei Pat. mit Volumenmangel mehrere Zugänge legen

- Lumenweite (Flußrate proportional der 4. Potenz des Radius)
- Querschnitt des Infusionssystems: weitlumige Infusionssysteme sind erst sinnvoll ab einer Venenverweilkanülengröße von 14 G
- Das Zwischenschalten eines 3-Wege-Hahns vermindert die Durchflußrate nicht
- Infusionsdruck: *wesentliche* Steigerung der Infusionsmenge pro Zeiteinheit bei Verwendung einer Infusionsdruckmanschette. Ggf. Blutdruckmanschette um die Plastikinfusionsflasche wickeln.

Im KTW ist die Raumhöhe wesentlich niedriger als im RTW → zur effektiven Volumenzufuhr immer Druckmanschette verwenden.

2.7.1 Periphervenöse Zugangswege

Tab. 2.2.: Größen und Farbkodierungen von Venenverweilkanülen

Gauge	24 G	22 G	20 G	18 G	17 G	16 G	14 G
Farbe	gelb	blau	rosa	grün	weiß	grau	braun

- Nur Venenverweilkanülen aus Plastik verwenden. Stahlkanülen (z.B. Butterfly®) auch bei Kindern vermeiden (Gefahr der Gefäßruptur bei Transport, Umlagerung; schlechte Fixierungsmöglichkeit)
- Auswahl einer geeigneten Punktionsstelle nach folgender Reihenfolge: Handrücken, Unterarm, Ellenbeuge, Hals. Infusion möglichst an der Extremität anlegen, die dem NA-Sitzplatz zugewandt ist
- Extremität stauen, vorzugsweise mit der RR-Manschette direkt nach RR-Messung am Arm. Staudruck zwischen RRsyst und RRdiast wählen. Punktionsstelle desinfizieren (☞ 1.13)
- Idealerweise Y-Gabelung von 2 Handrückenvenen aufsuchen und Venen durch leichtes Beklopfen oder retrogrades Ausstreichen optimal füllen. Auch im Notfall Zeit lassen und ohne Hektik vorgehen!
- Ca. 1 cm distal der Gabelung bzw. einige mm seitlich der Vene Haut flach in einem Winkel von ca. 30° durchstechen bei gleichzeitiger Fixierung der Haut nach distal
- Auf Vene zu stechen, bei Rückstrom von Blut Venenverweilkanüle einschließlich Mandrin noch wenige mm vorschieben, anschließend Stahlmandrin festhalten und nur Verweilkanüle weiter vorschieben
- Stauung lösen, Vene proximal des Venenverweilkanülenendes mit einem Finger abdrücken und Stahlmandrin entfernen
- Infusion anschließen und mit überkreuzter Pflasterschleife oder Schlitzpflaster fixieren, auf einwandfreien Fluß achten, eventuell anspülen mit 10–20 ml. Dies sollte ohne Schwellung und Entfärbung der distalen Extremität möglich sein (sonst paravasale bzw. intraarterielle Lage)
- Nach erfolgreicher Punktion Kanüle sorgfältig mit weiteren Pflasterstreifen sichern. Bei schlechter Haftung (z.B. bei kaltschweißigen oder blutverschmierten Notfallpatienten) mit Binde fixieren, dabei aber Zuspritzkanal zugänglich lassen
- Zusätzlich eine Schlinge des Infusionschlauchs durch einen weiteren Pflasterstreifen fixieren → versehentlicher Zug an der Infusionsflasche wird nicht direkt auf die Venenverweilkanüle übertragen
- Bei Punktion in der Ellenbeuge Abknickgefahr → Armschiene anlegen.

- Versehentliche arterielle Punktion bei Schockpatienten nur durch Farbänderun der Extremität unter Infusion erkennbar; Kanüle in situ belassen und mit Pfla ster deutlich beschriften; keine Medikamentengabe über diesen Zugang, Klini über eventuelle Fehllage informieren, noch als arterieller Zugang nutzbar
- Bei Bewußtseinstrübung zurückgeflossenes Blut im Stahlmandrin für BZ-Kon trolle verwenden
- Verweilkanülen mit entsprechendem Sicherheitssystem verhindern Nadelstich verletzungen (z. B. Vygonyle Safe®).

Tips zur peripheren Venenpunktion

- Sofort nach dem Basischeck (☞ 4.1.2) i. v.-Zugang legen. ***Cave:*** Verschlechterun der Venenverhältnisse durch zunehmende Zentralisation bei Volumenverlusten
- Immer möglichst von peripher nach zentral mit Punktionsversuchen beginnen um kaliberstarke Venen zu schonen und Extravasation der Infusion an miß glückten Punktionsstellen zu vermeiden
- Möglichst keine Punktion an paretischen, verletzten, mißgebildeten, schlech zugänglichen, vorgeschädigten (z. B. Dialyseshuntarm, Arm bei Z. n. Axilladis sektion) oder schmerzenden Extremitäten durchführen
- Auch beim polytraumatisierten Pat. für den ersten i. v.-Zugang Kanüle mit sub maximalem Kaliber verwenden („lieber eine 18er sicher intravasal als dre 14er para")
- Bei mißglückter Punktion Stauung belassen, Kanüle nicht entfernen (sonst Häma tom → weitere Punktion erschwert), andere Vene aufsuchen und erneut punktiere
- „Schlechte Venen":
  - Arm reiben und leicht beklopfen. Großzügig Desinfektionsspray (wirkt dila tierend)
  - Arm senken und Pat. vor Anlegen der Stauung mehrmals Hand zur Faus schließen lassen („pumpen")
  - Nitro-Spray auf die Haut sprühen → Kaliberzunahme von dünnen, oberfläch lichen Venen (und Hautreizung → Pat. vorher auf Schmerzen hinweisen)
  - Bei Kälte Hände des Pat. und des Punktierenden vorher aufwärmen
  - Falls an einer Extremität nur ein kleiner Zugang plaziert werden konnt → Stauung belassen und über den kleinen Zugang ca. 150 ml Infusionssy stem vorsichtig unter Druck infundieren → größere Venen werden besse sichtbar → großlumigerer Zugang legbar
- Nie eine teilweise oder vollständig zurückgezogene Punktionskanüle wieder i den Katheter schieben (dieser kann durchbohrt oder abgeschert werden)
- Eine arterielle Punktion ist nahezu ausgeschlossen, wenn die Infusion bei eine Höhendifferenz zwischen Kanüle und Infusionsflasche ≥ 1 m gut läuft.

2.7.2 Zentralvenöse Zugangswege

- ZVK *nur* anlegen, wenn periphere Venen nicht punktiert werden können (z. B Schock, Hypothermie, Adipositas) *und* ein venöser Zugang *unbedingt* erforde lich ist. Bei massiven Volumenverlusten kurze weitlumige Schnellinfusionska theterbestecke verwenden
- Die Durchflußrate hängt von der Katheterlänge ab → bei ZVK im Vergleich z peripheren Verweilkanülen *wesentlich* geringere Durchflußraten → ZVK als a leiniger Zugang zur Volumensubstitution ungeeignet. *Ausnahme:* Schnellinfu sionskatheterbestecke (z. B. Emergency-Infusion-Device®) oder Pulmonali katheterschleuse

- Insbes. bei Volumenmangel kann die Anlage einer großlumigen Venenverweilkanüle z. B. in die V. femoralis (kollabiert meist auch nicht im Schockzustand), V. jugularis interna oder externa sinnvoll sein.

Punktionssysteme

Katheter durch Kanüle (z. B. Cavafix®)
Über eine Venenverweilkanüle wird ein in einer Hülle befindlicher Katheter *steril* in die Vene vorgeschoben. Vorteil: „geschlossenes" System, d. h. relativ geringe Infektionsgefahr. Nachteil: dicke Punktionskanüle (größer als das Katheterlumen) → erhöhtes Punktionsrisiko; Katheter dünner und länger als bei Sytemen mit Seldingertechnik → Durchflußrate geringer.

Katheter über Führungsdraht (Seldingertechnik)
Über eine Punktionskanüle wird ein flexibler Führungsdraht (Mandrin) in die Vene vorgeschoben, der ggf. nach Hautdilatation mit einem Dilatator bzw. Inzision als Leitschiene für den ZVK dient. Vorteil: dünne Kanüle auch bei großlumigem Katheter (z. B. Pulmonaliskatheterschleuse) → minimale Traumatisierung. Nachteil: „offenes" System, d. h. erhöhte Kontaminationsgefahr für Führungsdraht und Katheter.

Punktionstechnik

Material: Einmalpunktionsset, 10 ml Spritze mit steriler Kochsalzlösung, Desinfektionsmittel, steriles Lochtuch (möglichst mit Klebefolie auf der Unterseite), ggf. Lidocain (z. B. Xylocain®) zur Lokalanästhesie, Infusionssystem, 3-Wegehahn, Einmalhandschuhe.

Durchführung: Desinfektion und steriles Abdecken, ggf. Lokalanästhesie; evtl. Probepunktion mit dünner Kanüle (z. B. 21 G/0,8-grün). Punktionskanüle unter ständiger Aspiration einführen, ZVK ca. 15 cm einbringen; Überprüfung der intravenösen Lage: kein Austritt pulsierenden Blutes, Blutaspiration möglich? Fixierung mit „Stegpflaster", Einstichstelle mit Pflasterverband bzw. mit steriler Kompresse und z. B. Mefix® abdecken.

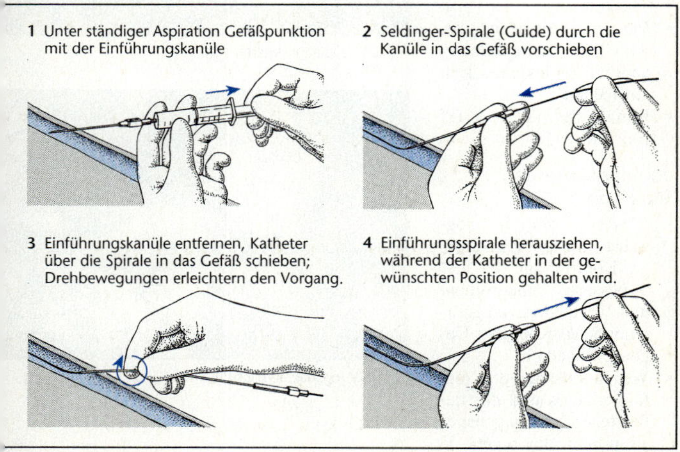

Abb. 2.6: Seldingertechnik

- Bei Seldingertechnik Pat. immer an EKG anschließen (zu tief eingeführter Füh rungsdraht kann Rhythmusstörungen hervorrufen →Draht zurückziehen)
- Nach arterieller Fehlpunktion mind. 1 Min. auf die Arterie drücken. Bei Punk tion der A. carotis *(femoralis)* abdrücken und gleichzeitig ca. 0,5 cm latera *(medial)* stechen, da dort die V. jugularis int. *(femoralis)* liegt
- Bei Punktion einer zentralen Vene mit einer Venenverweilkanüle Dreiwegehah nicht direkt an der Kanüle wegen Luftemboliegefahr anbringen →entlüftete Zwischenstück verwenden.

Femoralispunktion

- *Lagerung:* Pat. in möglichst flacher Rückenlage; leichte Abduktion im Hüftge lenk und Außenrotation
- *Punktionsort:* 1 cm medial der A. femoralis (**IVAN** – von **I**nnen: **V**ene, **A**rterie **N**erv) und ca. 3 cm unterhalb des Leistenbandes
- Femoralarterie mit Zeige- und Mittelfinger der nicht punktierenden Hand siche palpieren und fixieren; im Winkel von ca. 45° zur Hautoberfläche nach krania auf die Mitte des Leistenbandes hin punktieren.

Jugularis-externa-Punktion

- *Lagerung:* Pat. in möglichst flacher Rückenlage, Kopf tief lagern und zur Gegenseite drehen (***Cave:*** kontraindiziert bei V. a. HWS-Trauma)
- *Punktionsort:* in Höhe des mittleren Drittels des M. sternocleidomastoideus an der Kreuzung Vene/Muskel auf dem Muskelbauch
- Vene am Oberrand der Klavikula zur Stauung abdrücken lassen, flach einstechen
- Kanüle ggf. unter „Zug" fixieren.

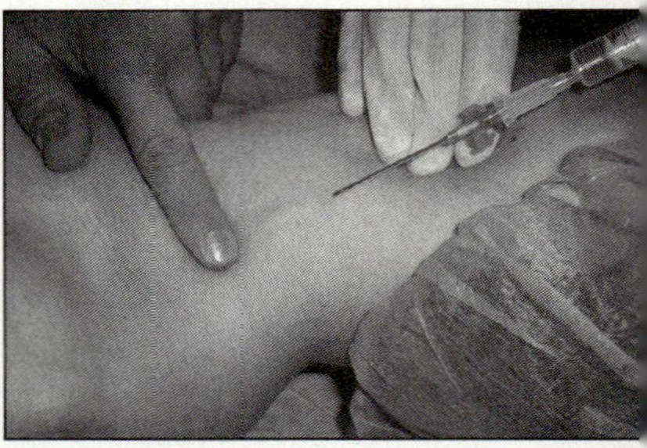

Abb. 2.7: Jugularis-externa-Punktion

Jugularis-interna-Punktion

- *Lagerung:* Pat. in möglichst flacher Rückenlage, Kopftieflage (ca. 15° →bessere Venenfüllung und Vermeiden von Luftembolien), Kopf zur Gegenseite gedreht
- Wegen des geraden Gefäßverlaufes und der tiefer stehenden Lungenspitze primär die rechte V. jugularis int. punktieren

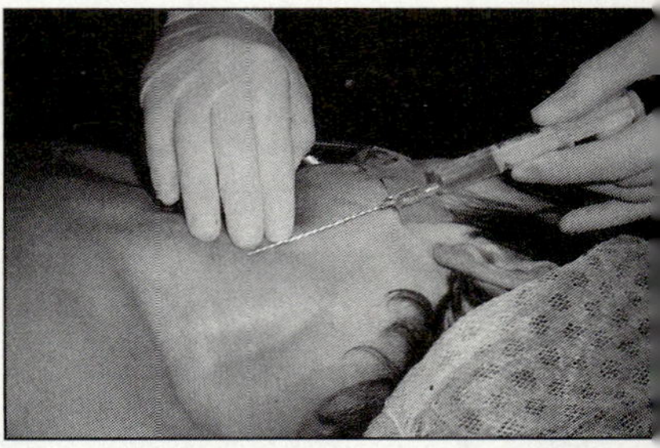

Abb. 2.8: Jugularis-interna-Punktion

- *Kranialer Zugang:* Punktionsort liegt 2–3 Querfinger kaudal des Kieferwinkels, d.h. etwas unterhalb der sichtbaren Kreuzungsstelle der V. jugularis ext. mit dem M. sternocleidomastoideus und ca. 0,5 cm lateral der tastbaren A. carotis. Unter Palpation der A. carotis (postero-medial der V. jugularis) Kanüle am medialen Muskelrand im Winkel von ca. 45° zur Haut auf den medialen Rand des klavikulären Muskelansatzes bzw. 30° nach lateral in Richtung ipsilaterale Mamille vorschieben. In ca. 3–4 cm Tiefe Punktion der Vene
- *Medialer Zugang:* Punktionsort ist der obere Winkel des durch die beiden Anteile des M. sternocleidomastoideus begrenzten Halsdreiecks. Unter Palpation der A. carotis Kanüle im Winkel von ca. 45° zur Haut leicht lateral zur Arterie vorschieben. In ca. 1–2 cm Tiefe Punktion der Vene.

Anonyma- (Brachiocephalica-)punktion

Vene bindegewebig fixiert → auch im Schock immer offen, nur im Ausnahmefall empfohlen

- *Lagerung:* Wie bei Jugularis-interna-Punktion (s.o.)
- *Punktionsort:* 2 cm lateral des M. sternocleidomastoideus und 2 cm kranial der Klavikula
- Kanüle direkt unterhalb der Muskelfaszie Richtung Incisura jugularis sterni vorschieben; Stichrichtung von re ca. 40°, von li ca. 60° zur Sagittal- und ca. 20° zur Frontalebene; die Vene wird re nach 3 cm, li nach 4–5 cm erreicht.

Subklaviapunktion

Vene bindegewebig fixiert → auch im Schock immer offen; keine spezielle Kopflagerung erforderlich (z.B. bei HWS-Trauma); höchste Komplikationsrate, v.a. Gefahr des Pneumothorax → nach Möglichkeit nie beidseitig punktieren.

- *Lagerung:* Pat. in möglichst flacher Rückenlage, Arm des Pat. abduzieren und außenrotieren (übersichtlichere anatomische Verhältnisse)
- *Punktionsort:* unmittelbar infraklavikulär in der MCL
- Ggf. 2 ml Lidocain (z.B. Xylocain®) als „Depot" unmittelbar an das Periost der Klavikula setzen sowie das umgebende Gewebe infiltrieren
- Zunächst Haut annähernd senkrecht durchstechen, dann Kanüle an die Dorsalfläche der Klavikula heranführen
- Punktionskanüle horizontal *unter* der Klavikula und in ständigem Kontakt zu ihr in Richtung auf die obere Begrenzung des kontralateralen Sternoklavikulargelenkes vorschieben. Punktion der Vene in ca. 4–7 cm Tiefe.

Bei beidseitiger Punktion der V. subclavia bzw. der V. anonyma genauestens auf Anzeichen eines Pneumothorax (☞ 7.7) achten und bei geringsten V.a. Pneumothorax eine Thoraxdrainage legen (☞ 2.9.1).

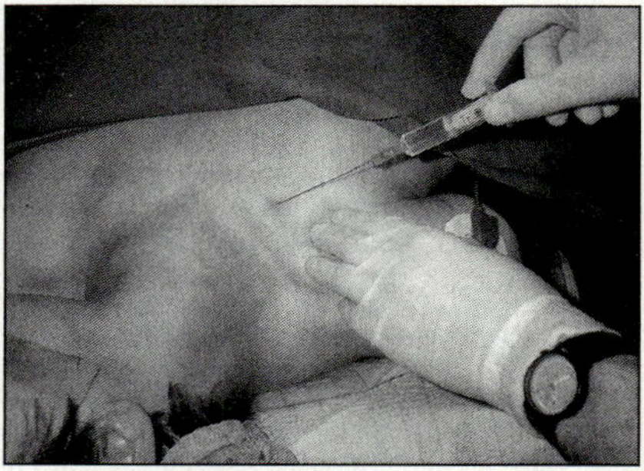

Abb. 2.9: Subklaviapunktion

2.7.3 Venenzugänge bei Schwerstbrandverletzten (☞ 11.10)

2

- Prinzipiell möglichst großlumige Zugänge primär an unverletzten Stellen lege
- Ggf. periphere Venen im verbrannten Areal punktieren und sehr vorsichtig gu mit Mullbinden fixieren
- Bei der Kühlung des Pat. mit Wasser auf die Zugänge und ihre Fixierung achte
- Bei hochgradig und großflächig verbrannten Patienten ist die V. subclavia Zu gangsweg der Wahl.

2.8 Arterielle Punktion

Ind.: nur bei Pat. mit labilen Kreislaufverhältnissen und längerer Anfahrt; bei Pat bei denen eine Verschlechterung der Kreislaufsituation droht.

Voraussetzung: Geräte zur arteriellen Druckmessung sowie Möglichkeit zur konti nuierlichen Anspülung der Arterie (Druckwandler und Druckmanschette) bzw. ei Blutgasanalysegerät (☞ 1.7.8) auf dem NAW.

Punktion der A. radialis

Punktion nach Möglichkeit an der nicht dominanten Hand. Beim bewußtseinskla ren Patienten Kollateralkreislauf überprüfen („Allen-Test"): A. radialis und A. ul naris abdrücken, Pat. mehrmals Faust schließen lassen → A. ulnaris freigeber Finger werden innerhalb von 5 Sek. wieder rosig → ausreichende Blutversorgun durch A. ulnaris. Bei bewußtseinsgetrübten Pat. Pulsoxymeter am Zeigefinge der Hand anbringen, A. radialis abdrücken, auf Fingerdurchblutung achten, We sollte gleich dem vor dem Abdrücken sein.

- Hand außenrotieren, überstrecken (z. B. durch Unterlegen einer Desinfektions sprayflasche), Desinfektion, ggf. Lokalanästhesie
- Unter Palpation der A. radialis in flachem Winkel (ca. 30°) unmittelbar prox mal des Lig. carpale mit 20 G Kanüle (evtl. mit aufgesetzter 2 ml Spritze) di Haut durchstechen und auf die Arterie zustechen
- Bei Austritt von Blut im Ansatz Kanüle noch flacher (ca. 20° Winkel) wenig Millimeter vorschieben und Plastikverweilkanüle unter drehenden Bewegunge in die Arterie einbringen, Stahlkanüle entfernen, Arterie proximal abdrücker kurze Verlängerung mit Dreiweghahn anschließen und dann aus Arterie aspirie ren und anspülen
- Druckwandler mit Spülung mit Druckbeutel (ggf. RR-Manschette) anschließe Katheter mit Pflasterzügel fixieren und z. B. mit Mefix® verkleben, mit „Arte rie" rot beschriften, um arterielle Fehlinjektionen zu vermeiden
- Punktion mit Seldinger-Arterienset (s. o.) technisch einfacher.

Punktion der A. femoralis

- Bein leicht außenrotiert und abduziert lagern, Punktionsstelle gründlich desinf zieren
- A. femoralis unterhalb des Lig. inguinale palpieren
- Mit 18 G-Verweilkanüle (grün) und aufgesetzter 5 ml Spritze (oder entspre chendem Arterienset nach Seldingertechnik) im Winkel von 45° punktieren
- Kanüle vorschieben, bis Blutaspiration möglich und rhythmisches Pulsiere auftritt

- Druckwandler mit Spülung mit Druckbeutel (ggf. RR-Manschette) anschließen, Katheter mit Pflasterzügel fixieren und z. B. mit Mefix® verkleben, mit „Arterie" rot beschriften, um arterielle Fehlinjektionen zu vermeiden.

2.9 Drainagen

2.9.1 Thoraxdrainagen

Ind.: Respiratorische oder kardiozirkulatorische Verschlechterung bei V. a. Hämato-Pneumothorax, Spannungspneumothorax, ggf. prophylaktisch bei beatmetem Pat. mit Thoraxtrauma (insbesondere bei RTH-Transport).

- Eine bereits am Unfallort sachkundig gelegte Thoraxdrainage kann bei richtiger Indikation (drohender oder manifester Hämato-Pneumothorax) lebensrettend sein. Häufig weisen präklinisch gelegte Thoraxdrainagen jedoch bei klinischer Kontrolle Fehllagen auf oder können sogar lebensbedrohliche Komplikationen verursachen. Daher ist die präklinische Anlage einer Thoraxdrainage immer *kritisch am Einzelfall* auszurichten und insbesondere auch vom klinischen Zustand des Pat., der Transportdauer vom Unfallort zum Krankenhaus sowie der ausreichenden Kenntnis des NA in der Technik des Drainagelegens abhängig zu machen.
- Bei V. a. Spannungspneumothorax mit progredientem Schock (einsetzende Bradykardie) ist die Punktion mit einer großlumigen Venenverweilkanüle (☞ 7.7) die schnellste Entlastungsmöglichkeit
- Bei V. a. isolierten Pneumothorax reicht im Notfall die Druckentlastung durch ein Pleura-Cath®-System in Monaldi-Position aus. Nur bei Aspiration von Blut aus dem Katheter (V. a. Hämatothorax) ist eine zusätzliche Thoraxdrainage in Bülau-Position erforderlich.

Cave: Interkostalgefäße u. -nerven verlaufen am Rippenunterrand → Punktion immer am Rippenoberrand.

Monaldi-Drainage

Ind.: Entlastung eines reinen Pneumothorax.

Punktionsort: 2. oder 3. ICR in der MCL.

Der NA sollte die Methode anwenden, die er am besten beherrscht. Am schnellsten und einfachsten gelingt die Drainage eines Pneumothorax mit dem Pleuro-Cath®-System. Am sichersten ist die Methode mit stumpfer digitaler Präparation und Austastung. Trokare sollten, wenn überhaupt, nur bei entsprechender Erfahrung und bei der Anlage von Drainagen in Monaldi-Position verwendet werden.

Material: Desinfektionsspray, sterile Handschuhe, Kompressen, Pflaster, Pleura-Cath®-System oder Skalpell, Präparierschere bzw. Klemme, Thoraxdrainage (24 Ch), evtl. mit Trokar.

- *Identifikation des Punktionsortes:* Da das sternale Ende der 1. Rippe vom Schlüsselbein verdeckt wird, ist diese Rippe meist nicht tastbar. Die 2. Rippe läßt sich jedoch genau identifizieren:

2

  - Oberkante (Incisura jugularis) des Manubrium sterni tasten
  - Mit dem Finger nach kaudal gleiten, bis man auf eine durch die Haut gu tastbare Querleiste trifft (Angulus sterni, Verbindung zwischen Manubriur und Corpus sterni)
  - Direkt lateral an diesem Querwulst setzt die 2. Rippe (obere Begrenzung de 2. ICR) an
- *Pleura-Cath*®-System: Dicke Kanüle nach Desinfektion und ggf. Lokalanästhe sie im 2. oder 3. ICR mindestens 3–4 Querfinger lateral des Sternumrandes ar oberen Rand der Rippe in Stichrichtung 30° nach kranial in tiefer Expiratio (ggf. Tubus kurz diskonnektieren) so weit einstechen, bis ein Widerstandsver lust auftritt. Dann weißen Schlauch ca. 5 cm vorschieben, Ansatz und Heim lich-Ventil konnektieren
- *Drainage mit Trokar:*
  - Nach Desinfektion Hautinzision im 2. oder 3. ICR mind. 3–4 Querfinge lateral des Sternumrandes, sonst evtl. Verletzung der A. thoracica (mamma ria) int.
  - Auf Trokar aufgeschobene Thoraxdrainage vorsichtig durch die Hautinzisio in lateraler Richtung in den Pleuraraum vorschieben. Dabei Drainage ca 2–3 cm vom Ende entfernt fest fassen, um ein ungewollt tiefes, unkontrol liertes Eindringen zu verhindern (Hand als „Stopper“)
  - Sobald die Thoraxwand durchstoßen ist (Widerstandsverlust) Trokar entfer nen und Drainage noch 10 cm vorschieben, fixieren und mit Kompresse ab decken.
- *Drainage ohne Trokar:* prinzipielles Vorgehen wie bei Bülau-Drainage (s. u.).

- Beim Entfernen des Trokars muß hörbar Luft entweichen, sonst epipleural Fehllage

Bülau-Drainage

Ind.: Entlastung eines Hämato-Pneumothorax, d. h. v. a. beim Thoraxtrauma.

Punktionsort: 4. oder 5. ICR in der vorderen oder mittleren Axillarlinie (imme *supramamillär*).

Material: Desinfektionsspray, Kompressen, sterile Handschuhe, Lochtuch, Skal pell, Präparierschere bzw. Klemme oder Kornzange, Thoraxdrainagen (28–3 Ch), Pflaster.

- Arm abspreizen, Punktionsort festlegen. Haut desinfizieren und mit Kompress abreiben. Sterile Handschuhe anziehen, Lochtuch plazieren. Beim wachen Pat Lokalanästhesie z. B. mit 5–10 ml Lidocain (z. B. Xylocain®) an Rippenperios der Punktionsstelle und der Haut 1 ICR tiefer
- Im 5. oder 6. ICR 2–3 cm lange Hautinzision parallel der Rippen mit Skalpell
- Mit *geschlossener* Präparierschere oder Klemme Weichteile und Thoraxwand muskulatur auf den Oberrand der 4. bzw. 5. Rippe zu tunnelieren, Schere/Klem me aufspreizen und *geöffnet* herausziehen (Schere nicht in der Wunde schließe → Verletzungsgefahr)
- Mit Finger Wundkanal austasten und stumpf aufdehnen. Mit Schere/Klemm erneut eingehen und vorsichtig durch die Interkostalmuskulatur am Oberran der Rippe gehen, Schere/Klemme spreizen und herausziehen
- Mit Finger eingehen, Pleura tasten und durchstoßen. Bei beatmeten Pat. vorhe Tubus dekonnektieren → Lunge verliert an Volumen → Verletzungsgefahr ↓
- Mit Zeigefinger Pleurahöhle austasten: ggf. Pleuraadhäsionen lösen. In de Pleuraraum spießende Rippen? Ortsfremde Organe (Zwerchfellruptur)?

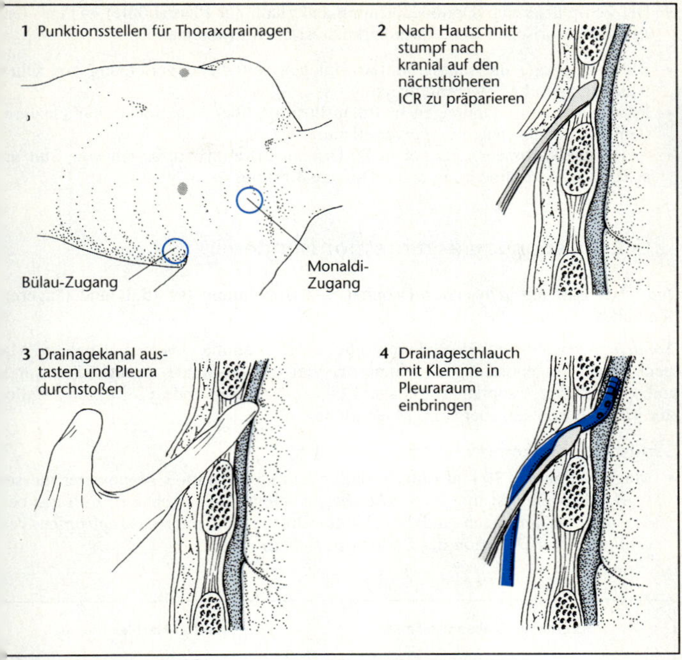

Abb. 2.10: Thoraxdrainage

- Drainge mit Finger in den Pleuraraum dirigieren oder alternativ mit Klemme einführen: Thoraxdrainage direkt an der Spitze mit einer stumpfen Klemme fassen. Mit der rechten Hand Klemme mit gefaßter Drainage vorsichtig entlang des vorpräparierten Weges in die Pleurahöhle einführen. Mit der linken Hand die rechte gegen zu tiefes und abruptes Eindringen in die Thoraxhöhle absichern
- Drainage nach kranial und dorsal vorschieben bis die letzte seitliche Drainagenöffnung ca. 3 cm tief im Pleuralraum verschwunden ist. ***Cave:*** Gefahr der Verletzung von Abdominalorganen bei medialer oder kaudaler Richtung!
- Tubus wieder konnektieren
- Wunde steril abdecken, Drainage mit mehreren Pflasterstreifen fest fixieren
- Wenn verfügbar, Sog anschließen, sonst Öffnung der Thoraxdrainage nacheinander mit 2 großen Kompressen umwickeln und mit Pflaster fixieren.

- Bei korrekter Lage: Entweichen von Luft, atemsynchrones Beschlagen der Schlauchinnenwand bzw. bei Hämatothorax. Austritt von Blut.

Komplikationen:
- Bei Verwendung eines Heimlich-Ventils: unbemerkte Verlegung mit Blut →erneuter Spannungspneu
- Zu dünne Drainagen können abknicken bzw. bei Hämatothorax verstopfen

- Bei Fehlplazierung (Drainageöffnung außerhalb der Pleurahöhle) → Persisten der respiratorischen bzw. kardiozirkulatorischen Probleme.

- Bülau-Drainage nie submammillär einlegen (mögliche Verletzung von Obe bauchorganen bei Zwerchfellruptur)
- Präklinisch keine Drainagen in Bülau-Position über Punktionstrokar plaziere (Gefahr der iatrogenen Organverletzung)
- Keinen geschlossenen Beutel (z.B. Urinbeutel) zum Auffangen von Blut ar schließen → Verhinderung einer Thoraxentlastung.

2.9.2 Ösophaguskompressionssonden

Ind.: Bei Pat. mit *schwerster* Ösophagusvarizenblutung (☞ 15.3) und längere Anfahrtsweg.

Sondentypen: Sengstaken-Blakemore-Sonde (3 Lumina: Ösophagusballon, Ma genballon, Magendrainage), Minnesota-Vier-Lumen-Sonde (Sengstaken-Sond mit zusätzlicher Ösophagusdrainage), Linton-Nachlas-Sonde (2 Lumina: Ballo am Magen/Ösophausübergang, Magendrainage).

Sengstaken-Blakemore-Sonde

- Magenballon mit 100 ml Luft aufblasen und Druck mittels Manometer messe (z.B. RR-Meßgerät mit dazwischengeschaltetem Dreiwegehahn). Luft aus bei den Ballons absaugen und Druckkontrollöffnungen mit Plastikpfropfen ver schließen, um Deflation der Ballons zu sichern

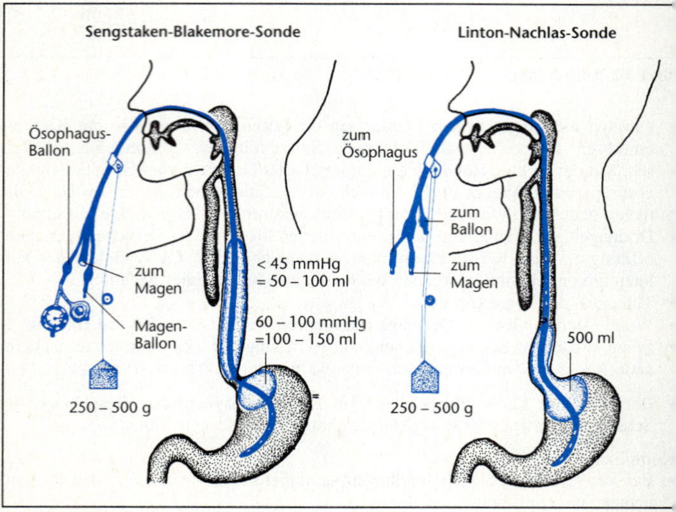

Abb. 2.11: Ösophaguskompressionssonden

EKG anlegen, Sonde dick mit Gleitmittel (z. B. Xylocain®-Gel) bestreichen und wie eine Magensonde (☞ 2.9.3) oral einbringen bis zur 50 cm Markierung (3 Querstreifen) (Sondenspitze im Magen)

Lagekontrolle: Epigastrium während Luftinsufflation auskultieren

Magenballon unter Manometerkontrolle mit 100 ml Luft aufblasen

- Wenn der Ballondruck mehr als ca. 15 mm Hg höher ist als bei gleichem insufflierten Volumen vorher, befindet sich der Magenballon im Ösophagus (Rupturgefahr! Weiter vorschieben)
- Wenn Ballon im Magen, Verschluß der Druckkontroll- und Lufteinlaßöffnung

- Sonde vorsichtig zurückziehen, bis man federnden Widerstand spürt
- Ösophagusballon mit 50 ml Luft füllen und verschließen
- Sonde an der Nase fixieren, Zug mit einer 500 ml Infusionsflasche.

.inton-Nachlas-Sonde

- Plazierung im Magen wie Sengstaken-Sonde. Magen absaugen
- Ballon mit 100 ml Luft aufblasen, zurückziehen bis leichter Widerstand spürbar: Nachblocken mit 400 ml Luft
- Sonde an der Nase fixieren, Zug mit einer 500 ml Infusionsflasche.

Ɛvtl. Vagusreiz möglich → immer vorher i. v.-Zugang legen und 0,5 mg Atropin ›ereithalten.

2.9.3 Magensonde

'nd.: vor einer Narkoseeinleitung bei bewußtseinsklaren Pat. Magenspülung (☞ 9.3.1). Dekompression des Magens zur Verbesserung der Ventilation nach Maskenbeatmung bei Kindern (☞ 12.2.3) bzw. bei bewußtlosen Pat.

Kontraindikationen: Verletzung des oberen Magendarmtraktes (z. B. Verätzungen), V. a. SHT mit Kiefer- und Mittelgesichtsfrakturen. Bewußtlose, nicht intubierte Pat.

- Sonde mit Xylocain®-Gel dick bestreichen, EKG anlegen
- *Bewußtseinsklare Pat.:* Rachenraum mit Xylocain®-Spray besprühen, Zahnprothesen entfernen. Pat. sollte möglichst aufrecht sitzen, den Kopf leicht nach vorne geneigt; Sonde durch Mund oder Nase einführen (Sonden mit einem Umfang < 16 Ch nasal plazieren), Pat. während des Schiebens schlucken lassen. Bei 2- oder 3-Punktmarkierung (55 bzw. 65 cm) Kontrolle der Sondenlage durch Einblasen von Luft und Auskultation über dem Epigastrium. Mit Pflaster fixieren und absaugen.
- *Intubierte Pat.:* Magensonde mit Führungsdraht verwenden, Kopf anheben bzw. mit Laryngoskop und Magillzange einführen.

Bei Luftnot, Hustenreiz oder plötzlicher Tubusleckage bei beatmeten Pat. → Fehllage: Sonde sofort aus der Trachea zurückziehen.

- Evtl. Vagusreiz möglich → immer vorher i. v.-Zugang legen und 0,5 mg Atropin bereithalten.

2.9.4 Harnblasenkatheter

2

Ind.: Nur therapeutisch, nie diagnostisch!
- Akuter Harnverhalt mit starken Schmerzen und hochstehendem Blasenfundus
- Evtl. bei langen Transportzeiten nach hochdosierter i. v.-Diuretikagabe bei Lungenödem, Intoxikationen oder Crush-Syndrom.

Transurethralkatheter

Kontraindikation: Verletzungen der Harnröhre (erkennbar an Blutung)

Material: Katheter (14, 16 oder 18 Ch.), und steriles Katheterset, Urinbeutel, sterile Handschuhe, Unterlage und Lochtuch, Desinfektionsmittel (z. B. Betaisodona®)

- Strenge Asepsis
- Keine Gewaltanwendung. Bei Widerstand Katheter zurückziehen und drehen, danach erneute vorsichtig vorschieben
- Bei Mißlingen kleineren Katheter verwenden oder Indikation zur suprapubischen perkutanen Zystostomie überprüfen.

Bei Männern:
- Rückenlage, evtl. Kissen unter das Becken schieben
- Mit sterilen Handschuhen ein (bei Bedarf vorher) eingeschnittenes Lochtuch um den Penis plazieren
- Penis mit der linken Hand (Rechtshänder), die dadurch unsteril wird, fassen
- Mit der linken Hand Vorhaut zurückstreifen und Harnröhrenöffnung spreizen
- Mit der rechten Hand Harnröhrenöffnung und Glans penis mit 3–4 Tupfern und Desinfektionslösung desinfizieren, jeweils von der Harnröhrenmündung nach proximal
- Großzügige Verwendung von Gleitmittel: mit rechter Hand 10–15 ml sterile Gleitmittel mit Oberflächenanästheikum (z. B. Instillagel®) langsam injizieren. Um Gleitmittelrückfluß zu verhindern, Harnröhre mit linker Hand leicht komprimieren. 1 Min. Einwirkzeit
- Spitze des Katheters mit sterilem Gleitmittel versehen
- Den angereichten Katheter mit steriler Pinzette (rechte Hand) ca. 5 cm vor der Spitze fassen und das Katheterende zwischen den 4. und 5. Finger klemmen oder unter leichtem Zug von einer Hilfsperson halten lassen
- Urinauffangbeutel mit dem Katheter vor dem Einführen verbinden (geschlossenes System)

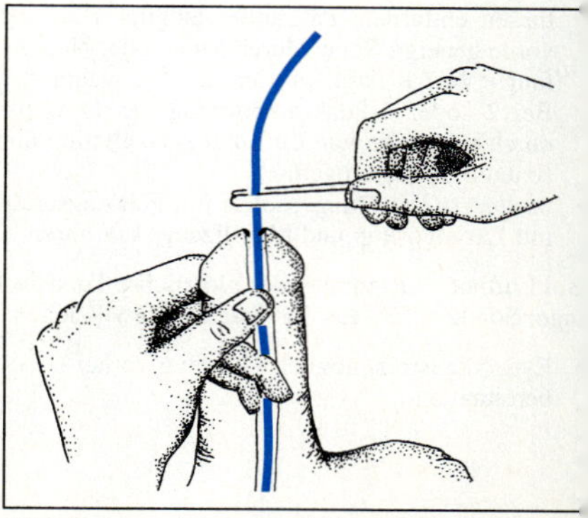

Abb. 2.12: Legen eines transurethralen Blasenkatheters

- Penis mit der linken Hand nach oben strecken und Blasenkatheter mit Pinzette ca. 15 cm in die Harnröhre vorschieben. Wird Widerstand spürbar, Penis unter Strecken absenken und Katheter weitervorschieben
- Fließt Urin, Katheter ca. 5 cm weiter einführen. Ballon mit 5 oder 10 ml Aqua dest. blocken (möglichst kein NaCl, Ventil-Verkrustung). Vorsichtig zurückziehen, bis federnder Widerstand spürbar wird. ***Cave:*** Vorhaut reponieren wegen Gefahr der Paraphimose.
- Katheter bzw. Urinbeutelschlauch erst mit Pflasterstreifen am Oberschenkel fixieren, wenn Pat. auf der RTW-Trage gelagert ist.

Bei Frauen:
- Rückenlage, Fersen zusammenstellen, Knie nach außen
- Lochtuch so plazieren, daß die Harnröhrenöffnung sichtbar ist
- Zuerst Vulva von ventral nach dorsal desinfizieren. Dann mit linker Hand (Rechtshänder) mit sterilem Handschuh Labien spreizen und kleine Schamlippen dreimal desinfizieren. Zuletzt Harnröhrenöffnung desinfizieren. Der letzte Tupfer wird in den Vaginaleingang eingelegt. Desinfektionstupfer mit der Pinzette halten, nur einmal verwenden
- Mit neuer Pinzette Katheter in die Harnröhre einführen. Blockballon mit 5 oder 10 ml Aqua dest. füllen. Vorsichtig zurückziehen, bis man einen federnden Widerstand verspürt
- Tupfer aus dem Vaginaleingang entfernen
- Katheter bzw. Urinbeutelschlauch erst mit Pflasterstreifen am Oberschenkel fixieren, wenn Pat. auf der RTW-Trage gelagert ist.

Suprapubische perkutane Zystostomie

Ind.: Strenge Indikationsstellung nach mißlungenem transurethralem Katherisierungsversuch (nicht passierbares Harnröhrenhindernis, via falsa) oder bei Harnröhrenverletzungen.

Kontraindikationen:
- Nicht gefüllte Blase (am Notfallort keine Blasenfüllung versuchen)
- Bekannter Blasentumor, Gerinnungsstörungen, Infektionen im Punktionsbereich
- Relativ: abdominelle Voroperationen (Verwachsungsgefahr), stark übergewichtige Pat. mit abdominaler Fettschürze

Material: Zystostomie-Set (z.B. Cystofix®), 5 ml 1%iges Lokalanästhetikum, z.B. Lidocain (Xylocain® 1%), Skalpell, steriles Lochtuch und sterile Handschuhe, Einmalrasierer.
- Lagerung des Pat in Rückenlage mit leicht abgesenktem Oberkörper und Erhöhung des Beckens (Kissen). Bauch- und Schambehaarung rasieren. Haut desinfizieren (z.B. mit Braunoderm®). Sterile Handschuhe anziehen, mit sterilem Lochtuch abdecken
- Hautinfiltration mit Lidocain (Xylocain®) ca. 2 Querfinger oberhalb der Symphyse in der Medianlinie (***Cave***: lateral verläuft die A. epigastrica inferior)
- Tiefe Lokalanästhesie bzw. Probepunktion mit der langen 1er Kanüle: senkrechte Stichrichtung, Aspiration von Urin zeigt die korrekte intravesikale Lage an
- Urinauffangbeutel mit dem Katheter verbinden (geschlossenes System)
- Quere Stichinzision der Haut mit Einmalskalpell 2 Querfinger oberhalb der Symphyse
- Katheter in die Hohlnadel einschieben, so daß er den Nadelanschliff nicht überragt

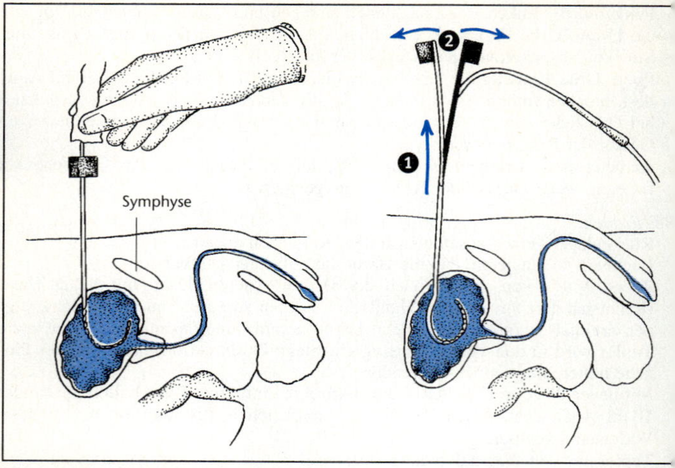

Abb. 2.13: Suprapubischer Blasenkatheter

- Mit der Cystofix®-Hohlnadel in einem Winkel von 80° nach kaudal durch di Stichinzision die Blase punktieren
- Widerstandsverlust und Urinabgang zeigen die intravesikale Lage an. Kathete durch die Hohlnadel bis zur grünen Markierung vorschieben
- Lagekontrolle: Rückfluß von Urin bei vorsichtiger Kompression über der Symphyse
- Split-Kanüle zurückziehen, spalten und entfernen, dabei Katheter nicht versehentlich mit herausziehen
- Katheter mit Pflasterstreifen oder besser mit Naht fixieren, steriler Verband.

Komplikationen:

- Blutungen: meist nur unkomplizierte Makrohämaturie für einige Stunden (of Blasenhinterwandverletzung!)
- Darmverletzung mit Peritonitis bei nicht ausreichend gefüllter Harnblase ode nach kranial gerichteter Stichrichtung
- Blasenhals-/Prostataverletzungen bei zu weit nach kaudal gerichteter Stichrichtung.

2.10 Sekundärtransport

Interhospitaltransfer: Transport eines schwerstkranken Pat. (z. B. WS-Verletzung ARDS) von einem Krankenhaus der niedrigeren Versorgungsstufe in ein Spezialkrankenhaus (z. B. Traumazentrum) bzw. Rückverlegung nach Spezialtherapie in das „Heimatkrankenhaus".

Ziel: Kontinuierliche Aufrechterhaltung des intensivmedizinischen Niveaus auch während des Transportes.

'oraussetzung: Ausrüstungsniveau des Transportmittels (☞ 1.6.2, 1.6.3) entsprehend der Intensivstation (z. B. Respirator mit der Möglichkeit differenzierter Betmungsformen), ausreichende Anzahl von Spritzenpumpen, Multifunktionsmoniɔring; ausreichendes Platzangebot zur Versorgung des Pat. während des Transpor-s; intensivmedizinisch erfahrenes Personal.

'erlegung mit Luftfahrzeug ☞ 2.2.1

)urchführung

)ie Verantwortung für den sicheren und erfolgreichen Transport des kritisch ;ranken trägt nur der NA → ausführliches Übergabegespräch mit dem verantwortchen Klinikarzt zur Beurteilung der Transportfähigkeit.

Welche Verletzung/Erkrankung hat der Pat.?
Ist die Diagnostik vollständig (Ausschluß von vital gefährdenden Begleitverletzungen)?
Rö-Thorax: wurde noch eine Abschlußaufnahme kurz vor Transportbeginn gefertigt, v. a. nach Thoraxtrauma oder ZVK-Anlage? ***Cave*** „Pneu-Tourismus"
Aktueller K + - und Hb-Wert?
Liegen Blutgasanalysen, v. a. auch direkt zum Abtransport vor? Bedingungen, unter denen die Blutgasanalyse entnommen wurde, dokumentiert (Respirator-Einstellungen)?
Wurden bedrohliche Störungen behoben und eine ausreichende Therapie eingeleitet?
Ist die erhaltene Eigenatmung suffizient bzw. ist die Beatmung korrekt durchgeführt und effektiv?
Kann der Pat. mit dem Transport-Respirator suffizient beatmet werden? Bei grenzwertiger pulmonaler Situation Probebeatmung über 10–15 Min. mit anschließender BGA durchführen
Katheter und Drainagen: Anzahl ausreichend, Lage kontrolliert, Fixierung ausreichend?
Krankenunterlagen: Sind die Unterlagen komplett (Kopien)?
- NA-Protokoll des Primäreinsatzes
- Kurvenblätter (Laborwerte, Therapiemaßnahmen, Beatmungsprotokolle, Verlauf)
- Ggf. OP-Berichte
- Rö-Aufnahmen, Sonographie-Befunde, weitere Befunde
- Verlegungsbrief

Ist der Pat. in der Zielklinik angemeldet?
Vor Verlassen der Intensivstation beatmete Pat. ausreichend analgosedieren, wache Pat. über den Transport (Grund, Ziel, Besonderheiten) aufklären
Bei wachen Pat. Blick- und Sprachkontakt während des Transportes. Im RTH Lärmschutz (Schallschutz aufsetzen)
In der Zielklinik persönliche Übergabe an den verantwortlichen Klinikarzt an der Trage des Pat.

Vor Transportbeginn müssen folgende Fragen geklärt sein: Transport wohin, welche Station, welcher Ansprechpartner?
Grundsätzlich gilt, daß moribunde Pat. nicht mehr in ein Spezialzentrum gehören. In Zweifelsfällen vor Transportbeginn die Zielklinik kontaktieren und Situation schildern (kooperatives Vorgehen)
Nicht in jeder erstversorgenden Klinik kann eine (Hals-)Wirbelsäulenverletzung sicher ausgeschlossen werden → vor dem Umlagern ggf. Halsschiene bzw. Vakuummatratze.

U. v. Hintzenstern, D. Olenik, K. Ellinger, W. Maleck, K. Kötter

3 Analgesie, Sedierung, Narkose, Reanimation

3.1 Analgesie

Indikation

Alle akuten Schmerzzustände.

- Das Argument, „die Diagnostik nicht verschleiern zu wollen", rechtferti nicht den Verzicht auf indizierte Analgesie mit potenten Analgetika. Wicht ist aber eine sorgfältige Dokumentation des vor der Analgesie erhobenen B fundes
- Durch eine suffiziente Analgesie kann die den Schmerz begleitende Sympath kusstimulation mit ihren ungünstigen Auswirkungen (Puls↑, RR↑, kardial O_2-Verbrauch↑, Mikrozirkulation↓) abgeschwächt und damit Folgeschäd verhindert werden.

- Die Basis jeder präklinischen Schmerztherapie ist ein ruhiges, konzentrierte problemorientiertes und sachliches Auftreten des NA
- Menschliche Zuwendung ist die einfachste Form der Analgesie
- Kausale Behandlungsstrategien zur Schmerzreduktion sind z. B. Immobilisati (ggf. Reposition) von Frakturen, möglichst schmerzfreie Lagerung, schonend Transport, O_2-Gabe und Vorlastsenkung.

Applikation

- Analgetika nach Möglichkeit immer i. v. verabreichen, da die Resorption vo s.c. oder i. m. applizierten Medikamenten verzögert und nicht vorhersagbar is
- Alle Medikamente immer in kleinen Dosen fraktioniert zuführen. Da bei No fallpatienten der Verteilungsraum meist deutlich vermindert ist (Volumenma gel, herabgesetztes HZV), müssen alle Dosierungen reduziert werden. Di gilt insbesondere für ältere Patienten.

Vorangegangene i. m.-Injektionen sind eine relative Kontraindikation für eine L setherapie →Bei V. a. akuten Myokardinfarkt, Hirninfarkt, Embolie oder Thron bose keine i. m.-Injektion. ! ø i.m.

3.1.1 Analgetika der 1. Wahl im RD

- Besonderheiten beim Einsatz von *Opioiden:*
  - Beschränkung auf 1 bis 2 Substanzen, mit denen man vertraut ist
  - Nur reine Agonisten mit starker Wirkung verwenden !
  - Bei Verwendung von gemischten Agonisten/Antagonisten (z. B. Pentazoci Buprenorphin) kann eine spätere Gabe von reinen Agonisten (z. B. aufgrun unzureichender analgetischer Wirkung des gemischten Agonisten/Antagoni sten) nur noch teilweise oder verzögert wirksam sein. Bei Drogenabhängige wird u. U. ein Entzug ausgelöst
  - Aufgrund der potentiell atemdepressiven Wirkung der Opioide kann ein Ab fall der Sauerstoffsättigung auftreten →prophylaktische O_2-Gabe (☞ 1.7. zur Erhöhung der inspiratorischen O_2-Konzentration. Bei Opioidgabe auc immer mit beatmungspflichtiger Ateminsuffizienz rechnen
  - Alle Opioide können Übelkeit und Erbrechen verursachen →langsam un verdünnt injizieren, ggf. ein Antiemetikum dazu geben, z. B. Metoclopram (z. B. Paspertin®) 5–10 mg langsam i. v.
  - Antidot: Naloxon (z. B. Narcanti®) als Antagonist der Opioide (☞ 20.2).

Tab. 3.1.: Analgetika der 1. Wahl im RD		
Indikation	**Medikament**	**Dosierung**
Myokardinfarkt	Morphin	– 5 mg i. v. – ggf. zusätzlich 2 mg Boli
Trauma	Fentanyl	– 0,1 mg i. v.; – ggf. zusätzlich 0,05–0,1 mg Boli
	Ketamin (z. B. Ketanest®) allein oder zusätzlich z. B. bei eingeklemmtem Pat., instabilem Kreislauf, extrem starken Schmerzen	– 0,25 mg/kg KG i. v. (analgetisch); ggf. wiederholen – ggf. 1–2 mg/kg KG i. m. (analgetisch)
Stärkste, kolikartige Schmerzen, Z. n. Drogenentzug	Metamizol (z. B. Novalgin®)	0,5–1 g als Kurzinfusion; ggf. wiederholen

- Grundvoraussetzungen für den Einsatz von Opioidanalgetika sind:
- Sicherer i. v.-Zugang mit laufender Infusion
- O_2-Gabe
- Beatmungsmöglichkeit
- Permanente Überwachung der Vitalfunktionen (☞ 4.1.2).

Nasensonden bewirken nur einen minimalen Anstieg der inspiratorischen O_2-Konzentration auf max. 30 Vol.% (☞ 1.7.3). Deshalb eine O_2-Maske (am besten mit Reservoir) verwenden.

Medikamente

Morphin: Reiner Agonist mit analgetischer, sedierender und antitussiver Wirkung. Dadurch gut geeignet bei Infarktschmerz und kardial bedingtem Lungenödem. Zusätzlicher Vorteil: Vorlastsenkung

Fentanyl: Reiner Agonist, 100 mal stärker wirksam als Morphin. Analgetikum für alle starken Schmerzzustände und Narkose. Gut steuerbar

Ketamin (z. B. Ketanest®): bereits in niedriger Dosierung ausgeprägte Analgesie, in höherer Dosierung aber Hypnose und Anästhesie. Geeignet für die Analgesie und Sedierung des nicht bewußtlosen Traumapatienten bei technischer Rettung und Lagerung (Einsatz bei SHT ☞ 3.3.3)

Metamizol (z. B. Novalgin®): Spasmolytisch, deshalb bei Kolikschmerz geeignet. Alleine gegeben bei starken Schmerzen oft nicht ausreichend, gut mit Opioiden kombinierbar. Häufig gravierende Blutdruckabfälle → nur als Kurzinfusion geben! Kann akute allergische Reaktionen auslösen.

3.1.2 Analgetika der 2. Wahl im RD

Piritramid (z. B. Dipidolor®): Reiner Agonist, der meist nur zur postoperativen Analgesie verwendet wird und im RD relativ unbekannt ist. 15 mg entsprechen 10 mg Morphin. Kann alternativ statt Morphin oder Fentanyl eingesetzt werden. Dosierung: 7,5 mg i. v., ggf. zusätzlich 3 mg Boli

Tab. 3.2.: Analgetika der 2. Wahl im RD

Substanz	Handelsname z. B.	i.v.-Dosierung
Nicht-Opioid-Analgetika		
Acetylsalicylsäure	Aspisol®	0,5–1 g
Opioid-Analgetika		
Pethidin	Dolantin®	25–100 mg
Piritramid	Dipidolor®	7,5 mg
Sufentanil	Sufenta®	0,005 –0,01 mg
Tramadol	Tramal®	50–100 mg

- *Tramadol (z. B. Tramal®)*: Agonist der Opioide, 5–10 mal schwächer wirksa als Morphin, langsamer Wirkungeintritt, häufig Übelkeit und Erbrechen
- *Sufentanil (z. B. Sufenta®)*: Opioidagonist mit hoher hypnosedativer Wirkun sonst keine Vorteile gegenüber Fentanyl. Bisher keine ausreichenden Erfahru gen bei Anwendung im RD
- *Pethidin (z. B. Dolantin®)*: Opioidagonist, 10 mal schwächer wirksam als Mo phin. Bei äquipotenter Dosierung größere Gefahr der Atemdepression und ka diozirkulatorischer Nebenwirkungen. Insbesondere bei Kindern Erregungsz stände und Krämpfe möglich. Vorsicht bei Epileptikern. Indiziert bei schwe sten kolikartigen Schmerzen, da geringste NW auf Sphinkteren
- *Acetylsalicylsäure (z. B. Aspisol®)*: antiphlogistisch, antipyretisch, aber n schwach analgetisch wirksam, daher als Analgetikum im RD nur bei ausg wählten Krankheitsbildern wie Migräneanfall, nicht jedoch bei bei Trauma g eignet.

3.1.3 Für den RD ungeeignete Analgetika

- *Buprenorphin (z. B. Temgesic®)*: gemischter Agonist/Antagonist, deswegen i RD nicht sinnvoll einsetzbar (s. o.). Bei Überdosierung bzw. Atemdepressi nur sehr schwer mit Naloxon (z. B. Narcanti®) antagonisierbar
- *Pentazocin (z. B. Fortral®)*: gemischter Agonist/Antagonist, blutdruck- u herzfrequenzsteigernd. Die Substanz verursacht eine pulmonale Hyperton und ist deswegen im RD, insbesondere beim Herzinfarkt, kontraindiziert. E zeugt häufig eine Dysphorie. Löst beim Heroinabhängigen Entzugssyndrom aus
- *Nalbuphin (z. B. Nubain®)*: Gemischter Agonist/Antagonist. NW vergleichb mit Pentazocin
- *Meptazinol (z. B. Meptid®)*: Kontraindiziert bei Herzinfarkt. Kann allergisc Reaktionen auslösen
- *Nefopam (z. B. Ajan®)*: Kontraindiziert bei epileptiformen Erkrankungen. Hä fig Übelkeit und Erbrechen, Verwirrtheitszustände, Blutdruck- und Herzfr quenzanstiege.

3.2 Sedierung

Indikation

Unruhe-, Erregungs- und Angstzustände, Narkoseeinleitung.

- Bei vielen plötzlichen Erkrankungen und Unfällen kann eine Sedierung erforderlich werden
- Ziel: Erregung und Angst dämpfen, überschießende Sympathikusstimulation verringern.

Neben einer medikamentösen Intervention spielen persönliche Ansprache und entsprechendes Auftreten eine entscheidende Rolle

- Vor Sedierung eines Pat. immer auch an andere, kausal therapierbare Ursachen denken (z. B. Hypoxie, Schmerzen, Hypovolämie).

3.2.1 Sedativa im Rettungsdienst

Benzodiazepine

- Sedierende, anxiolytische und antikonvulsive Wirkung → zur präklinischen Sedierung gut geeignet. Wegen des fehlenden antipsychotischen Effektes in Einzelfällen bei psychiatrischen Notfallsituationen nicht ausreichend wirksam
- Nebenwirkungen wie Atemdepression und Blutdruckabfall lassen sich durch vorsichtige Titration meist vermeiden
- Antidot: Flumazenil (z. B. Anexate®)
- *Midazolam* (z. B. Dormicum®) unterscheidet sich von *Diazepam* (z. B. Valium®) durch die doppelte Wirkstärke, kürzere HWZ und fehlende intrinsisch aktive Metabolite → gute Steuerbarkeit
- Dosierung: titrierende Gabe von 1,25–2,5 mg Midazolam (z. B. Dormicum®) bzw. 2,5–5 mg Diazepam (z. B. Valium®).

Neuroleptika

- Neuroleptika sollten den Situationen vorbehalten bleiben, in denen ein antipsychotische Effekt erforderlich ist. Dazu eignen sich nur hochpotente Neuroleptika.
- *Haloperidol* (z. B. Haldol®) ist stark antipsychotisch wirksam und kann außer bei akuten Psychosen auch bei alkoholisch bedingten Erregungszuständen eingesetzt werden. Bei Kombination mit Benzodiazepinen kommt es leicht zur Atemdepression
- *Droperidol* (z. B. Dehydrobenzperidol = DHBP) bietet gegenüber dem Haloperidol keinen Vorteil
- Niederpotente Neuroleptika wie *Chlorprothixen* (Truxal®), *Levomepromazin* (Neurocil®), *Promethazin* (Atosil®) und *Triflupromazin* (Psyquil®) wirken sedierend, aber schlecht antipsychotisch. Sie führen bei i. v.-Gabe im Vergleich zu den hochpotenten Neuroleptika zu einem drastischen Blutdruckabfall, der nur schwer zu beherrschen ist. Für den RD sind diese Substanzen deshalb primär nicht geeignet.

Chloralhydrat

Im RD nur als Rektiole zur Sedierung von Säuglingen und Kleinkindern eingesetzt (☞ 20.1). Häufig NW i. S. von Herzrhythmusstörungen → besser Diazepam-Rectiolen verwenden.

3

3.3 Präklinische Narkose

Indikation

- Zu jeder Intubation (einzige Ausnahme: Reanimation)
- Schmerzzustände, die sehr hohe Dosen zentralwirksamer Analgetika erforder
- Thoraxtrauma (☞ 11.3) → Sicherung der Atemwege und Beatmung notwendi falls eine klinisch relevante Atemdepression auftritt
- Polytrauma (☞ 11.8)
- Schwierige oder zeitaufwendige Rettung (z. B. bei Einklemmung)
- Evtl. Repositionen
- Ausgeprägtes Inhalationstrauma
- Großflächige Verbrennungen
- Jedes schwere SHT (☞ 11.2)
- Therapieresistenter Status asthmaticus (☞ 7.7) oder epilepticus (☞ 8.2.4)
- Schwere Atem- oder Kreislaufinsuffizienz (Schock ☞ 5.9)
- Aspirationsschutz (z. B. bei schwerem Gesichtsschädeltrauma mit Blutung den Nasen-Rachen-Raum)
- Kardioversion.

Risiken

- Jede Narkose ist eine iatrogen verursachte Bewußtlosigkeit mit ihren typische Gefahren: verminderter Muskeltonus, verminderte Schutzreflexe, verminderte Atemantrieb, verminderte kardiozirkulatorische Kompensationsmöglichkeiten
- Erbrechen mit nachfolgender Aspiration
- Kreislaufdekompensation bei Demaskierung einer bestehenden Hypovoläm durch Wegfall des traumabedingt erhöhten Sympathikotonus
- Hypoxie (suffiziente Beatmung zwingend notwendig)
- Hyperkapnie (auf adäquate Ventilation achten, Kapnographie als Monitorir einsetzen).

3.3.1 Medikamente zur Narkoseeinleitung

Hypnotika

- Im RD zur Narkoseeinleitung nur kurzwirksame Hypnotika verwenden, als *kein* Diazepam (z. B. Valium®) oder Flunitrazepam (Rohypnol®)
- Thiopental (z. B. Trapanal®), Methohexital (z. B. Brevimytal®) und Propof (Disoprivan®) wirken negativ inotrop und peripher vasodilatierend → Krei laufzusammenbruch bei Schock → vorsichtige Dosierung bei präklinischer Na kose. Thiobarbiturate beim Asthmatiker vermeiden (Histaminliberation)
- Etomidat (z. B. Hypnomidate®): hohe Kreislaufstabilität und fehlende His aminliberation (Hypnotikum der 1. Wahl)
- Ketamin (z. B. Ketanest®): als einziges Hypnotikum auch analgetische Wi kung. Bei manifestem Schock aufgrund seiner sympathomimetischen Wirkur Mittel der 1. Wahl.

Analgetika

Für eine präklinische Narkose nach Möglichkeit nur starkwirksame Analgetik wie Fentanyl® (kurze HWZ → gute Steuerbarkeit), (Morphin) oder Ketami (z. B. Ketanest ®) verwenden. Tramadol (z. B. Tramal®) ist wegen geringer Poter und hoher emetischer Wirkung nicht geeignet.

Muskelrelaxantien

Indikation: Durch Muskeltonus erschwerte Intubationsbedingungen (Relaxans als „Weichmacher"), Husten- und Würgereflexe bei beatmeten Pat. (insbesondere SHT) trotz ausreichender Analgosedierung.

- Zur Intubation das kurzwirksame Succinylcholin (z. B. Lysthenon®) verwenden. Depolarisierendes Muskelrelaxans → evtl. starke Muskelfaszikulationen (evtl. Anstieg von intrakraniellem und intragastralem Druck). Deshalb ggf. vor Narkoseeinleitung präkurarisieren (s. u.)
- *Nach* Intubation nicht-depolarisierende Muskelrelaxantien verwenden:
  - Vecuronium (z. B. Norcuron®): keine Histaminliberation; Trockensubstanz, die erst aufgelöst werden muß
  - Rocuronium (z. B. Esmeron®): gleiches Wirkprofil wie Vecuronium, dosisabhängige Herzfrequenzsteigerung; sollte möglichst gekühlt aufbewahrt werden
  - Mivacurium (z. B. Mivacron®): relativ lange Anschlagzeit bei nur kurzer Wirkdauer, dosisabhängig Histaminliberation
- Aufgrund von Pharmakokinetik oder Nebenwirkungen für die Präklinik nicht geeignet:
  - Alcuronium (z. B. Alloferin®): ausgeprägte ganglienblockierende Wirkung (vaskuläre Effekte), Tachykardie. Gekühlte und lichtgeschützte Aufbewahrung erforderlich
  - Atracurium (z. B. Tracrium®): häufige Histaminliberation und Hypotonie; dosisabhängiger Wirkungseintritt nach 1–2 Min. Gekühlte und lichtgeschützte Aufbewahrung erforderlich
  - Cisatracurium (z. B. Nimbex®): Stereoisomer von Atracurium, keine Histaminliberation, keine kardiovaskulären Nebenwirkungen, aber längere Anschlagszeit. Gekühlte und lichtgeschützte Aufbewahrung erforderlich
  - Pancuronium: Tachykardie, Wirkdauer 35–55 Min., bei Repetition bis zu 120 Min. Gekühlte Aufbewahrung erforderlich.

- Muskelrelaxation kann die Intubationsbedingungen v. a. bei vorher wachen Pat. wesentlich optimieren (Pat. „wehrt" sich nicht, weite Stimmritze) → geringeres Risiko von Traumata im Mund-/Rachenbereich bzw. von Hypoxie aufgrund verzögerter Intubation
- Muskelrelaxantien sind *keine* Garantie für eine problemlose Intubation, verursachen aber *immer* einen Atemstillstand → perfekte Beherrschung der Maskenbeatmung (☞ 3.4.3) und Intubation erforderlich!

Niemals Gabe einer Volldosis von nichtdepolarisierenden Muskelrelaxantien *vor* Intubation und (kapnographischer) Kontrolle der Tubuslage (☞ 3.4.4)

3.3.2 Narkosevorbereitung

Präklinisch jede Narkose als Intubationsnarkose durchführen, da Notfallpatienten immer als nicht nüchtern zu betrachten sind (Aspirationsgefahr bei Maskennarkose).

Obligatorische Kontrolle vor dem Einleiten einer Narkose:

- „Materialcheck"
  - Ambubeutel mit Reservoir, Maske, Sauerstoff, Guedeltubus
  - Leistungsfähige Absaugpumpe mit großlumigem Katheter
  - Laryngoskop mit Spatel, Tubus mit leichtgängigem Führungsstab (mit Gleitmittel einsprühen), Blockerspritze, Stethoskop zur Lagekontrolle, Fixationsmaterial (Mullbinde, Pflaster)

  - Medikamente: vollständig, eindeutig beschriftet (Klebeetiketten, Faserschreiber), Konzentrationen bekannt?
  - SpO_2, EKG, RR?
  - Kapnographie vorbereitet?
- Lagerung
  - Kopf für Intubation gut gelagert (flaches Kissen; ☞ 3.4.4)?
  - Oberkörper erhöht gelagert (Aspirationsgefahr ↓)?
- Personal
  - Ausreichend räumlicher Zugang zum Pat. möglich?
  - Aufgabenverteilung geklärt?

3

3.3.3 Ablauf

Grundsätzlich sollten die Medikamente bevorzugt eingesetzt werden, mit denen der NA die meiste Erfahrung hat. Medikamente situationsbezogen auswählen:

- Labile Kreislaufverhältnisse kardialer Genese: Etomidat (z. B. Hypnomidate®) und Fentanyl oder Morphin
- Nichtkardialer Schock (auch bei gleichzeitig vorliegendem SHT): Ketamin (z. B. Ketanest®)
- SHT
  - Mit stabilen Kreislaufverhältnissen: Etomidat (z. B. Hypnomidate®) bzw. Thiopental (z. B. Trapanal®) und Fentanyl® oder Ketamin (z. B. Ketanest®) alleine
  - Mit labilen Kreislaufverhältnissen: Etomidat (z. B. Hypnomidate®) und Fentanyl® oder Ketamin (z. B. Ketanest®).

Beim SHT kann Ketamin (z. B. Ketanest®) bei kontrollierter Beatmung (pCO_2 ca. 35 mm Hg) gegeben werden.

- Bei älteren Pat. immer Dosisreduktion bzw. „vorsichtige Titration" der Narkosemedikamente
- Im Notfall kann auf die sonst übliche Präkurarisierung mit einem nichtdepolarisierenden Muskelrelaxans (z. B. Vecuronium 0,015 mg/kg KG) vor Succinylcholin-Gabe verzichtet werden. Wegen der Gefahr der intrazerebralen (und intraokularen) Drucksteigerung durch die Succinylcholin-bedingten Muskelfazikulationen sollte, wenn möglich, bei V. a. SHT oder perforierender Augenverletzung eine Präkurarisierung durchgeführt werden
- Präoxygenierung:
  - Spontanatmenden Pat. bereits während der Vorbereitungszeit mehrere Min mit möglichst tiefer Inspiration über eine dicht aufgesetzte Maske 100 % O_2 aus dem Beatmungsbeutel atmen lassen (10 Liter Flow, Reservoirbeutel)
  - Primär apnoischen Pat. vor Narkoseeinleitung mit Maske (10 Liter Flow, Reservoirbeutel) beatmen
- Nach Applikation des Analgetikums dessen Wirkungseintritt mindestens 1 Min abwarten und dann das Hypnotikum spritzen
- Sobald der Pat. eingeschlafen ist, von einem Helfer kräftigen Krikoiddruck ausführen lassen, um bei einer Regurgitation eine Aspiration zu verhindern. ***Cave:*** HWS-Trauma
- Intubation, Lagekontrolle und Fixieren des Tubus (☞ 3.4.4). Unmittelbar danach RR-Kontrolle, um eine evtl. Hypotension nicht zu übersehen
- Pat. obligatorisch von Hand oder mittels Gerät beatmen, da nach einer Narkoseeinleitung keine suffiziente Eigenatmung mehr möglich ist (Atemdepression)

- Weitere Narkoseführung (Nachinjektionen von Hypnotika und Analgetika) individuell nach klinischem Bild
- Zur Entlastung des Magens und zur Aspirationsprophylaxe nach der Intubation eine orale Magensonde legen
- Transport nur nach Voranmeldung in der Klinik (Anästhesieteam zur Übernahme des Pat.).

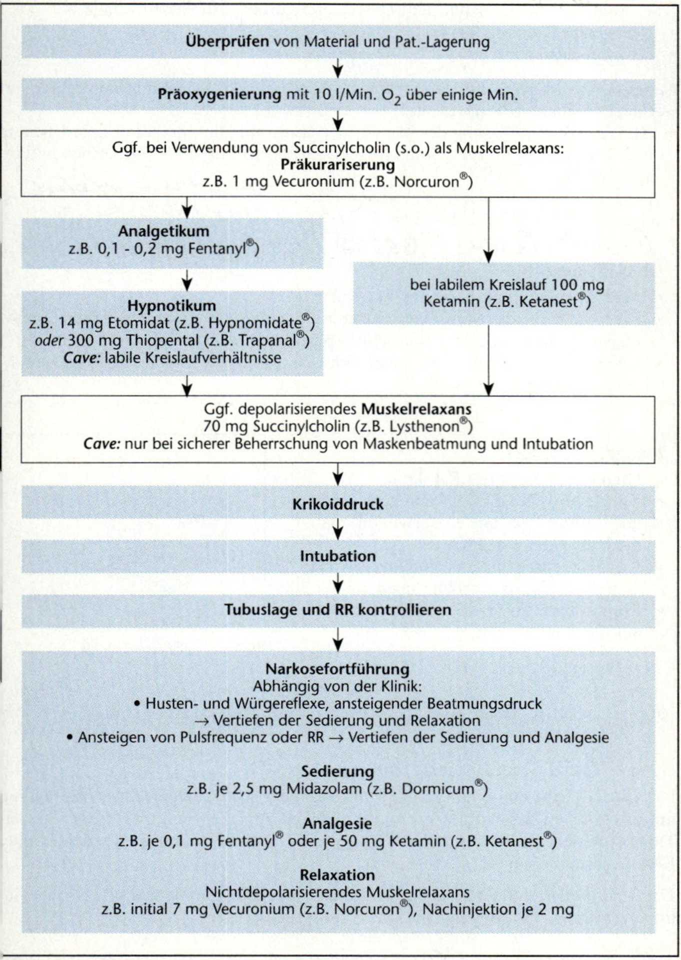

Abb. 3.1: Narkoseablauf

3.4 Reanimationstechniken

3.4.1 Freimachen und Freihalten der Atemwege

Indikation: Bewußtloser Patient mit teilweiser oder vollständiger Blockierung der Atemwege aufgrund der mit dem Unterkiefer zurückgesunkenen Zunge.

- Beengende Kleidung am Hals öffnen
- Chin-lift-head-tild-Handgriff anwenden (s. u.)

Cave: Chin-lift-head-tild-Handgriff ist bei V. a. HWS-Trauma kontraindiziert → Esmarch-Handgriff anwenden!

- Bei V. a. Verunreinigung der Mundhöhle (z. B. mit Blut, Schleim, Erbrochenem oder Fremdkörpern) mit Esmarch-Handgriff (s. u.) Mund des Pat. öffnen und inspizieren
- Fremdkörper entfernen (z. B. Zahnprothesen) Digital – gefährlich
- Ggf. absaugen (Blut, Erbrochenes). da: Reste!
- Guedel-Wendeltubus (richtige Größe!)

Chin-lift-head-tild-Handgriff

- Seitlich neben dem Kopf des Pat. knien
- Eine Hand auf die Stirn-Haar-Grenze, die andere unterhalb des Kinns (Daumen zwischen Unterlippe und Kinn) plazieren
- Unterkiefer anheben, Kopf nackenwärts möglichst weit überstrecken, Mund leicht öffnen

Esmarch-Handgriff

- Hinter dem Kopf des Pat. knien
- Hände seitlich am Kopf anlegen: Zeige- und Mittelfinger am Kieferwinkel, Daumen am Kinn plazieren
- Kopf überstrecken und gleichzeitig den Unterkiefer nach vorn und oben ziehen
- Mund durch zusätzlichen Daumendruck auf das Kinn öffnen.

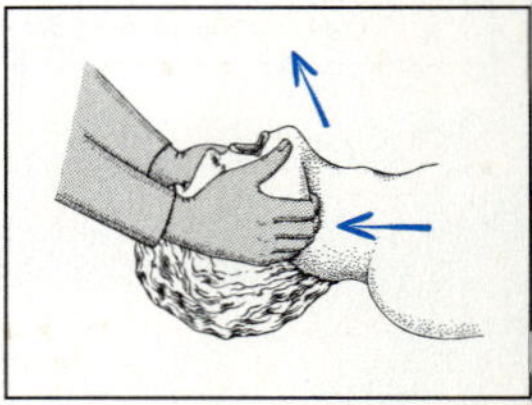

Abb. 3.2: Esmarch-Handgriff

3.4.2 Freihalten der Atemwege mit Hilfsmittel

Guedel-Tubus (Oropharyngealtubus)

Der Guedel-Tubus wird nur von bewußtlosen oder stark bewußtseinsgetrübten Pat mit erloschenen Schutzreflexen toleriert. *Merksatz:* „Ein Pat., der einen Guedel-Tubus toleriert, gehört intubiert!" Auch als Beißschutz zu verwenden. ***Cave.*** Kein Aspirationsschutz.

Komplikationen: reflektorisches Würgen, Erbrechen, Laryngospasmus sowie iatrogene Atemwegsverlegung (falsche Tubusgröße).

– bis zur Hälfte umgekehrt eingeführt, dann umdrehen!

→ Zurückgefallene Zunge → Überstreckung des Kopfes

Technik

- Abschätzen der Tubusgröße (Erwachsene: Größe 3, 4 oder 5): Länge entspricht dem Abstand zwischen Mundwinkel und Ohrläppchen des Pat.
- Einführen:
  - Mund durch Daumendruck auf Kinn oder untere Schneidezähne öffnen
  - Guedel-Tubus mit pharyngealer Öffnung nach kranial (entgegen der Zungenwölbung) in den Mund einführen
  - Tubus an der Zunge entlang vorschieben, dabei um 180° drehen und weiter vorschieben, bis die Abschlußplatte an der Lippenaußenseite anliegt.

Wendl-Tubus (Nasopharyngealtubus)

Wendl-Tuben werden auch von Pat. mit erhaltenen Schutzreflexen toleriert. Im Vergleich zum Guedel-Tubus geringere Reizung der Rachenhinterwand. ***Cave:*** Kein Aspirationsschutz.

Komplikationen: Verletzung der Nasenschleimhaut → Blutung → Aspiration; bei falscher Tubuslänge: reflektorisches Würgen, Erbrechen, Laryngospasmus sowie iatrogene Atemwegsverlegung.

Technik

- Abschätzen der Tubusgröße (Erwachsene: Größe (26) oder 28–34): Länge entspricht dem Abstand zwischen Nasenspitze und Ohrläppchen des Pat.
- Einführen:
  - Tubus mit Silikonspray einsprühen oder einem Gleitmittel einschmieren
  - Nasenspitze nach kranial drücken
  - Tubus vorsichtig in den unteren Nasengang einführen
  - Tubus so weit vorschieben, bis ein maximal lautes Atemgeräusch hörbar ist; ggf. durch Zurückziehen korrigieren
  - Ist beim Vorschieben ein Widerstand zu spüren, dünneren Tubus verwenden bzw. in das andere Nasenloch einführen.

Mund zur Mund/Nase Beatm.: Nachteile – psychol. Hem. – Infekt – nur 17% O2; Vort: Ø Hilfsmittel

3.4.3 Gesichtsmasken-Beutel-Beatmung

21% O2

Indikation: Beatmung während der Latenzphase zur endotrachealen Intubation.

Technik:

- Auswahl der richtigen Masken-Größe: Maske muß mit ihrem Randwulst Nasenwurzel, beide Mundwinkel und den Unterkiefer zwischen Kinnspitze und Unterlippe umschließen
- Maske möglichst fest auf den Ansatz des Beatmungsbeutels aufstecken (Masken- und Beutelachse rechtwinklig zueinander)

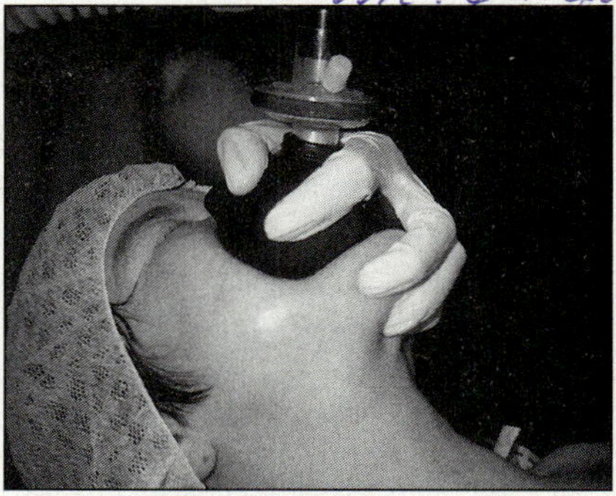

Abb. 3.3: Beatmung mit Maske und Beatmungsbeutel

- Nach Möglichkeit Beutel mit einem Reservoir kombinieren und an eine O_2-Quelle (☞ 1.7.3) anschließen (10 l/Min.)
- Kopf durch Unterlegen einer ca. 8 cm dicken festen Unterlage (z. B. zusammengelegtes Laken) erhöht lagern (Schnüffelstellung oder verbesserte Jackson-Position)
- Vom Kopfende aus Kopf mittels Esmarch-Handgriff (☞ 3.4.1) überstrecken und in dieser Stellung mit den Fingern 3–5 der linken Hand (Mittelfinger hält die Kinnspitze, kleiner Finger den Kieferwinkel) fixieren → Luftwege maximal weit und offen
- Mit der rechten Hand Maske zuerst an der Nasenwurzel aufsetzen und dann nach unten auf das Gesicht klappen (bei korrekter Größenwahl sind Nase und Mund vollständig umschlossen)
- Mit den Endgliedern von Daumen und Zeigefinger der linken Hand Maske halten (C-Griff). Mit den Fingern 3–5 den Unterkiefer quasi der Maske entgegenhalten
- Mit der rechten Hand den Beatmungsbeutel rhythmisch komprimieren (je ca. 750–1100 ml, Inspirationszeit ca. 2 Sek., Exspirationszeit ca. 2–4 Sek., Frequenz ca. 10–12/Min.).

Aspirationsgefahr, insbesondere bei Beatmungsdrucken > 20 cm H_2O (Ösophagusverschlußdruck) aufgrund von Mageninsufflation.

- Bei hohem Beatmungsdruck Kopf besser überstrecken. Wenn kein Erfolg, Guedel- oder besser Wendl-Tubus (☞ 3.4.2) einsetzen
- Bei hör- oder fühlbarem Leck Finger auf der Maske umsetzen oder Maske neu positionieren; ggf. andere Maskengröße verwenden
- Bei Bartträgern, adipösen und zahnlosen Pat. notfalls beidhändig Maske abdichten (rechte Hand spiegelbildlich zur linken einsetzen), dann Beatmung durch weiteren Helfer
- Maske nicht zu stark auf das Gesicht des Pat. pressen (linke Hand ermüdet und verkrampft)
- Bei Verletzungen im Gesichtsbereich oder kraniofazialen Mißbildungen kann eine Maskenbeatmung u. U. unmöglich sein → Intubation (☞ 3.4.4)
- Kompression des Beutels gegen ein Widerlager erleichtert die Insufflation eines adäquaten Atemzugvolumens → im Knien Beutel gegen den Oberschenkel und im Stehen gegen den Rumpf oder den auf die Trage angehobenen Oberschenkel ausdrücken
- Verminderte Regurgitationsgefahr durch kräftigen Druck auf den Ringknorpel durch einen zusätzlichen Helfer (Krikoiddruck → Verschluß des Ösophagus). ***Cave:*** HWS-Trauma.

3.4.4 Endotracheale Intubation !

→ Reanimat, Schädel-Hirn Trauma

Indikation: Kontrollierte Beatmung und Aspiration (Bronchialtoilette).

> Jeden Notfallpat. als nicht nüchtern, d. h. als aspirationsgefährdet betrachten → bei Indikation zur Beatmung immer die endotracheale Intubation („Goldstandard“) anstreben!

FiO_2 v. 100% mögl.

Material: Laryngoskop mit Macintosh-Spateln der Größen 3 (normal) und 4 (Übergröße), Endotrachealtuben (Typ Magill), Führungsstab, Absaugvorrichtung mit konnektiertem Absaugkatheter, Blockerspritze, Fixiermaterial, Beatmungsmaske und -beutel, Reservoir, O_2-Anschluß.

Tab. 3.3.: Tubusgrößen für Erwachsene					
Innendurchmesser (mm)	6,5	7,0	7,5	8,0	8,5
Umfang (Ch.)	28	30	32	34	36

Cave: Bei manchen Tuben ist der Konnektor werksseitig nicht vollständig aufgeschoben (z.B. Rüsch Safety Clear Tubus®). Vor Verwendung Konnektor erst bis zum Anschlag aufschieben.

Technik

- Check:
  - Pat.: EKG und Pulsoxymeter angeschlossen, i.v.-Zugang vorhanden?
  - Instrumentarium: suffiziente Lichtquelle des Laryngoskopes, Absaugung funktionsfähig, Tubuscuff (Blockmanschette) geprüft (mit 10 ml Luft füllen, auf Dichtigkeit überprüfen und Cuff wieder vollständig entlüften), Ersatztuben in kleineren Größen bereitgelegt, ggf. Tubus mit Führungsstab (Spitze ca. 1 cm vor Tubusende) versehen?

Die Notfallintubation erfolgt immer orotracheal!

- Kopf durch Unterlegen eines Polsters ca. 8 cm erhöht lagern
- Atemwege frei (z.B. Zahnprothese)? Ggf. freimachen
- Bei Pat. mit erhaltenem Bewußtsein Analgosedierung (☞ 3.1, 3.2)
- O_2-Gabe mit Flow von 6–8 l/Min.: Pat. mit Gesichtsmaske und Beutel (mit Reservoir!) für ca. 3 Min. beatmen bzw. Maske direkt auf Mund und Nase aufsetzen (wenn von Pat. toleriert) und Pat. mehrmals zu tiefem Einatmen auffordern
- Kopf leicht reklinieren, Laryngoskopgriff mit der linken Hand fassen
- Regurgitationsgefahr vermindern durch kräftigen Druck auf den Ringknorpel durch einen Helfer (Krikoiddruck → Verschluß des Ösophagus). ***Cave:*** HWS-Trauma.
- Mit der rechten Hand mittels *Kreuzgriff* den Mund öffnen: Kuppe des gestreckten Daumens auf die unteren Schneidezähne und Kuppe des gebeugten Zeigefingers auf die oberen Schneidezähne aufsetzen, Finger gegeneinander spreizen. Falls nicht erfolgreich, Esmarch-Handgriff anwenden (☞ 3.4.1)
- Spatel in den rechten Mundwinkel einführen, Zunge nach links drängen und langsam unter Sicht auf die Spatelspitze über die Zunge in die Tiefe gleiten bis Epiglottis sichtbar
- Spatelspitze in die epiglottische Falte einführen und Zungengrund durch Zug nach ventral und oben, d.h. in Griffrichtung, vorsichtig anheben → „Aufrichten" der Epiglottis und Einblick in den Kehlkopf
- Mit der rechten Hand Tubus (ID: Männer 8,0–8,5, Frauen 7,0–7,5) unter Sicht zwischen den Stimmbändern durchschieben, bis das proximale Ende der Blokkungsmanschette 1–2 cm hinter der Glottis liegt

3

- Cuff mit 5–10 ml Luft blocken
- Tubus in einem Mundwinkel direkt oberhalb der Zahnreihe gut festhalten und Tubuslage kontrollieren (s. u.)
- Intubation bei V. a. HWS-Trauma ☞ 11.6
- Nach Bestätigung der korrekten Lage Tubus sorgfältig fixieren:
  - Beißschutz einbringen (z. B. Guedel-Tubus oder möglichst mit Pflaster umwickelte Mullbinde in Originalverpackung)
  - Fixierung mit 2 Pflasterstreifen (25–30 cm lang, 1,25 cm breit): Vom Kiefergelenk der dem Tubus gegenüberliegenden Seite aus den 1. Pflasterstreifen straff an der Unterlippe entlang um Tubus und Mundkeil herum zum anderen Kiefergelenk führen. 2. Pflasterstreifen vom Jochbein der dem Tubus gegenüberliegenden Seite aus straff an der Oberlippe entlang um Tubus und Mundkeil herum zum anderen Jochbein führen
  - Bei feuchter Haut oder Bart ungenügende Pflasterhaftung → Tubus und Beißschutz mit max. 6 cm breiter Mullbinde mit einem Knoten gesichert fest verbinden, Binde um den Nacken- bzw. Hinterkopfbereich führen und seitlich verknoten
- Tubuslage erneut prüfen (s. u.)
- Ggf. endobronchial absaugen (☞ 1.7.10).

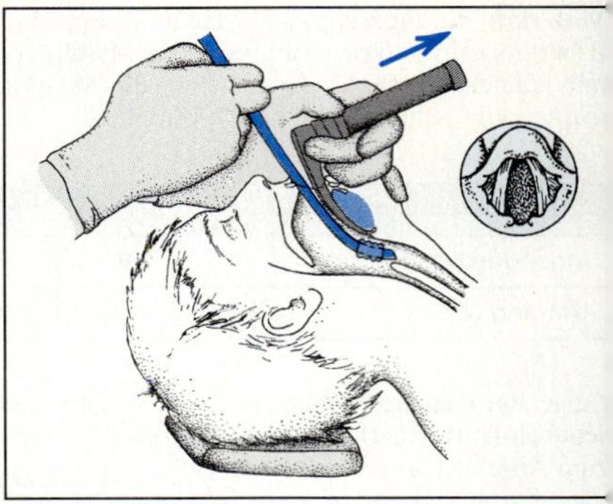
Abb. 3.4: Intubation

Mögliche Komplikationen

- Verletzung von Zähnen und Weichteilen → keine Gewalt während der Intubation anwenden (nicht „hebeln"). Iatrogene Verletzungen dokumentieren!
- Hypoxie → Intubation verzögerungsfrei durchführen (max. 30 Sek.), bei langwieriger Intubation mit Maske zwischenbeatmen (☞ 3.4.3)
- Tubusfehllage → nur bei eindeutig dargestellter Stimmritze Tubus vorschieben, sofort nach Intubation Lagekontrolle (s. u.)
- Vagale oder hypertone Kreislaufreaktionen → bei erhaltenem Bewußtsein ausreichende Analgosedierung, engmaschige Kreislaufkontrolle während und nach der Intubation durch Helfer
- Erbrechen, Aspiration, Laryngo- oder Bronchospasmus → zügiges Arbeiten, ausreichende Analgosedierung, Sauger in Bereitschaft halten
- Tubusobstruktion (Abknickung, Sekret) → Absaugen, ggf. Beißschutz und Tubusverlauf kontrollieren
- Einseitige Intubation eines Hauptbronchus → Tubus entblocken und zurückziehen auf 22–24 (Mann) bzw. 20–22 cm (Frau) ab Zahnreihe unmittelbar nach Intubation. ***Cave:*** Unerfahrene neigen häufig zu zu tiefer Intubation.

Kontrolle der Tubuslage

Die korrekte Lage des Tubus (Tubusspitze im mittleren Drittel der 12–15 cm langen Trachea) muß nach der Intubation und jeder Umlagerung überprüft werden.

Medik: – Etomidat (Hypnomidate)
– Ketanest
– Lysthenon (n. 30-40 s)
– Dormicum
– b Trauma: ⊕ Opiate

Tab. 3.4.: Tubusfehllagen

Tubusspitze	Konsequenz	Komplikationen
„Zu tief": endobronchial (meist rechter Hauptbronchus)	Einlungenbeatmung („einseitige" Intubation)	Hypoxie bei endobronchialer Cufflage. Aspiration in die nicht beatmete Lunge, erhöhter Beatmungsdruck → Pneu
„Zu hoch": laryngeal (Tubusspitze ragt gerade in die Trachea; Cuff befindet sich vor bzw. genau zwischen der Stimmritze)	Cuff dichtet nicht oder nur mit erhöhtem Volumen/Druck ab	Hypoxie, Aspiration, Verletzung von Larynxstrukturen, Tubusdislokation in den Ösophagus
Extratracheal: im Ösophagus oder Pharynx	Lungen nicht beatmet	Hyp- bzw. Anoxie, Mageninsufflation → Zwerchfellhochstand, Regurgitation und Aspiration, Herzstillstand

- Gute Sicht auf den Larynx *vor* Intubation beweist nichts
- Auch bei korrekter Tubuslage ist eine spätere Dislokation jederzeit möglich
- Bei unsicherer Tubuslage den Tubus sofort wieder entfernen („in doubt take it out").

- Direkte Laryngoskopie *unmittelbar nach* Intubation:
  - Ist der Tubus zwischen den Stimmbändern sichtbar, ist eine ösophageale Fehllage ausgeschlossen
  - Methode ist sehr einfach durchzuführen, nach Tubusfixierung allerdings aufwendig
- Auskultation bei kräftigen Beatmungshüben mit dem Beatmungsbeutel:
  - Möglichst bereits beim 1. Beatmungshub Epigastrium auskultieren
  - Wenn „Blubbern" → ösophageale Tubusfehllage
  - Wenn kein „Blubbern" beide Lungen möglichst hoch in der MAL auskultieren. Falls seitendifferent, Tubustiefe überprüfen (cm-Markierung), evtl. zurückziehen. Wenn bei 20 cm (Erwachsene) weiterhin seitendifferent, Differentialdiagnosen erwägen (z. B. Pneu)
  - ***Cave:*** Fehlerbehaftetes Verfahren, besonders in lauter Umgebung, nach vorheriger Mageninsufflation nach Maskenbeatmung, bei Adipositas oder Emphysem. Nur zusammen mit anderen Verfahren anwenden!
- Inspektion:
  - Bei korrekter Intubation und Beatmung hebt und senkt sich der obere Thorax (infraklavikuläres Dreieck) seitengleich
  - ***Cave:*** Fehlerbehaftetes Verfahren, nur zusammen mit anderen Verfahren anwenden
- Ösophagus-Detektor (60–100 ml-Blasenspritze (z. B. Ambu Tube Check®), über eine Tubusverlängerung luftdicht mit dem Tubus verbunden):
  - Freie Aspiration von Luft (30–40 ml bei Erwachsenen, 5–10 ml bei Kindern) schließt eine ösophageale Fehllage aus
  - Die Stempelreibung läßt sich durch Besprühen mit Silikon auf ein Minimum reduzieren

- Anwendung bei Kindern < 2 Jahren derzeit nicht empfohlen
- Bei ösophagealer Fehllage ggf. bei forciertem Sog Luftaspiration möglich (Totraum von Tubus und Tubusverlängerung), Stempel wird jedoch beim Loslassen zurückgezogen
- Falsch ösophageale Resultate (schwierige oder unmögliche Aspiration trotz trachealer Tubuslage) in seltenen Fällen möglich, z. B. bei Abknickung oder Verlegung des Tubus durch Sekret, Tumor mit Trachealkompression, Cuff-hernie, schwere Bronchospastik, extreme Adipositas

- Kapnometrie (möglichst vor der ersten Beatmung anschließen):
  - Ein Wert > 0,5 % CO_2 für mehr als 6 Beatmungen beweist tracheale Tubuslage, < 0,5 % CO_2 bei Patient mit Eigenpuls beweist ösophageale Tubusfehllage
  - Ein Wert < 0,5 % CO_2 während Reanimation bedeutet ösophageale Fehlintubation *oder* unzureichende Herzmassage
- Wasserdampfkondensation (atemsynchroner Feuchtigkeitsniederschlag im Tubus):
  - Falls fehlend → ösophageale Tubusfehllage
  - Vorhandene Kondensation beweist *nicht* die tracheale Tubuslage
- Pulsoxymetrie (☞ 1.7.4):
  - Verschlechtert sich die Sättigung nach Intubation oder während Beatmung immer an eine Tubusfehllage (zu tief oder ösophageal) denken
  - Die Sättigung reagiert verzögert (frühestens nach einer Kreislaufzeit) und ein Abfall der Sättigung nach Intubation kann auch andere Ursachen haben (z. B. schlechte periphere Durchblutung, Meßsonde disloziert, Entwicklung eines Spannungspneus).

Schwierige Intubation

Bei Intubationsschwierigkeiten nach max. 30 Sek. Maskenzwischenbeatmung statt langwieriger frustraner Intubationsmanöver (Hypoxiegefahr).

Bei Intubationsschwierigkeiten zuerst Intubationstechnik überprüfen:

- Kopf erhöht gelagert? Kopf gebeugt oder zu stark überstreckt?
- Mund maximal geöffnet?
- Richtige Spatelgröße?
- Zunge von rechts aufgeladen?

Techniken bei schwieriger Intubation

- Wenn Glottis nicht oder nur teilweise einsehbar, von Helfer durch Krikoiddruck Kehlkopf nach dorsal, rechts oder links verlagern lassen

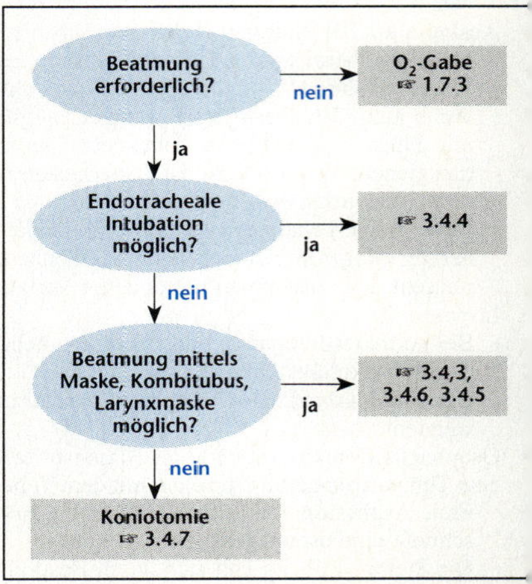

Abb. 3.5: Vorgehen bei schwieriger Intubation

- Lagerung ändern:
  - Kopf schrittweise nach ventral beugen oder nach dorsal extendieren
  - Abstand zwischen Hinterkopf und Unterlage vergrößern oder verkleinern (ggf. zusätzliche Unterpolsterung der Schultern: „hängende Lagerung")
- Mandrin mit Silikon einsprühen, in Tubus einführen und mit gewünschter Krümmung versehen
- Ggf. Mandrin ca. 1–2 cm über die Tubusspitze hinausschauen lassen, Kehldeckel unterfahren und nach ventral anheben bzw. „blind" oder unter Sicht als Guide vorsichtig zwischen den Stimmbändern einige cm in die Trachea einführen, festhalten und den Tubus darüber in die Trachea schieben.
- Ggf. kleineren Tubus verwenden.

Bei Problemen nicht versuchen, die Intubation um jeden Preis zu erzwingen, sondern *rechtzeitig* alternative Möglichkeiten zur Sicherstellung der Atemwege erwägen und durchführen (s. u.).

3.4.5 Larynxmaske

Indikation: Alternative Sicherstellung der Atemwege bei unmöglicher endotrachealer Intubation.

Material: Weitlumiger Tubus mit einer Maske mit aufblasbarem zirkulären Wulst.

Tab. 3.5.: Auswahl der Larynxmaskengröße nach Körpergewicht

Gewicht (kg)	< 6,5	6,5–20	20–30	25–50	50–90	> 90
Maskengröße (Nr.)	1	2	2,5	3	4	5

Technik

- Cuff mit Spritze vollständig entlüften; Rückseite des Cuffs befeuchten oder mit einem Gleitmittel versehen
- Den Kopf des Pat. mit der linken Hand leicht anheben und im Hals überstrecken
- Tubus mit der rechten Hand möglichst nahe am Cuff wie einen Stift anfassen (Zeigefinger auf Tubusvorderseite) und die Rückseite des Cuffs flach auf den harten Gaumen drücken
- Larynxmaske unter ständiger Führung des Zeigefingers am harten Gaumen entlang tief in die Mundhöhle einführen; dabei die Maske nach Überwindung des Winkels an der Rachenhinterwand solange weiter schieben, bis ein leicht federnder Widerstand zu spüren ist (Spitze des Cuffs liegt im Ösophaguseingang)
- Den Tubus so drehen, daß die schwarze Markierungslinie auf die Oberlippe zeigt
- Den Cuff blocken, ohne dabei den Tubus festzuhalten, da sich das Luftkissen selbst entsprechend den anatomischen Gegebenheiten positioniert. Max. Füllvolumina (ml) für Maskengröße 2–5: (10 × Maskengröße)–10
- Lagekontrolle (☞ 3.4.4)
  Fixierung (☞ 3.4.4).

Tab. 3.6.: Max. Cuff-Füllvolumina für Larynxmasken

Maskengröße (Nr.)	1	2	2,5	3	4	5
Max. Cuff-Füllvolumen (ml)	5	10	15	20	30	40

- Gefahr eines Laryngospasmus → Larynxmaske nur bei tiefer Narkose oder be Reanimation (Reflexdämpfung) einbringen
- Beatmungsdrucke > 20 cm H_2O z.B. bei maschineller Beatmung können zu Mageninsufflation bzw. vermehrter Undichtigkeit der Larynxmaske führer → ggf. Narkosevertiefung bzw. Relaxierung
- ***Cave***: Kein sicherer Aspirationsschutz.

3.4.6 Kombitubus® (in BRD - ∅ verbreitet)

Indikation: Sicherstellung der Atemwege bei unmöglicher endotrachealer Intubation. Intubation mit Kombitubus® nur möglich bei aufgehobenen oder ausgeschalteten Rachenreflexen, d.h. in Narkose oder bei Reanimation.

Kontraindikation: Pat. jünger als 16 J. oder kleiner als 150 cm.

Material: Ösophagotrachealer Doppellumentubus mit einem distal offenen Lumen (weißer Konnektor) mit Cuff (weißer Pilotballon) und einem distal verschlossenen Lumen mit seitlichen Perforationen (blauer Konnektor) mit Cuff (blauer Pilotballon). 2 Größen: 37 Ch (für Frauen) und 41 Ch (für Männer).

Vorteile:

- Problemlose Plazierung ohne Laryngoskop
- Auch von der Seite des Pat. einführbar → bei schwierigen oder engen Raumverhältnissen (z.B. im RTH) keine Lageveränderungen des Pat. erforderlich.

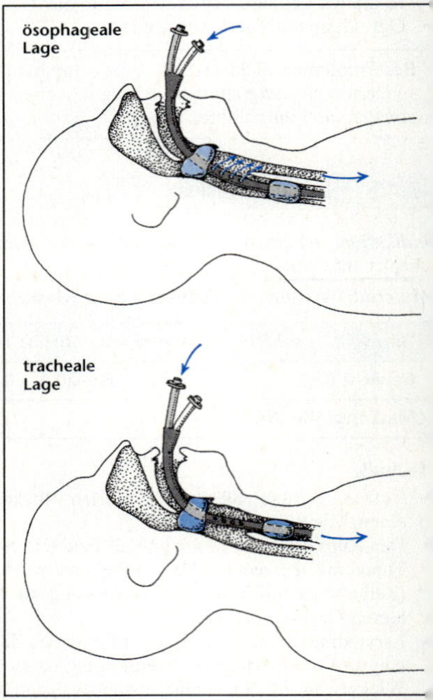

Abb. 3.6: Kombitubus

Technik

- Beide Cuffs vollständig mit dazugehöriger Spritze entlüften
- Kopf des Pat. in neutraler Position belassen und nicht wie bei der endotrachealen Intubation erhöht lagern
- Tubus blind oral vorschieben, bis sich die Markierung auf Höhe der Zahnreih befindet
- Proximalen Cuff (pharyngealer Ballon) mit 100 ml Luft füllen (blauer Pilotballon
- Distalen Cuff (ösophagealer bzw. trachealer Ballon) mit 15 ml Luft füllen (weißer Pilotballon)

- Probeweise über blauen Konnektor beatmen und dabei auskultieren:
  - Atemgeräusche über der Lunge und fehlende Geräusche über dem Epigastrium → ösophageale Tubuslage (häufigster Fall); Tubuslagekontrolle, z. B. durch Kapnographie (☞ 3.4.4). Beatmung über den blauen Konnektor
  - Keine Atemgeräusche über der Lunge, aber Geräusche über dem Epigastrium → tracheale Tubuslage (seltener Fall). Weiterbeatmung über den weißen Konnektor; ggf. Kontrolle mittels Kapnographie (☞ 3.4.4)
- Fixierung ☞ 3.4.4.

Die Einführung des Kombitubus® ohne Laryngoskop („blind") läßt sich seitlich leichter als hinter dem Pat. Kopf durchführen.

- Bei ösophagealer Lage des Kombitubus®:
  - Kein sicherer Aspirationsschutz, z. B. bei Pharynxblutungen
  - Atemwege z. B. bei Ödembildung infolge von Inhalationstrauma nicht gesichert
  - Keine endotracheale Absaugmöglichkeit
  - Keine endobronchiale Medikamentenapplikation möglich
- Die Unterscheidung zwischen ösophagealer und trachealer Lage durch Auskultation kann erschwert sein (Geräuschkulisse).

3.4.7 Koniotomie - kurz unterhalb v. Kehlkopf

Indikation: Endotracheale Intubation mißlungen und Gesichtsmaskenbeatmung unmöglich; ggf. frustraner Anwendungsversuch von Kombitubus oder Larynxmaske.

Technik

- Sterile Handschuhe anziehen, die vordere Halsregion desinfizieren und steril abdecken (falls genügend Zeit dafür zur Verfügung steht)
- Kopf des Pat. überstrecken
- Mit der linken Hand den Kehlkopf von kranial am Schildknorpel fixieren
- Mit der rechten Hand das Lig. conicum (cricothyreoideum) in der Mittellinie zwischen Schildknorpel („Adamsapfel") und Ringknorpel aufsuchen
- Ggf. Lokalanästhesie mit 2–4 ml Lidocain (z. B. Xylocain®)
- Ca. 1 cm breite Hautquerinzision über dem Lig. conicum

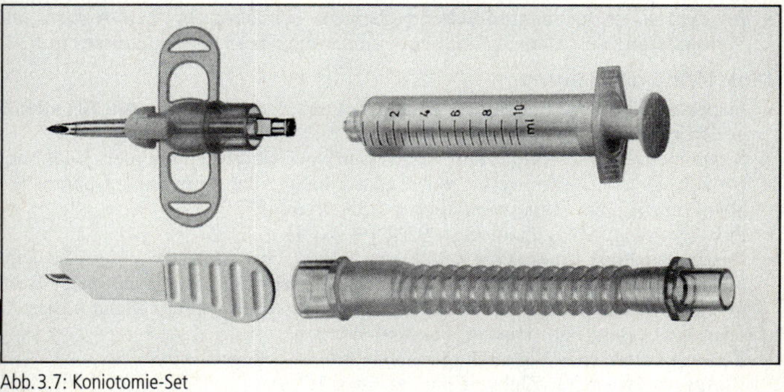

Abb. 3.7: Koniotomie-Set

- Lig. conicum durch die Inzision erneut palpieren; ggf. sichere Identifikation der Trachea durch Punktion mit 1er Kanüle mit aufgesetzter Spritze und Aspiration von Luft
- Ca. 1 cm breite Querinzision des Lig. conicum und Spreizen der Inzision, z. B. mit Klemme oder Nasenspekulum
- Einbringen eines Kindertubus (z. B. ID 6,0 bei Frauen, 7,0 bei Männern), möglichst über einen Führungsstab
- Tubus blocken
- Tubuslage kontrollieren, Tubus sicher fixieren, Pat. absaugen
- Bei zu großem Luftverlust durch den Larynx Pharynx austamponieren.

Komplikationen: Verletzung von Hautgefäßen (Blutung), Schildknorpel und Stimmbändern (Inzision zu kranial), Ringknorpel und Schilddrüse (Inzision zu kaudal), Tracheahinterwand und Ösophagus (Inzision zu tief), N. laryngeus sup. und großen Halsgefäßen (Inzision zu lateral), pharyngeale Tubusfehllage.

- Ggf. spezielles Notfallkoniotomiebesteck mit Dilatator nach Seldinger-Technik (z. B. Mini-Trach® II, Melker-Set®), mit dolchförmigem Dilatator (z. B. Nu-Trake®) oder Kanülen mit Trokar (z. B. TracheoQuick®, Quicktrach®) verwenden
- ***Cave:*** Bei Anwendung von Notfallkoniotomiebestecken Aspirationsgefahr (keine Cuffabdichtung der Trachea).

3.4.8 Maschinelle Beatmung

- Beatmungsform: i. d. R. kontrollierte Beatmung, d. h. Vorgabe von Frequenz und Volumen (☞ auch 1.7.9)
- Standardeinstellung der Beatmungsparameter:
  - Atemzugvolumen: 10 ml/kg KG bei Normoventilation; zur Hyperventilation 13 ml/kg KG
  - Atemminutenvolumen 100 ml/kg KG
  - Atemfrequenz: 10/Min.
  - Sauerstoffgehalt: F_iO_2 1,0 (= 100 % bzw. „no air mix“)
  - PEEP: 4 mbar
  - Atemzeitverhältnis (Inspiration : Exspiration): 1 : 2
  - Beatmungsspitzendruck möglichst < 30 mbar.

- Ggf. Optimierung der Beatmungsparameter bei Monitoring mit Kapnometer (Atemfrequenz, Atemvolumen) und Pulsoxymeter (F_iO_2, I : E-Verhältnis, PEEP)
- Bei exzessiven Beatmungsdrücken probeweise Erhöhung der Atemfrequenz und Verminderung des Atemzugvolumens, Änderung des I : E-Verhältnisses in 1 : 1.

Monitoring der Beatmung

- Inspektion (Thoraxexkursionen, Hautfarbe) und Auskultation (s. o.). Als alleinige Überwachung nicht ausreichend
- Kapnometrie: spezifische und kontinuierliche Überwachung der Beatmung (☞ 1.7.11); CO_2-Zielwert zur Einstellung der Beatmungsparameter: 36–40 mmHg, bei Hyperventilation ca. 33–35 mmHg
- Pulsoxymetrie: SpO_2-Zielwert: > 95 % (☞ 1.7.4)
- Beatmungsdruck (möglichst < 30 mbar): *Abfall* bei Diskonnektion, Leckage oder Ausfall der Gasversorgung; *Anstieg* bei Abknicken von Tubus oder Beatmungsschlauch, Verlegung des Tubus, Spannungspneu, unzureichend sediertem oder relaxiertem Pat. (Husten, Pressen, Würgen)
- Endexspiratorisches Volumen (Diskonnektion, Leckage)
- Blutgasanalyse (CO_2-Zielwert s. o., ☞ auch 1.7.8).

Bei Monitoren bzw. Beatmungsgeräten mit Alarmsystemen sämtliche Alarmgrenzen individuell bzw. patientengerecht einstellen. Alarme nie abschalten, da gefährliche Einschränkung der Überwachungsmöglichkeiten!

3.4.9 Präkordialer Faustschlag

Indikation: Kammerflimmern, pulslose Kammertachykardie und Asystolie (nicht erfolgversprechend, aber weitgehend ungefährlich und schnell durchzuführen)

Kontraindikation: elektromechanische Entkoppelung.

Technik: Mit der Faust aus ca. 30 cm Höhe kräftig auf die Mitte des Brustbeines schlagen.

- Komplikationen (selten): Verletzungen von Brustbein, Rippen, Herz und Lungen.

3.4.10 Herzdruckmassage

Prinzip: Aufrechterhaltung einer eingeschränkten Blutzirkulation durch mechanische Maßnahmen. Entscheidend für die Prognose des Pat. ist der frühzeitige Beginn der Herzdruckmassage.

Indikation: Pulslosigkeit.

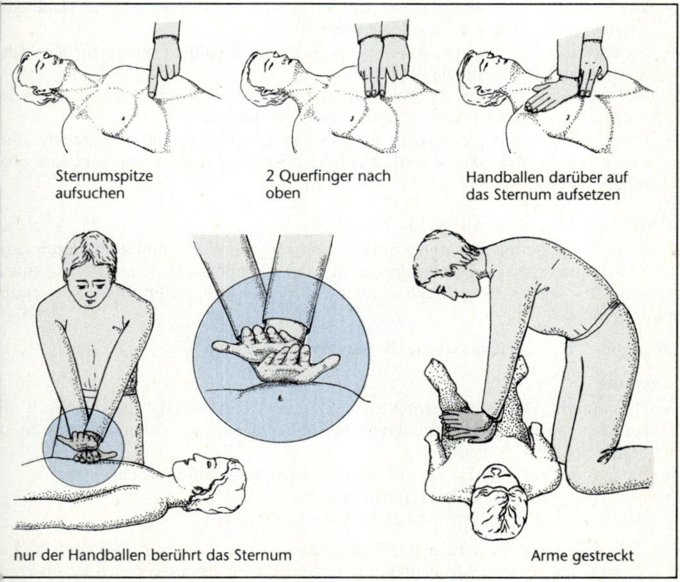

Abb. 3.8: Herzdruckmassage

Komplikationen: Verletzungen von Brustbein, Rippen, Herz, Lungen, Leber und Milz sowie Aspiration bei nicht intubierten Pat.

Technik

- Den Pat. flach auf einer harten Unterlage lagern
- Druckpunkt im unteren Sternumdrittel aufsuchen:
  - Mit dem Zeigefinger (Position auf der rechten Pat.seite: rechte Hand und umgekehrt) am unteren Rippenbogenrand entlangfahren und den Ansatzpunkt der beiden untersten Rippen auf dem Sternum bestimmen
  - Von diesem Punkt aus 2 Fingerbreit kranial gehen → Ansatzpunkt
  - Den Daumenballen der anderen Hand in der Mittellinie des Sternums auf den Ansatzpunkt aufsetzen
- Die Handfläche der ersten Hand parallel auf den Rücken der unteren Hand auflegen und die Finger ineinander verschränken
- So über den Pat. beugen, daß sich die eigenen Schultern senkrecht über dem Sternum des Pat. befinden
- Mit gestreckten Armen das Brustbein 4–5 cm tief eindrücken und dann wiede vollständig entlasten. Auflagepunkt immer beibehalten
- Gleichmäßige und gleichlange Druck- und Entlastungsphase anstreben; ein kurze Druck- und längere Entlastungphase ist zwar weniger anstrengend, abe relativ ineffektiv.

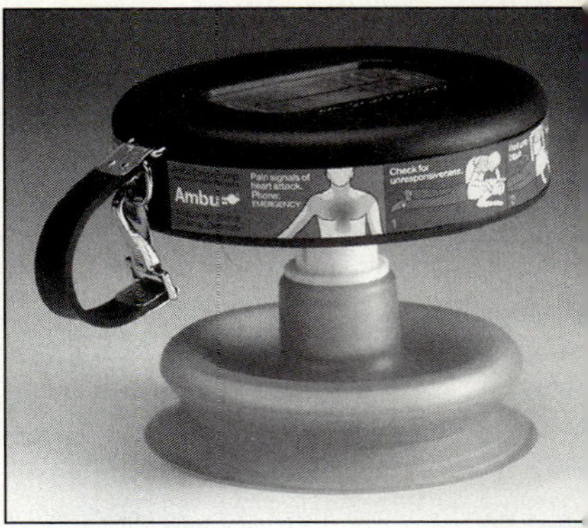

Abb. 3.9: ACD-Saugglocke

Aktive Kompression-Dekompression (ACD)

Prinzip: Verbesserung der myokardialen und zerebralen Durchblutung durch aktive Dekompression des Brustkorbes nach jeder Kompression. Die Herzdruckmassage mittels Thorax-Saugglocke ist aber deutlich anstrengender als die konventionelle Methode.

Material: Thorax-Saugglocke, z. B. Ambu-Cardio-Pump®.

Technik

- Druckpunkt, Drucktiefe, Druckfrequenz und Arbeitshaltung sind identisch mi der konventionellen Herzdruckmassage (s. o.); alternative Arbeitshaltung: breitbeinig über Pat. stehend
- Saugglocke statt der Hände auf die untere Sternumhälfte des Pat. setzen
- Den Handgriff mit beiden Händen umfassen
- Brustkorb komprimieren und aktiv dekomprimieren.

- Ggf. erschwerte Fixierung der Saugglocke auf dem Sternum bei großzügiger Verwendung von Elektrodengel zur Defibrillation, Trichterbrust oder übergroßen Mammae, behaarter Brust

Für die Anwendung der ACD-Saugglocke gibt es noch keine allgemeingültige Empfehlung,
Bisher konnten auch keine Vorteile hinsichtlich der Entlassungsrate aus dem Krankenhaus oder dem neurologischen Reanimationsergebnis gefunden werden.

3.4.11 Defibrillation und elektrische Kardioversion

ndikation

- Defibrillation: Kammerflimmern oder pulslose Kammertachykardie
- Kardioversion: tachykarde hämodynamisch instabile Rhythmusstörungen (RRsyst < 80 mm Hg, Bewußtseinstrübung, Herzinfarkt, Lungenödem) bzw. nach frustraner medikamentöser Therapie.

/orbereitung: EKG (ggf. über Defi-Elektroden), nur bei Kardioversion: i. v.-Zugang; Oberkörper des Pat. frei machen, ggf. Nitropflaster entfernen; Anzeichen für ;chrittmacherimplantation (Narbe, tastbares Aggregat)? Bei nicht bewußtlosen Pat. <urznarkose z. B. mit 0,1–0,2 mg/kg KG Etomidat (z. B. Hypnomidate®) und),05 mg Fentanyl i. v.

Technik (s. auch 1.7.13)

- Elektroden mit Gel bestreichen, bzw. Klebeelektroden aufbringen
- Energievorwahl einstellen (bei Defibrillation mit 200 J, bei Kardioversion mit 50 J beginnen)
- Bei Kardioversion Ableitung mit max. R-Amplitude wählen und Synchronisationstaste drücken (R-Zacken-Triggerung)
- Ladetaste drücken (und bei manchen Gerätetypen gedrückt halten), bis Signalton ertönt
- Elektroden über Herzbasis und Herzspitze fest anpressen (☞ Abb. 3.10)

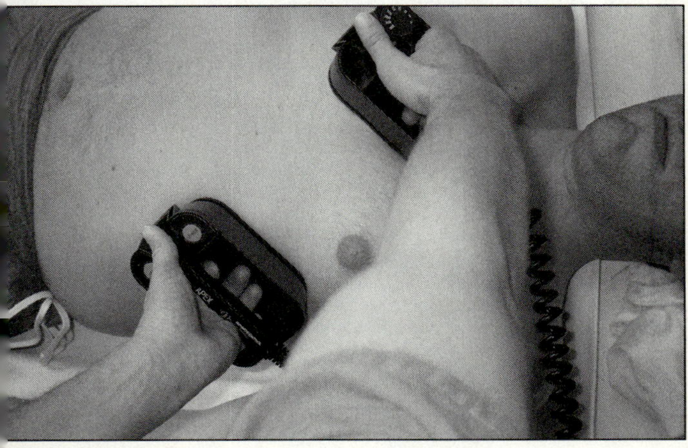

Abb. 3.10: Defibrillation

Es ist für den Defibrillationsvorgang unerheblich, welche der beiden Elektrode an der Herzspitze bzw. auf dem Sternum liegt. Ein Vertauschen der Elektroden be wirkt nur, daß die EKG-Ableitung über die Defi-Elektroden „auf dem Kopf steht

- Alle Umstehenden laut und deutlich warnen: „Vorsicht Defibrillation, Abstan halten". ***Cave:*** auch Beatmungsbeutel loslassen, manuelle Beatmung unterbre chen. Bei maschineller Beatmung Beatmungsgerät während Defibrillation nich berühren
- Berührung mit Pat. und Trage vermeiden
- Auslöseknopf betätigen (bei maschineller Beatmung in der Exspirationsphas defibrillieren)
- Erfolg am Monitor kontrollieren und ggf. Vitalfunktionen überprüfen
- Bei Erfolglosigkeit max. 2 mal sofortige Wiederholung der Defibrillatio (200–200–360 J).

Sonderfälle:

- Bei Defibrillation von Pat. mit implantiertem Herzschrittmacher oder Cardiove ter / Defibrillator-System: Abstand der Elektroden zum Schrittmacheraggrega mindestens 10 cm (☞ Abb. 3.11)
- Bei erfolgloser Defibrillation von Pat. mit implantiertem Cardioverter/Defibri lator-System Elektrodenlokalisation variieren (z. B. anterior-lateral oder ante rior-posterior) oder höhere Energiestufe wählen

- Die Betriebsart „synchron" wird bei den meisten Defibrillatoren nach erfolgter Im pulsabgabe automatisch wieder auf „asynchron" umgeschaltet
- Nässebrücken auf dem Thorax des Pat. (Schweiß, Elektrodengel) erzeuge Kurzschlußströme zwischen den Elektroden → linke Thoraxhälfte vor der Def brillation abtrocknen
- Bei nassem Untergrund (Regen, Hallenbad) möglichst spezielle Erdungsmatt verwenden.

3.4.12 Schrittmacherstimulation (☞ auch 1.7.14)

Indikation: bradykarde hämodynamisch instabile Rhythmusstörunge (RRsyst < 80 mmHg, Bewußtseinstrübung, Herzinfarkt, Lungenödem) bzw. nac frustraner medikamentöser Therapie, Ausfall eines implantierten Schrittmache (☞ 5.5), Asystolie (☞ 3.5.2).

Vorbereitung: i. v.-Zugang, EKG; Defibrillator bereithalten; Pat. ggf. kurz aufklä ren über die Methode und eventuelle Mißempfindungen; ggf. Sedierung.

Technik

Transkutaner Schrittmacher

- Haut von Elektrodengel reinigen, störende Brustbehaarung mit Schere kürze (kleine Hautverletzungen können unter Stimulation schmerzverstärkend wirke → möglichst keinen Rasierer verwenden)
- Elektroden aufkleben: negative Elektrode präkordial, positive Elektrode unte dem linken Schulterblatt neben der Wirbelsäule, Schrittmacherkabel anschlie ßen
- DEMAND-Modus wählen
- Schrittmacherfrequenz auf 60–70/Min. einstellen
- Stimulation mit 40 mA beginnen
- Stromstärke steigern, bis regelmäßige Kammerkomplexe im EKG auftreten.

Zur Pulskontrolle Femoralispuls tasten (bei Karotispuls u. U. Verwechslung mit stimulationssynchronen Muskelkontraktionen)

Ggf. Skelettmuskelkontraktionen durch Verschieben der vorderen Elektrode reduzieren (evtl. Defi-Paddle als vordere Elektrode verwenden)

Cave: Manche Geräte schalten nach Alarmauslösung (z. B. durch lockeres EKG-Kabel) auf FIX-Modusbetrieb um →Manuell zurückschalten auf DEMAND-Modus.

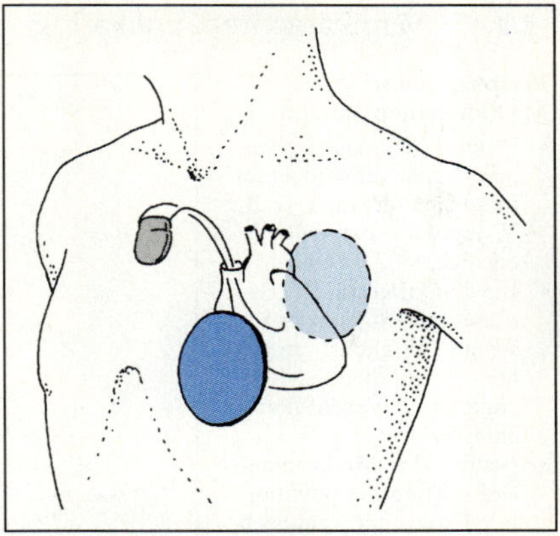

Abb. 3.11: Elektrodenposition bei Defibrillation eines Schrittmacherpatienten

Ösophagealer Schrittmacher

Ösophagusschrittmachersonde ca. 30–35 cm tief (vordere Zahnreihe) vorschieben

Stimulation mit < 20 mA beginnen und ggf. langsam steigern (Effektivitätskontrolle über Monitor und Femoralispuls).

Transvenöser Schrittmacher

Einführungsschleuse in die V. jug. int oder V. subclavia legen

Schrittmachersonde (10–15 mA; bei Asystolie maximale Stimulation) vorschieben, bis ein Erfolg im EKG sichtbar und der Femoralispuls tastbar ist.

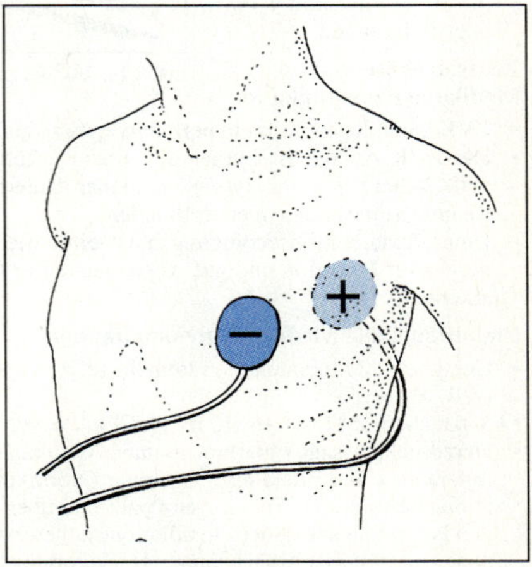

Abb. 3.12: Elektroden bei transkutaner Schrittmacherstimulation

Die Effektivität jeder Schrittmacherstimulation nicht nur am Signal des EKG-Monitors überprüfen, sondern auch durch Tasten der (schrittmachersynchronen) Pulsfrequenz, RR-Messung oder durch Messung der peripheren Pulswelle mittels Pulsoxymetrie.

3

3.4.13 Medikamentenapplikation

Periphervenöse Medikamentenapplikation

- Primär als Zugangsweg eine Venenverweilkanüle möglichst herznah (z. B. V. jugularis ext. oder V. basilica, ☞ 2.7.1) legen
- Bei Punktion an den Extremitäten Stauungsmanschette möglichst umgehend wegen deutlich verzögerter Venenfüllung anlegen
- Nach jeder Medikamenteninjektion die punktierte Extremität anheben und Flüssigkeitsbolus (z. B. Ringer-Lösung oder NaCl 0,9 %) von 20–50 ml nachinjizieren oder infundieren.

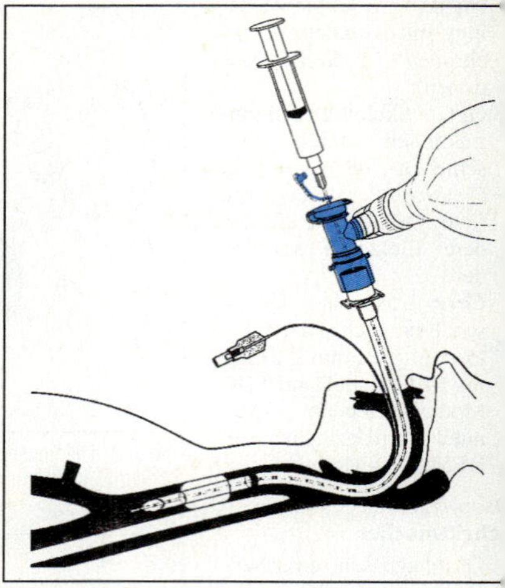

Abb. 3.13: AID®-Adapter

Zentralvenöse Medikamentenapplikation

- ZVK nur anlegen, falls ein periphervenöser Zugang nicht gelingt (☞ 2.7.2)
- Die ZVK-Anlage ist immer mit einem erhöhten Komplikationsrisiko (*Cav* evtl. spätere Thrombolyse!) und einer Unterbrechung der kardiopulmonale Reanimationsmaßnahmen verbunden
- Unter Reanimationsbedingungen ist eine arterielle Katheterfehllage aufgrun geringerer Pulsation und ggf. verschlechterter Oxygenierung evtl. schwierig z erkennen.

Endobronchiale Medikamentenapplikation

- Geeignete Medikamente: Adrenalin (z. B. Suprarenin®), Atropin und Lidoca (z. B. Xylocain®)
- 3–5fache i. v.-Dosis mit 10 ml NaCl 0,9 % verdünnen
- Herzdruckmassage unterbrechen und Medikament möglichst tief endobronchi injizieren z. B. mittels AID®-Adapter (Normkonnektor, der zwischen jeden B atmungsbeutel und Tubusansatz paßt und über den auch simultan beatmet we den kann) und speziellem Instillationskatheter. Ggf. ZVK (mit Mandrin einbri gen) oder notfalls Magensonde (16 Ch, orange) mit entsprechend abgeschnitte nem Katheteransatz zur Konnektion einer Luer-Lock-Spritze verwenden. Ei fachste, aber sehr effektive Methode: Medikament vorsichtig in den Konus e nes Absaugkatheters oder einer Magensonde spritzen. Im Gegensatz zur Meth de mit abgeschnittenem Konus muß keine Luft nachinjiziert werden, da d Schlauch von alleine leer läuft
- Bei Verwendung einer Magensonde nach Instillation mehrmals kräftig mit Lu „nachspülen"
- Medikament mit mehreren kräftigen Beatmungshüben endobronchial verteile und Herzdruckmassage fortführen.

3.5 Praxis der Reanimation

Prinzipien

- Indikation zur Reanimation: Atemstillstand und Pulslosigkeit
- Reanimation unverzüglich aufnehmen, keine Zeit mit Zugängen vertrödeln (ggf. endobronchiale Medikamentengabe möglich, ☞ 3.4.13)
- Eine erfolgreiche Reanimation wird unwahrscheinlich, je länger der Kreislaufstillstand andauert (Hypoxietoleranz des Gehirns: 3–5 Min.)

Reanimationszyklus:
- „Ein-Helfer-Methode“: 15 Herzdruckmassagen gefolgt von 2 Beatmungen
- „Zwei-Helfer-Methode“: 5 Herzdruckmassagen gefolgt von 1 Beatmung.

Beendigung der Reanimationsmaßnahmen

- Bei erfolgloser Reanimation über 45 Min. ist mit keinem Erfolg mehr zu rechnen. ***Cave:*** Bei Hypothermie oder Schlafmittelintoxikation ist die Wiederbelebungszeit verlängert (☞ 11.14)
- Beenden einer Reanimation nach mind. 45 Min. Asystolie (maximale Amplitude am EKG einstellen). *Dokumentation:* „Nach einer Reanimationsbehandlung von ... Min. Dauer keine Herztätigkeit im EKG feststellbar“ (mehrere Ableitungen dokumentieren)
- Pat. mit Herzschrittmacher: fehlende Depolarisation entspricht dem Null-Linien-EKG. Bei Unsicherheit Reanimation
- Bei bekannten infausten Vorerkrankungen (z. B. fortgeschrittenes Karzinom)
- Bei suffizientem Wiedereinsetzen des Kreislaufs: Herzdruckmassage beenden, kontrollierte Beatmung jedoch weiterführen (ggf. Sedierung; ☞ 3.2).

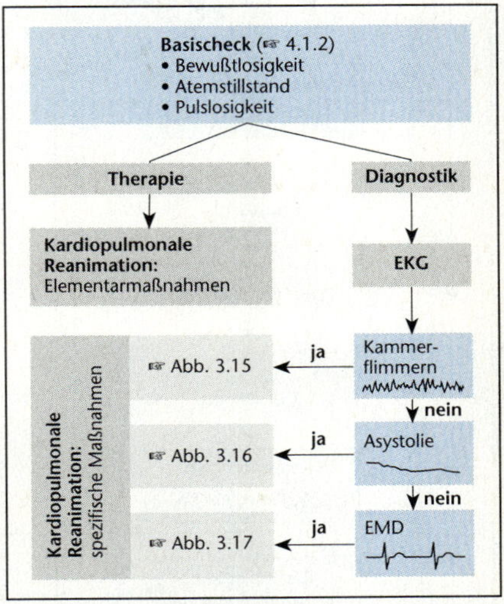

Abb. 3.14: Ablaufschema der kardiopulmonalen Reanimation

3

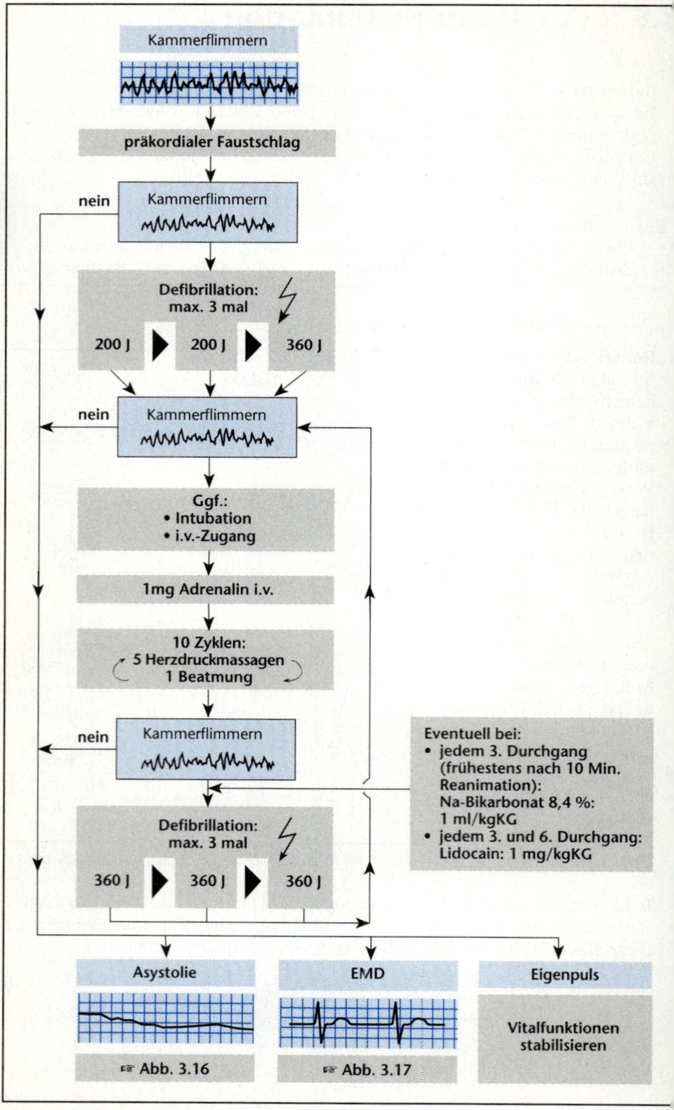

Abb. 3.15: Reanimation bei Kammerflimmern (nach AHA und ERC)

3.5.1 ABC-Regel

Grundsätzlicher Ablauf der Reanimation

- Beginn mit Maskenbeatmung und Herzdruckmassage
- Parallel dazu frühestmögliche EKG-Diagnostik (Asystolie, Kammerflimmern, elektromechanische Entkoppelung?) und ggf. Frühdefibrillation
- Erst dann Intubation und weitere Maßnahmen
- ***Cave:*** durch Intubation oder Venenpunktion EKG-Diagnostik und Frühdefibrillation nicht verzögern!

Atemwege (bei Bewußtlosigkeit)

- Mund öffnen (ggf. Esmarch-Handgriff, ☞ 3.4.1)
- Ausräumen der Mundhöhle (z. B. Fremdkörper, Zahnprothesen) mit Kompressen, Magillzange bzw. Sauger.

Beatmung (bei Atemstillstand)

- Beatmung über Gesichtsmaske mit Beutel (☞ 3.4.3), möglichst mit Reservoir und O_2-Zuleitung
- Anfangs 2 Beatmungen, danach im festen Wechsel mit Herzdruckmassagen (Reanimationszyklus s. o.)
- Schnellstmöglich Intubation vorbereiten und durchführen (☞ 3.4.4), ggf. Kombitubus®, Larynxmaske oder Koniotomie
- Endobronchiale Absaugung
- Maschinelle Beatmung ☞ 3.4.8.

Circulation (bei Pulslosigkeit)

- Präkordialer Faustschlag (☞ 3.4.9)
- Herzdruckmassage mit einer Druckfrequenz von 80–100/Min. (☞ 3.4.10), bei intubierten Pat. unabhängig von der Beatmung ansonsten mit entsprechenden zyklischen Unterbrechungen (s. o.)
- EKG über Monitorelektroden oder Defibrillatorelektroden ableiten
- Ggf. Defibrillation oder Kardioversion (☞ 3.4.11) oder Schrittmacher (☞ 3.4.12).

Glukosehaltige Infusionslösungen sind bei der Reanimation kontraindiziert → neuronaler Schaden $\uparrow$. *Ausnahme:* nachgewiesene Hypoglykämie.

3.5.2 Therapiealgorithmen für Rhythmusstörungen mit Kreislaufstillstand

Kammerflimmern oder pulslose Kammertachykardie

EKG-Befund

- Hochfrequente „Flimmerwellen“ in unregelmäßigem Rhythmus
- Hochfrequente Kammerkomplexe bei nicht tastbarem Puls (z. B. „Kammerflattern“).

Feinschlägiges Kammerflimmern (< 0,2 mV) evtl. mit Asystolie (s. u.) verwechselbar → „Kontrolle“ jeder Asystolie durch Umschalten des EKG-Monitors auf eine andere Ableitung bzw. Wechsel der Defi-Elektrodenposition um 90°.

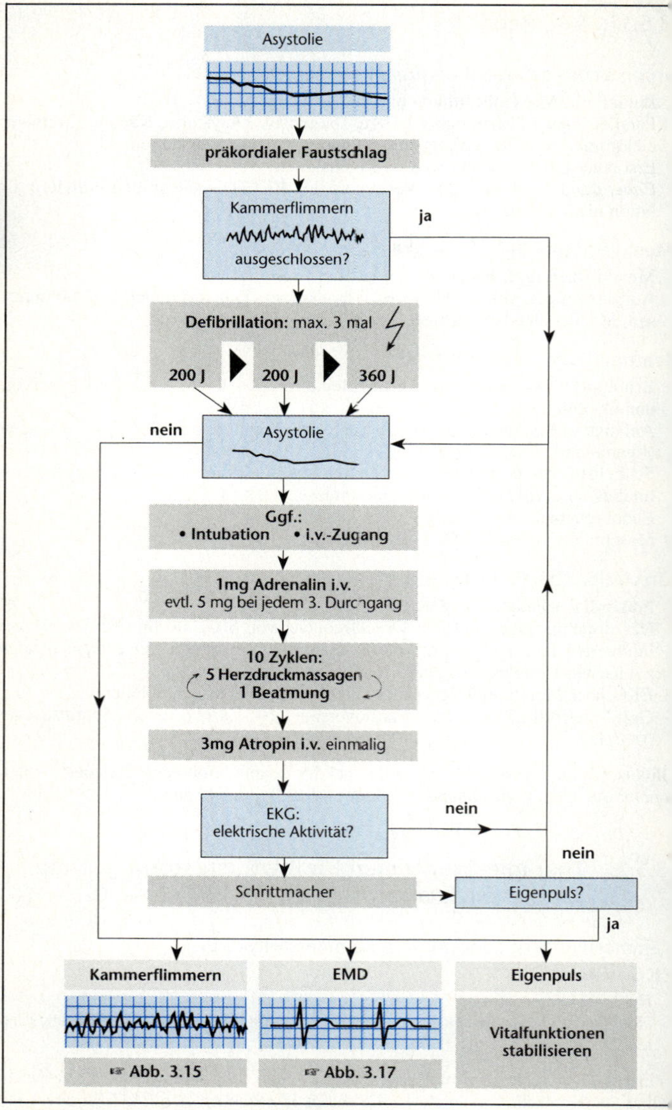

Abb. 3.16: Reanimation bei Asystolie (nach AHA und ERC)

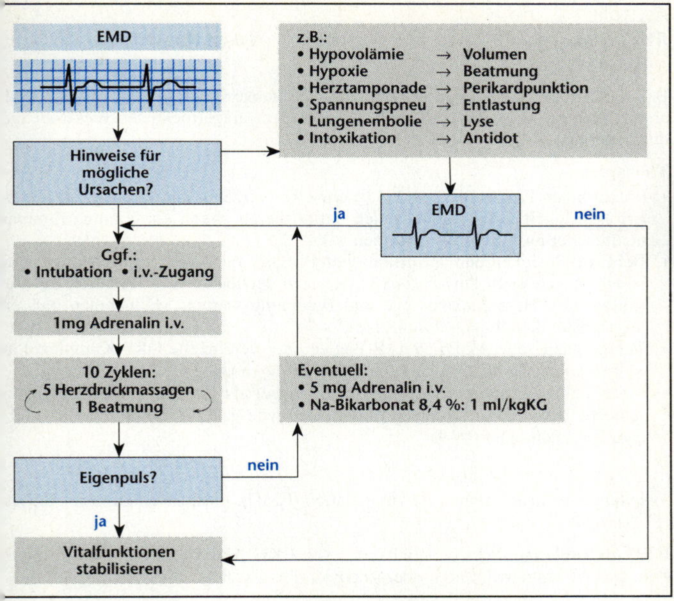

bb. 3.17: Reanimation bei elektromechanischer Entkoppelung (nach AHA und ERC)

herapie

Präkordialen Faustschlag (☞ 3.4.9) ohne Zeitverzögerung durchführen und bei Erfolglosigkeit unmittelbar danach defibrillieren

Falls bei älteren Defibrillatoren die evtl. erforderliche Serie von 3 Stromstößen nicht innerhalb von max. 45 Sek. verabreicht werden kann, zwischen 2 Stromstößen jeweils 1 bis 2 mechanische Reanimationszyklen aus 5 Herzdruckmassagen und 1 Beatmung („Zwei-Helfer-Methode") durchführen

Bei Erfolglosigkeit der Defibrillationen Pat. ggf. intubieren und i. v.-Zugang anlegen, jedoch nicht länger als 15 Sek. nach der letzten Defibrillation mit dem Einsatz von Herzdruckmassage und Beatmung warten; Maßnahmen ggf. erst im nächsten Durchgang durchführen

Bei frustranen Defibrillationsversuchen evtl. die Elektrodenposition verändern

Bei persistierendem Kammerflimmern evtl. alternative Antiarrhythmika erwägen, z.B. 1 mg/kg KG Ajmalin (z.B. Gilurytmal®), 5 mg/kg KG Amiodaron (z.B. Cordarex®); bei Torsades de Pointes (☞ 5.4.1) evtl. 1–2 g Magnesium; als ultima ratio evtl. beta-Blocker, z.B. 0,1–0,2 mg/kg KG Metoprolol (z.B. Beloc®)

Die Reanimation mindestens solange fortführen wie das Kammerflimmern andauert („Wer flimmert, ist nicht tot!").

Asystolie

EKG-Befund: „Null-Linie" oder vereinzelte P-Wellen (pankardiale bzw. ventrikuläre Asystolie).

Bei „Null-Linie" auch an Artefaktmöglichkeit denken: minimale Amplitudenhöh am Bildschirm eingestellt, lose Klebeelektroden, eingetrocknetes Elektrodenge diskonnektiertes EKG-Kabel.

Therapie

- Präkordialen Faustschlag (☞ 3.4.9) ohne Zeitverzögerung durchführen und b Erfolglosigkeit unmittelbar danach defibrillieren, wenn ein Kammerflimme nicht sicher ausgeschlossen werden kann
- Bei Erfolglosigkeit der Defibrillationen Pat. ggf. intubieren und i. v.-Zugang a legen, jedoch nicht länger als 15 Sek. nach der letzten Defibrillation mit de Einsatz von Herzdruckmassage und Beatmung warten; Maßnahmen ggf. er im nächsten Durchgang durchführen
- Treten elektrische Aktivitäten (P-Wellen oder vereinzelte QRS-Komplexe) a → transkutane Schrittmacherstimulation erwägen (☞ 3.4.12)
- Besteht eine Asystolie trotz Reanimation länger als 15 Min., so ist die Progno schlecht. *Ausnahme:* spezielle Situationen wie z.B. Hypothermie (☞ 11.1 oder Intoxikationen (☞ 9).

Elektromechanische Entkoppelung

Synonyme: elektromechanische Dissoziation (EMD), pulslose elektrische Aktivit (PEA).

EKG-Befund: sämtliche Möglichkeiten von EKG-Aktivitäten bei nicht tastbare Puls außer Kammerflimmern oder -tachykardie (s. o.).

Therapie

- Pat. ggf. intubieren und i. v.-Zugang anlegen, jedoch nicht länger als 15 Se mit dem Einsatz von Herzdruckmassage und Beatmung warten
- Suche nach einer möglichen Ursache für die elektromechanische Entkoppelur
- Spezifische Maßnahmen ☞ Abb. 3.17.

U. v. Hintzenstern

4 Notfalluntersuchung und Leitsymptome

4

4.1 Notfalluntersuchung

4.1.1 Beurteilung der Notfallsituation

Allgemeines Vorgehen bei traumatologischen Notfällen ☞ 11.1.

Beim Eintreffen am Notfallort zuerst Überblick über die allgemeine Notfallsitution gewinnen:

- Gefahren der Einsatzstelle (☞ 1.8.1)
- Anzahl der Pat. (befindet sich z. B. noch ein zweiter Pat. in der Wohnung bzw. Unfallbeteiligten, (wieviele Insassen waren im KFZ?)
- Unfallmechanismus, wer kann Angaben zum Krankheits- oder Unfallverla machen?
- Rettungsgerät, -personal, Transportkapazität ausreichend?
- Aufgrund der Verletzungsschwere des oder der Pat. bzw. der Anzahl der Verletzten ein zweiter NA bzw. ein LNA (☞ 1.9.2) erforderlich?
- Soziales Umfeld
- Wer hat die RLSt verständigt?
- Hinweise auf besondere Begleitumstände, z. B. ungewöhnliche Auffindungssituation des Pat. (kriminelle Handlung?), zerstörte Einrichtungsgegenstände (gewalttätige Auseinandersetzung?), Spritzen, leere Tablettenschachteln, Schnapsflaschen (Intoxikation?), unnatürliches Verhalten der Eltern (Kindesmißbrauch?), Gerüche (ausströmendes Gas?)

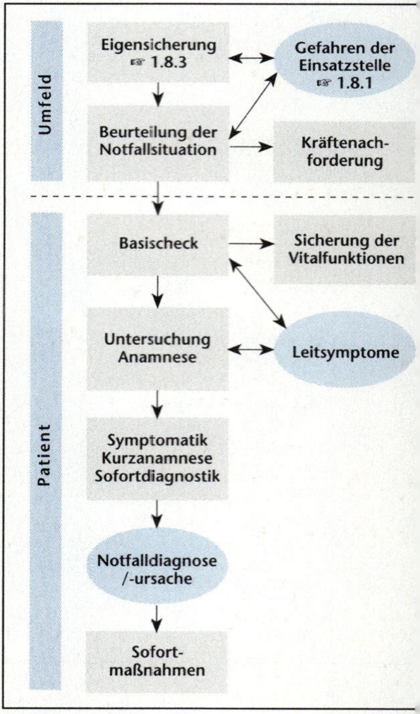

Abb. 4.1: Notfalluntersuchung

Aufgrund dieser Informationen muß entschieden werden:

- Wenn eigene Personal- u. Transportkapazität nicht ausreichen →ggf. RD-Personal u. -Fahrzeuge, zweiten NA bzw. LNA nachfordern

Akute Bedrohung für NA, RD-Kräfte oder Pat. durch Gefahren der Einsatzstelle bzw. aufwendige technische Rettung → ggf. technische Hilfe und/oder Polizei nachfordern.

4.1.2 Basischeck

:el: in kürzester Zeit

Abklären, ob der Pat. vital bedroht ist

Grundlegende Funktionsstörungen beurteilen

Potentielle Störungsmuster abschätzen.

'urchführung:

Bewußtseinslage:

Pat. ansprechen: „Wie geht es Ihnen", ggf. dabei Weckreiz ausüben: Pat. (vorsichtig) an den Schultern schütteln, in eine Hautfalte in der Orbitagegend oder in die Achselfalte kneifen oder mit spitzem Gegenstand auf Sternum oder Nagelfalz drücken → Antwort oder motorische Reaktion?

ei Schwerhörigkeit und bei Extremitätenparese kann eine Bewußtseinsstörung orgetäuscht werden.

Atmung:

Atemwege freimachen (☞ 3.4.1) und freihalten (☞ 3.4.2): Thoraxbewegungen sichtbar, Atemgeräusche am Mund des Pat. hörbar, Atemstrom an der Wange spürbar?

ei Atemstillstand oder -insuffizienz Pat. umgehend beatmen (☞ 3.4.3, 3.4.4, 4.8)

Kreislauf (Circulation):

arotispuls einseitig tasten (Bradykardie, Tachykardie, Arrhythmie?)

ei Pulslosigkeit sofort mit Herzdruckmassage beginnen (☞ 3.4.10).

ave: Mißdeutung des eigenen Pulses als Puls des pulslosen Pat. möglich. Ggf. it der anderen Hand den eigenen Karotispuls zum Vergleich tasten.

Schockzeichen:

- Kapilläre Füllungszeit verlängert? Fingernagelprobe: Druck auf das Nagelbett, wenn die Wiederauffüllung nach dem Loslassen erst nach mehr als 2 Sek. erfolgt → Zentralisation
- Lippenzyanose, Blässe, kaltfeuchte, graue Haut
- Gestaute Halsvenen, brodelnde Lunge, Orthopnoe?

Hinweis für Trauma oder Blutung:

- Auffindungssituation: Kann der Pat. z. B. gestürzt sein?
- Ist aufgrund des Unfallmechanismus eine innere Blutung möglich (z. B. bei stumpfem Abdomen- oder Thoraxtrauma, perforierenden Verletzungen)?
- Blutflecken an der Kleidung, Blutspuren auf dem Boden?

Neurologischer Basischeck bei Koma und Bewußtlosigkeit ☞ 8.1.8

Temperatur: heiße Stirn bzw. Auskühlung aufgrund niedriger Umgebungstemperatur bzw. unzureichender Kleidung

Dehydratation (Haut in Falten abhebbar bzw. trockene Zunge).

4

4.1.3 Anamnese

Bei schlechtem AZ und dringlichem Handlungsbedarf (z.B. Kreislaufstillstan Verzicht auf Anamneseerhebung und sofortige Therapie einleiten. Evtl. parall zur Durchführung der Sofortmaßnahmen die wichtigsten Informationen erheb (zeitlicher Ablauf des Notfallgeschehens). Bei Unfällen möglichst immer au den Unfallhergang und -mechanismus eruieren zur Abschätzung von nicht dire erkennbaren Unfallfolgen.

Anamneseerhebung nur so ausführlich wie unbedingt notwendig zur Ermittlur und Erhärtung einer Verdachtsdiagnose bzw. zum Ausschluß von Begleiterkra kungen/-verletzungen.

Aktuelle Anamnese bzw. Leitsymptome (bei Bewußtlosen oder Kindern Frem anamnese):

- Momentane Beschwerden: wo, wie stark, seit wann?
- Ereignisse im Zusammenhang mit dem Beschwerdebeginn (z.B. Schwind Schwäche, Sturz, Anstrengung, Aufregung, Medikamenten- oder Drogenei nahme)
- Evtl. Beschwerdeänderung (wann, wodurch?)
- Schmerzen (Lokalisation, Quantität, Qualität)?
- In letzter Zeit bzw. in regelmäßiger ärztlicher Behandlung?
- Medikamente: Verschreibung, regelmäßige Einnahme?
- Vorerkrankungen, Operationen, frühere Verletzungen?
- Allergien
- Psychische Probleme
- Drogen- oder Medikamentenmißbrauch
- Letzte Mahlzeit (z.B. bei V.a. Hypoglykämie)
- Letzte Periode, gynäkologische Beschwerden
- Entsprechenden Ausweis zeigen lassen (SM-, Allergie-, Mutterpaß, Marcuma Diabetiker-, Dialyse-, Epilepsieausweis)
- Soll ein Angehöriger/Bekannter verständigt werden?

- Immer gezielt auf wesentliche Problemkreise hinfragen, v.a. bei der Frem anamnese nicht ablenken lassen
- Keine vorgefaßte Diagnose suggerieren.

4.1.4 Befunderhebung

Allgemeines Vorgehen bei traumatologischen Notfällen ☞ 11.1

- SpO_2, RR, EKG, BZ-Stix
- Auskultation von Herz und Lunge
- Palpation des Abdomens
- Orientierung zu Ort, Zeit, Person
- Orientierende Prüfung von Motorik (Hände drücken, Füße auf und ab bewege und Sensibilität (Gesicht, Arme, Rumpf, Beine)
- Hinweis für Krämpfe (Zungenbiß, Urinabgang)?
- Hautinspektion: Farbe (Zyanose, Rötung, Ikterus), Erythem, Schwellung, Bl senbildung, Leberhautzeichen, Hämatome (Alter?), Einstichstellen, Uhrglasn gel, Trommelschlegelfinger.

4.2 Leitsymptome

4.2.1 Atmung

DD der Dyspnoe, bronchopulmonale Ursachen ☞ Tab. 7.1

Leitsymptom	Zusatzbefunde	Verdachtsdiagnose	☞
Ateminsuffizienz, Dyspnoe	mit Stridor (Kind)	Krupp-Anfall	12.5.3
	Stenokardie, evtl. Übelkeit	Myokardinfarkt	5.2
		Angina pectoris	5.1
	Abdominalschmerz, Abwehrspannung	akutes Abdomen	15.2
	Herzinsuff.	Asthma cardiale	5.3
Atemnot	mit Stridor (Kind)		12.5.3
	mit Giemen (Kind)		12.5.4
Störung des Atemmusters	Cheyne-Stokes-Atmung	zentrale Atemstörung	8.1.2
	Biot-Atmung		8.1.2
	Maschinenatmung		8.1.2
	Kussmaulatmung	diabetisches Koma	
Husten		Infekt, Ca, Pleuritis	7.1.3

4.2.2 Herz/Kreislauf

Leitsymptom	Zusatzbefunde	Verdachtsdiagnose	☞
Bradykardie		organische Herzerkrankung, Medikamentenwirkung, Schrittmacherfehlfunktion	5.4.2
Hypertonie			5.7
	in Schwangerschaft	Gestose	14.1.3
Hypotonie	in Schwangerschaft	Kava-Kompressionssyndrom	14.1.2

Leitsymptom	Zusatzbefunde	Verdachtsdiagnose	☞
Schock			Tab. 5.1
	in Schwangerschaft	Kava-Kompressionssyndrom	14.1.2
	Kind		12.3
Tachykardie		organische Herzerkrankung, Thyreotoxikose, Intoxikationen	5.4.1
	in Schwangerschaft	Kava-Kompressionssyndrom	14.1.2

4

4.2.3 Bewußtsein/Psyche

Leitsymptom	Zusatzbefunde	Verdachtsdiagnose	☞
Bewußtseinstrübung	Alkoholabusus	Delir	10.3.4
	(Hemi-) Parese	Apoplektischer Insult	8.2.3
	Schwindelattacken	Bradykardie/Schrittmacherfehlfunktion	5.4.2
	Krampfleiden, Zungenbiß	Z.n. Krampfanfall	8.2.4
	Kopfschmerzen, Nackensteifigkeit	SAB	8.2.5
	Diabetes mell.	diabet. Koma	8.2.1
	Fieber, evtl. Nackensteifigkeit	Infekt (Meningitis/Enzephalitis)	8.2.5
	Z.n. Schädeltrauma, Prellmarken	SHT	11.2
	Ingestion unbekannter oder giftiger Substanzen, auffälliger Foetor	Intoxikation	Tab. 9.1, Tab. 9.2
Erregungszustand	Evtl. Wahnideen, Wahrnehmungsstörung	Psychose	10.3.2
	Foetor alcoholicus	Alkoholintoxikation	9.5.1

4.2.4 Atraumatische Schmerzen

Abdomen	DD nach Schmerzlokalisation	Tab. 15.1
	DD nach Schmerzqualität	Tab. 15.2
	DD des akuten Abdomens	Tab. 15.3
	DD gynäkologisch bedingter Schmerzen	Tab. 13.2

Leitsymptom	Zusatzbefunde	Verdachtsdiagnose	☞
Auge			Tab. 17.3
	rotes Auge	Glaukomanfall	17.1.4
Extremitäten	Haut blaß, kühl	Embolie	6.1
	Schwellung, Ödem, Z.n. OP, Immobilisierung, Varikosis	Thrombose	6.2.1
	Nackenarmschmerz, sensible und motorische Ausfälle	HWS-Läsion	Tab. 18.1
	Beinschmerz, sensible und motorische Ausfälle	LWS-Läsion	Tab. 18.2
Hoden	Z.n. Sport, Kind	Hodentorsion	Tab. 16.1
	Fieber	Epididymitis	Tab. 16.1
Kopf			Tab. 8.6
	Sehstörungen		Tab. 17.2
	Schwindel		Tab 8.7
Thorax			Tab. 7.2
Wirbelsäule	„Kreuzschmerzen", evtl. sensible und motorische Ausfälle	LWS-Läsion	Tab. 18.2
Zahn			17.3.3

4.2.5 Neurologische Störung

Leitsymptom	Zusatzbefunde	Verdachtsdiagnose	☞
Bewegungsstörung	Hyperkinesie		8.2.10
	Akinesie		8.3.1
Bewußtseinsstörung	Erwachsener		8.2.1
	Kind		12.5.6
Krampfanfall	Erwachsener		8.2.4
	Neugeborenes		14.4.7
	Kind		12.5.5
Lähmung	meist akute Hemiparese	zerebral	8.2.3
	atraumatische Querschnittslähmung	spinale Kompression, Infekt, Ischämie	8.2.9
	generalisierte periphere Lähmung	Infekt, Intoxikation, neurologische Erkrankung	Tab. 8.8
Schwindel	evtl. Übelkeit, Erbrechen		Tab. 8.7
Visusverlust	mit Augenschmerzen		17.
	schmerzlos		17.

4.2.6 Blutung

Leitsymptom	Zusatzbefunde	Verdachtsdiagnose	☞
anale Blutung			Tab. 15.4
aus dem Mund			17.2.2
aus der Nase			17.2.1
aus dem Ohr			17.2.3
Bluterbrechen			Tab. 15.4
Z.n. zahnärztlichem Eingriff			17.3.4
posttraumatische Blutung			4.2.7
Tracheostomablutung			17.2.7
vaginale Blutung			Tab. 13.1
	in der Schwangerschaft		Tab. 14.2

Leitsymptom	Zusatzbefunde	Verdachtsdiagnose	☞
Hämaturie	Penetrierende Verletzung	Blasenperforation	16.6.2
	Abdominaltrauma	Nierentrauma	16.6.1
	Z.n. Trauma/OP	Blasentamponade	16.3.2
	bek. Steinleiden	Steinabgang	16.2

4.2.7 Trauma

Aorten- und Aortenaneurysmaruptur		6.5
Augenverätzung /-verbrennung		17.1.5
Augenverletzungen		17.1.6
Bauchtrauma		11.4
Beckenverletzung		11.5
Direkte Gefäßverletzung		6.3
Ertrinken		11.15
Extremitätenverletzung		11.7
HNO-Verletzungen		17.2.4
Kältetrauma		11.14
Kindesmißhandlung		12.5.9
Mund-/Kiefer-Verletzungen		17.3.1
Polytrauma	Erwachsene	11.8
	Kinder	12.5.1
Schädelhirntrauma	Erwachsene	11.2
	Kinder	12.5.2
Schußverletzung		11.9
Strahlenunfall		11.13
Stromunfall		11.12
Stumpfe Gefäßschäden		6.4
Tauchunfall		11.16
Thoraxtrauma		11.3
Trauma in der Schwangerschaft		14.1.1

Urogenitale Verletzungen	16.6
Verätzung	11.11
Verbrennung/Verbrühung	11.10
Wirbelsäulenverletzung	11.6
Zahntrauma	17.3.2

4.2.8 Schwangerschaft

DD der vaginalen Blutung in der Schwangerschaft ☞ Tab. 14.1.1

Leitsymptom	Zusatzbefunde	Verdachtsdiagnose	☞
akutes Abdomen			14.1.8
Hypertonie		Gestose	14.1.3
Hypotonie		Kava-Kompressions-Syndrom	14.1.2
Koma		Coma in graviditate	14.1.7
Nabelschnurvorfall			14.1.5
Trauma			14.1.1

4.2.9 Geburt

Beckenendlage	14.3.7
Frühgeburt, Mangelgeburt	14.3.4
Geburtsstillstand	14.3.2
Mehrlinge	14.3.5
Nabelschnurumschlingung	14.3.1
postpartale mütterliche Komplikationen	Tab. 14.12
Querlage	14.3.8
regelwidrige Kopflagen	14.3.6
Spontangeburt	14.2.2
Wehensturm, Uterusruptur	14.3.3

4.2.10 Kindliche Notfälle nach der Geburt

Atemstörung	14.4.2
Blässe	14.4.5
Fehlbildungen	Tab. 14.10
Geburtsverletzungen	Tab. 14.11
Hämatome	14.4.6
Herz-Kreislaufstörungen	14.4.3
Krämpfe	14.4.7
Zyanose	14.4.4

U. v. Hintzenstern, I. Horn, P. Plantiko

5 Herz-Kreislauf-Notfälle

5.1 Angina pectoris

Symptomatik

- Retrosternale oder/und linksthorakale Schmerzen:
  - Vages Ziehen bis starker Druck oder Stechen
  - Evtl. mit Ausstrahlung in den linken, sehr selten in den rechten Arm, Obei bauch, HWS, Schulter, Unterkiefer
  - Engegefühl in der Brust
- Vernichtungsgefühl
- Dyspnoe
- Schweißausbruch, Blässe
- Übelkeit
- Dauer der Symptomatik: 0,5 bis 30 Min.

Kurzanamnese

- Auslösemechanismen: körperliche Belastung, Nahrungsaufnahme, Aufregun oder Kälteexposition
- Z.n. ähnlichen Schmerzereignissen. Häufigkeit, Intensität und Dauer de Schmerzattacken
- Z.n. Myokardinfarkt, Herzbypass-OP, Ballondilatation?
- Bekannte Herzvitien, Rhythmusstörungen?
- Risikofaktoren: Hypertonie, Diabetes mell., Nikotinabusus, Hyperlipidämie Adipositas.

Sofortdiagnostik

- Basischeck (☞ 4.1.2)
- Puls (↑ oder ↓), SpO_2, RR (evtl. ↑), EKG (evtl. Rhythmusstörungen)
- Troponin T-Schnelltest (☞ 1.7.7).

Sofortmaßnahmen

- Beruhigender Zuspruch
- Oberkörperhochlagerung
- 2 Hub (0,8 mg) Nitroglycerinspray (z. B. Nitrolingual® Pumpspray) s. l. oder Nitroglycerinkapsel (z. B. perlinganit® 0,8) zerbeißen lassen bei RR_{systo} ≥ 100 mm Hg und Puls > 50 und < 100/Min.
- O_2-Gabe (☞ 1.7.3)
- Ggf. vorsichtige Sedierung z. B. mit 1 mg-Boli Midazolam (z. B. Dormicum®)
- Bei hypertensivem Notfall ☞ 5.7
- Bei schwerer Angina pectoris und $RR_{systol.}$ ≥ 100 mmHg und Puls > 50 un < 100/Min. Perfusor mit 50 mg Nitroglycerin (z. B. Nitro Pohl® infus.) au 50 ml NaCl 0,9 %: 2–6 ml/h
- Analgesie mit 5 mg Morphin i. v., ggf. Nachinjektion von 2 mg-Boli
- 500 mg Azetylsalizylsäure (z. B. Aspisol®) i. v.
- 5000 I. E. Heparin i. v.

Transport

Bei bekannter stabiler Angina pectoris ambulante kardiologische Abklärung aus reichend, ansonsten immer Transport in die nächste internistische Fachabteilung.

Prinzipien der Weiterbehandlung

Infarktausschluß (EKG mit 12 Ableitungen, Enzymdiagnostik), antianginöse The rapie.

Differentialdiagnose

☞ Tab. 7.2.

- Erst- und Ruheangina wie eine instabile Angina behandeln
- Komplikationen: akutes Infarktrisiko von ca. 25 % bei instabiler Angina

- Keine i. m.-Injektionen, um Infarktenzymbestimmung (CK) nicht zu verfälschen. KI für Lysetherapie
- Wenn nach Nitroglyceringabe nicht innerhalb weniger Min. Besserung eintritt, besteht dringender V. a. Myokardinfarkt. !

5.2 Myokardinfarkt

Symptomatik

- Retrosternale oder/und linksthorakale Schmerzen:
  - Vernichtendes, > 30 Min. anhaltendes Druck- und Engegefühl
  - Evtl. Schmerzausstrahlung in den linken oder beide Arme, Schultern, Unterkiefer, Oberbauch, Rücken
  - Beschwerdepersistenz trotz Bettruhe und Nitroglyceringabe
- Todesangst, Dyspnoe, Kaltschweißigkeit
- Übelkeit, Erbrechen (evtl. einziges Symptom).

Bei *alten Pat.* oder *Diabetikern* häufig auch *atypische Symptome:*

- Geringer Schmerz bzw. isolierte Bauchschmerzen
- Akute Verwirrtheit bzw. Verschlechterung des Allgemeinzustands oder diabetisches Koma
- Unerklärliche Synkope, Dyspnoe oder Lungenödem.

Kurzanamnese

- Z.n. Stenokardien, Myokardinfarkt, aortokoronare Bypass-OP, PTCA
- Risikofaktoren: Hypertonie, Nikotinabusus, Diabetes mell., Hyperlipidämie, Adipositas, Streß.

Sofortdiagnostik

- Basischeck (☞ 4.1.2)
- Puls (↑ oder ↓), SpO_2 (evtl. ↓), RR (↑ oder ↓)
- EKG:
  - Gerät mit 3 Ableitungen: ggf. Rhythmusstörungen, jedoch kein Infarktausschluß möglich
  - Gerät mit 12 Ableitungen: initial beträchtliche T-Überhöhung („Erstickungs-T"), danach ST-Hebungen (☞ 5.10)
- Schocksymptomatik?
- Auskultation: vitientypische Geräusche, Lungenstauung?
- Inspektion:
  - Blässe oder Zyanose
  - Gestaute Halsvenen
- Troponin T-Schnelltest (☞ 1.7.7).

Sofortmaßnahmen

- Beruhigender Zuspruch
- Oberkörperhochlagerung
- 2 Hub (0,8 mg) Nitroglycerinspray (z. B. Nitrolingual®Pumpspray) s. l. oder 1 Nitroglycerinkapsel (z. B. perlinganit® 0,8) zerbeißen lassen bei $RR_{systol.}$ ≥ 100 mmHg und Puls > 50 und < 100/Min.
- O_2-Gabe (☞ 1.7.3)
- I.v.-Zugang mit Infusion (z. B. Ringer-Lösung)
- Analgesie mit 5 mg Morphin i. v., ggf. Nachinjektion von 2 mg-Boli
- Ggf. Sedierung mit 1,25–2,5 mg-Boli Midazolam (z. B. Dormicum®) i. v.
- Bei hypertensivem Notfall ☞ 5.7
- Perfusor: 50 mg Nitroglycerin (z. B. Nitro Pohl® infus.) mit NaCl 0,9 % auf 50 ml: 2–6 ml/h, wenn $RR_{systol.}$ ≥ 100 mmHg und Puls > 50 und < 100/Min.
- 500 mg Azetylsalizylsäure (z. B. Aspisol®) i. v.
- 5000–10 000 I. E. Heparin i. v.
- Ggf. Lyse (☞ 5.10)
- Bei Zeichen der Linksherzinsuffizienz (☞ 5.3) 20 mg Furosemid (z. B. Lasix®) i. v.
- Bei gehäuften VES oder ventrikulären Tachykardien 100 mg Lidocain (z. B. Xylocain®) i. v., bei Erfolglosigkeit 25–50 mg Ajmalin (z. B. Gilurytmal®) i. v.
- Bei Kammertachykardie synchronisierte Kardioversion, bei Kammerflimmern Defibrillation (☞ 3.4.11)
- Bei Bradykardie: 0,5–1 mg Atropin i. v., bei Wirkungslosigkeit 0,1–0,5 mg Orciprenalin (z. B. Alupent®) i. v., ggf. externe SM-Stimulation (☞ 3.4.12)
- Ggf. Schocktherapie (☞ 5.9)
- Ggf. Reanimation (☞ 3.5).

Transport

Immer umgehender Transport in die nächste internistische Fachabteilung.

Prinzipien der Weiterbehandlung

Intensivmedizinische Überwachung, EKG mit 12 Ableitungen, Enzymdiagnostik, ggf. Lysetherapie, Notfallherzkatheteruntersuchung, PTCA (in entsprechenden Zentren), Vollheparinisierung.

Differentialdiagnose

- ☞ Tab. 7.2
- Funktionelle Herzbeschwerden: meist mit an den Extremitäten aufsteigenden Parästhesien, Schwere- oder Lähmungsgefühlen, Zeichen des Hyperventilationssyndroms (☞ 7.6), bekannten psychischen Problemen bzw. Alterationen.

- Nur bei ca. 50 % der Pat. finden sich stenokardische Beschwerden in der Vorgeschichte
- Komplikationen: kardiogener Schock, Lungenödem, Rhythmusstörungen (Kammerflimmern, Asystolie)
- Eine Subarachnoidalblutung (☞ 8.2.5) kann EKG-Veränderungen wie beim Myokardinfarkt bewirken!

Keine i. m.-Injektionen, um Infarktenzymbestimmung (CK) nicht zu verfälschen: KI für Lysetherapie.

5.3 Akute Linksherzinsuffizienz

Symptomatik

- Dyspnoe, Tachypnoe, Orthopnoe
- Unruhe, Kaltschweißigkeit
- Schwächegefühl
- Verwirrtheit (v.a. ältere Pat.).

Kurzanamnese

- KHK, Hypertonie, Klappenvitien, Nierenerkrankung
- Z.n. Myokardinfarkt, Myokarditis, hypertensive Krise, Rhythmusstörungen
- Nykturie, Reizhusten
- Medikamente wie z.B. Digitalis, Antihypertensiva, Antianginosa, Diuretika, Immuntherapie bei Ca.

Sofortdiagnostik

- Basischeck (☞ 4.1.2)
- Puls (↑), SpO_2 (evtl. ↓), RR (↓), EKG (evtl. Rhythmusstörungen)
- Schockzeichen?
- Inspektion:
  - Zyanose, Blässe
  - Halsvenenstauung
  - Schaumig, rötliches Sputum
- Auskultation:
  - Lunge: feuchte RG, ggf. nur Giemen und verlängertes Exspirium
  - Herz: Galopprhythmus (3. und 4. Herzton), vitientypische Geräusche?

Sofortmaßnahmen

- Oberkörperhoch- und Beinetieflagerung
- O_2-Gabe (☞ 1.7.3)
- 2 Hub (0,8 mg) Nitroglycerinspray (z.B. Nitrolingual®Pumpspray) s.l. oder 1 Nitroglycerinkapsel (z.B. perlinganit® 0,8) zerbeißen lassen bei $RR_{systol.}$ ≥ 100 mmHg und Puls > 50 und < 100/Min.
- I.v.-Zugang mit Infusion (z.B. Ringer-Lösung) mit minimaler Infusionsgeschwindigkeit
- Ggf. Intubation und Beatmung
- 20–40 mg Furosemid (z.B. Lasix®) i.v.
- Ggf. Sedierung/Analgesie bzw. Hustendämpfung mit 2 mg-Boli Morphin i.v.
- Ggf. Sedierung mit 1,25 mg Midazolam (z.B. Dormicum®) i.v.
- Bei hypertensivem Notfall ☞ 5.7
- Ggf. Perfusor: 50 mg Nitroglycerin (z.B. Nitro Pohl® infus.) mit NaCl 0,9 % auf 50 ml: 0,5–6 ml/h), wenn $RR_{systol.}$ ≥ 100 mmHg und Puls > 50 und < 100/Min.
- Bei ausgeprägter Bronchospastik: β_2-Sympatikomimetika-Aerosol, z.B. 2 Hübe Fenoterol (z.B. Berotec®) oder 200 mg Theophyllin (z.B. Bronchoparat®) langsam i.v. ***Cave:*** Tachykardie
- Schocktherapie ☞ 5.9
- Rhythmusstörungen ☞ 5.4.

Transport

Immer Transport in die nächste internistische Fachabteilung.

Prinzipien der Weiterbehandlung

Weiterbehandlung je nach Ursache, Flüssigkeitsbilanzierung.

Differentialdiagnose

Asthma bronchiale (☞ 7.2), Lungenödem aus nichtkardialer Ursache (☞ 7.5).

Nur minimale Flüssigkeitsmengen infundieren.

5.4 Herzrhythmusstörungen

Rhythmusstörungen präklinisch nur therapieren
- bei **relevanten hämodynamischen Auswirkungen** (Schwindel, Benommenheit, Synkope, Bewußtlosigkeit, Stenokardie, Lungenödem, Schock)
- unter permanenter EKG-Kontrolle.

5

5.4.1 Tachykarde Rhythmusstörungen

Symptomatik

- Herzrasen, Angst-, Beklemmungsgefühl
- Angina pectoris
- Dyspnoe
- Schwindel, präkollaptische Zustände, Synkope, Krämpfe
- Kardiogener Schock
- Evtl. Harndrang.

Kurzanamnese

- Bekannte KHK, Herzvitien, Rhythmusstörungen
- Schilddrüsenüberfunktion
- Physische oder psychische Belastung
- Alkohol, Nikotinabusus
- Medikamenteneinnahme, Fieber.

Sofortdiagnostik

- Basischeck (☞ 4.1.2)
- Puls (zentral und peripher messen: Pulsdefizit?). Puls unregelmäßig, Pulsdefizi → ventrikuläre Extrasystolie
- SpO_2 (↓), RR (↓)
- EKG:
  - Ventrikuläre Extrasystolie (intermittierend schenkelblockartig deformiert QRS-Komplexe)
  - Sinustachykardie
  - Vorhoftachykardie, -flattern und -flimmern
  - Tachykardie mit schmalen Kammerkomplexen (< 0,12 Sek., d.h. QRS be 25 mm/Sek. EKG-Registriergeschwindigkeit < 3 mm und bei 50 mm Sek. < 6 mm)
  - Tachykardie mit breiten, schenkelblockartigen Kammerkomplexe (> 0,12 Sek.)
  - Torsade de pointes (Sonderform der Kammertachykardie): um die Nullini spindelförmig undulierende QRS-Komplexe
  - Kammerflimmern, -flattern (☞ 3.5.2)

Auskultation:
- Herz: vitientypische Geräusche?
- Lunge: Stauung?

Sofortmaßnahmen

Lagerung je nach Kreislaufsituation (☞ 2.5)
O_2-Gabe (☞ 1.7.3)
I.v.-Zugang mit Infusion (z. B. Ringer-Lösung)
Therapie ☞ Abb. 5.3
Bei ventrikulärer Extrasystolie Therapie nur bei Salven und gleichzeitigem V.a. akuten Myokardinfarkt: Lidocain (z. B. Xylocain®) 100 mg i. v.

'agusreiz durch Valsalva-'reßdruckversuch oder Ka-otissinusmassage.

rinzipien der Veiterbehandlung

.angzeit-EKG, Diagnostik ınd Therapie einer Grund-rankheit, ggf. Antikoagula-.on, Kardioversion, antita-hykarde Pharmakothera-ie, antitachykarder SM (CD).

Bei Tachykardien mit breiten Kammerkomplexen ist Verapamil (z. B. Isoptin®) kontraindiziert (RR ↓, kardiogener Schock)
Jede Tachykardie mit breiten Kammerkomplexen gilt bis zum Beweis des Gegenteils (z. B. Demaskierung einer supraventrikulären Tachykardie mit aberrierender Leitung mittels Adenosin) als ventrikuläre Tachykardie.

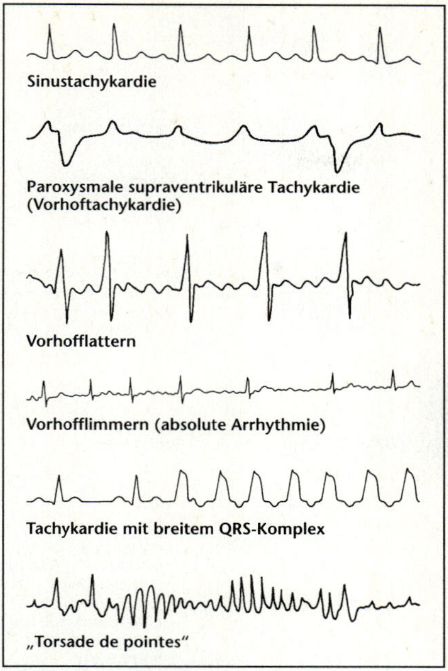

Abb. 5.1: Tachykarde Rhythmusstörungen

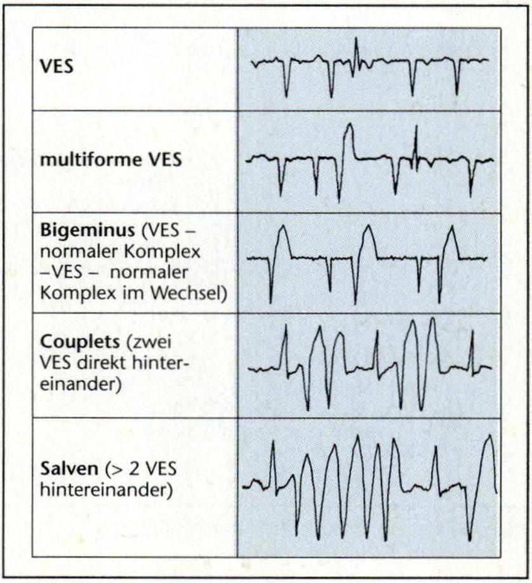

ɔb. 5.2: Ventrikuläre Extrasystolen

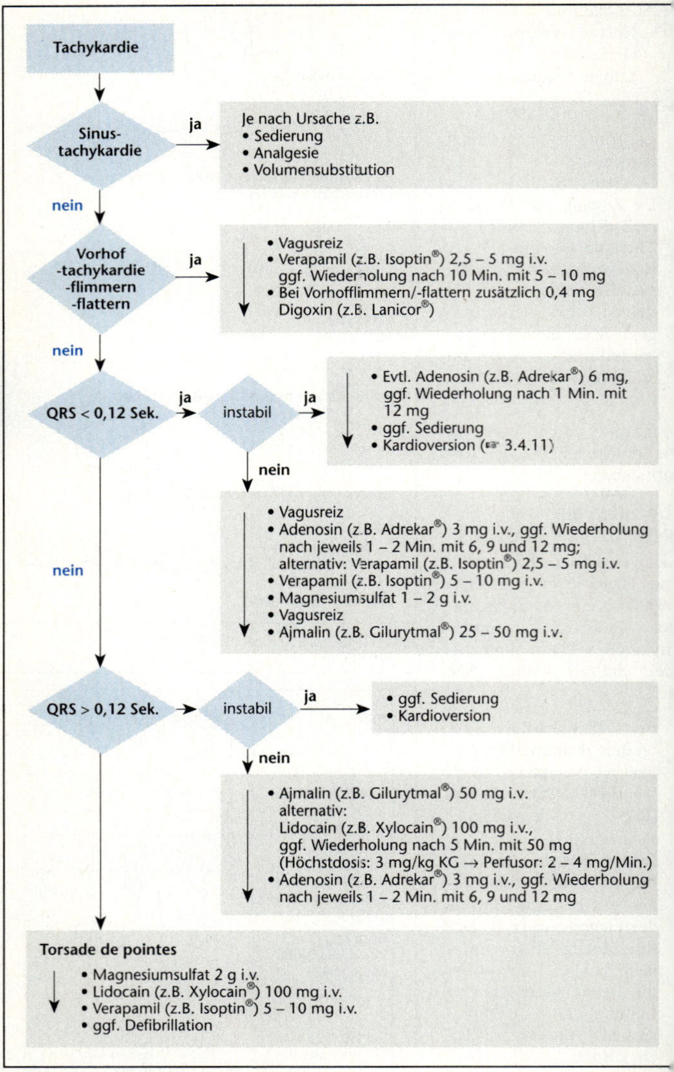

Abb. 5.3: Therapie tachykarder Rhythmusstörungen

5.4.2 Bradykarde Rhythmusstörungen

Herzfrequenz < 50/Min.

Symptomatik

Schwindel, Synkope
Bewußtseinstrübung, Krämpfe
Dyspnoe
Übelkeit
Angina pectoris, Herzinsuffizienz, kardiogener Schock.

Kurzanamnese

Bekannte KHK, Z. n. Myokardinfarkt, Myokarditis
Hyperkaliämie (z. B. bei Niereninsuffizienz)
Medikamente (Digitalis, β-Blocker)
Hypothyreose
Gestörte Kreislaufregulation (Hirnstamminfarkt, erhöhter Hirndruck, ☞ 8.2.2).

Sofortdiagnostik

Basischeck (☞ 4.1.2)
Puls (↓), SpO_2 (↓), RR (↓), EKG
- Radialispuls arrhythmisch und evtl. durch Pulsdefizit bradykard → Ventrikuläre Extrasystolie (☞ 5.4.1)

Schockzeichen?

Sofortmaßnahmen

Lagerung je nach Kreislaufsituation (☞ 2.5)
O_2-Gabe (☞ 1.7.3)
I.v.-Zugang mit Infusion (z. B. Ringer-Lösung)
0,5–1 mg Atropin i. v., ggf. wiederholen (Höchstdosis: 3 mg)
Bei Wirkungslosigkeit: 0,5 mg Orciprenalin (z. B. Alupent®) langsam i. v.
Bei Wirkungslosigkeit: externe Stimulation (☞ 3.4.12)
Ggf. Reanimation (☞ 3.5).

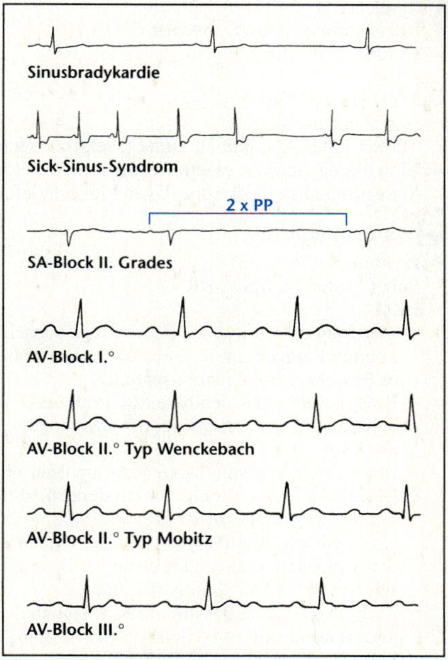

Abb. 5.4: Bradykarde Rhythmusstörungen

Prinzipien der Weiterbehandlung

Langzeit-EKG, Diagnostik und Therapie einer Grundkrankheit, antibradykard Therapie, ggf. permanenter SM.

Differentialdiagnose

Zirkulatorische Synkope (☞ 5.8), epileptischer Anfall (☞ 8.2.4).

Bei AV-Block II. Grades Typ II (Mobitz II°) und AV-Block III. Grades kann Atro pin eine paradoxe Verstärkung der AV-Blockierung mit Abfall der Kammerfre quenz verursachen.

5.5 Notfälle bei Patienten mit Herzschrittmacher

5

Symptomatik

- Synkope (☞ 5.8)
- Ruhedyspnoe, evtl. Tachypnoe
- Unruhe, Kaltschweißigkeit.

Kurzanamnese

- Herzschrittmacherpaß
- Thorax- oder Abdominaltrauma (Elektrodendefekt oder -dislokation)
- Einwirkung starker elektromagnetischer Felder, z. B. Hochspannungs- ode Starkstromanlagen, Sendeanlagen? Mobiltelefon?

Sofortdiagnostik

- Basischeck (☞ 4.1.2)
- Puls (↑ oder ↓), SpO_2, RR
- EKG:
  - Starrfrequente Stimulation mit einer tatsächlichen Frequenz < der program mierten Frequenz, z. B. durch Batterieerschöpfung (s. SM-Paß: programmie te Frequenz, Implantationsdatum)
  - Bradykardie ohne sichtbare SM-Impulse (z. B. durch Impulsgeberdefekt, Ka belbruch, oder oversensing, d. h. Mißdeutung von Muskelaktionen als Eigen aktion)
  - Bradykardie mit sichtbaren SM-Impulsen ohne nachfolgende Depolarisatic (Exitblock z. B. durch Elektrodendislokation oder Anstieg der pacing Schwelle durch Fibrosierung)
  - Unkoordiniertes Auftreten von starrfrequenten SM-Impulsen und ausreiche den Eigenaktionen (undersensing z. B. durch Sondenkontaktprobleme), gg mit Auftreten von Kammerflimmern
  - Tachykardie ohne SM-Impulse (SM-unabhängig)
  - Tachykardie mit SM-Impulsen (SM-abhängig, z. B. durch Reentrytachyka die)
- Inspektion:
  - Typische Narbenlokalisation links oder rechts infraklavikulär
  - SM-Taschendekubitus, evtl. mit Luxation des SM aus der Weichteiltasche?
  - Zyanose, Halsvenenstauung

- Palpation des Aggregats im Narbenbereich
- Auskultation: Lungenstauung?

Sofortmaßnahmen

- Oberkörperhochlagerung, ggf. Schocklagerung (☞ 2.5)
- O_2-Gabe (☞ 1.7.3)
- I.v.-Zugang mit Infusion (z.B. Ringer-Lösung)
- Bei *Bradykardie:*
  - 0,5–1 mg Atropin i.v.
  - Bei Erfolglosigkeit: 0,1–0,5 mg Orciprenalin (z.B. Alupent®) i.v.
  - Bei Erfolglosigkeit: externe Stimulation (☞ 3.4.12)

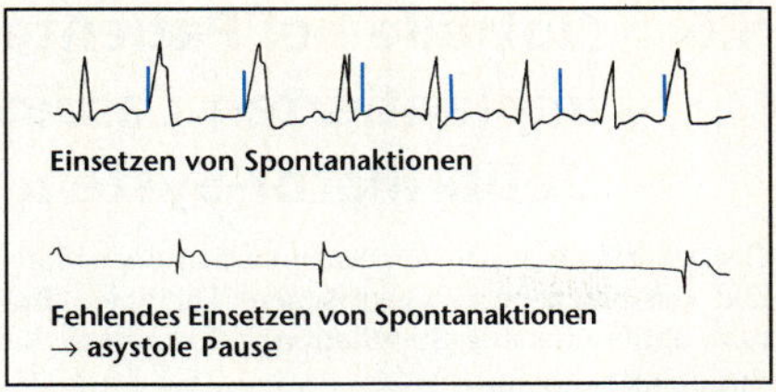

Abb. 5.5: EKG bei Schrittmacher-Sensingdefekt

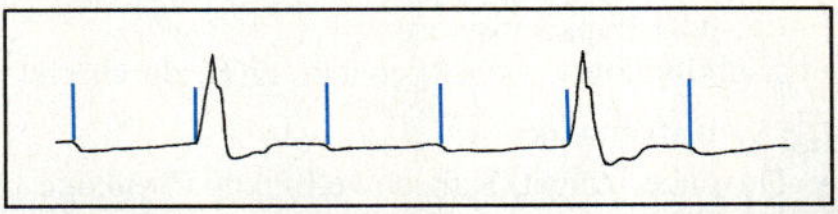

Abb. 5.6: EKG bei fehlender Beantwortung von Schrittmacherimpulsen

- Bei *Tachykardie:*
  - SM-abhängig: Magnet auf SM auflegen (→Umschalten in starrfrequente Stimulation)
  - SM-unabhängig ☞ 5.4.1
- Bei Kammerflimmern: Defibrillation (☞ 3.4.11)
- Ggf. Schocktherapie (☞ 5.9)
- Ggf. Reanimation (☞ 3.5)
- Bei SM-Luxation: Aggregat in mit Ringer-Lösung oder NaCl 0,9 % getränkte Kompresse einwickeln oder mit Elektrodenpaste bestreichen und auf der Haut fixieren
- Immer SM-Ausweis mitnehmen.

Transport

Nach Möglichkeit in das implantierende oder betreuende Zentrum, bei größerer Entfernung in die nächste kardiologische Fachabteilung.

Prinzipien der Weiterbehandlung

Überprüfung des SM, ggf. Umprogrammierung, chirurgische Korrektur oder Aggregatwechsel, ggf. antiarrhythmische Therapie.

- Elektromagnetische Störsignale oder -felder können die regelrechte SM-Funktion stören (Phantomprogrammierung)
- Nach stumpfem Thoraxtrauma immer SM-Funktion in entsprechendem Zentrum überprüfen lassen
- Durch festfrequente Stimulation bei Magnetauflage können SM-Impulse in die vulnerable Phase einfallen und Herzrhythmusstörungen auslösen →Defibrillator bereithalten
- Bei SM-Pat. ist das EKG zur Todesfeststellung nicht verwertbar (☞ 1.14)
- Im Todesfall Schrittmacher-Implantation auf der Todesbescheinigung vermerken.

5.6 Notfälle bei Patienten mit implantierten Cardioverter/ Defibrillator-Systemen

Gerät zur Erkennung von tachykarden oder bradykarden Herzrhythmusstörungen und entsprechenden elektrischen Therapie (Kardioversion bzw. Defibrillation bzw. antibradykarde Stimulation; z. T. antitachykarde Stimulation).

Mögliche Probleme:

- Keine Impulsabgabe der Kardioversions-/Defibrillatoreinheit trotz behandlungspflichtiger Rhythmusstörung (z. B. durch Elektrodendefekt oder -dislokation, ICD-Funktionsstörung)
- Nichtindizierte Schockabgabe (z. B. durch elektromagnetische Störfelder).

Symptomatik

- Dyspnoe, Angst, Kaltschweißigkeit, Synkope (Funktionsausfall)
- „Zucken", Schmerzen, evtl. Angst (nichtindizierte Schockabgabe).

Kurzanamnese

- Bekannte maligne Herzrhythmusstörung
- ICD-Ausweis, „besonderer Herzschrittmacher"
- Thorax- oder Abdominaltrauma (Elektrodendefekt oder -dislokation)
- Einwirkung starker elektromagnetischer Felder, z. B. Hochspannungs- oder Starkstromanlagen, Sendeanlagen? Mobiltelefon?

Sofortdiagnostik

- Basischeck (☞ 4.1.2)
- Puls, SpO_2, RR
- EKG:
  - Maligne Rhythmusstörung (z. B. Kammertachykardie oder Kammerflimmern) → Funktionsausfall der Kardioversions-/Defibrillatoreinheit
  - „Normalbefund" nach Schockabgabe → nichtindizierte (bzw. indizierte!) Schockabgabe
- Schockzeichen (☞ 5.9)?
- Inspektion: typische Narbenkonstellation (linker Oberbauch und links infraklavikulär)
- Palpation des Aggregats (meist links-epigastrisch oder links-subpektoral).

Sofortmaßnahmen

Funktionsausfall der Kardioversions-/Defibrillatoreinheit:

- Therapie wie bei Pat. ohne ICD: Bei Kammertachykardie Kardioversion, bei Kammerflimmern Defibrillation (☞ 3.4.11), ggf. Reanimation (☞ 3.5).

Nichtindizierte Schockabgabe:

- Ggf. Störsignale (z. B. elektrophysikalische Therapie) unterbrechen oder Pat. aus Störfeld (z. B. Hochspannungsleitung) entfernen
- Starken Magneten auf das Aggregat auflegen → Inaktivierung der Kardioversions-/Defibrillationseinheit
- O_2-Gabe (☞ 1.7.3)
- I.v.-Zugang mit Infusion (z. B. Ringer-Lösung)
- Bei nichtindizierter Schockabgabe ggf. vorsichtige Sedierung mit z. B. 1,25 mg-Midazolam-Boli i. v. (z. B. Dormicum®)
- ICD-Ausweis mitnehmen.

Transport

Nach Möglichkeit Transport in das implantierende oder betreuende Zentrum, bei größerer Entfernung in die nächste kardiologische Fachabteilung.

Prinzipien der Weiterbehandlung

Überprüfung, ggf. Umprogrammierung, chirurgische Korrektur oder Aggregatwechsel. Ggf. antiarrhythmische Therapie.

Differentialdiagnose

Epileptischer Anfall (☞ 8.2.4).

- Je nach System kann durch Auflegen eines Magneten die Defibrillatorfunktion *temporär* für die Dauer der Magnetauflage oder *permanent* ausgeschaltet (und auch wieder eingeschaltet) werden → nach Magnetauflage Funktion (temporär oder permanent) mit dem betreuenden Zentrum abklären
- Bei Magnetauflage bleibt die Funktion der VVI-Schrittmachereinheit erhalten
- Bei ICD-Pat. ist das EKG zur Todesfeststellung nicht verwertbar (☞ 1.14)
- Bei körperlichem Kontakt mit dem Pat. (z.B. während Herzdruckmassage) kann bei ICD-Impulsabgabe evtl. ein *ungefährlicher* Schlag („Weidezaun") gespürt werden.

- Nach stumpfem Thorax- oder Abdominaltrauma immer ICD-Funktion in entsprechendem Zentrum überprüfen lassen
- Zur Kardioversion/Defibrillation bei ICD-Pat. ggf. Elektrodenposition variieren bzw. höhere Energie wählen (☞ 3.4.11)
- ***Cave:*** Elektrodenschäden z.B. durch Rautek-Griff bei Rettung des Pat. möglich
- Im Todesfall:
  - ICD-System auf der Todesbescheinigung vermerken
  - Implantierendes bzw. den Pat. betreuendes Zentrum verständigen lassen.

5.7 Hypertensiver Notfall (Hypertonus in der Schwangerschaft ☞ 14.1.3.)

Symptomatik

- Zerebrale Symptome:
  - Starke Kopfschmerzen, Schwindel
  - Übelkeit, Erbrechen
  - Sehstörungen, Nystagmus
  - Motorische Unruhe, Verwirrtheit, Benommenheit, Bewußtseinsstörungen
  - Fokale oder generalisierte Krampfanfälle, Paresen, Koma
- Kardiale Symptome:
  - Stenokardien
  - Herzrhythmusstörungen
  - Dyspnoe, Herzinsuffizienz, Lungenödem
- Starkes Nasenbluten.

Kurzanamnese

- Bekannter Hypertonus (RR-Medikamente?)
- Unterbrechen einer antihypertensiven Therapie (v.a. Clonidin (z.B. Catapresan®) → Rebound-Phänomen

- Einnahme von Ovulationshemmern
- Kokainintoxikation.

Sofortdiagnostik

- Basischeck (☞ 4.1.2)
- Puls, SpO_2, RR (↑; an beiden Armen messen;), EKG (evtl. Rhythmusstörungen, Infarkt)
- Inspektion: zentrale Zyanose (bei hypertensivem Lungenödem), Halsvenenstauung, Beinödeme, Nasenbluten
- Lungenauskultation: feuchte, aber nicht klingende RG → Stauung
- Neurologische Notfalluntersuchung (☞ 8.1): Bewußtseinsstörung, Paresen, Pupillendifferenz (Hirnödem, intrakranielle Blutung).

Sofortmaßnahmen

- Neurologische Ausfälle: apoplektischer Insult oder intrazerebrale Blutung mit reaktiver Hypertonie → keine RR-Senkung
- Akutes Abdomen, Trauma, schwere Schmerzen: reaktive Hypertonie möglich → primär Analgesie.

- Beruhigender Zuspruch
- Oberkörperhochlagerung
- O_2-Gabe (☞ 1.7.3)
- I.v.-Zugang mit Infusion (z. B. Ringer-Lösung)
- Bei Angina pectoris ☞ 5.1

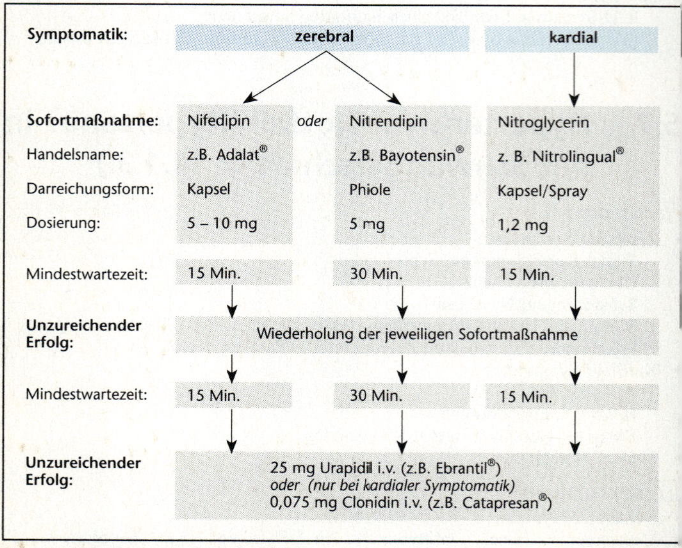

Abb. 5.7: Stufenschema der Blutdrucksenkung

- Bei Rhythmusstörung ☞ 5.4
- Bei Linksherzinsuffizienz (Lungenödem): Furosemid (z. B. Lasix®) 20–40 mg i. v.
- Bei Angstzuständen oder Agitiertheit vorsichtige Sedierung mit Boli von 1,25 mg Midazolam i. v. (z. B. Dormicum®) oder 2,5 mg Diazepam i. v. (z. B. Valium®).

Transport

Immer Transport in die nächste internistische Abteilung.

Prinzipien der Weiterbehandlung

Weitere langsame Blutdrucksenkung, Therapie der Komplikationen, antihypertensive Therapie.

- ***Cave:*** Bei forcierter RR-Senkung evtl. Krämpfe, Bewußtlosigkeit, Hemiparesen, Atemstillstand; Myokardinfarkt, Erblindung → RR-Senkung um 30–60 mmHg systolisch in den ersten 30 Min. bzw. nicht unter 150/100 mmHg in den ersten 60–90 Min.
- ***Cave:*** Verschleierung einer neurologischen Symptomatik durch Sedativa.

5.8 Zirkulatorische Synkope

Symptomatik

- Gähnen, Schwindel
- Sehstörungen (Schwarzwerden bzw. Flimmern vor den Augen)
- Übelkeit, Kaltschweißigkeit
- Kurzdauernde Bewußtseinsstörung („Ohnmacht", „Kollaps").

Kurzanamnese

- Meist im allgemeinen gesunde Pat. (vasovagale Synkope)
- Emotionale Erregung, Streß, Schmerz; oft im Zusammenhang mit äußeren Faktoren wie langes Stehen, überfüllte oder überwärmte Räume, Massenhysterie (vasovagale Synkope)
- Beim Bücken oder Aufstehen (orthostatische Synkope)
- Bekannte Hypotonie (orthostatische Synkope)
- Hitzeexposition (Hitzeohnmacht)
- Defäkation, Miktion, Husten, Heben schwerer Lasten (pressorische Synkope).

Sofortdiagnostik

- Basischeck (☞ 4.1.2)
- Puls (↓ bei vasovagaler Synkope, ↑ meist bei orthostatischer Synkope), SpO_2, RR (↓), EKG
- BZ-Stix
- Inspektion:
  - Blässe; feuchtwarme, gerötete Haut (Hitzeohnmacht)
  - Sturzverletzungen
- Neurologische Notfalluntersuchung (☞ 8.1): neurologische Ausfälle
- Temperatur (evtl. ↑ bei Hitzeohnmacht).

Sofortmaßnahmen

- Schocklagerung (ggf. in kühler, schattiger Umgebung)
- Frischluftzufuhr, O_2-Gabe (☞ 1.7.3)

- Ggf. beengende Kleidung öffnen
- Bei ausbleibender Besserung i. v.-Zugang mit Infusion (z. B. Ringer-Lösung)
- Ggf. 0,5 mg Atropin® i. v.
- Ggf. 1/2 Amp. Etilefrin (z. B. Effortil®) oder 1/5 Amp.-Boli Cafedrin/Theodrenalin (z. B. Akrinor®) nach Wirkung.

Transport

Bei orthostatischer oder vasovagaler Synkope hausärztliche Abklärung ausreichend, in unklaren Fällen oder bei längerdauernder Synkope Transport in die nächste internistische Abteilung.

Prinzipien der Weiterbehandlung

Diagnostische Abklärung, ggf. Pharmakotherapie.

Differentialdiagnose

Anaphylaktoide Reaktion (☞ 19.1), Herzrhythmusstörungen (☞ 5.4), epileptischer Anfall (☞ 8.2.4), Vena-cava-Kompressionssyndrom (☞ 14.1.2), Hypoglykämie (☞ 8.2.1), Hyperventilationssyndrom (☞ 7.6), Lungenembolie (☞ 7.4), Myokardinfarkt (☞ 5.2), Perikardtamponade (☞ 11.2), zerebrovaskuläre Insuffizienz, Hypoxie, Schock (☞ 5.9).

5.9 Schocktherapie

Grundsätze des Volumenersatzes

Bei schwerem Volumenmangel Kolloide kombiniert mit Kristalloiden infundieren. Die maximale Infusionsdosis von 1000–1500 ml kolloidaler Volumenersatzstoffe spielt im RD nur eine untergeordnete Rolle. Bei massivem Volumendefizit (z. B. schwere Blutung) muß Volumen ggf. auch weit über die Maximaldosierungen hinaus gegeben werden.

Extrem hoher Volumenbedarf weist meist auf schwere Blutungen hin →zügiger Transport zur kausalen chirurgischen Versorgung.

Kristalloide Infusionslösungen (Elektrolytlösungen)

- Ind.: Dehydratation (z. B. durch Schwitzen, Fieber, Diarrhoe), initialer Volumenersatz, Verbrennungen, Offenhalten venöser Zugänge. Wirkdauer kristalloider Lösungen: ca. 30 Min.
- *Ringer-Lösung:* Kristalloid der 1. Wahl im RD
- *NaCl 0,9 %:* universelles Lösungs- und Verdünnungsmittel
- *Ringer-Laktat:* leicht hypoton, daher z. B. bei SHT oder Polytrauma zusätzliche Schädigung möglich (Ödembildung verstärkt)
- *Pädiatrische Infusionslösungen* ☞ 12.1.6. Nicht zum Volumenersatz indiziert!

Small-volume Resuscitation mit hyperosmolarer Kochsalzlösung (NaCl 7–7,5 %): ausgeprägter Volumeneffekt durch Mobilisierung endogener Flüssigkeit →Infusionsvolumen 4 ml/kg (300 ml bei 75 kg KG). In Europa bisher erst in einigen Ländern zugelassen (z. B. Osmohes® in Österreich). In den bis heute vorgelegten Studien konnte allerdings noch kein definitiver Beweis erbracht werden, daß dieses Konzept der konventionellen Volumentherapie überlegen ist.

Tab. 5.1.: Differentialdiagnose der Schockformen

Leitsymptome	Anamnese/ Zusatzbefunde	Schockform
Starker Durst	- Blutverluste - Verbrennungen - Erbrechen, Durchfälle, Peritonitis - Pankreatitis, Ileus	Hypovolämischer Schock
- Sek. oder Min. nach Zufuhr des Allergens Unruhe, Juckreiz, Niesen, Erythem, Urtikaria - Dann Schwindel, Angstgefühl, Übelkeit und Erbrechen, Dyspnoe mit Bronchospasmus, Larynxödem - Evtl. Krampfanfälle	Bekannte Allergie oder Atopie (Heuschnupfen, Nesselfieber) - Medikamenteneinnahme - Insektenstiche	Anaphylaktoider Schock
Hohes Fieber mit Schüttelfrost	- Diabetes mell. - Kachexie - Agranulozytose, Leukämie, Malignom - Glukokortikoid- oder Zytostatikatherapie	Septischer Schock
Orthopnoe Angina pectoris	- Hypertonus, KHK, Herzinsuff. - Herzrhythmusstörungen - Myokardinfarkt - Klappenvitien, Myokarditis	Kardiogener Schock
Neurologische Ausfälle	WS-/Rückenmarksverletzung - Atraumatische Querschnittslähmung - Guillain-Barré-Syndrom	Neurogener Schock (☞ 8.2.9)

Kolloidale Infusionslösungen (Lösungen mit hohem Wasserbindungsvermögen)

- Ind.: Primärtherapie bei Volumenmangel und Schock jeder Genese
- *Hydroxyäthylstärke* (HÄS, z. B. Haemofusin® 6 %, 10 %): Initialer Volumeneffekt abhängig von der Konzentration (HÄS 6 % ca. 100 %, HÄS 10 % ca. 140 %). Wirkdauer abhängig vom Substitutionsgrad (z. B. Hämofusin® 3–4 h, Plasmasteril® 6–8 h). Kolloid der 1. Wahl im RD
- *Gelatinelösungen* (z. B. Haemaccel®35): Wirkdauer 1–2 h
- *Dextrane* (z. B. Onkovertin®): Wirkdauer 5–6 h. Erhöhte Gefahr allergischer Reaktionen → Vor Infusion 3 g (= 20 ml) Dextran-1 (Promit®) vorspritzen

- *Humanalbumin 5 %:* Wirkdauer 3–4 h. V. a. für Früh- u. Neugeborene geeignet. Im RD selten vorhanden.

Symptomatik

- Veränderte Bewußtseinslage: Unruhe, Angst, Apathie, Somnolenz, Koma
- Zeichen der „Zentralisation“: kalte, feuchte, blaßgraue Extremitäten (*Ausnahme:* septischer Schock in der Frühphase)
- Periphere Zyanose (***Cave:*** bei CO-Vergiftung rosarote Haut!)
- Hyperventilation, evtl. Dyspnoe.

Sofortdiagnostik

- Basischeck (☞ 4.1.2)
- Puls (↑), SpO_2 (↓), RR (↓), EKG (bei kardiogenem Schock evtl. Rhythmusstörungen)
- Inspektion: gestaute Halsvenen (kardiogener Schock), trockene Haut und Zunge (sonstige Schockformen)
- Auskultation von Herz (Vitium → kardiogener Schock) und Lunge (Ödem → kardiogener Schock)
- Abdomen palpieren: Druckschmerz, gespannte Bauchdecke (intraabdominale Blutung, Perforation, Peritonitis, Ileus → hypovolämischer Schock), Pulsation (Aortenruptur → hypovolämischer Schock)?
- Temperatur (hohes Fieber → septischer Schock)
- Neurologische Ausfälle, v. a. Lähmungen → neurogener Schock.

5

Sofortmaßnahmen

- Lagerung:
  - *Kardiogener Schock:* Oberkörperhochlagerung (☞ 2.5)
  - *Sonstige Schockformen:* Volumenmangelschock-Lagerung (☞ 2.5)
- O_2-Gabe (☞ 1.7.3)
- I.v.-Zugang mit Infusion:
  - *Kardiogener Schock:* vorsichtige Infusion von z. B. Ringer-Lösung
  - *Sonstige Schockformen:* möglichst mehrere großlumige i. v.-Zugänge zur massiven Volumensubstitution (anfangs z. B. mit 1000–1500 ml HÄS, später z. B. mit Ringer-Lösung)
- Ggf. Narkose und Intubation (☞ 3.3)
- Ggf. Reanimation (☞ 3.5)
- *Anaphylaktoider Schock:*
  - Bei Insektenstichen: subkutane Injektion von 0,1–0,2 mg Adrenalin (z. B. Suprarenin®) um die Einstichstelle
  - Bei zunehmender Hypotension trotz adäquater Volumensubstitution: fraktionierte i. v.-Gabe von Adrenalin (z. B. Suprarenin®) nach Verdünnung einer Ampulle (1 mg) mit 9 ml NaCl 0,9 % auf 10 ml: max. 0,1 mg/Min., d. h. 1 ml der verdünnten Lösung; insgesamt nicht mehr als 1 mg; alternativ: Dopamin 35–70 µg/kg KG/Min. d. h. 2,5–5 mg/70 kg KG/Min.; notfalls fraktionierte Gabe von 0,05–0,1 mg/Min. Noradrenalin (z. B. Arterenol®)
  - Kein unmittelbarer Erfolg der Primärtherapie: 0,1 mg/kg KG Dimetinden (z. B. Fenistil®) und 5 mg/kg KG Cimetidin (z. B. Tagamet®) jeweils als Kurzinfusion über 5 Min.
  - Bei kutanen und pulmonalen Symptomen: 250–500 mg Prednisolon (z. B. Solu-Decortin H®)
  - Larynxödem → ggf. Koniotomie (☞ 3.4.7)

- *Kardiogener Schock:*
  - Perfusor mit 250 mg Dobutamin (z. B. Dobutrex®) und 250 mg Dopamin auf 50 ml NaCl 0,9 %: initial 2 ml/h, ggf. Steigerung bis 10 ml/h
  - Bei $RR_{systol.}$ < 70 mm Hg Perfusor mit 5 mg Noradrenalin (z. B. Arterenol®) auf 50 ml NaCl 0,9 %: initial 2 ml/h, ggf. Steigerung nach Wirkung
- Ggf. Therapie von ursächlichen Verletzungen bzw. Erkrankungen
- *Neurogener Schock:* ggf. Dopamin initial 10 µg/kg KG/Min., ggf. Steigerung bis 20 µg/kg KG/Min.

- Der Schockindex (Puls/RRsystol. > 1,0) ist ein unzuverlässiger Parameter
- Bei zuvor bestehender Hypertonie evtl. „normaler“ RR.

Tachykardie nicht mit β-Blockern oder Kalziumantagonisten „behandeln“.

5.10 Lyse

Präklinische i. v.-Lyse bei V. a. Lungenembolie (☞ 7.4)

Präklinische i. v.-Lyse bei Myokardinfarkt

Komplikationen

- Zerebrale, gastrointestinale und urologische Blutungen
- Allergische Reaktionen (Streptokinase, APSAC)
- Blutdruckabfall (Streptokinase, APSAC).

Voraussetzungen

- Personal:
  - NA: eingehende Kenntnisse der EKG-Diagnostik (Ausnahme: telemetrische EKG-Übertragung und Befundung durch Kardiologen), der Therapiestrategien bei Myokardinfarkt und der Behandlung möglicher Komplikationen sowie Praxis im Umgang mit Antifibrinolytika
  - RD: Ausbildung als Rettungsassistent, Erfahrung in der i. v.-Lyse
- Technische Ausrüstung:
  - EKG mit der Möglichkeit zur Dokumentation von 12 Ableitungen (1-, 3-, 6- oder 12-Kanalgerät, ☞ auch 1.7.6)
  - Defibrillator
  - Medikamente zur Behandlung möglicher Komplikationen des Myokardinfarktes (Arrhythmien, Schock) und der Lysetherapie (anaphylaktische Reaktion, Blutdruckabfall, Volumenmangel).

Indikationen der präklinischen Lyse

- Nachweis eines akuten Myokardinfarktes:
  - Typische Klinik, d. h. Infarktsymptome > 20 Min., fehlendes Ansprechen auf Nitroglycerin
  - EKG-Veränderungen: ST-Streckenhebungen von ≥ 0,1 mV in 2 Extremitätenableitungen oder von ≥ 0,2 mV in 2 benachbarten Brustwandableitungen
  - Anamneseerhebung: Infarktzeit < 6 h?
  - Evtl. Troponin-T-Test (☞ 1.7.7).

Kontraindikationen der präklinischen Lyse

Absolute Kontraindikationen: unkontrollierte Hypertonie (RR_{syst} > 200 mmHg, $RR_{diastol}$ > 120 mmHg), größere OP oder Trauma in den letzten 2 Wochen, aktive innere Blutung.

Relevante Kontraindikationen: unmittelbar vorausgegangene i. m.-Injektion oder arterielle Punktion, nichtkomprimierbare Gefäßpunktion, hämorrhagische Diathese, Schlaganfall vor 3–6 Monaten, Schwangerschaft vor der 18. Woche, Marcumar®-Therapie.

Relative Kontraindikationen: in der Anamnese Magen-Darm-Ulzera, liegender Katheter, Streptokokkeninfekte < 3 Monate (nur Streptokinase und APSAC), Lyse mit Streptokinase oder APSAC < 3 Monate.

- Aufklärung und Einverständnis des Pat. einholen und dokumentieren
- Bei bewußtseinsgetrübten Patienten entfällt die Einholung des Einverständnisses („Geschäftsführung ohne Auftrag", ☞ 1.4.1)
- Auch bei Berücksichtigung der Nebenwirkungen ist eine Lyse bei Pat. > 75 J. sinnvoll, sofern keine gravierende Grundkrankheit besteht
- Das präklinische Lyseregime (Medikament, Dosierung, Begleitmedikation, Vorverständigung der Intensivstation) sollte mit den potentiellen Aufnahmekliniken des Notarztbezirkes abgesprochen sein

5

- Bei Pat. mit akutem Myokardinfarkt und *erfolgreicher* Reanimation ist eine PTCA in der Klinik einer Lyse vorzuziehen (Reduktion der Blutungskomplikationen)
- Bei unspezifischen EKG-Veränderungen wie ST-Senkung oder T-Negativierung keine Lyseindikation
- Bei Pat. mit nicht genau datierbarem Schmerzbeginn oder schmerzfreiem Intervall keine präklinische Lyse.

Tab. 5.2.: Präklinische Fibrinolyse bei akutem Myokardinfarkt

Substanz	Dosis	Applikationszeit
Streptokinase (z. B. Kabikinase®)	1,5 Mio. E	in 60 Min.
Anistreplase (APSAC, z. B. Eminase®)	30 mg	in 5 Min.
Alteplas (rt-PA, z. B. Actilyse®)	100 mg	15 mg Bolus, dann 50 mg in 30 Min., dann 35 mg in 60 Min.
Urokinase (z. B. Actosolv®)	2–3 Mio. E	in 60 Min.

E. A. Spitzenpfeil, P. Plantiko, I. Horn

6 Gefäßnotfälle

6.1 Akuter arterieller Extremitätengefäßverschluß

Symptomatik

Bei vollständigem Ischämiesyndrom „6 P" in dem betroffenen Areal (Ausprägung abhängig von der Ursache, Zeitdauer des Verschlusses und der bestehenden Kollateralisation):

- Plötzlich einsetzender und äußerst starker Schmerz (pain)
- Pulslosigkeit distal des Verschlusses (pulselessness)
- Blässe (paleness, pallor), nach einigen Stunden Marmorierung, Zyanose
- Parästhesie
- Schwäche bzw. Bewegungsunfähigkeit (paralysis)
- Schock (prostration)
- Zusätzlich: Abkühlung der betroffenen Extremität.

Kurzanamnese

- PAVK, Herzerkrankungen, Rhythmusstörungen
- Z.n. Bypass- oder Herzklappen-OP.

Sofortdiagnostik

- Basischeck (☞ 4.1.2)
- Puls, SpO_2, RR, EKG (Vorhofflimmern?)
- „6 P" s. o.
- Auskultation:
  - Herz: absolute Arrhythmie, Strömungsgeräusche, evtl. Klappenklick.

Sofortmaßnahmen

- O_2-Gabe (☞ 1.7.3)
- Extremität tief lagern
- I.v.-Zugang mit Infusion (z. B. Ringer-Lösung, ggf. HÄS)
- Watteverband zur Abpolsterung
- Schmerzbekämpfung: Morphin 5–10 mg i. v., ggf. Wiederholung
- Heparin 5000–10000 IE i. v.

Transport

Immer unverzüglicher Transport in die nächste chirurgische Klinik.

Prinzipien der Weiterbehandlung

Arterienduplexuntersuchung, Angiographie, Embolektomie innerhalb 6 h, Endarteriektomie, Bypass-OP, Fibrinolyse, Vollheparinisierung bei Kontraindikationen zur Lysetherapie, ggf. Gliedmaßenamputation, Abklärung und Behandlung der Ursachen.

Differentialdiagnose

Phlegmasia coerulea dolens (☞ 6.2.1), akute periphere Neuropathie (z. B. Bandscheibenprolaps: keine Blässe, Pulse vorhanden), akute tiefe Beinvenenthrombose (Ödem, eher Überwärmung), Arterienspasmus (Einnahme von Ergotaminpräparaten, posttraumatisch).

Komplikationen: Muskelnekrosen, Gliedmaßenverlust durch Gangrän.

Keine direkte Wärme- (z. B. Wärmflasche)
Keine i. m.-Injektionen (evtl. Lysetherapie)
Keine Vasodilatatoren (steal effekt)
Cave: HÄS bei Herzinsuffizienz → Lungenödem!

6.2 Akuter venöser Gefäßverschluß

Symptomatik

Schwere- und Spannungsgefühl in der betroffenen Extremität
Ziehende Schmerzen im Bereich der betroffenen Extremität.

Kurzanamnese

Immobilisation, z. B. Z. n. OP, längerer Reise, Paresen, Altersschwäche, Gravidität, Geburt
Phlebitiden
Gerinnungsstörung, Ovulationshemmer (v.a. in Kombination mit Nikotinabusus), Gravidität, Wochenbett, Lebererkrankungen, Tumoren (paraneoplastisch), Steroide, forcierte Diurese mit Exsikkose
Bei Armthrombose (Paget von Schroetter-Syndrom): Halsrippe, nach sportlichem Armeinsatz.

Sofortdiagnostik

Basischeck (☞ 4.1.2)
Puls, SpO_2, RR, EKG
Inspektion:
- Blau-livide Glanzhaut, evtl. sichtbarer Umgehungskreislauf
- Schwellung (Umfangsdifferenz der Extremitäten bestimmen)

Palpation: Druckschmerz der betroffenen Extremität
Evtl. Überwärmung
Bei tiefer Beinvenenthrombose: Schmerzen in der Wade bei Dorsalflexion des Fußes (Homann-Zeichen) oder Druck auf die Fußsohle (Payr-Zeichen).

Sofortmaßnahmen

O_2-Gabe (☞ 1.7.3)
Extremität hochlagern und ruhigstellen
I.v.-Zugang mit Infusion (z. B. Ringer-Lösung)
Ggf. Analgesie mit z. B. 100 mg Tramadol i. v. (z. B. Tramal®)
Bei relativ sicherer Diagnose 5000–10000 IE Heparin i. v.; Schwangere 5000 IE

Transport

Immer Transport in eine internistische Abteilung.

Prinzipien der Weiterbehandlung

Duplexsonographie, Phlebographie, Lysetherapie, Vollheparinisierung bei Kontraindikationen zur Lyse, Thrombektomie, Implantation eines V. cava-Schirm, Ursachenabklärung.

Differentialdiagnose

Oberflächliche Thrombophlebitis, Lymphödem, kardiale, renale Ödeme. Postthrombotisches Syndrom, Erysipel, posttraumatische Schwellung, Bakerzyste (evtl. rupturiert), arterieller Verschluß.

Komplikationen: Lungenembolie, postthrombotisches Syndrom.

Keine i.m.-Injektionen (evtl. Lysetherapie).

6.2.1 Phlegmasia coerulea dolens

Fulminant verlaufende Thrombose des gesamten Venensystems einer Extremität mit Ausbildung einer Ischämie durch verhinderte arterielle Zirkulation.

Symptomatik

- Stärkste Schmerzen im Bein, v. a. nachts, beim Auftreten oder Husten
- Parästhesien („Ameisenlaufen", „schwere Beine").

Kurzanamnese

- Wie bei akutem venösem Gefäßverschluß (☞ 6.2)
- Thrombophlebitis.

6

Sofortdiagnostik

- Basischeck (☞ 4.1.2)
- Puls, SpO_2, RR, EKG
- Schockzeichen?
- Inspektion:
  - Rasch auftretendes, massives Ödem
  - Livide, lageunabhängige Hautverfärbung
  - Schmerzhafte, gestaute, gerötete, oberflächliche Venen
- Zehen bewegen lassen → herabgesetzte Motorik
- Abkühlung der betroffenen Extremität
- Pulsverlust bei extremer Ödembildung.

Sofortmaßnahmen

- O_2-Gabe (☞ 1.7.3)
- Sofortige Immobilisation (Vakuummatratze)
- Extremität hochlagern
- I.v.-Zugang mit Infusion (z.B. Ringer-Lösung, ggf. HÄS)
- Analgesie z.B. mit 5–10 mg Morphin i.v., ggf. Wiederholung
- 7500–10000 IE Heparin i.v.; Schwangere 5000 IE
- Ggf. Intubation (☞ 3.4.4), Beatmung (☞ 3.4.8) und Narkose (☞ 3.3)
- Ggf. Schockbekämpfung (☞ 5.9).

Transport

Immer sofortiger Transport in die nächste chirurgische Abteilung.

Prinzipien der Weiterbehandlung

In der Akutphase Thrombektomie, ansonsten Fibrinolysetherapie oder bei Kontraindikationen Vollheparinisierung, evtl. Amputation bei Gangrän, Schockbekämpfung.

Komplikationen: Hypovolämischer Schock, Gangrän, Lungenembolie, postthrombotisches Syndrom.

Keine i. m.-Injektionen (evtl. Lysetherapie).

6.3 Direkte Gefäßverletzungen

Symptomatik

Blutung, evtl. Hämatom
Schockzeichen?

Kurzanamnese

Direkte Gewalteinwirkung wie z. B. Schnitt, Stich, Schuß
Offene Fraktur oder Amputationsverletzung
Zeitpunkt der Gefäßverletzung (Abschätzen des Blutverlustes)?
Verletzungsentstehung (Möglichkeit des Suizides: typische Lokalisation an Handgelenken)?

Sofortdiagnostik

Basischeck (☞ 4.1.2)
Puls, SpO_2, RR, EKG
Inspektion:
- Spritzende arterielle oder kontinuierliche venöse Blutung
- Schnell zunehmendes Hämatom bei geschlossener Gefäßverletzung
- Evtl. distale Ischämie bei arterieller Verletzung

Pulse der betroffenen im Vergleich zur nicht betroffenen Extremität tasten (***Cave:*** beidseitiges Fehlen des Pulses bei Zentralisation im Schock!) bzw. kapilläre Füllungszeit im Seitenvergleich bestimmen
Motorik und Sensibilität distal der Verletzungsstelle (Begleitverletzungen, z. B. Frakturen oder Nervenverletzungen)?

Sofortmaßnahmen

Kompression:
- Druckverband (☞ 2.6)
- Bei schweren Extremitätenblutungen RR-Manschette proximal der Verletzung anlegen, über systolischen Blutdruck aufpumpen, dann Druckverband anlegen und Manschette wieder entleeren
- Falls ein Druckverband technisch nicht möglich ist (sehr proximal gelegene Verletzungen): manuelle Dauerkompression der Blutungsstelle (durch Helfer)
- Alternativ auch Kompression der zuführenden Arterie möglich: A. femoralis unterhalb des Leistenbandes, A. brachialis medial am Humerus

Nur als *ultima ratio* bei bedrohlicher arterieller Blutung („life before limb"), wenn diese durch andere Maßnahmen nicht gestoppt werden kann (evtl. bei Amputationsverletzungen): Abbinden mit möglichst breitem Torniquet (z. B. RR-Manschette, Krawatte). Beginn der Abbindung dokumentieren. ***Cave:*** zusätzliche proximale Ischämie, Thrombosegefahr durch Blockade des venösen Rückstromes!
O_2-Gabe (☞ 1.7.3)
Mindestens 1 großlumiger i. v.-Zugang mit Infusion (z. B. Ringer-Lösung, ggf. HÄS)

- Bereits den V.a. Gefäßschäden dokumentieren (v.a. beim Polytrauma werde diese Verletzungen auch in der Klinik bisweilen übersehen, wenn andere Verlet zungen – vielleicht auch nur scheinbar – im Vordergrund stehen).

Transport

Bei stärkerer Blutung, V.a. Nervenverletzung oder V.a. Verletzung eines größere Gefäßes Transport in Klinik mit gefäßchirurgischer Abteilung.

Prinzipien der Weiterbehandlung

Dopplersonographische Untersuchung der Extremitätendurchblutung, angiographi sche Lokalisationsdiagnostik. Schnellstmögliche Rekonstruktion der Gefäßstrom bahn durch direkte Anastomose der Stümpfe, Venen- oder Kunststoffinterponat.

- Bei Hypotonie des Pat. ist evtl. der eigene Puls fälschlich als schwacher Pul des Pat. zu „tasten" → im Zweifelsfall gleichzeitig eigenen Puls zum Vergleic an der A. carotis palpieren!
- Keine Klemmen oder Ligaturen setzen (zusätzliche Schädigung von Nerven und Gefäßstrukturen).

6

6.4 Stumpfe Gefäßschäden

Symptomatik

- Hämatom (Verfärbung, Fluktuation)
- Evtl. Schockzeichen?

Kurzanamnese

- Schlag oder Stoß
- Dezelerationstrauma (Aorta)
- Gelenksluxation (Gefäßüberdehnung)
- Z.n. Trauma (Gefäßspasmus).

Sofortdiagnostik

- Basischeck (☞ 4.1.2)
- Puls, SpO_2, RR (im Seitenvergleich und im Vergleich zwischen oberen und un teren Extremitäten), EKG
- Inspektion: Evtl. Ischämiezeichen distal des Gefäßschadens
- Pulse der betroffenen im Vergleich zur nicht betroffenen Extremität abge schwächt oder fehlend.

Sofortmaßnahmen

- Wenn die Verletzung lokalisiert werden kann, Vorgehen wie bei direkter Gefäß verletzung (☞ 6.3)
- Bei V.a. stumpfe Gefäßverletzung an Extremitäten ohne Möglichkeit der Loka lisation und progredienter Schocksymptomatik als *ultima ratio* proximal an de betroffenen Extremität RR-Manschette anlegen und über systolischen Blut druck aufpumpen.
- O_2-Gabe (☞ 1.7.3)

Transport

Immer Transport in Klinik mit gefäßchirurgischer Abteilung.

Prinzipien der Weiterbehandlung

Dopplersonographie, konventionelle Angiographie oder digitale Subtraktionsangiographie; CT bei Verdacht auf Aortenverletzung.

Cave: Stumpfe Becken- oder Oberschenkelgefäßverletzungen (☞ 11.5) können massiven intravasalen Volumenverlust ohne Blutung nach außen verursachen. Evtl. minimale äußere Verletzungszeichen, trotzdem Gefahr des hypovolämischen Schocks
Drohender Extremitätenverlust bei übersehener Verletzung.

6.5 Aortenruptur und Aortenaneurysmaruptur

Aortenruptur: traumatische, meist durch stumpfe Gewalteinwirkung entstandene Verletzung der Aortenwand.

Aortenaneurysmaruptur: Ruptur einer durch eine pathologische Wandaussackung vorgeschädigten Aorta.

Symptomatik

Rücken-Schulter-Schmerz
Dyspnoe
Schockzeichen.

Kurzanamnese

Dezelerationstrauma
Arteriosklerotische Vorerkrankungen (Risikofaktoren z. B. Nikotinabusus, Hypertonie, Hyperlipidämie).

Sofortdiagnostik

Basischeck (☞ 4.1.2)
Puls, SpO_2, RR (an Oberarm und Oberschenkel → Differenz zwischen oberer und unterer Extremität), EKG
Auskultation: vermindertes Atemgeräusch bei Hämatothorax
Palpation:
- Fehlende oder abgeschwächte Leistenpulse
- Pulsierender Tumor im Abdomen (vorsichtig palpieren)

Vorsichtige Palpation des Abdomens (pulsierender Tumor).

Sofortmaßnahmen

Mehrere möglichst großlumige i. v.-Zugänge mit Infusion (z. B. Ringer-Lösung und HÄS) zur massiven Volumenersatztherapie
O_2-Gabe (☞ 1.7.3)
Intubation (☞ 3.4.4) und Beatmung (☞ 3.4.8), Blutdrucksenkung (☞ 5.7)
Bei Beatmungsproblemen (hoher Beatmungsdruck trotz ausreichender Relaxation, schlechte Oxygenierung) als *ultima ratio*: Thoraxdrainage in Bülau-Position bds. (☞ 2.9.1).

Transport

Immer unverzüglicher Transport in Klinik der Maximalversorgung mit gefäßchir urgischer Abteilung.

Differentialdiagnose

Herzinfarkt (☞ 5.2), Lungenembolie (☞ 7.4), akutes Abdomen (☞ 15.2).

- Eine Überlebenschance besteht bei einer Aorten- oder Aortenaneurysmaruptu nur bei gedeckter Ruptur oder bei einer unvollständigen Wandruptur (Dissekti on).
- Relaxierung nur wenn unbedingt erforderlich, da durch die Muskelerschlaffun mehr Raum für eine weitere Blutung geschaffen wird.

Bei V. a. Aortenruptur Abdomen nur sehr vorsichtig palpieren (Gefahr der sekun där freien Ruptur einer primär gedeckten Ruptur).

U. v. Hintzenstern, G. Rödig, K.-J. Wild, G. Wiesner

7 Respiratorische Notfälle

7.1 Leitsymptome

7.1.1 Dyspnoe

- *Dyspnoe:* subjektives Gefühl der Atemnot („Lufthunger") bzw. einer vermeh ten Atemarbeit
- *Tachypnoe:* Atemfrequenz > 20/Min., z. B. bei Lungenembolie (☞ 7.4), Pneu monie (☞ 7.3), Lungenödem (☞ 7.5), Hyperventilationssyndrom (☞ 7.6 Spannungspneumothorax (☞ 7.7)
- *Orthopnoe:* stärkste Dyspnoe, die sich beim Aufsetzen unter Einsatz der Atem hilfsmuskulatur bessert; meist bei Linksherzinsuffizienz (☞ 5.3).

7.1.2 Thoraxschmerzen

Fast alle Ursachen eines akuten Abdomens (☞ 15.2) können sich in einer überwie gend thorakalen Symptomatik äußern – und umgekehrt!

7.1.3 Husten

- Produktiver Husten (mit Auswurf): z. B. bei Bronchitis oder Pneumoni (☞ 7.3)
- Unproduktiver Reizhusten (ohne Auswurf): z. B. bei
  - Tracheareizung durch Fremdkörperaspiration (☞ 17.2.5)
  - Atemwegsobstruktion durch Asthma bronchiale (☞ 7.2)
  - Pleurareizung durch Pneumothorax (☞ 7.7) oder Lungenembolie (☞ 7.4)
  - Akuter viraler Tracheitis oder Bronchitis (meist mit Symptomen eine grippalen Infektes wie Kopfschmerzen, Fieber, Gliederschmerzen, Schnup fen)
  - Keuchhusten („Stakkato-Husten"); zusätzlich inspiratorischer Stridor, Erstik kungsgefühl, evtl. Erbrechen
- Hämoptyse (Bluthusten):
  - Häufige Ursachen: akute und chronische Entzündungen von Trachea un Bronchien, Bronchialkarzinom, Lungeninfarkt bei Lungenembolie (☞ 7.4 und gleichzeitiger Linksherzinsuffizienz (☞ 5.3), akutes Lungenöder (☞ 7.5) bei Linksherzdekompensation
- Seltene Ursachen: Thoraxtrauma (☞ 11.3) und Bronchusverletzungen, z. B Rippenfraktur, Fremdkörperaspiration (☞ 17.2.5), Pneumonie (☞ 7.3).

Hämoptyse: Blut ist teilweise schaumig. *Hämatemesis:* Blut ist niemals schaumig

Bei massiver Hämoptyse: Vermeidung von Atemwegsverlegungen → Kopftiefla gerung, ggf. Intubation (☞ 3.4.4).

Tab. 7.1.: Differentialdiagnose der Dyspnoe

Auftreten	Symptome	Befunde	Besonderheiten	Störung	Verdachtsdiagnose
Variabel; meist schon frühere Anfälle	exspiratorischer Stridor; Unruhe, Angst; quälender Hustenreiz	Giemen oder „silent lung"	meist aufgrund inadäquater Therapie; Pat. kennt „seine" Diagnose bereits	Bronchialsystem	Asthma bronchiale (☞ 7.2)
Schlagartig	Thoraxschmerzen; Husten; Angst	Tachykardie; Tachypnoe	Risikofaktoren der venösen Thrombose	Pulmonalarterie	akute Lungenembolie (☞ 7.4)
Innerhalb von Stunden	Husten	feuchte RG über beiden Lungen	meist aufgrund einer Linksherzinsuffizienz		Lungenödem (☞ 7.5)
Innerhalb von Tagen	Husten mit Auswurf	Fieber, klingende RG über dem betroffenen Abschnitt	aufgrund von Infektionen, Noxen oder Kreislaufstörungen	Lungenparenchym	Pneumonie (☞ 7.3)
Abrupt im Zusammenhang mit Fremdkörperinkorporation, (Blut-)Erbrechen oder Blutung der oberen Luftwege	Husten	abhängig von der Lokalisation des Fremdkörpers; Reste von Erbrochenem oder Blut im Mund	meist Kinder, geistig behinderte oder ältere Menschen bzw. bei Bewußtlosigkeit	Tracheal- oder Bronchialsystem bzw. Lungenparenchym	Aspiration (☞ 17.2.5)
Schlagartig; gelegentlich bei plötzlicher Anstrengung oder Trauma	einseitig stechender Thoraxschmerz, Hustenreiz	abgeschwächtes Atemgeräusch, hypersonorer Klopfschall; Spannungspneu: Hypotonie	meist junge gesunde Männer	Lungenkollaps	Pneumothorax (☞ 7.7)
Nach Trauma	atemabhängige Schmerzen	paradoxe Atmung	oft zusätzlicher Pneumothorax	Brustkorbverletzung	instabiler Thorax (☞ 11.3)
Plötzlich in Streßsituation; ähnliche Anfälle in der Vorgeschichte	periorale und karpopedale Parästhesien	Tetanie	Besserung durch Beruhigung	meist psychogen	Hyperventilationssyndrom (☞ 7.6)

Tab. 7.2.: Differentialdiagnose der Thoraxschmerzen

Symptome	Befunde	Besonderheiten	Verdachtsdiagnose
Retrosternaler Schmerz von kurzer Dauer, evtl. mit Ausstrahlung; Dyspnoe, Schweißausbruch	Besserung auf Nitrospray	häufig nach physischer oder psychischer Belastung	Angina pectoris (☞ 5.1)
Angina pectoris-Beschwerden von langer Dauer; Angst, Übelkeit	Nitroresistenz	s. o.	Myokardinfarkt (☞ 5.2)
Umschriebene thorakale Schmerzen; Atemnot, Angst, Husten	Tachypnoe, evtl. Fieber	typische Risikofaktoren, z. B. phlebologische Erkrankungen, Immobilisation	Lungenembolie (☞ 7.4)
Akuter, stechender Thoraxschmerz (atemabhängig), Atemnot, Hustenreiz	asymmetrische Thoraxexkursion; Auskultation: abgeschwächtes Atemgeräusch	Z. n. Trauma, pulmonalen Vorerkrankungen oder idiopathisch	Pneumothorax (☞ 7.7, 11.3)
Atem-, evtl. bewegungsabhängige, umschriebene thorakale Schmerzen	Auskultation: atemabhängiges Reibegeräusch	meist sekundär, z. B. bei Pneumonie, Tbc, Lungeninfarkt, Bronchialkarzinom	Pleuritis
Rücken-Schulter-Schmerz; Schock	RR-Differenz zwischen oberer und unterer Extremität	Z. n. Dezelerationstrauma; Arteriosklerose	Aneurysmaruptur (☞ 6.5)
Gürtelförmig oder segmental begrenzte Schmerzareale	Druckschmerz im Bereich der irritierten Nn. intercostales	häufig bei Herpes zoster, Rippenerkrankungen (z. B. Periostitis) oder Wirbelsäulenveränderungen	Interkostalneuralgie
Bewegungs- oder haltungsabhängige Myalgien und Nervenirritationen	Beschwerden oft durch manuellen Druck auf Sternum oder Thorax verstärkbar	evtl. nach längerem Liegen, belastungsunabhängig; Z. n. Degeneration der WS	HWS/BWS-Syndrom

7.2 Asthma bronchiale

Anfallsweise auftretende Atemnot durch Atemwegsobstruktion (Bronchospasmus, Schleimsekretion oder Bronchialwandödem) auf dem Boden eines hyperreagiblen Bronchialsystems.

Symptomatik

- Anfallsweise Atemnot mit exspiratorischem Stridor
- Orthopnoe mit Einsatz der Atemhilfsmuskulatur
- Quälender Hustenreiz
- Tachykardie und eventuell Hypertonie

- Unruhe, Angst und Schweißausbruch
- Verwirrtheit, Somnolenz
- Pat. kann keinen vollständigen Satz zu Ende sprechen.

Kurzanamnese

- Asthma bronchiale bekannt
- Respiratorischer Infekt
- Medikamentöse Auslöser (β-Blocker, Azetylsalizylsäure)
- Allergenexposition
- Chemische oder physikalische Irritation (Staub, kalte Luft)
- Emotionale Erregung.

Sofortdiagnostik

- Basischeck (☞ 4.1.2)
- Puls ($\uparrow$), SpO_2 ($\downarrow$), RR ($\uparrow$), EKG
- Inspektion:
  - Zyanose
  - Halsvenenstauung, periphere Ödeme
  - Inspiratorisch: interkostale Einziehungen, exspiratorisch: Auswärtsbewegung des Abdomens
- Auskultation:
  - Verlängertes Exspirium, Giemen, Brummen, Pfeifen
  - Fehlendes Atemgeräusch (silent lung)
- Perkussion: hypersonorer Klopfschall.

Sofortmaßnahmen

- Beruhigender Zuspruch
- Sitzende Lagerung
- Beengende Kleidung öffnen
- I.v.-Zugang mit Infusion (z.B. Ringer-Lösung); großzügige Flüssigkeitssubstitution
- Vorsichtige O_2-Gabe (anfangs 2 l/Min. per Nasensonde, ☞ 1.7.3), beim Status asthmaticus großzügige Dosierung
  Cave: bei Hyperkapnie ist Hypoxie oft einziger Atemantrieb, mögliche Hemmung durch O_2 $\rightarrow$ auf Zeichen der Atemdepression achten, Intubationsbereitschaft
- β_2-Sympathomimetika-Aerosol (bei Herzfrequenz < 130), z.B. 2–3 Hübe Fenoterol (Berotec®)
- Kortikoide, z.B. Prednisolon (Solu-Decortin H®) 250 mg i.v.; im Status asthmaticus 500–1000 mg i.v.
- Theophyllin 0,24–0,48 g (Euphyllin®) langsam i.v., weiter mit 1 mg/kg KG/h Erhaltungsdosis
- β_2-Sympathomimetika s.c. oder langsam i.v. (nur stark verdünnt), z.B. Terbutalin 0,5 mg (Bricanyl®)
- Ggf. vorsichtige Sedierung mit fraktionierten Gaben von z.B. 2,5 mg Diazepam (Valium®) i.v.
- Nur bei Therapieresistenz (totale muskuläre Erschöpfung, hypoxisch verursachter Bewußtseinsverlust, ausgeprägte Zyanose, Bradykardie, Arrhythmie):
  - Intubation (☞ 3.4.4), Beatmung (☞ 3.4.8), Narkose (☞ 3.3)
  - Einleitungshypnotikum: Ketamin (Ketanest®), 3 mg/kg KG i.v., danach ggf. 100–200 mg/h über Perfusor in Kombination mit einem Benzodiazepin, z.B. 7,5–15 mg/h Midazolam (Dormicum®)
  - Beatmungsparameter: Atemzugvolumen ca. 8 ml/kg KG, f = 10, I : E = 1 : 2 bis 1 : 1, möglichst niedriger inspiratorischer Flow bzw. Arbeitsdruck.

Transport

Immer Transport in die nächste internistische Abteilung. Bei Stabilisierung des Zustands schonender Transport auch ohne Sondersignale möglich, bei drohenden bzw. bereits eingetretenen Komplikationen rascher Transport mit Sondersignalen.

Prinzipien der Weiterbehandlung

Therapie respiratorischer Infekte, Kombinationstherapie (Steroide, β_2-Sympathomimetika, Theophyllin etc.) nach Stufenplan, Expektorantien, Atem-Physiotherapie, Hyposensibilisierung, Patientenschulung, evtl. Psychotherapie.

Differentialdiagnose

- Kardiales Lungenödem (☞ 7.5): Herzinsuff. bekannt?
- Lungenembolie (☞ 7.4): stechender thorakaler Schmerz, Z. n. Phlebothrombose, OP, Immobilisierung
- Pneumothorax (☞ 7.7): einseitig fehlendes Atemgeräussch, hypersonorer Klopfschall
- Aspiration (☞ 17.2.5): anamnestische Hinweise, inspiratorischer Stridor
- Reizgasinhalation (☞ 9.7.1): anamnestische Hinweise.

- Sämtliche Maßnahmen ohne Hektik durchführen und dem Pat. in Ruhe erklären → Angstreduktion
- Komplikationen durch Hypoxie: Tachykardie, Rhythmusstörungen, akutes Rechtsherzversagen
- Nach längerdauernden Asthmaepisoden besteht meist Dehydration (Schwitzen, Tachypnoe → Wasserverlust über die Lungen) → großzügige Infusionsgabe.

- β-Blocker sind kontraindiziert
- β_2-Sympathomimetika und Theophyllin nur unter Pulskontrolle geben. Bei Tachykardie > 130/Min. keine weitere Applikation
- CO_2-Narkose und Bewußtseinsverlust mit Atemstillstand durch Sedativa und O_2-Gabe möglich → Intubationsbereitschaft
- Möglichst großlumigen Tubus verwenden (→ geringerer Beatmungsdruck)
- ***Cave:*** Gefahr einer zu flachen Narkose beim Asthmatiker → Medikamente ausreichend dosieren
- Bei Anlage eines Subklaviakatheters erhöhte Pneumothoraxgefahr.

7.3 Pneumonie

Symptomatik

- Plötzlich oder allmählich beginnende Atemnot mit „Nasenflügeln"
- Tachypnoe
- Husten (produktiver Husten mit rotbraunem, im Verlauf gelblichem Sputum → bakterielle Pneumonie, trockener Husten mit spärlichem Auswurf → viraler Pneumonie)
- Fieber, Schüttelfrost
- Atemabhängiger Thoraxschmerz bei Begleitpleuritis mit Fortleitung in das Abdomen (v. a. bei Kleinkindern)
- Verwirrtheitszustände bedingt durch Exsikkose (v. a. bei älteren Patienten)
- Appetitlosigkeit, Erbrechen, Übelkeit, Myalgie.

Kurzanamnese

Alter oft < 1 J. oder > 60 J.
Kardiale oder pulmonale Vorerkrankung (kardiale Stauung, COLD, Bronchialkarzinom)
Reduzierter Immunstatus (Tumorleiden, HIV-Infektion, Therapie mit Immunsuppressiva oder Zytostatika, Alkoholismus, Diabetes mellitus).

Sofortdiagnostik

Basischeck (☞ 4.1.2)
Puls, SpO_2, RR, EKG
Dyspnoe mit Nasenflügeln
Zyanose
Zeichen der Exsikkose (verminderter Hautturgor, trockene Zunge, halonierte Augen), Fieber
Tachykardie
Auswurf (weißlich, gelb-grünlich)
Perkussion: gedämpfter Klopfschall
Auskultation: Bronchialatmen (Exspiration lauter, länger und höher als Inspiration), inspiratorisch ohrnahe „klingende" RG.

Sofortmaßnahmen

Oberkörperhochlagerung
O_2-Gabe (☞ 1.7.3)
I. v.-Zugang mit Infusion (z. B. Ringer-Lösung)
Bei hohem Fieber evtl. bei längerer Anfahrt Wadenwickel.

ransport

mmer Transport in die nächste internistische Abteilung. In der Regel schonender 'ransport auch ohne Sondersignale möglich außer bei drohenden kardiorespiratoischen Komplikationen.

rinzipien der Weiterbehandlung

ö-Thorax, Therapie der kardialen und respiratorischen Insuffizienz (ggf. Intubaon und Beatmung), Erregernachweis → antibiotische Therapie, Ausschluß andeer Ursachen für pulmonales Infiltrat (z.B Tuberkulose, Bronchialkarzinom, Lunenmykose oder Infarktpneumonie).

ifferentialdiagnose

ronchialkarzinom, Aspiration, Lungeninfarkt nach Lungenembolie (☞ 7.4), Lunentuberkulose, Lungenödem (☞ 7.5), ARDS.

Komplikationen: respiratorische Insuffizienz, toxisches Herz-Kreislaufversagen, Lungenembolie infolge Immobilisation
Bauchschmerzen bei Kindern eventuell Hinweis für eine Pneumonie
Negativer Auskultations- und Perkussionsbefund bei zentraler Pneumonie (→ Diagnosesicherung durch Rö-Thorax).

.4 Akute Lungenembolie

lötzliche Verlegung von Anteilen der Lungenstrombahn durch Thromben überiegend aus dem Einzugsgebiet der V. cava inferior, seltener durch Luft, Fett, remdkörper, Fruchtwasser, Gewebe- oder Tumorzellen oder septische Embolien.

Symptomatik

- Plötzlich einsetzende *Atemnot*
- Thorakale *Schmerzen:*
  - Umschrieben
  - Ausstrahlung in Schulter und Bauchwand
  - Häufig inspiratorisch verstärkter pleuritischer Schmerz
  - Bei rechtsventrikulärer Ischämie Angina pectoris-ähnliche Symptomatik
- *Angst,* Unruhe, Beklemmungsgefühl
- *Husten* (trocken und nicht produktiv)
- Seltenere Symptome:
  - Übelkeit, Erbrechen, Schwindel, Schweißausbruch, Hämoptysen
  - Synkopen, Krampfanfälle, Verwirrtheit, neurologische Ausfälle (HZV → sekundäre zerebrale Ischämie).

Kurzanamnese

- Erkrankungen des venösen Systems der unteren Extremität, z. B. Varikosis Phlebothrombose
- Immobilisation (Bettlägerigkeit, eingegipste Frakturen, längere Reisen im Aut oder Flugzeug in sitzender Position)
- Auslösung der Lungenembolie evtl. durch plötzliche körperliche Anstrengung das morgendliche Aufstehen oder die Druckerhöhung bei Defäkation
- Chronische Herzinsuffizienz (Dauermedikation?)
- Hyperkoagulatorische Zustände (Schwangerschaft und postpartale Phase Östrogentherapie, hormonelle Kontrazeption und zusätzlicher Nikotinabusus!)
- Frühere Lungenembolien
- Selten septische Embolien bei Schrittmacherträgern, Dialysepatienten mit infi ziertem Shunt oder bei Suchtkranken mit i. v.-Drogenmißbrauch.

7

Sofortdiagnostik

- Basischeck (☞ 4.1.2)
- Puls (↑), SpO_2 (↓), RR (↓), EKG (s. u.)
- Tachypnoe (Frequenz > 16–20/ Min.)
- Inspektion: blasses, zyanotisches Hautkolorit. Bei der sehr seltenen nichtthrom botischen Fettembolie, z. B. nach Knochenverletzungen, Petechien am obere Thorax und an den Armen
- Auskultation:
  - Pulmonal: Entfaltungsknistern, selten lokalisiertes Giemen, Pleurareiben un basale Dämpfung infolge eines Pleuraergusses bei Lungeninfarkt
  - Kardial: evtl. betonter oder gespaltener 2. Herzton, 3. Herzton, Galopprhythmu
- Hypoxämie (SpO_2 < 90 %), eventuell bei Hyperventilation auch Normoxämie
- EKG: oft normal oder unspezifisch verändert
  - EKG mit 3 Ableitungen: Sinustachykardie, Vorhofflimmern, Extrasystolen
  - EKG mit 12 Ableitungen: T-Negativierung rechts präkordial (V_1 – V_3); pas sagere Veränderungen charakteristisch, selten: S1Q3-Typ, S1S2S3-Typ, kom pletter oder inkompletter RSB, P-pulmonale, ST-Hebung in V1/2
- Bei fulminanter Lungenembolie: kardiogener Schock (☞ 5.9) oder Herz-Kreis laufstillstand (☞ 5.2).

Sofortmaßnahmen

Basismaßnahmen

- Oberkörperhochlagerung in halbsitzender Position
- Strikte Immobilisierung

O_2-Gabe (☞ 1.7.3)
I. v.-Zugang mit Infusion (z. B. Ringer-Lösung)
Vorsichtige Sedierung und Anxiolyse mit z. B. 5 mg Diazepam (Valium®) i. v.
Ggf. Analgesie mit fraktionierten Gaben von 2 mg Morphin i. v.
Bei zunehmender respiratorischer Insuffizienz: Intubation (☞ 3.4.4), Beatmung (☞ 3.4.8) und Narkose (☞ 3.3)
Ggf. Kreislaufstabilisierung mit Katecholaminen, z. B. Dopamin 2–10 (20) µg/kg/Min., Dobutamin (z. B. Dobutrex®) 2–20 µg/kg/Min., Noradrenalin (z. B. Arterenol®) 0,1–1 µg/kg/Min. oder 0,1 mg Bolus, ggf. Wiederholung nach Wirkung.

rweiterte Maßnahmen (Antikoagulation oder Thrombolyse)

ontraindikationen für Antikoagulation und Thrombolyse insbesondere bei V. a. ungenembolie *geringen* Schweregrades streng beachten!
Absolute Kontraindikationen: Z. n. intrazerebraler Blutung, Apoplex oder OP am ZNS in den ersten Wochen bis zu 2 Monaten nach dem Ereignis, zerebrale Tumoren oder Gefäßanomalien, manifeste gastrointestinale Blutungsquelle aus Ulzera, Ösophagusvarizen oder Tumoren, Schwangerschaft und postpartal (nicht für Heparin)
Relative Kontraindikationen: Z. n. größeren chirurgischen Eingriffen oder Trauma, latente Blutungsgefahr aus dem Magen-Darm- und Urogenitaltrakt, unbehandelter arterieller Hypertonus.

ıdikation und Durchführung
Antikoagulation mit Heparin bei hoch wahrscheinlicher Verdachtsdiagnose Lungenembolie und niedrigem Blutungsrisiko:
- 5000–10000 IE Heparin (z. B. Liquemin N®) i. v. als Bolus, anschließend 1000–2000 IE Heparin/h

Thrombolyse bei dringendem V. a. Lungenembolie unter Reanimationsbedingungen als ultima ratio unter Relativierung der Kontraindikationen (Medikamente auf NAW evtl. nicht vorhanden):
- Urokinase (z. B. Actosolv®): hochdosierte Boluslyse mit 1,5–2 Mio. E. i. v. (aufgrund der geringeren allergischen Potenz gegenüber Streptokinase zu bevorzugen) oder
- Streptokinase (z. B. Kabikinase®): 1,5 Mio. I. E. über 30 Min. i. v. oder
- Rekombinanter Gewebeplasminogenaktivator rt-PA (Actilyse®): 10 mg Bolus i. v., anschließend 90 mg über 2 h.

ransport

mer zügiger Transport in die nächste internistische Abteilung mit Intensivstati-ı, falls möglich mit angeschlossener Kardiochirurgie.

inzipien der Weiterbehandlung

ö-Thorax, arterielle BGA, Perfusions- und Ventilationsszintigraphie, ggf. Pulmoılisangiographie, Thrombolyse, evtl. operative pulmonale Embolektomie u. U. ährend extrakorporaler Zirkulation (s. o.).

Die Lungenembolie ist eine typische Erkrankung des chronisch kranken Patienten Eine Lungenembolie ohne eruierbare Risikofaktoren (s. o.) kommt (fast) nie vor. Durch Appositionsthromben oder rezidivierende Embolien Übergang in höhere Schweregrade der Lungenembolie bis hin zum reanimationspflichtigen Rechtsherzversagen → vorsichtiger Transport.

Differentialdiagnose

- *Pulmonal:* Pneumonie (☞ 7.3), Pleuritis, chronisch obstruktive Bronchopneumopathie, Asthma bronchiale (☞ 7.2), Lungenödem (☞ 7.5), Spontanpneumothorax (☞ 7.7), Bronchial-Ca
- *Kardial:* Herzinfarkt (☞ 5.2), Angina pectoris (☞ 5.1), akute Herzinsuffizienz (☞ 5.3), Aortendissektion (☞ 6.5), Myo-und Perikarditis
  EKG-Veränderungen bei Hinterwandinfarkt: ebenfalls große Q-Zacke in III, aber zusätzlich auch noch in aVF und evtl. II, meist kein Rechtsschenkelblock oder T-Negativierung in V1-V4
- *Abdominal:* Cholecystitis, Pankreatitis, perforiertes Ulcus ventriculi oder duodeni (☞ 15.2)
- Muskuloskelettale Schmerzen, Rippenfrakturen (☞ 11.3)
- Herpes zoster
- Hyperventilationssyndrom (☞ 7.6)

- Keine i. m.-Injektionen und Punktion nicht kompressibler Gefäße (V. subclavia) wegen eventueller Lyse-Therapie
- Ohne adäquates hämodynamisches Monitoring eher zurückhaltende Volumentherapie.

7.5 Lungenödem

Symptomatik

- Extreme Dyspnoe bei Tachypnoe, insbesondere in Rückenlage
- Pat. in sitzender Position
- Angst, Unruhe, Agitiertheit.

Kurzanamnese

- In den meisten Fällen kardiale Erkrankung (Linksherzinsuffizienz, Hypertonie, Angina pectoris, Myokardinfarkt, Herzklappenfehler, Arrhythmie)
- Infektionen (ARDS, Pankreatitis, Sepsis)
- Intoxikation, z.B. Heroin (☞ 9.5.2), Salizylat (☞ 9.4.3), Reizgasinhalation (☞ 9.7.1)
- Z.n. Aspiration (Schluckstörungen, Ertrinkungsunfall)
- Dialysepflichtige Niereninsuffizienz (Überwässerung).

Sofortdiagnostik

- Basischeck (☞ 4.1.2)
- Puls (↑), SpO_2 (↓), RR (↑ oder ↓, s. u.), EKG (s. u.)
- Inspektion:
  - Blasse, oft zyanotische, feuchtkalte Haut
  - Husten mit schaumigem, oft blutig tingiertem Sputum
  - Sichtbare Stauung der Halsvenen
- Auskultation:
  - *Pulmonal*: röchelndes, rasselndes Atemgeräusch (bei ausgeprägtem alveolärem Lungenödem auch ohne Stethoskop zu hören!) besonders über den abhängigen Lungenabschnitten, evtl. Giemen durch reflektorischen Bronchospasmus
  - *Kardial* (Vitium?): häufig betonter 2. Herzton über der Pulmonalklappe, evtl. 3. Herzton

- Palpation: vergrößerte, evtl. druckschmerzhafte Leber (Zeichen der Links- bzw. Rechtsherzinsuffizienz)
- Blutdruck: häufig Hypertension (hypertensive Krisen als Ursache der Linksherzinsuffizienz), bei Schocksymptomatik Hypotension
- EKG: keine charakteristischen Veränderungen, aber evtl. Hinweise auf die zugrundeliegende Pathogenese (z. B. Herzinfarkt, Arrhythmien, Hypertrophie).

Sofortmaßnahmen

Basismaßnahmen
- Sitzende Lagerung mit tiefhängenden Beinen
- O_2-Gabe (☞ 1.7.3)
- I. v.-Zugang mit Infusion (z. B. Ringer-Lösung)
- Diurese durch Furosemid (z. B. Lasix®) 10–40 mg i. v.

Bei kardialem Lungenödem Vasodilatation zur Vorlastsenkung:
  - Nitrolingual ® sublingual 0,8–1,6 mg (1 Kapsel = 0,8 mg), Wiederholung alle 5–10 Min.
  - oder Nitroglycerin i. v. 0.5–1 (6) mg/h unter Blutdruckkontrolle, evtl. kombiniert mit Dopamin
- Bei Herzinsuffizienz mit „low output" Katecholamine (Dopamin 10–40 µg/kg/Min.; Dobutamin, z. B. Dobutrex®) 2,5–20 µg/kg/Min.)
- Bei hypertoner Krise Nachlastsenkung z. B. mit 10 mg Nifedipin (Adalat®) sublingual
- Bei Pat. mit Erstickungsgefühl vorsichtige Sedierung und Anxiolyse mit fraktionierten Gaben von 2 mg Morphin oder 2,5 mg Diazepam (z. B. Valium®) i. v.
- Bei schweren kardialen Arrhythmien Antiarrhythmika (☞ 5.4)
- Bei Vorhofflimmern mit schneller Überleitung oder ektoper supraventrikulärer Tachykardie: 0,25 mg Digoxin (z. B. Lanicor®) i. v.
- Bei therapieresistentem Lungenödem und begleitendem reflektorischem Bronchospasmus: 0,24 mg Theophyllin (z. B. Euphyllin®) langsam i. v.
- Bei zunehmender respiratorischer Insuffizienz oder Bewußtseinseintrübung: Intubation, Beatmung (PEEP 5 cm H_2O, wenn vom Kreislauf her möglich 10 cm H_2O) und Narkose (☞ 3.3)

Bei toxischem Lungenödem (Reiz-, Rauchgasinhalation) zusätzlich 4–5 Hübe Dexamethason-Aerosol (z. B. Auxiloson®).

Transport

Immer Transport in die nächste internistische Abteilung mit Intensivstation.

Prinzipien der Weiterbehandlung

Echokardiographie, evtl. Pulmonaliskatheter; ggf. kontollierte Beatmung mit differenziertem Beatmungsmuster, hirndrucksenkende Maßnahmen bei Lungenödem aufgrund intrakranieller Druckerhöhung; bei Niereninsuffizienz mit Überwässerung evtl. Hämofiltration oder Dialyse.

- Kardiale Auskultation oft schwierig bei dominanten Rasselgeräuschen
- Häufig gleichzeitige kardiale und pulmonale Ursache für die akute Dyspnoe!
- Schwierige DD zu chronisch obstruktiven Bronchopneumopathien, wenn Bronchospasmus das Bild des (insbesondere interstitiellen) Lungenödems dominiert

- Morphin vorsichtig dosieren (Atemdepression), v. a. bei Pat. mit chronisch obstruktiver Bronchopneumopathie und bei V. a. Narkotika-induziertes Lungenödem. Naloxon (Narcanti®) sollte verfügbar sein. ***Cave:*** Entzugssyndrom bei Opioidabhängigen
- Zurückhaltung mit Theophyllininjektion bei Pat. mit Sinustachykardie oder supraventrikulären Arrhythmien.

7.6 Hyperventilationssyndrom

Steigerung des Atemminutenvolumens (insbesondere der Atemfrequenz) → respiratorische Alkalose → Abnahme des ionisierten Kalziums („relative Hypokalzämie")

Symptomatik

- Dyspnoe und Brustschmerzen (beides subjektiv)
- Tachypnoe
- Erregungszustand, Angst
- Blässe, Schwitzen, Tachykardie
- Parästhesien und Muskelspasmen perioral und an Händen („Pfötchenstellung") und Füßen, auch unilateral möglich
- Synkope (selten).

Kurzanamnese

7

- V. a. junge Frauen („Hysterie")
- Psychische Streßsituation?
- Evtl. bereits früheres Auftreten, Besserung der Symptomatik bei Anstrengung
- Selten bei SHT (☞ 11.2), Enzephalitis (☞ 8.1.2), Salizylatintoxikation (☞ 9.4.3), hohem Fieber, Leberausfallskoma, Hypoxie.

Sofortdiagnostik

- Basischeck (☞ 4.1.2)
- Puls, SpO_2, RR, EKG.

Sofortmaßnahmen

- Pat. beruhigen
- Zum bewußten, langsamen Atmen auffordern
- Falls o. g. Maßnahmen nicht ausreichen: Benzodiazepine, z. B. Diazepam (z. B. Valium®) 5–10 mg i. v.

Transport

Bei gesicherter psychischer Ursache und unkompliziertem Verlauf Vorstellung beim Hausarzt ausreichend, ansonsten Transport in die nächste internistische, in Extremfällen psychiatrische Abteilung.

Prinzipien der Weiterbehandlung

Maßnahmen zur zukünftigen Verhinderung des Hyperventilationssyndroms (z. B. Aufklärung über die Erkrankung, Psychotherapie, Atemschule, autogenes Training).

)ifferentialdiagnose

\sthma bronchiale (☞ 7.2), Intoxikation (☞ 9), Herzinfarkt (☞ 5.2), Lungenem-olie (☞ 7.4), Herzrhythmusstörung (☞ 5.4), Pneumonie (☞ 7.3), Pneumothorax ☞ 7.7), Lungenödem (☞ 7.5), Fremdkörperaspiration (☞ 17.2.5), allergisches ;lottisödem (☞ 17.2.6, 19.1), Fieber.

:O_2-Rückatmung aus einer Tüte ist eine ungeeignete Maßnahme:

Verursacht bei vielen Pat. Panik und Erstickungsängste → Verschlimmerung der Symptomatik

Hypoxämie möglich → nur mit zusätzlicher O_2-Gabe (3 l/Min. per Nasensonde).

Ursache des Hyperventilationssyndroms fast immer psychischer Natur → nichtmedikamentöse Therapie („Verbalnarkose" bzw. „Droge Arzt") bei entsprechendem Engagement meist erfolgreich

(Vorschnelle) medikamentöse Therapie → bei späterem Hyperventilationsssyndrom Fixierung des Pat. auf „bedrohliche Krankheit", die NA-Alarmierung und „Spritze" erfordert

Das Hyperventilationssyndrom ist eine Ausschlußdiagnose. Deshalb: Alle sonst möglichen Erkrankungen mit dem Leitsymptom „Dyspnoe" ausschließen (☞ 7.1.1).

7.7 Spontanpneumothorax („geschlossener" Pneumothorax)

.uftansammlung im Pleuraspalt nichttraumatischer Urache (z.B. Platzen einer :mphysemblase).

onderform: Spannungs-Ventil-)pneumothorax. Bei ler Inspiration gelangt Luft ı den Pleuraraum, die aufrund eines Ventilmechanisıus in der Exspiration nicht ıehr entweichen kann → Überdruck → Mediastialverdrängung zur gesunen Seite → Lebensgefahr!

'raumatischer (geschlosseer bzw. offener) Pneumoıorax ☞ 11.3.

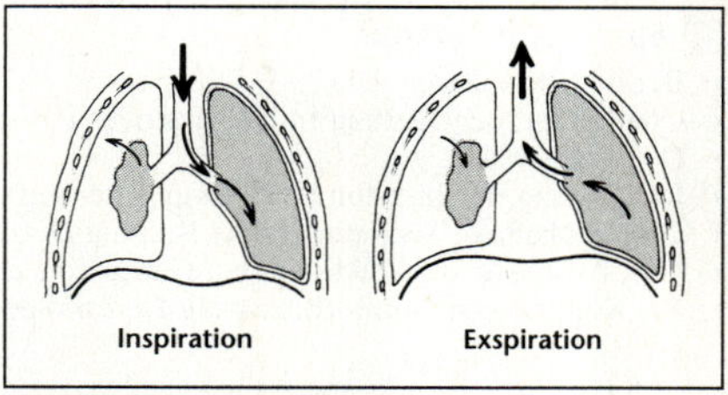

Abb. 7.1: Geschlossener Pneumothorax

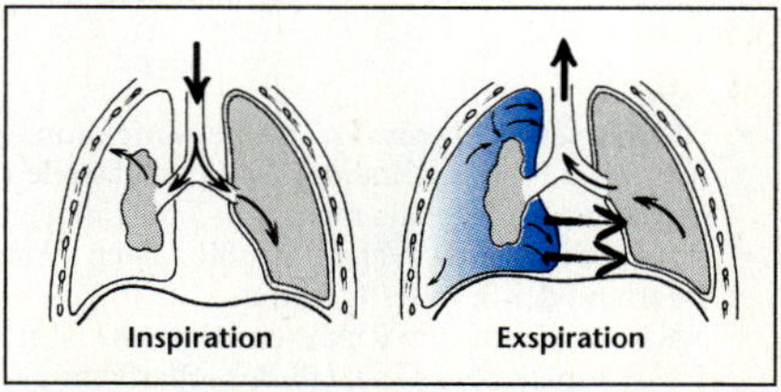

Abb. 7.2: Geschlossener Spannungspneumothorax

Symptomatik

- Akute Atemnot
- Akut auftretender, einseitig stechender Thoraxschmerz (atemabhängig)
- Hustenreiz
- Bei Spannungspneumothorax zusätzlich stärkste Atemnot, Tachypnoe, Blässe Schweißausbruch, Zyanose, Unruhe, Todesangst, Schock, Herzstillstand
- Bei kontrollierter Beatmung: ständiger Anstieg des Beatmungsdrucks.

Kurzanamnese

- *Idiopathischer Spontanpneumothorax:* meist schlanke junge Männer zwischen 20 und 40 J. („weak lung")
- *Symptomatischer Spontanpneumothorax:* bei Pat. (meist 55–65 J.) mit pulmonalen Vorerkrankungen wie z. B. Asthma, Tbc, Bronchialkarzinom, Mukoviszidose, Lungenabszeß oder -fibrose
- Gelegentlich im Zusammenhang mit plötzlicher körperlicher Anstrengung (schwere Arbeit, Husten, Pressen, Niesen, Defäkation).

Sofortdiagnostik

- Basischeck (☞ 4.1.2)
- Puls, SpO_2, RR, EKG
- Inspektion: asymmetrische Thoraxexkursion, d. h. eingeschränkte Beweglichkeit („Nachhinken") der betroffenen Seite.
- Auskultation: abgeschwächtes oder selten völlig fehlendes Atemgeräusch auf der betroffenen Thoraxseite („stumme Lunge")
- Perkussion: hypersonorer (manchmal tympanitischer) Klopfschall auf der betroffenen Seite
- Bei Spannungspneumothorax Puls (↑), SpO_2 (↓), RR (↓), EKG (Rhythmusstörungen), obere Einflußstauung.

7

Sofortmaßnahmen

- Beruhigender Zuspruch
- Oberkörperhochlagerung in halbsitzender Position
- O_2-Gabe (☞ 1.7.3)
- I. v.-Zugang mit Infusion (z. B. Ringer-Lösung)
- Ggf. vorsichtige Sedierung mit z. B. 5 mg Diazepam (z. B. Valium®) i. v.
- Ggf. Analgesie mit fraktionierten Gaben von z. B. 0,05 mg Fentanyl® i. v.
- Bei **Spannungspneumothorax** als **Erstmaßnahme** wegen *drohender Lebensgefahr:*

Entlastungspunktion im 2. oder 3. ICR ventral.

Material: Großlumige Venenverweilkanüle, z. B. Größe 14 G (orange) oder 16 G (grau).

Vorgehen:

- Oberkörperhochlagerung, Hautdesinfektion, Identifikation des 2. bzw. 3. ICR (☞ 2.9.1), Infiltration der Einstichstelle (3. bzw. 4. Rippe in der MCL) sowie des Stichkanals mit ca. 3–5 ml Lidocain (z. B. Xylocain®)
- Hautpunktion mit Verweilkanüle, dann Vorschieben der Kanüle auf den Oberrand der 3. bzw. 4. Rippe
- Nach Passieren der Rippe und Interkostalmuskulatur Metallkanüle um ca. 5 mm zurückziehen, so daß die scharfkantige Spitze nicht mehr aus der Plastikkanüle hervorragt

- Dann Kanüle waagerecht weiterschieben, bis hörbar Luft entweicht →Schlagartige Befundbesserung durch Entlastung des Überdrucks
- Metallkanüle herausziehen und Plastikkanüle mit steriler Kompresse abdekken. Das Anbringen eines eingeschnittenen Fingerlings (Tiegel-Kanüle) zur Verhinderung des Lufteinstroms in der Inspiration ist nicht erforderlich, da das primäre Ziel der Notfalltherapie die Druckentlastung und nicht die Lungenentfaltung ist
- Kann mit der Entlastungspunktion keine suffiziente Verbesserung der Symptomatik erzielt werden →Thoraxdrainage (☞ 2.9.1)
- Bei weiterbestehender respiratorischer Insuffizienz Intubation (☞ 3.4.4), Beatmung (☞ 3.4.8) und Narkose (☞ 3.3).

Transport

Immer Transport in die nächste chirurgische Klinik.

Prinzipien der Weiterbehandlung

Rö-Thorax zur Befundsicherung, ggf. Thoraxdrainage, Thorax-CT zur Objektivierung von Emphysemblasen, ggf. operative Sanierung, z. B. Leckübernähung (evtl. endoskopisch), Keilresektion, Pleurodese, Pleuraresektion.

Differentialdiagnose

- Lungenembolie (☞ 7.4), Myokardinfarkt (5.2), Rippenprellungen oder -frakturen (☞ 11.3)
- Zwerchfellruptur: nach Bauch- und/oder Thoraxtrauma (→Enterothorax), meist linke Seite
  - Symptome: Atemnot, Schulterschmerz, pektanginöse Beschwerden, Brechreiz, Aufstoßen
  - Auskultation: abgeschwächtes Atemgeräusch, selten Darmgeräusche, Arrhythmie
  - ***Cave:*** Gefahr der Darmverletzung bei blinder „Entlastungspunktion" oder Thoraxdrainage. Im Zweifelsfall hohe Thoraxdrainage im 2. ICR in der MCL nach digitaler Austastung.

- Keine Angst vor einer Entlastungspunktion im 2. oder 3. ICR in der MCL! Das Vorgehen nach der angegebenen Technik ist „sicher", das Herz kann dabei nicht verletzt werden
- Wird zur Punktion eine Stahlkanüle („Strauß-Kanüle") verwendet und mit einem eingeschlitzten Fingerling versehen (Tiegel-Ventil), kann die scharfkantige Kanülenspitze bei der Lungenentfaltung zur Verletzung der Pleura visceralis führen

- Einstichstelle bei Entlastungspunktion mind. 3–4 Querfinger lateral des Sternumrandes (A. thoracica int.)
- Punktion immer am Rippenoberrand (Interkostalgefäße und -nerven)
- Bei untypischen Befunden (kein Seitenunterschied bei Auskultation und Perkussion) an beidseitigen Pneumothorax denken.

F. Erbguth

8 Neurologische Notfälle

Am Notfallort muß eine *neurologische Syndromdiagnose* gestellt werden. Dem entsprechend besteht die Notfalltherapie aus *syndromorientierten Maßnahmen* Als nächstes muß entschieden werden, ob diese Behandlung (z. B. bei Kopf schmerzen) wegen des nicht bedrohlichen Charakters der Symptome vorläufi ausreicht (z. B. bei Migräne) oder ob das klinische Bild Ausdruck einer bedrohli chen Erkrankung sein könnte und der Patient zur definitiven diagnostischen Zu ordnung und Therapie in die Klinik eingewiesen werden muß (z. B. Kopfschmer zen bei Meningitis oder nach Subarachnoidalblutung). Die häufigsten neurologi schen Notfälle stellen mit jeweils 30–40 % „Schlaganfälle" (☞ 8.2.3) und „epilep tische Anfälle" (☞ 8.2.4) dar.

Neurologische Krankheitsbilder sollten vor Klinikeinlieferung *nicht komplett ver schleiert* werden. Daher bei Intubation und zur Sedierung kurzwirksame und/ode antagonisierbare Sedativa und Relaxantien verwenden, z. B.:

- Sedierung: Midazolam (z. B. Dormicum®), Etomidat (z. B. Hypnomidate®), Me thohexital (z. B. Brevimytal®)
- Relaxierung: Suxamethonium (z. B. Lysthenon®), Vecuronium (z. B. Norcuron®

8.1 Neurologische Notfalluntersuchung

Grundsätzliches Vorgehen bei der neurologischen Notfalluntersuchung

Die neurologische Notfalluntersuchung soll in kurzer Zeit einen Überblick übe die Funktionen von ZNS, peripherem Nervensystem und Muskulatur geben un eine *Syndromdiagnose* ermöglichen. Dieser Befund muß (außer unter Reanimati onsbedingungen) vor eventuell notwendiger Sedierung und Relaxierung erhobe und dokumentiert werden. Neurologische Erkrankungen sind oft mehr aus de Anamnese als aus dem Befund beim Eintreffen vor Ort zu diagnostizieren (z. B epileptischer Anfall).

Bei *Bewußtseinsgestörten* erfolgt eine rasche zügige Untersuchung neurologische Kernfunktionen durch eine Basisuntersuchung (☞ 8.1.8). Bei *kooperativen Pa tienten* ist durch eine ausführlichere neurologische Untersuchung zu entscheiden ob die Symptome harmlos oder bedrohlich sind (z. B. bei Kopfschmerzen).

8.1.1 Anamnese und äußerer Eindruck

Anamnese

Bei Bewußtseinsgestörten oft nur *Fremdanamnese* möglich.

- Früher ähnliche Symptome, bekanntes Anfallsleiden, Anfallskalender (→ evtl Krampfanfall oder Antikonvulsiva-Intoxikation)
- Prodromi, akuter oder schleichender Beginn (→ akuter Beginn spricht am ehe sten für vaskuläre Genese; z. B. Schlaganfall, ischämische Querschnittslähmung
- Medikamente, Drogen, Alkohol (→ evtl. Intoxikation, Entzugserscheinungen)
- Starke Hitze- bzw. Sonnenexposition und langandauernde Anstrengung (→ evtl Sonnenstich, Hitzschlag, Hitzekrämpfe)
- Psychische Auffälligkeiten (→ evtl. Intoxikation, Suizidalität, Psychogenität)
- Suizidabsichten (Sichten der Umgebung: z. B. Insulinspritze, leere Tabletten röhrchen)

Erster äußerer Eindruck

- Blutiger Speichel, Zungenbiß, Urinabgang oder Stuhlabgang: V. a. *Krampfanfall* (☞ 8.2.4)
- Opisthotonus: V. a. *Meningoenzephalitis* (☞ 8.2.5), *Tetanus* (☞ 8.2.5)
- Minderbewegung einer Halbseite: *zerebrale Läsion* (☞ 8.2.3)
- Herpetiforme Bläschen im Ohr: V. a. *Varizella-Zoster-Infektion* (☞ 8.2.5)
- Kopfverletzungen: V. a. *traumatische Hirnläsion* (☞ 11.2)
- Venöse Einstichstellen: V. a. *Drogenabusus* (☞ 9.5).

Kopfverletzung muß nicht immer *Ursache* zerebraler Störungen sein, sondern kann auch deren *Folge* sein (z. B. Sturz mit Kopfplatzwunde *nach* Hirninfarkt).

8.1.2 Atmung und Kreislauf

Hypoventilation

Neurologische Ursachen: Hirnstammschädigung; ausgedehnte kortikale Schädigung; Störung der Atemmechanik bei: Myasthenie (☞ 8.3.2), Guillain-Barré-Syndrom (☞ 8.2.8), fortgeschrittener degenerativer Muskel- oder Motoneuronerkrankung (z. B. Muskeldystrophie oder amyotrophe Lateralsklerose, ☞ 8.3.5); Intoxikation (z. B. Psychopharmaka, Antikonvulsiva, ☞ 9.4.2).

Hyperventilation

Neurologische Ursachen: „Maschinenatmung" durch direkte Stimulation des Atemzentrums bei indirekter (Hirndruck) und direkter Mittelhirnschädigung (☞ 8.2.2) oder Liquor-Azidose (z. B. Meningitis ☞ 8.2.5); Hyperventilationstetanie bei psychogener Störung (☞ 7.6).

Störungen des Atemmusters

- *Cheyne-Stokes-Atmung* (periodisch zu- und abnehmendes Atemzugvolumen). *Neurologische Ursachen:* große Hemisphärenläsion (☞ 8.2.3), bilaterale Großhirnläsion, Zwischen- und Mittelhirnläsion, Hirndrucksteigerung (☞ 8.2.2). *Sonstige Ursachen*: z. B. metabolische Störungen, Intoxikation (☞ 9)
- *Biot-Atmung (= ataktische Atmung*; völlig unregelmäßiges Atemzugvolumen und Atemfrequenz) z. B. bei Hirnstammläsionen (☞ 8.2.3)
- *Kussmaulatmung* (großes, tiefes Atemzugvolumen) bei metabolischer Azidose, z. B. ketoazidotischem Coma diabeticum (☞ 8.2.1).

Blutdruck

Bei *hypertensivem Notfall* zentralnervöse Symptome möglich (z. B. Psychosyndrom, Krampfanfall; ☞ 5.7).

Bei *niedrigem Blutdruck* bei älteren Patienten kann Halbseitensymptomatik auftreten als Zeichen nicht ausreichender lokaler zerebraler Perfusion (z. B. bei hämodynamisch wirksamer Karotisstenose) oder Verwirrtheit/Psychosyndrom als Folge unzureichender diffuser zerebraler Perfusion.

Hypertonus bei Bewußtseinsgestörten muß nicht *ursächliche* Grunderkrankung sein, sondern kann *Folge* erhöhten Hirndruckes sein (= Cushing-Reflex: Systemischer Hypertonus zur Sicherung des zerebralen Perfusionsdruckes bei Hirndruck). Daher sind abrupte Blutdrucksenkungen unter 180 mm Hg systolisch bei „zerebralen Notfällen" obsolet.

Puls und EKG

Hinweise auf *kardiale Genese* zerebraler Symptome? Z.B. Bewußtseinsverlust durch *kardiale Synkope* oder Schlaganfall durch *kardiale Embolie*. Vor diesem Hintergrund fahnden nach: Tachykardie, Bradykardie, Arrhythmie, AV-Block, Extrasystolie, Herzgeräuschen.

8.1.3 Bewußtseinslage

Festlegen der Bewußtseinslage

Durch Ansprechen oder Schmerzreize Bewußtseinslage feststellen.

Tab. 8.1.: Einteilung der Tiefe einer Bewußtseinsstörung

Bewußtseinslage	Klinischer Befund
bewußtseinsklar	örtlich, zeitlich und zur Person orientiert
somnolent	schläfrig, apathisch aber erweckbar, bedingt kooperativ
soporös	tiefschlafähnlich, allenfalls durch heftigen Reiz kurz erweckbar, gezielte Abwehr
komatös	nicht erweckbar, Augen geschlossen
Grad I	*gezielte Abwehr*, okulozephaler Reflex und Pupillenlichtreaktion positiv
Grad II	*ungezielte Abwehr,* okulozephaler Reflex und Pupillenlichtreaktion positiv
Grad III (Mittelhirnsyndrom)	*keine Abwehr*, reizinduzierte Automatismen (Beugen, Strecken), okulozephaler Reflex negativ, Pupillenreaktion schwach
Grad IV (Bulbärhirnsyndrom)	*fehlende motorische Reaktion,* allenfalls Streckautomatismus, Ausfall von Hirnstammreflexen, evtl. noch Spontanatmung

- Beeinträchtigung der Reaktionen auf verbale Aufforderungen bei Patienten mit *sensorischer Aphasie* (Patient versteht nichts) kann Bewußtseinsstörung vortäuschen
- *Komaähnliche Zustände*, die differentialdiagnostisch abgegrenzt werden sollten (☞ 8.2.1): apallisches Syndrom, Locked-in-Syndrom, akinetischer Mutismus, psychogenes Koma, depressiver Stupor, Katatonie.

Quantifizierung der Bewußtseinslage durch Skalen

Punktwerte erlauben eine quantifizierte Verlaufsbeobachtung. Weit verbreitet in deutschen Notarzt-Protokollen (DIVI): *Glasgow Coma Scale* (Kleinkinder ☞ Tab. 12.16). Differenzierter und in österreichischen Notarzt-Protokollen verbreitet: *Innsbrucker Koma Skala* (☞ Tab. 8.3).

- Bei intubierten, ansprechbaren Pat. muß statt der verbalen Reaktion das Wortverständnis in vereinfachter Form geprüft werden (Reaktion adäquat = 4, verlangsamt adäquat = 3, nur teilweise adäquat = 2, keine Reaktion = 0)
- Bei analgosedierten Pat. ist ein Status nach GCS nicht erhebbar.

Tab. 8.2.: Glasgow Coma Skala	
Augenöffnen	
spontan	4
auf Ansprache	3
auf Schmerzreiz	2
fehlend	1
Beste motorische Reaktion	
folgt Aufforderungen	6
gezielte Reaktion auf Schmerzreiz	5
normale Beugereaktion	4
atypische Beugemechanismen	3
Streckmechanismen	2
fehlend	1
Beste verbale Reaktion	
orientiert	5
konfuse Antworten	4
inadäquate Worte	3
unverständliche Laute	2
fehlend	1
Summe max. 15 Punkte	

8.1.4 Kopf und Hirnnerven

Pupillenweite und Lichtreaktion

Pupillenweite und *Lichtreaktion* seitengetrennt mit Stablampe oder Lichtquelle des Laryngoskopspatels prüfen.

- *Beidseitige Miosis* bei
  - Sympathikolytika
  - Parasympathikomimetika
  - Opioiden
  - Hirnstammschädigung
- *Beidseitige Mydriasis mit Lichtreaktion* bei
  - Sympathikomimetika
  - Parasympathikolytika
  - Kokain
  - Alkohol

Tab. 8.3.: Innsbrucker Koma Skala			
Reaktion auf akustische Reize		**Pupillenweite**	
Zuwendung	3	normal	3
besser als Streckreaktion	2	verengt	2
Streckreaktion	1	erweitert	1
keine Reaktion	0	weit	0
Reaktion auf Schmerz		**Pupillenreaktion**	
gerichtete Abwehr	3	ausgiebig	3
besser als Streckreaktion	2	unausgiebig	2
Streckreaktion	1	Spur	1
keine Reaktion	0	fehlend	0
Körperhaltung, -bewegung		**Bulbusstellung und -bewegung**	
normal	3	optisches Folgen	3
besser als Streckreaktion	2	Bulbuspendeln	2
Streckreaktion	1	divergent, wechselnd	1
schlaff	0	divergent, fixiert	0
Augenöffnen		**Orale Automatismen**	
Augenöffnen spontan	3	spontan	2
Augenöffnen auf akustischen Reiz	2	auf äußere Reize	1
Augenöffnen auf Schmerz	1	keine	0
fehlend	0	Summe max. 23 Punkte	

- *Beidseitige Mydriasis ohne Lichtreaktion* bei
  - Bilateraler Mittelhirnschädigung (direkt z.B. bei großer Mittelhirnblutung oder indirekt durch Hirndruck, z.B. bei Hirnblutung, Hirninfarkt, Hirntumor)
- *Anisokorie mit reduzierter oder fehlender Lichtreaktion der weiteren Pupille bei*:
  - Einseitiger Mittelhirnschädigung (direkt z.B. bei Mittelhirninfarkt oder indirekt durch einseitigen Hirndruck, z.B. bei Hirnblutung, Hirninfarkt, Hirntumor).

Wichtige Hirnnervenfunktionen

- *N.II (opticus) und Sehbahn*: Prüfung von Sehkraft (wieviel Finger werden gesehen?) und Gesichtsfeld (Hemianopsie fingerperimetrisch prüfen, bei Bewußtseinsgetrübten durch Drohbewegungen von rechts und links)
- *N. III/IV/VI* (oculomotorius, trochlearis, abducens): Prüfung der Okulomotorik (Finger in alle Richtungen nachblicken lassen), der Lidhebung (N. III; Ptose?) und der Lichtreaktion (s.o.), Doppelbilder?

N. V (trigeminus): Prüfung der sensiblen Funktion durch seitenvergleichende Berührung und Schmerzreize und durch Auslösung des Kornealreflexes (s. u.)
N. VII (facialis): Prüfung der Innervation der mimischen Muskulatur (Asymmetrie? Verstrichene Nasolabialfalte? Hängender Mundwinkel? Auffordern zum: Stirnrunzeln, Augen zukneifen, Zähne zeigen, Backen aufblasen, Pfeifen). Bei *peripherer Lähmung* sind alle 3 Äste betroffen (auch bei Läsion des Kerngebietes im Hirnstamm); bei *zentraler Lähmung:* Stirnast intakt, Augenschluß evtl. leicht geschwächt
N. VIII (vestibulocochlearis): Prüfung des Hörvermögens (geflüsterte Zahlen) und des Gleichgewichts (Nystagmus? Steh- und Tretversuch?)
N. IX (glossopharyngeus) und N. X (vagus): Prüfung von Würgereflex und seitengleicher Hebung des Gaumensegels
N. XII (hypoglossus): Prüfung der Zungenmotorik (Zunge herausstrecken; Atrophie? Faszikulationen? Abweichung zur kranken Seite?).

Hirnstammreflexe

Der Ausfall von Hirnstammreflexen signalisiert bei Bewußtseinstrübung tiefes Komastadium bzw. direkte oder indirekte Hirnstammschädigung.
Kornealreflex: seitliche Berührung der Kornea führt zum Lidschluß (Afferenz N. V1, Efferenz N. VII). Beidseitiger Ausfall spricht für Hirnstammschädigung, einseitige Abschwächung kann Seite einer Hemisymptomatik anzeigen
Okulozephaler Reflex: passive Kopfbewegung horizontal und vertikal führt zu gegenläufigen konjugierten Bulbusbewegungen. Wird vom wachen Patienten unterdrückt („negativ"); bei Sopor „positiv", in tieferen Komastadien wieder Ausfall („negativ") als Ausdruck einer Mittelhirn- und Hirnstammläsion
Würgereflex (Afferenz N. IX, Efferenz N. X.): Spatel an Rachenhinterwand löst reflektorisches Würgen und Anhebung des Gaumensegels aus. Ausfall im Koma: Hirnstammschädigung (Medulla oblongata, ☞ 8.2.3); Ausfall auch bei peripherer Hirnnervenläsion (z. B. beim Guillain-Barré-Syndrom ☞ 8.2.8). Bei Ausfall: Aspirationsgefahr!
Hustenreflex: endotrachealer Absaugkatheter führt zu Hustenreflex. Ausfall bei Schädigung der Medulla oblongata (Bulbärhirnsyndrom).

Ausfall der Hirnstammreflexe bedeutet Wegfall der Schutzreflexe; daher Intubationsbereitschaft
Bei Bewußtlosen mit Hirndruck kann Auslösung des Würgereflexes zu massivem Erbrechen mit Aspirationsgefahr führen! Intubationsbereitschaft!

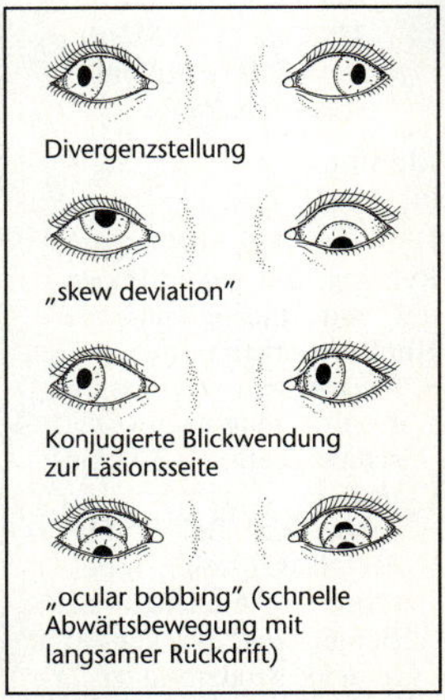

Abb. 8.1 Pathologische Bulbusstellungen

Spontane Augenstellung und -bewegungen (☞ Abb. 8.1)

Divergente Bulbi? < 15° ursachenunabhängig im Koma durch reduzierten Muskeltonus möglich; bei ausgeprägter Divergenz im Koma meistens Schädigung der Hirnnervenbahnen oder -kerne im *Hirnstamm*, sonst evtl. auch der Augenmuskeln oder der peripheren Augenmuskelnerven

- *Skew deviation*? Vertikale Divergenz der Bulbi (stehen in unterschiedliche Höhe) bei *Hirnstammläsion*
- *Spontanes Hin- und Herpendeln der Bulbi*? („schwimmende Bulbi") unspezi fisch bei oberflächlichen Komastadien
- *Konjugierte Blickwendung* nach einer Seite? Zeigt zerebrales Geschehen an:
  - Blick *zum Herd* bei *Großhirnläsionen*
  - Blick *weg vom Herd* bei Reizung im Großhirn (z. B. epileptisch) oder Läsio im *Hirnstamm*
- *Spontane Vertikalbewegungen (z. B. ocular bobbing)?* Schnelle konjugiert Abwärtsdeviation mit langsamer Rückdrift: Läsion im Bereich *Mittelhirn Brücke*
- *Nystagmus?*
  - *Spontannystagmus und richtungsbestimmter Nystagmus* (unabhängig von der Blickrichtung in gleiche Richtung schlagend) nach einer Seite (evtl. rotierende Komponente): meist *peripher vestibuläre* Läsion, z. B. *Neuropathia vestibularis* (☞ 8.2.7), mit Tinnitus: *M. Menière* (☞ 8.2.7)
  - *Blickrichtungsnystagmus* (in Richtung des Blickes schlagend*):* *zentral vestibuläre* Läsion: z. B. *Hirnstammischämie* (☞ 8.2.3), *Multiple Sklerose* (☞ 8.3.3), Antikonvulsiva-Intoxikation.

Meningismus (☞ Abb. 8.2)

Hinweis auf meningeale Reizung. Bei jedem Patienten mit Fieber und/oder Kopfschmerzen prüfen.

- *Nackensteife:* passive Kopfneigung nach vorne: schmerzhafte Blockierung
- *Brudzinski:* Bei Prüfung der Nackensteife: reflektorisches Anziehen der Beine. ***Cave:*** Nackensteife und Brudzinski nicht prüfen nach Trauma bei V. a. HWS-Instabilität

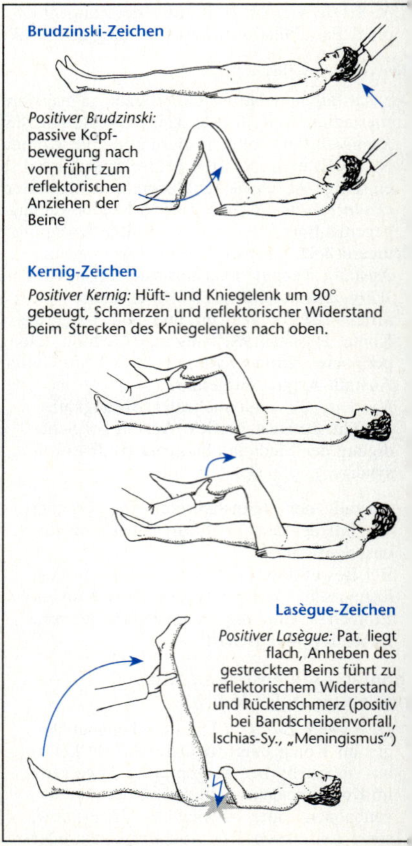

Abb. 8.2: Klinische Meningitiszeichen

Lasègue: Anheben des gestreckten Beines im Liegen: schmerzhafte Blockade. Einseitig bei Wurzelreizung
Kernig: Patient liegt mit im Hüft- und Kniegelenk um 90° gebeugten Bein. Strecken im Kniegelenk: Schmerzen und Blockade.

ifferentialdiagnose

Nackenrigor bei M. Parkinson, Blockade bei *degenerativen HWS-Veränderungen,* Widerstand durch Anspannung der Nackenmuskeln
Opisthotonus bei V. a. Tetanus; begleitender Trismus, Risus sardonicus, generalisierte Muskelkrämpfe.

.1.5 Tonus und Motorik

onus

rüfung des Muskeltonus: passives Bewegen im Knie-, Ellenbogen- und Handgenk.

Spastik: bei schneller Bewegung größerer Widerstand, der sich zunehmend etwas lösen läßt. Typisch bei subakuter Schädigung der Pyramidenbahn (in der Akutphase zentraler Schädigung ist Tonus jedoch oft noch schlaff)
Rigor: wachsartiger Widerstand evtl. ruckhaft (= Zahnradphänomen). Typisch bei extrapyramidaler Schädigung (z. B. Morbus Parkinson).

lotorik

Bei Kooperativen: Beurteilung von Spontanmotorik und Prüfung grober Kraft: Patient zu kräftiger Bewegung auffordern; Untersucher versucht, Stellung zu lösen (z. B. Arm kraftvoll beugen lassen; Untersucher versucht, Beugung aufzubiegen). Prüfung auf *latente Paresen*: Arm- und Beinvorhalteversuch. Beide Arme mit geschlossenen Augen suppiniert nach vorne halten bzw. beide Beine im Liegen hochhalten: Absinken bzw. Pronation einer Extremität zeigt latente Parese an
Bei Bewußtseinsgestörten: Beurteilung von Spontanmotorik und reizinduzierter Motorik.

neifen im Gesicht, Klavicula-Bereich, Oberarm, Oberschenkel und die dadurch ervorgerufene Motorik beachten. Hinweise auf *Hemiparese*:

- Halbseitig verminderte Spontanbewegung und verminderte Schmerzabwehr
- Schlaffes Herabfallen einer vom Untersucher hochgehaltenen Extremität
- Halbseitig hängender Mundwinkel und vermindertes Grimassieren
- Blasende Atmung aus paretischem Mundwinkel
- Halbseitig abgeschwächter Kornealreflex.

inweise auf ausgedehnte *Hirnstammschädigung*:

- Schmerzinduzierte Beuge- oder Streckautomatismen.

8.1.6 Reflexe und Pyramidenbahnzeichen

Eigenreflexe

BSR = Bizepssehnenreflex (C5–6), RPR = Radiusperiostreflex (C5–6), TSR = Tr zepssehnenreflex (C6–7), PSR = Patellarsehnenreflex (L3–4), ASR = Achillesse nenreflex (S1–2).

Pathologisch: Seitendifferenzen, Steigerung oder Abschwächung/Verlust, Kloni.

- *Steigerung* bei Läsionen der Pyramidenbahn. Bei akuten Schädigungen jedoc auch vorübergehende Abschwächung (z. B. nach Schlaganfall ☞ 8.2.3)
- *Abschwächung* oder *Verlust* ist Zeichen einer peripheren Schädigung (z. B. b Guillain-Barré-Syndrom ☞ 8.2.8)
- *Kloni:* Rasche wiederholte Abfolge von Eigenreflexen als Ausdruck gesteige ter Reflextätigkeit, z. B. *Patellarklonus*: (Patella ruckartig nach distal schiebe und *Fußklonus (*ruckartige Fußbewegungen bei Dorsalflexion und ASR-Pr fung). Seitendifferenz und fehlende Erschöpfung sind pathologisch und spr chen für Pyramidenbahnschädigung. Erschöpflicher Klonus nur bei Seitendiff renz pathologisch.

Fremdreflexe

Bauchhautreflexe (Th9 – Th12): In 3 Höhen durch Streichen mit dünnem Gege stand von lateral nach medial über die Bauchhaut jeder Seite fahren: Zucken d Bauchmuskeln. Nach mehrmaligem Prüfen erschöpflich. Ausfall bei Pyramide bahnschädigung (feiner Indikator). Einseitiger Ausfall hinweisend auf Hemisy drom. Wichtig zur Höhenlokalisation bei Rückenmarksläsionen. Bei Verspannun Adipositas, Narben, Schwangeren oft nicht auslösbar.

Pyramidenbahnzeichen

8

Bei Erwachsenen *immer pathologisch*. *Babinski-Zeichen*: Bestreichen der later len Fußsohle führt zu Dorsalflexion der Großzehe und Plantarflexion oder Spre zung der Zehen II – V. Positiv bei Pyramidenbahnschädigung (Großhirn, Hir stamm, Rückenmark).

8.1.7 Sensibilität, Koordination und Sprache

Sensibilität

Bei *kooperativen Patienten* Oberflächen- *und (!)* Schmerzempfindung prüfe Wenn Oberflächensensibilität normal und Schmerzempfindung gestört = dissoz ierte Empfindungsstörung. Typisch bei spinaler Durchblutungsstörung: „Spinali anterior-Syndrom" (☞ 8.2.9).

Bei *Bewußtseinsgestörten* indirekte Hinweise auf Hypästhesie / Hypalgesie durc verminderte motorische Reaktionen (nicht gelähmter Extremitäten) auf sensib Stimuli im entsprechenden Areal.

Koordination

Bei *kooperativen Patienten*

- *Finger-Nase-Versuch*: Finger in großem Bogen zur Nase bewegen (Augen offe und geschlossen)

- *Knie-Hacke-Versuch:* Im Liegen Ferse in großem Bogen auf das Knie des gestreckten anderen Beines setzen und am Schienbein nach unten gleiten. *Pathologisch:* Intentionstremor (Wackeln am Ende der Bewegung) und Ataxie (fahriges Wackeln während der gesamten Bewegung) bei Kleinhirnläsionen
- *Diadochokinese:* Ausführung schnell alternierender Bewegungen („Glühbirne einschrauben", „Klavier spielen"). *Pathologisch:* („*Dysdiadochokinese*") bei zentralen Läsionen
- *Romberg-Test:* Patient steht mit geschlossenen Füßen und nach vorne ausgestreckten Armen vor dem Untersucher. *Pathologisch:* Fallneigung bei peripher oder zentral vestibulärer Läsion
- *Seiltänzer-Gang:* Einen Fuß vor den anderen setzen lassen. *Pathologisch* bei zerebellärer oder spinaler Ataxie oder bei Fallneigung vestibulärer Ursache.

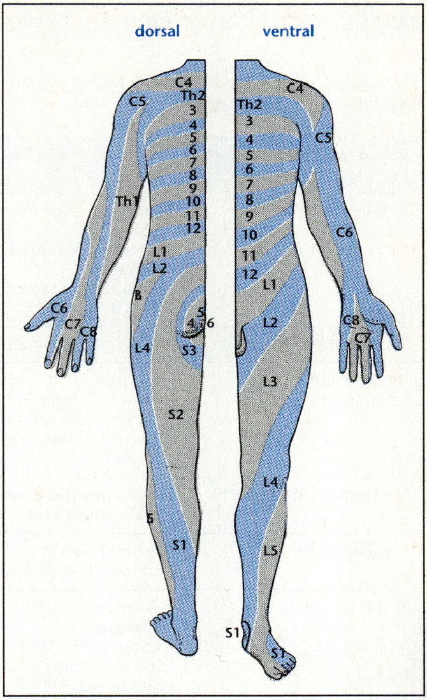

Abb. 8.3: Dermatome

Sprache

- *Dysarthrie:* Aussprache gestört (Testsatz: „Liebe Lilly Lehmann"). Bei Bewußtseinstrübung, Läsionen von Großhirn (z. B. Intoxikation, Schlaganfall), Hirnstamm, kaudaler Hirnnerven
- *Aphasie:* Störung der Sprachbildung und des Sprachverständnisses (Broca = motorische Aphasie, Wernicke = sensorische Aphasie). Beurteilung der Spontansprache und gezeigten Schüsselbund, Kugelschreiber usw. benennen lassen. Wortfindungsstörungen? Werden verbale Aufforderungen verstanden? Paraphasien (z. B. Kauffrau statt Hausfrau, Würst statt Fürst)?

8.1.8 Kurzuntersuchung bei Bewußtseinsgetrübten

Meningismus kann im Koma bei Meningoenzephalitis oder Subarachnoidalblutung fehlen (= „falsch negativ").

Tab. 8.4.: Neurologische Basisuntersuchung bei bewußtseinsgetrübten Patienten

Patient ansprechen:	- Orientierung? (Name, Geburtsdatum, Ort, Datum) - Sinnvolle Kommunikation? - Aphasie? - Bewußtseinslage: Somnolenz – Sopor – Koma? (☞ 8.2.1)
Spontanmotorik:	- Seitengleich – halbseitig?
Abwehr auf Schmerzreize:	- Ja – nein? - Gezielt – ungezielt? - Seitengleich – halbseitig – halbseitig gekreuzt? - Streck-/ Beugesynergismen? - Tonus?
Meningismus: (☞ 8.2.5)	- Nackensteife? ***Cave:*** Nach Trauma bei V. a. HWS-Instabilität
Pupillenweite:	- Lichtreaktion? - Isokorie – Anisokorie?
Bulbi: (☞ 8.1.4)	- „Schwimmend"? - Divergent? - Konjugierte Blickwendung? - Spontane vertikale Bulbusbewegungen? - Nystagmus?
Okulozephaler Reflex: (☞ 8.1.4)	- Positiv? Negativ?
Kornealreflex: (☞ 8.1.4)	- Einseitig / beidseitig abgeschwächt oder aufgehoben?
Reflexe: (☞ 8.1.6)	- Eigenreflexe seitendifferent, abgeschwächt, gesteigert? - Babinski einseitig / beidseitig? - Bauchhautreflexe seitendifferent?

8

8.2 Leitsymptome und -syndrome

8.2.1 Nichttraumatische Bewußtseinsstörung / Koma

Ätiologie meist
- *Intoxikationen*
- *Metabolische Störungen*
- *Primär zerebrale Erkrankungen.*

Symptomatik (☞ Tab. 8.5)

Bewußtseinstrübung oder Koma
- Ohne sonstige zerebrale Begleitsymptome (meist Intoxikation oder Stoffwechselgeschehen)
- Mit multifokalen zerebralen Symptomen (internistisches oder primär zerebrales Geschehen)
- Mit Halbseitenlähmung (meist primär zerebrales Geschehen = *„Schlaganfall")*
- Mit Meningismus (meist primär zerebrales Geschehen)
- Mit Ausfall von Hirnstammfunktionen (meist primär zerebrales Geschehen) ☞ 8.2.3.

Kurzanamnese

Zeitprofil der Symptome:
- Zuerst Bewußtseinsstörung oder motorische Störung, danach Störungen der Atmung und der Zirkulation → V.a. *primär zerebrale* Ursache
- Zuerst kardiopulmonales Problem, danach Bewußtseinsstörung durch sekundären O_2-Mangel → V. a. *extrazerebrale Ursache.*

Neurologische Erkrankung oder Behandlung:
- Anfallsanamnese: V. a. *Anfallsgeschehen*
- Liquordrainagesystem bei Bewußtseinstrübung: V. a. Hirndruck bei *Shuntdysfunktion*

Internistische Erkrankung oder Behandlung:
- Plötzliche Halbseitenlähmung bei Behandlung mit Marcumar® : V. a. *Hirnblutung*
- Plötzliche Halbseitenlähmung bei Gefäßrisikofaktoren bzw. -vorerkrankungen und Herzerkrankungen mit Embolieneigung: V. a. *Hirninfarkt*
- Bekannter Diabetes, Insulinspritzen, Prodromi des Coma diabeticum (Polyurie, Polydipsie, Adynamie): V. a. *Hypo-/Hyperglykämie*
- Bewußtlosigkeit nach primär kardiopulmonalen Ereignissen: V. a. *diffuse zerebrale Hypoxie, Schrittmacherfehlfunktion*
- Elektrolyt- bzw. Stoffwechsel-Vorerkrankung (z. B. Hypothyreose, Niereninsuffizienz, Addison-Krise): V. a. *Enzephalopathie* bei Dekompensation
- Bekanntes Tumorleiden: V.a. *Hirnmetastasen oder Meningeosis carcinomatosa;* bei Knochenmetastasen: V.a. *hyperkalzämische Enzephalopathie*

Typische Symptomkonstellationen:
- Fieber, Infektion/Entzündung, subakuter Verlauf mit Kopfschmerz, Sinusitis, Otitis, Z. n. Schädelhirntrauma mit Rhino-/Otoliquorrhoe, TBC-Anamnese, Endokarditis, Immunsuppression, HIV-Infektion oder -Risikogruppe: V. a. *Meningoenzephalitis*

Tab. 8.5.: Differentialdiagnose des unklaren Komas

Koma	Definition / Symptomatik	Ursachen
Ohne zusätzliche zerebrale Symptome	Zusätzlich zur Bewußtseinsstörung - Keine Hinweise auf fokale zerebrale Läsion - Kein Meningismus - Generalisierter Anfall möglich	Meist internistische Ursache: - Intoxikation - Medikamentenüberdosierung - Metabolisch/Elektrolytstörung - Endokrin - Diffus hypoxisch - Sonnenstich (Insolation), Hitzschlag - Schrittmacherfehlfunktion
Mit multifokalen zerebralen Begleitsymptomen	Zusätzlich zur Bewußtseinsstörung *multifokale Herdzeichen*: Paresen, Sensibilitätsstörungen, Aphasie, homonyme Hemianopsie, Hirnnervenausfälle, Myoklonien, fokale Krampfanfälle	- Hypoxisch - Entzündlich: Meningoenzephalitis, Enzephalitis, Herdenzephalitis bei Endokarditis - Vaskulär: Sinusthrombose, Vaskulitis, multiple Embolien, Luft- und Fettembolie, hypertensive Enzephalopathie,multiple Blutungen bei Gerinnungsstörungen - Tumoren/Metastasen - Metabolisch - Wernicke-Enzephalopathie bei Alkoholismus
Mit Halbseitenlähmung	Zusätzlich zur Bewußtseinsstörung zerebrales *Halbseitensyndrom*: Verminderte Spontanbewegung, schlaffes Herabfallen der hochgehaltenen Extremität, verminderte Abwehr auf Schmerzreiz, hängender Mundwinkel, blasende Atmung aus paretischem Mundwinkel, leicht geöffnete Lidspalte, außenrotiertes paretisches Bein, vermindertes einseitiges Grimassieren auf Schmerzreize, abgeschwächter Kornealreflex, konjugierte Kopf- und Blickwendung zur Seite der zerebralen Läsion, Blickparese zur Gegenseite	- Akut *(„Schlaganfall")*: Hirninfarkt, Hirnblutung - Subakut: Sinusvenenthrombose, Hirntumor, Hirnabzeß, Enzephalitis - Vorübergehend nach Krampfanfall mit fokaler Symptomatik (Toddsche Parese) - Evtl. unter Hypoglykämie
Mit meningealem Syndrom	Zusätzlich zur Bewußtseinsstörung *Meningismus* (☞ 8.2.5) ***Cave:*** Im Koma schließt fehlender Meningismus Meningoenzephalitis und SAB nicht aus	- Vaskulär (akut): Subarachnoidalblutung (SAB) - Entzündlich (subakut): Meningitis, Meningoenzephalitis, Enzephalitis - Maligne (selten; langsam progredient): Meningeosis carcinomatosa, sarcomatosa, leucämica - Selten Raumforderungen der hinteren Schädelgrube

8

Plötzlicher Kopfscherz und evtl. zusätzliche neurologische Symptome, Auftreten nach plötzlicher Anstrengung (Defäkation, Koitus): V. a. *Subarachnoidalblutung (SAB)*
Suiziddrohung oder -anamnese, psychiatrische Erkrankung, sedierende Medikamente: V. a. *Intoxikation*.

Sofortdiagnostik

Basischeck (☞ 4.1.2)
Puls, RR, SpO_2, EKG (Herzrhythmusstörungen?) → evtl. Hinweise auf kardiale/kardiopulmonale Ursache (z. B. Koma nach Asystolie oder Kammerflimmern, Schrittmacherfehlfunktion)?
BZ → hyper-, hypoglykämisches Koma? **BZ-Stix bei jedem Koma!**
Neurologische Basisuntersuchung (☞ 8.1.8)
Herzauskultation (Vitien?)
Lungenauskultation → evtl. kardiopulmonale Ursache (z. B. Lungenödem, Pneumonie) für Zyanose und zerebrale Hypoxie?
Kardiale Stauungszeichen?
Extremitäten:
- Pulse (blasse kalte Extremität bei Schlaganfall → V. a. multiple kardiale Embolien)
- „Osler-splits" = purpurrote erhabene Hauteffloreszenzen 2–5 mm an den Fingerkuppen bei Schlaganfall oder Koma → V. a. Enzephalopathie oder septische Hirnembolien bei Endokarditis)?

Fieber?
Hautbefund: Zyanose; Exsikkose (in Kombination mit anamnestischer Schwäche, Apathie, Übelkeit, abdominellen Schmerzen → V. a. NNR-Insuffizienz, Addison-Krise), „Barbituratblasen" (→ V. a. Intoxikation); Schwitzen (→ V. a. Hypoglykämie, Hyperthyreose), heiße, trockene Haut (→ V. a. thyreotoxisches Koma), Ikterus, Spidernaevi (→ V. a. Coma hepaticum), Café-au-lait-Haut (→ V. a. Urämie), Gesichtsrötung (→ V. a. Hypertonie, Coma diabeticum, Sepsis), Blässe (→ V. a. Anämie, Schock, Hypoglykämie). Hochroter, heißer Kopf nach Sonnenexposition (→ V. a. Sonnenstich, Hitzschlag)
Foetor: Alkohol, Aceton-Obst-Geruch (→ V. a. Coma diabeticum), Ammoniakgeruch (→ V. a. Coma hepaticum), Harngeruch (→ V. a. Coma uraemicum), Knoblauchgeruch (→ V. a. Alkylphosphatintoxikation)
Umgebungshinweise auf Intoxikation? Umherstehende Medikamente oder mögliche Giftstoffe asservieren!
Zungenbiß, Schaum vor dem Mund, Urin- oder Stuhlabgang? → V. a. Krampfanfall
Ohrinspektion (Zosterbläschen, eitriger Ausfluß?) → V. a. Meningitis, Enzephalitis
Liquorrhoe aus Nase oder Ohr? → V. a. Trauma? V. a. Meningitis, Enzephalitis
Prallgefüllte Blase? → bei Bewußtseinsgetrübten oft Grund für psychomotorische Unruhe.

Sofortmaßnahmen

Stabile Seitenlage bei Erbrechen; bei V. a. Hirndruck: Kopf- und Oberkörperhochlagerung 30–40°
Atmung:
- Bei oberflächlicher Bewußtseinsstörung, zurückfallender Zunge und SpO_2 zwischen 90 und 95 %: O_2-Gabe (☞ 1.7.3) und ggf. Guedel- oder Wendl-Tubus

- Bei insuffizienter Atmung (trotz O_2-Gabe $SpO_2 < 90\,\%$ bei pulmonal nich Vorerkrankten) und/oder Beeinträchtigung der Schutzreflexe: Intubation unc Beatmung
- Bei Koma Intubationsindikation großzügig stellen
- Anschließend Beatmung (Ziel: pCO_2 ca. 35 mmHg)

- I. v.- Zugang mit Infusion: 500 ml isoosmolare Lösung (z.B. Ringer-Lösung NaCl 0,9 %)
- BZ-Regulation:
  - Bei Hypoglykämie: 50–100 ml 40 % Glukose i. v.
  - Bei Hyperglykämie: Flüssigkeitssubstitution 500–1000 ml NaCl 0,9 %; *keine voreiligen Insulingaben*
  - Nur wenn kein BZ-Stix vorhanden: 50 ml 40 % Glukose i. v. als Test ob Hypo- oder Hyperglykämie
- RR-Regulation:
  - Bei RR < 100 mm Hg systolisch: Substitution mit 500 ml Volumenersatzmit-teln (z. B. HÄS 10 %, ***Cave:*** dekompensierte Herzinsuffizienz) und/oder Ka-techolamingabe (☞ 5.9, ***Cave:*** Tachykardie)
  - Keine forcierte RR-Senkung unter 180/90 mmHg
  - Bei RR systolisch > 190 mmHg oder diastolisch > 110 mmHg: z. B. 5 mg Ni-trendipin-Phiole (Bayotensin® akut), bei Wirkungslosigkeit 0,075–0,150 mg Clonidin i. v. (z. B. 1/2–1 Amp. Catapresan®) oder 25–75 mg Urapidil i. v (z. B. 1–3 Amp. Ebrantil® 25 mg)
- Behandlung bedrohlicher Herzrhythmusstörungen (☞ 5.4)
- Bei psychomotorischer Unruhe (☞ 10.3.2): 5–10 mg Diazepam langsam i. v (z. B. 1/2–1 Amp. Valium® 10 mg) oder 5–10 mg Midazolam langsam i. v (z. B. 1/3–2/3 Amp. Dormicum® 15 mg bzw. 1–2 Amp. Dormicum® 5 mg). ***Cave:*** Atemdepression, daher: Intubationsbereitschaft
- Bei V. a. *schwere Benzodiazepinintoxikation* ggf. zur Differentialdiagnostik und Behandlung 1–2 Amp. Flumazenil langsam i. v. (z. B. Anexate® 0,5 mg, 1–2 Amp.) ***Cave:*** bei Epilepsie und Krampfanfällen
- Bei V. a. *schwere Opioidintoxikation* ggf. zur Differentialdiagnostik und Behand-lung je nach Wirkung 0,4–2 mg Naloxon langsam i. v. (z. B. 1–5 Amp. Narcanti® 0,4 mg). ***Cave:*** Enzugssyndrom bei Opioidabhängigkeit
- Bei V. a. *Sonnenstich oder Hitzschlag* Pat. entkleiden und in kühler Umgebung lagern, kühle, feuchte Tücher auf Kopf und Rumpf auflegen. Volumengabe (500 ml isomolare Lösung, z. B. Ringer, NaCl 0,9 %), 100 mg Dexamethason i. v. (z. B. Fortecortin®)
- Bei *Hirntumoranamnese unklarer oder niedriger Malignität* oder bei V.a. *intra-zerebrale Blutung* (z. B. unter Marcumar®): 40–100 mg Dexamethason i. v (z. B. Fortecortin®)
- Bei bekanntem *malignen Hirntumor* (z. B. Glioblastom) oder bekannten Hirn-metastasen möglichst *Verzicht auf invasive Sofortmaßnahmen* (z. B. Intubation wegen infauster Prognose
- Bei starken Kopfschmerzen bei Verdacht auf intrazerebrale Blutung oder Sub-arachnoidalblutung Opioid, z. B. Tramadol 1–2 mg/kg KG i. v. (z. B. 2 Amp Tramal® 50 mg) oder 1000 mg Metamizol i. v. (z. B. 1 Amp. Novalgin® 1000 mg).

- Psychomotorische Unruhe bei Bewußtseinsgetrübten kann durch Harnverhalt ausgelöst werden: bei voller Blase transurethrale Katheterisierung
- Keine Azetylsalizylsäure (z. B. Aspirin® oder Aspisol®) bei V. a. intrakranielle Blutung wegen Nachblutungsgefahr.

'ransport

Schnellstmöglicher Transport mit Sondersignalen
Intensivstation, möglichst mit Zugriff auf CT
Internistische Klinik, wenn außer Bewußtseinsstörung keine sonstigen zerebralen Symptome vorliegen
Neurologische oder neurochirurgische Klinik (wenn primär mit RTW erreichbar) bei fokalen zerebralen Herdsymptomen und damit V. a. primär zerebrales Ereignis
Ausnahme: Nach überstandener Bewußtlosigkeit durch Krampfanfall ohne Sekundärverletzung und nach Abklingen eines postiktalen Dämmerzustandes bei bekannter Epilepsie kann Einweisung unterbleiben. Baldige Vorstellung beim Neurologen empfehlen (☞ 8.2.4).

ubarachnoidalblutung kann durch eine Vielfalt von EKG-Veränderungen (Rhythmusstörungen, Veränderungen der ST-Strecke) Verdachtsdiagnose in Richtung Ierzinfarkt fehllenken.

rinzipien der Weiterbehandlung

Diagnostische Abklärung (klinische Untersuchung, Labor, CT, Liquor, Gefäßdiagnostik, EEG)
Spezifische Therapie, z. B. Korrektur von Wasser-, Elektrolyt-, Stoffwechselstörung; Hämofiltration (bei Intoxikation); Osmotherapie, evtl. Entlastungstrepanation (bei Hirndruck), Fibrinolyse (neurologische Zentren, Zeitfenster < 6 h) oder Antikoagulation (bei embolischem Hirninfarkt); evtl. rheologische Therapie (bei Hirninfarkt); evtl. ischämieprotektive Substanzen; Liquordrainage (bei Liquorstau); Breitbandantibiose (bei bakterieller Meningitis); Aciclovir (z. B. Zovirax®) (bei Enzephalitis); Frühoperation (bei SAB)
Frührehabilitation.

eltene Differentialdiagnosen des Komas

Apallisches Syndrom („Wachkoma", „persistent vegetative state"): „Wachheit", da Augen offen, aber keinerlei Kontaktaufnahme oder gezielte Reaktion möglich. *Ursache:* Weitgehend intakte Hirnstammfunktion bei Verlust kortikaler Funktionen. *Therapeutische Konsequenz:* Ist apallisches Syndrom vorher bekannt, sollte bei vitaler Bedrohung Zurückhaltung bei invasiven Therapiemaßnahmen geübt werden.
Locked-in-Syndrom: Erhaltenes Bewußtsein, aber keine Möglichkeit, sich bemerkbar zu machen (außer Augenbewegungen). *Ursache:* Meist Hirnstamminfarkt bei Basilaristhrombose oder Hirnstammblutung. *Therapeutische Konsequenz:* Patient wirkt komatös, muß auch notfallmäßig so behandelt werden. *Aber:* Patient versteht alles, was gesprochen wird.
Akinetischer Mutismus: Patienten sind erweckbar, öffnen Augen, fixieren kurz, sprechen nicht und bewegen sich nicht. Wirkt wie höchstgradige Antriebsstörung. *Ursache:* Bei Hydrozephalus und bilateralen Gehirnläsionen. *Therapeutische Konsequenz:* Hinsichtlich der Funktion von Spontanatmung und Schutzreflexen weniger gefährdet als „echt" Komatöser
Psychogenes Koma: Keine Reaktionen auf stärkste Schmerzreize (unterdrückt). Dazu diskrepant: Hirnstammreflexe o. B., Spontanatmung gut, aktives Zukneifen der Augenlider bei Öffnungsversuch, prompte Lidschlußverstärkung bei leichter Berührung der Wimpern, über Gesicht losgelassener Arm wird zum Schutz abgebogen. *Ursache:* Psychische Erkrankung, Konfliktreaktion („Totstellen"). *Therapeutische Konsequenz:* Vermeiden invasiver Therapien, z. B. In-

tubation bei erhaltenen Schutzreflexen und guter Spontanatmung. Nicht allein wegen des vermeintlichen Komas intubieren und maximal versorgen
- *Depressiver Stupor* und *Katatonie* (☞ 10.3.5).

8.2.2 Hirndruck/Einklemmung

- *Hirndruck*: Volumenvermehrung in der starren Kalotte führt zunächst zu mäßigem, bei weiterer Volumenzunahme zu exponentiellem Druckanstieg mit Abnahme der zerebralen Durchblutung. Plötzliche Dekompensation möglich.
- *Einklemmung*: Bei stark erhöhtem Hirndruck können Anteile des Schläfenlappens durch den Tentoriumschlitz oder/und die Kleinhirntonsillen ins Foramen magnum gepreßt (eingeklemmt) werden. Dabei werden auch Gefäße komprimiert.

Mögliche Ursachen sind:
- *Hirnödem* (Enzephalitis, Hirntumor, Hirnabszeß, Hirninfarkt, diffuse Hypoxie z. B. nach Reanimation)
- *Venöse Abflußbehinderung:* Sinusvenenthrombose
- *Intrakranielle Raumforderung:* Blutung, Tumor, Abszeß
- *Behinderung von Liquorabfluß oder -resorption:* Aquäduktstenose, Okklusion durch Raumforderung, posthämorrhagische oder meningitische Arachnopathie Shuntdysfunktion.

Symptomatik
- Bei *akuter* Hirndrucksteigerung mit Einklemmung

Zunächst:
  - Motorische Unruhe
  - Bewußtseinstrübung
  - Beugemuster der Arme und Streckmuster der Beine

8

dann:
  - Generalisierte Streckspasmen
  - Pupillenstörungen (erst eng, dann weit und lichtstarr)
  - Ausfall von Hirnstammreflexen und zunehmender Ausfall vegetativer Zentren: Bradykardie, Hyperthermie, dann Tachykardie, Hypothermie, Atemlähmung.
- Bei *subakuter oder chronischer* Hirndrucksteigerung (Langsamer fortschreitende Prozesse: z. B. bei Tumoren, Shuntfehlfunktion):
  - Kopfschmerzen (am Morgen ausgeprägter)
  - Erbrechen (schwallartig, nüchtern, evtl. ohne Übelkeit)
  - Zunehmende Bewußtseinstrübung
  - Gähnen, Singultus
  - Bei weiterer Druckzunahme: Zeichen der Einklemmung (s. o.).

Kurzanamnese
- Bekannte zerebrale Erkrankung? → V. a. Hirndruck durch Dekompensation?
- Liquordrainage (Shunt) bekannt ? → V. a. Shuntdysfunktion
- Gefäßrisikofaktoren bzw. -vorerkrankungen (Hypertonus, Diabetes, Gefäßmißbildung, Gerinnungsstörung)? → V. a. Hirnblutung
- Herzerkrankungen mit EmboliENEigung (Rhythmusstörungen, Klappenerkrankungen, Vitien)?

Medikamentenanamnese (Antikoagulantien)?
Tumoranamnese? → V. a. Metastasen
Fieber oder Infektion? → V. a. Meningoenzephalitis
Anfallsanamnese? → V.a traumatisches Hirngeschehen (☞ 11.2) oder V. a. Dekompensation einer zugrundeliegenden Hirnerkrankung
Starke Hitzeexposition und körperliche Anstrengung.

Sofortdiagnostik

Basischeck (☞ 4.1.2)
RR, SpO_2, EKG (Herzrhythmusstörungen?)
BZ? (Hyper-, Hypoglykämie?)
Neurologischer Basischeck (☞ 8.1.8)
Herzauskultation (Vitien?)
Lungenauskultation → evtl. kardiopulmonale Ursache (z. B. Lungenödem, Pneumonie) für Zyanose und zerebrale Hypoxie?
Kardiale Stauungszeichen?
Periphere Embolien (blasse kalte Extremität bei Schlaganfall → V. a. kardiale Embolien oder Schlaganfall. Koma mit „Osler-splits" = purpurrote erhabene Hauteffloreszenzen 2–5 mm an den Fingerkuppen → V. a. Enzephalopathie oder septische Hirnembolien bei Endokarditis)?
Fieber?
Liquorrhoe aus Nase oder Ohr? → V. a. Trauma? V. a. Meningitis, Enzephalitis.

Sofortmaßnahmen

Kopf- und Oberkörperhochlagerung 30–40°
Atmung:
- Bei *akutem* Hirndruck und *Einklemmungszeichen* großzügige Intubationsindikation und Beatmung (☞ 3.4.8; PEEP nicht > 5 mmHg) (Ziel: pCO_2 ca. 35 mmHg)

Zur Sedierung bei Intubation wegen hirndrucksenkender Wirkung günstig: Thiopental 300–500 mg i. v. (z. B. Trapanal®). ***Cave*** RR-Abfall bei niedrigem Ausgangs-RR.

Sind bei *chronischer* Drucksteigerung Schutzreflexe und Atmung noch gut, kann Intubation unterbleiben
O_2-Gabe (☞ 1.7.3), ggf. Guedel- oder Wendl-Tubus
I. v.- Zugang mit Infusion: 500 ml isoosmolare Lösung (z. B. Ringer-Lösung, NaCl 0,9 %)
RR-Regulation:
- Bei RR < 120 mm Hg systolisch: Substitution mit 500 ml Volumenersatzmitteln (z. B. HÄS 10 %). (***Cave:*** dekompensierte Herzinsuffizienz) und/oder Katecholamingabe (☞ 5.9)
- Keine forcierte RR-Senkung unter 200/90 mmHg
- Bei RR systolisch > 210 mmHg oder diastolisch > 110 mmHg: 0,075–0,150 mg Clonidin i. v. (z. B. 1/2–1 Amp. Catapresan®) oder 25–75 mg Urapidil i. v. (z. B. 1–3 Amp. Ebrantil® 25 mg). ***Cave:*** Ausgeprägte Vasodilatantien wie Dihydralazin (z. B. Nepresol®) oder Nitroglycerin (z. B. Nitrolingual®) können Hirndruck erhöhen

Bei Einklemmungszeichen (z. B. Anisokorie, lichtstarre Pupillen, Streckautomatismen): 125–250 ml Mannit 20 % (z. B. Eufusol M 20®) oder Sorbit 40 % (z. B. Tutofusin S 40®), 40 mg Dexamethason i. v. (z. B. Fortecortin®, nur bei einigen Ursachen wirksam, z. B. Tumorödem)

- Bei V. a. Hitzschlag, Pat. entkleiden, in kühler Umgebung lagern, kühle, feuchte Tücher auf Kopf und Rumpf auflegen
- Bei *Hirntumoranamnese unklarer Dignität* bzw. Tumor niedriger Malignität oder wenn *intrazerebrale Blutung* wahrscheinlich (z. B. unter Marcumar®) 40 mg Dexamethason i. v. (z. B. Fortecortin®)
- *Bei bekanntem malignen Hirntumor* (z. B. Glioblastom) oder bekannten Hirnmetastasen möglichst *Verzicht auf invasive Sofortmaßnahmen* (z. B. Intubation) wegen infauster Prognose
- Bei starker psychomotorischer Unruhe: Sedierung mit 5–10 mg Diazepam langsam i. v. (z. B. 1/2–1 Amp. Valium® 10 mg) oder 5–10 mg Midazolam langsam i. v. (z. B. 1/3–2/3 Amp. Dormicum® 15 mg bzw. 1–2 Amp. Dormicum® 5 mg). ***Cave:*** Atemdepression, daher: Intubationsbereitschaft
- Bei starken Kopfschmerzen bei Verdacht auf intrazerebrale Blutung oder Subarachnoidalblutung Tramadol 1–2 mg/kg KG i. v. (z. B. 2 Amp. Tramal® 50 mg) oder 1000 mg Metamizol i. v. (z. B. 1 Amp. Novalgin® 1000 mg). ***Cave:*** Keine Azetylsalizylsäure (z. B.Aspirin® oder Aspisol®) wegen Nachblutungsgefahr bei intrakranieller Blutung.
- Keine Venenkompression am Hals durch Halsdrehung! Vorsicht beim Umlagern! Heftige Kopfbewegungen können Einklemmung fördern
- Keine längere Kopftieflage z. B. für Vena-jugularis-Katheter; falls zentraler Venenkatheter überhaupt notwendig: besser Vena basilica oder Vena subclavia punktieren (☞ 2.7.2)

Cave: Bei Hirndruck ist jederzeit plötzliche Dekompensation möglich (z. B. dramatische Bewußtseinsverschlechterung, Hirntod).

Transport

- Schnellstmöglicher Transport mit Sondersignalen
- Dringliche CT-Diagnostik: Einweisung in neurologisch/neurochirurgische Intensivstation oder Intensivstation mit Zugriff auf CT und neurologischer/neurochirurgischer Weiterversorgungsmöglichkeit.

Prinzipien der Weiterbehandlung

- Bei akuten Raumforderungen (z. B. intrazerebrale Blutung) evtl. Trepanation, Dekompression, Hirndrucktherapie mit Osmodiuretika und/oder Glukokortikoiden
- Bei Hydrozephalus: Externe Liquordrainage oder Shuntrevision
- Behandlung der Ursache des Hirndruckes (z. B. Heparin bei Sinusvenenthrombose).

Subarachnoidalblutung kann durch eine Vielfalt von EKG-Veränderungen (Rhythmusstörungen, Veränderungen der ST-Strecke) Verdachtsdiagnose in Richtung Herzinfarkt fehllenken.

8.2.3 Zerebrale Lähmung

- *Hemiparese* (am häufigsten): Läsion im Verlauf der zerebralen Pyramidenbahn
- *Gekreuzte Lähmung* (Hirnnerven- und Extremitätenlähmung gekreuzt): kleine Hirnstammläsion
- *Tetraparese* (mit Hirnnervenausfällen): große Hirnstammläsion
- *Monoparese:* kleine Läsion im motorischen Kortex.

Hemiparese (durchgehende Halbseitensymptomatik)

Einseitige Läsion der Pyramidenbahn im intrazerebralen Verlauf mit kontralateraler Hemiparese und Teillähmung der mimischen Muskulatur.

Akut („Schlaganfall", „Apoplex", „apoplektischer Insult"); häufigste Ursache:
- Ca. 80 % Hirninfarkt: thrombotisch (Verschluß einer Hirnarterie, meist bei Arteriosklerose) oder embolisch (*kardioembolisch* z. B. bei absoluter Arrhythmie oder *arterio-arteriell-embolisch* aus A.carotis oder Aorta). *Verlaufstyp „TIA"* (= transitorisch ischämische Attacke): Halbseitensymptome (oft nur Sensibilitätsdefizit oder auch Sehstörungen auf einem Auge = Amaurosis fugax (☞ Tab. 17.4) verschwinden innerhalb von 24 h komplett; signalisieren drohenden irreversiblen Hirninfarkt (meist bei hochgradiger Karotisstenose)
- Ca. 20 % intrazerebrale Blutung (meist Hypertonus, auch Gefäßmißbildung, Gerinnungsstörung)
- Andere Ursachen: Hypoglykämie (mit Bewußtseinsstörung), komplizierte Migräne (Migraine accompagnée, Migräne mit Aura; neurologisches Defizit geht dem Kopfschmerz meist voraus ☞ 8.2.6), abgeklungener fokaler Anfall (= „Toddsche Lähmung" ☞ 8.2.4).

Subakut: Tumor, Metastase, Abszeß, Enzephalitis, Multiple Sklerose, Sinus-/Hirnvenenthrombose.

Symptomatik

Arm, Bein und mimische Muskulatur einer Seite gelähmt
Augenschluß oft einseitig etwas schwächer
Mundastschwäche (einseitig hängender Mundwinkel)
Bei Einbeziehung der Sprachregion (beim Rechtshänder links): motorische und/oder sensorische Aphasie (☞ 8.1.7)
Bei akutem Auftreten (= „*Schlaganfall*"): Tonus meist noch schlaff (Babinski kann aber positiv sein), später bzw. bei chronischer Schädigung: spastisch
Oft halbseitige Sensibilitätsstörung (Hemihypästhesie)
Evtl. konjugierte Blickwendung zum Herd und Blickparese zur Gegenseite
Bei kleinen Läsionen im motorischen Kortex auch Monoparese (z. B. nur ein Bein) möglich
Bei unkompliziertem Schlaganfall und subakuter Hemisymptomatik ohne Hirndruck sind Bewußtsein und Atmung meist intakt.
Bei Hemisymptomatik, kontralateral enger Pupille und Pfose (= Horner-Syndrom) V. a. Karotisdissektion ☞ 8.2.6

Kurzanamnese

Plötzliche Halbseitenlähmung bei Behandlung mit Marcumar® oder Hirngefäßmißbildung:
- V. a. *Hirnblutung*

Plötzliche Halbseitenlähmung bei Gefäßrisikofaktoren bzw. -vorerkrankungen und Herzerkrankungen mit Embolieneigung (z. B. Hypertonus, Diabetes, absolute Arrhythmie, Klappenerkrankungen):
- V. a. *Hirninfarkt*

Vorausgehende chiropraktische Manöver oder Bagatelltraumen? (V. a. Karotisdissektion) ☞ Tab. 8.6
Medikamentenanamnese?
Tumoranamnese? (bei subakutem Verlauf: *V.a. Hirnmetastasen*)
Anfallsanamnese? (V.a. *postiktale Parese*)

- Migräneanamnese? (Halbseite bei Migränekopfschmerz: V. a. *Migraine accom pagnée*)
- Multiple-Sklerose-Anamnese? (*V.a. akuten Schub*)
- Fieber? (bei subakutem Verlauf: V. a. *Enzephalitis, Hirnabszeß*).

Sofortdiagnostik

- Basischeck (☞ 4.1.2)
- Evtl. latente Paresen: Absinken einer Extremität im Vorhalteversuch (☞ 8.1.5)
- Stirnrunzeln möglich (seltene Ausnahme: wenn Stirnast nur einseitige zentral Versorgung hat)
- Puls, RR, SaO_2, EKG (Herzrhythmusstörungen?) →evtl. Hinweise auf kardial Emboliequelle?
- Neurostatus (☞ 8.1)
- BZ (Hyper-, Hypoglykämie)?
- Herzauskultation (Vitien?) →evtl. Hinweise auf kardiale Emboliequelle?
- Hinweise auf periphere Embolie (Extremitätenpulse?)
- Fieber?

Bei Halbseitensyndrom ohne Bewußtseinsstörung ist Infarkt wahrscheinlicher al Blutung, Blutung ist aber nicht ausgeschlossen. *Differentialdiagnose Infarkt ode Blutung ist letztlich nur mit CT-Diagnostik unterscheidbar.*

Cave: Auch bei positiver Migräneanamnese ist Halbseitensymptomatik nicht au tomatisch als Migraine accompagnée zu betrachten (Ausschlußdiagnose ☞ 8.2.6).

Sofortmaßnahmen

- Stabile Seitenlage bei Erbrechen; bei V. a. Hirndruck: Kopf- und Oberkörpe hochlagerung 30–40 °
- I. v. Zugang mit Infusion:
  - 500 ml isoosmolare Lösung (z. B. Ringer-Lösung, NaCl 0,9 %)
  - Bei Hypoglykämie: 100 ml 40 % Glukose i. v.
- RR-Regulation:
  - Keine forcierte RR-Senkung unter 180/90 mmHg (Ausnahme: kardiale Ind kation)
  - Bei RR systolisch > 190 mmHg oder diastolisch > 110 mmHg: z. B. 5 mg N trendipin-Phiole (Bayotensin® akut); bei Mißerfolg 0,075– 0,150 mg Cloni din i. v. (z. B. 1/2–1 Amp. Catapresan®) oder 25–75 mg Urapidil i. v. (z. E 1–3 Amp. Ebrantil® 25 mg)
  - Bei RR < 120 mm Hg systolisch: Substitution mit 500 ml Volumenersatzmi teln (z. B. HÄS 10 %, ***Cave:*** dekompensierte Herzinsuffizienz, Niereninsuff zienz) und/oder Katecholamingabe (☞ 5.9, ***Cave:*** Tachykardie)
- Behandlung von akuten Herzrhythmusstörungen (☞ 5.4)
- Bei *Hirntumoranamnese* unklarer bzw. niedriger Malignität oder bei V. a. *intra zerebrale Blutung* (z. B. unter Marcumar®): 40 mg Dexamethason i. v. (z. E Fortecortin®)
- Bei *bekanntem malignen Hirntumor* (z. B. Glioblastom) oder bekannten Hir metastasen möglichst *Verzicht auf invasive Sofortmaßnahmen* (z. B. Intubation wegen infauster Prognose.
- Wegen möglicher Thrombolyseindikation keine i. m.-Injektionen, keine Punk tionen großer Gefäße und keine traumatische (nasotracheale) Intubation.

Transport

Bei Schlaganfall besteht die gleiche Behandlungsdringlichkeit wie bei Herzinfarkt
Schnellstmöglicher Transport (evtl. Sondersignale)
Immer Einweisung in Klinik mit Zugriff auf CT-Diagnostik. Möglichst neurologische Klinik oder „stroke unit" oder Klinik mit entsprechender Konsultations- oder Weiterverlegungsmöglichkeit
Ist die Hemisymptomatik bereits abgeklungen oder rückläufig (= TIA): *Keine Entwarnung!* Zuweisung zur dringlichen Gefäß- und Herzdiagnostik.

Prinzipien der Weiterbehandlung

Diagnostische Abklärung (klinische Untersuchung, Labor, CT, Liquor, Herz- und Gefäßdignostik, EEG)
Spezifische Therapie, z.B. Thrombolyse (ausgesuchte Fälle, neurologische Zentren, Zeitfenster < 3–6 h) oder Vollheparinisierung (bei embolischem Hirninfarkt und Sinusthrombosen); evtl. hypervolämische Hämodilution (bei Hirninfarkt), evtl. ischämieprotektive Substanzen, Osmotherapie oder evtl. Entlastungstrepanation (bei Hirndruck), Liquordrainage (bei Ventrikelblutung), Drainage (bei Abszeß), Radiotherapie (bei Tumor, Metastasen), Kortisonstoß oder andere Immunsuppressiva (bei MS-Schub), Aciclovir (z.B. Zovirax®; bei Enzephalitis).

Gekreuzte Lähmung oder Tetraparese mit bilateralen Hirnnervenausfällen

Hirnnerven- und Extremitätenlähmung gekreuzt bei *einseitiger* Hirnstammläsion, Lähmung aller 4 Extremitäten und Hirnnerven bei direkter (z.B. Hirnstamminfarkt) oder indirekter (z.B. Hirndruck) *bilateraler* Hirnstammläsion.
Akut: vaskulär (Hirnstamminfarkt, z.B. bei Basilaristhrombose oder Hirnstammblutung)
Subakut: entzündlich, Tumor, auch Wernicke-Enzephalopathie bei Alkoholismus.

Symptomatik

Hemiparese an Arm und Bein kontralateral zur Läsion oder *Tetraparese*
Hirnnervenstörungen: Pupillenstörungen, Augenmuskel- und Blicklähmungen, Hypästhesie im Trigeminusbereich, Paresen von mimischen Muskeln und/oder Zungen-Schlund-Muskeln ipsilateral zur Läsion oder bilateral (Dysarthrie, Schluckstörungen). Nystagmus, Ausfall von Hirnstammreflexen.

Cave: Beeinträchtigung der Schutzreflexe; Intubationsbereitschaft.
Ein- oder beidseitiges Babinski-Zeichen und Streck- oder Beugeautomatismen
Oft mit Schwindel und Erbrechen
Bei größeren Läsionen: Bewußtseinsstörung/Koma
Bewußtsein kann bei „Locked-in-Syndrom" (☞ 8.2.1) unbeeinträchtigt sein.

Kurzanamnese

Plötzliches Geschehen bei Behandlung mit Marcumar® oder Hirngefäßmißbildung: V.a. *Hirnstammblutung*
Plötzliches Geschehen bei Gefäßrisikofaktoren bzw. -vorerkrankungen und Herzerkrankungen mit Embolieneigung (z.B. Hypertonus, Diabetes, absolute Arrhythmie, Klappenerkrankungen): V.a. *Hirnstamminfarkt*

- Prodromi der vertebro-basilären Durchblutungsstörung (z. B. Schwindel, Dysarthrie, Doppelbilder): *V.a. Hirnstamminfarkt*
- Anfallsanamnese?
- Tumoranamnese?
- Multiple-Sklerose-Anamnese: bei subakutem Verlauf *V.a. Hirnstammherd*
- Fieber? (bei subakutem Verlauf: V. a. *Enzephalitis, Hirnabszeß*)
- Alkoholanamnese? (bei subakutem Verlauf *V.a. Wernicke-Enzephalopathie zentrale pontine Myelinolyse)*
- bekannte Elektrolytstörung? (bei Hyponatriämie oder nach schnell korrigierter Hyponatriämie und sukakutem Verlauf V. a. *zentrale pontine Myelinolyse)*

Sofortdiagnostik

- Basischeck (☞ 4.1.2), Schluckstörungen mit Aspirationsgefahr?
- Puls, RR, SaO_2, EKG (Herzrhythmusstörungen?) → evtl. Hinweise auf kardiale Emboliequelle?
- Neurostatus (☞ 8.1)
- BZ (Hyper-, Hypoglykämie)?
- Herzauskultation (Vitien?) → evtl. Hinweise auf kardiale Emboliequelle?
- Hinweise auf periphere Embolie (Extremitätenpulse?)
- Fieber/Infekt?

Sofortmaßnahmen

- Stabile Seitenlage bei Erbrechen
- Atmung:
  - Bei Beteiligung kaudaler Hirnnerven, Schluckstörungen, Zurückfallen der Zunge und beeinträchtigten Schutzreflexen und/oder SpO_2 zwischen 90 und 95 %: O_2-Gabe (☞ 1.7.3), ggf. Guedel- oder Wendl-Tubus
  - Wenn Atmung insuffizient (trotz O_2-Gabe SpO_2 < 90 % bei nicht pulmonal Vorerkrankten) und/oder bei Aspirationsgefahr durch Wegfall der Schutzreflexe: Intubation (☞ 3.4.4) und Beatmung (☞ 3.4.8)
- I. v.-Zugang mit Infusion: 500 ml isoosmolare Lösung (z. B. Ringer-Lösung NaCl 0,9 %)
- RR-Regulierung:
  - Bei RR < 120 mm Hg systolisch: Substitution mit 500 ml Volumenersatzmitteln (z. B. HÄS 10 %, ***Cave:*** dekompensierte Herzinsuffizienz, Niereninsuffizienz) und/oder Katecholamingabe (☞ 5.9, ***Cave:*** Tachykardie)
  - Keine forcierte RR-Senkung unter 180/90 mmHg
  - Bei RR systolisch > 190 mmHg oder diastolisch > 110 mmHg: z. B. 5 mg Nitrendipin-Phiole (Bayotensin® akut); alternativ oder bei Mißerfolg 0,075–0,150 mg Clonidin i. v. (z. B. 1/2–1 Amp. Catapresan®) oder 25–75 mg Urapidil i. v. (z. B. 1–3 Amp. Ebrantil® 25 mg)
- Behandlung von Herzrhythmusstörungen (☞ 5.4).

Wegen möglicher Thrombolyseindikation keine i. m.-Injektionen, Punktion großer Gefäße oder traumatische (nasotracheale) Intubation.

Transport

- Schnellstmöglicher Transport (evtl. Sondersignale)
- Immer Einweisung in Klinik mit Zugriff auf CT- und Gefäßdiagnostik, Intensivstation bei Bewußtseinsstörung oder Aspirationsgefahr durch kaudale Hirnnervenstörung

Möglichst neurologische Klinik oder Klinik mit entsprechender Konsultations- bzw. Weiterverlegungsmöglichkeit.

rinzipien der Weiterbehandlung

ildgebende Hirndiagnostik und Gefäßdiagnostik.

herapie: Bei kleineren Hirnstamminfarkten evtl. hypervolämische Hämodilution. ei begleitendem Kleinhirninfarkt evtl. Liquordrainage oder operative Dekompression.

ei Basilaristhrombose Möglichkeit zur Fibrinolyse (lokal intraarteriell, Zeitfenster < 6 h), ansonsten Antikoagulation.

ei Kompression von Liquorabflußwegen z. B. durch Kleinhirninfarkt oder -blung (4. Ventrikel): Liquordrainage

ei Raumforderung in der hinteren Schädelgrube z. B. durch Kleinhirninfarkt oder lutung: evtl. operative Dekompression.

8.2.4 Krampfanfall

rampfanfall bei Kindern ☞ 12.5.5

lögliche Anfallsursachen sind:

- *Anfallserkrankung* (*genuine Epilepsie*: ohne erkennbare Ursache oder *symptomatische Epilepsie* z. B. nach Schädel-Hirn-Trauma)
- *Äußere oder „innere" Provokationen* (= *„Gelegenheitsanfall"*) z. B. Schlafentzug, Alkoholentzug, akute Gehirnerkrankungen (z. B. Enzephalitis), anfallsfördernde Medikamente (z. B. Penicillin, trizyklische Antidepressiva) oder Elektrolyt-/Stoffwechselerkrankungen bzw. -entgleisungen (z. B. Hypoglykämie, Hyponatriämie, Urämie).

ie häufigsten Anfallstypen sind:

- *Grand-mal-Anfall*/Grand-mal-Serie/Grand-mal-Status (tonisch-klonisch, immer bewußtlos)
- *Komplex fokaler Anfall* („psychomotorischer Anfall", „Temporallappenanfall"; komplexe Motorik möglich, bewußtseinsgetrübt)
- *Einfach fokaler Anfall* (z. B. motorischer Jackson-Anfall, bewußtseinsklar).

ei bewußtseinsgetrübten Anfallspatienten kann auch Antikonvulsiva-Intoxikatin vorliegen; Notfallmeldung lautet dann oft fälschlicherweise *„Anfall"*.

Kurzanamnese

eim Eintreffen des Notarztes ist der *Anfall meistens vorbei* und allenfalls noch er postiktale Zustand feststellbar. Daher meist Fremdanamnese.

- Evtl. vorhandene Verletzungen vor, während oder nach Anfall (z. B. Sturz?)
- Anfallsbeschreibung: fokaler oder primär generalisierter Beginn? Zungenbiß? Einnässen/Einkoten?
- Erster Anfall oder Anfallsleiden bekannt?
- Metabolische (z. B. Urämie, Hypoglykämie) oder zerebrale Erkrankungen, die Anfälle auslösen können?
- Exogene Faktoren (z. B. Alkohol, Drogen, trizyklische Antidepressiva, Schlafentzug, Infekt, starke Hitze- oder Sonnenexposition)?
- Compliance der Antikonvulsiva?

- Resorption eingenommener Antikonvulsiva beeinträchtigt (z. B. durch Durchfall)?
- Z. n. Implantation eines Cardioverters/Defibrillators (Fehlfunktion mit überzähliger Entladung)?

Grand mal-Anfall

- Einzelner Anfall (Bedrohlichkeit wird eher überschätzt; Sekundärverletzungsgefahr steht im Vordergrund)
- Anfallsserie: Rasch hintereinander auftretende Anfälle, zwischen denen das Bewußtsein wiedererlangt wird. Bedrohlich bei Übergang in Status
- Status epilepticus: Zwischen den Anfällen wird das Bewußtsein nicht wiedererlangt. Lebensbedrohlich! Ca. 10 % Letalität (abhängig von Grunderkrankung).

Symptomatik

- Gelegentlich Aura (Patient hat Vorgefühl auf kommenden Anfall, z. B. „aufsteigendes komisches Gefühl im Magen")
- Initialschrei, Hinstürzen, Augen meist geöffnet, fehlende Lichtreaktion der Pupillen
- *Tonische Phase* (ca. 30 Sek.): Beine gestreckt, Arme gebeugt oder gestreckt, lateraler Zungenbiß, Apnoe oder Dyspnoe, Zyanose
- *Klonische Phase* (bis 5 Min.): Rhythmische Zuckungen der Extremitäten, Schaum vor dem Mund, Urin-, evtl. Stuhlabgang
- *Nach dem Anfall:*
  - Postiktaler *Dämmerzustand:* Bewußtseinsstörung, Desorientiertheit, psychomotorische Unruhe und Agitiertheit
  - *Terminalschlaf*: Patient durch starke Reize erweckbar
  - Oft *Muskelkater*
  - Für den Anfall besteht *Amnesie*.

8

Sofortdiagnostik

- Basischeck (☞ 4.1.2)
- Puls, SaO_2, RR, EKG (Herzrhythmusstörungen im Anfall möglich)
- BZ (Hyper-, Hypoglykämie)?
- Zungenbiß? Einblutung in Skleren → *typisch für Krampfanfall*
- Atemluft: Alkoholfoetor, urämischer Foetor, hepatischer Foetor?
- Sekundäre Verletzung/Fraktur im Anfall: Prellmarken, Platzwunden, Hämatome, Bewegungseinschränkung im Bereich von Schädel, Wirbelsäule und Extremitäten?
- Fieber?
- Neurostatus (☞ 8.1), v. a. Bewußtseinslage, Meningismus, Pupillenreaktion, Kraftprüfung.

Sofortmaßnahmen

Im Anfall

- Verletzungssichere Lagerung (*vordringlichste Maßnahme*): gefährliche Gegenstände wegräumen, Kopf auf weiche Unterlage
- Nicht gewaltsam harte Gegenstände (Gummikeil) zwischen die Zähne schieben, falls möglich Guedel-Tubus
- O_2-Gabe (☞ 1.7.3)
- Vorübergehende Zyanose gehört zum Anfall und ist nicht per se Indikation für voreilige Intubation!

Intubation nur bei Atemstillstand oder schwerer und/oder anhaltender Zyanose
Meist *keine Antikonvulsiva* nötig, da Einzelanfall spontan endet und Sedierung postiktale Beurteilbarkeit erschwert
Antikonvulsivum nur (s. u.):
- bei langer Anfallsdauer (> 5 Min.)
- bei wiederholtem Anfall (Anfallsserie oder Status epilepticus)

Nach dem Anfall
Bei psychomotorischer Unruhe im postiktalen Dämmerzustand:
- 5–10 mg Diazepam i. v. (z. B. 1/2–1 Amp. Valium® 10 mg) oder 5–10 mg Midazolam langsam i. v. (z. B. 1/3–2/3 Amp. Dormicum® 15 mg bzw. 1–2 Amp. Dormicum® 5 mg). ***Cave:*** Atemdepression. Intubationsbereitschaft!
- Keine Neuroleptika (senken Krampfschwelle)

Antikonvulsivum (s. u.) nur nach wiederholtem Anfall bei anamnestisch bekannter Neigung zu Anfallsserien oder Status epilepticus.

Antikonvulsiva-Gabe
I. v. Zugang mit 500 ml Lösung (z. B. Ringer-Lösung, NaCl 0,9 %)
Bei V. a. Hypoglykämie 50–100 ml Glukose 40 % i. v.
10 mg Diazepam langsam i. v. (z. B. 1 Amp. Valium® 10 mg) oder 1 mg Clonazepam langsam i. v. (z. B. 1 Amp. Rivotril®) oder 5–10 mg Midazolam langsam i. v. (z. B. 1/3–2/3 Amp. Dormicum® 15 mg bzw. 1–2 Amp. Dormicum® 5 mg). Evtl. wiederholen. ***Cave:*** Atemdepression. Intubationsbereitschaft!
Wenn kein i. v.-Zugang möglich: 10–15 mg Midazolam i. m. (z. B. 2/3–1 Amp. Dormicum® 15 mg) (schnelle Resorption) oder (umständlich): Diazepam Rectiole 10 mg rektal (z. B. 1 Diazepam Desitin rectal Tube ®)
Bei Therapieresistenz (Übergang in Serie oder Status) wie bei Grand-mal-Status (s. u.)

Kein Überaktionismus: Patienten mit bekannter Epilepsie und Einzelanfällen werden häufig unnötig intubiert.

Sofortmaßnahmen bei Grand-mal-Status
- Verletzungssichere Lagerung: gefährliche Gegenstände wegräumen, Kopf auf weiche Unterlage
- Nicht gewaltsam harte Gegenstände (Gummikeil) zwischen die Zähne schieben, falls möglich Guedel- oder Wendltubus
- Atemwege freimachen und freihalten
- O_2-Gabe (☞ 1.7.3)
- I. v. Zugang mit 500 ml Lösung (z. B. Ringer-Lösung, NaCl 0,9 %)
- bei V. a. Hypoglykämie 50–100 ml Glukose 40 % i. v.
- 10 mg Diazepam langsam i. v. (z. B. 1 Amp. Valium® 10 mg) oder 1 mg Clonazepam langsam i. v. (z. B. 1 Amp. Rivotril®) oder 5–10 mg Midazolam langsam i. v. (z. B. 1/3–2/3 Amp. Dormicum® 15 mg bzw. 1–2 Amp. Dormicum® 5 mg). Evtl. bis zu 2 mal wiederholen. ***Cave*** Atemdepression. Intubationsbereitschaft!
- Wenn kein i. v.-Zugang möglich: 10–15 mg Midazolam i. m. (z. B. 2/3–1 Amp. Dormicum® 15 mg) (schnelle Resorption) oder (umständlich): Diazepam Rectiole 10 mg rektal (z. B. 1 Diazepam Desitin rectal Tube®)
- Bei längerer Zyanose (SpO_2 < 90 % trotz O_2-Gabe): Intubation und Beatmung (☞ 3.4.4)

- Zur Intubation wegen antikonvulsiver Wirkung: Thiopental 3–7 mg/kg (200–500 mg) i. v. (z. B. Trapanal®)
- Ist Status nicht zu durchbrechen (z. B. bei längerem Transport in Klinik): Schnellaufsättigung mit 250 mg Phenytoin langsam (5 Min.) i. v. (z. B. 1 Amp. Phenhydan® 250 mg) danach 750 mg Phenytoin-Infusionskonzentrat in 20 Min. i. v. (50 ml Phenhydan®-Konzentrat in 450 ml NaCl 0,9 %) unter EKG-Kontrolle. ***Cave*** Bradykardie, Hypotonie.
- Wenn erfolglos und noch kein Barbiturat eingesetzt: Thiopental-Narkose: Einleitung Thiopental 3–7 mg/kg (200–500 mg) i. v. (z. B. Trapanal®), bei erneutem Anfall wiederholen; dann Perfusor mit 300–800 mg/h.

Transport

- *Klinikeinweisung erforderlich* (neurologische Klinik oder Klinik mit Möglich keit zur zerebralen Diagnostik und neurologischer Konsultations- oder Weiter verlegungsmöglichkeit), wenn:
  - Serie von Anfällen oder Status epilepticus
  - Anfall länger als 10 Minuten
  - Längerdauernde postiktale Bewußtseinsstörung
  - Persistieren zusätzlicher neurologischer oder anderer Symptome (z. B. Fieber)
  - Erster Anfall unklarer Ätiologie
  - V. a. akute Hirnerkrankung
  - wenn nach einem Anfall keine Überwachung durch andere Personen gewähr leistet ist
- *Keine Klinikeinweisung*, zunächst weitere *Überwachung* durch Angehörige Empfehlung baldiger *Vorstellung beim Neurologen* zur Antiepileptika-Spiegel kontrolle bzw. Überprüfung der Medikation, wenn Anfallsleiden bekannt ist Patient reorientiert ist und kein V. a. sekundäre Verletzung durch Anfall be steht

- Pat., die nicht eingewiesen werden, darauf hinweisen, daß sie bis zur fachärztli chen Abklärung nicht an gefährdenden Maschinen arbeiten dürfen, keine ge fährlichen Höhen betreten dürfen (z. B. Dachdecker) und kein Kraftfahrzeu führen dürfen.

Prinzipien der Weiterbehandlung

- *Nach erstem Anfall*: Diagnostik (EEG, CT, Liquoruntersuchung, MRT); evt Einstellung auf Antikonvulsiva
- *Nach wiederholtem Anfall*: Serumspiegelbestimmung von Antikonvulsiva, evt Dosisanpassung oder Umstellung
- *Therapie beim Status epilepticus*: Wenn Benzodiazepine und Phenytoin erfolg los: Valproat i. v. (z. B. Orfiril®) Barbiturate: Phenobarbital (z. B. Luminal® dann Thiopental-Narkose (z. B. Trapanal®). Evtl. Alternativen: Clometiaz (z. B. Distraneurin®; insbesondere bei Anfällen im Alkoholdelir). *Ultima ratio* Isoflurane-Narkose.

Differentialdiagnose

- *Synkopen*: oft mit „Schwarzwerden vor Augen", Ohrgeräuschen, Schwitzen Blässe usw. eingeleitet (☞ 5.8). Im Verlauf und besonders am Ende einer Syn kope können generalisierte kloniforme Zuckungen als Ausdruck einer zerebra len Reaktion auf die Hypoxie auftreten (= *„konvulsive Synkope")*

Psychogene Anfälle: kein Zungenbiß, erhaltene Pupillenreaktion, koordiniertere „klonische" Aktivität, Schutzbewegungen vor Verletzungen, ungewöhnlich langes „Zucken" (> 20 Min.) mit Zuwendung zu durchbrechen
Hyperventilationstetanie: Krämpfe der Arm- und Beinmuskulatur, Pfötchenstellung der Hände, Spitzfußstellung, Fischmaulstellung des Mundes (☞ 7.6)
Hitzekrämpfe nach Hitzeexposition und Anstrengung.

Auch bekannte Epileptiker können plötzlich aus anderer Ursache „krampfen" (z.B. Enzephalitis)
Persistierende Bewußtlosigkeit nach Anfall durch anfallsbedingtes Schädel-Hirn-Trauma
Die Fehlfunktion eines implantierbaren Cardioverters/Defibrillators (ICD, AICD, PCD) mit unnötiger Impulsabgabe kann einen Krampfanfall vortäuschen (ICD-Implantation bekannt? OP-Narben unter linker Klavikula und im rechten Oberbauch, tastbares Aggregat im linken Oberbauch?). Selten, dennoch dran denken (☞ 5.6).

omplex fokale Anfälle mit Bewußtseinsstörung osychomotorische Anfälle) und einfach fokale Anfälle

omplex fokale Anfälle gehen vom Temporallappen, einfach fokale Anfälle (z.B. 1otorische Jackson-Anfälle) von einem kleinen begrenzten Areal des Kortex aus. nmer Ausdruck einer symptomatischen Epilepsie.

Symptomatik

Nicht primär vital bedrohlich; Übergang in Grand-mal-Anfall bzw. -Serie oder -Status möglich
Komplex fokale Anfälle:
- Beginn mit Aura
- Bewußtseinstrübung
- Motorische Automatismen (Schmatzen, Nesteln), auch komplexere Handlungen
- Vegetative Symptome (Blässe, Speichelfluß)
- Dauer: Minuten bis Stunden
- Amnesie für den Anfall.

Einfach fokale Anfälle:
- Bei Störungen in motorischen Arealen: z.B. tonisch-klonische Zuckungen im korrespondierenden kontralateralen Körperbereich
- Bei Störungen in sensiblen Arealen z.B. Kribbeln in der entsprechenden Körperregion
- Keine Bewußtseinsbeeinträchtigung.

Sofortdiagnostik

Basischeck (☞ 4.1.2)
Puls, SpO_2, RR, evtl. EKG
Sekundäre Verletzungen?
Neurostatus (☞ 8.1): insbesondere Hinweise auf zugrundeliegende Gehirnläsion
- Orientierung?
- Halbseitensymptomatik?
- Meningismus

BZ (Hyper-, Hypoglykämie)?

Sofortmaßnahmen

- Vor sekundärer Verletzung schützen
- Keine „Übertherapie" (z.B. keine atemdepressiven Benzodiazepindosen un keine Intubation wegen anhaltender *fokaler* Anfälle)
- Bei *langandauerndem Status* mit *Anfallsausbreitung* oder *Bewußtseinstrübung* Sofortmaßnahmen wie beim Grand-mal-Anfall (s. o.).
- Wenn durch Unruhe beim Status komplex fokaler Anfälle kein i.v. Zugan möglich: 10 mg Midazolam i.m. (z.B. 2/3 Amp. Dormicum® 15 mg, schnell Resorption).

Transport

- *Klinikeinweisung erforderlich* (neurologische Klinik oder Klinik mit Möglich keit zur zerebralen Diagnostik und neurologischer Konsultations- oder Weiter verlegungsmöglichkeit), wenn
  - Anfall nicht oder schwer zu durchbrechen ist
  - Patient nicht reorientiert ist
  - neurologische Defizite bestehen
  - zunächst keine Überwachung besteht
  - erster Anfall unklarer Ätiologie
- *keine Klinikeinweisung, aber baldigste Vorstellung beim Neurologen,* wenn zu nächst weitere Überwachung z.B. durch Angehörige gewährleistet ist, Anfäll bekannt sind, zerebrale Diagnostik bereits erfolgt war und Patient wieder orien tiert ist.

Patienten, die nicht eingewiesen werden, darauf hinweisen, daß sie mindestens bi zur fachärztlichen Abklärung nicht an gefährdenden Maschinen arbeiten, keine ge fährlichen Höhen betreten (z. B. Dachdecker) und kein Kraftfahrzeug führen dürfen

Prinzipien der Weiterbehandlung

Unterbrechung des Status mit Benzodiazepinen oder Phenytoin (s. o.), evtl. Carbam azepin, Valproat. Evtl. EEG zur Diagnosesicherung. Bildgebende Verfahren (CT MRT) zur Abklärung einer zugrundeliegenden Gehirnläsion; evtl. Lumbalpunkt on zum Ausschluß Enzephalitis. Neueinstellung, Dosisanpassung oder Umstellun von Antikonvulsiva.

Differentialdiagnose

Verwechslung sensibler Jackson-Anfälle mit TIA (☞ 8.2.3) möglich. Jackson-An fälle breiten sich eher von distal nach proximal aus.

8.2.5 Nackensteife / Meningismus

Leitsymptom bei

- Infektionen des ZNS (Meningitis, Meningoenzephalitis, Enzephalitis)
- Subarachnoidalblutung
- Meningeosis carcinomatosa.

Evtl. kombiniert mit Bewußtseinsstörung und neurologischen Ausfällen (☞ 8.2.1

Symptomatik

Nackensteife, positive Zeichen nach Lasègue, Brudzinski, Kernig (☞ 8.1.4).

- Subakut bis akut Auftreten von Fieber, Nackensteife, Kopfschmerze →*Meningitis*. Bei Hinzutreten neurologischer Herdsymptome (z.B. Krampfan fälle, Lähmungen) und/oder Bewußtseinsstörungen →*Meningoenzephalitis*

- Akute Kopfschmerzen und verschiedengradige zusätzliche neurologische Ausfälle (bis zum Koma) →*Subarachnoidalblutung (SAB)*
- Langsam progrediente bis subakute Entwicklung von Kopfschmerzen und Nackensteife. Meist Tumorerkrankung bekannt (z. B. Mamma- oder Bronchial-Karzinom) →*Meningeosis carcinomatosa*:

Kurzanamnese

- Anamnestische Hinweise für *Meningitis/Meningoenzephalitis/Enzephalitis*: Fieber? Infektion/Entzündung? Gelenkschmerzen? Lichtscheu? Subakuter Verlauf mit Kopfschmerz? Sinusitis? Otitis? Z. n. Schädelhirntrauma evtl. mit Rhino-/ Otoliquorrhoe? TBC-Anamnese? Endokarditis? Immunsuppression? HIV-Infektion oder -Risikogruppe? Zeckenstich? Auslandsaufenthalte?
- Anamnestische Hinweise für *SAB*: plötzlicher Kopfschmerz und evtl. zusätzlich neurologische Symptome. Auftreten nach plötzlicher Anstrengung (Defäkation, Koitus)
- Anamnestische Hinweise für *Meningeosis*: bekannte Tumorerkrankung und subakut bis chronischer Verlauf.

Sofortdiagnostik

- Basischeck (☞ 4.1.2)
- Puls, SaO_2, RR, EKG (Herzrhythmusstörungen und ST-Veränderungen bei SAB möglich)
- BZ (Hyper-, Hypoglykämie)?
- Neurostatus (☞ 8.1)
- Herzauskultation (Vitien?)
- Lungenauskultation (Pneumonie?)
- Periphere septische Embolien: „Osler-splits" (purpurrote erhabene Hauteffloreszenzen 2–5 mm an den Fingerkuppen, typisch für Herdenzephalitis bei Endokarditis)
- Fieber? Lymphknotenschwellung?
- Liquorrhoe aus Nase oder Ohr? →V. a. Trauma? V. a. Meningitis, Enzephalitis
- Ohrinspektion (Zosterbläschen, eitriger Ausfluß?)

Sofortmaßnahmen

- Stabile Seitenlage bei Erbrechen; bei V. a. Hirndruck: Kopf-und Oberkörperhochlagerung 30–40°
- Bei zusätzlicher Bewußtseinsstörung (☞ 8.2.1)
- I. v.-Zugang mit Infusion: 500 ml isoosmolare Lösung (z. B. Ringer-Lösung, NaCl 0,9 %)
- RR-Regulation:
  - Bei RR < 100 mm Hg systolisch: Substitution mit 500 ml Volumenersatzmitteln (z. B. HÄS 10 %, ***Cave:*** dekompensierte Herzinsuffizienz) und/oder Katecholamingabe (☞ 5.9, ***Cave:*** Tachykardie)
  - Bei RR systolisch > 190 mmHg oder diastolisch > 110 mmHg: z. B. 5 mg Nitrendipin-Phiole (Bayotensin® akut); bei Mißerfolg 0,075–0,150 mg Clonidin i. v. (z. B. 1/2–1 Amp. Catapresan®) oder 25–75 mg Urapidil i. v. (z. B. 1–3 Amp. Ebrantil® 25 mg)
  - Keine forcierte RR-Senkung unter 180/90 mmHg
- Bei starker psychomotorischer Unruhe Sedierung mit 10 mg Diazepam langsam i. v. (z. B. 1 Amp. Valium® 10 mg) oder 5–10 mg Midazolam langsam i. v. (z. B. 1/3–2/3 Amp. Dormicum® 15 mg). ***Cave:*** Atemdepression, daher Intubationsbereitschaft

- Bei Kopfschmerzen: Tramadol 1–2 mg/kg KG i. v. (z. B. 2 Amp. Tramal® 50 mg) oder 1000 mg Metamizol i. v. (z. B. 1 Amp. Novalgin® 1000 mg). ***Cave:*** Keine Azetylsalizylsäure (z. B.Aspirin® oder Aspisol®) wegen Nachblutungsgefahr bei SAB
- Evtl. Antiemetika: 1,25–2,5 mg Droperidol (z. B. Dehydrobenzperidol®) Metoclopramid 10 mg i. v. (z. B. 1 Amp. Paspertin®10 mg).

Cave: Foudroyanter Verlauf mit plötzlicher Verschlechterung während des Transportes bei SAB und Meningitis möglich.

Transport

Immer schnellstmöglicher Transport; möglichst in neurologische/neurochirurgische Klinik (evtl. Intensivstation) oder Klinik mit Möglichkeit zur zerebralen Diagnostik (CT, Lumbalpunktion) oder entsprechender Konsultations- oder Weiterverlegungsmöglichkeit.

Prinzipien der Weiterbehandlung

- Diagnosesicherung durch zerebrale Diagnostik: CT, Lumbalpunktion, Angiographie.
- Therapie:
  - Bakterielle Meningitis: Breitbandantibiose (3-er Kombination)
  - Bei Enzephalitis: Aciclovir 3 × 10 mg/kg KG/Tag i. v. (z. B. 3 × 750 mg Zovirax®)
  - SAB: möglichst frühe Angiographie und Früh-OP (sofern nicht schwerste neurologische Ausfälle)
  - Bei Liquoraufstau: Liquordrainage
  - Bei Meningeosis: evtl. intrathekale Zytostatika.

8

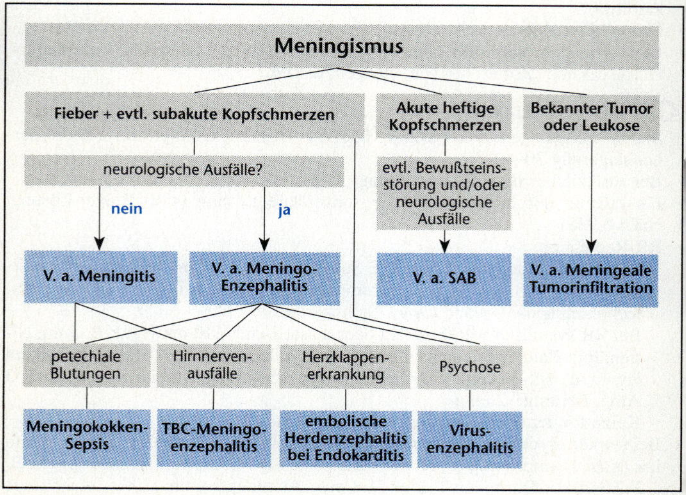

Abb. 8.4: Differentialdiagnose des Meningismus

Differentialdiagnose

- Nackenrigor bei M. Parkinson, Blockade bei degenerativen HWS-Veränderungen, Widerstand durch Anspannung der Nackenmuskeln
- Opisthotonus bei Tetanus: begleitender Trismus, Risus sardonicus, generalisierte Muskelkrämpfe.

Subarachnoidalblutung kann durch eine Vielfalt von EKG-Veränderungen (Rhythmusstörungen, Veränderungen der ST-Strecke) Verdachtsdiagnose in Richtung Herzinfarkt fehllenken.

8.2.6 Akuter Kopfschmerz

Unterscheidung in
- *symptomatische Kopfschmerzen* (Hinweis für evtl. bedrohliche Grunderkrankung)
- *primäre Kopfschmerzen* (z. B. Migräne).

Symptomatik

Unterschiedliche *Lokalisation*: einseitig, beidseitig, frontal, okzipital, temporal, parietal, gesamter Kopf.

Unterschiedlicher *Schmerzcharakter*: drückend, klopfend, bohrend, stechend.

Lokalisation und daraus ableitbare Ursachen:
- *Halbseitenkopfschmerz:* Migräne (s. u.), Trigeminusneuralgie (Gesichtsschmerz s. u.), Sinusitis maxillaris oder frontalis, Arteriitis temporalis (s. u.), Karotisdissektion (s. u.)
- *Frontaler und orbitaler Kopfschmerz:* Clusterkopfschmerz (s. u.), Zoster ophthalmicus, akutes Glaukom (☞ 17.1.2), diabetische Ophthalmoplegie (mit äußerer Oculomotoriusparese), Tolosa-Hunt-Syndrom (unspezifische granulomatöse Entzündung im Bereich Fissura orbitalis superior oder Sinus cavernosus mit N III, N VI-Parese + Sensibilitätsstörung im Ast V/1), Sinus cavernosus Thrombose (mit rotem Auge + Protrusio bulbi)
- *Okzipitaler und diffuser Kopfschmerz:* Meist Spannungs-Kopfschmerz (s. u.); andere Ursachen: SAB (☞ 8.2.1), nach Lumbalpunktion, posttraumatisch, medikamenteninduziert (z. B. Nitrate), Analgetika-Abusus (z. B. ASS, Paracetamol, Ergotamin), Alkohol-/Nikotinabusus, Hypertonus (☞ 5.7), intrazerebrale Raumforderung (☞ 8.2.1), Meningitis (☞ 8.2.5), Meningoenzephalitis (☞ 8.2.5),
- *Halbseitiger blitzartig einschießender Gesichtsschmerz:* Trigeminus-Neuralgie (s. u.)

Kurzanamnese

- Kopfschmerzbeschreibung: Akuität? Charakter? Tagesschwankung? Lokalisation? Begleitsymptome?
- Auslöser: z. B. Lebensmittel (Käse, Rotwein, Schokolade), Nikotin, Be- oder Entlastungssituationen, Menstruation, Wetterfühligkeit oder Medikamente (z. B. Nitropräparate)?
- Migräneanamnese, familiäre Migränebelastung?
- Regelmäßig eingenommene Analgetika?
- Psychische Belastungen, Streß?
- Fieber/Infekt
- Schädel-Hirn-Trauma?

Tab. 8.6.: Differentialdiagnose des Kopfschmerzes mit Begleitsymptomen

Kopfschmerz-charakter	Begleitsymptome / Anamnese	Typisch für / Verdacht auf
- Akut - Massiv	- Meningismus - Evtl. neurologische Ausfälle	Subarachnoidalblutung (☞ 8.2.1)
- Akut/subakut - Halbseitig, klopfend	- Übelkeit - Flimmerskotome - Migräneanamnese - Familiäre Migränebelastung - Kein Meningismus!	Migräne (☞ 8.2.6)
- Akut/subakut - Halbseitig - Auch in Hals und Gesicht	- Ipsilaterales Horner-Syndrom - Evtl. fokale kontralaterale neurologische Ausfälle	Dissektion der A. carotis
- Subakut diffus	- Nach Commotio cerebri	Posttraumatische Kopfschmerzen
- Akut / subakut - Frontal - Halbseitig oder diffus	- Fieber - Kein Meningismus - Keine neurol. Ausfälle	Sinusitis Allgemeininfekt
- Subakut - Diffus	- Meningismus - Fieber	Meningitis / Enzephalitis (☞ 8.2.5)
	- Übelkeit, Erbrechen - Hirndruckzeichen	Hirndruck bei intrazerebraler Raumforderung (☞ 8.2.2)
- Subakut - Temporal	- A. temporalis verhärtet, druckschmerzhaft - Evtl. Muskelschmerzen - Abgeschlagenheit - Sehstörungen - Höheres Lebensalter	Arteriitis temporalis (☞ 8.2.6).
	- Rotes, tränendes Auge - Phasenweise gehäuft	Cluster-Kopfschmerz (☞ 8.2.6)
	- Übelkeit - Rotes Auge - Mydriasis	Glaukom (☞ 17.1.2)
- Akut / subakut	- Morgens am stärksten - Fokale neurologische Ausfälle - Bewußtseinsstörung	Intrazerebrale Raumforderung (☞ 8.2.3)
	- Hirnnervenstörungen	Zoster ophthalmicus Sinus-cavernosus-Thrombose Diabetische Ophthalmoplegie Hirnstammläsion

8

Muskelschmerzen
Neurologische Ausfallsymptome?

Sofortdiagnostik

Basischeck (☞ 4.1.2)
Puls, RR
Bei schlechtem Allgemeinzustand auch SpO_2 und EKG
Neurostatus (☞ 8.1), insbesondere:
- Nackensteife?
- Bewußtseinslage?
- Fokale neurologische Ausfälle?

Fieber?
Augeninspektion (Rötung?), harter Bulbus (V.a. Glaukom ☞ 17.1.2)?

Gezieltes Verlangen nach einem bestimmten Medikament (z. B. Opioide oder Sedativa) ist verdächtig auf Abhängigkeit oder Sucht.

Transport

Wenn Kopfschmerzereignis aus Anamnese und Befund nicht zwanglos als primär und harmlos einzuschätzen ist, oder wenn zwar Kopfschmerzanamnese bekannt ist, aber akutes Ereignis „anders als sonst" beschrieben wird, ist dringende neurologische Konsultation oder Klinikeinweisung erforderlich. Jede Auffälligkeit beim Neurostatus (z. B. Herdzeichen, Hirnnervenbefunde, Meningismus) weist auf *symptomatische* Kopfschmerzen hin und ist klinisch abklärungsbedürftig!

Kopfschmerz ohne sonstige Krankheitshinweise

Meist akuter Spannungskopfschmerz: drückend wie Schraubstock, beidseits, diffus, manchmal Mischformen mit Migräne möglich.

Sofortmaßnahmen

Peripher wirkendes Analgetikum/nichtsteroidales Antiphlogistikum; z. B. Paracetamol 1000–1500 mg p. o.

Transport

Keine Klinikeinweisung nötig. Hinweis auf Wiedervorstellung bei Verschlechterung oder neuen Begleitsymptomen.

Chronischer Spannungskopfschmerz

Konstanter beidseitiger, chronischer, drückender Schmerz. „Kopf wie in Reif gespannt", Verstärkung unter psychischen Belastungen, oft Begleitdepression. Häufig auch übergehend in Kopfschmerz bei Analgetika-Abusus.

Sofortmaßnahmen

- Bei Abususverdacht: Analgetika vermeiden
- Sonst: peripher wirkendes Analgetikum/nichtsteroidales Antiphlogistikum; z. B. Paracetamol 1000–1500 mg p. o.
- Wenn bei Pat. bereits erfolgreich verwendet: evtl. trizyklische Antidepressiva z. B. Amitriptylin Tbl. p. o. 25–150 mg/Tag (z. B. Saroten®)

Transport

- In der Regel *keine Einweisung* erforderlich. Baldige Vorstellung beim Neurologen/Nervenarzt
- Hinweis auf Wiedervorstellung beim Auftreten neuer Begleitsymptome
- Bei Analgetika-Abusus und vorhandener Motivation zum Medikamentenentzug evtl. Einweisung in psychiatrische Klinik.

Prinzipien der Weiterbehandlung

Entspannungsmaßnahmen, autogenes Training, funktionelle Entspannung, physikalische Therapie, Krankengymnastik, Analgetika-Entwöhnung. „Schmerzdistanzierende" Medikamente: Antidepressiva, Neuroleptika.

Migräne

Pulsierend klopfender Halbseitenkopfschmerz; meist einseitig und mit Übelkeit verbunden. In 20 % Beginn mit visuellen Erscheinungen (Flimmerskotome, Lichtblitze). Meist familiäre Belastung und anamnestisch bekannt. Bei „Migräne mit Aura" (Migraine accompagnée, komplizierte Migräne) Möglichkeit fokaler neurologischer Ausfälle vor Schmerzauftritt (immer Ausschlußdiagnose). Auslöser: Nahrungsmittel (Käse, Rotwein, Schokolade), Nikotin, Be- oder Entlastungssituationen, Menstruation.

Sofortmaßnahmen

- Metoclopramid 10 mg i. v. (z. B. 1 Amp. Paspertin® 10 mg), danach 500–1000 mg Azetylsalizylsäure i. v. (z. B. 1–2 Amp. Aspisol®).

ASS-Kontraindikation: Blutungsrisiken (z. B. SAB-Verdacht!); Ulkusleiden, Asthma. Ergotamin-Kontraindikationen: Schwere Arteriosklerose, Koronarerkrankung, Hypertonie, Ergotismus

- Wenn Kontraindikation gegen ASS: 30–40 Tr. Metamizol oral (z. B. Novalgin® Tr.) oder 1000 mg Metamizol i. v. (z. B. 1 Amp. Novalgin® 1000 mg). Zusätzlich Ergotamin möglich.
  - Zentralwirksame Analgetika wegen peripherem Schmerz-Pathomechanismus schlecht wirksam!
- Wenn bei Patient bereits erfolgreich verwendet: Ergotamin-Inhalation (z. B. 1–3 Hübe Ergotamin-Medikater jeweils im Abstand von 5 Min.) oder 1 mg Dihydroergotamin i. m. oder s. c. (z. B. 1 Amp. Dihydergot®. ***Cave:*** niemals i. v.!) **oder**
- Sumatriptan 1 Tbl. à 50 oder 100 mg (z. B. Imigran®) oder 1 Injektion à 6 mg s. c. (1 Fertigspritze Imigran®). Kontraindikation: Koronare Herzerkrankung, M. Raynaud, Neigung zu Gefäßspasmen. Keine gleichzeitige Anwendung mit Ergotaminen
- Bei oraler Medikation immer vorher Metoclopramid geben.

Transport

- *Keine Klinikeinweisung:* Wenn Migräne bekannt und Symptomatik eindeutig. Vorstellung beim Neurologen zur evtl. Intervallprophylaxe oder Medikamentenumstellung
- *Baldigste Vorstellung beim Neurologen* zur Ausschlußdiagnose bei erstem Anfall und eindeutiger Symptomatik
- *Klinikeinweisung* in neurologische Klinik oder Klinik mit entsprechender Konsultationsmöglichkeit bei zusätzlicher neurologischer Symptomatik (Migraine accompagnée) oder Zweifeln an Migränediagnose.

rinzipien der Weiterbehandlung

ichern der Diagnose durch Ausschluß anderer Ursachen; Gabe von Analgetika nd Antiemetika. Im „Status migraenosus" auch hämorrheologische Maßnahmen HÄS 10 %) möglich.

uch bekannte Migräniker können einmal andere Kopfschmerzursache haben z. B. SAB oder Meningitis)!

lusterkopfschmerz

insetige Kopfschmerzen der Orbitalregion mit Tränenfluß und rotem Auge, phaenweise gehäuft über Wochen, dann freies Intervall.

Sofortmaßnahmen

O_2-Inhalation (5–7 l/Min. über 10 Min.)

Wenn bei Patient bereits erfolgreich verwendet: Dihydroergotamin i. m. oder s. c. (z. B. 1 Amp. Dihydergot®) oder Ergotamin-Inhalation (z. B. 1–3 Hübe Ergotamin Medihaler®, im Abstand von jeweils 5 Min.)

der

Sumatriptan 1 Tbl. à 100 mg (z. B. 1 Tbl. Imigran®) oder 1 Injektion à 6 mg s. c. (1 Fertigspritze Imigran®). Kontraindikation: Koronare Herzerkrankung, M. Raynaud, Neigung zu Gefäßspasmen. Keine gleichzeitige Anwendung mit Ergotaminen.

ransport

Keine stationäre Einweisung erforderlich: Bei bekanntem Leiden.

Einweisung: Bei zusätzlichen neurologischen Symptomen oder Zweifeln an der Diagnose.

rinzipien der Weiterbehandlung

ntervallprophylaxe z. B. mit Lithiumsalzen, Kalziumantagonisten, Kortikosteroide.

rteriitis temporalis

iesenzellarteriitis mit Befall der A. temporalis, A. ophthalmica und A. centralis etinae. Pat. meist > 55 J.; subakuter Beginn, evtl. kombiniert mit Polymyalgia heumatica. Erblindung droht in 5–10 % der Fälle! Selten auch Hirninfarkte. Jeder ngeklärte Kopfschmerz bei älteren Patienten ist verdächtig auf Arteriitis temporalis.

Sofortmaßnahmen

500–1000 mg Azetylsalizylsäure p. o. oder 500 mg i. v. (z. B. 1–2 Tbl. Aspirin® oder 1 Amp. Aspisol®)

Wenn Kontraindikation gegen ASS: 30–40 Tr. Metamizol oral (z. B. Novalgin® Tr.) oder 1000 mg Metamizol i. v. (z. B. 1 Amp. Novalgin® 1000 mg).

ransport

mmer bei Verdacht Einweisung in Klinik mit Möglichkeit zur Biopsie der A. temoralis (neurologische, ophthalmologische, internistische Klinik).

rinzipien der Weiterbehandlung

ei Sturzsenkung oder Senkungsbeschleunigung: Behandlungsbeginn mit Kortikosteroiden, Diagnosesicherung durch Biopsie.

Trigeminusneuralgie

Blitzartig einschießender stechender Schmerz im sensiblen Areal des N. trigemi nus. Meist 2. und 3. Ast, evtl. triggerbar, Frauen häufiger betroffen, zweite Le benshälfte.

Sofortmaßnahmen

- Analgetika gegen Schmerzattacken wenig wirksam; trotzdem Versuch mit peri pheren Analgetika in höherer Dosierung, z. B. 500 mg Azetylsalizylsäure i. v (z. B. 1 Amp. Aspisol®) oder Opioiden, z. B. Tramadol 1–2 mg/kg KG i. v (z. B. 2 Amp. Tramal® 50 mg) oder 0,1 mg Fentanyl i. v. Evtl. Kombinatio aus Neuroleptikum mit Analgetikum, z. B. ASS und Haloperidol (z. B. Haldol® 5 mg langsam i. v.
- Bei quälenden Schmerzen Klinikeinweisung zur Antikonvulsiva-Therapie

Cave: Patienten können durch heftige Schmerzen suizidal sein.

Transport

- *Zuweisung zum Nervenarzt* zur Abklärung und Einstellung auf Antikonvulsiva
- *Klinikeinweisung*: Bei quälenden Schmerzen und/oder Suizidalität.

Prinzipien der Weiterbehandlung

Einstellung auf Carbamazepin (z. B. Timonil®), evtl. Phenytoin (z. B. Phenhy dan®), OP-Möglichkeit: thermische Koagulation des Ganglion Gasseri oder neuro vaskuläre Dekompression in der hinteren Schädelgrube („Jannetta-OP").

8.2.7 Akuter Schwindel

8

Symptomatik

- Allgemeines Unsicherheitsgefühl, Benommenheitsgefühl, Taumeligkeit = unsy stematischer Schwindel
- Drehschwindel, Schwankschwindel, Liftgefühl, Fallneigung, evtl. Übelkeit = systematischer (vestibulärer) Schwindel

Kurzanamnese

- Gefäßrisikofaktoren bzw. -vorerkrankungen (Hypertonus, Diabetes, Gefäßmiß bildung, Gerinnungsstörung)?
- Traumaanamnese?
- Metabolische Grunderkrankung (z. B. Diabetes, Niereninsuffizienz)?
- Vergiftung (z. B. Alkohol, Koffein, Lösungsmittelexposition)
- Exogene Faktoren (z. B. Sonnenstich nach starker Hitze-/Sonnenexposition)
- Begleitsymptome? Insbesondere Hörstörungen, Ohrgeräusche, Kopfschmerzen neurologische Ausfallerscheinungen, Verwirrtheit, Übelkeit, Erbrechen, Fieber
- Zerebrale Erkrankungen (z. B. Tumor)
- Herzerkrankungen (z. B. Herzinsuffizienz, Kardiomyopathie) evtl. mit Embo lieneigung (z. B. Rhythmusstörungen, Klappenerkrankungen, Vitien)?
- Herzschrittmacherträger →evtl. Schrittmacherfehlfunktion (Batterieerschöp fung, Elektrodenbruch)
- Medikamentenanamnese (evtl. Nebenwirkung oder Überdosierung, z. B. H2 Blocker, Digitalis, Antikonvulsiva, Tranquilizer, Neuroleptika)?

Tab. 8.7.: Differentialdiagnose des Schwindels

Schwindelcharakter	Begleitsymptome	Verdacht auf
- Drehschwindel akut	- Übelkeit - Erbrechen - Fallneigung - Rotatorischer Spontannystagmus und richtungsbestimmter Nystagmus - Keine Hörstörungen	Neuropathia vestibularis
- Drehschwindel akut - Attacken für Sekunden	- Durch Kopfbewegung auslösbar - Richtungsbestimmter Nystagmus und Spontannystagmus zum unten liegenden Ohr - Keine Hörstörungen - Erschöpflich nach Wiederholung	Gutartiger paroxysmaler Lagerungsschwindel
- Drehschwindel akut - Längere Attacken	- Ohrgeräusche (Tinnitus) - Hypakusis - meistens Erbrechen - richtungsbestimmter Nystagmus und Spontannystagmus - Fallneigung zur Seite des betroffenen Ohres	Morbus Menière
- Dreh-/Schwankschwindel - Langsam progredient	- Tinnitus - Trigeminus-/Fazialisbeteiligung - evtl. Kleinhirnsymptome, Pyramidenbahnzeichen, Hirndruckzeichen	Akustikusneurinom
- Dreh- oder Schwankschwindel - Akutes Auftreten	- Blickrichtungsnystagmus - Übelkeit, Erbrechen - Kleinhirnzeichen oder - Hirnnervenausfälle (z. B. Dysarthrie)	Hirnstamminfarkt, Kleinhirninfarkt
Schwankschwindel attackenförmig	- Stand- und Gangunsicherheit - Vernichtungsangst - Panikattacke - Massiver Leidensdruck - Kein Nystagmus - Keine zusätzlichen pathologischen Befunde	Phobischer Schwankschwindel

Sofortdiagnostik

- Basischeck (☞ 4.1.2)
- Puls, SaO_2, RR, EKG (Herzrhythmusstörungen) →evtl. Hinweise auf kardiale Emboliequelle?
- BZ (Hyper-, Hypoglykämie)?
- Blasse Haut? Skleren? →evtl. Hinweise auf Anämie?
- Neurostatus (☞ 8.1) insbesondere Gang, Steh- und Tretversuch, Nystagmus, Hörvermögen?
- Herzauskultation (Vitien?)
- Lungenauskultation (Lungenödem, Pneumonie als Ursache für leichte zerebrale Hypoxie?)
- Fieber?
- Kardiale Stauungszeichen? Herzinsuffizienz?
- Entzugssymptomatik?
- Hyperventilation?

Neuropathia vestibularis

Akuter einseitiger Vestibularisausfall, über Tage anhaltend, dann langsam abklingend.

Sofortmaßnahmen

- Bettruhe
- Wenn beim Pat. bereits erfolgreich verwendet: Dimenhydrinat 150 mg Supp. rektal oder 100 mg i. m. oder 62 mg i. v. (z. B. Vomex A® 1 Supp. oder 1 Amp. im. oder i. v.)
- Bei Erbrechen evtl. Metoclopramid 20 Tr. p. o. oder 10 mg i. v. (z. B. Paspertin® 20 Tr. oder 1 Amp. a 10 mg) oder 1,25 mg Droperidol (z. B. Dehydrobenzperidol®) i. v.

8

Transport

- Wegen massiver Beschwerden oft Klinikeinweisung erforderlich
- HNO-Klinik/Neurologische Klinik oder Klinik mit entsprechender Konsultationsmöglichkeit.

Prinzipien der Weiterbehandlung

Bettruhe. Nach 3 Tagen rasche Mobilisierung und Bewegungstraining. Prognose günstig.

Gutartiger paroxysmaler Lagerungsschwindel

Durch bestimmte Kopfbewegungen und Lagewechsel ausgelöste Drehschwindelattacken mit Nystagmus.

Sofortmaßnahmen

- Keine Maßnahmen erforderlich

Transport

- Zur Diagnosesicherung baldigste Vorstellung beim HNO-Arzt
- Klinikeinweisung bei massiver Symptomatik und/oder Zweifeln an der Diagnose.

Prinzipien der Weiterbehandlung

Vestibularisprüfung. Lagetraining. Keine Antivertiginosa (da für Rekompensation eher hinderlich). Prognose günstig.

Morbus Menière

Ausfall des Gleichgewichts- und Hörorgans durch Vermischung von Endo- und Perilymphe im Innenohr.

Sofortmaßnahmen

Wenn beim Pat. bereits erfolgreich verwendet: Dimenhydrinat 100 mg Supp. rektal oder 100 mg i.m. oder 62,5 mg i.v. (z.B. Vomex A® 1 Supp. oder 1 Amp. i.m. oder i.v.)
Bei Erbrechen evtl. Metoclopramid 20 Tr. p.o. oder 10 mg i.v. (z.B. Paspertin® 20 Tr. oder 1 Amp. à 10 mg) oder 1,25 mg Droperidol (z.B. Dehydrobenzperidol®) i.v.

Transport

Im akuten Anfall Vorstellung bei HNO-Arzt (evtl. Klinik) mit Audiometrie und Vestibularisprüfung oder Klinik mit entsprechender Konsultationsmöglichkeit.

Akustikusneurinom

Histologisch gutartiger, langsam wachsender Tumor ausgehend von Zellen des N.VIII.

Sofortmaßnahmen

Nur erforderlich bei Hirndruckanzeichen (☞ 8.2.2)

Transport

Baldigste Vorstellung bei Neurologen/HNO-Arzt zur bildgebenden zerebralen Diagnostik. Bei Hirndruck sofortige Klinikeinweisung.

Prinzipien der Weiterbehandlung

Diagnosesicherung durch bildgebende Verfahren. Bei Hydrozephalus: Liquordrainage. Operation.

Hirnstamminfarkt, Kleinhirninfarkt

Sofortmaßnahmen

Indikation zur Klinikeinweisung und Prinzipien der Weiterbehandlung

Wie bei Hirnstamminfarkt (☞ 8.2.3)

Cave: Wenn Patienten mit Schwindel nach Stunden bis Tagen Bewußtseinsstörungen entwickeln, immer an Kleinhirninfarkt mit Kompression des 4.Ventrikels oder Hirnstammes und Liquorabflußstörung denken. Einklemmung droht! Dringendes CT erforderlich!

(☞ 8.2.3)

Phobischer Schwankschwindel

Auch bei abgeklungenem organischen Schwindel als Verarbeitungsneurose möglich.

Sofortmaßnahmen

Evtl. Diazepam 5–10 mg oral oder i.v. (z.B. Valium®)

Transport

- In der Regel keine Klinikeinweisung
- Baldige Vorstellung bei Psychiater/Nervenarzt
- Klinikeinweisung bei massiver Symptomatik und/oder Zweifeln an der Psychogenität.

8.2.8 Generalisierte periphere Lähmung

Tab. 8.8.: Differentialdiagnose generalisierter peripherer Lähmungen

Symptomkonstellation	Anamnese	Verdacht auf
- Aufsteigende schlaffe Lähmungen - Sensibilitätsstörungen/ Parästhesien - Reflexverlust - Anfangs oft Schmerzen - Auch Befall von Hirnnerven	- Infektion - Operation - Schwere Erkrankung	Guillain-Barré-Syndrom (GBS). DD: andere akut verlaufende PNP (z. B. Porphyrie, Vaskulitis)
- Abnorme Ermüdbarkeit der Willkürmuskulatur (v. a. Augenmuskeln, Lidheber, Schlundmuskulatur) - Keine Sensibilitätsstörungen	- Belastungsabhängige Schwäche - Doppelbilder - Schluckstörungen	Myasthenie
- Myasthenieähnliche Symptome - Proximale Paresen - Unter Belastung eher Besserung - Evtl. bekanntes Bronchialkarzinom	- Bronchialkarzinom	Lambert-Eaton-Syndrom
- Myasthenieähnliche Symptome - Mydriasis - Gastrointestinale Symptome: Übelkeit, Erbrechen, Durchfall, Bauchschmerzen - Mundtrockenheit	- Konsum verdorbener Lebensmittel/ Konserven - Gastrointestinale Symptome - Ebenfalls erkrankte „Mitesser"	Botulismus
- Plötzliche Lähmungsattacken - Symmetrisch proximal betonte Paresen - Atemmuskulatur und Schluckmuskeln ausgespart - Vorwiegend familiäres Auftreten und/oder anamnestisch bekannt	- Bekannte Lähmungsepisoden - Familiäres Auftreten	Dyskaliämische Lähmungen
- Proximale asymmetrische Paresen - Keine Sensibilitätsstörungen - Zweigipfeliger Fieberverlauf	- Auslandsaufenthalt - Kein Polioimpfschutz	Poliomyelitis

8

Lähmungen aufgrund von generalisierten Störungen im Bereich der peripheren Nerven, der Muskelendplatten oder der Muskeln. Als Notfälle können auftreten:

- *Akute idiopathische Polyradikuloneuritis (Guillain-Barré-Syndrom; GBS).* Autoimmun vermittelte Demyelinisierung der peripheren Nerven. Meistens spontane Rückbildung. Lebensbedrohliche Situationen durch zunehmende Atemlähmung und Befall des vegetativen Nervensystems (kardiovaskuläre Regulationsstörungen: Tachykardie/Bradykardie/Asystolie)
- *Störungen der neuromuskulären Übertragung*
  - *Myasthenie:* Autoimmun bedingte Erkrankung der Azetylcholinrezeptoren der motorischen Endplatte. Lebensbedrohlich durch Ateminsuffizienz und/oder Schluckstörungen (Aspirationsgefahr)
  - *Lambert-Eaton-Syndrom:* Paraneoplastische Erkrankung der motorischen Endplatte
  - *Botulismus:* Im Rahmen einer Lebensmittelvergiftung (Toxin von Clostridium botulinum) erworbene Störung der Azetylcholinfreisetzung in der präsynaptischen motorischen Endplatte
- *Dyskaliämische Lähmungen:* Störung der Muskelerregung durch Störungen des Kaliumhaushalts. Meist familiäres Leiden; bei älteren Patienten auch selten als symptomatische Dyskaliämie möglich.

Symptomatik

s. Tab. 8.8"

Sofortdiagnostik

- Basischeck (☞ 4.1.2)
- Insbesondere: Atemexkursionen? Vitalkapazität?
- Puls, S_aO_2, RR, EKG (Rhythmusstörungen bei Guillain-Barré-Syndrom möglich)
- BZ (Hyper-, Hypoglykämie)?
- Neurostatus (☞ 8.1), insbesondere
  - Motorik
  - Ausmaß der Lähmungen, Reflexausfall, Sensibilitätsstörungen?
- Herzauskultation (Vitien?)
- Lungenauskultation
- Fieber?

Sofortmaßnahmen

- Wenn Atemmuskulatur betroffen, aber SpO_2 zwischen 90 und 95 %: O_2-Gabe (☞ 1.7.3)
- Wenn Atmung kritisch (SpO_2 < 90 %): i. v. Zugang mit Infusion von 500 ml isoosmolarer Lösung (z. B. Ringer-Lösung, NaCl 0,9 %) und Intubation (☞ 3.4.4) und Beatmung (☞ 3.4.8)
- Behandlung bedrohlicher Herzrhythmusstörungen (☞ 5.4)
- Bei Asystolieneigung oder bedrohlicher Bradykardie beim Guillain-Barré-Syndrom: evtl. passagerer Schrittmacher (☞ 3.4.12)
- Bei schweren Lähmungen (Ateminsuffizienz) bei eindeutiger Myasthenie: Gabe von 2–4 mg Pyridostigmin i. v. (z. B. 2–4 Amp. Mestinon® 1 mg) oder 0,5 mg Neostigmin i. v. (z. B. 1 Amp. Prostigmin®) vor Ort, dann Dauertropf mit 25 mg Pyridostigmin (z. B. 1 Amp. Mestinon® 25 mg) in 500 ml Glukose 5 % in 24 h i. v.

- Bei Intubation und endotrachealem Absaugen bei Guillain-Barré-Syndrom führt erhöhter Vagotonus leicht zu Bradykardie und Asystolie; daher vorhe Atropingabe und Reanimationsbereitschaft
- Bei medikamentöser Therapie der Herzrhythmusstörungen beim Guillain-Bar ré-Syndrom sind überschießende und unvorhersehbare kardiale Reaktione möglich.

Transport

Immer Einweisung (bei Atem- und Schluckstörungen möglichst Intensivstation) i neurologische Klinik oder Klinik mit entsprechender Konsultations- oder Weiter verlegungsmöglichkeit.

Prinzipien der Weiterbehandlung

- Klärung der Diagnose: Labor, evtl. Lumbalpunktion, Tensilon-Test bei V.a Myasthenia gravis, Thymomdiagnostik
- Therapie:
  - Guillain-Barré-Syndrom: Immunglobuline, Plasmapherese
  - Myasthenie: Cholinesterasehemmer, Plasmapherese, Immunsuppressiva, Im munglobuline
  - Botulismus: Antitoxin, symptomatische Therapie
  - Dyskaliämische Lähmung: Kaliumkorrektur
  - Lambert-Eaton-Syndrom: Tumorsuche und -therapie.

8.2.9 Nichttraumatische Querschnittslähmung

- *Mechanische Kompression durch Raumforderungen:* Tumor oder Metastase der Wirbelsäule und des Rückenmarks, Bandscheibenvorfall, Epiduralabszeß Spondylodiszitis, spinale Blutung (z. B. Epiduralhämatom unter Antikoagulati on oder bei spinalem Angiom)
- *Rückenmarkischämie:* Spinalis-anterior-Syndrom, Aortenaneurysma, spinal Gefäßmißbildung
- *Entzündlich:* Querschnittsmyelitis (z. B. Multiple Sklerose = MS, viral).

Symptomatik

- Bei Läsionen oberhalb C4: Atemlähmung!
- Evtl. Schmerzen
- Lähmung auf Höhe der Läsion (Vorderhörner) und darunter (Läsion der Pyra midenbahn)
- Bei akutem Auftreten „spinaler Schock": Tonus anfangs schlaff, Eigenreflex verlust
- Bei langsamer Progredienz spastisch: Tonus gesteigert, Eigenreflexe gesteigert Babinski positiv
- Querschnittsförmige Sensibilitätsstörungen aller Qualitäten bei kompletten Querschnitt
- Bei ventraler Läsion (z. B. Spinalis-anterior-Syndrom) ist Berührungs- und La geempfinden intakt (Hinterstränge), *aber* Schmerzempfindung aufgehoben (= dissoziierte Empfindungsstörung)
- Blasen- und Mastdarmstörungen.

Kurzanamnese

Bei akutem Verlauf: V. a. vaskuläre Genese: Ischämie oder Blutung (z. B. Spinalis-anterior-Syndrom, Marcumar®-Blutung)? Auch: Bandscheibenvorfall, pathologische Wirbelfraktur mit Rückenmarkskompression bei Tumor/Metastase, Instabilitäten der Kopfgelenke bei chronischer Polyarthritis
Bei subakutem Verlauf: V. a. Tumor, akute Entzündung, Abszeß, Bandscheibenvorfall
Wenn langsam progredient: V. a. Tumor, chronische Entzündung (z. B. MS)
Tumor-Anamnese spricht für Metastase
Entzündung und Fieber sprechen für Myelitis oder Abszeß
MS-Anamnese spricht für Querschnittsmyelitis bei MS
Rückenschmerzen sprechen für mechanische Kompression (Tumor, oder Bandscheibenvorfall)
Antikoagulantien (z. B. Marcumar®) sprechen für spinale Blutung
Bekanntes *Aortenaneurysma* spricht für spinale Ischämie.

Sofortdiagnostik

Basischeck (☞ 4.1.2)
Thoraxexkursionen, paradoxe Atmung?
Puls, RR, SpO_2
Neurostatus (☞ 8.1), insbesondere:
- Festlegung des Querschnittniveaus: Sensibles Niveau? (Anhalt: Nabel Th 10, Brustwarzen Th 5)
- Immer Berührungs- *und* Schmerzempfindung prüfen!
- Verteilungstyp der Lähmungen: Paraparese? Tetraparese?
- Art der Lähmung: Schlaff – spastisch? / komplett – inkomplett?

Wirbelsäule: Statik? Klopfschmerz?
Bauchbefund: Hinweis auf Aortenaneurysma (pulsierender Tumor, Strömungsgeräusch)?

Sofortmaßnahmen

Ruhigstellung in Rückenlage
Keine massiven Wirbelsäulenmanipulationen
I. v.-Zugang mit Infusion von
- 500 ml isoosmolarer Lösung (z. B. Ringer-Lösung, NaCl 0,9 %).

Bei RR < 100 mmHg systolisch und V. a. Ischämie: Substitution mit 500 ml Volumenersatzmitteln (z. B. HÄS 10 %, ***Cave:*** dekompensierte Herzinsuffizienz) und/oder Katecholamingabe (☞ 5.9)
Möglichst keine Kopfreklination bei Intubation
Wenn mechanische Schädigung möglich, Verhalten und Transport wie bei Wirbelsäulen-/Rückenmarksverletzung (☞ 11.6).

ransport

mmer Einweisung in neurologische oder neurochirurgische Klinik, Querschnittsentrum oder Klinik mit Möglichkeit zur Liquor- und Rückenmarksdiagnostik zw. entsprechender Konsultations- oder Weiterverlegungsmöglichkeit.

rinzipien der Weiterbehandlung

Diagnostik: Wirbelsäule-Röntgen, Myelographie, Myelo-CT, MRT, LP, evtl. Szintigraphie, Elektrophysiologie

- Therapie:
  - Bei Raumforderungen: Solange Querschnitt nicht komplett: OP; bei Tumor Metastasen auch Radiotherapie
  - Bei Ischämie: RR erhöhen, evtl. Antikoagulation, rheologische Maßnahmen
  - Bei Entzündung: spezifische Antibiose
  - Bei MS: evtl. Kortisonstoß.

Differentialdiagnose

Rasch aufsteigende periphere Lähmung beim Guillain-Barré-Syndrom (☞ 8.2.8)

8.2.10 Akute Hyperkinesen

Verschiedene Formen unwillkürlicher nicht unterdrückbarer Muskelüberaktivität.

Mögliche Ursachen sind:

- *Medikamenten-Nebenwirkung*: meist dystone Hyperkinesen (z. B. dopaminerge Therapie bei M. Parkinson, Neuroleptika-Therapie; auch unter Metoclopramid (z. B. Paspertin®)
- *Unterschiedliche Gehirnprozesse* im Stammganglienberich: vaskulär, toxisch, entzündlich, degenerativ
- *Spasmus hemifacialis*: einseitiges Gesichtszucken mit peripherer Ursache
- *Diffuse zerebrale Prozesse*: Myoklonien, z. B. bei Hypoxie, Stoffwechselstörungen (Urämie), Creutzfeld-Jakob-Erkrankung, M. Alzheimer.

Symptomatik

- Dystone Zungen-/Schlund-Krämpfe, zervikale dystone Verdrehungen und Blickkrämpfe sind *typisch für Neuroleptika- oder Metoclopramid-Nebenwirkung*
- Choreo-athetotische Hyperkinesen im Mundbereich, Schultergürtel und oberen Extremitäten sind *typisch für L-Dopa-Nebenwirkung*
- Myoklonien bei *Stoffwechselstörungen (z. B. Urämie).*

8

Kurzanamnese

- M. Parkinson bekannt?
- Dopaminerge Therapie?
- Einnahme von Neuroleptika oder „Magenmitteln", die Metoclopramid enthalten (z. B. Paspertin®)?
- Zerebrovaskuläre Vorerkrankungen?
- Psychische Vorerkrankung?
- Rasche Demenz (z. B. bei Creutzfeld-Jakob-Erkrankung, Chorea Huntington oder M. Alzheimer)?
- Stoffwechselstörungen oder Niereninsuffizienz bekannt?
- Schwangerschaft oder Kontrazeptiva (evtl. Chorea minor)?

Sofortdiagnostik

- Basischeck (☞ 4.1.2)
- Neurostatus (☞ 8.1), insbesondere andere extrapyramidale Symptome (Rigor, Tremor)?

Sofortmaßnahmen

Bei Neuroleptika- oder Metoclopramidanamnese: 5–10 mg Biperiden langsam i. v. (z. B. 1–2 Amp. Akineton® 5 mg); Bestätigung der Diagnose durch promptes Sistieren der Symptome.

ransport

Keine Klinikeinweisung erforderlich nach Kupierung durch Biperiden bei Medikamenten-Nebenwirkung.

Vorstellung bei Nervenarzt/Psychiater bei notwendiger Fortführung neuroleptischer Medikation (z. B. Psychose), zur Medikamentenumstellung bzw. Zusatzmedikation mit Biperiden (z. B. Akineton®), und bei leichter bis mäßiger Symptomatik anderer Ursache

Klinikeinweisung (möglichst in neurologische Abteilung) bei massiver Symptomatik und unklarer Ursache.

.3 Krisen bei neurologischen Erkrankungen

.3.1 Akinetische Krise bei Morbus Parkinson

ymptomtrias „Rigor, Tremor, Akinese" durch Dopaminmangel im Bereich des xtrapyramidalen Systems. Krisenhaft bei schwerer, vital bedrohlicher Akinese ei länger bekanntem Parkinson-Syndrom.

ögliche Auslöser sind:

- Andere Erkrankungen (Infekte, Operationen, körperliche oder psychische Belastungen)
- Schlechte Medikamentencompliance
- Evtl. durch parkinsonverstärkende Medikamente, z. B. Neuroleptika.

Symptomatik

- Schluckstörung
- Rigor
- Zentrale vegetative Regulationsstörung (Schweißausbrüche)
- Massive Exsikkose durch Schwitzen und Schluckstörung
- Patienten sind kontaktfähig, aber verlangsamt. Bei längerem Bestehen und sekundären Komplikationen (z. B. septisch-metabolisch) auch komatös.

Kurzanamnese

- M. Parkinson bekannt? Mit welchen Medikamenten behandelt?
- Flüssigkeits- und Nahrungszufuhr?
- Infekt?
- Neue Medikamente?

Sofortdiagnostik

- Basischeck (☞ 4.1.2)
- Puls, S_aO_2, RR, EKG (Frequenz, Herzrhythmusstörungen?)
- BZ? (Hyper-, Hypoglykämie?)
- Schluckstörung mit Aspirationsgefahr?
- Neurostatus (☞ 8.1), insbesondere Bewußtseinslage, Rigor, Akinese, Motorik
- Fieber/Infekt?
- Lungenauskultation: Hinweise auf Pneumonie?
- Exsikkose?

Sofortmaßnahmen

- Bei Erbrechen oder Aspirationsgefahr: stabile Seitlagerung
- Exsikkoseausgleich: i. v. Zugang mit Infusion:
  - 500 ml isoosmolare Lösung (z. B. Ringer-Lösung, NaCl 0,9 %)
  - Bei RR < 100 mm Hg systolisch: Substitution mit 500 ml Volumenersatzmitteln (z. B. HÄS 10 %, ***Cave:*** dekompensierte Herzinsuffizienz) und/oder Katecholamingabe (☞ 5.9)
- Wenn Zunge zurückfällt und Atmung behindert bzw. SpO_2 zwischen 90 und 95 %: O_2-Gabe (☞ 1.7.3), ggf. Versuch mit Guedel- oder Wendl-Tubus
- Wenn Atmung insuffizient (trotz O_2-Gabe SpO_2 < 90 % bei pulmonal nicht Vorerkrankten) und/oder Aspiration droht: Intubation (☞ 3.4.4) und Beatmung (☞ 3.4.8)
- Bei RR systolisch > 190 mmHg oder diastolisch > 110 mmHg: z. B. 5 mg Nitrendipin-Phiole (Bayotensin® akut; bei Mißerfolg 0,075–0,150 mg Clonidin i. v. (z. B. 1/2–1 Amp. Catapresan®) oder 25–75 mg Urapidil i. v. (z. B. 1–3 Amp. Ebrantil® 25 mg).

Transport

- Bei internistischer Erkrankung als Komplikation oder Auslöser für die Krise (z. B. Pneumonie): Einweisung in internistische Klinik
- Sonst möglichst neurologische Klinik oder Klinik mit entsprechender Konsultations- oder Weiterverlegungsmöglichkeit
- Je nach Bedrohlichkeit evtl. Intensivstation.

Prinzipien der Weiterbehandlung

Symptomatische Behandlung per Magensonde und/oder i. v.: Korrektur der Exsikkose, bei Infektion: Antibiotika. Spezifische Parkinson-Medikamente.

8

8.3.2 Myasthene und cholinerge Krise bei Myasthenie

Autoimmun bedingte Erkrankung der Azetylcholinrezeptoren der motorischen Endplatte. Krisenhafte Verschlechterung der Muskelkraft bei Myasthenie möglich. Bedrohlich durch Ateminsuffizienz und Schluckstörung.

Mögliche Ursachen sind:

- Krankheitsbedingt durch „*Zuwenig*“ an cholinerger Aktivität (= myasthene Krise) oder
- Therapiebedingt durch „*Zuviel*“ an cholinerger Therapie (= cholinerge Krise)

Symptomatik

- *Myasthene Krise:* Mydriasis,Tachykardie, Hypotonie, Hyporeflexie
- *Cholinerge Krise:* Miosis, Konjunktivalinjektion, Augentränen, Bradykardie, Hypersalivation, Schwitzen, Durchfall, Magenkrämpfe, Erbrechen, Psychosyndrom, respiratorische Insuffizienz (verstärkt durch starke Bronchialsekretion)
- Auch *gemischte Krise* möglich.

Kurzanamnese

- Myasthenie bekannt?
- Thymektomie?
- Welche Medikamente?
- Durchfall/Erbrechen (Störung der Medikamentenresorption)?

Medikamentenänderung?
Überanstrengung?
Fieber/Infekt?

Sofortdiagnostik

Basischeck (☞ 4.1.2)
Atemexkursion? Vitalkapazität?
Schluckstörung mit Aspirationsgefahr?
Puls, S_aO_2, RR, EKG (Frequenz, Herzrhythmusstörungen?)
BZ? (Hyper-, Hypoglykämie?)
Neurostatus (☞ 8.1), insbesondere Ausmaß der Paresen, Schluckstörungen?
Fieber?

Sofortmaßnahmen

Bei leichter Hypoventilation (SpO_2 zwischen 90 und 95 %): O_2-Gabe (☞ 1.7.3)
Wenn nicht ausreichend, i. v.-Zugang mit Infusion von 500 ml isoosmolarer Lösung (z. B. Ringer-Lösung, NaCl 0,9 %), Intubation (☞ 3.4.4) und Beatmung (☞ 3.4.8)
Relaxierung, wenn unbedingt zur Intubation erforderlich, mit Relaxans in *reduzierter Dosis* (1/5 bis 1/2 der Normdosis) (☞ 20.1)
Bei *eindeutig „myasthener Krise"* evtl. Gabe von 2–4 mg Pyridostigmin i. v. (z. B. 2–4 Amp. Mestinon® 1 mg) oder 0,5 mg Neostigmin i. v. (z. B. 1 Amp. Prostigmin®) vor Ort, dann Dauertropf mit 25 mg Pyridostigmin (z. B. 1 Amp. Mestinon® 25 mg) in 500 ml Glukose 5 % in 24 h i. v.
Bei *eindeutig cholinergen Symptomen*: Gabe von Atropin 0,5–2 mg i. v. (1–4 Amp. Atropin). Immer Intubationsbereitschaft
Behandlung von Bradykardie/Tachykardie (☞ 5.4).

[Pr]inzipien der Weiterbehandlung

Bei *myasthener Krise*: Steigerung der Cholinesterasehemmer (i.v.-Applikation), Kortikosteroide, Plasmapherese, evtl. Immunglobuline
Bei *cholinerger und gemischter Krise*: Cholinesterasehemmer reduzieren oder absetzten, Atropin, Medikamentenpause, Immunsuppressiva.

[8].3.3 Multiple Sklerose (MS); auch „Enzephalomyelitis disseminata" (ED)

[A]utoimmunbedingte Entmarkungen in Gehirn und Rückenmark mit häufig schub[fo]rmigem Verlauf.

[K]risen werden begünstigt z. B. durch Infektionen (gehäuft unter Immunsuppressi[on]) und Überanstrengungen.

Symptomatik

[V]ital bedrohlich durch:
Verschlechterung neurologischer Defizite (z. B. Paresen, Schluckstörungen mit Aspirationsgefahr, Atemstörungen)
Sekundärkomplikationen (meist Infekte, z. B. Urogenitaltrakt, Pneumonie).

Kurzanamnese

- Bisheriger Verlauf?
- Ähnliche Zuspitzung bereits bekannt?
- Hinweise auf Infekt?
- Immunsuppression?
- Blasenstörung?
- Ausreichend Flüssigkeit?

Sofortdiagnostik

- Basischeck (☞ 4.1.2)
- Puls, SpO_2, RR, EKG (Frequenz? Rhythmusstörungen?)
- Schluckstörung mit Aspirationsgefahr?
- Fieber?
- Exsikkose?
- Lungenauskultation (Pneumonie?).

Sofortmaßnahmen

- Flüssigkeitsdefizit ausgleichen: i. v.-Zugang und Infusion:
  - 500 ml isoosmolare Lösung (z. B. Ringer-Lösung, NaCl 0,9 %)
  - Bei RR < 100 mm Hg systolisch: Substitution mit 500 ml Volumenersatzmitteln (z. B. HÄS 10 %, ***Cave:*** dekompensierte Herzinsuffizienz) und/oder Katecholamingabe (☞ 5.9)
- Bei gefüllter Blase: Katheterisierung
- Bei Schluckstörung und/oder Atemstörung: O_2-Gabe (☞ 1.7.3), Absaugen, wenn Zunge zurückfällt, Versuch mit Guedel- oder Wendl-Tubus
- Wenn Atmung insuffizient (trotz O_2-Gabe SpO_2 < 90 % bei pulmonal nicht Vorerkrankten) und/oder bei drohender Aspiration: Intubation (☞ 3.4.4) und Beatmung (☞ 3.4.8).

8

Transport

Einweisung je nach Symptomatik, die im Vordergrund steht:
- Bei internistischen Komplikationen (z. B. Infekte, Sepsis): Einweisung in internistische Klinik
- Bei primär neurologischer Verschlechterung: neurologische Klinik.

Prinzipien der Weiterbehandlung

Infektbehandlung und Behandlung anderer internistischer Komplikationen. Evtl. Kortikosteroide hochdosiert oder intrathekal. Antispastika oral, evtl. intrathekal („Baclofen-Pumpe").

8.3.4 Hirntumor / Hirnmetastasen

Bei bekanntem Hirntumor bzw. Hirnmetastasen kann durch Tumorwachstum bzw. Ödemzunahme oder Blockierung von Liquorabfluß Hirndruck entstehen.

Symptomatik

- *Hirndruckzeichen*
  - Morgentliche Kopfschmerzen
  - Übelkeit und Erbrechen (schwallartig, nüchtern)
  - Gähnen, Singultus
  - Motorische Unruhe

- Bewußtseinstrübung
- Beuge-/ Streckautomatismen
- Pupillenstörungen

Kurzanamnese

Welche Art Hirntumor?
Geplante Maßnahmen?
Schon länger Hinweise auf Hirndruck?
Medikamente? Kortikosteroide?
Vorherige Willensäußerungen des Patienten hinsichtlich des Procedere?

Sofortdiagnostik

Basischeck (☞ 4.1.2)
Puls, SpO_2, RR, EKG (Frequenz? Rhythmusstörungen?)
Fieber? Exsikkose?
Neurostatus (☞ 8.1), insbesondere: Bewußtseinslage, Hirndruckzeichen (s. o.)

Sofortmaßnahmen

Bei malignem Hirntumor (z. B. Glioblastom) möglichst *Verzicht auf invasive Sofortmaßnahmen* (z. B. Intubation) wegen infauster Prognose
Bei Hirntumor niedriger Malignität: 40 mg Dexamethason i. v. (z. B. Fortecortin®) als Bolus und Einweisung zur bildgebenden Diagnostik.

ransport

Einweisung bei unklarer Dignität des Tumors und Unklarheit über geplantes Procedere.
Bei infaustem Geschehen evtl. Klinikeinweisung, wenn Angehörige mit präfinaler Situation überfordert sind.

8.3.5 Progrediente irreversible neuromuskuläre Erkrankungen

pätstadium von Erkrankungen des peripheren Nervensystems oder der Muskulaur, wie z. B. amyotrophe Lateralsklerose (ALS), spinale Muskelatrophie, progresive Muskeldystrophie.

Symptomatik

ortschreitende Lähmung von Atem- und/oder Schluckmuskulatur mit vitaler Berohung durch Hypoxie/Hyperkapnie und Aspiration.

Kurzanamnese

Krankheit progredient?
Welche Art Erkrankung?
Geplante Maßnahmen?
Bereits anamnestisch ähnliche Symptome?
Medikamente?
Akuter broncho-pulmonaler Infekt?
Vorherige Willensäußerungen des Patienten hinsichtlich des Procedere?

Sofortdiagnostik

- Basisuntersuchung (☞ 4.1.2)
- Atemexkursionen, paradoxe Atmung? Vitalkapazität?
- Puls, SpO_2, RR, EKG (Frequenz? Rhythmusstörungen?)
- Fieber/Infekt: Exsikkose?
- Lungenauskultation: Pneumonie?
- Neurostatus (☞ 8.1), insbesondere Motorik.

Sofortmaßnahmen

- Eine ursächliche Therapie ist bislang nicht bekannt; die Atemsinsuffizienz ist letztlich die Todesursache dieser Erkrankungen
- Intubation und Beatmung wegen Dauerbeatmung *ethisch problematisch*; allenfalls diskutabel, wenn Heimbeatmung erwünscht, vorher abgesprochen und durchführbar ist
- Versuch der Klärung des Patientenwillens und vorher getroffener Absprachen, wenn möglich *vor Intubation*. Entscheidung ist schwierig bei akuter Dekompensation aufgrund „potentiell behebbarer Ursache" (z.B. Pneumonie bei ALS).

Allerdings: Großteil der ALS-Patienten verstirbt nachts ohne akute Atemnot nach terminaler CO_2-Narkose. Bei Behandlung von evtl. Unruhe bei Atemnot im Terminalstadium stellt die atemdepressive Wirkung von Anxiolytika und Sedativa (Diazepam 5–20 mg i.v., z.B. Valium®) keine Kontraindikation dar.

Transport

- Wenn behandelbare Ursache vorliegt (z.B. broncho-pulmonaler Infekt)
- Evtl. Klinikeinweisung, wenn Angehörige mit präfinaler Situation überfordert sind.

P. Plantiko, U. v. Hintzenstern, G. Wiesner

9 Vergiftungen

Besonderheiten von Vergiftungsnotfällen

- Diagnose am Notfallort oft schwer zu stellen:
  - Häufig kein sicherer Hinweis auf das aufgenommene Gift durch Eigen- und Fremdanamnese oder Umgebungsbeobachtung (z. B. leere Medikamentenschachtel, Pflanzenschutzmittelflasche, Abschiedsbrief)
  - Nur höchstens 5 % der Vergiftungen weisen eine charakteristische Symptomatik auf
  - Kombinationsvergiftungen sind sehr häufig
- Frühzeitige Elementartherapie (Sicherung der Vitalfunktionen und Detoxikation) für die Prognose entscheidend
- Häufigkeitsverteilung von Vergiftungen bei Erwachsenen: 85 % suizidal, 10 % akzidentell und 5 % gewerblich, bei Kindern 90 % akzidentell, 2 % suizidal, 8 % gemischt.

Aufgrund des Chemikaliengesetzes und der Giftinformationsverordnung sind Vergiftungen bzw. deren Verdachtsfälle durch folgende Stoffe meldepflichtig (nach Abschluß der Behandlung): chem. Stoffe u. Produkte, die im Haushalt verwendet werden (Wasch- u. Putzmittel, Hobby- u. Heimwerkerartikel), Pflanzen- u. Holzschutzmittel, beruflich verwendete Chemikalien, gesundheitsschädigende chemische Stoffe in der Umwelt. Meldung per Fragebogen, Fax, telefonisch oder als anonymisierte Epikrise an die Dokumentations- u. Bewertungsstelle für Vergiftungen (☞ 21.9.4), bei der auch die Meldebögen sowie die Informationsbroschüre „Ärztliche Mitteilungen bei Vergiftungen 1990–1995" mit der Auswertung der Meldungen dieses Zeitraumes angefordert werden können.

9.1 Basismaßnahmen

Bei Vergiftungsfällen in folgender Reihenfolge vorgehen:

- Selbstschutz (☞ 1.8.3):
  - Versorgung des Patienten nur in sicherer Umgebung (Rettung ggf. durch Feuerwehr)
  - Handschuhe tragen zum Schutz gegen Infektion (z. B. Opioidabhängige), Kontaktgifte (z. B. E 605), Säuren und Laugen
  - Bei V. a. Gasvergiftung Rettung nur mit Atemschutz (Feuerwehr nachalarmieren). Kein ungesichertes Betreten von z. B. Brandstätten (☞ 2.3.3), Kellern, Siloanlagen (☞ 2.3.6) und Garagen. Neben Gasvergiftung droht Explosionsgefahr (CO, Methan) und ggf. Einsturzgefahr!
  - Sicherheitsregeln im Umgang mit gebrauchten Kanülen beachten (☞ 1.8.3)
  - Nie Mund-zu-Mund-Beatmung, immer Beatmung mit Maske oder Tubus
- Dekontamination:
  - Bei Gasvergiftung: Gashahn schließen, KFZ-Motor abstellen, Fenster öffnen
- Basischeck (☞ 4.1.2)
- Puls, SpO_2, RR, EKG
- O_2-Gabe (☞ 1.7.3)
- I. v.-Zugang mit Infusion (z. B. Ringer-Lösung)
- Sicherung der Vitalfunktionen (☞ 3.4, 3.5) bzw. Therapie entsprechender Störungen
- Kraniokaudale Notfalluntersuchung (☞ 11.1) des gesamten, möglichst entkleideten Patienten:

- Anhalt für Verletzungen aufgrund eines Sturzes (z. B. Hinterkopf)?
- Einstichstellen (atypische Injektionsorte: Zunge, Penis, Füße)?

Vergiftungsdiagnostik (☞ 9.2.2, 9.2.4) und Asservieren z. B. von Giftresten, Erbrochenem

Detoxikation (☞ 9.3)

Stabilisierung und Transport.

In unklaren Fällen noch vor Ort den Rat einer Vergiftungszentrale (☞ 21.3) einholen

Kliniken mit der Möglichkeit spezieller Entgiftungsverfahren (z. B. Hämodialyse, Hämoperfusion) bevorzugt anfahren

Bei jedem V. a. Intoxikation Pat. immer unter NA-Begleitung zur genaueren Diagnostik in eine geeignete Klinik transportieren. ***Cave:*** Befinden des Pat. kann sich unvorhersehbar und akut verschlechtern.

.2 Vergiftungsdiagnostik

.2.1 Leitsymptome

inweise für eine mögliche Vergiftung:

Überraschend eingetretene Veränderung der Psyche

Plötzliche Verminderung des Bewußtseins (insbesondere bei Pat. < 40 J)

Unerwartete, abrupt aufgetretene Gesundheitsstörung

Ataxie bei Kleinkindern.

.2.2 Anamnese

i V. a. Vergiftung folgende Fragen zu beantworten versuchen:

Wer ist der Pat.?

Gift:
- *Was* (Stoffart)?
- *Wieviel* (aufgenommene Menge)?
- *Auf welchem Weg* (Aufnahme: oral, i. v., kutan, durch Inhalation)?

Wann (Zeitpunkt der Giftaufnahme)?

Warum (Unfall, Suizidabsicht, Fremdverschulden)?

Mit wessen Hilfe (Unfallbeteiligte, „Verursacher", z. B. Koch)?

Was ist sonst noch wichtig:
- Hat der Vergiftete selbst erbrochen oder wurden bereits Maßnahmen getroffen (z. B. Erbrechen ausgelöst, zu trinken gegeben)
- Vorerkrankungen (alternative Erklärung für Symptomursachen)?
- „Unfall"-hergang: kürzlich dichte Fenster in Altbau bei Ofenbetrieb eingebaut, Betreten eines Kellers, Silos, Verwendung von Chemikalien (z. B. Reizgaslungenödem durch Toilettenreiniger)?
- Umgebung: Hinweise wie z. B. Abschiedsbrief, Pilzsuppe im Kochtopf, leere bzw. angebrochene Behältnisse für Medikamente, Drogen oder Chemikalien?

i V. a. Suizidalität (☞ 10.3.1)

Tab. 9.1 Leitsymptome bei Vergiftungen	
Haut	
Farbe	mögliche toxische Ursachen
"schieferblau"	- Methämoglobinämie (☞ 9.7.1) - Opioid (☞ 9.5.2)
Ikterus	- Knollenblätterpilz (Spätsymptom, ☞ 9.8.3) - Arsen
Erythem	- Kohlenmonoxid (☞ 9.7.2)
Ätzspuren	- Säuren und Laugen (☞ 11.11)
hellrot/rosa	- Zyanid (☞ 9.6.4) - CO (☞ 9.7.2)
Injektionsspuren (auch atypische Lokalisation), Phlebitis	- Drogenintoxikation (v. a. Opioide, ☞ 9.5.2)
Foetor	
Alkoholgeruch	- Alkohol (☞ 9.5.1) - Phenol (☞ 9.6.3) - Chloralhydrat
Acetongeruch	- Aceton (☞ 9.6.3) - Salicylate (☞ 9.4.3) - Paraldehyd - Coma diabeticum (☞ 8.2.1)
Bittermandelgeruch (s. u.)	- Zyanide (☞ 9.6.4) - Nitrobenzol (☞ 9.6.3)
Knoblauchgeruch	- Alkylphosphate (☞ 9.6.1) - Arsen, Phosphor
Geruch nach faulen Eiern	- Acetylcystein - Disulfiram
Geruch nach faulem Heu	- Phosgen
Weitere Leitsymptome	
Doppelbilder	- Methylalkohol (☞ 9.6) - Botulismus (☞ 9.8.2)
Tremor, psychische Störungen	- Drogen- oder Medikamentenintoxikation, Entzug (☞ 10.3.4)
Brechdurchfall	- Paracetamol (☞ 9.4.3) - Tetrachlorkohlenstoff (☞ 9.6.3) - Knollenblätterpilz (☞ 9.8.3)
Lungenödem	- Reizgase (auch aggressive Reinigungsmittel, z. B. Toilettenreiniger, ☞ 11.11)
Verfärbung perioral und in der Mundhöhle	- Pestizide (☞ 9.6.1)

20 % der Bevölkerung können genetisch bedingt den Bittermandelgeruch nicht wahrnehmen!

Auch bei auskunftsfähigen Patienten nach Möglichkeit zusätzlich Fremdananmnese erheben. ***Cave:*** Pat. nicht das Gefühl geben, daß seinen Worten nicht vertraut würde →Fremdanamnese nicht im Beisein des Pat. erheben
Auskünfte Dritter können gefärbt sein (Schuldgefühle, gestörtes Verhältnis, vorsätzliche Vergiftung).

.2.3 Körperliche Untersuchung

Basischeck (☞ 4.1.2)
Auf Leitsymptome achten (☞ Tab. 9.1)
Hinweise auf Sturz oder Begleitverletzungen: Prellmarken, Kopfplatzwunde (***Cave:*** vorangegangenes SHT mit sekundärem subduralen Hämatom mit Bewußtseinsstörungen beim Alkoholiker nicht als Alkoholintoxikation verkennen).

.2.4 Technische Diagnostik

EKG: Tachykardie, Bradykardie, Rhythmusstörungen
SpO_2: Hypoxie? ***Cave:*** Fehlmessungen z.B. bei Dyshämoglobinämie (☞ 1.7.4)
BZ-Stix: bei jeder Bewußtseinsstörung
Giftnachweis in der Ausatemluft z.B. mit Dräger Gasspürgerät und Prüfröhrchen, z.B. für Blausäure, Phosgen, CO (evtl. bei der Feuerwehr vorhanden)
Drogennachweis (z.B. Amphetamine, Opioide, Phenylzyklidin) durch Schnelltest im Urin (☞ 1.7.7).

.2.5 Asservation

lles asservieren, was möglicherweise eine Giftidentifikation erlaubt:
Ausscheidungen (Erbrochenes, Urin, Stuhl), gewonnene Flüssigkeiten (Magensaft, Blut), Tablettenpackungen, Chemikalienbehälter, benutzte Spritzen
Finden sich keine Hinweise, naheliegende Schubladen, Kleidungstaschen, Küche, Badezimmer und die jeweiligen Abfallbehälter inspizieren.

.3 Detoxikation, Dekontamination

rgehen

nd die genaue Giftart und Menge bekannt, nicht aber deren Gefährlichkeit (z.B. gestion einer Haushaltschemikalie durch ein Kind) bzw. Detoxikationsmöglichit, kann noch vor Ort über Telefon oder Funk eine Vergiftungszentrale ☞ 21.3) konsultiert werden.

.3.1 Verringerung der Resorption

sbesondere bei hochtoxischen Giften muß unverzüglich jede mögliche Maßnah- zur Resorptionsverminderung getroffen werden. So z.B. bei Alkylphosphaten B. E 605), Paraquat (z.B. Gramoxone®), Arsen, Schwefelwasserstoff, Zyaniden.

Tab. 9.2.: Emetika und Laxantien

Apomorphin (Apomorphin-Woelm®)	Emetikum	0,1 ml/kg KG i. m., nur als Mischspritze mit 1 Amp. Akrinor® oder Novadral®
Ipecacuanha-Sirup	Emetikum	unter 18 Mon.: 10 ml 18 Mon – 4 J.: 15 ml über 4 J.: 20 ml Erwachsene: 40 ml
Natriumsulfat	Laxans	30 g in Wasser gelöst

Bei Kindern wird die präklinische Laxansgabe nicht mehr empfohlen.

Induziertes Erbrechen

Indikation: Zeitspanne zwischen oraler Giftaufnahme und Erbrechen < 2 h, da nach u. U. sinnvoll bei Retardpräparaten. Pat. wach und ausreichend kooperativ.

Kontraindikationen: fehlende Schutzreflexe (Bewußtseinstrübung → Aspirations gefahr), Z. n. Aufnahme von Säuren oder Laugen (→ erneute Verätzung von Öso phagus, Mund- und Rachenraum). Aufnahme von Schaumbildnern (z. B. Wasch mittel) oder organischen Lösungsmitteln (Aspiration geringster Mengen schwe lungenschädigend), Ingestion von Petroleum oder Lampenöl (v. a. bei Kinder Aspirationsgefahr).

Durchführung:

- *Reizung der Rachenhinterwand*, bei Mißerfolg zuvor etwas Wasser trinken las sen (***Cave:*** nie den eigenen Finger verwenden; z. B. Guedel-Tubus ist ein zuver lässiges, „bißfestes Brechmittel")
- 1 Eßlöffel *Kochsalz* auf ca. 200 ml (ein Glas) lauwarmes Wasser trinken lasse normalerweise innerhalb von 10 Min. Erbrechen. Bleibt Erbrechen aus, Magen spülung zur Kochsalzelimination indiziert.
  - Verfahren nicht sehr zuverlässig
  - *Keine Kochsalzzufuhr bei Kindern* (Hypernatriämiegefahr)
- *Ipecacuanha-Sirup* (Sirup ipecacuanhae, z. B. Orpec®): Emetikum der erste Wahl bei Kindern
  - Dosierung: Kinder < 18 Mon. 10 ml, 18 Mon – 4 J. 15 ml, > 4 J.: 20 ml. E wachsene: 40 ml.
  - Nach Sirupgabe reichlich Flüssigkeit nachtrinken lassen
  - Wirkung nach ca. 20 Min. zu erwarten
- *Apomorphin:* Nur indiziert bei sehr kurz zurückliegender Ingestion hochtox scher Substanzen (z. B. E 605) bzw. bei Eigen- oder Fremdgefährdung (z. randalierender Alkoholiker). Bei Kindern nur bei Paraquatintoxikation, son besser Ipecacuanha-Sirup verwenden (s. u.)
  - Wegen der Gefäßerweiterung stets als Mischspritze mit Norfenefrin (z. Novadral®) oder Cafedrin/Theodrenalin (z. B. Akrinor®) verwenden
  - Dosis: 0,1 mg/kg KG Apomorphin und 0,1 mg/kg KG Norfenefrin bzw 2 mg/kg KG Cafedrin
  - I. v., s. c., notfalls i. m. injizieren, anschließend Patienten in stabile Seitenlag bringen und engmaschig überwachen, Erbrechen innerhalb weniger Min. z erwarten (***Cave:*** keinesfalls Nachinjektion bei ausbleibender Wirkung)
  - Als Antidot Naloxon (z. B. Narcanti®) bereithalten, i. v.-Dosi 0,005–0,01 mg/kg KG.

Magenspülung

Indikation:

- Immer sinnvoll, wenn die orale Gifteinnahme nur kurz zurückliegt (< 2 h) und eine potentiell gefährliche Dosis eingenommen wurde
- Bewußtseinsgetrübte Pat. nach peroraler Intoxikation (Aspirationsgefahr), komatöse Pat. bereits bei V. a. Intoxikation
- Bei Mißerfolg erbrechenauslösender Maßnahmen, v. a. wenn Salzwasser nicht erbrochen wurde.

Eine Magenspülung ist bei Kleinkindern *nur* bei Intoxikation mit Pestiziden (☞ 9.6.1) sinnvoll!

Relative Kontraindikationen: Ingestion von Säuren, Laugen, Schaumbildnern, organischen Lösungsmitteln. Bekannte Ösophagusvarizen, Z. n. gastrointestinaler OP vor kurzer Zeit.

- Bei geringer Entfernung zur aufnehmenden Klinik übersteigt der Aufwand für die Vorbereitung der Spülung die Transportzeit (< 20–30 Min.) → eine Magenspülung ist meist nicht sinnvoll. Stattdessen entsprechende Voranmeldung zur Magenspülung durch die RLSt
- Eine Magenspülung ist in der Klinik sicherer und einfacher durchzuführen als in der Wohnung des Pat. oder im NAW.

Durchführung:

- EKG, SpO_2, i. v.-Zugang mit Infusion, 0,5 mg Atropin i. v. (Ausnahme: Herzfrequenz > 120/min, bei Kindern entbehrlich)
- Großzügige Indikation zur Intubation (im Zweifel: immer)
- Gerätschaften bereitstellen: Beißkeil, Spülschlauch, Verbindungsschlauch, Trichter, ca. 10 Liter körperwarmes Wasser (bei Kindern isotone Flüssigkeit, z. B. Nal 0,9 % Ringer-Lösung), 2 Eimer
- Gummischürze anziehen
- Inspektion des Mundraums, Gebißprothesen entfernen
- Stabile Seitenlage und leichte Kopftieflage (15 °), Beißkeil
- Fingerdicke Spülsonde (max. 18 mm AD) einfetten oder anfeuchten (***Cave:*** kein Xylocaingel® → Schutzreflexe↓), vorsichtig oral einführen (ggf. mit Magill-Zange) und Pat. zum Schlucken auffordern; bis ca. 35–50 cm vorschieben
- Lagekontrolle: Bei nicht intubierten Patienten versehentliche tracheale Sondenlage ausschließen (atemsynchroner Luftstrom am Schlauchende). Mit Blasenspritze 50 ml Luft injizieren, dabei Magengegend auskultieren → „Blubbern" bei korrekter Lage
- Sondenende tief hängen, ggf. Magensekret ablaufen lassen und asservieren
- Trichter mit Verbindungsschlauch auf Sondenende aufsetzen, anheben und 300–500 ml körperwarmes Wasser einlaufen lassen. ***Cave:*** Bei Säuglingen und Kleinkindern Spülung mit isotoner Lösung in Portionen zu 4 ml/kg KG
- Trichter unter Kopfniveau absenken und Flüssigkeit ablaufen lassen, ggf. erste Spülportion asservieren
- Vorgang wiederholen bis mit ca. 10 Litern gespült wurde; falls Rückfluß noch nicht klar, weiterspülen, bis klar
- Ggf. linken Oberbauch während der Prozedur walken
- Am Ende 50–100 g Kohle und Abführmittel (s. u.) instillieren
- Schlauch abklemmen (Aspirationsgefahr) und rasch entfernen
- Ggf. Magensonde der Größe 16 Ch nasal legen (☞ 2.9.3)

Genaue Flüssigkeitsbilanz: Ausfuhr muß Einfuhr entsprechen
Cave: Perforationsgefahr → Spülsonde nie gegen Widerstand vorschieben.

Absorbentien

Die Giftabsorption ersetzt zunehmend die Elimination (Magenspülung), v.a. bei nicht zytotoxischen Substanzen und generell bei Kleinkindern. Universalabsorbens im RD ist Aktivkohle.

Indikation: Z.n. peroraler Gifteaufnahme. Am Ende einer Magenspülung oder nach induziertem Erbrechen.

Dosierung: ca. 1 g/kg KG (entspricht erfahrungsgemäß dem angestrebten Überschuß Aktivkohle: Toxin von 10 : 1) in etwas Wasser aufgeschlämmt, bei Erwachsenen mind. 50 g Aktivkohle.

- Gifte werden reversibel an Kohle gebunden → bei Erwachsenen nach wiederholter Kohlegabe mit einem Laxans kombinieren
- Keine Kohle geben bei Z.n. Säuren- oder Laugeningestion (erschwerte endoskopische Untersuchung) sowie nach Einnahme organischer Lösungsmittel (erhöhte Gefahr des Erbrechens mit Aspiration).

Forcierte Diarrhoe

Beschleunigung der Darmpassage nach wiederholter Gabe von Aktivkohle, z.B. durch Natriumsulfat (Glaubersalz) 20–30 g in Wasser. Präklinische Durchführung bei Kindern nicht mehr empfohlen.

Giftentfernung von der Haut

- Pat. vollständig entkleiden
- Insbes. bei Stoffen mit hoher perkutaner Resorption (z.B. Alkylphosphate, Lost-Derivate, Zyanide) ausgiebig mit Wasser und Seife abwaschen
- Bei fettlöslichen Giften (z.B. Anilin, Nitrobenzol, Kresole, Phenole) Haut vorher mit Polyethylenglykol MG 400, z.B. Lutrol® E 400 oder Roticlean® reinigen.

Giftentfernung aus den Augen

Augenspülung über 10–20 Min. mit Isogutt®-Lösung durchführen (☞ 17.1.5).

9

9.3.2 Neutralisierung der Giftwirkung

Indikation: Vergiftung mit hochtoxischen Substanzen wie z.B. Zyaniden, Alkylphosphaten, Paracetamol (ab 4 h nach Ingestion), Methanol.

- Nur für wenige Giftstoffe ist ein spezifisches Antidot verfügbar
- Evtl. sind spezielle Antidote in Bereichen besonderer Gefährdung verfügbar (z.B. entsprechendes Serum beim Züchter exotischer Giftschlangen)
- Spezifische Antidote gegen Opioide und Benzodiazepine können Entzugssyndrome (unruhiger, unkooperativer Pat.), Krämpfe, Lungenödem und kardiale Dekompensation verursachen
- Die kurze Halbwertszeit der Antidote macht einen „Rückfall" in die Giftwirkung möglich
- Antidote haben zum Teil gefährliche NW → nur bei gesichertem Giftnachweis einsetzen.

Tab. 9.3.: Indikation und Dosierung von Antidota

Antidot	Wirkstoff/ Ampulle	Ampullengröße	Indikation	Dosierung
4-DMAP	250 mg	5 ml	Schwere bis mittelschwere Intoxikation mit Zyaniden, Blausäure, H_2S, Nitrilen, Aziden	3 mg/kg KG sofort i. v., anschließend Natriumthiosulfat
Acetylcystein (Fluimucil Antidot®)	5 g	25 ml	Meth- bzw. Acrylnitril, Methylbromid, Paracetamol, (ab 4 h nach Ingestion)	150 mg/kg KG in 200 ml Glukose 5 % i. v.
Atropin	100 mg 0,5 mg	10 ml 1 ml	Alkylphosphate, z. B. E 605	nach Herzfrequenz und Salivation dosieren, initial 2–5 mg (*Kinder:* 1 mg), bei Herzstillstand sofort 50 mg i. v.,
Biperiden (Akineton®)	5 mg	1 ml	Neuroleptika	2,5–5 mg i. v. *Kinder:* 0,04 mg/kg KG
Dexamethason (Auxiloson® Dosier-Aerosol)	–	–	Reizgasinhalation	initial 4 Hübe, dann 2 Hübe alle 10 Min. bis Spray leer
Dimeticon (Sab-Simplex®)	–	30 ml	Schaumbildner (z. B. Waschmittel)	20–30 ml. *Kinder:* 1 Teelöffel
Flumazenil (Anexate®)	0,5 mg	5 ml	Benzodiazepine (s. u.)	0,1 mg portionsweise i. v., bis gewünschte Wirkung, HWZ < 60 Min.
Naloxon (Narcanti®)	0,4 mg	1 ml	Opioide, z. B. Heroin; Kodein, Dextropropoxyfen	0,1 mg-weise i. v. (bis 2 mg) bis Atmung ausreichend. Kurze HWZ

ie Gabe von Flumazenil bei einer Mischintoxikation von Benzodiazepinen mit rizyklika kann zum Status epilepticus führen!

Tab. 9.3.: Fortsetzung

Antidot	Wirkstoff/ Ampulle	Ampullengröße	Indikation	Dosierung
Natriumthiosulfat	1 g	10 ml	Zyanide, Blausäure, Nitrile, Alkylantien (N-Lost, S-Lost), Jod	- 50–100 (bis zu 500) mg/kg KG i.v. (ggf. sofort nach Gabe von 4-DMAP) - Bei Alkylantien 200–500 mg/kg KG
Obidoxim (Toxogonin®)	250 mg	1 ml	Phosphorsäureester (s. u.), z. B. E 605 (nur nach vorheriger Gabe von 2–10 mg Atropin, evtl. weitere Atropingaben erforderlich)	1 Amp. i.v. *Kinder:* 4–8 mg/kg KG *Cave:* 12 h nach Intoxikation sowie bei Karbamaten (s. u.) kontraindiziert
Physostigmin (Anticholium®); s. u.!	2 mg	5 ml	Atropin, Phenothiazine, tri- und tetrazyklische Antidepressiva, Curare	2 mg portionsweise i.v. *Kinder:* 0,02–0,06 mg/kg KG
Tolonium (Toluidin-Blau), ersatzweise Methylenblau	300 mg	10 ml	Methämoglobinbildner (z. B. Nitrate, Nitrite, Anilin), 4-DMAP	2–4 mg/kg KG i.v., evtl. Wiederholung nach 30 Min.

- Chem. Bezeichnung: *Phospho*säureester: xy-*phosph*-z, *Karba*mate: xy-*carba*-z
- Bei Intoxikation mit Atropin, Phenothiazin, Tri- o. Tetrazyklika oder Curare und ZNS-Symptomen wie Krampfanfällen, Halluzinationen oder Angstanfällen immer zuerst Benzodiazepine (z. B. Dormicum® geben und nur bei fehlender Wirksamkeit Anticholium!

9

9.4 Intoxikationen durch Medikamente

9.4.1 Hypnotika

Am häufigsten verwendete Suizidmittel.

Barbiturate

Symptomatik

Schläfrigkeit, Nystagmus, initial enge Pupillen (später weit), Koma, tiefe Bewußtlosigkeit, Hypothermie, Hypotension, Atemdepression, Cheyne-Stokes-Atmung, Apnoe, Areflexie.

JA, ich bestelle folgende Klinik-/Praxisleitfäden*:

- ☐ **Innere Medizin** DM 58,—
- ☐ **Rheumatologie** DM 72,—
- ☐ **Gyn./Geburtshilfe** DM 68,—
- ☐ **Intensivmedizin** DM 68,—
- ☐ **Pädiatrie** DM 68,—
- ☐ **Naturheilkunde** DM 72,—
- ☐ **Urologie** DM 76,—
- ☐ **HNO** DM 72,—
- ☐ **Radiologie** DM 68,—
- ☐ **Neurologie/Psychiatrie** DM 72,—
- ☐ **Allgemeinmedizin** DM 98,—
- ☐ **Anästhesie** DM 68,—
- ☐ **Kardiologie** DM 72,—
- ☐ **Traditionelle Chinesische Medizin** DM 86,—
- ☐ **Chirurgische Ambulanz** DM 54,—
- ☐ **Nachtdienstleitfaden** DM 54,—
- ☐ **Umweltmedizin** DM 72,—
- ☐ **Chirurgie** DM 72,—
- ☐ **Medical Practice in Dev. Countries**, DM 58,—

X

Datum und Unterschrift

Name, Vorname

Straße, Hausnummer

PLZ, Ort

* Sie erhalten immer die aktuellste Auflage. Ist ein Band vergriffen, merken wir Sie vor. Preisänderungen vorbehalten. Bei Bestellungen an den Verlag wird ein Versandkostenanteil von DM 6,– erhoben.

Bitte ausreichend frankieren.

BESTELLKARTE FÜR MEHR KLINIKLEITFADEN

Falls keine Buchhandlung bekannt, bitte einsenden an:

Gustav Fischer Verlag
Wollgrasweg 49, 70599 Stuttgart, Fax 0711/45 80 32 09

IHRE MEINUNG ZUM LEITFADEN

Bitte abtrennen und einsenden an:

Gustav Fischer Verlag
Schillerstr. 47, 89077 Ulm, Fax 0731/967 60 20

Nur durch ständigen Erfahrungsaustausch können wir den **Notarztleitfaden** weiter verbessern. **Deshalb bitten wir um Ihre Mithilfe***.

- Welches Thema ist zu kurz abgehandelt?
- Wo könnte man Platz sparen? Was ist für Sie irrelevant?
- Welche Abschnitte sind problematisch und weshalb?
- Welche Indexstichworte fehlen?
- Ihr Gesamturteil, weitere Verbesserungsvorschläge?

*Als Dankeschön verlosen wir jeden Monat 5 Büchergutscheine im Wert von DM 100,–

P.S. Datenschutz ist für uns selbstverständlich!

Sofortmaßnahmen

Ggf. Schocktherapie (☞ 5.9).

Differentialdiagnose

Koma, Hypothermie nach Unfall.

Pat. können leicht fälschlich für tot gehalten werden; Prognose aufgrund der Hypothermie nicht vorhersehbar → ggf. Transport unter Reanimation.

Benzodiazepine

Symptomatik

Benommenheit, Schlafneigung (meist aber erweckbar), selten Bewußtlosigkeit, Muskelrelaxation und Ataxie. Selten Atemdepression und Hypotonie, häufiger Atemwegsverlegung durch zurückgefallene Zunge in Rückenlage.

Sofortmaßnahmen

Stabile Seitenlage, Hypothermieschutz.

Kurzfristige Aufhebung der Benzodiazepinwirkung durch Flumazenil (z. B. Anexate®) zur Differentialdiagnostik zwar möglich, wegen der langen Halbwertszeit der Gifte aber wenig sinnvoll, Auslösung von Krämpfen und Unruhezuständen möglich, v. a. bei Mischintoxikation mit trizyklischen Antidepressiva.

Weitere Hypnotika

Rezeptfreie Schlafmittel, z. B. Diphenhydramin (z. B. Dormutil® N, Lupovalin®, Sediat®), Doxylamin (z. B. Gittalun®, Hoggar® N, Sedaplus®) werden häufig wegen der vermuteten geringen Giftwirkung in Verbindung mit anderen Medikamenten eingenommen. In hohen Dosen gefährlich (Einnahmen > 2 g; Kinder > 0,5 g).

Symptomatik

Tachykardie, heiße, gerötete Haut, trochene Schleimhäute, Fieber, weite Pupillen, Unruhe und Verwirrung; bei Kindern tonisch-klonische Krämpfe, Atemdepression, Koma, Rhabdomyolyse.

Sofortmaßnahmen

2 mg-Boli Midazolam i. v. (z. B. Dormicum®), wiederholen bis Krämpfe sistieren. Bei fehlender Wirkung 2 mg Physostigmin (z. B. Anticholium®) langsam i. v., bei Kindern 0,02–0,06 mg/kg KG, ggf wiederholen. Ggf. Intubation (☞ 3.4.4) und Beatmung (☞ 3.4.8).

9.4.2 Psychopharmaka

Neuroleptika ☞ 10.4.

Antidepressiva

Symptomatik

- Anticholinerges Syndrom: Erregungszustände, Halluzinationen im Wechsel mit Müdigkeit. Heiße, trockene und gerötete Haut und Schleimhäute, weite Pupillen, Tachykardie, Fieber, Harnverhalt

- Bei schwerer Vergiftung Myoklonien, Pyramidenzeichen, Krämpfe, Koma, AV-Block mit Kammertachykardie.

Sofortmaßnahmen

- Diazepam 5–10 mg i. v. (z. B. Valium®)
- Wenn keine ausreichende Wirkung: Physostigmin (Anticholium®) 2 mg langsam i. v., ggf. wiederholen
- Symptomatische Rhythmusbehandlung; Kardioversion vor medikamentöser Therapie (☞ 5.4).

Lithium

Bemerkungen

Geringe therapeutische Breite. Toxische Symptome auch bei relativer Überdosierung möglich.

Symptomatik

Durst, Übelkeit, Erbrechen, Durchfall, Polyurie, Benommenheit, Apathie, Tremor Somnolenz, Schwindel, Muskelfaszikulieren, Dysarthrie, Ataxie, Krämpfe.

Sofortmaßnahmen

- Asservierung von venösem Blut zur späteren Spiegelbestimmung
- Ausgleich des Wasser- und Elektrolytverlustes möglichst mit NaCl 0,9 %, ansonsten Ringer-Lösung
- Da Lithium schlecht an Aktivkohle bindet, ist eine orthograde Darmspülung über Magensonde mit Vollelektrolytlösung (z. B. Golitely®) sinnvoll (mehrere Liter pro Stunde).

9.4.3 Analgetika

Salizylate

Mengen > 100 mg/kg KG sind gefährlich.

9

Symptomatik

Pathognomonisch ist Ohrensausen. Tiefe, angestrengte Atemzüge, Tachypnoe, Dyspnoe, Übelkeit, Erbrechen, Lethargie, Reizbarkeit, Krämpfe, Koma, Zeichen der Dehydratation, bei Kindern Hypoglykämie.

Sofortmaßnahmen

Vollelektrolytinfusion, ggf. mit Zusatz von 40 mval Natriumbikarbonat und 40 mval KCl/500 ml; bei niedrigem BZ: Glukoseinfusion parallel.

Pyrazolene

Z. B. Phenylbutazon (z. B. Butazolidin®), Metamizol (z. B. Novalgin®).

Kollaps und Schockzustände bereits nach parenteraler Zufuhr in therapeutischen Dosen möglich, wenn zu schnelle, unverdünnte Injektion (z. B. 50 %-Lsg. Metamizol). Anaphylaktoide Reaktion (☞ 19.1) selten.

Symptomatik

Bewußtseinstrübung, Muskelzittern, Krämpfe (nicht bei Metamizol), evtl. Abgang roten Urins.

Sofortmaßnahmen

Bei Krämpfen Diazepam (z. B. Valium®) 10 mg i. v. bis Krämpfe sistieren.

Paracetamol

Mengen > 100 mg/kg KG sind problematisch, > 250 mg/kg KG lebensgefährlich.

Symptomatik

Einige Stunden nach Einnahme uncharakteristische Beschwerden, Krankheitsgefühl, Übelkeit, Erbrechen, Schwitzen, Somnolenz, am Folgetag subjektive Besserung, aber Oberbauchschmerzen, Ikterus, Hypoglykämie, Herzrhythmusstörungen.

Sofortmaßnahmen

Erbrechen auslösen oder Magenspülung, Kohlegabe und Abführmittel. Wenn Giftaufnahme mind. 4 h zurückliegt, Blutprobe zur Spiegelbestimmung asservieren (vorher nicht aussagekräftig). Antidot: N-Acetylcystein (z. B. Fluimucil®) 150 mg/kg KG, Gabe erst ab 4 h nach Ingestion sinnvoll (körpereigene SH-Gruppen dann aufgebraucht).

9.4.4 Kardiaka

Sehr unterschiedliche Vergiftungsbilder; Elementartherapie bei Vergiftungszentrale erfragen.

Digitalis

Sofortdiagnostik

Erbrechen, (Farb-)Sehstörungen, Pupillenerweiterung, Unruhezustände, Tremor, Krämpfe, Rhythmusstörungen.

Sofortmaßnahmen

Magenspülung kann Rhythmusstörungen provozieren, dennoch indiziert, falls noch Medikament im Magen zu erwarten, Kohle zur enteralen Bindung
Ggf. Schrittmachertherapie oder Herzdruckmassage.

Behandlung tachykarder Rhythmusstörungen mit Phenhydan riskant, Risiko der Kreislaufdepression und des Stillstands, Defibrillation hat ebenfalls hohes Asystolierisiko
Wird Asystolie ausgelöst, transkutane Stimulation (☞ 3.4.12) bzw. bei fehlender Stimulationsbeantwortung Transport unter Reanimation zur Antikörperbehandlung.

Fab-Antikörper (Schaf-Anti-Digoxin) nur bei vital bedrohlichen Rhythmusstörungen indiziert.

Antiarrhythmika

Bei der Vielzahl der möglichen Präparate symptomatische Therapie indiziert oder Maßnahmen nach Auskunft der Vergiftungszentrale.

Medikamentöse Behandlung von durch Antiarrythmika ausgelösten Arrythmien birgt Asystolierisiko → bei lebensbedrohlichen tachykarden Rhythmusstörungen Kardioversion (☞ 3.4.11), ggf. Transport unter Reanimation.

Antianginosa

Nitrokörper

Symptomatik

RR↓, Reflextachykardie, Vasodilatation, Hautrötung, Nitratkopfschmerz.

Sofortmaßnahmen

Ggf. Nitropflaster entfernen, Schocklagerung.

Kalziumantagonisten vom Nifedipintyp

Symptomatik

RR↓, Puls↑, Hitzegefühl, Schock.

Sofortmaßnahmen

10 ml Calcium 10 % langsam i.v, ggf. wiederholen.

Kalziumantagonisten vom Verapamiltyp

Symptomatik

Übelkeit, Zentralisation, periphere Zyanose, Bradykardie, AV-Block, Asystolie, Bewußtlosigkeit.

Sofortmaßnahmen

Ggf. Schocktherapie (☞ 5.9).

9.5 Intoxikationen durch Drogen

- Gefahr, bei Drogenintoxikationen die häufigen, akuten Notfälle anderer Art zu übersehen: SHT, Meningitis, intrazerebrale Blutungen, Mischvergiftungen (Polytoxikomanie), akutes Abdomen
- Analgetische Wirkung und Bewußtseinstrübung sowie Amnesie gestalten Diagnostik anderer Erkrankungen schwierig bis unmöglich
- Auch zum Ausschluß von Haftungsansprüchen/Schuldvorwürfen stets exakte Untersuchung und Dokumentation, v. a. bei Haftfähigkeitsuntersuchung oder Verzicht auf Klinikeinweisung.

9

9.5.1 Alkohol

Symptomatik

Mit steigendem Alkoholspiegel zunehmend: „it provokes desire, but inhibits performance“ (Shakespeare): Euphorie, Kontroll- und Distanzverlust, Fehleinschätzung der eigenen Fähigkeiten, Gleichgewichts- und Koordinationsstörungen, Dysarthrie (Lallen), Unruhezustände (Tobsucht), vermindertes Schmerzempfinden; Verwirrung, Bewußtseinsstörung, schwere Koordinationsstörungen, Unterkühlung, Hypoglykämie, Blutdruckabfall, Vasodilatation, Polyurie; Bewußtlosigkeit, flache Atmung, Zyanose, Areflexie, Schock.

Sofortmaßnahmen

Schutz vor Auskühlung und Aspiration, großzügige Indikation zur Intubation und Beatmung, leichte Hyperventilation. BZ-Stix → bei niedrigem BZ Glukose-Infusion. Bei Kindern mit Vergiftungssymptomen stets Glukose-Infusion.

9.5.2 Opioide

- Durch Beschaffungsprostitution (beide Geschlechter) und hygienische Bedenkenlosigkeit hohes Infektionsrisiko (TBC, Lues, Hepatitis, HIV)
- Meist schwierige Venenpunktion →Risiko einer Nadelstichverletzung.

Akute Opioidüberdosierung

Symptomatik

- Oft typischer Habitus, mager, gelbliches Hautkolorit, typische Venenpunktionsstellen über indurierter, thrombosierter Vene („main line"), neben Armen werden Venen z. B. an Beinen, unter der Zunge, am Penis verwendet, dort häufig auch Abszesse
- Initial Euphorie, dann Somnolenz, extrem enge Pupillen, Bradypnoe (ohne Atemnot), Auskühlung, Hypoxie, Darmatonie, Übelkeit, Erbrechen.

Sofortmaßnahmen

Aufhebung der Opioidwirkung für kurze Zeit mittels Naloxon (z. B. Narcanti®) möglich, Ampulleninhalt (0,4 mg) auf 10 ml verdünnen und milliliterweise injizieren, bis ausreichende Spontanatmung. Möglichst nicht ganz „wach" werden lassen, Auslösung evtl. tödlicher Entzugssyndrome. Bei schwerer Intoxikation Intubation und Beatmung.

- Fremdanamnese durch besorgte Angehörige oder gleichgültige Mitbetroffene wenig hilfreich
- Naloxonwirkung nur kurz (30 Min.), Gefahr des Opioidrebounds
- Antagonisierung bei schwangeren Patientinnen kontraindiziert (kindliche Gefährdung).

Akuter Opioidentzug ☞ 10.3.4.

9.5.3 Kokain

Kokain (Coke, Crack, Flake, Schnee) wird auch in „besseren" Kreisen verwendet, Modedroge. Anwendung meist nasal, aber auch i. v. möglich; kann geraucht werden.

Symptomatik

Erregbarkeit, Unruhe, Schlaflosigkeit, Euphorie, Angst, Panik, Tremor, gesteigerte Reflexe, Krämpfe, Halluzinationen, Schwindel, Koma; Tachykardie, Arrhythmien Hypertonus, Angina pectoris, Kopfschmerzen, Blässe; Fieber, trockener Mund, weite Pupillen.

Komplikationen: Herzinfarkt bei Herzgesunden mit normalen Koronarien durch Spasmus, intrazerebrale Blutungen, Aortenruptur, Darminfarkt, Bronchospasmus.

Sofortmaßnahmen

- Bei Krämpfen und Unruhezuständen: Midazolam-Boli (z. B. Dormicum®) von 2 mg i. v.
- Bei Tachykardie und Hypertonus: Clonidin (z. B. Catapresan®) 0,15 mg s. c. oder Urapidil (z. B. Ebrantil®) 25 mg i. v.

- β-Blocker-Gabe kontrovers diskutiert (Blutdruckanstieg durch α-Wirkung), Glycerolnitrat steigert die Tachykardie
- Neuroleptika können die Krampfschwelle weiter senken, unter Diazepamschutz aber möglich bei psychotischem Bild.

9.5.4 Halluzinogene

Z. B. Marihuana, Phencyclidin (PCP), Lysergsäurediethylamin (LSD), Mescalin, Ecstasy.

Mescalin und Marihuana sind relativ schwach wirksame Drogen ohne wesentliche akute Gefahr, Verkennung der Umstände und unbedachtes Verhalten können jedoch Unfälle induzieren

Auch längere Zeit nach Rausch kann es zu einer Echopsychose kommen („flashback").

Symptomatik

Angstzustände („Horrortrips"), Panik, Halluzinationen, Unruhe und Erregung mit Eigen- oder Fremdgefährdung.

Sofortmaßnahmen

Bei Krämpfen Sedation mit Midazolam (z. B. Dormicum®) 2–5 mg initial, wiederholen, bis gewünschte Wirkung, ggf. mit Haloperidol kombinieren.

9.5.5 Weckamine

Im Effekt große Ähnlichkeit mit Kokain. Neuere Variante „Ice" kann geraucht werden.

Symptome und Behandlung wie bei Kokain (s. o.).

9

Bei MDMA (Ecstasy, v. a. verbreitet in der „Techno"-Szene) Hyperthermie möglich, v. a. nach starker körperlicher Anstrengung → sofort reichliche Flüssigkeitssubstitution.

9.6 Intoxikationen durch Chemikalien

Bei gewerblichen Vergiftungen durch Arbeitsunfälle oder Betriebsstörungen wegen des Gefährdungspotentials bzw. der möglichen Gegenmaßnahmen die Werksfeuerwehr oder die Betriebsleitung kontaktieren.

9.6.1 Pestizide

Alle Herbizide, Insektizide etc. sind mit Warnfarbe eingefärbt (Mundhöhle auf Verfärbung kontrollieren) und riechen unangenehm (Foetor? ☞ auch Tab. 9.1).

Vom Industrieverband Agrar e. V. (☞ 21.9.4) kann das Buch „Wirkstoffe in Pflanzenschutz- u. Schädlingsbekämpfungsmitteln" angefordert werden.

Alkylphosphate

Unterteilung der Alkylphosphate in *Phosph*osäureester (xy-*phosph*-z), z. B. Dimethoat (z. B. Roxion®, Parathion (z. B. E 605) und *Karba*mate (xy-*carba*-z), z. B. Aldicarb (Temik®), Barban (Carbyne®).

Symptomatik

Miosis, Sehstörungen, Speichel-, Tränenfluß, Schweißbildung, Geruch der Atemluft knoblauchartig (manche Alkylphophate), abdominelle Krämpfe, Brechdurchfall, Bronchospasmus, Bradykardie, Erregungszustände, fibrilläre Muskelzuckungen, tonisch-klonische Krämpfe, Dyspnoe, Zyanose, Bewußtlosigkeit, final: Pupillen weit, Lungenödem, Schock.

Sofortmaßnahmen

- Falls noch möglich, Erbrechen auslösen (nur bei Erwachsenen!)
- Magenspülung bei oraler Giftaufnahme mit > 30 Litern, anschließend 50–100 g Kohle und Laxans instillieren (z. B. Glaubersalz)
- Bei kutaner Resorption Opfer gänzlich entkleiden, abspülen mit Roticlean®, dann mit Wasser und Seife mechanisch reinigen
- Ggf. Intubation und Beatmung mit PEEP und 100 % O_2
- Atropin i. v., sehr hohe Dosierungen nötig, 5 mg bis 50 mg, manchmal auch noch mehr, bis Vagussymptomatik nachläßt (Speichelfluß, Bronchospastik), Kinder 0,1 mg/kg KG, Wiederholung ca. alle 10 Min. je nach Wiederauftreten der Symptomatik.

- Atropin hat keine Wirkung auf die muskulären Lähmungen (Muskarineffekt), z. B. bei Zwerchfellähmung
- Bei vielen Alkylphospaten ist Obidoxim wirksam (Vergiftungszentrale kontaktieren), nicht jedoch bei Karbamaten: erst nach Atropintherapie 0,25 bis 0,75 mg Obidoxim (Toxogonin®) i. v.

- Auch bei ausschließlich kutaner Aufnahme und fehlender Symtomatik trotzdem immer stationäre Einweisung, da verzögerte Giftwirkung möglich.

Herbizide der Bipyridyliumgruppe

Z. B. Paraquat (Gramoxone®), Deiquat (Reglone®). Oral extrem toxisch, Gefahr bei weniger als 60 mg/kg KG. Einmal resorbiertes Gift kaum noch aus dem Körper eliminierbar.

Symptomatik

Initial Erbrechen, Durchfall und Bauchschmerzen. Schmerzen und Verätzungen im Rachenraum. Nach symptomlosen Intervall Reizhusten, blutiger Auswurf, Dyspnoe, ggf. massive Herz-Kreislaufdepression mit Ateminsuffizienz.

Sofortmaßnahmen

- Sofortige, konsequente Entleerung des Magendarmtrakts → Erbrechen auslösen und anschließend 50–100 g Kohle. Notfalls eine Handvoll Gartenerde essen lassen
- Laxans, z. B. Glaubersalz
- Über Magensonde orthograde Darmspülung mit Vollelektrolytlösung (z. B. Golitely®) beginnen (mehrere Liter pro Stunde).

- O_2-Gabe initial unnötig, evtl. sogar schädlich
- Primäre Giftelimination ist für Prognose entscheidend
- Klinik mit Möglichkeit zur Hämoperfusion ansteuern.

9.6.2 Haushaltsmittel

Z. B. Reinigungsmittel, Fleckenwasser, Schmieröl, Klebstoffe, Stempelfarbe; Gefährlichkeit ist schwer abzuschätzen, stets Vergiftungszentrale um Rat fragen.

Symptomatik

Häufig keine Symptome; ggf. Bauchschmerzen, Erbrechen, möglicherweise Geruch nach eingenommener Substanz. Evtl. Ätzspuren, Schaumbildung.

Sofortmaßnahmen

Bei Schaumbildnern Sab simplex® 20–30 ml oral; kein Erbrechen auslösen. Chemikalienbehälter asservieren.

Lampenöl (Petroleum)

Meist gefärbtes und/oder parfümiertes Duftpetroleum. Systemische Vergiftung erst bei Ingestion > 4 ml/kg KG. Hauptgefahr auch bei geringeren Mengen: Aspiration → chemische Pneumonitis.

Symptomatik

Husten, Tachypnoe, Dyspnoe, Zyanose, Erbrechen, initial kurzzeitige Bewußtseinstrübung möglich.

Sofortmaßnahmen

Nach kurz zurückliegender (suizidaler) Ingestion (< 90 Min.) großer Mengen (> 5 ml/kg KG) nach Rücksprache mit Giftinformationszentrum ggf. Magenspülung.

- Kein Erbrechen auslösen (Aspirationsgefahr)
- Keine Paraffinölgabe.

9.6.3 Technische Lösungsmittel (Halogenkohlenwasserstoffe)

9

Vorkommen: Technische Reinigungsmittel („Tri“ und „Tetra“), Lackverdünner, Benzol, Petroleum, Benzin. Aufnahme durch die Haut, Inhalation der Dämpfe und enteral.

Symptomatik

Übelkeit, Schwindel, Sehstörungen, Bauchschmerzen, bei Benzol evtl. schwarzer Urin, Bewußtseinsstörungen, selten Erregungszustand, Bewußtseinsverlust, Atemstörungen bis zur Apnoe, Ätzspuren im Mundraum, Herzrhythmusstörungen, Hypotonie.

Sofortmaßnahmen

- 50–100 g Kohle in Wasser aufschlämmen und trinken lassen (Kinder: 1 g/kg KG)
- Bei kutaner Gabe Kleidung entfernen, mit Roticlean® oder Seifenwasser abwaschen

- Kein Erbrechen auslösen, Aspiration unbedingt vermeiden, ggf. Intubation
- Selbstschutz: Keine Mundbeatmung, bes. Vorsicht bei Inhalationsvergiftung, ggf. Atemschutz. In Räumen mit Lösungsmitteldämpfen Funkenbildung vermeiden (***Cave:*** elektrische Geräte, Defibrillatoreinsatz). ***Cave:*** Adrenalingabe kann zu Kammerflimmern führen.

9.6.4 Zyanide

orkommen: Chemielabors, bei Verbrennung von Kunststoffen, Essen größerer Mengen bitterer Mandeln durch Kinder, Goldreiniger beim Gold- u. Silberschmied.

Symptomatik

Bittermandelgeruch, Atemnot, evtl. rosige Hautfarbe trotz hypoxischem Zustand, Kopfschmerzen, Bewußtseinsverlust, hypoxische Krämpfe.

Sofortmaßnahmen

ABC-Maßnahmen (☞ 3.4)
Bei leichter Intoxikation ohne Bewußtseinsstörungen: 6–12 g Natriumthiosulfat i. v., bei Kindern 50–100 mg/kg KG
Bei schwerer Intoxikation mit Bewußtseinsstörung 4-DMAP 1 bis 3,25 mg/kg KG i. v., anschließend 10 g Natriumthiosulfat (Kinder 50–100 mg/kg KG) langsam i. v.
Bei oraler Aufnahme Magenspülung, anschließend Kohle und Laxans
Bei kutaner Kontamination Abwaschen mit Wasser, Seife und Handschuhen.

Selbstschutz beachten, da Substanz extrem toxisch.
Bei Mischintoxikationen, z. B. bei Kunststoffbränden mit zusätzlicher Freisetzung von Reizgasen oder CO kein 4-DMAP geben.

9.7 Intoxikationen durch Inhalationsgifte

9.7.1 Inhalationstrauma

Thermische und chemische Schädigung von Atemwegen und Lunge durch Einatmen von Rauch und Reizgasen. Kombination mit Kohlenmonoxid- und Zyanidvergiftung häufig. Sonderfall: NO (keine Reizwirkung, sondern Methämoglobinbildung).

Symptomatik

Konjunktivitis, Rhinitis, Husten, Heiserkeit, retrosternale Schmerzen, schleimig-blutiger Auswurf, Dyspnoe, Tachypnoe, Larynxödem (inspiratorischer Stridor), Bronchospasmus, toxisches Lungenödem; evtl. Symptome der CO- oder Zyanidvergiftung (☞ 9.7.2, 9.6.4) bzw. Methämoglobinämie (NO).

Auf Verbrennungen im Gesicht, verbrannte Haare in Gesicht und Nase und Ruß im Sputum achten.

Sofortmaßnahmen

Atemwege sichern (Indikation zur Intubation großzügig stellen)
O_2-Gabe (100 %, ☞ 1.7.3)
Kortikoide:
- Dexamethason (z. B. Auxiloson®) bzw. Budenosid (z. B. Pulmicort®)-Spray, initial 4 Hübe, dann alle 10 Min. 2 Hübe, bis das Spray leer ist

- Alternativ Dexamethason (z.B. Fortecortin®) 40–100 mg i.v. bzw. Prednisolon (Solu-Decortin® H) 250–500 mg i.v.
- Ggf. Sedierung, z.B. mit Diazepam (z.B. Valium®) 5–10 mg i.v. (***Cave:*** Atemdepression)
- Bei Methämoglobinämie Toloniumchlorid (Toluidinblau)® 2–4 mg/kg KG i.v.

- Pat. bereits bei V.a. auf eine entsprechende Reizgasexposition möglichst immer in die Klinik einweisen, da die Symptomatik häufig über Stunden bis Tage progredient ist
- Unauffällige Pat., die nicht in die Klinik eingewiesen werden, darauf hinweisen, beim ersten Auftreten von Symptomen unverzüglich Hausarzt oder Klinik aufzusuchen
- Der inspiratorische Stridor ist ein spätes Zeichen der Obstruktion der oberen Atemwege
- Das Pulsoxymeter zeigt bei Kohlenmonoxidvergiftung und Methämoglobinämie falsch hohe Werte an (☞ 1.7.4)
- Der Wert einer Therapie mit Kortikoiden ist umstritten.

9.7.2 Kohlenmonoxid

Vorkommen: Auspuffgase (Suizid), bei unvollständiger Verbrennung (z.B. Rauchgase, defekte Gasöfen, Schweißarbeiten).

Symptomatik

Kopfschmerz, Schwindel, Übelkeit, Erbrechen, Belastungsdyspnoe, Sehstörungen, Stenokardien, Herzrhythmusstörungen, Halluzinationen, Parästhesien, Tetanie, Koma, Krämpfe, evtl. hellrote Hautfarbe (nur in 30 %).

Sofortmaßnahmen

Pat. aus dem Gefahrenbereich entfernen (lassen), O_2-Gabe (☞ 1.7.3), ggf. Intubation und Beatmung mit 100 % O_2 und PEEP.

Differentialdiagnose

Myokardinfarkt, Psychose.

9

- Kohlenmonoxid ist ein farb- und geruchloses, hochentzündliches sowie im Luftgemisch explosibles Gas
- Eigenschutz bei der Rettung beachten.

9.7.3 Kohlendioxid

Entstehung z.B. bei Gärungs- und Verwesungsprozessen (z.B. Silos, Gärkeller, Jauchegruben).

Symptomatik

Kopfschmerzen, Schwindel, Ohrensausen, Puls↑, RR↑, Dyspnoe, Krämpfe, Koma, Zyanose.

Sofortmaßnahmen

Pat. aus dem Gefahrenbereich entfernen (lassen), O_2-Gabe (☞ 1.7.3), ggf. Intubation und Beatmung.

- Eigenschutz bei der Rettung strikt beachten. Verdächtige Räume nur mit Preßluftatmer betreten (Feuerwehr).

.8 Intoxikationen durch Nahrungsmittel

.8.1 Lebensmittelvergiftung

esonders in der warmen Jahreszeit nach Verzehr von z. B. Kartoffelsalat mit layonnaise, Sahne, Speiseeis, Fisch, Muscheln.

ei Vorkommen in Gemeinschaftseinrichtungen Massenanfall von Enteritis mögch. Meist harmlose Erkrankung, bei geschwächten Personen oder kleinen Kinern Wasser- und Elektrolytverluste evtl. problematisch.

Symptomatik

belkeit, Erbrechen, Diarrhoe, evtl. abdominelle Krämpfe, Schwindel, ggf. chock.

Sofortmaßnahmen

fusion, z. B. mit Ringer-Lösung.

.8.2 Botulismus

oxinbildung in kontaminierten, verschlossenen Konserven (Anaerobier) mit unnügender Erhitzung bei der Zubereitung (Mikrowelle).

Symptomatik

ach einem halben bis mehreren Tagen Doppelbilder, Dysarthrie, Schluckstörunen, absteigende Lähmungen (symmetrisch), Patienten dabei wach, jedoch unrug und ängstlich, beginnende Atemlähmung.

Sofortmaßnahmen

ach Klinik, ggf. Intubation und Beatmung.

ifferentialdiagnose

uillain-Barré-Syndrom; motorische Störungen (☞ 8.2.8).

.8.3 Pilze

odesfälle durch Pilze fast ausschließlich durch Verwechslung des grünen Knolnblätterpilzes mit Champignons. Alle anderen Pilze sind weitaus weniger giftig, doch mit quälenden, meist intestinalen Symptomen.

antherina-Syndrom (Fliegen- und Pantherpilz)

Symptomatik

erebrale Symptome, ein bis zwei Stunden nach Pilzmahlzeit, Schwindel, Rauschıstand, weite Pupillen, Erregungszustand, Halluzinationen, Verwirrtheit, Toben, nsonsten atropinartiges Bild mit Hautrötung, trockenen Schleimhäuten, Tachyardie, Harnverhalt und Fieber, selten final Koma und Apnoe.

Sofortmaßnahmen

Ggf. 5–10 mg Diazepam (z. B. Valium®) und/oder β-Blocker
Magenspülung mit abschließender Instillation von 50 g Kohle und Laxans.

Muskarin-Syndrom (Täublinge, Röhrlinge, Trichterlinge, Rißpilze)

Symptomatik

Kurz nach Pilzmahlzeit Sehstörungen, Schwindel, Übelkeit, Schweißausbruch, Speichelfluß, Erbrechen, Darmkrämpfe und Durchfall, später asthmaähnliche Beschwerden, Bradykardie, Lungenödem.

Sofortmaßnahmen

Erbrechen induzieren bzw. Magenspülung, Atropin 0,5 mg intravenös, ggf. wiederholen.

Gastroenteritis-Syndrom

Symptomatik

Innerhalb ein bis zwei Stunden nach Pilzgenuß Übelkeit, Erbrechen, Koliken, Durchfall.

Sofortmaßnahmen

Keine. Zur Abklärung und Überwachung Klinikeinweisung.

Knollenblätterpilz

Besondere Gefährlichkeit durch protrahierten Leberzerfall.

Symptomatik

Erst 6–18 Stunden nach der Pilzmahlzeit Erbrechen und Durchfall, Wadenkrämpfe, Koliken. Am dritten Tag scheinbare Besserung, ab dem 5. Tag zunehmendes Leberversagen mit Ikterus, Blutungsneigung, Nierenversagen, Koma.

Sofortmaßnahmen

- Bei Durchfall meist Volumensubstitution (z.B. Ringer-Lösung, ggf. HÄS) erforderlich
- Magen meist schon leer, sicherheitshalber Magenspülung, Kohle und Laxans.

Transport in toxikologisches Zentrum, ebenso alle Mitesser sofort stationär, gleichgültig, ob symptomatisch oder nicht.

9

9.9 Intoxikationen durch Pflanzen

Z.B. akzidentelle (Beeren-)Vergiftung bei Kindern (z.B. Amaryllis, Stechpalme, Eibe (nur Nadeln und zerbissener Samen), Tollkirsche, Goldregen, Herbstzeitlose) oder Verwendung als Droge (z.B. Stechapfel).

Symptomatik

Übelkeit, Erbrechen, Durchfall, abdominale Koliken, Schwindel, Bradykardie und Kreislaufdepression, Benommenheit, Lähmungen. Bei Stechapfel und Tollkirsche Mundtrockenheit, Sprach- und Schluckbeschwerden, Tachykardie, Hypertonie, Mydriasis, Lichtscheu, Hautrötung, Erregung, Desorientiertheit, Delir, Halluzinationen, Krämpfe, Atemdepression (***Cave:*** Verwechslung mit Psychose oder Alkoholdelir).

Sofortmaßnahmen

Aktivkohle (☞ 9.3.1); bei Einnahme größerer Mengen ggf. induziertes Erbrechen auslösen (☞ 9.3.1). Bei Intoxikation mit Stechapfel oder Tollkirsche bei gravie enden Intoxikationszeichen wie Halluzinationen, Delir, Krämpfen oder Rhythmusstörungen 5–10 mg Diazepam (z. B. Valium®), ggf. Wiederholung. Bei Erfolglosigkeit oder Koma 2 mg Physostigmin (Anticholium®) i. v.

Zur Identifikation der Pflanze einen Zweig oder Blütenstand mitnehmen, *keine* Einzelteile wie z. B. Blatt, Blüte, Frucht.

9.10 Intoxikationen durch Tiere

Soweit nicht eine Allergie vorliegt, sind fast alle heimischen Tierarten relativ harmlos. Im Rahmen des internationalen Reiseverkehrs können jedoch versehentlich exotische Tierarten eingeschleppt werden. Gelegentlich werden solche Tiere auch gehalten oder gezüchtet.

9.10.1 Insekten (☞ 17.2.6, 19.1)

9.10.2 Schlangen

Symptomatik

Lokalreaktion: Schwellung, Schmerz, Taubheitsgefühl
Gastrointestinale Symptome (häufig erste Zeichen einer systemischen Giftwirkung): Übelkeit, Erbrechen, Diarrhoe
Neurologische Symptome: Muskellähmungen, Krämpfe, Koma
Kreislaufsymptome: Schock
Gewebstoxine: Ödem, Blasenbildung, Gangrän
Gerinnungstoxine: Blutungen, Thrombosen, Gangrän.

Sofortmaßnahmen

Immobilisieren der Bißstelle, z. B. Schienung, falls möglich
Leichtes Abbinden oberhalb der Bißstelle, falls möglich, es soll nur der Lymphabfluß gehindert werden. ***Cave:*** venöse Stauung ist schädlich
Ggf. Schocktherapie (☞ 5.9)
Weiteres Vorgehen in Absprache mit Giftzentrum (z. B. spezifische Antidote).

Wenn die typischen Bißmale (zwei punktförmige „Einstiche") fehlen und innerhalb 20 Min. keine Lokalreaktion aufgetreten, ist ein Biß unwahrscheinlich.

9.10.3 Spinnen, Skorpione

Heimische Tiere sind harmlos; ggf. Gefährdung durch akzidentiellen „Import" (z. B. mit exotischen Früchten) oder Haltung in Terrarien.

Symptomatik

Heftiger Schmerz an der Bißstelle und lokale Parästhesien. Evtl. Unruhe, Hyperreflexie, Schweiß-, Speichel-, Tränenfluß, Krämpfe, Tachykardie, Rhythmusstörungen. Anaphylaktische Reaktion mit Schock möglich.

Sofortmaßnahmen

- Lokale Kühlung und Ruhigstellung der Bißstelle
- Ggf. Analgesie, z. B. mit Tramadol 50–100 mg i. v. (z. B. Tramal®)
- Ggf. Schocktherapie (☞ 5.9)
- Bei anaphylaktischer Reaktion (☞ 19.1).

Eine aktuelle Liste der in Europa erhältlichen Antivenine kann beim Giftnotruf München (☞ 21.3) abgefragt werden.

D. Ebert

10 Psychiatrische Notfälle

Besonderheiten des psychiatrischen Notfalles

- Unter einem psychiatrischen Notfall wird eine akute, ernsthafte Störung des Denkens, des Verhaltens, der Stimmung oder der sozialen Beziehungen verstanden. Damit verbunden ist häufig eine drohende Eigen- oder Fremdgefährdung. Deshalb ist ein unverzügliches Eingreifen zum Schutz des Patienten und/oder seiner Umwelt erforderlich
- *Ärztliches Gespräch und Behandlung* werden krankheitsbedingt vom Patienten *oft abgelehnt* oder sind nicht möglich (z. B. Erregungszustand, Verwirrtheitszustand). In solchen Situationen ist die exakte Diagnose einer psychiatrischen Krankheit praktisch immer ausgeschlossen. Außerdem ist manchmal mit z. T. erheblichen Schwierigkeiten bei der Einleitung von Therapiemaßnahmen zu rechnen
- Aufgrund von *Fremdanamnese und Verhaltensbeobachtung* kann jedoch trotzdem immer eine objektive *Syndromdiagnose* (siehe die unten aufgeführten Syndrome) gestellt werden. Sie ist für die Notfallsituation und die zu ergreifenden Erstmaßnahmen ausreichend und hilft eine eventuelle Stigmatisierung des Patienten durch vorschnelle Diagnostik einer bestimmten psychiatrischen Krankheit zu vermeiden
- Werden eine *erforderliche Behandlung und/oder Klinikeinweisung* vom Patienten *bei drohender Selbst- oder Fremdgefährdung verweigert*, so müssen *„Zwangsmaßnahmen"* (☞ 10.2) nach dem entsprechenden Gesetz des jeweiligen Bundeslandes eingeleitet werden. Es reicht nicht aus, sich auf den Willen des Patienten zu berufen; der Notarzt kann straf- und zivilrechtlich trotzdem für Folgen verantwortlich gemacht werden, weil die „freie Willensbestimmung" des Patienten krankheitsbedingt eingeschränkt ist und er somit eine Hilfeleistung im juristischen Sinne unterläßt
- Wegen der Bedeutung der Fremdanamnese insbesondere bei der Frage der Fremd- oder Selbstgefährdung ist immer der *Gesprächskontakt zu Angehörigen* zu suchen. Angehörige können und sollen auch in der Notfallsituation in die Therapie integriert werden, z. B. bei der Beaufsichtigung suizidaler oder Beruhigung erregter Patienten sowie bei Diskussionen um eine freiwillige Klinikeinweisung
- *Diskrepanzen zwischen Patientenangaben und Fremdanamnese* sind *häufig* (z. B. bei Angaben zu Suizidalität, Fremdaggressivität, Substanzmißbrauch): im Zweifelsfalle (v. a. bei fraglicher Fremd- oder Selbstgefährdung) ist immer der „gefährlichsten" Version zu glauben.

Grundprinzipien der Therapie

Für die **medikamentöse Therapie** in der akuten psychiatrischen Notfallsituation reichen aus:

- 1 Neuroleptikum: (z. B. Haloperidol, Haldol®)
- 1 Benzodiazepin (z. B. Diazepam, Valium®)
- 1 Antiparkinsonmittel (z. B. Biperiden, Akineton®).

Klinikeinweisung (geschlossene psychiatrische Abteilung oder Station mit kontinuierlicher Überwachungsmöglichkeit):

- *Bei Hinweisen auf Selbst- oder Fremdgefährdung immer erforderlich*
- *Möglichst immer mit Einverständnis des betroffenen Pat.,* um eine sogenannte „Zwangseinweisung" (☞ 10.2) zu vermeiden (Stigmatisierung, erhebliche psychische und manchmal sogar physische Traumatisierung)
- Eine freiwillige Aufnahme ist oft nur in einem geduldigen, verständnisvollen Gespräch in einer Atmosphäre echter menschlicher Zuwendung unter dem Ein-

satz der ärztlichen Autorität zu erreichen. Gelingt es, eine gewisse Vertrauensbasis aufzubauen und dem Patienten das Gefühl zu vermitteln, daß er und seine Probleme ernst genommen werden, kann u. U. auch in primär völlig „aussichtslos“ erscheinenden Fällen eine Einwilligung zur stationären Aufnahme erzielt werden. Eventuell kann es auch sinnvoll und hilfreich sein, Angehörige in die Bemühungen um eine freiwillige Behandlung bzw. Einweisung miteinzubeziehen.

10.1 Psychiatrische Untersuchung

10.1.1 Psychiatrische Notfalluntersuchung

Im Idealfall folgen der *Kontaktaufnahme* ein *Untersuchungsgespräch*, eine *Fremdanamnese* und eine *körperliche Untersuchung* sowie eventuell Zusatzuntersuchungen; die *Verhaltensbeobachtung* gibt zusätzliche diagnostische Hinweise. Häufig müssen jedoch einzelne Untersuchungsschritte entfallen, da krankheitsbedingt eine vollständige psychiatrische Notfalluntersuchung nicht durchführbar ist.

Kontaktaufnahme

Gesprächsbereitschaft läßt sich oft herstellen durch:

- Sicheres, vertrauenswürdiges Auftreten
- Vorstellung als Arzt und Angebot medizinischer Hilfe
- Beruhigung (z. B., daß schnelle Hilfe erfolgen wird)
- Nach medizinisch somatischen Symptomen fragen (evtl. Angebot einer körperlichen Untersuchung)
- Nach „seelischen“ Symptomen fragen.

Untersuchungsgespräch (falls Gesprächskontakt möglich)

Psychischer Befund:

- Orientierung (Name, Alter, Wochentag, Datum, momentaner Aufenthaltsort?)
- Angst, Furcht? Wovor?
- Traurigkeit? Weshalb?
- Unruhe? Motorisch, innerlich?
- Wahneinfälle (z. B. Verfolgungsideen?)
- Halluzinationen?
- Beeinflussungserlebnisse („Gedanken werden über Radiosender gesteuert“, „Wille wird über Strahlung beeinflußt“, „fühlt sich als Roboter“)?
- Suizidgedanken, -pläne, -versuche? (☞ 10.3.1)
- Absicht oder Wunsch, Personen zu verletzen, zu töten, Dinge zu zerstören?

Anamnese:

- Somatische Symptome, Krankheiten, Verletzungen?
- Frühere ähnliche Symptome, psychiatrische Behandlungen?
- Medikamente?
- Alkohol, Drogen? Akut oder chronisch?

Fragen nach Suizidalität und Fremdgefährdung dürfen nie weggelassen werden, auch wenn sich dem ersten Anschein nach keine Hinweise darauf ergeben. Solche Impulse werden oft aus Scham oder Angst verschwiegen. Trotzdem erwartet der

Patient Hilfe: 50 % der Suizidanten waren im Monat vor dem Suizid beim Arzt, 80 % kündigten ihren Suizid an. Dem ärztlichen Notdienst kommt damit neben den Hausärzten eine Schlüsselrolle in der Suizidprävention zu.

Fremdanamnese

Oft ist nur eine Fremdanamnese möglich, es sollten dann die gleichen Fragen gestellt werden wie oben bei der Patientenanamnese angegeben.

Körperliche Untersuchung

Besonders achten auf mögliche somatische Ursachen, die auch eine psychiatrische Symptomatik verursachen können:
- Verletzungen (z. B. Erregungszustand bei subduralem Hämatom)
- Hinweise auf Intoxikation (z. B. Nadeleinstiche, Stupor bei Morphinintoxikation)
- Neurologische Herdzeichen (z. B. Verwirrtheitszustand bei Hirninsult)
- Herz- oder Ateminsuffizienz (z. B. Verwirrtheit bei Hypoxie)
- Metabolische Störungen.

Ein sehr *gefährlicher und häufiger Fehler* ist es, *bei einer vermeintlich psychiatrischen Notfallsituation eine ernste therapierbare somatische Erkrankung zu übersehen* (z. B. Aggressivität oder Verwirrtheit aufgrund einer Hypoglykämie)!

Verhaltensbeobachtung

- Psychomotorisch unruhig?
- Gereizt, aggressiv?
- Verlangsamt? Stuporös?
- Hinweise auf eine Intoxikation (z. B. Gang- und Sprachstörungen)?
- Verletzungen? Somatische Zeichen?

10.1.2 Diagnostik

Eine *exakte Diagnose* ist *meist nicht möglich*, aber eine oder mehrere der folgenden *Syndromdiagnosen* können immer gestellt werden und sind in der Regel *für die Notfallsituation ausreichend:*
- Suizidalität (☞ 10.3.1)
- Erregungszustand (☞ 10.3.2)
- Verwirrtheits-, Dämmerzustand (☞ 10.3.3)
- Delir und einfache Entzugssyndrome, z. B. Zittern bei Alkoholentzug, „Grippe“ bei Morphinentzug (☞ 10.3.4)
- Stupor (☞ 10.3.5).

Diese Syndrome sind bereits psychopathologisch ohne spezielle Psychiatriekenntnisse und Kenntnisse zur Vorgeschichte zu erkennen (nur zum Erkennen eines Entzugssyndroms bedarf es anamnestischer Angaben).

- Unabhängig von der zugrundeliegenden psychiatrischen Störung gibt es für jedes der Syndrome weitgehend standardisierte Vorgehensweisen in der Notfallsituation
- Das eventuelle Vorliegen von somatischen Krankheiten oder Intoxikationen muß immer mitbedacht bzw. überprüft werden (auch bei noch so „eindeutigen“ Krankheitsbildern), denn jedem der Syndrome kann ursächlich eine organische Erkrankung zugrundeliegen.

10.2 „Zwangseinweisung"

Patienten *müssen* auch *gegen ihren Willen* eingewiesen/behandelt werden (ansonsten kann sich der Arzt für Folgen straf-/zivilrechtlich straf-/haftbar machen), wenn sie:

- *sich oder andere gefährden*
- *und* in einer *geschlossenen Abteilung behandelt* werden *müssen*
- *und* die *Behandlung oder Einweisung ablehnen.*

Solche Maßnahmen werden durch ein Gesetz des jeweiligen Bundeslandes („Psychiatriegesetze" „Unterbringungsgesetze") geregelt.

In der Regel werden Maßnahmen gegen den Willen des Patienten von einem Gericht oder einer Aufsichtsbehörde genehmigt bzw. angeordnet. Für die Notfallsituation hat dieses Vorgehen keine Bedeutung.

Im Notfall erfolgt die *"Zwangseinweisung"* statt dessen *durch* die *Polizei*, wenn Gericht bzw. Mitarbeiter des Ordnungsamtes oder Gesundheitsamtes nicht notfallmäßig hinzuzuziehen sind. Diese entscheidet dann aufgrund der notärztlichen Angaben, ob die Voraussetzungen einer Zwangseinweisung gegeben sind und veranlaßt alle weiteren Maßnahmen.

In der Regel ist *für* solche *polizeiliche Maßnahmen* ein *ärztliches Attest* (im Notfall mündlich oder handschriftlich) *erforderlich*, in dem bestätigt wird:

- Der Betroffene leidet unter einer *seelischen/psychischen Erkrankung* (keine genaue Diagnose erforderlich, sondern *Syndromdiagnose*, z. B. depressives Syndrom, Psychose, eventuell Angabe der wesentlichen Symptome)
- Im Rahmen dieser Erkrankung *gefährdet er sich und/oder andere* (eventuell Beispiel angeben, worin die Gefährdung konkret besteht, z. B. Patient hat Suizidabsicht geäußert, Patient ist so erregt und gespannt, daß er jederzeit gewalttätig werden kann, Patient halluziniert und die Stimmen können ihn zu gefährlichen Handlungen auffordern)
- Er *verweigert Behandlung,* und es ist eine *geschlossene Unterbringung erforderlich, um die Gefährdung abzuwenden.*

- Der Notarzt selbst darf den Patienten nicht gegen seinen erklärten Willen behandeln oder zwingen, mit in die Klinik zu fahren
- Bei Patienten, die zu keiner verständlichen Willensäußerung fähig sind (z. B. Stupor, Delir, Verwirrtheitszustand) und die sich nicht deutlich gegen einen Notarztwagentransport wehren, ist in der Regel von einer Zustimmung auszugehen und die Polizei nicht zu verständigen.

10.3 Syndrome

10.3.1 Suizidalität

Selbsttötungsgedanken, -absichten oder -handlungen, z. B. häufig bei depressiver Verstimmung, Wahn und Halluzinationen (Schizophrenien) oder Alkoholintoxikation. Dem Suizid geht häufig ein präsuizidales Syndrom mit Suizidgedanken voraus.

Symptomatik

- Patient hat einen Suizidversuch unternommen, hat gegenüber Dritten Suizidgedanken erwähnt oder äußert aktuell Suizidabsichten, bezeichnet das Leben als sinnlos
- Oft werden konkrete Suizidabsichten zwar noch verneint, es werden aber in einem schwer depressiven, intoxizierten oder wahnhaften Zustand fast ausschließlich Gefühle von Ausweglosigkeit und Hoffnungslosigkeit signalisiert (in der Notfallsituation mit Suizidalität gleichzusetzen).

Kurzanamnese

Abschätzung des Suizidrisikos (bereits eine Ja-Antwort bedeutet ein erhöhtes Risiko!):

- *Aktuelle Suizidalität:*
  - Gefühl der Ausweglosigkeit (eventuell bei Konflikt oder unbestimmt)?
  - Depressivität, Interessenverlust?
  - Schuld, Selbstvorwürfe?
  - Zurückgezogenheit?
  - Aktuelle psychiatrische Erkrankung?
  - Suizidphantasien?
  - Sich aufdrängende Suizidgedanken?
  - Konkrete Pläne, wie der Suizid durchzuführen sei? Vorbereitungen zum Suizid?
  - „Ruhe", nachdem vorher ständig Suizidgedanken vorhanden waren?
- *Anamnese:*
  - Frühere Suizidversuche oder -gedanken (häufig! Jeder 3. Suizidüberlebende begeht nochmals einen Suizidversuch!)?
  - Suizide in der Familie (genetischer Faktor)?
  - Aktuelle Suizide in der Umgebung (Nachahmungseffekt)?
  - Frühere psychiatrische Erkrankungen (oft Depression, Schizophrenie)?
  - Substanzmißbrauch (in ca. 30 % Alkohol- oder Drogensucht!)?
  - Trennung, Verlusterlebnisse? Einsamkeit?
  - Familiäre Probleme? Partnerkonflikte?
  - Soziale Isolierung (tatsächlich oder drohend)
  - Schulische oder berufliche Probleme?
  - Finanzielle Probleme?

10

Sofortdiagnostik

- Basischeck (☞ 4.1.2)
- Puls, SpO_2, RR, EKG

Sofortmaßnahmen

- Beruhigendes Gespräch
- Bei Agitiertheit oder Angst: 5–10 mg Diazepam i. v. (1/2–1 Amp. Valium®)
- Ggf. Versorgung von Verletzungen (☞ 11; Erhängen ☞ 2.3.10)
- Bei V. a. Intoxikationen Suche nach Hinweisen auf die verwendete Substanz (Tablettenschachteln, Flaschen mit „giftigem" Inhalt etc.). Erbrochenes asservieren

Transport

- Ohne eine eingehende fachpsychiatrische Exploration können Suizidalität nicht sicher ausgeschlossen und die Rolle der Angehörigen oder die Einsicht des Kranken nicht zutreffend beurteilt werden

- Deshalb immer Einweisung in eine Abteilung mit kontinuierlicher Überwachungs- bzw. geeigneter Therapiemöglichkeit (psychiatrische oder internistische Klinik)
- Bei fehlender Einwilligung: „Zwangseinweisung"(☞ 10.2)
- Alternativ, bei Unsicherheit über die Suizidgefährdung, sofortige Vorstellung bei einem Arzt für Psychiatrie, der dann die weitere Verantwortung übernehmen muß.

Cave: Es ist nicht ausreichend, nur einen Überweisungsschein auszustellen!

Prinzipien der Weiterbehandlung

Diagnostik und Behandlung der psychiatrischen Grunderkrankung (psychotherapeutische Gespräche und/oder medikamentöse Therapie)

- Suizidgedanken werden oft dem Arzt gegenüber verneint, fremdanamnestisch aber berichtet. Falls keine sichere Klärung möglich, immer von Suizidalität ausgehen
- Suizidalität kann oft nur indirekt „geahnt" werden, direkte Fragen nach Suizidgedanken, -plänen werden aber verneint; besonders bei schwerer Depression mit Hoffnungslosigkeit, Sinnlosigkeit (siehe auch Fragen zur Abschätzung des Suizidrisikos). Eine sofortige fachärztliche diagnostische Abklärung oder Klinikeinweisung ist auch dann notwendig.

10.3.2 Erregungszustand

Häufigste Ursache bei jüngeren Patienten ist eine (beginnende) *akute endogene Psychose*, bei älteren eine *organische Störung*.

Symptomatik

- Psychomotorische und innere Unruhe (Patient läuft umher, bleibt nicht sitzen, spricht oder weint ständig, schreit)
- Steigerung bis zum Bewegungssturm mit Schreien, Schlagen, Toben, plötzlichen fremd- oder eigengefährdenden Impulshandlungen; häufig aggressiv – gereizt – dysphorischer oder ängstlicher Affekt, z. T. auch manisch-euphorisch; Sprache und Äußerungen manchmal unverständlich und von Verwirrtheit nicht zu differenzieren.
- Evtl. ist psychische Erregung das beherrschende Symptom: beobachtet oder vom Patienten berichtet werden dann innere Anspannung und Unruhe, Gefühl des Getriebenseins, Angst, Mißtrauen, Dysphorie, v. a. bei *endogenen Psychosen* auch unheimliche und angstbesetzte Wahneinfälle, Halluzinationen.
- Häufige Ursache eines Erregungszustandes sind reine Angstzustände (= Panikattacken) im Rahmen einer Angststörung (ungerichtete, freie Angst ohne Grund, Todesangst oder Angst vor Herzstillstand, wegen der der Notarzt primär gerufen wurde). Sie können das klinische Bild beherrschen.

Kurzanamnese

Psychopathologisches Bild und Syndromdiagnose bei psychomotorischer Unruhe unverkennbar

Zu psychischer (innerer) Erregung muß oft nachgefragt werden: innere Unruhe, Anspannung? Nervosität? Angst, wovor?

Immer, wenn möglich, Fragen der allgemeinen Untersuchung zu psychischen Symptomen (☞ 10.1.1) stellen

- Zusätzliche Hinweise auf Ätiologie durch (Fremd-) Anamnese: schizophrene oder manisch-depressive Phasen bekannt? Abnorme Erlebnisreaktion in belastender Situation? Angsterkrankung mit häufigen Angstattacken in der Vorgeschichte? Epilepsie oder Anfall? Alkohol-, Medikamenten- oder Drogenmißbrauch? Trauma, Verletzung? Bekannte internistisch-neurologische Erkrankung? Medikamente, Psychopharmaka?

Sofortdiagnostik

- Basischeck (☞ 4.1.2)
- Puls, SpO_2, RR, EKG
- BZ-Stix
- Wenn möglich: körperliche Untersuchung (v. a. Intoxikationszeichen, Hinweise auf internistisch-neurologische Erkrankungen, Verletzungen).

Sofortmaßnahmen

- Versuch der Erregungsdämpfung durch sicheres, ärztliches Auftreten und beruhigenden Zuspruch (***Cave:*** Zu forsches Auftreten kann die Aggressivität steigern!)
- Wenn möglich, Klärung der Erregungsursache. Möglichst im Gespräch mit Pat. bleiben *(talking down)*
- I. v.-Zugang (gut fixieren!) mit Infusion (z. B. Ringer-Lösung)
- Bei unbekannter Ätiologie: 5–10 mg Haloperidol (1–2 Amp. Haldol®) i. v. oder i. m. (bei älteren Patienten mit V. a. hirnorganischer Störung 2,5 mg) oder 5–10 mg Diazepam (1/2–1 Amp. Valium®) i. v. (nie bei Intoxikationen mit Alkohol oder Medikamenten, bevorzugt bei Epilepsie, Angst)
- Therapie bei bekannter Ätiologie s. Tab. 10.1

Sonderfall: Erregungszustand im Rahmen einer Angstattacke (z. B. bei Herzangst, Hyperventilation, frei flottierende Angst) bei einer *bekannten* Angsterkrankung (Angstneurose) ohne Hinweis auf eine organische Erkrankung (v. a. Herzkrankheiten); Therapie: eingehendes, beruhigendes Gespräch und eventuell zusätzlich erforderliche Benzodiazepingabe (vorsichtige, „titrierte“ Dosierung!)

Cave: spätere Fixierung des Patienten auf Angstlösung durch Medikamentengabe!

- Trauma (☞ 11), Intoxikation (☞ 9), Diabetes mellitus (☞ 8.2.1).

Transport

- Bei *schwerem* psychomotorischen Erregungszustand immer Einweisung in eine Abteilung mit kontinuierlicher Überwachungsmöglichkeit (psychiatrische oder internistische Klinik), bei fehlender Einwilligung „Zwangseinweisung“ (☞ 10.2) (potentielle Fremd- und Eigengefährdung, auch bei kurzfristigem Abklingen ist ein rasches Rezidiv nicht auszuschließen)
- *Leichtere Erregungszustände*, bei denen ein geordnetes Anamnesegespräch möglich ist, v. a. mit vorwiegender innerer Erregung, können auch ohne Klinikeinweisung sofort ambulant fachärztlich diagnostisch abgeklärt werden (unbedingt sofort erforderlich, da z. B. eine zugrundeliegende endogene Psychose ein sehr hohes Suizidrisiko bedeutet)
- Klingt eine *Angstattacke* bei einer *bekannten* Angsterkrankung (s. o.) unter Benzodiazepin-Gabe ab (nach ca.15 Min.) und ist keine weitere psychiatrische Symptomatik (einschließlich Suizidalität) nachweisbar, so ist eine stationäre Therapie nicht unbedingt erforderlich. Statt dessen ambulante Therapie empfehlen.

Prinzipien der Weiterbehandlung

Diagnostische Abklärung, Sedierung und Einleitung einer medikamentösen Therapie (s. Differentialdiagnose und -therapie).

Differentialdiagnose

Bei sehr starker Erregung (notfalls i. m.-Injektion!) können individuell (in Abhängigkeit von Lebensalter, Körpergewicht und Geschlecht unter Beachtung der Kontraindikationen) die angegebenen Dosierungen erhöht werden. Zeigt sich keine ausreichende Wirkung, sollte die Hälfte der in der Tabelle angegebenen Einstiegsdosis nachappliziert werden.

Falls insbesondere der Sedierungseffekt erwünscht ist, sollten jeweils die erstgenannten Medikamente gegeben werden.

Auch bei typischer psychiatrischer Anamnese kann sich hinter einem Erregungszustand eine bedrohliche organische Erkrankung verbergen

Tab. 10.1.: Therapie von Erregungszuständen

Ursache	Medikament	Dosierung
Endogen-psychotisch	Haloperidol (Haldol®) Bei agitierter Depression: Diazepam (Valium®)	10–15 mg i. v. 10 mg i. v.
Psychogen	Diazepam (Valium®)	5–10 mg i. v.
Hirnorganisch (Demenzen, Trauma, Tumor, Enzephalitis)	Haloperidol (Haldol®)	2,5–5 mg i. v.
Metabolisch	1.Wahl: Diazepam (Valium®) 2. Haloperidol (Haldol®)	2,5–5 mg i. v. 2,5–5 mg i. v.
Bei Hyperthyreose kein Haloperidol! Bei Nieren-/Leberinsuffizienz kein Diazepam!		
Intoxikation mit Alkohol, Hypnotika, Sedativa, Opioiden	Haloperidol (Haldol®)	2,5–5 mg i. v.
Intoxikation mit Amphetaminen, Kokain, Halluzinognen, Phenylcyclidin (PCP), Ecstasy	Diazepam (Valium®)	10 mg i. v.
Entzug Opioide	1. Wahl: Diazepam (Valium®) 2. Haloperidol (Haldol®)	10 mg i. v. 5–10 mg i. v.
Entzug Alkohol, Sedativa	Diazepam (Valium®)	10 mg i. v.
Pharmakainduziert	Diazepam (Valium®)	10 mg i. m.

- Erregungszustände können kurzfristig abklingen („Ruhe vor dem Sturm") und so ein falsches Bild von der tatsächlichen Gefährdung geben
- Bei aggressivem und drohendem Verhalten keine Selbstüberschätzung! Statt dessen *rechtzeitig* Helfer beiziehen (Sanitäter, u. U. Polizei).

10.3.3 Verwirrtheitszustände

Bewußtseinsveränderung mit Desorientierung oder Fehlorientierung und verwirrtem Denken. Manchmal mit Erregungszustand kombiniert. In der Regel liegt einem Verwirrtheitszustand eine *organische Grunderkrankung* zugrunde. Wie beim Delir kommen alle Intoxikationen, internistische und neurologische Grunderkrankungen in Frage, die das Gehirn beeinflussen können.

Symptomatik

- Desorientiertheit (zeitlich, örtlich, situativ)
- Umtriebigkeit (bettflüchtig)
- Verkennung der Umgebung (Angehörige und Arzt oder eigenes Zimmer werden nicht erkannt)
- Verminderte Merkfähigkeit
- Sprache unzusammenhängend
- Gedächtnis- und Konzentrationsstörungen
- Geordnetes Gespräch nicht möglich (Antworten ohne Bezug zur Frage).

Eine klinische Sonderform des einfachen Verwirrtheitszustandes ist der *Dämmerzustand*: verlangsamte, automatenhafte Psychomotorik, „wie in Trance", scheinbar geordnetes Verhalten und Denken (erst bei genauem Nachfragen Zeichen der Desorientiertheit), kein Blickkontakt, oft unvermittelt heftige Wutausbrüche mit massiver Eigen- und Fremdgefährdung.

Kurzanamnese

- Psychopathologisches Bild unverkennbar
- Fragen nach bekannten internistischen (z. B. Herzinsuffizienz, Herzinfarkt, chronisch repiratorische Insuffizienz, Diabetes mellitus, Hyperthyreose, Hepatopathie, fieberhafter Infekt) oder neurologischen Erkrankungen (z. B. M. Parkinson, Epilepsie, Schlaganfall mit isolierter Aphasie)
- Zeichen einer Demenz (v. a. höheres Alter, Gedächtnisabnahme, Wesensänderung, Alkoholabusus)?
- Hinweise auf Trauma (z. B. subdurales Hämatom nach Sturz)?
- Akute Intoxikation mit psychoaktiven Substanzen (u.U. auffällige Pupillenform oder -reaktion)?

Sofortdiagnostik

- Basischeck (☞ 4.1.2)
- Puls, SpO_2, RR, EKG
- Temperatur
- BZ-Stix.

Sofortmaßnahmen

- I. v.-Zugang mit Infusion (z. B. Ringer-Lösung)
- Falls sofortige Therapie erforderlich (Erregungszustand): 5 mg Haloperidol (1 Amp. Haldol®) i. v.

Bei älteren Patienten oder unklaren Intoxikationen 2,5 mg Haloperidol (1/2 Amp. Haldol®) i. v.
Alternativ bei Ausschluß einer Intoxikation (Atemdepression): 5–10 mg Diazepam (1/2–1 Ampulle Valium®) i. v.

ransport

Falls Grunderkrankung bekannt (z. B. senile Demenz) und kein Erregungszustand oder Suizidalität nachweisbar, kann auf Klinikeinweisung verzichtet werden, wenn Angehörige die Betreuung (und Beaufsichtigung) des Patienten zuverlässig übernehmen können
In allen anderen Fällen immer Klinikeinweisung zur Primärdiagnostik, notfalls auch „Zwangseinweisung" (☞ 10.2).

rinzipien der Weiterbehandlung

iagnostik und Therapie der Grunderkrankung, eventuell Sedierung bei Erreungszustand.

ifferentialdiagnose

Wichtige Differentialdiagnosen wegen schnell notwendiger Therapie: Hypo-/Hyperglykämie (☞ 8.2.1); kardiopulmonale Insuffizienz, z. B. Infarkt (☞ 5.2), Asthma (☞ 7.2); Intoxikationen (☞ 9). Häufigste Differentialdiagnose bei älteren Patienten: Demenz (in der Vorgeschichte Gedächtnisstörungen bereits bekannt)
Häufige Differentialdiagnose beim Dämmerzustand: paroxysmal oder postparoxysmal bei Epilepsie (Therapie: 1–2 Amp. Diazepam, z. B. Valium®).

uch bei typischer Anamnese einer senilen Demenz oder eines langjährigen Alkoolabusus kann der Verwirrtheitszustand durch eine andere vital bedrohliche Grundrkrankung (z. B. subdurales Hämatom nach Sturz oder Trauma) verursacht sein.

10.3.4 Delir und einfache Entzugssyndrome

elir: Hirnorganisch bedingtes Psychosyndrom mit einer quantitativen oder qualitiven Bewußtseinsstörung und charakteristischer Klinik

rädelir: Symptomatik des Delirs ohne Bewußtseinsstörung (v. a. Desorientierteit), Halluzinationen; insgesamt leichtere Symptomatik

infache Entzugssyndrome: Kein psychopathologisch zu erkennendes einheitlihes Syndrom, nur bei Kenntnis von Substanzmißbrauch zu diagnostizieren; soohl Prädelir, als auch Erregungszustände, Depression, körperliches Unwohlsein öglich.

Symptomatik

elir:

Vegetativ: Hyperhidrosis, Tachykardie, Tachypnoe, Wechsel zwischen Hyper- und Hypotonie, Fieber, Erbrechen, Übelkeit, Diarrhoe
Neurologisch: Tremor, Ataxie, Sprechstörungen
Psychopathologisch: Unruhe, Agitation bis zum psychomotorischen Erregungszustand, abrupter Wechsel zwischen Übererregung und scheinbarer Ruhe, Desorientiertheit (örtlich, zeitlich, situativ), optische Halluzinationen, die mit nestelnden Handbewegungen abgewehrt werden (oft kleine weiße Tiere oder Gegenstände), Angst, Wechsel zwischen Depression und Euphorie, Dysphorie, Schlaflosigkeit.

Prädelir:
Vegetative und *neurologische* Symptome wie beim Delir, nur weniger schwere Ausprägung; *Psychopathologisch* keine Desorientiertheit (= Bewußtseinsstörung), keine Halluzinationen, Unruhe weniger stark.

Einfache Entzugssyndrome:
Abhängig von der konsumierten Substanz:
- Alkohol und Hypnotika (Benzodiazepine und Barbiturate): Prädelir
- Phencyclidin (PCP, „angel dust"), Amphetamine („Ecstasy"), Kokain, Opioide Angst, Depression, Erregung, Schmerzen, „Grippesymptome"
- Schmerzmittel: Schmerzen, Angst, Depression, Erregung, selten Prädelir.

Häufig werden verschiedene Substanzen konsumiert (= Polytoxikomanie) und ei einheitliches Entzugsmuster ist nicht erkennbar.

Kurzanamnese

Delir und Prädelir:
- Psychopathologisches Bild ist unverkennbar
- Fragen nach Alkohol-, Drogen- oder Medikamentenmißbrauch, Unterbrechung der Substanzzufuhr (Selbstentzug, Krankheit), Medikamenteneinnahme (v. a anticholinerge Psychopharmaka, Antiparkinsonmittel).

Einfache Entzugssyndrome:
Nach Substanzmißbrauch fragen, Diagnostik wie bei Delir.

Sofortdiagnostik

- Basischeck (☞ 4.1.2)
- Puls, SpO_2, RR, EKG
- Temperatur
- BZ-Stix
- Pupillengröße (☞ 8.1.4, 17.1.1): Hinweis für Intoxikation?

Sofortmaßnahmen

Delir, Prädelir:
- I. v.-Zugang mit Infusion (z. B. Ringer-Lösung)
- Eventuell Therapie einer internistisch-neurologischen Grunderkrankung
- 5–10 mg Diazepam i. v. (1/2–1 Amp. Valium®) Wiederholung nach 15–30 Mi
- Stehen RR↑ und Puls↑ im Vordergrund: 0,15 mg Clonidin (1 Amp. Catapresan® 1:10 mit NaCl 0,9 % verdünnt) langsam i.v unter ständiger RR- u. Pulskontrolle. Bei fehlender bzw. nicht ausreichender Wirkung: Wiederholung de halben Ausgangsdosis alle 5 Min.

Cave: Infusion von Clomethiazol (Distraneurin®) erst auf Intensivstation wege schwer beherrschbarer Atmungs- und Kreislaufkomplikationen).

Einfache Entzugssyndrome:
- Therapie des Erregungszustandes (☞ 10.3.2), ansonsten keine weitere Sofor therapie erforderlich.

Transport

Immer Klinikeinweisung, da möglicherweise Entwicklung eines lebensgefähr chen Delirs, eines Erregungszustandes oder einer Suizidalität. Bei voll ausgeprä tem Delir Intensivstation.

›rinzipien der Weiterbehandlung

›iagnostik; eventuell Behandlung einer internistisch-neurologischen Grunder-rankung oder einer Intoxikation; Flüssigkeit und Elektrolyte; Clomethiazol (Dis-raneurin®), Benzodiazepine oder Haloperidol (Haldol®) bei Kontraindikationen.

›ifferentialdiagnose

Intoxikationen mit Drogen oder Medikamenten; anticholinerges Delir bei Pharmaka
Metabolisch-endokrine Störungen (z. B. Diabetes mellitus, Hyperthyreose, Hypophyseninsuffzienz)
Störungen des Wasser- und Elektrolythaushaltes (z. B. Hypokaliämie bei Lasix®-Dauermedikation)
Infektionen (z. B. Endokarditis, AIDS)
Selten: kardiovaskuläre Störungen; neurologische Erkrankungen (v. a. Trauma, Raumforderung, Enzephalitis, Demenz, postparoxysmal); Sauerstoffmangel; Vitaminmangel (Mangelernährung).

'omplikationen:

Atmungs-, Herz-, Kreislaufinsuffizienz (bei Tachykardie, Hypertonie, Hyperthermie, Elektrolytentgleisungen wie Hypokaliämie, Exsikkose, physische Erschöpfung, Erbrechen mit Aspiration)
Krampfanfall
Aggressiver Erregungszustand.

Auch bei typischer Suchtanamnese kann sich hinter jedem Delir eine somatische Erkrankung (z. B. Trauma mit duralem Hämatom) mit vitaler Gefährdung verbergen
Das (Prä-) Delir kann durch eine zusätzliche Erkrankung ausgelöst sein
Pat. nie vorschnell einfach als Alkoholiker behandeln!

10.3.5 Stupor

›tupor: Nosologisch uneinheitliches Syndrom mit Akinese (Patient bewegt sich ›icht), Mutismus (Patient spricht nicht), Negativismus (Patient verweigert Kom-›unikation jeder Art).

'atatonie ist eine Bezeichnung für einen Stupor im Rahmen einer Schizophrenie *(atatone Schizophrenie)* mit der seltenen Sonderform der potentiell tödlichen *per-'ziösen Katatonie* (mit Hyperthermie).

'alignes neuroleptisches Syndrom (auch mit Hyperthermie): eine oft tödliche Ne-›nwirkung der Neuroleptikatherapie.

Symptomatik

Akinese: Pat. sind regungslos, starr oder bewegen sich sehr wenig und langsam (entweder völliges Fehlen motorischer Antriebe oder aktive Sperrung)
Mutismus: Völlige Sprachlosigkeit, fehlende Spontansprache oder stark verlangsamte Sprache
Augen meist offen, Blickkontakt häufig kurz möglich, Reaktionen auf Reize oft erhalten (DD zum Sopor oder Koma); anders als beim Koma werden oft unwillkürliche Spontanbewegungen und automatisierte Handlungen (z. B. Essen, Einnehmen der Schlafstellung, zur Toilette gehen) durchgeführt

- Bei *perniziöser Katatonie* und *malignem neuroleptischen Syndrom* zusätzlic Fieber (oft über 40 °C), starker Rigor, deutliche Zeichen der vegetativen Dys funktion (Tachykardie, labiler Hypertonus, selten Hypotonus, Hypersalivation Tachypnoe, Hyperhidrosis bei manchmal blassen Extremitäten) und Übergan zum Sopor oder Koma.

Kurzanamnese

- Beim Stupor ist der Patient im Vergleich zum Koma oder zur Somnolenz wach mit geöffneten Augen, oft auch mit gezielten Augenfolgebewegungen, gele gentlichen Spontanbewegungen oder automatischen Bewegungsabläufen
- In der Regel nur Fremdanamnese möglich: Dauer der Symptomatik; schizoph rene oder depressive Symptome vor Stupor oder in Vorgeschichte; Neurolepti kamedikation (immer an malignes neuroleptisches Syndrom denken); interni stisch-neurologische Erkrankungen in Vorgeschichte (v. a. metabolische Erkran kungen, Diabetes, Parkinson); Traumata; Epilepsie, Anfall.

Sofortdiagnostik

- Basischeck (☞ 4.1.2)
- Puls, SpO_2, RR, EKG
- Temperatur (wichtig wegen perniziöser Katatonie oder malignem neurolepti schen Syndrom)
- BZ-Stix
- Bei körperlicher Untersuchung v. a. achten auf: Hinweise für eine Intoxikatio neurologische Herdzeichen (☞ 8.1.6), internistische Erkrankungen (Ateminsu fizienz und Pneumonie, Herz-Niereninsuffizienz, metabolische Erkrankunge wie Diabetes).

Sofortmaßnahmen

- I. v.-Zugang mit Infusion (z. B. Ringer-Lösung)
- Ggf. Glukosesubstitution
- Bei Hyperthermie: zusätzlich Kühlung (Patienten in feuchte Tücher wickel Ventilator im NAW einschalten)
- Evtl. Therapie internistisch-neurologischer Grunderkrankungen oder von Se kundärkomplikationen
- Benzodiazepine i. v. können den Stupor durchbrechen, sollten aber wegen mög licher Induktion von Erregungszuständen erst in Klinik gegeben werden.

Transport

Immer Klinikeinweisung zur weiteren Diagnostik, nur bei sicherer depressiv oder schizophrener Ätiologie Verlegung in eine psychiatrische Klinik. Bei V. malignes neuroleptisches Syndrom oder perniziöse Katatonie Intensivtherap mit Beatmungsmöglichkeit erforderlich.

Prinzipien der Weiterbehandlung

Diagnostik; Therapie der Grunderkrankung; 2 mg Lorazepam (1 Amp. Tavor i. v. zur kurzfristigen Durchbrechung des Stupors.

Differentialdiagnose

- Psychiatrische Erkrankungen: Endogene Depression, psychogene Ausnahmez stände
- Neurologische Erkrankung: Parkinsonismus, Enzephalitiden, Status epilepticu Z. n. zerebralem Krampfanfall, Trauma

- Internistische Erkrankung: v. a. metabolische Entgleisungen (Glukokortikoide, Hypo-, Hyperglykämie, Hyperkalzämie), hepatische Enzephalopathie, Hypo-, Hyperthyreose, Niereninsuffizienz, Porphyrie, Pellagra
- Neuroleptikanebenwirkung: schwerer Parkinsonismus oder malignes neuroleptisches Syndrom
- Intoxikation, atypisches Delir.

- Wesentlich ist die Differenzierung einer Intoxikation, neurologischen oder internistisch-metabolischen Erkrankung vom psychiatrischen Stupor
- Auch bei psychiatrischer Vorgeschichte kann es sich um ein Koma oder Sopor handeln, deswegen immer intensive Überwachung der Vitalfunktionen
- Komplikationen: Umschlag in psychomotorische Erregungszustände; Elektrolyt-, Flüssigkeits-, Temperaturentgleisungen; Nieren-, Herz-, Ateminsuffizienz.

10.4 Notfälle durch Psychopharmaka

Psychopharmaka selbst können *auch in therapeutischen Dosierungen* ohne Intoxikation Ursache der Notfallsituation sein. Eine Medikamentenanamnese ist deswegen immer erforderlich.

10.4.1 Frühdyskinesien durch Psychopharmaka

Für den Patienten sehr unangenehme Fehlfunktionen im Bewegungsablauf, die häufig mit Unruhe, psychomotorischer Erregung und Angst verbunden sind.

Kurzanamnese

Neuroleptika (v. a. hochpotente), in der Regel kurz nach Medikationsbeginn (einige Stunden bis ca. 3 Tage) oder seltener nach Dosisänderung (Erhöhung oder Erniedrigung).

Symptomatik

Krämpfe: Zunge, Schlund, Gesichts- und Extremitätenmuskulatur, meist dystone, langsame, auch wurmartige und bizarre Bewegungen, seltener einschießende schnelle Hyperkinesen.
Unruhe
Angst bis zum Bewegungssturm.

Sofortmaßnahmen

5 mg Biperiden (= 1 Amp. Akineton®) langsam i. v. (ggf. auch i. m.).

Transport

Wirkung sollte abgewartet werden, wenn dann keine weiteren Notfallsyndrome mehr nachweisbar sind, ist keine Klinikeinweisung erforderlich. Weiterverordnung von Akineton oral (2 Tbl. täglich), ambulante Überprüfung der Medikation empfehlen.

10.4.2 Erregungszustände durch Psychopharmaka

Kurzanamnese

- Antidepressiva, Neuroleptika, Benzodiazepinentzug, selten paradoxe Reaktion nach Benzodiazepingabe.

Symptomatik

- Psychomotorische und innere Unruhe, Steigerung bis zum Bewegungssturm, plötzliche fremd- oder eigengefährdende Impulshandlungen, häufig aggressiver oder ängstlicher Affekt.

Sofortmaßnahmen

- 5–10 mg Diazepam (= 1/2–1 Amp Valium®).

Transport

Immer Klinikeinweisung.

10.4.3 Stupor durch Psychopharmaka

Kurzanamnese

- Neuroleptika (meist bei Neueinstellung mit Neuroleptika oder Umstellung von Neuroleptika).

Symptomatik

- Bewegungslosigkeit, Starre, nur wenige und langsame Bewegungen.

Sofortmaßnahmen

- 5 mg Biperiden (= 1 Amp. Akineton®) i. m. oder langsam i. v.

Transport

Immer Klinikeinweisung.

Immer an malignes neuroleptisches Syndrom mit Stupor (☞ 10.3.5) denken.

10.4.4 Delir, Verwirrtheitszustand durch Psychopharmaka

10

Kurzanamnese

- Antidepressiva, Neuroleptika, Entzug bei Benzodiazepinen.

Symptomatik

- Desorientiertheit, Umtriebigkeit, Verkennung der Umgebung, optische Halluzinationen.

Sofortmaßnahmen

- 5–10 mg Diazepam (1/2–1 Amp. Valium®) i. v.

Transport

Immer Klinikeinweisung.

U. v. Hintzenstern, R. Rossi, C. Neumann, C.-E. Heyde, L. Arens, R. Kretschmer, O.-W. Ullrich, G. Frey, U. Schmidt, H. Strauss, T. Schmidt, M. Wucherer

11 Traumatologie

Direkte Gefäßverletzung	☞ 6.3
Stumpfe Gefäßschäden	☞ 6.4
Aorten- und Aortenaneurysmaruptur	☞ 6.5
Polytrauma beim Kind	☞ 12.5.1
Trauma in der Schwangerschaft	☞ 14.1.1
Urogenitale Verletzungen	☞ 16.6
Augenverletzungen	☞ 17.1.6
Augenverätzung/-verbrennung	☞ 17.1.5
HNO-Verletzungen	☞ 17.2.4
ZMK-Verletzungen	☞ 17.3.1
Großschadensfall	☞ 1.9

11.1 Allgemeines Vorgehen bei traumatologischen Notfällen

Das Grundmuster der notärztlichen Versorgung traumatisierter Pat.:

- *Adäqute Erstversorgung*
- *Herstellung der Transportfähigkeit*
- *Zügiger Transport* in ein für sein Verletzungsmuster *geeignetes* und *möglichs schnell erreichbares* Krankenhaus zur definitiven Versorgung.

Der NA ist für 2 Aufgabenbereiche parallel zuständig:

- *Organisation der technischen Rettung*
  - Durch Schutzvorkehrungen den Pat. vor Gefährdung schützen (z.B. Splitter gefahr)
  - Zeitverluste durch unkoordiniertes Vorgehen vermeiden
- *Medizinsche Versorgung des Pat.*
  - Ohne adäquate Diagnostik und Therapie am Unfallort reduzieren sich di Chancen des Pat., die Klinik in einem „optimalen" Zustand, d.h. leben und relativ stabil, zu erreichen.

11.1.1 Anfahrt

11

Bevor der NA den Pat. zum ersten Mal sieht, sollten bereits die wichtigsten Info mationen eingeholt sein →gezielte Rückfragen bei der RLSt noch während de Anfahrt bzw. Abklärung spätestens beim Eintreffen an der Unfallstelle.

Informationen einholen über

- Eingesetzte Rettungskräfte
- Rettungswege (z.B. Fahrstuhl)
- Andere Gefahren (z.B. Feuer, Gase) der Einsatzstelle (☞ 1.8.1)
- Evtl. Fremdanamnesen (Unfallhergang, ggf. Alter, Vorerkrankungen)

11.1.2 Ankunft

- Ggf. bereits am Ort befindliche Einsatzleiter (Feuerwehr, Polizei) kontaktieren, um sich über mögliche Gefahren zu informieren und das weitere Vorgehen zu koordinieren. Sind keine weiteren Kräfte vor Ort →eigene Einschätzung der Lage (☞ auch 1.8.1) unter den Gesichtspunkten:
  - Gefahrenlage (kann der Pat. ohne Gefahr für ihn und die Helfer an Ort und Stelle versorgt werden?)
  - Zahl und Verletzungsmuster der Pat. (bei mehreren Verletzten ☞ 1.5, 1.9.4)
  - Zahl der Rettungsmittel/-kräfte ausreichend, Transportmittel ausreichend und adäquat (evtl. nachfordern)?
  - Zielkrankenhaus bereits festlegbar (Abklären der Aufnahmebereitschaft, Anmeldung)?

11.1.3 Lageeinschätzung

Bei möglicher Gefahr für Pat. und Helfer am Unfallort Behandlungsplatz nach medizinischen, aber auch rettungstechnischen Gesichtspunkten in Absprache mit dem Leiter der technischen Rettung festlegen. Pat. durch technische Rettungskräfte aus dem Gefahrenbereich zum Behandlungsplatz bringen lassen.

Eigensicherung hat Vorrang vor jeder notärztlichen Tätigkeit!

Ständigen Kontakt mit dem Einsatzleiter der technischen Rettung halten. Nur so kann gezielt die weitere Rettung geplant werden (z.B. Befreiung eines eingeklemmten Pat. erst nach adäquater Analgesie).

Bei größeren Unfällen mit mehreren Verletzten weitere Rettungskräfte und ggf. LNA nachfordern (☞ 1.9.3).

11.1.4 Diagnostik

- Basischeck (☞ 4.1.2)
- Bei mehreren Pat. zuerst Überblick verschaffen (☞ 1.9.4)
- Einfache lebensrettende Maßnahmen wie Ausräumung verlegter Atemwege oder provisorische Blutstillung durch Lagerung und Kompression an RA delegieren
- Kraniokaudale Untersuchung, nach Möglichkeit am entkleideten Pat. Wunden inspizieren und dann steril abdecken. ***Cave:*** Nur die komplette Untersuchung schützt vor dem Übersehen von Verletzungen, v.a. bei nicht ansprechbaren Pat. und Kleinkindern
  - *Kopf:* Wunden, Blutung? Pupillenfunktion überprüfen
  - *Hals:* Wunden? HWS auf Schmerzen und Stufen abtasten
  - *Thorax:* Atmung überprüfen. Schmerzen, Emphysem, Instabilität, penetrierende Wunden?
  - *Abdomen:* Abwehrspannung, penetrierende Wunden? Welche Verletzungen sind aufgrund des Unfallmechanismus denkbar (Leber-/Milzruptur)?
  - *Becken:* Schmerzen, Stabilität auf Distraktion und Kompression, penetrierende Wunden (insbesondere im Analbereich)?

- *BWS/LWS:* Rücken abtasten, auf Schmerzen und Stufen achten
- *Extremitäten:* getrennt auf *DMS (Durchblutung, Motorik, Sensibilität)* untersuchen. Auf Wunden, Hämatome u. Schwellungen achten, pathologische Beweglichkeit, Krepitationen?
  Durchblutung: einen schnellen Eindruck geben Hautkolorit, Hauttemperatur und „capillary refill" (Druck auf das Nagelbett, Wiederauffüllung nach mehr als 2 Sek. pathologisch)
  Motorik: Zehen (bzw. Finger) gegen Widerstand bewegen lassen
  Sensibilität: positve Rückmeldungen erfragen: „Welche Zehe fasse ich an?", nicht aber: „Spüren Sie das?"
- Der *neurologische Status* muß *vor Einleitung* einer *Narkose abgeklärt* und später entsprechend *dokumentiert* werden. Beim *eingetrübten* oder *bewußtlosen* Pat. die *motorische Reaktion auf Schmerzreize an sämtlichen Extremitäten überprüfen (Ausfälle?).*

Die Verletzungsschwere ist aufgrund des Verletzungsmusters, der Gewalteinwirkung und des klinischen Eindrucks *(„capillary refill")* zu bewerten. Physiologische Parameter wie Schockindex etc. sind insbesondere bei kurzem therapiefreien Intervall und den häufig jugendlichen Pat. nicht aussagekräftig.

11.1.5 Sofortmaßnahmen

Organisatorisch:
- Vorgehen zur Rettung des Pat. spätestens jetzt endgültig festgelegen:
  - Dringlichkeit der technischen Rettung abhängig von der vitalen Gefährdung des Pat. und dynamischer Gefahrenentwicklung z. B. durch Gaswolke oder Waldbrand (selten)
  - Bei verschiedenen Möglichkeiten der technischen Rettung entscheiden medizinische Gesichtspunkte über das konkrete Vorgehen (z. B. Pat. mit V. a. Wirbelssäulenfraktur in Kfz: Fahrzeugdach abtrennen und Pat. in axialer Richtung nach hinten oben herausziehen; aufwendiger aber schonender, als Pat. mit seitlichen Drehungen durch die Tür zu befreien)
- RLSt über das Verletzungsmuster informieren → Auswahl einer geeigneten Klinik und Voranmeldung.

Medizinisch:
- Mindestens 2, bei Schwerstverletzten mindestens 3 Kanülen der Größen 16 G anlegen
- Großzügige Volumensubstitution, aggressive Standard-Schocktherapie (☞ 5.9)
- Lebensbedrohliche Blutungen stillen (Druckverband ☞ 2.6)
- Analgesie, bei sehr starken Schmerzen ggf. Narkose (☞ 3.3)
  - Frühzeitiger Einsatz kurzwirksamer Opioide, z. B. fraktionierte Gaben von Fentanyl®. Bei Übelkeit als Opioidnebenwirkung → Triflupromazin (z. B. Psyquil®) oder Metoclopramid (z. B. Paspertin®)
  - Narkose mit kurzwirksamen Medikamenten einleiten und aufrechterhalten, z. B. mit Fentanyl® und Midazolam (z. B. Dormicum®). In der Klinik sollte ca. 10 Min. nach Aufnnahme eine erneute neurologische Unteruchung möglich sein. Möglichst keine Muskelrelaxantien verwenden. Falls Pat. „preßt" oder „sich wehrt" Sedierung und Analgesie vertiefen bzw. kurzwirksame Muskelrelaxantien wie z. B. Vecuronium (z. B. Norcuron®) verwenden

- Atemwege sichern
  - O_2-Gabe (☞ 1.7.3)
  - Bei insuffizienter Spontanatmung Intubation (☞ 3.4.4) und Beatmung (☞ 3.4.8). Die Beatmung erfolgt primär mit reinem Sauerstoff (F_iO_2 1,0), nur bei sicherer Kontrolle der Sauerstoffsättigung (Pulsoxymetrie) kann die O_2-Konzentration vermindert werden
- Versorgung der Einzelverletzungen durchführen (☞ 11.2 – 11.16)
- Bei sehr langen Rettungszeiten kann die Anlage eines Dauerkatheters bereits präklinisch sinnvoll sein (Erfolgskontrolle der Schocktherapie). ***Cave:*** Bei V.a. Urethraverletzung (Blutung aus der Harnröhre, ☞ 16.6) keinen Harnblasenkatheter anlegen.

11.1.6 Transport und Klinikeinweisung

„Get the right patient to the right hospital at the right time"

- Welche Spezialfächer (Unfallchirurgie, Neurochirurgie etc.) werden benötigt?
- Wo ist die nächste geeignete Klinik für den Pat.? Ist diese auch aufnahmebereit? (über RLSt abklären lassen)
- Für einen beatmeten und intubierten Pat. wird erst *nach* der klinischen Erstversorgung ein Platz auf einer Intensivstation benötigt. Die mangelnde Verfügbarkeit eines solchen Platzes darf nicht zu einer Verzögerung des Transportes führen
- Ist ein adäquates Transportmittel vorhanden (z.B. RTH bei größeren Entfernungen, SHT oder schwerem Polytrauma)?
- Bei polytraumatisierten Pat. Transport in ein Traumazentrum anstreben, sofern bei evtl. größerer Entfernung medizinisch zu vertreten
- Ist die Versorgung für den bevorstehenden Transport adäquat (mind. 2 großlumige venöse Zugänge, ggf. intubiert, ggf. Thoraxdrainage, Frakturen reponiert und geschient, Blutungen versorgt, Monitoring, ☞ 2.10)?

- Fehleinschätzungen verunglückter Pat. sind auch bei erfahrenen NA möglich. Gefährlich ist v.a. die Unterschätzung der Verletzungsschwere → im Zweifelsfall immer von schwerer Verletzung ausgehen
- Neben der Schockbehandlung die Versorgung von Einzelverletzungen nicht vergessen (z.B. frühzeitige adäquate Versorgung von offenen Frakturen)
- Traumatisierte Pat. sind durch Hypothermie bedroht:
  - Einwickeln in Alufolie
  - Strahlungswärme von Halogenscheinwerfern (aus Feuerwehr-Rüstwagen) nutzen
  - Bei ungünstigen Witterungsbedingungen (Regen, Wind, Kälte) und langdauernder Rettungsaktion ggf. Gerüstzelt mit Zeltheizung über dem Unfallort oder -fahrzeug aufstellen
  - NAW bereits bei der Anfahrt vorheizen und Türen am Einsatzort geschlossen halten (Wärmeverlust!).

11.2 Schädelhirntrauma (SHT)

Äußere Gewalteinwirkung auf den Kopf mit *primären* Verletzungen (Weichteile, Schädel(basis)knochen, Gefäße, Hirnhäute, Gehirn) und *sekundären* Verletzungsfolgen (raumfordernde Blutungen, Hirnschwellung, Hirnödem).

Einteilung des SHT nach Schweregrad (Glasgow Coma Skala, ☞ 8.1.3) in *schwer* (GCS 3–8), *mittelschwer* (GCS 9–12) und *leicht* (GCS 13–15 Punkte).

Tab. 11.1.: Schädelhirntrauma – Synopsis

Traumafolgen	Komplikationen
offenes SHT (Verbindung vom Liquorraum zur Außenwelt bei Duraverletzung)	
Hirnprolaps, Hirnsubstanzverlust	neurologisches Defizit
profuser Liquorverlust	Hirnstammeinklemmung
Eindringen von Luft	(Spannungs-)Pneumatozephalus
aufsteigende Infektion	Meningo-Enzephalitis, Hirnabszeß
gedecktes SHT	
Hirnkontusion (diffuse Axonschädigung, Lazerationen)	fokal-neurologisches Defizit
raumfordernde Blutung (Epiduralhämatom, Subduralhämatom, Kontusionsblutung)	intrakranielle Drucksteigerung, Ischämie, Massenverschiebung, Einklemmung
Hirnschwellung (intrakranielle Blutfülle durch Störung der Autoregulation)	intrakranielle Drucksteigerung, Ischämie, Massenverschiebung, Einklemmung
Hirnödem (Vermehrung des Hirn-Wassergehaltes durch Störung der Blut-Hirn-Schranke oder hypoxische Zellschwellung)	intrakranielle Drucksteigerung, Ischämie, Massenverschiebung, Einklemmung
traumatische Subarachnoidalblutung	Vasospasmus (?), Liquorzirkulationsstörung
Läsion größerer Arterien oder Venen	ischämischer Hirninfarkt

Symptomatik

- *Äußere Verletzungen* (Prellmarken, Hämatome, Wunden, Perforationen etc.) nach Ort und Art der Gewalteinwirkung
- *Bewußtseinsstörung* (Kardinalsymptom), Erbrechen, Kopfschmerzen, Schwindel als Zeichen einer *diffusen* Beeinträchtigung der Hirnfunktion, ggf. Frühzeichen intrakranieller Drucksteigerung
- *Neurologische Symptome* wie Krampfanfälle, halbseitige Lähmungen, Pupillenstörungen oder Hirnnervenausfälle bei *lokalisierten* Läsionen

- Kombination von anhaltender oder (wieder)einsetzender Bewußtlosigkeit, Pupillenstörungen und weiteren neurologischen Ausfällen → V. a. gravierende intrakranielle Traumafolgen
- „Klassischer Verlauf" einer rasch progredienten intrakraniellen Blutung:
  - Initiale Bewußtlosigkeit
  - Besserung der Bewußtseinslage für Minuten bis Stunden („freies Intervall")
  - Erneute rasche Verschlechterung der Bewußtseinslage mit Anisokorie und Beuge-/Streck-Synergismen (Mittelhirn-Syndrom).

Kurzanamnese

Wegen Amnesie und Desorientiertheit möglichst auch fremdanamnestische Abklärung (Angehörige, Arbeitskollegen, Unfallzeugen):

- *Unfallhergang* („was ist genau passiert?")
- *Verletzungsmechanismus:* scharfe, stumpfe, perforierende oder komprimierende Gewalteinwirkung? Stärke des Aufpralls?
- *Begleitumstände:*
  - Alkohol- oder Drogeneinfluß (höheres Risiko intrakranialer Blutungen)?
  - Intoxikation (evtl. Koma und Pupillenstörungen)?
- *Begleiterkrankungen:*
  - Kardiale Erkrankungen, Hypertonus (Synkope?)
  - Diabetes (Hypoglykämie)?
  - Anfallskrankheit (Z.n. Krampfanfall?)
- *Bisheriger Verlauf:*
  - Initialer Zustand?
  - Seitdem gleichbleibend, Besserung oder Verschlechterung?

Sofortdiagnostik

- Basischeck (☞ 4.1.2)
- Puls, SpO_2, RR, EKG
- BZ-Stix (Hypoglykämie?)
- Temperatur (bei Unterkühlung bessere Ischämietoleranz)
- Neurologische Notfalluntersuchung (☞ 8.1.8) und Ermittlung des GCS (☞ 8.1.3)
- Symptome oder Zeichen, die auf Schock (☞ 5.9), Brust- (☞ 11.3), Bauch- (☞ 11.4), Wirbelsäulen- (☞ 11.6) oder Extremitätenverletzungen (☞ 11.7) hinweisen?
- Äußere Verletzungen: Inspektion und Palpation des gesamten Kopfes (Hinterkopf nicht vergessen):
  - Prellmarken, Wunden, Skalpierungsverletzung, abnorme Beweglichkeit (Mittelgesichtsfraktur, ☞ 17.3.1), tastbare Stufe (Kalottenfraktur)
  - Protrusio bulbi, Monokel-/Brillenhämatom (V.a. frontobasale Fraktur, ☞ 17.3.1)?
  - Blutung und/oder Liquorrhoe aus Nase, Rachen, Ohr (V.a. Schädelbasisfraktur, „offenes SHT"). Liquorhaltiges Blut bildet auf einer Kompresse einen farblosen Hof
- Pupillen und Okulomotorik
  - Pupillenweite und -reaktion auf Beleuchtung (☞ 8.1.4, 17.1.1)
  - Seitendifferenz der Pupillenweite (Anisokorie) → V. a. intrakranielle Blutung (☞ 8.2.1, 8.2.2). ***Cave:*** Eine Anisokorie ist auch bei Bulbustrauma, Hirnstammkontusion oder Z. n. Augen-OP möglich bzw. kann durch ein Kunstauge vorgetäuscht werden

- Nystagmus, „schwimmende" Bulbusbewegungen, Bulbusmotilitätsstörungen →V. a. Bulbustrauma, zentrale Blicklähmung oder Intoxikation
- Motorik (Ausfälle →V. a. schwere Kontusion)
  - Alle Extremitäten durchbewegen (lassen): Kraftminderung? Lähmung? Tonusverlust?
  - Muskeltonus gesteigert (Beuge-/Strecksynergismen) →Einklemmung oder Kontusion des Hirnstammes
  - Halbseitenlähmung →Zentrale Hemiparese bei Hirn(stamm)läsion mit Beteiligung der Pyramidenbahn)
  - Paraparese, Tetraparese →Querschnittslähmung
- Pyramidenbahnzeichen („Babinski" ☞ 8.1.6): Reflexerfolg, außer bei Säuglingen, pathologisch
- Sensibilität (☞ 8.1.7).

Sofortmaßnahmen

- O_2-Gabe (☞ 1.7.3)
- Lagerung:
  - Bei Pat. ohne Aspirationsgefahr (wach oder intubiert) und ohne Schock: Oberkörper um 30° hochlagern, zur Verbesserung des venösen Abflusses Kopf gerade und ruhig in einer Achse mit dem Oberkörper halten (Vakuummatratze)
  - Bei Pat. ohne Aspirationsgefahr (wach oder intubiert) und Schock: Flachlagerung
  - Bei Aspirationsgefahr (bewußtseinsgetrübt, nicht intubiert): stabile Seitenlage
- I. v.-Zugang mit Infusion (z. B. Ringer-Lösung, ggf. HÄS). Bei Schocksymptomatik mehrere großlumige Zugänge und massive Volumensubstitution:
  - Bei SHT grundsätzlich *iso*osmolare Lösungen (z. B. Ringer-Lösung)
  - Ringer-Laktat ist leicht hypoton →nicht zur massiven Volumensubstitution bei SHT geeignet
  - Keine hyposmolaren Lösungen (z. B. Glucose 5 %) →osmotisches Hirnödem
  - Keine Osmodiuretika (Mannit 20 %, Glycerol 5–10 %) in der präklinischen Phase ohne sichere Diagnose (z. B. CT)
- Analgesie:
  - Bei normotoner oder hypertoner Kreislaufsituation (isoliertes gedecktes SHT):
    fraktionierte Gabe von 0,1–0,2 mg Fentanyl® oder 50–100 mg Tramadol (z. B. Tramal®) i. v.
  - Bei hypotoner Kreislaufsituation (gedecktes SHT und Polytrauma, offenes SHT):
    35–50 mg Ketamin (z. B. Ketanest®) i. v.
- Sedierung:
  - Bei normotoner oder hypertoner Kreislaufsituation (isoliertes gedecktes SHT):
    fraktionierte Gabe von 2,5 mg Midazolam (z. B. Dormicum®) oder 5 mg Diazepam (z. B. Valium®); ggf. kurzwirksame Sofortsedierung bei intubierten Pat. mit 250 mg Thiopental (z. B. Trapanal®) i. v.
  - Bei hypotoner Kreislaufsituation (gedecktes SHT und Polytrauma, offenes SHT):
    fraktionierte Gabe von 1,25 mg Midazolam (z. B. Dormicum®) oder 2,5 mg Diazepam (z. B. Valium®); ggf. kurzwirksame Sofortsedierung bei intubierten Pat. mit 10 mg Etomidate (z. B. Hypnomidate ®) i. v.

- Intubation (☞ 3.4.4), Beatmung (☞ 3.4.8) und Narkose (☞ 3.3):
  - *Indikation:* GCS ≤ 8 (☞ 8.1.3), Bewußtlosigkeit, respiratorische Probleme (Aspiration, Dyspnoe, Thoraxtrauma), motorische Unruhe, Hirnstammsymptome, pathologisches Atemmuster, stärkere Blutung im Nasen-Rachenraum, Schwellung bei Gesichts- und Halsverletzungen mit drohender Atemwegsverlegung, Status epilepticus (☞ 8.2.4). Ggf. vor längerem (Hubschrauber-) Transport
  - *Narkoseeinleitung* bei SHT: nach ausgiebiger Präoxygenierung zur Vermeidung eines intrakraniellen Druckanstiegs durch Husten, Pressen, Würgen, Tachykardie und Hypertonie schonende Intubation (prophylaktisch 1mg/kg KG Lidocain (z. B. Xylocain®) 1 Min. vor Intubation oder endotrachealer Absaugung. Einleitungshypnotikum Etomidat (z. B. Hypnomidate®) 0,2–0,3 mg/kg KG. Hochpotentes Opioid, z. B. 0,2–0,3 mg Fentanyl® i.v)
  - *Beatmungsparameter:* F_iO_2 1,0, AZV 10 ml/kg KG, AMV 100 ml/kg KG, Frequenz 10/Min., max. Beatmungsdruck 40 Torr. Kapnometrie: Ziel PCO_2 (33–) 35 mmHg. Bei Aspiration, Thoraxtrauma, Polytrauma PEEP 5–10 cm H_2O
- Blutstillung (Druckverband, ☞ 2.6)
- Bei Krampfanfällen (☞ 8.2.4) 5–10 (–20) mg Diazepam i. v.
- Bei Hypertonie (☞ 5.7) fraktionierte Gabe von 15 mg Urapidil (Ebrantil®).

Transport

- Transport kopfverletzter Pat. immer in ärztlicher Begleitung
- Transport in weiter entferntes Traumazentrum oder Neurochirurgie nach Möglichkeit mit RTH
- Bei isoliertem SHT Transport in die nächste neurochirurgische oder ggf. unfallchirurgische Fachabteilung
- Bei Polytrauma mit SHT zunächst Transport in die nächste chirurgische Fachabteilung (v. a. bei Bauch- oder Thoraxtrauma) oder ein Traumazentrum.

Prinzipien der Weiterbehandlung

- Möglichst frühzeitige Diagnose und operative Entlastung raumfordernder intrakranieller Blutungen (nur bei stabilen Vitalfunktionen, chirurgische Versorgung von intrathorakalen oder -abdominalen Blutungen hat Vorrang).
- Bildgebende Diagnostik: Röntgen-Nativaufnahmen (Thorax, HWS, Schädel in 2 Ebenen obligat; BWS, LWS, Becken, ggf. Extremitäten je nach Verletzungsmuster); Schädel-CT; Oberbauchsonographie
- Intensivmedizinische Überwachung und Therapie aller mittelschweren, schweren und offenen SHT-Patienten.

Differentialdiagnose

Nichttraumatische Ursachen einer Bewußtseinsstörung ☞ 8.2.1.

- Bereits bei geringstem V. a. SHT Pat. entsprechend behandeln
- Erstbefund und Verlauf präzise dokumentieren (DIVI-Protokoll; ☞ 1.15)
- Schocktherapie (☞ 5.9) einschließlich Beatmung haben immer Vorrang vor allen anderen Maßnahmen, da Hypotonie und (bereits kurze) Phasen der Hypoxie die Prognose nachweislich erheblich verschlechtern
- Galeahämatome und intrakranielle Hämatome können (nur) bei Säuglingen und Kleinstkindern zum Volumenmangelschock führen
- Durchgebluteten Kompressionverband nicht entfernen, sondern überwickeln

- Ketamin (z. B. Ketanest®): bei kontrollierter Beatmung mit moderater Hyperventilation (s. o.) *keine* intrakranielle Drucksteigerung.

- Isoliertes Anheben oder Drehen des Kopfes kann dramatische intrakranielle Druckanstiege provozieren
- Immer an eine Wirbelsäulenverletzung denken: keine Prüfung auf Meningismus bei SHT; stabilisierende Halskrawatte zum Lagern und Transport
- Frühzeitig intubieren („in dubio pro tubo")
- Fremdkörper unbedingt belassen, ggf. auf Transportmaß kürzen
- Thrombozyten-Aggregationshemmer (z. B. ASS) bei V. a. SHT kontraindiziert (auch nicht bei vermeintlichem Bagatelltrauma)
- Stark erhöhte Blutdruckwerte sind nach SHT meist Ausdruck einer zentralen sympatho-adrenergen Stimulation oder starker Schmerzen. *Grundsatz:* keine übereilte Blutdrucksenkung vor Schmerzbehandlung und Sedierung.

11.3 Thoraxtrauma

Symptomatik

- Thorakale Schmerzen
- Dyspnoe, Tachypnoe
- Angst, Vernichtungsgefühl, motorische Unruhe
- Retrosternale Schmerzen, Heiserkeit (Mediastinalemphysem).

Kurzanamnese

- Stumpfes Trauma: Auto-, Zweirad- oder Sportunfall, Schlägerei, Mißhandlung, Einklemmung oder Verschüttung
- Perforierendes Trauma: Stich- oder Schußverletzung
- Unfallhergang → zusätzliche Informationen über mögliche Verletzungsfolgen?

Sofortdiagnostik

- Basischeck (☞ 4.1.2)
- Puls, SpO_2, RR, EKG
- Schockzeichen (periphere Kapillarfüllung > 2 Sek.?)
- *Inspektion:*
  - Atemfrequenz, gleichmäßige Atembeweglichkeit beider Thoraxhälften oder Nachhinken der betroffenen Seite (Hämato- oder Pneumothorax), paradoxe Atmung (instabiler Thorax), Zyanose (Ateminsuff.)?
  - Prellmarken, Hämatome, Wunden im Bereich des Brustkorbes (zusätzlich schlürfen-

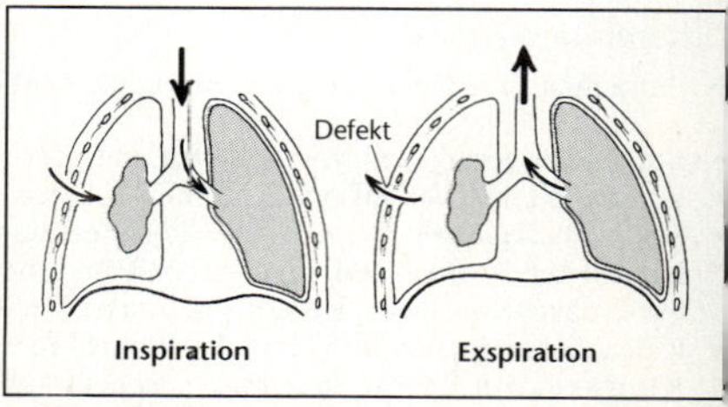

Abb. 11.1: Offener Pneumothorax

11

Tab. 11.2.: Thoraxverletzungen

Verletzung	Klinik	Befund
Thoraxprellung	Dyspnoe, atemabhängige Schmerzen	evtl. Rhythmusstörungen; Prellmarken
Thoraxquetschung	Dyspnoe, evtl. Schock; meist Begleitverletzungen (einzeln oder in Kombination), s. u.	petechiale Hautblutungen an Hals und Kopf, subkonjunktivale Blutungen, Hämatome, Wunden; meist Begleitverletzung(en), s. u.
Rippenfrakturen		
Solitärfraktur	atemsynchroner Thoraxschmerz	lokaler Druckschmerz, Krepitation (selten), Prellmarken, Hämatome der Brustwand, evtl. Stufe palpabel, Kompressionsschmerz des Thorax
Serienfraktur	Schock?	Krepitationen, äußere Verletzungen, Atemexkursionen nachhinkend, einseitig paradoxe Atmung
zusätzlich bei instabilem Thorax	Schock?	Ateminsuffizienz bis zur Anoxie, paradoxe Atmung; Krepitation, z. T. mit abnormer Beweglichkeit der Fragmente
Sternumfraktur	retrosternales Druckgefühl, atmungsabhängige Schmerzen	lokaler Druckschmerz, tastbare Stufe, Krepitation (selten); gelegentlich Gurtmarken
stumpfe Herzverletzung	Dyspnoe; retrosternaler, infarktähnlicher Schmerz, in leichteren Fällen vieldeutige präkordiale Schmerzen; kardiogener Schock	Herzrhythmusstörungen, Einflußstauung
penetrierende Herzverletzung	Schock	sichtbare Verletzung li thorakal, Herzrhythmusstörungen; bei Herzbeuteltamponade: Halsvenenstauung, extrem leise Herztöne
mediastinale Gefäßverletzung: Aortenruptur (☞ 6.5)	Rücken-Schulter-Schmerz, Schock	Blutdruckdifferenz: obere Extremität (prästenotisch) RR↑, untere Extremität (poststenotisch) RR↓; Hämatothorax (s. u.)

Tab. 11.2.: Fortsetzung		
Verletzung	**Klinik**	**Befund**
Zwerchfellruptur	Dyspnoe, Schulterschmerz, pektanginöse Beschwerden; Brechreiz, Aufstoßen	abgeschwächtes Atemgeräusch, Darmgeräusche (selten); Arrhythmie
Bronchus-/Tracheobronchialruptur (Trachealabriß ☞ 17.2.4)	Dyspnoe, Hämoptyse (selten)	kollares oder thorakales Hautemphysem (evtl. Ausbreitung auf Schultern, Gesicht, Bauchdecken und Skrotum); obere Einflußstauung
Lungenkontusion	Dyspnoe; meist durch Begleitverletzungen geprägt	Kompressionsschmerz
penetrierende Lungenverletzung	Schock, Dyspnoe	sichtbare, oft nur kleine äußere Verletzungszeichen (Einschüsse, Einstiche), Hautemphysem, Halsvenenstauung
Hämatothorax	Dyspnoe, Tachypnoe, Hämoptoe, Zyanose; Schock	gestörte Atemmechanik (Nachhinken einer Thoraxhälfte, paradoxe Atmung), Tachykardie, Einflußstauung; Dämpfung
Pneumothorax: (nichttraumatischer Pneu ☞ 7.7)		
geschlossener Pneu	Dyspnoe, Tachypnoe, Zyanose, Hustenreiz, v. a. inspiratorischer Hustenreiz	abgeschwächtes Atemgeräusch, hypersonorer Klopfschall, gestörte Atemmechanik (Nachhinken einer Thoraxhälfte), Tachykardie, Einflußstauung, evtl. Hautemphysem
zusätzlich bei offenenem Pneu		Thoraxwunde mit Geräusch ein- und ausströmender Luft („sucking wound“)
Spannungspneu	Schock, Zyanose, Dyspnoe, Todesangst	Einflußstauung, aufgehobenes Atemgeräusch, hypersonorer Klopfschall, Tachykardie, Rhythmusstörungen, evtl. Hautemphysem

des Geräusch → offener Pneumothorax), Deformitäten (instabiler Thorax), penetrierende Fremdkörper
- Petechiale Blutungen im Hals- und Kopfbereich (durch venöse Fortleitung der intrathorakalen Drucksteigerung)
- Halsvenenstauung (Spannungspneumothorax), Hautemphysem (Rippenfraktur)
- Hämatoptoe bzw. Blut aus Tubus absaugbar (z.B. Bronchusabriß)

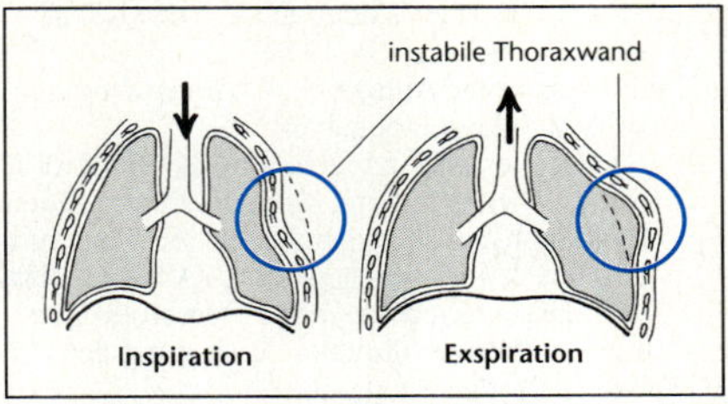

Abb. 11.2: Instabiler Thorax mit paradoxer Atmung

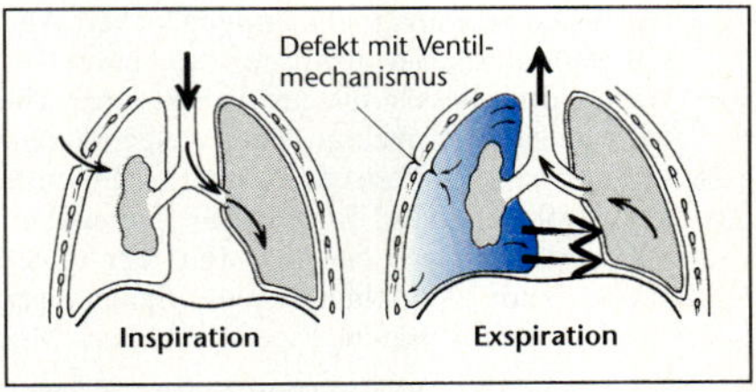

Abb. 11.3: Offener Spannungspneu

Auskultation:
- Abgeschwächtes Atemgeräusch: Klopfschall hypersonor (Pneumothorax) oder gedämpft (Hämatothorax)
- Brodelnde RG (Lungenödem, ☞ 7.5)
- Rhythmusstörungen (Herzkontusion), abgeschwächte Herzgeräusche (Herztamponade)

Palpation:
- Thoraxkompressionsschmerz, Krepitation von Rippenfragmenten, Stufenbildung über Brustbein und Rippen (Fraktur)
- Hautknistern (Hautemphysem)
- Bauchdeckenspannung↑ (Zwerchfellruptur)
- Keine inguinalen Pulse bei meßbarem Blutdruck an den Armen (Aortenruptur)

EKG: Bei Herzkontusion evtl. infarkttypisches EKG.

Sofortmaßnahmen

Bei V.a. Spannungspneumothorax (Tachykardie, gestaute Halsvenen, Schock) als Erstmaßnahme wegen drohender Lebensgefahr sofortige Entlastungspunktion im 2. oder 3. ICR von ventral (☞ 7.7)

O_2-Gabe (☞ 1.7.3)

Lagerung auf verletzter Seite
- Bei Atemnot: Oberkörper-Hochlagerung
- Bei Schock: Schocklagerung

Mindestens 2 möglichst großlumige i.v.-Zugänge mit Infusion (HÄS, später Ringer-Lösung)

Bei respiratorischer Insuffizienz Narkose (☞ 3.3) und Intubation (☞ 3.4.4), PEEP 5 cm H_2O, bei ausgeglichener Volumensituation 10 cm H_2O. Über Tubus absaugen: Blut (Parenchymverletzung) oder Mageninhalt (Aspiration)?

Analgesie z.B. mit fraktionierten Gaben von 0,1 mg Fentanyl® i.v.

Wunden steril abdecken

- Bei V.a. Herzbeuteltamponade (Bradykardie, gestaute Halsvenen, Schock →Perikardpunktion (☞ 11.9)
- Indikationen zur Anlage einer *Thoraxdrainage* (bei Ind. zur Drainage auch In tubationsindikation gegeben):
  - Gedämpfter oder hypersonorer Klopfschall (Hämato-/Pneumothorax)
  - Aufgehobenes Atemgeräusch (Hämato-/Pneumothorax)
  - Hautemphysem (Rippenfraktur mit Pleuraverletzung)
  - Bei V.a. kombiniertes Thorax-/Abdominaltrauma (Gefahr von Milz-, Leber oder Darmverletzung bei Zwerchfellruptur) Thoraxdrainage immer stump unter vorheriger digitaler Austastung der Pleurahöhle (☞ 2.9) legen
- Bei offenem Pneumothorax:
  - *Nicht* mit luftdichtem Verbandmaterial abkleben (Gefahr eines Spannungs pneumothorax)
  - Bei ausreichender Spontanatmung lockere Abdeckung mit steriler Wundauflag
  - Bei respiratorischer Insuffienz Intubation (☞ 3.4.4) und Beatmung (☞ 3.4.8 Wunde offen lassen bis zur Anlage einer Thoraxdrainage
- Schwerwiegende Zunahme eines ausgeprägten *Hautemphysem* mit „Froschge sicht", „Schneeballknirschen" im Emphysembereich sowie vital bedrohliche oberer Einflußstauung, Tachykardie und starker Atemnot *trotz Anlage dicklumi ger Thoraxdrainagen beidseits* (auf der unverletzten Seite zumindest Probe punktion zum Ausschluß eines Spannungspneumothorax; ☞ 7.7) →V.a *Spannungsmediastinalemphysem* →kollare Mediastinotomie

- Das Spannungsmediastinalemphysem ist eine *Ausschlußdiagnose* bei entspre chender Anamnese (s.o.). Es ist eine *Rarität* und kann nur auftreten, wenn be *intakter* Pleura Luft ins Mediastinum eindringt („Schlotphänomen"), z.B. be Ösophagusverletzung, Trachealverletzung oder Bronchusabriß. Bei einer Tho raxverletzung mit *zerrissener* Pleura dagegen stellt die Anlage einer Thorax drainage *immer* die suffiziente Therapie dar!
- Bei entsprechender Klinik und Traumen wie z.B. Verschüttung, Überrolltraum oder Z.n. schwieriger Intubation an Spannungsmediastinalemphysem denken!

Kollare Mediastinotomie

- Oberkörperhochlagerung mit rekliniertem Kopf
- ***Cave:*** Mediastinitis →nach Möglichkeit immer unter sterilen Kautelen arbeiten: Desinfektion des OP-Gebietes, steriles Lochtuch, sterile Handschuhe
- Ca. 3 cm lange horizontale Skalpellinzision von Haut und Platysma direkt über dem Jugulum
- Stumpfe Präparation durch die gerade Halsmuskulatur direkt auf die Trachea
- Finger angelhakenförmig nach kaudal umdrehen und den Finger entlang der Trachea in den prätrachealen Raum schieben →Eröffnung des vorderen oberen Mediastinums →Entlastung des Emphysems (Luft entleert sich zischend, d.h. Pfeifen wie beim Spannungspneu, roter Schaum tritt aus)
- Permanente Drainage erforderlich →Thoraxdrainage (24 Ch) einlegen.

Transport

- Schnellstmöglicher Transport mit Sondersignalen in die nächste chirurgisch Fachabteilung

Prinzipien der Weiterbehandlung

Rö-Thorax, abdominelle Sonographie, EKG, Echokardiographie, Bronchoskopie ggf. Beatmung, Drainage, Thorakotomie bei persistierender Blutung.

Differentialdiagnose

Hämatothorax nach Wirbelsäulenfraktur
Bauchtrauma mit Zwerchfellruptur
Milz-, Leber- oder Nierenruptur aufgrund basaler Rippenfraktur

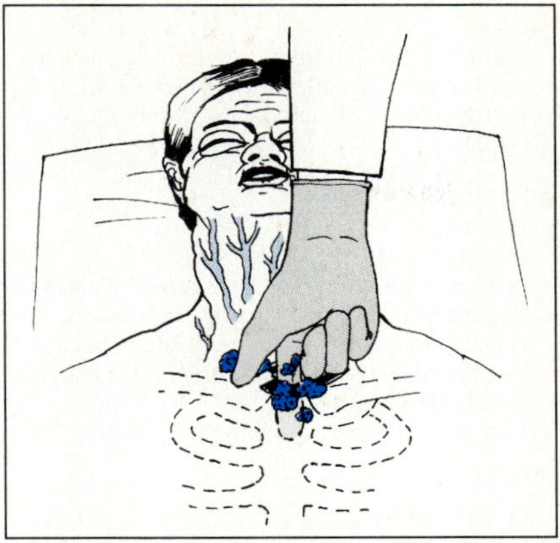

Abb. 11.4: Kollare Mediastinotomie bei Mediastinalemphsem

Nach Möglichkeit keine Sedierung bei Thoraxtrauma (Atemdepression). Ggf. Narkose und Intubation
Die Thoraxdrainage fördert nach Trauma *initial* oft 500–700 ml Blut. Bei *anhaltend starker* Blutung schnellstmöglicher Transport in die nächste Klinik
Ursachen für gestaute Halsvenen beim Thoraxtrauma:
- Spannungspneumothorax, Mediastinalemphysem
- Herztamponade, Herzinsuffizienz
- Hämatothorax ohne Drainage
- Pressen und Husten bei mangelnder Narkosetiefe bzw. Relaxierung beim beatmeten Pat

Bei Thoraxtrauma häufig Begleitverletzungen, z. B. Bauchtrauma mit Milzruptur

Die Anlage einer großkalibrigen (≥ 28 Ch) Thoraxdrainage in Bülauposition führt beim stumpfen Thoraxtrauma in den allermeisten Fällen zur Entfaltung und Selbsttamponade der Lunge und stellt somit die definitive Therapie (→ keine OP erforderlich!) dar

Jeder traumatische Pneumothorax kann spontan und schlagartig in einen Spannungspneumothorax übergehen, v. a. bei Beatmung
Penetrierende Fremdkörper belassen, ggf. auf Transportmaß kürzen
Bei perforierenden Thoraxverletzungen oft große Diskrepanz zwischen der geringen äußerlich sichtbaren Verletzung und der Thoraxbinnenverletzung
Bei Kindern und Jugendlichen durch erhöhte Thoraxelastizität schwerste intrathorakale Verletzungen trotz Fehlen äußerer Traumazeichen möglich
Bei Hämatothorax: mit massiver Blutung (> 1000 ml) Thoraxdrainage zeitweise abklemmen.

11.4 Bauchtrauma

Symptomatik

Geringe bis stärkste Schmerzen im Bauchraum, evtl. Ausstrahlung in die rechte (Lebertrauma) oder linke (Milzverletzung) Schulter
Volumenmangelschock (intraabdominale Blutung)
Schmerzbedingte Schonatmung.

Kurzanamnese

- Stumpfes Bauchtrauma durch Auto-, Zweirad- oder Sportunfall, Schlägerei, Mißhandlung, Einklemmung oder Verschüttung
- Perforierendes Bauchtrauma durch Stich-, Pfählungs- oder Schußverletzung (☞ 11.9).

Sofortdiagnostik

- Basischeck (☞ 4.1.2)
- Puls, SpO_2, RR, EKG
- *Inspektion:* Prellmarken, Hämatome, Schürfwunden, Einstichstellen
- Begleitverletzungen: Thoraxkompression, Ateminsuff. (Thoraxtrauma), Bekkenstabilität, Blutung aus Harnröhre (Beckenfraktur)
- *Palpation:* bretttharter Bauch (Abwehrspannung → V. a. Perforation, intraabdominale Blutung)
- *Auskultation:* spärliche bzw. aufgehobene Darmgeräusche.

Sofortmaßnahmen

- O_2-Gabe (☞ 1.7.3)
- Schocklagerung (☞ 2.5), Knierolle mit Beinbeugung zur Bauchdeckenentspannung
- Mehrere möglichst großlumige i. v.-Zugänge mit Infusionen: massive Volumenzufuhr zunächst mit Volumenexpander (z. B. HÄS) bis 1 l, danach Kristalloide (z. B. Ringer-Lösung)
- Analgesie, z. B. mit fraktionierter Gabe von 0,1 mg Fentanyl® i. v.
- Ggf. Sedierung mit fraktionierter Gabe von 1 mg Midazolam (z. B. Dormicum®
- Ggf. Intubation (☞ 3.4.4) und Narkose (☞ 3.3)
- Offene Bauchwunden steril abdecken, bei austretenden Darmschlingen mit feuchten (NaCl, Ringer) Kompressen.

Transport

- Immer Transport in die nächste chirurgische Fachabteilung, bei Schocksymptomatik (V.a. intraabdominale Blutung) schnellstmöglichst („load and go") mit Sondersignalen und vorheriger Anmeldung
- Bei Mehrfachverletzungen mit V. a. abdominale oder thorakale Blutungen auch bei gleichzeitigem SHT immer erst Transport in eine chirurgische Klinik.

Prinzipien der Weiterbehandlung

Sonographie, Lavage, CT, Rö-Thorax, Laparotomie.

Differentialdiagnose

- Begleitverletzungen beim Polytrauma mit Schmerzausstrahlung in den Bauchraum
- Rippen-, Wirbel-, Beckenfrakturen mit peritonealen Reizerscheinungen, Zwerchfelltrauma (☞ 11.2), Verletzung von Urogenitalorganen (☞ 16.6).

- Weitgehende Beschwerdefreiheit trotz abdominaler Organverletzungen (Darm, Leber, Pankreas) möglich
- Offene Bauchwunden nicht sondieren
- Fremdkörper immer belassen, ggf. auf Transportmaß kürzen
- Immer ausreichende Analgesie (auch wenn dadurch evtl. die abdominelle Symptomatik verschleiert wird)
- Keine Repositionsversuche bei prolabierten Darmschlingen oder Netzanteilen.

11.5 Beckentrauma

Symptomatik

Schmerzen im Hüftbereich, Auftreten und Gehen kaum möglich
Volumenmangelschock (schwerste intra- und retroperitoneale Blutungen)
Evtl. Hüftgelenkluxation (☞ 11.7).

Kurzanamnese

Erhebliche Gewalteinwirkung auf das Becken, z. B. durch Sturz aus großer Höhe, Überfahrenwerden, Schleuderverletzung, Quetschung, Verschüttung
Indirektes Trauma („dashboard injury"): Knieverletzung, Oberschenkelfraktur, Hüftluxationsfraktur.

Sofortdiagnostik

Basischeck (☞ 4.1.2)
Puls, SpO_2, RR, EKG
Beckenkompressionsschmerz, eingeschränkte Beweglichkeit von Hüfte bzw. Hüftgelenk
Stabilitätsprüfung des Beckens auf Kompression (Beckenkämme gegeneinander pressen) und Distraktion (Beckenkämme beidseits nach hinten und außen drücken)
Hämatome (perineal, inguinal), Prellmarken, Schürfwunden oder offene Verletzungen im Hüftbereich
Beinverkürzung, Beckenschiefstand, Beckendeformierung, asymmetrische Beckenkontur
Blutaustritt am Meatus urethrae (begleitende Harnröhrenverletzung, ☞ 16.6).

Sofortmaßnahmen

O_2-Gabe (☞ 1.7.3)
Mehrere möglichst großlumige i. v.-Zugänge mit Infusion (zuerst z. B. HÄS, danach Ringer-Lösung) zur massiven Volumensubstitution
Analgesie, z. B. mit 100 mg Tramadol (z. B. Tramal®) oder fraktionierter Gabe von 0,1 mg Fentanyl®
Ggf. vorsichtige Sedierung, z. B. mit 2,5 mg Midazolam (z. B. Dormicum®)
Bei sehr starken Schmerzen ggf. Narkose und Intubation (☞ 3.4.4)
Sterile Wundabdeckung
Lagerung: Stabilisierung des instabilen Beckens auf der Vakuummatratze:
- Erst dorsale Kompression der hinteren Beckenschaufel gegen das Kreuzbein beim Anmodellieren der Vakuummatratze
- Dann ventraler Schluß des Beckenringes durch zusätzliches Anbringen von Riemen um die Vakuummatratze.

ransport

nmer zügiger Transport mit Sondersignalen unter Volumensubstitution in die ächste größere chirurgische Abteilung (mit ausreichendem Blutdepot) oder bei ertretbarem Zeitaufwand in ein Traumazentrum (ggf. RTH).

rinzipien der Weiterbehandlung

Sonographie, Rö, ggf. CT und Angiografie, Blasenkatheter bzw. bei V. a. Harnröhrenverletzung suprapubische Harnableitung, rektale digitale Untersuchung
Konservative Therapie: Bettruhe, Beckenschwebe, Volumensubstitution

- Operative Therapie: Blutstillung, ventrale Stabilisierung bei reiner Distrakti onsverletzung („open book") mit Platte oder Fixateur, bei komplexer Instabili tät Beckenzwinge mit evtl. zusätzlicher ventraler Stabilisierung
- Bei diffusen nicht stillbaren oder punktuellen arteriellen Blutungen Embolisati on durch interventionelle Radiologie (ggf. wichtig bei Auswahl der Zielklinik

- Typische Begleitverletzungen: Harnröhren- und Blasenverletzung, Darmperfo rationen, Zwerchfellruptur, SHT. Jedes Beckentrauma bedeutet präklinisch im mer auch ein Bauchtrauma (☞ 11.4)
- Bewegungen des instabilen Beckens bewirken weiteren Blutverlust durch da Wiederauftreten bereits stehender Blutungen durch das Lösen von Koagel →schonende Lagerung

- Der Volumenverlust beim Beckentrauma kann bei eröffnetem Peritoneum durc massive Blutverluste in die freie Bauchhöhle unbegrenzt sein und wird präkli nisch meist unterschätzt
- Keine Blasenkatheterisierung bei V.a. zusätzliche Verletzung der Harnröhr (Blutaustritt am Orificium urethrae)
- Schädigung des N. ischiadicus bei Sakralfraktur möglich →präklinisch kaun differenzierbar von LWS-Verletzung. Pat. daher prophylaktisch als Wirbelsäu lentrauma (☞ 11.6) behandeln.

11.6 Wirbelsäulen- und Rückenmarksverletzung

Symptomatik

- Dorsal Schmerzen, evtl. ventraler Druckschmerz
- Neurologische Ausfälle abhängig von Schwere und Segmenthöhe der Verlet zung (s.u.)
- Evtl. Schock durch Gefäßweitstellung.

Kurzanamnese

- Verkehrs-, Arbeits-, Sport- Badeunfall, Suizidversuch
- Unfallmechanismus und typische Verletzungsmuster:
  - Schleudertrauma der HWS bei Auffahrunfällen
  - Sturz aus großer Höhe: Fersenbeinbrüche, LWK-Frakturen
  - Beckengurttrauma: Duodenal-, Pankreas-, LWK-Verletzungen
  - Direktes Trauma: dorsale Rippenbrüche, BWS-Verletzungen
  - Schädeltrauma: SHT, HWS-Verletzungen.

Sofortdiagnostik

- Basischeck (☞ 4.1.2)
- Puls, SpO_2, RR, EKG
- Inspektion: Hämatome, Stufen, Gibbusbildung
- Kraniokaudale Untersuchung (☞ 11.1)
- Dornfortsatzreihe abtasten, *ohne den Pat. vorher zu bewegen* (Lücke, Stufe seitliche Abweichung?), dabei auf Zwei- oder Mehretagenverletzung achten
  - Komplette Dornfortsatzreihe nur bei Pat. abtasten, die *nicht* auf dem Rücke liegend vorgefunden werden (nicht zur Untersuchung umlagern)

- Bei Verletzten, die auf dem Rücken liegen, mit der Hand in den Raum (Lordose) zwischen Boden und Lendenbereich eingehen. Dann die LWS und soweit als möglich auch die BWS abtasten, ohne den Pat. zu bewegen

Bei V. a. Querschnittslähmung „Blitz"-Untersuchung:
- Faustschluß → kein Querschnitt bis C8
- Zehenbewegung → kein Querschnitt bis L5

Untersuchung der Extremitäten auf DMS (immer beidseits)
- *Durchblutung:* Hautkolorit, Hauttemperatur, „capillary refill" (Druck auf das Nagelbett, Wiederauffüllung nach mehr als 2 Sek. pathologisch)
- *Motorik:* auf entsprechende Aufforderung kann der Pat. aktiv reagieren, d. h. positive Rückmeldungen geben, z. B.: „Beugen sie Ihr Ellenbogengelenk", „Machen Sie eine Faust", „Strecken Sie Ihr Knie"
- *Sensibilitätstörungen* werden vom wachen Pat. meist klar angegeben. Positive Rückmeldungen erfragen, z. B. „Welchen Finger fasse ich an?", nicht aber: „Spüren Sie das?"
- Zur Verlaufsdokumentation die Sensibilitätsgrenzen mit Stift auf der Haut markieren

Beim eingetrübten oder bewußtlosen Pat. motorische Reaktion auf Schmerzreize an sämtlichen Extremitäten überprüfen

Neurologischen Status vor Narkose abklären und dokumentieren.

Tab. 11.3.: Schädigungslokalisierung bei Wirbelsäulentrauma

Erhaltene Motorik	Erhaltene Sensibilität	Schädigung unterhalb von
Zwerchfellatmung	Hals	C3
Schulterzucken	Hals	C4
Ellenbogenbeugung	Arm beugeseitig	C5
Drehung des Unterarmes	Daumen	C6
Fingerstreckung	Zeigefinger	C7
Fingerbeugung	Kleinfinger	C8
Brustwand	Brustwarzen	T4
Bauchdecke	Nabel	T10
Hüftbeugung	Leiste	L1
Beinstreckung	Oberschenkelinnenseite	L2
	Knieinnenseite	L3
Fußhebung	Unterschenkelinnenseite	L4
Großzehenhebung	Großzeh	L5
Zeheneinkrallung		S1

Sofortmaßnahmen

- I. v.-Zugänge mit Infusion (HÄS, dann Ringer-Lösung), ***Cave:*** wegen vermindertem Gefäßtonus auf ausreichende Volumengabe achten
- Schocktherapie (☞ 5.9)
- Analgesie, z. B. mit fraktionierten Gaben von 0,1 mg Fentanyl® i. v.
- HWS mit *Stifneck®* stabilisieren
- Pat. unter axialem Zug auf Vakuummatratze lagern:
  - Geringer axialer Zug von 4–5 kg richtet keinen Schaden an (nicht relaxierter Pat.)
  - Der axiale Zug wird immer von der Person ausgeführt, die den Kopf stabilisiert
  - Den Pat. immer axial drehen, d. h. der Rumpf darf nicht in sich verdreht werden (Becken gegen Schulter gegen Kopf), z. B.

    Seiten- oder Bauchlage: Schaufeltrage (notfalls Brett) gegen den Rücken legen, Pat. mit mehreren Helfern dagegen stabilisieren und die Einheit unter axialem Zug am Kopf vollständig drehen

    Rückenlage: bei ebenem Untergrund Schaufeltrage, axialer Zug am Kopf Bei sehr unebenem Untergrund Brückengriff (s. u.), axialer Zug am Kopf

    Pat. sitzt noch im KFZ: z. B. Dach abtrennen lassen und Pat. axial nach oben hinten auf Brett oder Schaufeltrage herausziehen.

Brückengriff

- 3 Helfer stehen im Grätschstand über dem Verletzten mit Blickrichtung zum Kopf des Pat., NA in Höhe des Kopfes in umgekehrter Richtung
- Brustkorb, Becken und Beine mit den Händen unterfahren; permanenter axialer Zug am Kopf
- NA-Kommandos: „fertig?" → „hebt auf!" → gleichzeitiges Anheben des Pat. ohne Verkippung der HWS in Wirbelsäulenachse
- Trage mit Vakuummatratze vom Fußende her unter den Pat. schieben
- „setzt ab!" → Pat. vorsichtig ablegen.

- *Intubation* bei V. a. HWS-Verletzung:
  - Gefährdung durch übermäßige Flexion der HWS → strenge Indikationsstellung
  - *Leichte* Reklination des Kopfes unter axialem Zug gefährdet das Rückenmark nicht
  - *Sofort* nach Intubation Fixierung der HWS durch Anlage eines Stifneck®-Kragens.
- Bei dringendem V. a. WS-Trauma (neurologische Ausfälle) 30 mg/kg KG Methylprednisolon (z. B. Urbason® solubile forte) i. v.

Transport

- Bei zusätzlicher abdominaler oder thorakaler Blutung Transport in nächste chirurgische Fachabteilung mit Sondersignalen
- Sonst Traumazentrum mit der Möglichkeit der operativen Versorgung von Wirbelsäulen- und Rückenmarksverletzungen
- Möglichst erschütterungsfreier Transport (Schonung vor Schnelligkeit). Schonenden Transport mit RTH anstreben.

Prinzipien der Weiterbehandlung

- Rö, CT, bzw. NMR
- Bei WS-Prellung und spinalem Schock kons. und physiotherapeutische Therapie

- Bei WS-Verrenkungen und -brüchen Reposition unter Durchleuchtung
- Bei instabilen Verletzungen oder Kompressionsverletzungen mit starker Gibbusbildung operative Stabilisierung
- Bei neurologischem Defizit sofortige Dekompression des Rückenmarks und Stabilisierung.

Differentialdiagnose

- Periphere Nervenstörungen (z. B. Komplikationen bei Frakturen)
- Hyperventilationstetanien (mit peripheren Empfindungsstörungen)

- Auch Pat., die an der Unfallstelle umherlaufen, können eine Rückenmarksverletzung haben
- Bereits bei *geringstem* V. a. WS-Trauma (nach jedem Verkehrsunfall, bei Bewußtlosigkeit, SHT und Polytrauma, Sturzverletzung und Verschüttung) Pat. extrem schonend retten und lagern („rohes Ei")
  - Rettung und Umlagerung nur mit Schaufeltrage (☞ 2.1.6) bzw. KED-System (☞ 2.1.3) ohne vermeidbare Bewegungen, Stauchung, übermäßigen Zug, Rotation oder Abknickung der WS
  - Immobilisation durch Stifneck® (☞ 2.1.2) und Lagerung auf Vakuummatratze (☞ 2.1.7)
- Bei instabilem Kreislauf trotz Volumensituation → V. a. zusätzliche innere Blutung → der WS-Verletzung kommt dann erst nachrangige Bedeutung zu
- Immer auf Verletzten in dessen Blickrichtung zugehen, andernfalls Kopfdrehung des Pat. → Rückenmarksläsion bei instabiler Fraktur
- Pat. mit V. a. Wirbelsäulenverletzung ausdrücklich darauf hinweisen, sich passiv zu verhalten und sich nicht zu bewegen
- Bei Frakturen im thorakolumbalen Bereich durch retroperitoneale Hämatome (Abwehrspannung und paralytischer Ileus) mit spinalem Schock Vortäuschung einer abdominalen Blutung möglich.

Die Gabe einer Megadosis Methylprednisolon bei V. a. WS-Trauma ist z. T. umstritten.

11.7 Extremitätenverletzungen

11.7.1 Frakturen

Symptomatik

Sichere Frakturzeichen: Fehlstellung, abnorme Beweglichkeit, Krepitation, bei offenen Frakturen zusätzlich oft Bruchstücke in der Wunde sichtbar
Unsichere Frakturzeichen: Schwellung, Schmerz, Hämatom, eingeschränkte oder aufgehobene Funktion (Schonhaltung).

Kurzanamnese

Direkte Gewalteinwirkung: Schlag, Stoß, Schußverletzung
Indirekte Gewalteinwirkung: Biegung, Drehung, Stauchung, Abriß, Abscherung.

Sofortdiagnostik

Basischeck (☞ 4.1.2)
Puls, SpO_2, RR, EKG

- Inspektion und Palpation der betroffenen Extremität: Weichteilverletzung? Frakturzeichen (s.o)? Stärkere Blutung?
- Motorik, Durchblutung und Sensibilität (☞ 11.6) *vor und nach* der Reposition überprüfen.

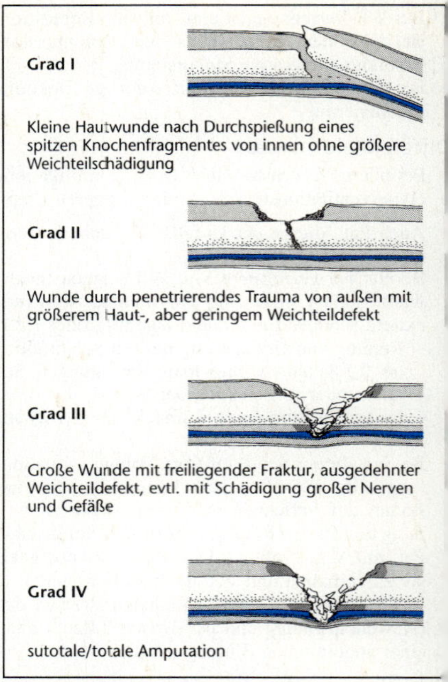

Abb. 11.5: Einteilung offener Frakturen

Sofortmaßnahmen

- O_2-Gabe (☞ 1.7.3)
- Möglichst großlumiger i.v.-Zugang mit Infusion (z.B. Ringer-Lösung, ggf. HÄS). Bei Verletzung großer Röhrenknochen bzw. Mehrfachverletzung mehrere großlumige i.v.-Zugänge zum aggressiven Volumenersatz
- Analgesie (☞ 3.1), z.B. mit 0,1 mg Fentanyl® i.v., ggf. zusätzlich 0,1 mg Boli
- Ggf. vorsichtige Sedierung, z.B. mit 2,5 mg Midazolam (z.B. Dormicum®)
- Bei größeren Frakturen ggf. Narkose (☞ 3.3) und Intubation (☞ 3.4.4)
- Offene Frakturen nach Möglichkeit photographieren (Polaroid) oder Wunde mit durchsichtiger OP-Folie abkleben (Einschätzen der Verletzung in der Notaufnahme ohne Öffnen des Verbandes). Wunde steril abdecken, ggf. mit Kompression
- *Dislozierte* Frakturen unter vorsichtigem Längszug reponieren, wobei eine achsengerechte Einstellung ausreichend ist (☞ 11.7.2).

Reposition *dislozierter* Frakturen

Material: Desinfektionslösung, steriles Verbandmaterial für offene Verletzungen, Verbandschere, Schienenmaterial (Pneumatische-, Kramer- oder Vakuumschiene).

Vorbereitung
- SpO_2, RR, EKG
- I.v.-Zugang mit Infusion (z.B. Ringer-Lösung)
- Analgo-Sedierung, z.B. mit 0,5 mg/kg KG Ketamin (z.B. Ketanest®) und 2,5–5 mg Midazolam (z.B. Dormicum®)
- Störende Kleidungsstücke mit der Verbandschere entfernen

- Bei offenen Frakturen Wundfläche desinfizieren (Sprühdesinfektion ausreichend) und größere Schmutzpartikel entfernen, falls problemlos möglich. Wunde nicht gründlicher reinigen, penetrierende Fremdkörper grundsätzlich belassen.

Repositionsprinzip (spezielle Repositionstechniken ☞ 11.7.2)
- Proximalen Extremitätenabschnitt durch Helfer fixieren lassen
- Am distalen Extremitätenabschnitt in Verlängerung der Achse der Extremität ziehen (Orientierung erfolgt am proximalen Extremitätenanteil)
- Gleichzeitig einen eventuellen Rotationsfehler (unter Zug) korrigieren
- Dieses Repositionsergebnis so lange halten, bis es durch eine Schiene (durch Helfer anlegen lassen) sicher fixiert ist. Auch benachbarte Gelenke ruhigstellen. Notfalls Ruhigstellung auch durch anmodellierte Vakuummatratze möglich
- Anschließend versorgte Extremität hochlagern
- Motorik, Durchblutung und Sensibilität ständig kontrollieren, auch während des Transports. Bei Minderdurchblutung Extremität tieflagern.

Transport

Auch bereits bei V.a. Fraktur immer schonender Transport in die nächste chirurgische Abteilung, v.a. bei offenen Frakturen möglichst mit Voranmeldung

Auch während des Transportes immer Motorik, Durchblutung und Sensibilität überprüfen, auf Hautkolorit und Temperatur (im Seitenvergleich) achten.

Prinzipien der Weiterbehandlung

Rö-Diagnostik. Frakturversorgung in Abhängigkeit vom Frakturtyp, Lokalisation, Alter und Zustand des Pat., Tetanusschutz bei offenen Frakturen.

Eine frühzeitige Frakturreposition ist die entscheidende Maßnahme zur Vorbeugung weiterer Weichteilschäden, Nerven- und Gefäßverletzungen

Offene Frakturen gelten immer als kontaminiert

Der mögliche Blutverlust ist abhängig von der Frakturlokalisation.

Cave: Pneumatische Schiene nicht zu stark aufpumpen (Gefahr eines Kompartementsyndroms)

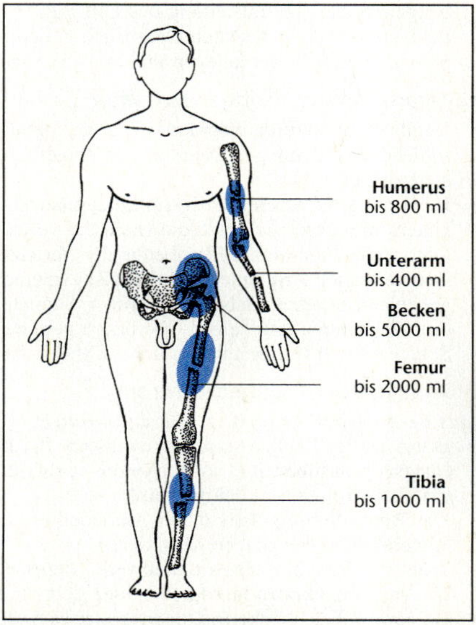

Abb. 11.6: Abschätzung des Blutverlustes bei Frakturen

- Im hämorrhagischen Schock sind periphere Pulse oft nicht oder nur schlecht palpabel → Kapillardurchblutung und die Hauttemperatur im Seitenvergleich beurteilen
- Krepitation und abnorme Beweglichkeit nicht auslösen (für Diagnosestellung wenig hilfreich, für Pat. sehr schmerzhaft, Gefahr von Komplikationen)
- Größere ausgesprengte Knochenfragmente (auch verschmutzte) in NaCl 0,9 % asservieren
- Bei Fraktur großer Röhrenknochen Fettembolie möglich (selten).

11.7.2 Repositionstechniken bei dislozierten Frakturen

Bei Repositionen grundsätzlich auf ausreichende Analgo-Sedierung (☞ 3.1, 3.2) achten.

Oberarmfraktur

Fallhand als Hinweis auf Schädigung des N. radialis?

- Längszug in Richtung der Oberarmachse, Oberarm an den Körper anlegen, Ellenbogengelenk beugen und Unterarmbeugeseite an den Oberbauch anlegen
- Verletzten Arm an den Oberkörper durch mehrere Dreiecktücher fixieren.

Fraktur der Ellenbogenregion

- Oberarmluftkammerschiene von distal auf den eigenen Unterarm aufkrempeln und die Hand des verletzten Armes greifen
- Die zweite Hand in die Ellenbeuge des Verletzten legen
- Den verletzten Arm unter dosiertem Zug in eine 90°-Beugestellung im Ellenbogengelenk bei Neutralstellung des Unterarmes bringen, so daß die Handfläche des Verletzten gegen seinen Oberbauch gerichtet ist
- Schiene durch Helfer anlegen und aufblasen lassen.

Unterarmfraktur, Handgelenkfraktur

- Handgelenkfrakturen erfordern meist nur eine Retention in einer Luftkammerschiene. Beim Anlegen Daumen und Zeigefinger der verletzten Hand unter dosiertem Zug halten
- Bei Unterarmfrakturen Oberarmluftkammerschiene von distal auf den eigenen Unterarm aufkrempeln und die Hand des verletzten Armes greifen
- Die zweite Hand in die Ellenbeuge des Verletzten legen
- Den verletzten Arm unter dosiertem Zug in eine 90°-Beugestellung im Ellenbogengelenk bringen. Dabei Unterarm in Supinationsstellung halten (Kleinfinger des Verletzten gegen seinen Oberbauch gerichtet)
- Schiene durch Helfer anlegen und aufblasen lassen.

Proximale Oberschenkelfrakturen

Das Bein steht meist verkürzt und außenrotiert.

- Durch Helfer Becken stabilisieren lassen. Bei gebeugtem Kniegelenk kräftigen Längszug ausüben und innenrotieren (bewirkt nur bei intakten Verhältnissen eine Innenrotation im Hüftgelenk!)
- Das Repositionsergebnis durch Anmodellieren der Vakuummatratze im Knie-Knöchel- und Beckenbereich fixieren
- Trägt der Verletzte festes Schuhwerk, dieses belassen, da sich die Stellung in der Vakuummatratze hierdurch besser sichern läßt
- Bei prox. Oberschenkelfraktur sind pneumatische Schienen ohne Effekt (fehlende Fixierung am Becken). Effektiver ist die Fixierung in der Vakuummatratze.

Oberschenkelfrakturen

Meist steht das prox. Knochenfragment in leichter Beugestellung im Hüftgelenk.

Einfacher Zug am Fuß würde zu einer zusätzlichen Weichteilschädigung durch das proximale Femurfragment führen, daher Reposition des proximalen Oberschenkelabschnittes:

- Durch Helfer Becken stabilisieren lassen. Bein im Knie 90°, im Hüftgelenk ca. 30° beugen. Kräftigen Längszug ausüben und dabei Rotationsfehler korrigieren
- Fuß durch 2. Helfer fassen und Bein im Kniegelenk strecken lassen
- Bein unter kontinuierlichem Zug in Längsachse ablegen
- Repositionsergebnis durch Anmodellieren der Vakuummatratze im Knie-, Knöchel- und Beckenbereich fixieren.

Kniegelenknahe Oberschenkelfrakturen

Das distale Oberschenkelfragment wird durch die Wadenmuskulatur in Beugestellung gezogen und gefährdet die beugeseitige Gefäß-Nervenstraße.

- Unter Gegenzug durch Helfer am proximalen Oberschenkel das 30° gebeugte Knie mit beiden Händen fassen und kräftigen Längszug ausüben
- Nach Wiederherstellung der Oberschenkellänge Fuß durch 2. Helfer fassen und unter kontinuierlichem Zug in Längsachse ablegen
- Repositionsergebnis durch Anmodellieren der Vakuummatratze im Knie-, Knöchel- und Beckenbereich fixieren.

Proximale Unterschenkelfrakturen

- Gegenzug am proximalen Oberschenkel durch Helfer
- Zug am Fuß in Längsrichtung
- Oberschenkel-Vakuum- oder Luftkammerschiene anlegen.

Sprunggelenkfrakturen

Fuß steht meist nach medial disloziert, Knöchelregion deformiert. Direkt unter der Haut liegen Knochenfragmente.

- Leichte Beugestellung im Kniegelenk, wobei ein Helfer mit beiden Händen den Schienbeinkopf umfaßt
- Mit einer Hand die Ferse fixieren, mit der zweiten Hand den Mittelfuß greifen (mit dem Daumen die Fußsohle und den Langfingern den Fußrücken)
- Unter kontinuierlichem Zug beider Hände Frakturzone zunächst distrahieren und den Fuß in Rechtwinkelstellung bringen
- Lufkammer- oder Vakuumschiene anlegen.

11.7.3 Luxationen

Symptomatik

- Sichere Zeichen: Deformierung der Gelenkstruktur, leere Gelenkpfanne, federnde Fixation
- Unsichere Zeichen: Schmerz, Schwellung, Hämatom, eingeschränkte oder aufgehobene Funktion.

Kurzanamnese

Direkte oder indirekte Gewalteinwirkung (Sportverletzung, Unfall, banale Distorsion) → *traumatische Luxation*

- Reluxation nach ehemals traumatischer Luxation → *rezidivierende Luxation*
- Luxation ohne Trauma → *habituelle Luxation*
- Luxation bei chronischen Erkrankungen (z. B. bei Rheuma oder nach Infektionen) → *pathologische Luxation.*

Sofortdiagnostik

- Basischeck (☞ 4.1.2)
- Puls, SpO_2, RR, EKG
- Inspektion und Palpation der verletzten Extremität: Fehlstellung, leere Gelenkpfanne
- Motorik, Durchblutung (Temperatur und Hautkolorit im Seitenvergleich) und Sensibilität *vor und nach* Reposition überprüfen.

Sofortmaßnahmen

- O_2-Gabe (☞ 1.7.3)
- I. v.-Zugang mit Infusion (z. B. Ringer-Lösung, ggf. HÄS)
- Analgesie, z. B. mit 100 mg Tramadol (z. B. Tramal®) oder fraktionierter Gabe von 0,1 mg Fentanyl®
- Ggf. vorsichtige Sedierung, z. B. mit 2,5 mg Midazolam (z. B. Dormicum®)

Repositionen am Notfallort (☞ 11.7.4) sind bei der habituellen Schulterluxation, bei der Patellaluxation und bei Fingerluxationen meist problemlos. Bei allen anderen Luxationsformen, außer der Hüftgelenkluxation, kann die Repostition am Unfallort versucht werden. Kommt es hierbei zu Schwierigkeiten bzw. zu Krepitation (Verdacht auf Luxationsfraktur), Repositionsversuch abbrechen → Schienung und sichere Fixierung ausreichend.

Transport

Immer, auch bereits bei V. a. Luxation, Transport in die nächste chirurgische Abteilung (auch nach erfolgter Reposition am Unfallort).

Prinzipien der Weiterbehandlung

Rö-Diagnostik, temporäre Ruhigstellung, evtl. Arthroskopie oder Operation (Luxationsfraktur mit Gelenkbeteiligung).

Cave: Im hämorrhagischen Schock sind periphere Pulse oft nicht oder nur schlecht palpabel → Kapillardurchblutung und Hauttemperatur im Seitenvergleich beurteilen.

11.7.4 Repositionstechniken bei Luxationen

Bei Repositionen grundsätzlich auf ausreichende Analgo-Sedierung (☞ 3.1, 3.2) achten.

Schulterluxation

Meist vordere Luxation (Arm an den Körper angelegt).

- Wenn keine akute Kompressionsschädigung (d. h. periphere Pulse tastbar, keine Kribbelparästhesien oder motorischen Ausfälle) → nicht reponieren. Verletzten Arm mit mehreren Dreiecktüchern an den Oberkörper fixieren

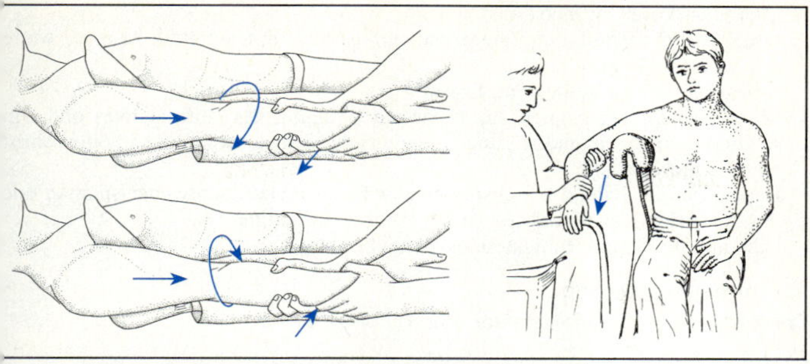

bb. 11.7: Schulterluxation: Reposition nach Hippokrates (li) und nach Arlt (re)

Bei Hinweisen für Kompressionsschädigung (fehlende periphere Pulse, Kribbelparästhesien, motorische Ausfälle) → sofortiger Repositionsversuch:
- *nach Arlt:* Pat. auf Stuhl setzen, betroffenen Arm über die Lehne (mit Kissen gepolstert). Kontinuierlicher Längszug am Arm in Humerusschaftrichtung und Reposition unter leichter Drehbewegung
- *nach Hippokrates:* Zug am gestreckten Unterarm bei liegendem Pat., Ferse des NA dient als Hypomochlion. ***Cave:*** Gefahr von Gefäß-, Nervenverletzungen.

llenbogenluxation

Bei hinterer Ellenbogenluxation (Olecranon hinter der Oberarmrolle zu tasten) Zug am gebeugten und supinierten Unterarm bei gleichzeitigem Druck auf den distalen Oberarm von der Beugeseite her

Bei der seltenen vorderen Ellenbogenluxation den Arm beim Transport so lagern, daß eine Überstreckung sicher vermieden wird.

üftgelenkluxation

'üftgelenkluxationen sind für eine Reposition am Unfallort nicht geeignet.

I. v.-Zugang mit Infusion, Analgosedierung (☞ 3.1, 3.2)

Lagerung auf der Vakuummatratze, wobei die verletzte Extremität in der vorgefundenen Lage unterpolstert und ruhiggestellt wird

Ist die Reposition durch Längszug am Bein leicht möglich (Abbruch der hinteren Gelenkpfannenanteile), besteht erhöhte Reluxationstendenz → Repositionsergebnis durch Anmodellieren der Vakuummatratze fixieren.

niegelenkluxationen

'eist hintere Luxation (Tibiakopf hinter die Femurkondyle in die Kniekehle lu'ert, Beinachse verkürzt).

Unterstützen der Kniekehle durch einen Helfer, der die Kniekehle mit beiden Händen faßt und einen leichten Druck ausübt

Bein am Fuß fassen und kontinuierlichen Zug in der Längsachse ausüben

Repositionsergebnis durch Anmodellieren der Vakuummatratze im Knie-, Knöchel- und Beckenbereich fixieren.

atellaluxation

ie Patella steht nach lateral luxiert in Höhe der äußeren Femurkondyla. Beim ersuch, das Bein zu strecken, spannt der Pat. schmerzbedingt reflektorisch die berschenkelstrecker an.

- „Verbalnarkose“ ist meist ausreichend
- Druck auf die Patella von lateral ist sinnlos und führt lediglich zu einer weiteren Verkrampfung
- Kniekehle und Ferse des Pat. fassen
- M. quadriceps entspannen durch passive Beugung des Hüftgelenkes und Umsetzung des resultierenden Längengewinns der Streckmuskulatur in eine schrittweise Kniestreckung
- Reposition der Patella bei ausreichender Kniestreckung entweder spontan oder durch vorsichtigen Druck gegen die Patella von lateral
- Eine anschließende Ruhigstellung ist nicht obligat.

Sprunggelenkluxation

Praktisch immer Luxationsfraktur. Reposition ☞ 11.7.2.

11.7.5 Kompartmentsyndrom

Störung von Motorik, Durchblutung und Sensibilität einer Gliedmaße infolge Drucksteigerung innerhalb einer Faszienloge.

Symptomatik

- Schwellung der Extremität
- Zunehmende Schmerzen, besonders beim Strecken der Muskulatur.

Kurzanamnese

Z.n. Fraktur, Luxation, stumpfem Weichteiltrauma, evtl. Folge von primär als Bagatellverletzung imponierenden Ereignissen (z. B. Muskelfaserriß).

Sofortdiagnostik

- Basischeck (☞ 4.1.2)
- Puls, SpO_2, RR, EKG
- Inspektion und Palpation im Seitenvergleich:
  - Druckschmerz, blaß-livides Hautkolorit, Bein kühl
  - Blickdiagnose bei manifestem Kompartmentsyndrom: prall geschwollene, stark schmerzende, verfärbte und hypotherme Extremität mit eingeschränkter aktiver und passiver Beweglichkeit, keine peripheren Pulse mehr palpabel
- Durchblutung, Motorik und Sensibilität (zunehmende Hypästhesie, am Unterschenkel z. B. beginnend im Zwischenzehenraum I/II)
- Umfangsmessung der Extremitäten im Seitenvergleich.

Sofortmaßnahmen

11

- O_2-Gabe (☞ 1.7.3)
- Betroffene Extremität hochlagern und ruhigstellen
- Alle abschnürenden oder drückenden Verbände entfernen
- I. v.-Zugang mit Infusion (z. B. Ringer-Lösung)
- Analgesie, z. B. mit 100 mg Tramadol (z. B. Tramal®) oder fraktionierter Gabe von 0,1 mg Fentanyl®
- Ggf. vorsichtige Sedierung, z. B. mit 2,5 mg Midazolam (z. B. Dormicum®).

Transport

Immer auch bereits bei V. a. Kompartmentsyndrom Transport in die nächste chirurgische Abteilung.

rinzipien der Weiterbehandlung

Hochlagerung und Ruhigstellung, kontinuierliche Überwachung, Logendruckmessung, ggf. großzügige Eröffnung, Fasziotomie und offene Weiterbehandlung

Im Anfangsstadium des Kompartmentsyndroms sind die Fußpulse meist noch palpabel
Cave: Im hämorrhagischen Schock sind die peripheren Pulse oft nicht oder nur schlecht palpabel → Kapillardurchblutung und die Hauttemperatur im Seitenvergleich beurteilen.

11.7.6 Amputationsverletzungen

raumatische Abtrennung einer Gliedmaße, meist nur subtotal.

Symptomatik

chwere Weichteilverletzung mit Knochendurchtrennung und Durchtrennung gro-er Nerven- und Gefäßbündel.

Kurzanamnese

leist schwere Quetschung durch umgefallene Gegenstände (z. B. Maschine, aum, Balken), seltener Scherkräfte oder scharfe Gewalteinwirkung.

Sofortdiagnostik

Basischeck (☞ 4.1.2)
Puls, SpO_2, RR, EKG
Bei subtotaler Amputation Überprüfen der Durchblutung des peripheren Extremitätenabschnittes.

Sofortmaßnahmen

O_2-Gabe (☞ 1.7.3)
Möglichst großlumiger i. v.- Zugang mit Infusion (z. B. HÄS), bei stammnaher Amputation oder Mehrfachverletzten mehrere i. v.-Zugänge zur Volumensubstitution
Analgesie, z. B. mit 100 mg Tramadol (z. B. Tramal®) oder fraktionierter Gabe von 0,1 mg Fentanyl®
Ggf. vorsichtige Sedierung, z. B. mit 2,5 mg Midazolam (z. B. Dormicum®)
Ggf. Narkose (☞ 3.3) und Intubation (☞ 3.4.4)
Zügige und vor allem schonende Rettung des Verletzten
Bei starken Blutungen Kompressionsverband anlegen (☞ 2.6), Stumpf steril abdecken
Bei stammnahen Verletzungen ggf. A. axillaris in der Axilla, Aorta (☞ 6.3) oder A. femoralis in der Leistenbeuge manuell abdrücken
Stumpf hochlagern. Bei stammnaher Oberschenkelamputation Vakuummatratze anmodellieren
Bei subtotaler Amputation Versorgung nach den Grundsätzen einer offenen Fraktur (☞ 11.7.1): Wunden steril abdecken, arterielle Blutungen mit Druckverband versorgen (☞ 2.6), Extremität grob reponieren und schienen
Evtl. sind Amputatteile für die Bildung eines prothetisch besser versorgbaren Stumpfes verwendbar → Amputat immer mitnehmen.

Amputatversorgung

- Amputat ohne weitere Manipulationen in trockene sterile Kompressen einwickeln
- Das so versorgte Amputat in einen sauberen Plastikbeutel einpacken und diesen verschließen
- Diesen Beutel in einen zweiten, mit kaltem Wasser und Eisstückchen gefüllten Beutel eintüten – Auf den Einsatzfahrzeugen sind meist Amputatbeutelsets vorhanden.

Transport

- Immer schonender und zügiger Transport mit Sondersignalen in die nächste chirurgische Abteilung mit Voranmeldung.

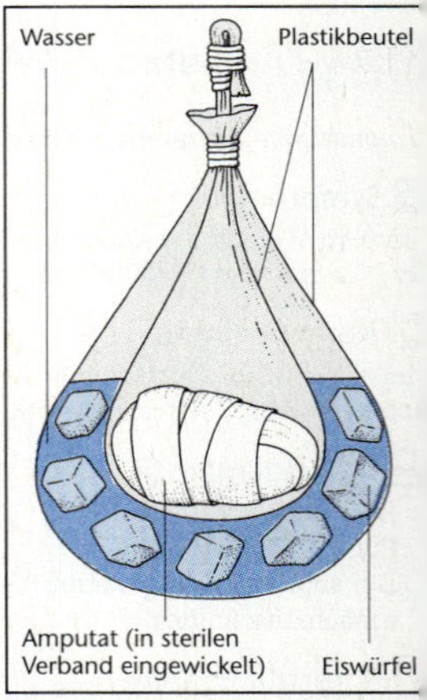

Abb. 11.8: Amputatverpackung

Prinzipien der Weiterbehandlung

- Gesichtspunkte einer möglichen Replantation: Gesamtzustand des Verletzten (weite Indikationsstellung bei isolierter Amputation im Gegensatz zum Polytrauma und bei Schock), Wundverhältnisse und Zustand von Amputat und Stumpf (gut zur Replantation geeignet sind glatte Amputationsverletzungen ohne zusätzliche Weichteilschädigung). Lokalisation der Amputation (Indikation zur Replantation: Daumen- und Mehrfingeramputationen sowie alle proximaleren Amputationsformen. Großzehenamputation und alle proximaleren Amputationsformen, Nasenspitze, Ohr, Penis).

- Bei Kühlung (ca. 4 °C) kann die Überlebenszeit des Amputates verlängert werde
- Ein direkter Kontakt des Amputates mit Eis muß vermieden werden (Gefah von Erfrierungen).

- Möglichst frühzeitig RLSt zur Abklärung der Möglichkeit einer Replantation i einem Zentrum einschalten (ggf. RTH)
- Bei eingeklemmtem Pat. oder eingeklemmtem Transplantat evtl. getrennte Transport von Pat. und Amputat
- Notamputation (☞ 2.4) oder Vervollständigung einer subtotalen Amputatic sind nur als *ultima ratio* zulässig
- Möglichst kein Abbinden von Extremitäten oder Setzen von Klemmen.

11.8 Polytrauma (Kinder ☞ 12.5.1)

Symptomatik

- Schmerzen
- Beeinträchtigung des Bewußtseins: Desorientiertheit, Bewußtseinstrübung, Be wußtlosigkeit
- Respiratorische Insuffizienz
- Schock.

In Abhängigkeit vom Verletzungsmuster variable Symptomatik, z. B.:

- Schädelhirntrauma (☞ 11.2)
- Thoraxtrauma (☞ 11.3)
- Bauchtrauma (☞ 11.4)
- Beckenverletzung(☞ 11.5)
- Wirbelsäulenverletzung (☞ 11.6)
- Extremitätenverletzung (☞ 11.7)
- Gefäßverletzung (☞ 6.3, 6.4, 6.5)
- Verletzungen des Urogenitalsystems (☞ 16.6)
- Schußverletzung (☞ 11.9)
- Verbrennung/Verbrühung (☞ 11.10)
- Verätzung (☞ 11.11)
- Stromunfall (☞ 11.12)
- Strahlenunfall (☞ 11.13)
- Unterkühlung/Erfrierung (☞ 11.14)

Kurzanamnese

Häufigste Unfallursache: Verkehrsunfälle →oft relativ junge Pat. (männl. > weibl.) ohne bedeutende Vorerkrankungen
Arbeitsunfall.

Sofortdiagnostik

Basischeck (☞ 4.1.2)
Puls, SpO_2, RR, EKG
Schockzeichen? Periphere Kapillarfüllung > 2 Sek.?
Kraniokaudale Untersuchung (☞ 11.1)
Verletzungsspezifische Untersuchungsmethoden und -befunde s. Einzelverletzung (☞ Kasten)
Temperatur.

Sofortmaßnahmen

Organisation der evtl. parallel ablaufenden medizinischen und technischen Rettungsmaßnahmen (☞ 1.11, 2.3, 11.1)
Möglichst frühzeitig geeignete Zielklinik auswählen, Abklärung der Aufnahmefähigkeit und Anmeldung durch RLSt veranlassen
Möglichst frühzeitig RTH anfordern, z. B. bei V. a. Wirbelsäulentrauma, schwerem SHT, Verbrennungen, weiter entferntem Trauma-Zentrum
O_2-Gabe (☞ 1.7.3)
HWS stabilisieren (Stifneck®), KED®-Korsett
Mindestens 2 großlumige i. v.-Zugänge mit Infusion (z. B. HÄS und Ringer-Lösung); massive Volumensubstitution; ggf. „Pulmonalis-Schleuse" bzw. Emergency-Infusion-Device® (☞ 2.7.1)
Blutungen durch manuelle Kompression oder Kompressionsverband versorgen (☞ 2.6)
Ggf. Intubation (☞ 3.4.4), Beatmung (☞ 3.4.8) und Narkose (☞ 3.3)

- *Indikation:* respiratorische Insuffizienz, Schock, Thoraxtrauma, Hinweise auf intrakranielle Drucksteigerung, eingeschränkte Schutzreflexe, Gesichts- oder Halsverletzungen, stärkste Schmerzen
- *Beatmungsparameter:* F_iO_2 1,0, AZV 12 ml/kg KG, AMV 120 ml/kg KG, Frequenz 10–12/Min., PEEP 5 cm H_2O (falls hämodynamisch tolerabel)

Analgesie: bei fehlender Intubations- und Beatmungsmöglichkeit (z. B. während technischer Rettung) zur Not Ketamin (z. B. Ketanest®, ***Cave:*** Ateminsuffizienz), ansonsten möglichst potente Opioide, z. B. Fentanyl® fraktioniert 0,1 mg
Sedierung, z. B. mit fraktionierten Gaben von 1–2,5 mg Midazolam (z. B. Dormicum®)

Eigensicherung (☞ 1.8.3)

↓

Allgemeine Lagebeurteilung
- Gefahren der Einsatzstelle (☞ 1.8.1)
- Unfallhergang
- Anzahl und Aufenthaltsort der Verletzten

↓

Patientenuntersuchung:

• Bewußtsein	→ Glasgow Coma Scale (☞ 8.1.3)	→ ≥ 9		→ engmaschige Kontrolle
		≤ 8		→ Intubation, Beatmung, Narkose
• Atmung	→ Atemexkursionen Atemfrequenz S_aO_2	→ suffizient?	ja	→ O_2-Gabe, engmaschige Kontrolle, Reanimationsbereitschaft
			nein	→ Freimachen der Atemwege, Intubation, Beatmung, Narkose
• Kreislauf	→ Puls, periphere Kapillarfüllung RR	→ suffizient?	ja	→ 2 i.v.-Zugänge mit Infusion, engmaschige Kontrolle, Reanimationsbereitschaft
			nein	→ Schockbehandlung (☞ 2.5.9)
• Herz	→ Puls EKG	→ suffizient?	ja	→ engmaschige Kontrolle, Reanimationsbereitschaft
			nein	→ HDM, Defibrillation, ggf. Kardioversion

↓

Kraniokaudale Untersuchung (☞ 11.4.1):
Akut lebensbedrohliche Verletzung?

Kopf: ja → ☞ 11.2
nein ↓
Hals: ja → ☞ 17.2.4
nein ↓
Thorax: ja → ☞ 11.3
nein ↓
Abdomen: ja → ☞ 11.4
nein ↓
Becken: ja → ☞ 11.5
nein ↓
BWS/LWS: ja → ☞ 11.6
nein ↓
Extremitäten: ja → ☞ 11.7
nein ↓
Kraniokaudale Untersuchung: Leichtere Verletzungen?

Abb. 11.9: Ablaufschema Polytrauma-Erstversorgung

- Offene Wunden, Frakturen, Körperhöhlen steril abdecken
- Rettung mit Schaufeltrage, Lagerung auf Vakuummatratze
- Verletzungsspezifische Maßnahmen s. Einzelverletzungen (☞ Kasten)
- Wärmeerhaltende Maßnahmen (Vorheizung des NAW bei geschlossenen Türen, Wolldecken, Rettungsfolie, erwärmte Infusionslösungen)
- Evtl. Anti-Schock-Hose (MAST) anlegen (nur selten verfügbar).

Transport

- Instabiler Zustand: z. B. bei V. a. innere Blutung schnellstmöglicher Transport in die nächste chirurgische Fachabteilung mit Voranmeldung
- Stabiler Zustand: Verlegung in eine geeignete chirurgische Abteilung oder nach Möglichkeit in ein Trauma-Zentrum.

Prinzipien der Weiterbehandlung

- Versorgungspriorität:
  - Blutungen: abdominal, thorakal, selten an den Extremitäten
  - SHT: sub- oder epidurale Blutungen
  - Zunehmende oder inkomplette Querschnittslähmung

- Kreislaufgesunde junge Menschen können auch größte Volumenverluste relativ lange durch eine Tachykardie kompensieren
- „Schock vor Schädel", d. h. die Behandlung von extrakraniellen Schockursachen hat immer Vorrang vor einer Versorgung des SHT
- Die durch Analgesie, Sedierung bzw. Narkose verschleierte Beschwerdesymptomatik spielt für die innerklinische Diagnostik (Sonographie, CT) keine wesentliche Rolle
- Pat.angaben wegen retrograder Amnesie evtl. falsch.

- Immer an Kombinationsverletzungen denken. Je nach Unfallmechanismus nach möglichen Mehrfachverletzungen suchen
- Technische Rettung (z. B. eines im Kfz eingeklemmten Pat.) erst *nach* optimaler Versorgung durch NA, d. h. nach orientierender Erstuntersuchung (☞ 4.1.2) und Sicherung der Vitalfunktionen
- Auch während der technischen Rettung engmaschige Kontrolle der Vitalfunktionen → *kontinuierliches* Monitoring
- ***Cave:*** „Bergungstod": unerwarteter Tod nach technischer Rettung durch unzureichende vorherige Sicherung der Vitalfunktionen
- Gegenstände bei Stich- und Pfählungsverletzungen nicht entfernen, ggf. auf Transportmaß kürzen.

11.9 Schußverletzungen

Symptomatik

Abhängig von der betroffenen Körperregion sind für schwere Schußverletzungen der einzelnen Körperregionen folgende Symptome charakteristisch:

- *Kopf*: verminderte Ansprechbarkeit
- *Körperstamm:* Schock, paradoxer Puls, Einflußstauung im Bereich der Halsvenen (Perikardtamponade), Pneumo-/Hämatothorax, Hämoptoe, Dyspnoe, Hautemphysem (Bronchialverletzung)
- *Extremitäten:* Frakturzeichen (☞ 11.7.1), Fehlen peripherer Pulse.

Kurzanamnese

Angaben über die verwendete Waffe und nähere Tatumstände können Hinweise über das Verletzungsausmaß geben:

- Handwaffe, Gewehr, Schrotschuß?
- Feuermechanismus (Einzelfeuer, semiautomatisch, automatisch)?
- Kaliber?
- Distanz Waffe-Verletzter?

Sofortdiagnostik

- Basischeck (☞ 4.1.2)
- Puls, SpO_2, RR, EKG
- Schockzeichen? Kapilläre Füllungszeit?
- Auskultation: Pneumothorax?
- *Inspektion:* Anzahl und Art der Wunden sind wesentlich bei der Beurteilung des Schußkanals und der Anzahl der Geschosse:
  - *Einschußwunde*: rund oder oval, in Abhängigkeit von der Distanz der Waffe Verbrennung der Haut in 1 bis 2 mm Umgebung, Schürfungen an der Eintrittsstelle und Schmauchspuren in der Umgebung
  - *Ausschußwunde*: Zerreißung der Ränder der meist sternförmigen Wunde, Fehlen der Charakteristika der Einschußwunde.

Sofortmaßnahmen

Basismaßnahmen grundsätzlich wie beim stumpfen Trauma:

- O_2-Gabe (☞ 1.7.3)
- Bei GCS < 9 (☞ 8.1.3) oder drohender Atemwegsverlegung Intubation (☞ 3.4.4) und Beatmung (☞ 3.4.8)
- 2 möglichst großlumige i.v.-Zugänge mit Infusion (z.B. Ringer-Lösung, evtl HÄS)
- Blutstillung durch Kompressionsverbände (☞ 2.6), bei deren Versagen Abbinden mit Blutdruckmanschetten
- Wundversorgung (sterile Verbände).

Zusätzliche Maßnahmen bei Schußverletzungen im Bereich von:

- *Extremitäten:*
  - Schußbrüche reponieren und schienen
  - ***Cave:*** auf Begleitverletzungen achten (Gefäß-, Nervenverletzung)
- *Kopf/Hals:*
  - Bei schwieriger Intubation aufgrund von Schußverletzungen des Mittelgesichtes, des Mund-/Rachenraumes und des Unterkiefers Koniotomie (☞ 3.4.7)
- *Abdomen:*
  - An kombinierte thorako-abdominelle Verletzung denken
  - Steriler Wundverband, auch bei Eviszeration (dann möglichst angefeuchtete Kompressen)
- *Thorax:*
  - An kombinierte thorako-abdominelle Verletzung denken
  - Schußwunden mit luftdurchlässigem sterilen Verband versorgen (auch bei großen, offenen Thoraxwandverletzungen)
  - Bei Pneumo- oder Hämatothorax Thoraxdrainage (☞ 2.9.1, nicht durch den Schußkanal!)
  - Bei V.a. Bronchial-, Trachealverletzung (Hautemphysem, schwere Dyspnoe, Hämoptoe) Intubation (☞ 3.4.4) und Beatmung (☞ 3.4.8), Thoraxdrainage bds. (☞ 2.9.1)

- Bei Kreislaufinstabilität Volumenersatz (☞ 5.9), Intubation (☞ 3.4.4) und PEEP-Beatmung (☞ 3.4.8), Thoraxdrainage (☞ 2.9.1)
- Bei einem massiven Hämatothorax (> 1000 ml initialer Blutverlust), persistierender Blutung und Kreislaufinstabilität Thoraxdrainage ggf. abklemmen
- Bei V.a. Herztamponade (therapierefraktärer Schock, Einflußstauung, paradoxer Puls) *Perikardpunktion*.

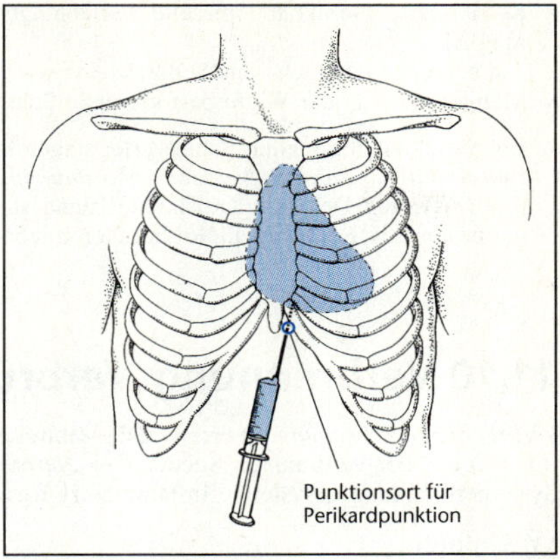

Abb. 11.10: Perikardpunktion

Perikardpunktion

Voraussetzungen: Ausschluß eines Pneumothorax, EKG-Monitoring und Defibrillationsbereitschaft.

Material: Punktionsnadel (16 oder 18 G), 3-Wege-Hahn und Spritze (z.B. 20 ml).

Vorgehen:

- 1–2 cm subxiphoidal parasternal, in einem Winkel von 45° zur Frontalebene einstechen (Stichrichtung auf das Zentrum der linken Skapula zu)
- Nadel unter Aspiration vorschieben, dabei auf EKG-Veränderungen achten
- Bei Blutaspiration das Blut abziehen, danach den 3-Wege- Hahn schließen. Die Nadel nicht entfernen. Aspirierte Blutmenge dokumentieren
- Bei wiedereintretender Symptomatik erneut aspirieren
- Umgehender Transport in eine Klinik unter Begleitung des Arztes, der die Punktion durchführte.

Transport

Transport mit Sondersignalen. Auswahl der erstversorgenden Klinik:

Bei *peripheren Schußverletzungen* grundsätzlich schnellstmöglicher Transport in die nächste chirurgische Klinik

Bei *Schädelverletzungen* Klinik mit Neurochirurgie

Bei *Thorax/Abdomenverletzung* mit Kreislaufinstabilität Klinik mit leistungsfähiger Infrastruktur (Blutbank, Anästhesie, OP-Bereitschaft)

Bei *Thoraxverletzung* mit Luftleck und/oder Hämatothorax und/oder Perikardtamponade Klinik mit Herz-, Thorax- und Gefäßchirurgie.

Prinzipien der Weiterbehandlung

Rö-Diagnostik, evtl. endoskopische Diagnostik, Antibiose und schnellstmögliche definitive chirurgische Versorgung.

- Kombinierte thorakoabdominelle Verletzungen sind auch durch *ein* Projektil möglich
- Auch beim Gebrauch von Schreckschußwaffen können nach entsprechender Manipulation an der Waffe perforierende Schußverletzungen auftreten

- Bei thorakoabdominellen Schußverletzungen kardiopulmonale Reanimation *bis zum definitiven Ausschluß einer Perikardtamponade* (Perikardfenster, Thorakotomie) fortsetzen. Der Herz/Kreislaufstillstand ist im Gegensatz zum stumpfen Trauma prognostisch günstiger. Notthorakotomiebereitschaft rechtzeitig anmelden.

11.10 Verbrennung/Verbrühung

Verbrennung/Verbrühung →Freisetzung zahlreicher Mediatoren (‚Verbrennungstoxine') aus der verbrannten Subcutis →„Verbrennungskrankheit", eine schwere Systemerkrankung („Systemic Inflammatory Response Syndrom, SIRS")

Symptomatik

Die Symptomatik der Verbrennung/Verbrühung ist abhängig vom Verbrennungsgrad:

- *Sonderform:* Elektroverbrennung (☞ 11.12) durch Stromeinwirkung mit hohen Spannungen (> 1000 Volt). Typische Schäden, die leicht übersehen und oft unterschätzt werden:
  - Ein- bzw. Austritt des Lichtbogens = Ein- bzw. Austrittsmarke: u. U. jeweils markstückgroße, tiefe drittgradige Verbrennung
  - Knochennahe Verkochungen von Muskulatur, Nerven und Gefäßen auch bei *unauffälligen* Hautverhältnissen möglich.

Kurzanamnese

- Heiße Flüssigkeit, Wasserdampf, Herdplatte, Brand, Explosion, Strom, Strahlung, mechanische Reibung

Befragung von Ersthelfern und/oder Einsatzleiter:

- Unfallhergang (z. B. Zimmerbrand, Elektroverbrennung, Verkehrsunfall, V. a. Suizid, Stichverletzung, Schußverletzung)
- Sonstige Gefahreneinwirkungen am Unfallort (4A1C4E-Regel ☞ 1.8.1)?
- Zustand des Pat. beim Auffinden (Bewußtsein, Hinweise auf Begleitverletzungen?).

Tab. 11.4.: Einteilung der Verbrennungsgrade

Grad 1		starke Schmerzen glatte, gerötete Haut trockener Wundgrund
Grad 2	oberflächlich	starke Schmerzen Brandblasen
	tief	Haut wirkt zerfetzt abblassende Hautrötung feuchter Wundgrund Abnahme der Schmerzen
Grad 3		derbe, nicht verschiebliche Haut weißlicher Wundgrund keine Schmerzen
Grad 4		Verkohlung

Sofortdiagnostik

- Basischeck (☞ 4.1.2)
- Puls, SpO_2, RR, EKG
- Kraniokaudale Kurzuntersuchung (☞ 11.1) nach Entfernen der Kleidung mit Schere (vitale Begleitverletzungen?)
- Ausdehnung der Verbrennung grob abschätzen:
  - Überwiegender bzw. dominierender Verbrennungsgrad (☞ Tab. 11.3)?
  - Verbrannte Körperoberfläche (%VKOF, ☞ Abb. 11.12)
- Hinweise für *Inhalationstrauma:*
  - *Rauch-Inhalation:* Gesicht und Atemwege verrußt, Husten, obstrukive Ventilationsstörung, Stridor
  - *Reizgase:* Augentränen, laufende Nase, Brennen der Schleimhäute, Reizhusten, obstruktive Ventilationsstörung, retrosternales Brennen, Stridor; selten Lungenödem bei massiver Exposition
  - *Thermisches Inhalationstrauma:* verbrannte Lippen und Nasenlöcher, Stridor
  - *Toxische Gase:* Übelkeit, Sehstörungen, Kopfschmerzen, Kraftlosigkeit, Bewußtlosigkeit, Herz-Kreislauf-Versagen
  - Starkstromverletzung (Strommarken, s. o., ☞ 11.12)?
- Inspektion: Mund- und Rachenraum (Schleimhautödem → Verlegung der Atemwege).

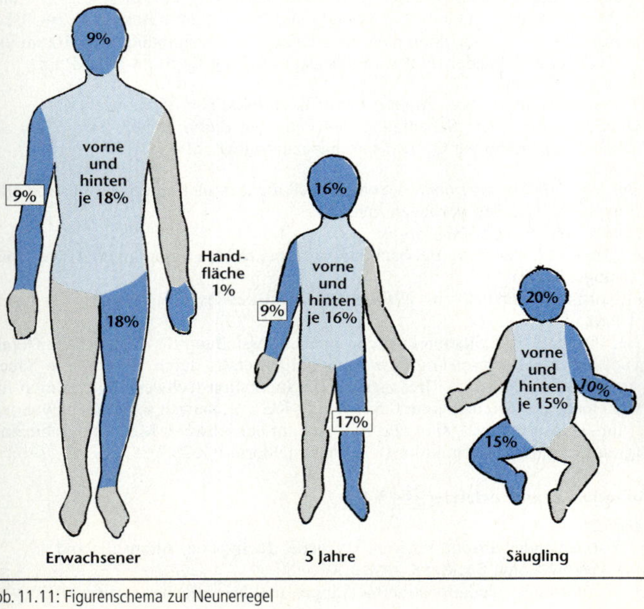

Abb. 11.11: Figurenschema zur Neunerregel

Sofortmaßnahmen

- Rettung des Pat. aus der Gefahrenzone (unter Beachtung der Eigensicherung, ☞ 1.8.3):
  - Brennende Kleidung mit Decke ersticken
  - Ggf. Stromkreis unterbrechen, Eigenschutz beachten!
- O_2-Gabe (☞ 1.7.3)
- Mehrere möglichst großlumige i. v.-Zugänge (Infusion der Wahl: Ringer-Laktat):
  - Zugänge bei ausgedehnter Verbrennung möglichst annähen (Pflaster wird durch Kaltwasserbehandlung gelöst)
  - Meist können periphere Venenverweilkanülen plaziert werden: übliche Punktionsstellen an den Unterarmen, Vena jugularis externa, ggf. beidseitig (unbedingt Annaht)
  - Schuhe schützen vor thermischer Einwirkung, daher Fußvenen nutzen
  - Notfalls auch durch verbrannte Haut punktieren
- Lagerung je nach Begleitverletzung und Kreislaufzustand: möglichst auf intakter Haut lagern, ggf. Schocklagerung
- Ggf. Stifneck® und Vakuummatratze
- V. a. *Inhalationstrauma* (☞ 9.7):
  - *Rauch- und Reizgas-Inhalation:* O_2-Gabe (☞ 1.7.3), bei Ateminsuffizienz Intubation (☞ 3.4.4) und kontrollierte Beatmung (☞ 3.4.8). Symptomatische Therapie mit β_2-Mimetika und Theophyllin i. v. (☞ 7.2)
  - *Thermisches Inhalationstrauma:* sofortige Intubation (☞ 3.4.4) und kontrollierte Beatmung (☞ 3.4.8)
  - *Inhalation toxischer Gase* (z. B. CO, Zyanide, Nitrosegase): O_2-Gabe (☞ 1.7.3), ggf. Intubation (☞ 3.4.4) und kontrollierte Beatmung (☞ 3.4.8) mit $F_iO_2 = 1{,}0$. Bei Somnolenz i. v.-Gabe von Natriumthiosulfat 100 mg/kg KG. Bei zwingender Indikation höchstens 0,5 mg/kg KG 4-DMAP i. v.

- *Thermisches Inhalationstrauma:* ***Cave:*** Kortikoide kontraindiziert!
- Gabe von *4-DMAP:* Schädigung des Patienten durch weitere Reduktion der schon eingeschränkten O_2-Transportkapazität möglich!

- Bei V. a. *Inhalationstrauma* bedenken, daß nicht immer eine Kombination aller Inhalations-Schäden vorliegen muß
- *Rauch- und Reizgas-Inhalation:*
  - Mind. 48 h stationäre Beobachtung auch bei milden Symptomen (Cave: Spätlungenödem)
  - Kortikoide inhalativ in Wirksamkeit nicht bewiesen und kontrovers diskutiert
- Bei Brandgas-Intoxikation kritische Indikationsstellung für 4-DMAP, da Gefahr von schweren Hirnschädigungen und Exitus letalis durch verminderte Sauerstoff-Transportkapazität. Bei zwingender Indikation (schwere Intoxikation mit Cyaniden) Dosis reduzieren: 0,5–1 mg/kg KG i. v., danach sofort Gabe von Natrium-Thiosulfat i. v. 100 mg/kg KG. Antidot bei schwerer Methämoglobinämie (grau-zyanotisches Hautkolorit): Toloniumchlorid (☞ 20.2).

Intubation Brandverletzter (☞ 3.4.4)

- *Indikation:*
  - Zunehmender Stridor, schwere Dyspnoe, Tachypnoe, Atemstillstand
  - Glasgow Coma Scale < 8 (☞ 8.1.3)
  - Thermisches Inhalationstrauma (Lippen und Nasenlöcher verbrannt)

- Verbrennungen im Gesicht mit beginnender enoraler Schwellung und längerem Transportweg, spätestens bei zunehmendem Lippenödem (später monströse Schwellungen und damit erschwerte Intubation)
- Verbrennungsausdehnung > 20 % KOF (mit massiven Schmerzen bzw. Schock)

• *Tubusauswahl:*
  - Möglichst mit Low-Pressure-Cuff, da spätere Umintubation evtl. schwierig
  - Bei Erwachsenen ID ≥ 7,0 mm (32 Ch) → Bronchoskopiemöglichkeit
• *Beatmung* mit F_iO_2 1,0.

Analgesie Brandverletzter

• *Erwachsene:* Opioid mit schnellem Wirkungsbeginn, z. B. Fentanyl® 1,5–3,0 µg/kg KG (70 kg KG → 0,1–0,2 mg) i. v.; weitere Gaben nach Wirkung fraktioniert i. v. ***Cave:*** Ohne Narkose keine Sedativa oder Hypnotika (Atemdepression)
• *Kinder:* in Notfällen nicht „kooperativ", venöser Zugang schwierig zu legen → zunächst 5–10 mg/kg KG Ketamin (z. B. Ketanest®) i. m., dann venösen Zugang beim „bewußtlosen" Kind legen (in verzweifelten Fällen: intraossäre Nadel ☞ 12.1.5, kein ZVK). Sofortige Gabe von Atropin 0,01 mg/kg KG i. v., bei Säuglingen 0,02 mg/kg KG i. v. Nachgabe von Ketanest® i. v. nach Bedarf, ca. 2 mg/kg KG.

Narkose Brandverletzter

• *Analgetika:* bereits präklinisch großzügige Dosierung, z. B. Fentanyl® initial mindestens 5,0 µg/kg KG i. v., da in der Klinik eine Wundversorgung in Narkose ansteht
• *Relaxierung:* Suxamethonium (z. B. Lysthenon®) – wenn unbedingt erforderlich – zur Intubation erlaubt: 1–1,5 mg/kg KG. Bei entsprechender Indikation (SHT, hoher Beatmungsdruck, zirkuläre Verbrennung des Thorax) weitere Relaxierung mit nicht depolarisierenden Muskelrelaxantien, z. B. Vecuronium (Norcuron® 0,1 mg/kg KG)
• *Sedativa:* z. B. Diazepam (z. B. Valium®); Erwachsene 2,5–10 mg i. v., Säuglinge und Kleinkinder 1 mg/kg KG, Schulkinder 0,5 mg/kg KG i. v.
• Weitere Gaben jeweils nach Bedarf und Kreislaufsituation.

Infusionstherapie brandverletzter Erwachsener

• *Initial* beim verbrannten Pat. 1000 ml Ringer-Laktat zügig infundieren (auch bei Herzinsuff.). Lösungen mit freiem Wasser (z. B. Glukose 5 %, Halbelektrolytlsg.) vermeiden
• Kolloide (z. B. HÄS) nur bei V. a. Begleitverletzungen mit inneren Blutungen und persistierender schwerer Hypotonie (RR < 70 mmHg). Mehrere Infusionen parallel laufen lassen, Druckbeutel verwenden.

Infusionstherapie brandverletzter Kinder

• Volumenbedarf schwierig einzuschätzen. Überinfusion unbedingt vermeiden. In der ersten Stunde 20 ml/kg KG i. v. Ringerlaktat. Bei Begleitverletzungen 10 ml/kg KG Kolloide
• Das ermittelte Infusionsvolumen stellt einen Richtwert dar, ggf. müssen die Volumina unter Beachtung der Klinik etwas erhöht werden
• Bei Säuglingen unbedingt Spritzenpumpe oder Infusionsbesteck mit Dosierkammer verwenden.

Erstbehandlung des thermischen Traumas

Thermisch geschädigte Hautareale sofort mit Wasser von ca. 20 °C kühlen. Jedes optisch sauber wirkende Wasser eignet sich zum Kühlen (z. B. Wasserhahn, Dusche, Gartenschlauch, Löschfahrzeug). Kinder evtl. auf dem Arm der Mutter kühlen (z. B. beide unter die Dusche). Kleidung vorsichtig entfernen (wärmeisolierende Wirkung).

Cave: Kühlen ist Initialmaßnahme (max. 5 Min.); Auskühlung vermeiden. Wenn Kältezittern auftritt, Maßnahmen am Körperstamm beenden, Brandwunden mit Wundtüchern oder metallinisierte Folien abdecken und ggf. mit Decken (nicht direkt auf die Wunde) weiteres Auskühlen vermeiden. Thermisch geschädigte Extremitäten und Gesicht können weiter gekühlt werden.

- *Verbrennung mit kleinen Begleitverletzungen:* Kühlen sofort am Notfallort. Wasser über verbrannte Areale rinnen lassen. Nicht mit Druck abspritzen. Nach Kühlung Transport in Klinik
- *Verbrennung mit nicht lebensbedrohlichen Begleitverletzungen:* Kühlen sofort am Notfallort, gleichzeitig Begleitverletzungen versorgen (z. B. Blutung, Wunde, Fraktur) und Transport vorbereiten. Während des Transports Kühlung fortsetzen, z. B. mit nassen Tüchern
- *Verbrennung mit lebensbedrohlichen Begleitverletzungen:* Schnellstmöglicher Transport nach Stabilisierung der Vitalparameter. Evtl. während des Transports mit Wasser, Infusionslösung oder nassen Tüchern kühlen. Notfalls auf Kühlung verzichten.

Transport

Immer Transport in die nächste chirurgische Notaufnahme mit Voranmeldung.

- Ambulante Behandlung: gesunde Erwachsene mit < 5–10 % VKOF, ≤ 1 ° oder oberflächlich 2 °, nicht durch Strom verursacht
- Stationäre Behandlung: gesunde Erwachsene mit > 10 % VKOF und ab tiefer 2 °-iger Verbrennung. Kinder, alte Menschen und chronisch kranke Pat. Verbrennungen von Händen, Füßen, Genital- und Analbereich, im Gesicht, sowie Hals und über Gelenke hinwegziehend
- Intensivmedizinische Behandlung: Erwachsene ab 15–20 % VKOF 2–3 °ig, Kinder und alte Menschen ab 10 % VKOF 2–3 °ig. Inhalationstrauma (Hitze, Gase, Rauch), Stromverletzungen, chron. Begleiterkrankungen, Begleitverletzungen.

Prinzipien der Weiterbehandlung

- Diagnostik und klinische Erstversorgung (Begleitverletzungen und Verbrennungen)
- Versorgung des Brandverletzten, ggf. in Rücksprache mit Spezialklinik (☞ 21.4). Bei CO-Intoxikation ggf. Transport des Patienten in ein Druckkammer-Zentrum (☞ 21.6) zur hyperbaren Sauerstofftherapie (HBO) zur Vermeidung schwerwiegender Spätschäden (Myokard, ZNS)
- Frühzeitige operative Abtragung sämtlicher Verbrennungs-Nekrosen
- Sofortige, dauerhafte Deckung der Defekte mit Eigenhaut (Mesh-Graft), passagere Deckung mit Kunsthaut oder Spenderhaut.

11

- Schwerwiegende Begleitverletzungen werden leicht übersehen, da man sich von den Brandverletzungen beeindrucken läßt → gründliche Untersuchung
- Die Verbrennungsausdehnung und -tiefe kann am Unfallort bei starker Verrußung des Pat. oft nur mangelhaft eingeschätzt werden

- Informationen über Stromverletzungen unbedingt dokumentieren
- Der Transport vom Unfallort direkt in ein Brandverletztenzentrum ist nicht zwingend indiziert (z. B. große Entfernung). Jede chirurgische Notaufnahme ist in der Lage, eine adäquate Erstversorgung durchzuführen. Von dort aus schnellstmögliche Kontaktaufnahme mit einem Verbrennungszentrum, später Weiterverlegung
- Burn-pac® bei kurzen Transportstrecken nicht sinnvoll
- Keine Salben, Cremes oder Eis anwenden
- Brennende Flüssigkeiten (z. B. Benzin) können nicht mit Wasser gelöscht werden → Pulverlöscher verwenden.

11.11 Verätzungen

Säurenverätzung: *Koagulationsnekrose*, d. h. oberflächliche, scharf begrenzte Schädigung der Haut bzw. Schleimhaut. Selten.

Laugenverätzung: *Kolliquationsnekrose*, d. h. tiefgehende Schädigung von Haut und Schleimhaut mit diffuser Ausbreitung und Bildung sog. Alkali-Albuminate. Mehrzahl aller Verätzungsunfälle in Haushalt und Betrieben.

11.11.1 Kutane Verätzungen

Die *Erstversorgung* von Säuren- und Laugenverätzungen ist *grundsätzlich gleich* und erfolgt *im Sinne der Behandlung einer „chemischen Verbrennung"*.

Symptomatik

- *Schweregrad* der Verätzung abhängig von Substanzart, Konzentration und Einwirkdauer.

Ausprägungsformen: Meist örtlich eng begrenzte, oberflächliche Hautreizung. Seltener flächenhafte und/oder tiefgehende Schädigung der Haut und ggf. des Unterhautgewebes.

- *Säurenverätzung:*
  - Verfärbung bzw. Verschorfung
  - Sehr starke, brennende oder stechende Schmerzen

Tab. 11.5.: Einteilung der Schweregrade von Verätzungen

Grad	Symptomatik	Prognose
Erstgradige Verätzung	*Epidermale Schädigung* mit Schmerz, Rötung, Schwellung	Vollständige Regeneration möglich
Zweitgradige Verätzung	*Dermale Schädigung* mit Schmerz, Ulzeration, Flüssigkeitsaustritt, Schorfbildung	Narbige Abheilung
Drittgradige Verätzung	*Subdermale Schädigung* mit Nekrosen aller Hautschichten, Schädigung von Nerven, Blutgefäßen möglich	Defektheilung, (meist Hauttransplantation erforderlich)

- *Laugenverätzung:*
  - Unscharf begrenzte, gelatineartige, weich gequollene Nekrosen
  - eher dumpfe oder in der Tiefe bohrende Schmerzen
- *Komplikationen* zusätzlich zur lokalen Schädigung:
  - Störungen im Respirationssystem (Inhalationstrauma)
  - Verätzungen im (oberen) Gastrointestinaltrakt (Ingestionsschaden)
  - Vergiftungserscheinungen des Gesamtorganismus (z. B. Herz-Kreislaufinsuffizienz, akutes Nierenversagen, Gerinnungsstörungen. Selten, jedoch hohe Letalität)
- *Sonderfall Flußsäure-Verätzung:* Neben der säuretypischen lokalen Schädigung kommt es zur kutanen oder inhalativen *Resorption von Fluoridionen* und Komplexbildung mit dem Serum-Kalzium → akute *Hypokalzämie* mit zerebraler Symptomatik analog der Hyperventilationstetanie (☞ 7.6).

Kurzanamnese

- *Akzidentelles Ereignis* (Unachtsamkeit im Arbeitsbereich, im Haushalt)
- *Suizidale Handlung?*
- *Zeitpunkt* des Ereignisses, *Art* und *Konzentration* der Substanz.

Sofortdiagnostik

Cave: Eigenschutz beachten: Handschuhe und ggf. Schutzbrille tragen, Kontaminaton vermeiden

- Basischeck (☞ 4.1.2)
- Puls, SpO_2, RR, EKG
- *Inspektion* des betroffenen Areals:
  - Rötung, Blutung, Schorfbildung?
  - Typische Verfärbung:
    Salzsäure: weißliche Beläge
    Schwefelsäure: bräunlich-schwarze Beläge
    Salpetersäure: gelbliche Beläge
- Abschätzung der Tiefe und flächenmäßigen Ausdehnung in % der KOF (☞ 11.10)
- Substanzproben und Behälter asservieren (Eigenschutz!)
- Hinweise auf Ingestion (Verätzungen an Lippen und im Mund, ☞ 11.11.2)?
- Hinweise auf *systemische* Störungen (nach Resorption größerer Mengen): Tachykardie, Ateminsuffizienz, Schocksymptome?

Sofortmaßnahmen

- *Dekontamination:*
  - Einwirkung der Substanz beenden, ggf. zunächst durch *Rettung* aus dem Gefährdungsbereich (Eigenschutz!) Gelegentlich Rettung erst durch Zuziehung technischer Hilfe möglich
  - *Lüftung* des Raumes, Entfernen betroffener Kleidung
  - Sofort intensiv spülen (Wasser, Infusionslösung) über mindestens 15 Min. (Eigenschutz, Spritzer vermeiden)
  - Bei Kontinuitätserhalt der Epidermis (Schweregrad 1 und ggf. 2): betroffenes Areal mit Wasser und Seife waschen, anschließend sterile Wundabdeckung
- Möglichst großlumiger i. v.-Zugang mit Infusion kristalloider Lösung (z. B. Ringer-Lösung) entsprechend den Richtlinien zur Verbrennungsbehandlung (☞ 11.10)
- *Analgesie,* z. B. mit Ketamin (z. B. Ketanest®) 0,5 mg/kg KG iv. oder Morphin 2–5 mg iv., ggf. wiederholen

Sedierung, z. B. mit Diazepam (z. B. Valium MM®) 5–10 mg i. v. oder Triflupromazin (z. B. Psyquil®) 5–10 mg i. v.

Bei großflächigen und v. a. drittgradigen Verätzungen und Inhalation antiphlogistische Therapie mit Prednisolon (z. B. Solu Decortin® H) 2 mg/kg KG i. v.

Sonderfall Flußsäure-Verätzung: lokale Kalzium-Applikation (Ca-Gluconat-getränkte Tupfer auflegen, evtl. lokale Umspritzung mit Ca 10 %) und i. v.-Applikation von 10–20 ml Calcium 10 %.

Transport

Immer Transport in chirurgische Klinik, da die Ausdehnung in der Primärphase kaum eingeschätzt werden kann

Grundsätzlich *stationäre* Einweisung bei Schädigung > 5 % KOF, bei Beteiligung des Gesichts (Inhalation, Ingestion), von Gelenkregionen bzw. dem Genitale

Gezielte Vorinformation des Krankenhauses mit der Bitte, ggf. schon im Vorlauf Informationen zur Therapie der Verätzung (z. B. über Vergiftungszentralen) einzuholen

Bei V. a. Augenbeteiligung stets ophthalmologische Untersuchung.

Prinzipien der Weiterbehandlung

Fortsetzung der *Dekontamination,* z. B. weitere Spülung bzw. chirurgische Maßnahmen (Debridement), bei Hinweisen auf systemische Resorption Labordiagnostik und Therapie der systemischen Störungen. Bei ausgedehnten Verätzungen evtl. Verlegung in Verbrennungszentrum (☞ 21.4)

Nach Resorption *größerer* Mengen von Na- und K-Phosphatverbindungen Hypokalzämien durch Bildung von Kalziumphosphat-Komplexen möglich

Keine *lokale* Therapie mit Salben, Cremes etc. im Rahmen der Erstversorgung

Keinesfalls „Neutralisationsversuche" (z. B. Applikation von $NaHCO_3$ nach Säureverätzung), da thermische Schäden durch Reaktionswärme möglich

Den Pat. in jedem Fall *nüchtern* lassen, um eine operative Therapie (Narkose) nicht zu erschweren.

11.11.2 Perorale Verätzungen

Durch Ingestion von Säure oder Lauge Schleimhautirritation, -nekrose oder – perforation der Lippen, des Mund-Rachen-Raumes, Ösophagus und oberen Gastrointestinaltraktes.

Sonderform: Inhalation ätzender Dämpfe mit Schädigung der oberen und unteren Atemwege und der Lunge (Lungenödem, Pneumonitis).

Symptomatik

Schweregrad der Verätzung abhängig von Substanzart, Konzentration und Einwirkdauer

Meist örtlich eng begrenzte, oberflächliche Schleimhautreizung mit Rötung und Ödem, evtl. oberflächliche Blutungen, seltener auch flächenhafte und/oder tiefgehende Schädigung der Schleimhaut und ggf. des Unterhautgewebes

- *Säurenverätzung:*
  Scharf begrenzt, Oberfläche pergamentartig verändert mit Verfärbung bzw. Verschorfung
  Sehr starke, brennende bzw. stechende Schmerzen

- *Laugenverätzung:*
  Unscharf begrenzte, aufgequollene, gelatineartige Veränderungen
  Eher dumpfe oder in der Tiefe dumpf bohrende Schmerzen
- *Komplikationen* zusätzlich zur lokalen Schädigung:
  - Störungen im Respirationssystem (Inhalationstrauma)
  - Vergiftungserscheinungen des Gesamtorganismus (nach Resorption) mit Störung von Bewußtsein, Atmung, Herz-Kreislaufsystem, Wasser-Elektrolyt- und/oder Säure-Basen-Haushalt sowie des Gerinnungssystems
- Retrosternale Schmerzen (ösophageale Schädigung)
- Bluterbrechen, später blutige Diarrhoe (stärkere gastrointestinale Schädigung)
- Zeichen des akuten Abdomens (Perforation)
- *Sonderfall:* Phenole, Kresole (> 5 %): Hypersalivation, Schwitzen, zentralnervöse Störungen bis zu Krämpfen, Atem- und Kreislaufinsuffizienz, akutes Nierenversagen.

Kurzanamnese

- *Akzidentelles Ereignis* (Unachtsamkeit im Arbeitsbereich, im Haushalt; ungeeignete Behältnisse, z. B.“Limonadenflasche“ zur Aufbewahrung von Ätzmitteln, Kind betroffen)?
- Zeitpunkt, Art und Menge der aufgenommenen Substanz
- Verhalten nach Ätzmittelingestion (Erbrechen, häufig wird Milch getrunken)
- *Suizidale Handlung?*

Sofortdiagnostik

- Basischeck (☞ 4.1.2)
- Puls, SpO_2, RR, EKG
- *Inspektion* des einsehbaren Mund-Rachen-Raumes:
  - Speichelfluß, Blutung, Verschorfung?
  - Typische Verfärbung:
    Salzsäure: weißliche Beläge
    Schwefelsäure: bräunlich-schwarze Beläge
    Salpetersäure: gelbliche Beläge
- Mitbeteiligung der Augen?

Sofortmaßnahmen

- Sofortige, intensive *Spülung,* am besten mit Wasser (verdünntem Fruchtsaft, Tee; ggf. kann auch Milch verwendet werden). Pat. spülen und gurgeln lassen. ***Cave***: Bei bewußtseinsgetrübten Pat. Aspirationsgefahr beachten. Ggf. Intubation
- Feste Partikel ausspülen, ggf. mit Tupfer abwischen
- *Keine großen Mengen trinken lassen*: Kinder max. 100 ml, Erwachsene max. 200 ml (Risiko der Auslösung von Erbrechen)
- O_2-Gabe (☞ 1.7.3)
- Atemwege freihalten, bei beginnender Atemwegsobstruktion frühzeitige Intubation (☞ 3.4.4) und Beatmung (F_iO_2 1,0; PEEP 5 cm H_2O, ☞ 3.4.8)
- Bei Inhalationstrauma (Heiserkeit, Stridor, Husten, Brennen) zur Verminderung der Schleimhautschwellung:
  - Applikation von Glukokortikoiden, z. B. Dexamethason-Spray (z. B. Auxiloson® Dosier-Aerosol): 5 Hübe alle 10 Min. (☞ 9.7.1 u. 11.10)
- Möglichst großlumiger i. v.-Zugang mit Infusion größerer Mengen kristalloider Lösungen (z. B. Ringer-Lösung) bzw. kolloidaler Volumenersatzmittel (z. B. HÄS) bei Hinweisen auf Hypovolämie
- Alle verdächtigen Behältnisse evtl. eingenommener Substanzen asservieren

Sonderfall: Phenole, Kresole (> 5 %): symptomatische Behandlung der Krämpfe (z. B. Diazepam 10–20 mg iv.), Infusion kristalloider Lösungen zur Diuresesteigerung, Medizinalkohle (0,5–1 g/kg KG p. o.).

ransport

Immer Transport in chirurgische oder internistische Klinik, da die Ausdehnung in der Primärphase kaum eingeschätzt werden kann

Gezielte Vorinformation des Krankenhauses mit der Bitte, ggf. schon im Vorlauf weitere Informationen zur Therapie der Verätzung (z. B. über Vergiftungszentralen) einzuholen.

rinzipien der Weiterbehandlung

ortsetzung der Maßnahmen zur Sicherung freier Atemwege und suffizienter Kreislaufverhältnisse sowie der *Dekontamination,* z. B. weitere Spülung bzw. chirurgische Maßnahmen (Debridement). *Endoskopie*, ggf. dabei Magenspülung und Sondenplazierung (Strikturprophylaxe). Ggf. Tracheo-, Bronchoskopie. Stationäre Beobachtung für *mindestens* 24 h bei Hinweisen auf systemische Schädigungen. Bei Perforation Antibiotika-Therapie.

Nach Ingestion (größerer) Mengen von Säure bzw. Lauge häufig Hypovolämie und Kreislaufinstabilität → ausreichende *Volumensubstitution*

Nach *Laugeningestion* (Kardiaspasmus mit verlängerter Einwirkzeit im distalen Ösophagusdrittel) Perforation und Mediastinitis möglich

Nach *Säureingestion* Magenperforation (im Pylorusbereich) möglich (verlängerte Einwirkzeit, da Pylorusöffnung erst nach Einstellung eines alkalischen Milieus im Duodenum).

Kein Erbrechen auslösen (erneute Exposition der Ösophagusschleimhaut, Aspirationsgefahr)

Keine Magensonde legen (Perforationsgefahr)

Schädigungen im Bereich des Ösophagus, ggf. auch des Magens *ohne* sichtbare Verätzungen im Mund-Rachen-Raum möglich

Medizinalkohle bei Verätzungen wegen fehlender Absorptionswirkung bzw. des Risikos der Auslösung von Erbrechen *nicht* sinnvoll. Ausnahme: Phenole, Kresole

Antazida und H1 – bzw. H2 – Blocker sind bei Verätzungen *wirkungslos.*

11.12 Stromunfall

igensicherung bei Stromunfällen

trenge Beachtung der Eigensicherung bei jedem V. a. Stromunfall (☞ auch .8.3):

Vor Patientenkontakt Stromkreis unterbrechen (Gerät abschalten, Netzstecker ziehen, Sicherung herausnehmen). Falls nicht möglich, Verunfallten mit einer trockenen Holzlatte, Besenstiel oder Seil von dem spannungsführenden Teil trennen. Dabei auf folgende *Voraussetzungen* achten: isolierter Standort (Gummiplatte, Holzbrett), Patientenkontakt mit bloßen Händen vermeiden (Gummihandschuhe, trockene Tücher um die Hände wickeln), kein Kontakt des Retters mit Metallteilen oder feuchtem Boden. Bei der Rettung Abstand zu stromführenden Teilen (mind. 1 cm je 1000 Volt) einhalten

- Bei Hochspannung Rettung nur mit Hilfe technischer Rettungskräfte („Elektrofachkraft“, ggf. Feuerwehr): Spannungsleiter freischalten, gegen Wiedereinschalten sichern, Spannungsfreiheit feststellen, erden und kurzschließen, benachbarte, unter Spannung stehende Teile abdecken oder abschranken. Erst nach eindeutiger Freigabe durch die technischen Rettungskräfte Gefahrenzone betreten.

Tab. 11.6.: Typische Spannungsbereiche (Niederspannung < 1000 V, Hochspannung > 1000 V)

Telefon:	60 V Gleichspannung
Haushaltsstrom:	220 V Wechselspannung
Straßenbahn :	500 V Wechselspannung
Eisenbahn:	15.000 V Wechselspannung
Hochspannung:	bis 380.000 V Wechselspannung
Sonderform Blitzunfall:	Mega-Volt-Bereich
Grundsatz: Wechselspannung ist gefährlicher als Gleichspannung.	

Symptomatik

- Primäre (strombedingte) oder sekundäre (hypoxisch bedingte) Bewußtlosigkeit Desorientiertheit, Amnesie, Erregung
- Tetanische Muskelkontraktion („Klebenbleiben“ an der Stromquelle)
- Evtl. pektanginöse Symptome
- Dyspnoe, evtl. Apnoe
- Krampfanfälle
- Spastische Paresen (häufig inkomplett) mit geringen sensiblen Ausfällen
- „Blitzsyndrom“ bei Hochspannungsunfall: Bewußtlosigkeit, vorübergehende Lähmung, Blitzfigur (farnkrautartige Hautveränderungen, „Tannenbaummuster“).

Kurzanamnese

- Akzidentelles Ereignis (Berufsunfall, Heimwerker) oder suizidale Handlung?
- Niederspannungsunfälle: „Do-it-yourself“-Elektroarbeiten, defekte bzw. nicht isolierte Elektrogeräte und -leitungen, Benutzung von elektrischen Geräten (Fön) im Bad
- Hochspannungsunfälle: Arbeiten an Starkstromanlagen, unvorsichtiges Hantieren mit Aluminiumleitern in der Nähe von Hochspannungsleitungen, Unfälle im Bereich von Bahnhöfen und Gleisanlagen
- Blitzunfall: Tätigkeit im offenen Gelände (z. B. Landwirtschaft) bzw. Aufenthalt unter Bäumen
- Zeitpunkt des Ereignisses?
- Art, Höhe und Dauer der Stromeinwirkung?

11

Sofortdiagnostik

- Basischeck (☞ 4.1.2)
- Puls, SpO_2, RR, EKG (sämtliche Rhythmusstörungen möglich)
- Inspektion des betroffenen Areals:
  - Strommarke (umschriebene Verbrennung an Ein- und Austrittsstelle). Hinweis auf tieferliegende Gewebschäden: ausgeprägte Schwellung, palpable Verhärtung, Sensibilitätsstörungen proximal der Eintrittsmarke
  - Flächige Brandverletzungen (Blitz und Lichtbogen)

Kraniokaudale Untersuchung (☞ 11.1): Ausschluß von Verletzungen des Bewegungsapparates, z. B. Frakturen (☞ 11.7.1), Muskel-, Weichteilverletzungen bzw. Verbrennungen (☞ 11.10) und/oder Rauchinhalation (☞ 9.7.1)
Untersuchung von Motorik und Sensibilität (☞ 8.1.5, 8.1.7).

Sofortmaßnahmen

O_2-Gabe (☞ 1.7.3)
Möglichst großlumiger i. v.-Zugang mit Infusion (z. B. Ringer-Lösung, ggf. HÄS)
Bei großflächigen oberflächlichen Verbrennungen: Volumensubstitition wie bei Verbrennung (☞ 11.10), ansonsten nach Kreislaufsituation
Arrhythmiebehandlung:

- Ventrikuläre Extrasystolie: Lidocain (z. B. Xylocain®) 1 mg/kgKG i. v.
- Supraventrikuläre, sympathikotone Arrhythmie → vorrangig: Sedierung, Analgesie (s. u.)
- Ggf. β-Blocker: z. B. Esmolol (z. B. Brevibloc®): initial 500 μg/kg KG, dann 50 μg/kg KG/Min. i. v.

Analgesie, z. B. Ketamin (z. B. Ketanest®) 0,5 mg/kg KG i. v. oder Morphin 2–5 mg i. v., ggf. wiederholen
Sedierung, z. B. Diazepam (z. B. Valium MM®) 5–10 mg i. v. oder Triflupromazin (z. B. Psyquil®) 5–10 mg i. v.
Stifneck®, Schaufeltrage, Vakuummatratze
Strommarken steril abdecken.

ransport

roßzügige Indikation zur Krankenhauseinweisung und Beobachtung (Ausdehung innerer Schäden in der Primärphase kaum eingeschätzbar).

rundsätzlich *stationäre* Einweisung bei
Hinweisen auf zerebrale Beteiligung (Synkope o. ä.)
Kardialen Arrhythmien und/oder Angina pectoris-Beschwerden.

rinzipien der Weiterbehandlung

berwachung der respiratorischen und kardialen Funktion.

Arrhythmien können erst Stunden nach dem Elektrounfall auftreten
Muskelverletzungen, Sehnenaus- und -abrisse durch strombedingte Muskelkontraktion möglich
Das Ausmaß innerer Verletzungen ist entlang gut leitender Gefäß-Nervenstraßen am größten, aber nicht am Ausmaß der äußeren Verletzungen einschätzbar
Elektrounfälle sind häufig mit Stürzen verbunden → gezielt nach Begleitverletzungen suchen, ggf. wie bei V. a. Wirbelsäulenverletzung (☞ 11.6) behandeln

Durch Stromschluß bedingt können auch Gegenstände wie z. B. Werkzeuge, Maschinen, Regenrinnen oder Blechdächer unter Spannung stehen
Auf Leitern oder Gerüsten stehende Stromopfer können bei Spannungsabschaltung (Muskelentkrampfung) abstürzen → Sicherungsmaßnahmen ergreifen (z. B. Helfer bei Pat. zum „Auffangen" positionieren, evtl. Sprungtuch).
Volumenbedarf wird (bei ausgedehnten inneren Verletzungen) häufig unterschätzt → kontinuierliches Monitoring, ggf. großzügige Volumengabe

Sondersituation: Blitzunfall

Vorgehen wie bei Stromunfall (s.o.) bzw. Verbrennung (☞ 11.10). Besonderhei ten:

- Extrem hohe Spannungen (durchschnittlich 10–30 MegaVolt), Stromstärken bi über 300 000 Ampère, Expositionszeit nur Sekundenbruchteile
- Stromfluß hauptsächlich auf der Körperoberfläche („flashover") und nich durch den Körper → Hautverbrennungen häufiger als innere Verletzungen
- Schädigung vom Stromweg im Körper abhängig:
  - Sofortige Bewußtlosigkeit bei Durchströmung des Kopfes
  - Kreislaufstillstand (Asystolie bzw. Kammerflimmern) bei Beteiligung de Herzens
  - Atemstillstand durch Muskelkontraktion mit progredienter Hypoxie.

11.13 Strahlenunfall

Tab. 11.7.: Meßgrößen radioaktiver Aktivität und Strahlung

Größe	Definition	Einheit	Bemerkung
Aktivität	Anzahl radioaktiver Kernumwandlungen pro Zeiteinheit	Bq (Becquerel)	frühere Einheit 1 Ci = 3,7 x 10^{10} Bq
Äquivalentdosis	Energiedosis, bewertet mit der vorliegenden Strahlenart	Sv (Sievert)	frühere Einheit 1 rem = 0,01 Sv Für Rö- und γ-Strahlung gilt: 1 R ≈ 1 rad = 1 rem = 0,01 Gy = 0,01 Sv
Äquivalentdosisleistung	Äquivalentdosis pro Zeiteinheit	Sv/h	natürlicher Strahlenpegel: 0,1 μSv/h bzw. ca. 2 mSv/Jahr

Symptomatik

- *Externe Bestrahlung:* Schädigung von Strahlendosis und Expositionszeit ab hängig (☞ Tab. 11.7)
- *Hautkontamination, Inkorporation:* keine Akutsymptomatik.

11

Kurzanamnese

- Unfallhergang ermitteln
- *Externe Bestrahlung:*
  - Unfall mit Bestrahlungseinrichtungen mit hoher Dosisleistung in der Indu strie (Werkstoffprüfungen, Meßtechnik, Sterilisation), Forschung und Medi zin (z.B. Beschleuniger)
  - Zur Abschätzung der Teil- bzw. Ganzkörperdosis Rekonstruktion des Unfall hergangs (Expositionszeit, Abstand zur Strahlenquelle)

Tab. 11.8.: Einteilung von akuten Strahlenschäden

Bestrahlungsregion	Dosis	Symptome
Teilkörper	> 3 Sv	- Erythem, Epilation der Haut (nach 3 Wochen)
	> 5 Sv	- Früherythem nach Stunden
	> 50 Sv	- Früherythem nach Stunden - Gewebezerfall, Geschwürbildung (nach 3 Wochen)
Ganzkörper	1–2 Sv	> 2–6 h: leichte Übelkeit, kurzeitig Kopfschmerzen
	2–6 Sv	> 0,5–1 h: schweres Erbrechen, ständiger Kopfschmerz, ggf. leichtes Früherythem, allgemeine Körperschwäche
	> 6 Sv	< 0,5 h: unstillbares Erbrechen, sehr starker Kopfschmerz, schwach ausgeprägtes Früherythem, stark ausgeprägte Körperschwäche, Bewußtseinstrübung

Hautkontamination/Inkorporation:
- Unfall mit offenen radioaktiven Stoffen bei Transport, in der kerntechnischen Industrie, in Forschungseinrichtungen und in der Nuklearmedizin
- Abschätzung des Gefahrenpotentials anhand der beteiligten Nuklide und deren Aktivität (offene α-Strahen!).

Sofortdiagnostik

Basischeck (☞ 4.1.2)
Puls, SpO_2, RR, EKG
Kraniokaudale Untersuchung (☞ 11.1)
Externe Bestrahlung: evtl. Hautrötungen (ab Dosen von 5 Sv nach einigen Stunden)
Hautkontamination/Inkorporation: keine sichtbaren Schädigungen.

Sofortmaßnahmen

Die Strahlenexposition des RD-Personals durch die evtl. kontaminierte Unfallstelle bzw. den Strahlenunfallpat. während der Erstversorgung ist außer in Extremfällen (KKW-GAU) minimal bzw. zu vernachlässigen. Hilfeleistung durch das RD-Personal hat absolute Priorität vor Strahlenschutzmaßnahmen.

Ggf. Nachalarmierung der Feuerwehr bzw. des betrieblichen Strahlenschutzes
Selbstschutz (wie bei Infektionsgefahr!) durch Einmalhandschuhe (2 Paar), Mundschutz, Jacke oder Kittel (Armbedeckung) insbesondere bei offenen radioaktiven Stoffen
Pat. ggf. aus Gefahrenzone retten

- Messung der Strahlendosen durch Feuerwehr oder betrieblichen Strahlenschut mittels Dosisleistungsmeßgeräten: → zusammen mit Zeitfaktor Abschätzen de Äquivalentdosisleistung für Pat. bzw. Rettungsdienstpersonal
  - Bei offenem radioaktiven Stoffen Kontaminationsmessung einzelner Körper teile des Pat. bzw. des RD-Personals zur Abschätzung der Flächenaktivitä der betroffenen Körperregionen (Angabe in Bq/cm^2)
- Nach *externer Bestrahlung* mit sehr hoher Dosis bestrahlte Körperteile steri abdecken
- Nach *Hautkontamination:*
  - Kontaminierte Kleidung entfernen
  - Inkorporation durch Abdecken offener Wunden und Körperhöhlen vermei den
- Bei *V.a. Inkorporation:*
  - Pat. Nase schnäuzen lassen
  - Bei *gesicherter* Ingestion: Erbrechen auslösen bzw. Magenspülung (☞ 9.3.1
- Pat. *in jedem Fall* immobilisieren (liegend lagern) und z. B. in Bettuch einwik keln, um die Weiterverbreitung von Radioaktivität zu vermeiden
- Kontaktaufnahme mit einem regionalen Strahlenschutzzentrum (☞ 21.5)
- Verständigung eines nach dem Strahlenschutz-Recht ermächtigten Arztes (übe RLSt)
- Ermittlung der beteiligten Radionuklide
- Nach Abschluß der Rettungsmaßnahmen Weiterverbreitung der Kontaminatio vermeiden:
  - Rettungspersonal auf Kontamination prüfen lassen, ggf. Kleidung wechseln
  - Abfall (Kleidung, Taschentuch, Erbrochenes) sammeln und sicher verwah ren.

Transport

- Medizinische Erstversorgung (Trauma/Krankheit) hat immer Priorität!
- Bei schweren Zusatzverletzungen oder -erkrankungen Transport in nächste ge eignete Klinik mit Voranmeldung
- Sonst immer Transport in das nächste regionale Strahlenschutzzentrun (☞ 21.5) mit Voranmeldung.

Prinzipien der Weiterbehandlung

- *Externe Bestrahlung:* Behandlung der Ulzera, ggf. „Steril"-Therapie bzw. Kno chenmarkstransplantation
- *Hautkontamination:* Dekontamination (waschen, spülen) und Überprüfung au Inkorporation
- *Inkorporation:* Inkorporationsmeßungen, Dekorporation, Meßung der Aus scheidungen. Bei kontaminierten Wunden durch α-Strahler ggf. chirurgisch Intervention.

11.14 Kältetrauma

- *Hypothermie: Absinken der Körperkerntemperatur < ca. 35 °C*
- *Akute Lebensgefahr bei Temperaturen < 30 °C (drohendes Kammerflimmern)*
- *Erfrierung: schwere lokale Gewebsschädigung, meist an den Akren (Zehen Finger, Nase, Ohren).*

Symptomatik

Tab. 11.9.: Symptomatik der Erfrierungsstadien

Stadium	Betroffene Gewebeschichten	Symptomatik
Grad 1	Haut	Abkühlung, Blässe, Hyp- bis Anästhesie bei Wiedererwärmung: Rötung durch reaktive Hyperämie, mäßige Schmerzen, Pruritus
Grad 2	Haut und Unterhaut	Ödem und Blasen (frühestens nach 1 Tag)
Grad 3	tiefe Gewebsschichten	Nekrosen (frühestens nach 1 Woche)
Grad 4	alle Gewebsschichten	Totalvereisung (Akren können bei Berührung abbrechen)

Tab. 11.10.: Stadieneinteilung der Hypothermie

Stadium	Stadien-Charakteristik	Bewußtsein	Klinik und Befunde	Körpertemp.
1	Erregung, Exzitation, Abwehr, Gegenregulation, „safe zone"	voll erhalten	Muskelzittern, Schmerzen, RR↑, Puls ↑, Hyperventilation	ca. 37–34 °C
2	Erschöpfung, Erregungsabnahme, Adynamie, Kreislaufzentralisation, „danger zone"	**einge-schränkt**	**ungelenke Bewe-**gungen, Ataxie, Muskelrigidität, Apathie, Schmerzempfindung↓, Puls↓, RR↓, Abnahme der Atemtätigkeit, Halluzinationen (paradoxal undressing)	**ca.** 34–30 °C
3	Lähmung, Paralyse, Stupor, Reaktionslähmung	Koma	Reflexlosigkeit, weite Pupillen, Minimalatmung, extreme Bradykardie oder -arrhythmie, evtl. Herzkreislaufstillstand	ca. 30–27 °C
4	Scheintod (vita minima)		Apnoe, Kammerflimmern	ca. < 27 °C

Kurzanamnese

Kälteexposition, z. B. durch Eiseinbruch, Berg-, Lawinen-, Ertrinkungs-, Tauchunfall, Seenotfall, Obdachlosigkeit

Begünstigende Faktoren:
- Wind, Wasser, Feuchtigkeit
- Medikamenten-, Drogen oder Alkoholintoxikation (Vasodilatation)

- Periphere Mangeldurchblutung (AVK)
- Immobilisation aufgrund von Bewußtlosigkeit, Verletzungen oder Einklemmung
- Kachexie, höheres Lebensalter.

Sofortdiagnostik

- Basischeck (☞ 4.1.2)
- Puls, SpO_2 (falls möglich), RR, EKG
- Temperatur (Hypothermie?)
- Neurologische Notfalluntersuchung (☞ 8.1)
- BZ-Stix (Hypoglykämie?)

Sofortmaßnahmen

„3 I" der präklinischen Hypothermietherapie: Immobilisation, Isolation und ggf. Intubation.

- Pat. nur vorsichtig, möglichst horizontal bewegen und lagern (Schaufeltrage)
- Transport in wind- und wettergeschützten Raum (z. B. NAW, Hütte) zur Erstversorgung
- Immobilisation: aktive und passive Bewegungen des Pat. vermeiden
- O_2-Gabe (☞ 1.7.3)
- Isolation: Schutz vor weiterer Abkühlung durch passive Erwärmung (nasse und einschnürende Kleidung aufschneiden, Pat. in Wolldecken oder Alufolie einwickeln)
- I. v.-Zugang mit Infusion (NaCl 0,9 %) mit minimaler Tropfgeschwindigkeit
  - Ggf. Analgesie, z. B. mit 5 mg Morphin oder 25 mg Pethidin (z. B. Dolantin®) i. v.
- Bei starkem Kältezittern fraktionierte Gabe von 0,025 mg Clonidin (z. B. $^1/_6$ Amp. Catapresan®) oder 10 mg Pethidin (z. B. $^1/_5$ Amp. Dolantin®) i. v.
- Ggf. Intubation (☞ 3.4.4) und Beatmung (☞ 3.4.8, Atemfrequenz 6–8/Min., AZV 7,5–10 ml/kg KG, AMV 60 ml/kg KG, F_iO_2 1,0, PEEP 5 cm H_2O). Trotz tiefem Koma sind Abwehrbewegungen bei Intubation möglich → 10 mg Etomidate (z. B. Hypnomidate®) und 0,1 mg Fentanyl®
- Bei Übergang von Bradykardie in Kammerflimmern: präkordialer Faustschlag (☞ 3.4.9)
- Bei Asystolie und defibrillationsrefraktärem Kammerflimmern Herzdruckmassage (f = 30–40/Min.)
- Betroffene Akren steril abdecken und polstern
- Bei leichter Hypothermie Wiedererwärmung z. B. durch Infusionswärmer, heizbare Tragenauflage.

11

Transport

- Erfrierung: Transport in die nächste chirurgische Abteilung
- Hypothermie:
  - Stadium 1: Transport in die nächste chirurgische oder internistische Abteilung
  - Stadium 2: Zügiger Transport in die nächste chirurgische oder internistische Abteilung mit Intensivstation
  - Stadium 3 und 4: Umgehender Transport nach Voranmeldung in eine chirurgische Klinik mit Intensivstation und Möglichkeit der extrakorporalen Zirkulation (Kardiochirurgie).

Prinzipien der Weiterbehandlung

- Hypothermie: Wiedererwärmung durch heißes Wasserbad, extrakorporale Zirkulation, Peritonealdialyse
- Erfrierung: langsames Erwärmen, evtl. Sympathikusblockade, regionale Lyse, Nekrosenabtragung, plastische Rekonstruktion.

Differentialdiagnose

Bewußtseinstörungen z. B. bei Intoxikation (☞ 9), diabetischem Koma oder zerebrovaskulärer Insuffizienz.

- Stoffwechsel: O_2-Verbrauch↓ um ca. 7 % je 1 °C Temperaturabfall → Fortsetzung der Reanimationsmaßnahmen bis zur Übergabe des Pat. in der Klinik
- Muskelzittern erhöht den O_2-Verbrauch um 500 %
- Bei einer Körperkerntemperatur < 30–32 °C Medikamente weitgehend wirkungslos, Defibrillation meist erfolglos
- ***Cave:*** Bergungstod: Durch Manipulationen während der Rettung vermischen sich kaltes Schalenblut und warmes Kernblut → Absacken der Körperkerntemperatur (Nachkühlung) → Kammerflimmern.

- Präklinisch keine aktive Erwärmung: Gefahr eines Wiedererwärmungskollaps (after-drop) bei peripherer Erwärmung: Hauttemperatur↑ → peripherer Widerstand ↓ (Vasodilatation) → RR↓
- Bei starker Unterkühlung ist ein i. v.-Zugang ohne Nutzen → bei Punktionsschwierigkeiten keine Transportverzögerung, ggf. Verzicht auf i. v.-Zugang
- Zentrale Venenkatheter sind im Hypothermiestadium 2 und 3 kontraindiziert (Gefahr des Kammerflimmerns bei Kontakt des Katheters mit Myokard)
- Bradykardie bei Hypothermie nie medikamentös „behandeln"
- Keine depolarisienden Muskelralaxantien (Succinylcholin, z. B. Lysthenon®) verwenden
- ***Cave:*** Pethidin (z. B. Dolantin®): NW negative Inotropie → vorsichtige Boli-Gabe unter Kreislaufkontrolle
- Die Versorgung einer systemischen Hypothermie hat immer Priorität vor der einer lokalen Erfrierung
- Keine mechanische Irritation (Massage oder Einreiben mit Schnee) erfrorener Bereiche.

11.15 Ertrinken

- *Beinahe-Ertrinken: Überleben des Ertrinkungs-Unfalles um mehr als 24 Stunden*
- *„Trockenes" Ertrinken: Eintritt des Atem- und Kreislaufstillstandes durch zerebrale und/oder kardiale Hypoxie noch vor der Aspiration von Flüssigkeit in die tieferen Atemwege*
- *Süßwasseraspiration:*
  - Süßwasser (hypoton) wird innerhalb weniger Min. aus den Alveolen in den Kreislauf resorbiert → Hypervolämie, Hyponatriämie, Hypoproteinämie, Hämolyse, massive Hyperkaliämie
  - Zerstörung des Surfactant → Atelektasen nach Resorption des aspirierten Wassers

- *Salzwasseraspiration:*
  - Salzwasser (hyperton) zieht Plasma in die Alveolen → Lungenödem, Hypovolämie und Hämokonzentration
  - Durch Diffusion der Elektrolyte des Salzwassers Hypernatriämie und Hyperkaliämie.

Symptomatik

- Bewußtlosigkeit
- Meist Atem- und Kreislaufstillstand
- Zyanose (nicht erkennbar bei Hämolyse, Zentralisation)
- Hypothermie (☞ 11.14).

Kurzanamnese

- Nichtschwimmer (Kinder), evtl. am Ufer ausgerutscht und ins Wasser gestürzt
- Badeunfall durch Synkope oder SHT
- Einklemmung unter Wasser (Verkehrsunfall, Bootskenterung, Tauchunfall)
- Z. n. Alkoholgenuß.

Sofortdiagnostik

- Basischeck (☞ 4.1.2)
- Puls, SpO_2, RR, EKG (Flimmern? Asystolie? Elektro-mechanische Entkoppelung?)
- Neurologische Notfalluntersuchung (☞ 8.1)
- Kraniokaudale Untersuchung (☞ 11.1): Begleitverletzungen?

Sofortmaßnahmen

- Bei V. a. Wirbelsäulentrauma Stifneck®, Schaufeltrage, Vakuummatratze
- Oberkörperhochlagerung 30° (Hirnödem, Hirndruck)
- O_2-Gabe (☞ 1.7.3)
- I. v.-Zugang mit Infusion (z. B. Ringer-Lösung, ggf. HÄS)
- Ggf. Reanimation (☞ 3.5)
- Ggf. Intubation (☞ 3.4.4) und Beatmung (☞ 3.4.8) mit F_iO_2 1,0 und PEEP 5–10 cm H_2O
- Einmalige Blindpufferung mit Natrium-Bikarbonat 8,4 %, 1 ml/kg KG (Azidose, Hyperkaliämie)
- Bei zerebralen Krämpfen fraktionierte Gabe von Barbituraten, z. B. Thiopental (z. B. Trapanal®) 100–150 mg i. v. als Bolus
- Evtl. Magensonde (Entleeren verschluckten Wassers). Bei längerem Transportweg Dauerkatheter
- Schutz vor weiterer Auskühlung (Decken, Wärmeschutzfolien).

11

Transport

Immer (auch bei scheinbar vital stabilen Pat.) Transport in die nächste anästhesiologische, chirurgische oder internistische Fachabteilung mit Intensivstation.

Prinzipien der Weiterbehandlung

- Respirator-Therapie, zentrale Wiedererwärmung (Hypothermie), Hirndrucktherapie (hypoxisches Hirnödem), Antibiose (Aspirationspneumonie), ggf. Hämofiltration (Lungenödem, akutes Nierenversagen durch Hämolyse)
- Intensivüberwachung für mindestens 24 Stunden (Gefahr des „sekundären Ertrinkens").

Differentialdiagnose

Tod im Wasser anderer Genese:
- Vasovagaler Reflex (Immersionsschock)
- Suizidversuch (Begleit-Intoxikation?)
- Verbrechen, Verschleierung einer Straftat.

- *Hypothermie* (☞ 11.14):
  - Zerebrale Hypoxietoleranzeit verlängert →CPR auch über längere Zeit (45–60 Min.) sinnvoll. Bei Hypothermie-Verdacht Kliniktransport notfalls unter laufender CPR
  - Beenden „erfolgloser" Wiederbelebungsmaßnahmen erst in der Klinik nach erfolgreicher zentraler Wiedererwärmung.

- Versuche, durch „Lagerungsmaßnahmen" Wasser aus den Atemwegen des Pat. zu entfernen, sind obsolet
  Auch scheinbar vital stabile Pat. wegen Gefahr des sekundären Lungenödems immer in Krankenhaus zur Intensivüberwachung transportieren.

11.16 Tauchunfälle

Stickstoffübersättigung mit Ausperlen von Stickstoffblasen interstitiell und intravasal während oder nach dem Aufstieg (Dekompressionsunfall)
Lungenüberdruckbarotrauma mit nachfolgender arterieller Gasembolie während des Aufstiegs.

Symptomatik

Dekompressionsunfall (Symptome häufig erst Min. bis h nach dem Tauchgang, akut bis subakut-progredient):
- Hautjucken („Taucherflöhe") und Gelenkschmerzen („bends")
- Bewußtseinsstörungen aller Schweregrade, von einfacher Verlangsamung bis zum Mittelhirnsyndrom
- Querschnittslähmung
- Gleichgewichts- und Sehstörungen (zerebelläre oder labyrinthäre Beteiligung)
- Akuter Thoraxschmerz („chokes"), Dyspnoe →pulmonal-venöse Gasembolie (Lungenembolie ☞ 7.4)

Arterielle Gasembolie (meist unmittelbar nach dem Auftauchen Zeichen eines apoplektischen Insultes):
- Seh- und Sprachstörungen
- Rasch einsetzende Bewußtlosigkeit
- Fokale zerebrale Krampfanfälle
- Hemiplegie
- Evtl. Atemstillstand
- Stenokardie, kardiogener Schock („Herzinfarkt"), Rhythmusstörungen

Lungen-Barotrauma (auch ohne arterielle Gasembolie):
- Dyspnoe, Hustenreiz, Heiserkeit, blutiger Auswurf
- Retrosternale Schmerzen.

Kurzanamnese

Gerätetaucher, auch nach Tauchtraining im Hallenbad („Notaufstiegs"-Übungen)

- Dekompressionsunfall: Z. n. längerem Aufenthalt in größerer Tiefe; Nichtbeachten der Auftauchvorschriften (Dekompressionszeiten, „Haltezeiten")
- Lungenbarotrauma: bereits nach kurzem Aufenthalt in geringer Tiefe (ab 1 m) bei Luftanhalten während dem Auftauchen möglich
- Tauchgangsanamnese wichtig zur Planung der Dekompressionsbehandlung (ggf. Fremdanamnese bei Tauchkameraden erheben).

Sofortdiagnostik

- Basischeck (☞ 4.1.2)
- Puls, SpO_2, RR, EKG
- Tachykardie, RR↓ → V. a. Lungenembolie
- Rhythmusstörungen → V. a. arterielle Gasembolie
- Inspektion:
  - Hautemphysem am Hals und im Bereich der oberen Thoraxapertur → V. a. Lungenbarotrauma
  - Kleine juckende Hautflecken (ungelöste Gasblasen) oder schmerzhafte Schwellungen (Apfelsinenhaut) → V. a. Dekompressionsunfall
- Auskultation: einseitig abgeschwächtes Atemgeräusch (Pneumothorax, Spannungspneumothorax ☞ 7.7) → V. a. Lungenbarotrauma
- Neurologische Notfalluntersuchung:
  - topografisch-anatomisch nicht immer eindeutig zuzuordnende Ausfälle (motorisch, sensibel, spinal, zerebral) in unterschiedlicher Ausprägung. Meist partielle bis komplette Paraplegie (Störungen der Blasen- und Mastdarmkontrolle bis hin zur vollständigen Querschnittslähmung) mit Höhenlokalisation bevorzugt im unteren Thorakal- oder oberen Lumbalmark → V. a. Dekompressionsunfall
  - Hemiplegie → V. a. arterielle Gasembolie.

Sofortmaßnahmen

- Lagerung: 30°-Oberkörper-Hochlagerung
- O_2-Gabe (☞ 1.7.3)
- I. v.-Zugang mit Infusion (HÄS); 1–1,5 l in der ersten h (Hämokonzentration durch paravasale Ödeme)
- Ggf. Intubation (☞ 3.4.4) und Beatmung (☞ 3.4.8, F_iO_2 1,0)
- Ggf. Analgesie, z. B. mit fraktionierter Gabe von 0,1 mg Fentanyl® i. v.
- Ggf. Sedierung mit fraktionierter Gabe von 5 mg Diazepam (z. B. Valium®) i. v.
- Azetylsalizylsäure (z. B. Aspisol®) 500–1000 mg i. v. (Thrombozyten-Aggregation an die intravasalen Gasblasen)
- Dexamethason (z. B. Fortecortin®) 120 mg i. v.
- Bei zerebralen Krampfanfällen → fraktionierte Gabe von Barbituraten, z. B. Thiopental (z. B. Trapanal®) 100–150 mg i. v. als Bolus
- Bei Bewußtlosigkeit und/oder Paraplegie: Blasenkatheter
- Bei Spannungspneumothorax (☞ 7.7): sofortige Entlastung und ggf. Thoraxdrainage (☞ 2.9.1)
- Schutz vor Auskühlung (Decken, Wärmeschutzfolie).

Transport

Umgehender schonender Transport (auch mit RTH) in eine Klinik mit Überdruckkammer und Intensivstation nach Voranmeldung (☞ 21.6).

Prinzipien der Weiterbehandlung

Sofortige Rekompressionstherapie mit hyperbarer Oxygenation in einer Überdruckkammer unter Weiterführung der eingeleiteten Intensivtherapie-Maßnahmen. Frühzeitige und umfassende neurologische Rehabilitations-Therapie.

Differentialdiagnose

- Thrombo-embolisches Ereignis, Trauma, Blutung, Bandscheibenvorfall, Tumor, Enzephalitis/Meningitis, Spontanpneumothorax
- Im Zweifelsfall bis zum Beweis des Gegenteils als Tauchunfall behandeln.

- O_2 ist das wichtigste Medikament in der Frühbehandlung des schweren Tauchunfalles. Ziel ist die beschleunigte Stickstoffauswaschung → immer O_2 mit max. F_iO_2 unabhängig von Blutgas- oder Sättigungswerten
- Dekompressionsunfälle können auch bei Arbeiten unter Überdruck (Caisson-Baustelle: U-Bahn-, Tunnelbau) oder bei plötzlichem Druckabfall (z.B. Absprengen der Pilotenkapsel bei großer Flughöhe) auftreten
- „Tiefenrausch“: narkoseähnliche Wirkung von Stickstoff ab 4 bar Umgebungsdruck (30 m Tauchtiefe) bei Preßluftatmung → Dysästhesien („taube Wangen“), Selbstüberschätzung, Euphorie → Verletzung von Tauchsicherheitsregeln → Panik oder Apathie → Bewußtlosigkeit.

- Taucher dissimulieren nicht selten und verkennen häufig den kausalen Zusammenhang ihrer diffusen Beschwerden mit dem vorangegangenen Tauchgang, insbesondere bei zeitlicher Latenz
- Lagerung in Kopftieflage (Ziel: Verminderung des Aufsteigens von Gasblasen in das Gehirn) ist heute obsolet (→ Zunahme des Hirndrucks)
- Einmann-Transport-Druckkammer obsolet, da O_2 verboten. Zusätzlich Zeitverzug durch Antransport an den Unfallort. Außerdem notärztlicher Zugriff bei evtl. Verschlechterung der Vitalfunktionen unmöglich.

U. Cammerer

12 Pädiatrische Notfälle

12.1 Basisinformationen

Besonderheiten pädiatrischer Notfälle

Notarzterfahrung

Die meisten Notärzte besitzen nur wenig Routine in der Notfallversorgung von Kindern. Insbesondere die *mangelnde praktische Erfahrung* in der Anlage von *venösen Zugängen* sowie der *Intubation von Säuglingen und Kleinkindern* läßt viele Notärzte mit Sorge an entsprechende Notfälle denken.

Bei schwerwiegenden Atemstörungen oder Situationen, die eine intravasale Volumen- oder Medikamentengabe erfordern, sind jedoch *nicht in jedem Fall relativ schwierige Techniken* wie eine *Intubation* oder ein *zentraler Venenzugang erforderlich bzw. lebensrettend.* So kann bei Kindern auch mit wesentlich einfacher durchzuführenden Maßnahmen, wie z. B. mit einer *suffizienten Maskenbeatmung* und einer *intraossären Infusion,* durchaus eine *vitale Funktion* erreicht werden.

- Schreien und Weinen bedeutet Atmung, d. h. Kinder, die viel schreien und sich heftig wehren verursachen zwar eine dramatische Atmosphäre, sind aber meist nicht vital gefährdet. Besondere Vorsicht dagegen bei „stillen" Kindern!
- Das Kind kann in der Regel erst in der Kinderklinik definitiv versorgt werden. Die notärztlichen Maßnahmen sollen nur die Phase bis zur Klinikeinlieferung überbrücken → Interventionen auf wirklich notwendige Maßnahmen beschränken.

Unterschiede Kind-Erwachsener

Für den Notarzt relevant sind Kenntnisse der Unterschiede zwischen Kindern (insbesondere bis zum 1. Lebensjahr) und Erwachsenen hinsichtlich physiologischer und anatomischer Besonderheiten (z. B. Thermoregulation und Luftwege), Pharmakokinetik und -dynamik (wichtig für die Medikamentendosierung).

Für Erwachsene typische Herz-Kreislaufprobleme treten im Kindesalter praktisch nie auf:

- Beim Kind kann man im Gegensatz zum Erwachsenen fast immer mit einem gesunden Myokard rechnen – selbst wenn ein Vitium besteht
- Ein Kammerflimmern kommt kaum vor
- Ein *Herz-Kreislaufstillstand* ist *fast immer hypoxisch bedingt,* d. h. eine Reanimation bei Asystolie kann durch Beheben der ursächlichen Hypoxie erfolgreich sein.

Spektrum der Notarzteinsätze

- Die vermutlich *häufigste Einsatzindikation* bei Kindern ist der *Krampfanfall,* der allerdings *meistens beim Eintreffen des Arztes bereits beendet* ist.
- Akute Atemprobleme, wie *Pseudokrupp, Asthma* oder *Fremdkörperaspiration* erfordern eine gewisse Kenntnis in der Differentialdiagnostik. *Selten, aber lebensgefährlich* ist die *Epiglottitis.*
- *Unfälle* im Kindesalter sind *relativ häufig*, so z. B. im Straßenverkehr, beim Baden ☞ 11.15, mit elektrischem Strom ☞ 11.12, mit giftigen Haushaltsmitteln ☞ 9.6.2 und heißen Medien ☞ 11.10.
- Bei Vorliegen *„ungewöhnlicher" Verletzungsmuster* sollte der Notarzt auch an die Möglichkeit einer *Kindesmißhandlung* denken ☞ 12.5.9.

Todesfälle im Kindesalter

- Bei *Kindern* im Alter *unter 1 Jahr* wird der Notarzt mit dem *„Plötzlichen Kindstod"* (2–4 von 1000 Lebendgeburten im Alter zwischen 1 Woche und 1 Jahr) als *häufigster Todesursache* konfrontiert (☞ 12.5.11).
- Die *häufigsten Todesfälle* bei Kindern im Alter *über 1 Jahr* sind *Unfälle*. In erster Linie treten hierbei *Schädel-Hirn-Verletzungen* (☞ 12.5.2) auf. Eine optimale präklinische Versorgung der kleinen Patienten kann in diesen Fällen wesentlich zur Senkung der Mortalität beitragen.

12.1.1 Logistik und Transport

Information über örtliche Besonderheiten

In größeren Ballungsräumen gibt es manchmal einen *„Babynotarzt"* speziell für Neugeborenennotfälle, seltener zusätzlich einen *„Kindernotarzt"*. Diese Spezialisten kommen in der Regel im *Rendez-vous-System* aufgrund des längeren Anfahrtsweges jedoch erst nach dem Notarzt zum Einsatzort.

Transportindikation

Auch *scheinbar „harmlose" Fälle bei Kindern* sollten *grundsätzlich in eine geeignete Klinik oder* je nach örtlichen Gegebenheiten *in eine pädiatrische Facharztpraxis* gebracht werden *zur weiteren Beurteilung durch einen entsprechend ausgebildeten Kollegen*, z. B. zum Ausschluß einer Meningitis nach Krampfanfall.

Transport des wachen Kleinkindes am praktikabelsten meist auf „Mutters Schoß", allerdings wegen fehlender Rückhaltesysteme gefährlich. Alternativen jedoch nicht vorhanden.

Inkubator

Ein Inkubatortransport muß bei der *Rettungsleitstelle* extra angefordert werden und ist *bei Neugeborenen immer, bei Säuglingen je nach Zustand und Dauer des Transports indiziert*.

Alternative: Kind in warme Decke oder Isolierfolie einwickeln.

Für den normalerweise gebräuchlichen Inkubator darf das Kind max. 5 kg schwer und 50 cm groß sein (Liegefläche nur 60 cm lang). Für Spezialfälle gibt es „Übergrößen".

Hubschraubertransport

Bei *instabilen Kindern vorher Intubation*, Anlage eines *2. venösen Zugangs* und evtl. einer *Thoraxdrainage*. Im Hubschrauber ist aufgrund der beengten Platzverhältnisse und der großen Lautstärke eine entsprechende Kontrolle der Vitalfunktionen erschwert bzw. diese Versorgung nicht mehr möglich.

12.1.2 Umgang mit Kind und Eltern

Umgang mit dem kranken Kind

- Kinder *unter einem halben Jahr* tolerieren die *vorübergehende Trennung von den Eltern* relativ *problemlos*. Es muß nur jemand als *„Ersatzmutter"* einspringen. *Auf den Arm* genommen lassen sie sich am besten beruhigen

- Auch Kleinkindern *immer erklären, was geschieht, nicht anlügen*, sonst verlieren sie jegliches Vertrauen. Vor dem Legen einer Venenkanüle ankündigen, daß es kurz wehtun wird. Der *Phantasie* sind dabei keine Grenzen gesetzt: „Deine Freundin, die Biene Maja kommt jetzt zu Dir. . .", „Es piekst wie ein Mückenstich" etc.
- Kinder sind *gut ablenkbar mit Geschichten*, man kann sie auch relativ leicht *in ein Gespräch verwickeln*, *Fragen* nach Geschwistern, Freunden im Kindergarten, Ferien etc.

Umgang mit den Eltern

- Bei Kindernotfällen ist nicht nur ein Patient – das kranke Kind – zu versorgen, sondern auch die *meist in großer Angst* befindlichen Eltern oder der/die jeweilige Betreuer/in. Um diese Problematik zu entschärfen ist es wichtig, die Eltern so gut wie möglich zu *beruhigen* und zu einer *Mitarbeit bei der Versorgung* des Kindes, soweit sinnvoll, zu gewinnen
- Oft leiden die Eltern bei notärztlichen Maßnahmen (z. B. Anlage einer Infusion) mehr als das eigentlich betroffene Kind und können so evtl. ihre Nervosität auf den Notarzt übertragen → klare *„Führung" der Eltern*: kleine Aufgaben verteilen (z. B. Kopf halten und streicheln), bei großer Verunsicherung bzw. Problemen (z. B. schwierige Punktion) auch Eltern kurz hinausbitten
- *In Begleitung eines Elternteils* sind *Kleinkinder und Schulkinder* meist *wesentlich ruhiger und kooperativer*. Das *beste Sedativum* ist *oft* die *Mutter* oder der *Vater* – gerade bei Kindern mit *„Atemnot"* ein besonders wichtiger Faktor. Nach Möglichkeit bei wachen Kindern immer ein Elternteil im Notarztwagen mitnehmen – vorausgesetzt, die Mutter/der Vater haben einen beruhigenden Einfluß auf das Kind
- *Weinende oder schreiende Eltern*, die sich an ihr krankes Kind klammern, sind *als Begleitung* denkbar *ungeeignet*. Solchen oder extrem verängstigten Eltern muß man verständlich machen, daß man die Sorge um ihr Kind versteht, daß sie sich jetzt aber „zusammennehmen" müssen, um gemeinsam ihrem Kind helfen zu können:
  - *„Sie können Ihrem Kind viel weiterhelfen, indem Sie versuchen, es zu beruhigen, anstatt es noch mehr aufzuregen"*
  - Konstruktive Vorschläge wie: *„Wollen Sie Ihr Kind vielleicht auf den Schoß nehmen?"* sind den verunsicherten Eltern oft hilfreich
- Seltener sind Eltern aggressiv und vorwurfsvoll, z. B.: „Jetzt tun Sie doch endlich was, ich glaube, mein Kind stirbt gleich", wobei das leicht verletzte Kind aus vollem Halse brüllt. Dabei spielen oft *Schuldgefühle*, das Kind vermeintlich oder tatsächlich nicht gut genug betreut zu haben, eine Rolle. Die Vorwürfe, die sich die Eltern selbst machen, werden an den Notarzt weitergegeben. Unter Umständen hilft es weiter, wenn man den Eltern entgegenkommt, z. B.: „Man kann Kinder nicht immer im Auge haben; das hätte genauso in Ihrem Beisein passieren können"; „Sie haben den fieberhaften Infekt ja richtig behandelt, mehr konnten Sie nicht tun," o. ä. in diesem Sinne. Dadurch fühlen sich die Eltern evtl. entlastet und werden zugänglich für eine Zusammenarbeit
- In der Diskussion mit den Eltern *immer sachlich* bleiben. Erklärungen in verständlichem Deutsch!
- Wenn Eltern sich überhaupt nicht kooperativ zeigen, kann man sie freundlich und bestimmt im Interesse des Kindes vom Notfallort wegschicken, evtl. in Begleitung eines entbehrlichen Helfers

Bei der Versorgung akut vital bedrohter oder bewußtloser Kinder müssen die Eltern nicht zusehen und auch nicht beim Transport mitfahren

Wenn das Kind ohne Begleitung der Eltern transportiert wird, muß man sie vor einer „kopflosen" und hektischen Fahrt mit dem eigenen Wagen in die Klinik warnen, da „mit einem Unfall der Eltern dem Kind auch nicht geholfen ist". Sie sollten sich möglichst hinfahren lassen (Taxi, Verwandte, Nachbarn)

Vorrangig ist prinzipiell immer die *zügige Versorgung des Kindes*; wenn irgend möglich, den Eltern gleichzeitig *Hoffnung vermitteln*: „Es geht ihrem Kind schon deutlich besser", aber keine endlosen Gespräche mit den Eltern, weitere Therapie und Prognose werden in der weiterbehandelnden Klinik erörtert

Bei Todesfall ☞ 12.5.11

Bei *Verweigerung* der Versorgung oder Mitnahme in die Klinik *bei unmittelbarer Lebensgefahr* für das Kind steht das *Lebensrecht des Kindes höher als das Elternrecht*. Dann kann das Kind auch gegen den Willen der Eltern versorgt werden. Über den diensthabenden Amtsrichter (rund um die Uhr über die Polizei erreichbar) muß den Eltern vorübergehend das Sorgerecht entzogen werden (auch im Nachhinein möglich). Man sollte derartige Situationen möglichst vermeiden und in einem Gespräch versuchen, die Eltern zu überzeugen.

12.1.3 Alter und Größenverhältnisse

Die Proportionen des Säuglings zeichnen sich durch einen *relativ großen Kopf, kleinen Thorax*, ein *großes Abdomen* und *kleine Extremitäten* aus. Als Folge davon gelten beispielsweise zur Abschätzung der Größe einer Verbrennung andere Maßstäbe als die beim Erwachsenen gültige „Neunerregel" (☞ 10).

Tab. 12.1: Bezeichnung von Kindern nach Altersstufen

Begriff	Altersgruppe
Neugeborenes	bis 1 Monat
Säugling	bis 1 Jahr
Kleinkind	1 bis 6 Jahre
Schulkind	6 bis 12 Jahre

Tab. 12.2: Altersschätzung

Charakteristischer Befund	Alter
Säugling ohne Zähne	jünger als 6–8 Monate
Kind mit offener Fontanelle	jünger als 18–24 Monate
Kind mit Windeln	(meist) jünger als 4 Jahre
Kind mit Zahnlücken vorne	älter als 6 Jahre (ca. 7 Jahre)
Fahrradunfall	älter als 5 Jahre

Die *Körperoberfläche* ist *im Vergleich zum Körpergewicht relativ groß* (2–3 mal größer als beim Erwachsenen). Daher sind Kinder besonders rasch *durch Auskühlung bedroht.*

Die Dosierung von Medikamenten wird meist durch die Körperoberfläche bestimmt. Der Einfachheit halber wird häufig nur auf das Körpergewicht Bezug genommen. In der Notfallpraxis bewährt sich eine Tabelle nach Körpergröße (☞ Tab. 12.12).

Tab. 12.3: Körpergewicht und -größe (50. Perzentile) nach Alter

Alter	Gewicht [kg]	Größe [cm]
Neugeborenes	3	52
1 Monat	4	54
3 Monate	5.5	62
6 Monate	7	66
1 Jahr	10	80
2 Jahre	12	90
3 Jahre	14	95
4 Jahre	16	105
5 Jahre	18	110
6 Jahre	20	115
7 Jahre	22	125
8 Jahre	25	130
9 Jahre	28	135
10 Jahre	34	140
12 Jahre	40	150

12.1.4 Thermoregulation

Aufgrund der *großen Körperoberfläche* sind die *Wärmeverluste sehr hoch.*

Neugeborene können noch nicht Wärme durch Muskelzittern erzeugen. Sie met bolisieren braunes Fettgewebe, was jedoch mit einem *erheblich gesteigerten Sa erstoffbedarf* einhergeht.

Ein Neugeborenes, das bei 23 °C Raumtemperatur ausgezogen wird, kühlt s schnell aus wie ein Erwachsener, der sich bei 1 °C nackt aufhält.

Klinische Konsequenzen:

- Insbesondere *Säuglinge und Neugeborene nicht unnötig ausziehen*
- *Verdunstung verhindern*, Urin, Desinfektionsmittel etc. abtrocknen
- *Auskühlung auf dem Transport* vermeiden, daher Standheizung im RTW einscha ten und maximal aufheizen bzw. insbesondere bei Neugeborenen und kleine Säuglingen immer an *Inkubatortransport* denken, v. a. *bei längeren Wegen und ka ter Umgebung.* Sonst vorgewärmte Decken verwenden (Mikrowelle), Kind ei schlagen in Kunststoffolie, im Winter notfalls Wärmflaschen zu beiden Seite mit Wasser solcher Temperatur füllen, daß man gerade noch hineinfassen kar (< 45 °C). *Cave:* bei > 45 °C schwere Verbrennungen. Kopf bedecken, z. B. m Mütze (größter Wärmeverlust). Thorax sollte nach Möglichkeit beurteilbar bleibe (Atemexkursionen). Aluminiumfolien haben den Nachteil, daß eine vorbesteher de Unterkühlung konserviert wird und eine Wärmezufuhr von außen ineffektiv is
- *O_2*-Gabe bei ausgekühlten Neugeborenen und niedriger Umgebungstemperat sinnvoll.

12.1.5 Zugangswege für Volumenersatz und Medikamente

Ein intravenöser Zugang ist häufig bei den kleinen Patienten nicht ganz einfach zu legen („Speckärmchen", „zierliche" Venen, Auskühlung, unruhige oder unkooperative Kinder)

Für die kardiopulmonale Reanimation ist die Vene am geeignetsten, deren Anlage keine Unterbrechung der Reanimationsmaßnahmen erfordert

Ein zentraler Venenkatheter scheint beim Kind während korrekt durchgeführter kardiopulmonaler Reanimation kein wesentlich schnelleres Einsetzen der Medikamentenwirkung zu erbringen und ist daher nicht primär indiziert. Einen zentralen Zugang rasch zu legen, bleibt dem besonders Erfahrenen vorbehalten.

> Bei Kindern ist der intraossäre Zugang eine schnelle und einfache Alternative, wenn bei vitaler Indikation nach 3 Versuchen oder 1,5 Min. kein sicherer venöser Zugang herzustellen ist (s. u.).

Sollte sich *kein vaskulärer Zugang innerhalb von 5 Min.* herstellen lassen, ist die *endotracheale Gabe von Notfallmedikamenten* über einen liegenden Tubus indiziert (s. u.).

Peripher-venöser Zugang

Material

Am günstigsten sind immer Venenverweilkanülen

Tab. 12.4: Venenverweilkanülen im Kindesalter

Alter	Kanülengröße [G]
Säuglinge (bis 1 Jahr)	22 (hellblau) oder 24 (hellgelb)
Kleinkinder (1–6 Jahre)	22 (hellblau) oder 20 (rosa)
Schulkinder (ab 6 Jahre)	22 (hellblau) bis 14 (orange)

Zur Lagekontrolle der Kanüle kurzes entlüftetes Schlauchzwischenstück mit angeschlossenem Dreiwegehahn (Distanz zwischen Kanüle und Dreiwegehahn senkt Dislokationsgefahr des Zugangs bei Injektionen) und aufgesetzter 2 ml-Spritze mit 0,9 % NaCl-Füllung richten. Problemlose Injektion nach Anschluß an die Plastikkanüle beweist die richtige Lage der Kanüle

Vorbereitete Pflasterstreifen (beim zappelnden Kind ist eine rasche Fixierung hilfreich)

Geeignete Venenzugänge im Säuglings- und Kleinkindalter sind zusätzlich zu den bei Erwachsenen üblichen Stellen die Kopfhautvenen (v. a. beim Säugling) und Venen im Fußbereich (☞ Abb. 12.1).

Punktion von Arm-, Hand- oder Fußvenen

Arm oder Bein des Kindes, an dem der Zugang gelegt werden soll, von Helfer gut festhalten lassen

Nicht zu stark mit dem Stauschlauch stauen, nicht die arterielle Zufuhr unterbrechen, evtl. nur von Hand durch eine Hilfsperson stauen lassen

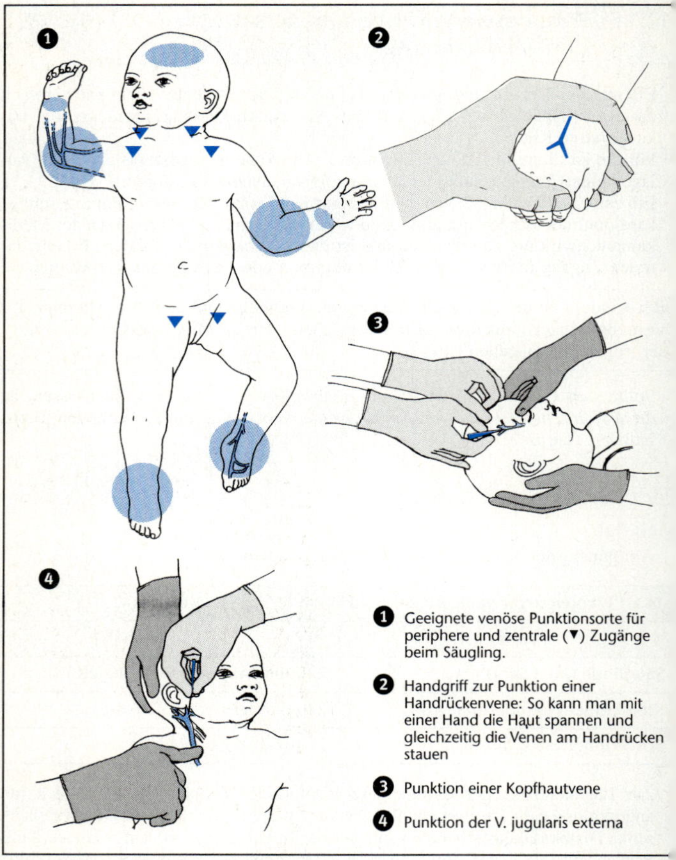

Abb. 12.1: Periphere Zugangswege beim Säugling

- Desinfektion
- Haut über der Vene straff mit der nicht dominanten Hand spannen
- Vene mit Verweilkanüle punktieren (im Winkel von etwa 30°)
- Sobald Blut im durchsichtigen Kanülenansatz erscheint, Plastikkanüle vorsich tig über die Punktionsnadel vorschieben. Nicht die Punktionsnadel zuerst he ausziehen, dabei wird leicht auch die Plastikkanüle disloziert
- Im Schock läuft evtl. kein Blut zurück, das Durchstechen der Venenwand ist o durch ein leichtes „Knacken" während des Stiches zu merken
- Bei eindeutiger Kanülenlage sofort die Infusion anschließen

- Bei zweifelhafter Lage mit dem vorbereiteten gefüllten Schlauchzwischenstück Durchspritzversuch und evtl. gefühlvolle Lageveränderung (Zurückziehen bis Blut kommt, erneutes Vorschieben unter vorsichtigem Spritzen)
- Kind festhalten, bis Kanüle endgültig fixiert ist

In der Kubitalregion auf versehentliche arterielle Punktion gefaßt sein.

Punktion von Kopfhautvenen

- Säugling auf den Rücken legen und Kopf von Helfer festhalten lassen
- Venen sorgfältig aussuchen, von Arterien (Pulsation tastbar, nicht staubar) unterscheiden
- Falls Venen schlecht zu sehen sind, Kind notfalls zum Schreien bringen
- Bei Bedarf rasieren, bis Vene gut sichtbar (dient auch der besseren Fixation der Kanüle mit Pflasterstreifen)
- Flußrichtung mittels Ausstreichen und Beobachten der erneuten Füllung feststellen
- Haut mit der nicht dominanten Hand straff spannen und Vene mit einem Finger stauen
- Punktionsort desinfizieren
- Kanüle in Flußrichtung des venösen Blutes legen, und gut festkleben.

Wird nach Durchspritzen der Nadel die umgebende Haut weiß, wurde eine Arterie punktiert. Dann Kanüle gleich entfernen, sonst Gefahr von Kopfhautnekrosen.

Punktion der V. jugularis externa

- Die Vena jugularis externa ist am besten in Kopftieflage (bessere Stauung und Vermeidung von passiver Luftaspiration) und Überstreckung des Halses durch Unterlagen im Schulterbereich punktierbar
- Beim wachen Kind ist dieses Vorgehen nur erschwert durchführbar. Kanülierung der V. jugularis externa daher sinnvoll als weiterer Zugang beim bereits intubierten Kind, ansonsten meist nur mit kräftigen Helfern oder beim bewußtlosen Kind möglich.

Intraossärer Zugang

Material

Ähnlich einer Knochenmarkpunktionsnadel vom Jamshidi-Typ (notfalls auch verwendbar) starre Nadel mit Mandrin (z.B. Firma William Cook Europe) mit Luer-Lock Anschluß für Infusionssysteme. Bis zum Alter von 6 Jahren empfohlen, bei Bedarf jedoch auch beim älteren Kind möglich.

Intraossäre Nadeln sollten sich auf jedem NAW befinden.

Tab. 12.5.: Intraossäre Nadeln

Alter	Nadeldurchmesser [G]
< 2 Jahre	18 G oder 16 G
> 2 Jahre	16 G

Falls die *Spezialnadel nicht verfügbar* ist, kann *nur im äußersten Notfall* auch mit *anderen Nadeln* punktiert werden, z.B. den Punktionsnadeln der Venenverweilkanülen. Dabei besteht aber ein *hohes Risiko* für folgende *Komplikationen*: Perforation, Abbrechen der Nadel oder Verschleppen von Hautzylindern in das Knochenmark.

Kontraindikationen

- Hautinfektion im Punktionsbereich
- Offene Fraktur der Tibia.

Punktion (proximale Tibia)

- Bein auf möglichst hartem Untergrund lagern, Kniegelenk gegen Durchfedern sichern (z. B. mit fest gewickelter Stoffrolle unterpolstern)
- Schienbeinhöcker und -innenkante tasten → Einstichstelle: mediale Schienbeinfläche, 1–3 cm unterhalb der Mitte der Tuberositas tibiae
- Gründliche Desinfektion

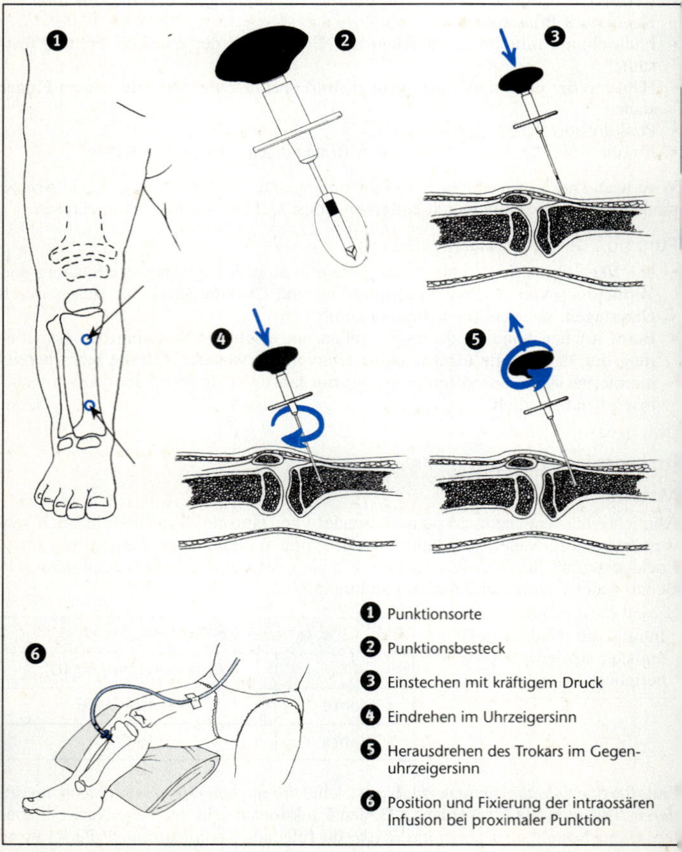

Abb. 12.2: Intraossäre Punktion

- Unterschenkel mit Zeigefinger und Daumen der nicht dominanten Hand an der Schienbeininnen- und -vorderkante in Höhe der Einstichstelle fixieren
- Nadelgriff mit Daumen und Mittelfinger der anderen Hand umfassen, Zeigefinger auf der Haut neben der Nadelspitze abstützen
- Mediale Schienbeinfläche in einem Winkel von 90° mit kräftigem Druck punktieren
- Nach Erreichen des Knochens die Nadel mit einer gleichmäßigen Drehbewegung *im Uhrzeigersinn* und konstant kräftigem axialen Druck durch das Knochengewebe bohren, bis ein Widerstandsverlust nach Durchdringen der Kortikalis spürbar ist
- Stützplatte der Nadel festhalten und dann Trokar durch Drehen *gegen den Uhrzeigersinn* aus dem Schaft entfernen.

Zusätzliche Tips

- Die *Nadel* ist *verstopft* (meist mit Knochenmark): Nadel entfernen und eine neue in die ursprüngliche Punktionsstelle einstechen
- Für eine erfolgreiche *rasche Volumensubstitution* mittels intraossärem Zugang muß u. U. *mit Druck infundiert* werden: Druck auf die Plastikinfusionsbehälter per Hand oder Druckmanschette (bis 300 mm Hg aufpumpen) oder über Infusionspumpe bzw. Perfusor. Damit ist eine Flußrate von 25–50 ml/Min. für Kristalloide erreichbar
- Bei Kindern über 6 Jahren ist die Knochennadel seltener erforderlich. Als Punktionsort für diese Altersklasse gilt auch die *distale Tibia*, direkt oberhalb des Knöchels. Einstichrichtung leicht nach kranial gerichtet (sonst Verletzungsgefahr der Epiphysenfuge).

Art der Infusion und Dosierungen

Alle Notfallmedikamente und Infusionslösungen (auch Blut) können intraossär verabreicht werden.

- Wirkeintritt und Wirkspiegel wie bei i. v. Gabe
- Dosierung wie bei i. v. Gabe
- Evtl. Depotbildung im Knochenmark: mit verlängerter Wirkung rechnen.

Komplikationen

Komplikationsrate < 1 %
- Tibiafraktur
- Kompartmentsyndrom des Unterschenkels
- Osteomyelitis (deshalb vor der Punktion *gründliche Desinfektion*)
- Verletzung der Epiphysenfugen mit folgender Wachstumsstörung (deshalb *Stichrichtung weg von der Epiphysenfuge*)
- Klinisch nicht relevante Knochenmarks- und Fettembolien
- Evtl. Blastenübertritt ins periphere Blut.

Endotracheale Medikamentengabe

- *Technik:* Während Beatmungspause Medikament so tief wie möglich in den Tracheobronchialbaum applizieren über *Magensonde* oder *Absaugkatheter*, die über das Ende der Tubusspitze reichen. Evtl. Luft nachspritzen, um den Katheter komplett zu entleeren. Anschließend hyperventilieren

- *Geeignete Medikamente* sind lipophil:
  - Adrenalin (Suprarenin®)
  - Atropin
  - Lidocain (Xylocain®)
  - Naloxon (Narcanti®)
- *Nicht geeignete Medikamente* sind hydrophil:
  - Natriumbikarbonat
  - Kalzium (beide sind als Notfallmedikamente sowieso umstritten)
- *Dosierung:* Absorption ist von vielen Faktoren abhängig, wie Lungenperfusion, Verteilung durch die Beatmung etc.
  - Adrenalin: 2–4 (–10) fache i. v. Dosis
  - Andere Medikamente in doppelter i. v. Dosis
  - Medikamente in 1–2 ml NaCl 0,9 % verdünnen zur besseren Verteilung in die peripheren Bronchien.

12.1.6 Infusionslösungen

- Wichtig für das Verständnis der Infusionstherapie bei Kindern ist die Kenntnis der wesentlichen *Unterschiede zwischen den Körperwasserkomponenten von Erwachsenen und Kindern* bezogen auf das Körpergewicht:
  - Da beim *Säugling* ein wesentlich höherer Energieumsatz vorliegt und der *Wasseranteil* etwa *80 % des Körpergewichts* ausmacht, ist auch der Wasserbedarf beim Säugling relativ zum Körpergewicht größer als beim Erwachsenen
  - Bei *Kindern ab 1 Jahr* werden die *Werte von Erwachsenen* erreicht: nur noch *60 % des Körpergewichts* bestehen aus *Wasser*
  - Der tägliche Natriumbedarf bleibt in jedem Alter konstant
- Der *Flüssigkeitsbedarf* gesunder Kinder *bei Nüchternheit* beträgt ca. *4 ml/kg KG/h*. Bei länger bestehender Nahrungs- und Flüssigkeitskarenz kann anhand dieses Anhaltswertes das entstandene Flüssigkeitsdefizit in etwa errechnet werden
- Ein häufiges Problem beim Kindernotfall ist der hypovolämische Schock durch Blutverlust, Sepsis oder Dehydratation, der eine dringliche Volumensubstitution erforderlich macht.

Hypotone zuckerhaltige kristalline Lösungen

Sog. *Pädiatrische Infusionslösungen* und *Glukose 5 %.*

Die pädiatrischen Lösungen sind geeignet, den täglichen Basisbedarf an Wasser, Glukose und Natrium von gesunden Kindern zu decken. Eine Basisinfusion für z. B. Kinder unter 2 Jahren wird aus 4 Teilen Glukose 5 % und einem Teil NaCl 0,9 % hergestellt, so daß eine Lösung NaCl 0,18 % entsteht (sog. 4:1 Lösung). Entsprechend sind diese Infusionslösungen *relativ hypoton*

- *In großen Mengen* gegeben kann daraus eine *Wasserintoxikation* oder eine *Hyperglykämie mit sekundärer osmotischer Diurese* und möglicherweise ein schlechteres neurologisches Ergebnis resultieren
- Lediglich Neugeborene neigen nach längerer Nüchternheit zu Hypoglykämie und können deshalb im Notarzteinsatz primär eine Glukoselösung (etwa 5 %) als *Basis*infusion erhalten (BZ-Stixkontrolle, normal beim Ngb. > 40 mg/dl)
- *Dosierung*: der *Erhaltungsbedarf* bei nüchternen gesunden Kindern beträgt etwa *4 ml/kg KG/h*. Die pädiatrischen Lösungen sind nur in dieser Dosierung einzusetzen bzw. *im Prinzip im Notarzteinsatz verzichtbar.*

> Sog. Pädiatrische Infusionslösungen sind ebenso wie Glukose 5 % als Mittel zur Volumensubstitution in allen Altersgruppen und insbesondere beim Schädel-Hirn-Trauma kontraindiziert

Isotone kristalline Lösungen

Vollelektrolytlösung, NaCl 0,9 %, Ringer-Lösung.

> Die initiale Volumensubstitution muß auch beim Kind immer mit isotonen Lösungen erfolgen

Mit diesen Lösungen wird v. a. der interstitielle Raum mit Flüssigkeit aufgefüllt. Nur ein Viertel der kristalloiden Lösung verbleibt im Plasma. Von kardiopulmonal gesunden Kindern werden auch größere Mengen problemlos vertragen, bei schwerkranken Kindern mit kardiopulmonaler Beeinträchtigung kann bei Überdosierung evtl. ein Lungenödem auftreten.

Dosierung: zum initialen Volumenersatz empfiehlt sich Ringer-Lösung 10–20 ml/kg KG.

Kolloide

Z. B. *Humanalbumin 5 %, Biseko®, künstliche Kolloide (Hydroxyäthylstärke = HÄS, dextranhaltige Lösungen)*

Zur effektiven Erhöhung des zirkulierenden Volumens müssen *kolloidale Lösungen* eingesetzt werden

Dosierung kolloidaler Lösungen im Volumenmangelschock:

Initial 10–20 ml/kg KG, dann nach Wirkung. Maximale Tagesdosis: für HÄS 2 g/kg KG, für Dextran 1,5 g/kg KG. Vor der Gabe von Dextran soll Promit® 0,3 ml/kg KG gegeben werden.

Bei Neugeborenen und Säuglingen HÄS und Dextran wegen sehr langer HWZ nur bei vitaler Indikation (z. B. starker Blutverlust) anwenden.

12.2 Akute respiratorische Insuffizienz

12.2.1 Besonderheiten im Kindesalter

Die *Empfindlichkeit* der *kindlichen Atemwege prädestiniert für Erkrankungen in diesem Bereich.*

Die respiratorische Insuffizienz ist die häufigste Ursache eines Herzstillstandes beim Kind.

Anatomie

- Die Zunge ist relativ groß
- Der Larynx steht höher (C3/4) als beim Erwachsenen (C4/5)
- Die Epiglottis ist relativ groß und U-förmig
- Die Trachea eines Neugeborenen ist nur 4 cm kurz
- Die *engste Stelle im Trachealsystem* von Kindern befindet sich *unterhalb der Stimmlippen in Höhe des Krikoids*. Diese Region ist sehr anfällig für Ödembildung durch Entzündung oder Trauma

  Cave: Narbige Trachealstenose durch traumatische Intubation oder zu großen Tubus.

Atemmechanik, Physiologie

Tab. 12.6.: Atemfrequenzen im Kindesalter	
Altersklasse	**Atemfrequenz [/Min.]**
Neugeborenes (0–1 Monat)	40–60
Säugling (bis 1 Jahr)	30–40
Kleinkind (1–6 Jahre)	20–30
Schulkind (6–12 Jahre)	18–22

- Das *Thoraxskelett* ist *elastisch und instabil*, Säuglinge atmen v. a. mit dem Zwerchfell
- *Säuglinge* sind *Nasenatmer*, *bei Obstruktion der Nase* kann es deshalb zu *Atemnot* kommen (z. B. Choanalatresie, Fremdkörper, Schnupfen)
- Die funktionelle Residualkapazität ist beim Säugling mit 30 ml/kg KG kleine als beim Erwachsenen. Die *Sauerstoffreserve* ist deshalb *gering*, *bei Atemstil stand* kommt es *sehr schnell* zur *Hypoxie*
- Kinder haben einen *erhöhten Grundumsatz*, der O_2-Verbrauch ist – bezogen au kg KG – *doppelt so hoch wie bei Erwachsenen*, deshalb *raschere Entwicklun einer Hypoxämie*
- Das *Atemzugvolumen* ist bezogen auf kg KG in jeder Altersstufe gleich gro 6 ml/kg
- Die *Atemfrequenz* ist *altersabhängig* wesentlich höher als beim Erwachsenen.

12.2.2 Symptomatik und Diagnostik

Symptomatik

- Tachypnoe
- Husten
- Nasenflügeln
- *Sternale und interkostale Einziehungen*: paradoxe Atembewegung beim Eina men aufgrund des elastischen Thoraxskeletts, einhergehend mit erhöhter Atem arbeit
- *Schaukelatmung*: Das Abdomen wölbt sich vor und gleichzeitig zieht sich de Thorax zusammen als Ausdruck einer Obstruktion der oberen Luftwege
- *Inspiratorischer Stridor* als Zeichen einer laryngealen oder trachealen Obstruk tion, auch in Kombination mit
- Exspiratorischem Stridor (Rasselgeräusche, Giemen)
- Tachykardie, Bradykardie bei zunehmender Hypoxie
- Unruhe, Agitation, Benommenheit und schließlich Hypotonie als Hinweis au eine zunehmende Hypoxie
- Zyanose als spätes Zeichen einer schweren Hypoxie.

Kurzanamnese

- Atemnot mit Stridor ☞ 12 5.3: Epiglottitis, Pseudokrupp, Fremdkörperaspira tion
- Atemnot mit Giemen ☞ 12 5.4: Asthma

Sofortdiagnostik

- Basischeck (☞ 4.1.2)
- Sorgfältige *Beobachtung der Atemmechanik*
- *Auskultation*

Keine Inspektion der Mundhöhle mit *Spatel* o. ä. *bei V. a. Epiglottitis oder Pseudokrupp* (Gefahr eines reflektorischen Atem-Kreislaufstillstandes)

Pulsoxymetrie. Ziel: O_2-Sättigung > 90 %. Oft ist die Verlaufsbeurteilung der Sättigungswerte hilfreich.

Da schwerkranke Kinder häufig peripher minderperfundiert und/oder ausgekühlt sind, ist die Messung in diesen Fällen schwierig zu beurteilen

Beurteilung der Kreislaufsituation (☞ 12.3.2).

12.2.3 Therapie

Im Notfall ist die Ätiologie der Atemstörung manchmal nicht zu klären. Trotzdem kann durch entsprechende therapeutische Maßnahmen eine entscheidende Verbesserung der Situation erreicht werden.

Grundsätzlich gilt folgendes Vorgehen in der Reihenfolge

A: Atemwege freimachen

B: Beatmen

C: Kreislauftherapie.

Freihalten der Atemwege

Ein Guedel-Tubus ist beim bewußtlosen Kind selten hilfreich. Bei nicht tief bewußtlosen Kindern kann dieser Tubus Würgen und Erbrechen provozieren. Größe: Länge von den Schneidezähnen bis zum Kiefergelenk. ***Cave:*** Ein Guedel-Tubus in falscher Größe kann zu zusätzlicher Obstruktion der Atemwege führen!

Ein Wendl-Tubus wird meistens besser toleriert als ein Guedel-Tubus.

Der richtige Durchmesser: Tubus paßt gerade gut durch das Nasenloch.

Einführungslänge: Abstand von der Nasenspitze bis zum Tragus des Ohrs

Cave: Das Einführen des Tubus durch die Nase kann Blutungen aus dem Nasopharynxraum auslösen, die die Luftwegsobstruktion weiter verschlechtern.

Ein dünner Tubus kann leicht mit Sekreten verstopfen.

Sauerstoffgabe

Alle kranken oder verletzten Kinder mit Anzeichen einer respiratorischen Insuffizienz müssen Sauerstoff erhalten.

Toxizität von O_2 spielt in Notfallsituationen in der Regel keine Rolle

Wenn O_2 einmal gegeben wird, während der gesamten Stabilisierungs- bzw. Transportphase belassen (sonst drohen unvorhersehbare Verschlechterungen)

Kinder mit einer chronischen Lungenkrankheit, die mit erhöhtem $paCO_2$ einhergeht, können durch O_2-Gabe ihren Atemantrieb verlieren, z.B: zystische Fibrose.

Wache Kinder mit Atemnot

Nehmen spontan die für sie optimale Körperhaltung ein. Kinder nie gegen ihren Willen zum Hinlegen zwingen oder eine Sauerstoffmaske oder -brille umschnallen

Abwehrreaktionen steigern den Sauerstoffbedarf weiter

- Günstig sind sie oft auf dem Schoß eines Elternteils aufgehoben, wobei ihne der Sauerstoffschlauch lediglich vor Mund und Nase gehalten wird. Dabe Flow so hoch aufdrehen, wie er vom Kind gerade toleriert wird (max. F_iO nur 30–60 %!)
- *Kind mit Atemnot nie sedieren!* Gefahr der Unterdrückung des Atemantriebs Ausnahme: Injektion eines Hypnotikums im Rahmen einer Intubation.

Somnolente oder bewußtlose Kinder

- Haben oft obstruierte Atemwege aufgrund einer zurückgesunkenen Zunge, ei nes verlagerten weichen Gaumens oder Schleim, Blut o. ä. im Rachenraum Stabile Seitenlage nur, wenn kein Hinweis auf ein Wirbelsäulentrauma vor liegt
- Wenn ein leichtes Überstrecken des Kopfes mit Vorziehen des Kinns (Esmarch Handgriff), das Absaugen des Rachens und O_2-Gabe keine adäquate Atmun erbringen, sollte eine assistierende Maskenbeatmung begonnen werden.

Maskenbeatmung

Die Intubation ist beim bewußtlosen Kind oder beim Kind nach Atem- oder Kreislaufstillstand sicherlich die beste Methode zur Sicherung der Atemwege. Da die Intubation kleiner Kinder sehr risikoreich ist, sollte sie in Notarzteinsätzen dem Geübten vorbehalten bleiben. Eine suffiziente Maskenbeatmung ist wesentlich besser als ein nach erfolglosen Intubationsversuchen blutender und zuschwellender Larynx.

Material

- **Ambu-Beutel:** In der Mindestgröße 450 ml ohne Überdruckventil bzw. mit ver schließbarem Ventil (Neugeborenen-Ambu-Beutel 250 ml sind selbst für reif Neugeborene schon knapp bemessen, um ein ausreichendes Atemzugvolume und eine längere Inspirationszeit zu erreichen).
  Bei Verwendung des Erwachsenen-Beutels darauf achten, nur soviel Kraft un Atemzugvolumen zu geben, daß sich der Thorax ausreichend hebt.

Ein Überdruckventil kann während der Reanimation die Zufuhr eines ausreichen den Atemzugvolumens verhindern. Oft werden deutlich höhere Beatmungsdruck gebraucht als die am Ventil einstellbare Grenze
Zur zusätzlichen Sauerstoffapplikation beim spontanatmenden Kind ist ein Ambu Beutel mit einem Auslaßventil nicht geeignet. Bei flacher Inspiration öffnet sic das Ventil nicht, das Kind erhält keinen Sauerstoff.

- **Reservoir für O_2** am Ambu-Beutel zur Erhöhung der inspiratorischen Sauer stoffkonzentration bis auf 95 %
- **Sauerstoff:** Sofern irgend möglich sollte *immer mit O_2* beatmet werden
  - Flow für *Kinder-Ambu-Beutel ohne Reservoir* mind. *10 l/Min.*
  - Flow für *Erwachsenen-Ambu-Beutel ohne Reservoir* mind. *15 l/Min.*
- **Beatmungsmaske:** Bei richtiger Größenwahl soll die Maske
  - dicht abschließen
  - nicht auf die Augen drücken
  - der Totraum unter der Maske soll möglichst klein sein.
- **Absaugung:** Stets bereithalten.
  Die Maskenbeatmung wird erleichtert und die Aspirationsgefahr verringer wenn Erbrochenes, Blut, Sekret etc. sofort abgesaugt werden können

Tab. 12.7.: Maskengrößen im Kindesalter	
Alter	**Maskengröße**
Neugeborenes	0 (Rendell Baker)
Säugling (bis 1 Jahr)	1 (Rendell Baker)
ab 1 Jahr	2 (Rendell Baker)
ab 4 Jahre	3 (Rendell Baker)
größere Kinder	1 (Erwachsenen-Maske)

- **Sonstige Beatmungssysteme im NAW**
  Gelegentlich ist ein sog. *Kuhn-System* zur Beatmung vorhanden, das im Unterschied zum Ambu-Beutel keine Ventile enthält. Bei der Einatmung muß das Loch im Beutel mit einer Fingerkuppe zugedrückt werden, bei der Ausatmung muß das Loch unbedingt freibleiben. Wesentlich ist, daß der erforderliche Sauerstofflow mindestens dem 2,5–3 fachen Atemminutenvolumen des Kindes entspricht.

Technik der Maskenbeatmung

- Lagerung: Der optimale Extensionsgrad des Kopfes während der Maskenbeatmung ist beim Kind meist die neutrale „Schnüffelposition“. Hyperextension führt oft zu Atemwegsobstruktion. Während der Beatmung die optimale Position in verschiedenen Extensionsgraden ausprobieren
- Fixierung der Maske:
  - Die Maske mit einer Hand mit Daumen und Zeigefinger gut dichthalten, mit dem Mittelfinger Kinn nur an den Mandibulae leicht nach oben ziehen, dabei keinesfalls den Mundboden eindrükken
  - Sind *mehrere Helfer* anwesend, kann *einer mit beiden Händen* die *Maske* oft besser *dicht halten* und ein *zweiter* den *Beutel drücken*

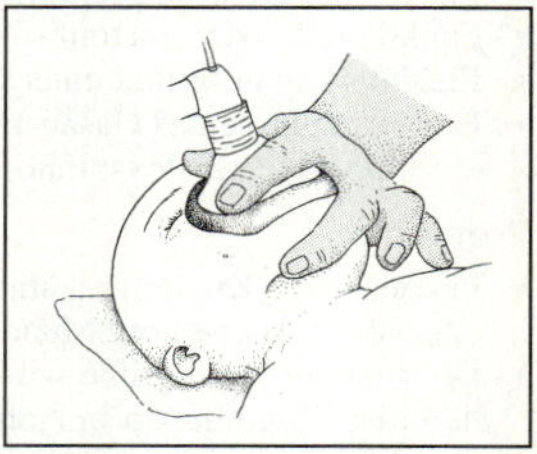

Abb. 12.3: Maskenbeatmung

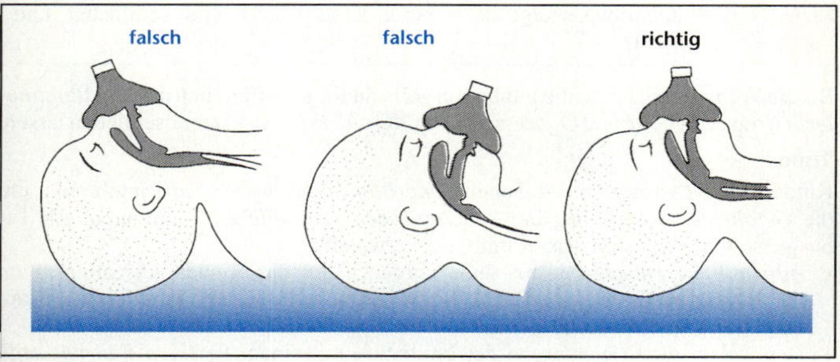

Abb. 12.4: Extension bei Maskenbeatmung

- Beatmung:
  - Mit der anderen Hand den Beatmungsbeutel drücken, so daß eine gute Thoraxhebung sichtbar wird
  - Man muß die *Atembewegungen des Kindes sehen* können, d.h. evtl. Oberkörper freimachen. Den womöglich noch vorhandenen Einatmungsversuch des Kindes erkennt man an der Abdomenhebung, evtl. an interkostalen und sternalen Einziehungen, weniger an einer Thoraxhebung
  - Zur *Verringerung der Aspirationsgefahr* durch das oft unvermeidliche Aufblasen des Magens beim bewußtlosen Kind ist eine längere Inspirationszeit und damit ein *niedrigerer Beatmungsspitzendruck* günstig. Beim *bewußtlosen* Kind durch einen *zweiten Helfer* einen *mäßigen Krikoiddruck* während der Maskenbeatmung ausüben lassen
  - *Assistierende Maskenbeatmung*: den Einatmungsimpuls unterstützt man synchron mit einem zunächst geringen, später höheren Hub aus dem Beatmungsbeutel, bis eine ausreichende Thoraxexkursion zu sehen ist
  - *Inadäquate Beatmung*: *minimale Thoraxexkursion, auskultatorisch schwaches Atemgeräusch, Pulsoxymetrie < 90 % Sättigung* (bei schlechten Perfusionsverhältnissen nicht verwertbar).

Wenn sich der Thorax nicht hebt, ist das Kind nicht ventiliert.

Intubation und Beatmung

Indikationen

- Inadäquate Kontrolle über die Atmung aufgrund einer ZNS-Störung
- Funktionelle oder anatomische Obstruktion der Luftwege
- Erschöpfung aufgrund einer erhöhten Atemarbeit
- Ermöglichung eines Gasaustausches nur mittels einer Überdruckbeatmung oder eines positiven endexspiratorischen Druckes (PEEP).

Probleme

- Für den in der Kinderintubation Unerfahrenen ist es manchmal schwierig, eine gut einsehbare Ebene vom Mund bis zur Glottis mit dem Laryngoskop herzustellen
- Die richtige Tubusgröße wird durch die engste Stelle im Trachealsystem unterhalb der Stimmlippen in Höhe des Krikoids bestimmt.

Vorgehen

Die Notfallintubation erfolgt auch beim Kind immer oral (einfacher und schneller als nasal).

Bis die Vorbereitungen für die Intubation vollständig getroffen sind, das Kind *kontinuierlich* mit der Maske und O_2 beatmen, an *EKG* und *Pulsoxymeter* anschließen lassen.

Tubus

12

Kinder *unter 6–8 Jahren* mit Tuben *ohne Blockmanschette (Cuff)* intubieren, um die *Gefahr der Schädigung der subglottischen Engstelle* zu minimieren. Ab Tubusgröße 6 mm ID sind Tuben mit Cuff verwendbar.

- *Auswahl der Tubusgröße* bei unbekanntem Alter des Kindes: Orientierung an der Körpergröße (☞ Tab. 12.12). Voraussetzung hierfür ist lediglich ein Maßband in der Ausrüstung
- Den Tubus zur Erleichterung der Intubation mit einem *flexiblen Führungsstab* versehen, dessen Spitze nicht über das Ende des Tubus hinausragen darf. Den

Tab. 12.8.: Tubusgrößen im Kindesalter	
Tubusgröße	**Innendurchmesser [mm]**
reife Neugeborene	3
ab 6 Monaten	3,5
ab 1 Jahr	4
Kinder über 2 Jahre	(16 + Alter in Jahren): 4 = Tubusgröße
Faustregel: Außendurchmesser des Tubus entspricht dem Durchmesser des Nasenlochs oder des kleinen Fingers des Kindes	

Tubus so *steril* wie möglich halten zur *Verhinderung einer Kontamination* der empfindlichen kindlichen Trachea.

Laryngoskop

Der Larynx von Kindern unter 1 Jahr ist oft leichter mit einem geraden als mit einem gebogenen Spatel einzustellen. Die Auswahl des Laryngoskops ist grundsätzlich jedoch sehr von der persönlichen Erfahrung abhängig. Im Zweifel eher einen größeren als einen kleineren Spatel nehmen; Beleuchtung vor der Intubation überprüfen.

Medikamente zur Intubation bei noch wachem Kind:

- Das Medikament, mit dem man die meiste Erfahrung besitzt, ist prinzipiell auch bei Kindern am besten!
- Thiopental (Trapanal®) bei Hypovolämie niedriger als üblich dosieren: ca. 5 (–10) mg/kg KG bzw. nach Wirkung
- Alternative: Midazolam (Dormicum®) 0,1–0,5 mg/kg KG oder Diazepam (Valium®, Stesolid®) 0,25–1 mg/kg KG (je nach Kreislaufstabilität des Kindes), auch Etomidat (Hypnomidate® oder Etomidat-Lipuro®) 0,2–0,3 mg/kg KG, evtl. in Kombination mit Ketamin (Ketanest®) 1–2 mg/kg KG i. v. oder Fentanyl® 0,005 mg/kg KG
- Muskelrelaxantien sollten nur bei entsprechender Erfahrung im Umgang mit diesen Medikamenten verwendet werden, z. B. Succinylcholin (z. B. Lysthenon®) 1–2 mg/kg KG i. v., Vecuronium (Norcuron®) 0,1 mg/kg KG i. v., Rocuronium (Esmeron®) 0,6 (–0,75) mg/kg KG oder Mivacurium (Mivacron®) 0,25 mg/kg KG.

Laryngoskopie und Intubation

- Absauger bereithalten
- Von einem Helfer von Anfang an Krikoiddruck ausüben lassen: Regurgitation wird vermieden, Larynx läßt sich leichter einstellen
- Den Kopf in Neutralposition legen, keine Überstreckung
- Bei Säuglingen kann evtl. eine bessere Sicht auf die Stimmlippen erreicht werden durch Aufladen der Epiglottis mit dem geraden Spatel
- Sollte sich hinter den Stimmlippen beim Einführen des Tubus ein Widerstand bemerkbar machen, Krikoiddruck etwas nachlassen
- Viele Tubusfabrikate sind *an der Spitze* mit einer *Markierung* versehen, die die *übliche Eindringtiefe* bis zur Stimmbandebene angibt. Auf korrekte Lage dieser Markierung bei der endgültigen Tubusposition achten (z. B. Ende der schwarzen Färbung „verschwindet gerade hinter der Stimmritze")
- *Bei erfolgloser Intubation nach spätestens 30 Sek. Laryngoskopie abbrechen*, mit Maske zwischenbeatmen bis zum nächsten Versuch.

Abb. 12.5: Spatelposition bei Intubation

> Bei Problemen nie mit Gewalt intubieren, mit Maske zwischenbeatmen und erneut mit dem nächstkleineren Tubus versuchen!

- *Bei Bradykardie* (Säugling unter 80/Min., Kleinkind unter 60/Min.) den *Intubationsversuch sofort abbrechen* und mit Maske und O_2 beatmen. Die Gabe von Atropin kann eine hypoxisch bedingte Bradykardie maskieren
- Nach Intubation *Tubus direkt am Mund gut festhalten* und mit Ambu-Beutel ventilieren unter *Beobachtung der Thoraxhebung*. Bei der *Auskultation* auf *Seitendifferenzen* achten, vor allem über den Oberfeldern der Lunge, also in Nähe der Klavikulae
- *Einseitiges Atemgeräusch*: Verdacht der einseitigen bronchialen Intubation.
  - *Tubus vorsichtig halbzentimeterweise zurückziehen* unter erneuter Auskultationskontrolle. Dabei nicht wesentlich von der in der Notfalltabelle angegebenen mittleren Länge bis zur Zahnreihe abweichen.
  - ***Cave:*** Auch *an Pneumothorax, Haematothorax, bronchialen Fremdkörper denken*! Eine Seitendifferenz ist allerdings oft nicht eindeutig beurteilbar aufgrund der guten Fortleitung des Atemgeräusches in dem sehr kleinen Thoraxraum
- Bei Zweifeln bezüglich der korrekten endotrachealen Lage des Tubus umgehend erneut laryngoskopieren und überprüfen, ob der Tubus zwischen den Stimmlippen verschwindet
- Hat man den *Tubus zu klein* gewählt bzw. ist er *sehr undicht*, sollte man den *Rachenraum* mit angefeuchteten Kompressen *austamponieren*, um in der Notfallsituation eine Umintubation zu vermeiden
- Während kurzer Beatmungspause *Tubus gut festkleben;* zur Schienung gegen Abknicken und als Beißschutz kann eine kleine Mullbindenrolle oder eine zusammengerollte Kompresse in den Mund gesteckt und mit dem Tubus festgeklebt werden. Guedel-Tuben beinhalten bei sehr kleinen Kindern ein erhöhtes Verletzungsrisiko und sind oft nicht in der richtigen Größe vorhanden
- Um eine Dislokation frühzeitig zu erkennen, sollte man sich die Zentimeterangabe an der Zahnreihe merken, bzw. im NA-Protokoll notieren.
- Von nun an den *Kopf nicht mehr flektieren oder extendieren* (Dislokationsgefahr des Tubus). Relativ gefahrlos kann der Kopf zur Seite gedreht werden

Magensonde zur Entlastung des meist mit Luft- oder Speiseresten gefüllten Magens als Aspirationsprophylaxe legen. ***Cave:*** Bei Gesichtsschädelverletzungen nur oral (intrakranielle Penetrationsgefahr bei nasalem Zugangsweg)

Immer ein Auge auf die Thoraxhebung haben, Atemfrequenz altersentsprechend (☞ Tabelle 12.6).

Keine Spontanatmung am Tubus, v.a. bei Neugeborenen und Säuglingen. Intubierte Neugeborene u. Säuglinge müssen immer beatmet werden. (Erhöhte Atemarbeit durch Tubus, fehlende physiologische Bremsung des Exspiriums durch die Stimmbänder führt zu Hypoxie und Hyperkapnie)

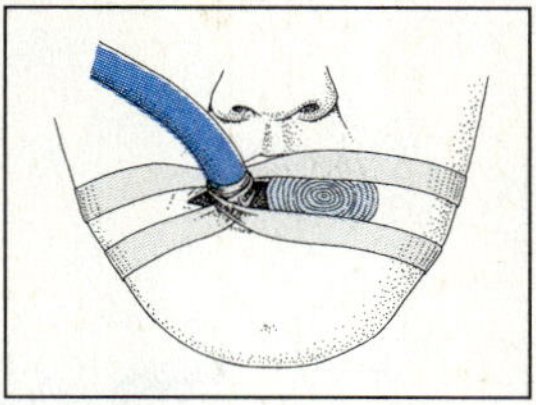

Abb. 12.6: Tubusfixierung

Häufige Fehler:

Zu starke Extension des Kopfes, insbesondere bei kleinen Kindern

Hebeln am Laryngoskop → Beschädigung der Zähne, mangelnder Intubationserfolg

Tubus wird zu tief geschoben, gelangt dann in einen Hauptbronchus (→ einseitiges Atemgeräusch)

Tubus soll beim Kind < 6–8 Jahre nicht ganz dicht sein, er muß unter einem Beatmungsdruck > 20 cm H_2O undicht werden, sonst Gefahr subglottischer Stenosebildung

Blinde nasale Intubationen führen bei Kindern selten zum Erfolg.

Einstellen des Beatmungsgerätes

Beatmung mit 100 % O_2 fortführen

Frequenz für Säuglinge 25–30/Min., für Kleinkinder ca. 20/Min.

Das Atemzugvolumen sollte 10 ml/kg KG betragen

Beatmungsdrucke und PEEP prinzipiell wie beim Erwachsenen:

Beatmungsspitzendruck 30 cm H_2O; bei Säuglingen und Kindern mit Polytrauma immer PEEP initial 4–6 cm H_2O, bei Oxygenierungsproblemen evtl. erhöhen (auch an Spannungspneu oder Tubusdislokation denken!).

Punktionskoniotomie

Wenn der kleine Patient nicht mit der Maske beatmet werden kann, die Intubation nicht gelingt und alle Möglichkeiten freie Atemwege zu schaffen, ausgeschöpft sind, kann man *bei vitaler Bedrohung* eine *transtracheale Beatmung* über einen Katheter oder ein entsprechendes Punktionsset versuchen. Alternativ ist auch die Punktion mit einer großlumigen Venenverweilkanüle möglich (☞ Abb. 12.7):

Vorgehen

Kopf des bewußtlosen Kindes im Liegen leicht überstreckt festhalten lassen. Mit einer *12 (dunkelblau) oder 14 G (orange) Venenverweilkanüle* und aufgesetzter 10 ml Spritze die Membrana cricothyreoidea (zwischen Schild- und Ringknorpel des Kehlkopfes) im Winkel von 45° von kranial nach kaudal punktieren bis Luft zu aspirieren ist. Die Nadel entfernen, dabei die Kanüle in die Trachea vorschieben. Das Ansatzstück eines 3 mm (ID) Tubus auf die Kanüle aufsetzen und einen 100 % Sauerstoff liefernden Beatmungsbeutel aufsetzen

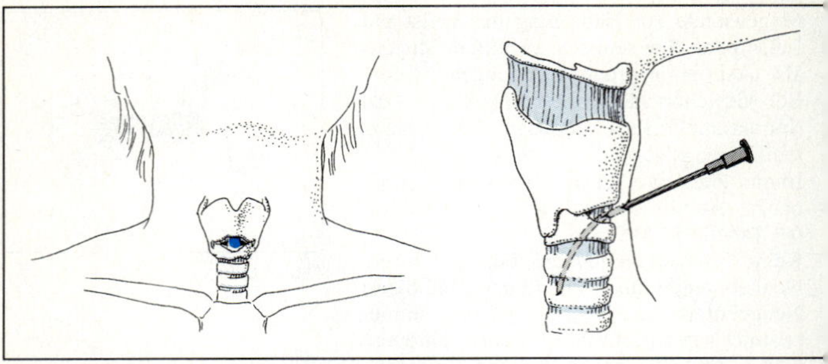

Abb. 12.7: Punktion der Membrana cricothyreoidea

- *Alternative*: von einer 10 ml Spritze den Stempel entfernen, in die Spritze eine blockbaren Tubus einführen und den Cuff blocken, Spritzenkonus auf die Ka nüle setzen, Beatmungsbeutel anschließen. Alles gut festhalten oder festkleben

Beatmungsmuster bei transtrachealer Beatmung

Inspirationszeit: 1 Sek., Exspirationszeit 4 Sek.

Die Kompression des Brustkorbs kann zur Unterstützung der Exspiration erforder lich sein. Die Ausatmung kann erleichtert werden, wenn man den Beutel währen der Exspiration diskonnektiert.

Probleme

- Aufgrund der Kleinheit der anatomischen Verhältnisse beim Säugling ist di Punktion erschwert
- Aspiration möglich → Sauger bereithalten
- Perforation der Tracheahinterwand oder des Ösophagus → bei Verdacht Kanül etwas zurückziehen
- Blutung → Sauger bereithalten, ggf. Blutungsquelle leicht komprimieren
- pCO_2-Anstieg.

12.3 Schock

12.3.1 Besonderheiten im Kindesalter

- Der Blutdruck kann *bei Kindern* aufgrund ihrer *ausgeprägten Fähigkeit zur Va sokonstriktion* noch im Normalbereich sein, obwohl das Herzminutenvolume bereits deutlich eingeschränkt ist. Daher besser *Perfusionszustand* (kapillär Füllungszeit) beurteilen. Die *Hypotension* ist ein *spätes und plötzliches Zeiche der Kreislaufdekompensation*
- Beim Neugeborenen und Säugling ist das Herzzeitvolumen ganz von der Herz frequenz abhängig. Bradykardie bedeutet immer Kreislaufinsuffizienz. Häufig ste Ursache ist Hypoxie
- *Kapilläre Füllungszeit*: Eine Extremität leicht über Herzhöhe anheben, nac Drücken auf die Haut für ca. 5 Sek. soll die Blässe bei guter peripherer Perfusi on innerhalb von 2 Sek. wieder verschwinden
- Normale Blutdruckwerte schließen einen Schock keinesfalls aus

12

Tab. 12.9.: Puls- und RR-Normalwerte im Kindesalter			
Altersklasse	**Herzfrequenz [/Min.]**	**RR systolisch [mmHg]**	**RR diastolisch [mmHg]**
Neugeborenes	100–180	70 ± 10	50 ± 10
Säugling (bis 1 Jahr)	100–160	80 ± 30	60 ± 10
Kleinkind (1–6 Jahre)	90–140	90 ± 20	60 ± 25
Schulkind (6–12 Jahre)	70–120	100 ± 15	55 ± 10

Die passende Blutdruckmanschette soll *2/3 des Oberarmes* des Kindes bedekken. Häufig stehen jedoch genau passende Blutdruckmanschetten nicht zur Verfügung (falsch niedrige Werte bei zu breiter Manschette)

Ein *kräftiger Puls* an der A. radialis, brachialis oder A. femoralis spricht für einen *suffizienten Kreislauf*

Gesunde Kinder haben warme Extremitäten und rosige Haut.

Jrsachen des Schocks im Kindesalter

Die Ursache einer Minderperfusion ist bei Kindern meist ein *absoluter* (Blutverlust, Verbrennung, Dehydratation) *oder relativer* (Sepsis) *Volumenmangel*

Dehydratation durch Erbrechen.

Typische Differentialdiagnosen:

- Pylorushypertrophie (Alter: 3–8 Wo.)
- Invagination (Alter v. a. 6–12 Monate Fieber, evtl. abdomineller Tumor tastbar)
- Duodenalatresie/-stenose (Neugeborenes)
- M. Hirschsprung (Neugeborenes)
- Gastroenteritis (alle Altersstufen)
- Intoxikationen

Zur Abschätzung von Blutverlusten: das zirkulierende Blutvolumen beim Kind beträgt ca. 80 ml/kg KG

Ein allergischer Schock kann auch bei Kindern auftreten (☞ 5.9)

Selten erleiden Kinder einen kardiogenen Schock, in diesen Fällen ist meist eine Herzerkrankung oder ein Vitium (☞ 12.5.7, 12.5.8) beim Kind bekannt

Arrhythmien sind fast immer *Folge* von Hypoxie, Azidose, Hypotension (Volumenmangel) und Hypothermie. Kammerflimmern tritt sehr selten, fast nur bei Kindern mit angeborenen Herzerkrankungen, nach Elektrounfällen (☞ 11.12) oder infolge Vergiftung mit arrhythmogenen Medikamenten, z. B. trizyklischen Antidepressiva (☞ 9.4.2) auf.

12.3.2 Symptomatik und Diagnostik

Symptomatik

Bewußtseinsstörungen unterschiedlichen Grades

Blasses bis blaues Hautkolorit

Kühle Extremitäten

Angst, Unruhe als Zeichen der zerebralen Hypoperfusion

Tachypnoe

Evtl. Ateminsuffizienz.

Tab. 12.10.: Klinische Symptomatik bei Blutverlust bei Kindern

Klinische Zeichen	Blutvolumenverlust
Kreislauf: tachykard, schwacher peripherer Puls *Haut*: kühl, kapilläre Füllungszeit 2–3 Sek. *ZNS*: reizbar, evtl. aggressiv	< 20 %
Kreislauf: tachykard, schwacher, dünner Puls *Haut*: Extremitäten kalt, zyanotisch, marmoriert *ZNS*: lethargisch, verwirrt	25 %
Kreislauf: hypoton, Tachykardie kann sich zur Bradykardie entwickeln *Haut*: blaß, kalt *ZNS*: komatös	40 %

Tab. 12.11.: Klinische Einschätzung einer Dehydratation bei Kindern

Klinische Zeichen	Geschätzter Volumenmangel
Verminderter Hautturgor, trockener Mund	5 %
Eingesunkene Fontanelle, Tachykardie, anamnestisch Oligurie	10 %
Eingesunkene Augen, eingesunkene Fontanelle	15 %
Koma	20 %

Kurzanamnese

- Trauma, Verbrennung, Verbrühung
- Fieber, Infekt der Atemwege oder des Gastrointestinaltrakts
- Flüssigkeitsverluste durch Erbrechen, Durchfälle, fehlende Flüssigkeitsaufnahme (seit wann?)
- Allergie, entsprechende Exposition
- Bekannte Herzerkrankung
- Dauer der Symptomatik.

Sofortdiagnostik

- Basischeck (☞ 4.1.2)
- Atmung ausreichend (☞ 12.2.2)?
- Puls: nur schwach tastbar, Tachykardie
- Beurteilung der Bewußtseinslage
- Hautfarbe: blaß oder peripher zyanotisch (Säuglinge: grau)
- Temperatur der Extremitäten: kühl
- Kapilläre Füllungszeit: verlängert > 2 Sek.
- Auskultation: leise Herztöne
- RR niedrig
- SpO_2 niedrig
- *Bei bereits länger bestehenden Dehydratationszuständen:*
  - Fontanelle eingesunken
  - Haut trocken und faltig, „stehende Hautfalten“
  - Eingesunkene Augen

- *EKG- Ableitung:*
  - Primäre kardiale Ereignisse sind selten, dennoch muß bei allen schwerkranken oder verletzten Kindern ein EKG abgeleitet werden, um rechtzeitig Rhythmusstörungen zu erkennen
  - Eine Tachykardie mit weiten QRS-Komplexen ist eher ventrikulär bedingt (sehr selten beim Kind!)
  - Eine Tachykardie mit engen QRS-Komplexen ist eher supraventrikulär bedingt
  - Bradykardie ist der terminale Rhythmus des Kindes.

12.3.3 Therapie

Prinzipiell: *Sauerstoffangebot optimieren*, d. h. *immer O_2*-Gabe und *bei Bedarf Beatmung* (☞ 12.2.3).

Therapie des Volumenmangelschocks

Flüssigkeitsersatz, Indikation zur präklinischen Substitution abhängig von der Kreislaufsituation des Kindes, von den Venenverhältnissen und von der Entfernung zur Zielklinik.

- Initial *20 ml/kg KG Ringer-Lösung* als Infusion (☞ 12.1.6)
- *Infusion* tropft *nicht schnell genug*: *Bolusgabe* über einen Dreiwegehahn mit angesetzter 20 ml-Spritze
- Neubeurteilung des Perfusionszustandes: kapilläre Füllung kürzer, gleich oder länger als zuvor; RR oft wenig hilfreich
- Wenn keine Besserung, erneuter Bolus 10–20 ml/kg KG Ringer-Lösung, evtl. Blutzuckerkontrolle bei atraumatischen Problemen
- Wenn keine Besserung, kolloidale Lösung 10–20 ml/kg KG (☞ 12.1.6)
- Je nach evtl. fortdauerndem Blutverlust Volumensubstitution nach Wirkung
- Bei komatösem Kind mit schlechten Venenverhältnissen an intraossären Zugang denken (☞ Abb. 12.2).

Therapie des kardiogenen Schocks

Dekompensiertes Kind mit **Herzfehler, Zyanose, Herzinsuffizienz** (☞ 12.5.7, 12.5.8).

Kammerflimmern und Bradykardie (☞ 12.4).

Ventrikuläre Tachykardie (sehr selten), Therapie mit Lidocain (☞ 12.4), elektrische Kardioversion (☞ 12.4).

Supraventrikuläre Tachykardie (240–300/Min.) ist die häufigste Arrhythmie, die bei Kindern zu kardiovaskulärer Instabilität führt. Die QRS-Komplexe sind dabei schmal.

- Therapie präklinisch nur bei Zeichen von kardiogenem Schock, peripherer Minderperfusion und Hypotension
- Nicht mit Fieber- oder Volumenmangeltachykardie verwechseln (Anamnese)
- Initial *vagale Manöver*: *Eisauflage ins Gesicht*, oder zumindest nasse kalte Tücher, ältere Kinder das *Valsalva-Manöver* durchführen lassen (tief einatmen und bei geschlossener Glottis Bauchpresse und Exspirationsmuskeln so lang wie möglich betätigen; dem Kind das Manöver erklären und selbst vormachen), Druck auf Carotissinus (einseitig!)
- Kontraindiziert ist Druck auf die Augen wegen Verletzungsgefahr
- Kontraindiziert ist Verapamil (z. B. Isoptin®) absolut bei Kindern unter 1 Jahr (Todesfälle beschrieben)

- Bei Versagen der vagalen Manöver weitere Therapie präklinisch nur bei Zeichen von kardiogenem Schock, deutlicher peripherer Minderperfusion, Hypotension und eingeschränkter Bewußtseinslage: Kardioversion (s. u.).

Elektrische Kardioversion (Synchronisierte Defibrillation)

Indikation: Symptomatisches Kind mit supraventrikulärer oder ventrikulärer Tachykardie (präklinisch nur bei schlechter Perfusion, Hypotension und eingeschränkter Bewußtseinslage).

- Wenn EKG nicht über die Paddles abgeleitet wird, EKG-Elektroden mit dem Defibrillator verbinden
- Ableitung mit der höchsten R-Amplitude wählen
- Synchronisation einschalten, initiale Dosis 0,5 J/kg KG, bei Bedarf erhöhen.

Medikamentöse Kardioversion

Indikation: Paroxysmale supraventrikuläre Tachykardie (präklinisch nur bei symptomatischem Kind)

Als Alternative mit sehr gutem Erfolg. Sehr effektive Therapie mit minimalen Nebenwirkungen, HWZ von Adenosin ist etwa 10 Sek.

- Adenosin (Adrekar®, 2 ml = 6 mg) 0,1 mg/kg KG über liegenden venösen Zugang als Bolus mit Hilfe eines „Kochsalzbolus" unter laufender EKG-Kontrolle rasch einschwemmen
- Bei Nichtansprechen Wiederholung mit doppelter Dosis; maximale Einzeldosis: 12 mg.

Kontraindikationen: Sick Sinus Syndrom, AV-Block 2. und 3. Grades, Vorhofflimmern, -flattern, Asthma bronchiale.

Nebenwirkungen: Aufgrund der sehr kurzen HWZ sind die NW von kurzer Dauer und selbstlimitierend. Rhythmusstörungen, in seltenen Fällen kann ein Bronchospasmus ausgelöst werden.

Adenosin nur unter EKG-Kontrolle und bei Reanimationsbereitschaft anwenden.

Prinzipien der Weiterbehandlung

Evtl. Digitalisierung unter kinderkardiologischer Betreuung.

12.4 Reanimation

Jede Pulslosigkeit muß zunächst durch Beatmung mit 100 % Sauerstoff und mechanische Reanimation behandelt werden.

Vorgehen immer in der Reihenfolge
A: **A**temwege freimachen (☞ 12.2.3)
B: **B**eatmung (☞ 12.2.3)
C: Herzmassage (**C**irculation, s. u.)

12

Herzdruckmassage

- *Indikation:* kein Puls über A. carotis, brachialis oder femoralis tastbar oder bei Bradykardie < 60/Min., die sich nach Sauerstoffbeatmung nicht bessert
- *Lagerung:* harte Unterlage (Brett, Boden)

- *Druckpunkt*
  - Beim Säugling: auf Sternummitte, etwa ein Fingerbreit unterhalb der Verbindungslinie zwischen den Brustwarzen entweder mit zwei Fingern oder in der thoraxumfassenden Technik. Etwa 2 cm tief eindrücken, den Brustkorb bis in die Ausgangsposition wieder entfalten lassen (Frequenz: 100/Min.)
  - *Beim Kleinkind* (ab 1 Jahr): zwei Querfinger oberhalb der Stelle, an der sich die Rippen in der Mitte treffen, mit dem Handballen 2,5–4 cm tief eindrücken (Frequenz: 80–100/Min.)

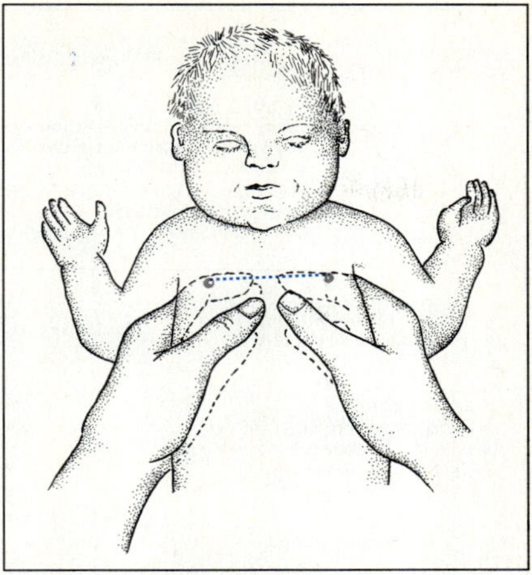

Abb. 12.8: Herzdruckmassage beim Säugling

- Bei *Maskenbeatmung*: Verhältnis Herzdruckmassage : Beatmung = 5 : 1, dabei nur etwa 80 Kompressionen/Min. möglich wegen Pause für die Beatmung
- Beim *intubierten* Kind: kontinuierliche Herzdruckmassage, möglichst 100 Kompressionen/Min.
- Keine Herzdruckmassage ohne Beatmung!
- Zeichen einer suffizienten Massage: Puls wird spürbar (Taststellen bei Säuglingen: Arminnenseite, A. femoralis, älteres Kind auch A. carotis) und SpO_2 meßbar; Inspektion: Rückgang der Zyanose/Marmorierung, enger werdende Pupillen.

Defibrillation:

Indikation: Ventrikuläre pulslose Rhythmusstörungen.

- Für Kinder unter 10 kg KG (bis ca. 1 Jahr) die kleinen, darüber die normalen Erwachsenen-Paddles verwenden
- Die Paddles so plazieren, daß das Herz genau dazwischen liegt, üblicherweise eines auf der rechten Thoraxhälfte unterhalb der Klavikula, das andere lateral der linken Brustwarze
  - Initiale Dosis: 2 J/kg KG, wenn erfolglos
  - Nächste Dosis: 4 J/kg KG, wenn erfolglos
  - Erneute Dosis: 4 J/kg KG, in rascher Abfolge
  - Wenn noch kein Erfolg: (☞ Abb. 12.8).
- **Kardioversion** (☞ 12.3.3).

Transkutane Schrittmacher

Beim Kind aufgrund der meist nicht kardialen Genese einer präklinischen Asystolie ganz selten erfolgreich. Bei Kindern unter 15 kg KG sollten kleinere Elektroden verwendet werden.

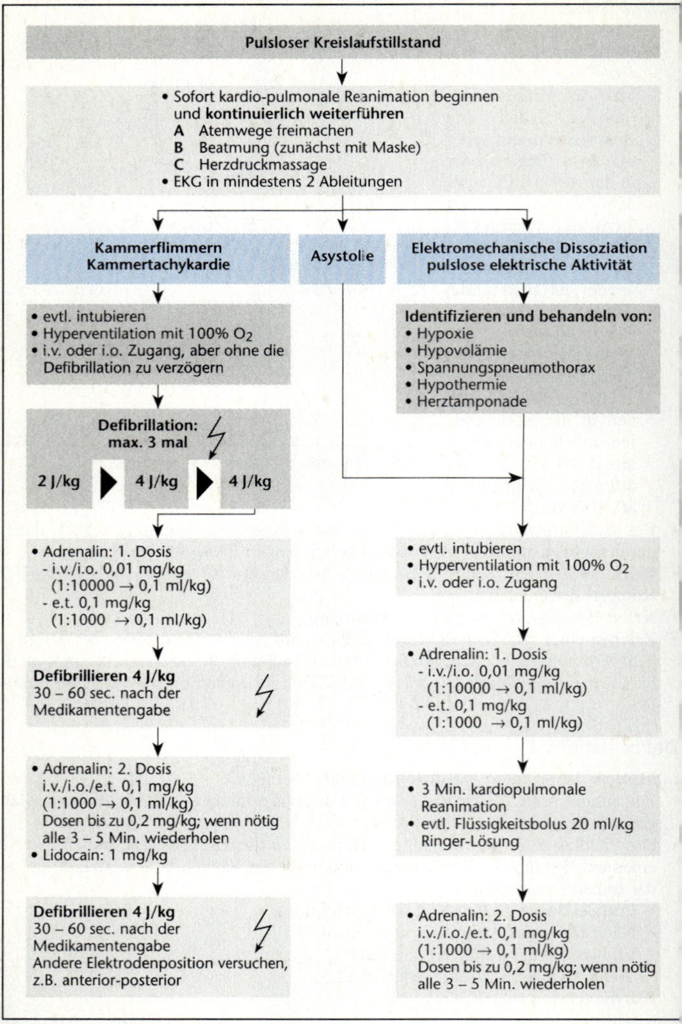

Abb. 12.9: Reanimation des Kindes

Medikamentöse Reanimation

- Die in Tab. 12.12 angeführten Dosierungen für kreislaufwirksame Substanzen beziehen sich auf die Reanimationssituation
- Zur endobronchialen Gabe sind die angegebenen i. v.-Dosierungen zu verdoppeln, bei Adrenalin evtl. auch zu verzehnfachen
- Ab 14 Jahren kann man ungefähr wie beim Erwachsenen dosieren
- Immer individuell nach Wirkung dosieren nicht nur nach Schema
- Bei Säuglingen zur genaueren Dosierung Adrenalin 1:10 000 und Atropin in Insulinspritzen abfüllen
- $NaHCO_3$ hat in der Kinderreanimation bisher keinen nachweisbaren Nutzen erbracht. Als ultima ratio einsetzbar bei prolongierter Reanimation in einer Dosis von 1 mval/kg KG.

ransport nach Stabilisierung der Vitalfunktionen

- *Vor weiterem Auskühlen schützen* (Zudecken, Metallinefolie, Standheizung, Inkubator)
- *Beatmung mit 100 % O_2* fortführen (☞ 12.2.3), Pulsoxymetrie
- Bei unruhigen intubierten Kindern: *(Analgo)-Sedierung*, z. B. mit Midazolam (Dormicum®) 0.05–0.1 mg/kg KG i. v. initial, zusätzlich bei Bedarf Fentanyl® 0.005 mg/kg KG i. v., insbesondere bei traumatisierten Kindern

Tab. 12.12.: Kinder-Notfalltabelle

Alter [Jahre]	1/4	1/2	1	2	4	6	8	10	12
Größe [cm]	62	66	80	90	105	115	130	140	150
Gewicht [kg]	5,5	7	10	12	16	20	25	34	40
Tubus ID [mm]	3,0	3,5	4,0	4,5	5,0	5,5	6,0	6,5	7,0
Tubus AD [Ch.]	14	16	18	20	22	24	26	28	30
Intubationstiefe ab Zahnreihe [cm]	10	11	12	14	15	17	19	20	21
Adrenalin 1:10 000 [ml], 1 ml = 0,1 mg	0,5	0,75	1,0	1,25	1,5	2,0	2,5	3,0	4,0
Atropin [ml] (1ml = 0,5 mg)	0,2	0,3	0,4	0,5	0,6	0,8	1,0	1,0	1,0
Defibrillation initial [J = Ws]	10	15	20	25	30	40	50	60	80
Flüssigkeitsbolus initial [ml]	50	75	100	125	150	200	250	300	400
Lidocain 2 % [ml] (1 ml = 20 mg)	0,3	0,4	0,5	0,6	0,8	1,0	1,3	1,5	2,0
Diazepam i. v. [ml] (1 ml = 5 mg)	0,1	0,2	0,25	0,3	0,4	0,5	0,6	0,75	1,0
Diazepam rektal **[mg]**	2,5	5	5	5	10	10	10	10	10
Glukose 20 o. 25 % [ml]	10	15	20	25	30	40	50	60	80

Alle Dosierungen für intravenöse und intraossäre Medikamente sind als Volumina [ml] angegeben, die rektale Dosierung von Diazepam ist in mg angegeben.

Tab. 12.13: Dosierungen für Atropin und Lidocain			
Atropin	Einzeldosis	beim Kind	0,5 mg
		beim Jugendlichen	1 mg
	Gesamtdosis	beim Kind	1 mg
		beim Jugendlichen	2 mg
	minimale Dosis		0,1 mg
	Dosis bei Bradykardie		0,02 mg/kg KG
Lidocain (Xylocain®)	Maximaldosis		3 mg/kg KG (= 3 x Bolusgabe)

- Ausreichende *Volumensubstituierung, kontinuierliches Kreislaufmonitoring* EKG, Puls, kapilläre Füllungszeit.

Vor Applikation von Notfallmedikamenten suffiziente Ventilation sicherstellen Ausschluß von Tubusfehllage, Pneumothorax, Hypovolämie.

Häufigster Fehler, insbesondere bei Säuglingen/Neugeborenen: Zeit wird auf da Legen eines i. v.-Zugangs verwendet, anstatt zügig mit einer suffizienten Bea mung zu beginnen!

12.5 Spezielle Kindernotfälle nach Leitsymptomen

12.5.1 Polytrauma

Die Behandlungsprinzipien entsprechen denen Erwachsener (☞ 11.8):
- großzügige Volumensubstitution
- Frühintubation und Beatmung.

Symptomatik

- *Schmerzen, Blutungen*

Je nach Verletzungsmuster sind zusätzlich möglich:
- *Ateminsuffizienz:* Thoraxtrauma (☞ 11.2)
- *Schock:* Abdominaltrauma (☞ 11.4), Wirbelsäulentrauma (☞ 11.6), Extremitä ten- und Beckenfrakturen (☞11.7, 11.5)
- *Bewußtseinstrübung:* Schädel-Hirn-Trauma (☞ 12.5.2, 11.2)
- *Bewegungsstörungen der Extremitäten:* Schädel-Hirn-Trauma (☞ 12.5.2, 11.2 Wirbelsäulentrauma (☞ 11.6), Frakturen, Luxationen (☞ 11.7).

Kurzanamnese

- Verkehrsunfall, Sturz aus großer Höhe
- Blick-Inspektion des Unfallorts (z. B. Autowrack, bei Stürzen: offenes Fenster
- Befragung von Unfallbeteiligten, Spielkameraden oder sonstigen Zeugen zu Klärung des *Unfallmechanismus*:

Wo saß das Kind im Auto?
War es angeschnallt?
Trug es einen Fahrradfahrerhelm?
Vermutliche Geschwindigkeit des verunfallten Pkw?
Sturzhöhe?
Weitere Unfallverletzte (2. NA erforderlich?)
Direkte *Hinweise auf mögliche bzw. wahrscheinliche Verletzungen* (z. B. Auffahrunfall: HWS-Schleudertrauma)?
Befragung von Angehörigen: Vorerkrankungen, Behinderungen, Medikamente, Allergien?

Sofortdiagnostik

Basischeck (☞ 4.1.2)
Puls, SpO_2, RR, EKG
Atmung:
- Inspektion: Zyanose? Thoraxhebung: vorhanden, symmetrisch?
- Auskultation: Atemgeräusch: vorhanden, seitengleich, rasselnd?

Kreislauf:
- Schockzeichen (☞ 12.3.2)?
- Kapilläre Füllungszeit verlängert (> 2 Sek.)?

Neurologischer Kurzbefund:
- Bewußtseinszustand: wach, somnolent, bewußtlos?
- Reaktion auf Ansprache oder Schmerzreiz?
- Pupillengröße und Lichtreaktion?

Nach Stabilisierung von Atmung und Kreislauf: Inspektion des Kindes (Kleidung vorher evtl. aufschneiden) mit paralleler kraniokaudaler Untersuchung (☞ 11.1):
- Hämatome? Prellmarken?
- Extremitätenfehlstellungen? Offene Frakturen?
- „Harter" Bauch (intraabdominale Verletzung)?
- Hautemphysem (Pleuraverletzung, z. B. durch Rippenfraktur)?

Sofortmaßnahmen

Reanimation nach ABC-Regel (☞ 12.4)
Bei V. a. Spannungspneumothorax: Punktion des 2. ICR mit Venenverweilkanüle (☞ 7.7)
Blutungen durch manuelle Kompression (☞ 6.3) oder mit Kompressionsverbänden versorgen (☞ 2.6)
O_2-Gabe (☞ 12.2.3)
Mindestens 2 großlumige i. v.-Zugänge (☞ 12.1.5) mit Infusion (☞ 12.1.6) zur Volumensubstitution
Im Zweifelsfall immer mit Wirbelsäulentrauma (☞ 11.6) rechnen: Immobilisation der HWS (z. B.mit Stifneck®), Vakuummatratze
Frühzeitige und großzügige Indikation zur Intubation und Beatmung (☞ 12.2.3) bereits bei geringen Anzeichen von Atemnot oder Bewußtlosigkeit.
Beatmungsparameter: F_iO_2: 1,0; PEEP 4–6 cm H_2O; Frequenz u. AMV altersabhängig (☞ 12.2.3)
Analgesie: wichtig zur Streßminderung
- Das Medikament, mit dem man die meiste Erfahrung besitzt, ist prinzipiell auch bei Kindern am besten!
- Opioideinsatz nur von dem Notarzt, der mit Intubation und Beatmung vertraut ist!

Tab. 12.14.: Analgetikadosierung im Kindesalter	
Piritramid (Dipidolor®)	0,05–0,2 mg/kg KG i.v.
Morphin	0,05–0,1 mg/kg KG i.v.
Pethidin (Dolantin®)	0,5–1 mg/kg KG i.v.
Tramadol (Tramal®)	1–2 mg/kg KG i.v.
Fentanyl beim intubierten Kind beim nicht intubierten Kind Titration bei entsprechender Erfahrung	 0,005 mg/kg KG i.v. 0,001 mg/kg KG i.v.
Ketamin (Ketanest®)	0,25–1 mg/kg KG i.v. 5 mg/kg KG i.m.
Cave: Säuglinge < 6 Monate haben eine erhöhte Empfindlichkeit gegenüber Opioiden: Kindern dieser Altersklasse zunächst die Hälfte der angegebenen Dosierungen verabreichen! Auch Ketamin kann v.a. bei Säuglingen Apnoe verursachen.	

- Lagerung je nach Verletzungsmuster (☞ 2.5)
- Bei V.a. Pneumothorax: Thoraxdrainage (☞ 2.9.1). Anlage prinzipiell wie beim Erwachsenen
- Steriles Abdecken von offenen Wunden, Frakturen

Tab. 12.15.: Thoraxdrainagen im Kindesalter	
Alter [Jahre]	**Größe [Ch.]**
0,5–2	16–20
3–6	20–24
7–12	26–28

- Reposition grob dislozierter Extremitätenfrakturen und Luxationen in Kurzna kose mit z.B. Ketamin (Vermeidung von Durchblutungs- und Nervenschäde ☞ 11.7)
- Abgetrennte Gliedmaßen verpacken (steril, trocken, kühl, ☞ 11.7.6)
- Magensonde nach Intubation zur Aspirationsprophylaxe. Bei Schädel-Hir Traumen und Gesichtsschädelverletzungen nur oral, da bei nasalem Einführe intrakranielle Perforationsgefahr.

Transport

Immer Transport in die nächste kinderchirurgische Klinik mit Intensivstation u CT (evtl. Hubschrauber anfordern). In besonders dringenden Fällen Transport i die nächste chirurgische Abteilung.

- Aufgrund des noch sehr elastischen Skeletts sind oft die äußeren Traumaze chen auch bei schweren inneren Verletzungen nicht sehr ausgeprägt
- Auch bei schweren Thoraxtraumen mit Lungenkontusion oder Pneumothora muß deshalb ein Thoraxkompressionssschmerz nicht immer vorhanden sein
- Die klinische Beurteilung (z.B. fraglicher Pneumothorax) des kindlichen Th rax mittels Auskultation oder Perkussion ist insbesondere unter Notfallbedi gungen häufig sehr schwierig.

- Bei Problemen bei der Anlage venöser Zugänge und vitaler Indikation: an intr ossäre Nadel denken (☞ 12.1.5)!

- Venöse Zugänge bei polytraumatisierten Kindern immer besonders gut sichern, da lebenswichtig!
- Bei Gabe von Opioiden:
  - Immer mit Atemdepression rechnen
  - Wegen möglicher Hypovolämie immer erst mit der niedrigeren der angegebenen Dosis anfangen!
- Ketamin (Ketanest®): kontraindiziert bei Schädel-Hirn-Trauma und Augenverletzungen!
- Blutverluste, die unbedeutend aussehen, können dennoch für das kleine Kind relativ hoch sein
- Gegenstände bei Stich- und Pfählungsverletzungen nicht entfernen, höchstens auf Transportmaß kürzen.

12.5.2 Schädel-Hirn-Trauma (SHT)

Symptomatik (☞ 11.2)

Jedes nach einem Unfall (auch nur vorübergehend) bewußtseinsgestörte Kind, wird zunächst als SHT behandelt.

- Bewußtseinstörung (vom kurzen „Wegbleiben“ bis zu tiefem Koma)
- Übelkeit, Erbrechen
- Retrograde Amnesie
- Offene Schädelverletzungen
- Liquorrhoe, Blutungen
- Pupillenveränderungen
- Schwindel
- Kopfschmerz.

Kurzanamnese

- Unfallhergang:
  - Überwiegend Verkehrsunfälle als Fußgänger oder Fahrradfahrer
  - Bei Kleinkindern und Säuglingen Stürze die Treppe hinunter, von der Wickelkommode, aus dem Kinderwagen
  - Im Rahmen einer Kindesmißhandlung (shaken baby syndrome ☞ 12.5.9)
- Unfallmechanismus: Je größer die Sturzhöhe und je stärker die einwirkenden Kräfte auf den kleinen Schädel, desto wahrscheinlicher ist ein höhergradiges SHT mit intrakraniellen Blutungen und erhöhtem Hirndruck
- Unfallzeitpunkt?
- Bewußtlosigkeit, Eintritt (sofort?) und Dauer? Krampfanfälle?
- Wenn nicht bewußtlos, Eltern fragen, ob das Kind nach dem Unfall „anders“ war als sonst.

Sofortdiagnostik

- Basischeck (☞ 4.1.2)
- Puls, SpO_2, RR, EKG
- Rasche Orientierung über neurologischen Zustand:
  - wach oder somnolent
  - Reaktion auf Ansprache und Schmerzreiz (Glasgow Coma Scale, ☞ Tab. 12.16)
  - Pupillengröße und Lichtreaktion

Tab. 12.16: Modifizierte Glasgow Coma Scale für Kleinkinder

Parameter	Reaktion	Punktwert
Augenöffnen	spontan	4
	auf Anruf	3
	auf Schmerzreiz	2
	kein Augenöffnen auf Schmerzreiz	1
Motorische Antwort	gezieltes Greifen nach Gegenständen	6
	auf Schmerzreize: gezielte Abwehr	5
	normale Beugung	4
	atypische Beugung	3
	Strecksynergismen	2
	keine Reaktion	1
Verbale Antwort	jede Antwort, Lachen, Weinen, Erkennen von Angehörigen, Fixieren, bzw. bei älteren Kindern verständliche Sprache oder volle Orientierung	5
	unsicheres Erkennen von Angehörigen, keine Fixierung	4
	zeitweise weckbar	3
	motorische Unruhe, nicht weckbar	2
	keine Reaktion auf Schmerzreiz	1
maximale Punktsumme		15

- Untersuchung des Schädels auf:
  - Prellmarken, Hämatome
  - Stufenbildung in der Kalotte (Fraktur)
  - Blutungen aus Nase oder Ohren (Schädelbasisfraktur)
  - Liquorrhoe („offene" Schädelbasisfraktur)
- Inspektion: Begleitverletzungen, z.B. Blutungen, Bauchtrauma (Polytraum. ☞ 12.5.1)?

Sofortmaßnahmen

- Venöser Zugang mit Infusion (z.B. Ringer-Lösung).

Atmung

- O_2-Gabe (☞ 12.2.3)
- Intubation (☞ auch 12.2.3):
  - *Indikation:* bei Atembehinderung oder bei GCS Gesamtpunktwert < 9 erforderlich, d.h. bei einem Kind, das auf Schmerzreiz nicht erweckbar ist
  - Medikamente zur Intubation, falls das Kind nicht tief bewußtlos ist: z.B. Thiopental (Trapanal®), Midazolam, (z.B. Dormicum®), Etomidat (z.B. Etomidat-Lipuro®, (☞ 12.2.3). ***Cave:*** Ketamin (Ketanest®) ist wegen mögliche

12

Hirndrucksteigerung (z. B. bei V. a. SHT) kontraindiziert (Ausnahme: Bei eingeklemmtem Patienten niedrig dosiert zur Analgesie sinnvoll)
  - Auf Immobilisation der HWS bei der Intubation achten, Kopf von Helfer halten lassen, leichte Reklination, kein Seitwärtsdrehen, keine Anteflexion
- Beatmung (☞ auch 12.2.3):
  - F_iO_2 1,0; angestrebter $paCO_2$ 35 mm Hg
  - Spitzendruck möglichst < 25 cm H_2O, PEEP, wenn erforderlich ≤ 5 cm H_2O
  - Wichtigstes Ziel der Beatmung ist immer eine gute Oxygenierung (SpO_2) des Pat., d. h. SpO_2 > 95 %
  - Wenn sich das Kind gegen Tubus bzw. Beatmung „wehrt“: Analgosedierung: z. B. Midazolam (Dormicum®) 0,1 mg/kg KG kombiniert mit Fentanyl 0,005 mg/kg KG bzw. nach Wirkung.

Kreislauf
- Wichtig ist eine optimale Volumenzufuhr (☞ 12.3.3): Eine Flüssigkeitsrestriktion mit Minderperfusion des Gehirns führt zur Zunahme des Hirnschadens. Bei Hypotonie daher aggressive Volumenzufuhr
  - ***Cave:*** Nur isotone Lösungen verwenden (Ringer-Lösung, NaCl 0,9 %), keine Glukose-Lösungen.

Lagerung
  - Häufig sind Begleitverletzungen, insbesondere der HWS → auch im Zweifelsfall immer Schienung mit Halskrawatte (Stifneck®) oder Vakuummatratze
  - Hochlagerung des Oberkörpers um 30 °
  - Positionierung des Kopfes immer in Mittellage, nie in Seitenlage (um venösen Abfluß durch die Vv. jugulares nicht zu behindern).

Krampfanfälle (☞ 12.5.5).

Transport

- Bei leichtem (GCS 13–15 Punkte), gedecktem SHT in (Kinder-)Klinik, in der jederzeit Röntgenaufnahmen von Schädel und Wirbelsäule von Arzt mit Facharztqualität beurteilt werden können. Engmaschige Kontrollen von Bewußtseinslage und Pupillen müssen möglich sein
- Bei mittelschwerem (GCS 9–12 Punkte), gedecktem SHT in neurochirurgische Klinik, ansonsten in (Kinder-) Chirurgische Klinik mit konsiliarischer Betreuung durch einen Neurochirurgen, mit CT und Intensivstation
- Bei schwerem (GCS 3–8 Punkte) oder offenem SHT jeglichen Schweregrades in neurochirurgische Klinik mit 24 h-OP-Bereitschaft
- Hubschraubertransport frühzeitig erwägen.

Prinzipien der Weiterbehandlung

Stationäre Beobachtung, neurochirurgische Versorgung.

- Der initiale irreparable Zellschaden durch den Unfall ist nicht mehr zu ändern. Durch rasches und gezieltes Eingreifen des Notarztes können jedoch sekundäre Schäden durch Hypoxie und Minderperfusion gering gehalten werden
- Im Vergleich zu Erwachsenen haben Kinder mit schwerem SHT (Glasgow Coma Scale < 8 Punkte) ein deutlich besseres Outcome
- Der Nutzen von Steroiden zur Hirnödemprophylaxe ist auch beim kindlichen Schädel-Hirn-Trauma nicht nachgewiesen
- Wichtig für die Verlaufsbeurteilung sowie die Diagnostik und Behandlung in der Klinik ist die Dokumentation eines möglichst genauen neurologischen Ausgangsstatus. Dieser kann deskriptiv sein, praktikabel ist aber auch die Beurteilung nach der modifizierten **G**lasgow **C**oma **S**cale (☞ Tab. 12.16).

- Kleinkinder und Säuglinge können einen Volumenmangelschock im Gegensatz zum Erwachsenen bereits nur aufgrund einer isolierten intrakraniellen Blutung erleiden
- Die Gabe von Mannitol ist routinemäßig präklinisch nicht indiziert. Bei sich akut verschlechternder Bewußtseinslage und Entwicklung einer Anisokorie (als Ausdruck einer Hirndrucksteigerung) kann man die Kurzinfusion von Mannitol 0,3–1,5 g/kg KG (Mannitol 20 %, 1,5–7,5 ml/kg KG) in Erwägung ziehen

- „Gegenwehr" bei Beatmung steigert den Hirndruck, d.h. Analgosedierung ist unbedingt erforderlich
- Auch während des Transportes Verlaufsbeurteilung und Dokumentation des neurologischen Zustands bzw. des Pupillenstatus beim intubierten und analgosedierten Kind
- ***Cave*** RR-Abfall: an Volumenmangel bzw. Schock durch Begleitverletzungen denken!

12.5.3 Atemnot mit Stridor

Pfeifendes Atemgeräusch aufgrund einer Obstruktion der oberen Luftwege, meist inspiratorisch, auf Distanz hörbar und in Kombination mit substernalen Einziehungen.

Differentialdiagnose

- *Epiglottitis* (selten, aber lebensgefährlich)
- *Pseudokrupp* (häufig)
- *Fremdkörperaspiration*
- Laryngitis oder Tracheitis (meist mit Heiserkeit), Tonsillitis (gerötete oder belegte Tonsillen), Trauma (Anamnese, Prellmarken), Diphtherie (Tonsillenmembranen, süßlicher Fötor), zusätzlicher Luftwegsinfekt bei bestehender subglottischer Stenose oder Tracheomalazie, Rauchgasvergiftung (☞ 9.7.1), Quincke-Ödem (☞ 17.2.6).

Tab. 12.17.: Unterscheidungskriterien zwischen Pseudokrupp und Epiglottitis

	Pseudokrupp	Epiglottitis
Symptom		
Fieber	meist leicht	> 39–40 °C
Speichelfluß	kaum	stark
Schluckstörung	keine	meistens
Husten	bellend	selten (nicht bellend)
Sprache	heiser	kloßig, leise
Anamnese	oft Infekt der oberen Luftwege, langsamer Beginn	schneller Beginn (innerhalb von Stunden)
Risikofaktor		
Alter	0,5–3 Jahre	meist 1–7 Jahre
Tageszeit	meist abends, nachts	ganztags
Jahreszeit	gehäuft im Herbst	ganzjährig
Prognose	sehr gut	hohe Mortalität
Rezidive	häufig	selten

piglottitis

upraglottische Entzündung (Epiglottis, aryepiglottische Falten, Vestibularfalten); rreger meist Haemophilus influenzae (1992 Impfung gegen Haemophilus in- uenzae b (HIB) eingeführt, Erkrankung seitdem rückläufig).

Symptomatik

Schwerkrankes Kind
Sitzende Haltung
Meist Fieber über 39 °C, oft Sepsis-ähnliches Bild
Selten Husten, inspiratorischer Stridor oft nur gering
Zunehmende Atemnot, evtl. Zyanose
Ganzjährig auftretend
Leise, kloßige Sprache („hot potatoe voice")
Halsschmerzen, Schluckbeschwerden, Speichelfluß.

Kurzanamnese

Prädilektionsalter 1–7 Jahre
Kurze Anamnese (Beginn vor 8 –15 Stunden), akuter Beginn.

Sofortdiagnostik

Basischeck (☞ 4.1.2)
Verdachtsdiagnose rein klinisch-anamnestisch
Eine kurz zurück liegende Getränkeeinnahme spricht gegen die Diagnose

> ***Cave***: Keine Racheninspektion, Gefahr des reflektorischen Atem-Herzstillstandes

Kein EKG und RR, da jede Art von Streß die Symptomatik akut verschlechtern kann
Evtl. SpO_2, wenn das Kind diese Maßnahme problemlos toleriert
Puls: schwacher, tachykarder Puls weist auf Bedrohlichkeit des Krankheitsbildes hin.

Sofortmaßnahmen

Kind in jedem Falle nüchtern lassen wegen der Aspirationsgefahr bei einer evtl. später erforderlichen Intubation
O_2-Gabe (☞ 12.2.3) in der für das Kind angenehmsten Haltung, je nach Alter auf dem Schoß der Mutter (nur wenn diese das Kind nicht noch zusätzlich aufregt), sonst auf dem eigenen Schoß sitzend
Bei Atemstillstand bzw. schwerer Dyspnoe mit Zyanose: Maskenbeatmung (in aller Regel bei Epiglottitis relativ gut möglich).

> ***Cave:*** Keine Infusion anlegen, keine Intubationsversuche, Gefahr des reflektorischen Atem-Herzstillstandes.

ransport

Immer Transport in die nächste Kinderklinik mit Vorabinformation der dortigen Intensivstation über die Verdachtsdiagnose.

rinzipien der Weiterbehandlung

arkoseeinleitung per Halothan- oder Sevofluraninhalation, Anlage eines i. v.-Zu- angs erst in tiefer Narkose, Laryngoskopie und Intubation, Lumbalpunktion (Hae- ophilus-Meningitis möglich). Antibiose. Extubation meist nach etwa 48 h möglich.

Intubation bei angeschwollenener Epiglottis oft sehr schwierig und sollte nur unt klinischen Bedingungen von einem entsprechenden „Spezialisten“ durchgefüh werden. Mißlungene Versuche führen zur Katastrophe!

- Alle präklinischen Maßnahmen (auch scheinbar „harmlose“) auf das essentiel Minimum beschränken
- Insbesondere keine Manipulationen im Bereich der Mundhöhle und des Halse die Epiglottis kann schlagartig anschwellen und die Atemwege vollends verleger

Pseudokrupp

Subglottische Laryngotracheitis, d. h. entzündliche Schwellung der Submukosa i subglottischen Bereich mit entsprechender Einengung der Atemwege (meist durc Virusinfekte).

Symptomatik

- Meist guter AZ
- Bellender Husten, inspiratorischer Stridor
- Evtl. Heiserkeit
- Tachypnoe
- Leichte Temperaturerhöhung
- Tachykardie
- Vorwiegend nachts und im Herbst auftretend.

Kurzanamnese

- Keine Schluckstörung, kein Speichelfluß
- Häufig gleichzeitig Rhinitis (oft schon seit 2–3 Tagen Infekt der oberen Luf wege)
- Häufige Rezidive
- Prädilektionsalter: 6 Monate bis 3 Jahre (und älter).

Sofortdiagnostik

- Basischeck (☞ 4.1.2)

Cave: Keine Racheninspektion, Gefahr des reflektorischen Atem-Herzstillstandes

- Verdachtsdiagnose rein klinisch-anamnestisch.
- Kein EKG und RR, da jede Art von Aufregung die Symptomatik verschlechter kann
- Evtl. SpO_2, wenn das Kind diese Maßnahme problemlos toleriert
- Puls: schwacher, tachykarder Puls weist auf schweres Krankheitsbild hin.

Sofortmaßnahmen

Cave:
- Keine Infusion anlegen (Streßvermeidung)
- Kinder mit Atemnot präklinisch nicht sedieren

12

- Auf alle Beteiligten beruhigend einwirken
- Notfalls Maskenbeatmung (sehr selten erforderlich)
- Intubation sicherer unter Klinikbedingungen (Tubuswahl: ID mindeste 0,5 mm kleiner als altersentsprechend).

Tab. 12.18.: Therapie des Pseudokrupp

Symptomatik	Therapie
leicht: bellender Husten, leichter Stridor, Heiserkeit	frische (kalte) Luft, an ein offenes Fenster bringen
mittelschwer: bellender Husten, stärkerer Stridor bereits in Ruhe, keine Zyanose	O_2-Gabe Prednison als Zäpfchen (z. B. Rectodelt® Supp., Wirkungseintritt erst nach ca. 1 h!): < 10 kg KG: 30 mg > 10 kg KG: 100 mg
schwer: Stridor, Atemnot, Zyanose, schlechter AZ	O_2-Gabe Prednison als Zäpfchen (z. B. Rectodelt® Supp., Wirkungseintritt erst nach ca. 1 h!): < 10 kg KG: 30 mg > 10 kg KG: 100 mg falls ein Medikamentenvernebler vorhanden ist: Inhalation mit O_2 und Adrenalin (z. B. Suprarenin®), 3–5 ml Suprarenin® 1:1000 in den Inhalator

ransport

Nach Möglichkeit immer Klinikeinweisung (Kinderklinik)
Bei leichter Symptomatik evtl. Vorstellung beim Pädiater.

rinzipien der Weiterbehandlung

acheninspektion nur auf Intensivstation, Beobachtung für eine Nacht unter Mo-itorüberwachung, bei Bedarf O_2- und Mikronephrin® -(Adrenalin Racemat) Ver-ebelung, Intubation nur selten erforderlich.

ur Inhalation (falls Medikamentenvernebler vorhanden) bei Pseudokrupp ist das drenalin Racemat Mikronephrin® besser geeignet, 0,5 ml mit 3,5 ml 0,9 % NaCl erdünnt, aber in Deutschland nur über internationale Apotheken erhältlich. Adre-alinhaltige Dosieraerosole und Sprays sind bei Kleinkindern mit Pseudokrupp nmer kontraindiziert (Überdosierungsgefahr, rebound effect).

seudokrupp verschlechtert sich durch Streß, daher jede unnötige Maßnahme oder onstige Verunsicherung des kleinen Patienten vermeiden!

remdkörperaspiration

Symptomatik

Stridor (in- und/oder exspiratorisch)
Husten
Unterschiedliche Grade von Atemnot, Zyanose
Giemen, evtl. einseitiges Atemgeräusch
Evtl. Würgen, Keuchen.

Kurzanamnese

Aspirationsereignis nicht immer eruierbar, häufig starke Hustenattacke bei vorherigem Wohlbefinden, evtl. kurzzeitige Zyanose, oft rasche Besserung bei Tieferrutschen des Fremdkörpers in einen Hauptbronchus oder Aushusten

- Die Eltern oder Betreuer fragen nach Essen oder Spielen mit folgenden typ schen „Aspiraten“:
  Erdnüsse, andere Nüsse, kleine Spielfiguren, Perlen, Knöpfe, Bonbons, Erbse rohe Karottenstücke, Apfelstücke, Kieselsteine u. a.
- Prädilektionsalter 1–3 Jahre.

Sofortdiagnostik

- Basischeck (☞ 4.1.2)
- Inspektion: Atemnot, Zyanose?
- SpO_2
- Auskultation: seitendifferentes Atemgeräusch (bei einseitiger Totalobstruktion lokalisierter Stridor bzw. Giemen, manchmal Ventilgeräusch (in- und exspirat risch wechselndes Giemen).

Sofortmaßnahmen

Günstigster Fall (Obstruktion eines Hauptbronchus): Dem Kind geht es relat gut (selten Atemnot), einseitiges Atemgeräusch, Giemen, evtl. Ventilgeräusc Überblähung der obstruierten Seite.

- Keine Sofortmaßnahmen vor Ort erforderlich, nüchtern lassen

Weniger günstiger Fall (partielle Tracheaobstruktion): Kind hustet.

- Zum Weiterhusten anhalten und „hustend“ in die Klinik fahren
- In diesem Stadium keine Versuche unternehmen, den Fremdkörper zu entferne (Gefahr, daß aus der partiellen Obstruktion durch Verlagerung des Fremdkö pers eine vollständige Verlegung entsteht)
- Evtl. O_2-Gabe (☞ 12.2.3)
- Evtl. i. v.-Zugang mit Infusion (z. B. Ringer-Lösung)

Ungünstigster Fall (vollständige Tracheaobstruktion): Atemstillstand und Zy nose nach anamnestisch wahrscheinlicher Aspiration.

- Inspektion der Mundhöhle, Entfernung des Fremdkörpers, wenn sichtbar
- Entweder zuerst Versuch der Extraktion mittels Magill-Zange unter Laryngoskopie oder durch verschiedene Manöver, die den intrathorakalen Druck erhöhen:
- Keinesfalls mit den Fingern „blind“ in der Mundhöhle herumfahren. Kann zum Einklemmen des Fremdkörpers im Larynx führen.
  - *Säuglinge:*
    In Bauch- und Kopftieflage auf den Unterarm legen, mit den Fingern den Mund aufhalten und 5 bis 10 Schläge mit der flachen Hand auf den Rücken geben

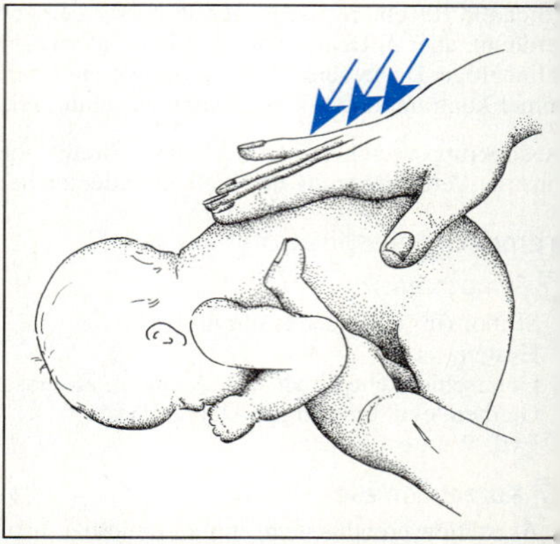

Abb. 12.10: Maßnahme bei Obstruktion der oberen Luftwe beim Säugling

12

Bei Erfolglosigkeit Säugling in Rücken- und Kopftieflage 5 Kompressionen (Druckpunkt wie zur Herzdruckmassage) auf das untere Drittel des Sternums geben (☞ 12.4)
Cave: Heimlich Manöver (☞ 17.2.5) beim Säugling (große ungeschützte Leber) wegen der Gefahr einer Leberruptur unterlassen
- *Kleinkinder:*
  In Rückenlage auf einer festen Unterlage 5 bis 10 Stöße in das obere Abdomen geben
- *Schulkinder:*
  Heimlich-Manöver (☞ 17.2.5)

Erneut im Mund nachsehen, wenn möglich Fremdkörper entfernen

Weiteres Vorgehen, wenn diese Manöver nicht erfolgreich waren:
- Mit Maske beatmen
- Wenn das Kind nicht beatmet werden kann Laryngoskopie und erneuter Versuch der Entfernung unter Sicht mittels Magill-Zange

Als *ultima ratio* Intubation und Fremdkörper in einen Hauptbronchus vorschieben, Beatmung nach Zurückziehen des Tubus über den verbleibenden „offenen“ Bronchus, sofern keine Totalobstruktion entsteht

I. v.-Zugang mit Infusion (z. B. Ringer-Lösung)

Bei Lage des nicht entfernbaren Fremdkörpers oberhalb des Krikoids: Koniotomie (☞ 12.2.3, 3.4.7).

ransport

Immer Transport in die nächste Kinderklinik, bzw. Anästhesie- oder HNO-Abteilung (je nach örtlichen Gegebenheiten) mit der Möglichkeit zur bronchoskopischen Extraktion.

rinzipien der Weiterbehandlung

.ö-Thorax, Bronchoskopie und Extraktion.

12.5.4 Atemnot mit Giemen: Asthma bronchiale

eversible Luftwegsobstruktion oder -verengung charakterisiert durch bronchiale .eizbarkeit nach Exposition verschiedener Stimuli (Allergene, respiratorische Vi-ısinfekte, körperliche Anstrengung, kalte Luft, inhalative Schadstoffe und Reiz-'offe, psychische Auslöser).

Symptomatik

ei Exazerbation abrupte oder progressive Verschlechterung der Symptome .temnot, Giemen und Überblähung der Lungen (☞ Tab. 12.20):

Dyspnoe, exspiratorischer Stridor

Husten (evtl. mit zähem Schleim)

Veränderte Bewußtseinslage: Unruhe, Somnolenz

Erschwertes Sprechen, nur in kurzen Sätzen, einzelnen Worten

Hautfarbe blaß oder zyanotisch

Bauchschmerzen (besonders bei Kleinkindern).

Kurzanamnese

Dauer des jetzigen Zustandes?

Allergien?

Dauermedikation: Steroide? Theophyllin? Inhalativa?

Häufigkeit der Exazerbationen, d. h. wie oft zum Kinderarzt, in die Klinik in letzter Zeit?

- Frühere schwere Anfälle mit Notarzt/Intensivstation/Beatmung?
- Jetzt bereits β_2-Mimetika inhaliert, wie oft? Steroide, Theophyllin genommen

Sofortdiagnostik

- Basischeck (☞ 4.1.2)
- Puls: Tachykardie
- SpO_2, RR, evtl. EKG
- Inspektion: interkostale und sternale Einziehungen, Nasenflügeln
- Auskultation: Verlängertes Exspirium mit exspiratorischem Brummen und Gie men, d. h. pfeifendes, quietschendes, sehr wechselndes Nebengeräusch über be den Lungen durch schwingende Sekretfäden oder Obstruktion, vor allem en exspiratorisch, vor dem Mund, evtl. auch auf Distanz gut hörbar; manchmal auc RGs, evtl. nicht mehr hörbares Atemgeräusch bei schwerer Asthmaexazerbatior
- Perkussion des Thorax: hypersonorer Klopfschall
- Entsprechend der Zunahme der Symptomatik findet sich in der Lungenfunktic eine Abnahme des exspiratorischen Spitzenflusses (peak flow), den manche Pa tienten mit eigenem Gerät selbst messen können
- Einteilung nach Schweregrad (☞ Tab. 12.19).

Tab. 12.19.: Einschätzung des Schweregrades einer akuten Asthmaexazerbation beim Kind

	Mild	Mittel	Schwer
Atemfrequenz	normal bis 30 % über Normalwert (☞ Tab. 12.6)	30–50 % über Normalwert (☞ Tab. 12.6)	> 50 % über Normalwert (☞ Tab. 12.6)
Bewußtseinslage	normal	normal	evtl. reduziert
Dyspnoe	gering, spricht in mehreren ganzen Sätzen	mäßig, spricht in kurzen einzelnen Sätzen	stark, spricht nur einzelne Worte
Gebrauch der Atemhilfsmuskulatur	keine bis geringfügige interkostale Einziehungen	mäßige interkostale und sternale Einziehungen, Gebrauch der Mm. sternocleidomastoidei, Überblähung der Lungen	stärkere interkostale und sternale Einziehungen mit inspiratorischem Nasenflügeln, Überblähung der Lungen
Hautfarbe	rosig, normal	blaß	evtl. zyanotisch
Auskultation	nur endexspiratorisches Giemen	in- und exspiratorisches Giemen	kein Atemgeräusch hörbar
SpO_2	> 95 %	90–95 %	< 90 %
pCO_2	< 35 mmHg	< 40 mmHg	> 40 mmHg
peak flow (falls Meßgerät vorhanden und Handhabung dem Kind vertraut)	70–90 % des Normalwertes oder des individuellen Ausgangswertes	50–70 % des Normalwertes oder des individuellen Ausgangswertes	< 50 % des Normalwertes oder des individuellen Ausgangswertes

Sofortmaßnahmen

Beruhigendes Einwirken auf Kind und Eltern

Geeignete Körperposition: Sitzen; Lippenbremse bei älteren Kindern

Die Therapie des akuten Asthmaanfalls ist unabhängig vom Auslöser, abhängig vom momentanen Schweregrad der Symptomatik und von anamnestischen Risikofaktoren (☞ Tab. 12.20)

I. v.-Zugang mit Infusion (z. B. Ringer-Lösung), auf ausreichende Flüssigkeitssubstitution achten

Hinweise zur Spraytechnik mit Dosieraerosolen:

- Dosieraerosole sind meist erst im Schulalter sinnvoll
- Bei starker Obstruktion kommt das Medikament kaum in die Peripherie
- Zwischen den Hüben einer Einzeldosis kurzen Abstand von wenigen Minuten halten. Wirkung ist besser, weil 1. Hub eine leichte Bronchospasmolyse bewirkt und der 2. Hub daher besser in die Peripherie gelangt

Bei Erschöpfung der Atemarbeit und zunehmender respiratorischer Insuffizienz mit Zyanose und zunehmender Bewußtseinstrübung trotz der in Tab. 12.20 genannten Maßnahmen:

- Intubation und Beatmung
- Medikamente der Wahl zur Intubation:
  Ketamin (Ketanest®) 1–2 mg/kg KG i. v., wirkt bronchodilatatorisch, kombiniert mit Diazepam (Stesolid®, Valium®) 0,25–1 mg/kg KG i. v. oder Midazolam (Dormicum®) 0,1–0,2 mg/kg KG i. v.
  Cave: Keine Barbiturate (zusätzliche Bronchokonstriktion über Histaminfreisetzung möglich).

ransport

Klinikeinweisung im Zweifel immer, insbesondere bei mittlerer bis schwerer Exazerbation

Bei milder bis mittlerer Exazerbation und gutem Ansprechen der Therapie evtl. Vorstellung beim Pädiater unter Berücksichtigung der örtlichen Verhältnisse, (Erreichbarkeit der nächsten Kinderklinik und Kooperation der Eltern)

Sogenannte Hoch-Risiko-Kinder in jedem Fall in die Klinik einweisen:

- Kleinkinder möglichst in die nächste Kinderklinik
- Größere Kinder evtl. auch in die nächste internistische Abteilung (je nach örtlichen Gegebenheiten).

rinzipien der Weiterbehandlung

tensivtherapie, evtl. Intubation und Beatmung.

ifferentialdiagnose

remdkörperaspiration (☞ 12.5.3), Pneumonie (Dyspnoe mit hohem Fieber), ronchitis (Dyspnoe mit mäßigem Fieber), Aspiration (z. B. nächtlicher gastroösophagealer Reflux), Mukoviszidose, Lungenödem.

Die Erkrankungs- und Todesrate durch Asthma nimmt bei Kindern laufend zu!

Theophyllin (Bronchoparat®, Euphyllin®) hat an Bedeutung bei der Therapie des akuten Asthmaanfalls verloren:

- Anwendung u. U. sinnvoll bei Patienten, die refraktär auf Bronchodilatatoren und Steroide sind oder die bei früheren Anfällen gut darauf angesprochen haben
- Vorsicht bei der Gabe bei bestehendem viralen Infekt mit Fieber wegen erhöhter Toxizität (halbe Dosis)
- Dosierung (langsam über 5 Min. i. v. spritzen):
  ohne Vorbehandlung mit Theophyllin: 6 mg/kg KG
  bei Vorbehandlung mit Theophyllin: 3 mg/kg KG.

Tab. 12.20.: Therapie des kindlichen Asthmaanfalls

Klinik/Anamnese	Empfohlene Therapie
Milde Exazerbation (☞Tab. 12.19)	- O_2-Gabe (Ziel: $SpO_2 > 92$ %) - Inhalation mit β_2-Mimetikum, z. B. Fenoterol (z. B. Berotec® Dosieraerosol) 2–4 Hub
Mittelschwere Exazerbation (☞ Tab. 12.19)	- O_2-Gabe (Ziel: $SpO_2 > 92$ %) - Inhalation mit β_2-Mimetikum, z. B. Fenoterol (z. B. Berotec® Dosieraerosol) 2–4 Hub Bei mangelndem Erfolg: - *Prednison-Äquivalent* (z. B. Solu-Decortin H®) i. v.: 2–4 mg/kg KG, evtl. auch oral oder rektal (z. B. Rectodelt® Supp.): < 10 kg KG → 30 mg, > 10 kg KG → 100 mg Bei zunehmender respiratorischer Insuffizienz: - *Adrenalin* (z. B. Suprarenin® 1:1000) s.c. 0,01 ml/kg KG, max. 0,3 ml, im Abstand von 15 Min. wiederholbar *oder* *Terbutalin* (z. B. Bricanyl®) s. c. 0,005-0,01 mg/kg KG (0,1–0,2 ml/10 kg KG), max. 0,25 mg (0,5 ml), wiederholbar nach 4 h
Schwere Exazerbation bei einem dieser Symptome (s.a. Tab. 12.19): - Veränderte Bewußtseinslage - Ausgeprägte Dyspnoe (Kind spricht nur in einzelnen Worten oder kurzen Sätzen) - Starke interkostale oder sternale Einziehungen - Zyanose, Blässe, Schwitzen - Nicht hörbares Atemgeräusch - Hautemphysem - $SpO_2 < 90$ % - Peak flow < 50 % (falls Meßgerät vorhanden und Handhabung dem Kind vertraut)	Bei Bestehen eines dieser Symptome: - O_2-Gabe (☞ 12.2.3) - Inhalation eines β_2-Mimetikums über Spacer, z. B. Fenoterol (z. B. Berotec® Dosieraerosol) 2–4 Hub Wenn das Kind nicht inhalieren kann oder diese Therapie nicht erfolgreich ist: - *Adrenalin* (z. B. Suprarenin® 1:1000) s.c. 0,01 ml/kg KG, max. 0,3 ml, im Abstand von 15 Min. wiederholbar *oder* *Terbutalin* (z. B. Bricanyl®) s.c. 0,005–0,01 mg/kg KG (0,1–0.2 ml/10 kg KG), max. 0,25 mg (0,5 ml), wiederholbar nach 4 h - *Prednison-Äquivalent* (z. B. Solu -Decortin H®) i. v.: 2–4 mg/kg KG, evtl. auch oral oder rektal (z. B. Rectodelt® Supp.): < 10 kg KG → 30 mg, > 10 kg KG → 100 mg
Hoch-Risiko-Kind: - Steroiddauertherapie - Panikanfälle mit akuten Exazerbationen - Paroxysmale Anfälle (v. a. nachts) - Dauer der Verschlechterung > 12 h - Häufige (nicht geplante) Besuche beim Kinderarzt/Klinik - Häufige stationäre Aufenthalte - Intubation/Intensivstation in der Anamnese - Ungünstige soziale Verhältnisse	Unabhängig vom derzeitigen Schweregrad des Anfalls erfolgt die initiale Therapie mind. wie bei einer mittelschweren Exazerbation! Immer Einweisung in Kinderklinik!

Bei Zugangsproblemen i. v.-Lösung auch oral in gleicher Dosierung anwendbar oder als Klysma (z. B. Neobiphyllin-Clys® 5 ml für ein Kleinkind mit 20 kg KG).

β_2-Mimetika-Mißbrauch bzw. hoher Bedarf deutet auf bedrohlichen Zustand bei gleichzeitiger Fehleinschätzung hin

Nicht nur Medikamente zählen als Therapie, Ruhe ausstrahlen

Keine Sedativa (***Cave:*** Atemdepression).

12.5.5 Krampfanfall (☞ 8.2.4)

Prolongierter Krampfanfall: Dauer länger als 2 Min.

Status epilepticus: Dauer länger als eine halbe Stunde oder wiederholte Krämpfe, ohne daß der Patient zwischendurch das Bewußtsein wiedererlangt

„Fieberkrampf“: durch Fieber ausgelöster Krampfanfall ohne nachweisbare Gehirnschäden oder -erkrankungen.

rsachen für kindliche Krampfanfälle:
nzephalitis, Meningitis, Epilepsie, nicht ausreichender Medikamentenspiegel der auerantikonvulsiva, akute Enzephalopathie (auch im Rahmen einer Impfkompliation), metabolische Entgleisungen, z. B. Diabetes mellitus, Hypoglykämie, Intoikationen (☞ 9), zerebrale Raumforderungen (Hirntumore, epi-/subdurale Hämaome, z. B. nach Schädel-Hirn-Trauma, ☞ 12.5.2), angeborene ZNS-Fehlbildunen (z. B. tuberöse Hirnsklerose, Neurofibromatose, Sturge-Weber mit Naevus ammeus), Überwärmung (Sonnenstich).

Symptomatik

Generalisierter tonisch-klonischer Krampfanfall mit Bewußtseinsverlust

Typischer Fieberkrampf:
- Tonisch-klonischer Krampfanfall (seitengleich)
- Auftreten meist im Fieberanstieg zu Beginn eines Infektes
- Dauer meist nur 1–2 Min.

Komplizierter Fieberkrampf:
- Dauer länger als 20 Min., bzw. 2 Anfälle innerhalb von 24 h
- Herdsymptomatik, z. B. einseitige Zeichen, postiktale Parese.

Der Status epilepticus mit tonisch-klonischen Anfällen, Halbseitenkrämpfen und tonischen Anfällen ist ein lebensbedrohlicher Notfall!

Kurzanamnese

Alter des Kindes:
- Typischer Fieberkrampf: > 6 Mon., < 5 Jahre
- Komplizierter Fieberkrampf: < 6 Mon. oder > 5 Jahre

Rezidiv oder Erstmanifestation?

Anfallsbeschreibung:
- Beginn, Ablauf, Dauer des Anfalls?
- Bewußtseinsstörungen, Sprachäußerungen
- Körperhaltung oder Bewegungen (Seitendifferenz!), Gesichtsausdruck, Augenstellung, Verletzungen
- Stuhl- und/oder Urinabgang (zumindest beim Kind, das schon „trocken“ ist)
- Atmung, Zyanose, Blässe?
- Häufigkeit der Anfälle (einzeln, Serie, Status)?

- Bestehender Infekt, Fieber, vorausgehende Erkrankungen, Trauma?
- Dauermedikation, regelmäßige Einnahme. Erbrechen, Durchfall (Spiegel ↓)?
- Hinweise für Intoxikation (z. B. Alkoholfötor, Medikamentenschachtel, Insektizidpackung)?

Sofortdiagnostik

Anfall ist bis zum Eintreffen des NA bereits spontan sistiert (häufigster Fall

- Basischeck (☞ 4.1.2)
- Grobneurologische Untersuchung:
  - Vigilanz und Verhalten
  - Schmerzreaktion
  - Pupillen- und Bulbusmotorik
  - Meningismus?
  - Seitendifferenz bei Reflexen?
  - Pathologische Reflexe?
  - Tonus und Stellung der Extremitäten
  - Paresen?
- Vegetative Symptome?
- Zungenbiß?
- Sonstige Verletzungen?
- Urin- und Stuhlabgang
- Exsikkose (☞ 12.3.2)?
- Blutzuckerstix
- Temperaturmessung.

Anfall besteht bei Eintreffen des NA noch (seltener Fall):

- Basischeck (☞ 4.1.2)
- Zyanose, Atemexkursionen?
- Puls, SpO_2, RR, EKG
- Inspektion: sekundäre Verletzungen durch Sturz?
- Blutzuckerstix.

Sofortmaßnahmen

Anfall ist bis zum Eintreffen des NA bereits spontan sistiert:

- Bei Temperatur > 38,5 °C Antipyretika: Paracetamol Supp. (z. B. ben-u-ron®. Dosierung: Säuglinge: 125 mg, Kleinkinder: 250 mg, Schulkinder: 500 mg
- Bei Exsikkose (☞ 12.3.2): I. v.-Zugang, Infusion (☞ 12.1.6)
- Bei Hypoglykämie: Glukose i. v. (☞ 12.5.6).

Anfall besteht bei Eintreffen des NA noch:

- Stabile Seitenlage (wenn kein Hinweis auf ein WS-Trauma vorliegt) zur Ve meidung einer Aspiration
- Evtl. Absaugen von Sekreten aus dem Rachenraum
- O_2-Zufuhr (☞ 12.2.3) mit hohem Flow (10 l/Min.)
- Vor Verletzungen schützen, evtl. weiche Unterlage zumindest unter den Kop nicht festhalten
- Diazepam rektal (Diazepam Desitin rectal tube®, Stesolid Rectal Tube®):
  - Dosierung: Neugeborene: 2,5 mg = 1/2 Rektiole 5 mg,
Säuglinge oder < 10 kg KG: 5 mg,
Kleinkinder oder > 10 kg KG: 10 mg
  - Kann nach 5 Min. einmal wiederholt werden, maximale Dosis 20 mg
- I. v.-Zugang, Infusion (☞ 12.1.6)
- Bei Hypoglykämie Glukose i. v. (☞ 12.5.6)

Bei fortdauerndem Anfall, sobald venöser Zugang vorhanden:

- Wenn nicht schon rektal zweimal Diazepam gegeben wurde: Diazepam 0,25–0,5 mg/kg KG (Valium®, Stesolid®)
  Kann einmal wiederholt werden nach ca. 3 Min.
- Injektionsgeschwindigkeit maximal 2 mg/Min. wegen Gefahr der Atemdepression
- Maximale i. v. Dosis für Kinder < 3 Jahre: 10 mg, > 3 Jahre: 15 mg

Bei Versagen der bisherigen Therapie: Clonazepam i. v. 0,05–0,1 mg/kg KG (Rivotril® 1 Ampulle = 2 ml = 1 mg) max. 2–3 mg, kann in niedrigerer Dosis wiederholt werden

Cave: Diazepam und Clonazepam wirken atemdepressiv, verstärkt in der Kombination beider Mittel. Thiopental nur in Beatmungsbereitschaft verabreichen!

Bei Versagen der Therapie mit Benzodiazepinen Narkoseeinleitung mit Thiopental 5–10 mg/kg KG (Trapanal®); sofortige Wirkung, dabei muß das Kind zunächst mit Maske beatmet, anschließend intubiert und dann weiter beatmet werden

Narkoseeinleitung nur für Notärzte zu empfehlen, die ein Kind sicher beatmen und intubieren können! Andernfalls ist es besser, das krampfende Kind unter O_2-Gabe und möglichst mit Infusion rasch in die Klinik zu bringen!

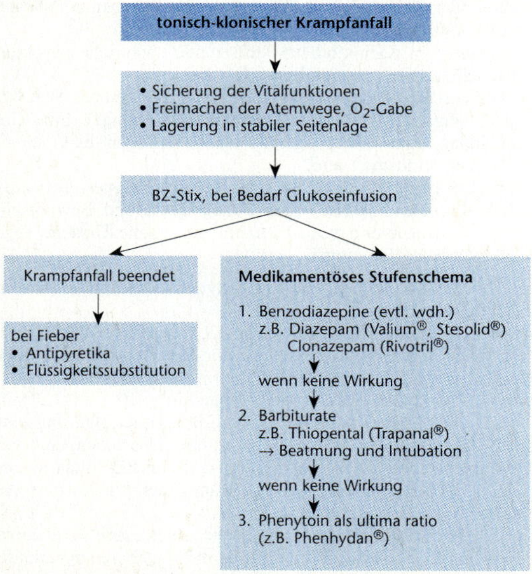

bb. 12.11: Therapie des Krampfanfalls beim Kind, Dosierungen s. Text

- Bei Fieber: Antipyretika (s. o.)
- Läßt sich innerhalb von 30 Min. bei einem Kind mit generalisiertem tonisch klonischem Anfall kein venöser Zugang herstellen, ist eine intraossäre Nad (☞ 12.1.5) indiziert. Die o. g. Medikamente können in der gleichen Dosierun wie i. v. gegeben werden.

Transport

- Bei *unkompliziertem* Fieberkrampf evtl. Vorstellung beim niedergelassene Pädiater
- Ansonsten immer, insbesondere auch im Wiederholungsfall, Einweisung i Kinderklinik.

Prinzipien der Weiterbehandlung

Diagnostik bzw. Behandlung oben genannter Ursachen für den Krampfanfall, EE nach Entfieberung, evtl. Dauerprophylaxe bei wiederholten Anfällen.

Differentialdiagnose

Obwohl selten, muß auch an nicht-zerebrale Anfälle mit ähnlicher Symptomati gedacht werden:

- *Affektkrämpfe* (mit Frustration oder Zorn verbundene, situativ/demonstrati ausgelöster Zustand mit primärer Hypoventilation, darauf folgen tonisch-kloni sche Erscheinungen)
- *Hyperventilation* bei Jugendlichen (meist psychogen), Klinik wie beim Erwach senen (☞ 7.6)
- *Synkopen, vagale Asystolie* (kardiovaskulär bedingt, z. B. durch paroxysma Tachykardien oder andere Herzrhythmusstörungen; können am ehesten mit Ab sencen verwechselt werden)
- *Pavor nocturnus*: Im Kleinkindalter auftretende nächtliche psychomotorisch Erregungszustände mit Angstanfällen
- Wichtige DD bei Säuglingen: *„Blue-episodes"*. „Plötzliches Blauwerden" de Kindes und „komisches Verhalten" (Bewußtseinstrübung?). Eine Ursache lä sich selten finden, eine Abklärung muß jedoch erfolgen, es können Vorstufe zum „Plötzlichen Kindstod" sein!
- *Reflektorisch anoxische Krämpfe:* ausgelöst durch Schmerz (oft ein Sturz a den Kopf, anschließend Blässe, dann Pulslosigkeit und Bewußtseinsverlust Abzugrenzen ist eine traumatisch bedingte organische Ursache (Hirnblutun subdurales/epidurales Hämatom).

- Weitere z. T. im NAW vorhandene Antikonvulsiva und deren Anwendungsg biete bei Kindern:
  - Phenobarbital (Luminal®) 10–20 mg/kg KG i. v., Wirkung setzt relativ lan sam ein, lange HWZ, in Kombination mit Diazepam und Clonazepam se atemdepressiv, gut bei tonischen Anfällen
  - Phenytoin (Phenhydan®, Zentropil®, Epanutin®) 10 (–max. 20) mg/kg K i. v. loading dose, später 5–10 mg/kg KG, langsamer Wirkungseintritt (nac 20 Min.); KI: niedriger Blutdruck, kardiale Erkrankungen, insbesonde Herzrhythmusstörungen. NW: arrhythmogen. Günstig: nicht sedierend, gu Wirkung bei tonischen Anfällen; insgesamt aber präklinische Anwendur bei Kindern nicht zu empfehlen
- Krampfanfälle bei Neugeborenen: sporadische „Zuckungen" sind normal (imm nur eine Extremität). Echte Krampfanfälle beim Neugeborenen verlaufen sehr u terschiedlich: Apnoen mit kurzer Zyanose, abnorme Augenbewegungen (rucka tige Bewegungen, das Trinken wird dabei unterbrochen), Schmatzen. Evtl. klon

12

sche Zuckungen der Extremitäten (abzugrenzen von Extremitätenzittern bei Übererregbarkeit – können durch passive Bewegungen unterbrochen werden).

- Kein Zungenkeil im Anfall wegen Verletzungsgefahr
- Bei der rektalen Applikation von Diazepam muß die Tube beim Herausziehen aus dem Rektum flach zusammengedrückt bleiben. Die Gesäßbacken aneinanderdrücken, um ein Herauslaufen der Flüssigkeit zu verhindern
- Auch nach beendetem Anfall muß das Kind in jedem Fall von einem Pädiater gesehen werden zum Ausschluß einer der o. g. Ursachen, insbesondere einer Meningitis oder Enzephalitis!
- Im Anfall immer O_2-Gabe (☞ 12.2.3) wegen erhöhtem O_2-Verbrauch (ohne O_2-Gabe wird der Anfall bedingt durch die zerebrale Hypoxie zwar schneller beendet, dies ist aber zugleich ein Faktor für die Ausbildung von irreversiblen iktogenen Hirnschäden!).

12.5.6 Bewußtseinsstörung und Bewußtlosigkeit

Mögliche Ursachen:
- Infektionen mit direkter Wirkung auf das Gehirn: Meningitis, Enzephalitis, Abszeß
- Ischämisch-hypoxische Zustände: Schock (hypovolämischer Schock z. B. durch Blutung, ☞ 12.3), Exsikkose nach schwerer Gastroenteritis, septischer Schock (z. B. Meningokokkensepsis), nach Status epilepticus, Beinahe-Ertrinken, Unterkühlung, Hitzschlag, „near miss SIDS“
- Trauma: Schädel-Hirn-Trauma (☞ 12.5.2), Schütteltrauma (Abriß von Brükkenvenen →langsam progrediente Blutung) bei Kindsmißhandlung (☞ 12.5.9)
- Nichttraumatische Hirnblutung
- Vergiftung, Drogenabusus (☞ 9.5): z. B. ASS (ab hohen Dosen um 500 mg/kg KG), trizyklische Antidepressiva, Opioide, Antiepileptika, Klebstoff, Alkohol
- Metabolische Störungen: Hypo- und Hyperglykämie, Leberversagen, Reye-Syndrom (akute Enzephalo- und Hepathopathie unklarer Genese, evtl. ausgelöst durch Infektionskrankheiten oder ASS), selten Urämie, z. B. hämolytisch urämisches Syndrom
- Hirntumore
- Hydrozephalus, Ventildysfunktion.

Symptomatik

Bewußtseinsstörung unterschiedlichen Grades, Somnolenz, Sopor, Koma (☞ 8.2.1).

Kurzanamnese

- Chronische Krankeit wie Diabetes mellitus, Epilepsie, Hydrozephalus bekannt?
- Kürzlich zurückliegender Unfall, auch „Bagatellunfälle“?
- Zugang zu Giften oder Drogen?
- Gesundheitszustand in den letzten 24 h?
- Begleitsymptome, z. B. Krampfanfall?

Sofortdiagnostik

- Basischeck (☞ 4.1.2)
- Atmung: Zyanose, Atemexkursionen?
- Kreislauf: Kapilläre Füllungszeit, Puls, EKG; SpO_2, RR
- Grad der Bewußtseinsstörung, nach Glasgow-Coma-Scale (GCS ☞ 12.5.2)

- Pupillenstatus, Lichtreaktion, Reflexstatus
- Fontanelle tasten (Eingesunken bei Exsikkose, prominent bei Hirndruck)
- Körpertemperatur: Fieber (Meningitis, Exsikkose), Hypothermie (Auskühlung, Ertrinkungsunfall)
- Hinweise für Trauma
  - Anzeichen für Verletzungen im Kopfbereich (Blutung)
  - Palpation des Schädels: Stufe in der Kalotte (Fraktur)
  - Weitere Verletzungszeichen am Körper (Schütteltrauma, battered child)
- Hinweise für metabolische Störung
  - Geruch (Ketoazidose, Intoxikation)
  - Kußmaulatmung (Hyperglykämie)
  - Blutzuckerstix (Hypo-/Hyperglykämie)
  - Pupillen sind normal bei metabolischen Störungen
- Cheyne-Stoke-Atmung (Enzephalitis, Hypoxie)
- Exanthem, Purpura (Meningokokkensepsis)?

Tab. 12.21.: Hypoglykämie in einzelnen Altersstufen

Alter	Glukosewert
Kind jünger als 3 Tage	< 40 mg/dl (2,2 mmol/l)
Kind älter als 3 Tage	< 45 mg/dl (2,5 mmol/l)
Kind älter als 1 Monat	< 50 mg/dl (2,8 mmol/l)

Sofortmaßnahmen

- O_2-Gabe (☞ 12.2.3)
- I. v.-Zugang (☞ 12.1.5) mit Infusion (☞ 12.1.6)
- Ggf. Intubation (bei GCS < 7 meist erforderlich) und Beatmung (☞ 12.2.3)
- Bei Hypoglykämie:
  - I. v.-Zugang vorhanden: Glukose 20 % 2–5 ml/kg KG i. v.
  - Wenn kein i. v. Zugang möglich: Glukagon s. c. oder i. m. 0,1 mg/kg KG (nach 15 Min. BZ Anstieg um 50 %)
- Bei Verdacht auf Opioidvergiftung: Naloxon 0,01 mg/kg KG i. v. (z. B. Narcanti®), bei Bedarf alle 2–3 Min. wiederholen
- V. a. sonstige Vergiftung (☞ 9)
- Bei Krampfanfall (☞ 12.5.5).

Behandlungsprinzip ist das Verhindern weiterer Organschädigung durch
- Hypoxie → Sauerstoffgabe, Beatmung, Intubation
- Hypotension → in der Regel Volumentherapie
- Hypothermie → z. B. Einwickeln in Folie.

Transport

Immer Transport in die nächste Kinderklinik mit Intensivstation.

12

12.5.7 Herzinsuffizienz

Eine Herzinsuffizienz beim Kind ist selten im Vergleich zum Erwachsenen. Zugrunde liegen meistens Vitien (Inzidenz der angeborenen Herzfehler: 6–8 pro 1000 Lebendgeburten). Andere mögliche Ursachen: Sepsis, Pneumonie, Myokar ditis, Kardiomyopathie, Rhythmusstörungen, Herzbeuteltamponade im Rahmen einer Perikarditis (viral, bakteriell z. B. Tuberkulose). Eine Herzinsuffizienz mit Stauung können Kinder mit einem azyanotischen Herzfehler (meist mit Links-Rechts Shunt) entwickeln.

Azyanotische Vitien (nach Häufigkeit):

- Ventrikelseptumdefekt (VSD)
- Offener Ductus Botalli (persistierender Ductus arteriosus, PDA)
- Vorhofseptumdefekt (ASD)
- Aortenisthmusstenose
- Aortenklappenstenose
- AV-Kanal (häufig bei Trisomie 21).

Symptomatik

- Gedeihstörung, Schwitzen, Erschöpfung
- Orthopnoe, Nasenflügeln, inter- und subkostale Einziehungen, Gebrauch der Atemhilfsmuskulatur, Husten
- Kalte, marmorierte Extremitäten
- Hautfarbe: blaß, grau, blau

Kurzanamnese

- Vorhandensein und Art eines Herzfehlers den Eltern in der Regel bekannt
- Dauermedikation (Digitalis, Diuretika)? Regelmäßige Einnahme? Durchfälle, Erbrechen (Spiegel ↓)? Wann war der letzte Besuch beim Kinderkardiologen (Ist das Kind aus der Dosierung „herausgewachsen")?
- Gewichtsabnahme in letzter Zeit als Hinweis auf eine langsame Verschlechterung
- Dekompensation oft im Rahmen eines Infektes, bes. der Luftwege.

Sofortdiagnostik

- Basischeck (☞ 4.1.2)
- Puls nur schwach tastbar, SpO_2, EKG, RR (evtl. an beiden Armen und an unterer Extremität, bei Aortenisthmusstenose: re. Arm hoher RR, untere Extremität niedriger RR)
- Atemfrequenz: Tachypnoe
- Auskultation:
  - Herz: evtl. typisches Vitiengeräusch, evtl. Galopprhythmus, Tachykardie
  - Lunge: sehr selten Rasselgeräusche über der Lunge beim Kind, evtl. Giemen
- Hepatomegalie tastbar
- Periphere Ödeme: sehr selten vorhanden beim Kind
- Fuß- und Femoralispulse: bei Aortenisthmusstenose nicht oder nur abgeschwächt tastbar
- Verlängerte kapilläre Füllungszeit, evtl. periphere Zyanose (☞ 12.5.8).

Sofortmaßnahmen

- Oberkörperhochlagerung
- O_2-Gabe (☞ 12.2.3)
- Wenn die nächste Kinderklinik weit entfernt ist oder das Kind sehr starke Atemnot und RG hat:
  - I. v.-Zugang (☞ 12.1.5), aber Flüssigkeitsrestriktion!
  - Diuretische Therapie präklinisch: Furosemid (z. B. Lasix®) 0,5 –1 mg/kg KG i. v. über 1–2 Min.

- Bei Schock (☞ 12.3) evtl. Dobutamin (z. B. Dobutrex®) initial 5- max. 20 µg/kg/min. nur über Perfusor
- Bei supraventrikulärer Tachykardie (☞ 12.3.3)
- Bei Kreislaufstillstand Reanimation (☞ 12.4)
- Bei zyanotischen Vitien (☞ 12.5.8).

Differentialdiagnose

Myokarditis, Kardiomyopathie, paroxysmale supraventrikuläre Tachykardie (PSVT), Digitalistoxizität (☞ 9.4.4).

- Einen Schock in der ersten Lebenswoche erleiden fast nur Kinder, die ein duktusabhängiges Vitium haben (spontaner Verschluß des Ductus Botalli am Ende der ersten Lebenswoche)
- Die Symptomatik einer Herzinsuffizienz entwickelt sich meist langsam über mehrere Tage und wird deshalb anfangs oft übersehen.

Transport

Immer Transport in die nächste Kinderklinik.

Prinzipien der Weiterbehandlung

Diurese, Digitalisierung, evtl. Katecholamintherapie unter kinderkardiologischer Betreuung bzw. Neueinstellung der Medikation, Behandlung eines evtl. zugrundeliegenden Infektes, z. B. Pneumonie, evtl. operative Korrektur des Vitiums. Bei Schock in der ersten Lebenswoche initial Prostaglandininfusion zur Wiedereröffnung des Ductus Botalli bis zur Klärung der Diagnose und entsprechender Therapie, z. B. Operation.

12.5.8 Zyanose

- *Periphere* Zyanose (= Ausschöpfungszyanose): verstärkte O_2-Ausschöpfung des Blutes aufgrund einer allgemeinen oder evtl. nur regionalen Kreislaufverlangsamung
- *Zentrale* Zyanose (= Mischungszyanose): vermehrt reduziertes Hämoglobin bereits im arteriellen Blut durch intrapulmonale oder -kardiale Mischung von venösem und arteriellem Blut.

Einer kardial bedingten Zyanose liegen Herzfehler mit Rechts-Links Shunt zugrunde.

Zyanotische Vitien:

- Fallotsche Tetralogie (häufigster zyanotischer Herzfehler nach dem 1. Lebensjahr, spezielle Therapie s. u.)
- Transposition der großen Arterien (TGA)
- Pulmonalatresie
- Trikuspidalatresie
- Ebstein-Anomalie
- Eisenmenger-Reaktion (Shuntumkehr bei Herzfehlern mit ursprünglichem Links-Rechts Shunt durch Erhöhung des Lungengefäßwiderstandes).

Symptomatik

- Bei Dekompensation, oft im Rahmen eines Infektes, Zunahme der Zyanose.

Kurzanamnese

- Art des Herzfehlers den Eltern in der Regel bekannt, ebenso wie der übliche Grad der Zyanose, evtl. auch übliche Sauerstoffsättigungen (im Einzelfall sind diese Kinder an Sättigungen zwischen 60 und 70 % adaptiert)

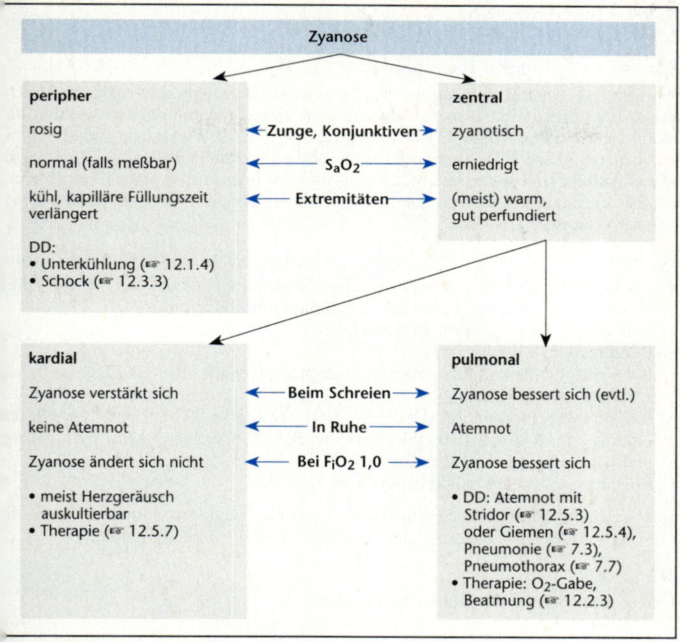

bb. 12.12: Algorithmus für das zyanotische Kind

Zustände, die den pulmonalarteriellen Widerstand erhöhen (z. B. Hypoxie) oder den systemischen Widerstand senken (z. B. Hypovolämie durch Gastroenteritis mit Flüssigkeitsverlusten, Infekt mit Fieber) führen zu einer Zunahme des Rechts-Links-Shunts und damit der Zyanose.

Sofortdiagnostik

Basischeck (☞ 4.1.2)
Puls, SpO_2, EKG, RR
Auskultation: evtl. vitientypisches Geräusch
Zeichen der Exsikkose: Hautturgor ↓ (stehende Hautfalten), Fontanelle eingesunken?
Zeichen chronischer Hypoxie: Trommelschlegelfinger, Uhrglasnägel?

Sofortmaßnahmen

O_2-Gabe (☞ 12.2.3)
I. v.-Zugang (☞ 12.1.5) mit Infusion (☞ 12.1.6) bei Anzeichen von Dehydratation. Die Volumengabe führt bei den üblichen primär zyanotischen Herzfehlern zu rascher Verbesserung der Symptomatik. Man muß keine Angst vor einem Herzversagen haben
Antipyretika bei Fieber, z. B. Paracetamol (ben-u-ron®) Supp. (☞ 12.5.5)

- Bei Schock (☞ 12.3.3)
- Bei Kreislaufstillstand Reanimation (☞ 12.4).

Sonderfall Fallotsche Tetralogie

Ausgeprägte zyanotische Anfälle bei Fallotscher Tetralogie, die manchmal nich selbst limitierend sind. Auslösefaktoren sind eine Zunahme der Obstruktion de rechtsventrikulären Ausflußtraktes, niedriger peripherer Widerstand (beim Schrei en, nach dem Essen, nach der Defäkation) und ein veränderter venöser Rückstrom Diese Anfälle sind selten geworden aufgrund der frühzeitigen operativen Korrek tur des Vitiums, gelegentlich aber anzutreffen bei Kindern aus medizinisch weni ger gut versorgten Ländern.

Sofortmaßnahmen bei zyanotischem Anfall bei Fallotscher Tetralogi

- Hockstellung (erhöht den systemischen Widerstand) bzw. Knie an die Brus pressen auch im Liegen oder auf dem Schoß eines Elternteils
- O_2-Gabe(☞ 12.2.3), wenn angenehm
- Beruhigendes Einwirken
- Bei Versagen der nichtinvasiven Maßnahmen Morphin 0,1 mg/kg KG i. v. (auc s. c. oder i. m. möglich)
- Bei Versagen Propranolol (Dociton®) 0,01–0,1 mg/kg KG i. v. sehr langsam in jizieren oder Esmolol (Brevibloc®) 0,5 mg/kg KG i. v. über 1 Min., evtl. gefolg von 0,2 mg/kg KG i. v. über 2 Min.
- Bei Versagen i. v. Flüssigkeitsbolus (☞ 12.3.3).

Kontraindiziert sind bei der Fallotschen Tetralogie β-Sympatomimetika, da sie di Obstruktion des rechtsventrikulären Ausflußtraktes verstärken können.

Transport

Immer Transport in die nächste Kinderklinik.

Prinzipien der Weiterbehandlung

Korrektur der Dehydratation, Behandlung eines evtl. zugrunde liegenden Infekte (z. B. Pneumonie), evtl. operative Korrektur des Vitiums.

Differentialdiagnose

- Zyanose mit *Fieber*: V. a. Infektion, z. B. Pneumonie, obstruktive Bronchitis, in fektinduziertes Asthma
- Zyanose mit *Husten*: V. a. Pneumonie oder Fremdkörperaspiration
- Zyanose mit *Röcheln*: V. a. Fremdkörperaspiration
- Zyanose mit *inspiratorischem Stridor*: V. a. Pseudokrupp, Epiglottitis
- Zyanose mit *Giemen/exspiratorischem Stridor*: V. a. obstruktive Bronchiti Asthma bronchiale.

Bei Patienten mit intrakardialem Rechts-Links Shunt Lufteinschlüsse in der Infu sionsleitung streng vermeiden, da das venöse Blut hier ohne Filterung durch d Lunge wieder in den großen Kreislauf gelangt (Gefahr der Luftembolie)

12

12.5.9 Verdacht auf Mißhandlung

Körperliche Mißhandlung liegt vor, wenn durch körperliche Gewaltanwendun Kindern ernsthafte, vorübergehende oder bleibende Verletzungen oder der Tod z gefügt werden.

Sexueller Mißbrauch ist die Ausbeutung der körperlichen, emotionalen und entwicklungsbedingten Abhängigkeit eines Kindes durch sexuelle Handlungen Erwachsener oder Jugendlicher mit einer Altersdifferenz von wenigstens 5 Jahren zur sexuellen Befriedigung des Mißbrauchenden.

Symptomatik

Unterschiedliche Verletzungen, z. B.

- Shaken baby syndrome: Hirnödem mit oder ohne Subarachnoidalblutung (☞ 12.5.2) nach heftigem Schütteln des Säuglings („damit er endlich still ist"), häufig auch retinale Einblutungen mit folgender Blindheit. Kind ist komatös oder krampfend, oft ateminsuffizient, wird fälschlich für schlafend gehalten
- Polytrauma (☞ 12.5.1)
- Schädel-Hirn-Trauma (☞ 12.5.2)
- Bewußtlosigkeit (☞ 12.5.6)
- V. a. plötzlichen Kindstod (☞ 12.5.11)
- Vergiftungen (☞ 9)
- Verbrennungen (☞ 11.10).

Hinweise aus Anamnese und Untersuchungsbefund

Von Seiten der Eltern oder Betreuenden:

- Zeitverzögerung zwischen Arztalarmierung und Verletzung (häufig abends, nachts)
- Auffällig heftig besorgtes Verhalten der Eltern
- Auffällig ungefragtes Erklären der Verletzung, Diskrepanz zwischen vorliegendem Befund und der dazu gegebenen Erklärung
- Eltern wollen bei der körperlichen Untersuchung unbedingt dabei sein, wollen sich nicht vom Kind trennen lassen
- Verschweigen vorangegangener Verletzungen und entsprechender ärztlicher Behandlungen.

Von Seiten des Kindes:

- Angegriffener Zustand, halonierte Augen, bleiche Hautfarbe
- Verwahrloste Kleidung, Hygiene, Haare
- Untergewicht, Kleinwuchs

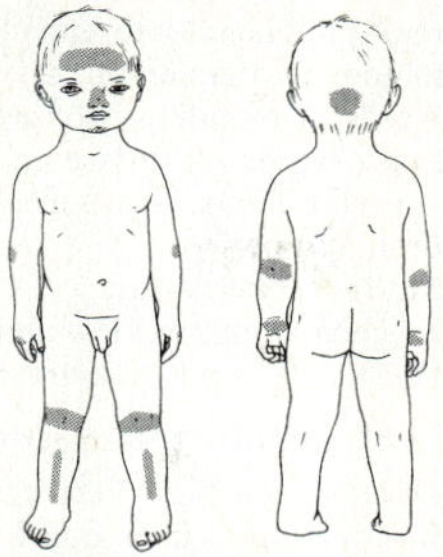

Typische Lokalisationen von Sturzverletzungen

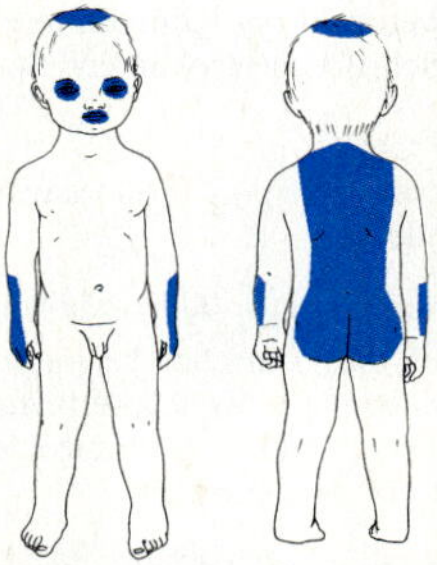

Verletzungslokalisationen, die auf Mißhandlung verdächtig sind

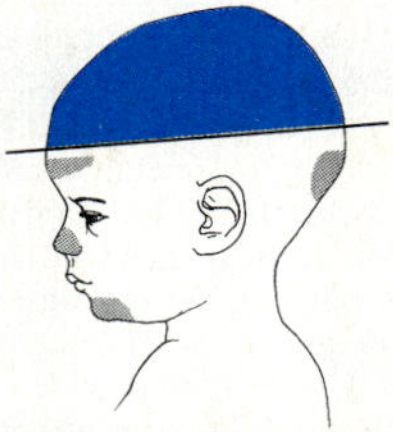

Verdächtig auf Schlag- und Hiebverletzung sind Läsionen oberhalb einer gedachten Hutkrempenlinie, an geschützten Stellen (Augen, Wangen) und doppelseitige Verletzungen.
Typische Sturzverletzungen sind unterhalb dieser Linie lokalisiert und meist einseitig.

Abb. 12.13: Hinweise auf Mißhandlungsverletzungen

b. Säugl.: wenn die schwarze Markierung am Ende des Tubus im Stimmritze passiert!

Üb.: ob Thoraxseiten bds. regelm. beatmet sind?

- An der Haut: Schürfwunden, frisch und verschorft, Schwellungen, Petechien, multiple Hämatome unterschiedlichen Alters, striemen- oder handförmige Hämatome, Griffmarken, offene Wunden, Verbrennungen und Verbrühungen
- An den Genitalien: Rötungen, Schwellungen, Bißmarken, Kratzspuren, Hämatome, Narben, Einrisse an Penis oder Scheideneingang, zirkuläre Einschnürungen am Penis, Klaffen des Sphinkters, Fissuren, intravaginale oder anale Fremdkörper
- Multiple Frakturen
- Zeichen stumpfer Gewalteinwirkung an Kopf, Thorax, Abdomen
- Die Kinder sind oft extrem ängstlich, machen ungefragt kaum Mitteilungen.

Vorgehen bei Verdacht auf Kindesmißhandlung oder -mißbrauch

Nach entsprechender Versorgung des Kindes zusätzlich:

- Informationen über den Unfallort sammeln, genauen Unfallhergang schildern lassen
- Gründliche Dokumentation der Angaben der Eltern und der Verletzungen des Kindes
- Verdacht bei Klinikeinweisung unbedingt angeben
- Schriftliche Dokumentation des Verdachts.

Transport

Immer Transport in die nächste geeignete Klinik (je nach Verletzungsmuster des Kindes).

Prinzipien der Weiterbehandlung

Nach medizinischer Versorgung des Kindes zunächst intensives Gespräch mit den Erziehenden, Kontaktaufnahme mit entsprechenden Beratungsstellen, Meldung beim Jugendamt; Strafanzeige kann, muß aber aufgrund der Schweigepflicht nicht erstattet werden.

Mißhandlungstypische Verletzungsmuster sind:

- Doppelseitige bzw. symmetrische Lokalisationen (z. B. Griffmarken an den Armen oder am Brustkorb)
- Gruppierung von Einzelverletzungen in derselben Körperregion
- Nebeneinanderbestehen frischer (z. B. Hämatom) und alter (z. B. Narben) Verletzungen (Kindesmißhandlung ist ein typisches Wiederholungsdelikt bzw. „chronische Krankheit"!)
- Doppelstriemenförmige Hautunterblutungen (durch Stock, Gürtel, evtl. Finger)
- Geformte Hämatome mit Hinweis auf die Geometrie des Schlagwerkzeuges (Kochlöffel, Gürtelschnalle, Schuhsohle) oder auf Bißspuren (ovale oder halbmondförmige Zahnabdrücke)
- Verborgene Verletzungslokalisationen: Narben im Haarbereich nach Kopfplatzwunden, umschriebene Alopezien, retroaurikuläre Hämatome und Hautrisse (z. B. nach Zerren an den Ohren), Verletzungen an der Mundschleimhaut, punktförmige Blutungen an den Lidern und Bindehäuten bei Strangulationsmechanismen (Strangulationsmarken und Würgemale können bei Kindern fehlen!).
- Angaben von Eltern zur Verletzungsursache (z. B. Sturz vom Wickeltisch oder WC, Prügelei mit anderen Kindern) nie kritiklos übernehmen
- Keine Äußerung des Mißhandlungsverdachtes gegenüber den Eltern (nur durch entsprechend erfahrenen Arzt nach Verdichtung der hinweisenden Momente).

Tubusgröße = Alter (4J) : 4 + 4 = 1 + 4 = 5
b. 4J. alter ⇒ Tubus Nr. 5!

12.5.10 Beinahe-Kindstod (Near miss SID)

b. Säugl ⇒ 3,5–4 Tubus.

Plötzlicher Kindstod (SID) ☞ 12.5.11

Near miss SID *(sudden infant death)*, ALTE *(apparent life threatening event)*, ALE *(anscheinend lebensbedrohliches Ereignis)*

Erschreckende Episode mit Apnoe und Begleitsymptomen, die aktive Wiederbelebungsmaßnahmen erfordert.

Kind → Harte Unterlage
→ Puls? Brachialis!
A. Femoralis

Symptomatik

- Apnoe über mindestens 20 Sek.
- Zyanose/Blässe
- Bradykardie.

Reanim Maßn: → Kleidung ausschneiden
→ Freimachen d. Luftwege
→ Beatmen
→ 3:1

Sofortdiagnostik

- Basischeck (☞ 4.1.2)
- Puls, SpO_2, EKG, RR.

Sofortmaßnahmen

Reanimation (☞ 12.4).

- toxische Radikale aus dem Gehirn werden ∅ abtransportieren, d.w. Drücken b Säugl. wichtig!

Transport

Immer Transport in die nächste Kinderklinik.

Prinzipien der Weiterbehandlung

In ca. 50 % der Fälle läßt sich eine Ursache für das Ereignis finden, z. B. Krampfanfall, Keuchhusten, Aspiration, die sich entsprechend behandeln läßt. Findet sich dagegen keine eindeutige Erklärung für das Ereignis, so besteht für das Kind ein erhöhtes Risiko für plötzlichen Kindstod. In diesen Fällen wird ein Heimmonitoring empfohlen (allerdings bisher keine nachgewiesene Effektivität).

Differentialdiagnose

Kindesmißhandlung (☞ 12.5.9).

Gibt es Zwillinge oder nachgeborene Geschwister des „beinahe verstorbenen" Kindes, müssen die Eltern auf ein u. U. erhöhtes Risiko bezüglich eines SID für diese Kinder hingewiesen werden. Diese sollten noch am gleichen Tag in einer pädiatrischen Praxis oder Kinderklinik vorgestellt werden.

n. 5' → Hirntod, n 15' = Herzstillstand.

12.5.11 Plötzlicher Kindstod (SID)

oft → Nachts.

SID *(sudden infant death)*, *Plötzlicher Kindstod, Krippentod.*

Plötzlicher Tod eines Säuglings, der aufgrund der Vorgeschichte unerwartet eintritt, und bei dem eine sorgfältige Obduktion keine adäquate Todesursache erbringt (häufigste Todesursache zwischen 1. Lebenswoche und 1. Lebensjahr).

Kurzanamnese

- Vorerkrankungen, Mißbildungen, Medikamente
- Atemwegsinfekt?

- Bauchlage?
- Überwärmtes Zimmer?
- Risikofaktoren:
  - Ehemalige Frühgeborene, besonders bei Geburtsgewicht < 1500 g, bronchopulmonaler Dysplasie, symptomatischen Apnoen und Bradykardien
  - Säuglinge drogenabhängiger oder stark rauchender Mütter (während und nach der Schwangerschaft)
  - Säuglinge mit anfallsartigem Schwitzen im Schlaf
  - Bruder/Schwester am plötzlichen Kindstod gestorben
  - Z.n. near miss SID (☞ 12.5.10)
  - Niedriger sozioökonomischer Status der Familie
  - Mehrlinge.

Symptomatik

Atem-Kreislaufstillstand.

Sofortdiagnostik

- Basischeck (☞ 4.1.2)
- Puls, SpO_2, EKG.

Sofortmaßnahmen

Reanimation (☞ 12.4) nur, wenn keine eindeutigen Todeszeichen (☞ 1.14) vorhanden sind.

- Reanimationsmaßnahmen sind nur selten erfolgreich, da das Ereignis meist nicht sofort bemerkt wird
- Eltern vom Reanimationsgeschehen nicht ausschließen.

Vorgehen nach erfolgloser Reanimation bzw. bei Vorliegen sicherer Todeszeichen

Der NA muß formal-juristisch korrekt vorgehen und gleichzeitig durch die Erstbetreuung der verzweifelten Eltern die spätere Bewältigung des Verlustes erleichtern.

- Kind vollständig ausziehen und gründliche Leichenschau einschließlich rektaler Temperaturmessung vornehmen und sorgfältig dokumentieren
- Ergibt die leere Anamnese bzw. die Leichenschau den V.a. SID, auf dem Leichenschauschein „Todesursache nicht geklärt" ankreuzen. In Leichenschauscheinen, in denen dieser Terminus nicht vorkommt, handschriftlichen Eintrag „Unklare Todesart" vornehmen (☞ 1.14)
- Die Polizei muß wegen „nicht geklärter Todesursache" verständigt werden.

Ob es sich definitiv um einen Plötzlichen Kindstod (oder vielleicht doch um eine Kindsmißhandlung) handelt, kann vom Notarzt nicht entschieden werden und muß daher einer rechtsmedizinischen Untersuchung überlassen bleiben.

Umgang mit den Eltern

- Eltern von der Leichenschau nicht auschließen
- Todesmitteilung in einfachen, direkten und unmißverständlichen Worten („Ihr Kind ist tot/lebt nicht mehr"). Ruhig und langsam sprechen, ggf. wiederholen Keine verklausulierten Todesmitteilungen („Bedauerlicherweise waren unsere Reanimationsbemühungen vergeblich")

- Die eigene Betroffenheit und emotionale Belastung nicht unterdrücken. Lieber schweigen, als krampfhaft Mitgefühl zu bekunden
- Unbedachte und oberflächliche Bemerkungen unbedingt vermeiden („Sie werden sicher bald wieder ein Kind bekommen")
- Eltern darüber aufklären, daß
  - vermutlich ein Plötzlicher Kindstod vorliegt, daß der NA aber mit den ihm zur Verfügung stehenden Mitteln die Todesart nicht sicher bestimmen kann
  - das Ankreuzen des Feldes „Todesursache nicht geklärt" im Leichenschauschein nicht mit Vorwürfen gegen die Eltern („Kind erstickt, weil die Eltern nicht rechtzeitig nach ihm geschaut haben") oder gegen einen evtl. vorbehandelnden Arzt („Hätte der Kinderarzt den Infekt richtig behandelt") verbunden ist („Man kann für den Plötzlichen Kindstod keine Ursache angeben")
- Eltern Informationen zum SID geben:
  - SID ist immer ein unvorhersehbares Ereignis
  - SID läßt sich eindeutig nur aufgrund einer Obduktion sichern
- Eltern erklären, daß bei ungeklärten Todesfällen prinzipiell die Polizei hinzuzuziehen ist
- Nach Möglichkeit bis zum Eintreffen der Polizei oder besser während deren Ermittlungen vor Ort bleiben, um die Familie in dieser psychisch extrem belastenden Situation durch Anwesenheit zu unterstützen
- Eltern erklären, daß die Staatsanwaltschaft evtl. eine Obduktion (kostenfrei) anordnen wird. Eltern können auch eine freiwillige Obduktion bei einem pathologischen oder rechtsmedizinischen Institut veranlassen (kostenpflichtig, im Rahmen einer Studie aber gebührenfrei, s. u.)
- Eltern über Sinn einer Obduktion aufklären:
  - Ausschluß einer Gewalttat oder einer anderen Todesursache; wissenschaftliche Suche nach möglichen Gründen für SID
  - Für die Eltern ist es langfristig hilfreich, die wahre Todesursache ihres Kindes zu kennen. Bei nicht durchgeführter Obduktion kann es zu Spekulationen und Vorwürfen (Selbstvorwürfe oder evtl. z. B. gegen den Kinderarzt) kommen
  - Durch eine Obduktion können evtl. auch für eine weitere Familienplanung erbliche Krankheiten ausgeschlossen werden
- Der ganzen Familie die Möglichkeit geben, von ihrem Kind in Ruhe Abschied zu nehmen
- Vorher ggf. Reanimationsspuren beseitigen
- Keine Sedativa verabreichen.
- Ansprechadressen organisierter Elternselbsthilfen, z. B. „Gesellschaft zur Erforschung des Plötzlichen Säuglingstodes e. V." (☞ 21.9.4), „Regenbogen-Initiative", „Verwaiste Eltern" weitergeben
- Ggf. Hinweis, zum Abstillen Frauenarzt aufzusuchen
- Familie möglichst nicht alleine zurücklassen, sondern anregen, Verwandte, Freunde oder Nachbarn anzurufen, evtl. Kontaktvermittlung zu einem Pfarrer

Durch frühzeitige objektive Information des Umfeldes der Familie über den Plötzlichen Kindstod können Mißverständnisse, Vorurteile und Diskriminierungen (Polizeieinsatz) der Familie entscheidend reduziert werden.

- Geschwister:
  - Gibt es Zwillinge des verstorbenen Kindes, müssen die Eltern auf ein erhöhtes Risiko bezüglich eines SID für diese Kinder hingewiesen werden. Zwillingskinder sollten noch am gleichen Tag in einer pädiatrischen Praxis oder

Kinderklinik vorgestellt werden. Evtl. Heimmonitoring (allerdings bisher keine nachgewiesene Effektivität)
- Eltern beruhigen, daß ältere Geschwister nicht SID-gefährdet sind.

Multizentrische Fall-Kontroll-Studie der Universität Münster (☞ 21.9.4) bietet demnächst bundesweit die Möglichkeit der kostenfreien Obduktion und Betreuung der Eltern und vermittelt Kontakte zu Selbsthilfeorganisationen. Meldung des Todesfalles nach Einwilligung der Eltern z. B. durch den NA.

N. Bauer

13 Gynäkologische Notfälle

13

Besonderheiten gynäkologischer Notfälle

- Die *meisten Notärzte* besitzen *geringe praktische Erfahrungen* in diesem Fachbereich
- Es besteht *bei männlichen Kollegen häufig Angst* vor Kontakt mit dieser *Tabuzone* des weiblichen Körpers. Im Notfall müssen jedoch derartige „psychische Handikaps" unbedingt überwunden werden. Die Pat. hat ein *Anrecht* auf eine der Situation angemessene Diagnostik und Therapie. Ihr dürfen nicht aus falsch verstandenem Schamgefühl notwendige diagnostische und therapeutische Maßnahmen vorenthalten werden. Diese müssen aber auf das erforderliche Mindestmaß beschränkt bleiben
- Wichtig ist ein sachlich korrektes, ruhiges Auftreten
- Auf die Psyche der Pat. in besonderem Maße Rücksicht nehmen!
- Sollte die Pat. Hilfe *trotz entsprechender Aufklärung* ablehnen, muß der NA dies *akzeptieren* (Dokumentation)
- In der Regel *keine vaginale Untersuchung durch den Ungeübten* (Gefahr einer Zystenruptur, Blutung oder Infektion, selten verwertbare diagnostische Aussage)

- Gynäkologische Notfälle treten unter den *Leitsymptomen „vaginale Blutung"* oder *"abdominale Schmerzen"* auf
- *Alle gynäkologischen Krankheitsbilder* können *auch bei schwangeren Pat.* auftreten (Ektropiumblutung, Varizenblutung und Myomnekrose sogar bevorzugt)
- Bei verlängerter Zyklusdauer, schwächeren oder ausgebliebenen Menstruationsblutungen immer an Möglichkeit einer Schwangerschaft denken, auch wenn dies von der Pat. entschieden verneint wird!

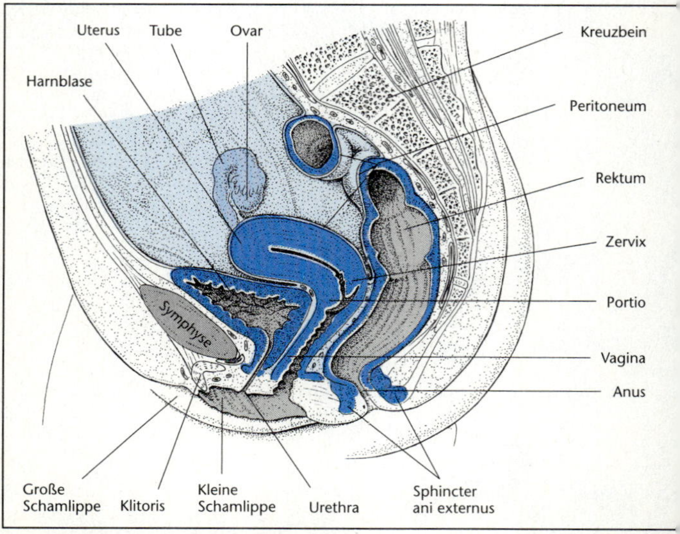

Abb. 13.1: Anatomie der weiblichen Genitalorgane

Akute Erkrankungen der Schwangerschaft bis zur 24. SSW (Uterusfundus in Nabelhöhe zu tasten; ☞ Abb. 14.2) wurden unter gynäkologischen Notfällen eingeordnet, da erst ab diesem Zeitpunkt eine Überlebensmöglichkeit des Feten beginnt

Kurzanamnese

Immer nach *1. Tag der letzten Menstruationsblutung, Zyklusdauer, Menstruationsdauer* und *Kontrazeptionsmethode* fragen.

13.1 Vaginale Blutungen

Tab. 13.1.: Differentialdiagnose gynäkologischer Blutungen

Blutungen	Schmerzen	Besonderheiten	Verdachtsdiagnose
+ rezidivierend, über Monate zunehmend, evtl. verstärkt nach Kohabitation	o	letzte Vorsorgeuntersuchung Jahre zurückliegend	Karzinomblutung (☞ 13.1.1)
+	+	Unfallanamnese	Verletzungen (☞ 13.1.2)
o/ +	o/ +	Vergewaltigung	Notzuchtdelikte (☞ 13.3)
+	o/ + ziehende Unterbauch-/ Kreuzschmerzen	ausgebliebene Menstruation oder unregelmäßige Blutungen	Extrauteringravidität (☞ 13.2.7) Abortblutung (☞ 13.1.3)
+	+ regelmäßig bei Menstruation		Dysmenorrhoe (☞ 13.2.1)
+	+ kolikartig, Flankenklopfschmerz, evtl. Schmerzen beim Wasserlassen		an Nierenkolik und Pyelonephritis mit unabhängiger vaginaler Blutung denken (☞ 16.2, 16.4)
+	+ kolikartig, diffus	verstärkte Darmgeräusche auskultierbar, evtl. tympanitischer Klopfschall	an Darmkolik mit unabhängiger vaginaler Blutung denken (☞ 15.2)

Symptom vorhanden: o (nein), + (ja)

Jede vaginale Blutung in der Frühschwangerschaft gilt bis zum Beweis des Gegenteils als EU-Blutung!

13

13.1.1 Karzinomblutung

Nach außen bluten können: Korpuskarzinom, Zervixkarzinom, Vaginalkarzinom (selten), Vulvakarzinom.

Symptomatik

- *Meist schmerzlose, rezidivierende Blutungen* im Vulvabereich oder aus der Scheide, teils massive Blutung aus arrodierten Gefäßen.

Kurzanamnese

- Zyklusanamnese, Blutungsanamnese: unregelmäßige *Zwischenblutungen oder Kontaktblutungen* nach Kohabitation (Zervix- oder Vaginalkarzinom), *Blutungen nach der Menopause* (Korpuskarzinom)
- Letzte Krebsvorsorgeuntersuchung Jahre zurückliegend
- *Korpuskarzinom*: Meist postmenopausale Pat., oft vergesellschaftet mit Adipositas, Hypertonie und Diabetes mellitus
- *Zervixkarzinom*: Als Risikofaktoren gelten frühe und häufige Kohabitationen, häufig wechselnde Sexualpartner, hohe Parität, häufige Schwangerschaftsabbrüche und eine schlechte soziale Situation.

Sofortdiagnostik

- Basischeck (☞ 4.1.2)
- RR, Puls, SpO_2, EKG
- Schockzeichen (☞ 5.9)?
- Inspektion von Vulva und äußerem Genitale, um *Blutungsquelle und -stärke* abzuklären:
  - Blutung oder blutig tingierter, fleischwasserfarbener Ausfluß, evtl. als Kontaktblutung nach Geschlechtsverkehr *(Zervix- oder Vaginalkarzinom)*
  - *Vulvakarzinom* als Tumorkrater oder arrodierter Exophyt zu erkennen.

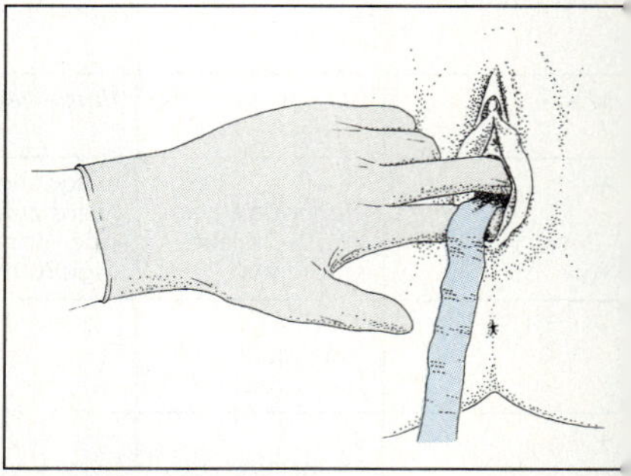

Abb. 13.2: Scheidentamponade

Sofortmaßnahmen

- Ggf. Schocklagerung (☞ 2.5)
- I. v.- Zugang mit Infusion (z. B. Ringer-Lösung, ggf. HÄS)
- Ggf. O_2-Gabe (☞ 1.7.3)
- Tumor oder Tumorkrater der Vulva steril abdecken

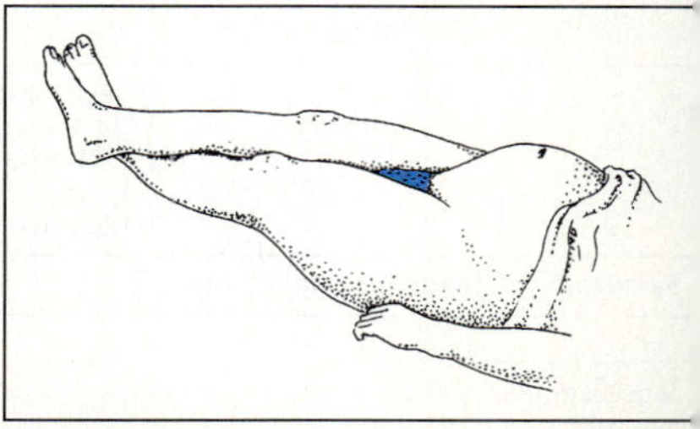

Abb. 13.3: Fritsche-Lagerung

- Bei stark blutendem Vulvatumor ggf. *Kompression* durch mehrere Kompressen und Druck eines fest sitzenden Slips
- Bei *dringendem* Verdacht auf das Vorliegen eines *Zervix- oder Vaginalkarzinoms* (praemenopausale Pat., seit Monaten stärker werdender fleischwasserfarbener Ausfluß oder Blutungen, Jahre zurückliegende Krebsvorsorgeuntersuchung, fauliger Geruch, kein Hinweis auf andere Blutungsursache) und *starker Blutung mit der Gefahr eines Volumenmangelschocks* wird eine *Scheidentamponade* empfohlen:

Scheidentamponade

- Für den Ungeübten und ohne Spekula schwierig durchzuführen
- Auf jeden Fall *sehr fest tamponieren*
- Keine falsche Rücksichtnahme (lockere Tamponade würde die Blutung lediglich aufsaugen)
- Analgesie meist nicht erforderlich
- *Technik:* Mit Zeigefinger und Mittelfinger der nicht dominanten Hand tief in die Scheide eingehen, bis man auf das Scheidenende trifft (höckeriger Tumor an der Scheide oder am Muttermund tastbar). Daumen außen auf den Damm in Richtung Steißbein legen, Finger spreizen. Mit anatomischer Pinzette zwischen den Fingern eine abgerollte breite Mullbinde tief und fest einführen. Dabei alle Richtungen austamponieren. Weiter benötigte Mullbinden mit der vorhergehenden zusammenknüpfen, damit beim Entfernen keine Binde vergessen werden kann.

Fritsche-Lagerung

Beurteilung der Blutungsstärke im Verlauf: der Pat. in Rückenlage beide Gesäßbacken nach kaudal herunterstreichen und die gestreckten Beine übereinanderlegen (im Dreieck zwischen Schamgebiet und den beiden Oberschenkeln sammeln sich ca. 500 ml); eine Blutstillung ist dadurch nicht möglich.

Transport

- Fritsche-Lagerung (☞ Abb. 13.3)
- Je nach Blutungsstärke ggf. notfallmäßiger Transport in die nächste Frauenklinik
- Bei leichter Blutung evtl. Vorstellung beim Frauenarzt.

Prinzipien der Weiterbehandlung

Abklärung der Blutungsursache, Histologie, suffiziente Scheidentamponade mit Hämostyptika. Stabilisierung der Pat. Definitive Behandlung durch Operation, Radiatio, lokale Chemotherapie, Hormontherapie.

13.1.2 Verletzungen

Symptomatik

- *Blutung* im Vulvabereich, Blutung aus der Scheide
- *Schmerzen* im Vulva-, Scheidenbereich.

Kurzanamnese

- Verletzungsablauf: Fremdkörper, Kohabitationsverletzung, Unfälle mit z.B. Pfählungsverletzung, Notzuchtdelikte (☞ 13.3).

13

Sofortdiagnostik

- Basischeck (☞ 4.1.2)
- Puls, RR, SpO_2, EKG
- Schockzeichen (☞ 5.9)?
- Inspektion von Vulva und äußerem Genitale, um *Blutungsquelle und -stärke* abzuklären. Besonders *Klitoriseinrisse können äußerst stark bluten*. Unkontrollierter *Abgang von Urin oder Stuhl* bei Mitverletzung von Harnwegen (☞ 16.6) oder Darm (☞ 11.4)
- *Peritoneale Symptomatik* (abdominale Abwehrspannung, Schmerzen) bei abdominaler Blutung oder Infektion (☞ 15.1)
- *Weitere Verletzungen*?

Sofortmaßnahmen

- Ggf. Schocklagerung (☞ 2.5)
- Steriles Abdecken der Vulvaverletzungen
- Bei stärkerer Blutung *Kompression* einer Vulvaverletzung mit mehreren Kompressen und Druck eines fest sitzenden Slips
- Fritsche-Lagerung, falls das Verletzungsmuster dies zuläßt (☞ Abb. 13.3)
- I. v.-Zugang mit Infusion (z. B. Ringer-Lösung, ggf. HÄS)
- Ggf. O_2-Gabe (☞ 1.7.3)
- Ggf. Sedierung:
  - 10 mg Diazepam (z. B. Valium®) i. v.
  - bei Kindern (falls möglich) Diazepam-Rektiole (z. B. Diazepam Desitin rectal tube®): 10–15 kg KG: 5 mg, > 15 kg KG: 10 mg
- Ggf. Analgesie mit Opioid, z. B. Tramadol (z. B. Tramal®) 1–2 mg/kg KG langsam i. v. oder Ketamin (z. B. Ketanest®) 0,5–1 mg/kg KG i. v. bzw. 1–2 mg/kg KG i. m.

Transport

- Fritsche Lagerung (☞ Abb. 13.3)
- Je nach Blutungsstärke ggf. notfallmäßiger Transport in die nächste Frauenklinik, falls nicht andere Verletzungen überwiegen oder primär eine chirurgische Versorgung erfordern
- Nur bei ausschließlich leichten Verletzungen am äußeren Genitale evtl. Vorstellung beim Frauenarzt.

Prinzipien der Weiterbehandlung

- Vaginale Untersuchung zur Identifizierung der Blutungsquellen und Versorgung der Wunden
- Ggf. Abklärung der Nachbarorgane, wie z. B. Harnwege, Darm, Parametrien und Abdomen (Urogramm, Cystoskopie, Rektoskopie, Laparoskopie, Laparotomie)
- Tetanusprophylaxe.

- *Keine vaginale Untersuchung am Notfallort* (vaginale Verletzungen könnten vergrößert werden)
- *Fremdkörper* nach Möglichkeit *in situ belassen*!
- Auch bei Kindern ist eine Untersuchung in der Klinik mit schmalem Vaginoskop, evtl. unter Sedierung, schonender, als eine unzureichende Untersuchung am Notfallort.

13.1.3 Abortblutung

- **Fehlgeburt**: Ausstoßen einer toten Frucht mit einem Gewicht unter 500 g (neue Definition seit 1. 4. 1994)
- **Totgeburt**: Gewicht über 500 g. Ist dem Standesamt zu melden und ordnungsgemäß zu bestatten
- Finden sich Lebenszeichen bei der Geburt (Herzschlag, Pulsieren der Nabelschnur oder Spontanatmung), so ist der Fetus als Frühgeborenes anzusehen und ebenfalls dem Standesamt zu melden (Versorgung Frühgeborener ☞ 14.3.4)
- **Abortus imminens**: drohende Fehlgeburt. Die Versorgung der *Frucht* ist *erhalten*. Die *Schwangerschaft kann* unter günstigen Umständen *weiterbestehen*
- **Abortus incipiens**: beginnende Fehlgeburt. Die *Frucht* ist abgestorben, aber noch nicht ausgestoßen
- **Abortus incompletus**: *Frucht und Plazenta* sind *teilweise ausgestoßen*
- **Abortus completus**: *Frucht und Plazenta* sind *vollständig ausgestoßen*
- **Fieberhafter Abort**: *Lokale Infektion* von Uterus, Adnexen, Pelveoperitoneum
- **Septischer Abort**: *Allgemeininfektion* mit großer Gefahr eines septischen Schocks und von Gerinnungsstörungen.

Symptomatik

- Vaginale Blutung unterschiedlicher Stärke, evtl. mit Koageln, Fruchtwasser oder Gewebsteilen
- Ziehende Unterbauchschmerzen, ziehende Kreuzschmerzen.

Kurzanamnese

- Dauer und Menge des Blutverlustes? Vorausgegangener *Unfall*?
- Regelanamnese: Bestehende *Schwangerschaft bekannt? Mutterpaß* bereits vorhanden? Abstand zum ersten Tag der letzten Menstruationsblutung. Zyklusunregelmäßigkeiten (Abschätzen des Schwangerschaftsalters)?
- Erhöhte Temperatur (febriler Abort)?

Sofortdiagnostik

- Basischeck (☞ 4.1.2)
- RR, Puls, SpO_2, EKG
- Schockzeichen (☞ 5.9)?
- Inspektion von Vulva und äußerem Genitale (Blutung aus der Scheide)
- Kurze, vorsichtige abdominale Palpation zur Schmerzlokalisation. Abschätzen des Schwangerschaftsalters durch die Uterusgröße (☞ Abb. 14.2)
- Auffindbare Abortreste?

Sofortmaßnahmen

- *Fritsche-Lagerung* zum Abschätzen der Blutungsmenge (☞ Abb. 13.3)
- I. v.- Zugang mit Infusion (z. B. Ringer-Lösung, ggf. HÄS)
- Ggf. O_2-Gabe (☞ 1.7.3)
- Ggf. Sedierung mit Diazepam (z. B. Valium®) 5–10 mg i. v.
- Ggf. Analgesie mit Opioid, z. B. Tramadol (z. B. Tramal®) 1–2 mg/kg KG langsam i. v.

Transport

- *Asservierung von auffindbaren Abortresten* in einem Plastikbeutel zur Mitnahme in die Klinik
- *Mutterpaß mitnehmen*, falls schon vorhanden.

13

- Immer schonender Transport in die nächste gynäkologische Klinik im Liegen, ggf. notfallmäßig.

Prinzipien der Weiterbehandlung

- Abklärung der Blutungsquelle durch Spekulumeinstellung
- Sonographische Abklärung der Blutungsursache und Suche nach Vitalitätszeichen der Frucht
- In Abhängigkeit vom Befund: Bettruhe, Aborteinleitung, Kürettage und Histologie, Antibiose, Rhesusprophylaxe.

- Bis zum sicheren Ausschluß *an* eine *extrauterine Schwangerschaft* (☞ 13.2.7) *denken* (besonders bei stärkeren Schmerzen oder Schock)
- Bei Abortus imminens kann die Schwangerschaft möglicherweise erhalten bleiben.
- Bei Hinweis auf Abruptioversuch an Möglichkeit einer inneren Blutung mit Schockgefahr (☞ 5.9) denken!

- *Azetylsalizylsäure* (z.B. Aspisol®) ist *kontraindiziert* (Thrombozytenaggregationshemmer)!
- *Ketamin* (z.B. Ketanest®) ist *kontraindiziert* (verstärkt Uteruskontraktionen)!

13.1.4 Sonstige vaginale Blutungen

Weitere Ursachen von vaginalen Blutungen können sein: starke oder verlängerte Menstruationsblutungen, Zwischenblutungen, Ektropiumblutungen oder variköse Blutungen (jeweils besonders während der Schwangerschaft), Zervixpolypen und ein Uterus myomatosus.

Symptomatik

- Vaginale Blutung mit oder ohne Schmerzen.

Kurzanamnese

- Zyklusanamnese, Blutungsanamnese, Schmerzanamnese
- Letzte Krebsvorsorgeuntersuchung.

Sofortdiagnostik

- Basischeck (☞ 4.1.2)
- Inspektion von Vulva und äußerem Genitale, um *Blutungsquelle und -stärke* abzuklären
- RR, Puls, SpO_2, EKG
- Schockzeichen (☞ 5.9)?

Sofortmaßnahmen

- Ggf. Schocklagerung (☞ 2.5)
- Fritsche-Lagerung zum Abschätzen der Blutungsmenge (☞ Abb. 13.3)
- I.v.- Zugang mit Infusion (z.B. Ringer-Lösung, ggf. HÄS)
- Ggf. O_2-Gabe (☞ 1.7.3)
- Bei Schmerzen Analgesie mit Opioiden, z.B. Tramadol (z.B. Tramal®) 1–2 mg/kg KG langsam i.v.
- Bei krampfartigen Schmerzen Spasmolyse mit Butylscopolamin (z.B. Buscopan®) 20–40 mg *oder* Metamizol (z.B. Novalgin®) 1000 mg i.v.
- Ggf. Sedierung, z.B. mit Diazepam (z.B. Valium®) 5–10 mg i.v.

Transport

- Transport in die nächste Frauenklinik
- Bei leichteren Blutungen evtl. Vorstellung beim Frauenarzt.

Prinzipien der Weiterbehandlung

Abklärung der Blutungsursache und entsprechende spezifische Therapie.

13.2 Gynäkologisch bedingte Schmerzen

Tab. 13.2.: Differentialdiagnose gynäkologischer Schmerzen

Schmerzcharakter	Besonderheiten	Verdachtsdiagnose
Regelmäßiges Auftreten, krampfartig	zusammen mit Menstruation	Dysmenorrhoe, Endometriose (☞ 13.2.1)
	etwa monatliche Abstände, *ohne* Menstruation, während Pubertät (9. – 16. LJ)	Gynatresie (☞ 13.2.1)
Dauerschmerz	Fluor, erhöhte Temperatur Beginn oft nach Menses, Abort, Abrasio; liegende Spirale	Entzündung, Infektion (☞ 13.2.2)
	nach Stimulation bei Sterilität; Brechreiz, Dyspnoe, reduzierter AZ, Bauchumfangszunahme	Überstimulationssyndrom (☞ 13.2.5)
Unregelmäßiges Auftreten, chronisch	z. T. bei bestimmten Bewegungen oder in bestimmten Situationen, bei bekannter Endometriose, Z. n. OP, Unfall, Unterbauchentzündung	Adhäsionen (☞ 13.2.3)
Plötzlich einsetzend, oft spontane Besserung	z. B. in Zyklusmitte, evtl. Peritonismus	Zystenruptur (☞ 13.2.4)
Plötzlich einsetzend, **zunehmend**	nach Sport, Tanz oder schneller Drehung sich verschlechternder AZ	Stieldrehung (☞ 13.2.6)
Wehenartig oder plötzlich einsetzend, meist einseitig	Amenorrhoedauer von 5–9 Wochen, evtl. leichte vaginale Blutung, teils rezidivierend, evtl. Schock	Extrauteringravidität (☞ 13.2.7)

13

Differentialdiagnose

Nichtgynäkologische Schmerzursachen: Appendizitis, Divertikulitis, Hernien, Darmkoliken, Ileus, Peritonitis (☞ 15.2), Harnwegsinfekte oder -steine (☞ 16.2), LWS-Syndrom (☞ 18.2.2).

13.2.1 Starke Dysmenorrhoe, zyklischer Schmerz

Mögliche Ursachen:

- *Endometriose*: Gebärmutterschleimhaut befindet sich an Stellen außerhalb des Cavum uteri, wo sie nicht problemlos zyklisch abbluten kann. Krampfartige Schmerzen durch Kapselspannung der Endometrioseherde und Prostaglandinausschüttung.
- *Gynatresien*: Das Menstrualblut kann durch Verschluß oder hochgradige Einengung von Uterus, Zervix, Vagina oder Hymen nicht ungestört abfließen → Stauung in Vagina, Cavum uteri und Tuben (Dehnung) → retrograde Menstruation in die Bauchhöhle (peritoneale Reizung). Die dazugehörige Beschwerdesymptomatik wird als *Molimina menstrualia* bezeichnet
- *Psychosomatische oder ungeklärte Genese.*

Symptomatik

- Regelmäßig oder unregelmäßig um den Menstruationszeitraum wiederkehrende *krampfartige Schmerzen* bis hin zum akuten Abdomen
- Gynatresien: die Menstruationsblutung fehlt meist, der Menstruationszeitraum läßt sich an *monatlich wiederkehrende Schmerzverstärkung* in der Pubertät erkennen.

Kurzanamnese

- Krampfartige Unterbauchschmerzen kurz vor und/oder während des Menstruationszeitraumes, bzw. monatlich wiederkehrend; ohne Blutung bei Gynatresien.

Sofortdiagnostik

- Basischeck (☞ 4.1.2)
- RR, Puls, SpO_2, EKG
- Schockzeichen (☞ 2.9)?
- Inspektion: bläulich-dunkle Vorwölbung des Hymens bei Hymenalatresie
- Abdominale Auskultation und Palpation zum Ausschluß von Darmkoliken und Appendizitis (☞ 15.2)
- Perkussion der Nierenlager zum Ausschluß einer Nierenkolik (☞ 16.2)
- Keine erhöhte Temperatur.

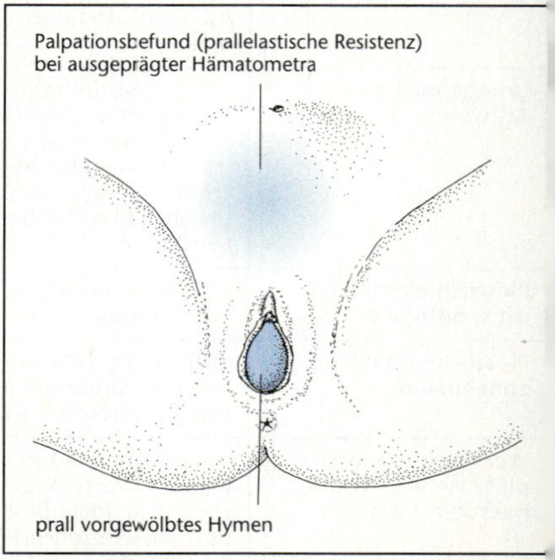

Abb. 13.4: Hymenalatresie

Sofortmaßnahmen

- Entspannte Lagerung mit angewinkelten Beinen
- I. v.- Zugang mit Infusion (z. B. Ringer-Lösung, ggf. HÄS)
- Butylscopolamin (Buscopan®) 20–40 mg langsam i. v.

Transport

- Transport in die nächste gynäkologische Klinik oder bei weniger dringlichen Fällen Vorstellung beim Frauenarzt.

Prinzipien der Weiterbehandlung

Genaue Abklärung der Schmerzursache mit gynäkologischer Untersuchung, Ultraschall und evtl. Laparoskopie. Ggf. operative Therapie einer Gynatresie; bei Hymenalatresie Resektion des Hymens unter Antibiotikaschutz.

13.2.2 Entzündungen, Infektionen

- *Pelvic inflammatory disease (PID):* Endomyometritis und Parametritis (insbesondere im Anschluß an eine Schwangerschaft), Adnexitis, Tuboovarialabszeß, (Pelveo-)Peritonitis, septischer Abort (☞ 13.1.3)
- *Toxic-shock-Syndrom*: Anreicherung von Staphylococcus aureus in hochsaugfähigen Tampons und Aufnahme von Toxin in die Blutbahn
- *Bartholinitis*: Meist durch Anaerobier, Gonokokken, Kolibakterien oder Staphylokokken hervorgerufene Entzündung der Bartholinischen Drüse oder deren Ausführungsganges.

Symptomatik

- Evtl. *reduzierter AZ*
- *Schmerzen* im Vulvabereich (Bartholinitis) oder Unterbauch (Pelvic inflammatory disease), evtl. akutes Abdomen mit Druckschmerz oder Abwehrspannung
- *Fieber*
- Fötider Ausfluß: septischer Abort (☞ 13.1.3) oder *pelvic inflammatory disease*
- Beim *Toxic-shock-Syndrom* plötzlich auftretender Schock und generalisiertes, scharlachartiges Exanthem mit Neigung zur Erythrodermie, palmoplantarem Erythem, Schleimhautentzündung, Eintrübung, Myalgien
- Übelkeit und Erbrechen bei Begleitperitonitis
- Bei Bartholinitis: Schwellung, Rötung und starker Schmerz (besonders beim Sitzen und Gehen) im dorsalen Drittel von kleiner oder großer Labie in Höhe der Scheidenmündung.

Kurzanamnese

- Schmerzen
  - Im Unterbauch im Anschluß an Menses, Abort, Abrasio oder bei liegender Spirale → V. a. *pelvic inflammatory disease*
  - Am äußeren Genitale → Bartholinitis
- Fluor
- Letzte Periode:
  - Noch bestehend → V. a. *Toxic-shock-Syndrome*
  - Kurz zuvor → V. a. *pelvic inflammatory disease.*

Sofortdiagnostik

- Basischeck (☞ 4.1.2)
- RR, Puls, SpO_2, EKG

13

- Schockzeichen (☞ 5.9)?
- Abdominale Auskultation und Palpation (Schmerzlokalisation, Abwehrspannung, Peristaltik?). Druckschmerz meist unterhalb des Mc Burney-Punktes (☞ 15.1.1), evtl. diffus im Unterbauch, beidseitiges Auftreten → V. a. *pelvic inflammatory disease*
- Vulva-Inspektion: Tampon (toxic shock), Ausfluß (septischer Abort ☞ 13.1.3, Adnexitis, toxic shock) Schwellung und Rötung d. Labien (Bartholinitis)
- Scharlachartiges Exanthem (toxic shock)
- Erhöhte Temperatur.

Sofortmaßnahmen

- Ggf. Schocklage (☞ 2.5), ggf. Beine anziehen lassen (Schmerzlinderung)
- O_2-Gabe (☞ 1.7.3)
- Beim *Toxic-shock-Syndrom* Entfernung des Tampons und Asservierung in möglichst steriler Tüte (z. B. Verpackung von Spritze, Infusionsbesteck o. ä.) zur bakteriologischen Untersuchung durch Aufnahmeklinik
- I. v.- Zugang mit Infusion (z. B. Ringer-Lösung, ggf. HÄS)
- Butylscopolamin (z. B. Buscopan®) 20–40 mg langsam i. v.

Transport

- (Ggf. notfallmäßiger) Transport in nächste Frauenklinik.

Prinzipien der Weiterbehandlung

Genaue klinische Abklärung der Schmerzursache mit gynäkologischer Untersuchung, Ultraschall. Zur Abklärung abdominaler Beschwerden ist meist eine Laparoskopie erforderlich, ggf. Herdsanierung, bakteriologischer Abstrich.

Drohende Komplikationen: paralytischer Ileus, intravasale Gerinnungsstörungen, septischer Schock, Sterilität.

Wegen der Gefahr der Verschleierung der Symptomatik zentral wirksame Analgetika zurückhaltend einsetzen.

13.2.3 Adhäsionen (☞ 15.2)

Ätiologie: Endometriose, Tumoren, Infektionen, Operationen, Traumen.

Symptomatik

- Meist *chronische Abdominalschmerzen*, bei typischen Bewegungen oder unregelmäßig wiederkehrend, schwer zu lokalisieren.

Drohende Komplikation: *Bridenileus* (☞ 15.2).

13.2.4 Ovarialzystenruptur

- Ovulation, Follikel- oder Corpus-luteum-Ruptur: Eine entstehende intraabdominale Blutung kommt in der Regel spontan zum Stillstand
- Auch andere Ovarialzysten können rupturieren, z. B. bei einer Stieldrehung (☞ 13.2.6).

Symptomatik

Meist *plötzlich einsetzende, heftige Bauchschmerzen*, in der Regel *einseitig*
Eventuell Abwehrspannung (oft rasche Spontanbesserung).

Kurzanamnese

Schmerzen zwischen zwei Menstruationsblutungen (Follikelruptur, Ovulation, Corpus-Luteum-Ruptur) oder in der Frühschwangerschaft (Corpus-luteum-Ruptur)
Evtl. andere Zysten bekannt
Antikoagulantien-Medikation. ***Cave:*** ausgedehntere Blutung?

Sofortdiagnostik

Basischeck (☞ 4.1.2)
RR, Puls, SpO_2, EKG
Schockzeichen (☞ 5.9)?
Abdominale Auskultation und Palpation: evtl. Abwehrspannung, evtl. peritonealer Schock.

Sofortmaßnahmen

Ggf. Schocklagerung, angewinkelte Beine (Schmerzlinderung)
Ggf. O_2-Gabe (☞ 1.7.3)
I. v.- Zugang mit Infusion (z. B. Ringer-Lösung, ggf. HÄS)
Ggf. Analgesie mit zentral wirksamen Analgetika, z. B. 1–2 mg/kg KG Tramadol (z. B. Tramal®) langsam i. v.

Transport

Nach Möglichkeit immer Klinikeinweisung, Transport in die nächste Frauenklinik
Bei Besserung der Beschwerden evtl. Vorstellung beim Frauenarzt.

Prinzipien der Weiterbehandlung

Diagnosesicherung durch gynäkologische Untersuchung und Ultraschall (Flüssigkeit im Douglas), Schmerztherapie, Beobachtung oder Entlassung je nach Beschwerdebild.

Drohende Komplikationen: Blutungen aus den Zysten mit Volumenmangelschock.

13.2.5 Überstimulationssyndrom

Durch Gabe von Antiöstrogenen (z. B. Clomifen) und Gonadotropinen (HMG, HCG) im Rahmen einer Sterilitätstherapie vergrößerte Ovarien (evtl. jeweils > 10 cm), bei zusätzlicher Hämokonzentration mit Aszites, Pleuraergüssen oder Anasarka.

Symptomatik

Bauchschmerzen, Brechreiz und seit 1–2 Tagen bestehende Übelkeit, Dyspnoe, reduzierter AZ, *Bauchumfangszunahme*.

Kurzanamnese

3–13 Tage zurückliegende *HCG-Gabe* mit oder ohne Follikelpunktion während eines stimulierten Zyklus.

13

Sofortdiagnostik

- Basischeck (☞ 4.1.2)
- RR, Puls, SpO_2, EKG
- Schockzeichen (☞ 2.5)?
- Abdominale Auskultation, Palpation, Perkussion: *Abwehrspannung*, prall gespannter Bauch, Aszitesdämpfung
- Hinweise auf *Thrombose, Embolie* (☞ 6.1, 6.2)?
- Keine erhöhte Temperatur.

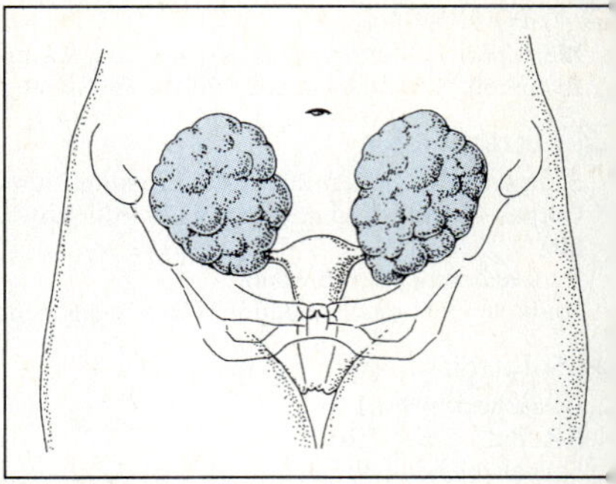

Abb. 13.5: Überstimulation

Sofortmaßnahmen

- Entspanntes Liegen mit *angewinkelten Beinen*
- I. v.- Zugang mit Infusion (z. B. Ringer-Lösung, ggf. HÄS)
- Beruhigung und Sedierung mit 5–10 mg Diazepam (z. B. Valium®) i. v.
- Bei Anzeichen von Thrombose oder Embolie: Heparin (z. B. Liquemin N® 5000–10000 IE i. v.

Transport

- Transport im Liegen, falls möglich zur Frauenklinik, in der die Sterilitätsthera pie durchgeführt wurde.

Prinzipien der Weiterbehandlung

Hämodilution durch Gabe von Elektrolytlösungen, Glukoselösungen und Human albumin, Elektrolytausgleich, Thromboseprophylaxe und Kontrolle der Gerir nungsparameter, Inganghalten der Diurese, Bettruhe.

- Drohende Komplikationen: *Zystenruptur* und *Stieldrehung* der vergrößerte Ovarien, *Thrombose* und *Embolie* durch Hämokonzentration und Gerinnung störungen, Nierenversagen, Elektrolytverschiebungen, *Ateminsuffizienz, psych sche Dekompensation.*

13.2.6 Stieldrehung

Torsion des Gefäßstiels eines Tumors oder Organs, z. B. eines Uterusmyoms od Ovarialtumors. Besonders beim abrupten Stoppen schneller Bewegungen.

Symptomatik

- Meist *plötzlich einsetzende, heftige Bauchschmerzen*, in der Regel zu Begin einseitig, aber zunehmend und sich ausbreitend. Später übergehend in *perit nealen Schock* mit *Brechreiz, Abwehrspannung und Kreislaufsymptomatik.*

Kurzanamnese

- Ovarialzyste, -tumor oder Uterus myomatosus bekannt? Sterilitätspat. mit m dikamentöser Stimulation?
- Plötzliches Auftreten bei Tanzveranstaltung oder Sport?

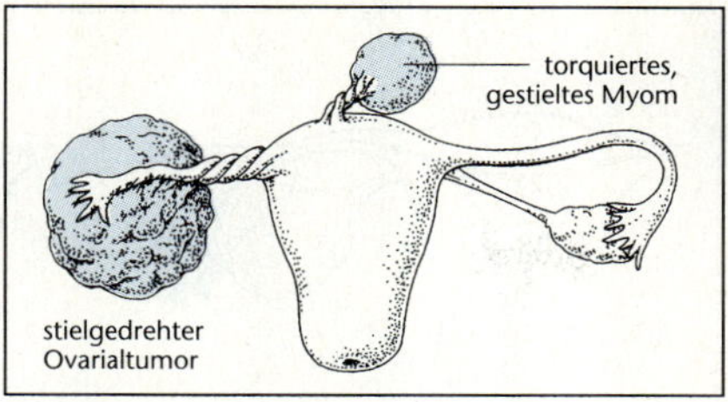

Abb. 13.6: Stieldrehung

Sofortdiagnostik

Basischeck (☞ 4.1.2)
RR, Puls, SpO_2, EKG
Schockzeichen (☞ 5.9)?
Abdominale Auskultation und Palpation: schmerzhafter Tumor tastbar oder schon Abwehrspannung?

Sofortmaßnahmen

Entspannte Lagerung mit angewinkelten Beinen, ggf. Schocklage (☞ 2.5)
I. v.- Zugang mit Infusion (z. B. Ringer-Lösung, ggf. HÄS)
Ggf. O_2-Gabe (☞ 1.7.3)
Analgesie mit zentral wirksamen Analgetika, z. B. Tramadol (z. B. Tramal®) 1–2 mg/kg KG langsam i. v., Ketamin (z. B. Ketanest®) 0,5–1 mg/kg KG i. v.

Transport

Immer notfallmäßiger Transport in die nächste Frauenklinik.

Prinzipien der Weiterbehandlung

Laparoskopie oder Laparotomie, Rückdrehung, Entfernung von nekrotischen Bezirken und Tumoren, nach Möglichkeit Erhaltung von Ovarresten zur Sicherstellung der Reproduktionsfähigkeit.

Drohende Komplikationen: *Ruptur* von Gefäßen und *Blutung* in den Tumor oder die Bauchhöhle. Bei längerem Bestehen *Nekrose* z. B. des Ovars mit *Verschlechterung der Reproduktionsfähigkeit*, Entwicklung eines *peritonealen Schocks* mit entsprechenden Folgen.

13.2.7 Extrauterinschwangerschaft (EU)

Nidation einer befruchteten Eizelle außerhalb des Cavum uteri. Lokalisation fast immer in der Tube.
Tubarruptur: Einriß der Tubenwand, meist schwere intraabdominale Blutung
Tubarabort: Ablösung der Frucht von der Tubenwand und wehenartiges Ausstoßen in den Bauchraum.

Symptomatik

Einseitige, wehenartige Unterbauchschmerzen
Leichte vaginale Blutung
Evtl. *Schockzeichen* (☞ 5.9)?
Tubarabort (90 %): eher später auftretend (ab 7. – 9. SSW post menstruationem), zunehmende Beschwerden (krampfartige, meist einseitige Unterbauchschmerzen), rezidivierende Blutungen
Tubarruptur (10 %): eher früher auftretend (5. – 6. SSW post menstruationem), plötzlicher Beginn, stärkster einseitiger Unterbauchschmerz. Vaginale Blutung kann fehlen.

13

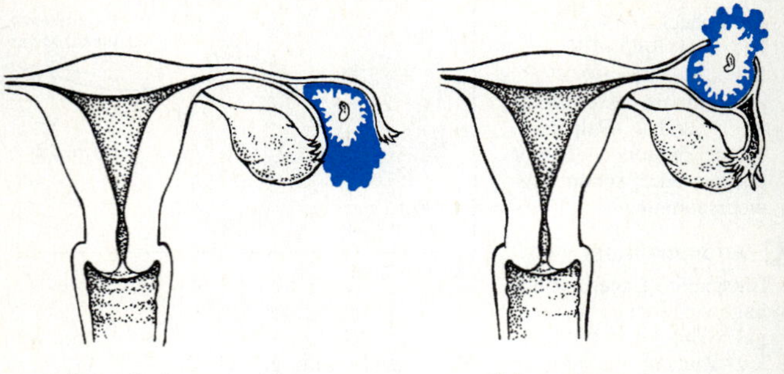

Abb. 13.7: Tubarabort und -ruptur

Kurzanamnese

- Schmerzen: Dauer (seit längerem rezidivierend oder plötzlich?), Stärke, A (Krämpfe) und Lokalisation (einseitig im Unterbauch)
- Äußerer Blutverlust: Dauer und Menge
- Regelanamnese: *Schwangerschaft bekannt*? Mutterpaß bereits vorhanden Letzte Menstruationsblutung vor 5–9 Wochen
- Subjektive Schwangerschaftszeichen: Übelkeit, Erbrechen, Pollakisurie, Spannungsgefühl in der Brust
- Risikofaktoren: früher bereits extrauterine Schwangerschaften, Aborte, Eileiter entzündungen oder schmerzhafte Menstruationsblutungen (Endometriose) Früher oder derzeit intrauterine Spirale? Z. n. Sterilitätsbehandlung?

Sofortdiagnostik

- Basischeck (☞ 4.1.2)
- Puls, RR, SpO_2, EKG
- *Schockzeichen* (☞ 5.9)?
- Vorsichtige abdominale Palpation (Punctum maximum des Schmerzes), akute Abdomen?
- Inspektion der Vulva (Blutung?).

Sofortmaßnahmen

- Ggf. *Schocklagerung* (☞ 2.5)
- I. v.- Zugang mit Infusion (z. B. Ringer-Lösung, ggf. HÄS)
- Ggf. O_2-Gabe (☞ 1.7.3)
- Ggf. Analgesie mit Opioiden, z. B. Tramadol (z. B. Tramal®) 1–2 mg/kg K langsam i. v.
- Ggf. Spasmolyse mit Butylscopolamin (z. B. Buscopan®) 20–40 mg *oder* Metamizol (z. B. Novalgin®) 1000 mg i. v.
- Ggf. Sedierung z. B. mit Diazepam (z. B. Valium®) 5–10 mg i. v.

Transport

- Mutterpaß mitnehmen, falls vorhanden
- Immer Transport in gynäkologische Klinik:
  - bei *plötzlichem Auftreten von Blutung und Schmerzen oder Schocksymptomatik notfallmäßiger Transport in die nächste gynäkologische Klinik mit Voranmeldung!*
  - bei langer und geringer Schmerz- und Blutungsanamnese und fehlender Schocksymptomatik, Transport in Klinik mit Möglichkeit zur operativen Laparoskopie.

Prinzipien der Weiterbehandlung

Abklärung der Blutungsursache durch Spekulumeinstellung, gynäkologische Palpation, Ultraschall und Laborkontrollen (betaHCG, kleines Blutbild), Douglaspunktion, Laparoskopie oder Laparotomie (bei starkem Blutverlust). Funktionsfähige Organerhaltung (Eileiter) wird heute angestrebt.

- Bei Tubarruptur *Verblutungstod innerhalb weniger Minuten möglich*
- Jede vaginale Blutung in der Frühschwangerschaft gilt bis zum Beweis des Gegenteils als EU-Blutung
- Die nach außen zu beobachtende vaginale Blutung stellt nur eine Hormonmangelblutung des Uterus-Endometriums dar. Die eigentliche Blutung aus der Tube findet zum Abdominalraum hin statt
- Aus der Stärke der vaginalen Blutung darf keinesfalls auf die Stärke der inneren Blutung geschlossen werden!

Ketamin (z. B. Ketanest®) wegen Erhöhung des Muskeltonus zur Analgesie ungeeignet.

13.3. Notzuchtdelikte

Sofortmaßnahmen

Das prinzipielle Vorgehen entspricht dem bei Scheidenverletzungen (☞ 13.1.2).

- Jede Vergewaltigung ist eine äußerst entwürdigende Demütigung (es entsteht ein Gefühl von Angst, Ohnmacht, Kontrollverlust über das eigene Leben, Beschmutzung, Wut) → *ganz besondere Rücksichtnahme auf die Psyche* der Pat.
- Nach Möglichkeit weibliche Betreuung (z. B. Notärztin, Rettungsassistentin) hinzuziehen
- Ruhige, sachliche, behutsame und verständnisvolle Anamnese; kurze Beschreibung des Überfalls → Hinweise auf mögliche Verletzungen
- Glaubwürdigkeit der Pat. nicht in Frage stellen
- Ziel und Zweck der einzelnen Schritte des Untersuchungsablaufs und der Sofortmaßnahmen vorher genau besprechen und erklären
- Keine vaginale Untersuchung!
- Pat. möglichst nicht duschen oder waschen lassen und erklären warum (Spurensicherung)
- *Kleidung, Wäsche, Bettwäsche*, etc. in sauberer Plastiktüte *asservieren* oder durch Polizei asservieren lassen
- *Ausführliche Aufzeichnungen* über Tatzeit, Tatort, Tathergang und Untersuchungsergebnisse (z. B. Verletzungsmuster)

- Pat. auf die Möglichkeit einer *Anzeige* aufmerksam machen. Bei *konkreter* V.a. Gefährdung weiterer Personen in Abwägung zur ärztlichen Schweigepflicht evtl. auch selbst Anzeige erstatten. Die Polizei wird dann in Zusammenarbeit mit der Staatsanwaltschaft eine gynäkologische Untersuchung unter Anwesenheit eines Gerichtsmediziners veranlassen
- Bei Kindsmißbrauch (☞ 12.5.9) anstatt Anzeige auch Einschaltung des Jugendamtes möglich
- Bei bewußtloser oder nicht zurechnungsfähiger Pat. selbst Anzeige bei der Polizei erstatten
- Pat. auf *Notruf der Frauenhäuser* hinweisen. Es gibt dort Beratung, Informationen und psychische Betreuung für die Pat., bei Bedarf auch Übernachtungsmöglichkeit.

Transport

Falls vom Verletzungsmuster möglich, in Absprache mit der Pat., Transport zur nächstgeeigneten Gynäkologen (oder, wenn Pat. dies wünscht, zu einer Gynäkologin), der/die mit Notzuchtdelikten Erfahrung hat. Bei gynäkologischer Klinik entsprechende(n) Gynäkologin/Gynäkologen erfragen.

Prinzipien der Weiterbehandlung

Zyklusanamnese, Kohabitationsanamnese, letzte gynäkologische Untersuchung. Ausführliche allgemeine und gynäkologische Untersuchung, einschließlich Dokumentation und Fotodokumentation. Scheidenabstriche, bakteriologische und serologische Untersuchungen (Spermanachweis, Spurensicherung, Lues, Gonorrhoe, HIV). Schwangerschaftstest, schwangerschaftsverhütende Maßnahmen („morning after pill"), desinfizierende Maßnahmen. Ggf. weitere psychologische Betreuung.

- Physisches und psychisches Trauma, dessen Verarbeitung vieler Jahre bedarf. Als Dauerschäden häufig Ängste, Depressionen, Suizid(-versuche), psychosomatische Beschwerden, sexuelle Probleme und Beziehungsschwierigkeiten.

N. Bauer, W. Hinrichs

14 Notfälle in Schwangerschaft und Geburtshilfe

Besonderheiten geburtshilflicher Notfälle

- Eine Schwangerschaft kann auch vorliegen, wenn die Pat. dies (insbesonder vor anderen Personen) entschieden verneint →ggf. genaue Regelanamnese un ter Ausschluß Dritter.
- *Verantwortung für 2 Patienten gleichzeitig* (Mutter und Kind). Ein *Interessen konflikt* kann auftreten, wenn eine für das Kind erforderliche Therapie (z.B Wehenhemmung) bei der Mutter eine Kontraindikation (z.B. schwere Herzer krankung) darstellt. *Im Zweifelsfall muß für die Mutter* entschieden werden, zu mal das Kind ohne Mutter nicht lebensfähig ist
- Eine Notfallsituation bedeutet für die Schwangere meist extremen *Streß* und is mit großer *Angst* um das Kind verbunden. Daher sind kompetentes Auftrete und *beruhigender Zuspruch* des Notarztes besonders wichtig. ***Cave:*** Starke Un ruhe der Schwangeren kann auch auf drohende Eklampsie oder Uterusruptu hinweisen
- Die Chance, eine Frühgeburt zu überleben, beginnt für das Kind mit der sic entwickelnden *Lungenreife ab der 24. SSW* post menstruationem. Notfälle vc dieser Zeit gelten deshalb als gynäkologische Notfälle (☞ 13).
- *Vaginale Untersuchungen* sollten vom Ungeübten i.d.R. *unterlassen* werde (*Ausnahme: Nabelschnurvorfall*), da dies die Notfallsituation verschlechter kann (*Verstärkung* einer *Blutung*, Gefahr einer *Infektion*, Auslösen von *Wehen*) Zudem tastet der Unerfahrene meist nicht mehr als nur „feucht, warm, weic und dunkel"
- Ist die Geburt während des Transportes zu erwarten, muß die Patientin mit de *Füßen in Fahrtrichtung* eingeladen werden, da nur in dieser Lage die Versor gung des Kindes erfolgen kann. Dabei *Linksseitenlage*, um ein *Vena-cava-Kom pressionssyndrom* zu vermeiden (☞ 14.1.2).

Mutterpaß

Reisepaßformat, Farbe hellblau. Enthält *alle wichtigen Daten zum Schwanger schaftsverlauf*. Der Mutterpaß besteht seit 1985 aus *zwei identischen Hälften* zu *Dokumentation von 2 Schwangerschaftsverläufen* (S.1–16 bzw. 17–32). Sei 1996 gibt es eine neue Aufteilung des Mutterpasses. Die folgenden Seitenangabe beziehen sich auf die Neuauflage.

Wichtig für den Notarzt sind folgende Seiten:

- Seite **4** (bzw. **20**): **Vorangegangene Schwangerschaften und Entbindungen**, evtl. auch Aborte oder Extrauteringraviditäten, die *Rückschlüsse auf mögliche Komplikationen* während dieser Schwangerschaft oder Entbindung ziehen lassen
- Seite **5/6** (bzw. **21/22**): Daten zu **auffälliger Anamnese, Besonderheiten der jetzigen Schwangerschaft,** Angaben zur **Terminbestim-**

Tab. 14.1.: Abkürzungen im Mutterpaß

Abkürzung	Begriff
BEL	Beckenendlage
KL	Kopflage
M	Mens
QL	Querlage
SL	Schädellage
Sp	Spontangeburt
SSW	Schwangerschaftswoche
VE	Vakuumextraktion

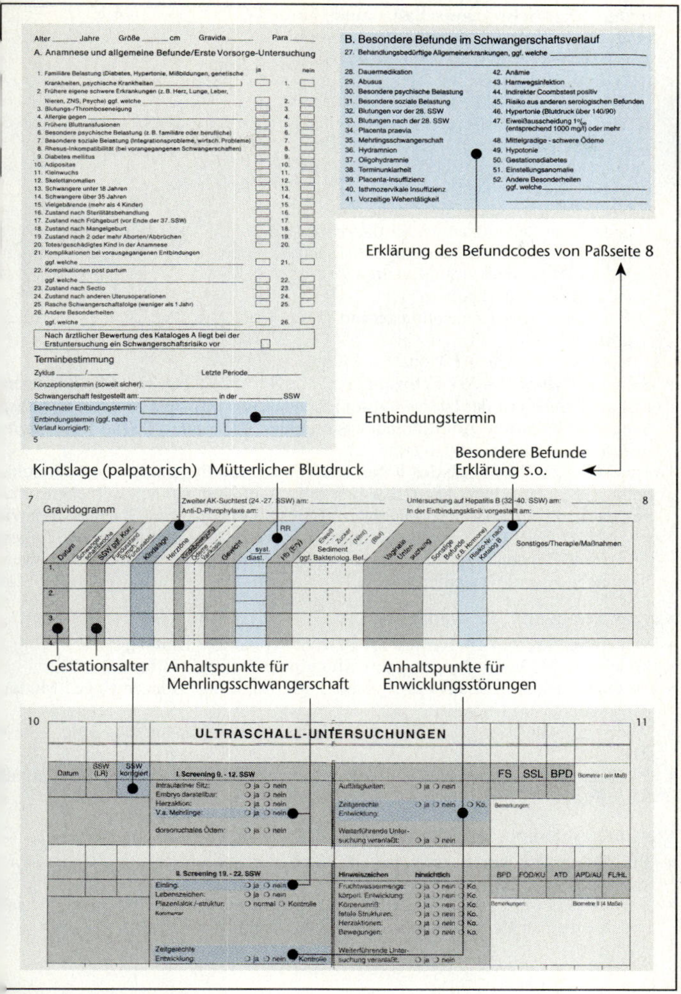

Abb. 14.1: Auszüge aus dem Mutterpaß

mung. Die **Schwangerschaftsdauer** beträgt durchschnittlich 40 Wochen, vom ersten Tag der letzten Menstruationsblutung (LP) ab gerechnet. Sollte der Entbindungstermin (ET) nicht eingetragen sein, so kann er zur Abschätzung einer Frühgeburtlichkeit (vor vollendeter 37. SSW) oder Übertragung (ab 10 Tage nach Entbindungstermin) berechnet werden:

- Nach der Naegeleschen Regel aus dem ersten Tag der letzten Menstruationsblutung (LP) und der Zykluslänge in Tagen: ET = LP + 1 Jahr – 3 Monate + 7 Tage (+ Zyklus – 28 Tage)
- Bei bekanntem Konzeptionstermin (KT) gilt: ET = KT + 1 Jahr – 3 Monate – 7 Tage

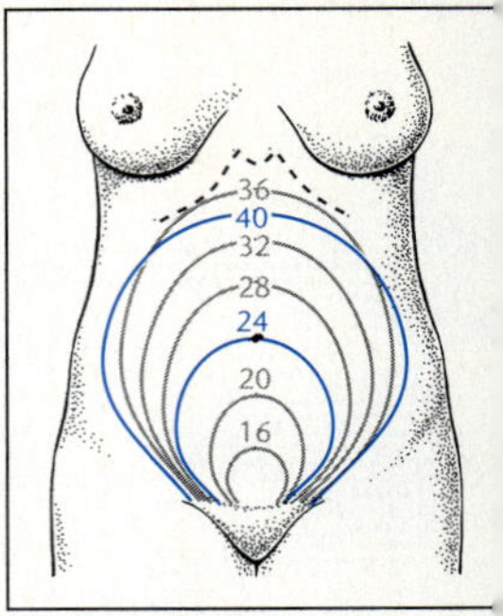

Abb. 14.2: Fundusstände

- Seite **7–14** (bzw. **23–30**): **Schwangerschaftsverlauf**. In der *24. SSW* (beginnen de Lungenreife) ist der Uterus mit seinem höchsten Teil, dem *Fundus, in Nabel höhe* (Nb) zu tasten. Am Entbindungstermin ist der *Fundus 2 Querfinger unte dem Rippenbogen* zu tasten (Rb – 2)
- Seite **10** (bzw. **26**): **Lage des Feten** und **Ultraschalldiagnostik**. Normal: Schä dellage (SL) bzw. Kopflage (KL). Besondere Gefahrenmomente: Beckenendla ge (BEL ☞ 14.3.7) und Querlage (QL ☞ 14.3.8). Die Placenta praevi (☞ 14.1.4) bedeutet besondere Aufmerksamkeit bei Blutung oder Wehen ***Cave:*** Bei Placenta praevia keine vaginale Tastuntersuchung, da sonst schwer Blutungen ausgelöst werden können!

Kurzanamnese bei Schwangeren

- Wehen/Schmerzen? Blasensprung? Zeichnen? Stärkere Blutung?
- Welche SSW? Entbindungstermin? Mutterpaß: Seiten 5, 7 (bzw. 21, 23)
- Probleme bei dieser Schwangerschaft, Lage, Mehrlinge, Plazentalage? Mutter paß: Seiten 6–14 (22 –30)
- Wievielte Schwangerschaft? Wieviel Kinder geboren? Mutterpaß: Seite 5 (bzw 21)
- Probleme bei vorausgegangenen Schwangerschaften/Entbindungen? Mutterpaß Seite 5 (bzw. 21).

Kurzuntersuchung der Schwangeren

- Bei *Wehen:* Vulvainspektion in der Wehe zum Abschätzen des Geburtsfort schrittes (☞ 14.2.2).
- Fundusstand (1. Leopoldhandgriff) zum Abschätzen des Schwangerschaftsal ters: mit beiden Handkanten den Uterusfundus umfassen.

14.1 Notfälle in der Schwangerschaft ab 24. SSW

14.1.1 Unfälle

Symptomatik

- Abhängig von der Art des Unfalls (Verkehrsunfälle, Stürze, Sportverletzungen, tätliche Auseinandersetzungen) und dem Verletzungsmuster (☞ 11).

Kurzanamnese

- Art und Heftigkeit des Unfalles
- Atemnot? Schmerzen?
- Abdominale Schmerzen (geburtshilfliche, chirurgische, urologische Verletzungen)?
- Fruchtwasserabgang (vorzeitiger Blasensprung)? Vaginale Blutung (vorzeitige Plazentalösung, Placenta praevia, Insertio velamentosa, Uterusruptur)?
- Schwangerschaftskurzanamnese (Geburtsbeginn? Schwangerschaftsalter, Besonderheiten, *Mutterpaß, s. o.*).

Sofortdiagnostik

- Basischeck (☞ 4.1.2)
- Puls, SpO_2, RR, EKG
- Schockzeichen (intraabdominale Blutung, z. B. bei Uterusruptur oder Verletzung parenchymatöser Organe)?
- Prellmarken über dem Uterus (Kontusion)?
- Inspektion der Vulva: Abgang von Blut (vorzeitige Plazentalösung, Placenta praevia, Insertio velamentosa, Uterusruptur ☞ 14.1.4) oder Fruchtwasser (Flüssigkeit an Vulva oder Slip, die nicht nach Urin riecht: vorzeitiger Blasensprung ☞ 14.1.5)?
- Palpation: abdominale Schmerzen (chirurgische, geburtshilfliche, urologische Verletzungen) oder Holzuterus (schmerzhafte, tastbare Dauerkontraktion: vorzeitige Plazentalösung ☞ 14.1.4)?
  Cave: Keine vaginale Untersuchung (Verschlimmerung von Verletzungen oder plazentaren Blutungen, Infektionsgefahr).

Sofortmaßnahmen

- Bei V. a. HWS-Verletzung Halskrause (z. B. Stifneck®) anlegen, ggf. Vakuummatratze
- Lagerung in Seitenlage, falls möglich in *Linksseitenlage* (☞ 14.1.2), ggf. Schocklage (☞ 2.5)
- Blutende Wunden versorgen (☞ 2.6)
  Cave: keine Blutstillung uteriner Blutungen
- I. v.-Zugang mit Infusion (z. B. Ringer-Lösung, ggf. HÄS)
- Ggf. O_2-Gabe (☞ 1.7.3)
- Ggf. Analgesie mit Opioid, z. B. 100 mg Tramadol (Tramal®) i. v.
- Ggf. Sedierung z. B. mit Diazepam (Valium®) 5–10 mg i. v.
- Falls erforderlich Intubation (☞ 3.4.4) und Beatmung (☞ 3.4.8):
  - Bei Intubation *Tubus* mit kleinerem Durchmesser (ID 7,0) verwenden (Schwellung der Trachealschleimhaut in der Schwangerschaft → Verkleinerung des Trachealquerschnittes)

- Bei kontrollierter Beatmung Atemfrequenz auf 14/Min. und Atemzugvolumen auf 12 ml/kg KG erhöhen (alveoläre Ventilation bei Schwangeren bis zu 50 % erhöht); Ziel-pCO_2: 35–45 mm Hg
- Narkoseeinleitung (☞ 3.3) mit Thiopental (z. B. Trapanal®) 4–5 mg/kg KG i. v. (***Cave:*** Atemdepression des Neugeborenen möglich)
- Narkosefortführung (☞ 3.3) mit:
  Sedativum: Diazepam (z. B. Valium®) 10 mg i. v., ggf. Wiederholung; (***Cave:*** Atemdepression des Neugeborenen möglich)
  Analgetikum: Opioid, z. B. Fentanyl 0,1–0,2 mg i. v. (***Cave:*** Atemdepression des Neugeborenen möglich)
  Relaxans: Vecuronium (z. B. Norcuron®) 6 mg i. v., ggf. Wiederholung mit 2 mg
- *Im Schock:* zur *Narkoseeinleitung* als Sedativum und Analgetikum Ketamin (z. B. Ketanest®) 0,5–1 mg/kg KG i. v. und Diazepam (z. B. Valium®) 5 mg i. v., zur *Narkosefortführung* Ketamin (z. B. Ketanest®) 0,5 mg/kg KG i. v. und Diazepam (z. B. Valium®) 2,5 mg i. v., ggf. Wiederholung; ***Cave:*** Verstärkung des Uterustonus durch Ketamin.

Transport

- Mutterpaß mitnehmen
- Immer je nach Verletzungsmuster evtl. notfallmäßiger Transport in Chirurgie mit Voranmeldung. Primärer Transport in Frauenklinik, wenn für die Mutter keine vital bedrohlichen chirurgischen Verletzungen bestehen.

Prinzipien der Weiterbehandlung

- Versorgung der akut lebensbedrohlichen Verletzungen
- Überprüfung der fetalen Situation, Sectio bei vorzeitiger Plazentalösung oder Uterusruptur.

- Die Versorgung der Mutter und die Sicherstellung ihrer Vitalfunktionen hat Vorrang
- Verzögerte Entstehung von Plazentalösung und Uterusruptur sind möglich. Eine direkte Verletzung des Feten ist selten, da dieser durch die Bauchdecke der Mutter, den Uterus und das Fruchtwasser gut geschützt ist.

- Bei Anlage einer Bülau-Thoraxdrainage (☞ 2.9.1) muß bei einer Schwangeren 1 oder 2 Interkostalräume höher (3.–4. ICR) eingegangen werden (Zwerchfellhochstand, Abflachung der Rippenstellung)
- Acetylsalicylsäure (z. B. Aspisol®) ist kontraindiziert (Thrombozytenaggregationshemmer).

14.1.2 Vena-cava-Kompressionssyndrom

In Rückenlage der Pat. Kompression der V. cava inf. durch den schwangeren Uterus → Abflußbehinderung aus den distalen Gefäßgebieten (Beingefäße und uteroplazentare Gefäße) → verminderter venöser Rückfluß zum Herzen → relativer Volumenmangel mit Minderperfusion u. a. des mütterlichen Gehirns und der Plazenta.

Symptomatik

- In der Spätschwangerschaft bei Rückenlage der Patientin: Hypotonie, Tachykardie, Blässe, Zyanose, Kaltschweißigkeit, Schwindel, Schwächegefühl, Übelkeit, Schock, Bewußtlosigkeit.

Sofortdiagnostik

- Basischeck (☞ 4.1.2)
- Bestätigung der Verdachtsdiagnose durch den Erfolg der Sofortmaßnahmen (Linksseitenlage).

Sofortmaßnahmen

- **Unverzüglich Seitenlage**, nach Möglichkeit Linksseitenlage. Sollte nur Rechtsseitenlage möglich sein, so muß die Schwangere ganz auf die Seite gedreht werden
- Falls keine Besserung innerhalb 1 Minute:
  - Puls, SpO_2, RR, EKG
  - O_2-Gabe (☞ 1.7.3)
- Venöser Zugang mit Infusion (z. B. Ringer-Lösung), → Coma in graviditate 14.1.7.

Transport

- Mutterpaß mitnehmen
- Immer Transport in die nächste Frauenklinik.

Prinzipien der Weiterbehandlung

Überprüfung der Diagnose und der Vitalität des Feten, allgemeine Vorsorgeuntersuchung zum Ausschluß anderer Erkrankungen, wie z. B. Gestose, vorzeitige Plazentalösung.

Differentialdiagnose

- Drohende Eklampsie, Eklampsie (☞ 14.1.3): RR-Erhöhungen, Gesichtsödem, Unterschenkelödem, tonisch-klonische Krämpfe, gesteigerte und verbreiterte Reflexe, Oberbauchbeschwerden, Übelkeit, Unruhe, Kopfschmerzen, Augenflimmern, Parästhesien
- Volumenmangelschock bei vorzeitiger Plazentalösung oder Plazenta-praevia-Blutung
- Orthostatischer Kollaps
- Internistische oder neurologische Erkrankungen.

Zur Prophylaxe eines Vena-cava-Kompressionssyndroms Transport jeder Schwangeren in der 2. Schwangerschaftshälfte in Linksseitenlage!

14.1.3 Hypertensive Erkrankungen in der Schwangerschaft (HES), Eklampsie

Ätiologie weitgehend ungeklärt. Generalisierte Vasospasmen mit Endothelschädigung und erhöhte Gerinnungsaktivität → Mikrozirkulationsstörung → Hypertonie. Auftreten einer Spätgestose oder Eklampsie in der Spätschwangerschaft, aber auch in den ersten Wochenbettstagen möglich. Risikogruppe: sehr junge (< 16

J.) und ältere (> 35 J.) Erstgravidae, Mehrlingsschwangerschaft, Diabetes mell. Hypertonie, Nierenerkrankungen, positive Familienanamnese.

Symptomatik

14

- *Schwangerschaftsinduzierte Hypertonie (SIH):* RR-Anstieg ≥ 140/90 nach de 20. SSW bei zuvor normotensiven Frauen
- *Präeklampsie (Gestose):* RR↑ (≥ 140/90) und Proteinurie (> 0,5 g/l; s. Mutterpaß). *HELLP-Syndrom:* (Hämolysis, elevated liver enzymes, low platelet count Verlaufsform der Gestose, bei der Laborveränderungen im Vordergrund stehen Beim reinen HELLP-Syndrom fehlt der Hypertonus. Wird daher häufig erst in Stadium der drohenden Eklampsie, besonders mit *Oberbauchschmerzen, Übelkeit und Erbrechen* erkannt
- *Schwere Präeklampsie (drohende Eklampsie): zentrale Symptomatik* mit Kopfschmerzen, Augenflimmern, Gesichtsfeldausfällen, Ohrensausen, Schwindelgefühl, motorische Unruhe, Oberbauchbeschwerden (insbesondere beim HELLP Syndrom), *Übelkeit und Erbrechen, Parästhesien* an den *Händen*. Die Reflexzonen sind verbreitert und die Reflexe verstärkt und klonisch. Evtl. Lungenödem
- *Eklampsie:* Tonisch-klonische Krämfe im Zusammenhang mit einer Schwangerschaftshypertonie oder Präeklampsie. Typische Prodromi: starre Blickrichtung mit weiten Pupillen und Zuckungen der Gesichtsmuskulatur. Beginn de Krampfanfalls meist an den Extremitäten mit Ausbreitung über den Stamm kranialwärts. Danach Bewußtlosigkeit und Zyanose.

Kurzanamnese

- Frage nach Oberbauchschmerzen, Übelkeit, Parästhesien in den Händen, Kopfschmerzen, Augenflimmern (Bejahung bedeutet höchste Gefahr eines eklamptischen Anfalls)
- Suche nach Gestosevorboten im *Mutterpaß* Seite 6 (bzw. 22) Ziff. 46–48, sc wie unter „stationäre Aufenthalte“ Seite 9 (bzw. 25). Auf Seiten 7 u. 8 (bzw 23 u. 24) die Spalten: Ödeme, Gewicht, RR, Eiweiß im Urin und sonstige Befunde.

Sofortdiagnostik

- Basischeck (☞ 4.1.2)
- Bewußtlosigkeit? Tonisch-klonische Krämpfe (☞ 8.2.4)? Zungenbiß? Schaum vor dem Mund?
- Puls, SpO_2, RR, EKG
- Reflexstatus verbreitert, gesteigert (☞ 8.1.6).

Sofortmaßnahmen

Im *eklamptischen Anfall:*

- Oberkörperhochlagerung
- *Harte Gegenstände entfernen* oder mit Kissen abpolstern, grelles *Licht abdunkeln* (auch im NAW), für *Ruhe* sorgen, *nur unbedingt erforderliche Manipulationen* an der Patientin vornehmen
- I. v.-Zugang mit langsamer Infusion (z. B. Ringer-Lösung)
- Intubationsbereitschaft (einschließlich Hypnotikum Thiopental (z. B. Trapanal®) 250 mg = 10 ml und Muskelrelaxans)
- Magnesiumsulfat (z. B. Cormagnesin®) 1 g langsam über 5 Min. i. v.; bei Wirkungslosigkeit Wiederholung bis zur Gesamtmenge von 4 g möglich. ***Cav***

Atemstillstand bei Überdosierung: → Kalziumglukonat als Antidot (10 ml einer 10 %igen Lösung) langsam über 3 Min. i.v.
- Alternativ bzw. zusätzlich: Sedierung z.B. mit Valium (Diazepam® sehr langsam 10–20 (- 40) mg i.v. ***Cave:*** Atemdepression!
- Antihypertensive Therapie bei Hypertonus *nach* Sistieren des Anfalls (s.u.).

Bei *drohender Eklampsie:*
- Oberkörperhochlagerung
- Grelles *Licht abdunkeln*, für *Ruhe* sorgen, *nur unbedingt erforderliche Manipulationen* an der Patientin vornehmen
- I.v.-Zugang mit langsamer Infusion (z.B. Ringer-Lösung)
- Intubationsbereitschaft (einschließlich Hypnotikum und Muskelrelaxans)
- Magnesiumsulfat (z.B. Cormagnesin®) 1 g langsam über 5 Min. i.v. unter gleichzeitiger Kontrolle des Patellarsehnenreflexes. Bei Wirkungslosigkeit Wiederholung bis zur Gesamtmenge von 4 g möglich. ***Cave:*** Überdosierung: Patellarsehnenreflex nicht mehr normal auslösbar bzw. Atemdepression (Atemfrequenz < 14/Min.) → Kalziumglukonat als Antidot (10 ml einer 10 %igen Lösung) langsam über 3 Min. i.v.
- Alternativ bzw. zusätzlich: Sedierung z.B. mit Valium (Diazepam® sehr langsam 10–20 (- 40) mg i.v. ***Cave:*** Atemdepression!
- *RR-Senkung nur bei Werten über 180/110 mmHg*, max. um 20 % und höchstens auf 160/100 mmHg, da sonst die Perfusion von Plazenta und mütterlichen Organen gefährdet ist. Z.B. Dihydralazin (Nepresol®) 1/10 Amp (bis max. 1/2 Amp) = 2,5 mg (- 12,5 mg) langsam i.v., danach 3–5 (- 12,5) mg/h (bei 25 mg/50 ml: 6–10 (- 25) ml/h) über Perfusor. Ersatzweise Nifedipin (z.B. Adalat®) 5–10 mg s.l.

Bei *isoliertem Hypertonus:*
Präklinisch nur Therapie bei zerebraler oder kardialer Symptomatik bzw. bei RR ≥ 200/120 mm Hg (Therapie s. drohende Eklampsie).

Transport

- Mutterpaß mitnehmen
- Bei Eklampsie und drohender Eklampsie immer sofortiger Transport in Frauenklinik (möglichst in Perinatalzentrum). ***Cave:*** zügiger, aber ruhiger Transport ohne Sondersignale.

Prinzipien der Weiterbehandlung

Stabilisierung der Patientin unter Berücksichtigung von Blutdruck, Blutbild, Gerinnung, Eiweißhaushalt, Elektrolythaushalt, Ausscheidung, Leberfunktion, zentraler Symptomatik und fetaler Situation, dann Entbindung ggf. mit Sectio.

Jeder *Reiz* (Licht, Geräusche, unnötige Manipulationen) bedeutet die *Gefahr eines eklamptischen Anfalls* mit Perfusionsstörungen in den mütterlichen Organen und dem uteroplazentaren Stromgebiet. Es drohen ein *Multiorganversagen* oder *Aspiration* bei der Mutter und das *Absterben* des *Feten*
Durch eklamptische Anfälle mütterliche Mortalität 2–5 %, kindliche Mortalität 10–20 %, vermehrt Plazentainsuffizienz und vorzeitige Plazentalösungen.

Differentialdiagnose

Epileptischer Anfall (☞ 8.2.4): Anamnese bzw. Fremdanamnese und gleichzeitiges Fehlen der Präeklampsie.

14

14.1.4 Blutungen in der Spätschwangerschaft

Tab. 14.2.: Differentialdiagnose von Blutungen in der Spätschwangerschaft

Blutungsursache	Vorzeitige Plazentalösung	Placenta praevia	Insertio velamentosa
Schmerzen	+	o	o
brettharter Uterus, Dauerkontraktion	+	o	o
Blutung	+/o	+	+
Beginn der Blutung mit Blasensprung	o	o	+
Nachlassen der Blutung mit Blasensprung	o	+	o
Schock	+/o	+/o	o
+ = vorhanden, +/o = evtl. vorhanden, o = fehlt			

- *Vorzeitige Plazentalösung*: Teilweise oder vollständige Ablösung der norma sitzenden Plazenta vor abgeschlossener Geburt des Kindes. Dabei Ausbildun eines Hämatoms zwischen Plazenta und Uterus auch ohne Blutung nach auße möglich. Mögliche Ursachen: Spätgestose, Diabetes mell. und Traumen. Ge häuft bei älteren Schwangeren und Multipara
- *Placenta praevia:* Plazenta liegt vor dem inneren Muttermund. Folge: Geburts weg bei Placenta praevia versperrt, Plazenta löst sich bei Uteruskontraktionen Dadurch Blutung aus mütterlichen Gefäßen, aber auch kindliche Gefäße kön nen einreißen. Drohender Verblutungstod von Mutter und Kind! Bei der Mutte außerdem Gefahr einer Luftembolie
- *Insertio velamentosa:* Aufteilung der Nabelschnurgefäße bereits vor Erreiche der Plazenta mit getrenntem Verlauf in den Eihäuten. Gefäßeinriß beim Blasen sprung mit akutem Verblutungstod des Kindes möglich. Dabei AZ der Mutte unbeeinflußt
- *Uterusruptur* nach Trauma (☞ 14.1.1) oder unter der Geburt (☞ 14.3.3).

Symptomatik

- *Vorzeitige Plazentalösung*: keine Symptome bis stechende, wehenunabhängig Bauchschmerzen, brettharter Uterus, Schocksymptomatik, vaginale Blutun (***Cave:*** kann fehlen, wenn die Blutung nur ins Plazentabett stattfindet, dara denken, wenn AZ ↓ trotz fehlender vaginaler Blutung)
- *Placenta-praevia-Blutung*: schmerzlos, Uterus nicht bretthart, Schocksympto matik entspricht dem Blutverlust. Bei Blutungsbeginn intakte Fruchtblase. O Nachlassen der Blutung beim Blasensprung
- *Insertio velamentosa*: schmerzlos, Uterus nicht bretthart. Keine Schocksympto matik. Beginn der vaginalen Blutung gleichzeitig mit dem Blasensprung.

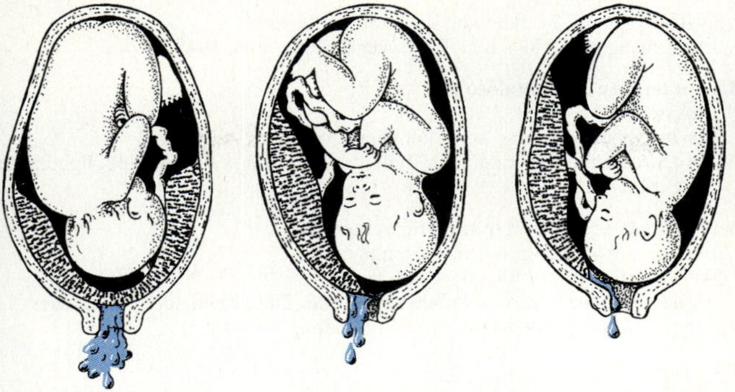

Abb. 14.3: Plazenta praevia

Kurzanamnese

- *Schocksymptomatik* je nach Blutverlust (Placenta praevia, evtl. vorzeitige Plazentalösung)
- *Schmerzen:* ja (Vorzeitige Plazentalösung) – nein (Placenta praevia, Insertio velamentosa)
- *Dauerkontraktion* (Vorzeitige Plazentalösung), keine oder beginnende Wehen (Placenta praevia)
- *Beginn* der Blutung gleichzeitig mit Fruchtwasserabgang (Insertio velamentosa), Sistieren der Blutung mit Fruchtwasserabgang (Placenta praevia)
- *Gestose*, Diabetes mell., Traumen (vorzeitige Plazentalösung)
- Im *Mutterpaß* Hinweise auf Placenta praevia durch Ultraschallbefunde auf Seite 10 (bzw. 26), oder bei vorzeitiger Plazentalösung auf Hypertonus/Gestose auf Seite 6/7 (bzw. 22/23), Diabetes mellitus auf Seite 5/6 (bzw. 21/22).

Sofortdiagnostik

- Basischeck (☞ 4.1.2)
- Puls, SpO_2, RR, EKG
- Schockzeichen? (Vorzeitige Plazentalösung, Placenta praevia)
- Inspektion: Beurteilung der äußeren Blutung an Vulva, Vorlage und Slip. Blut dickflüssig oder wässrig (Blasensprung)?
- Palpation: Weicher Uterus (Placenta praevia, Insertio velamentosa) oder brettharter, schmerzhafter Uterus (vorzeitige Plazentalösung)?
- ***Cave:*** keine vaginale Untersuchung! (Verstärkung der Blutung bei Placenta praevia und Insertio velamentosa, keine Zusatzinformation bei vorzeitiger Plazentalösung).

14

Sofortmaßnahmen

- O_2-Gabe (☞ 1.7.3), falls von der Mutter toleriert
- I. v.-Zugang mit Infusion (z. B. Ringer-Lösung, evtl. HÄS).

Bei vorzeitiger Plazentalösung:

- Linksseitenlage
- **Cave:** Wehenhemmung kontraindiziert!
- Bei Durchschneiden kindlicher Teile durch Introitus schnellstmögliche Entbindung (☞ 14.2.3).

Bei Placenta praevia oder Insertio velamentosa:

- Beckenhochlagerung in Linksseitenlage
- Wehenhemmung (☞ 14.1.5)
- *Ausnahme:* bei Insertio velamentosa und Durchschneiden kindlicher Teile durch Introitus schnellstmögliche Entbindung (☞ 14.2.3).

Transport

- Mutterpaß mitnehmen
- Immer notfallmäßiger aber schonender Transport in die nächste Frauenklinik mit Voranmeldung
- Nach Dringlichkeit und Absprache evtl. Ablieferung im OP-Vorraum, falls dort Ultraschall durchgeführt werden kann.

Prinzipien der Weiterbehandlung

Verifizierung der Verdachtsdiagnose durch Ultraschall und Spiegeleinstellung. Überprüfen der Vitalität des Kindes mittels Ultraschall. Entscheidung über Notsectio oder abwartendes Verhalten.

- Neben den o. g. Blutungen der Spätschwangerschaft sind auch gynäkologische Blutungen (☞ 13.1) möglich.
- Eine vorzeitige Plazentalösung muß nicht nach außen bluten!
- Auch bei Normotension der Mutter kann der Fetus im Schock sein
- Bei vorzeitiger Plazentalösung Gefahr einer disseminierten intravasalen Koagulopathie
- Bei Placenta praevia Gefahr der Luftembolie.

- Bei Placenta praevia und Insertio velamentosa Wehenhemmung (☞ 14.1.5) durchführen, es sei denn, bei Insertio velamentosa steht die Entwicklung des Kindes unmittelbar bevor. Bei vorzeitiger Plazentalösung ist die Wehenhemmung kontraindiziert. *Im Zweifel Verzicht auf Wehenhemmung*
- **Cave:** keinesfalls Tamponade legen (dadurch keine Blutstillung möglich, jedoch Gefahr der Blutungssteigerung).

14.1.5 Blasensprung, Nabelschnurvorfall, Armvorfall

Hat das führende kindliche Teil vor oder während der Eröffnungsperiode noch zu wenig Beziehung zum mütterlichen Becken, so besteht beim Blasensprung die Gefahr eines Nabelschnurvorfalls oder Armvorfalls.

Symptomatik

Blasensprung: schwallartiger Abgang von Fruchtwasser (ohne Uringeruch) in der Menge einer Tassenfüllung.

Nabelschnurvorfall: Nabelschnur vor der Vulva zu sehen.

Armvorfall: Arm vor der Vulva zu sehen.

Kurzanamnese

- Abgang von Fruchtwasser im Schwall? Menge einer Tassenfüllung entsprechend? Wann?

Sofortdiagnostik

- Basischeck (☞ 4.1.2)
- Inspektion: Vulva und Slip bzw. Vorlage (Flüssigkeit ohne Uringeruch, Nabelschnur, Arm sichtbar?), grünes Fruchtwasser (kindliche Asphyxie)?
- Bei sichtbarer Nabelschnur: Pulsation (Vitalität des Kindes)?
- Vaginale Untersuchung nach Blasensprung nur unter sterilen Kautelen und bei entsprechender Vorerfahrung zur Palpation von Nabelschnur, kindlichen Teilen und Muttermundsweite.

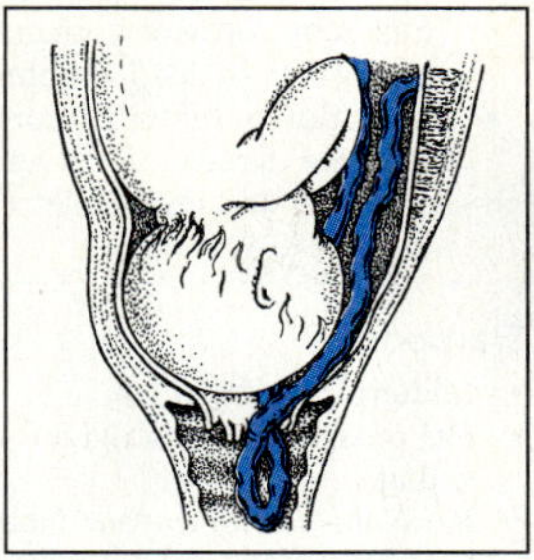

Abb. 14.4: Nabelschnurvorfall

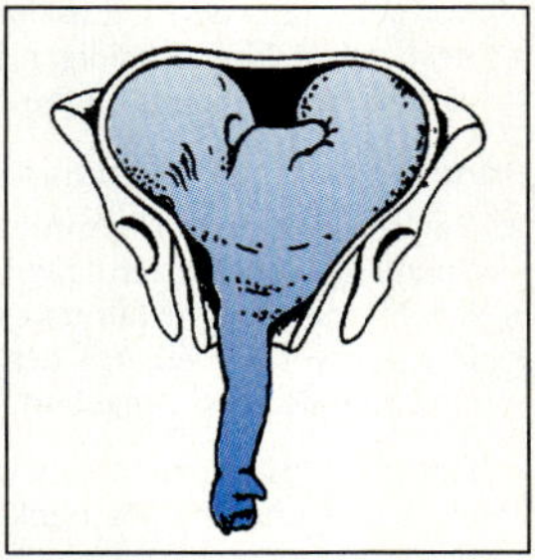

Abb. 14.5: Armvorfall

Sofortmaßnahmen

- I. v.-Zugang mit Infusion (z. B. Ringer-Lösung)

Blasensprung: Patientin *nicht mehr aufstehen lassen* (Gefahr des Nabelschnurvorfalls), Linksseitenlage.

Nabelschnurvorfall:
- Linksseitenlage und Beckenhochlagerung oder Knie-Ellenbogenlage
- Nabelschnur dekomprimieren: Mit der dominanten Hand in die Scheide eingehen und vorangehenden Teil hochdrängen, so daß die Nabelschnur wieder pulsieren kann. ***Cave:*** Die Hand darf erst wieder bei der Entwicklung des Kindes während der Sectio zurückgezogen werden
- Wehenhemmung (s. Kasten unten).

Armvorfall:
- Linksseitenlage und Beckenhochlagerung oder Knie-Ellenbogenlage
- Wehenhemmung:

Wehenhemmung (Tokolyse)
- Fenoterol-Spray (z. B. Berotec-200-Spray®: Beginn mit 2 Hüben alle 5 Min. über Inhalierhilfe, Wiederholung oder Dosissteigerung nach Wirkung und Nebenwirkung (Tachykardie)

  oder
- Fenoterol (z. B. Partusisten intrapartal®) 0,025–0,04 mg langsam über 2–3 Min. i. v., danach über Perfusor 24–6 ml/h (bei 1 Amp. à 0,5 mg z. B. Partusisten® auf 50 ml Elektrolytlösung). Mit hoher Dosierung beginnen

- Falls kein Perfusor vorhanden: 4 Amp. Fenoterol à 0,5 mg auf 500 ml Ringer-Lösung →20–5 Tropfen/Min.
- ***Cave:*** Bei kardialer Erkrankung der Mutter vorsichtige Dosierung und engmaschige Kreislaufüberwachung. Risiko eines Lungenödems bei Wehenhemmung und reichlicher Flüssigkeitsgabe. Kontrolle von Puls, RR und Atmung!

Transport

- Mutterpaß mitnehmen
- *Bei Blasensprung:* Zügiger Transport in die nächste Frauenklinik in Linkssei tenlage
- *Bei Nabelschnurvorfall:* Notfallmäßiger Transport in Beckenhochlagerung unc Linksseitenlage in die nächste Frauenklinik mit Voranmeldung. Nabelschnu ununterbrochen dekomprimieren. Nach Absprache evtl. Ablieferung im OP Vorraum, falls dort Ultraschall durchgeführt werden kann
- *Armvorfall*: Notfallmäßiger Transport in Beckenhochlagerung, Linksseitenlage und Wehenhemmung in die nächste Frauenklinik mit Voranmeldung.

Prinzipien der Weiterbehandlung

- Bei Blasensprung Überprüfung der kindlichen Herztöne und Anstreben eine Spontangeburt je nach kindlicher Reife
- Bei Nabelschnurvorfall und vitalem Kind Notsectio
- Bei Armvorfall Versuch der Reposition, falls keine Uterusruptur besteht. An streben einer Spontangeburt, falls keine Anomalien, sonst Sectio.

- Der Armvorfall deutet gleichzeitig auf eine Lageanomalie des Kindes oder au ein enges mütterlicher Becken hin. Es droht der Geburtsstillstand mit Uterus ruptur
- Wird die Nabelschnur durch die Wehen zwischen führendem kindlichem Tei und mütterlichem Becken eingeklemmt, droht der Erstickungstod des Kindes
- Ein Nabelschnur- oder Armvorfall kann auch innerhalb der Scheide bestehen ohne visuell erkennbar zu sein.

14.1.6 Vorzeitige Wehentätigkeit, drohende Frühgeburt

Eröffnungswehen vor der vollendeten 37. SSW. post menstruationem (bis zu 1(Wehen am Tag während der Schwangerschaft sind normal). Selten kann ein Frühgeburt auch ohne Wehentätigkeit durch eine Zervixinsuffizienz verursach werden.

Symptomatik

- Regelmäßige Wehentätigkeit vor der vollendeten 37. SSW
- Blasensprung mit Fruchtwasserabgang
- Zeichnen (Abgang von blutig tingiertem Schleim aus der Zervix).

Kurzanamnese

- Wehentätigkeit über das gewohnte Maß hinaus?
- Blutig tingierter Schleim abgegangen (Zeichnen)?
- Fruchtwasser im Schwall abgegangen? Menge einer Tasse (Blasensprung)?
- Druck nach unten? Preßdrang?
- Welche Schwangerschaftswoche? Mutterpaß Seite 5/7 (bzw. 21/23).

Sofortdiagnostik

- Basischeck (☞ 4.1.2)
- Inspektion von Vulva und Slip bzw. Vorlage: klaffender After, klaffende Vulva (→Preßperiode, ☞ 14.2.3). Blutig tingierter Schleim (Zeichnen, →Eröffnungsperiode, ☞ 14.2.2), Flüssigkeit (Blasensprung →Eröffnungsperiode)?
- Komplikationen: Nabelschnur oder kindlicher Arm sichtbar (Vorfall, ☞ 14.1.5)?

Sofortmaßnahmen

- In der Eröffnungsperiode Wehenhemmung (☞ 14.2.2), um die drohende Entbindung in ein perinatologisches Zentrum zu verschieben
- In der Preßperiode Geburt durchführen (☞ 14.2.3).

Transport

- Mutterpaß mitnehmen
- Immer Transport in Linksseitenlage möglichst in Perinatalzentrum, falls in erreichbarer Nähe, sonst in die nächste Frauenklink.

Prinzipien der Weiterbehandlung

Suche nach der Ursache der vorzeitigen Wehentätigkeit. Wenn Kind vital, ausreichend versorgt und keine Infektionszeichen vorhanden, Wehenhemmung und Versuch zumindest die 35. SSW zu erreichen.

Bei Frühgeburtlichkeit Gefahr von *Atemnotsyndrom, Hirnblutungen und Infektion* beim Kind. Für das Kind ist der *beste Transportbehälter* der flüssigkeitsgefüllte *Uterus*, da hier auf das kindliche Köpfchen keine vertikalen Beschleunigungen wie im NAW-Inkubator einwirken. Deshalb Transport in Perinatalzentrum mit Möglichkeit der Weiterbetreuung des Kindes.

14.1.7 Coma in graviditate

Differentialdiagnose

- *Eklampsie:* RR erhöht, Mutterpaßeintragungen (Seiten 6/7 bzw. 22/23) über RR-Erhöhung, Proteinurie, Gewichtszunahme > 500 g/Woche (Gestose ☞ 14.1.3)
- *Epilepsie, neurologische Ursachen:* meist bereits vor der Schwangerschaft bekannt (☞ 8.2.4)
- *Hyperventilationstetanie:* Begleitumstände (☞ 7.6)
- *Schädel-Hirn-Trauma:* Verletzungsmuster (☞ 11.2)
- *Stoffwechselentgleisung* mit Koma (☞ 8.2.1): anamnestische Angaben, Blutzuckerbestimmung
- *Vergiftung* (suizidal, kriminell, akzidentell): Begleitumstände (☞ 9.)
- *Kardiale Synkopen:* Anamnestische Angaben über Herzerkrankungen, EKG (☞ 5.4).

14.1.8 Akutes Abdomen in der Schwangerschaft

Differentialdiagnose

- *Geburtswehen*: krampfartiger Schmerz mit Ausstrahlung in Rücken, Preßdrang, evtl. Blasensprung (☞ 14.1.5)
- *Drohende Eklampsie:* Oberbauchschmerzen (☞ 14.1.3)

- *Vorzeitige Plazentalösung* ohne/mit Blutung: bretttharter, druckschmerzhafte dauerkontrahierter Uterus, Schock (☞ 14.1.4)
- *Stieldrehung* einer Ovarialzyste oder eines gestielten Myoms: plötzlich eintre tende, lokalisierte Schmerzen, einseitig, evtl. Schock (☞ 13.2.6)
- *Myomerweichung:* langsam entstehender lokalisierter Schmerz, evtl. Schock
- *Uterusruptur*: Wehen bis zum Wehensturm, sich steigernder suprasymphysäre Schmerz, der plötzlich verschwindet, danach Schock (☞ 14.3.3)
- *Appendizitis:* in der Regel rechtsseitig, kann bis unter der Leber lokalisiert sein Entzündungszeichen (☞ 15.2).

14.2 Spontangeburt

Komplikationen unter der Geburt können plötzlich und unvermutet auftreten. Des halb immer Entbindung in der Klinik anstreben. Nur wenn sich die Pat. in de Preßperiode befindet, darf eine Entbindung nicht mehr verzögert werden.

Normale Geburt: 38. – 42. SSW, vordere Hinterhauptslage (kindliches Köpfche geht mit Hinterhaupt in Führung, Gesicht zeigt zum Rücken der Mutter).

Geburtsdauer

Zeitraum vom Beginn der Geburt bis zur vollständigen Entwicklung des Kindes. Be Erstgebärenden durchschnittlich 12 h, bei Mehrgebärenden durchschnittlich 8 h.

- *Beginn der Geburt* bei
  - Auftreten *regelmäßiger Wehen mindestens alle 10 Min.* über mindesten 30 Min. oder
  - Eintreten eines *Blasensprungs* oder
  - *Zeichnen* (Abgang von Schleim, der blutig tingiert sein kann und bei der Er öffnung der Zervix abgeht)
- *Überstürzte Geburt*: Geburtsdauer < 2 h. Meist jüngere Mehrgebärende
- *Sturzgeburt:* Kind stürzt bei der Geburt nach unten, z. B. auf der Toilette.

Geburtsphasen

- *Eröffnungsperiode* (☞ 14.2.2): Transport in Klinik
- *Preßperiode* (☞ 14.2.3): Geburt nicht aufzuhalten, Entbindung an Ort und Stelle erforderlich
- Bei einer Entbindung zuhause oder im NAW ggf. Versuch, Hebamme oder Geburtshelfer nachkommen zu lassen, evtl. Telefonkonsil mit betreuendem Gynäkologen. Ggf. Anforderung des Baby-NAW.

14.2.1 Entbindungsbesteck

Steril verpackte Nierenschale mit
- mehreren weichen Tüchern
- mehreren Tupfern
- Episiotomieschere
- Orosauger Ch 10
- 2 Nabelschnurklemmen (z. B. Pean-Klemmen)
- Nabelschnurschere
- Alufolie mit Kapuze (z. B. Silver Swaddler®).

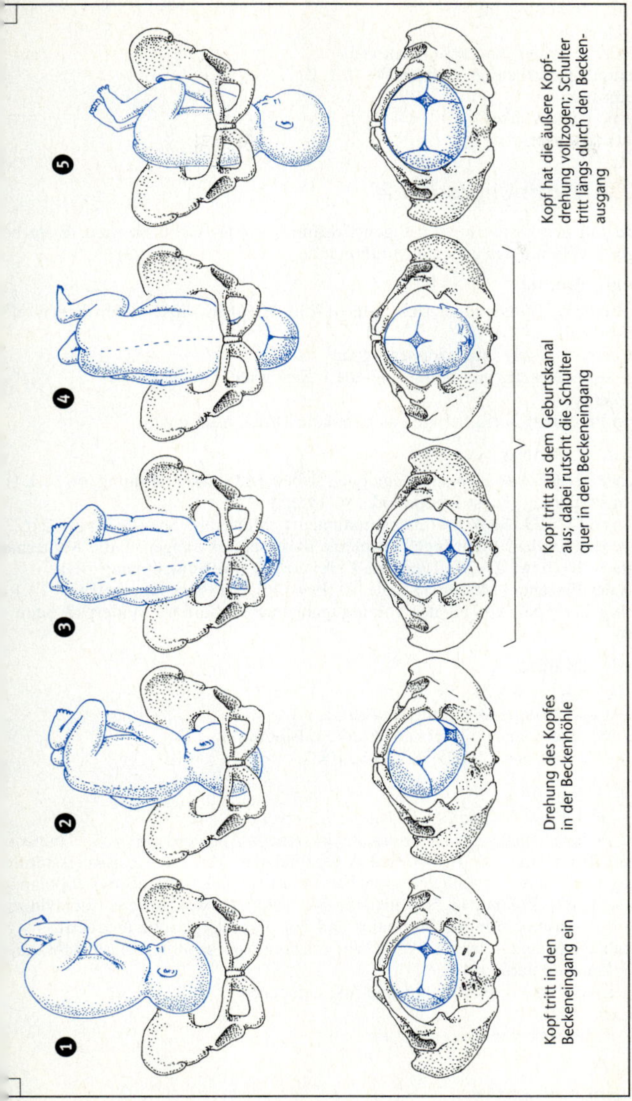

Abb. 14.6: Geburtsmechanismus

Außerdem bereithalten:
- O_2-Quelle
- Kinderbeatmungsbeutel mit Reservoir
- Beatmungsmasken der Größen 00, 0, 1, 2
- Stethoskop
- Sterile Handschuhe
- Blutzuckerstix.

14.2.2 Eröffnungsperiode

Beginn mit den ersten regelmäßigen Eröffnungs- oder Geburtswehen. Ende be völliger Eröffnung des äußeren Muttermundes.

Symptomatik

- *Regelmäßige Wehen* mindestens alle 10 Min., meist in kürzeren Abständen (all 3–5 Min.)
- *Blasensprung* mit Fruchtwasserabgang
- *Zeichnen* (Abgang von blutig tingiertem Zervixschleim)
- *Übelkeit*
- Kein Preßdrang, kein heftiges Atmen, kein Druck nach unten.

Kurzanamnese

- Wehen? Fruchtwasserabgang? Zeichnen? Übelkeit? Stärkere Blutung (☞ 14.1.4)
- Kein Preßdrang (sonst Preßperiode, ☞ 14.2.3)
- Kind reif (> 37. SSW post menstruationem)? Mutterpaß Seite 5/7 (bzw. 21/23
- Lage des Kindes? Mehrlinge? Probleme in dieser Schwangerschaft? Mutterpa Seite 6–10 (bzw. 22–26). Liegende Cerclage? (→ Wehenhemmung 14.1.5)
- Sitz der Plazenta? Mutterpaß Seite 10 (bzw. 26), bei Placenta praevia ☞ 14.1.
- Mehrgebärende? Verlauf der vorausgegangenen Geburten? Mutterpaß Seite (bzw. 20).

Sofortdiagnostik

- Basischeck (☞ 4.1.2)
- Vulva und After in der Wehe geschlossen
- Fruchtwasserabgang? Zeichnen? Stärkere Blutung?
- In der Wehenpause: Puls, RR, SpO_2; EKG.

Sofortmaßnahmen

- I. v.-Zugang mit Infusion (z. B. Ringer-Lösung)
- Ggf. Schmerzlinderung mit zentral wirksamem Analgetikum, z. B. Tramadc (Tramal®) 50 mg i. v. (***Cave:*** RR-Abfall bei der Mutter, Anpassungsstörun beim Kind durch Atemdepression bei Überdosierung) oder Butylscopolami (Buscopan®) 2 Amp. in 500 ml Ringer-Lösung (***Cave:*** stärkere Nachblutun durch Uterusatonie in der Plazentar- und Postplazentarperiode möglich)
- Harnblase entleeren lassen. Wenn Wasserlassen trotz gefüllter Blase nicht mög lich, katheterisieren (☞ 2.9.4)
- Lagerung: Füße in Fahrtrichtung, Linksseitenlage
- Wagen heizen
- Geburtsbesteck vorbereiten (☞ 14.2.1).

Transport

- Mutterpaß mitnehmen
- Immer Transport in die nächste Entbindungsklinik, ggf. nach Voranmeldung.

Prinzipien der Weiterbehandlung

- Vaginale Untersuchung zur Beurteilung des Geburtsfortschrittes
- Überprüfen der Herztöne des Kindes, CTG (Cardiotokogramm)
- Ultraschalluntersuchung zur Beurteilung der Lage und Größe des Kindes und der Plazenta
- Vorbereitung der Mutter zur Geburt.

Nach *Blasensprung absolute Bettruhe* der Mutter in *Linksseitenlage* zur Vermeidung eines Nabelschnurvorfalls.

14.2.3 Preßperiode

Geburtsarbeit nicht mehr allein durch uterine Wehen, sondern zusätzlich mit Hilfe der *Bauchpresse*. Die Preßperiode sollte einige Preßwehen lang dauern, 30 Min. aber möglichst nicht überschreiten (***Cave:*** Erschöpfung der Mutter).

Wenn eine Geburt so rasch fortschreitet, daß sie zum Notfall wird, kann i. d. R. auch mit einer problemlosen, zügigen Entwicklung gerechnet werden. Eine *Spontangeburt* gelingt in der Regel ohne großes Eingreifen des Geburtshelfers.

Wichtig ist die *Beruhigung* der Mutter durch Zuspruch und kompetentes, ruhiges Auftreten, um ihr die Angst vor Schmerzen und dem Mißlingen der Geburt zu nehmen.

Symptomatik

- Druck nach unten. Preßwehen: Pat. fühlt, daß sie mitpressen muß und kann nur noch sehr schwer davon abgehalten werden
- Heftiges Atmen, Schreien
- After und Vulva klaffen in der Wehe
- Evtl. kindliches Köpfchen erkennbar.

Kurzanamnese

- Kind reif (> 37. SSW post menstruationem)? Mutterpaß Seite 5/7 (21/23)
- Lage des Kindes? Mehrlinge? Probleme in dieser Schwangerschaft? Mutterpaß Seite 6–10 (22–26). Liegende Cerclage? (→ Wehenhemmung 14.1.5)
- Mehrgebärende? Verlauf der vorausgegangenen Geburten? Mutterpaß Seite 4 (20)

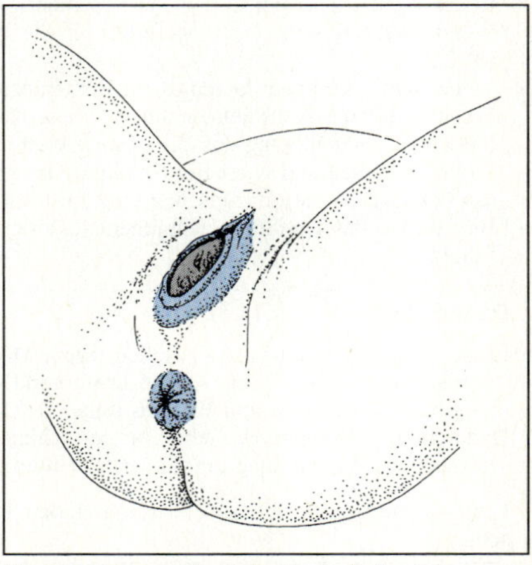

Abb. 14.7: Vulva- und Analbefund in der Preßperiode

14

Sofortdiagnostik

- Basischeck (☞ 4.1.2)
- Inspektion: Vulva und After klaffen in der Wehe
- In der Wehenpause, falls erforderlich: Puls, SpO_2, RR.

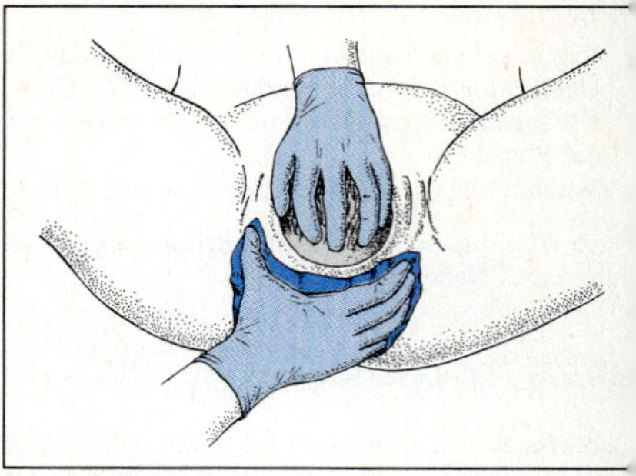

Abb. 14.8: Dammschutz

Sofortmaßnahmen

- *Sofortige Unterbrechung der Fahrt*
- Patientin *einige Wehen verhecheln lassen*, bis Vorbereitungen getroffen sind:
  - Lagerung: Füße der Patientin in Fahrtrichtung
  - *Inkubator* bestellen lassen
  - Wagen oder Raum aufheizen lassen
  - *Geburtsbesteck* herrichten (☞ 14.2.1), Kinderbeatmungsbeutel und Masken der Größen 00/0/1
  - Patientin untere Körperhälfte frei machen lassen und in Rückenlage legen lassen
  - Sterile Unterlage unter Becken legen
  - I. v.-Zugang mit Infusion (z. B. Ringer-Lösung)
- In der Wehenpause tief in den Bauch atmen lassen. Harnblase entleeren lassen. Wenn Wasserlassen trotz gefüllter Blase nicht möglich, katheterisieren (☞ 2.9.4)
- Wehe richtig kommen lassen, dann Beine anziehen und Oberschenkel von außen umgreifen lassen, tief einatmen lassen, Kopf auf die Brust nehmen lassen (evtl. mit Unterstützung des Ehemannes oder eines Helfers), Augen und Mund schließen lassen und wie beim Stuhlgang lang und fest nach unten pressen lassen (2–3 mal/Wehe), dazwischen kurz Luft holen lassen
- Bei Austritt des kindlichen Köpfchens („Durchschneiden") *Dammschutz* durchführen

Dammschutz (☞ Abb. 14.8)

Linke Hand auf kindliches Köpfchen legen. Mit der rechten Hand ein steriles Tuch auf den Damm legen, so daß Dammrand noch sichtbar bleibt. Mit Daumen rechts am Damm und Fingern links am Damm diesen zusammenziehen. Dadurch ein Einreißen der Geburtswege verhindern und den Kopfaustritt bremsen (auch zur Vermeidung kindlicher Hirnblutungen).

Cave: schmerzhafter Klitoriseinriß mit starker Blutung bei zu starkem Dammschutz.

- Bei blaß werdendem Damm, der einzureißen droht, verzögertem Kopfdurchtritt (Köpfchen tritt in der Wehenpause auch nach mehreren Wehen immer wieder in die alte Position zurück) und allen Geburtsanomalien (z. B. Frühgeburten, Beckenendlage, großes Kind, regelwidrige Kopflagen) *mediolaterale Episiotomie* durchführen.

Episiotomie (☞ Abb. 14.9)

In der Wehe bei entsprechender Dehnung des Dammes auch ohne Lokalanästhesie fast schmerzlos. Ggf. vor Episiotomie Lokalinfiltration z. B. mit 10 ml Lidocain (Xylocain®). ***Cave:*** Verletzung kindlicher Teile.

Zeigefinger und Mittelfinger der linken Hand dorsal nach rechts in die Scheide einführen und kindliche Teile und mütterlichen Darm aus der Schnittrichtung wegdrängen. Schnitt mit Schere zwischen den Fingern, Schnittrichtung: Von der Mitte der hinteren Komissur in Richtung Sitzbeinhöcker (ca. 45°), vorbei am M. sphincter ani. Länge etwa 3 cm, notfalls auch mehr. ***Cave:*** Verletzung kindlicher Teile.

- Bei verzögertem Kopfdurchtritt Kristeller-Handgriff anwenden

Kristeller-Handgriff

Ein Helfer steht in Höhe des Oberbauches links neben der Pat. und drückt mit beiden Händen *in der Wehe* auf den Uterusfundus in Richtung Becken. Alternativ greift der Helfer über sie hinweg ein gegenüberliegendes Lakenteil und drückt *in der Wehe* mit dem flachen Teil des Unterarms auf den Uterusfundus in Richtung Becken. ***Cave:*** Leberrupturen bei falscher Druckrichtung.

- Entwicklung des Köpfchens erst um die Symphyse, dann über den Damm
- *Kurze Preßpause* (max. 1 Min.). Fruchtblase aufreißen, falls noch nicht gesprungen (selten). Kindliches Gesicht abwischen, Mund mit Orosauger absaugen. Dann vorsichtig dosiert weiterpressen lassen
- *Äußere Drehung des Köpfchens* (findet Richtung selbst. ***Cave:*** nicht in Gegenrichtung drehen!), es schaut danach zur Seite
- Entwicklung erst der vorderen Schulter um die Symphyse, dann der hinteren Schulter über den Damm
- Kind langsam kommen lassen, nur leicht pressen lassen
- Mutter zu schönem Kind gratulieren, Geschlecht mitteilen

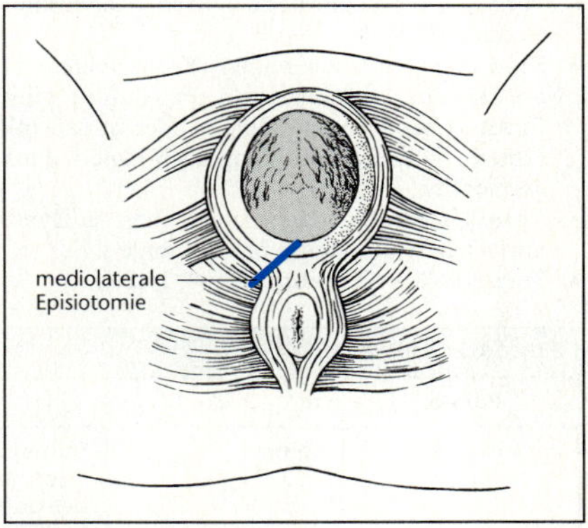

Abb. 14.9: Episiotomie

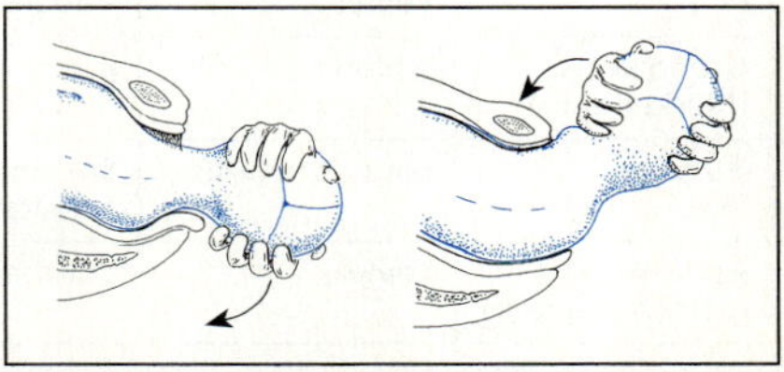

Abb. 14.10: Entwickeln der Schulter bei normalem Geburtsverlauf

14

- Genaue Uhrzeit und Standort festhalten
- Mund mit Orosauger absaugen, Herztöne auskultieren, Kind trockenreiben evtl. Atmung am Rücken „anreiben"
- Bei blassem Kind Nabelschnur zum Kind hin ausstreichen. ***Cave***: Plethora
- *Abnabeln*: ca. 10 cm vom kindlichen Ende entfernt 2 Klemmen setzen und da zwischen mit Schere durchtrennen
- Kind nochmals trocken reiben (Käseschmiere belassen) und mit trockenen Tuch warm einwickeln
- Wenn Atmung des Kindes regelmäßig und Herzfrequenz > 100 kann es vor de Versorgung für kurze Zeit (höchstens 1 Min.) auf den Bauch der Mutter geleg werden. Vorsicht, daß es nicht hinunterfällt.

14.2.4 Versorgung des Kindes

- Nochmals *Absaugen des Mundes* (Orosauger, bzw. max. 200 cm H_2O 200 mbar, 20 kPa), sowie nasal bis zum Magen (***Cave***: Herzfrequenzabfal möglich)
- Bestimmung des *Apgar-Scores* nach 1, 5 und 10 Min., *grobe Durchuntersu chung* des Kindes zum Erkennen von Fehlbildungen, Geburtsverletzungen un Nervenschädigungen (☞ 14.4.8, 14.4.9)
- Vorgehen bei deprimiertem Kind oder Erkrankungen des Kindes s. kindlich Notfälle ☞ 14.4
- Kind erneut trocken reiben (Käseschmiere belassen) und in frische, warme *trockene Tücher* einwickeln, in Alufolie einwickeln und der Mutter auf de Bauch (***Cave:*** Herunterfallen) oder in den Inkubator legen (regelmäßig beob achten). Wiederaufwärmung nach Unterkühlung nur im Inkubator ohne Alufo lie möglich
- ***Cave:*** Unterkühlung des Kindes führt zu Hypoxie, Hypoglykämie, Azidose un Surfactantinaktivierung in der Lunge
- Transport des Neugeborenen ☞ 14.2.6.

Tab. 14.3.: APGAR-Index

Punkte	0	1	2
Atmung	keine	Schnappatmung oder unregelmäßig oder langsam (< 30/Min.)	regelmäßig, kräftig schreiend
Puls	keiner	< 100/Min.	> 100/Min.
Grundtonus (Muskeltonus)	schlaff	mittel, träge, reduziert	gut, Spontanbewegungen
Aussehen (Hautfarbe)	blau oder weiß	Stamm rosig, Extremitäten blau	rosig
Reflexe (beim Absaugen)	keine	„Grimassen"	Husten oder Niesen
10–7 Punkte: lebensfrisch 6–5 Punkte: leichte Depression		4–3 Punkte: mittelgradige Depression 2–0 Punkte: schwere Depression	

- Beim Absaugen des Kindes nicht die elektrische Saugung für Erwachsene verwenden, wenn sich der Sog nicht auf 200 cm H_2O (200 mbar, 20 kPa) begrenzen läßt
- Bei Neugeborenen sollte der Absaugvorgang nur wenige Sek. dauern. ***Cave:*** Besonders bei tiefem, frühzeitigen Absaugen Gefahr von Herzfrequenzabfall und Apnoe durch Vagusreiz!

14.2.5 Plazentarperiode (Nachgeburtsperiode)

Die Nachgeburt sollte in 20 bis 30 Min. nach Entwicklung des Kindes geboren sein.

- Uterusfundus halten lassen, indem ein Helfer mit der flachen Hand von kranial auf den Uterus drückt, oder über dem Uterus mit der flachen Hand Wehen anreiben lassen
- 10 IE Oxytocin (Syntocinon® oder Orasthin®) in 500 ml Elektrolytlösung vor und nach Plazentageburt infundieren, bei starker Blutung im Schuß. Alternativ Pat. Brustwarzen zur endogenen Oxytocinausschüttung reiben lassen. ***Cave:*** Wehenkrämpfe
- Nabelschnurblut durch Punktion gewinnen zur Laboruntersuchung in der Klinik
- Bei lange zurückliegender Blasenentleerung, diese erneut entleeren lassen bzw. katheterisieren
- Es darf *nur* ein *vorsichtiger Zug an der Nabelschnur* zur Gewinnung der Plazenta erfolgen, da sonst die Nabelschnur einreißt
- *Nabelschnurzeichen* als Hinweis auf stattgefundene Plazentalösung:
  - Nach Ahlfeld: Markierung an der Nabelschnur (z.B. durch Faden) entfernt sich vom Vulvaniveau. Vollständige Lösung der Plazenta kann bei 10 cm Entfernung angenommen werden
  - Nach Küstner: Beim Eindrücken von Bauchdecken und Uterus suprasymphysär zieht sich die Nabelschnur in die Scheide zurück, wenn die Plazenta noch nicht gelöst ist
  - Nach Straßmann: Klopfbewegungen auf den Uterusfundus übertragen sich bei noch nicht gelöster Plazenta auf die Nabelschnur
- Bei ausbleibender Plazentageburt und starker Blutung (wenn mehr als 500 ml in 2 h zu erwarten sind, Abschätzen der Blutungsintensität durch Fritsche-Lagerung ☞ 13.1.1) notfallmäßiger Transport in die nächste Frauenklinik zur Plazentagewinnung
- Wenn sich die Plazenta bei starker Blutung trotz Oxytocin-Infusion nicht löst und die nächste Frauenklinik nicht schnell genug erreicht werden kann, manuelle Plazentalösung unter möglichst sterilen Bedingungen durchführen: Analgosedierung mit 5–10 mg Diazepam (z.B. Valium®) und Ketamin (z.B. Ketanest®) 0,5–1 mg/kg KG i.v. Mit der nicht dominanten Hand Nabelschnur halten, mit der dominanten Hand entlang der Nabelschnur in Scheide und Uterus eingehen und Plazenta vom Uterus ablösen
- Nach Geburt der Plazenta weiter für Wehen sorgen (s.o.), um Blutung gering zu halten
- Plazenta in Plastikbeutel legen und in die Klinik mitnehmen.

Transport

- *Mutterpaß* mitnehmen
- Bei starker vaginaler Blutung (☞ 14.1.4) notfallmäßiger Transport unter Wehenstimulation in die nächste Frauenklinik mit Voranmeldung

- Bei deprimiertem Kind und gutem AZ der Mutter notfallmäßiger Transport i die nächste Kinderklinik mit Neonatologie nach Voranmeldung
- Bei kindlichen und mütterlichen Problemen Transport beider Patienten in di nächste Entbindungsklinik nach Voranmeldung (ein hinzugerufener Neonatologe kann dort für das Neugeborene sorgen).

Prinzipien der Weiterbehandlung

- Untersuchung des Kindes auf Vitalfunktionen und Fehlbildungen, endgültig Versorgung
- Überprüfung der Plazenta auf Vollständigkeit
- Untersuchung der Mutter: RR, Puls, Temperatur, Uteruskontraktion, Verletzungen der Geburtswege, ggf. Versorgung von Verletzungen der Geburtsweg oder einer Episiotomie.

- Blasen- und Darmentleerung vor der Preßperiode (oder nach der Geburt) erleichtert Entbindung, Plazentagewinnung und Kontraktion des Uterus wesentlich.

14.2.6 Neugeborenentransport

Nach jeder Entbindung Transport von Mutter und Kind in Entbindungsklinik zu eingehenden Untersuchung. Bei Ablehnung der Mutter und gesundem, reifen Neugeborenem eine Hebamme und einen Gynäkologen hinzuziehen. Frühgeborene, Mangelgeborene und kranke Neugeborene grundsätzlich in perinatologische Zentrum bringen.

- *Mutterpaß* mitnehmen
- *Plazenta* mitnehmen (Plastikbeutel)
- Falls das Kind reif und vital ist und der Geburtsverlauf problemlos war, kan der Transport des Kindes bei warmer Umgebungstemperatur auf dem Bauc der Mutter erfolgen
- Bei Frühgeburten, Mangelgeburten, fehlgebildeten oder deprimierten Kinder Transport im Inkubator, ggf. in Kinderklinik nach Voranmeldung
- *Inkubator* sollte auf 39 °C vorgewärmt sein, Einstellung dann auf 32–36 °C (reife Neugeborene – Frühgeborene). Änderung je nach rektaler Körpertemperatu des Kindes. Bei Bedarf Anreicherung der Inkubatorluft mit O_2. Falls kein Inkubator zur Verfügung steht, Kind in Alufolie einwickeln (zusätzlich zu den trokkenen, vorgewärmten Tüchern)
- ***Cave:*** Gefahr von Infektionen bei Unterkühlung (v. a. bei Frühgeborenen)
- Köpfchen sorgfältig lagern und gegen vertikale und horizontale Beschleunigung sichern (seitlich polstern mit Kissen, Decken, Vakuummatratze des Inkubators). ***Cave:*** Gesicht nicht *auf* das Kissen legen (Atemwegsverlegung)
- *Vorsichtige Fahrt*, um vertikale Beschleunigungen zu reduzieren (Gefahr vo Hirnblutungen)
- Möglichst kurze Wegstrecke (nächstgeeignete Klinik).

14.3 Komplikationen unter der Geburt

14.3.1 Nabelschnurumschlingung

Die Nabelschnur ist bei 20 % aller Geburten ein- oder mehrmals, meist um de Hals des Kindes geschlungen; selten *wesentliches* Geburtshindernis.

Symptomatik

Nach Entwicklung des Kopfes Nabelschnur um den Hals sichtbar oder tastbar.

Sofortmaßnahmen

- Wenn leicht möglich, *Nabelschnur über den Kopf des Kindes streifen*
- Bei sehr straffer Nabelschnur und erschwerter Entwicklung des Rumpfes (Dauer von mehreren Preßwehen ohne Geburtsfortschritt) als *ultima ratio* Durchtrennung der Nabelschnur zwischen 2 Klemmen oder primäre Durchtrennung der Nabelschnur und sofort danach Klemmen setzen (zuerst am kindlichen, dann am mütterlichen Teil). Die Entwicklung des Kindes muß dann sehr schnell erfolgen.

- Bei allen Manipulationen nicht stark an der Nabelschnur ziehen!
- Bei *Einriß der Nabelschnur Verblutung des Feten* möglich. Klemme, Schnürsenkel oder Ähnliches zuerst am fetalen Teil der Nabelschnur setzen, danach am mütterlichen
- Bei Nabelschnurumschlingung gelegentlich Asphyxie des Kindes durch Kompression der Nabelschnurgefäße oder erschwerte Entwicklung des kindlichen Rumpfes.

14.3.2 Geburtsstillstand in der Preßperiode, Schulterdystokie

- *Geburtsstillstand:* Bedingt durch Wehenschwäche, Erschöpfung der Mutter, regelwidrige Kopfeinstellung oder -haltung, Weichteil- oder Knochenwiderstände
- *Hohe Schulterdystokie:* die kindliche Schulter steht im querovalen Beckeneingang gerade, also senkrecht zur größten Ausdehnung des Beckeneingangs
- *Tiefe Schulterdystokie:* die kindliche Schulter steht im längsovalen Beckenausgang queroval, also senkrecht zur größten Ausdehnung des Beckenausgangs.

Symptomatik

- *Geburtsstillstand:* Preßperiode (klaffender After, kindliches Köpfchen in der Vulva sichtbar, unwiderstehlicher Preßdrang, heftiges Atmen), kindliches Köpfchen tritt trotz mehrerer Preßwehen nicht tiefer oder rutscht auch nach mehreren Wehen immer wieder in die Ausgangslage zurück
- *Hohe Schulterdystokie:* Kindliches Köpfchen bleibt in der Vulva stecken und tritt trotz Preßwehen nicht tiefer. Zur Kopfentwicklung muß die Vulva über das kindliche Köpfchen gestreift werden
- *Tiefe Schulterdystokie:* Kindliches Köpfchen ist geboren und sieht zum Rücken der Mutter (bzw. zum Bauch der Mutter bei regelwidrigen Kopflagen), ohne daß die Schulter nachfolgt (Drehung bleibt aus).

Sofortmaßnahmen

Geburtsstillstand

- *Kristeller-Handgriff* durch Helfer (☞ 14.2.3)
- *Große Episiotomie in der Wehe* (☞ 14.2.3), falls möglich nach vorheriger Lokalinfiltration mit z. B. 10 ml Lidocain (Xylocain®) in der Wehenpause (***Cave:*** Verletzung des Kindes)
- Wenn Wehen nur sehr schwach oder sistieren: Wehenunterstützung mit Oxytocin durch Perfusor: 3 IE Oxytocin (z. B. Syntocinon®) in 50 ml, davon

1,5–9,0 ml/h. ***Cave:*** Gefahr eines Wehensturms (☞ 14.3.3) mit Wehen übe 1 Min. Dauer oder Wehenpausen unter 1 Min. Dauer mit Gefahr kindlicher As phyxie oder Uterusruptur.

Hohe Schulterdystokie

- Wenn das Köpfchen trotz guter Wehen, Kristellern und ausgiebiger Episiotomi in der Vulva steckenbleibt, muß von einer hohen Schulterdystokie ausgegange werden
- Kristellern abbrechen
- In einer Wehenpause mütterliche Beine im Hüftgelenk nach dorsal über die Ho rizontale hinaus überstrecken, danach stark beugen, evtl. mehrmals wiederhole
- Nach Möglichkeit *Narkose und Relaxation* der Mutter (☞ 14.1.1)
- Bei *Dauerkontraktion* des Uterus *Wehenhemmung* mit Fenoterol (2 Hübe Bero tec®200-Spray oder 0,025 mg Partusisten intrapartal® langsam i. v.)
- Kindliches Köpfchen seitlich flach mit beiden Händen fassen und vorsichti drehen, so daß das Gesicht zum Rücken der Mutter zeigt, und etwas darüber hinaus, jedoch immer ohne Zug
- Falls noch kein Erfolg: kindliche Schulter durch Helfer von außen suprasym physär in die Richtung, in die das kindliche Köpfchen gedreht wurde, drücke lassen
- Falls noch kein Erfolg: vor dem kindlichen Köpfchen mit zwei Fingern de Hand, zu der das Kind zuvor sah, in das hintere Scheidengewölbe eingehe und Drehung der hinteren Schulter, so daß der kindliche Rücken zur Bauchseit der Mutter kommt
- Falls noch kein Erfolg: Herunterholen des hinteren Armes vor die Vulva mi zwei Fingern der anderen Hand (Gefahr von Oberarmfraktur und Plexusschädi gung)
- *Ultima ratio:* Brechen der kindlichen Klavikulae durch Druck mit einem Finge und Herausholen der kindlichen Arme (Gefahr von Oberarmfraktur und Plexus schädigung)
- Wenn der Beckeneingang überwunden ist, muß zum Beckenausgang wiede entgegengesetzt gedreht werden
- ***Cave:*** niemals am Köpfchen ziehen. Erst wieder Kristellern, wenn die Schulter dystokie überwunden ist.

Tiefe Schulterdystokie

- Wenn dem geborenen Köpfchen trotz guter Wehen, Kristellern und ausgiebige Episiotomie die Schulter nicht folgt, muß von einer tiefen Schulterdystokie aus gegangen werden
- Kristellern nach wenigen Wehen abbrechen
- In einer Wehenpause mütterliche Beine im Hüftgelenk nach dorsal über die Ho rizontale hinaus überstrecken, danach stark beugen, evtl. mehrmals wiederhole
- Nach Möglichkeit *Narkose und Relaxation* der Mutter (☞ 14.1.1)
- Bei *Dauerkontraktion* des Uterus *Wehenhemmung* mit Fenoterol (2 Hübe Bero tec®200-Spray oder 0,025 mg Partusisten intrapartal® langsam i. v.)
- Kindliches Köpfchen flach mit beiden Händen seitlich fassen und vorsichti drehen, so daß das Gesicht wieder in die Richtung zeigt, in die es zuvor schau te, jedoch immer ohne Zug. Anschließend Köpfchen zum mütterlichen Rücke senken
- Erneutes Kristellern
- Falls noch kein Erfolg: Mit zwei Fingern der Hand, die dem kindlichen Gesich abgewandt war, am kindlichen Rücken eingehen und die Schulter in die Rich

tung drehen, in die das Köpfchen gedreht wurde, sodaß diese Schulter zum Rücken der Mutter kommt.
Ultima ratio: Brechen der kindlichen Klavikulae durch Druck mit einem Finger und Herausholen der kindlichen Arme (Gefahr von Oberarmfraktur und Plexusschädigung)
Cave: niemals am Köpfchen ziehen. Erst wieder Kristellern, wenn die Schulterdystokie überwunden ist.

ransport

Mutterpaß mitnehmen
Immer Transport in die nächste Frauenklinik nach Abschluß der Entbindung.

rinzipien der Weiterbehandlung

Vie nach jeder Entbindung (☞ 14.2). Abklärung von kindlichen und mütterlichen 'erletzungen.

chulterdystokien sind selten und die Manöver schwierig durchzuführen. Das Veretzungsrisiko für Mutter und Kind ist groß. Zur Vermeidung hypoxischer Hirnchäden beim Kind ist jedoch ein rasches Eingreifen erforderlich. Der Transport ı die Klinik zur endgültigen Entbindung könnte den Tod des Kindes durch Ashyxie bedeuten.

14.3.3 Wehensturm, Uterusruptur

ie Wehen sollten in der Preßperiode etwa 1 Min. anhalten und alle 2–3 Min. aufeten. Die Ursachen für einen *Wehensturm* liegen oft in einem unüberwindbaren eburtshindernis (z.B. ein Mißverhältnis bei engem Becken oder großem voranehenden kindlichen Teil, Hydrocephalus, Querlage, Armvorfall ☞ 14.3.8) oder der Überdosierung von Wehenmitteln.

Symptomatik

Vehensturm:

Wehen, die häufiger als alle 2 Minuten auftreten oder sich bis zur *Dauerkontraktion* steigern
Unerträgliche Wehenschmerzen mit Todesangst

terusruptur:

Evtl. akuter Schmerz im Unterbauch mit Ausstrahlung in die Schulter
Plötzlich nachlassende Wehen und nachlassender Schmerz, dafür *Schockzeichen*, evtl. Einsetzen einer äußeren Blutung. Auch stille Ruptur mit Kollaps ohne vorhergehende Schmerzsymptomatik möglich
Progredienter Peritonismus.

Kurzanamnese

Hinweise auf ein erhöhtes Risiko im Mutterpaß: Z.n. OP am Uterus, z.B. Myom, Kaiserschnitt (Seite 5 bzw. 21), Schwierigkeiten bei vorausgegangenen Entbindungen (Seite 4 bzw. 20); Lageanomalien, kindliche Fehlbildungen in jetziger Gravidität (Seite 6/10 bzw. 22/26)?

Sofortdiagnostik

Basischeck (☞ 4.1.2)
Puls, SpO_2, RR, EKG
Deutliche Druckempfindlichkeit und Spannung zwischen Symphyse und Nabel

- Prall gespannte Ligg. rotunda durch die Bauchdecke seitlich des Uterus tastba
- Hochsteigen der Bandlschen Furche (Kontraktionsring in Höhe des untere Uterinsegmentes) bis über Nabelhöhe durch die Bauchdecke tastbar
- Schockzeichen, Blutung, Peritonismus nach Uterusruptur?

14

Sofortmaßnahmen

- I. v.-Zugang mit Infusion (z. B. Ringer-Lösung, evtl. HÄS)
- O_2-Gabe (☞ 1.7.3)
- *Wehenhemmung* (☞ 14.1.5).

Transport

- Mutterpaß mitnehmen
- Immer notfallmäßiger, aber schonender Transport in die nächste gynäkolog sche Klinik.

Prinzipien der Weiterbehandlung

Sectio caesarea, ggf. Uterusexstirpation.

Bei Wehensturm droht eine Mangelversorgung des Kindes mit Asphyxie und ein Uterusruptur mit Gefahr des Verblutungstodes → Sofortige Wehenhemmun (☞ 14.1.5)

- Jeder unklare Schockzustand mit nachlassender Wehentätigkeit während od nach der Geburt ist verdächtig auf eine Uterusruptur.

Differentialdiagnose

- Vorzeitige Plazentalösung (☞ 14.1.4): Gesamter Uterus bretthart und schmer haft. Meist Blutung gleichzeitig mit Schmerzen
- Akutes Abdomen (☞ 14.1.8).

14.3.4 Frühgeburt, Mangelgeburt

- *Frühgeburt*: Geburt vor der vollendeten 37. SSW post menstruationem. D Lungenreife ist erst mit der 24. SSW soweit ausgebildet, daß für das Frühgeb rene eine Lebenschance beginnt
- *Mangelgeburt:* Unterhalb der 10. Perzentile der Standardgewichtskurve, a Entbindungstermin unter 2500 g.

Symptomatik

- Relativ kleiner Bauch, sonst vor Entbindung nur durch Anamnese/Mutterpa (Seite 11 bzw. 27) erkennbar.

Kurzanamnese

- Wehen? Fruchtwasserabgang? Zeichnen? Übelkeit? Stärkere Blutung?
- Preßdrang?
- Wievielte Schwangerschaftswoche (< 37. SSW, Mutterpaß Seite 5/7 bzw. 2 23)?
- Lage des Kindes? Mehrlinge? Probleme in dieser Schwangerschaft? Mutterp Seite 6–10 (bzw. 22–26)
- Sitz der Plazenta? Mutterpaß Seite 10 (bzw. 26)
- Mehrgebärende? Verlauf der vorausgegangenen Geburten? Mutterpaß Seite (bzw. 20).

Sofortdiagnostik

Basischeck (☞ 4.1.2)
Geburtsphase feststellen (☞ 14.2).

Sofortmaßnahmen

Wegen der schwierigen Entbindungssituation Klinikentbindung anstreben. Wenn nicht möglich, versuchen, einen erfahrenen Geburtshelfer oder Hebamme nachzufordern.

'rinzipielles Vorgehen wie bei Spontangeburt (☞ 14.2), hier besonders wichtig:
Umgebungstemperatur anheben, Inkubator (evtl. Baby-NAW) anfordern, Reanimationsbereitschaft (☞ 14.4.1)

ı der *Preßperiode* (☞ 14.2.3):
Cave: keine atemdepressorischen Analgetika geben, statt dessen Butylscopolamin (Buscopan®) 2 Amp. in 500 ml Ringer-Lösung
Vorsichtig pressen lassen, ggf. Patientin hecheln lassen
Große Episiotomie (☞ 14.2.3)
Cave: Hand ab der ersten Preßwehe *ständig* dicht vor die Vulva halten, um ein unerwartet plötzliches Herausschnellen des Kindes (Gefahr von Hirnblutungen) zu verhindern.

ransport

Mutterpaß mitnehmen
Immer vorsichtiger Inkubatortransport in das nächste Perinatalzentrum (☞ 14.2.6).

rinzipien der Weiterbehandlung

icherstellung der Vitalfunktionen des Kindes; Blutzucker-, Elektrolyt-, Gerinıngs-, Infektionskontrollen beim Kind. Wärmeausgleich, Behandlung von Atemotsyndrom und Hyperbilirubinämie. Inkubatorpflege, evtl. mit Intubation, Beatıung und künstlicher Ernährung. Weitere Untersuchungen wie nach jeder Entbinıng (☞ 14.2.4).

Im Zweifelsfall kann die Versorgung des Kindes auch in einer Entbindungsklinik nach Voranmeldung (→ Verständigung eines Neonatologen) erfolgen
Fehlbildungsrate bei Früh-/Mangelgeborenen erhöht
Nach der Geburt des Kindes Gefahr von:
- *Wärmeverlust* mit erhöhter Infektionsgefahr (möglichst Inkubator, notfalls zugfreier Raum)
- *Hypoxie, Azidose und Surfactantinaktivierung* (Intubation und Beatmung bis zur 28. SSW obligat, ☞ 14.4.1)
- Hypoglykämie (→ 5 % Glukose 5 ml/kgKG i. v.)
- Medikamente wegen des empfindlichen Gehirns nur sehr langsam injizieren

„Minimal handling", um Streß und Infektionsgefahr zu reduzieren
Cave: Gefahr von Hirnblutungen durch starke vertikale Beschleunigungen des kindlichen Köpfchens beim Transport → verhaltene Fahrweise, Köpfchen gut abpolstern, jedoch Gesicht nicht auf dickes Kissen legen (Gefahr der Atemwegsverlegung)
Cave: O_2/CO_2-Schwankungen bei Frühgeborenen können wegen noch schwach ausgeprägter Autoregulation der Hirndurchblutung leicht zu Hirnblutungen führen.

14.3.5 Mehrlinge

14

Eine Zwillingsschwangerschaft, bei der sich das erste Kind in Schädellage befi det, kann spontan entbunden werden. Alle anderen Mehrlingsschwangerschafte müssen per Sectio entbunden werden. Die Kinder könnten sich sonst unter der G burt verkeilen.

Symptomatik

- Bauchumfang auffallend groß (am Geburtstermin über 100 cm)
- 20–30 Min. nach Geburt eines Kindes erneut einsetzende Preßwehen
- Entbindung bei Zwillingen meist einige Wochen vor dem eigentlichen Geburt termin, bei Drillingen meist 2 Monate zu früh.

Kurzanamnese

- Wie bei Spontangeburt (☞ 14.2)
- Mehrlingsgravidität in der Regel bekannt: Eintrag im Mutterpaß Seite 6 (bz 22) Ziff. B 35, sowie Ultraschallbefund Seite 10 (bzw. 26). Lage der Zwilli ge?

Sofortdiagnostik

- Basischeck (☞ 4.1.2)
- Feststellen der Geburtsphase wie bei Spontangeburt (☞ 14.2)
- Puls, RR, SpO_2 in der Wehenpause, falls erforderlich.

Sofortmaßnahmen

Wegen der schwierigen Entbindungssituation unbedingt Klinikentbindung anstreben. Wenn nicht möglich, versuchen, einen erfahrenen Geburtshelfer ode Hebamme nachzufordern.

Auch nach Geburt des ersten Mehrlings sollte noch eine Klinikentbindung angestrebt werden, wenn die Klinik in etwa 15 Min. erreichbar ist.

Maßnahmen entsprechen grundsätzlich denen bei Spontangeburt (☞ 14.2). Besc derheiten:

- *Nabelschnur des ersten Kindes* auch *zur Mutter hin gut abklemmen*, da bei ei eiigen Zwillingen ein gemeinsamer Blutkreislauf bestehen kann
- Nach Versorgung des ersten Kindes *Entbindung des zweiten Kindes in nächst Entbindungsklinik anstreben*, falls keine Preßwehen vorhanden
- Versuchen, das zweite Kind manuell von außen in eine Längslage zu bring und zu halten
- Bei einsetzender Geburt des zweiten Kindes entsprechendes Verhalten wie b Spontangeburt (☞ 14.2), Beckenendlagengeburt (☞ 14.3.7), Querla (☞ 14.3.8) oder Nabelschnurvorfall (☞ 14.1.5)
- Nach Entbindung des 2. Zwillings Oxytocin (Syntocinon®) 10 IE in 500 Ringer-Lösung. Bei starker Blutung im Schuß (***Cave:*** Wehenkrämpfe). Altern tiv Pat. zur endogenen Oxytocinausschüttung Brustwarzen reiben lassen.

Transport

- Mutterpaß mitnehmen
- Immer Transport in die nächste Entbindungsklinik.

Komplikationen:

- Abnormale Haltung der Kinder mit Verkeilung → Wehenhemmung (☞ 14.1.5)
- Wehenschwäche und verzögerte Entwicklung mit Asphyxie besonders des zweiten Kindes → Wehenunterstützung (☞ 14.3.2)
- Nabelschnurvorfall nach Blasensprung (☞ 14.1.5)
- Ausstoßung der Plazenta vor Geburt des zweiten Kindes → Wehenunterstützung (☞ 14.3.2)
- Uterusatonien in der Nachgeburtsperiode oder Postplazentarperiode mit starken Blutungen und Volumenmangelschock (☞ 14.2.5) → Wehenunterstützung (☞ 14.3.2).

14.3.6 Regelwidrige Kopflagen

- Normalfall: *vordere Hinterhauptslage*. Hier geht das kindliche Köpfchen mit dem Hinterhaupt in Führung, das Gesicht zeigt zum Rücken der Mutter. Die Durchtrittsebene des kindlichen Köpfchens ist mit ca. 32 cm Umfang am kleinsten und die Beckenebenen können am leichtesten überwunden werden
- In 2 % der Geburten regelwidrige Kopflage
- Die leichteste Abweichung stellt die *hintere Hinterhauptslage* dar. Hier führt ebenfalls das Hinterhaupt, jedoch schaut das kindliche Gesicht zur Bauchseite der Mutter
- Auch bei der *Vorderhauptslage* (Umfang 34 cm) schaut das kindliche Gesicht meist zur Bauchseite der Mutter. Hier führt das Vorderhaupt
- Die Entbindung der *Stirnlage* (Umfang 36 cm) und der *Gesichtslage* (Umfang 35 cm) ist nur möglich, wenn das kindliche Köpfchen zur Bauchseite der Mutter sieht.

Symptomatik

Bei der Geburt ist im Scheideneingang nicht das Hinterhaupt zuerst zu sehen, sondern Vorderhaupt, Stirn oder das Gesicht.

Kurzanamnese

Wie bei Spontangeburt (☞ 14.2).

Sofortdiagnostik

- Basischeck (☞ 4.1.2)
- Feststellen von Kopflage und Geburtsperiode (☞ 14.2).

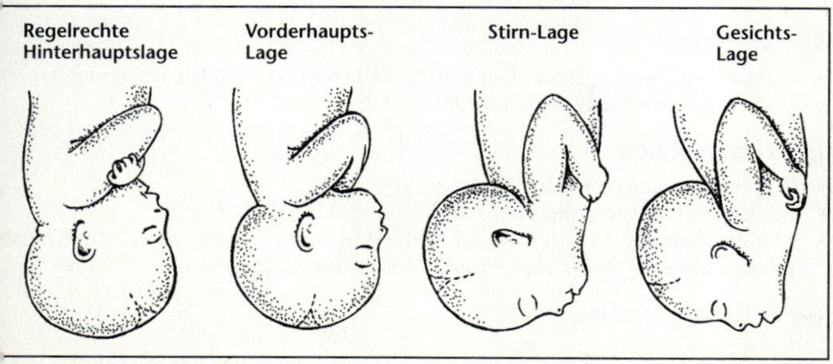

Abb. 14.11: Regelwidrige Kopflagen

Sofortmaßnahmen

Wegen der schwierigen Entbindungssituation unbedingt Klinikentbindung anstreben. Wenn nicht möglich, versuchen, einen erfahrenen Geburtshelfer nachzufordern.

14

- Bei geburtsunmöglicher Lage (Stirnlage und Gesichtslage mit kindlichem Ge sicht zum Rücken der Mutter) in jedem Fall Wehenhemmung (☞ 14.1.5) un schnellstmöglicher Transport in Entbindungsklinik in Beckenhochlagerung
- Bei fortgeschrittener Geburtsphase Vorgehen wie bei Spontangeburt (☞ 14.2 Die Geburt wird aber langwieriger verlaufen
- Großzügige *Episiotomie* (☞ 14.2.3) und *Dammschutz* (☞ 14.2.3) besonde wichtig
- Bei Wehensturm (☞ 14.3.3) Wehenhemmung (☞ 14.1.5).

Transport

- Mutterpaß mitnehmen
- Immer Transport in die nächste Entbindungsklinik.

Prinzipien der Weiterbehandlung

Wie nach Spontangeburt (☞ 14.2).

- Durch die vergrößerte Durchtrittsebene des kindlichen Köpfchens ist die Verle zungsgefahr der Geburtswege besonders groß → müssen nach der Geburt unbe dingt klinisch überprüft und ggf. versorgt werden
- Als Ursache für regelwidrige Kopflagen finden sich häufig Beckenverengunge der Mutter oder Fehlbildungen des Kindes, Frühgeburten, Totgeburten.

14.3.7 Beckenendlage

Bei Beckenendlagen muß der Schädel zum Schluß der Entbindung nochmals Del nungsarbeit im Geburtskanal leisten. Gleichzeitig wird mit Eintritt des Schäde ins kleine Becken aber auch die Nabelschnur abgedrückt.

Am ungünstigsten ist die *vollkommene Fußlage*, bei der am wenigsten Dehnung vorarbeit geleistet wird. Zunehmend besser wird das Verhältnis bei *unvollkomm ner Fußlage*, *reiner Steißlage*, *vollkommener Steißfußlage*.

Symptomatik

- Mekoniumabgang (grüner oder schwärzlicher Brei) nach Blasensprung
- Erscheinen von Steiß und/oder Füßen in der Vulva.

Kurzanamnese

- Wie bei Spontangeburt (☞ 14.2)
- Beckenendlage meist bekannt
- Mutterpaßeintrag Seite 6 (bzw. 22) Ziff. B.51, Seite 7 (bzw. 23) Spalte Kindsl ge oder Seite 10 (bzw. 26) Ultraschalldiagnostik: „Lage“.

Sofortdiagnostik

- Basischeck (☞ 4.1.2)
- Feststellen von Kindslage (☞ Symptomatik) und Geburtsperiode (☞ 14.2).

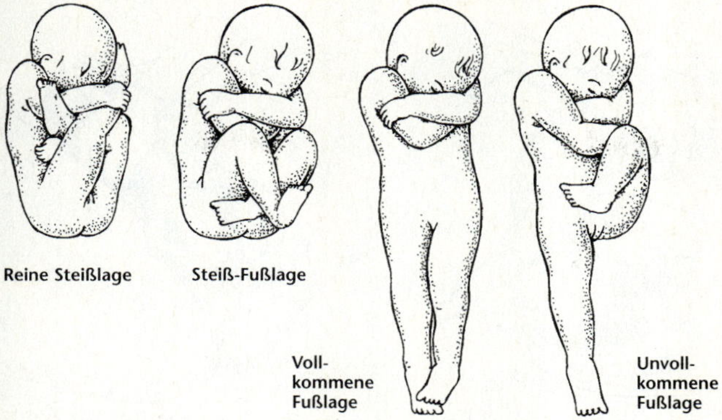

Abb. 14.12: Beckenendlagen

Sofortmaßnahmen

In der Eröffnungsperiode (☞ 14.2.2) wegen der schwierigen Entbindungssituation unbedingt Transport in die nächste Entbindungsklinik. Wenn Steiß bereits durchschneidet, versuchen, einen erfahrenen Geburtshelfer und Hebamme nachzufordern und vor Ort entbinden.

Phase 1 (langsam)

Streng abwartendes Verhalten bis zum Erscheinen des kindlichen Nabels. Die Geburtswege müssen viel Zeit zur Dehnung erhalten, die für den späteren, schnell erforderlichen Durchtritt des kindlichen Kopfes wichtig ist.

I. v.-Zugang mit Infusion (z. B. Ringer-Lösung)
Entleerung der mütterlichen Harnblase (ggf. katheterisieren)
Vorbereitungen für Phase 2 treffen:
- Entbindungsbesteck vorbereiten (☞ 14.2.1)
- Oxytocin-Perfusor: 3 IE Oxytocin (Syntocinon®) in 50 ml NaCl oder Ringerlösung
- Zwei zusätzliche sterile Tücher
- Reanimationsbereitschaft für Kind herstellen (☞ 14.4.1)

Wenn kein spontaner Blasensprung bei Durchtritt des Steißes, Fruchtblase durch vorsichtiges Anritzen mit Kanüle eröffnen
Bei Durchtritt des Steißes großzügiger Dammschnitt (☞ 14.2.3). ***Cave:*** Verletzung von Kind (z. B. Hoden) oder Nabelschnur.

Phase 2 (schnell)

Schnellstes Eingreifen ab Erscheinen des Nabels. Jetzt droht durch Einklemmung der Nabelschnur zwischen mütterlichem Becken und kindlichem Kopf die kindliche Asphyxie. Das Kind muß innerhalb von 3–5 Min. vollständig geboren sein.

Cave: Nicht am Kind ziehen! Der *erforderliche Druck* muß durch die *mütterlichen Preßwehen* (☞ 14.2.3) und durch *kräftiges Kristellern* (☞ 14.2.3) eines Helfers von oben erfolgen. Durch Ziehen am Kind Gefahr von Verletzungen der HWS

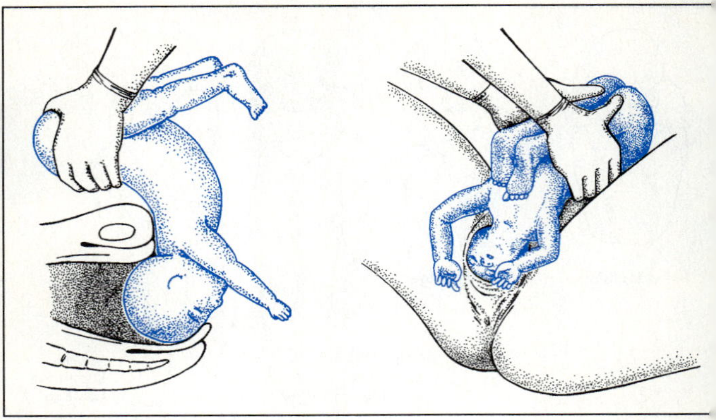

Abb. 14.13: Bracht-Handgriff

und des Hochschlagens der kindlichen Arme mit weiterer Vergrößerung de Durchtrittsebene des kindlichen Kopfes. Es sind dann komplizierte Armlösunge (s. u.) unter Zeitdruck erforderlich

- *Bracht-Handgriff:* Die Mutter muß bis an den Rand der Liege gerutscht sein Der Geburtshelfer sitzt zwischen den Beinen der Mutter. Über einer Plastik schürze Tuch zum Einwickeln des Kindes. Mit einem zusätzlichen Tuch wir das Kind von unten her gefaßt:
  - Die Daumen dorsal auf kindliche Oberschenkel legen, mit den übrigen Fin gern auf den Rücken des Kindes greifen
  - Steiß langsam anheben und in einem Kreisbogen um die Symphyse herur auf den Bauch der Mutter drehen. Nicht ziehen, nur führen!
- Ggf. Oxytocin-Perfusor auf 1,5–9 ml/h einstellen. Alternativ Pat. Brustwarze zur endogenen Oxytocinausschüttung reiben lassen. Vor Entwicklung des Kop fes Wehenanregung beenden
- Wenn Schultern und Arme des Kindes nicht spontan folgen, dann *Armlösun nach Bickenbach*:
  - Kindliche Knöchel mit der Hand, die der Bauchseite des Kindes zugewan ist, fassen. Kind weit symphysenwärts anheben
  - Mit mindestens zwei Fingern der anderen Hand entlang des kindlichen Rük kens in die Vagina eingehen. Hinteren Oberarm entlang des kindliche Bauches herausstreifen
  - Kindliche Beine absenken, bis die vordere Schulter unter der Symphys sichtbar wird
  - Erneut mit mindestens zwei Fingern entlang des kindlichen Rückens in di Vagina eingehen und vorderen Oberarm entlang des kindlichen Bauches he ausführen.
- Bei einem oder beiden *in den Nacken* geschlagenen Armen wird auch dies nic gelingen. Dann Oxytocin-Perfusor abstellen. Beginn mit der Lösung des vord ren Armes, falls dieser noch nicht entwickelt ist:
  - Das Kind unter stopfenden Bewegungen um ca. 180° in die Richtung drehe daß der kindliche Bauch vorübergehend zur Bauchseite der Mutter zeigt

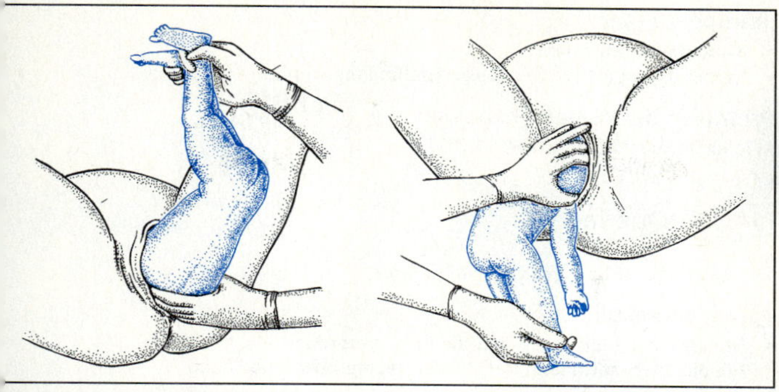

Abb. 14.14: Armlösung nach Bickenbach

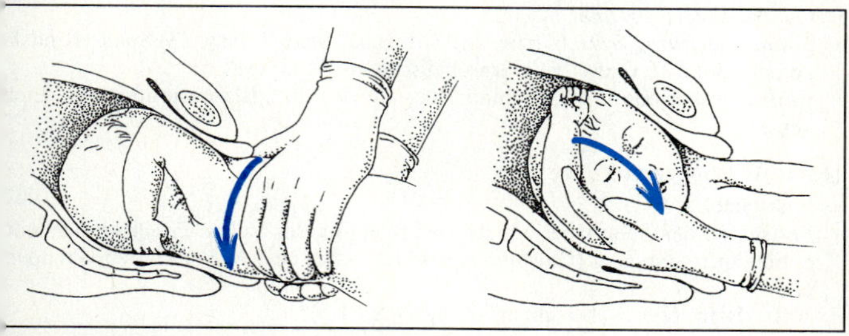

Abb. 14.15: Lösen eines in den Nacken geschlagenen Armes

- Mit zwei Fingern entlang des kindlichen Rückens in die Vagina eingehen und den Arm aus der Kreuzbeinhöhle entlang des kindlichen Bauches herausstreifen

Muß der andere Arm (der jetzt vorne liegt) ebenfalls gelöst werden, so muß die Drehbewegung nochmals rückwärts durchgeführt werden:

- Das Kind unter stopfenden Bewegungen um ca. 180° zurückdrehen, so daß der kindliche Bauch vorübergehend wieder zur Bauchseite der Mutter zeigt
- Erneut mit zwei Fingern entlang des kindlichen Rückens in die Vagina eingehen und den jetzt in der Kreuzbeinhöhle liegenden Arm entlang des kindlichen Bauches herausführen

Muß nur der hintere Arm gelöst werden, so muß das Kind unter stopfenden Bewegungen vor der Armlösung um ca. 180° in die Richtung gedreht werden, daß der kindliche Rücken vorübergehend zur Bauchseite der Mutter zeigt.

hase 3 (langsam)

Oxytocin-Perfusor abstellen

Kopf langsam durchtreten lassen. Verhaltenes Pressen und Kristellern (☞ 14.2.3), ggf. selbst mit den Unterarmen regulieren.

bnabelung, Versorgung des Kindes und der Mutter (☞ 14.2.4).

Transport

- Mutterpaß mitnehmen
- Immer Transport in die nächste Entbindungsklinik.

Prinzipien der Weiterbehandlung

Wie nach Spontangeburt (☞ 14.2).

14.3.8 Querlage

Die Querlage ist eine *gebärunfähige Lage.*

Symptomatik

- Mütterlicher Leib mehr quer als längs vergrößert
- Fundus uteri auffallend tief, oft nur wenig über Nabelhöhe.

Kurzanamnese

- Wie bei Spontangeburt (☞ 14.2)
- Querlage *meist bekannt*
- *Mutterpaßeintrag* Seite 6 (bzw. 22) Ziff. B.51, Seite 7 (bzw. 23) Spalte Kindslage oder Seite 10 (bzw. 26) Ultraschalldiagnostik: „Lage"
- Eröffnungsperiode? (Wehen mindestens alle 10 Min., Blasensprung oder Zeichnen).

Sofortdiagnostik

- Basischeck (☞ 4.1.2)
- Feststellen der Geburtsperiode durch Inspektion der Vulva: Fruchtwasser- oder Schleimpfropfabgang (Eröffnungsperiode), After oder Vulva klaffen (Preßperiode)
- Arm-, Bein- oder Nabelschnurvorfall (☞ 14.1.5)?

Sofortmaßnahmen

- Beckenhochlagerung und Linksseitenlage
- *Wehenhemmung* (☞ 14.1.5).

Transport

- Mutterpaß mitnehmen
- Immer notfallmäßiger Transport in Linksseitenlage und Beckenhochlagerung in die nächste Entbindungsklinik.

Prinzipien der Weiterbehandlung

Sectio caesarea.

Komplikationen:

- Nabelschnurvorfall
- Schultereinkeilung nach Blasensprung und Armvorfall mit nachfolgender Uterusruptur
- Absterben des Kindes durch schlechte Plazentahämodynamik und Dauerkontraktionen.

14.4 Kindliche Notfälle nach der Geburt

Tab. 14.4.: Leitsymptome kindlicher Notfälle nach der Geburt

Leitsymptom	Mögliche Ursachen
Bradykardie: Frequenz < 100/Min.	Asphyxie (☞ 14.4.3)
Tachykardie: Frequenz > 160/Min.	Schock (☞ 14.4.3) Aspiration (☞ 14.4.1), Atemnotsyndrom (☞ 14.4.2)
Apnoe: Ausbleiben der Spontanatmung > 60 Sek. nach der Geburt Unregelmäßige Atmung Bradypnoe < 30/Min.	Atemdepression (☞ 14.4.2) Asphyxie (☞ 14.4.3) Narkotika- oder Analgetikawirkung (☞ 14.4.2)
Tachypnoe > 60/Min.	Aspiration (☞ 14.4.2) Schock (☞ 14.4.3) Unterkühlung (☞ 14.4.3) Hirnblutung (☞ 14.4.2) Atemnotsyndrom (☞ 14.4.2) Fehlbildungen von Herz, Lunge, Gefäßen, verzögerte Fruchtwasserresorption, Mekoniumaspiration, β-Mimetikagabe an Mutter vor Geburt (Tokolyse)
Zentrale Zyanose	Asphyxie, Atemnotsyndrom (☞ 14.4.2)
Hochgradige Blässe	schwere Asphyxie (☞ 14.4.3)
Krämpfe	Asphyxie (☞ 14.4.3) Hypoglykämie (☞ 14.4.7)
Hämatome	Geburtsverletzungen (☞ 14.4.9) Gerinnungsstörungen (☞ 14.4.6)

Definitionen:

- Asphyxie: Bradykardie und Bradypnoe mit Hypoxie, Hyperkapnie, Azidose und Zyanose
- Atemnotsyndrom (pulmonale Unreife, z.B. vor 36. SSW, bzw. bei Diabetes mell. der Mutter auch reiferer Kinder): Tachypnoe > 60/Min. mit Zyanose, Nasenflügeln, inspiratorischen thorakalen Einziehungen, exspiratorischem Stöhnen (Knorksen, Knören)

Cave: Hautfarbe bei Frühgeborenen wirkt trotz Asphyxie häufig rosig.

14.4.1 Reanimation des Neugeborenen, Asphyxie

Spezielles Reanimationsinstrumentarium

- Kinderbeatmungsbeutel mit Reservoir
- Beatmungsmasken der Größen 00, 0, 1, 2
- Kinderlaryngoskopgriff und Laryngoskopspatel der Größen 0 (bis 3000 kg Kg) und 1 (ab 3000 kg KG), Batterieladezustand überprüfen
- Endotrachealtuben der Größen 2,0–4,0 mm ID
- Absaugkatheter der Größen 5–12 F
- Kinder-Magillzange
- Venenverweilkanülen der Größen 24 G (gelb) und 26 G.

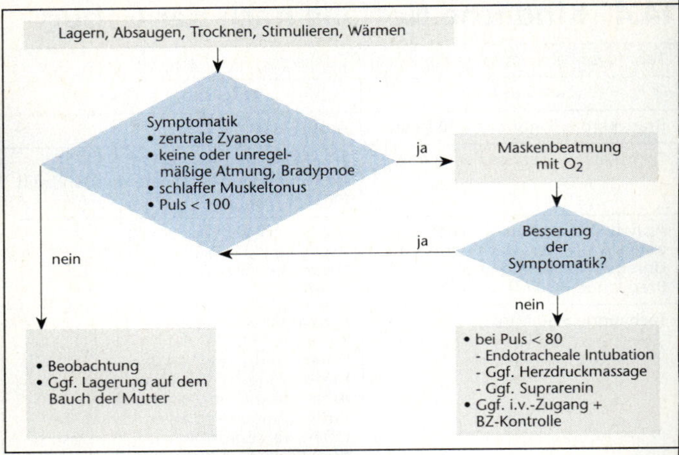

Abb. 14.16: Algorithmus zur Neugeborenen-Reanimation

Kurzanamnese

- Mekoniumabgang?
- Blasensprung längere Zeit vor der Geburt (Gefahr der Amnioninfektion)?
- Frühgeburtlichkeit? (Intubation und Beatmung bis zur 28. SSW obligat, evtl. bi zur 32. SSW)
- Narkotika- oder Analgetikagabe an die Mutter unter der Geburt?
- Mißbildungen oder Arrhythmien bereits pränatal bekannt (s. Mutterpaß)?

Sofortdiagnostik

- Basischeck (☞ 4.1.2)
- APGAR-Schema: Auskultation von Atmung (unregelmäßig, < 30/Min., > 60 Min.) und Herzaktion (< 100/Min., > 160/Min.), evtl. Palpation des Pulses a der A. brachialis im Sulcus bicipitalis medialis, Hautfarbe, Muskeltonus, Refle xe beim Absaugen (☞ 14.2.4)
- SpO_2 (Ziel: 85–95 %), EKG.

Technik der Reanimation Neugeborener

Bei vitalen Störungen des Neugeborenen immer Reanimation einleiten, wen nicht schon ein intrauteriner Fruchttod bekannt oder das Kind bereits mazerie ist (Haut grau-weiß oder hebt sich in Blasen oder Fetzen ab).

> Herz-Kreislaufstörungen Neugeborener liegt meist eine Hypoxie zugrunde → primäre Maßnahme ist immer die Sicherstellung einer ausreichenden Ventilation. Keine verfrühte Herzdruckmassage oder Medikamentengabe!
>
> Auskühlung des Neugeborenen vermeiden: zugfreier, warmer Platz (z. B. Inkubator) mit angewärmten Tüchern, Kind trockenreiben, Käseschmiere belassen, nasse Tücher ersetzen. Sonst droht Surfactantinaktivierung → Hypoxie, Hypoglykämie, Azidose.

A: Absaugen

- Mund öffnen (ggf. Esmarch-Handgriff; ☞ 3.4.1)
- Mundhöhle, Nase, Rachen und Magen (falls Zeit) mit Orosauger für max. 5 Sek. absaugen (***Cave:*** Gefahr eines vagovasalen Reflexes mit Bradykardie und Apnoe → Verzicht auf Magenabsaugung, mit Maske beatmen, ggf. Atropin, s. u.). Gleichzeitig O_2-Gabe über vor die Nase gehaltene O_2-Sonde mit einem Flow von 5 l/Min.
- Bei Absaugen von erbsbreiartigem, grünlichem Fruchtwasser (Mekonium) aus dem Hypopharynx Neugeborenes mit kleinem Tubus (ID 2,5 mm) intubieren und direkt über den Tubus ohne Absaugkatheter endotracheal absaugen:
  - Tubus unter Saugung langsam zurückziehen
  - Mit reduziertem Sog von 150 cm H_2O (= 150 mbar, 15 kPa, 110 mm Hg) bzw. mit Orosauger arbeiten
  - Bei Absaugen von Mekonium aus der Trachea erneut intubieren und Absaugen wiederholen, bis kein weiteres Mekonium aspiriert wird. ***Cave:*** Hypoxie durch zu langdauerndes Absaugen → besser mehrfach kurz als wenige Male lang absaugen
  - Wenn möglich, eine Probe des Aspirates zur bakteriologischen Bestimmung in der Klinik asservieren.

Gefürchtete Komplikation der Mekoniumaspiration: Pneumothorax, Pneumonie und Atemnotsyndrom.

B: Beatmung

- Atmung durch Massage am Rücken anreiben (taktile Stimulation)
- 5 l/Min. O_2 (O_2-Sonde vor die Nase halten, aber Luftstrom über den Körper vermeiden, Auskühlung!). Ziel: SpO_2 = 85 %, bzw. rosiges Aussehen

Bessert sich die Situation nicht innerhalb von 10–15 Sek.:
- *Maskenbeatmung* mit 100 % O_2; Reservoir am Beatmungsbeutel anschließen
- Bei ausbleibender Erholung *Intubation* (s. u.).

Maskenbeatmung

Indikation: Bradypnoe (< 30/Min.), Bradykardie (< 100/Min.) oder zentrale Zyanose.

Kontraindikationen für Maskenbeatmung (dann primär intubieren, falls Beatmung erforderlich):
- Mekoniumaspiration (Absaugen grünlichen Sekretes aus der Trachea)
- Ammnioninfektion (infiziertes, stinkendes Fruchtwasser)
- Zwerchfellhernie (eingesunkene Bauchdecke, „Kahnbauch", zentrale Zyanose, unwesentliche Besserung auf O_2-Gabe, Dyspnoe; evtl. Mutterpaß S. 6, 11 bzw. 22, 27)
- Bauchwandhernien (Vorwölbung)
- Intestinale Obstruktionen (fehlende Magensaftaspiration beim Absaugen; evtl. im Mutterpaß Hinweis auf Hydramnion, S. 6, 11 bzw. 22, 27).

Durchführung:
- Maske ggf. mit beiden Händen halten und abdichten, jedoch nicht zu fest aufdrücken (Atemwegsverlegung)
- ***Cave***: Fingerspitzen nicht in den Mundboden bohren, nur an der Mandibula halten. Kopf nicht überstrecken (Neutralstellung).

14

Tab. 14.5.: Maskengrößen für Neugeborene				
Körpergewicht	< 800 g (26. SSW)	< 2500 g (35. SSW)	> 2500 g (35. SSW)	> 4000 g (Makrosomie)
Maskengröße	00	0	1	2

Intubation des Neugeborenen

Indikation: Schock, anhaltende Apnoe, Bradypnoe < 30/Min., Bradykardie < 100/Min. oder Zyanose unter Maskenbeatmung, Frühgeburt vor der 29. SSW post menstruationem. Vor längerem Transport bei orofazialen Fehlbildungen mit möglicher Atembehinderung.

In der Regel orotracheale Intubation, bei entsprechender Erfahrung nasotracheale Intubation vorteilhaft (dann Magillzange für Kinder verwenden) mit Kinderspatel (Größe 0/1)

- *Tubusdurchmesser* entspricht dem Durchmesser des Nasenloches bzw. des kleinen Fingers des Kindes (☞ Tab. 14.6)
- *Intubationstiefe:* Ende der schwarzen Tubusspitzenmarkierung auf Stimmbandniveau
- *Intubationstechnik* entspricht der bei Kindern (☞ 12.2.3). ***Cave:*** Bei Beatmung und endotrachealen Manövern Kopf nur mäßig reklinieren!
- Kontrolle der Tubuslage:
  - Lungenauskultation nach Intubation (Atemgeräusche in beiden Axillen gleich laut)
  - Weitere Zeichen einer korrekten endotrachealen Intubation: Brustkorb hebt sich beidseits gleich, Herzfrequenz steigt, Hautfarbe wird rosig.

Tab. 14.6.: Endotrachealtuben und Absaugkatheter für Neugeborene					
Körpergewicht	< 800 g (26. SSW)	< 1800 g (32. SSW)	< 2700 g (36. SSW)	> 2700 g (36. SSW)	> 4000 g (Makrosomie)
Endotrachealtubus ID / Ch	2,0 10	2,5 12	3,0 14	3,5 16	4,0 18
Absaugkatheter Ch	5 (grau)	5 (grau)	6 (grün)	8 (blau)	10 (schwarz)

Tab. 14.7.: Intubationstiefe bei Neugeborenen		
Körpergewicht in g	Intubationstiefe in cm	
	orotracheal ab Zahnreihe (6 cm + KG in kg)	nasotracheal ab Naseneingang (8 cm + KG in kg)
1000 (27. SSW)	7	9
2000 (33. SSW)	8	10
3000 (37. SSW)	9	11
4000 (Makrosomie)	10	12

Beatmungstechnik

Zur *Lungenentfaltung* Beatmungsdruck von ca. 40 (max. 60) cm H_2O für 4–5 langsame Hübe über je 5–10 Sek. mit 100 % O_2. Bei Mekoniumaspiration (ungleichmäßige Luftverteilung → Pneugefahr!) auch zur Lungenentfaltung immer minimalen Beatmungsdruck anstreben.

- Überdruckventil geschlossen halten oder auf 60 cm H_2O stellen:
  - Reife Neugeborene: Daumen und 3 Finger am Beatmungsbeutel
  - Frühgeborene: Daumen und 2 Finger am Beatmungsbeutel
- Kontrolle der beidseitigen Lungenentfaltung durch Inspektion der Thoraxexkursion und Auskultation. Bei ausbleibender Lungenentfaltung erneut absaugen, ggf. laryngoskopische Kontrolle der oberen Luftwege und der Tubuslage

Danach: Beatmungsdruck 20 cm H_2O mit einer Frequenz von 40–60/Min. und ≤ 100 % O_2, Ziel SpO_2 > 90 % bzw. rosiges Hautkolorit, PEEP 4 cm H_2O

- Überdruckventil geöffnet
- AZV 4–6 ml/kg KG, AMV 240 ml/kg KG, Inspiration : Exspiration = 1 : 1
- Reife Neugeborene: Daumen und 2 Finger am Beatmungsbeutel
- Frühgeborene: Daumen und 1 Finger am Beatmungsbeutel
- Nach Maskenbeatmung Magensonde legen zur Entlastung des geblähten Magens.

Mögliche Ursachen einer ausbleibenden Besserung:

- Inkorrekte Tubuslage → Auskultation, Laryngoskopie; ggf. Tubus zurückziehen bzw. Neuintubation
- Spannungspneu (Auskultation, besser Diaphanoskopie im Seitenvergleich) → Punktion im 2. ICR in der Medioclavikularlinie mit 25 G-Butterfly (orange) und angeschlossener 5 ml-Spritze mit 2 ml NaCl 0,9 % unter Aspiration → Erfolgskontrolle durch Luftaspiration
- Hypovolämischer Schock → Volumensubstitution (s. u.)
- Schwere perinatale Asphyxie
- Fehlbildungen, z. B. Lungenhypoplasie (kleiner Thorax, „gealtertes Gesicht" bei Potter-Sequenz), Oligohydramnion, Zwerchfellhernie („Kahnbauch", großer Thorax).

C: Herzdruckmassage (circulation)

Indikation: Asystolie, Tachykardie > 220–250/Min., anhaltende Bradykardie < 80/Min. trotz Beatmung über 15–30 Sek. (selten erforderlich, da eine Depression meist pulmonal verursacht). Herzdruckmassage erst, wenn keine Besserung durch suffiziente Beatmung eintritt.

- *Frequenz* 120/Min. = 2/Sek.
- *Druckpunkt:* Sternum direkt unterhalb der Intermamillarlinie. Dabei Kind mit beiden Händen umfassen und Druck mit den Daumen auf Sternum (☞ Abb. 12.9)
- Drucktiefe 1–2 cm
- Verhältnis HDM : Beatmung = 3 : 1 (Zweihelfermethode) bzw. 15 : 3 (Einhelfermethode)
- Beine leicht anheben lassen.

D: Zugangswege für Medikamente (drugs)

Indikation: Herzfrequenz < 80/Min. trotz ausreichender Beatmung mit 100 % O_2 und Herzdruckmassage über 30 Sek.

Venenpunktion beim Neugeborenen

- Punktionsmaterial für periphere Punktionen: Teflonkanülen von 26 G (schwarz) oder 24 G (gelb), ggf. Butterfly 25 G (orange)

14

- Zur Punktion geeignete Venen sind Vv. temporales superficiales (Skalpvenen), Handrückenvenen, V. saphena am Innenknöchel, V. jugularis ext. (☞ 12.1.5)

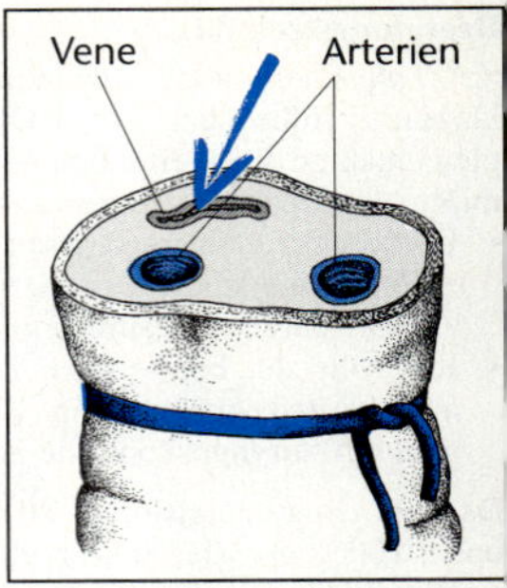

Abb. 14.17: Katheterisierung der Nabelvene

Katheterisierung der Nabelvene (größtes der 3 Nabelgefäße)

- Katheterisierung höchstens innerhalb der ersten 5 Lebenstage möglich
- Erwachsenen-ZVK (16 G) oder notfalls 16 G-Venenverweilkanüle (grau, Stahlnadel entfernen). Kurzes Schlauchzwischenstück und 3-Wegehahn anschließen und entlüften
- Bei Frühgeborenen Venenverweilkatheter 18–20 G verwenden
- Nabel sorgfältig desinfizieren, absolut steril arbeiten
- Nabelschnur auf 2 cm kürzen und komprimieren
- Erneut desinfizieren
- Nabelschnur mit 2 chirurgischen Pinzetten spreizen
- Ggf. Thromben aus der Vene mit steriler Pinzette entfernen
- ZVK bzw. Venenverweilkanüle 60° erhoben nach kranial bis knapp unter Hautniveau in die Nabelvene vorschieben
  - Fixieren mit Ligatur um Nabel und Katheteransatz

Cave: Adrenalin oder $NaHCO_3$ über Nabelvene nur langsam injizieren (Gefahr von Thrombosen oder Lebernekrosen).

Intraossärer Zugang

Bei Nichtgelingen eines venösen Zugangs mit intraossärer Punktionskanüle (18 G), notfalls auch mit Stahlnadel einer Venenverweilkanüle, unterhalb der Tuberositas tibiae anteromedial in Fußrichtung punktieren (genaue Technik ☞ 12.1.5). ***Cave:*** hypertone Lösungen (z. B. $NaHCO_3$) nicht unverdünnt infundieren.

Endobronchiale Medikamentenapplikation (☞ 3.4.13)

Geeignete Medikamente: Adrenalin (z. B. Suprarenin®) und Atropin.

Volumenersatz und Medikamentengabe

> Katecholamine bzw. Atropin erst, wenn keine Besserung durch suffiziente Beatmung eintritt.

- Zur Ermittlung von Dosierungen Abschätzen des Gewichtes des Neugeborenen anhand des Schwangerschaftsalters (☞ Tab. 14.8)
- Infusion von Glukose 10 % oder Pädiafusin I® 10 ml/kg KG langsam über 5 Min. i. v. ***Cave:*** Hirnödem nach Reanimation wird durch hohe Infusionsrate verstärkt
- Bei *Schock* (schlechte Stabilisierung nach adäquater Beatmung, Hautblässe, schwache kapilläre Wiederauffüllung, blutleere Nabelschnur, Tachykardie, leise Herztöne, Tachypnoe, vorausgehende Blutung aus feta-

Tab. 14.8.: Gewicht zeitgerecht entwickelter Neu-/Frühgeborener

24. SSW	500 g
28. SSW	1100 g
32. SSW	1800 g
36. SSW	2700 g
40. SSW	3400 g

Tab. 14.9.: Medikamente zur Neugeborenenreanimation

Medikament	Initialdosis	Wiederholungsdosis
NaCl 0,9 % bzw. Ringer-Laktat	10 ml/kg KG über 5 Min.	max. 20 ml/kg KG pro h
Human-Albumin 5 %	5 ml/kg KG über 5 Min.	15 ml/kg KG pro h
Natriumbicarbonat 8,4 %	1 ml/kg KG + 1 ml/kg KG Glukose 5 % über 3 Min.	ggf. Initialdosis alle 10 Min.
Adrenalin 1:1000 = 1 mg/1 ml auf 10 ml verdünnt (0,1 mg/ml)	i. v.: 0,1 ml/kg KG endobronchial: 0,3 ml/kg KG (lt. DIVI) 0,1 ml/kg KG unverdünnt bei 1:1000 (lt. AHA) (max 0,2 mg/kg i. v., i. o. oder e. b.)	ggf. Initialdosis alle 3–5 Min.
Atropin 0,5 mg auf 5 ml verdünnt (0,1 mg/ml)	i. v.: 0,1 ml/kg KG endobronchial: 0,2 ml/kg KG	
Naloxon 0,4 mg auf 4 ml verdünnt (0,1 mg/ml)	i. v., i. m., s. c., endobronchial: 0,1 ml/kg KG	ggf. Initialdosis nach 3–5 Min.
Glukose 10 %	4 ml/kg KG	
Dopamin 50 mg/5 ml auf 50 ml verdünnt (1 mg/ml)	0,3–1,2 ml/kg KG pro h nach Wirkung über Perfusor	
Cave: alle Dosisangaben beziehen sich auf die verdünnten Lösungen		

len Gefäßen): Humanalbumin 5 %, ersatzweise Ringerlösung 5 ml/kg KG langsam über 5 Min. i. v., danach 15 ml/kg KG/h

Nach längerer *Reanimation*: *$NaHCO_3$* 8,4 % 1 mval/kg KG (= 1 ml/kg KG) verdünnt mit identischer Menge Aqua ad inject. langsam über 3 Min. i. v. (= 2 ml/kg KG), ggf. Wiederholung alle 10 Min. (***Cave:*** zu schnelle Infusion $\rightarrow CO_2\uparrow$ → intrazerebrale Azidose → intrazerebrale Blutung). ***Cave:*** Adrenalin nicht gleichzeitig mit $NaHCO_3$ geben (Ausflockungen)

Bei *Herzstillstand* oder *anhaltender Bradykardie* unter 80/Min. *trotz suffizienter Beatmung und Herzdruckmassage: Adrenalin* (z. B. Suprarenin®. Verdünnung von 1 ml der Lösung 1:1000 (1 mg/ml) mit 9 ml 0,9 % NaCl auf 1:10 000 (100 µg/ml). *Dosierung:* 0,1 ml/kg KG i. v. bzw. 0,3 ml/kg KG endobronchial. Ggf. Wiederholung alle 3–5 Min. Bei unzureichendem Effekt ggf. Dosiserhöhung auf 1 ml/kg KG

- Bei anhaltend instabilem Kreislauf Adrenalinperfusor (3 ml Adrenalin 1:1000 auf 47 ml NaCl 0,9 %): initial 0,1 ml/kg KG/h, ggf. erhöhen (je nach Effekt)
- Bei *anhaltender Bradykardie < 80/Min.:* Atropin. Verdünnung von 1 ml (0,5 mg) mit 4 ml 0,9 % NaCl (0,1 mg/ml). *Dosierung:* 0,1 ml/kg KG i. v. bzw. 0,2 ml/kg KG endobronchial
- Bei *Atemdepression durch Opioidgaben an die Mutter* unter der Geburt: Naloxon (z. B. Narcanti®) nach eingeleiteter Beatmung. Verdünnung von 1 ml

14

(0,4 mg) mit 3 ml 0,9 % NaCl (0,1 mg/ml). *Dosierung:* 0,1–1,0 ml/kg KG i.v s.c., i.m. oder endobronchial, ggf. Wiederholung alle 3 Min.

Cave: Atmung weiter kontrollieren, da Wirkzeit von Naloxon evtl. kürzer al die des Opioides. Kindern opioidabhängiger Mütter kein Naloxon geben (Ent zug)!

- Bei *Hypoglykämie* z.B. nach Reanimation, bei Frühgeborenen/Mangelgebore nen, Kindern diabetischer Mütter: Glukose 10 % i.v. Ziel: Glukosespiegel ir Blut von 40–100 mg%.

E: Elektrotherapie (sehr selten erforderlich)

Indikation: Kammerflimmern, persistierende Tachykardie > 250/Min. mit Zyanos

- Defibrillation erst mit 1–2 J/kg KG über Kinderpaddel, bei Erfolglosigkeit mi 4 J/kg KG wiederholen.

Transport

Notfallmäßiger, aber schonender Transport im Inkubator oder notfalls in Alufoli in nächstes Perinatalzentrum mit freiem Intensivbehandlungsbett (Rückfrage!) ***Cave***: Hirnblutungen durch Erschütterungen des kindlichen Kopfes möglic → Köpfchen seitlich und nach unten gut abpolstern. Transport ggf. durch Neuge borenen-NA

Bei mütterlichen Problemen in entsprechende geburtshilfliche Klinik, ebenfall nach Abklärung, ob auch für das Kind ein Intensivbett vorhanden ist und ein Neo natologe zugezogen werden kann.

Abbrechen der Reanimation nach ca. 30 Min. suffizienter, aber erfolgloser Durch führung.

14.4.2 Atemstörungen

Bradypnoe

Ätiol.: Mütterliche Medikamente (Sedativa, Analgetika, Muskelrelaxantien) ode Drogen, Adaptationsstörung, Hirnblutung (zentrale Atemstörung), angeboren Muskelerkrankungen (periphere Atemstörung).

Symptomatik

- Bradykardie
- Adynamie
- Zyanose.

Sofortmaßnahmen

- Beatmung (☞ 14.4.1)
- Ggf. Naloxon (z. B. Narcanti®).

Tachypnoe

Ätiol.: verzögerte Fruchtwasserresorption („wet lung"), Mekoniumaspiration, Sep sis (Amnioninfektion), Adaptationsstörung, Atemnotsyndrom (Unreife), Herzfeh ler, Pneumothorax, pulmonale Fehlbildungen, Fehlbildungen der oberen Luftweg (funktionelle oder anatomische Stenosen), Zwerchfellhernie, Unterkühlung (z. B Hausgeburt).

Symptomatik

Stöhnen, Knören, Nasenflügeln
Einziehungen des Thorax
Ggf. Zyanose.

Trotz Unterkühlung kein Kältezittern bei NG!

Sofortmaßnahmen

Wärme, O_2-Dusche
Bei ausreichender Klinik (rosige Haut) bzw. $SpO_2 > 85\,\%$: zuwarten, ansonsten O_2-Therapie unter SpO_2-Kontrolle
Bei massiver Klinik (z. B. Mekoniumaspiration, Atemnotsyndrom): Beatmung (☞ 14.4.1).

14.4.3 Herz-Kreislaufstörungen

Bradykardie

Ätiol.: Hypoxie infolge z. B. perinataler Asphyxie (Nabelschnur- oder Plazentakomplikationen), Ventilationsstörung durch anatomische bzw. funktionelle Atemwegsverlegung (z. B. Robin-Syndrom bzw. Schleimobstruktion) oder zentrale Atemantriebsstörung (mütterliche atemdepressive Medikamente oder Drogen).

Symptomatik

- Zyanose
- Exzitation (bei vorhandenem Atemantrieb aber verlegtem Atemweg).

Sofortmaßnahmen

- Beseitigung der Atemwegsobstruktion durch Absaugung oder Intubation (☞ 14.4.1)
- Beatmung (☞ 14.4.1).

Tachykardie

Ätiol.: Streß, Adaptationsstörung, Infektionen, mütterliche Medikamente (Tokolytika), Hypovolämie, Kälte, angeborene Herzrhythmusstörungen.

Symptomatik

- Puls ↑
- Blässe
- Bei längerem Bestehen Zeichen der kardialen Insuffizienz (Leberschwellung).

Sofortmaßnahmen

- Wärme, O_2-Dusche
- Bei klarer Ursache entsprechendes Vorgehen (z. B. Volumensubstitution)
- Bei unklarer Ursache:
  - Spateldruck auf Zungengrund, Diving-Versuch (eiskalter Waschlappen auf das Gesicht), Karotissinusdruckversuch (→ vasovagaler Reflex). ***Cave:*** Bulbusdruck → Linsenschlottern!
  - Bei unbeeinflußbarer Tachykardie (f > 250) und längerem Transportweg: Defibrillation (1–2 J/kg KG).

14.4.4 Zyanose

Ätiol.: Kardiale (s. o.) und respiratorische Störungen (s. o.), Polyglobulie.

Symptomatik

- Hautkolorit
- SpO_2 ↓.

Sofortmaßnahmen

- O_2-Dusche bzw. bedarfsadaptierte Therapie (Beseitigung eines Atemwegshindernisses, Beatmung, ☞ 14.4.1).

14.4.5 Blässe

Ätiol.: Geburtstraumatisch bedingte Blutung (z. B. Hirn- oder Milzblutung, Kephalhämatom), Plazentalösung, Nabelschnurabriß, fetomaternale oder bei Zwillingen fetofetale Transfusion, Sepsis, Herzfehler, Asphyxie.

Symptomatik

- Hautkolorit
- Tachypnoe
- Ggf. Puls ↑.

Sofortmaßnahmen

- Volumensubstitution (z. B. mit HA 5 %)
- Bei stark ausgeprägter Klinik O_2-Gabe, ggf. Intubation und Beatmung (☞ 14.4.1)
- Ggf. bei vorhandener BGA Azidoseausgleich mit $NaHCO_3$ (☞ 14.4.1).

14.4.6 Hämatome

Ätiol.: Geburtstrauma, angeborene Blutungsneigung, Vitamin-K-Mangel.

Symptomatik

- Blässe bis Schock
- Ggf. Puls ↑
- Evtl. zerebrale Krampfanfälle.

Sofortmaßnahmen

- Bei relevanter Klinik: Volumensubstitution
- Bei stark ausgeprägter Klinik O_2-Gabe, ggf. Intubation und Beatmung (☞ 14.4.1).

14.4.7 Krämpfe

Ätiol.: Hirnblutung oder -fehlbildung, Hirnschädigung durch Infektion während der Schwangerschaft, Sepsis, Hypoxie, metabolische Störung (z. B. Elektrolyte, Glukose), Entzugssymptomatik bei Drogenabhängigkeit der Mutter.

Symptomatik

- Klonien mit oder ohne Seitenbetonung
- Z. T. nur subtile Krampfsymptomatik (z. B. Schmatzen, Blinzeln)
- Ggf. SpO_2 ↓
- Puls ↓.

Sofortmaßnahmen

- Bei Hypoxie: Beatmung (☞ 14.4.1)
- Ggf. Infusion mit 5 ml/kg KG/h Glukose 10 % (Kataboliereduktion)
- Ansonsten bei stark ausgeprägter Klinik: Phenobarbital (z. B. Luminal®) 10 mg/kg KG i. v., notfalls Diazepam (z. B. Stesolid®) 0,1–0,2 mg/kg KG i. v. oder bei Versagen Clonazepam (z. B. Rivotril®) 0,05–0,1 mg/kg KG.

14.4.8 Fehlbildungen

Tab. 14.10.: Fehlbildungen

Fehlbildung	Symptomatik	Maßnahmen
Ösophagusatresie	- Bei tiefem Absaugen kann kein Magensaft aspiriert werden - Stop des Katheters bei 10–20 cm (*cave:* Katheter kann sich in der Mundhöhle aufrollen) - Vermehrte Salivation mit Husten und Würgereiz - Hydramnion bekannt (Mutterpaß)	Wegen Aspirationsgefahr - In Bauchlage transportieren - Kind nicht stillen oder füttern lassen

Spaltbildungen	- Vorwölbung von Teilen
	  - des Gehirns (Enzephalozele)
	  - des Rückenmarks (Myelozele)
	  - der Hirnhäute (Meningozele)
	- Spaltbildungen des Schädels oder der Wirbelbögen (Rachischisis)
	- Blasenekstrophie
	- Nabelschnurbruch (Omphalocele)
	- echte Bauchwandlücke (Gastroschisis)
	- Sternumspalte
		- Offene Läsionen steril abdecken mit in 0,9 % NaCl-Lösung getränkten Kompressen, darüber Plastikfolie (zur Vermeidung von Unterkühlung durch Verdunstung)
		- Eihäute in 0,9 % NaCl-Lösung asservieren zwischen Tüchern (Verwendung zur plastischen Deckung)
		- Bei Reanimation bei Gastroschisis keine Maskenbeatmung, sofortige Intubation

	- Lippen-Kiefer-Gaumen-Spalte	Wegen Aspirationsgefahr - Kind nicht stillen lassen - In Bauchlage transportieren Bei Atembehinderung intubieren

14.4.9 Geburtsverletzungen

Tab. 14.11.: Geburtsverletzungen

Geburtsverletzung	Symptomatik	Maßnahmen
Caput succedaneum, Kephalhämatom	Schwellung über der Schädelkalotte	harmlos, keine Therapie erforderlich ***Cave:*** nicht punktieren, Infektionsgefahr
Klavikulafraktur	Schmerzempfindlichkeit und Krepitation bei Palpation, geringere Motilität der betroffenen Seite	Stabilisierung der HWS z. B. mit der Vakuummatratze des Inkubators und z. B. Stifneck Baby-No-Neck® Arm am Brustkorb fixieren, Lagerung auf die gesunde Seite
Humerusfraktur, Epiphysenlösung am Humerus	Schonhaltung und Einschränkung der passiven Beweglichkeit der Schulter bei freier Beweglichkeit des Unterarmes	
Obere Plexuslähmung	- Schulter steht tiefer - Arm schlaff in Pronation und Innenrotation - Unterarm leicht gebeugt	
Untere Plexuslähmung	- Fallhand - Unterarm leicht gebeugt - Lähmung der Extensoren und Flexoren der Finger	

14.5. Notfälle der Mutter nach Entbindung

Tab. 14.12.: Notfälle der Mutter nach Entbindung

Leitsymptom	zusätzliche Befunde	Verdachtsdiagnose
- Vaginale Blutung > 250 ml/h	Uterus weich und groß (oberhalb des Nabels) tastbar	Verletzung der Geburtswege (☞ 14.5.1) Atonische Nachblutung (☞ 14.5.1) Gerinnungsstörung (☞ 14.5.1)
Plötzlich auftretend - Schwindel - Dyspnoe - Schock	- Zyanose - Angina pectoris - Tachypnoe - Tachykardie	Fruchtwasserembolie (☞ 14.5.2)
- Fieber - AZ ↓ - rezidivierende Schüttelfröste	- Einige Tage nach der Geburt - Glieder- und Gelenkschmerzen - Ikterus - Stirnkopfschmerz	Puerperalfieber (☞ 14.5.3)
Phlegmasia coerulea dolens am Bein - reißende Schmerzen - dunkel-zyanotische Verfärbung - Ödembildung	- Druckschmerz in der Leiste und über den großen Beinvenen - Umgehungskreislauf im Bereich der V. epigastrica superficialis - Schock - Temperaturerhöhung	Beckenvenenthrombose (☞ 6.2.1)
- Starke Erregungszustände	- Meist am 3.–4. Wochenbettstag - Paranoide, halluzinatorische und manische Phänomene	Wochenbettpsychose (☞ 14.5.4)
- Depressionen	- Meist 2. Woche postpartal	Wochenbettpsychose (☞ 14.5.4)

14.5.1. Postpartale Blutungen

Ursachen postpartaler Blutungen:

- *Verletzungen der Geburtswege:* Uterusruptur, Zervixriß, Scheidenverletzungen, Vulvaverletzungen, Dammrisse und Episiotomien
- *Atonische Nachblutungen:* Harnverhalt verhindert die Uteruskontraktion, Uterusüberdehnungen bei Hydramnion oder Mehrlingen, Plazentaretention (Plazenta nach 30 Min. noch nicht gelöst) oder Retention von Plazentaresten verhindert die Uteruskontraktion
- *Gerinnungsstörungen.*

Symptomatik

- Blutverlust > 250 ml/h post partum. Abschätzen der Blutungsintensität durch Lagerung nach Fritsch (☞ 13.1).

14

Kurzanamnese

- Wann wurde die Harnblase zuletzt entleert?
- Schwere Geburt, Lageanomalien des Kindes (Verletzung der Geburtswege)?

Sofortdiagnostik

- Basischeck (☞ 4.1.2)
- Palpation des Uterusfundus: weich und oberhalb des Nabels tastbar (sollt normal relativ hart und deutlich unterhalb des Nabels getastet werden kön nen).
- ***Cave:*** Verwechslung mit der prall gefüllten Harnblase möglich
- Inspektion der Vulva auf Geburtsverletzungen: Klitorisriß, Vulvaverletzungen Dammriß, Episiotomie
- Puls, SpO_2, RR, EKG
- Schockzeichen?

Sofortmaßnahmen

- Entleerung der Harnblase, falls spontan nicht möglich Katheterisierung
- Förderung der Uteruskontraktion:
  - Wehen anreiben durch kreisende Bewegungen über dem Uterusfundus
  - *Credé-Handgriff* (☞ Abb. 14.19): Uterusfundus durch die Bauchdecke fassen, so daß der Daumen der Uterusvorderwand, die Finger der Uterushinterwand anliegen, dann Blutkoagel sakralwärts ausdrücken. ***Cave:*** schmerzhaft. Danach Uterusfundus weiterhin von oben halten
  - i.v.- Zugang mit Infusion von 10 IE Oxytocin (z.B. Syntocinon® oder Orasthin®) in 500 ml Ringer-Lösung im Schuß
  - Alternativ Pat. an den Brustwarzen reiben lassen, zur endogenen Ausschüttung von Oxytocin

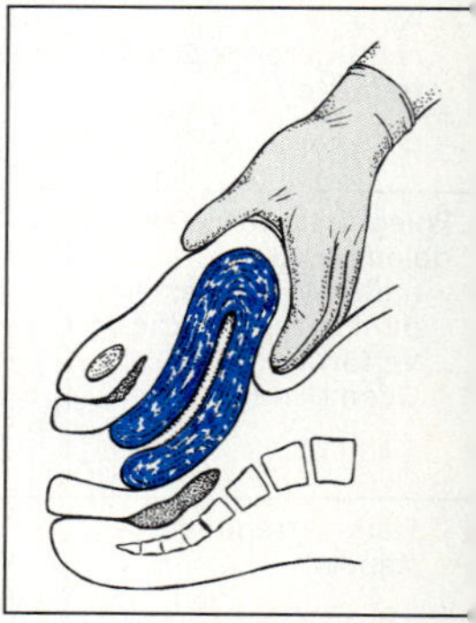

Abb. 14.18: Credè-Handgriff

- Als *ultima ratio* Aortenkompression: Eine Hand zur Faust ballen und diese mi der anderen Hand umgreifen, in Nabelhöhe tief (bis auf die Wirbelsäule) ein drücken
- Vulvaverletzungen oder Episiotomiewunde mit steriler Kompresse komprimie ren
- Bei Schockzeichen: Schocklagerung, O_2-Gabe (☞ 1.7.3), großzügige Volumen gabe (z.B. HÄS)
- Bei Plazentaretention (☞ 14.2.5) zusätzlich Injektion von 10 IE Oxytocin (z.B Syntocinon® oder Orasthin®), verdünnt auf 10 ml Elektrolytlösung in Nabel schnurgefäß. *Vorsichtiger* Zug an der Nabelschnur. ***Cave***: Nabelschnurabri leicht möglich, auch innerhalb der Geburtswege, so daß ein Abklemmen nich mehr möglich ist.

Transport

- Kind (Inkubator), Plazenta und Mutterpaß nicht vergessen
- Immer notfallmäßiger Transport in die nächste gynäkologische Klinik nac Voranmeldung.

Prinzipien der Weiterbehandlung

Schocktherapie, Harnblasenentleerung, Überprüfen der Vollständigkeit der Plazenta und ggf. Uteruskürettage, Förderung der Uteruskontraktion, Inspektion und Versorgung der Geburtswege, Gerinnungsdiagnostik, Versorgen des Kindes.

- Methylergometrin (Methergin®) sollte nur zweitrangig gegeben werden, da es auch die Zervix verengt und so operative Eingriffe oder das Abfließen von Sekreten aus dem Uterus erschwert.

14.5.2. Fruchtwasserembolie (☞ 7.4)

Symptomatik

- Bei Wehentätigkeit oder Fruchtblasensprung bzw. erst postpartal
- Ohne Vorboten plötzlich Schwindel, Schwarzwerden vor den Augen, starke Dyspnoe, Tachypnoe, Zyanose, Angina pectoris, Tachykardie, Schock.

Kurzanamnese

- Z. n. schwerer Geburt, evtl. mit kräftigem Kristellern?

Sofortdiagnostik

- Basischeck (☞ 4.1.2)
- Puls, SpO_2, RR, EKG
- Schockzeichen?
- Einflußstauung
- Lungen- (evtl. Lungenödem) und Herzauskultation (evtl. kratzendes Geräusch).

Sofortmaßnahmen

- I. v.-Zugang mit Infusion (z. B. Ringer-Lösung)
- O_2-Gabe 6–8 l/Min (☞ 1.7.3).
- Katecholamine, Heparin 5000 IE im Bolus, Sedierung mit 5–10 mg Diazepam (z. B. Valium®) i. v., Analgesie mit 50–100 mg Tramadol (z. B. Tramal®) i. v. ***Cave:*** RR-Abfall
- Ggf. Intubation (☞ 3.4.4), Beatmung (☞ 3.4.8) mit 100 % O_2, PEEP 5 cm H_2O.

Transport

Immer notfallmäßiger Transport in die nächste *chirurgische* Intensivstation.

Prinzipien der Weiterbehandlung

Intensivtherapie mit Schockbekämpfung und Therapie der Koagulopathie.

Differentialdiagnose

Thromboembolie, Uterusruptur (Unterbauchschmerzen, Blutung). Luftembolie (v. a. bei Placenta praevia).

14.5.3 Puerperalfieber

Von Geburtswunden ausgehende Infektion.

Kurzanamnese

- Einige Tage zurückliegende Entbindung, evtl. primäres Abstillen.

14

Symptomatik
- Fieber
- Beeinträchtigter Allgemeinzustand
- Rezidivierende Schüttelfröste
- Stirnkopfschmerz
- Evtl. Glieder- und Gelenkschmerzen, Ikterus.

Sofortdiagnostik
- Basischeck (☞ 4.1.2)
- Puls ↑, SpO_2, RR, EKG
- Schockzeichen (☞ 5.9)
- Temperatur ↑
- Übelriechende Lochien
- Uteruskantenschmerz bei Subinvolutio (Fundus über Nabelhöhe)
- Peritonismus.

Sofortmaßnahmen
- Bei Schock ☞ 5.9
- I. v.-Zugang mit Infusion (z. B. Ringer-Lösung, ggf. HÄS)
- Oxytocin (z. B. Syntocinon®) 10 I. E. in 500 ml Ringer-Lösung
- Bei Ateminsuffizienz O_2-Gabe, Intubation (☞ 3.4.4) und Beatmung (☞ 3.4.8)
- Bei Peritonismus Magensonde legen (☞ 2.9.3).

Transport
Zügiger Transport in die nächste gynäkologische Klinik.

Prinzipien der Weiterbehandlung
Stabilisierung der Vitalfunktionen, Uterotonika, Antibiotika, Herdsanierung.

Differentialdiagnose
Mastitis puerperalis, Thrombose, Atemwegs- oder Harnwegsinfekt.

Septischer Schock mit Herz-Kreislaufversagen innerhalb von Stunden möglich.

14.5.4 Wochenbettpsychose

Durch die endokrine Umstellung im Wochenbett ausgelöst. Gelegentlich auch rei[n] psychogen nach Adoption von Säuglingen.

Symptomatik
- Starke Erregungszustände mit paranoiden und halluzinatorischen Phänomenen, manische Zyklothymien besonders am 3.–4. Wochenbettstag
- Endogene Depressionen mit Suizidgefahr besonders in der 2. Woche.

Kurzanamnese
- Depressionen? Manien? Paranoia? Suizidgedanken?

Sofortmaßnahmen
- Falls kurzfristig erforderlich: i. v.-Zugang mit Infusion (z. B. Ringer-Lösung), Sedierung z. B. mit Diazepam (z. B. Valium®) 10 mg langsam i. v. oder Triflu-promazin (z. B. Psyquil®) 5–10 mg langsam i. v. oder Haloperidol (z. B. Hal-dol®) 5 mg (1 Amp.) i. m.

Transport

- Postpartal in Gynäkologie zur Abklärung der geburtshilflichen Situation
- Im weiteren Verlauf des Wochenbettes, wenn die geburtshilfliche Situation bereits abgeklärt ist, in psychiatrische Klinik.
- *Zwangseinweisung bei Eigengefährdung* oder Fremdgefährdung (z.B. Kind) unter Hinzuziehung der Polizei (☞ 10.2).

Prinzipien der Weiterbehandlung

Abklärung der geburtshilflichen Situation, Hinzuziehung eines Psychiaters oder Verlegung in Psychiatrie.

Suizidgefahr nicht unterschätzen.

U. v. Hintzenstern

15 Abdominale und gastrointestinale Notfälle

Besonderheiten abdominaler und gastrointestinaler Notfälle

Präklinisch sehr geringer Spielraum hinsichtlich Diagnostik (genaue Lokalisation des betroffenen Organs praktisch nicht möglich) und Therapie (fast ausschließlich Sicherung der Vitalfunktionen und Analgesie).

15

15.1 Leitsymptome

15.1.1 Schmerz

Schmerzlokalisation

Schmerzlokalisation → möglicher Hinweis auf das betroffene Organ.

Tab. 15.1.: Typische Schmerzlokalisationen beim akuten Abdomen

rechts	rechts oder links	links
Oberbauch		
Cholezystitis, Cholelithiasis Ulkusperforation Appendizitis	Pankreatitis Nephrolithiasis Pneumonie, Pleuritis Myokardinfarkt	Milzruptur, -infarkt
Unterbauch		
Appendizitis	Adnexitis Extrauteringravidität Ureterolithiasis Inkarzerierte Hernie	Divertikulitis

- Wandernder Schmerz bei Appendizitis: Beginn anfangs oft im Epigastrium oder rechten Oberbauch, innerhalb von Stunden Verlagerung unter Schmerzzunahme in den rechten Unterbauch
- Schmerzausstrahlung: hyperästhetische Hautfelder (Head-Zonen)
  - Vom linken Oberbauch gürtelförmig in die linke Schulter ziehend bei akuter Pankreatitis
  - In den Rücken bei Pankreatitis und perforiertem abdominalen Aortenaneurysma
  - In die rechte Schulter bei Gallenwegserkrankungen, Extrauterin-Schwangerschaft
  - In die rechte Axilla und Schulter bei Ulcus duodeni
  - In Skrotum bzw. Labien bei Nierenkolik.

Schmerzqualität

- Viszeraler „Eingeweideschmerz“: diffus, schlecht lokalisierbar, bohrender Charakter, z. B. bei Darmischämie oder Strangulation
- Somatischer (parietaler) Schmerz: „heller“ Schmerz, lokalisierbar, stechender Charakter. Bei peritonealer Reizung, z. B. bei fortgeschrittener Appendizitis.

Tab. 15.2.: Schmerzqualität beim akuten Abdomen

Schmerz	Viszeraler Schmerz	Somatischer Schmerz
Ursprung	Abdominale Hohlorgane	Peritoneum parietale
Leitung	Bilateral durch N. splanchnici	Unilateral durch N. spinalis
Ursache	Dehnung und Spasmus	Dehnung oder Gewebsschädigung
Sensation	Dumpfer, bohrender oder nagender Schmerz, Kolik	Scharfer, schneidender Dauerschmerz
Lokalisation	Unbestimmt im Mittelbauch (Nabelgegend) Pat. deutet grob mit flacher Hand	Begrenzt umschrieben, seitenbezogen Pat. zeigt genau mit Fingerspitze
Begleitsymptome	Unruhe, Erbrechen, Schweißausbruch, Schwindel	
Abnahme	Bei Bewegung	Durch Schonhaltung, Oberflächenatmung
Zunahme	In Ruhe	Durch Bewegung, Erschütterung, Husten, Niesen

Schmerzcharakter

- *Kolik:* krampfartig, intermittierend auftretend. Bei Verschluß eines Hohlorgans, z.B. Gallen- oder Uretersteinkolik, mechanischer Ileus
- *Anhaltender Vernichtungsschmerz:* messerstichartig, perakut einsetzend, z.B. bei Perforation, Aneurysma dissecans, Pankreatitis, Herzinfarkt
- *Vernichtungsschmerz mit befristeter Besserung:* Darmischämie durch Strangulation einer Dünndarmschlinge oder Mesenterialinfarkt
- *Krescendoschmerz:* kontinuierlich zunehmend. Bei Entzündung, z.B. Appendizitis, Cholezystitis, Salpingitis, Divertikulitis, Pankreatitis, Peritonitis.

15.1.2 Abwehrspannung/Peritoneale Reizung

- Lokal gespannt: umschriebener Krankheitsprozeß (z.B. beginnende Peritonitis)
- Leichte bis mäßige, generalisierte Abwehrspannung mit diffusem Druckschmerz, z.B. bei akuter Pankreatitis („Gummibauch"), Mesenterialinfarkt, Blutung in die Bauchhöhle, Enteritis oder extraperitonealen Erkrankungen (z.B. Herzinfarkt, basale Pneumonie, Wirbelfrakturen)
- „Bretthartes" Abdomen: generalisierte Peritonitis (z.B. nach Perforation).

15.1.3 Übelkeit/Erbrechen

- Singultus ist häufig das erste Zeichen einer beeinträchtigten intestinalen Peristaltik
- Reflektorisches Erbrechen nach Schmerzattacken (Koliken), bei beginnender Entzündung (Appendizitis, Peritonitis), Perforation oder Verschlüssen (Ileus)
- Überlauferbrechen bei vollständigem Verschluß (mechanischer Ileus) oder Darmatonie (paralytischer Ileus):
  - Hoher Ileus: frühzeitiges und intensives Erbrechen
  - Dickdarmileus: nach 2–3 Wochen Miserere (Koterbrechen).

15

15.1.4 Blutung

Orale Blutung

- Blutungsquelle ist meist der Magen (Ulzera) oder das Duodenum (Ulzera), seltener der Ösophagus (z.B. Refluxösophagitis, Divertikel)
- Massive orale Blutungen sind primär immer verdächtig auf Ösophagusvarizenblutung
- Immer auch an Blutungen aus Mund-, Rachen- oder Nasenraum denken.

Anale Blutung

- Abgang von rotem Blut hat meist lokale Ursachen (Rektum-Ca, Hämorrhoiden Polypen)
- Teerstuhl weist auf eine längere Verweilzeit des Blutes im Darm hin (Sickerblutung, z.B. Ulkus, Erosion), das meist aus Magen oder Duodenum stammt
- Stärkere Blutungen mit Abgang von Blut und/oder Koageln stammen meist von Hämorrhoiden oder Karzinomen.

15.1.5 Diarrhoe

- Meist infektiös bedingt (Enteritis)
  - Hinweise auf Genuß verdorbener oder infizierter Lebensmittel, z.B. Mayonnaise (Kartoffelsalat), Sahneprodukte (Desserts, Softeis), mit rohen Eiern zubereitete Produkte (Cremes, Tiramisu)
  - Evtl. exotische Erreger (z.B. Amöben) nach Urlaub in südlichen Ländern
- Seltener bei Darmirritation, z.B. Appendizitis, Invagination, Divertikulitis chron. entzündliche Darmerkrankungen.

15.2 Akutes Abdomen

Sammelbegriff für unterschiedlichste Krankheitsbilder mit dem Kardinalsymptom Abdominalschmerz, die eine sofortige diagnostische und therapeutische Intervention erfordern.

Symptomatik

- Abdominaler Spontanschmerz (☞ 15.1.1), oberflächliche, schmerzhafte Atemexkursionen, Dyspnoe, Schweißausbruch

Angstgefühl, Lethargie, Bewußtseinstrübung
Blässe, kalte Akren, Lippenzyanose, Tachypnoe (Schockzeichen)
Hyperventilation, Fieber, Schüttelfrost (bei Sepsis)
Übelkeit, Erbrechen: klare oder grünliche Flüssigkeit →Kolik, Koterbrechen (Miserere) →tiefer gelegener Darmverschluß
Perakutes Abdomen: Trias mit Vernichtungsschmerz, bretthard Bauchdeckenspannung und Schock.

Kurzanamnese

Schmerzanamnese (☞ 15.1.1):
- Schmerzbeginn: Zeitpunkt, Charakter, Lokalisation
- Aktueller Schmerz: Lokalisation, Charakter, Ausstrahlung?

Präexistente Erkrankungen:
- Abdominal: Ulkusleiden →*Perforation*. Cholezystolithiasis, Nephrolithiasis →*Kolik*?
- Kardial: Angina pectoris →*Myokardinfarkt*. Vitien, Rhythmusstörungen →*Mesenterialinfarkt*
- Systemisch: Diabetes →*Ketoazidose*

Z. n. abdominaler OP →*Bridenileus*
Medikamente:
- Antazida →Ulkusleiden *(Perforation)*
- Chronischer Laxantienabusus →Kolondivertikel *(Divertikulitis)*, *Ileus*
- Kortison, Antiphlogistika →*Ulkusperforation*
- Antikoagulantien →*Blutung*. NW Übelkeit und Erbrechen

Alkoholabusus →*Pankreatitis*
Fieber →*Divertikulitis, Peritonitis*
Bei Frauen:
- Zyklus: *Dysmenorrhoe*, durch Eisprung bedingter *Mittelschmerz* (☞ 13.2.1)
- Letzte Regel: *Extrauteringravidität* (☞ 13.2.7)

Familienanamnese: *familiäres Mittelmeerfieber, Thalassämie, Sichelzellanämie, Porphyrie*
Stuhlgang: letzter Stuhlgang, Obstipation *(Ileus)*, Diarrhoe *(Enteritis)*, Blutbeimengungen *(Enteritis, Ca)*, Teerstuhl *(Ca, Ulkusleiden)*
Letzte Miktion *(Harnverhalt, Oligo- bzw. Anurie bei septischem Schock)*
Intoxikation: verdorbene Lebensmittel (Z.n. Reise in wärmere Region?), Schwermetalle, pflanzliche Gifte, Pflanzenschutzmittel (☞ 9.6.1)
Perorale *Verätzung* (☞ 11.11.2).

Sofortdiagnostik

Basischeck (☞ 4.1.2)
Puls, SpO_2, RR, EKG
Kapilläre Füllungszeit verlängert (> 2 Sek.)?
Blutzuckerstix
Inspektion:
- Pat. liegt ruhig (somatischer Schmerz) mit angezogenen Beinen (Schonhaltung) bzw. wälzt und krümmt sich im Bett (viszeraler Schmerz)
- Facies abdominalis: blasse Gesichtsfarbe, eingefallene Wangen, spitze Nase, große halonierte Augen
- Trockene, borkenbelegte Zunge, verminderter Hautturgor (Exsikkose)
- Laparatomienarben, ausgetretener Bruch (Bridenileus, Hernieninkarzeration)
- Foetor ex ore: Alkohol, Azeton (diabetische Ketoazidose)

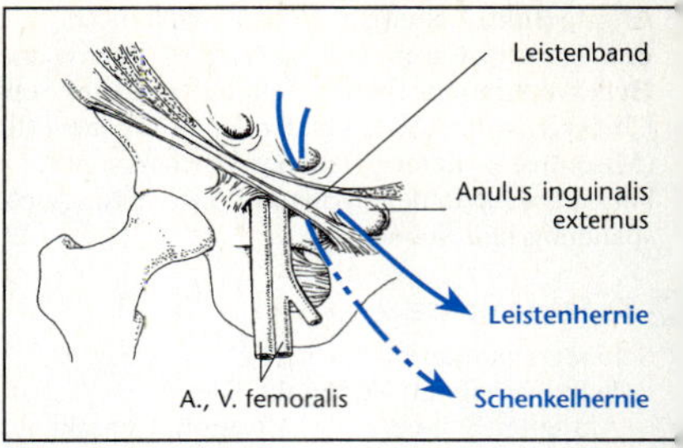

Abb. 15.1: Bruchpforten

- Palpation (möglichst bei leerer Blase, flache Lagerung mit Kissen unter dem Kopf, Hände neben dem Bauch, mit warmen Händen vorsichtig zum Schmerzzentrum vortasten):
  - Zeichen peritonealer Reizung: muskuläre Abwehrspannung, (kontralateraler) Loslaßschmerz, Klopfschmerz und Schmerzintensivierung durch Husten (erlaubt manchmal genaue Schmerzlokalisation)
  - Untersuchung der Bruchpforten
  - Resistenzen, z. B. Divertikulitis (li Unterbauch), Invagination (re Unter bauch), Aortenaneurysma (pulsierend, Mittelbauch)
  - Wirbelsäule: Druck-, Klopf- oder Stauchungsschmerz → Bandscheibenvor fall (☞ 18.2.2), Interkostalneuralgie
  - Augendruck: Glaukomanfall (☞ 17.1.4)
- Auskultation (über allen 4 Quadranten):
  - Hochgestellte, klingende oder spritzende (Hyperperistaltik der Intestinalmus kulatur bei Stenose oder Hindernis) bzw. metallisch klingende Darmgeräusch (mit Luft und Flüssigkeit gefüllte Darmschlingen) → mechanischer Ileus
  - Plätschernde, amphorisch klingende Darmgeräusche oder „Totenstille im Ab domen" (verminderte oder aufgehobene Peristaltik bei Erschöpfung der Darm wandmuskulatur bzw. Durchwanderungsperitonitis) → paralytischer Ileus
  - Gefäßgeräusche, z. B. Aortenaneurysma
  - Thorax: RG bzw. Hinweise auf Pneumonie (☞ 7.3)?
  - Herz: Vitium bzw. absolute Arrhythmie → Mesenterialinfarkt
- Rektaldigitale Untersuchung:
  - Druckschmerz im Douglasraum → Entzündung (z. B. Appendizitis, Adnexitis
  - Fluktuation im Douglasraum → Flüssigkeitsansammlung (Blut, Abszeß)
  - Resistenz in der Ampulle, z. B. Rektum-Ca, Polyp, Kotstein?
  - Blut am Handschuh: Kinder → Invagination, Erwachsene → Mesenterialin farkt, Kolitis, Ileus
- Perkussion: Abdomen gebläht, Meteorismus, Harnblasenfüllung (Harnverhalt)
- Temperatur rektal und axillär (Differenz > 0,8 °C z. B. bei Appendizitis).

Sofortmaßnahmen

- O_2-Gabe (☞ 1.7.3)
- Oberkörper-Flachlagerung mit Knierolle, bei Schocksymptomatik leichte Kopf tieflage
- Mindestens (je nach Kreislaufsymptomatik) 1 großlumiger i. v.-Zugang mit In fusion (z. B. Ringer-Lösung, ggf. HÄS)
- Spasmolyse mit 20 mg Butylscopolamin (z. B. Buscopan®) i. v., ggf. Wiederho lung. Falls nicht ausreichend: Analgesie mit fraktionierten Gaben von z. B. 50 mg Tramadol (z. B. Tramal®) oder 0,05 mg Fentanyl® i. v.

Ggf. vorsichtige Sedierung mit Boli von z.B. 1 mg Midazolam (z.B. Dormicum®) i.v.
Bei V.a. mechanischen Ileus: Magensonde (☞ 2.9.3) → Dekompression des Gastrointestinaltraktes, Senkung des Aspirationsrisikos
Bei Schocksymptomatik (☞ 5.9) massive Volumensubstitution, ggf. Intubation (☞ 3.4.4) und Beatmung (☞ 3.4.8), bei zusätzlicher Herzinsuffizienz Katecholamingabe (☞ 5.9).

Transport

Immer möglichst zügiger Transport in die nächste chirurgische Abteilung mit Voranmeldung.

Prinzipien der Weiterbehandlung

Sono, Rö-Thorax, Abdomen-Übersicht, EKG, evtl. gynäkologisches Konsil, ggf. Urogramm, CT, Endoskopie, Laparatomie.

Bei Kindern häufig Symptome eines akuten Abdomens aufgrund von Infekten der Luftwege, der Ohren oder des Magen-Darm-Bereichs
Bei alten Menschen, Diabetikern oder psychiatrischen Pat. oft geringe Symptomatik (z.B. fehlende Abwehrspannung) trotz hochakutem Krankheitsbild
Appendizitis:
- die „klassische" Symptomkonstellation ist selten
- bei Gravidität Verlagerung der Appendix und damit der Symptomatik nach kranial.

Absolute Nahrungs- und Flüssigkeitskarenz (Aspirationsrisiko bei Narkose)
Keine Analgesie mit Azetylsalizylsäure (Blutungsrisiko bei OP).

Tab. 15.3.: Differentialdiagnose des akuten Abdomen

Zusatzsymptome	Anamnese	Untersuchungsbefunde	Verdachtsdiag.
Diffuser Schmerz			
- Schmerzen im Unter- und Mittelbauch	- Meist höheres Lebensalter - Letzter Stuhlgang? - Immobilität	- Kotballen im Enddarm (Skybala) - Evtl. durch die Bauchdecke tastbare Resistenz (Koprom)	**Koprostase**
- Schmerzen im linken Unterbauch - *zunächst* Obstipation, gelegentlich Diarrhoen subfebrile Temperaturen - *später* Meteorismus, Stuhlverhalt, Erbrechen, hohes Fieber - Selten untere gastrointestinale Blutung (☞ 15.3) - Evtl. Schüttelfrost	- Mittleres bis höheres Alter	- Druckschmerz im linken Unterbauch („Links-Appendizitis") - Lokalisierte Abwehrspannung - Loslaßschmerz - Evtl. tastbare Resistenz	**Divertikulitis**

15

Tab. 15.3.: Fortsetzung			
Zusatzsymptome	**Anamnese**	**Untersuchungsbefunde**	**Verdachtsdiag.**
Diffuser Schmerz			
- Schmerzen im Unterbauch mit Ausstrahlung in Skrotum bzw. Labien - Harndrang - Evtl. Kaltschweißigkeit, Schock	- Prostataadenom?	- Harnblase über Symphyse palpabel	**Harnverhalt (☞ 16.3.1)**
- Übelkeit, später Erbrechen - Häufig Singultus - Exsikkose		- Stark aufgetriebenes Abdomen („Trommelbauch") - Diffus druckempfindlicher Leib	**Paralytischer Ileus**
- Plötzlicher Beginn, oft gürtelförmig in Flanke oder Thorax ausstrahlend - Übelkeit, Erbrechen, Meteorismus - Evtl. Gesichtsrötung (flush) - Schweißausbruch - Bei schwerem Verlauf Schock- und Sepsiszeichen	- Evtl. bekanntes Gallensteinleiden - Z.n. „opulenter" Mahlzeit oder Alkoholexzeß	- Abdomen meist gering gespannt - Subileus (Darmgeräusche ↓)	**Pankreatitis**
- Aufgetriebener Leib - Stuhl- und Windverhaltung - Fieber - Übelkeit und Erbrechen - Schock, Schüttelfrost - Evtl. Fieber	- Evtl. Ulkusleiden (Perforation?) - Infektiöse Erkrankung des Bauchraumes - M. Crohn?	- *Zunächst* brettхартes Abdomen - Druck- und Klopfempfindlichkeit - Loslaßschmerz - *Später* paralytischer Ileus	**Generalisierte Peritonitis**
- Zunächst epigastrischer Schmerz - Später Verlagerung in re Unterbauch - Übelkeit, Erbrechen, Appetitlosigkeit (bei Kindern evtl. der entscheidende Hinweis) - Evtl. Durchfall, geblähtes Abdomen - Leichtes Fieber < 39 °C	- Meist Kinder und Jugendliche - Rezidivierende Unterbauchschmerzen?	- Schmerzen beim Gehen und max. Hüftbeugung - „Klassische Druckpunkte": McBurney-Punkt (Mitte zwischen Nabel und Spina iliaca ant. sup.) Lanzscher Punkt (rechtes Drittel zwischen den beiden Spinae) - Blumberg-Zeichen (ipsi- und kontralateraler Loslaßschmerz)	**Appendizitis**

Tab. 15.3.: Fortsetzung

Zusatzsymptome	Anamnese	Untersuchungsbefunde	Verdachtsdiag.
		Diffuser Schmerz	
- Allgemeinzustand ↓ - Evtl. Schock	- Bekannte Colitis ulcerosa	- Massiv geblähter Bauch - Peranale Blutung - Gespanntes Abdomen - Evtl. generalisierte Peritonitis	**Toxisches Megakolon**
- Einseitige, schmerzhafte Bauchdeckenschwellung	- „Gefäß-Patienten" mit Antikoagulantientherapie	- Schmerzen beim Aufsitzen - Druck- und Klopfschmerz	**Rektushämatom, retroperitoneale Blutung**
- Schmerzen im re (Leber) bzw. li (Milz) Oberbauch - Evtl. Ausstrahlung in li Schulter (Milz) - Evtl. Flankenschmerz - Schock	- Z. n. stumpfem Bauchtrauma - Rippenfraktur	- Druckschmerz in re bzw. li Oberbauch - Aufgetriebenes Abdomen	**Milz- und Leberruptur (☞ 11.4)**
- Flankenschmerz	- Z. n. stumpfem Bauchtrauma	- Prellmarke oder Vorwölbung in der Flanke - Nierenlager klopfschmerzhaft - Hämaturie	**Nierenruptur (☞ 16.6.1)**
- Schmerzen im Mittelbauch mit Ausstrahlung in Rücken und/oder Schulter - Schock	- Dezelerationstrauma - Selten Ruptur bei arteriosklerotisch veränderter Aorta (pAVK, KHK?)	- RR-Differenz zwischen oberen und unteren Extremitäten	**Rupturiertes Bauchaortenaneurysma (☞ 6.5)**
- Unterbauchschmerz, meist einseitig - Evtl. Fieber		- Einseitiger Druckschmerz im Unterbauch	**Adnexitis (☞ 13.2.2)**
Schmerzen im Skrotum mit Ausstrahlung in Leiste und Unterbauch	- Meist Kinder oder Jugendliche nach Sport	- Keine Schmerzlinderung bei Hodenanhebung - Evtl. palpable Torquierung des Samenstranges	**Hodentorsion (☞ 16.5.1)**
Schmerzen im Skrotum mit Ausstrahlung in Leiste und Unterbauch Evtl. gerötetes vergrößertes Skrotum	- Z. n. Prostatektomie - Z. n. Harnwegsinfekt	- Schmerzlinderung bei Hodenanhebung	**Epididymitis (☞ 16.5.2)**

15

Tab. 15.3.: Fortsetzung

Zusatzsymptome	Anamnese	Untersuchungsbefunde	Verdachtsdiag.
Diffuser Schmerz			
- Schmerzen im Oberbauch und/ oder li Thorax - Evtl. Ausstrahlung in li Schulter/Arm oder Rücken - Schmerzen nie unterhalb des Nabels	- Angina pectoris, KHK? - Nach körperlicher Anstrengung	- EKG	**Myokardinfarkt (☞ 5.2)**
- Dyspnoe, Husten - Fieber	- Grippaler Infekt der Atemwege - Abwehrschwäche (Alter, Kortikoid-, Zytostatikatherapie, Tumorleiden)	- Rasselgeräusche	**Basale Pleuropneumonie (☞ 7.3)**
- Dyspnoe, Zyanose	- Bekannte Herzinsuffizienz - Nach körperlicher Anstrengung - Im Rahmen eines Infektes	- Periphere Ödeme - Halsvenenstauung - Hepatosplenomegalie	**Akute Rechtsherzinsuffizienz, z. B. nach Lungenembolie (☞ 7.4)**
- Dyspnoe, Zyanose - Thoraxschmerz, meist re	- Bronchiektasen bekannt?	- Einseitig aufgehobenes Atemgeräusch - Einseitig hypersonorer Klopfschall	**Spontanpneumothorax (☞ 7.7)**
Kolikschmerz			
- Im rechten Mittel- und Oberbauch, evtl mit. Ausstrahlung in die rechte Schulter - Übelkeit, Völlegefühl - Ikterus	- Evtl. Steinleiden bekannt - Z.n. fetter Mahlzeit	- Druck- und Klopfschmerz über der Gallenblase - Evtl. Temperatur bis 38 °C	**Gallenkolik**
- Schmerzen im rechten Oberbauch - Schüttelfrost - Übelkeit, Erbrechen - Evtl. Ikterus	- Evtl. Steinleiden bekannt	- Gallenblase oft tastbar und druckschmerzhaft - Fieber > 38 °C	**Cholezystitis**
- Wind- und Stuhlverhalt - Erbrechen	- Evtl. Z. n. Laparatomie (Bridenileus)	- Evtl. äußerlich erkennbare Darmsteifungen - Hochgestellte, evtl. spritzende Darmgeräusche - Bei Dickdarmverschluß massiv geblähtes Abdomen	**Mechanischer Ileus**

Tab. 15.3.: Fortsetzung

Zusatzsymptome	Anamnese	Untersuchungsbefunde	Verdachtsdiag.
Kolikschmerz			
- Flankenschmerz mit Ausstrahlung in Skrotum bzw. Labien - Evtl. leichte Hämaturie	- Evtl. Steinleiden bekannt	- Nierenlagerklopfschmerz	**Nierenkolik (☞ 16.2)**
Krampfartiger Schmerz			
- Übelkeit und Erbrechen - Evtl. wäßrige oder blutige Diarrhoe - Evtl. Exsikkose und Schockzeichen	- Medikamente, z. B. Antiphlogistika, Zytostatika, Antibiotika, β-Blocker, orale Antidiabetika, Hormonpräparate, Eisen, Diuretika - Lebensmittelvergiftung, z. B. Roheiprodukte, Geflügel, Speiseeis	- Weiches, höchstens mäßig gespanntes Abdomen - Hyperperistaltische Darmgeräusche	**Gastroenteritis**
- Plötzliche heftigste Schmerzen - Erbrechen - Schreiattacken - Grau-blasses Aussehen	- Meist Kinder < 2 J.	- Weiches, eingesunkenes Abdomen - Invaginationstumor meist im rechten Unterbauch tastbar - Rektaler Blutabgang (spät)	**Invagination**
- Oberbauchkrämpfe - Erbrechen - „Pseudoperitonitis"	- Typ I-Diabetes	- Hyperglykämie - Azetongeruch	**Diabetische Ketoazidose**
- Vorwölbung oder Schwellung - Übelkeit, Erbrechen	- Evtl. Z. n. Laparatomie	- Tastbare Bruchpforte oder -geschwulst	**Inkarzerierte Hernie**
- Unterbauchschmerz, meist einseitig	- Regel ausgeblieben? - Frühere Aborte, Adnexitis, Sterilitätsbehandlung, Eileitergravidität?	- Einseitiger Druckschmerz im Unterbauch	**Tubarabort (☞ 13.2.7)**
- Schmerzen meist im Mittel- bis Unterbauch	- Intoxikation z. B. Blei - Porphyrie - Medikamente, z. B. Opioidwirkung	- Keine Darmgeräusche („Totenstille")	**Spastischer Ileus**

15

Tab. 15.3.: Fortsetzung

Zusatzsymptome	Anamnese	Untersuchungsbefunde	Verdachtsdiag.
Starker, stechender Schmerz			
- Heftiger, schlagartig einsetzender Schmerz - AZ↓ - Nach freiem Schmerzintervall (< 12 h) diffuse abdominelle Beschwerden - Erbrechen - Oft absolute Arrhythmie, Herzvitien - Evtl. blutiger Stuhl	- Meist höheres Lebensalter - KHK oder pAVK - Evtl. Z.n. Myokardinfarkt	- Meteorismus - Evtl. nur minimale Abwehrspannung (auffallende Diskrepanz zu schlechtem Allgemeinbefinden) - Im weiteren Verlauf paralytischer Ileus und Peritonitis-Entwicklung	**Mesenterialinfarkt**
- Heftigste, messerstichartige Bauchschmerzen - Erbrechen - Schock	- Evtl. bekanntes Ulkusleiden - Medikamente, z.B. Antiphlogistika	- Eingefallene, bretthart Bauchdecke	**Ulkusperforation, -penetration**
- Plötzlich auftretender Unterbauchschmerz, meist einseitig - Schock	- Regel ausgeblieben? - Frühere Aborte, Adnexitis, Sterilitätsbehandlung, Eileitergravidität?	- Einseitiger Druckschmerz im Unterbauch	**Tubarruptur (☞ 13.2.7)**

15.3 Gastrointestinale Blutungen

15.3.1 Leitsymptome

Hämatemesis

Bei Blutungen proximal des Duodenumendes meist „kaffeesatzartiges" Bluterbrechen. Bei massiver Blutung oder Anazidität rotes Bluterbrechen.

Meläna

Teerstuhl: schwarzer, glänzender, klebriger Stuhl, 5–10 h nach Blutung. Kommt schon bei relativ geringer Blutmenge (> 50 ml) vor.

Hämatochezie

Peranaler Abgang von rotem Blut.

Symptomatik

- Erbrechen oder peranaler Abgang von Blut. Bei Ösophagusvarizen: oft schwallartige Blutung mit abruptem Beginn
- Schwäche, Schwindel, Luftnot, Blässe (Anämie)
- Durst, Kaltschweißigkeit, Frieren, Unruhe, Bewußtseinsverlust, Schocksymptomatik

Tab. 15.4.: Differentialdiagnose der gastrointestinalen Blutung

Leitsymptom	Zusatzbefunde, Anamnese	Verdachtsdiagnose
Hämatemesis	- massive Blutung - chron. Alkoholabusus	Ösophagusvarizenblutung
	- massive Blutung - Ulkusleiden	Ulkusblutung
	- Dyspnoe - Blut evtl. schaumig - Bronchial-Ca	Arrosionsblutung bei Bronchial-Ca
	Z. n. starkem Erbrechen	Mallory-Weiss-Syndrom, Boerhaave-Syndrom
Meläna	Ulkusleiden	Ulkus-Sickerblutung
	Medikation: Kortikoide, Antiphlogistika	Ulkus-Sickerblutung Erosionsblutung
Hämatochezie	Hämorrhoidalleiden	Hämorrhoidalblutung
	- häufige Durchfälle - Meteorismus	chron. entzündliche Darmerkrankungen
	pendulierende Resistenz in der Ampulle	Rektumpolyp
	Z. n. proktologischem Eingriff	postop. Nachblutung
	solide Resistenz in der Ampulle	Rektum-Ca
	Resistenz im re Unterbauch	Invagination
	Medikation: chron. Laxantienabusus	Divertikulitis

Kurzanamnese

- Relevante Vorerkrankungen (Ulkusleiden, bekannte Lebererkrankungen, Gerinnungsstörungen, Infektionen, Tumorleiden)?
- Menge und Art des (letzten) Blutabgangs
- Epigastrische Schmerzen (Ulkus)
- Z. n. heftigem Erbrechen (Mallory-Weiss-Syndrom)
- Medikamente: Antazida bzw. Antikoagulantien und nichtsteroidale Antiphlogistika
- Durchfall (z. B. bei Colitis ulcerosa)
- Alkoholabusus, Leberzirrhose (Ösophagusvarizen)
- Stuhlveränderungen (z. B. bei Kolon-Ca)?

Sofortdiagnostik

- Basischeck (☞ 4.1.2)
- Puls, SpO_2, RR, EKG

- Kapilläre Füllungszeit verlängert (> 2 Sek.)?
- Rektaldigitale Untersuchung: Teerstuhl oder Blutauflagerungen; Fissuren, Hämorrhoidalknoten, Rektum-Ca?
- Inspektion:
  - Leberhautzeichen (Spider naevi, Palmarerythem, vermehrte Venenzeichnung der Bauchwand → Ösophagusvarizen)
  - Teleangiektasien in der Mundschleimhaut (M. Osler)
  - Bei Hämatemesis: Ausschluß von Blutung aus dem Nasenrachenraum
- Palpation: Abwehrspannung, Darmwalze (Invagination), tastbarer Tumor (Divertikulitis), Lebergröße, Aszites (Ösophagusvarizen)?
- Auskultation: Aspiration, Hämatoptyse (oft feuchte RG).

Sofortmaßnahmen

- O_2-Gabe (☞ 1.7.3)
- Oberkörperhochlagerung bei Hämatemesis (zur Verminderung des Aspirationsrisikos) oder Seitenlagerung (bei Schockgefahr)
- Mindestens (je nach Kreislaufsymptomatik) 1 großlumiger i. v.-Zugang mit Infusion (z. B. Ringer-Lösung, ggf. HÄS)
- Bei entsprechender Schocksymptomatik (☞ 5.9): massive Volumensubstitution ggf. Intubation (☞ 3.4.4) und Beatmung (☞ 3.4.8), bei zusätzlicher Herzinsuffizienz Katecholamingabe (☞ 5.9)
- Bei V. a. Ösophagusvarizenblutung 10 mg Metoclopramid (z. B. Paspertin®) i.v.
- Bei Hämatemesis erbrochenen Mageninhalt und Blut ständig absaugen oder manuell entfernen (Aspirationsgefahr)
- Ggf. vorsichtige Sedierung mit fraktionierten Gaben von z. B. 1 mg Midazolam (z. B. Dormicum®) i. v.
- Bei stärkerer Hämorrhoidalblutung evtl. Mullstreifentamponade
- Bei massiver Ösophagusvarizenblutung, vitaler Indikation und längerer Transportzeit Ösophaguskompressionssonde (☞ 2.9.2) nach vorheriger Intubation.

Transport

Immer unverzüglicher Transport in die nächste gastroenterologische oder chirurgische Abteilung, bei schwerer Blutung mit Voranmeldung.

Prinzipien der Weiterbehandlung

Endoskopie, bei Ösophagusvarizen Sklerosierung. Ggf. chirurgische Intervention (Laparotomie, Übernähung, Resektion).

- Keine Magensonde zur Blutabsaugung legen: Gefahr der Auslösung weiterer Blutungen bzw. Risiko der Aspiration
- Absolute Nahrungs- und Flüssigkeitskarenz (Aspirationsrisiko bei Narkose)
- Schwarzer Stuhl auch bei oraler Eisentherapie, Kohletabletten, Wismut, Blaubeeren, Spinat, rote Beete
- Gastrointestinale Blutungen können spontan sistieren, aber auch innerhalb von wenigen Minuten zum schweren hämorrhagischen Schock führen → auch bei kleineren Blutungen engmaschige Kreislaufkontrolle
- Junge Menschen können auch große Volumenverluste relativ lange kompensieren → plötzlich abrupte Dekompensation.

H.-R. Nürnberger, U. v. Hintzenstern

16 Urologisch-nephrologische Notfälle

Besonderheiten urologisch-nephrologischer Notfälle

Notfälle der Nieren und ableitenden Harnwege sind eine seltene Indikation für NA-Einsätze. Außer bei Verletzungen in diesem Bereich ergeben sich häufig diagnostische Schwierigkeiten, da ähnliche Symptome auch von topographisch benachbarten Organen (gastrointestinal, gynäkologisch, orthopädisch, angiologisch) hervorgerufen werden können, z. T. sogar unter sekundärer Miteinbeziehung des Urogenitaltrakts.

16.1 Urologisch-nephrologische Notfalluntersuchung

16

Inspektion und Anamnese

- *Exsikkosezeichen:*
  - „Stehende" Hautfalten, trockene Schleimhäute, borkige Zunge
  - Verwirrtheit
  - Anämie
- *Peritonitiszeichen:*
  - Beine angezogen (zur Schmerzentlastung des Peritoneums), Bettlägerigkeit (dagegen bei Koliken agitierter, unruhiger Pat.)
  - Schock
  - Stuhlverhaltung, Übelkeit, Erbrechen, Meteorismus und aufgetriebenes Abdomen. Faustregel zur DD: Fett, Foetus, Faeces, Flatus (Luft), Flüssigkeit (Aszites) und Tumor
  - Perkussionsklopfschmerz
- *Nephritische Zeichen:*
  - Bluthochdruck
  - Periphere Ödeme (Knöchel, Augenlider)
  - Fieber (Pyelonephritis)
  - Hämaturie (Glomerulonephritis, Kontusion)
- *Hautkolorit:*
  - Blässe (Anämie)
  - Gelb-grünlich tingierte Hautfarbe (Ablagerung von Urochromen bei chron Niereninsuff.).

Schmerzcharakter (☞ auch 15.1.1)

- *Dumpfer Dauerschmerz*: Hauptsächlich durch Kapselspannung bei Organschwellung oder durch Dehnung des Nierenbeckenkelchsystems (Obstruktion der ableitenden Harnwege, entzündlichen Erkrankungen des Nierenparenchyms) DD: Generalisierte Peritonitis, Appendizitis, Divertikulitis, Kolitis, M. Crohn
- *Kolikschmerzen* (wellenförmig, krampfartig wiederkehrende, stärkste Schmerzen, häufig mit Erbrechen und Darmatonie): bei Irritationen der ableitenden Harnwege, meist aufgrund einer Obstruktion (z. B. Nierenbecken- und Uretersteine, Koagel). DD: Mechanischer Ileus, Mesenterialinfarkt, perforiertes Magen- oder Dünndarmulkus, akute Pankreatitis, Gallenkolik, stielgedrehte Ovarialzyste, Adnexitis, Follikelsprung.

Auskultation

- Auch nach Druckstimulation fehlende Darmgeräusche („Totenstille") → paralytischer Ileus

- Gesteigerte, hochgestellte, spritzende, metallisch klingende Darmgeräusche; kolikartige Schmerzen → mechanischer Ileus
- *Strömungsgeräusch* → Hinweis auf Nierenarterienstenose oder Aneurysma aortae dissecans
- *Lungenödem* bei dekompensierter Niereninsuffizienz.

Perkussion

- *Klopfschall über Abdomen:* tympanitisch (Normalbefund) oder gedämpft (Organvergrößerung oder freie Flüssigkeit)
- *Perkussionsklopfschmerz:* Zeichen eines Peritonismus
- *Aszites-Nachweis* durch Perkussion und Palpation der fortgeleiteten Flüssigkeitswelle.

Palpation

- Beginn im schmerzarmen Bereich
- Druckschmerz, Resistenzen verschieblich, schmerzhaft?
- *Bauchdecke:* Abwehrspannung, Loslaßschmerz, Klopfschmerz (entzündlicher abdominaler Prozeß, intraabdominale Blutung, Perforation)
- *Bruchpforten:* Leisten-/Schenkelbruch? Inkarzeration?
- *Nieren:* Nierenlager-Klopfschmerz (Pyelonephritis)
- *Harnblase:*
  - Nur bei max. Füllung als prallelastische Resistenz oberhalb der Symphyse palpabel (DD: Harnverhalt, Blasentamponade, Tumor)
  - Zur genaueren Lokalisation perkutorische Bestimmung des Oberrandes (Blase gedämpft, Darm tympanitisch)
- *Penis:* Vollständige Untersuchung nur bei zurückgestreiftem Präputium möglich
  - Sekretion aus der Harnröhre (Infekt, Blutung), Meatusstenose (Harnverhalt), Oberflächenveränderungen (Balanitis)? Fremdkörper in der Harnröhre?
- *Skrotum:* Ödem, Rötung, Schmerzhaftigkeit, (Hautinfekt, z. B. Pilze), Vergrößerung (Hydrozele)
- *Samenstrang:* vorsichtig mit 2 Fingern palpieren. Verdickung, Torquierung (Entzündung, Hodentorsion, Skrotalhernie)
- *Hoden und Nebenhoden:*
  - Schwellung bei Entzündung und Hodentorsion, bei Epididymitis Nebenhoden evtl. abgrenzbar
  - Untersuchung bimanuell im Seitenvergleich. Wegen erheblicher Schmerzen oft nicht möglich
  - Diaphanoskopie (z. B. mit Untersuchungslampe oder Laryngoskopgriff) positiv bei Hydrozele
  - Hodenhochstand (Hodentorsion)
  - Bei Hodenanhebung Schmerzzunahme (→ Hodentorsion) bzw. Schmerzlinderung (→ Epididymitis)
- *Regionäre Lymphknoten (Leiste):* vergrößert (Infektion)?

Digital-rektale Untersuchung

- Fixierte, indurierte Schleimhaut (Ca)
- Resistenzen oder Raumforderungen in der Ampulla recti (thrombosierte Hämorrhoiden, Ca, Polypen)
- Douglas-Raum: druckdolent (z. B. Appendizitis) oder vorgewölbt, fluktuierend (Douglas-Abszeß)
- Tastbare Samenblase (Entzündung)

- Prostata:
  - Vergrößert (normal ca. kastaniengroß), Sulkus verstrichen (Prostataadenom)
  - Oberfläche höckrig, derb (Konsistenz normal wie Daumenballen), asymmetrisch, unscharfe Grenzen (Prostata-Ca)
- Finger zurückziehen: Blut am Fingerling (Hämorrhoiden, Rektumkarzinom, Polypen, M. Crohn, Colitis ulcerosa), Teerstuhl?

Reflektorisch können andere Organsysteme betroffen sein (z. B. Magen-Darm-Atonie).

16

16.2 Nieren-/Harnleiterkolik

Symptomatik

- Plötzlich einsetzende, schwerste Kolikschmerzen in Flanken und Rücken, evtl. Ausstrahlung in Skrotum bzw. Labien. Evtl. Schmerzen an der Penisspitze
- Bei länger bestehender Obstruktion der ableitenden Harnwege entwickelt sich evtl. langsam ein dumpfer Dauerschmerz
- Unruhe
- Erbrechen, Meteorismus, reflektorische Darmatonie
- Harndranggefühl (bei prävesikalem Stein häufig).

Kurzanamnese

- Oft fehlgedeutete frühere Schmerzattacken (Rückenschmerzen)
- Bereits bekannte Steinabgänge
- Medikamente (alkalisierende Substanzen, Vitamin D-Präparate)
- Erhöhte Flüssigkeitsverluste oder Exsikkose, Dünn-/Dickdarmerkrankungen
- Längere Immobilisation
- Bekannte Harnsäureerhöhung.

Sofortdiagnostik

- Basischeck (☞ 4.1.2)
- Puls, SpO_2, RR, EKG
- Palpation: positiver Nierenlagerklopfschmerz (Harnstauung, Entzündung), Abwehrspannung, Bruchpforten?
- Die Schmerzausstrahlung ist häufig ein Hinweis auf Lokalisation eines Konkrementes:
  - Schmerzmaximum in der Nierengegend → Konkrement in Nierenkelch oder -becken
  - Schmerzmaximum vom Rücken in Mittel- und Unterbauch strahlend → hoher oder mittlerer Harnleiterstein
  - Schmerzmaximum vom Mittel- oder Unterbauch in Blase, Labien oder Hoden ausstrahlend → tiefer Ureterstein
- Auskultation des Abdomens: reflektorische Darmatonie?

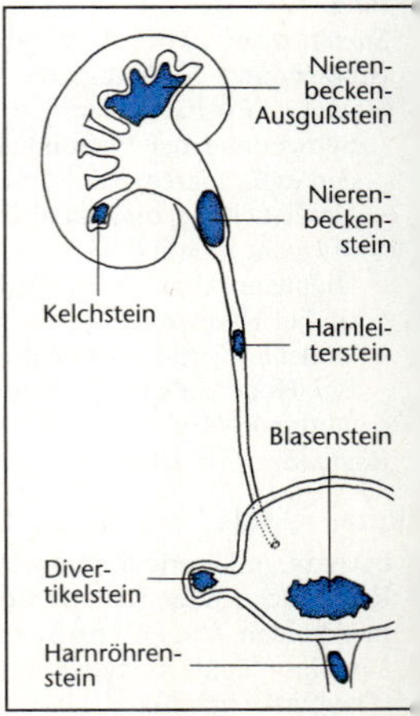

Abb. 16.1: Urolithiasis

Sofortmaßnahmen

- O_2-Gabe (☞ 1.7.3)
- I. v.-Zugang mit Infusion (z. B. Ringer-Lösung)
- Analgesie: Tramadol 100 mg i. v. (z. B. Tramal®)
- Spasmolytikum: N-Butylscopolamin 20 mg i.v (z. B. Buscopan®) oder Metamizol (z. B. Novalgin®) 1–2,5 g
- Bei hochsitzendem Ureterstein (vorwiegend Flankensschmerz) Versuch mit Nitroglyzerin (z. B. 2 Hub Nitrolingual®-Spray)
- Evtl. Sedierung: fraktioniert Midazolam 5 mg i. v. (z. B. Dormicum®) oder Diazepam 10 mg i. v. (z. B. Valium®).

Transport

- Transport in die nächste internistische oder urologische Fachabteilung
- In leichteren Fällen evtl. Vorstellung beim Urologen.

Prinzipien der Weiterbehandlung

Kons. Therapie, solange keine Komplikationen oder Fieber auftreten. Orale Litholyse bei Harnsäure-, Zystinsteinen; extrakorporale Stoßwellenlithotripsie (ESWL). Bei Komplikationen (Fornixruptur, akute Pyelonephritis mit Fieber/Schüttelfrost bis zur Urosepsis, Niereninsuffizienz) operative Steinentfernung.

Differentialdiagnose

Gallenwegserkrankungen (Erbrechen, Ikterus), Pankreatitis (gürtelförmiger Schmerz, Oberbauchperitonismus), perforiertes Magen- oder Zwölffingerdarmulkus (bretharter Bauch, Mälena, Hämatemesis), Appendizitis, Adnexitis (lokale Abwehrspannung), Sigmadivertikulitis (Schmerzen im linken Unterbauch), mechanischer Ileus (z. B. Rektumkarzinom, inkarzerierte Hernie).

Opioide erhöhen den Tonus der glatten Sphinktermuskulatur! Ausnahme: Pethidin (z. B. Dolantin®). Daher nur in Verbindung mit N-Butylscopolamin (z. B. Buscopan®) oder Metamizol (z. B. Novalgin®) geben.

16.3 Blasenentleerungsstörungen (Harnverhalt)

16.3.1 Akuter Harnverhalt (Ischurie)

Symptomatik

- Unruhiger Pat. mit quälendem Harndrang und stärksten Unterbauchschmerzen
- Kaltschweißigkeit, Blässe, Tachykardie
- Evtl. Übelkeit und Erbrechen
- Evtl. Harnträufeln (Versagen der Schließmuskulatur bei maximaler Blasendehnung).

Kurzanamnese

Subjektiv plötzliches Unvermögen, die volle Harnblase zu entleeren (Transportstörung)

- Evtl. schon des öfteren Blasenentleerungsstörungen aufgetreten (Nachträufeln, Urinflecken in der Unterwäsche), Harnwegsinfekte
- Bekannte Vorerkrankungen:
  - infravesikal: Prostataadenom/-karzinom, Prostatitis/Prostataabszeß (junge Erwachsene!), Harnröhrenstrikturen/-trauma, Fremdkörper (z.B. Steineinklemmung), Veränderungen der Miktion, frühere Katheterisierungen
  - neurogen: Diskusprolaps (L1-L5), Conus-Cauda-Syndrom, Polyradikulitis, Tumor.

Sofortdiagnostik

- Basischeck (☞ 4.1.2)
- Puls, SpO_2, RR, EKG
- Inspektion: bis zum Nabel hochstehender Blasenfundus („Tumor" im Unterbauch)
- Palpation: Abwehrspannung des Abdomens, Resistenzen?
- Perkussion: typische Dämpfung im Unterbauch (Blase) gegenüber dem lufthaltigen Darm
- Auskultation: paralytischer Ileus?

16

Sofortmaßnahmen

- O_2-Gabe (☞ 1.7.3)
- I.v.-Zugang mit Infusion (z.B. Ringer-Lösung)
- Bei langem Transportweg Harnblasenkatheter oder suprapubische Zystostomie (☞ 2.9.4), notfalls suprapubische perkutane Blasenpunktion mit 1er Nadel (gelb)
- Analgesie: Metamizol 0,5 g i.v. (z.B. Novalgin®, auch spasmolytisch) *und* Tramadol 100 mg i.v. (z.B. Tramal®)
- Evtl. Sedierung: fraktioniert Midazolam 5 mg i.v. (z.B. Dormicum®) oder Diazepam 10 mg i.v. (z.B. Valium®).

Transport

- Bei erstmaligem Auftreten Vorstellung beim Urologen ausreichend, sonst und bei V.a. Verletzungen der Urethra, bei kreislaufinstabilem Pat. und Zeichen der Urosepsis immer Klinikeinweisung in chirurgische oder urologische Fachabteilung.

Prinzipien der Weiterbehandlung

Sonographie, Urethro-/Zystoskopie.

Differentialdiagnose

Blasentamponade, Blasenstein, gestielter Blasentumor, Fremdkörper, akuter Harnwegsinfekt.

Komplikationen: Blasenruptur (meist intraperitoneal), Herzrhythmusstörungen Ateminsuffizienz, mechanischer Ileus.

- Nur geringer Dehnungsschmerz beim akuten neurogenen Harnverhalt, führt zur Gefahr der Verkennung
- Bei Urinmengen ≥ 600 ml Urin fraktioniert ablassen (Gefahr einer Blutung ex vacuo).

16.3.2 Blasentamponade

Ausfüllung der gesamten Blase mit Koageln und Verstopfung des Blasenausgangs.

Symptomatik

Akuter Harnverhalt bei schmerzhaftem Unterbauchtumor
Makrohämaturie
Blässe, Kaltschweißigkeit, Unruhe.

Kurzanamnese

Blutungsursachen: Varizen beim Prostataadenom (am häufigsten), Blasentumor, Zystitis (nach Radiatio/Chemotherapie)
Z. n. instrumentellen Eingriffen oder traumatischen Verletzungen der supravesikal ableitenden Harnwege oder nach Blasen-/Prostataoperationen.

Sofortdiagnostik

Basischeck (☞ 4.1.2)
Puls, SpO_2, RR, EKG
Palpation: Unterbauchtumor?
Perkussion: typische Dämpfung gegenüber dem lufthaltigen Darm
Auskultation: paralytischer Ileus?

Sofortmaßnahmen

O_2-Gabe (☞ 1.7.3)
Pat. flach lagern, Beine hoch
I. v.-Zugang mit Infusion (z. B. Ringer-Lösung)
Analgesie: Metamizol 1 g i. v. (z. B. Novalgin®), bei ungenügender Schmerzlinderung zusätzlich Tramadol 100 mg i. v. (z. B. Tramal®).

Transport

Immer Transport in die nächste chirurgische oder urologische Fachabteilung.

Prinzipien der Weiterbehandlung

Sonographie, Spül-Saug-Behandlung, Zystoskopie zur Identifikation der Blutungsquelle, Dauerspülung.

Differentialdiagnose

Akuter Harnverhalt, Unterbauchtumor (Kolon, Uterus).

16.4 Entzündungen der ableitenden Harnwege

16.4.1 Akute Pyelonephritis

Symptomatik

Plötzlicher Erkrankungsbeginn mit schwerem Krankheitsgefühl, Übelkeit, Erbrechen, Abgeschlagenheit, Fieber und Schüttelfrost
Zunehmende Rückenschmerzen
Pollakisurie (häufig und wenig), Dysurie (schmerzhaft).

Kurzanamnese

- Nephrolithiasis (rezidivierende Steinabgänge), Harnwegsobstruktion (Prostata Z. n. Harnblasenkatheter)
- Risikofaktoren: Gravidität, Diabetes mell., zytostatische Therapie, Kokkeninfektion (Nasennebenhöhlen, Zahngranulome, Otitis media), neurogene Blasenentleerungsstörungen
- Schmerzmittelabusus (Phenazetine) bekannt?
- Kindliche Pyelonephritis: hinweisendes Symptom ist Enuresis mit Fieber (urogenitale Mißbildungen, vesikorenaler Reflux).

Sofortdiagnostik

- Basischeck (☞ 4.1.2)
- Puls, SpO_2, RR, EKG
- Palpation: Rücken- und Flankenschmerz, Nierenlagerklopfschmerz häufig einseitig positiv
- Evtl. palpable Resistenz in der Flanke, Hautrötung, Schonhaltung (ipsilaterale Bein angewinkelt zur Entspannung des Psoas, verstärkte Lendenlordose zur erkrankten Seite) → V. a. Abszeßbildung
- Temperatur ↑
- Auskultation des Abdomens: reflektorische Magen-Darm-Atonie bis zum paralytischen Ileus.

16

Sofortmaßnahmen

- O_2-Gabe (☞ 1.7.3)
- I. v.-Zugang mit Infusion (z. B. Ringer-Lösung)
- Analgesie: Tramadol 100 mg i. v. (z. B. Tramal®), evtl. Metamizol 1 g i. v. (z. B. Novalgin®, auch antipyretisch).

Transport

Immer Transport in eine internistische oder urologische Fachabteilung.

Prinzipien der Weiterbehandlung

Antibiose, parenterale Flüssigkeitszufuhr (ZVD), ggf. Beseitigung einer Obstruktion.

Differentialdiagnose

Basale Pneumonie, Pankreatitis, Cholezystitis, Appendizitis, Divertikulitis, Prostatitis, Epididymitis, Salpingitis.

- Oft akutes Rezidiv einer chronisch rezidivierenden Infektion.

16.4.2 Urosepsis

Symptomatik

- Fieber, Schüttelfrost
- Hyperventilation, Unruhe, Angst
- Bewußtseinseintrübung bis zum Koma
- Brechreiz bis zum paralytischen Ileus (reflektorische Magen-Darm-Atonie).

Kurzanamnese

- Nephrolithiasis (rezidivierende Steinabgänge), Harnwegsobstruktion (Prostata!), weitere Erkrankungen der Prostata, Genitalinfektionen
- Risikofaktoren: Gravidität, Diabetes mell., zytostatische Therapie, Kokkeninfektion (Nasennebenhöhlen, Zahngranulome, Otitis media), Oligurie bzw. Anurie, Dauerkatheter-Träger, Bettlägrigkeit.

Sofortdiagnostik

- Basischeck (☞ 4.1.2)
- Puls, SpO_2, RR, EKG
- Periphere Kapillarfüllung (capillary refill): verzögert bei Schock
- Inspektion: Schleimhäute (Anämie), Genitalien
- Palpation: Nierenlagerklopfschmerz häufig einseitig positiv
- Auskultation: Pneumonie, paralytischer Ileus?
- Rektale Untersuchung: schmerzhaft vergrößerte Prostata?
- Blutzuckerstix (Hypoglykämie?).

Sofortmaßnahmen

- Pat. flach lagern, Beine hoch
- O_2-Gabe (☞ 1.7.3), evtl. Intubation (☞ 3.4.4) und Beatmung (☞ 3.4.8)
- Mindestens 2 großlumige i.v.-Zugänge mit Infusion (Ringer-Lösung, ggf. HÄS): massive Volumensubstitution (die benötigten Flüssigkeitsmengen werden regelmäßig weit unterschätzt)
- Ggf. Analgesie: Tramadol 100 mg i.v. (z.B. Tramal®)
- Evtl. Sedierung: fraktioniert Midazolam 5 mg i.v. (z.B. Dormicum®) oder Diazepam 10 mg i.v. (z.B. Valium®).

Transport

Immer unverzügliche Einlieferung in internistische oder urologische Fachabteilung mit Vorankündigung und Anforderung eines Intensivplatzes.

Prinzipien der Weiterbehandlung

Zunächst intensivmedizinische Stabilisierung der Vitalfunktionen, Sonographie, Antibiose, Ausschaltung des Infektionsherdes, evtl. Dialysebehandlung.

Differentialdiagnose

Nekrotisierende Pankreatitis, eitrige Cholangitis, abszedierende Appendizitis, abszedierende Pneumonie, eitrige Adnexitis.

- Kreislaufregulation (Objektivierung der Sepsisparameter nur durch Pulmonaliskatheter!):
  - in der Frühphase hyperdynam: warme, trockene Extremitäten, gerötete Haut trotz arterieller Hypotension
  - später hypodynam: periphere Zyanose, Kaltschweißigkeit, Desorientiertheit
- Keine vasoaktiven Substanzen zur „Blutdruck-Kosmetik“ (Erhöhung des O_2-Verbrauchs).

16

16.5 Hodenschmerz und Hodenschwellung

Tab. 16.1.: Differentialdiagnose des akuten Skrotum

Begleitbefund	Verdachtsdiagnose
Leitsymptom Schmerz	
– Subakuter bis akuter Beginn – Fieber – Evtl. skrotale Rötung – Schmerzbesserung bei Hodenanhebung – Alter meist > 18 J.	Epididymitis (☞ 16.5.2)
– Akuter Beginn, häufig nach Sport oder nachts – Übelkeit, evtl. Erbrechen – Extrem starker „Vernichtungsschmerz" – Keine Schmerzbesserung bei Hodenanhebung – Alter: Neugeborene, Kinder 10–14 J.	Hodentorsion (☞ 16.5.1)
– Evtl. Prellmarke, bläuliche Färbung – Fluktuation	Hämatom nach Trauma
Leitsymptom Rötung	
s. o.	Epididymitis (☞ 16.5.2)
– Schmerzhafte Hodenschwellung – Fieber – Parotitis (Mumps)	Orchitis (☞ 16.5.3)
– Perineale und skrotale Schwellung – Evtl. Fistelung und Sekretion – AZ ↓, Fieber – Z. n. Eingriffen am Genitale oder Leistenregion	Fourniersche Gangrän (☞ 16.9)
Leitsymptom Schwellung	
– Offene Bruchpforte – Darmgräusche über Skrotum auskultierbar	Skrotalhernie
– Diaphanoskopie positiv	Hydrozele
– Z. n. Trauma	Hämatozele
– Kachexie	Tumor

16.5.1 Hodentorsion

Symptomatik

Plötzlich auftretende, stärkste Schmerzen *(„Vernichtungsschmerz")* bis in die Leiste ziehend, evtl. mit Abdominalsymptomatik (Übelkeit, Erbrechen), evtl. Schock

Bei Kleinkindern Bauchschmerzen und Koliken.

Kurzanamnese

Prädilektionsalter *1. Lebensjahr, junge Männer* in der Pubertät, evtl. bekannter Pendelhoden

Plötzliches Auftreten, evtl. bei Hodentrauma oder Sport, aber auch nachts.

Sofortdiagnostik

Basischeck (☞ 4.1.2)

Puls, SpO_2, RR, EKG

Inspektion: leicht gerötete und ödematös geschwollene Skrotalhaut, später Anschwellen von Skrotalhaut und -inhalt

Palpation: weiche Bauchdecke, sehr stark druckdolenter Tumor im Skrotum, initial elastisch fixierter Hodenhochstand (Brunzel-Zeichen), Verdrehung oft palpabel

Bei Hodenanhebung Schmerzzunahme

Diaphanoskopie negativ.

Sofortmaßnahmen

O_2-Gabe (☞ 1.7.3)

I. v.-Zugang mit Infusion (z. B. Ringer-Lösung)

Analgesie: Tramadol 1,5 mg/kg i. v. (z. B. Tramal®), evtl zusätzlich Metamizol 10–20 mg/kg KG (z. B. Novalgin®).

ransport

mmer sofortiger Transport in die nächste chirurgische oder urologische Fachabeilung.

rinzipien der Weiterbehandlung

Doppler-)Sonographie, Operative Freilegung innerhalb von 4–6 h mit Detorsion nd Orchidopexie, sonst akute Gefahr einer Hodenatrophie mit irreversibler Schäigung der Spermiogenese

ifferentialdiagnose

Iydatidentorsion (am oberen Hodenpol tastbarer kugeliger, erbsgroßer, sehr chmerzhafter Tumor), inkarzerierte Hernie (Bruchpforte tastbar), Epididymitis Schmerzlinderung bei Hodenanhebung, Fieber), Appendizitis, Harnleiterstein.

16.5.2 Akute Epididymitis

Symptomatik

Fieber mit Schüttelfrost

Zunehmend starke Schmerzen, in die Leistenbeuge ausstrahlend

Oft Pollakisurie/Dysurie.

Kurzanamnese

Frühere Harnwegsinfekte, urogenitale Mißbildungen, instrumentelle Untersuchungen, Harnblasenkatheter.

Sofortdiagnostik

- Basischeck (☞ 4.1.2)
- Puls, SpO_2, RR
- Inspektion: Skrotum gerötet
- Palpation: Druckdolenz von Nebenhoden und Samenstrang, Schwellung des Nebenhodens mit unklarer Abgrenzbarkeit zu Hoden, ödematös-entzündlich verdickter Samenstrang, Bruchpforten offen?
- Schmerzlinderung durch Hodenanhebung
- Diaphanoskopie: oft entzündliche Begleithydrozele.

16

Sofortmaßnahmen

- O_2-Gabe (☞ 1.7.3)
- I. v.-Zugang mit Infusion (z. B. Ringer-Lösung)
- Analgesie: Metamizol 0,5 g i. v. (z. B. Novalgin®), bei ungenügender Schmerzlinderung zusätzlich Tramadol 100 mg i. v. (z. B. Tramal®)
- Hodenhochlagerung, Kühlung (Umschlag mit feuchten Kompressen).

Transport

Immer Transport in die nächste urologische Fachklinik.

Prinzipien der Weiterbehandlung

Bettruhe, Antibiose, Kühlung, Hochlagerung, evtl. Infiltration des Samenstranges mit Lokalanästhetikum.

Differentialdiagnose

Hodentorsion, Orchitis, Insektenstich, Skrotalhautphlegmone bei Follikulitis.

16.5.3 Akute Orchitis

Symptomatik

- Schmerzhafte Hodenschwellung
- Klinisch stark fiebrig

Kurzanamnese

Bakterielle Allgemeinerkrankungen, Parotitis (Mumpsorchitis), Z. n. direkter Trauma.

Sofortdiagnostik

- Basischeck (☞ 4.1.2)
- Puls, SpO_2, RR, EKG
- Inspektion: Rötung und Schwellung des Skrotums
- Palpation: vergrößerter und druckdolenter Hoden
- Temperatur ↑.

Sofortmaßnahmen

- O_2-Gabe (☞ 1.7.3)
- I. v.-Zugang mit Infusion (z. B. Ringer-Lösung)

Analgesie: Metamizol 0,5 g i. v. (z. B. Novalgin®), bei ungenügender Schmerzlinderung zusätzlich Tramadol 100 mg i. v. (z. B. Tramal®)
Hodenhochlagerung, Kühlung (Umschlag mit feuchten Kompressen).

ransport

mmer Transport in die nächste urologische Fachabteilung.

rinzipien der Weiterbehandlung

ettruhe, Antibiose, Kühlung, Hochlagerung, Sonographie, evtl. Abszeßentlastung.

ifferentialdiagnose

Iodentorsion, Epididymitis, Insektenstich, Skrotalhautphlegmone bei Follikulitis.

16.6 Verletzungen des Urogenitalsystems

16.6.1 Nierentrauma

Symptomatik

Flankenschmerz
Flankentumor, hämatombedingte Schwellung
Makrohämaturie
Reflektorischer Peritonismus
Blässe, Kaltschweißigkeit, Tachykardie (hypovolämischer Schock).

Kurzanamnese

Offenes oder perforierendes Nierentrauma (5 %): häufig durch schwere Verkehrsunfälle, Stich-, Schuß- oder Pfählungstrauma
Stumpfes Nierentrauma (95 %): meist durch Arbeits-, Verkehrs- oder Sportunfall.

Sofortdiagnostik

Basischeck (☞ 4.1.2)
Puls, SpO_2, RR, EKG
Periphere Kapillarfüllung (capillary refill) verzögert bei schwerer Blutung
Inspektion: Prellmarken und Wunden, Schleimhäute (Anämie) blaß, urethrale Blutung
Palpation: Nierenlagerklopfschmerz
Auf Begleitverletzungen achten: Wirbelsäulentrauma (Druck-, Bewegungsschmerz), Rippenfraktur (Thoraxkompressionsschmerz), Leber-, Milzruptur (Schock), intraabdominale Blutung (Abwehrspannung, Schock), Beckenfraktur (Beckenkompressionsschmerz).

Sofortmaßnahmen

Mindestens 2 großlumige i. v.-Zugänge mit Infusion (z. B. Ringer-Lösung, ggf. HÄS)
O_2-Gabe (☞ 1.7.3), evtl. Intubation (☞ 3.4.4) und Beatmung (☞ 3.4.8)

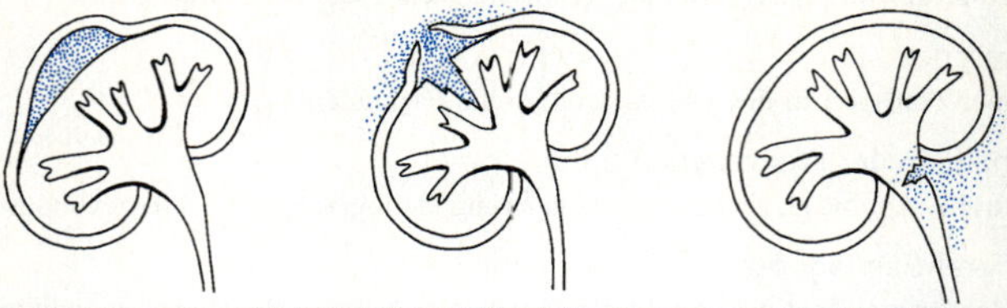

	Subkapsuläres Hämatom bei Parenchymverletzung	Ruptur von Parenchym und Kapsel ohne Hohlsystem	Nierenbeckenruptur
Schmerz	+	–	–/*
Hämatom	–	+	–
Blut i. U.	–	–	–
Schock	–	+/–	–

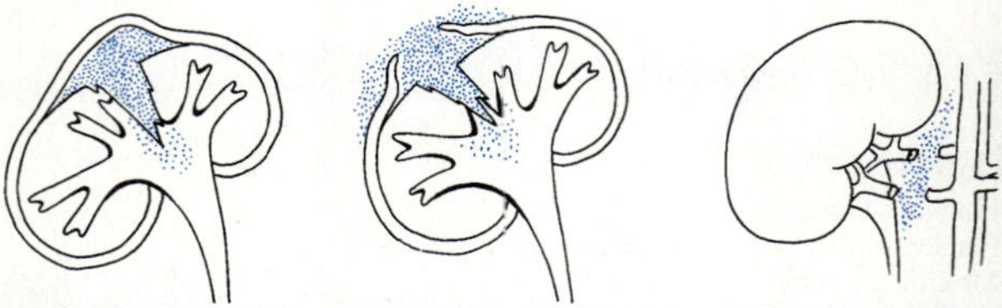

	Ruptur von Nierenparenchym und Nierenhohlsystem ohne Kapsel	Ruptur von Parenchym, Hohlsystem und Kapsel	Isolierter Gefäßabriß
Schmerz	–	+	+
Hämatom	–	+	+
Blut i. U.	+	+	–
Schock	–/+	+	+

Schmerz = starke Schmerzen in der Nierenregion
Hämatom = extrarenales Hämatom in der Nierenloge
Blut i. U. = Makrohämaturie, d.h. Blut ist mit bloßem Auge sichtbar
* späte Flankenschmerzen infolge des Urinoms

Abb. 16.2: Formen und Klinik der Nierenverletzung

- Analgesie: Tramadol 100 mg i. v. (z. B. Tramal®), bei ungenügender Schmerzlinderung 0,1 mg Fentanyl i. v., ggf. Wiederholung
- Sedierung: fraktioniert Midazolam 5 mg i. v. (z. B. Dormicum®) oder Diazepam 10 mg i. v. (z. B. Valium®)
- Wundversorgung: sterile Wundabdeckung und Polsterung.

Transport

- Immer Transport in die nächstgelegene chirurgische oder urologische Fachabteilung.

Prinzipien der Weiterbehandlung

Nierenkontusion und Nierenruptur mit geringem Hämatom: Schockbekämpfung Antibiose, Bettruhe. Schwere Nierenverletzungen: Hämatomausräumung, Rekonstruktion, Revision der Wundhöhle, evtl. Nephrektomie.

Makrohämaturie kein Zeichen für Schweregrad der Verletzung, z. B. bei Nierengefäßstielabriß keine Hämaturie
Eine intakte Gerota-Faszie führt oft zur Selbsttamponade, daher ist ein progredienter Schock immer verdächtig auf intraperitoneale Blutung
Kindliche Nieren sind besonders gefährdet durch ihre physiologisch relativ große Organmasse
Mehrtägiges symptomfreies Intervall zwischen Unfallzeitpunkt und Auftritt der Beschwerdesymptomatik möglich.

Keine Manipulationen in der Wunde, perforierende Gegenstände nicht entfernen.

16.6.2 Blasenperforation

Symptomatik

Bauchdecke evtl. vorgewölbt infolge des Hämatoms oder Urinaustritts
Unterbauchperitonismus (bei intraperitonealer Ruptur ausgeprägter) mit Abwehrspannung
Makrohämaturie
Imperativer Harndrang mit Blutabgang aus der Harnröhre („blutige Anurie")
Evtl. Blässe, Kaltschweißigkeit, Tachykardie (hypovolämischer Schock).

Kurzanamnese

Offene Verletzung: Stich-, Schuß- und Pfählungsverletzungen

Geschlossene Verletzung:
- *Extraperitoneale Blasenruptur* (70 %): meist in Zusammenhang mit Beckenringfrakturen (Perforation der Blase durch Knochensplitter)
- *Intraperitoneale Blasenrupturen* (25 %): bei Abdominaltrauma mit plötzlicher Druckerhöhung (Sicherheitsgurt) oder Dezeleration (senkrechter Sturz auf das Steißbein) bei voller Blase
- Sonderform (5 %): *spontane Blasenruptur* bei vorgeschädigter Blase.

Sofortdiagnostik

Basischeck (☞ 4.1.2)
Puls, SpO_2, RR, EKG
Periphere Kapillarfüllung (capillary refill): verzögert
Inspektion: Zeichen eines Peritonismus, Hämatome (suprasymphysär, perineal), Prellmarken, Blut am Meatus externus
Beckenkompressionsschmerz (Beckenfraktur)?
Rektale Untersuchung: Vorwölbung des Douglasraumes (freie Flüssigkeit)

Sofortmaßnahmen

O_2-Gabe (☞ 1.7.3)
Großlumiger i. v.-Zugang mit Infusion (z. B. Ringer-Lösung, ggf. HÄS)
Analgesie: Tramadol 100 mg i. v. (z. B. Tramal®)
Evtl. Sedierung: fraktioniert Midazolam 5 mg i. v. (z. B. Dormicum®) oder Diazepam 10 mg i. v. (z. B. Valium®).

Indikation zur Klinikeinweisung

Immer Transport in die nächste chirurgische oder urologische Fachabteilung.

Prinzipien der Weiterbehandlung

Bei kleiner Perforation Versuch der kons. Behandlung mit Antibiose und Blasendrainage. Bei intraperitonealer Ruptur operative Freilegung (sectio alta) und Übernähung.

10–20 % aller Patienten mit einer Beckenringfraktur haben gleichzeitig eine Verletzung des unteren Urogenitaltraktes.

16.6.3 Harnröhrenruptur

16

Symptomatik

- Blutung aus der Harnröhre, Harndrang („blutige Pseudoanurie") bei voller Blase (hochstehender Blasenfundus)
- Starke Schmerzen im Unterbauch.

Kurzanamnese

- *Häufig bei polytraumatisierten Pat.:* Harnröhrenabriß bei Beckenfrakturen
- Harnröhrenverletzungen bei direkter Gewalteinwirkung auf den Damm z. B.:
  - Fahrrad- oder Motorradunfall
  - Fall aus großer Höhe (Straddle-Verletzung)
  - Perforierende Verletzungen (Messerstich, autoerotisch, via falsa bei Katheterisierungsversuch).

Sofortdiagnostik

- Basischeck (☞ 4.1.2)
- Puls, SpO_2, RR, EKG
- Inspektion: Hämatom an Damm, Penis, Skrotum (infradiaphragmale bzw. extrapelvine Verletzung) oder Unterbauch, Blutung aus der Harnröhre?
- Palpation des Abdomens (Peritonismus? ***Cave:*** Wirbelsäulenverletzungen)
- Rektale Untersuchung: Dislokation von Blase und Prostata nach kranial (supradiaphragmale bzw. intrapelvine Verletzung), weiche Resistenz (Hämatom).

Sofortmaßnahmen

- O_2-Gabe (☞ 1.7.3)
- I. v.-Zugang mit Infusion (z. B. Ringer-Lösung)
- Analgesie: Tramadol 100 mg i. v. (z. B. Tramal®).

Indikation zur Klinikeinweisung

- Immer Transport in die nächste chirurgische oder urologische Fachabteilung.

Prinzipien der Weiterbehandlung

Bei partiellen Harnröhrenrupturen mit Kontinuitätserhaltung suprapubische perkutane Zystostomie, bei kompletten supradiaphragmalen Rupturen operative Adaptation (Auffädelung von Prostata und Blase) mittels transurethralem Katheter unter manueller Kontrolle im Rahmen der operativen Versorgung einer Beckenfraktur; bei kompletten infradiaphragmalen Rupturen operative Freilegung und End-zu-End-Anastomose.

Bei V. a. Harnröhrenverletzung ist eine präklinische Katheterisierung kontraindiziert.

16.6.4 Penistrauma

Symptomatik

- Ausgeprägtes Penoskrotalhämatom, Penisödem
- Akute Blutung aus Penisarterien (mögliche Schocksymptomatik)
- Penisdeviation, Priapismus
- Bei ausgedehnten Verletzungen schmerzbedingte Harnverhaltung.

Kurzanamnese

- *Äußere Penisverletzungen* bei deviatem Sexualverhalten (Penisringe, Einführen des Penis in Flaschenhälse, Staubsaugerstutzen, Bißverletzungen)
- *Perforierende Verletzung* durch Einführen von Gegenständen in die Harnröhre
- *Penisablederung* durch stumpfes Trauma (Tritt, Sturz) oder -amputation durch Arbeits- oder Verkehrsunfälle
- *Penisfraktur*: Einriß der Tunica albuginea durch Scherkräfte bei erigiertem Penis.

Sofortdiagnostik

- Basischeck (☞ 4.1.2)
- Puls, RR, SpO_2, EKG
- Inspektion:
  - Verletzungszeichen
  - Evtl. bereits eingetretene Infektion (wegen Schamgefühl späte ärztliche Vorstellung): Rötung, Ödem, Überwärmung, Hautulzeration
- Palpation: inguinale Lymphknotenvergrößerungen.

Sofortmaßnahmen

- O_2-Gabe (☞ 1.7.3)
- I. v.-Zugang mit Infusion (z. B. Ringer-Lösung)
- Analgesie: Tramadol 100 mg i. v. (z. B. Tramal®)
- Wundversorgung: sterile Wundabdeckung und Polsterung, bei stärkerer Blutung manuelle Kompression
- Amputatversorgung (☞ 11.7.6).

Transport

- Immer Transport in die nächste chirurgische oder urologische Fachabteilung.

Prinzipien der Weiterbehandlung

Bei leichten Verletzungen: Wundversorgung, Entfernung von Fremdkörpern, Kompressionsverband, bei schweren Verletzungen immer suprapubische Zystostomie, sofortige operative Revision mit Blutstillung, evtl. Penisteilamputation, selten mikrochirurgische Replantation möglich.

- Penisverletzungen können sehr stark bluten, daher *Kreislaufsituation beachten* (Hypovolämie?)
- *Sorgfältige und einfühlende Anamneseerhebung*. Schamgefühl des Pat. beachten
- Keine Manipulationen in der Wunde, perforierende Gegenstände nicht entfernen.

16.6.5 Verletzungen von Hoden und Skrotum

Symptomatik

- Ausgeprägtes peritestikuläres Hämatom, offene Verletzung
- Starke Schmerzen (Dehnungsschmerz der rigiden Tunica albuginea).

Kurzanamnese

- Meist stumpfe Traumen bei Verkehrsunfällen
- Sportverletzungen
- Evtl. durch Sexualpraktiken
- Selten offene Verletzungen durch Stich-, Pfählungs- oder Schußverletzung.

Sofortdiagnostik

- Basischeck (☞ 4.1.2)
- Puls, SpO_2, RR, EKG
- Inspektion: Prellmarken, Hämatome, Wunden?
- Palpation: Hoden und Nebenhoden abgrenzbar, prallelastische Resistenz?

Sofortmaßnahmen

- O_2-Gabe (☞ 1.7.3)
- I. v.-Zugang mit Infusion (z. B. Ringer-Lösung)
- Analgesie: Tramadol 100 mg i. v. (z. B. Tramal®)
- Hodenhochlagerung, steriler Wundverband.

Transport

- Möglichst immer Transport in die nächste chirurgische oder urologische Fachabteilung
- Evtl. bei unkomplizierten Prellungen und Schürfungen Vorstellung beim Urologen oder Chirurgen.

Prinzipien der Weiterbehandlung

Bei leichten Hodentraumata Wunddebridement, Kühlung. Bei schweren Hodentraumata Hodenfreilegung mit Revision, selten operative Semikastratio notwendig.

16.7 Paraphimose

Symptomatik

- Schmerzhaft-ödematöse Schwellung der Glans penis und des Präputiums.

Kurzanamnese

- Bekannte Einengung der Vorhaut, entzündliche Veränderungen/Erkrankungen
- Häufig während oder nach Koitus.

Sofortdiagnostik

- Basischeck (☞ 4.1.2)
- Puls, SpO_2, RR, EKG
- Typischer Befund eines *„spanischen Kragens"*
- Stauungsbedingt blaurot verfärbte Glans penis.

Sofortmaßnahmen

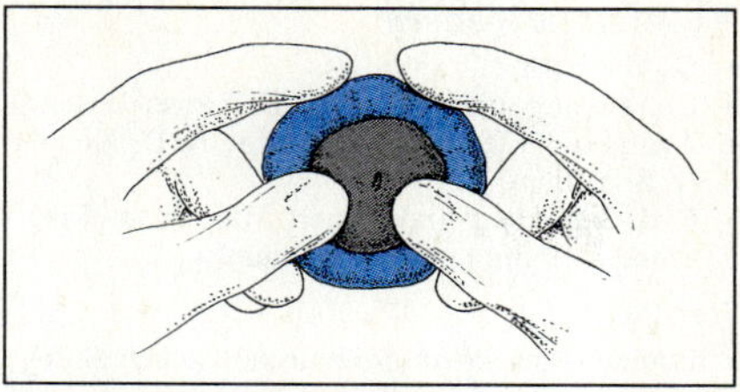

Abb. 16.3: Reposition einer Paraphimose

O_2-Gabe (☞ 1.7.3)
I. v.-Zugang mit Infusion (z. B. Ringer-Lösung)
Analgesie: Metamizol 0,5 g i. v. (z. B. Novalgin®), falls nicht ausreichend, zusätzlich Tramadol 100 mg i. v. (z. B. Tramal®)
Ggf. Infiltration der Peniswurzel mit 10 ml Lidocain 1 % (z. B. Xylocain®)
Reposition: Ödem der Glans penis bimanuell ausdrücken, dann vorsichtiger Repositionsversuch.

Transport

Immer Einweisung in chirurgische oder besser urologische Fachabteilung (unabhängig vom Erfolg der Erstmaßnahmen).

Prinzipien der Weiterbehandlung

Dorsale Inzision des Schnürrings und Zirkumzision.

Bei Fortbestehen Gefahr der Gangrän der Glans penis.

16.8 Priapismus

Symptomatik

Akut auftretende schmerzhafte Dauererektion ohne vorherige sexuelle Stimulation und ohne Ejakulation
Schmerzhafter Harnverhalt.

Kurzanamnese

Stoffwechselerkrankungen: z. B. Diabetes mell.
Paraneoplastisch: Leukämie (Leucostase-Syndrom), Anämie, Myelom
Nach Thrombosen im Penis/kleinen Becken
Neurogen: periphere entzündliche Erkrankungen des Beckens, zentrale Erkrankungen (Tumor, Entzündung, Trauma, Psychosen, Angst)
Sexualanamnese (deviate Sexualpraktiken, Penisringe, eingeführte Gegenstände in die Harnröhre)
Medikamentös: Schwellkörperautoinjektionstherapie (SKAT) zur Impotenzbehandlung (Papaverin-Phentolamin, Prostaglandin E_1).

Sofortdiagnostik

Basischeck (☞ 4.1.2)
Puls, SpO_2, RR, EKG
Häufig Penisverkrümmung nach oben
Nach Stunden blau-violette Verfärbung des Präputiums, der Glans penis und später des gesamten Penis
Palpation: Glans penis und Corpus spongiosum schlaff.

Sofortmaßnahmen

- O_2-Gabe (☞ 1.7.3)
- I. v.-Zugang mit Infusion (z. B. Ringer-Lösung)
- Analgesie: Metamizol 0,5 g i. v. (z. B. Novalgin®) *und* Tramadol 100 mg i. v (z. B. Tramal®)
- Evtl. Sedierung: fraktioniert Midazolam 5 mg i. v. (z. B. Dormicum®) oder Diazepam 10 mg i. v. (z. B. Valium®).

Transport

- Immer Transport in urologische Fachabteilung.

Prinzipien der Weiterbehandlung

- Medikamentös: Punktion der Corpora cavernosa und fraktionierte Gabe von α Sympathomimetika
- Stanzanastomose zwischen Corpora cavernosa und Corpus spongiosum bei Versagen der medikamentösen Therapie
- Operative Shuntanlage zur Entlastung der Corpora cavernosa.

- Behandlungserfolg nur bei Therapiebeginn innerhalb von 24 h, sonst Fibrosierung mit erektiler Impotenz möglich.

Schamgefühl des Patienten beachten.

16.9 Fourniersche Gangrän

Rasch progrediente Gangrän an Skrotum und Penis.

Symptomatik

- Zunächst kurzfristiges Prodromalstadium mit Fieber, Schmerzen, Rötung, Krepitus des Skrotums oder Perineums
- Dann Übergang in foudroyante, übelriechende Gangrän bis zum Vollbild eine septischen Schocks.

Kurzanamnese

- Harnwegsobstruktionen (Strikturen, Adenom, Karzinom)
- Infektionen (Harnwege, ischiorektal)
- Operationen (Vasektomie, plastische Rekonstruktionen), Injektionen in die Femoralgefäße
- Diabetes mell., chron. Alkoholabusus.

Sofortdiagnostik

- Basischeck (☞ 4.1.2)
- Puls, SpO_2, RR, EKG
- Kapilläre Füllungszeit (Capillary refill): verzögert bei Schock
- Inspektion: Rötung, Ulzerationen, Sekretion, Ausdehnung, Injektionsverletzungen.

Sofortmaßnahmen

- Mindestens 1 großlumiger i. v.-Zugang mit Infusion (z. B. Ringer-Lösung, ggf HÄS)
- O_2 (☞ 1.7.3), ggf. Intubation (☞ 3.4.4) und Beatmung (☞ 3.4.8)
- Analgesie: Tramadol 100 mg i. v. (z. B. Tramal®).

Transport

Immer sofortiger Transport in die nächste chirurgische oder urologische Fachabteilung.

Prinzipien der Weiterbehandlung

Chirurgische Herdsanierung mit radikaler Nekrosenabtragung, hochdosierte Antibiose, intensivmedizinische Überwachung, evtl. später plastische Wunddeckung.

Differentialdiagnose

Gasbrand.

Komplikationen: Sepsis, Hodenverlust, Beteiligung von Penis/Perineum/Bauchwand, rektale Fisteln, anale Sphinkterinsuffizienz. Exitus in bis zu 50 %.

G. Waitz, T. Krafft, J. Weindler, U. v. Hintzenstern, K. W. Ruprecht, G. Wiesner

17 „Kopf"-Notfälle

17.1 Ophthalmologische Notfälle

Besonderheiten ophthalmologischer Notfälle

- Die *subjektive Beschwerdesymptomatik* (z.B. Hornhautfremdkörper) des Pat. kann stark *von der tatsächlichen Bedrohung* seines Augenlichts *differieren*
- Hauptaufgabe des Notarztes, der relativ selten mit derartigen Situationen konfrontiert wird, ist es, *mit einfach durchzuführenden Untersuchungsschritten* die *Gefahr für das Sehvermögen zu erkennen* und zu entscheiden, ob der Patient einem Augenarzt oder sofort einer Klinik zugeführt werden muß
- *Ophthalmologische Notfälle,* bei denen bereits *vor Ort* eine *gezielte Therapie* eingeleitet werden muß: Akuter Glaukomanfall, Verätzung, Verbrennung, Zentralarterienverschluß.

17.1.1 Untersuchungstechniken

17

Sehschärfe (Visus)

Bei jedem Krankheitsprozeß am Auge ist eine orientierende Untersuchung der bestehenden Sehschärfe obligat: Der Pat. deckt das nicht zu untersuchende Auge durch Vorhalten seiner Hand zu. Mit Hilfe der Visustafel (☞ 17.2) wird die Sehschärfe ermittelt: Tafel in 1 m Abstand vom Pat. halten (auf gute Beleuchtung achten). Sehschärfe am linken Rand der gerade noch erkannten Zeichenreihe ablesen.

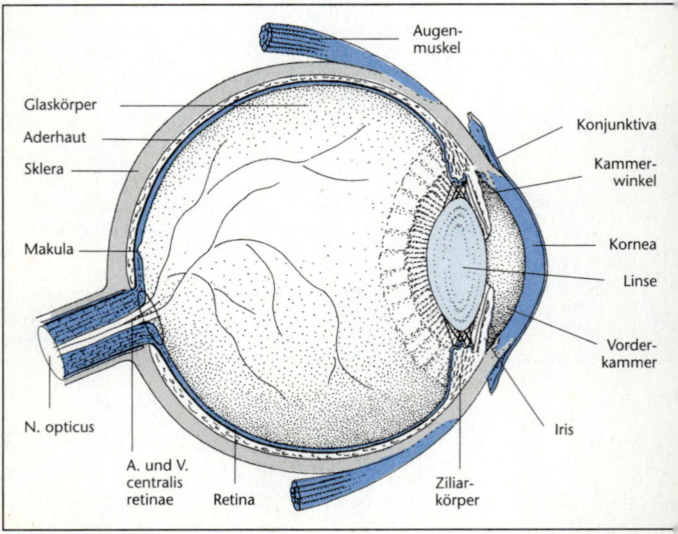

Abb. 17.1: Anatomie des Auges

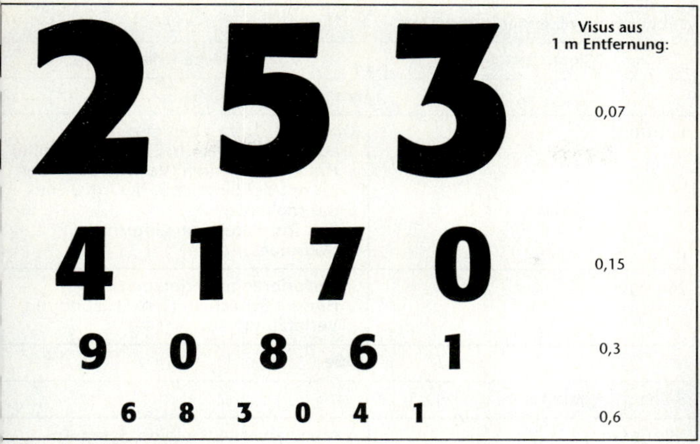

Abb. 17.2: Visustafel

Bei *ausgeprägter Reduzierung der Sehschärfe* (Visus < 0,1) untersucht man, ob noch *Finger* gezählt oder *Handbewegungen* wahrgenommen werden. Ist dies nicht der Fall, so prüft man, ob noch *Lichteinfall* (Taschenlampe) in das Auge wahrgenommen wird.

Gesichtsfeld

Fingerperimetrie: Der Kopf des Arztes und des Pat. befinden sich im Abstand von einer Armlänge gegenüber in gleicher Höhe. Nun bedecken beide ein jeweils gegenüberliegendes Auge (Pat. rechts/Arzt links und umgekehrt) mit der Hand. Der Pat. fixiert dann mit seinem offenen Auge das offene Auge des Arztes. Nun führt der Arzt aus verschiedenen Richtungen von außen seine Finger in das gemeinsame Gesichtsfeld. Der Pat. gibt an, wann er die Finger erstmals auftauchen sieht. Ein *Vergleich mit der eigenen Wahrnehmung* ergibt Anhaltspunkte für gröbere Gesichtsfeldeinschränkungen des Patienten: *konzentrische Einengung, Hemianopsie, Quadrantenanopsie.*

Pupille

Weite, Form, und *Reaktion* immer im *Seitenvergleich* beurteilen.

Pupillenweite

- Pupillenweite schätzen (Genauigkeit ca. 1 mm). Die normale Pupillenweite beträgt 2 bis 5 mm
- *Seitenunterschiede* der Pupillenweite (Anisokorie) > 1 mm sind meist pathologisch (z. B. SHT mit intrakranialer Drucksteigerung, Glaukom, Iritis, sehr selten angeboren).

Pupillenform

Die Pupillen können physiologisch eine geringe Entrundung zeigen. Stärkere Entrundungen kommen vor nach medikamentöser Pupillenerweiterung, bei Bewegungsstörungen der Pupille und vor allem durch mechanische Veränderungen (Verwachsungen, Verletzungen).

17

Tab. 17.1.: Pupillenveränderungen	
Veränderung	**Mögliche Ursache**
Form	
entrundet	Glaukom (Druckschädigung) Trauma (Abriß der Iris, Einriß der Pupille) - Hintere Synechien (Verwachsung der Iris mit der Linse: z. B. bei Iritis, Endophthalmitis) - Z. n. intraokularem Eingriff - Neurolues
verzogen	- Perforierende Verletzung - Hintere Synechien (Z. n. Entzündung, Verletzung)
Größe	
Beidseitig: Isokorie	
Miosis (eng)	- Medikamente (Opioide, Sympathicolytica, Parasympathicomimetica, Cholinesterasehemmer) - Neurolues - Encephalitis, Meningitis - Tetanus
Mydriasis (weit)	- Medikamente (Atropin, Kokain, Alkohol, Sympathicomimetika, Antihistaminica, Botulismus) - Trauma - Zerebraler Insult, subdurale Blutung - Mittelhirnsyndrom, Koma
Einseitig (Anisokorie, ***cave*** Glasauge)	
Miosis (eng)	- Hornersyndrom (mit Ptosis, Enophthalmus) - Trauma - Karotisaneurysma - Lokale Medikamentenapplikation (Pilocarpin) - Orbitainfektion, intraokulare Entzündung (Iritis, Keratitis) - ZNS: Raumforderung, Insult, Entzündung
Mydriasis (weit)	- Amaurose - Trauma - Lokale Medikamentenapplikation (Atropin, Alkohol, Mydriatikum) - Intraokulare Entzündung - Läsion oder Entzündung des Ganglion ciliare - Sympatikusirritation - Akuter Glaukomanfall - Okulomotoriusparese

upillenreaktion

Lichtreaktion möglichst bei etwas abgedunkelter Umgebung prüfen:
- Direkte Lichtreaktion: mit heller Lichtquelle von vorne beleuchten → Pupille verengt sich
- Indirekte (konsensuelle) Lichtreaktion: Pupille des zu prüfenden Auges verengt sich bei Beleuchtung des anderen Auges

Akkommodation/Konvergenzreaktion: Vom Pat. einen Gegenstand (z. B. Finger des Untersuchers) fixieren lassen und bis auf etwa 15 cm in Richtung auf seine Nasenspitze annähern. Die hierbei auftretende Pupillenverengung hält so lange an, wie das nahe Objekt fixiert wird. Bei anschließendem Blick in die Ferne Wiedererweiterung der Pupillen.

ugendruck

er Pat. blickt nach unten. Beide Zeigefinger dicht nebeneinander vertikal auf das esenkte Oberlid legen und den Bulbus palpieren, indem man mit einem Zeigefin- r *vorsichtig* den Bulbusinhalt dem anderen Zeigefinger entgegendrückt. Bei ver- indertem Augendruck fühlt sich das Auge weich an; ist er stark erhöht, erscheint as Auge hart (akutes Glaukom). Ggf. zum Vergleich die eigenen Augen oder die ner anderen gesunden Person palpieren.

ulbusmotilität

er Pat. fixiert mit beiden Augen zuerst bei Geradeausblick einen Gegenstand in . 80 cm Abstand (z. B. Finger des Untersuchers oder Lämpchen). Dieser Gegen- and wird dann von innen in verschiedene Richtungen nach außen bewegt. Der atient soll den Bewegungen des Gegenstandes mit beiden Augen folgen, ohne en Kopf zu bewegen.

Doppelbilder → einseitige Bewegungseinschränkung des Bulbus

Beidseitige, gleichsinnige Motilitätsstörungen → zerebrale Ursachen (z. B. Hemisphärenblutungen, zentrale Blutungen, Mittelhirnprozesse).

spektion

uerst Inspektion des gesunden Auges, dann im Seitenvergleich des erkrankten uges.

Orbita: Rötung, Schwellung, Hämatom (Orbitafraktur)

Lider: Schwellung, Rötung (Infektion, Allergie, Verletzung), Hämatom, Verletzung, Lidspaltenbreite (Ptosis, Enophthalamus mit V. a. Orbitafraktur). Tränenträufeln (Verletzung der Tränenwege?)

Bulbus: Parallelstellung, Strabismus (Schielen), z. B. bei Augenmuskellähmung durch Verletzung oder Intoxikation, Enophthalmus (Zurücksinken des Bulbus in die Orbita → V. a. Orbitafraktur), Exophthalmus (Vordrängen des Augapfels, z. B. durch retrobulbäres Hämatom, av-Fistel)

Sklera und Bindehaut: Zur Inspektion Unterlid leicht herabdrücken bzw. Oberlid hochziehen, evtl. ektropionieren (s. u.). Rötung (Entzündung), Hyposphagma (Blutungen), Perforationen von Bindehaut und/oder Sklera

Hornhaut: Fremdkörper (weißgraue bis schwarze Flecken), Verletzungen, Trübungen (Verletzung, Entzündung, Ulkus), Perforation

Vorderkammer (am besten bei frontaler und seitlicher Beleuchtung betrachten): Trübung (Entzündung, Verletzung, Z. n. Operation), Blutung (Hyphaema, z. B. bei Trauma, Diabetes), Hypopyon (Eiterspiegel kaudal). Wenn Pupille bedeckt, dann deutliche Visusverminderung. Verflachung bei Verletzungen.

Palpation

Orbitarand und Lider *vorsichtig* palpieren *(Seitenvergleich)*. Dabei achten auf Druckschmerz (Kontusion, Fraktur), Parästhesien (Nervenläsion), Schwellungen (Kontusion, Hämatom), Luftemphysem (Fraktur), Knochenstufen (Fraktur).

Ektropionieren

Indikation:
- Verdacht auf Fremdkörper unter Oberlid
- Säuberung der oberen Umschlagfalte bei Verätzung und Verbrennung
- Beurteilung von Bindehaut und Sklera.

17

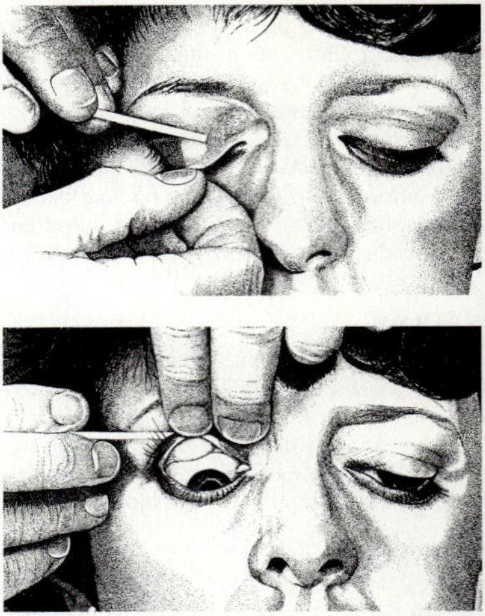

Abb. 17.3: Ektropionieren

Ektropionieren des Oberlides

Pat. nach *unten* blicken lassen! Mit einer Hand die Wimpern des Oberlides fassen, das Oberlid etwas nach unten vorne ziehen und vom Bulbus abheben. Gleichzeitig mit der anderen Hand mit einem Stäbchen (z. B. Q-Tip o. ä.) das Oberlid oberhalb des Lidknorpels eindrücken und durch Zug an den Wimpern über das Stäbchen nach oben klappen. Stäbchen seitlich herausziehen. Den Pat. nun zur vollständigen Inspektion Blickbewegungen in alle Richtungen durchführen lassen. Ggf. mit der freien Hand Fremdkörper mit Wattestäbchen oder Kompressenzipfel entfernen.

- Nicht ektropionieren bei V. a. perforierende Verletzung, da Gefahr der Expression von intraokularem Gewebe
- Bei Verletzungen und bei ausgeprägten Lidkrampf ist oft ein Ektropionieren des Oberlides nicht möglich. Ggf. zuerst ein *Lokalanästhetikum*, z. B. Oxybuprocain (z. B. Konjuncain EDO®) oder notfalls Lidocain (z. B. Xylocain®) einbringen.

17.1.2 Leitsymptome

Visusverlust

Zur differentialdiagnostischen Abklärung ist es wichtig, folgende Charakteristik des Sehverlustes zu erfragen:
- *Eintreten*: plötzlich (z. B. bei Zentralarterienverschluß) oder allmählich (z. B. bei Glaukomanfall)

Auftreten: ein- oder beidseitig (einseitig bei Verletzungen; beidseitig bei Verblitzung)
Art der Sehstörung (☞ Tab. 17.2)
Ausmaß des Visusverlustes (partiell bei perforierenden Verletzungen; vollständig bei Optikusabriß).

Tab. 17.2: Sehstörungen

Sehstörungen	Lokalisation (Ursache)
Farbringe um Lichtquelle, Schleiersehen (Nebel)	Hornhaut (Epithelödem, Stromántrübung, akutes Glaukom)
Schleier, Nebel, diffuser Schatten	Vorderkammer (Blutung, Entzündung), auch zentrale Ursache möglich (Retrobulbärneuritis) selten: Linse (Trübung, Quellung)
Nebel, dunkle Flecken oder Schlieren, Spinnen, Rußregen	Glaskörper (Blutung, Abhebung, Entzündung)
Funken, Blitze, aufsteigende Wand, dunkle Fläche, seitlicher Vorhang	Netzhaut (Traktion, Riß, Ablösung)
Verzerrtsehen, Mikropsie, Makropsie, zentraler Schatten	Zentrale Netzhaut (Ödem, Blutung)
Zentraler grauer Schleier, Gesichtsfeldausfälle: einseitige Hemianopsie oder Quadrantenanopsie	Nervus opticus (Entzündung, Ischämie, Verletzung, Kompression)
Beidseitige Gesichtsfeldausfälle: Hemianopsie, Quadrantenanopsie	Aufsteigende Sehbahn (Kompression, Blutung, Ischämie z. B. bei Apoplex)
Doppelbilder (Kopfzwangshaltung)	Augenmuskelparese (myogene oder neurogene Parese, Entzündung, Verletzung)

:hmerz

☞ Tab. 17.3)

otes Auge

Konjunktivale Hyperämie: Injektion der Bindehautgefäße. Limbus weiß, Gefäße nicht erkennbar. Meist geringe bis mäßige Bindehautchemosis (Ödem).

ɔrkommen: bei jeder konjunktivalen Entzündung oder Verletzung; oft bei Entindungen der Lider oder Tränenwege

Ziliäre Hyperämie: Selektive Injektion der limbalen Gefäße. Nur Limbus rot.

ɔrkommen: Entzündungen oder Verletzungen der Hornhaut

Gemischte Hyperämie: Konjunktivale und limbale Injektion.

ɔrkommen: Entzündung oder Verletzung der Hornhaut und/oder intraokularen ewebes; Keratitis, Keratokonjunktivitis, Iritis, Uveitis.

17

Tab. 17.3.: Differentialdiagnose des Augenschmerzes

Schmerzlokalisation	Schmerzcharakter	Mögliche Ursache
Lid	Ziehen und Brennen bei Berührung und Druck	- Entzündungen der Lidhaut - Ekzem - Lidabszeß - Herpes simplex - Zoster ophthalmicus - Mitbeteiligung bei Allgemeininfektion - Hordeolum (Gerstenkorn) - Chalazion (Hagelkorn, indolent!) - Verletzung
Äußerer Lidwinkel (oben)	Ziehen und Brennen bei Berührung und Druck	- Dacryoadenitis acuta (Entzündung der Tränendrüse): Paragraphenform der Lidspalte - DD: Hordeolum, Sinusitis frontalis, Konjunktivitis, Orbitaphlegmone
Innerer Lidwinkel (unten)	Ziehen und Brennen bei Druck	- Dakryozystitis acuta (Schwellung, Rötung) - Verletzung
Oberflächliche Schmerzen von Bindehaut und Hornhaut	Brennen, Stechen, Kratzen, Fremdkörpergefühl, Jucken, v. a. bei Lidbewegungen, Blendungsschmerz (spontane Besserung durch topische Lokalanästhetika!)	- Hornhautfremdkörper - Hornhautepithelschädigung (Erosio) - Oberflächliche Augenverletzung (Konjunktivitis) - Blepharitis (Lidrandentzündung)
Tiefer Augenschmerz (Subjektive Lokalisierung im Bulbus)	Bohrend, ziehend, meist mit Ausstrahlung in Umgebung des Auges (Stirn, Schläfe, Oberkiefer, Zähne) und Blendungsschmerz	- Akute Iritis - Akutes Glaukom (mit Übelkeit) - Perforierende Bulbusverletzung - DD: Sinusitis, Trigeminusneuralgie, Migräne, intrakranieller Prozeß
Retrobulbär	bohrend, ziehend, verstärkt durch Druck auf Bulbus und Bulbusbewegungen	- Neuritis nervi optici - Beginnende Orbitaphlegmone - Okuläre Myositis - DD: Sinusitis, Trigeminusneuralgie, Migräne, intrakranieller Prozeß

17.1.3 Akuter Sehverlust ohne Schmerzen

Ätiol.: meist Störungen der Netzhaut, des Nervus opticus oder der Sehbahn. Der Sehverlust tritt meist plötzlich (innerhalb von Sekunden) ein und ist häufig dramatisch. Der sehr aufgeregte Pat. macht oft verwirrte Angaben zur Vorgeschichte (→ gezielte Anamnese erfragen).

Entscheidende Sofortdiagnostik

Folgende Symptome weisen auf einen Zentralarterienverschluß hin (Notfall, Sofortmaßnahmen s. u.). Alle anderen Erkrankungen mit schmerzlosem Visusverlust (☞ Tab. 17.4) erfordern keine spezifischen Sofortmaßnahmen.

- *Visus:* nur Lichtscheinwahrnehmung oder Amaurose, fast immer einseitig
- *Pupillenform:* normal
- *Pupillenreaktion:* direkte Lichtreaktion aufgehoben, indirekt regelrecht.

Zentralarterienverschluß

Ätiol.: Verschluß der Zentralarterie im Niveau der Lamina cribrosa (arteriosklerotisch, embolisch, entzündlich, kompressiv oder spastisch).

Symptomatik

- Schlagartige Erblindung („Sehsturz")
- Auch innerhalb von Stunden keine Besserung der Sehkraft
- Fast immer einseitig.

Kurzanamnese

- Bevorzugt höheres Lebensalter
- Hinweise auf Grunderkrankungen: Diabetes, Hypertonus, Arteriosklerose, Hyperlipidämie
- Anamnestisch häufig vorangegangene Amaurosis fugax.

Sofortdiagnostik

- Puls, RR, SpO_2
- *Inspektion und Palpation*: äußeres Auge unauffällig
- *Visus*: Lichtscheinwahrnehmung oder Amaurose
- *Pupillenreaktion*: direkte Pupillenreaktion meist aufgehoben: amaurotische Pupillenstarre! (indirekt regelrecht)
- *Gesichtsfeld*: meist vollständiger Ausfall. Bei Verschluß nur eines Arteriolenastes nur Ausfall des entsprechenden Sektors (besserer Visus!).

Sofortmaßnahmen

Ggf. Blutdrucksenkung mit z. B. 10 mg Nifedipin (z. B. Adalat®) subl.

Bulbusmassage

- Flache Lagerung, evtl. Kopftieflagerung
- Pat. nach unten blicken lassen. Beide Hände an der Stirn des Pat. abstützen, zwei Finger dicht nebeneinander auf das geschlossene Oberlid legen und langsam den Bulbus kräftig in die Orbita drücken (Blick nach unten). Dies kann für den Pat. unangenehm sein
- Nach ca. 5 Sek. schlagartig loslassen und nach wenigen Sek. Vorgang wiederholen
- Bulbusmassage für 5–10 Min. durchführen und dann nach jeweils einer Pause von 5–10 Min. mehrmals wiederholen, ggf. durch Pat. selbst.

- I. v.-Zugang mit Infusion (z. B. Ringer-Lösung oder HÄS)
- 500 mg Acetazolamid i. v. (z. B. Diamox®), alternativ β-Blocker (z. B. Dociton® 1 mg langsam i. v. oder Clonidin (z. B. Catapresan® 0,15 mg auf 10 ml NaCl langsam i. v.)
- Vorsichtige Sedierung mit z. B. 0,5–1 mg Midazolam i. v. (z. B. Dormicum®) oder 1–2 mg Diazepam i. v. (z. B. Valium®); ggf. Wiederholung nach 5–10 Min.
- O_2-Gabe (☞ 1.7.3).

Transport

Immer umgehender Transport in eine Augenklinik, möglichst mit Weiterverlegungsmöglichkeit in eine internistische Intensivstation (systemische Lyse) oder neuroradiologische Abteilung (lokale Lyse).

Prinzipien der Weiterbehandlung

Innerhalb der ersten 4–6 h Möglichkeit einer systemischen oder lokalen Lysetherapie. Später Versuch einer rheologischen Therapie mit HÄS und/oder Pentoxifyllin (z. B. Trental®).

17

Differentialdiagnose

Arteriitis temporalis, traumatische Optikusschädigung.

- Ernste Prognose! Meist bleibende, hochgradige Visusminderung, außer bei erfolgreicher Lyse innerhalb der ersten 6 h
- Spätkomplikation: Sekundärglaukom (selten)
- Selten Erkrankung des 2. Auges.

Weitere Ursachen für schmerzlosen Visusverlust

(☞ Tab. 17.4)

Sofortdiagnostik

- Basischeck (☞ 4.1.2)
- Puls, SpO_2, RR, EKG
- Ophthalmologische Notfalluntersuchung (☞ 17.1.1).

Sofortmaßnahmen

- O_2-Gabe (☞ 1.7.3)
- Oberkörperhochlagerung (*Ausnahme:* Arteriitis temporalis → Flachlagerung)
- Ggf. Blutdrucksenkung mit z. B. 10 mg Nifedipin (z. B. Adalat®) subl.
- Evtl. i. v.-Zugang mit Infusion (z. B. Ringer-Lösung)
- Ggf. vorsichtige Sedierung, z. B. mit 0,5–1 mg Midazolam (z. B. Dormicum® oder 1–2 mg Diazepam (z. B. Valium®); ggf. Wiederholung nach 5–10 Min.
- Bei Photophobie oder Doppelbildern mit Schwindel oder Übelkeit paretische Auge abdecken, wenn erfolglos Antiemetika, z. B. 5–10 mg Metoclopramid (z. B. Paspertin®).

Transport

Vorstellung in Augenklinik (bei weiterer Entfernung evtl. beim Augenarzt) zur Abklärung. Bei V. a. Arteriitis temporalis sofortige Klinikeinweisung.

Amaurosis fugax ist häufig Vorbote eines zerebralen Insults → sofortige neurologische Abklärung erforderlich

Tab. 17.4.: Differentialdiagnose des schmerzlosen Visusverlustes

Symptomatik/Anamnese	Untersuchung	Verdachtsdiagnose
Schlagartiger, meist einseitiger, totaler Visusverlust. Höheres Lebensalter, Diabetes, Hypertonie, Arteriosklerose, Amaurosis fugax in der Vorgeschichte	*Visus:* meist Erblindung (Fingerzählen bis Amaurose) *Pupillenreaktion:* direkte Lichtreaktion meist aufgehoben, indirekt unauffällig *Inspektion und Palpation:* unauffällig	Zentralarterienverschluß (s. o.)
Plötzlicher einseitiger Visusverlust, (ohne Therapie innerhalb von Tagen beidseitig), Nacken-, Schulter-, Kopfschmerzen, Schmerzen beim Kauen, depressive Verstimmungen, Übelkeit; meist > 65 J., oft Rheuma oder Myalgie	*Visus:* deutliche Reduktion (meist < 0,1) *Inspektion und Palpation:* evtl. harte, nicht pulsierende, schmerzhafte A. temporalis *Pupillenreaktion:* fehlende bis träge direkte Lichtreaktion	Riesenzellarteriitis (Arteriitis temporalis, Morbus Horton)
Doppelbilder, Kopfzwangshaltung, Orientierungsschwierigkeiten, Schwindel; anamnestisch evtl. vaskuläre oder Infektionskrankheiten oder Trauma (blow-out-fracture)	*Bulbusmotilität:* eingeschränkt *Inspektion und Palpation:* Verletzung, Entzündung? Monokular keine Visusminderung	Akute Diplopie/ Augenmuskelparese
Blitz- oder Funkensehen, dann schwarze Flecken (mouches volantes), Rußregen oder schwarzer Vorhang	*Visus:* geringe bis starke Reduktion *Gesichtsfeld:* zuerst periphere Ausfälle, später Totalausfall *Augendruck:* Bulbus oft hypoton *Pupillenreaktion:* evtl. träge direkte Pupillenreaktion, aber indirekt prompt	Amotio retinae (Netzhautablösung)
Zunehmender grauer, zentraler Schleier, anamnestisch evtl. Hypertonie, Arteriosklerose, Stoffwechselerkrankungen, jüngere Frauen (Nikotin und orale Kontrazeption)	*Visus:* mäßig bis stark reduziert	Zentralvenenverschluß
Plötzliche und einseitige Visusherabsetzung; anamnestisch meist Hypertonus, Nikotinabusus, Hyperlipidämie; > 65 J.	*Visus:* Fingerzählen immer möglich (oft > 0,1) *Gesichtsfeld:* meist Defekt der unteren Gesichtsfeldhälfte, seltener obere Hälfte	Akute ischämische Optikusneuropathie (AION)

Tab. 17.4.: Fortsetzung		
Symptomatik/Anamnese	**Untersuchung**	**Verdachtsdiagnose**
Einseitige, über Stunden oder Tage zunehmende Visusminderung, Nebel- oder Schleierwahrnehmung, dumpfe, retrobulbäre Schmerzen; oft entzündliche Vorerkrankungen	*Visus:* 0,1–0,8, selten niedriger *Gesichtsfeld:* meist Zentralskotom *Pupillenreaktion:* verminderte Reaktion auf Licht der erkrankten Seite *Palpation:* typischer Bewegungs- oder Druckschmerz des befallenen Auges	Neuritis nervi optici (Retrobulbärneuritis)
Blitzähnliche Lichterscheinungen, Sehen von Flecken oder Spinnen, die vor dem Auge schwimmen	*Visus:* geringe oder keine Verminderung	Glaskörperabhebung
Einseitiger, rascher Visusverlust innerhalb von Stunden, zunehmende Verdunklung (Schlierensehen, Rußregen vor dem Auge, mit z. T. rötlicher Verfärbung)	*Visus:* geringe bis sehr starke Verminderung (evtl. nur Lichtscheinwahrnehmung)	Glaskörperblutung
Einseitiges Verschwommensehen, meist mit Verkleinerung des Bildes und Verzerrtsehen; häufig nach Streßsituationen und bei Rauchern. < 50 J.	*Visus:* geringe Verminderung (0,8–0,3)	Retinopathia centralis serosa
Plötzliche kurzfristige Erblindung oder Verschwommensehen mit „grauer Wolke", einseitig	*Visus:* Für Sek. bis mehrere Min. deutlich reduziert bis zur Amaurose	Amaurosis fugax

17

17.1.4 Akuter Sehverlust mit Schmerzen und rotem Auge

Die Sehminderung ist meist nicht so akut und ausgeprägt wie bei Visusverlus ohne Rötung und Schmerzen (meist langsam über Stunden), aber immer mit de *Symptomen-Trias* Augentränen, Lichtscheu und Blepharospasmus.

Ein rotes Auge mit Pupillenstörung (Form, Reaktion) ist eine ernste Erkrankung ein rotes Auge ohne Pupillenstörung ist meist harmlos.

ntscheidende Sofortdiagnostik

'olgende Symptome weisen auf einen Glaukomanfall hin (Notfall, Sofortmaßnah-ıen s. u.). Alle anderen Erkrankungen mit Visusverlust, Schmerzen und rotem ıuge (☞ Tab. 17.5) erfordern keine spezifischen Sofortmaßnahmen.

Bulbus: Augendruck erhöht (hart), gerötet, Hornhaut getrübt, Vorderkammer flach

Sehschärfe: Visus mäßig bis stark reduziert

Pupille: oft mittelweit, entrundet; träge oder fehlende Lichtreaktion

AZ: reduziert, Kopfschmerzen, Übelkeit.

ıkutes Winkelblockglaukom (Glaukomanfall)

ıtiol.: Verlegung der Abflußwege des Kammerwassers im Kammerwinkel → plötzlicher Anstieg des Augendruckes.

Symptomatik

Prodromalsymptome (ca. 50 %):
- Wahrnehmung von Farbringen um Lichtquellen, Nebelsehen
- Anfallsweise Sehstörungen (nicht immer typisch)
- Druckgefühl oder neuralgiforme Schmerzen im Auge, um das Auge oder über dem Auge, der Frontal- und Temporalregion
- Abdominalbeschwerden mit Übelkeit und Erbrechen

Hauptsymptome:
- Heftigste Schmerzen
- Episklerale Hyperämie (rotes Auge)
- Hornhautödem (trübe Hornhaut)
- Pupille lichtstarr, etwas entrundet und über mittelweit (Druckschädigung des M. sphincter pupillae)

„Steinharter Bulbus“

Nebensymptome: vermehrtes Tränen, Blepharospamus; flache, oft getrübte Vorderkammer.

Kurzanamnese

Häufiger Frauen, Häufigkeitsmaximum 7. Lebensjahrzehnt

Meist bestehende Weitsichtigkeit (kurzes Auge)

Jahreszeitlicher Gipfel in den Monaten Oktober/November

Gelegentlich in der Vorgeschichte Episoden von anfallsartigen Kopfschmerzen (meist einseitig, selten beidseitig) als Zeichen subakuter Glaukomanfälle

Auslösende Faktoren (Pupillenerweiterung): z. B. Aufenthalt im Dunkeln, psychische Erregung, Alkohol- oder Kaffeegenuß, medikamentöse Pupillenerweiterung, Wetterfronten (Frühjahrs-, Herbstgipfel).

Sofortdiagnostik

Basischeck (☞ 4.1.2)

Augendruck: harter Bulbus

Puls, SpO_2, RR, EKG

Sehschärfe: deutliche Visusreduktion

Inspektion: rotes Auge mit trüber Hornhaut und flacher Vorderkammer

Pupillenform: erweiterte, meist entrundete Pupille

Pupillenreaktion: fehlende Pupillenreaktion.

Sofortmaßnahmen

Therapieziel: *Senkung des intraokularen Druckes*, um eine Schädigung des Seh nervs zu vermeiden (Gefahr der Erblindung innerhalb von Stunden!):

- Oberkörperhochlagerung
- I. v.-Zugang mit Infusion (z. B. Ringer-Lösung)
- Hemmung der Kammerwasserproduktion durch 500–1000 mg Diamox® i. v., al ternativ β-Blocker (z. B. Dociton® 1 mg langsam i. v.) oder Clonidin (z. B. Cata presan® 0,15 mg auf 10 ml NaCl langsam i. v.)
- Ggf. Analgesie mit 5–10 mg Morphin i. v. oder 100 mg Tramadol i. v. (z. B. Tra mal®)
- Sedierung, z. B. mit 2,5 mg Midazolam (z. B. Dormicum®) oder 5 mg Diazepar (z. B. Valium®)
- Ggf. Blutdrucksenkung, z. B. mit Nitroglycerin (z. B. 2 Hübe Nitrolingual® Spray oder 1 Nitrolingual-Zerbeißkapsel)
- O_2-Gabe (☞ 1.7.3).

17

Transport:

Immer Transport in Augenklinik mit Voranmeldung.

Prinzipien der Weiterbehandlung

Medikamentöse Senkung des Augendruckes. Bei therapieresistenten Situatione Infusionen von Mannit oder Sorbit. Danach Eröffnung der peripheren Iris mit La ser (Iridotomie) oder durch Operation (Iridektomie), um direkte Verbindung vo Hinter- zur Vorderkammer zu erreichen.

Differentialdiagnose

Migräne, Sinusitis, grippaler Infekt, Oberbaucherkrankung, Trigeminusneuralgie Zahnschmerzen, Hypertonie, intrazerebraler Prozeß, Arteriitis temporalis, psychia trische Erkrankung.

- Aufgrund der schweren Beeinträchtigung des Allgemeinbefindens bleibt di Sehverschlechterung nicht selten unbemerkt (Fehldiagnose: akutes Abdomen)
- Nicht immer muß der Schmerz Leitsymptom sein, gelegentlich steht die ge mischte Injektion der Bindehaut im Vordergrund
- Kein Nifedipin (z. B. Adalat®) zur RR-Senkung verwenden (Kontraindikatio für die in der Klinik ggf. erforderliche lokale β-Blockergabe)
- Keine Azetylsalizylsäure zur Analgesie, da Blutungsgefahr bei ggf. erforderl cher Operation.

Weitere Ursachen für akuten Visusverlust mit Schmerzen und rotem Auge

(☞ Tab. 17.5)

Sofortdiagnostik

- Basischeck (☞ 4.1.2)
- Puls, SpO_2, RR, EKG
- Ophthalmologische Notfalluntersuchung (☞ 17.1.1)

Sofortmaßnahmen

- O_2-Gabe (☞ 1.7.3)
- Oberkörperhochlagerung
- Steriler Augenverband

Tab. 17.5.: Differentialdiagnose des Visusverlustes mit Schmerzen und rotem Auge

Symptomatik/Anamnese	Untersuchung	Verdachtsdiagnose
AZ reduziert (Erbrechen, Kopfschmerzen), meist Weitsichtigkeit, jahreszeitlicher Gipfel im Spätherbst	*Palpation:* harter Bulbus *Pupillenreaktion:* fehlt *Pupille:* entrundet	Akuter Glaukomanfall (s. o.)
Einseitiger Exophthalmus, Chemosis; Schwellung, Rötung und Druckschmerz der Lider. Häufig Ptosis und Doppelbilder. Z. n. Augentrauma, Sinusitis oder Sepsis	*Inspektion und Palpation*: Auge und Lider druckschmerzhaft, starker Bewegungsschmerz, ausgeprägte Bindehautchemose, Lidschwellung, Exophthalmus, Motilitätseinschränkung	Orbitaphlegmone
Plötzliche Rötung (ziliare Injektion) und starke Schmerzen eines Auges, Lichtscheu, Blepharospasmus, Augentränen	*Inspektion und Palpation:* rotes, schmerzhaftes Auge mit vermehrtem Tränen, evtl. erkennbare Vorderkammertrübung, starke ziliare oder gemischte Injektion *Pupillenform:* eng *Pupillenreaktion:* nur geringe Lichtreaktion	Akute Iritis
Anamnestisch starke UV-Einwirkung vor 6–8 h (Schweißen, Höhensonne), meist beidseits Blepharospasmus, Augentränen, Lichtscheu, Fremdkörpergefühl	*Visus:* je nach Stadium vermindert	Keratitis photoelectrica (Verblitzung, Schneeblindheit)
Lichtscheu, Blepharospasmus, Augentränen. Symptomatik entwickelt sich über Stunden bis Tage	*Inspektion:* erkennbare, umschriebene Hornhauttrübungen, in fortgeschrittenem Stadium Hypopyon (Eiter in der Vorderkammer), rotes Auge *Visus:* reduziert	Ulcus corneae
Deutlicher Exophthalmus, Augentränen, Doppelbilder, Ptosis; allg. Krankheitsgefühl, Bewegungsschmerz	*Inspektion und Palpation*: Exophthalmus, geringes Lid- und Bindehautödem, orbitaler und periorbitaler Schmerz *Visus:* Sehminderung in fortgeschrittenem Stadium *Bulbusmotilität*: Einschränkung mit Bewegungsschmerz	Okuläre Myositis

- Ggf. Lokalanästhesie, z.B. mit Oxybuprocain-Tropfen (z.B. Conjuncain-EDO®) oder notfalls mit Lidocain (z.B. Xylocain®)
- Evtl. i.v.-Zugang mit Infusion (z.B. Ringer-Lösung)
- Ggf. Analgesie, z.B. mit 50 mg Tramadol i.v. (z.B. Tramal®)
- Ggf. vorsichtige Sedierung, z.B. mit 2,5 mg Midazolam i.v. (z.B. Dormicum®) oder 5 mg Diazepam (z.B. Valium®).

Transport

Vorstellung in Augenklinik (bei weiterer Entfernung evtl. beim Augenarzt) zur Abklärung.

17.1.5 Verätzung und Verbrennung

Verätzung

Symptomatik

- Stärkste Augenschmerzen
- Tränen
- Lichtscheu
- Massiver Blepharospasmus (Lidkrampf).

Kurzanamnese

- Arbeits- oder Haushaltsunfall?
- Unfallhergang?
- Ätzende Substanz?

Sofortdiagnostik

- Basischeck (☞ 4.1.2)
- *Inspektion:* rotes Auge
  - *Leichte Verätzung:* Bindehaut teils hyperämisch (Rötung), teils ischämisch (blaß), Blepharospasmus
  - *Schwere Verätzung:* Partielle oder totale Hornhauteintrübung („gekochtes Fischauge")
  - Häufig sind die Lider und die Gesichtshaut durch Spritzer der ätzenden Substanz ebenfalls verletzt
- *Sehschärfe:* Visusreduktion abhängig von Hornhauttrübung
- Puls, SpO_2, RR, EKG.

Tab. 17.6.: Stadien der Augenverätzung

Schweregrad 1:	Geringe Schädigung des Hornhautepithels, Hornhaut klar, Bindehauthyperämie, keine konjunktivale Ischämie
Schweregrad 2:	Geringe Hornhauttrübung, geringe Konjunktivalbeteiligung, konjunktivale ischämische Sektoren weiß (< 1/3 Limbus)
Schweregrad 3:	Totaler Hornhautepithelverlust, Hornhauttrübung, konjunktivale Ischämie: 1/3–1/2, Irisdetails verschwommen
Schweregrad 4:	Kornea undurchsichtig (gekochtes Fischauge), ausgeprägte Konjunktival-Ischämie (weiße Bindehaut), Nekrosen, Ulzerationen

Sofortmaßnahmen

Bei Verätzung *muß* die Augenspülung *sofort am Unfallort* als erste Maßnahme erfolgen, ggf. Kurznarkose, z. B. mit Ketamin (z. B. Ketanest®).

Augenspülung

- Handschuhe anziehen (Eigenschutz), eigene Augen vor Spritzern schützen (Brille, Abstand)
- Ggf. Lokalanästhesie, z. B. mit Oxybuprocain-Tropfen (z. B. Conjuncain-EDO®) oder notfalls mit Lidocain (z. B. Xylocain®)
- Grobe Partikel mit Kompressenzipfel oder Wattestäbchen entfernen
- Bei Kalkverätzungen: Trocken austupfen und dann nachspülen oder, wenn vorhanden, mit Öl ausspülen. Entscheidend ist die schnelle Dekontamination (notfalls auch mit Wasser), da durch die Reizsekretion des Auges die Kalkverätzung unterhalten wird
- Kopf zum verletzten Auge neigen lassen. Auge öffnen und offenhalten. Oft müssen die Augenlider von einem Helfer mit Gewalt geöffnet werden
- Mit Isogutt®, notfalls auch mit anderer Flüssigkeit (z. B. Ringer-Lösung), aus Plastiksprühflasche oder Infusionsschlauch über Hornhaut und Bindehaut spülen
- ***Cave:*** Keine Spülflüssigkeit ins Gegenauge gelangen lassen
- Pat. in alle vier Hauptrichtungen blicken lassen
- Oberen und unteren Bindehautfornix mit 10- oder 20-ml-Spritze mit aufgesetzter Plastikverweilkanüle vorsichtig ausspülen
- Zur besseren Exposition der Bindehaut Oberlid ektropionieren
- Fortführen der Spülung während der Fahrt zur Klinik: Spülschale mit Dauerinfusion (Elektrolytlösung) oder 5-minütliches Tropfen mit Isogutt®-Augentropfen
- Notfalls ist auch die Spülung des Auges unter laufendem Wasserstrahl am Waschbecken möglich.

Eine sehr gute Alternative ist der Einsatz einer Spüllinse (z. B. Morgan mediFLOW®Lens, ☞ Abb. 17.5):

- Einsetzen:
  - Lokalanästhesie, z. B. mit Oxybuprocain-Tropfen (z. B. Conjuncain-EDO®) oder notfalls mit Lidocain (z. B. Xylocain®)
  - Spüllösung (z. B. NaCl 0,9 %) mit Infusionssystem an die Linse anschließen und langsam tropfen lassen
  - Pat. nach unten blikken lassen, Linse unter das Oberlid einsetzen, Patienten nach oben blicken lassen, Unterlid zurückziehen, Linse endgültig plazieren.
- Spülen:
  - Kopf zur erkrankten Seite lagern
  - Spülflüssigkeit auffangen (untergelegtes Tuch, Papier, Spülschale)

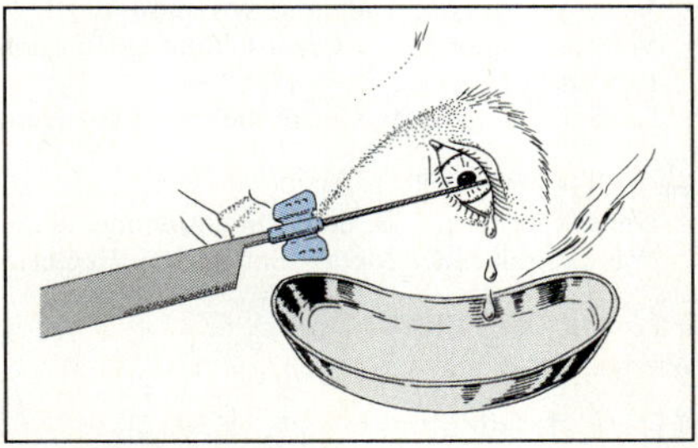

Abb. 17.4: Augenspülung

- Anfangs schneller spülen (3 Tropfen/ Sek.), dann Dauerspülung mit 1 Tropfen/ Sek.
  - Linse bis zur Klinikübergabe belassen.
- Entfernen:
  - Patienten nach oben blicken lassen, Unterlid zurückziehen
  - Linse herausziehen.

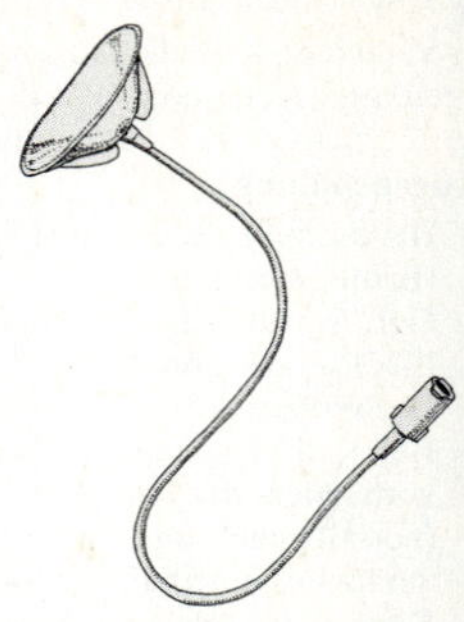

Abb. 17.5: Spüllinse

Weitere Maßnahmen:

- I. v.-Zugang mit Infusion (z. B. Ringer-Lösung)
- Ggf. Analgesie, mit z. B. 5–10 mg Morphin i. v. oder 100 mg Tramadol i. v. (z. B. Tramal®)
- Sedierung, z. B. mit 2,5 mg Midazolam i. v. (Dormicum®) oder 5 mg Diazepam i. v. (Valium®)
- O_2-Gabe (☞ 1.7.3)
- Ätzende Substanz und Behältnisse asservieren.

17

Transport

Bei Stadium I Vorstellung beim Augenarzt ausreichend, ansonsten immer Transport in Augenklinik (Stadium II–IV).

Prinzipien der Weiterbehandlung

Dauerspülung bis zu 24 h. Topische Kortikosteroide und/oder Cyclosporin A. Später: Operative Entfernung der Nekrosen mit plastischer Deckung. Evtl. Hornhauttransplantation.

- *Säureverätzung:* Koagulationsnekrose. Entstehung eines oberflächlichen Ätzschorfes verhindert Tiefenwirkung
- *Laugenverätzung:* Kolliquationsnekrose. Rasches Vordringen in tiefere Gewebsschichten → Gefahr der Penetration in Kammerwasser und Glaskörper, Perforationsgefahr.

Verbrennungen

Symptomatik

- Versengte Augenbrauen und Wimpern
- Verbrennungen 1. – 3. Grades (Rötung, Blasenbildung, Nekrosen) der Lid- und Bindehaut
- Erosion bis zu tiefen Gewebsnekrosen der Hornhaut.

Kurzanamnese

- Hitzeexposition, z. B. durch Stichflamme, heiße Dämpfe oder Gase, kochendes Wasser, glühendes Metall, Starkstrom, Explosion, heißes Öl/Fett.

Sofortdiagnostik

Wie bei Verätzung (s. o.)

Sofortmaßnahmen

Wie bei Verätzung (s. o.)

Transport

Immer Transport in Augenklinik.

17.1.6 Verletzungen

Bulbus-, Orbita- oder Schädeltrauma. Charakteristische Augensymptome mit erheblichem Visusverlust auch bei kopffernem Trauma möglich.

Stumpfe Bulbusverletzung

Symptomatik

- Rotes Auge
- Schmerzen
- Doppelbilder bei Blow-out-Fraktur (☞ 1.1.2).

Kurzanamnese

- Arbeits-, Sport- oder Autounfall, Schlägerei
- Dokumentation des genauen Unfallhergangs.

Sofortdiagnostik

- Basischeck (☞ 4.1.2)
- *Periorbital:* Hämatom, Lidschwellung
- *Bulbus:* gemischte Injektion, diffuse Chemosis oder Unterblutung der Bindehaut. Bei schwerem Trauma Hornhauttrübung. Sichtbare Wundöffnung. Bei gedeckter Perforation meist dunkel erscheinendes, prolabiertes intraokulares Gewebe unter der Bindehaut
- *Vorderkammer:* abgeflacht oder aufgehoben, Einblutung
- *Pupille:* entrundet, fehlende Lichtreaktion
- *Sehschärfe:* Minderung, Amaurose bei massiver Einblutung oder Optikusabriß
- Puls, SpO_2, RR, EKG.

Sofortmaßnahmen

- Oberkörperhochlagerung
- I. v.-Zugang mit Infusion (z. B. Ringer-Lösung)
- Ggf. Analgesie mit z. B. 5–10 mg Morphin i. v. oder 100 mg Tramadol i. v. (z. B. Tramal®)
- Sedierung, z. B. mit 2,5 mg Midazolam i. v. (z. B. Dormicum®) oder 5 mg Diazepam i. v. (z. B. Valium®)
- O_2-Gabe (☞ 1.7.3)
- Steriler Verband, ggf. doppelseitiger Verband zur Ruhigstellung.

Transport

Immer Transport in Augenklinik.

Prinzipien der Weiterbehandlung

Röntgenaufnahmen, operative Revision bei Verdacht auf Bulbusruptur.

Differentialdiagnose

Orbitafraktur, Schädelbasisbruch.

Spätfolgen: sekundäres Glaukom, Netzhautablösung, Phthisis bulbi (Schrumpfung des Bulbus).

Zur Analgesie keine Azetylsalizylsäure wegen evtl. erforderlicher OP.

Perforierende Bulbusverletzung

Symptomatik

- *Kleine Perforationen:*
  - Zur Perforationsstelle hin verzogene Pupille (oft einziges Zeichen!)
- *Schwere Perforation:*
  - Eingefallener hypotoner Bulbus
  - Erkennbarer Uvea- und Glaskörpervorfall
  - Bei Hornhautperforation sichtbare Hornhautwunde mit meist aufgehobener vorderer Augenkammer und Verziehung der Pupille zur Perforationstelle hin.

Kurzanamnese

- Unfälle im Straßenverkehr (Windschutzscheibenverletzungen) oder am Arbeitsplatz (z. B. Metallsplitter beim Bohren, Hämmern, Fräsen, Schleifen)
- Stich- oder Schnittverletzungen.

Sofortdiagnostik

- Basischeck (☞ 4.1.2)
- ***Cave:*** Bei V. a. perforierende Verletzung Bulbus nicht palpieren, nicht ektropionieren
- *Sehschärfe:* herabgesetzt
- *Augendruck:* erniedrigt (vorsichtige Palpation)
- *Pupillenform:* entrundet
- *Pupillenreaktion:* keine
- *Inspektion:* veränderte Augenvorderkammer, sichtbare Wundöffnungen von Hornhaut oder Sklera, Prolaps von Augengewebe (Linse, Glaskörper, Netzhaut), diffuse Chemosis mit Unterblutung der Bindehaut
- Puls, SpO_2, RR, EKG.

Sofortmaßnahmen

- Oberkörperhochlagerung
- Trockener, steriler, ggf. doppelseitiger Verband zur Ruhigstellung. ***Cave:*** Verband locker anlegen, so daß kein Druck auf den Bulbus entsteht
- I. v.-Zugang mit Infusion (z. B. Ringer-Lösung)
- Ggf. Analgesie mit z. B. 100 mg Tramadol i. v. (z. B. Tramal®)
- Sedierung, z. B. mit 2,5 mg Midazolam i. v. (z. B. Dormicum®) oder 5 mg Diazepam i. v. (z. B. Valium®)
- O_2-Gabe (☞ 1.7.3).

Transport:

Immer Transport in Augenklinik.

Prinzipien der Weiterbehandlung

Operative Versorgung mit Entfernung von Fremdkörpern, evtl. Vitrektomie, Plombenaufnähung, Gas- oder Silikonölinstillation.

- Diagnostik bei kleinen Perforationen ist oft schwierig und kann leicht übersehen werden. Daher auch schon bei Verdacht Behandlung wie bei Perforation

Bei perforierenden spitzen Gegenstände (Nadeln, Kanülen, Metallsplitter) deren weiteres Eindringen verhindern (Vorsicht beim Umlagern des Pat., längere Gegenstände stabilisieren).

Bei perforierenden Verletzungen Augenlider vorsichtig öffnen und Auge besonders schonend untersuchen (bei reaktivem Lidkrampf oder Druck auf Bulbus zusätzliche Schädigung des Auges möglich)
Keine Manipulation am verletzten Auge
Keine Erstbehandlung in Form von Salben (Kunstfehler!)
Keine Tropfenapplikation (z. B. Lokalanästhetikum) wegen möglichem Einbringen von Verunreinigungen in das Auge
Fremdkörper nicht entfernen, größere stehende Fremdkörper stabilisieren.

Verletzungen der Orbita

Symptomatik

Stichwunden: meist kleine Eintrittspforte, die rasch wieder verkleben kann
Pfählungsverletzungen: Eindringen eines größeren spitzen Gegenstandes seitlich neben dem Bulbus.

Kurzanamnese

Genauer Unfallhergang?
V. a. intraorbitalen Fremdkörper, Verletzung mit Splitter oder durch Stich?

Sofortdiagnostik

Basischeck (☞ 4.1.2)
Inspektion und Palpation: Ex-/Enophthalmus, bei medialer oder Orbitabodenfraktur (Blow-out-Fraktur) oft Luftemphysem (Verbindung zu NNH); meist druckschmerzhafte knöcherne Stufe am Orbitarand tastbar
Sehschärfe: normal oder mäßig vermindert.
Bulbusmotilität: Doppelbilder beim Blick nach oben oder unten, selten bei Seitenblick
Puls, SpO_2, RR, EKG.

Sofortmaßnahmen

Oberkörperhochlagerung
Steriler Verband
Luftemphysem: Schneuzverbot.

Transport

Immer Transport in Augenklinik.

Gefahr der Orbitaphlegmone durch infektiöses Material (z. B. Holzsplitter)
Bei Mitbeteiligung der vorderen Schädelgrube Meningitisgefahr.

Penetrierende Gegenstände nicht herausziehen, größere stehende Fremdkörper stabilisieren.

Bindehaut- und Hornhautfremdkörper

Symptomatik

Anfangs mäßige, später zunehmende Schmerzen
Rotes Auge
Starkes Tränen

- Evtl. Blepharospasmus
- Evtl. Visusabfall.

Kurzanamnese

- Beim Schleifen, Hämmern, Sägen o.ä. „ist etwas ins Auge geflogen", Anwesenheit in einer Werkstatt oder auf einer Baustelle, Gartenarbeit, Straßenverkehr (v.a. Fahrradfahrer).

Sofortdiagnostik

- *Inspektion:*
  - Bei fokaler (seitlicher) Beleuchtung Fremdkörper meist als schwarzer oder weißlicher Fleck im Hornhautniveau erkennbar
  - Hinweise auf Perforation (Eintrittspforte, austretender, meist dunkel erscheinender Augeninhalt?)
  - Bei Fremdkörper unter dem Oberlid (Schmerzen v.a. beim Lidschlag) und fehlendem Hinweis auf Perforation ektropionieren (☞ 17.1.1)
- *Sehschärfe:* meist reduziert
- Puls, SpO_2, RR.

17

Sofortmaßnahmen

- Lokalanästhesie z.B. mit Oxybuprocain-Tropfen (z.B. Conjuncain-EDO®) oder notfalls mit Lidocain (z.B. Xylocain®)
- Evtl. Spülung des Bindehautsackes (☞ 17.1.5)
- Ggf. i.v.-Zugang mit Infusion (z.B. Ringer-Lösung)
- Ggf. Analgesie mit z.B. 100 mg Tramadol i.v. (z.B. Tramal®)
- Steriler Augenverband, bei stärkeren Beschwerden zur Ruhigstellung beidseitig.

Transport

Bei einfachem Fremdkörper Vorstellung beim Augenarzt ausreichend. Bei V.a. Perforation Transport in Augenklinik.

Prinzipien der Weiterbehandlung

Oft Abrasio des geschädigten Epithels erforderlich. Bei metallischen Hornhautfremdkörpern Ausfräsen des Rosthofs. Ausschluß einer möglichen Perforation. Ausschluß eines intraokularen Fremdkörpers.

- Entfernung des Hornhautfremdkörpers am besten durch Augenarzt unter spaltlampenmikroskopischer Kontrolle, d.h. keine Manipulationsversuche
- Keine symptomatische Verordnung von Lokalanästhetika in Tropfen- oder Salbenform (Gefahr von Hornhautdauerschäden bei mehrmaliger Anwendung).

17.2 HNO-Notfälle

Besonderheiten bei HNO-Notfällen

- Notfallsituationen im HNO-Bereich entstehen durch *Verlegung der Engstellen im oberen Luft- und Verdauungstrakt* durch Blutung, Tumor, Ödem (entzündlich, allergisch, toxisch), Trauma oder Fremdkörperinkorporation

Lebensbedrohliche Notfallsituationen im HNO-Bereich entstehen durch Massenblutungen oder durch Verlegung der Atemwege (drohender Verblutungs- oder Erstickungstod)

Wichtige Hilfsmittel bei Notfällen im HNO-Bereich für Untersuchung bzw. Therapie (evtl. NAW-Ausrüstung ergänzen):

- *Spatel und Lichtquelle (Laryngoskop)* für Mundhöhle, Oro-, Hypopharynx und Larynx
- *Mittellanges Nasenspekulum* für Ohr, Nase und Tracheostoma
- *Starres, großlumiges Absaugrohr* (Tonsillektomie-Saugeransatz) für die schwierige Intubation, bei Fremdkörpern und enoraler Blutung
- *Pneumatische Nasentamponade* bei schweren Nasenblutungen (☞ Abb. 17.6).

17.2.1 Blutung aus der Nase

eichte Blutung aus der Nase

enöse Blutung aus den vorderen Nasenabschnitten (L. Kiesselbach des Septums).

Symptomatik

lutung meist einseitig, sickernd bis träufelnd.

Kurzanamnese

Banales Trauma (Nasenbohren)
Infekt
Rhinitis sicca
Hypertonie bekannt?

Sofortdiagnostik

Basischeck (☞ 4.1.2)
Puls, SpO_2, RR, EKG
Inspektion von Nase und Rachen (Blutfluß nach vorne).

Sofortmaßnamen

Oberkörperhochlagerung
Eiskrawatte oder naßkalten Lappen in Nacken und auf Stirn
Kompression der Nasenflügel für 5–10 Min.
Entfernen von Koageln. Abschwellende Nasenspray/-tropfen (z. B. Otriven®)
Bei Hypertonie RR-Senkung, z. B. mit Nifedipin (z. B. Adalat®) 10–20 mg subl. (☞ 5.7).

ransport

Vorstellung beim HNO-Arzt. Bei hypertensiver Krise Transport in Innere Abteilung.

rinzipien der Weiterbehandlung

lutstillung durch lokale Maßnahmen.

lutkontamination von Gesicht, Händen und Kleidung täuscht oft unrealistisch roßen Blutverlust vor.

Schwere Blutung aus der Nase

Meist arterielle Blutung aus den hinteren Nasenabschnitten (A. sphenopalatina ← A. maxillaris ← A. carotis externa).

Symptomatik

- Kräftige, hellrote, oft beidseitige Blutung aus Nase und Rachen
- Blutungspersistenz in den Rachen bei Kompression der Nasenflügel
- Regurgitation großer Blutkoagel.

Kurzanamnese

- Hypertonie, hypertensive Krise, Arteriosklerose
- Gerinnungsstörungen (z. B. Antikoagulatientherapie)
- Angiopathien (M. Osler)
- Traumen
- Tumoren
- Postoperativ (z. B. Konchotomie, Siebbein-OP).

17

Sofortdiagnostik

- Basischeck (☞ 4.1.2)
- Puls, SpO_2, RR, EKG
- Inspektion von Nase und Rachen, Lokalisation der Blutungsquelle (oft kräftige Blutfluß in den Rachen).

Sofortmaßnamen

- O_2-Gabe (☞ 1.7.3)
- Oberkörperhochlagerung
- Eiskrawatte oder naßkalten Lappen in Nacken und auf Stirn
- Nasenflügel kräftig komprimieren
- Koagel entfernen
- Abschwellende Nasenspray/-tropfen (z. B. Otriven®)
- I. v.-Zugang mit Infusion (z. B. Ringer-Lösung)
- Bei Hypertonie RR-Senkung, z. B. mit Nifedipin (z. B. Adalat®) 10–20 mg subl (☞ 5.7)
- *Nasentamponade.*

Technik der pneumatischen Nasentamponade

Material: z. B. Xomed Epistat® (☞ Abb. 17.6)

- Katheter durch den unteren Nasengang bis zum Anschlag einführen
- Hinteren Ballon mit kalter Flüssigkeit (ca. 10 ml) auffüllen
- Katheter nach vorne ziehen, bis hinterer Ballon an Choane anstößt (federnder Widerstand)
- Vorderen Ballon (ca. 30 ml) auffüllen.

Bei Persistenz der Blutung:

- Blockungungsvolumen beider Ballons erhöhen
- *Beidseitige* pneumatische Tamponade.

Weniger effiziente *Alternativmöglichkeiten zur pneumatischen Nasentamponade:*

- Statt pneumatischer Nasentamponade Endotrachealtubus (Tubusdurchmesse etwa Kleinfingerdicke des Patienten) oder Blasenkatheter in Nase einführen blocken und unter Zug halten lassen (Helfer oder Pat. selbst)
- *Zusätzlich* vordere Nasenabschnitte mit Mullstreifen ausstopfen.

ɾransport

- Vorstellung beim nächstgelegenen HNO-Arzt mit OP-Abteilung (Belegarzt, HNO-Abteilung)

ᵓrinzipien der ᐯeiterbehandlung

Ɔefinitive Tamponade, ggf. ›perative Versorgung/Em›olisation.

- *Bei Mittelgesichtsfrakturen* (☞ 17.3.1) heftiges Nasenbluten durch Abriß der A. maxillaris möglich. *Therapie:* Reposition des eingeschobenen Mittelgesichts und beidseitige pneumatische Nasentamponade
- *Geblockte Nasentamponaden* nach 60 Min. probatorisch entblocken (Gefahr der Septumdrucknekrose).

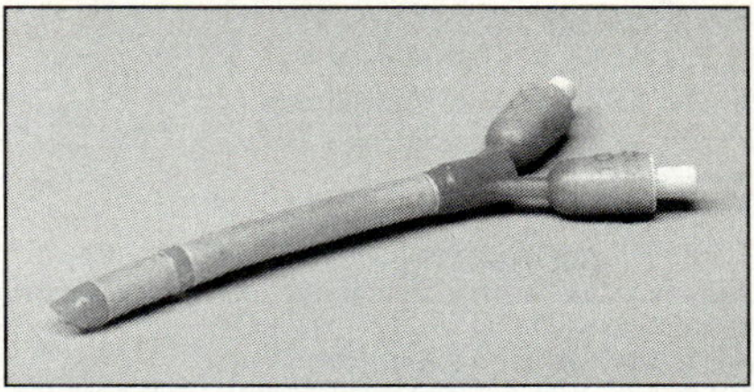

Abb. 17.6: Pneumatische Nasentamponade (Xomed Epistat®)

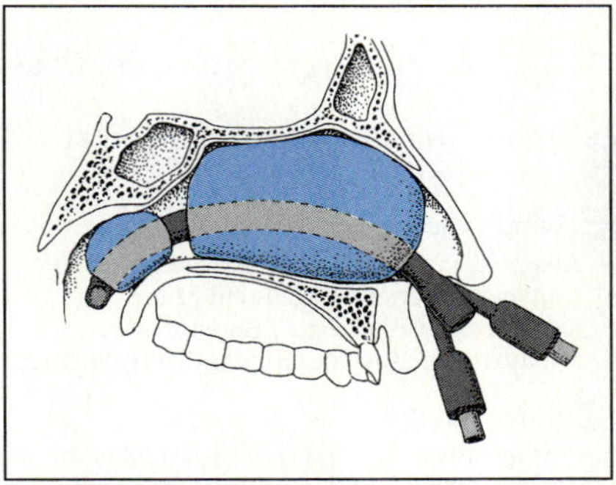

Abb. 17.7: Pneumatische Nasentamponade in situ

ᐱrterielle Massenblutung aus der Nase

ʀuptur bzw. Arrosion der Arteria carotis interna an der Seitenwand der Keilbeinɩöhle.

Symptomatik

Sprudelnd-spritzende Massenblutung aus Nase und Mundhöhle
Volumenmangelschock
Ggf. zentralnervöse Symptomatik durch Subarachnoidalblutung
Asphyxie durch Blutaspiration.

Kurzanamnese

Z.n. Operation oder Tumor an der Rhinobasis
Nach körperlicher Anstrengung oder spontan (Ruptur eines infraklinoidalen Karotisaneurysmas).

Sofortdiagnostik

Basischeck (☞ 4.1.2)
Puls, SpO_2, RR, EKG.

Sofortmaßnahmen

Kompression der A. carotis communis auf der homolateralen Halsseite
Beidseitige pneumatische Nasentamponade mit maximaler Blockung (s. o.)

- Mindestens 2 großlumige i. v.-Zugänge mit Infusion (z. B. HÄS)
- Orotracheale Intubation (☞ 3.4.4)
- Tracheobronchiale Absaugung
- Straffe Pharynxtamponade (☞ Abb. 17.8).

Transport

Schnellstmöglicher Transport in ein Zentrum mit HNO-Abteilung, Neuroradiologie, Neurochirurgie (Sondersignale, ggf. Hubschrauber).

Prinzipien der Weiterbehandlung

Nach provisorischer Versorgung Notfallangiographie, ggf. Ballonokklusion oder Embolisation; operative Versorgung durch Neuroradiologie, HNO, Neurochirurgie.

17.2.2 Blutung aus Mundhöhle, Oro- und Hypopharynx

17

Leichtere und schwere Blutungen aus Mundhöhle, Oro- und Hypopharynx

Symptomatik

- Ausspucken frischen oder geronnenen Blutes
- Blutverschmiertes Gesicht und Mund
- Seltener auch Bluthusten, Bluterbrechen
- Asphyxie durch Blutaspiration (häufigste Todesursache nach Tonsillektomie).

Kurzanamnese

- Postoperativer Zustand (z. B. Tonsillektomie, meist 6. – 10. postoperativer Tag)
- Tumorarrosion
- Trauma (Pfählungsverletzungen, Mittelgesichtsfraktur, Unterkieferfraktur ☞ 17.3.1)
- Gerinnungsstörung, Angiopathie
- Blutung nach zahnärztlicher Behandlung ☞ 17.3.4.

Sofortdiagnostik

- Basischeck (☞ 4.1.2)
- Puls, SpO_2, RR, EKG
- Inspektion der Mundhöhle (Wundbetten, postoperative Residuen) zur Lokalisation der Blutungsquelle.

Sofortmaßnahmen

- Mindestens 2 großlumige i. v.-Zugänge mit Infusion (z. B. Ringer-Lösung, ggf. HÄS)
- Koagel entfernen
- Oberkörperhochlagerung
- O_2-Gabe (☞ 1.7.3)
- Kompression der Blutungsquelle von innen (Finger, tupferarmierte Klemme) und außen
- Blutung nach Mittelgesichtsfraktur (☞ 17.3.1): mit Zeige- und Mittelfinger enoral im Bereich des weichen Gaumens von dorsal und mit dem Daumen im Frontzahnbereich fassen → bewegliche Maxilla nach ventral ziehen und nach kranial gegen das Gesichtsskelett pressen. Maxilla durch straffen Kopf-Kinn-Verband fixieren.

Transport

- Nach Möglichkeit immer Klinikeinweisung (nächste HNO-Abteilung)
- Bei leichteren Blutungen evtl. Vorstellung beim HNO-Arzt bzw. nach zahnärztlichen Eingriffen beim Zahnarzt.

Differentialdiagnose

Ösophageale, gastrointestinale Blutung (Mallory-Weiss-Syndrom, Ösophagusvarizenblutung); Ausschluß durch Inspektion der Mundhöhle (Anamnestische Hinweise auf portale Hypertension, Alkoholabusus?). Bronchiale Blutung bei Gefäßarrosion durch Tumor (Bronchial-Ca bekannt?).

Eingespießte Fremdkörper belassen (☞ 17.3.1).

Arterielle Massenblutung aus Mundhöhle, Oro- und Hypopharynx

Blutung aus A. carotis und ihren Ästen.

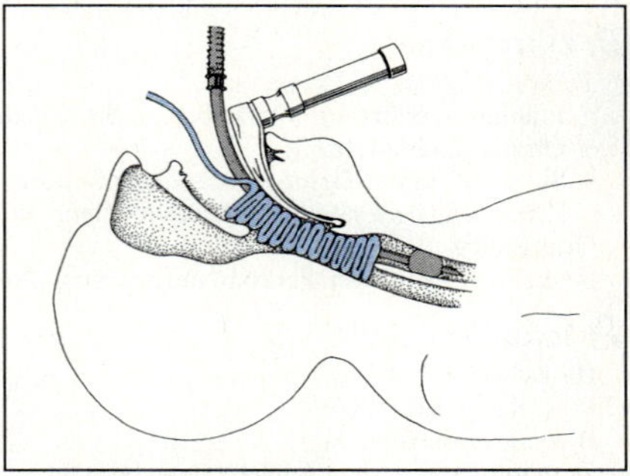

Abb. 17.8: Technik der Pharynxtamponade beim intubierten Patienten

Symptomatik

- Sprudelnd spritzende, arterielle Blutung aus der Mundhöhle
- Schocksymptomatik
- Asphyxie durch Blutaspiration.

Kurzanamnese

- Pfählungsverletzung (☞ 17.3.1)
- Oropharyngealer Tumor
- Z.n. Operation (z.B. enorale Tumorresektion).

Sofortdiagnostik

- Basischeck (☞ 4.1.2)
- Puls, SpO_2, RR, EKG
- Inspektion der Mundhöhle
- Lokalisation der Blutungsquelle.

Sofortmaßnahmen

- Entfernen von Koageln
- O_2-Gabe (☞ 1.7.3)
- Kompression der Blutungsquelle von innen (Finger, tupferarmierte Klemme) und außen
- Digitale Kompression der A. carotis communis an homolateraler Halsseite
- Mindestens 2 großlumige i.v.-Zugänge mit Infusion (z.B. HÄS)
- Orotracheale Intubation (☞ 3.4.4) oder als ultima ratio Koniotomie (☞ 3.4.7)
- Tracheobronchiale Absaugung
- Straffe Pharynxtamponade mit breiter Mullbinde (☞ Abb. 17.8).

Transport

Schnellstmöglicher Transport in das nächstgelegene Klinikum mit HNO- oder MKG-Abteilung (Sondersignale, ggf. Hubschrauber).

Prinzipien der Weiterbehandlung

Transfusionen, chirurgische oder angiographische Blutstillung.

- Ohne Sicherung der Atemwege (Intubation) und anschließende Pharynxtamponade ist die Blutung nicht beherrschbar
- Verzicht auf Maximaltherapie nur bei *gesichert* finalem Zustand eines Tumorpatienten (Patient dem Notarzt bekannt); dann ausreichende Analgosedierung.

17.2.3 Blutung aus dem Ohr

17

Symptomatik

- Blutung aus Gehörgang unterschiedlicher Stärke
- Ggf. Beimengung von Liquor oder Hirnsubstanz
- Ggf. Schwindel, Nystagmus, Nausea, Ertaubung, Fazialisparese.

Kurzanamnese

- Trauma:
  - Pfählungsverletzung (Ohrstäbchen, Stricknadel)
  - Ohrmuschelverletzung
  - Sturz auf Kinn (Kiefergelenks- oder Gehörgangsfraktur)
  - Z. n. SHT (Felsenbeinlängsfraktur, offene otobasale Trümmerfraktur)
- Grippeotitis
- Selten: Tumoren, Gefäßerkrankungen, Koagulopathien.

Sofortdiagnostik

- Basischeck (☞ 4.1.2)
- Puls, SpO_2, RR, EKG
- Bewußtseinsstatus?
- Säuberung des periaurikulären Gewebes und Inspektion: Blutungsquelle im Gehörgang oder Blutkontamination von außen?
- Beimengung von Liquor oder Hirnsubstanz?
- Fazialisfunktion: Sofortparese (entscheidend für Prognose und operative Revision)?
- Spontannystagmus? Hörverlust?

Sofortmaßnahmen

- Ggf. O_2-Gabe (☞ 1.7.3)
- Mindestens 1 großlumiger i. v.-Zugang mit Infusion (z. B. Ringer-Lösung, ggf. HÄS)
- Ggf. Beatmung
- Ohrmuschel steril abdecken.

Transport

- Nach Möglichkeit immer Klinikeinweisung, außer bei leichteren Blutungen evtl. Vorstellung beim HNO-Arzt
- Bei SHT: Schnellstmöglicher Transport in das nächste Zentrum mit Neurochirurgie, Neuroradiologie und HNO
- Bei Traumen der Ohrmuschel, des Gehörgangs oder Mittelohrs: Transport in die nächste HNO-Abteilung.

rinzipien der Weiterbehandlung

ehandlung der zentralnervösen Störungen, Wundversorgung. Danach ggf.: Liıorfisteldeckung, Fazialisdekompression, Mittelohrrekonstruktion.

- *Nichts in den Gehörgang stecken*
- *Fremdkörper belassen*, allenfalls auf Transportmaß kürzen
- Bei offenen Hirnverletzungen *keine Hirnsubstanz entfernen,* steril abdecken mit feuchter Kompresse.

17.2.4 Traumata

brißverletzung von Ohrmuschel, Nase oder Lippen

omplette oder partielle Abtrennung von Ohrmuschel, Nase oder Lippen.

Symptomatik

- Blutende Wunde
- Schmerz.

Kurzanamnese

rauma, Bißverletzung.

Sofortdiagnostik

- Basischeck (☞ 4.1.2)
- Puls, SpO_2, RR, EKG.

Sofortmaßnahmen

- Wunde mit leichter Kompression steril abdecken
- Pendulierende Reste belassen und durch Verband stabilisieren. Ggf. strangulierende Rotationsfehlstellungen aufheben
- Abgetrennte Anteile asservieren und in physiologischer Kochsalzlösung (besser Eiweißlösung) mitnehmen
- I. v.-Zugang mit Infusion (z. B. Ringer-Lösung)
- Ggf. Analgesie, z. B. mit 100 mg Tramadol i. v. (z. B. Tramal®)
- Ggf. Sedierung mit 2,5 mg Midazolam i. v. (z. B. Dormicum®).

ransport

- Nach Möglichkeit immer Klinikeinweisung in die nächste HNO-, MKG- oder plastische Chirurgie-Abteilung ohne Sondersignale
- Bei leichteren Verletzungen evtl. Vorstellung bei HNO-Arzt, MKG- oder plastischem Chirurgen

rinzipien der Weiterbehandlung

astische Rekonstruktion, ggf. in mehreren Schritten.

uch grob verschmutzte und verunstaltete Anteile können zur Rekonstruktion verandt werden.

thämatom

ıbperichondrales Hämatom/Serom der Ohrmuschelvorderfläche nach stumpfer hrmuschelverletzung.

Symptomatik
Prallelastische Vorwölbung auf der Ohrmuschelvorderfläche.

Kurzanamnese
Stumpfes Trauma.

Sofortdiagnostik
- Basischeck (☞ 4.1.2)
- Puls, SpO_2, RR, EKG
- Inspektion
- Palpation.

Sofortmaßnahmen
- Ggf. Analgesie, z. B. mit 100 mg Tramadol i. v. (z. B. Tramal®)

Transport
Klinikeinweisung in die nächste chirurgische oder HNO-Abteilung oder Vorstellung beim HNO-Arzt ohne Sondersignale.

Prinzipien der Weiterbehandlung
Dringliche Hämatomentlastung (Gefahr der Knorpelnekrose).

Stumpfes Halstrauma (Kehlkopffraktur)
Fraktur von Schild- oder Ringknorpel mit möglicher Stenosierung des Atemwegs durch: Fragmentdislokation, Blut, Hämatom, Ödem oder neurogene Läsion.

Symptomatik
- Schmerz
- Hämoptoe
- Inspiratorischer Stridor
- Heiserkeit
- Dysphagie.

Kurzanamnese
Direkte Gewalteinwirkung auf den Hals.

Sofortdiagnostik
- Basischeck (☞ 4.1.2)
- Puls, SpO_2, RR, EKG
- Inspektion: Äußere Prellmarken bzw. offene Verletzungen
- Palpation: Krepitation, Emphysem, Hämatom
- Auskultation von Kehlkopf, Trachea und Lunge (scharfes, evtl. pfeifendes Atemgeräusch: Eingrenzung der Läsionsstelle, Ausschluß bronchopulmonaler Verletzungen).

Sofortmaßnahmen
- Oberkörperhochlagerung
- O_2-Gabe (☞ 1.7.3)
- I. v.-Zugang mit Infusion (z. B. Ringer-Lösung)
- Bei drohender Asphyxie orotracheale Intubation (☞ 3.4.4)
- Falls unmöglich: Koniotomie (☞ 3.4.7)
- Bei offenen Läsionen Intubation über den Traumazugang

Hochdosiert Prednisolon i. v. (z. B. 10 mg/kg KG Solu-Decortin H®) bei ausgeprägtem endolaryngealen Ödem.

ransport

Nach Möglichkeit immer Klinikeinweisung, außer bei leichteren Fällen Vorstellung beim HNO-Arzt – Transport in die nächste HNO-Abteilung
Dringlichkeit des Transports in Abhängigkeit vom Grad der Dyspnoe.

rinzipien der Weiterbehandlung

upenlaryngoskopie, Tracheoskopie, ggf. Röntgendiagnostik, Sonographie, ggf. konstruktive Chirurgie.

ifferentialdiagnose

rachealverletzungen, Fremdkörper, Tumoren, Schwellungen der oberen Atemwe-.

rachealabriß

briß der Trachea vom Larynx bzw. Durchtrennung der zervikalen Trachea mit eist progredienter Ateminsuffizienz:
ndotracheale Blutung → Hustenreiz → Halsemphysem → Dislokation und Kompression der Trachealstümpfe → Asphyxie.

Symptomatik

Schmerz
Hustenreiz, Hämoptoe
Prellmarke am Hals oder offene Halswunde mit Austritt von Atemluft
Halsemphysem
Evtl. Heiserkeit (Rekurrensläsion)
Inspiratorischer und exspiratorischer Stridor
Progrediente Dyspnoe, Schnappatmung, Asphyxie.

Kurzanamnese

Direkte Gewalteinwirkung (stumpf, scharf)
HWS-Hyperextensionstrauma.

Sofortdiagnostik

Basischeck (☞ 4.1.2)
Puls, SpO_2, RR, EKG
Palpation: Krepitation, Stufenbildung zwischen Larynx und Trachea (bei größerer Emphysemausdehnung u. U. nicht tastbar), knisterndes, raumforderndes Halsemphysem
Maskenbeatmung u. U. nicht möglich
Beim Intubationsversuch Glottis einstellbar, aber Tubus nicht vorschiebbar.

Sofortmaßnahmen

O_2-Gabe (☞ 1.7.3)
I. v.-Zugang mit Infusion (z. B. Ringer-Lösung)
Orotrachealer Intubationsversuch (☞ 3.4.4). Bei subglottischem Stop keine Gewaltanwendung!

alls Intubation nicht möglich:
Bei geschlossenen Trachealverletzungen:
- Emphysemhöhle durch kurzen Hautschnitt längs der Trachea eröffnen
- Kaudalen Trachealstumpf aufsuchen (Luftblasen, Hämoptoe) und intubieren

- *Bei offenen Trachealverletzungen:*
  - Wunde austasten, ggf. durch kurzen Hautschnitt erweitern
  - Subkutan mit Klemme oder dem Finger stumpf präparieren, kaudalen Trachealstumpf (Luftblasen, Hämoptoe) aufsuchen und intubieren
- Tracheobronchial absaugen
- Tubus gut blocken und fixieren (Aspirations- und Dislokationsgefahr).

Transport

Schnellstmöglicher Transport in die nächste Klinik mit HNO- und thoraxchirurgischer Abteilung (ggf. Sondersignale, Hubschrauber).

Prinzipien der Weiterbehandlung

Trachearekonstruktion durch HNO- bzw. Thoraxchirurgie.

Beim geschlossenen Trachealabriß (Symptomentrias: zervikale Prellmarke, Halsemphysem, Dyspnoe) kommt es fast immer zur progredienten Verschlechterung von Atmung und anatomischen Verhältnissen, so daß *entschlossenes Handeln* (Eröffnen der Emphysemhöhle, Intubation des Trachealstumpfs) *geboten* ist.

17

17.2.5 Fremdkörper

Nasale Fremdkörper

Symptomatik

- Einseitige Nasenatmungsbehinderung
- Nasenbluten (einseitig)
- Schleimfluß (einseitig)
- Sichtbarer Fremdkörper
- Bei frontobasaler Perforation ggf. Liquorrhoe, ZNS-Symptomatik (☞ 11.2).

Kurzanamnese

Steckenbleiben eines Fremdkörpers in der Nase (meist spielende Kleinkinder).

Sofortdiagnostik

- Basischeck (☞ 4.1.2)
- Puls, SpO_2, RR, EKG
- Inspektion der Nase mit Nasenspekulum und Lichtquelle
- Ausschluß tiefsitzender Atemwegsfremdkörper durch Inspektion und Auskultation
- Bei Abwehr (Kleinkinder) keine Diagnose erzwingen, sondern zum HNO-Arzt fahren.

Sofortmaßnahmen

- Ggf. abschwellender Nasenspray/-tropfen (z. B. Otriven®).

Transport

- Vorstellung beim HNO-Arzt
- Bei V. a. Frontobasisverletzung Klinikeinweisung (möglichst mit HNO- und neurochirurgischer Abteilung)
- Nur bei zentralnervöser Symptomatik dringlicher Transport.

Prinzipien der Weiterbehandlung

Fremdkörperextraktion durch den HNO-Arzt. Bei Frontobasisverletzung Duraplastik (Neurochirurgie und HNO).

Hypopharynx- und Ösophagusfremdkörper

Symptomatik

Später ggf. Symptomatik der *Komplikationen*: Halsemphysem, Mediastinitis, Pneumothorax (☞ 7.7), Aspirationspneumonie (☞ 7.3).

Kurzanamnese

Kinder (Spielzeug, Münzen, o.ä.)
Geriatrische Patienten (sensible Kontrolle des Bolus bei Prothesenträgern gestört)
Psychiatrische Patienten
Patienten mit Ösophagusstenosen.

Sofortdiagnostik

Basischeck (☞ 4.1.2)
Puls, SpO_2, RR, EKG
Auskultation, Palpation und Perkussion von Lunge und zervikalen Weichteilen zum Ausschluß ernster Komplikationen (s. Symptomatik).

Sofortmaßnahmen

I.v.-Zugang mit Infusion (z.B. Ringer-Lösung)
Ggf. Fremdkörperextraktion mit Laryngoskop und Magill-Zange (☞ Abb. 17.9).

Transport

Immer Transport in die nächste HNO-Abteilung (starre, eingekeilte Fremdkörper, z.B. Zahnprothese) oder internistisch-endoskopische Abteilung (weiche Fremdkörper, z.B. Fleischbrocken)
Bei Dyspnoe dringlicher Transport, ggf. Sondersignale.

Prinzipien der Weiterbehandlung

Ggf. Röntgen-Diagnostik; Ösophagoskopie mit Fremdkörperentfernung; ggf. Therapie der Komplikationen.

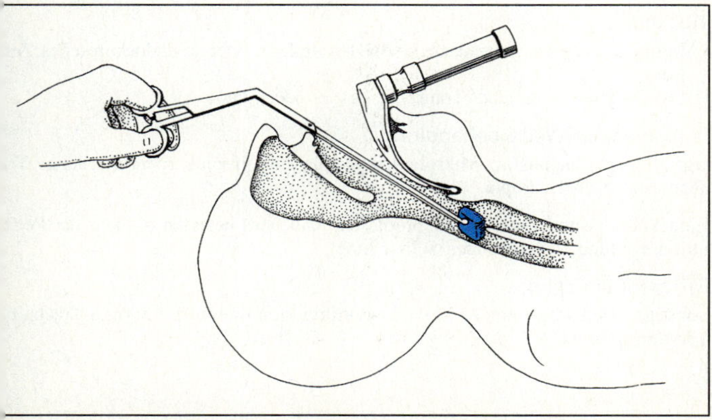

Abb. 17.9: Entfernen eines Hypopharynx-Fremdkörpers mit Laryngoskop und Magillzange

- Bei großen Boli ggf. Ateminsuffizienz durch Trachealkompression
- Komplikationen: Perforation, Blutung, Mediastinitis, Pneumothorax, ösophago tracheale Fistel.

Gefahr der Perforation, Blutung und Schwellung bei Extraktionsversuchen → ein gekeilte Fremdkörper belassen! (Kinder ☞ 12.5.3)

Laryngeale Fremdkörper

Symptomatik

- Luftringen mit überwiegend frustranen Atemexkursionen.

Kurzanamnese

- Z. n. Verschlucken eines Fremdkörpers (Prothesenträger, Kinder, geriatrische u psychiatrische Pat.)
- Suizidversuch.

Sofortdiagnostik

- Basischeck (☞ 4.1.2)
- Puls, SpO_2, RR, EKG
- Auskultation von Larynx, Trachea, Lunge (scharfes Atemgeräusch in Steno sehöhe).

Sofortmaßnahmen

- O_2-Gabe (☞ 1.7.3)
- I. v.-Zugang mit Infusion (z. B. Ringer-Lösung)
- Laryngoskopie in Rachenschleimhautanästhesie (z. B. Xylocain®-Spray, sofern vorhanden)
- Entfernen unverkeilter Fremdkörper mit der Magill-Zange (☞ Abb. 17.9)
- Ggf. Notkoniotomie
- Ggf. Transport mit liegendem Fremdkörper unter Schwellungsprophylaxe, z. B mit Prednisolon i. v. in hoher Dosierung (z. B. 10 mg/kg KG Solu-Decortin H® und in Koniotomiebereitschaft (☞ 3.4.7).

Transport

- Immer Transport in die nächste HNO-Abteilung oder in endoskopisches Zentrum
- Bei Dyspnoe dringlicher Transport, ggf. Sondersignale.

Prinzipien der Weiterbehandlung

Ggf. Röntgendiagnostik; Mikrolaryngoskopie mit Fremdkörperentfernung, Tracheo- und Bronchoskopie.

Eingekeilte Fremdkörper (Gebißprothesen, Knochen) belassen (Gefahr der Perforation, Blutung, zunehmenden Schwellung).

Differentialdiagnose

Sonstige Atemwegsfremdkörper, Epiglottitis, stenosierende Laryngo-Tracheiti Laryngospasmus.

Tab.: 17.7: Differentialdiagnose der Fremdkörperaspiration

Symptom	Lokalisation extranasaler Fremdkörper			
	Hypo-pharynx/ Ösophagus	Larynx	Trachea	Bronchien
Schmerzen im Jugulum	+	–	–	–
Dysphagie	+	+ /–	–	–
Hypersalivation	+	+	–	–
Kloßige Sprache	+	+ /–	–	–
Initialer Hustenreiz	+	+ +	+ + +	+
Heiserkeit	–	+	–	–
Dyspnoe	+ /–	+	+ + +	+
Inspiratorischer Stridor	(+) /–	+	+	–
Exspiratorischer Stridor	–	–	+	+
Hämatopnoe	–	–	–	+
Symptom: – nein, + /- evtl. vorhanden, + ja, + + stark, + + + sehr stark				

'rachealfremdkörper (Kinder ☞ 12.5.3)

Symptomatik

Initial Atemnot und heftiger Hustenanfall
Heftiges Luftringen mit überwiegend frustranen Atemexkursionen
Zunehmende Ateminsuffizienz (Zyanose)
Evtl. hörbares Anschlagen des Fremdkörpers an Glottis oder Carina
Ggf. plötzliche komplette Asphyxie.

Kurzanamnese

Aspiration eines größeren Fremdkörpers (z. B. im Mund gehaltener Gegenstände)
Aspiration von Zahnmaterial (nach Rasanztraumen oder zahnärztlicher Behandlung).

Sofortdiagnostik

Basischeck (☞ 4.1.2)
Puls, SpO_2, RR, EKG
Auskultation von Larynx, Trachea, Lunge: Inspirium und Exspirium hörbar behindert bzw. fehlendes Atemgeräusch bei vollständiger Atemwegsverlegung.

Sofortmaßnahmen

ei erhaltener suffizienter Atmung:
O_2-Gabe (☞ 1.7.3)
I. v.-Zugang mit Infusion (z. B. Ringer-Lösung)
Transport in Intubationsbereitschaft

Bei insuffizienter Atmung:

- Direkte Laryngoskopie mit Intubationsspatel in Rachensprühanästhesie (z.B. Xylocain®-Spray, sofern vorhanden). ***Cave:*** Auslösen von Erbrechen möglich, Aspirationsgefahr
- Falls möglich Fremdkörperentfernung (extrem selten durchführbar)
- Bei wiedereinsetzender Spontanatmung O_2-Gabe (☞ 1.7.3)
- Wenn Fremdkörperentfernung nicht möglich bzw. bei komplettem Trachealverschluß oder Asphyxie:
  - Orotracheale Intubation (☞ 3.4.4)
  - Beatmungsversuch (meist frustran)
  - Fremdkörper mit Tubus oder Mandrin in einen Hauptbronchus vorschieben, bis wieder eine einseitige Beatmung möglich wird
- Tubus zurückziehen, blocken
- Beatmung mit 100 % O_2 (☞ 1.7.3).

Externe Fremdkörper-Dislokationsversuche (Heimlich-Manöver) nur bei vitaler Indikation und wenn es keine sofortige Intubationsmöglichkeit gibt (Erfolgsaussichten gering):

17

- Technik bei nicht bewußtlosen Pat.: stehenden oder sitzenden Pat. von hinten umfassen, eine zur Faust geballte Hand zwischen epigastrischen Winkel und Nabel plazieren; Faust mit der anderen Hand umgreifen und kräftig in Richtung Zwerchfell drücken
- Technik bei bewußtlosen Pat.: über Pat. in Rückenlage knieen und die Hände zwischen epigastrischem Winkel und Nabel übereinanderlegen; kräftig in Richtung Zwerchfell drücken
- Heimlich-Manöver bis zu 5mal anwenden, dann erneute Inspektion des Mund-Rachenraumes
- Kontraindiziert bei Polytrauma und instabilem Thorax
- Bei fortgeschrittener Schwangerschaft bzw. extremer Adipositas: bei nicht bewußtlosen Pat. Thorax von hinten im Stehen oder Sitzen umfassen und komprimieren bzw. bei bewußtlosen Pat. Thorax komprimieren wie bei Herzdruckmassage
- Komplikationsmöglichkeiten des Heimlich-Manövers: Ruptur intraabdominaler Organe, Rippenfrakturen, Erbrechen.

Transport

Dringlicher Transport in die nächste HNO- oder endoskopische Abteilung (ggf. Sondersignale).

Prinzipien der Weiterbehandlung

Tracheo-Bronchoskopie mit Fremdkörperentfernung, ggf. Röntgendiagnostik, ggf. Therapie der Komplikationen (z.B. Trachealperforation).

Differentialdiagnose

Sonstige Atemwegsfremdkörper und stenosierende Atemwegserkrankungen

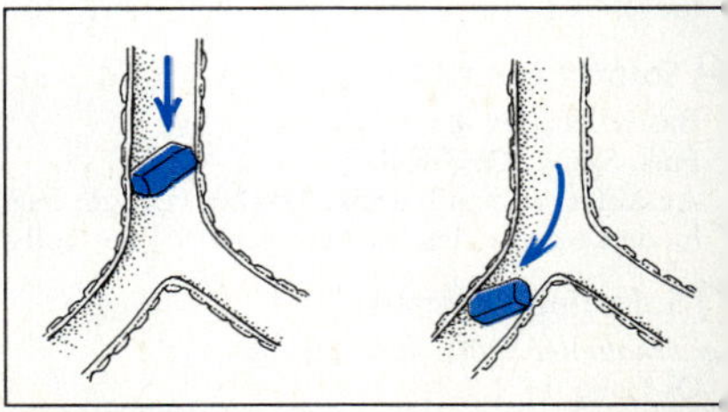

Abb. 17.10: Umwandeln eines trachealen in einen bronchialen Fremdkörper

Durch Fremdkörperdislokation oder Begleitödem kann sich eine subtotale Trachealverlegung schlagartig in einen kompletten Trachealverschluß verwandeln.

ronchialfremdkörper (Kinder ☞ 12.5.3)

Symptomatik

Initial: Hustenreiz, Hämoptoe

Dann: Exspiratorischer Stridor, einseitige Lungenüberblähung bei homolateralen Rasselgeräuschen; später rezidivierende Broncho-Pneumonien mit Hustenattacken.

Kurzanamnese

Aspiration eines kleinen Fremdkörpers (z. B. Erdnuß, Zahnmaterial, nach zahnärztlicher Behandlung)

Blut- bzw. Schleimaspiration

Später: Rezidivierende Broncho-Pneumonien, eitriger Auswurf, Lungen- oder Lappenatelektase.

Sofortdiagnostik

Basischeck (☞ 4.1.2)

Puls, SpO_2, RR, EKG

Auskultation von Larynx, Trachea, Lunge:

- Normales, vesikuläres Atemgeräusch bei kleinen Fremdkörpern in der Peripherie
- Einseitig fehlendes Atemgeräusch bei Verschluß eines Hauptbronchus
- Giemen, Pfeifen, Brummen (trockene RG) bei Fremdkörpern im Bronchialsystem
- Bronchialatmen, z. B. bei Pneumonie nach Aspiration eines Fremdkörpers vor längerer Zeit

Perkussion der Lunge: hypersonorer Klopfschall bei Ventilmechanismus durch den Fremdkörper mit Überblähung der homolateralen Lunge.

Sofortmaßnahmen

O_2-Gabe (☞ 1.7.3)

I. v.-Zugang mit Infusion (z. B. Ringer-Lösung)

Ggf. Intubation und Beatmung mit 100 % O_2.

ansport

Immer Transport in die nächste internistische oder HNO-Abteilung

Bei Dyspnoe dringlicher Transport (ggf. Sondersignale).

inzipien der Weiterbehandlung

öntgendiagnostik, Tracheo-Bronchoskopie mit Fremdkörperentfernung.

ehörgangsfremdkörper (☞ 17.2.4)

17.2.6 Infektionen und hypererge Schleimhautreaktionen

Akute Epiglottitis (Kinder ☞ 12.5.3)

Durch Haemophilus influenzae verursachte entzündliche Auftreibung der Epiglo tis (oft mit Abszedierung) im Rahmen eines Infekts der oberen Luftwege.

Symptomatik

- Kloßige Sprache
- Dysphagie
- Hypersalivation
- Inspiratorischer Stridor
- Allgemeine Infektzeichen (Fieber, Tachykardie, Hypotonie, Abgeschlagenhei
- Fauliger Mundgeruch.

Kurzanamnese

- Atemwegsinfekt? Husten?

17

Sofortdiagnostik

- Basischeck (☞ 4.1.2)
- Puls, SpO_2, RR, EKG
- Inspektion der Mundhöhle:
  - Entzündliche Schwellung des Zungengrunds
  - Fauliger Foetor ex ore
  - Schleimhautrötung
- Schwellung der zervikalen Lymphknoten und der Halsweichteile
- Temperatur ↑.

Sofortmaßnahmen

- Oberkörperhochlagerung
- O_2-Gabe (☞ 1.7.3)
- Topisches Sympathomimetikum (z. B. Adrenalin Medihaler® 2–4 Hübe)
- I. v.-Zugang mit Infusion (z. B. Ringer-Lösung)
- Prednisolon in hoher Dosierung i. v. (z. B. 10 mg/kg KG mg Solu-Decortin H
- Bei drohender Asphyxie: Intubationsversuch (schwierig!)
- Nach frustranen Intubationsversuchen keine Zeit verlieren und umgehend k niotomieren (☞ 3.4.7).

Transport

Dringlicher Transport in die nächste Klinik mit HNO-Abteilung oder -Konsiliari (ggf. Sondersignale).

Prinzipien der Weiterbehandlung

Antibiotische, antiödematöse Therapie.

- In der Regel bessert sich der Zustand, so daß riskante Intubationsversuche er behrlich sind
- Niemals „prophylaktisch" intubieren (Gefahr der iatrogenen Schwellungspr gression, Blutung, Abszeßentleerung mit Aspiration).

Stenosierende Laryngo-Tracheitis

Subglottische und tracheale Ödeme und Verborkung im Rahmen eines viral oder bakteriellen Atemwegsinfekts, bei Exsikkose oder nach Radiatio.

Symptomatik

Bellender Husten (meist nachts)
Infektzeichen
Langsam progrediente Dyspnoe
Inspiratorischer Stridor.

Kurzanamnese

Vorausgegangener „grippaler“ Infekt (Abgeschlagenheit, Gliederschmerzen, Fieber, Schnupfen, Husten)
Evtl. bekannte Stenose der Trachea
Schwerer Nikotinabusus
Ggf. vorbestehende Sicca-Symptomatik (Exsikkose nach Radiatio, M. Sjögren).

Sofortdiagnostik

Basischeck (☞ 4.1.2)
Puls, SpO_2, RR, EKG
Auskultation von Larynx, Trachea, Lunge zum Ausschluß primär bronchopulmonaler Erkrankungen und zur Lokalisation der Läsionsstelle (scharfes Stenosegeräusch)
Temperatur↑.

Sofortmaßnahmen

Oberkörperhochlagerung
O_2-Gabe (☞ 1.7.3)
I. v.-Zugang mit Infusion (z. B. Ringer-Lösung)
Topisches Sympathomimetikum (z. B. Adrenalin-Medihaler® 2–4 Hübe)
Bei schwerer Symptomatik Prednisolon in hoher Dosierung i. v. (z. B. 10 mg/kg KG Solu-Decortin H®).

ransport

ringlicher Transport in die nächste internistische bzw. pädiatrische Abteilung mit NO-Konsiliarius (ggf. Sondersignale).

rinzipien der Weiterbehandlung

halationstherapie, Antibiose, Mukolyse.

temwegsstenose durch Insektenstich

hleimhautschwellung der oberen Luftwege (Zunge, Zungengrund, Gaumen, nsille, Pharynxwand; sehr selten: Glottis, Subglottis, Trachea oder Bronchien).

Symptomatik

Dysphagie
Kloßige Sprache
Häufig begleitendes Hyperventilationssyndrom
Selten Dyspnoe, inspiratorischer Stridor, Kreislaufreaktionen.

Kurzanamnese

Z. n. Verschlucken einer Wespe, Biene, Hummel o. ä.
Schmerzhafter Stich beim Schlucken
Manchmal genaue Lokalisationsangabe möglich.

Sofortdiagnostik

- Basischeck (☞ 4.1.2)
- Puls, SpO_2, RR, EKG
- Inspektion von Mundhöhle und Oropharynx.

Sofortmaßnahmen

- Oberkörperhochlagerung
- O_2-Gabe (☞ 1.7.3)
- I. v.-Zugang mit Infusion (z. B. Ringer-Lösung)
- Bei Stridor:
  - Topisches Sympathomimetikum (z. B. Adrenalin Medihaler® 2–4 Hübe)
  - Topisches Kortikoid (z. B. Pulmicort® Spray 2–4 Hübe)
  - Prednisolon in hoher Dosierung i. v. (z. B. 10 mg/kg KG Solu-Decortin H®)
- Bei drohender Asphyxie orotracheale Intubation (☞ 3.4.4)
- Wenn Intubation nicht möglich → Koniotomie (☞ 3.4.4)
- Bei Kreislaufkomplikationen oder anaphylaktischem Schock ☞ 5.9.

Transport

- In schweren Fällen dringlicher Transport in die nächste Klinik mit HNO-Abteilung oder -Konsiliarius (ggf. Sondersignale)
- In leichteren Fällen Vorstellung beim HNO-Arzt.

Prinzipien der Weiterbehandlung

Topisch und systemisch antiödematös, ggf. antiallergisch.

- Oft extreme Erstickungsangst (Hyperventilation) trotz geringen objektiven Befunds.

Quincke-Ödem

Schwellungsneigung des oberen Aerodigestivtrakts aufgrund einer allergischen Reaktion (☞ 19.1) oder eines hereditären Enzymdefekts im Komplementsystem.

Symptomatik

- Blaß-livide Schwellung von Lidern, Lippen, Zunge (evtl. monströs), Supraglottis und Mundschleimhaut
- Spannungsschmerz im Gesicht
- Evtl. Stridor, Dyspnoe
- Evtl. gastrointestinale Koliken.

Kurzanamnese

- Bekannter Enzymdefekt
- Z. n. Streß, Trauma
- Allergische Reaktion (s.a. 19.1) nach Nahrungsaufnahme (z. B. Schalentiere) oder Medikamenten (z. B. ACE-Hemmer).

Sofortdiagnostik

- Basischeck (☞ 4.1.2)
- Puls, SpO_2, RR, EKG
- Inspektion der Mundhöhle
- Temperatur: kein Fieber.

Sofortmaßnahmen

Oberkörperhochlagerung
O_2-Gabe (☞ 1.7.3)
Möglichst großlumiger i. v.-Zugang mit Infusion (z. B. Ringer-Lösung)
Topisches Sympathomimetikum (z. B. Adrenalin Medihaler® 2–4 Hübe)
Prednisolon in hoher Dosierung i. v. (z. B. 10 mg/kg KG Solu-Decortin H®)
Antihistaminikum, z. B. Clemastin (z. B. Tavegil®) 4 mg i. v.
Bei drohender Asphyxie: Intubationsversuch (☞ 3.3.4), ggf. Koniotomie (☞ 3.4.7).

Transport

In leichten Fällen: Vorstellung beim Haut- oder HNO-Arzt
Bei Dyspnoe dringlicher Transport in die nächste Klinik mit HNO-Abteilung, bei weiterer Entfernung in die nächste chirurgische Abteilung (ggf. Sondersignale).

Prinzipien der Weiterbehandlung

Symptomatische Therapie, ggf. Tracheotomie, Koniotomie. Enzymdiagnostik, ggf. Enzymsubstitution. Allergenaustestung.

17.2.7 Notfälle bei Patienten mit Tracheostoma

Atemnot bei Patienten mit Tracheostoma

Verlegung der Kanüle oder des Tracheostomas durch Schleim oder Borken aufgrund der fehlenden Atemluftbefeuchtung; seltener durch Tumorwachstum, Schleimhautödem oder fehlplazierte Kanüle.

Kanülenarten (☞ Abb. 17.11)

Ungeblockte Kanülen (Silber, Kunststoffe), z. T. mit herausnehmbarem Innenteil („Seele") für eine erleichterte Reinigung; evtl. mit Sprechventil
Geblockte Kanülen bei Langzeitbeatmung und Aspiration
Silikon-T-Tubes (Montgomery-Röhrchen) bei Trachealstenose. Diese Kanülen schienen die Trachea, der Schenkel zum Stoma ist mit Stöpsel verschlossen und wird nur zur Reinigung geöffnet.

Symptomatik

Ruhedyspnoe
Inspiratorischer, gelegentlich auch exspiratorischer Stridor.

Kurzanamnese

Z. n. Tracheotomie

Sofortdiagnostik

Basischeck (☞ 4.1.2)
Puls, SpO_2, RR, EKG
Inspektion von Tracheostoma und Kanüle:
- Schleim, Borken in der Kanüle
- Tumor/Granulationen im Tracheostoma oder in der Trachea
- Kanülendislokation

Auskultation (Stenosegeräusche?).

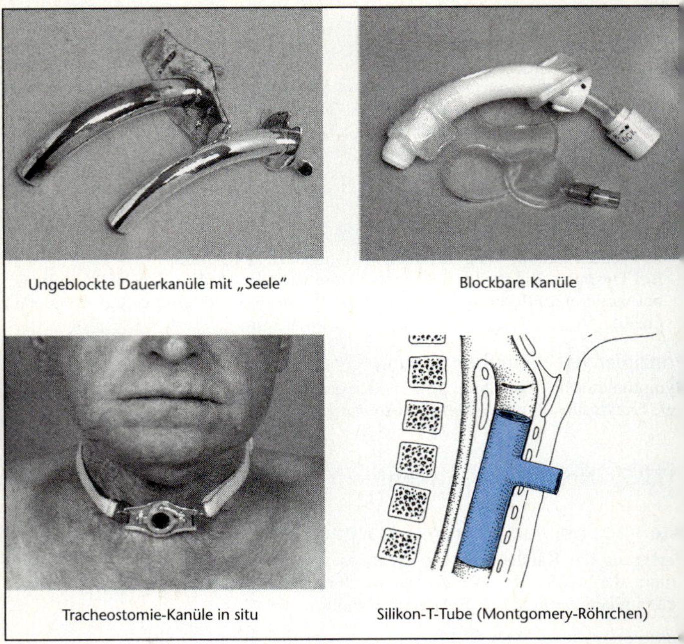

Abb. 17.11: Kanülenarten beim Tracheostoma

Sofortmaßnahmen

- Kanüle und Trachea mit dicklumigem, flexiblen Absaugkatheter säubern, ggf Innenteil entfernen
- Falls keine Besserung: Kanüle entfernen, nochmals absaugen
- Falls keine Besserung: Ca. 20 ml NaCl 0,9 % in das Tracheostoma spritzen, ab husten lassen
- Falls keine Besserung: V. a. tumoröse/ödematöse Trachealstenose
- Gereinigte Kanüle wiedereinsetzen
- O_2-Gabe (☞ 1.7.3) über das Tracheostoma
- Wenn über das Stoma keine ausreichende Spontanventilation möglich ist, Intu bation über das Stoma, am besten über Führungsstab (ggf. Kindertubus verwen den)
- I. v.-Zugang mit Infusion (z.B: Ringer-Lösung)
- Prednisolon in hoher Dosierung i. v. (z. B. 10 mg/kg KG Solu-Decortin H®).

Transport

- In schweren Fällen Transport in die nächste Klinik mit HNO-Abteilung, i dringenden Fällen in die nächste chirurgische Abteilung (ggf. Sondersignale)
- Sonst evtl. Vorstellung beim HNO-Arzt.

Prinzipien der Weiterbehandlung

Endoskopische Kontrolle der Trachea und ggf. Weiterbehandlung.

- Erstickungszustände beim tracheotomierten Patienten resultieren fast immer aus einer Verlegung in Höhe des Tracheostomas (Kanüle, Stoma, Trachea)
- Orotracheale Intubationsversuche sind häufig kontraindiziert (z. B. laryngektomierter Patient)
- Frisch angelegte Tracheostomata kollabieren bei Entfernung der Trachealkanüle → Weichteile z. B. mit Nasenspekulum, Klemme o. ä. offenhalten
- Zur Absaugung von *Silikon-T-Tubes (Montgomery-Röhrchen)* Stöpsel entfernen und äußeren Schenkel nach oben kippen
- Irreversibel verstopfte Silikon-T-Tubes (Montgomery-Röhrchen) am Stomaschenkel fassen (ggf. mit Klemme) und herausreißen (evtl. größerer Kraftaufwand erforderlich)
- Trachealkanülen-Träger bedecken die Kanüle häufig mit einem Schal. Sie ist dann nicht sofort zu sehen.

Tracheostomablutung

Blutung aus dem Tracheostomakanal bei:

- Tumorrezidiv
- Arrosion von Schilddrüsengefäßen
- Arterielle Massenblutung bei Arrosion des Truncus brachiocephalicus durch scheuerndes Kanülenende.

Symptomatik

- Blutung aus dem Tracheostomakanal
- Hämoptoe
- Dyspnoe durch Aspiration.

Bei Trunkusarrosion rapide einsetzender Volumenmangelschock, Herz-Kreislauf-Stillstand, Asphyxie durch Aspiration.

Kurzanamnese

Z. n. nach Tracheotomie.

Sofortdiagnostik

- Basischeck (☞ 4.1.2)
- Puls, SpO_2, RR, EKG
- Inspektion des Tracheostomas.

Sofortmaßnahmen

- Tracheobronchial absaugen
- O_2-Gabe (☞ 1.7.3) über Tracheostoma
- Trachea und Stoma neben der liegenden Kanüle mit Mullstreifen austamponieren (Nasenspekulum hilfreich).

Bei Trunkusarrosionsblutung:

- Trachealkanüle entfernen
- Endotrachealtubus durch das Stoma weit in Trachea einführen, stramm blocken und zurückziehen, bis die Blutung etwas nachläßt
- Trachea und Stoma mit Mullstreifen austamponieren
- Aspiriertes Blut absaugen

- O_2-Gabe (☞ 1.7.3)
- Mindestens 2 großlumige i. v.-Zugänge mit Infusion (z. B. Ringer-Lösung, ggf HÄS).

Transport

Immer Transport in die nächste Klinik mit HNO-Abteilung, bei längeren Anfahrtswegen in die nächste chirurgische Abteilung.

Prinzipien der Weiterbehandlung

Versorgung mäßig starker Blutungen durch HNO-Abteilung. Bei Trunkusarrosionsblutungen Versorgung durch HNO, interventionelle Radiologie, Thorax-, Gefäßchirurgie.

17

17.3 Mund-, kiefer- gesichtschirurgische und zahnärztliche Notfälle

Besonderheiten bei MKG-Notfällen

- Lebensbedrohliche Notfallsituationen im MKG-Bereich entstehen durch Verlegung der Atemwege aufgrund von Frakturen, Ödem, Tumor, Fremdkörpe oder Blutungen aus einem intraoralen Tumor
- Die wichtigsten Hilfsmittel bei Notfällen im MKG-Bereich für Untersuchung bzw. Therapie sind:
  - Spatel und Lichtquelle (Laryngoskop)
  - Möglichst großlumiger Absaugkatheter.

17.3.1 Traumata und Kiefergelenkluxationen

Ablederungsverletzungen

Symptomatik

- Schmerzen
- Blutung im Bereich der offenen Ablederung
- Bei geschlossener Ablederung Hämatom mit massiver Schwellung und Fluktuation
- Ggf. Bewußtseinsstörung (☞ 11.2).

Sofortdiagnostik

- Basischeck (☞ 4.1.2)
- Puls, SpO_2, RR, EKG
- Atemwege frei?
- Inspektion:
  - Teilabriß von Gesichts- (und Schädel-) haut
  - Sickerblutung, selten spritzende Blutung aus mittelgroßem Gefäß
- Schockzeichen?

Sofortmaßnahmen

- O_2-Gabe (☞ 1.7.3), ggf. Atemwege sichern (☞ 3.4.4)
- Oberkörper-Hochlagerung, ggf. Schocklagerung (☞ 2.5)

I. v.-Zugang mit Infusion (z. B. Ringer-Lösung)
Analgesie, z. B. mit 100 mg Tramadol (z. B. Tramal®) i. v.
Ggf. Sedierung mit 2,5 mg Midazolam (z. B. Dormicum®) i. v.
Wundversorgung:
- Verschmutzungen nur grob entfernen
- Weichteile annähernd in ihre ursprüngliche Lage zurückbringen
- Bißverletzungen steril abdecken
- Sickerblutungen mit breitflächigem Druck (Verband) vermindern
- Spritzende Blutung lokal komprimieren. Wenn kein Stillstand der Blutung nach 5 Min. zu erzielen ist, Blutgefäß ligieren oder mit Klemme verschließen
- Vollständig abgetrennte Hautteile, z. B. Skalpierungsverletzung, wie abgetrennte Gliedmaßen behandeln und asservieren (☞ 11.7.6)

Bei Bißverletzungen Hund ggf. durch Polizei „asservieren" lassen und Amtsarzt verständigen (Tollwut?).

ransport

ı MKG-Klinik oder bei weiterer Entfernung in die nächste chirurgische Klinik, ɛi Schocksymptomatik mit Sondersignalen.

rinzipien der Weiterbehandlung

ntibiose, Tetanusprophylaxe, sofortige, möglichst definitive operative Versorung zur Verminderung von entstellenden Narben, mikrochirurgische Versorgung ɔgetrennter Hautpartien, ggf. Tollwutimpfung.

norale Weichteilverletzungen

Symptomatik

Schmerzen, evtl. Blutung.

Kurzanamnese

Unfall (z. B. Sturz oder direktes Anpralltrauma)
Krampfanfall (Zungenbiß, Sturzverletzung).

Sofortdiagnostik

Basischeck (☞ 4.1.2)
Puls, SpO_2, RR, EKG
Atemwege frei?
Inspektion der Mundhöhle: klaffende Wunden der Wangenschleimhaut oder der Zunge mit oder ohne Fremdkörper. Begleitende Zahnschäden?

Sofortmaßnahmen

O_2-Gabe (☞ 1.7.3), ggf. Atemwege sichern (☞ 3.4.4)
Oberkörper-Hochlagerung, ggf. Schocklagerung (☞ 2.5)
I. v.-Zugang mit Infusion (z. B. Ringer-Lösung)
Analgesie, z. B. mit 100 mg Tramadol (z. B. Tramal®) i. v.
Ggf. Sedierung mit 2,5 mg Midazolam (z. B. Dormicum®) i. v.
Vorgehen bei Blutungen:
- *Wangenwunde:* enorale Kompression durch Einpressen einer Tamponade zwischen Zähne und Wangenschleimhaut bei geschlossenen Zahnreihen
- *Zungenwunde:* enorale Kompression durch bimanuelles (eine Hand im Mund, die andere am Mundboden) Einpressen einer Tamponade

- *Mundboden* (Mundbodenhämatom → Mundbodenweichteile übersteigen di Schneidekante der Unterkieferzähne): bei Atembehinderung sofortige Intubation (☞ 3.4.4) zur Sicherung der Atemwege
- Bei stärkeren, nicht lokalisierbaren Blutungen im Rachenraum nach Intubation den gesamten Mundraum mit Kompressen austamponieren und den Unterkiefer mit einem straffen Kopf-Kinn-Verband fixieren.

Transport

Transport in MKG-Klinik oder bei weiterer Entfernung in die nächste chirurgisch Klinik, ggf. mit Sondersignalen.

Prinzipien der Weiterbehhandlung

Antibiose, Tetanusprophylaxe, Wundversorgung und ggf. Fremdkörperentfernung

- Bei erschwerter Intubation, z.B. bei Mundbodenhämatom an Koniotomi (☞ 3.4.7) denken!
- Fremdkörper nicht entfernen, Wunden nicht sondieren.

17

Pfählungsverletzung

Sonderfall: Schußverletzungen.

Symptomatik

- Schmerzen, Blutung.

Sofortdiagnostik

- Basischeck (☞ 4.1.2)
- Puls, SpO_2, RR, EKG
- Atemwege frei?
- Inspektion:
  - In die Weichteile eingedrungene Gegenstände (z.B. Teile des Kfz-Steuerrades, Ast, Zahnbürste)
  - Rachenraum: enorale Wunden bzw. Perforation?
  - Begleitende Zahnschäden?
- Wegen möglichen intrakraniellen Begleitverletzungen orientierenden Neurostatus erheben (☞ 8.1.8).

Sofortmaßnahmen

- O_2-Gabe (☞ 1.7.3), ggf. Atemwege sichern (☞ 3.4.4)
- Oberkörper-Hochlagerung
- I.v.-Zugang mit Infusion (z.B. Ringer-Lösung)
- Analgesie, z.B. mit 100 mg Tramadol (z.B. Tramal®) i.v.
- Ggf. Sedierung mit 2,5 mg Midazolam (z.B. Dormicum®) i.v.
- Fremdkörper belassen, notfalls auf Transportmaß kürzen. Feststehende Fremdkörper (z.B. Zaun, Wasserhahn) von Feuerwehr absägen lassen
- Schußkanäle und Bißverletzungen steril abdecken.

Transport

Transport in MKG-Klinik oder bei weiterer Entfernung in die nächste chirurgisch Klinik, ggf. mit Sondersignalen.

Prinzipien der Weiterbehandlung

Antibiose, Tetanusprophylaxe, Entfernung des Fremdkörpers, ggf. in Zusammenarbeit mit HNO, Neurochirurgie und Kieferchirurgie, Wundversorgung.

Schußkanal am Unfallort nicht sondieren.
Eine Intubation kann durch den enoralen Fremdkörper erschwert oder unmöglich sein, Analgetika und Sedativa daher sehr vorsichtig dosieren (Atemdepression)
Meist erschwerte Intubation → an Koniotomie (☞ 3.4.7) denken!

Mittelgesichtsfraktur

Symptomatik

Schmerzen, enorale Blutung
Evtl. Bewußtseinsstörung (☞ 11.2)

Kurzanamnese

Verkehrsunfall, Sturz aus größerer Höhe, Pferdetritt, Kollision beim Kampfspiel (z. B. Fußball), Schlägerei.

Sofortdiagnostik

Basischeck (☞ 4.1.2)
Puls, SpO_2, RR, EKG
Atemwege frei?
Inspektion:
- Weichteilverletzungen, Prellmarke, Hämatom, Schwellung
- Monokel-, Brillenhämatom
- Rachenraum (ggf. vorher absaugen): Prothese, Knochen- und Zahnfragmente, Blutung (☞ 17.2.2)?

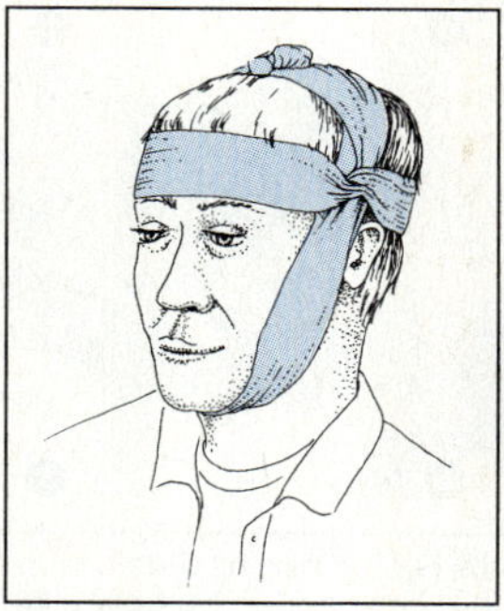

Abb. 17.12: Kopf-Kinn-Verband

Mittelgesichtsskelett auf Frakturhinweise (Fehlstellungen) überprüfen:
- Periorbitale Stufen
- Inkongruenz der Zahnreihen gegeneinander und in sich
- Abnorme Beweglichkeit z. B. der Maxilla gegenüber dem Schädel (mit der rechten Hand die Oberkiefer-Frontzähne fassen und die Maxilla bewegen, mit der linken die Stirn fixieren) oder verschiedener Kieferabschnitte gegeneinander

Starkes Nasenbluten bei Abriß der A. sphenopalatina (☞ 17.2.1)
Sensibilitätsstörungen im Wangenbereich (Nervenläsion)
Doppelbilder (Orbitabeteiligung, z. B. blow-out-fracture, evtl. mit Visusminderung).

Sofortmaßnahmen

O_2-Gabe (☞ 1.7.3), ggf. Atemwege sichern (☞ 3.4.4)
Oberkörper-Hochlagerung
I. v.-Zugang mit Infusion (z. B. Ringer-Lösung)
Analgesie, z. B. mit 100 mg Tramadol (z. B. Tramal®) i. v.
Ggf. Sedierung mit 2,5 mg Midazolam (z. B. Dormicum®) i. v.
Bei schweren Verletzungen der Weichteile und Instabilität der Kiefer Intubation (☞ 3.4.4)
Bei starkem Nasenbluten ☞ 17.2.1
Straffen Kopf-Kinn-Verband anlegen
Bei starkem Nasenbluten Nasentamponade (☞ 17.2.1)
Ggf. luxierte Zähne und Knochenteile asservieren (☞ 17.3.2).

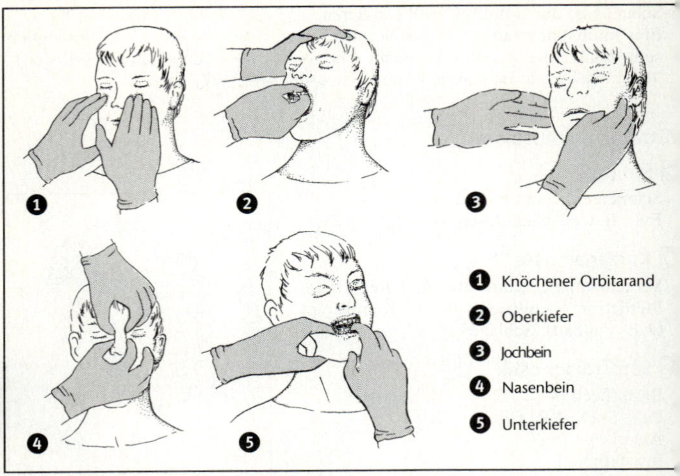

Abb. 17.13: Prüfung auf Gesichtsschädelfraktur

Transport

Transport in MKG-Klinik oder bei weiterer Entfernung in die nächste chirurgisch Klinik, ggf. mit Sondersignalen.

Prinzipien der Weiterbehandlung

Röntgendiagnostik, Antibiose, Tetanusprophylaxe, operative Versorgung de Weichteilverletzungen und der Frakturen, bei aufgeschobener Versorgung Ruhig stellung der Frakturen.

Komplikationen:

- Bei V.a. hohe Fraktur (Le Fort III; Brillenhämatom) Schädelbasisfraktur m Liquorrhoe möglich (☞ 11.2)
- Bei Nasentamponade wegen starker Blutung und Schädelbasisfraktur bestel die Gefahr, die Tamponade in die vordere Schädelgrube zu schieben
- Aspiration von Zahn- oder Prothesenteilen.

Unterkiefer- und Kiefergelenkfraktur

Symptomatik

- Schmerzen im Unterkiefer
- Beweglichkeit des Unterkiefers eingeschränkt oder aufgehoben
- Evtl. sichtbare Deformität, Prellmarke, Weichteilverletzung.

Sofortdiagnostik

- Basischeck (☞ 4.1.2)
- Puls, SpO_2, RR, EKG

- Schwellung und sichtbares Hämatom (Fraktur im vorderen oder mittleren Anteil des Unterkiefers)
- Inkongruenz der Zahnreihen, Stufe in der Zahnreihe, Zahnluxation oder -fraktur (☞ 17.3.2)
- Gestörte Okklusion: Unterkieferfragmente lassen sich gegeneinander bewegen, offener Biß (beim Zusammenbeißen ist die Verzahnung der Front offen, während die Backenzähne aufeinander beißen → *Kiefergelenkfraktur*)
- Mundöffnung behindert und Seitenabweichung des Unterkiefers bei Mundöffnung → *Kiefergelenkfraktur* (keine Schwellung, kein Hämatom sichtbar!).

Sofortmaßnahmen

- O_2-Gabe (☞ 1.7.3)
- Bei ausgedehnter Unterkiefer-Trümmerfraktur Intubation zur Sicherung der Atemwege
- Oberkörper-Hochlagerung
- I. v.-Zugang mit Infusion (z. B. Ringer-Lösung)
- Analgesie, z. B. mit 100 mg Tramadol (z. B. Tramal®) i. v.
- Ggf. Sedierung mit 2,5 mg Midazolam (z. B. Dormicum®) i. v.
- Ggf. nicht allzu fester Kopf-Kinn-Verband.

Transport

Transport in MKG-Klinik oder bei weiterer Entfernung in die nächste chirurgische Klinik, ggf. mit Sondersignalen.

Prinzipien der Weiterbehandlung

Antibiose, Tetanusprophylaxe, detaillierte Traumadiagnostik, Osteosynthese.

Cave: meist erschwerte Intubation → an Koniotomie (☞ 3.4.7) denken!

- Bei lückenhaftem Gebiß nach verlorenen Zähnen fragen und diese asservieren (☞ 17.3.2)
- Eine Intubation kann durch die evtl. verminderte Unterkieferbeweglichkeit erschwert oder unmöglich sein, Analgetika und Sedativa daher sehr vorsichtig dosieren (Atemdepression).

Luxation des Kiefergelenkes

Symptomatik

- Schmerzhafte Kiefersperre (die Zahnreihen können nicht mehr geschlossen werden).

Kurzanamnese

- Habituelle Luxation: Luxationen bereits anamnestisch bekannt
- Trauma, forciertes Abbeißen, Gähnen, nach Zahnarztbesuch.

Sofortdiagnostik

- Basischeck (☞ 4.1.2)
- Puls, SpO_2, RR, EKG
- Inspektion: Abweichen der Unterkiefermitte zur nicht betroffenen Seite bei einseitiger Luxation
- Unterkiefer mit der Hand führen: Zahnreihen lassen sich nicht schließen.

Sofortmaßnahmen

- Ggf. O_2-Gabe (☞ 1.7.3)
- Oberkörper-Hochlagerung
- I. v.-Zugang mit Infusion (z. B. Ringer-Lösung)
- Ggf. Analgesie, z. B. mit 50 mg Tramadol (z. B. Tramal®) i. v.
- Ggf. Sedierung mit 2,5 mg Midazolam (z. B. Dormicum®) i. v.
- Nur bei habitueller Kiefergelenkluxation *Reposition nach Hippokrates:* mit beiden Daumen auf die Molaren im Unterkiefer drücken, mit den anderen Fingern den Kieferwinkel umfassen. Durch konstanten Zug den Unterkiefer nach kaudal-ventral ziehen. Nach Dehnung der Weichteile Unterkiefer nach kaudal-dorsal drehen bis das Tuberculum articulare überwunden ist (spürbares „Einrasten").

Transport

- Ohne Sondersignal in MKG-Klinik oder bei weiterer Entfernung in die nächste chirurgische Klinik
- Im Sitzen transportieren.

Prinzipien der Weiterbehandlung

Ausschluß einer Kiefergelenkfraktur, Einrenken nach Hippokrates, Ruhigstellung mit Kopf-Kinn-Verband. Ggf. Operation.

Differentialdiagnose

Kiefergelenkfraktur (s. o.).

Keine Repositionsversuche bei nicht habitueller Luxation, da die Reposition schwierig ist und bei bestehender Kiefergelenkfraktur ein zusätzlicher Schaden entstehen kann.

17.3.2 Zahntrauma

Symptomatik

- Spontanschmerzen oder Berührungsschmerzen an bestimmten Zähnen
- Patient kann ungewohnte Zahnlücken oder -fehlstellungen mit der Zunge ertasten
- Evtl. enorale Blutung (z. B. aus der Alveole).

Kurzanamnese

- Unfallhergang (Art und Richtung der Gewalteinwirkung → evtl. Begleitverletzungen)
- Aspiration oder Verschlucken von Zahnanteilen bemerkt?

Sofortdiagnostik

- Basischeck (☞ 4.1.2)
- Puls, SpO_2, RR, EKG
- Mit Finger oder Spatel Zähne auf Lockerung untersuchen (meist Oberkieferfrontzähne)
- Zahnluxation:
  - Zahn beweglich, aber noch in Alveole
  - Zahn mit Wurzel außerhalb der Alveole, haftet aber noch am Zahnfleischrand

- Zahn vollständig von Knochen und Weichteilen gelöst im oder außerhalb des Mundes (leere Alveole)
- Zahnfraktur: Bruchkanten im Kronen- oder Zahnhalsbereich tastbar.

Sofortmaßnahmen

- Ggf. O_2-Gabe (☞ 1.7.3)
- Oberkörper-Hochlagerung
- I. v.-Zugang mit Infusion (z. B. Ringer-Lösung)
- Analgesie, z. B. mit 50–100 mg Tramadol (z. B. Tramal®) i. v.
- Bei Zahnluxation:
  - Zahn, der noch an der Schleimhaut befestigt ist, unter Erhalt der Weichteilverbindung in die Alveole zurückstecken. Zur Stabilisierung des Zahnes befeuchtete Kompresse auf die betroffene Zahnreihe legen und Pat. bis zur Klinikeinweisung daraufbeißen lassen
  - Kann die Alveole den Zahn nicht mehr aufnehmen (Zerstörung einer oder mehrerer Alveolarwände) oder besteht keine Weichteilverbindung mehr, Zahn asservieren (s. u.)
  - Vollständig luxierte Zähne suchen und (trotz Verschmutzung) asservieren (s. u.).

Asservieren vollständig luxierter Zähne

- Einen Zahn, der nicht mehr am Zahnfleisch befestigt ist und nicht mehr in der Alveole hält, aus dem Mund nehmen (Aspirationsgefahr)
- Zahn möglichst nur einmal und nicht an der Wurzel anfassen (z. B. mit Magill-Zange, nicht mit Pinzette, weil Zahn leicht entgleiten kann).
- Zahn auf sterile Kompresse legen und mit etwas von der gerade verwendeten Infusionslösung befeuchten
- Aufbewahrung: mit Infusionslösung oder Speichel des Pat. gefüllte Spritze (kennzeichnen), Infusionsflasche (kennzeichnen) mit physiologischer Lösung, Asservatbeutel (z. B. Dento-Safe®). Äußere Eiskühlung ist nützlich aber nicht unbedingt erforderlich.

- Auch verschmutzte Zähne oder Zähne, die schon längere Zeit außerhalb der Alveole waren (z. B. mehrere Stunden im Schwimmbecken) oder ausgetrocknet sind, könnten nach der Reimplantation für eine begrenzte Zeit fest werden
- Bei Zusatzverletzungen Zähne an die weiterversorgende Klinik mitgeben mit dem Hinweis, einen Kieferchirurgen oder Zahnarzt sofort zu verständigen.

Transport

- Luxation (partiell oder vollständig): Einweisung in eine MKG-Klinik, kein Transport im RTW erforderlich
- Fraktur (Kronen, Schmelzabsprengungen): Pat. zum Zahnarzt bzw. zahnärztlichen Notdienst schicken.

Prinzipien der Weiterbehandlung

Tetanusprohylaxe; nach vorsichtiger Säuberung Reimplantation der vollständig luxierten und asservierten Zähne in ihre Alveolen und Ruhigstellung mittels Schienung.

Vollständig luxierte Zähne und Zahnfragmente können im Rachenraum liegen und aspiriert werden!

- Zwischen Krone und Wurzel gebrochene luxierte Zähne müssen nicht asserviert werden.
- Luxierte Zähne nicht trocken werden lassen
- Zahnwurzel nicht desinfizieren
- Niemals Leitungswasser zur Befeuchtung des luxierten Zahnes verwenden.

17.3.3 Zahnschmerz

Symptomatik

- Starke bis unerträgliche Schmerzen eines oder mehrerer Zähne
- Evtl. Kieferklemme
- Pat. kann auf den betroffenen Zähnen schmerzbedingt nicht beißen/kauen
- Evtl. subjektives Gefühl, daß der betroffene Zahn „länger geworden" sei (Entzündung).

17

Kurzanamnese

- Anamnestisch (auf nachdrückliches Befragen) meist schon länger Zahnschmerzen.

Sofortdiagnostik

- Basischeck (☞ 4.1.2)
- Puls, SpO_2, RR, EKG
- Mundinspektion: kariöse Zähne (dunkel verfärbte Stellen), fehlende Füllungsteile, entzündete Schleimhaut (Rötung, Schwellung)
- Mit Metallinstrument (z. B. Stiel des Reflexhammers, Laryngoskopspatel) auf den Zahn aufklopfen: Zahn klopfempfindlich.

Sofortmaßnahmen

- Ggf. O_2-Gabe (☞ 1.7.3)
- Bei *nicht* infizierter Gingiva (keine Rötung oder Schwellung):
  - Lokalanästhesie: z. B. 2 ml Lidocain (z. B. Xylocain® 2 %) in die Schleimhaut seitlich an den Alveolarknochen in Projektion auf die Zahnwurzel des betroffenen Zahnes injizieren
  - Extraorale Eiskühlung als vorübergehende Maßnahme zur Schmerzbekämpfung bis zur Behandlung
- Bei entzündeter Gingiva (Rötung, Schwellung):
  - Analgesie, z. B. mit 50 mg Tramadol (z. B. Tramal®) i. v.
  - Eiskühlung von extraoral.

Transport

Transport zum zahnärztlichen Notdienst z. B. mit Taxi. Kein Transport im RTW erforderlich.

Prinzipien der Weiterbehandlung

Füllungen und Karies enfernen und ggf. Ausräumung des Zahnmarks der betroffenen Zähne; provisorische Versorgung der dann schmerzfreien Zähne.

17.3.4 Blutung nach zahnärztlicher Behandlung

Symptomatik

Blutverschmierte Lippen und Gesicht
Wenig (oder keine) Schmerzen.

Kurzanamnese

Zahnärztliche Behandlung (Extraktion, Osteotomie) vor 12 bis 36 h
Ggf. Koagulationshemmung, z.B. durch Dicumarol (z.B. Marcumar®) oder Acetylsalicylsäure (z.B. Aspirin®).

Sofortdiagnostik

Basischeck (☞ 4.1.2)
Puls, SpO_2, RR, EKG
Inspektion (nach Absaugen der Koagel):
- Meist koagelumgebene, leere Alveole oder frische Gingivalnähte mit diffuser Sickerblutung
- Manchmal kleine, spritzende Gefäße des Gingivasaumes.

Sofortmaßnahmen

O_2-Gabe (☞ 1.7.3)
Oberkörper-Hochlagerung
Absaugen/beseitigen aller Koagel
Kompression: gefaltete, sterile Kompresse auf den Blutungsherd auflegen, Pat. zubeißen lassen und Unterkiefer des Pat. 5–10 Min. gegen den Oberkiefer pressen
Bei größerem Blutverlust i.v.-Zugang mit Infusion (z.B. Ringer-Lösung)
Ggf. Analgesie, z.B. mit 50 mg Tramadol (z.B. Tramal®) i.v.
Ggf. Sedierung mit 2,5 mg Midazolam (z.B. Dormicum®) i.v.

Transport

Transport zum zahnärztlichen Notdienst oder in Zahnklinik.

Prinzipien der Weiterbehandlung

Entfernen aller Koagel und Kompression. Bei Fortbestehen der Blutung: Umstechung der Blutungsquelle, ggf. Schienenverband. Hb-Bestimmung aus forensichen Gründen.

Differentialdiagnose

Blutung aus enoralem Tumor, Ösophagusvarizenblutung, Nasenbluten.

Kompression der Wunde durch den Pat. selbst: meist „herumkauen" auf der Kompresse → intermittierender Sog auf die Schleimhaut → Verstärkung der Blutung.

17.3.5 Infektionen und Abszesse

Lokale Entzündungen und Abszesse

Symptomatik

Schmerzen (meistens einseitig und auf eine Kieferhälfte beschränkt).

Kurzanamnese

Ggf. anamnestisch (auf genaueres Nachfragen) schon seit längerer Zeit Zahnschmerzen.

Sofortdiagnostik

- Basischeck (☞ 4.1.2)
- Puls, SpO_2, RR, EKG
- Inspektion:
  - Oberkiefer: zugeschwollenes Auge, starke Wangenschwellung
  - Unterkiefer: Asymmetrie der Unterkieferweichteile
  - Mund: evtl. kariös zerstörte Zahnkrone
- Palpation: schmerzhafte, nicht verschiebliche Schwellung am Kieferknochen (knöcherner Unterkieferrand nicht mehr tastbar)
- Ggf. Kieferklemme (insbesondere bei dorsaler Lokalisation der Beschwerden).

Sofortmaßnahmen

- Ggf. O_2-Gabe (☞ 1.7.3)
- Oberkörper-Hochlagerung
- I. v.-Zugang mit Infusion (z. B. Ringer-Lösung)
- Analgesie, z. B. mit 100 mg Tramadol (z. B. Tramal®) i. v.
- Ggf. Sedierung mit 2,5 mg Midazolam (z. B. Dormicum®) i. v.

Transport

Sitzender Transport in MKG-Klinik oder bei weiterer Entfernung in die nächste chirurgische Klinik. Keine Sondersignale.

Prinzipien der Weiterbehandlung

Insbesondere bei Mittelgesichtsabszedierungen parenterale Antibiose (Gefahr der Keimaszendierung über die V. angularis zu den Meningen), Abszeßeröffnung.

Differentialdiagnose

Lymphknotenschwellung anderer Genese.

Mundbodenphlegmone

Symptomatik

- Abgeschlagenheit, Fieber
- Klosige, kaum verständliche Sprache
- Inspiratorischer Stridor (fortgeschrittenes Stadium).

Kurzanamnese

- Oftmals vorangegangene Zahnschmerzen.

Sofortdiagnostik

- Basischeck (☞ 4.1.2)
- Puls, SpO_2, RR, EKG
- Inspektion:
  - Mundboden: livide Verfärbung und Schwellung. Weichteile übersteigen die Schneidekanten der Unterkieferfrontzähne.
  - Lippen können nicht über der geschwollenen Zunge geschlossen werden (fortgeschrittenes Stadium).

Sofortmaßnahmen

- O_2-Gabe (☞ 1.7.3)
- Oberkörper-Hochlagerung
- I. v.-Zugang mit Infusion (z. B. Ringer-Lösung)

Analgesie, z. B. mit 100 mg Tramadol (z. B. Tramal®) i. v.
Ggf. Sedierung mit 2,5 mg Midazolam (z. B. Dormicum®) i. v.
Bei starker Schwellung mit drohender Atemwegsverlegung Kortison, z. B. 250 mg Prednisolon (z. B. Solu-Decortin H®) i. v.
Ggf. Intubation (☞ 3.4.4).

ransport

mgehender Transport in mund-, kiefer-, gesichtschirurgische oder HNO-Klinik der bei weiterer Entfernung in die nächste chirurgische Klinik. Bei drohender yspnoe mit Sondersignalen.

rinzipien der Weiterbehandlung

mgehende Inzision und Entlastung der Phlegmone. Hochdosierte Antibiose, abchwellende Maßnahmen (ggf. unter Sicherung der Atemwege durch Intubation); eseitigung der Ursache (meist Zahnextraktion).

ifferentialdiagnose

ymphknotenschwellung anderer Genese (Infekt, Lymphome), Tumor oder Epiermoidzyste des Mundbodens, infizierte mediane Halszyste, Tonsillitis, Sialadeitis submandibularis.

Erschwerte Intubation bei Mundbodenphlegmone → an Koniotomie (☞ 3.4.7) denken!

K. v. Hintzenstern, S. Sell

18 Orthopädische Notfälle

18.1 Akuter Nackenschmerz/Akuter Nackenarmschmerz

Symptomatik

- Schonhaltung: Steifhaltung des Halses, Schultern oft hochgezogen; Beschwerden positionsabhängig und bei bestimmten Bewegungen
- Pat. dreht sich mit dem Rumpf, um Rotationsbewegungen der HWS zu vermeiden
- *Lokales Zervikalsyndrom:* Schulter-Nacken-Schmerz, paravertebrale Muskulatur verspannt, HWS-Beweglichkeit schmerzhaft eingeschränkt
- *Akuter Schiefhals (Tortikollis)*: HWS vollständig blockiert, Fehlhaltung, Beschwerdebesserung unter Extension; bei Kindern und jungen Erwachsenen können Schmerzen fehlen
- *Zervikobrachiales Syndrom:* von der HWS ausstrahlende Schmerzen und z. T. Sensibilitätsstörungen in den Nacken-Arm- bzw. Arm-Hand-Bereich. Bei Bandscheibenprozeß ausgeprägte Fehlhaltung des Kopfes und radikuläre Symptomatik (dermatogene Schmerzen, neurologische Ausfälle)
- *Zervikozephales Syndrom:* lokales Zervikalsyndrom, zusätzlich Kopfschmerzen, Schwindelattacken, Hör-, Seh-, Schluckstörungen. Intermittierendes Auftreten der Symptome in Abhängigkeit von Kopf- und Halsbewegungen.

18

Tab. 18.1: Neurologische Ausfälle im HWS-Bereich

Wurzel	Schmerzen, Par- und Hypästhesien	Motorische Störung	Reflex-abschwächung bzw. -ausfall
C 5	Oberarmaußen-seite	M. deltoideus: Schulterabduktion	Bizepssehnen-reflex
C 6	Nacken, Schulter, Arm, *Daumen*	Mm. bizeps u. brachioradialis: Ellenbogenbeuger	Bizepssehnen- und Radiusperiost-reflex
C 7	Nacken, Schulter, Arm, *Mittelfinger*	Mm. triceps u. pronator teres: Ellenbogen-extension und Handgelenks-flexion	Trizepssehnen-reflex
C 8	Nacken, Schulter, Arm, *Kleinfinger*	Kleine Hand-muskeln: Finger-beuger und -strecker	Trizepssehnen-reflex

Kurzanamnese

- Plötzliches Auftreten, akutes Einsetzen der Beschwerden
- Kein Trauma vorgängig
- Auslösend sind oft abrupte Drehbewegungen oder längere Haltung in ungünstiger Position (z. B. Schreibtischarbeit)
- Evtl. Unterkühlung und Zugluft (z. B. Autofahren).

Sofortdiagnostik

- Basischeck (☞ 4.1.2)
- Inspektion: Entlastungshaltung (Seitneigung und Rotation)
- Palpation: Druck- und Klopfschmerzhaftigkeit der Dornfortsätze und der paravertebralen Muskulatur
- Funktionsprüfung: Einschränkung der Beweglichkeit
- Kompressionstest: Schmerzverstärkung bei axialem Druck auf den Kopf (Diskushernie)
- Extensionstest: Nachlassen des Schulter-Arm-Schmerzes bei axialem Zug auf die HWS.

Sofortmaßnahmen

- Halskrawatte bringt Immobilisation, Wärme und Entlastung
- Analgetika, Antiphlogistika, z. B. Diclofenac (Voltaren®): 50–100 mg i. m. (***Cave:*** Magenulcus in der Anamnese)
- Myotonolytika, z. B. Diazepam (Valium®): 5–10 mg i. m.

Transport

- Neurologische Ausfälle oder V. a. Spontanfraktur (z. B. bei Tumorpat.): Transport in orthopädische, neurologische Klinik, oder chirurgische Klinik
- Bei Querschnittssymptomatik Neurochirurgie, operative Orthopädie oder Unfallchirurgie
- Schonender Transport ohne Sondersignale.

Prinzipien der Weiterbehandlung

- Röntgen: HWS a. p. und seitlich, Schrägaufnahmen (Einengung der Foramina intervertebralia), Deklination/Reklination-Funktionsaufnahmen (Instabilität)
- CT, Myelographie, EMG bei neurologischen Ausfällen
- Massage, Elektrotherapie, Extension, therapeutische Lokalinfiltration
- Dopplersonographie, Angiographie bei V. a. zervikozephales Syndrom
- Ggf. operative Intervention (Dekompression, Spondylodese).

Differentialdiagnose

- HWS-Distorsion (Schleudertrauma ☞ 11.6)
- Entzündliche Erkrankungen der HWS (Spondylitis tuberculosa, unspezifische und rheumatische Entzündungen). Beginn selten akut
- Knochenmetastasen, primäre Tumoren (Metastasenschmerz, Spontanfraktur)
- Dyskinetisches Syndrom nach Neuroleptikagabe (Anamnese! ☞ 10.4.1)
- *Zervikozephales Syndrom*:
  - DD Kopfschmerz: Migräne (meist mit Übelkeit, HWS aber frei beweglich; ☞ 8.2.6)
  - DD Schwindel, Morbus Menière (meist mit Erbrechen, HWS aber frei beweglich; ☞ 8.2.7).

Bei medialem Bandscheibenvorfall ist Querschnittssymptomatik durch Rückenmarkskompression möglich! Gesteigerte Eigenreflexe, Blasenlähmung, Spastik. Sofortige Klinikeinweisung (Neurochirurgie, operative Orthopädie) zur operativen Dekompression.

18.2 Akuter Kreuzschmerz

Differentialdiagnose

- *Akute Lumbago* (☞ 18.2.1): akut einsetzender, in der Regel in der unteren LWS lokalisierter, meist stechender Schmerz („Hexenschuß")
- *Lumbale Wurzelkompressionssyndrome* (☞ 18.2.2): Kreuzschmerz mit radikulärer Ausstrahlung in die untere Extremität („Ischias")
- *Kaudasyndrom* (☞ 18.2.3): Kreuzschmerz mit Sensibilitätsstörungen vom Reithosentyp, Lähmungen der kleinen Fußmuskeln sowie Urin- und Stuhlinkontinenz.

18.2.1 Akute Lumbago

Symptomatik

- Schonhaltung: schmerzreflektorische skoliotische Fehlhaltung bzw. bewegungsunfähiger Pat. mit nach vorne gebücktem Oberkörper
- Hochgradige *Verspannung* der paravertebralen Muskulatur, evtl. auch Lendenstrecksteife
- Hauptschmerzzone: untere Lumbalregion und über dem Kreuzbein.

Kurzanamnese

- Bücken, Verhebetrauma mit nach vornüber gebeugtem Oberkörper
- Blitzartig einschießender Kreuzschmerz, plötzliche Bewegungsunfähigkeit.

Sofortdiagnostik

- Basischeck (☞ 4.1.2)
- Bewegungsprüfung der LWS nicht möglich aufgrund des protektiven Muskelspasmus
- Druck- und Klopfschmerz der Dornfortsätze der unteren LWS
- Evtl. Schmerzverstärkung nach Niesen oder Husten
- *Keine* radikuläre Symptomatik, *keine* neurologischen Ausfälle.

Sofortmaßnahmen

- *Antiphlogistika* bzw. *Analgetika* in ausreichender Dosierung, z. B. Diclofenac (Voltaren®): 50–100 mg i. m. (***Cave:*** Magenulkus in der Anamnese)
- Lagerung in schmerzgünstiger Position (wie der Patient es wünscht), harte Unterlage, evtl. Stufenbett
- Myotonolytika, z. B. Diazepam (Valium®): 5–10 mg i. m.

Transport

- Nach Ausschluß eines Wurzelkompressionssyndroms (neurologische Ausfälle, ☞ 8.1.5, 8.1.7) ist in der Regel eine Klinikeinweisung nicht notwendig. Vorstellung bei einem Orthopäden oder Neurologen ausreichend. Im Zweifelsfall Transport in neurologische oder orthopädische, evtl. auch chirurgische Klinik.

Prinzipien der Weiterbehandlung

- Diagnostik: Röntgen LWS a. p. und seitlich
- Bettruhe, konservative Therapie; bei Beschwerdepersistenz: weiterführende Diagnostik (CT, Myelographie).

Differentialdiagnose

- Lumboischialgie bzw. lumbales Wurzelkompressionssyndrom (☞ 18.2.2)
- Entzündliche Erkrankungen der LWS (Spondylitis tuberculosa, unspezifische und rheumatische Entzündungen). Beginn selten akut
- Knochenmetastasen, primäre Tumoren
- Akut einsetzende Meningitis: Nackensteifigkeit, Kernig-Zeichen (☞ 8.1.4), Brudzinski-Zeichen (☞ 8.1.4).

18.2.2 Lumbale Wurzelkompressionssyndrome

Symptomatik

- Lokale Schmerzsymptomatik der unteren LWS (Klopfschmerz)
- Ziehender, stechender oder bohrender Kreuzschmerz mit Ausstrahlung in Gesäß und Bein (*Ausstrahlung des Schmerzes* kann Hinweise auf die betroffene Nervenwurzel geben, ☞ Tab. 18.2)
- Schmerzskoliose (Reflektorisches Ausweichen zur Entlastung der Nervenwurzel)
- Typische Beinhaltung: Hüft- und Kniegelenk leicht gebeugt, Spitzfußstellung
- Sensible und motorische Störungen, Reflexabschwächungen bzw. -ausfälle.

Kurzanamnese

- Beginn akut oder schleichend möglich
- Meist plötzlich auftretender Rückenschmerz nach Verhebetrauma oder seitlichen Drehbewegungen
- Evtl. Verschlimmerung der Schmerzen und Fehlhaltung innerhalb weniger Stunden (Aufquellen des Bandscheibengewebes im Wirbelkanal)
- Pat. berichten häufig über ähnliche bereits durchgemachte Beschwerden.

Sofortdiagnostik

- Basischeck (☞ 4.1.2)
- Leitsymptom ist der in das Versorgungsgebiet der betroffenen Wurzel *ausstrahlende Schmerz*
- Positives *Laségue*-Zeichen (☞ 8.1.4), zusätzlich *Bragard*-Zeichen (☞ 8.1.4)
- *Husten-, Nies- und Preßschmerz*
- Reflexe, Sensibilität und Motorik überprüfen
- Miktions- und Defäkationsstörungen eruieren, Kaudasyndrom (☞ 18.2.3)
- L-5 Syndrom: meist betonte Fehlhaltung mit Vorneigung des Rumpfes
- S-1 Syndrom: Hauptanteil der Ischialgien, z. T. auch ohne Kreuzschmerzen, Lasègue und Ischiasskoliose gelegentlich weniger ausgeprägt. Dornklopfschmerz häufig 3-Fingerbreit unter der Darmbeinkammlinie.

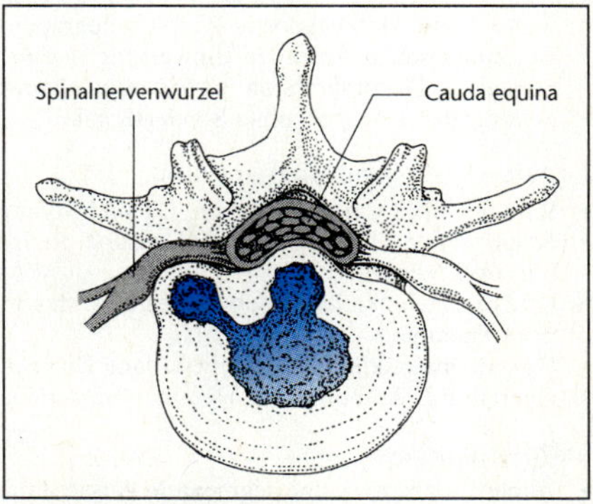

Abb. 18.1: Bandscheibenvorfall

Tab. 18.2.: Neurologische Ausfälle im LWS-Bereich

Wurzelkompression	Schmerzen, Hyp- und Parästhesien	Motorische Störung	Reflexausfall bzw. -abschwächung
L3	*Vorder*seite Oberschenkel	M. quadrizeps (Kniestrecker)	Patellarsehnenreflex
L 4	*Vorder*außenseite Oberschenkel, *Innen*seite Unterschenkel u. Fuß	M. quadrizeps (Kniestrecker) M. tibialis post. (Fuß-Supination)	Patellarsehnenreflex
L 5	*Außen*seite Ober- u. Unterschenkel, Fußrücken, *Großzehe*	Fuß- u. Zehen*heber*schwäche Hackengang erschwert	Tibialis posterior-Reflex
S 1	*Hinter*seite des Ober- und Unterschenkels, Ferse, Fuß*außen*rand	Fuß*senker*schwäche, Vorfußpronation, Zehengang erschwert	Achillessehnenreflex

18

Sofortmaßnahmen

- *Antiphlogistika* in ausreichender Dosierung, z.B. Diclofenac (Voltaren®) 50–100 mg i.m. (***Cave:*** Magenulkus in der Anamnese)
- Ggf. Analgesie mit 50–100 mg Tramadol (Tramal®) oder bei sehr starken Schmerzen 5–10 mg Morphin i.v.
- Myotonolytika, z.B. Diazepam (Valium®): 5–10 mg i.m.
- Lagerung: Entscheidend ist die subjektiv angenehmste Position des Patienten. Harte Unterlage, evtl. Hochlagern der Beine bzw. Stufenbettlagerung.

Transport

- Bei unzureichender Versorgung zuhause Transport in die nächste Klinik
- Bei neurologischen Ausfällen Transport in eine Klinik mit der Möglichkeit zur weiterführenden Diagnostik (CT, Myelographie)
- Bei motorischen Ausfällen Einweisung in eine Klinik mit der Möglichkeit der operativen Dekompression (Orthopädie, Neurochirurgie)
- Schonender Transport ohne Sondersignale.

Prinzipien der Weiterbehandlung

- Röntgen LWS a.p. und seitlich, CT und Myelographie (Wurzelkompression)
- Konservative Therapie: strenge Bettruhe, analgetisch-antiphlogistische Medikation über Wochen
- OP bei zunehmenden Beschwerden bzw. motorischen Ausfällen trotz konservativer Therapie
- Ggf. Chemonukleolyse oder perkutane Diskektomie
- Operative Dekompression: Hemilaminektomie, totale Laminektomie.

Differentialdiagnose

- Akute Lumbago: keine segmentale Ausstrahlung des Schmerzes, keine radikuläre Symptomatik

Hüftschmerzen (oft Koxarthrosen): Bewegungsschmerz und endgradige Bewegungseinschränkung im Hüftgelenk

Entzündliche und tumoröse Erkrankungen der LWS mit begleitender Wurzelkompression: stärkere Lokalschmerzen an der Wirbelsäule selbst. Beginn selten akut

Periphere Durchblutungsstörungen: keine segmentale Ausstrahlung des Schmerzes, keine radikuläre Symptomatik

Radikulitis durch Borrelieninfektion (z. B. nach Zeckenbiß). Typisch: allmählich sich ausbreitende Hautrötung in der Region des Zeckenbisses (Erythema migrans) sowie wandernde Gelenkschmerzen (Lyme-Arthritis).

ıls *absolute* Operationsindikation gilt das *Kaudasyndrom* (Urin- und Stuhlinkon-ınenz). Eine operative Versorgung innerhalb von 6 Stunden ist obligat.

18.2.3 Kaudasyndrom

ompression der Cauda equina unterhab des 1. Lendenwirbelkörpers, meist durch ıedialen Prolaps der Bandscheibe L3/4 oder L4/5 (☞ Abb. 18.1).

Symptomatik

Kreuzschmerz mit rezidivierenden radikulären Schmerzen mit Seitenwechsel

Radikuläre Sensibilitätsstörungen vom Reithosentyp (Perineum, Gesäßbacken, Oberschenkelinnenseiten)

Schließmuskelinsuffizienz von Blase und Mastdarm, d. h. Urin- und Stuhlinkontinenz

Lähmung der kleinen Fußmuskeln.

Kurzanamnese

Wie beim Bandscheibenvorfall (☞ 18.2.2)

Sobald das Lähmungsstadium erreicht ist, verschwindet häufig die initiale Schmerzsymptomatik („Wurzeltod").

Sofortdiagnostik

Basischeck (☞ 4.1.2)

Neurologische Untersuchung: Prüfung der Sensibilität der Perianalregion und der Motorik (rektale Untersuchung: Testen der Schließmuskelfunktion)

Oft beidseitiges Fehlen des Achillessehnenreflexes

Weitere periphere sensible und motorische Störungen (je nach Lokalisation des Bandscheibenvorfalles; ☞ Tab. 18.2).

Sofortmaßnahmen

Lagerung in schmerzgünstiger Position (wie der Patient es wünscht), harte Unterlage, evtl. „Stufenbett"

Ggf. Analgesie mit 100 mg Tramadol (Tramal®) oder bei sehr starken Schmerzen 5–10 mg Morphin i. v.

Unverzügliche Klinikeinweisung!

ransport

eder Patient mit *V. a. Kaudasyndrom* muß sofort in eine Klinik mit der Möglich-eit der operativen Dekompression transportiert werden (Orthopädie, Neurochirur-ie).

Prinzipien der Weiterbehandlung

- CT, Myelographie
- Nach Diagnosesicherung sofortige operative Dekompression.

Differentialdiagnose

Schleichend progrediente Kaudakompression: oft tumorbedingt.

Irreversibilität der Symptomatik (Blasen- und Mastdarmentleerungsstörungen) be nicht rechtzeitiger Diagnosestellung und Intervention!

18.3 Eitrige Arthritis des Erwachsenen

Überwiegend monoartikulär. Meist exogen durch Trauma, postoperativ oder durc intraartikuläre Injektionen (Kortikoide!). Auch hämatogen fortgeleitete Infektio möglich. Betroffen sind vor allem das Knie-, Schulter- und Hüftgelenk.

18

Symptomatik

- Starker Bewegungsschmerz, Entlastungsstellung (Hüftgelenk: leichte Abdukti on und Außenrotation. Kniegelenk: leichte Beugestellung)
- Rötung, Schwellung, Überwärmung
- Gelenkerguß, evtl. synoviale Schwellung
- Hohes Fieber, evtl. reduzierter Allgemeinzustand.

Kurzanamnese

- Z.n. OP, Z.n. Injektion, Z.n.Trauma
- Prädisposition: Diab. mell., chron. Alkoholismus, chron. Polyarthritis, Arthriti urica (Gicht).

Sofortdiagnostik

- Basischeck (☞ 4.1.2)
- Durch Symptomatik und Anamnese.

Sofortmaßnahmen

- Bei septischem Schock (☞ 5.9)
- Schonende Lagerung des Gelenkes in Entlastungsstellung (Hüftgelenk: leicht Abduktion und Außenrotation. Kniegelenk: leichte Beugestellung)
- Kühlung (kalter, feuchter Umschlag).

Transport

- Bei *jedem* Verdacht auf eitrige Arthritis *sofortige Klinikeinweisung* in orthopä dische oder chirurgische Klinik mit den Möglichkeiten der operativen Revisio des Gelenkes
- Schonender Transport ohne Sondersignale.

Prinzipien der Weiterbehandlung

- Labor (BSG, CRP, Diff.BB), Gelenkpunktion, Blutkultur, Antibiogramm
- Sono (Gelenkerguß), Röntgen (Verbreiterung des Gelenkspaltes, später: Lyse zeichen)
- Operative Behandlung: Arthrotomie, Saug-Spül-Drainage, Synovektomie
- Antibiose.

ifferentialdiagnose

DD eitrige Arthritis – aktivierte Arthrose klinisch oft nicht klärbar!
Akuter Schub einer entzündlichen rheumatischen Gelenkerkrankung (Anamnese)
Gichtanfall: meist fulminante Schmerzentwicklung am Fuß, oft über Nacht. Schwellung, Rötung und massive Druckdolenz im Großzehengrundgelenk. Harnsäure?
Reaktive Arthritiden: Infekt vorausgegangen?

omplikationen: Sepsis, Destruktion des Gelenkes, Ankylose, Übergang in chro-sche Verlaufsform.

ntibiotika erst *nach* Punktion und Blutkultur!

8.4 Septische Arthritis des Säuglings

berwiegend monoartikulär. Meist hämatogene Osteomyelitis mit Übergreifen auf n benachbartes Gelenk. Betroffen ist vor allem die Hüfte (Metaphyse intrakapsu-r), seltener Ellenbogen, Knie etc.

Symptomatik

Bewegungsschmerz
Rötung, Schwellung, Überwärmung
Entlastungsstellung (schmerzbedingte Schonhaltung: Hüfte in Abduktion/Außenrotation, Knie in leichter Beugung) und Scheinlähmung
Gelenkerguß
Evtl. septische Temperaturen; z. T. jedoch überdeckt das septische Bild die Gelenksymptomatik.

Kurzanamnese

Vorerkrankungen (z. B. Osteomyelitis, Nabelinfekt)
Infektionskrankheit (z. B. im HNO-Bereich, Pneumonie, Harnwegsinfekt).

Sofortdiagnostik

Basischeck (☞ 4.1.2)
Diagnose durch Symptomatik und Anamnese (s. o.).

Sofortmaßnahmen

Bei septischem Schock (☞ 5.9)
Schonende Lagerung des Gelenkes (Entspannung der Kapsel). *Hüftgelenk:* Leichte Abduktion und Außenrotation. *Kniegelenk:* Leichte Beugestellung
Kühlung.

ansport

ei *jedem* Verdacht auf Gelenkinfektion: *sofortige Klinikeinweisung* in ein orthodisches oder (kinder-) chirurgisches Zentrum mit der Möglichkeit der operatin Revision des Gelenkes.

inzipien der Weiterbehandlung

Diagnostische Abklärung: Labor, Gelenkpunktion, Blutkultur, Antibiogramm, Sono, Röntgen
Operative Revision des Gelenkes, Arthrotomie, Saug-Spül-Drainage, Antibiose.

Differentialdiagnose

Andere septische Bilder und Infektionskrankheiten.

Komplikationen:
- Sepsis
- Destruktion des Gelenkes, Luxation, Ankylose
- Zerstörung der Wachstumsfugen (führt zu Deformitäten mit Verkürzung de Extremität)
- Übergang in chronische Verlaufsform
- Deshalb: Stets auf Gelenksymptome mit Ergußbildung achten!

Antibiotika erst *nach* Punktion und Blutkultur!

J. v. Hintzenstern, U. v. Hintzenstern

19 Dermatologische Notfälle

19.1 Anaphylaktoide Reaktion

Akute Unverträglichkeitsreaktion mit den Symptomen einer allergischen Sofortre-aktion mit Beteiligung des gesamten Organismus.

Symptomatik

Ausprägung der Symptomatik abhängig vom Schweregrad der anaphylaktoide Reaktion:

- Juckreiz an Handflächen, Fußsohlen, Kopfhaut, Genitalbereich; Kribbeln an weichen Gaumen, an der Zunge und in der Nase
- Hitzegefühl, Schwindel
- Unruhe
- Kopfschmerz
- Flush
- Generalisierte Urtikaria
- Unförmige Hautschwellung (Angio- oder Quinckeödem, Lokalisation im obe-ren Aerodigestivtrakt ☞ 17.2.6)
- Übelkeit, abdominale Krämpfe
- Rhinorrhö, Heiserkeit, Dyspnoe
- Erbrechen, Defäkation, Urinabgang
- Bronchospasmus, Ödem des oberen Aerodigestivtraktes (☞ 17.2.6)
- Bewußtseinstrübung
- Atem-, Herzstillstand (☞ 3.5.2).

Kurzanamnese

Einwirken eines potentiellen Auslösers Minuten bis Stunden vor dem Ereignis:

- Arzneimittel, Impfstoffe, s.c.-Hyposensibilisierungsbehandlung, Nahrungsmit-tel
- Aeroallergene, Kontaktallergene (z.B. Latexhandschuhe)
- Insektenstiche
- Anstrengung, Streß.

Sofortdiagnostik

- Basischeck (☞ 4.1.2)
- Puls (↑), SpO_2, RR (anfangs evtl.↑, dann↓), EKG (evtl. Arrhythmie)
- Schockzeichen (☞ 5.9)
- Auskultation: Bronchospasmus.

Sofortmaßnahmen

- Sofortige Beendigung der Zufuhr des mutmaßlichen Auslösers (z.B. Latex-handschuhe des Pat. ausziehen)
- Flachlagerung, ggf. Schocklagerung (☞ 2.5)
- O_2-Gabe (☞ 1.7.3)
- Möglichst großlumiger i.v.-Zugang mit Infusion (z.B. Ringer-Lösung, gg HÄS)
- Bei Insektenstich oder s.c.-Hyposensibilisierungsbehandlung 0,1–0,2 mg Adr-nalin (z.B. Suprarenin®) s.c. um die Einstichstelle
- Bei *progredienter kutaner* Symptomatik: 50–125 mg Prednisolon (z.B. Solu-Decortin® H) i.v.
- Bei *pulmonaler* Symptomatik: Dosieraerosol mit β2-Mimetika, z.B. Fenoter (z.B. Berotec®-Spray); Dosierung bis zum Auftreten von Tachykardie und Tre-mor möglich. 250–500 mg Prednisolon (z.B. Solu-Decortin® H) i.v.

Bei *kardiovaskulärer* Symptomatik: *großzügige* Volumensubstitution (z. B. Ringer-Lösung, ggf. HÄS), ggf. über mehrere großlumige i. v.-Zugänge. Bei zunehmender Hypotension trotz adäquater Volumengabe fraktionierte langsame i. v.-Gabe von Adrenalin (z. B. Suprarenin® nach Verdünnung einer Ampulle (1 mg) mit 9 ml NaCl 0,9 % auf 10 ml: max. 0,1 mg/Min., d. h. 1 ml der verdünnten Lösung; insgesamt in der Regel nicht mehr als 1 mg; alternativ: Dopamin 35–70 µg/kg KG/Min., d. h. 2,5–5 mg/70 kg KG/Min.)
Bei ausbleibendem *unmittelbaren* Erfolg der Primärtherapie: H_1-Antagonisten i. v.: z. B. 8 mg Dimetinden (z. B. Fenistil®) und H_2-Antagonisten i. v.: z. B. 400 mg Cimetidin (z. B. Tagamet®)
Therapie einer *bedrohlichen Allgemeinreaktion* (z. B. Schock, Bronchospasmus, Bewußseinstrübung) ☞ 5.9.

ransport

ımer Transport in die nächste pädiatrische bzw. internistische Fachabteilung.

rinzipien der Weiterbehandlung

ıarmakotherapie, genaue Anamnese, nach Refraktärzeit Allergiediagnostik, ggf. eiden des Auslösers bzw. Hyposensibilisierung.

ifferentialdiagnose

ısovagale Synkope (☞ 5.8), epileptischer Anfall (☞ 8.2.4).

9.2 Toxische epidermale Nekrolyse

edikamentöses bzw. staphylogenes Lyell-Syndrom. Maximalvariante eines Exıthems mit hochakutem Verlauf.

Symptomatik

ıarakteristisches Hautbild mit starken Schmerzen im Bereich der betroffenen ıutareale:

Frühstadium:
- *Staphylogenes Lyell-Syndrom:* Fleckiges Exanthem mit zunächst periorifiziellem Beginn, später in den Leisten und an den Beugeseiten der Extremitäten
- *Medikamentöses Lyell-Syndrom:* Fleckiges Exanthem im Gesicht, am Rumpf und an den Streckseiten der Extremitäten. Mitbeteiligung von Bindehaut, Mund- und Genitalschleimhäuten (entzündliche Rötung, Erosionen)

Fortgeschrittenes Stadium:
- Großflächige Konfluierung mit Bildung von großen Blasen, dann flächenhafte Ablösung der Epidermis („Syndrom der verbrühten Haut")

Stark gestörtes Allgemeinbefinden, Fieber
Ggf. Somnolenz.

Kurzanamnese

edikamentöses Lyell-Syndrom:
Meist Erwachsene betroffen
Unklarer fieberhafter Infekt, Rhinitis, Konjunktivitis, evtl. Arthralgien
Erstmalige Arzneimittelzufuhr (v. a. Pyrazolone, Antibiotika, Allopurinol, Antikonvulsiva) häufig ca. 1 bis 3 Wochen. vor Beginn der Symptomatik

Staphylogenes Lyell-Syndrom:

- Meist Neugeborene, Kleinkinder oder abwehrgeschwächte Erwachsene betrof fen
- Eitrige Konjunktivitis, Otitis, Pharyngitis.

Sofortdiagnostik

- Basischeck (☞ 4.1.2)
- Puls, SpO_2, RR, EKG
- Temperatur (hohes Fieber).

Sofortmaßnahmen

- O_2-Gabe (☞ 1.7.3)
- Möglichst großlumiger i. v.-Zugang mit Infusion (z. B. Ringer-Lösung, gg HÄS) entsprechend den Richtlinien zur Verbrennungsbehandlung (☞ 11.10)
- Kleidung entfernen
- Wunden steril abdecken, Pat. in Alufolie einwickeln
- Analgesie, z. B. mit Ketamin i. v. (z. B. Ketanest®) 0,5 mg/kg KG oder Morphi i. v. 2–5 mg
- Ggf. Sedierung:
  - Erwachsene: 2,5 mg Midazolam i. v. (z. B. Dormicum®), ggf. Wiederholung
  - Kinder: Diazepam rektal (z. B. Stesolid® Rektal Tube) Neugeborene 2,5 m Säuglinge und Kleinkinder < 10 kg KG 5 mg, Kleinkinder > 10 kg K 10 mg.

Transport

19

Immer Transport in die nächste chirurgische bzw. pädiatrische Klinik.

Prinzipien der Weiterbehandlung

Weiterverlegung in dermatologische Klinik oder Brandverletztenzentrum. Biopsi Intensivtherapie. Antibiose bei staphylogenem Lyell-Syndrom.

Das medikamentöse Lyell-Syndrom verläuft in 30–40 % der Fälle letal!

Präklinisch keine Kortisongabe (Wirkung umstritten, kontraindiziert bei staphyl genem Lyell-Syndrom)!

U. v. Hintzenstern, D. Olenik, P. Plantiko, N. Bauer, U. Herrmann

20 Notfallmedikamente

Sämtliche Angaben über Wirkung, Indikation, Dosierung, Nebenwirkungen und Probleme sowie sonstige Hinweise beziehen sich ausschließlich auf den Einsatz in der präklinischen Notfallmedizin („Einmaldosis", vitale Bedrohung des Pat.) und gelten daher nicht für eine Daueranwendung!

Die angegebenen Handelspräparate haben nur beispielhaften Charakter. Die individuelle Ausstattung kann je nach Rettungsorganisation und Standort verschieden sein.

Tab. 20.1.: Handels- und Freinamen von Notfallmedikamenten

Handelsname (®)	Freiname (generic)
Actilyse	rt-PA
Actosolv	Urokinase
Adalat	Nifedipin
Adrekar	Adenosin
Adrenalin-Medihaler	Adrenalin
Akineton	Biperiden (Antidot)
Akrinor	Cafedrin/Theodrenalin
Alupent	Orciprenalin
Anexate	Flumazenil (Antidot)
Anticholium	Physostigmin (Antidot)
Arterenol	Noradrenalin
Aspisol	Acetylsalicylsäure
Atosil	Promethazin
Atropin	Atropin
Atrovent	Ipratropium
Auxiloson	Dexamethason-Spray (Antidot)
Bayotensin akut	Nitrendipin
Beloc	Metoprolol
ben-u-ron	Paracetamol
Bentonit SF	Aluminiumsilicat-Absorbens (Antidot)
Berotec	Fenoterol
Brevimytal	Methohexital
Bricanyl	Terbutalin
Bronchoparat	Theophyllin
Bronchospasmin	Reproterol
Buscopan	Butylscopolamin
Catapresan	Clonidin
Chloralhydrat	Chloralhydrat

20

Tab. 20.1.: Fortsetzung

Handelsname (®)	Freiname (generic)
Conjuncain	Oxybuprocain
Decadron-Phosphat	Dexamethason
DHB	Droperidol
Diamox	Acetazolamid
Digimerck	Digitoxin
Dipidolor	Piritramid
Disoprivan	Propofol
4-DMAP	4-Dimethylaminophenol (Antidot)
Dobutrex	Dobutamin
Dolantin	Pethidin
Dormicum	Midazolam
Ebrantil	Urapidil
Effortil	Etilefrin
Eminase	APSAC
Esmeron	Rocuronium
Fenistil	Dimetinden
Fentanyl	Fentanyl
Fluimucil	Acetylcystein (Antidot)
Fortecortin	Dexamethason
Gilurytmal	Ajmalin
Haldol	Haloperidol
Hypnomidate	Etomidat
Isogutt	Natriumphosphatpuffer (Antidot)
Isoptin	Verapamil
Kabikinase	Streptokinase
Ketanest	Ketamin
Kohle	Med. Kohle
Lanicor	Digoxin
Lasix	Furosemid
Lysthenon	Succinylcholin
Mestinon	Pyridostigmin (Antidot)
Mivacron	Mivacurium
Narcanti	Naloxon (Antidot)

Tab. 20.1.: Fortsetzung

Handelsname (®)	Freiname (generic)
Nepresol	Dihydralazin
Nimbex	Cisatracurium
Nitrolingual	Glycerolnitrat
Norcuron	Vecuronium
Novalgin	Metamizol
Partusisten	Fenoterol
Paspertin	Metoclopramid
Phenhydan	Diphenylhydantoin
Prostigmin	Neostigmin (Antidot)
Rectodelt	Prednison
Rivotril	Clonazepam
Roticlean	Polyäthylenglykol (Antidot)
Rytmonorm	Propafenon
Sab simplex	Dimeticon (Antidot)
Silomat	Clobutinol (Antidot)
Solu-Decortin H	Prednisolon
Suprarenin	Adrenalin
Syntocinon	Oxytocin
Tagamet	Cimetidin
Tavegil	Clemastin
Thrombophob	Heparin
Toluidinblau	Tolonium (Antidot)
Toxogonin	Obidoxim (Antidot)
Tracrium	Atracurium
Tramal	Tramadol
Trapanal	Thiopental
Urbason	Methylprednisolon
Valium	Diazepam
Visken	Pindolol
Voltaren	Diclofenac
Xylocain	Lidocain

0.1 Medikamente

cetazolamid

iamox®: 1 Inj-Fl. à 500 mg Trockensubstanz und 1 Amp. à 5 ml Lösungsmittel.

Wirkung

arboanhydrasehemmer.

dikation und Dosierung

laukomanfall: i. v. 1 Amp. à 500 mg.

emerkungen

W: Sensibilitätsstörungen, Schwindel, Kopfschmerzen, Übelkeit.

cetylsalicylsäure

spisol®: 1 Inj.-Fl. à 500 mg ASS.

irkung

hrombozytenaggregationshemmung, Antiphlogistikum, Antipyretikum, schwaches Analgetim, *Wirkungsdauer:* ca. 2–3 h, Thrombozytenaggregationshemmung 2–4 Tage.

dikation und Dosierung

- Thrombozytenaggregationshemmung beim akuten Myokardinfarkt
- Analgetikum bei Migräneanfall
- Antipyretikum

osierung:

- Zur Thrombozytenaggregationshemmung 250–500 mg langsam i. v.
- Als Analgetikum 1000 mg als Kurzinfusion i. v.

emerkungen

- Als Analgetikum bei Trauma zu schwach
- Bronchokonstriktion bei Pat. mit hyperreagiblem Bronchialsystem
- Nicht anwenden im letzten Trimenon der Schwangerschaft (Verschluß des Ductus Botalli möglich)
- Keine Anwendung bei Kindern unter 12 Jahren (Auslösung eines Reye-Syndroms möglich)
- Hemmung der Thrombozytenaggregation → Blutungsrisiko ↑
- 1 g Aspisol® enthalten nur 500 mg ASS.

denosin

drekar®: 1 Inj.-Fl. à 2 ml = 6 mg.

irkung

tiarrhythmikum.

dikation und Dosierung

roxysmale supraventrikuläre Tachykardie, AV-Knoten-Tachykardie: i. v.: 3 mg sehr schnell, f. Wiederholung mit jeweils 6, 9 und 12 mg.

merkungen

- NW: Stenokardie, Flush, Dyspnoe, Bronchospasmus, Übelkeit, Schwindel (jeweils nur von kurzer Dauer). Asystolie bis zu 10 Sek. möglich, nur bei Reanimationsmöglichkeit anwenden
- Nicht bei Vorhofflimmern, -flattern oder Asthma bronchiale geben.

Adrenalin (Epinephrin)

Suprarenin®: 1 Amp. à 1 ml = 1 mg (1:1000 Lösung) bzw. 1 Inj.-Fl. à 25 ml = 25 mg.

Wirkung

Katecholamin: In niedriger Dosierung positiv inotrop, chronotrop (Puls↑), dromotrop, bathmo-drop; bronchodilatatorisch. Zusätzlich peripher vasokonstriktiv.

Indikation und Dosierung

- Reanimation
  - i. v.: 1 Amp. à 1 mg; später ggf. höhere Dosierung (☞ 3.3)
  - e. t.: 3 Amp. à 1 mg 3:10 mit Aqua dest. verdünnt
- Anaphylaktischer Schock, Status asthmaticus (nur i. v.):
  - i. v.: 1 ml einer 1:10 mit NaCl 0,9 % verdünnten Lösung (= 0,1 mg); später ggf. höher Dosierung (☞ 5.9)
  - s.c: 1 Amp. à 1 mg 1:10 mit NaCl 0,9 % verdünnt: Insekten- bzw. Hyposensibilisierungs-einstichstelle mit 1–2 ml umspritzen
- Pseudokrupp, ösopharyngeale Schwellung mit Stridor:
  - *Inhalator:* 3–5 Amp. à 1 mg in den Inhalator geben
- Kardiogener Schock: *Perfusor:* 5 mg mit NaCl 0,9 % auf 50 ml: 0,5–15 ml/h bei 70 kg KG (0,01–0,4 µg/kg KG/Min.).

Bemerkungen

- Maximale Myokardstimulation und entsprechender Anstieg des O_2-Verbrauchs: Tachykar-die, Extrasystolie, Kammerflimmern, Hypertonie, Angina pectoris
- NW: hypertensive Hirnmassenblutung, Angstzustand, Tremor
- Keine s. c.-Injektion an Akren (Nekrosegefahr)
- Dekompensation einer obstruktiven Kardiomyopathie möglich
- Bei Vorbehandlung mit β-Blockern: reine α-Wirkung mit Bradykardie und Hypertonus
- Synergismus mit Antidepressiva
- Saure Lösung, lichtempfindlich
- Keine Mischung mit Na HCO_3.

Ajmalin

Gilurytmal®10: 1 Amp. à 10 ml = 50 mg bzw. Gilurytmal®2: 1 Amp. à 2 ml = 50 mg.

Wirkung

Antiarrhythmikum (Klasse Ia).

Indikation und Dosierung

Supraventrikuläre und ventrikuläre tachykarde Arrhythmien. WPW-Syndrom: i. v.: 1 mg/kg KG über 5 Min. *Perfusor:* 5 Amp. à 50 mg (ggf. mit NaCl 0,9 % auf 50 ml): 15 ml/h bei 7 kg KG (1 mg/kg KG); nach Wirkeintritt Rezidivprophylaxe mit 3 ml/h

Bemerkungen

- ***Cave:*** negative Inotropie und Bradykardie
- Zeitnahe, zusätzliche Verwendung anderer Antiarrhythmika → u. U. Asystolie
- Überdosierung → Bradyarrhythmie und Verbreiterung des QRS-Komplexes
- Saure Lösung, flockt im alkalischen Milieu aus (z. B. $NaHCO_3$)
- KI: hypertrophe Kardiomyopathie.

APSAC (Anistreplase)

Eminase®: 1 Amp. à 30 IE = 30 mg Trockensubstanz sowie 1 Amp. à 5 ml Lösungsmittel.

Wirkung

Fibrinolytikum.

Indikation und Dosierung

Akuter Myokardinfarkt: i. v. 30 mg in 5 Min.

emerkungen

NW: RR↓, selten anaphylaktische Reaktion
KI ☞ 5.10
Zur Allergieprophylaxe 50 mg Prednisolon (z. B. Solu Decortin®) H i. v.
Trockensubstanz im Kühlschrank aufbewahren.

.tracurium

racrium®: 1 Amp. à 2,5 ml = 25 mg bzw. 1 Amp. à 5 ml = 50 mg.

'irkung

ichtdepolarisierende Muskelrelaxation. *Wirkungseintritt* nach ca. 1–2 Min., *Wirkungsdauer:* ı. 30 Min.

ıdikation und Dosierung

Präkurarisierung vor Succinylcholingabe: 0.05 –0,1 mg/kg (5 mg/70 kg)
Muskelrelaxation zu maschineller Beatmung nach erfolgter Intubation:
- Initial 0,3–0,6 mg/kg KG i. v. (30 mg/70 kg)
- Repetitionsdosis 0,1–0,2 mg/kg KG i. v. (10–15 mg/70 kg).

:merkungen

Blutdruckabfall
Histaminliberation mit Bronchospasmus und Tachykardie bis hin zur anaphylaktischen Reaktion mit Laryngospasmus
Inaktivierung durch alkalische Substanzen (z. B. Thiopental) → zwischen den Medikamentengaben mit Infusionslösung spülen.

tropin

tropinsulfat: 1 Amp. à 1 ml = 0,5 mg bzw. 1 Amp. à 10 ml = 100 mg.

'irkung

ırasympathikolytikum, Anticholinergikum: Vagolyse (Puls↑), Sekretionshemmung.

dikation und Dosierung

Bradykardie:
- i. v.: 1 Amp. à 0,5 mg; bei Bradykardie bis zu einer Gesamtdosis von 3 mg wiederholbar
- e. t.: 3 Amp. à 0,5 mg 3:10 mit NaCl 0,9 % verdünnt

Fakultativ vor Narkoseeinleitung, vor Magenspülung oder Absaugen: i. v.: 1 Amp. à 0,5 mg
Vergiftung mit Alkylphosphaten oder Parasympathikomimetika: Dosierung nach Wirkung (Reduktion von Speichelfluß und Bronchospastik); Beginn mit 3 mg; ggf. Boli von 5–10 mg.

merkungen

Auslösung eines Glaukomanfalls möglich (bei gut eingestellten Glaukompatienten sind Dosen von 0,5 mg ungefährlich)
Paradoxe Bradykardie möglich, speziell bei Dosen < 0,5 mg
Nicht alle Bradykardien sprechen auf Atropin an
Bei Säuglingen evtl. Temperatur↑
Ggf. lästige Akkomodationsstörungen, Mundtrockenheit, Harnverhalt, Übelkeit
Cave: Zentral Anticholinerges Syndrom möglich bei wiederholter Boli-Gabe.

ıtylscopolamin

ıscopan®: 1 Amp. à 1 ml = 20 mg

irkung

ıticholinergikum: Spasmolyse, Motilitätsminderung glatter Muskulatur.

dikation und Dosierung

Koliken von Darm, Gallen-, Harnwegen: i. v. 1 Amp. à 20 mg, ggf. Wiederholung bis zu einem wesentlichen Anstieg der Herzfrequenz möglich.

Bemerkungen

- Atropinartige NW: Tachykardie (***Cave:*** KHK), Akkomodationsstörungen, trockener Mund
- Bei Koliken des distalen Ureters unwirksam
- Die von Opioiden verursachte Tonuserhöhung des Sphinkter Oddi wird durch die Butylscopolaminwirkung verhindert → nach Gabe von Butylscopolamin ist die Analgesie mit Opioiden, z. B. bei einer Gallenkolik, ungefährlich
- ***Cave:*** wegen erhöhtem NW-Risiko vorsichtig dosieren bei Blasenentleerungsstörungen.

Cafedrin/Theodrenalin

Akrinor®: 1 Amp. à 2 ml = 200 mg Cafedrin und 10 mg Theodrenalin.

Wirkung

Katecholamin: Kreislaufstimulation.

Indikation und Dosierung

Orthostatische Hypotonie: i. v. 1 Amp. mit NaCl auf 10 ml verdünnen: jeweils 2 ml nach Wirkung.

Bemerkungen

- NW: Tachykardie, Extrasystolie; Stenokardie
- Bei Hypotonie aufgrund Volumenmangels nicht indiziert.

Chloralhydrat

Chloralhydrat-Rectiole®, 1 Miniklistier = 0,6 g Chloralhydrat.

Wirkung

Hypnotikum.

Indikation und Dosierung

- Sedierung im Kleinkindalter z. B. für Diagnostik und Transport
- Kindliche Krampfanfälle (z. B. Fieberkrampf).

Dosierung:

- Säugling 1/2–1 Rectiole
- Kleinkind 1–2 Rectiolen
- Schulkind 2–3 Rectiolen.

Bemerkungen

- Herzrhythmusstörungen möglich
- Nicht anwenden bei schwerer Herzinsuffizienz, schweren Leber- und Nierenfunktionsstörungen
- Wegen teilweise schwerer Herzrhythmusstörungen sorgfältige kardiologische Überwachung notwendig.

Cimetidin

Tagamet®: 1 Amp. à 2 ml = 200 mg bzw. 1 Amp. à 4 ml = 400 mg bzw. 1 Amp. à 10 ml 1000 mg.

Wirkung

Blockade des Histamin-2-Rezeptors.

Indikation und Dosierung

Anaphylaktoide Reaktion: i. v. 400 mg sehr langsam bei 70 kg KG (Kurzinfusion über 5 Min.

Bemerkungen

- Kein Mittel der 1. Wahl bei schweren kardiovaskulären Reaktionen
- Zusätzlich H_1-Antagonisten (z. B. Dimetinden)

isatracurium

'imbex®: 1 Amp. à 2,5 ml = 5 mg bzw. 1 Amp. à 5 ml = 10 mg.

Virkung

ïcht depolarisierende Muskelrelaxation. *Wirkungseintritt:* nach 3–4 Min., *Wirkungsdauer:* a. 45 Min.

ıdikation und Dosierung

Präkurarisierung vor Succinylcholingabe: 0,01 mg/kg KG (0,7 mg/70 kg)
Muskelrelaxation zu maschineller Beatmung nach erfolgter Intubation:
- Initial 0,1 mg/kg (7 mg/70 kg KG)
- Repetitionsdosis: 0,03 mg/kg (2 mg/70 kg KG).

emerkungen

Geringe Vagolyse (dosisabhängig Herzfrequenz↑)
Die Substanz muß gekühlt und lichtgeschützt aufbewahrt werden.

lemastin

avegil®: 1 Amp. à 5 ml = 2 mg.

/irkung

lockade des Histamin-1-Rezeptors.

ıdikation und Dosierung

naphylaktoide Reaktion: i. v. 3–4 mg sehr langsam (Kurzinfusion über 5 Min.).

emerkungen

Kein Mittel der 1. Wahl bei schweren kardiovaskulären Reaktionen
Zusätzlich H_2-Antagonisten (z. B. Cimetidin) i. v.
Atropinartige NW: Tachykardie, Mundtrockenheit, Akkomodationsstörungen, Müdigkeit, Sedation.
Cave: bei Kleinkindern sehr vorsichtig dosieren, Erregungszustände möglich
Antidot: Physostigmin.

onazepam

ivotril®: 1 Amp. à 1 ml = 1 mg, zusätzlich 1 Amp. à 1 ml Lösungsmittel.

irkung

ntiepileptikum (Benzodiazepin).

dikation und Dosierung

atus epilepticus (v. a. bei Kindern): i. v. 0,5 bis 1 mg langsam, ggf. mehrfache Wiederholung, s die Krämpfe sistieren.

merkungen

NW: Erschlaffung der Pharynxmuskulatur, Atemwegsobstruktion, periphere und zentrale Atemdepression; verwaschene Sprache, Ataxie, Verlust der Kooperationsfähigkeit
Ob Clonazepam im Status epilepticus gegenüber anderen Benzodiazepinen Vorteile bietet, ist nicht gesichert
Injektion schmerzhaft, bei paravenöser oder intraarterieller Injektion evtl. Nekrosen
i. m.-Injektion weitgehend unwirksam
Bei Kindern gelegentlich Zunahme der bronchialen Sekretion.

onidin

atapresan®: 1 Amp. à 1 ml = 0,15 mg.

irkung

ntrale und periphere α_2-Rezeptorenstimulation: RR ↓, Puls ↓.

Indikation und Dosierung

- Hypertonie (v.a. in Verbindung mit Tachykardie): langsam i.v. 0,075 mg, ggf. Wiederholung nach 10 Min.
- Entzugssyndrome: langsam i.v. 1–2 Amp. à 0,15 mg. Danach Perfusor: 6 Amp. à 0,15 mg mit NaCl 0,9 % auf 50 ml: Beginn mit 2 ml/h, Dosierung nach Wirkung bzw. NW (Puls↓ RR↓).

Bemerkungen

- Puls↓, Sedation, Mundtrockenheit
- Kurzfristiger Blutdruckanstieg (und Bradykardie) bei i.v.-Bolusgabe
- ***Cave:*** wegen erhöhtem NW-Risiko vorsichtig dosieren bei Bradykardie, AV-Überleitungsstörungen oder Vorbehandlung mit β-Blockern oder Verapamil.

Dexamethason

Fortecortin®, Decadron® in verschiedenen Konzentrationen: 1 Amp. à 5 ml = 40 mg bzw. Amp. à 10 ml = 100 mg.

Auxiloson®-Dosier-Aerosol: 1 Hub = 0,125 mg.

Wirkung

Antiphlogistisch, antiödematös.

Indikation und Dosierung

- Anaphylaktoide Reaktion, Asthmaanfall: i.v. je nach Schweregrad 50–200 mg
- Anaphylaktischer Schock: 1 mg/kg KG
- Asthmaanfall: 1 mg/kg KG
- V.a. Rauchgasinhalation: Auxiloson®-Dosier-Aerosol initial 5 Hübe
- Perifokales Ödem bei Hirnmetastasen: i.v. 10 mg.

Bemerkungen

- NW: Erbrechen, Juckreiz, Bewußtseinsbeeinträchtigung
- Spray: Einsatz bei Rauchgasinhalation z.T. kontrovers diskutiert; kontraindiziert bei thermischem Inhalationstrauma
- Kardiovaskuläre Dysregulationen im Rahmen einer anaphylaktoiden Reaktion stellen kein Indikation für Kortikoide dar
- Notfalls auch orale Gabe möglich.

20

Diazepam

Diazepam®-Lipuro: 1 Amp à 2 ml = 10 mg bzw. Diazepam Desitin® rectal tube: 1 Tube 2,5 ml = 5 bzw. 10 mg.

Wirkung

Benzodiazepin: Sedation, zentrale Muskelrelaxation, Antikonvulsion, Anxiolyse. *Wirkungseintritt* nach ca. 1–2 Min., *Wirkungsdauer:* ca. 15 Min. – 3 h (und länger).

Indikation und Dosierung

- Krampfanfälle
- Akute Angst-, Spannungs-, Erregungs- und Unruhezustände
- Fieberkrämpfe (rektale Applikation).

Dosierung (immer individuell nach Wirkung):

- 0,05–0,5 mg/kg KG langsam i.v.
- Bei Kindern rektal 0,5 mg KG (Säugling 2,5–5 mg, Kleinkind 5–10 mg, Schulkir 10–20 mg).

Bemerkungen

- Atemdepression (v.a. bei zu rascher Injektion)
- Blutdruckabfall (v.a. in Kombination mit Opioiden)
- Anterograde Amnesie
- Gelegentlich paradoxe Reaktionen bei älteren Patienten

- Venenreizung und Thrombophlebitis bei i. v. Injektion, deshalb Präparate auf Sojabohnenölbasis bevorzugen
- Valium MM Roche darf wegen seines Gehaltes an Natriumdisulfit nicht beim Asthmatiker mit Sulfitüberempfindlichkeit angewandt werden
- Dosisreduktion bei Hypoproteinämie, Kachexie, alten Patienten, Schock
- Große therapeutische Breite.

Diclofenac

Voltaren®: 1 Amp. à 3 ml = 75 mg.

Wirkung

Nichtsteroidales Antirheumatikum mit analgetischen, antiphlogistischen und antipyretischen Eigenschaften.

Indikation und Dosierung

Schmerzzustände bei entzündlichen oder degenerativen Gelenk- oder Wirbelsäulenerkrankungen: 75 mg i. m.

Bemerkungen

- I. m.-Injektion muß immer tief intragluteal erfolgen
- NW: Magen-Darm-Beschwerden, Ulkusblutung, Kopfschmerzen, Erregung, Müdigkeit, Schwindel
- Vor Injektion Ulkusanamnese erheben!
- Asthmaanfälle, Quincke-Ödem oder Urtikaria (Analgetikaintoleranz bzw. -asthma) v. a. bei Pat. mit Asthma, chronisch obstruktiven Atemwegserkrankungen oder Heuschnupfen.

Digitoxin

Digimerck®: 1 Amp. à 1 ml = 0,1 mg bzw. 1 Amp. à 1 ml = 0,25 mg.

Wirkung

Positiv inotrop, negativ dromotrop.

Indikation und Dosierung

Absolute Tachyarrhythmie: i. v. 0,25 mg langsam, ggf. Wiederholung nach 30 Min.

Bemerkungen

- Nicht sinnvoll bei Sinusknotensyndrom, Bradykardie, AV-Block II° und III°, ventrikulärer Tachykardie, WPW-Syndrom
- NW: Übelkeit, Erbrechen, Bradykardie, paroxysmale Tachykardie mit Block (evtl. Digitalisüberdosierung), ventrikuläre Extrasystolen, ZNS-Symptome (z. B. Farbsehstörungen, Kopfschmerzen, Halluzinationen)
- ***Cave:*** wegen erhöhtem NW-Risiko vorsichtig dosieren bei Vorbehandlung mit Digitalis.

Digoxin

Novodigal®: 1 Amp. à 1 ml = 0,2 mg bzw. 1 Amp. à 2 ml = 0,4 mg.

Wirkung

Digitalis: positiv inotrop, negativ dromotrop.

Indikation und Dosierung

Absolute Arrhythmie mit schneller Überleitung: i. v. 0,4 mg langsam, ggf. Wiederholung nach 30 Min.

Bemerkungen

- Nicht sinnvoll bei Sinusknotensyndrom, Bradykardie, AV-Block II und III, ventrikuläre Tachykardie, WPW-Syndrom
- NW: Übelkeit, Erbrechen, Bradykardie, paroxysmale Tachykardie mit Block (evtl. Digitalisüberdosierung), ventrikuläre Extrasystolen, ZNS-Symptome (z. B. Farbsehstörungen, Kopfschmerzen, Halluzinationen)
- ***Cave:*** wegen erhöhtem NW-Risiko vorsichtig dosieren bei Vorbehandlung mit Digitalis.

Dihydralazin

Nepresol®: 1 Amp. à 25 mg Trockensubstanz, zusätzlich 1 Amp. à 2 ml Lösungsmittel; günstiger: Lösung mit 10 ml NaCl 0,9 %.

Wirkung

Antihypertensivum.

Indikation und Dosierung

Eklampsie, sonstiger Hypertonus in der Schwangerschaft: i. v. 1/5 Amp. = 5 mg; ggf. Wiederholung nach 10 Min.

Bemerkungen

NW: sehr häufig: Reflextachykardie, Angina pectoris, Kopfschmerz, Schwindel, Übelkeit.

Dimetinden

Fenistil®: 1 Amp. à 4 ml = 4 mg.

Wirkung

Blockade des Histamin-1-Rezeptors.

Indikation und Dosierung

Anaphylaktoide Reaktion: i. v. 0,1 mg/kg KG sehr langsam (Kurzinfusion über 5 Min.).

Bemerkungen

- Kein Mittel der 1. Wahl bei schweren kardiovaskulären Reaktionen
- Atropinartige NW: Tachykardie, Mundtrockenheit, Akkomodationsstörungen, Müdigkeit, Sedation.
- ***Cave:*** bei Kleinkindern sehr vorsichtig dosieren: Erregungszustände möglich.
- Zusätzlich H_2-Antagonisten (z. B. Cimetidin)

Diphenylhydantoin

20

Phenhydan®: 1 Amp. à 5 ml = 250 mg bzw. 50 ml = 750 mg.

Wirkung

Antiepileptikum, Antiarrhythmikum.

Indikation und Dosierung

- Krampfanfälle: i. v. 150–350 mg bei 70 kg KG (2–5 mg/kg KG) sehr langsam (max. 50 mg/Min.) unter Monitorkontrolle, Wirkungseintritt nach 20 Minuten, danach ggf. wiederholbar
- Ventrikuläre Extrasystolen bei Digitalisintoxikation.

Bemerkungen

- NW: häufig, besonders bei rascher Injektion: RR↓ und Puls↓ (bis zum Herzstillstand!)
- ***Cave:*** Allergie, Bradykardie, Hypotonie, AV-Block
- Nur mit NaCl 0,9 % kompatibel; fällt bei Mischung mit praktisch allen Pharmaka weißlich aus; i. v.-Zugang vor und nach der Injektion mit NaCl 0,9 % spülen.

Dobutamin

Dobutrex®: 1 Inj.-Fl. à 250 mg Trockensubstanz bzw. Dobutrex® liquid 1 Inj.-Fl. à 20 ml = 250 mg Infusionslösungskonzentrat.

Wirkung

Katecholamin: v. a. positiv inotrop, auch vorlastsenkend.

Indikation und Dosierung

Myokardiale Insuffizienz: Perfusor mit 250 mg mit NaCl 0,9 % auf 50 ml: 2–17 ml/h bei 70 kg KG (2,5–20 µg/kg KG/Min.).

Bemerkungen

- NW: Tachykardie, Extrasystolen, Kammerflimmern (v.a. bei Myokardischämie), Angina pectoris
- Nach Vorbehandlung mit β-Blockern verminderte Wirksamkeit
- Inkompatibel mit Alkohol und Natriumbisulfit (häufige Hilfsstoffe), sollte daher nicht mit anderen Pharmaka laufen.

Dopamin

Dopamin-[Hersteller]®: Amp. u.a. mit 200 und 250 mg.

Wirkung

Dosisabhängig unterschiedliche Wirkung:

- Bei Dosierung 3–10 µg/kg KG/Min.: positiv inotrop und chronotrop
- Bei Dosierung > 10 µg/kg KG/Min.: überwiegend Vasokonstriktion.

Indikation und Dosierung

- Kardiogener Schock: 250 mg mit NaCl 0,9 % auf 50 ml: bei 70 kg KG
  - Positiv inotrop und chronotrop: 3–8 ml/h (3–10 µg/kg KG/Min.) über Perfusor
  - Vasokonstriktion: > 8 ml/h (> 10 µg/kg KG/Min.) über Perfusor.

Bemerkungen

- NW: Tachykardie, Extrasystolen, Kammerflimmern (insbesondere bei Myokardischämie), Angina pectoris
- Inkompatibel in alkalischen Lösungen. Paravenöse Injektion kann zu Nekrosen führen: sicherer venöser Zugang, ggf. zentraler Zugang.

Droperidol

Dehydrobenzperidol® (DHB, DHBP): 1 Amp à 2 ml = 5 mg.

Wirkung

Neuroleptikum: antipsychotisch, sedierend, Reduktion motorischer Unruhe, antiemetisch. *Wirkungseintritt* nach ca. 5–7 Min., *Wirkungsdauer:* ca. 3–6 h.

Indikation und Dosierung

Antiemetikum, Sedativum: 1,25–2,5 mg i. v.

Bemerkungen

- Senkung des peripheren Widerstandes durch α-Rezeptorenblockade mit Blutdrucksenkung (***Cave*** vorbestehender Volumenmangel) und kurzzeitigem Herzfrequenzanstieg
- Frühdyskinesien (Schluck- und Schlundkrämpfe, kloßige Sprache, dystone Bewegungen)
- Orthostatische Dysregulationen
- Erregungsleitungsstörungen (AV-Block, Schenkelblock)
- Gelegentlich paradoxe Angstreaktion
- (Selten) malignes neuroleptisches Syndrom
- Verstärkt die sedierende Wirkung von Benzodiazepinen und Opioiden (***Cave:*** Atemdepression)
- Antidot bei Frühdyskinesien: Biperiden (z.B. Akineton 1 Amp = 5 mg i.v.).

Etilefrin

Effortil®: 1 Amp. à 1 ml = 10 mg.

Wirkung

Sympathikomimetikum: Kreislaufstimulation.

Indikation und Dosierung

Orthostatische Hypotonie: 1 Amp. mit NaCl 0,9 % auf 10 ml verdünnen: jeweils 5 ml nach Wirkung.

Bemerkungen

- NW: Tachykardie, Extrasystolie, Stenokardie
- Bei Hypotonie aufgrund von Volumenmangel nicht indiziert.

Etomidat

Hypnomidate®, Etomidat®-Lipuro: 1 Amp à 10 ml = 20 mg.

Wirkung

Hypnotikum. *Wirkungseintritt* nach ca. 15–20 Sek., *Wirkungsdauer:* ca. 2–3 Min.

Indikation und Dosierung

- Narkoseeinleitung
- Narkotikum für Kardioversion oder Repositionen (in Kombination mit einem Analgetikum)

Einleitungsdosis: 0,15–0,3 mg/kg KG (10–20 mg) i. v.

Nachinjektion: wirkungsabhängig bis zu max. 80 mg Höchstdosis.

Bemerkungen

- Schmerzen bei der i. v.-Injektion (geringer bei Etomidat-Lipuro®)
- Myoklonien und Dsykinesien möglich. Evtl. Prophylaxe durch vorangehende Gabe von Fentanyl oder eines Benzodiazepins
- Dosisabhängige Atemdepression
- Geringe Senkung des intrakraniellen Drucks
- Injektionsnarkotikum mit den geringsten hämodynamisch bedeutsamen NW.

Fenoterol

Berotec® 100 bzw. –200 Dosieraerosol: 1 Hub à = 0,1 bzw. 0,2 mg.

Partusisten® intrapartal: 1 Amp. à 1 ml = 0,025 mg.

Partusisten®: 1 Amp. à 10 ml = 0,5 mg.

20

Wirkung

β_2-Mimetikum: Bronchodilatation, Tokolyse.

Indikation und Dosierung

- Asthma bronchiale: 2 Hübe à 0,1 mg bzw. 1 Hub à 0,2 mg; ggf. Wiederholung nach 5 Min. Bis zu 20 Hübe/h
- Vorzeitige Wehen:
  - Spray: 3–6 Hübe à 0,2 mg
  - 1 Amp. Partusisten® intrapartal à 0,025 mg mit 4 ml NaCl 0,9 % verdünnt langsam i. v.
  - Dauer-Tokolyse: 2 mg mit NaCl 0,9 % auf 50 ml. 2 ml/h bei 70 kg KG (0,02 mg/kg KG/Min.) über Perfusor.

Bemerkungen

- NW: Tachykardie, Unruhe, Tremor, Angina pectoris, Herzrhythmusstörungen
- Spray: zweckmäßig ist ein vorgeschalteter „Tot"-Raum (Spacer) um bessere bronchiale Deposition zu erreichen.

Fentanyl

Fentanyl-Janssen®: 1 Amp. à 2 ml = 0,1 mg bzw. 1 Amp. à 10 ml = 0,5 mg.

Wirkung

Opioidanalgetikum. *Wirkungseintritt* nach ca. 20–30 Sek. *Wirkungsdauer:* ca. 20–40 Min.

Indikation und Dosierung

- Stärkste Schmerzzustände
- Analgetikum für die Narkose

Dosierung:
- Zur Analgesie ohne Intubation: 0,025–0,1 mg i. v.
- Bei Narkoseeinleitung: 0,1–0,2 mg i. v.
- Zur Narkoseaufrechterhaltung: 0,1–0,2 mg i. v. alle 20–30 Min.

Bemerkungen
- Unterliegt der BtMVV
- Atemdepression bis zur Apnoe → Pulsoxymeter anlegen
- Sedierung bis zur Somnolenz, gelegentlich auch Dysphorie und Erregungszustände
- Ausgeprägte Bradykardie und Erbrechen (bes. bei zu rascher Injektion)
- Gelegentlich Thoraxrigidität bei zu schneller Injektion
- Steigerung des intrakraniellen Druckes (durch Hypoventilation)
- Verstärkung des sedierenden und atemdepressiven Effektes zentral wirksamer Substanzen (Medikamente, Alkohol).

Furosemid

Lasix®: 1 Amp. à 2 ml = 20 mg bzw. à 4 ml = 40 mg

Wirkung

Diuretikum.

Indikation und Dosierung

Herzinsuffizienz, Hypertonie, Lungenödem: i. v. initial 20–40 mg, ggf. Wiederholung.

Bemerkungen
- Kollapsneigung, Hypotonie
- ***Cave:*** wegen erhöhtem NW-Risiko vorsichtig dosieren bei Volumenmangel
- Bei Blasenentleerungsstörungen auf volle Blase achten → ggf. Katheterisierung
- Mit vielen anderen Medikamenten inkompatibel, stets allein verabreichen.

Glukose

Glukose, Dextrose. Lösungen mit 5 % (isoton), 10 %, 20 %, 40 und 50 %.

Wirkung

Energieliefernde Substrat für alle Zellen, BZ-Steigerung (insulinabhängig).

Indikation und Dosierung
- Hypoglykämischer Schock: 20–60 ml Glukose 40 % i. v., ggf. Wiederholung bis zum Verschwinden der Bewußtseinstrübung bzw. der zentral-nervösen Symptomatik.

Bemerkungen
- Hypertone Lösung (> 10 %) brennt heftig und ist venenwandschädigend
- Nach erfolgreicher Behandlung unbedingt Glukose in geringerer Konzentration und Menge weiter geben, z. B. Glukose 10 % als Infusion, um erneutem Absinken des BZ vorzubeugen.

Glycerolnitrat

Nitrolingual®, Perlinganit®, Nitro-Pohl®:
- Spray: 1 Hub = 0,4 mg
- Zerbeißkapsel = 0,8 bzw. 1,2 mg
- 1 Amp. à 5 ml = 5 mg bzw. à 10 ml = 10 mg bzw. Inj-.Fl. 50 ml = 50 mg.

Wirkung

Direkte Relaxation glatter Muskulatur (u. a. venöse Gefäße, Gallenwege, distaler Ureter).

Indikation und Dosierung
- Angina pectoris, Myokardinfarkt, Herzinsuffizienz, Lungenödem, hypertensiver Notfall mit kardialen Symptomen:
  - Kapsel: 1 Kps. subl., ggf. nach 5–10 Min. wiederholen
  - Spray: 3 Hübe à 0,4 mg, ggf. nach 15 Min. wiederholen

  - Perfusor: 50 mg auf 50 ml: 1 ml-Bolus, dann 1,5 ml/h bei 70 kg KG (0,35 µg/kg KG/Min.), ggf. Dosis alle 5 Min. um 1–2 ml/h steigern, bis Beschwerdefreiheit oder RR < 100 mmHg bzw. f > 110/Min
- Gallen- und Nierensteinkoliken: Dosierung wie bei Angina pectoris (s. o.).

Bemerkungen
- NW: Kopfschmerzen, Reflextachykardie, Hypotension, SpO_2↓ (venöses Pooling)
- Nach Glycerolnitratgabe RR engmaschig kontrollieren
- Kombination mit β-Blocker, Verapamil oder Diltiazem bei Reflextachykardie sinnvoll
- Bei Lungenödem Kombination mit Dopamin, Dobutrex und Furosemid sinnvoll
- ***Cave:*** Puls↓ und RR↓ bei V. a. Herzinfarkt und Glycerolnitratanwendung →Perfusor abstellen, Beine hochlagern, bei Bradykardie Atropin, evtl. vorsichtige Volumenzufuhr.

Haloperidol

Haldol®: 1 Amp à 1 ml = 5 mg.

Wirkung

Neuroleptikum: stark antipsychotisch, gering sedierend, antiemetisch. *Wirkungseintritt* nach ca. 10 Min., *Wirkungsdauer:* ca. 5–8 h.

Indikation und Dosierung
- Akute Psychosen
- Unruhezustände, auch bei alkoholisierten Patienten und Polytoxikomanen
- Alkoholisch bedingte Erregungszustände
- Psychomotorische Erregungszustände
- Hyperkinesien

Dosierung: 5–10 mg langsam i. v. (bei älteren Pat. initial nur 2,5 mg).

Bemerkungen
- Dyskinesien (Schluck- und Schlundkrämpfe, kloßige Sprache, dystone Bewegungen)
- Hypotonie (insbesondere bei vorbestehendem Volumenmangel)
- Orthostatische Dysregulationen
- Erregungsleitungsstörungen (AV-Block, Schenkelblock)
- Große therapeutische Breite
- Antidot bei Frühdyskinesien: Biperiden (z. B. Akineton 1 Amp = 5 mg i. v.).

20

Heparin

Thrombophob®: 1 Amp. à 1 ml = 5000 IE bzw. à 5 ml = 25000 IE.

Wirkung

Antikoagulans.

Indikation und Dosierung
- Lungenembolie
- Arterieller und venöser Gefäßverschluß
- Herzinfarkt

Dosierung: i. v.: initialer Bolus von 100 IE/kg KG. Schwangere nur 5000 I. E.

Bemerkungen
- NW: Blutungen (z. B. aus Einstichstellen), anaphylaktoide Reaktion
- Gefäßpunktionen möglichst nur an Hand und Unterarm, nicht in der Leiste, keine i. m.-Injektion, keine ZVK-Anlage
- KI: schwere Gerinnungsstörungen, V. a. Malignom mit zerebraler Metastasierung, Hirnblutung, drohender Abort, Heparinallergie.

Ipratropium

Atrovent® Dosieraerosol: 1 Hub = 0,02 mg

Itrop®: 1 Amp. à 1 ml = 0,5 mg.

Wirkung

Inhalativ: Bronchodilatation, i. v.: Vagolyse (Puls↑).

Indikation und Dosierung

Bradykardie, Asthma bronchiale (zusätzliche Therapie):

- Spray: 2 Hübe à 0,02 mg, ggf. Wiederholung bis 10 Hübe
- i. v.: 0,5–1mg.

Bemerkungen

- NW: Akkomodationsstörungen, Mundtrockenheit, gastrointestinale Beschwerden, Harnverhalt
- Wirksamer als Atropin.

Kaliumchlorid

Kaliumchlorid-[Hersteller]® 7,45 %, meist 1 Amp. à 20 ml = 20 mmol K^+ bzw. Inzolen-HK®: 1 Amp. à 20 ml = 20 mmol K^+ und 10 mmol $Mg2^+$.

Wirkung

Erhöhung des Kaliumspiegels.

Indikation und Dosierung

KCl nur als ultima ratio bei therapieresistenter ventrikulärer Rhythmusstörung (Kaliummangel bei Diuretika-, Digitaliseinnahme): 20 mval *sehr* langsam i. v. oder 40 mval auf 500 ml Infusion (z. B. Ringer-Lösung)/h bei 70 kg KG.

Bemerkungen

Cave: keine Bolusgabe → evtl. Herzstillstand.

Ketamin

Ketanest® 1 Amp. à 5 ml = 50 mg bzw. 1 Amp. à 2 ml = 100 mg bzw. 1 Inj.-Fl. à 20 ml = 200 mg.

Wirkung

Analgetikum (in niedriger Dosierung), Hypnotikum (in höherer Dosierung)

Wirkungseintritt nach ca. 30 Sek. (i.v.) bzw. 5 Min. (i.m.), *Wirkungsdauer:* ca. 10–20 Min.

Indikation und Dosierung

- Analgesie und Sedierung nicht bewußtloser Pat. für technische Rettung und Lagerung
- Narkoseeinleitung bei Polytraumatisierten nach Rettung und Lagerung
- Therapieresistenter Status asthmaticus.

Dosierung (immer Anpassung der Dosis an ein ggf. reduziertes zirkulierendes Blutvolumen):

- Zur Analgesie und Sedierung max. 0,25–0,5 mg/kg KG i. v.
- Zur Narkoseeinleitung 0,5–2,0 mg/kg KG i. v. (Intubation erforderlich)
- Zur Narkoseeinleitung beim Status asthmaticus: 3 mg/kg KG i. v.
- Traumatisierte, nicht bewußtseinsgestörte Kinder für Rettung und Transport: 1–3 mg/kg KG i. m.

Bemerkungen

- Sympathikusstimulation mit RR-Anstieg, Tachykardie und dadurch bedingtem Anstieg des myokardialen O_2-Verbrauchs, Bronchodilatation, Anstieg des Uterustonus und der Wehenfrequenz, intrakranieller und intraokularer Druckanstieg
- Hypersalivation mit Gefahr des reflektorischen Laryngospasmus
- Bei rascher Injektion und in hoher Dosierung Atemdepression bis Apnoe
- Halluzinationen (nur in der Aufwachphase relevant), delirante Erregung

- Nicht anwenden bei hypertonen Kreislaufverhältnissen
- SHT: Ketamin-Gabe bei kontrollierter Beatmung (pCO_2 ca. 35 mm Hg) möglich
- Bei Kindern nach i. m.-Injektion nach Wirkungseintritt immer i. v.-Zugang legen.

Lidocain

Xylocain® 1 Amp. à 5 ml = 100 mg (2 %) bzw. 1 Amp. à 5 ml = 1000 mg (20 %).

Wirkung

Antiarrhythmikum (Klasse 1 b), Lokalanästhetikum.

Indikation und Dosierung

- Ventrikuläre Extrasystolen, Kammerarrhythmien, Kammerflimmern unter Reanimation, Prophylaxe des Kammerflimmerns (v. a. bei kardialer Hypoxie):
  - i. v.: Bolus 100 mg bei 70 kg KG (1,5 mg/kg KG), ggf. Nachinjektion nach 5 bis 10 Min.von 0,5 mg/kg KG. Maximaldosis 3 mg/kg KG.
  - e. t.: 300 mg bei 70 kg KG
  - Perfusor: 1000 mg mit NaCl 0,9 % auf 50 ml: 4–10ml/h bei 70 kg KG (20–50 µg/kg KG/Min.)
- Lokalanästhesie: je nach Anwendungsart bis zu 40 ml einer 1 %igen Lösung.

Bemerkungen

- NW: Herzinsuffizienz, Sinusarrest, höhergradige AV-Blockierungen; Schwindel, Benommenheit, Übelkeit, taube Zunge, Ohrgeräusche (frühe Zeichen der Überdosierung), Tremor, Krämpfe, Koma (späte Zeichen der Überdosierung)
- Dosierung stets nach Normalgewicht, nicht nach tatsächlichem Gewicht
- Leichte ZNS-Symptome →Perfusor ausschalten !
- ***Cave:*** wegen erhöhtem NW-Risiko vorsichtig dosieren bei AV-Block mit ventrikulärem Ersatzrhythmus, Unruhezuständen, Krämpfen
- Verlängerte Halbwertszeit nach Schockzuständen →keine Perfusorgabe, nur Einzelgaben nach Wirkung
- Muß der Perfusor höher eingestellt werden, stets 0,5 mg/kg KG Bolus dazu geben, sonst stellt sich neues Plateau erst nach Stunden ein.

20

Magnesiumsulfat-Lösung

Cormagnesin®: 1 Amp. à 10 ml = 1000 mg bzw. 1 Amp. à 10 ml = 2000 mg; 1000 mg = 8 mval = 4 mmol.

Wirkung

Antiarrhythmikum in hohen Dosen (funktioneller Kalziumantagonist →„anti-ischämisch"), Vasodilatation, Tokolyse.

Indikation und Dosierung

„Torsade des pointes" („Spitzenumkehrtachykardie"), eklamptischer Krampfanfall: i. v. 2000 mg langsam bei 70 kg KG (30 mg/kg KG).

Bemerkungen

- NW: RR↓, Übelkeit, Erbrechen, Wärmegefühl, Schwindel, Atemdepression, Puls↓
- Höher konzentrierte Magnesiumpräparate (z. B. 50 %) nur verdünnt geben (NaCl 0,9 % oder Glukose 5 %)
- Die Infusion kann trotz Verdünnung schmerzhaft sein
- Bei Überdosierung genügt es meist, die Zufuhr zu unterbrechen, ggf. Calciumgluconat als Antidot verwenden.

Metamizol

Novalgin®: 1 Amp. à 2 ml = 1000 mg bzw. 1 Amp. à 5 ml = 2500 mg.

Wirkung

Analgetikum, Antipyretikum, in höherer Dosierung auch spasmolytisch. *Wirkungseintritt* nach ca. 1 –8 Min., *Wirkungsdauer:* ca. 3–5 h.

Indikation und Dosierung

Starke Schmerzzustände, v. a. Koliken: 1–2,5 g extrem langsam (max. 0,5 ml/Min.) i. v., dabei Atmungs- und Kreislaufkontrolle.

Bemerkungen

- Häufig gravierende Blutdruckabfälle, deshalb Vorsicht bei Hypotonie, Hypovolämie und instabilen Kreislaufverhältnissen
- Metamizol kann einen anaphylaktischen Schock auslösen
- Lebensbedrohliche Unverträglichkeitsreaktionen können noch 1 h nach i. v.-Injektion auftreten, v. a. bei Dosierungen > 1 g
- Nicht anwenden bei allergischer Disposition jeder Art (auch Heuschnupfen, Tierhaar- oder Lebensmittelallergie)
- Bei Anwendung in den letzten 6 Wochen der Schwangerschaft ist ein vorzeitiger Verschluß des Ductus Botalli möglich.

Methohexital

Brevimytal®: 1 Inj.Fl. = 100 mg bzw. 500 mg.

Wirkung

Hypnotikum (Barbiturat). *Wirkungseintritt* nach ca. 10–40 Sek., *Wirkungsdauer:* ca. 5–15 Min.

Indikation und Dosierung

Narkoseeinleitung: 1–1,5 mg/kg KG langsam i. v.

Bemerkungen

- Dosisabhängige kardiovaskuläre Depression mit RR ↓ durch Vasodilatation und Abnahme des HZV
- Dosisabhängige Atemdepression bis hin zur Apnoe
- Histaminliberation, Husten, Laryngospasmus, Bronchospasmus
- Singultus
- Motorische Unruhe bei der Narkoseeinleitung
- Bei Schock oder manifester Herzinsuffizienz massive Dosisreduktion bzw. besser Etomidat verwenden
- KI: schwere obstruktive Lungenerkrankung oder Status asthmaticus
- Dosisreduktion bei Hypovolämie, Hypoxie, Ileus, Kachexie, alten Patienten
- Bei versehentlicher paravenöser Injektion Schmerzen, Schwellungen, Nervenschäden, Ulzerationen und Nekrosen
- Bei versehentlicher arterieller Injektion Gangrän einer Extremität, die eine Amputation erfordern kann
- Anwendung als 1 %-Lösung, als Lösungsmittel nur Aqua dest., Nacl 0,9 % oder Glucose 5 % verwenden.

Methylprednisolon

Urbason® solubile forte: 1 Amp. à 250 mg Trockensubstanz und 1 Amp. à 5 ml Lösungsmittel bzw. Urbason® solubile forte 1000 1 Amp. à 1000 mg Trockensubstanz und 1 Amp. à 10 ml Lösungsmittel.

Wirkung

Antiphlogistisch, antiödematös.

Indikation und Dosierung

- Anaphylaktoide Reaktion, Asthmaanfall: i. v. je nach Schweregrad der Symptomatik 250–1000 mg
- Rückenmarkstrauma: i. v. 30 mg/kg KG Bolus
- Perifokales Ödem bei Hirnmetastasen: i. v. 25–100 mg.

Bemerkungen

- NW Erbrechen
- Die Gabe bei V. a. Rückenmarkstrauma sollte innerhalb der ersten 8 h nach Trauma erfolgen, d. h. ist auch in der Klinik möglich.

Metoclopramid

Paspertin®: 1 Amp. à 1 ml = 10 mg.

Wirkung

Zentraler Dopamin-Antagonist: Erhöhung des unteren Ösophagussphinktertonus sowie der Magen- und Dünndarmmotilität.

Indikation und Dosierung

- 5–10 Min. vor Narkoseeinleitung bei Aspirationsgefahr i. v. 1 Amp. à 10 mg
- Übelkeit und Erbrechen (auch nach Opioidgabe): i. v. 1 Amp. à 10 mg.

Bemerkungen

- NW: Müdigkeit, bei Kindern unter 14 J häufig extrapyramidale Nebenwirkungen
- ***Cave:*** wegen erhöhtem NW-Risiko vorsichtig dosieren bei Neugeborenen, Säuglingen, Kleinkindern, mechanischem Ileus, extrapyramidaler Symptomatik und Krampfleiden
- Antagonist: Atropin
- Wirkungsverstärkung mit zentral dämpfenden Medikamenten
- Trizyklische Antidepressiva, Neuroleptika verstärken die extrapyramidalen Nebenwirkungen
- Extrapyramidale Nebenwirkungen mit Biperiden (z. B. Akineton®) behandelbar.

Metoprolol

Beloc®: 1 Amp. à 5 ml = 5 mg.

Wirkung

β-Blocker: negativ inotrop und chronotrop.

Indikation und Dosierung

Supraventrikuläre Tachykardie, -arrhythmie und Extrasystolie. Reflextachykardie bei Nitroglycerinanwendung: i. v.: 3,5 mg bei 70 kg KG (0,1 mg/kg KG) *sehr* langsam, ggf. Wiederholung nach 5 Min. Höchstdosis: 20 mg bei 70 kg KG (0,3 mg/kg KG).

Bemerkungen

- NW: Bradykardie, Herzinsuffizienz, Hypotonie, Bronchokonstriktion, Schwindel, Kopfschmerz.
- ***Cave***: wegen erhöhtem NW-Risiko vorsichtig dosieren bei Asthma bronchiale und obstruktiven Lungenkrankheiten, symptomatischer Tachykardie bei Sepsis, Volumenmangel, Herzinsuffizienz, Bradykardie, AV-Block II und III, Sinusknotensyndrom, schwerer AVK
- WW: In Kombination mit Verapamil oder Diltiazem Asystolie, Verstärkung blutdrucksenkender Effekte, z. B. von Nifedipin oder Clonidin, Bradykardie mit Digitalis; Wirkungsabschwächung von Dobutamin und Dopamin, vasokonstriktorische Effekte durch Adrenalin (Adrenalinumkehr)
- Maskierung von Hypoglykämiesymptomatik bei behandelten Diabetikern, Gefahren der Hypoglykämie jedoch erhöht
- Allergische Reaktionen werden verstärkt.

Midazolam

Dormicum® 5/1: 1 Amp à 1 ml = 5 mg bzw. Dormicum® 15/3: 1 Amp à 3 ml = 15 mg bzw. Dormicum® V5/5: 1 Amp à 5 ml = 5 mg.

Wirkung

Sedativum (Benzodiazepin). *Wirkungseintritt* nach ca. 3 Min., *Wirkungsdauer:* ca. 45–90 Min.

Indikation und Dosierung

- Sedierung: 0,025–0,15 mg/kg KG i. v., dabei langsame und individuelle Dosierung (Verdünnung mit NaCl 0,9 % auf 1mg/ml und jeweils 1 mg Boli applizieren)
- Narkoseeinleitung: 0,1–0,25 mg/kg KG i. v.
- Narkoseaufrechterhaltung: individuell nach Wirkung dosieren (5–10 mg Boli)
- Notfalls rektale Applikation möglich: 0,2–0,3 mg/kg KG (Maximaldosis = 15 mg) mit NaCl verdünnt applizieren.

Bemerkungen

Atemdepression bis Atemstillstand (bes. bei schneller Injektion)
Blutdruckabfall (vorher Volumenmangel ausgleichen)
Gelegentlich paradoxe Reaktion bei älteren Patienten (Hypoxie?)
Resorption nach i. m.-Applikation fast genauso schnell wie nach i. v.-Gabe →bei Pat. im Erregungszustand oder bei Krampfanfall ggf. i. m.-Verabreichung, wenn i. v.-Injektion schwierig
Keine analgetische Wirkung
Keine Anwendung bei Frühgeborenen (zerebrale Krampfanfälle)
Dosisreduktion bei Kachexie, alten Patienten
Doppelte Wirkstärke und kürzere Wirkdauer im Vergleich zu Diazepam
Verursacht anterograde Amnesie.

Mivacurium

Mivacron®: 1 Amp. à 5 ml = 10 mg bzw. 1 Amp. à 10 ml = 20 mg.

Wirkung

Nicht depolarisierende Muskelrelaxation. *Wirkungseintritt:* nach 2–4 Min., *Wirkungsdauer:* ca. 15–20 Min.

Indikation und Dosierung

Präkurarisierung vor Succinylcholingabe: 0,015 mg/kg KG (1 mg/70 kg KG)
Muskelrelaxation zu maschineller Beatmung nach erfolgter Intubation:
- Initial 0,1–0,2 mg/kg KG (10 mg/70 kg KG)
- Repetitionsdosis: 0,05–0,1 mg/kg KG (5 mg/70 kg KG).

Bemerkungen

Blutdruckabfall bei rascher Injektion
Dosisabhängige Histaminliberation, vor allem bei zu rascher Injektion.

Morphin

Morphin Merck®: 1 Amp. à 1 ml = 10 bzw. 20 mg.

Wirkung

Opioid-Agonist: analgetisch und sedierend, euphorisierend. Pulmonalarterieller Druck↓. *Wirkungseintritt* nach ca. 5–10 Min. *Wirkungsdauer:* ca. 3–4 h.

Indikation und Dosierung

Stärkste Schmerzzustände, insbesondere bei Herzinfarkt
Kardial bedingtes Lungenödem
Dosierung abhängig vom Schweregrad der Schmerzen:
Mit NaCl 0,9 % auf 10 ml verdünnen und Boli à 2 mg bis zum Eintritt der gewünschten Wirkung langsam i. v. applizieren (5–10 mg).

Bemerkungen

Unterliegt der BtMVV

Neben-/Wechselwirkungen:
Atemdepression bis zur Apnoe, v. a. nach schneller i. v.-Gabe
Histaminfreisetzung und Auslösung allergischer Reaktionen. ***Cave:*** Asthmaanfall bei entsprechender Prädisposition
Zentral bedingte Vagusstimulation mit Miosis, Bradykardie, Übelkeit und Erbrechen
Sedierung bis zur Somnolenz, gelegentlich auch Dysphorie und Erregungszustände
Tonuserhöhung der glatten Muskulatur (Sphinkteren) → KI: Koliken, Pankreatitis
Verstärkung des blutdrucksenkenden Effektes bei gleichzeitiger Gabe von Antihypertensiva und Phenothiazin-Neuroleptika
Verstärkung des sedierenden und atemdepressiven Effektes zentral wirksamer Substanzen (Medikamente, Alkohol).

Natriumbikarbonat

Natriumhydrogencarbonat-Lösung 8,4 Köhler®.

Wirkung

Azidoseausgleich.

Indikation und Dosierung

- Ggf. bei länger andauernder Reanimation: initial 1 ml = 1 mmol = 1 mval $NaHCO_3$ 8,4 %/kg KG, ggf. Wiederholung nach 10 Min.
- Metabolische Azidose (BGA): Basenüberschuß (BE) x 0,3 x kg KG/2.

Bemerkungen

Inkompatibel mit anderen Medikamenten (keine Mischinfusion, über eigenen Zugang laufen lassen).

Nifedipin

Adalat®: 1 Kps = 5 mg bzw. 1 Kps. = 10 mg.

Wirkung

Kalziumantagonist: Blutdrucksenkung.

Indikation und Dosierung

Hypertonie, insbesondere bei zerebraler Symptomatik: 5–10 mg subl., ggf. Wiederholung nach 15 Min.

Bemerkungen

- NW: Reflextachykardie, Hitzegefühl, Magenbeschwerden, Flush, Kopfschmerzen, Blutdruckabfall
- ***Cave:*** wegen erhöhtem NW-Risiko vorsichtig dosieren bei Herzinsuffizienz, Schwangerschaft. Kontraindiziert bei instabiler Angina pectoris und akutem Myokardinfarkt.

Nitrendipin

Bayotensin®: 1 Phiole à 5 mg.

20

Wirkung

Antihypertensivum.

Indikation und Dosierung

Hypertensiver Notfall (mit zerebraler Symptomatik): 1 Phiole à 5 mg in den Mund hinein ausdrücken und schlucken lassen; ggf. Wiederholung nach 30 Min.

Bemerkungen

NW: Flush, Kopfschmerzen.

Noradrenalin

Arterenol®: 1 Amp. à 1 ml = 1mg (1: 1000).

Wirkung

Katecholamin: Periphere Vasokonstriktion und positive Inotropie.

Indikation und Dosierung

Septischer Schock (bei fehlendem peripheren Widerstand): 5 mg mit NaCl 0,9 % auf 50 ml. 4 ml/h bei 70 kg KG (0,1 µg/kg KG/Min.) über Perfusor, Steigerung nach Wirkung.

Bemerkungen

NW: Auslösung von Koronarspasmen, Zunahme des myokardialen Sauerstoffverbrauchs, Abnahme der peripheren Durchblutung und von Organen (Nieren, Darm), Nekrosen bei paravenöser Injektion

- Inaktivierung durch alkalisches Milieu (z. B. $NaHCO_3$)
- Bei spinalem Schock Verstärkung einer Bradykardie.

Orciprenalin

Alupent®: 1 Amp. à 1 ml = 0,5 mg bzw. 1 Amp. à 10 ml = 5 mg.

Wirkung

β-Mimetikum: Puls↑, positive Inotropie.

Indikation und Dosierung

Bradykardie, absolute Bradyarrhythmie, Adam-Stokes-Anfall, falls Atropin nicht ausreichend.
Intoxikation mit β-Blockern:

i. v.: 1 Amp. à 0,5 mg 1:10 mit NaCl 0,9 % verdünnt sehr langsam nach Wirkung
Perfusor: 5mg mit NaCl 0,9 % auf 50 ml. 6–17 ml/h bei 70 kg KG (0,15–0,4 μg/kg KG/Min.).

Bemerkungen

NW: Tremor, Angst, Unruhe, Tachykardie, Arrhythmien, Hypotonie, Angina pectoris, Myokardischämie, Wehentätigkeit↑, Erhöhung des myokardialen Sauerstoffverbrauchs, Abfall diastol. Blutdrucks, lange Halbwertszeit (90 Min.), relativ ungünstiges Wirkungsprofil, nur selten indiziert.

Cave: frischer Herzinfarkt, Schwangerschaft.

Oxybuprocain

Conjuncain-EDO® sine, Novesine® 0,4 %, Oxbarukain®-Augentropfen.

Wirkung

Lokalanästhetikum (Estertyp).

Indikation und Dosierung

Oberflächenanästhesie des Auges: 3–10 Tropfen in den Bindehautsack im Abstand von 30 Sek.

Bemerkungen

NW: Anaphylaktoide Reaktion
Alternative: 1–2 Tropfen Lidocain (Amidtyp).

Oxytocin

Syntocinon®: 1 Amp. à 1 ml = 3 bzw. 10 I. E.

Wirkung

Wehensteigerung, Uteruskontraktion.

Indikation und Dosierung

Geburtsstillstand, Nachgeburtsperiode, postpartale Blutung: i. v. 3–5 I. E.

Bemerkungen

NW: Auslösung eines Tetanus uteri, Erbrechen, Übelkeit, Tachykardie, Hypertonus, selten Angina pectoris, auch Hypotonie möglich.

Pancuronium

Pancuronium Organon®: 1 Amp. = 2 ml = 4 mg.

Wirkung

Nicht depolarisierende Muskelrelaxation. *Wirkungseintritt:* nach 3–4 Min., *Wirkungsdauer:* ca. 45–75 Min.

Indikation und Dosierung

Präkurarisierung vor Succinylcholingabe: 0,004–0,008 mg/kg KG (0,5 mg/70 kg KG)
Muskelrelaxation zu maschineller Beatmung nach erfolgter Intubation:

- Initial 0,04–0,08 mg/kg KG (4 mg/70 kg KG)
- Repetitionsdosis: 0,01–0,02 mg/kg KG (1 mg/70 kg KG).

Bemerkungen

- Tachykardie durch Vagolyse, evtl. RR-Anstieg
- Die Substanz muß gekühlt aufbewahrt werden.

Paracetamol

ben-u-ron®: 1 Supp. = 125, 250, 500 bzw. 1000 mg.

Wirkung

Antipyretikum, Analgetikum.

Indikation und Dosierung

Fieberhafte Zustände, v. a. bei Kindern: 10 bis 15 mg/kg KG rektal.

Pethidin

Dolantin®: 1 Amp. à 1 ml = 50 mg bzw. 1 Amp. à 2 ml = 100 mg.

Wirkung

Opioidagonist: analgetisch und sedierend. *Wirkungseintritt* nach ca. 5 Min., *Wirkungsdauer:* ca. 2–4 h.

Indikation und Dosierung

Akute schwere Schmerzzustände: 25–50 mg langsam in 1–2 Min. i. v., evtl. Wiederholung nach 5–10 Min.

Bemerkungen

- Unterliegt der BtMVV
- Vasodilatation mit Blutdruckabfall und reflektorischer Tachykardie bei zu rascher i. v.-Gabe. Nicht bei Hypovolämie einsetzen
- Histaminliberation
- In äquipotenter Dosierung gleiche Atemdepression wie bei Morphin, aber mehr kardiozirkulatorische Nebenwirkungen
- Sedierung, in hohen Dosen Exzitation
- Übelkeit, Erbrechen.

Pindolol

Visken®: 1 Amp. à 2 ml = 0,4 mg.

Wirkung

β-Rezeptorblocker mit intrinsischer Aktivität.

Indikation und Dosierung

Supraventrikuläre Tachykardien (u. a. Reflextachykardie bei Nitrogycerin): i. v. 1 Amp. à 0,4 mg mit NaCl auf 10 ml verdünnt: langsam nach Wirkung.

Bemerkungen

- Anwendung bringt keinen Vorteil gegenüber Betablocker ohne intrinsische Aktivität (z. B. Metoprolol), günstige Wirkung von Betablockern beim Herzinfarkt gilt nur für solche ohne intrinsische Aktivität.
- NW: Bronchokonstriktion, Herzinsuffizienz, Schwindel, Kopfschmerz
- *Cave:* Asthma bronchiale und obstruktive Lungenkrankheiten, symptomatische Tachykardie bei Sepsis, Volumenmangel, Herzinsuffizienz.
- WW: In Kombination mit Verapamil oder Diltiazem Asystolie, Verstärkung blutdrucksenkender Effekte, z. B. von Nifedipin oder Clonidin, Bradykardie mit Digitalis, Wirkungsabschwächung von Dobutamin und Dopamin, alleinige vasokonstriktorische Effekte durch Adrenalin (Adrenalinumkehr).

iritramid

ipidolor®: 1 Amp. à 2 ml = 15 mg.

/irkung

)pioidagonist: analgetisch und sedierend. *Wirkungseintritt* nach ca. 5–10 Min., *Wirkungsdau-r:* ca. 6 h.

ndikation und Wirkung

tarke und sehr starke Schmerzzustände: 0,1–0,3 mg/kg KG langsam i. v. (max.10 mg/Min.).

emerkungen

- Unterliegt der BtMVV
- In äquipotenter Dosierung gleiche Atemdepression wie Morphin
- Weniger emetisch wirksam als Morphin
- Bei zu rascher i. v.-Gabe Hypotonie und Bradykardie.

rednisolon

olu Decortin® H: 1 Amp. = 10, 25, 50 mg (Lösungsmittel 1ml), 250 mg (Lösungsmittel 5 ml) zw. 1000 mg Trockensubstanz (Lösungsmittel 10 ml).

Virkung

ntiphlogistisch, antiödematös.

ndikation und Dosierung

- Anaphylaktoide Reaktion, Asthmaanfall: i. v. je nach Schweregrad 250–1000 mg
- Stenosierende Laryngotracheitis (Krupp-Syndrom) bei Kindern: 2–4 mg/kg KG.

emerkungen

ardiovaskuläre Dysregulationen im Rahmen einer anaphylaktoiden Reaktion stellen keine In-ikation für Kortikoide dar.

rednison

ectodelt® Supp.: 5, 10, 30 u. 100 mg, Klismacort®-Rektalkapseln: 100 mg.

Virkung

ntiphlogistisch, antiödematös.

ndikation und Dosierung

ei Kindern:

- Stenosierende Laryngotracheitis (Krupp-Syndrom)
- Anaphylaktoide Reaktionen
- Asthmaanfall

)osierung: 5–20 mg/kg KG (auf ganze Zäpfchen aufrunden).

emerkungen

lismacort®-Rektalkapseln sind hitzebeständig.

romethazin

tosil®: 1 Amp. à 2 ml = 50 mg.

/irkung

leuroleptikum: sedierend, nur schwach antipsychotisch wirksam, antiemetisch, antihistami-erg (H1-Blocker). *Wirkungseintritt* nach ca. 15–30 Min., *Wirkungsdauer:* ca. 4–6 h.

ndikation und Dosierung

- Sedierung bei Unruhezuständen, Asthma bronchiale, Antiemetikum: 25–50 mg langsam i. v.

Bemerkungen

- Hypotonie durch zentrale Sympathikolyse
- Atemdepression.

Propafenon

Rytmonorm®: 1 Amp. à 20 ml = 70 mg.

Wirkung

Antiarrhythmikum (Klasse 1 c).

Indikation und Dosierung

- Tachykardien bei Präexzitationssyndromen
- Ventrikuläre Extrasystolie und Tachykardie
- Supraventrikuläre Tachykardie und Tachyarrhythmien

Dosierung i. v.: 35–100 mg bei 70 kg KG (0,5 bis 1,5 mg/kg KG) langsam nach Wirkung.

Bemerkungen

- NW: Orthostaseneigung, selten ZNS-Symptome (Tremor, Kopfschmerz etc.)
- WW: In Kombination mit anderen Antiarrhythmika (z. B. β-Blocker) evtl. totaler AV-Block.

Propofol

Disoprivan®: 1 Amp à 20 ml = 200 mg.

Wirkung

Hypnotikum. *Wirkungseintritt* nach ca. 30–45 Sek., *Wirkungsdauer:* ca. 5 Min.

Indikation und Dosierung

Narkoseeinleitung und -aufrechterhaltung:

- Einleitungsdosis: 1–2 mg/kg KG langsam i. v.
- Narkoseaufrechterhaltung: 10–30 mg Boli (je nach Klinik ca. alle 5 Min.).

20

Bemerkungen

- Ausgeprägte Blutdrucksenkung
- Atemdepression bis hin zur Apnoe
- Exzitatorische Bewegungen möglich
- Nicht anwenden bei dekompensierten kardiopulmonalen Erkrankungen.

Reproterol

Bronchospasmin®: 1 Amp. à 1 ml = 0,09 mg.

Wirkung

β_2-Mimetikum: Bronchodilatation, Wehenhemmung.

Indikation und Dosierung

- Asthma bronchiale, wenn Behandlung mit β_2-Mimetikum als Dosieraerosol nicht möglich wirksam oder ausreichend ist (silent asthma)
- Vorzeitige Wehen

Dosierung i. v.: 1 Amp. mit NaCl 0,9 % auf 10 ml verdünnt langsam; ggf. Wiederholung nach 10 Min.

Bemerkungen

- NW: Unruhe, Tremor, Angst, Herzklopfen, Tachykardie, Kammerflimmern, Hypotonie, Angina pectoris.
- ***Cave:*** wegen erhöhtem NW-Risiko vorsichtig dosieren bei akutem Rechtsherzversagen, Tachykardie, KHK
- Bei i. v.-Injektion von β_2-Agonisten erheblich häufiger Nebenwirkungen als bei Inhalation.

ocuronium

smeron®: 1 Amp. à 5 ml = 50 mg bzw. 1 Amp. à 10 ml = 100 mg.

irkung

icht depolarisierende Muskelrelaxation. *Wirkungseintritt:* nach 1–2 Min., *Wirkungsdauer:* a. 30–50 Min.

ndikation und Dosierung

Präkurarisierung vor Succinylcholingabe: 0,06–0,12 mg/kg KG (5 mg/70 kg KG)
Muskelrelaxation zu maschineller Beatmung nach erfolgter Intubation:
- Initial 0,45–0,6 mg/kg KG (35 mg/70 kg KG)
- Repetitionsdosis: 0,1–0,15 mg/kg KG (10 mg/70 kg KG).

emerkungen

Geringe Vagolyse (dosisabhängig Herzfrequenz↑)
Die Substanz muß gekühlt aufbewahrt werden.

t-PA (Alteplase)

ctilyse®: 1 Inj.-Fl. mit 10, 20 bzw. 50 mg Trockensubstanz sowie 10, 20 bzw. 50 ml Lösungs-ittel.

irkung

ibrinolytikum.

ndikation und Dosierung

Heparin-Bolus von 5000–10 000 IE vor Therapiebeginn
Akuter Myokardinfarkt: insgesamt 100 mg/90 Min., verteilt auf zwei Perfusorspritzen à 50 ml:
- Initial 15 mg (= 15 ml) als Bolus über 1–2 Min.
- Dann für 30 Min. 100 ml/h (50 mg), danach für 60 Min. 35 ml/h (= 35 mg)

Lungenembolie ab Stadium III: insgesamt 100 mg/120 Min., verteilt auf 2 Perfusorspritzen à 50 ml:
- Initial 10 mg (= 10 ml) als Bolus über 1–2 Min.
- Danach für 120 Min. 45 ml/h (90 mg).

emerkungen

NW: RR↓, Übelkeit, Erbrechen
KI ☞ 5.10.

treptokinase

abikinase® 1 Inj.-Fl. mit 250 000, 750 000 bzw. 1,5 Mio. I. E. Trockensubstanz.

irkung

ibrinolytikum.

ndikation und Dosierung

Akuter Myokardinfarkt 1,5 Mio. IE in 60 Min. Perfusor: 1,5 Mio. I. E. mit NaCl 0,9 % auf 50 ml: 50 ml/h
Lungenembolie ab Stadium III: 1,5 Mio. IE in 30 Min. Perfusor: 1,5 Mio. I. E. mit NaCl 0,9 % auf 50 ml: 100 ml/h.

emerkungen

NW: RR↓, Übelkeit, Erbrechen, Kopfschmerzen, Dyspnoe, selten anaphylaktische Reaktion
KI ☞ 5.10
Zur Allergieprophylaxe 50 mg Prednisolon (z. B. Solu Decortin® H) i. v.

Succinylcholin (Suxamethonium)

Lysthenon®: 1 Amp 1 % à 5 ml = 50 mg bzw. 1 Amp. 2 % à 5 ml = 100 mg; Lysthenon® sic cum: 1 Inj.-Fl. à 500 mg Trockensubstanz.

Wirkung

Depolarisierende Muskelrelaxation. *Wirkungseintritt* nach ca. 30–60 Sek., *Wirkungsdauer:* ca 5 Min.

Indikation und Dosierung

Kurzfristige Relaxierung zur Intubation:

- Einzeldosis zur Intubation: 1–2 mg/kg KG (100 mg/70 kg)
- Möglichst keine Nachinjektionen.

Bemerkungen

- Zur Vermeidung von initialen Muskelfaszikulationen Präkurarisierung mit einem nicht de polarisierenden Muskelrelaxans in niedriger Dosis
- Initial Bradykardie und Hypotension, später Tachykardie
- Hypersalivation und vermehrte Bronchialsekretion
- Hyperkaliämie durch Kaliumverschiebung nach extrazellulär
- Erhöhung des Augeninnendruckes und des Druckes im GI-Trakt (***Cave:*** Aspirationsgefah bei Hochschwangeren, Adipositas permagna, Pat. mit Ileus oder Zwerchfellhernie)
- Relativ kontraindiziert bei perforierenden Augenverletzungen, erhöhtem intrakranieller Druck und Sepsis
- Histaminfreisetzung mit der Gefahr eines Bronchospasmus
- Anwendung bei frischen Lähmungen und Verbrennungen in den ersten 24 h noch möglich danach kontraindiziert.

Terbutalin

Bricanyl®: 1 Amp. à 1 ml = 0,5 mg.

Wirkung

β_2-Mimetikum.

Indikation und Dosierung

- Asthma bronchiale
- (Tokolyse)

Dosierung s.c.: 0,3–0,6 mg bei 70 kg KG (4–8 µg/kg KG).

Bemerkungen

- Nur zur ***subcutanen*** Injektion zugelassen (und unverdünnt auch nicht anders anwendbar)
- Nach Verdünnung (z.B. 20 ml) kann die gleiche Dosis auch *sehr langsam* intravenös ge spritzt werden
- NW: Unruhe, Tremor, Angst, Herzklopfen, Tachykardie, Kammerflimmern, Hypotonie, Ar gina pectoris.

Cave: wegen erhöhtem NW-Risiko vorsichtige Dosierung bei akutem Rechtsherzversagen, Ta chykardie, KHK

- Bei i.v.-Injektion von β_2-Agonisten erheblich häufiger Nebenwirkungen als bei Inhalation
- Versehentliche rasche intravenöse Gabe einer Ampulle Terbutalin führt meist zu Kamme flimmern.

Theophyllin

Bronchoparat®: 1 Amp. à 10 ml = 200 mg.

Wirkung

Bronchodilatation.

Indikation und Dosierung

Schwerer Asthmaanfall: i.v. 350 mg bei 70 kg KG (6 mg/kg KG, bei damit vorbehandelte Pat. 2 mg/kg KG) sehr langsam.

emerkungen

Ampulleninhalt kann auch oral gegeben werden (enteral gute Resorption, sehr schlechter Geschmack)

NW: Magenschmerzen, Übelkeit, Erbrechen, Ruhelosigkeit, Tremor, Schlafstörungen, Krämpfe, Tachykardie, Extrasystolie

Cave: wegen erhöhtem NW-Risiko vorsichtig dosieren bei frischem Herzinfarkt, Epilepsie, Hyperthyreose

Nach Einnahme retardierter Theophyllinpräparate nach 2–8 h nur Erhaltungsdosis geben, unbedingt nachfragen, verwirrend viele Präparate im Handel

Geringe therapeutische Breite. Rasche intravenöse Injektion kann tachykarde Rhythmusstörungen und/oder Krämpfe auslösen.

hiopental

rapanal®: 1 Inj.-Fl = 0,5 bzw. 1 g Trockensubstanz, 1 Amp. Verdünnungsmittel à 20 ml.

irkung

hiobarbiturat (Hypnotikum). *Wirkungseintritt* nach ca. 10–40 Sek., *Wirkungsdauer:* ca. –15 Min.

dikation und Dosierung

arkoseeinleitung: 3–5 mg/kg KG langsam i. v.

emerkungen

Dosisabhängige kardiovaskuläre Depression mit RR ↓ durch Vasodilatation und Abnahme des HZV

Dosisabhängige Atemdepression bis hin zur Apnoe

Histaminliberation, Husten, Laryngospasmus, Bronchospasmus

Singultus

Bei Schock oder manifester Herzinsuffizienz massive Dosisreduktion, besser Etomidat verwenden

KI: schwere obstruktive Lungenerkrankungen und Status asthmaticus

Dosisreduktion bei Hypovolämie, Hypoxie, Ileus, Kachexie, alten Patienten

Bei versehentlicher paravenöser Injektion Schmerzen, Schwellungen, Nervenschäden, Ulzerationen und Nekrosen

Bei versehentlicher arterieller Injektion Gangrän der Extremität, die eine Amputation erfordern kann → Vorgabe einer Testdosis von 25–50 mg

Anwendung als 2,5 %-Lösung. Lösung nur mit Wasser für Injektionszwecke herstellen, keine Volumenersatzmittel oder sauren Lösungen verwenden, da eine chemische Inkompatibilität bestehen kann.

amadol

amal®: 1 Amp. à 1 ml = 50 mg bzw. 1 Amp à 2 ml = 100 mg.

irkung

pioidanalgetikum. *Wirkungseintritt* nach 5–10 Min., *Wirkungsdauer:* ca. 2–4 h.

dikation und Dosierung

hmerzzustände

Erw.: 50–100 mg langsam i. v. als Einzeldosis

Kinder (ab 1 Jahr): 1–2 mg/kg KG.

emerkungen

ZNS-Irritationen, Schwindel, Benommenheit

Übelkeit, Brechreiz, Erbrechen besonders bei unruhigen Patienten

Orthostatische Dysregulation

Tachykardie.

Urapidil

Ebrantil®: 1 Amp. à 5 ml = 25 mg bzw. 1 Amp. à 10 ml = 50 mg.

Wirkung

Zentral wirkendes Antihypertensivum.

Indikation und Dosierung

Hypertonus (v.a. bei zerebralen Symptomen): i.v. 25 mg langsam, ggf. Wiederholung nach 10 Min.

Bemerkungen

NW: Müdigkeit, Schwindel, Übelkeit und Erbrechen, Tachykardie.

Urokinase

Actosolv®: 1 Inj.-Fl. mit 25 000, 100 000 bzw. 600 000 I.E. Trockensubstanz.

Wirkung

Fibrinolytikum.

Indikation und Dosierung

- Heparin-Bolus von 5000–10 000 IE vor Therapiebeginn
- Akuter Myokardinfarkt: 2–3 Mio. IE in 60 Min. Perfusor: 2–3 Mio. I.E. mit NaCl 0,9 % auf 50 ml: 50 ml/h
- Lungenembolie ab Stadium III: 1,5–2 Mio. IE als Bolus.

Bemerkungen

- NW: RR↓, Dyspnoe, sehr selten allergische Reaktion, Fieber
- KI ☞ 5.10
- Lagerungs- und Aufbewahrungshinweise beachten (z. T. Kühlschranklagerung erforderlich)

Vecuronium

Norcuron®: 1 Amp. = 4 mg Trockensubstanz und 1 Amp. Lösungsmittel à 1 ml, 1 Stechampulle = 10 mg Trockensubstanz und 1 Amp. Lösungsmittel à 10 ml.

20

Wirkung

Nichtdepolarisierende Muskelrelaxation. *Wirkungseintritt* nach ca. 1–3 Min., *Wirkungsdauer* ca. 30–40 Min.

Indikation und Dosierung

- Präkurarisierung vor Succinylcholingabe: 0,01–0,02 mg/kg (1 mg/70 kg)
- Muskelrelaxation zu maschineller Beatmung nach erfolgter Intubation:
  - Initial 0,08–0,15 mg/kg KG (7 mg/70 kg)
  - Repetitionsdosis 0,02–0,05 mg/kg (1,5–3,5 mg/70 kg).

Bemerkungen

- Löslich in 0,9 %-NaCl, Ringer- oder 5 %- Glukoselösung
- Verstärkung der neuromuskulären Blockade durch Thiopental, Ketamin, Fentanyl, Etomidat, Ca-Antagonisten, β-Blocker, Schleifendiuretika, Lokalanästhetika.

Verapamil

Isoptin®: 1 Amp. à 5 ml = 5 mg.

Wirkung

Antiarrhythmikum (Klasse 4).

Indikation und Dosierung

Tachykarde, supraventrikuläre Rhythmusstörungen mit schneller Überleitung (z. B. schnelle Überleitung bei Vorhofflimmern): i.v. 1 Amp. à 5 mg mit NaCl 0,9 % auf 10 ml verdünnt sehr langsam, ggf. Wiederholung nach 5–10 Min.

merkungen

- NW: AV-Block, Bradykardie, Asystolie, Hypotonie, Herzinsuffizienz, Schwindel, Benommenheit, Kopfschmerzen
- *Cave:* wegen erhöhtem NW-Risiko vorsichtig dosieren bei Herzinsuffizienz NYHA III u. IV, Bradykardie, Hypotonie, akutem Herzinfarkt, Vorhofflimmern/flattern bei WPW-Syndrom (Kammertachykardie)
- Injektion nur unter EKG-Kontrolle
- Kombination mit Betablockern kann zur Asystolie führen → niemals Verapamil und Betablocker intravenös nacheinander
- WW: Wirkungsverstärkung mit Antihypertensiva oder Antiarrhythmika
- Ausfällung in alkalischen Lösungen.

0.2 Antidota

etylcystein

uimucil Antidot®: 1 Inj.-Fl. à 25 ml = 5 g.

irkung

etabolitreduktion.

dikation und Dosierung

toxikation mit Paracetamol, Meth- bzw. Acrylnitril, Methylbromid: 150 mg/kg KG in 200 ml ukose 5 % i. v. (bei 70 kg KG; bei leichteren Pat. oder Kindern Glukose-Infusionsmenge entrechend verringern).

merkungen

W: selten anaphylaktoide Reaktionen.

omorphin

omorphin 1 Amp. à 1 ml = 10 mg.

irkung

netikum. *Wirkungseintritt* nach ca. 5 Min.

dikation und Dosierung

oxikation mit Giften, die eine rasche Magenentleerung erfordern: 0,1 mg/kg KG i. m., wenn dere Verfahren nicht möglich (ultima ratio).

merkungen

- NW: RR↓, Müdigkeit, unstillbares Erbrechen, Atemdepression (Antidot: Naloxon)
- Zur Prophylaxe von Kreislaufreaktionen in Mischspritze mit z. B. Norfenefrin geben
- KI ☞ 9.3.1.

hanol

Fl. à 50 ml Äthanol 96 %.

irkung

hinderung des Methanolabbaus durch kompetitive Konkurrenz um Alkoholdehydrogenase.

dikation und Dosierung

oxikation mit Methanol, Glykol: 50 ml verdünnt mit 200 ml NaCl 0,9 % i. v.

merkungen

satzweise können auch 150 ml Schnaps (z. B. Himbeergeist) oral zugeführt werden.

Atropin ☞ 20.1

Biperiden

Akineton®: 1 Amp. à 1 ml = 5 mg.

Wirkung

Anticholinergikum.

Indikation und Dosierung

- Intoxikation mit Neuroleptika, extrapyramidale Symptomatik: 2,5–5 mg langsam i. v.

Bemerkungen

- NW: Puls↑, RR↓, Müdigkeit, Schwindel; bei Überdosierung Unruhe, Psychose
- Antidot: Physostigmin.

4-Dimethyl-aminophenol (DMAP)

4-DMAP: 1 Amp. à 5 ml = 0,25 g.

Wirkung

Met-Hb-Bildner.

Indikation und Dosierung

Zyanidintoxikation: bei mittelschwerer Intoxikation 0,5–1 mg/kg KG, bei schwerer Intoxika on max. 3 mg/kg KG i. v.

Bemerkungen

- NW: Hämolyse
- Antidot: Tolonium
- Endgültige Giftelimination nur durch die folgende Gabe von Natriumthiosulfat.

Dimeticon

Sab simplex®: 1 Fl. à 30 ml.

Wirkung

Abbau der Grenzflächenspannung von Schaumblasen →Entschäumung.

Indikation und Dosierung

Intoxikation mit Tensiden, Wasch- und Spülmitteln: Erwachsene 30 ml, Kinder 10–30 ml p.

Diphenylhydantoin ☞ 20.1

Flumazenil

Anexate® 0,5 bzw. 1,0: 1 Amp. à 5 ml = 0,5 mg bzw. 1 Amp. à 10 ml = 1 mg.

Wirkung

Kompetitiver Antagonist am Benzodiazepinrezeptor. *Wirkungseintritt* nach ca. 3–5 Min., *Wi kungsdauer* 1–2 h.

Indikation und Dosierung

V.a. schwere Benzodiazepinintoxikation zur DD: initial 0,2 mg (= 2 ml) Bolus i. v., da 0,1 mg/Min. bis der Pat. wacher wird (max. Dosis: 1 mg).

Bemerkungen

- NW: Übelkeit, Erbrechen, Angstgefühle, Puls↑, Krampfanfälle, evtl. Entzugssymptomati
- HWZ wesentlich kürzer als die aller Benzodiazepine
- → Kalziumglukonat.

alziumglukonat

alcium gluconicum „Eifelfango“®: 1 Amp. 10 % = 10 ml.

irkung

ndung der F-Ionen bei Fluoridvergiftungen.

dikation und Dosierung

Intoxikation mit Fluor oder Oxalsäure: 1–2 Amp. à 10 ml i. v.
Lokal: getränkte Tupfer auflegen, evtl. lokale Umspritzung in Xylocain (1:1)
Als Zusatz zur Magenspülung.

edizinische Kohle (Carbo medicinalis, Aktivkohle)

ohle-Pulvis: 1 Dose à 100 g.

irkung

dsorption und enterale Resorptionshemmung.

dikation und Dosierung

rale Intoxikation z. B. mit Nahrungs- und Arzneimitteln, Schwermetallen: mit NaCl 0,9 % fschlämmen und 30–40 g trinken lassen bzw. per Magensonde.

aloxon

arcanti®: 1 Amp. à 1 ml = 0,4 mg.

irkung

pioidantagonist. *Wirkungseintritt* nach ca. 1–2 Min., *Wirkungsdauer:* ca. 15–90 Min.

dikation und Dosierung

pioidintoxikation: 0,1 mg-Boli bis 2 mg langsam i. v.; ggf. Wiederholung.

emerkungen

NW: Puls↑, RR↑, Schwindel, Erbrechen, Schwitzen, Krampfanfall, Asystolie, Entzugssyndrom
Bei Nefopam (z. B. Ajan®) nicht indiziert
HWZ viel kürzer als die der eingenommenen Opioide
Bei Ateminsuffizienz immer primäre Intubation.

atriumsulfat

aubersalz.

irkung

iarrhoe.

dikation und Dosierung

bführmaßnahme nach Gabe von Adsorbentien: 2 Eßlöffel (20–30 g) in 100 ml Wasser gelöst.

atriumthiosulfat

atriumthiosulfat 1 Amp. à 10 ml = 1 g.

irkung

ldung ungiftiger Schwefelverbindungen.

dikation und Dosierung

toxikation durch Blausäure, Rauchgas, N-Lost (Alkylantien), Stickoxide, aliphatische und omatische Nitroverbindungen, Oxidationsmittel, Quecksilbersalze:
Sofort nach Gabe von 4-DMAP i. v.: 6–12 g (6–12 Amp.) bzw. nach schwerer Zyanidintoxikation langsam bzw. 200–500 mg/kg KG (Alkylantienintoxikation)
Zur Magenspülung bei oralen Vergiftungen mit Bromat oder Jod 8 Amp. p. o.

emerkungen

NW: RR↓
Im Gegensatz zu 4-DMAP auch bei Mischintoxikation mit CO anwendbar
Relativ ungiftiges Antidot → auch in hohen Dosierungen geringe Risiken.

Obidoxim

Toxogonin®: 1 Amp. à 0,25 g.

Wirkung

Cholinesterasereaktivator.

Indikation und Dosierung

Intoxikation mit Phosphorsäureestern (Insektizide mit der chem. Bezeichnung „xy-phosph-z" z. B. Dimethoat (z. B. Roxion®) oder Parathion (z. B. E 605): 5 Min. nach Gabe von Atropi 1 Amp. à 0,25 g langsam i. v. Ggf. 1–2 malige Wiederholung im Abstand von 2 h.

Bemerkungen

- NW: Puls↑, Übelkeit, Hitze- und Spannungsgefühl im Kopf
- KI: Intoxikation mit Karbamaten (Insektizide mit der chem. Bezeichnung „xy-carba-z" z. B. Aldicarb (z. B. Temik®) oder Barban (z. B. Carbyne®) oder Intoxikation länger a 12 h zurückliegend.

Physostigmin

Anticholium®: 1 Amp. à 5 ml = 2 mg.

Wirkung

ZNS-gängiges Parasympathikomimetikum (direkter Cholinesterasehemmer). *Wirkungseintr* nach ca. 2–5–15 Min., *Wirkungsdauer:* ca. 20–45 Min.

Indikation und Dosierung

Intoxikation mit anticholinergen Substanzen, zentrales anticholinerges Syndrom (ZAS): Par sympathikolytika, Neuroleptika auf Phenothiazinbasis, Antidepressiva, Antihistaminika, Alk hol: initial 1 Amp. à 2 mg langsam i. v.; ggf. Nachinjektion von 1–4 mg/20 Min.

Bemerkungen

NW: Anaphylaktoide Reaktion; bei Überdosierung: Bradykardie, Speichelfluß, Erbreche Krampfanfall,

Salivation, Miosis.

20

Polyäthylenglykol

Roticlean®, Lutrol®.

Wirkung

Haut-Dekontaminierung.

Indikation und Dosierung

Hautkontakt mit fettlöslichen Giften: betroffenes Hautareal mit getränktem Lappen abwische mit Wasser und Seife nachspülen.

Pyridostigmin

Mestinon®: 5 Inj.-Lsg. à 5 ml = 25 mg.

Wirkung

Cholinergikum, Antagonisierung von nichtdepolarisierenden Muskelrelaxantien.

Indikation und Dosierung

- Myasthene Krise
- Aufhebung einer Muskelrelaxation: 5 mg i. v. und 5 mg i. m.

Bemerkungen

Zusätzlich 0,5 mg Atropin i. v. zur Reduktion der Nebenwirkungen (Puls↓, Speichelsekr tion↑).

Tolonium

Toluidinblau 1 Amp. à 10 ml = 300 mg.

Wirkung

Methämoglobinreduktion.

Indikation und Dosierung

Intoxikation mit Methämoglobinbildnern (z. B. Überdosierung von 4-DMAP), Nitraten, Nitriten, aromatischen Aminen: initial 2–4 mg/kg KG i. v., ggf. Wiederholung mit 2 mg/kg KG nach 30 Min.

Bemerkungen

NW: Eigenfarbe kann Zyanose vortäuschen.

20.3 Notfallmedikamente während Schwangerschaft, Geburt und Stillzeit

In der Notfallmedizin sind Kontraindikationen einer Medikation nur relativ. Im Zweifelsfall geht das Wohl der Mutter vor.

Bei schwangeren oder stillenden Pat. die Indikation für eine Medikamentenapplikation immer besonders streng stellen. Ggf. empfohlene Alternativpräparate verwenden.

Medikamentengaben in der Laktationsperiode (L) sind im Notfall immer möglich, ggf. dann aber Abstillen oder zeitweises Milchabpumpen erforderlich.

Tab. 20.1: Notfallmedikamente während Schwangerschaft, Geburt und Laktationsperiode

E: Embryonalperiode **F**: Fetalperiode + im Notfall erlaubt
P: Peripartalperiode **L**: Laktationsperiode – möglichst vermeiden
o kontraindiziert

E	F	P	L	Präparat
+	+	–	+	**Acebutolol** (Prent®) - NW: beim Neugeborenen Hypotonie, Bradycardie, Hypoglykämie, Atemdepression - P: besser: Dihydralazin
+	+	+	+	**Acetylcystein** (Fluimucil®), ungenügende Erfahrungen
+	+	o	+	**Acetylsalicylsäure** (Aspisol®) - 2. Wahl nach Paracetamol - P: NW: erhöhter Blutverlust unter der Geburt, Wehenhemmung - in der Eröffnungsperiode besser Opioid (***Cave:*** Atemdepression beim Neugeborenen) oder Butylscopolamin (***Cave:*** atonische Nachblutung)
+	+	+	+	**Adenosin** (Adrekar®) - bisher keine ausreichende Erfahrung - Übergang in die Muttermilch unbekannt - besser: Verapamil verwenden
+	+	+	+	**Adrenalin** (Suprarenin®) - ***Cave:*** Wehenhemmung, Verminderung der uteroplazentaren Perfusion (α-Rezeptoren)

Tab. 20.1: Fortsetzung

E: Embryonalperiode **P**: Peripartalperiode	F: Fetalperiode L: Laktationsperiode	+ im Notfall erlaubt – möglichst vermeiden o kontraindiziert

E	F	P	L	Präparat
+	+	–	+	**Akrinor®** - P: NW: Erbrechen, Trinkstörung, Tachykardien und Arrhythmien beim Neugeborenen → besser: Etilefrin
+	+	+	+	**Alcuronium** (Alloferin®)
–	–	–	+	**Apomorphin** - Erfahrungen in der Gravidität liegen nicht vor - L: hemmt Prolaktinsekretion und damit die Laktation
+	+	–	+	**Atenolol** (Tenormin®) - NW: beim Neugeborenen Hypotonie, Bradykardie, Hypoglycämie, Atemdepression - P: besser: Dihydralazin
+	+	+	+	**Atropin** - *Cave:* atonische Nachblutung
–	–	–	+	**Atracurium** (Tracrium®) - keine ausreichenden Erfahrungen über Anwendung in Schwangerschaft und Stillzeit - besser Cisatracurium verwenden
+	+	+	+	**Buprenorphin** (Temgesic®) - *Cave:* Atemdepression beim Neugeborenen
+	+	+	+	**Butylscopolamin** (Buscopan®) - P: *Cave:* atonische Nachblutung
–	–	–	+	**Cisatracurium** (Nimbex®) - keine ausreichenden Erfahrungen über Anwendung in Schwangerschaft und Stillzeit
+	+	+	+	**Clemastin** (Tavegil®) - *Cave:* Schläfrigkeit, Trinkschwäche beim Säugling
–	–	–	+	**Clonidin** (Catapresan®) - Fälle von intrauterinem Fruchttod beschrieben - als Antihypertonikum besser β1-Blocker (z. B. Metoprolol, Atenolol, Acebutolol) oder Dihydralazin
+	+	+	+	**Dexamethason** (Auxiloson®, Fortecortin®) - besser: Prednison, Prednisolon (Inaktivierung in der Plazenta, Übertritt nur 10 %; bei Dexamethason 100 %)
+	+	+	+	**Diazepam** (Valium®, Diazemuls®, Diazepam-Rectal-Tube®) - *Cave:* Atemdepression beim Neugeborenen
+	+/o	o	+	**Diolofenac** (Voltaren®) F: im letzten Trimenon kontraindiziert
+	+	+	+	**Digoxin** (Novodigal®, Lanicor®)
+	+	+	+	**Dihydralazin** (Nepresol®)
+	+	+	+	**Dimeticon** (Sab-Simplex®)
+	+	+	+	**4-Dimethylaminophenol** (4-DMAP®) - Keine ausreichenden Untersuchungen, aber Risiken nicht relevant

20

Tab. 20.1: Fortsetzung

E: Embryonalperiode
P: Peripartalperiode
F: Fetalperiode
L: Laktationsperiode
+ im Notfall erlaubt
– möglichst vermeiden
o kontraindiziert

E	F	P	L	Präparat
+	+	+	+	**Dobutamin** (Dobutrex®) - *Cave:* Wehenhemmung, Verminderung der utero-plazentaren Perfusion
+	+	+	+	**Dopamin** - *Cave:* Wehenhemmung, Verminderung der utero-plazentaren Perfusion
+	+	+	+	**Droperidol** (Dehydrobenzperidol®)
–	+	+	+	**Etilefrin** (Effortil®) - Mißbildungen bei hohen Dosen - E/F: besser: Akrinor®
–	+	+	+	**Etomidat** (Hypnomidate®) - keine Erfahrungen über Plazentapassage und Atemdepression beim Neugeborenen - embryotoxische Wirkung des Lösungsvermittlers - Injektionsnarkotikum der 1. Wahl: Thiopental
+	+	+/o	+	**Fenoterol** (Berotec®, Partusisten®) - *Cave:* Risiko der Hypoglykämie beim Neugeborenen, Wehenhemmung - Antiasthmatikum der 2. Wahl nach Theophyllin - P: KI als Antiasthmatikum wegen Wehenhemmung
+	+	+	+	**Fentanyl®** *Cave:* Atemdepression beim Neugeborenen - Injektionsnarkotikum der 1. Wahl: Thiopental
+	+	+	+	**Furosemid** (Lasix®) - NW: Plazentaperfusion beeinträchtigt, Elektrolytstörungen, Dehydratation - E: embryotoxische Wirkung
+	+	+	+	**Glukose**
+	+	+	+	**Glyceroltrinitrat** (Nitrolingual®, Nitropohl®)
+	+	+	+	**Haloperidol** (Haldol®)
+	+	+	+	**Heparin**
+	+	+	+	**Humanalbumin**
+	+	+	+	**Hydroxocobalamin** (Aquo-Cytobion®)
+	+	+	+	**Hydroxyäthylstärke** (Expafusin®)
+	+	+	+	**Isosorbitdinitrat** (Isoket®)
+	+	+	+	**Kalziumglukonat**
+	+	+	+	**Ketamin** (Ketanest®) - *Cave:* Uterustonuserhöhung, - KI: Hypertonus, Gestose, intrauterine Hypoxie, erhöhter Uterustonus, Plazenta praevia, Frühgeburtsbestrebungen - Injektionsnarkotikum der 1. Wahl: Thiopental

Tab. 20.1: Fortsetzung

E: Embryonalperiode
P: Peripartalperiode
F: Fetalperiode
L: Laktationsperiode
+ im Notfall erlaubt
– möglichst vermeiden
o kontraindiziert

E	F	P	L	Präparat
+	+	+	+	**Kohle Pulvis**
+	+	+	+	**Lidocain** (Xylocain®) cardiale und cerebrale NW beim Kind
+	+	+	+	**Mepivacain** (Meaverin®) - P: NW: Bradycardie
–	+	–	+	**Metamizol** (Novalgin®) - KI: Nebenwirkung auf Hämatopoese mit Agranulozytose - besser Opioid, Paracetamol, Acetylsalicylsäure, Butylscopolamin
+	+	+	+	**Methylprednisolon** (Urbason®) - besser: Prednison, Prednisolon, da besser untersucht
+	+	+	+	**Metoclopramid** (Paspertin®)
+	+	–	+	**Metoprolol** (Beloc®) - NW: beim Neugeborenen Hypotonie, Bradycardie, Hypoglykämie, Atemdepression - P: besser: Dihydralazin
+	+	+	+	**Midazolam** (Dormicum®) - Mittel der 1. Wahl: Diazepam (besser untersucht) - *Cave:* Atemdepression beim Neugeborenen
+	+	+	+	**Mivacurium** (Mivacron®) - keine ausreichenden Erfahrungen über Anwendung in Schwangerschaft und Stillzeit
+	+	+	+	**Morphin®** - *Cave:* Atemdepression beim Neugeborenen
+	+	+	+	**Naloxon** (Narcanti®)
+	+	+	+	**Natriumhydrogencarbonat**
+	+	+	+	**Natriumsulfat** (Glaubersalz)
+	+	+	+	**Natriumthiosulfat** (S-Hydril®)
+	+	+	+	**Nifedipin** (Adalat®) - P: NW: Wehenhemmung - Mißbildungen bei Tieren bekannt - als Antihypertonikum besser β1-Blocker (z. B. Metoprolol, Atenolol, Acebutolol) oder Dihydralazin
+	+	+	+	**Nitroglycerin** (Nitrolingual®)
+	+	+	+	**Noradrenalin** (Arterenol®) - *Cave:* Verminderung der uteroplazentaren Perfusion (α-Rezeptoren)
+	+	+	+	**Obidoxim** (Toxogonin®)

20

Tab. 20.1: Fortsetzung

E: Embryonalperiode | F: Fetalperiode | + im Notfall erlaubt
P: Peripartalperiode | L: Laktationsperiode | – möglichst vermeiden
o kontraindiziert

E	F	P	L	Präparat
+	+	–	+	**Orciprenalin** (Alupent®) - *Cave:* Wehenhemmung - keine ausreichenden Untersuchungen über Auswirkung auf Embryo, Feten, Neugeborenen und Säugling - bei Bradykardie besser Atropin
+	+	+	+	**Pancuronium®**
+	+	+	+	**Pentazocin** (Fortral®) - *Cave:* Atemdepression beim Neugeborenen
+	+	–	+	**Pindolol** (Visken®) - nicht β1-spezifisch - als Antihypertonikum besser β1-Blocker (z. B. Metoprolol, Atenolol, Acebutolol) oder Dihydralazin
+	+	+	+	**Prednisolon** (Solu-Decortin-H®)
+	+	+	+	**Prednison** (Rectodelt®)
+	+	+	+	**Procain** (Novocain®) - P: NW: Bradykardie
+	+	+	+	**Promethazin** (Atosil®)
+	+	–	+	**Propranolol** (Dociton®) - nicht β1-spezifisch, als Antihypertonikum besser β1-Blocker (z. B. Metoprolol, Atenolol, Acebutolol) oder Dihydralazin
+	+	+	+	**Ringerlaktat**
–	–	–	+	**Rocuronium** (Esmeron®) - keine ausreichenden Erfahrungen über Anwendung in Schwangerschaft und Stillzeit
+	+	+	+	**Solu Gastril®**
+	+	+	+	**Suxamethonium** (Lysthenon®) - *Cave:* Erhöhung des Uterustonus mit Verminderung der uteroplazentaren Perfusion - E/F/P: bis 1 mg/kgKG erscheint unbedenklich
+	+	–	+	**Theophyllin** (Euphyllin®) - P: NW: Erbrechen, Trinkstörung, Tachykardien und Arrhythmien beim Neugeborenen
+	+	+	+	**Thiopental** (Trapanal®) - Injektionsnarkotikum der Wahl: 4–5mg kg KG - *Cave:* Atemdepression beim Neugeborenen
+	+	+	+	**Toloniumchlorid** (Toluidinblau®)
+	+	+	+	**Tramadol** (Tramal®) - *Cave:* Atemdepression beim Neugeborenen
+	+	+	+	**Triflupromazin** (Psyquil®) - P: NW: extrapyramidale Symptome, Sedierung und motorische Unruhe beim Neugeborenen

Tab. 20.1: Fortsetzung				
E: Embryonalperiode P: Peripartalperiode		F: Fetalperiode L: Laktationsperiode		+ im Notfall erlaubt – möglichst vermeiden o kontraindiziert
E	**F**	**P**	**L**	**Präparat**
+	+	+	+	**Tromcardin®**
+	+	+	+	**Urapidil** (Ebrantil®) - besser β1-Blocker (z. B. Metoprolol, Atenolol, Acebutolol) oder Dihydralazin, da besser untersucht
+	+	+	+	**Vecuroniumbromid** (Norcuron®)
+	+	+	+	**Verapamil** (Isoptin®) - P: NW: Wehenhemmung

20.4 Dosierungstabellen für Spritzenpumpen

20.4.1 Adrenalin 3 mg

Tab. 20.2: Spritzenpumpeneinstellungen für Adrenalin 3 mg [ml/h]

Konzentration: 3 mg auf 50 ml → 1 ml = 0,06 mg

Dosierung [μg/kg KG/Min.]	Körpergewicht (kg)						
	40	50	60	70	80	90	100
0,01	0,4	0,5	0,6	0,7	0,8	0,9	1,0
0,05	2,0	2,5	3,0	3,5	4,0	4,5	5,0
0,1	4,0	5,0	6,0	7,0	8,0	9,0	10,0
0,2	8,0	10,0	12,0	14,0	16,0	18,0	20,0
0,3	12,0	15,0	18,0	21,0	24,0	27,0	30,0
0,4	16,0	20,0	24,0	28,0	32,0	36,0	40,0
0,5	20,0	25,0	30,0	35,0	40,0	45,0	50,0
0,6	24,0	30,0	36,0	42,0	48,0	54,0	60,0
0,7	28,0	35,0	42,0	49,0	56,0	63,0	70,0
0,8	32,0	40,0	48,0	56,0	64,0	72,0	80,0
0,9	36,0	45,0	54,0	63,0	72,0	81,0	90,0
1,0	40,0	50,0	60,0	70,0	80,0	90,0	100,0

20.4.2 Adrenalin 5 mg

Tab. 20.3: Spritzenpumpeneinstellungen für Adrenalin 5 mg [ml/h]

Konzentration: 5 mg auf 50 ml → 1 ml = 0,1 mg							
Dosierung [µg/kg KG/Min.]	**Körpergewicht (kg)**						
	40	**50**	**60**	**70**	**80**	**90**	**100**
0,01	0,2	0,3	0,4	0,4	0,5	0,5	0,6
0,05	1,2	1,5	1,8	2,1	2,4	2,7	3,0
0,1	2,4	3,0	3,6	4,2	4,8	5,4	6,0
0,2	4,8	6,0	7,2	8,4	9,6	10,8	12,0
0,3	7,2	9,0	10,8	12,6	14,4	16,2	18,0
0,4	9,6	12,0	14,4	16,8	19,2	21,6	24,0
0,5	12,0	15,0	18,0	21,0	24,0	27,0	30,0
0,6	14,4	18,0	21,6	25,2	28,8	32,4	36,0
0,7	16,8	21,0	25,2	29,4	33,6	37,8	42,0
0,8	19,2	24,0	28,8	33,6	38,4	43,2	48,0
0,9	21,6	27,0	32,4	37,8	43,2	48,6	54,0
1,0	24,0	30,0	36,0	42,0	48,0	54,0	60,0

20.4.3 Dopamin 200 mg

Tab. 20.4: Spritzenpumpeneinstellungen für Dopamin 200 mg [ml/h]

Konzentration: 200 mg auf 50 ml → 1 ml = 4 mg							
Dosierung [µg/kg KG/Min.]	**Körpergewicht (kg)**						
	40	**50**	**60**	**70**	**80**	**90**	**100**
1,0	0,6	0,8	0,9	1,1	1,2	1,4	1,5
2,0	1,2	1,5	1,8	2,1	2,4	2,7	3,0
3,0	1,8	2,3	2,7	3,2	3,6	4,1	4,5
4,0	2,4	3,0	3,6	4,2	4,8	5,4	6,0
5,0	3,0	3,8	4,5	5,3	6,0	6,8	7,5
6,0	3,6	4,5	5,4	6,3	7,2	8,1	9,0
7,0	4,2	5,3	6,3	7,4	8,4	9,5	10,5
8,0	4,8	6	7,2	8,4	9,6	10,8	12,0
9,0	5,4	6,8	8,1	9,5	10,8	12,2	13,5
10,0	6,0	7,5	9,0	10,5	12,0	13,5	15,0
15,0	9,0	11,3	13,5	15,8	18,0	20,3	22,5
25,0	15,0	18,8	22,5	26,3	30,0	33,8	37,5

20.4.4 Dopamin 250 mg

Tab. 20.5: Spritzenpumpeneinstellungen für Dopamin 250 mg [ml/h]

Konzentration: 250 mg auf 50 ml → 1 ml = 5 mg							
Dosierung [µg/kg KG/Min.]	Körpergewicht (kg)						
	40	50	60	70	80	90	100
1,0	0,5	0,6	0,7	0,8	1,0	1,1	1,2
2,0	1,0	1,2	1,4	1,7	1,9	2,2	2,4
3,0	1,4	1,8	2,2	2,5	2,9	3,2	3,6
4,0	1,9	2,4	2,9	3,4	3,8	4,3	4,8
5,0	2,4	3,0	3,6	4,2	4,8	5,4	6,0
6,0	2,9	3,6	4,3	5,0	5,8	6,5	7,2
7,0	3,4	4,2	5,0	5,9	6,7	7,6	8,4
8,0	3,8	4,8	5,8	6,7	7,7	8,6	9,6
9,0	4,3	5,4	6,5	7,6	8,6	9,7	10,8
10,0	4,8	6,0	7,2	8,4	9,6	10,8	12,0
15,0	7,2	9,0	10,8	12,6	14,4	16,2	18,0
25,0	12,0	15,0	18,0	21,0	24,0	27,0	30,0

20.4.5 Dobutamin 250 mg

20

Tab. 20.6: Spritzenpumpeneinstellungen für Dobutamin 250 mg [ml/h]

Konzentration: 250 mg auf 50 ml → 1 ml = 5 mg							
Dosierung [µg/kg KG/Min.]	Körpergewicht (kg)						
	40	50	60	70	80	90	100
2,5	1,2	1,5	1,8	2,1	2,4	2,7	3,0
5,0	2,4	3,0	3,6	4,2	4,8	5,4	6,0
7,5	3,6	4,5	5,4	6,3	7,2	8,1	9,0
10,0	4,8	6,0	7,2	8,4	9,6	10,8	12,0
12,5	6,0	7,5	9,0	10,5	12,0	13,5	15,0
15,0	7,2	9,0	10,8	12,6	14,4	16,2	18,0
17,5	8,4	10,5	12,6	14,7	16,8	18,9	21,0
20,0	9,6	12,0	14,4	16,8	19,2	21,6	24,0
22,5	10,8	13,5	16,2	18,9	21,6	24,3	27,0
25,0	12,0	15,0	18,0	21,0	24,0	27,0	30,0

20.4.6 Noradrenalin 3 mg

Tab. 20.7: Spritzenpumpeneinstellungen für Noradrenalin 3 mg [ml/h]

Konzentration: 3 mg auf 50 ml → 1 ml = 0,06 mg							
Dosierung [µg/kg KG/Min.]	Körpergewicht (kg)						
	40	50	60	70	80	90	100
0,01	0,4	0,5	0,6	0,7	0,8	0,9	1,0
0,05	2,0	2,5	3,0	3,5	4,0	4,5	5,0
0,1	4,0	5,0	6,0	7,0	8,0	9,0	10,0
0,2	8,0	10,0	12,0	14,0	16,0	18,0	20,0
0,3	12,0	15,0	18,0	21,0	24,0	27,0	30,0
0,4	16,0	20,0	24,0	28,0	32,0	36,0	40,0
0,5	20,0	25,0	30,0	35,0	40,0	45,0	50,0
0,6	24,0	30,0	36,0	42,0	48,0	54,0	60,0
0,7	28,0	35,0	42,0	49,0	56,0	63,0	70,0
0,8	32,0	40,0	48,0	56,0	64,0	72,0	80,0
0,9	36,0	45,0	54,0	63,0	72,0	81,0	90,0
1,0	40,0	50,0	60,0	70,0	80,0	90,0	100,0

20.4.7 Noradrenalin 5 mg

Tab. 20.8: Spritzenpumpeneinstellungen für Noradrenalin 5 mg [ml/h]

Konzentration: 5 mg auf 50 ml → 1 ml = 0,1 mg							
Dosierung [µg/kg KG/Min.]	Körpergewicht (kg)						
	40	50	60	70	80	90	100
0,01	0,2	0,3	0,4	0,4	0,5	0,5	0,6
0,05	1,2	1,5	1,8	2,1	2,4	2,7	3,0
0,1	2,4	3,0	3,6	4,2	4,8	5,4	6,0
0,2	4,8	6,0	7,2	8,4	9,6	10,8	12,0
0,3	7,2	9,0	10,8	12,6	14,4	16,2	18,0
0,4	9,6	12,0	14,4	16,8	19,2	21,6	24,0
0,5	12,0	15,0	18,0	21,0	24,0	27,0	30,0
0,6	14,4	18,0	21,6	25,2	28,8	32,4	36,0
0,7	16,8	21,0	25,2	29,4	33,6	37,8	42,0
0,8	19,2	24,0	28,8	33,6	38,4	43,2	48,0
0,9	21,6	27,0	32,4	37,8	43,2	48,6	54,0
1,0	24,0	30,0	36,0	42,0	48,0	54,0	60,0

U. v. Hintzenstern, H. Strauss, P. Sefrin

21 Informationen, Adressen, Telefonnummern

21.1 RTH-Stationen

21.1.1 RTH-Stationen in Deutschland

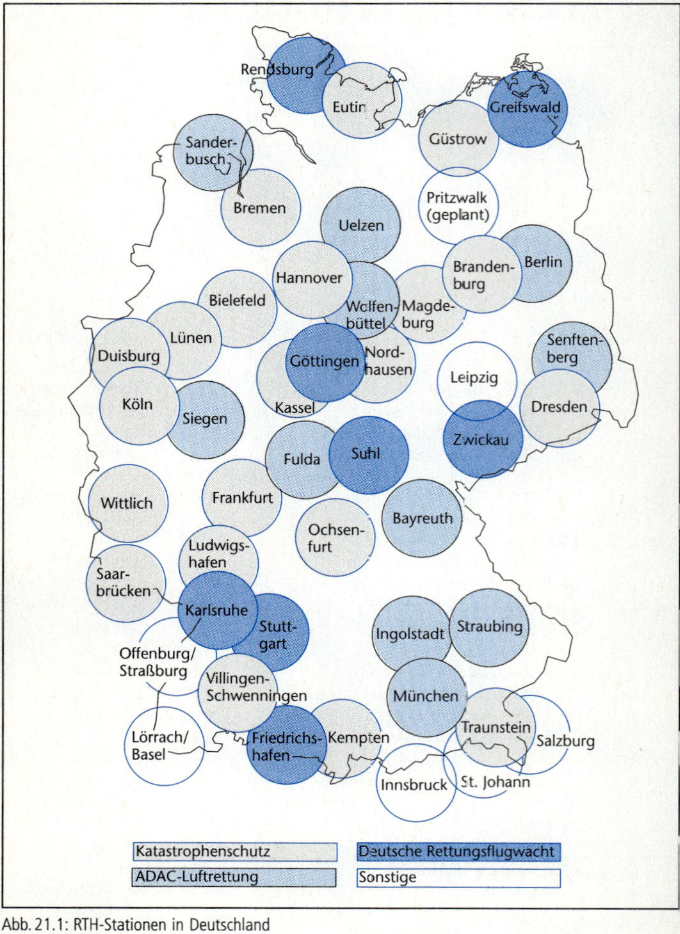

Abb. 21.1: RTH-Stationen in Deutschland

21.1.2 RTH-Stationen in Österreich

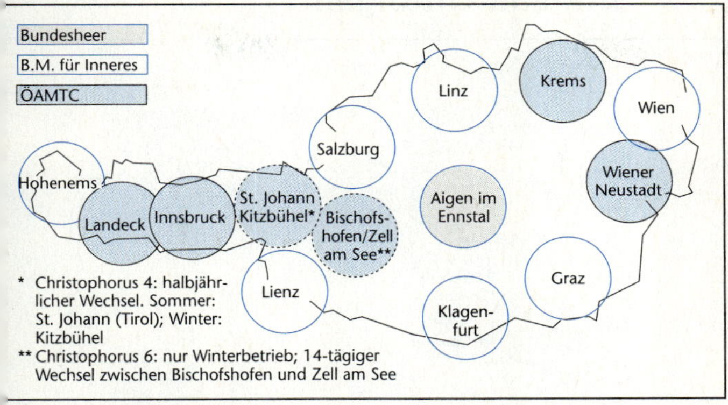

bb. 21.2: RTH-Stationen in Österreich

21.1.3 RTH-Stationen in der Schweiz

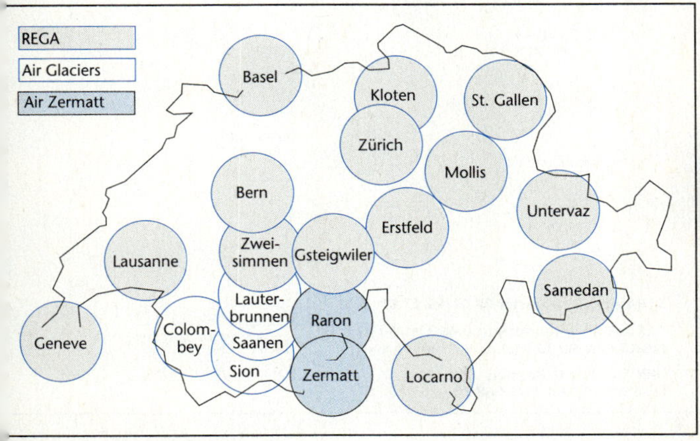

bb. 21.3: RTH-Stationen in der Schweiz

21.2 Standorte der deutschen SAR-Einrichtungen

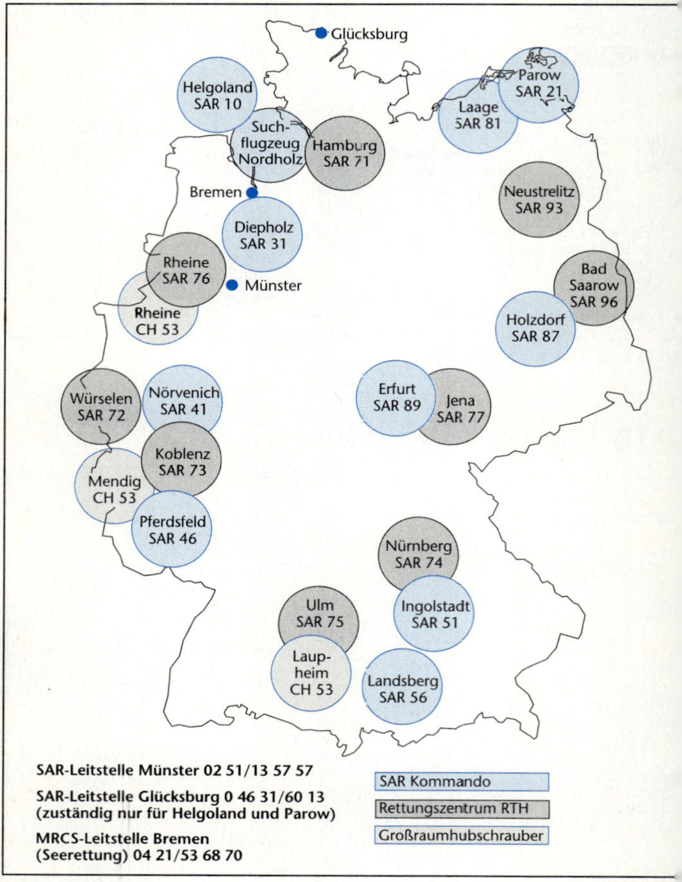

Abb. 21.4: SAR-Stationen

- Hinweise:
  - SAR 46 in Pferdsfeld wird voraussichtlich 1998 nach Malmsheim (Nähe Stuttgart) verlegt
  - Die Bundeswehr beabsichtigt, die Rettungszentren der Standorte Nürnberg und Rheine 1998/99 an andere Organisationen abzugeben.

1.3 Giftinformationszentralen

Tab. 21.1.: Giftinformationszentralen

Ort	Tel., ggf. e-mail bzw. Internet	Fax
Berlin (Landesberatungsstelle)	030/19240, 32680–719, –734	030/32680–721
Berlin (Virchow-Klinikum)	030/45053–555, –565 e-mail: martens@ukrv.de	030/45053–915 oder –909
Bonn	0228/287–3211, –3333 Telex: 8869546 kibo d e-mail: ruechard@imsdd.med.uni-bonn.de Internet: http://www.med.uni-bonn.de/giftzentrale/	0228/287–3314
Erfurt	0361/73073–0	0361/730–73–17
Freiburg	0761/270–4361 oder –00 e-mail: jonitz@*kkl200.ukl.uni-freiburg.de*	0761/270–4457
Göttingen (GIZ-Nord)	0551/19240, 383–180 e-mail:GIZnord@med.uni-goettingen.de	0551/383–1881
Homburg/Saar	06841/19240	06841/16–8314
Mainz	06131/19240, 232466 e-mail: sacha@zeus.z-med.klinik.uni-mainz.de Internet: http://www.giftinfo.uni-mainz.de	06131/176605 oder 232469
München	089/19240	089/4140–2467
Nürnberg	0911/398–2451	0911/398–2999
Wien	Beratung + 43140400 2–222 Notruf + 431434343	
Zürich	+ 41 12515151	

21.4 Verbrennungszentren

Zentrale Bettenauskunft (nur Information über freie Betten, keine organisatorische Hilfe):
Tel. 0 40/2 88 23–9 99 und –9 98, Fax 0 40/24 86 56 47.

Tab. 21.2.: Zentren für Schwerbrandverletzte
ohne Kennzeichnung = Erwachsene, (K) = Kinder, (+ K) = Erwachsene und Kinder über 1 Jahr

Ort	Klinik	Tel.
Aachen	Hochschule Aachen Klinik für Verbrennungschirurgie Pauwelsstraße	02 41/8 08 97 00
Berlin (+ K)	Krankenhaus Am Urban Abt. für Plastische Chirurgie Dieffenbachstraße 1	0 30/69 71
Bochum	BG Kliniken Bergmannsheil Klinik für Plastische Chirurgie Bürkle-de-la-Camp-Platz 1	02 34/30 20 Durchwahl 02 34/3 02–68 58 oder –68 59
Bochum (K)	St. Josef-Hospital Kinderklinik Alexandrinenstraße 5	02 34/50 96 00
Dortmund	Städt. Kliniken Dortmund Klinikzentrum Nord Münsterstraße 240	02 31/8 48–1
Dresden	Universitätsklinikum Carl Gustav Carus Klinik für Anästhesie Fetscherstr. 74	03 51/4 58 27 85 Durchwahl 03 51/4 58 24 16
Dresden	Universitätsklinikum Carl Gustav Carus Klinik für Unfall-Chirurgie Intensivstation Fetscherstraße 74	03 51/4 58 37 77 Durchwahl 03 51/4 58 29 89
Dresden (K)	Universitätsklinikum Carl Gustav Carus Klinik für Kinderchirurgie Fetscherstr. 74	03 51/4 58–0
Duisburg	BG Unfallklinik Duisburg-Buchholz Intensivabt. f. Schwerbrandverletzte Großbaumerallee 250	02 03/ 76 88–1
Erfurt (K)	Medizinische Hochschule Kinderchirurgische Abt. Nordhäuser Straße 74	03 61/7 81–12 00– 12 01

Tab. 21.2.: Fortsetzung

Ort	Klinik	Tel.
Essen	Universitätsklinikum Essen Abt. für Unfallchirurgie Hufelandstraße 55	0201/723–0 Durchwahl 0201/723–1342
Freiburg i. Br.	Chirurgische Universitätsklinik Freiburg Abt. für Allgemeine Chirurgie Hugstetter Straße 55	0761/270–0
Gelsenkirchen	Knappschafts-Krankenhaus Bergmannsheil Buer Scherner Weg 4	0209/590–20 Durchwahl 0209/590–2547
Gera	Städtisches Klinikum I Intensivtherapiestation Straße des Friedens 122	0365/82828
Halle (K)	St. Barbara-Krankenhaus Kinderchirurgie Barbarastr. 2a – 5	0345/48250
Halle	Medizinische Fakultät der Martin-Luther-Universität Klinik für Unfall- und Wiederherstellungschirurgie Ernst-Grube-Str. 40	0345/557–0
Halle (K)	Medizinische Fakultät der Martin-Luther-Universität Klinik für Kinderchirurgie Ernst-Grube-Str. 40	0345/557–0 Durchwahl 0345/557–2494, –2495
Hamburg	BG Unfallkrankenhaus Hamburg Bergedorfer Straße 10	040/7306–0
Hamburg (K)	Kinderkrankenhaus Wilhelmsstift Liliencronstraße 130	040/67377–0
Hamm (K)	St. Marien-Hospital Hamm Kinderklinik St. Elisabeth Nordenwall 22	02381/181300
Hannover	Klinik für Plastische- und Wiederherstellungschirurgie der Medizinischen Hochschule Hannover im Krankenhaus Oststadt Podbielskistraße 380	0511/906–0
Hannover (K)	Kinderkrankenhaus Auf der Bult Kinderchirurgische Abt. Janusz-Korczak-Allee 12	0511/8115–0

Tab. 21.2.: Fortsetzung		
Ort	**Klinik**	**Tel.**
Kassel (K)	Kinderkrankenhaus Park-Schönefeld des Deutschen Ev. Frauenbundes Frankfurter Straße 167	0561/92850
Koblenz	Bundeswehr Zentralkrankenhaus Koblenz Abt. Unfallchirurgie und Verbrennungsmedizin Rübenacher Str. 170	0261/281–1
Köln (K)	Kinderchirurgische Klinik des Städtischen Kinderkrankenhauses Köln Amsterdamer Straße 59	0221/7774–1
Köln	Klinikum Köln/Merheim Klinik für Plastische Chirurgie Schwerstverbranntenzentrum Ostmerheimer Str. 200	0221/8907–0
Leipzig	Städt. Klinikum St. Georg Klinik für Plastische und Handchirurgie Delitzscher Straße 141	0341/909–0 Durchwahl 0341/909–2591
Leipzig (K)	Klinik für Kinderchirurgie der Universität Leipzig Osterstr. 21–25	0341/9726400 Durchwahl 0341/9726–424
Ludwigshafen-Oggersheim	BG Unfallklinik Ludwigshafen Abt. für Schwerbrandverletzte Ludwig-Guttmann-Straße 13	0621/68100
Lübeck	Klinik für Plastische Chirurgie der Medizinischen Universität Lübeck Ratzeburger Allee 160	0451/500–0
Lübeck (K)	Klinik für Kinderchirurgie der Medizinischen Universität Lübeck Ratzeburger Allee 160	0451/500–0
Mainz (K)	Klinikum der Johannes-Gutenberg-Universität Kinderklinik Langenbeckstraße 1	06131/17–1
Mannheim (K)	Kinderchirurgische Klinik im Städtischen Klinikum Mannheim Theodor-Kutzer-Ufer	0621/383–1 Durchwahl 0621/383–2659

Tab. 21.2.: Fortsetzung		
Ort	**Klinik**	**Tel.**
München (K)	Dr. v. Haunersches Kinderspital der Ludwig-Maximilians-Universität München Interne Intensivstation Lindwurmstraße 4	089/5160–0 Durchwahl 089/5160–2841
München	Städt. Krankenhaus München-Bogenhausen Englschalkinger Straße 77	089/9270–0 Durchwahl 089/9270–2160
München (K)	Städt. Krankenhaus München-Schwabing Kölner Platz 1	089/3068–1 Durchwahl 089/3068–396
Murnau/ Staffelsee	BG Unfallklinik Murnau Prof.-Küntscher-Straße 8	08841/48–0 Durchwahl 08841/482630
Nürnberg	Klinikum der Stadt Nürnberg Breslauer Str. 201	0911/3985603 und 3985604
Offenbach/Main	Städt. Kliniken Offenbach Abt. für Schwerverbrannte Starkenburgring 66	069/8405–0
Riesa	Kreiskrankenhaus Riesa Intensivstation Weinberg 8	03525/7540 Durchwahl 03525/753600
Stuttgart	Marienhospital Stuttgart Abt. f. Anästhesiologie Böheimstraße 37	0711/6489–0
Tübingen	Chirurgische Universitätsklinik Tübingen Neuklinikum Schnarrenberg Allgemeinchirurgie Hoppe-Seyler-Straße 3	07071/29–1 Durchwahl 07071/29–87532
Tübingen	BG Unfallklinik Schnarrenbergstraße 95	07071/606–1

21.5 Strahlenunfallzentren

Für weitere Hinweise steht auch das Institut für Strahlenschutz der Berufsgenossenschaft der Feinmechanik und Elektrotechnik und der Berufsgenossenschaft der chemischen Industrie zur Verfügung. Tel.: (0221) 3778-0 bzw. -423

Tab. 21.3.: Regionale Strahlenschutzzentren

Strahlenschutz-zentrum	Institution	Tel.
Berlin	Uniklinikum Benjamin Franklin Abteilung für Nuklearmedizin Hindenburgdamm 30	030/8445–2171 außerhalb der Dienstzeiten 030/8445–3992
Dresden	Uni-Klinikum „Carl Gustav Carus" der TU Klinik für Nuklearmedizin Fetscherstraße 74	0351/458–2226
Greifswald	Ernst-Moritz-Arndt-Universität Klinik für Radiologie Fleischmannstraße 42/44	03834/88–6974 außerhalb der Dienstzeiten 03834/88–6975
Hamburg	Allgemeines Krankenhaus St. Georg Abt. Nuklearmedizin Lohmühlenstraße 5	040/2488–2371 außerhalb der Dienstzeiten 040/2488–2256
Hannover	Medizinische Hochschule Hannover Abt. IV: Nuklearmedizin und spezielle Biophysik Konstany-Gutschow-Straße 8	0511/532–3197
Homburg Saar	Universitätskliniken des Saarlandes Abt. für Nuklearmedizin der Radiologischen Klinik, Gebäude 50	06841/16–2201 außerhalb der Dienstzeiten 06841/16–3305
Jülich	Heinrich Heine Universität Düsseldorf Nuklearmedizinische Klinik auf dem Gelände des Forschungszentrums Jülich GmbH Postfach 1730	02461/61–5763 außerhalb der Dienstzeiten 02461/ 61–5222
Karlsruhe	Kernforschungszentrum Karlsruhe Medizinische Abteilung Postfach 3640	07247/82–3333
München	Städtisches Krankenhaus Schwabing Institut für Medizinische Physik Kölner Platz 1	089/3068–541 außerhalb der Dienstzeiten 089/3068–444

Tab. 21.3.: Fortsetzung		
Strahlenschutz-zentrum	**Institution**	**Tel.**
Nürnberg	Städtisches Klinikum Nürnberg-Nord Institut für Medizinische Physik Flurstraße 17	0911/398–2303 außerhalb der Dienstzeiten 0911/398–3110
Oberschleißheim	GSF Forschungszentrum für Umwelt und Gesundheit GmbH Neuherberg Institut für Strahlenschutz Postfach 1129	089/3187–333
Würzburg	Universiätsklinik für Nuklearmedizin Luitpold-Krankenhaus Bau 9 Josef-Schneider-Straße 2	0931/201–5877

21.6 Stationäre Druckkammern

Druckkammeranlagen (Mehrplatzkammern) mit 24-Stunden-Bereitschaft für die hyperbare Sauerstofftherapie bei Notfällen einschließlich telefonischer Beratung.

Tauchunfall-Hotlines / Divers Alert Network (DAN) Europe:

- Hotline für Unfälle in Deutschland: 0431/54 09–0 („Tauchunfall")
- Hotline für Unfälle in der Schweiz und Österreich: siehe Zentrale Europa-Hotline
- Zentrale Europa-Hotline für Tauchunfälle und Notrufe weltweit (Schweizerische Rettungsflugwacht, REGA, Zürich): + 41 1 383 11 11

21.6.1 Stationäre Druckkammern in Deutschland

Tab. 21.4.: Stationäre Druckkammern in Deutschland		
Druckkammer	**Klinik**	**Tel.**
Kronshagen/Kiel	Schiffahrtmedizinisches Institut der Marine und Nationale Hotline DAN Europe Druckkammeranlage HYDRA 2000 Kopperpahler Allee 120 24119 Kronshagen	0431/5409–0 (ständig besetzt)

Tab. 21.4.: Fortsetzung

Druckkammer	Klinik	Tel.
Lüneburg	DLT-Druckkammer-Therapiezentrum Lüneburg GmbH Privat-Institut für Tauch- und Überdruckmedizin Käthe-Krüger-Straße 10 21337 Lüneburg	04131/860066 außerhalb der Dienstzeiten RLSt Lüneburg
Hamburg	Druckkammerzentrum Hamburg im Allgemeinen Krankenhaus Barmbeck Institut für hyperbare Sauerstofftherapie-HBO-GmbH Rübenkamp 148 22307 Barmbek	040/63273434 außerhalb der Dienstzeiten 112 oder 040/28 82 47 77 (RLSt Feuerwehr Hamburg)
Berlin	Institut für Hyperbare Medizin und Tauchmedizin an der Orthopädischen Klinik und Poliklinik der Freien Universtität Berlin Oskar-Helene-Heim Clayallee 223 14195 Berlin	030/81004–1
Hannover	Druckkammerzentrum Hannover Institut für Hyperbare Sauerstofftherapie Lister Krankenhaus Lister Kirchweg 43 30163 Hannover	0511/96561–0 außerhalb der Dienstzeiten 0511/1 92 22 (RLSt Hannover)
Bremen	Zentrum für Tauch- und Überdruckmedizin Bremen (ZETÜM) Ermlandstraße 55 28777 Bremen	0421/6007577 D2-Netz 0172/4 297484 oder 4300453
Aachen/ Aix la Chapelle/ Aken	HBO-Zentrum Euregio Aachen bei der Universitätsklinik Kackertstraße 11 52072 Aachen	Tel. für Anfragen: 0241/84044 Tel. für Notrufe: 0180/5234234
Hagen	Druckkammerzentrum Hagen im St. Marien-Hospital Bergstraße 56 58095 Hagen	02331/9151–0 außerhalb der Dienstzeiten 112 oder RLSt Hagen (kein Hubschrauberlandeplatz)
Duisburg	St. Josef-Hospital Ahrstraße 100 47139 Duisburg	0203/8001–0 oder –620

Tab. 21.4.: Fortsetzung

Druckkammer	Klinik	Tel.
Moers	Zentrum für Hyperbare Medizin und tauchmedizinische Untersuchungen an der St. Josef Krankenhaus GmbH Josefstraße 22 47441 Moers	02841/9372–0 außerhalb der Dienstzeiten 02841/1070 (Zentrale) (kein Hubschrauberlandeplatz)
Kassel	Druckkammerzentrum Kassel am Roten-Kreuz-Krankenhaus Hansteinstrasse 29 34121 Kassel	0561/9324700 außerhalb der Dienstzeiten 0561/3086–361 (Intensivstation Rotes-Kreuz-Krh.)
Hofheim	HBO-Zentrum Rhein-Main Reifenberger Straße 6 65719 Hofheim/Ts.	06192/5062 außerhalb der Dienstzeiten 06192/5095 (RLSt MTK)
Mainz (Einplatzkammer)	Universitätsklinik Mainz Institut für Anästhesiologie Langenbeckstraße 1 55131 Mainz	06131/17–0 oder –24150
Flein/Heilbronn	HBO-Zentrum Neckar-Franken Talheimer Straße 32 74223 Flein/Heilbronn	07131/59670 (kein Hubschrauberlandeplatz)
Stuttgart	Ambulantes OP-Zentrum und Hyperbare Sauerstofftherapie Dr. Fritz König-Karl-Straße 66 70372 Stuttgart	0711/5094453 außerhalb der Dienstzeiten 0711/280211 (RLSt DRK)
Ulm	Bundeswehrkrankenhaus Ulm Anästhesieabteilung Oberer Eselsberg 40 89081 Ulm	0731/17122–85 oder –86
München	Branddirektion München Feuerwache 5 Arbeitsgruppe Hyperbare Medizin der TU Anzinger Straße 41 81671 München	089/406655
Überlingen	Städtisches Krankenhaus Überlingen Härlenweg 1 88662 Überlingen	07551/990

21.6.2 Stationäre Druckkammern in Österreich

Tab. 21.5.: Stationäre Druckkammern in Österreich

Druckkammer	Klinik	Tel.
Graz	Druckkammer Graz Universitätsklinikum Landeskrankenhaus Graz Klinische Abteilung für Thorax- und Hyperbare Medizin Auenbrugger Platz 29 A-8036 Graz	+ 43 316 385-2803 oder -2056

21.6.3 Stationäre Druckkammern in der Schweiz

Tab. 21.5.: Stationäre Druckkammern in Österreich

Druckkammer	Klinik	Tel.
Basel	HBO-Zentrum Dr. med. Jörg Schmutz Kleinhüningerstrasse 177 CH-4057 Basel	+ 41 61 631 30 13
Genf	HBO-Zentrum Universität HUG, DUMC Rue Micheli-du-Crest 24 CH-1211 Genève 4	+ 41 22 372 81 32
Lausanne	HBO-Zentrum Universität CHUV Div. Soins intensifs de médecine Rue du Bugnon 46 CH-1011 Lausanne	+ 41 21 314-16 32 -11 11
Bern (Einplatz-kammer)	HBO-Zentrum Universität, Intensivmedizin Inselspital CH-3010 Bern	+ 41 31 632 39 16
Zürich	HBO-Zentrum Universität Abteilung Pneumologie Rämistrasse 100 CH-8091 Zürich	+ 41 1 255 20 36 (DK-Labor)

21

1.7 Kassenärztliche Vereinigungen

assenärztliche Bundesvereinigung, Herbert-Lewin-Str. 3, 50931 Köln,
el. 0221/4005–0, Fax 0221/408039

Tab. 21.7.: Kassenärztliche Vereinigungen

KV	Adresse	Sitz	Tel.	Fax
ayern	Mühlbaurstr. 16	81677 München	089/4147–1	089/4147–324
erlin	Bismarckstr. 95–96	10625 Berlin	030/31003–0	030/31003–302
randenburg	Gregor-Mendel-Str. 10–11	14469 Potsdam	0331/28680	0331/2868–126 o. –191
remen	Schwachhauser Heerstr. 26–28	28209 Bremen	0421/3404–111	0421/3404–109
amburg	Humboldtstr. 56	22083 Hamburg	040/22802–0	040/22802–420
essen	Georg-Voigt-Str. 15	60325 Frankfurt	069/79502–0	069/79502–500
oblenz	Emil-Schüller-Str. 14–16	56073 Koblenz	0261/39002–0	0261/39002–111
ecklenburg-orpommern	Postfach 010664 Neumühlerstr. 22	19057 Schwerin	0385/7431–0	0385/7431–222
iedersachsen	Berliner Allee 22	30175 Hannover	0511/380–03	0511/380–3226
ordbaden	Kesslerstr. 1	76185 Karlsruhe	0721/5961–0	0721/5961–188
ordrhein	Emanuel-Leutze-Str. 8	40547 Düsseldorf	0211/5970–0	0211/5970–287
ord-württemberg	Albstadtweg 11	70567 Stuttgart	0711/7875–0	0711/7875–274
falz	Maximilianstr. 22	67433 Neustadt/Weinstr.	06321/893–0	06321/893–119
heinhessen	Isaac-Fulda-Allee 14	55124 Mainz	06131/326–0	06131/326–150
aarland	Faktoreistr. 4	66111 Saarbrücken	0681/4003–0	0681/4003–350
achsen	Fetscherstr. 72	01307 Dresden	0351/447890	0351/44157–78
achsen-nhalt	Doctor-Eisenbart-Ring 2	39120 Magdeburg	0391/6276000	0391/6278403
chleswig-olstein	Bismarckallee 1–3	23795 Bad Segeberg	04551/883-0	04551/883–209
üdbaden	Sundgauallee 27	79114 Freiburg i.Br.	0761/884–0	0761/84107
üd-württemberg	Haldenhaustr. 11	72770 Reutlingen	07121/917–0	07121/917–100
hüringen	Zum Hospitalgraben 8	99425 Weimar	03643/559–0	03643/559–191
rier	Balduinstr. 10–14	54290 Trier	0651/4603–0	0651/4603–171
estfalen-ippe	Robert-Schimrigk-Str. 4–6	44141 Dortmund	0231/9432–0	0231/9432–267

21.8 Notarzt-Arbeitsgemeinschaften

21.8.1 Bundesvereinigung der Arbeitsgemeinschaften Notärzte Deutschlands (BAND)

Dachverband der 11 regionalen Notarztgemeinschaften Deutschlands (s. u.).

Ziele und Aufgaben:

- Vertretung der beruflichen und fachlichen Interessen aller Notärzte in Deutsch land, soweit dies bundeseinheitlich möglich ist
- Optimierung der Kontakte zu Institutionen, Behörden und Verbänden auf Bun desebene
- Ansprechpartner für alle Fragen der Notfallmedizin und des Notarztwesens
- Stellungnahmen zu medizinischen und rechtlichen Fragen der notfallmedizin schen Versorgung und des Rettungsdienstes
- Eintreten für einen einheitlichen Notarztqualifikationsstand auf Bundeseber trotz der differenten Ländergesetzgebung
- Herausgeber der Zeitschrift „Der Notarzt – notfallmedizinische Informati nen".

Vorsitzender: Prof. Dr. Peter Sefrin
Klinik für Anaesthesiologie der Universität Würzburg
Sektion für präklinische Notfallmedizin
Josef-Schneider-Str. 2
97080 Würzburg
Tel.: 0931/201–5124, –5128 oder 0171/5098655
Fax: 0931/284746 – 0931/2013354

21.8.2 Regionale Notarztarbeitsgemeinschaften

21

Zur Zeit gibt es 11 regionale Arbeitsgemeinschaften in Deutschland, die die beruf ständischen und fachlichen Interessen der Notärzte auf der Ebene der Bundesländ vertreten. Voraussetzung für eine Mitgliedschaft ist die Approbation als Arzt, Inte esse an Notfallmedizin und die Bereitschaft, deren Belange zu unterstützen.

Ziele und Aufgaben:

- Interessenvertretung der Notärzte durch Kontakte zu allen Institutionen ur Verbänden, die im Rettungsdienst mitwirken
- Erfahrungs- und Informationsaustausch mit anderen regionalen Notarztarbeit gemeinschaften (z. B. in Form von eigenen Bereichsgruppen) und wissenschaf lichen Institutionen
- Anlaufstelle für alle im Notarztdienst und der Notfallmedizin auftauchend medizinischen und organisatorischen Fragen
- Veranstaltung von Fortbildungstagungen mit interdisziplinärem Charakter, s wie Seminaren und Praxiskursen
- Möglichst schnelle Umsetzung neuer wissenschaftlicher Erkenntnisse dur Schaffung der erforderlichen technischen und organisatorischen Voraussetzu gen.

Tab. 21.8.: Regionale Notarztarbeitsgemeinschaften

Arbeitsgemeinschaft der in Bayern tätigen Notärzte (AGBN) Vorsitzender: Prof. Dr. Peter Sefrin Klinik für Anaesthesiologie der Universität Würzburg Josef-Schneider-Str. 2 97080 Würzburg Tel.: 0931/201–5124, –5128 Fax: 0931/284746 Fax: 0931/201-3354	**Arbeitsgemeinschaft der in Berlin tätigen Notärzte e. V. (AGNB)** Vorsitzender: PD Dr. F Martens Abteilung für Nephrologie/ Internistische Intensivmedizin Virchow-Klinikum der Humbold-Universität Augustenburger Platz 1 13353 Berlin Tel.: 030/405–50, –53674, –53734, –53555 Fax: 030/450–53915
Arbeitsgemeinschaft der in Brandenburg tätigen Notärzte e. V. (AGBrN) Vorsitzender: MR Dr. H. J. Briest Oberlinkrankenhaus Herderstr. 8 14482 Potsdam Tel.: 0331/7634341	**Arbeitsgemeinschaft der in Hessen tätigen Notärzte e. V. (AGHN)** Vorsitzender: Dr. H. Herbst Schlesienstr. 9 65824 Schwalbach Tel.: 06196/3408 Fax: 06196/3450
Arbeitsgemeinschaft der in Mecklenburg-Vorpommern tätigen Notärzte e. V. (AGMN) Vorsitzende: PD Dr. Tanja Rosolski Klinik und Poliklinik für Anästhesiologie und Intensivmedizin der Ernst-Moritz-Arndt-Universität Friedrich-Loeffler-Str. 23 b 17489 Greifswald Tel.: 03834/77951 Fax: 03834/883090	**Arbeitsgemeinschaft der in Norddeutschland tätigen Notärzte e. V. (AGNN)** Vorsitzender: Dr. Heinzpeter Moecke Klinikum Nord-Ochsenzoll Abteilung für Anästhesiologie und operative Intensivmedizin Langenhorner Chaussee 560 22419 Hamburg Tel.: 040/5271–0 Fax: 040/5271–1648
Arbeitsgemeinschaft der in Nordrhein-Westfalen tätigen Notärzte e. V. (AGN-NW) Vorsitzender: Dr. Dieter Stratmann Klinikum Minden Institut für Anaesthesiologie Friedrichstr. 4, 32429 Minden Tel.: 0571/8012501 Fax: 0571/8012506	**Arbeitsgemeinschaft der in Sachsen tätigen Notärzte e. V. (AGSN)** Vorsitzende: Dr. Kerstin Winkler Johanniter-Unfall-Hilfe e. V. Kreisverband Dresden Liebigstr. 7 01069 Dresden Tel. und Fax: 0351/4719329
Arbeitsgemeinschaft der in Sachsen-Anhalt tätigen Notärzte e. V. (AGSAN) Vorsitzender: Dr. MR W. Fiedler Diakoniekrankenhaus Lindenstr. 32 39615 Seehausen/Altm. Tel.: 039386/62–11, –14	**Arbeitsgemeinschaft der in Südwestdeutschland tätigen Notärzte e. V. (AGSWN)** Vorsitzender: Prof. Dr. K.-H. Altemeyer Klinik für Anästhesiologie und operative Intensivmedizin Saarbrücker Winterbergkliniken 66119 Saarbrücken Tel.: 0681/963–2640 Fax: 0681/963–2815

Tab. 21.8.: Fortsetzung	
Arbeitsgemeinschaft der in Thüringen tätigen Notärzte e. V. (AGTN) Vorsitzende: Dr. Hans-Joachim Opelt Rettungsamt Gera Laasener Str. 22 07545 Gera	Dr. E. Schneider SMH-Rettungsleitstelle Erfurt Juri-Gagarin-Ring 112 99084 Erfurt Tel.: 0361/6010–70, –50 oder 0171/4145012 Fax: 0361/5905930

21.8.3 Arbeitskreis Ärztlicher Leiter Rettungsdienst

Ziel ist der fachliche Austausch zwischen vom Träger beauftragten Ärztliche Leitern im Rettungsdienst.

Ansprechpartner: Dr. Wulf Hinrich Storch, Dezernat für Soziales und Gesundhei Postfach 1450, 04025 Leipzig. Tel.: 0341/987–0, Fax 0341/980– 4935.

21.9 Weitere Adressen

21.9.1 Rettungsorganisationen

Arbeiter Samariter Bund Deutschland e. V. (ASB)
– Bundesgeschäftsstelle –
Sülzburgstraße 140
50937 Köln (Sülz)
Tel.: 0221/47605–0
Fax: 0221/47605–288
Telex: 8883589 asb d

21

Bayerisches Rotes Kreuz (BRK)
– Präsidium –
Holbeinstraße 11
81679 München
Tel.: 089/9241–0
Fax: 089/989526
Internet: http://www.brk.de

Bergwacht im BRK
Ref. I/6 Bergwacht
Holbeinstraße 11
81679 München
Tel.: 089/9241–347
Fax: 089/9241–321

undesanstalt Technisches Hilfswerk (THW)
Leitung –
eutschherrenstraße 93
3177 Bonn
el.: 0228/940–0
ax: 0228/940–1144
-mail: THWLeitung@aol.com

eutsche Gesellschaft zur Rettung Schiffbrüchiger (DGzRS)
/erderstraße 2
3199 Bremen
el.: 0421/53707–0
ax: 0421/53707–55
elex: 246466 mrcc d
allen deutschen Mobilfunknetzen zusätzlich auch unter der Kurzwahlnummer
24124 zu erreichen.

eutsche Lebens-Rettungs-Gesellschaft (DLRG)
Präsidium –
lfredstraße 73
5130 Essen
el.: 0201/775051
ax: 0201/787314

eutscher Feuerwehrverband
Bundesgeschäftsstelle –
oblenzer Straße 133
3177 Bonn
el. : 0228/95290–0
ax.: 0228/95290–90

eutsches Rotes Kreuz (DRK)
Generalsekretariat –
riedrich-Ebert-Allee 71
3113 Bonn
el.: 0228/541–0
ax: 0228/541–290

ohanniter-Unfall-Hilfe e.V. (JUH)
Bundesgeschäftsstelle –
arl-Legien-Str. 188
3117 Bonn
ostfach 41 02 54
3024 Bonn
el.: 0228/6830–0
ax: 0228/6830–444

alteser-Hilfsdienst e.V. (MHD)
Generalsekretariat –
alker Hauptstraße 22–24
1103 Köln
el.: 0221/9822–01
ax: 0221/9822–399
ternet: http://members.aol.com/Maltanet

Wasserwacht im BRK
Ref. I/7 Wasserwacht
Holbeinstraße 11
81679 München
Tel.: 089/9241–324
Fax: 089/9241–362

Wasserwacht im DRK
Deutsches Rotes Kreuz
Generalsekretariat
Wasserwacht-Referat 11
Auf dem Steinbüchel 22
53340 Meckenheim
Tel.: 02225/8823–15
Fax: 02225/8823–12

Höhlenrettung Baden-Württemberg
über DRK-RLSt Esslingen, Stichwort „Höhlenunfall“: Tel.: 0711/353035

Höhlenrettung Franken
über BRK-RLSt Bamberg: Tel.: 0951/19222

21.9.2 Fachgremien für Notfallmedizin

Deutsche Interdisziplinäre Vereinigung für Intensiv- und Notfallmedizin (DIVI):
Sektion für Rettungswesen und Katastrophenmedizin
Vorsitzender: Prof. Dr. Peter Sefrin
Institut für Anaesthesiologie der Universität Würzburg
Josef-Schneider-Str. 2, 97080 Würzburg
Tel.: 0931/201–5124, –5128 oder 0171/5098655
Fax: 0931/201–5129

21

Deutsche Gesellschaft für Katastrophenmedizin
Generalsekretär: Dr. J. W. Weidinger
Beetzstr. 7, 81679 München

Die folgenden Programme bieten eine Erfassung des *MIND (Minimaler Notarz datensatz)*

Software zur Auswertung von DIVI-Einsatzprotokollen
- NADOK kann abgefordert werden bei: E. Merck Pharma Deutschland, Marketing / MS-Nadok, Frankfurter Str. 250, 64293 Darmstadt
- EASY kann angefordert werden bei: Institut für Medizinische Statistik un Dokumentation, z. Hd. Dr. H. J. Friedrich, Medizinische Universität zu Lübec Ratzeburger Allee 160, 23538 Lübeck. Dort auch LEAN (Leitstelle für die ei heitliche Auswertung von Notarztdaten), die bei Fragen der Auswertung Au kunft geben kann
- NAWdat® ist eine Windows-Software zur Dokumentation, Qualitätskontroll statistischen Auswertung und automatischen Abrechnung von Notarzteinsätze Es kann angefordert werden bei Dr. M. Reng, Internistische Intensivstatio

Universitätsklinik Regensburg, 93204 Regensburg, per Fax 09405/96 20 70 oder per E-Mail: michael.reng@klinik.uni-regensburg.de.

eutscher Beirat für Erste Hilfe und Wiederbelebung
erbert-Lewin-Str. 1, 50931 Köln
el.: 0221/40041

21.9.3 Notfallseelsorge und Streßbearbeitung

Arbeitsgemeinschaft Seelsorge in Feuerwehr und Rettungsdienst (AGS)
Koordinator:
Pfarrer Hanjo v. Wietersheim
Pfarrgasse 2, 97355 Wiesenbronn
Tel.: 09325/6786
Fax: 09325/6838
E-Mail: NotfallseelsorgeBayern@t-online.de
URL: http://www.bubis.com/ags/index.htm

Streßbearbeitung nach belastenden Ereignissen (SBE e. V.)
Geschäftsstelle:
Hammer Str. 14, 48153 Münster
Tel.: 0172/2107417
Fax: 017250/2107417
Ständig besetzte Notrufnummer: 0130/184212

21.9.4 Sonstige Adressen

UDI AG Fahr- und Sicherheitstraining
ostfach 100220, 85045 Ingolstadt
el.: 0841/ 892900

auptverband der gewerblichen Berufsgenossenschaften
lte Heerstr. 111, 53757 Sankt Augustin
el.: 02241/231–01

undesinstitut für gesundheitlichen Verbraucherschutz nd Veterinärmedizin (BGVV)
okumentations- und Bewertungsstelle für Vergiftungen
ostfach 330013, 14191 Berlin
el.: 030/8412–0 bzw. –3904
ax: 030/8412–3929

tudienzentrale „Plötzlicher Säuglingstod"
on-Esmarch-Str. 56, Haus 2, 48149 Münster
el. u. Fax: 0251/838672; nach Büroschluß in dringenden Fällen: 0171/3558142

sterreichische Gesellschaft für Alpin- und Höhenmedizin
-5710 Kaprun, Postfach
el.: + 43–0-6547/8227
ax. + 43–0-6547/7772

Gesellschaft für Tauch- und Überdruckmedizin e. V. (GTÜM)
Geschäftsstelle: Frau E. Kurzer
Dunantring 58, 65936 Frankfurt
Tel.: 069/342498
Fax: 069/34828569

Staatl. Feuerwehrschule Würzburg
Sachgebiet Lehrmittel -
Weißenburgstr. 60, 97082 Würzburg
Fax: 0931/4102–201

Industrieverband Agrar e. V. (IVA)
Referat Information -
Karlstr. 21, 60329 Frankfurt/M.
Fax: 069/236702

Verband der Chemischen Industrie e. V. (VCI)
Öffentlichkeitsarbeit -
Karlstr. 21, 60329 Frankfurt/M.
Fax. 069/2556–1612

Robert Koch-Institut
Fachbereich 4: Infektionsepidemiologie, AIDS-Zentrum, Hygiene
Stresemannstr. 90–102, 10963 Berlin
Internet: http://www.rki.de

Bundesinstitut für Arzneimittel und Medizinprodukte
Bundesopiumstelle -
Genthiner Str. 38, 10785 Berlin
Fax: 030/4548–5210

Bundesanzeiger-Verlagsgesellschaft
50445 Köln, Postfach 100534

Gesellschaft zur Erforschung des Plötzlichen Säuglingstodes e. V.
Bundesgeschäftsstelle
Postfach 1126, 31501 Wunstorf
Tel. u. Fax: 05031/912727

21

21.10 Zulässige Grenzwerte für Strahlenbelastung

Tab. 21.9.: Dosisrichtwerte für Strahlenbelastung von Rettungspersonal

Maßnahme	Dosisrichtwert
Schutz von Sachwerten	15 mSv/Einsatz (max. 100 mSv/Jahr)
Abwehr einer Gefahr für Personen, Verminderung wesentlicher Schadensausweitung	100 mSv/Einsatz
Rettung von Menschenleben	250 mSv einmal im Leben

21.11 Gefahrgut

21.11.1 Grundlagen der Gefahrgutkennzeichnung

Bei der Beförderung gefährlicher Güter ab bestimmten Mindestmengen auf Straße führen die Fahrzeuge orangefarbene Warntafeln mit oder ohne, auf der Schiene immer mit Kennzeichnungsnummer (s. u.)
Bei Stückguttransporten auf der Straße sind die Transportfahrzeuge mit Warntafeln ohne Nummer gekennzeichnet (dann Gefahrzettel an den einzelnen Versandstücken)
Für den Schiffstransport gelten besondere Kennzeichnungen (s. u.)

Bei Unfällen mit Hinweisen auf möglicherweise vorhandene gefährliche Stoffe immer *umgehend* die Feuerwehr nachalarmieren
Ladung, Versandstücke oder Arbeitsstoffe können auch unklar oder falsch gekennzeichnet sein
Gefahrgüter sind erst ab einer bestimmten stoffabhängigen Mindestmenge kennzeichnungspflichtig →können auch ohne sichtbare Kennzeichnung bei entsprechender Verpackungsweise in größeren Mengen vorhanden sein.

ine Broschüre zum Thema „Gefährliche Stoffe und Güter" kann bei der Staatlihen Feuerwehrschule Würzburg (☞ 21.9.4) angefordert werden.

21.11.2 Kennzeichnung gefährlicher Güter bei Transporten

Warntafel

Warntafel mit Kennzeichnungsnummer (Anbringung vorn und hinten) bei Beförderung von einem Gefahrgut in Tankfahrzeugen auf Straße oder Schiene
Warntafel ohne Kennzeichnungsnummer (Anbringung vorn und hinten):
- Straßenfahrzeuge bei Stückguttransport (dann Gefahrzettel an den einzelnen Versandstücken)
- Mehrkammertankfahrzeuge beim Transport mehrerer Gefahrgüter gleichzeitig (dann an beiden Seiten jedes Tanks Warntafeln mit Kennzeichnungsnummern).

berer Teil: Nummer zur Kennzeichnung der Gefahr (Gefahrnummer)

nterer Teil zur Kennzeichnung des Stoffes (Stoff-Nummer)

efahrnummer

ennzeichnung der Gefährlichkeit mit 2 oder 3 Ziffern:
1. Ziffer Hauptgefahr, 2. und 3. Ziffer zusätzliche Gefahren
Verdopplung einer Ziffer →besonders starke Gefährdung
0 als 2. und 3. Ziffer →Gefahr läßt sich durch nur eine Ziffer ausreichend charakterisieren
X vor der Zahl →Stoff reagiert in gefährlicher Weise mit Wasser.

❶

❷

❸
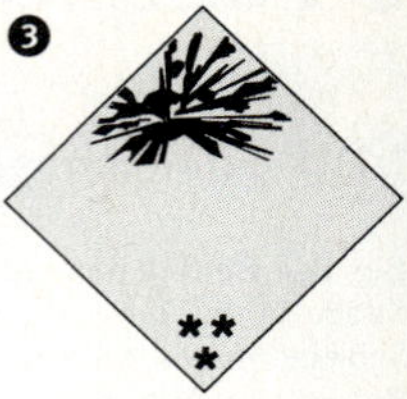

❹

❺

❻
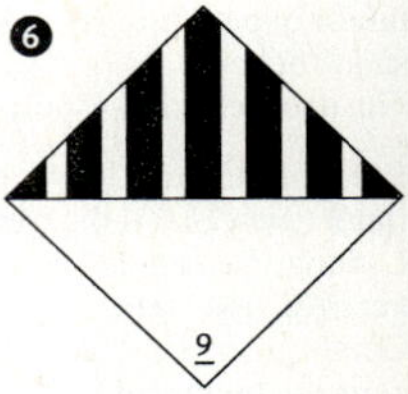

❼

❽

❾
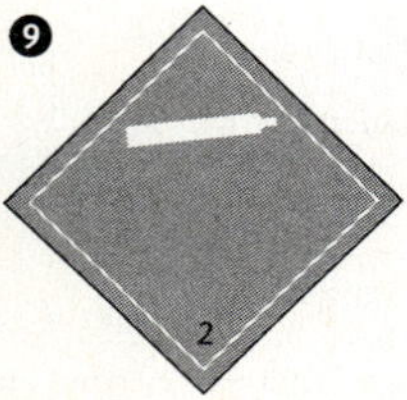

❶ • Feuergefährliche Flüssigkeiten bzw. Gase: roter Grund
- Feuergefährliche Feststoffe: rot-weiß-gestreifter Grund
- Entstehung feuergefährlicher Gase bei Berührung mit Wasser: blauer Grund
- Selbstentzündliche Stoffe: obere Hälfte weiß, untere rot

❷ Entzündend (oxidierend) wirkende Stoffe bzw organische Peroxide (Explosionsgefahr): gelber Grund

❸ Explosivstoffe: oranger Grund

❹ Ätzende Stoffe: obere Hälfte weiß, untere schwarz

❺ Giftige Stoffe: weißer Grund

❻ Verschiedene gefährliche Stoffe

❼ Biologisch gefährdende Stoffe (ansteckungsgefährliche Stoffe

❽ Radioaktive Stoffe
- Kategorie I: weißer Grund
- Kategorie II und III: obere Hälfte gelb, untere weiß

❾ Verdichtete, verflüssigte oder unter Druck gelöste Gase: grüner Grund

Abb. 21.5: Gefahrzettel

21

2 Entweichen von Gas durch Druck oder chemische Reaktion
3 Entzündbarkeit von flüssigen Stoffen (Dämpfen) und Gasen oder selbsterhitzungsfähiger flüssiger Stoff
4 Entzündbarkeit von festen Stoffen oder selbsterhitzungsfähiger fester Stoff
5 Oxidierende (brandfördernde) Wirkung
6 Giftigkeit oder Ansteckungsgefahr
7 Radioaktivität
8 Ätzwirkung
9 Gefahr einer spontanen heftigen Reaktion

Beispiel: X 423 → entzündbarer fester Stoff, der mit Wasser gefährlich reagiert und entzündbare Gase bildet (z. B. Natrium).

'toff-Nummer

4-stellige Zahl zur Kodierung eines Stoffes oder einer Stoffgruppe
Beispiel: 1203 = Benzin.

Abb. 21.6: Warntafel

;efahrzettel

'ransportfahrzeuge und -behälter sind durch aran befestigte Gefahrzettel gekennzeichnet, uf denen die von den gefährlichen Gütern usgehenden Gefahren durch Symbole dargeællt sind. In der unteren Hälfte kann sich ine Aufschrift befinden, die auf die Art der ;efahr hinweist (z. B. „POISON"). Der Geıhrzettel kann in der unteren Ecke die Geıhrklassennummer enthalten.

chriftliche Weisungen (Unfallmerkblätter) und Beförderungspapier

Ieist werden *Unfallmerkblätter* in Form einer Merkblattsammlung mitgeführt, 'e auch irrelevante Blätter enthält. Die Hinweise in diesen Merkblättern sind in rster Linie für den Fahrzeugführer gedacht und nur allgemeiner Natur:

Bezeichnung und Eigenschaft der Güter, Angaben zur Ersten Hilfe, Maßnahmen bei Brandausbruch, Maßnahmen bei Ausbreitung infolge Leckage, Maßnahmen bei Gewässergefährdung, zusätzliche Hinweise und Rückfragemöglichkeit

Hinweise für das Fahrpersonal über Sofortmaßnahmen bei Unfällen sowie für Polizei und Feuerwehr

Aufbewahrung: im Führerhaus des LKW, im Steuerhaus des Binnenschiffes, im Führerstand der Lok, im Rangierbetrieb beim Fahrdienstleiter.

ie Unfallmerkblätter müssen *nicht* in der Landessprache des durchfahrenen Lanes mitgeführt werden.

as *Beförderungspapier* enthält u. a. Angaben über Stoff (Name, Gefahr- u. Stoffummer), Verpackungsart, Gesamtmenge, Absender und Empfänger der geladeen Güter. Evtl. sind auch zur Lokalisierung einzelner Versandstücke Ladelisten erfügbar (v. a. bei Eisenbahn- und Schiffstransport).

oezielle Kennzeichnung von Binnenschiffen

Drei blaue Kegel, nachts drei blaue Lichter: explosionsgefährliche Stoffe

Zwei blaue Kegel, nachts zwei blaue Lichter: Ammoniak oder gleichgestellte Stoffe

- Ein blauer Kegel, nachts ein blaues Licht: feuergefährliche Stoffe
- Bei Containerschiffen sind die einzelne Container ab bestimmten Mengen ge fährlicher Stoffe gekennzeichnet. Stauplan und schriftliche Unterlagen in Schiffsführerstand
- Schallzeichen („Bleib-weg-Signal“: kurz, lang).

Informationsmöglichkeiten bei Transportunfällen

- Stückgüter: Gefahrzettel an den einzelnen Versandstücken (☞ Abb. 21.3)
- Kraftfahrzeuge: Gefahrzettel (☞ Abb. 21.3), Warntafel (ggf. mit Kennzeich nungsnummer, ☞ Abb. 21.4), Beförderungspapiere
- Eisenbahnwaggons: Gefahrzettel, Warntafel mit Kennzeichnungsnumme (☞ Abb. 21.4), orangefarbener Farbstreifen an Tankwaggons. Unfallmerkblatt sammlung und Beförderungspapiere auf der Lok
- Binnenschiffe: Beförderungspapier, Stauplan, Unfallmerkblätter

21.11.3 Kennzeichnung gefährlicher Stoffe in Betrieben

Kennzeichnung erfolgt durch Aufkleber auf Gebinden mit gefährlichen Stoffen Diese enthalten Gefahrensymbole auf orangem Grund mit dazugehörigen Gefah renbezeichnungen (☞ Tab. 21.8). Die Symbole entsprechen weitgehend denen au Gefahrzetteln, (☞ Abb. 21.3). Zusätzlich können besondere Gefahren durch R Nummern (z. B. R12: hochentzündlich) und Sicherheitsratschläge durch S-Num mern (z. B. S24: Berührung mit der Haut vermeiden) angegeben sein.

Der Stoffname muß auch in Klartext angegeben sein, außerdem der Herstelle bzw. Importeur des Gefahrstoffes, sowie verschiedene Identifizierungsnummern.

Stoffidentifizierung in Gebäuden oder stationären Anlagen

- Gefahrenkennzeichnung durch Symbole und Gefahrenbezeichnungen
- Farbkennzeichnung von Druckgasflaschen durch mind. 5 cm breiten Farbring (☞ Tab. 21.8) am Flaschenhals.

Tab. 21.10.: Farbkennzeichnung von Druckgasbehältern

Gelb	Azetylen
Rot	Brennbare Gase außer Azetylen
Blau	Sauerstoff
Grün	Stickstoff
Grau	Nicht brennbare Gase

?1.12 Transport-Unfall-Informations- und Hilfeleistungssysstem (TUIS) der chemischen Industrie

ei Unfällen mit chemischen Produkten auf Transporten oder in Lagern kann auf as Fachwissen und die Hilfe von Werkfeuerwehren zahlreicher Chemieunterneh-ıen zurückgegriffen werden. Die möglichen Hilfeleistungen reichen von der tele-ɔnischen Beratung (auch per FAX) über den Einsatz eines Fachberaters am Un-ıllort bis zu technischer Hilfe am Unfallort (Einsatz einer Werkfeuerwehr).

larmiert wird i.d.R. die nächstgelegene TUIS-Stelle. Durch die Einbindung in en europäischen Verbund „International Chemical Environment" bestehen auch ontakte zu ausländischen Herstellern chemischer Produkte. Als internationale eitstelle fungieren die Leitstelle der Werkfeuerwehr der BASF AG in Ludwigs-afen (Tel. 0621/6043333, Fax 0621/6092664) für Deutschland und Österreich, ie ggf. an zuständige Stellen weitervermitteln und für die Schweiz die Leitstelle er Werkfeuerwehr der Fa. Novartis (ehemals Ciba Geigy), Basel (Tel.: 0041/))61/6963333.

/eitere Informationen zu diesem Thema enthalten die Broschüren „TUIS" und Leitfaden Transportsicherheit", die beim Verband der Chemischen Industrie ☞ 21.9.4) angefordert werden können.

U. v. Hintzenstern

22 Wichtige fremdsprachliche Redewendungen

englisch
französisch
italienisch
spanisch

türkisch
serbokroatisch
polnisch
russisch

Deutsch	Englisch
Vorstellung	
• Guten Tag, mein Name ist Dr. XY. Ich bin Arzt. • Wir sind gekommen, um zu helfen • Kann jemand dolmetschen?	• Hello, my name is Dr. XY, I am a doctor. • We are here to help. • Can anybody translate?
Allgemeine Anamese	
• Haben Sie (das Kind) Schmerzen ? • Wo haben Sie (das Kind) Schmerzen? • Seit wievielen Stunden / Tagen haben Sie (das Kind) diese Beschwerden? • Haben Sie (das Kind) in den letzten Tagen / Wochen Medikamente eingenommen? • Zeigen Sie mir diese Medikamente • Nehmen Sie Drogen? • Ist Ihnen (dem Kind) schwindelig? • Waren Sie (das Kind) bewußtlos? • Haben Sie (das Kind) eine Allergie? • Sind Sie (das Kind) zuckerkrank?	• Have you (has the child) got any pain? • Where exactly is the pain? • How long have you (has the child) had the problem? • Did you (the child) take any medication in the past few days/weeks? • Please show me these medication. • Do you take any drugs? • Do you (does the child) feel dizzy? • Have you (has the child) been unconscious? • Do you (does the child) suffer from allergies? • Are you (is the child) diabetic?
Schwangerschaft	
• Sind Sie schwanger? • Zeigen Sie mir den Mutterpaß	• Are you pregnant? • Please show me your maternity documents.
Atmung	
• Haben Sie (das Kind) eine Lungenkrankheit? • Asthma, chron. Bronchitis, Lungenentzündung, Pseudo-Krupp • Haben Sie (das Kind) Luftnot?	• Do you (does the child) suffer from any lung disease? • Asthma, chronic bronchitis, pneumonia, mild croup • Are you (is the child) short of breath?
Herz-Kreislauf	
• Haben Sie (das Kind) eine Herzkrankheit? • Herzinfarkt, Herzrhythmusstörungen, Herzfehler, Herzmuskelentzündung, Angina pectoris • Ist der Blutdruck hoch / niedrig? • Haben Sie (das Kind) Luftnot beim Treppensteigen / bei Anstrengung?	• Have you (has the child) any heart disease? • heart attack, irregular heartbeat, defect of the heart valves, inflammation of the heart muscle, angina • Is your blood pressure usually high/low? • Are you (is the child) short of breath when you climb (he/she climbs) upstairs/on exertion?
Urogenital	
• Haben Sie eine Nierenkrankheit? • Nierensteine, Nierenentzündung, Dialysepflicht • Haben Sie (das Kind) Schmerzen beim Wasserlassen? • Haben Sie (das Kind) roten / braunen Urin?	• Do you have any problem with your kidneys? • Kidney stones, inflammation of the kidney • Have you (has the child) any pain when passing water (when urinating) • Do you (does the child) pass red/brown urine?
Gastrointestinal	
• Ist Ihnen (dem Kind) übel? • Haben Sie (das Kind) erbrochen? • Vor wievielen Tagen hatten Sie (das Kind) das letzte Mal Stuhlgang? • Haben Sie (das Kind) Durchfall? • Haben Sie (das Kind) Blut im Stuhl? • Haben Sie (das Kind) eine Magen- oder Darmerkrankung? • Magengeschwür, Gallensteine, Darmentzündung	• Do you (does the child) feel sick? • Did you (the child) vomit? • When was the last time you (the child) had a bowel movement? • Have you (has the child) diarrhea? • Have you noticed any blood in your (the child's) stool? • Do you (does the child) suffer from any stomach or bowel disease? • Stomach ulcers, gall stones, bowel inflammation
Untersuchung	
• Ich untersuche Sie (das Kind) • Ich messe den Blutdruck • Ich mache ein EKG • Damit wird der Sauerstoff im Blut gemessen • Mit offenem Mund tief atmen • Können Sie mir diese Bewegung nachmachen? • Spüren Sie, wenn ich Sie hier kneife?	• I am going to examine you (the child) • I am going to check your blood pressure • I am going to take an ECG • With this thing, we measure the oxygen in your blood • Please take some deep breaths with your mouth wide open • Can you repeat this movement? • Can you feel it when I pinch you here?
Maßnahmen	
• Keine Angst • Das tut nicht weh • Das ist Sauerstoff • Ich lege eine Infusion • Ich spritze ein Medikament • Wir müssen Sie (das Kind) in ein Krankenhaus mitnehmen • Sollen wir jemanden benachrichtigen?	• Don't worry • This won't hurt • This is oxygen • I am going to put a little tube into your vein for a drip • I am going to give you an injection • We must take you (the child) to hospital • Should we give inform anybody?

Französisch	Deutsch
Présentation	**Vorstellung**
• Bonjour, je m'appelle . . . Je suis médecin. • Nous sommes venus pour vous aider. • Est-ce que quelqu'un peut traduire/faire l'interprète?	• Guten Tag, mein Name ist Dr. XY. Ich bin Arzt. • Wir sind gekommen, um zu helfen • Kann jemand dolmetschen?
L'anamnèse générale	**Allgemeine Anamese**
• Est-ce que vous ressentez (l'enfant ressent) une douleur? • Où est-ce que vous ressentez (l'enfant ressent) la douleur? • Depuis combien de temps est-ce que vous vous portez (l'enfant se porte) mal? • Est-ce que vous avez pris (l'enfant a pris) des médicaments les derniers jours ou les dernières semaines? • Montrez-moi ces médicaments. • Est-ce que vous vous droguez? • Est-ce que vous avez (l'enfant) le vertige? • Vous avez (l'enfant) perdu conscience? • Vous avez (l'enfant a) une allergie? • Vous êtes (l'enfant est) diabétique?	• Haben Sie (das Kind) Schmerzen ? • Wo haben Sie (das Kind) Schmerzen? • Seit wievielen Stunden / Tagen haben Sie (das Kind) diese Beschwerden? • Haben Sie (das Kind) in den letzten Tagen / Wochen Medikamente eingenommen? • Zeigen Sie mir diese Medikamente • Nehmen Sie Drogen? • Ist Ihnen (dem Kind) schwindelig? • Waren Sie (das Kind) bewußtlos? • Haben Sie (das Kind) eine Allergie? • Sind Sie (das Kind) zuckerkrank?
La grossesse	**Schwangerschaft**
• Etes-vous enceinte? • Montrez-moi vos documents de maternité?	• Sind Sie schwanger? • Zeigen Sie mir den Mutterpaß
La respiration	**Atmung**
• Est-ce que vous avez (l'enfant a) une maladie pulmonaire? • De l'asthme, une bronchite chronique, une congestion pulmonaire, un faux croup • Est-ce que vous avez (l'enfant a) des problèmes de respiration?	• Haben Sie (das Kind) eine Lungenkrankheit? • Asthma, chron. Bronchitis, Lungenentzündung, Pseudo-Krupp • Haben Sie (das Kind) Luftnot?
Problèmes cardiaques et circulatoires	**Herz-Kreislauf**
• Avez-vous (l'enfant a) des problèmes cardiaques? • Un infarctus, de troubles du rythme cardiaque, un défaut cardiaque, une myocardite, une angine de poitrine • Avez-vous l'hypertension ou l'hypotension? • Avez-vous (l'enfant a) des problèmes de respiration en montant un escalier ou en faisant des efforts corporels?	• Haben Sie (das Kind) eine Herzkrankheit? • Herzinfarkt, Herzrhythmusstörungen, Herzfehler, Herzmuskelentzündung, Angina pectoris • Ist der Blutdruck hoch / niedrig? • Haben Sie (das Kind) Luftnot beim Treppensteigen / bei Anstrengung?
Le domaine urogénital	**Urogenital**
• Est-ce que vous avez une maladie de reins? • un calcul rénal, la néphrite, êtes-vous en dialyse • Ressentez-vous (l'enfant ressent) une douleur en urinant? • Est-ce que vous avez (l'enfant a) de l'urine de couleur rouge ou marron?	• Haben Sie eine Nierenkrankheit? • Nierensteine, Nierenentzündung, Dialysepflicht • Haben Sie (das Kind) Schmerzen beim Wasserlassen? • Haben Sie (das Kind) roten / braunen Urin?
Le domaine gastro-intestinal	**Gastrointestinal**
• Est-ce que vous avez (l'enfant a) mal au ventre/au coeur? • Avez-vous (l'enfant a) vomi? • Quand est-ce que vous êtes allé (l'enfant est) allé à la selle pour la dernière fois? • Avez-vous (l'enfant a) la diarrhée? • Avez-vous (l'enfant a) du sang dans la selle? • Est-ce que vous avez (l'enfant a) une maladie gastro-intestinale? • un ulcère de l'estomac, un calcul biliaire, une inflammation intestinale	• Ist Ihnen (dem Kind) übel? • Haben Sie (das Kind) erbrochen? • Vor wievielen Tagen hatten Sie (das Kind) das letzte Mal Stuhlgang? • Haben Sie (das Kind) Durchfall? • Haben Sie (das Kind) Blut im Stuhl? • Haben Sie (das Kind) eine Magen- oder Darmerkrankung? • Magengeschwür, Gallensteine, Darmentzündung
L'examen médical	**Untersuchung**
• Je vais vous (l'enfant) examiner • Je contrôle la pression sanguine • Je vais faire un électrocardiogramme • C'est pour contrôler la teneur en oxygène dans le sang • Respirez profondément la bouche ouverte • Pourriez-vous imiter ce mouvement • Ressentez-vous que je vous pince ici?	• Ich untersuche Sie (das Kind) • Ich messe den Blutdruck • Ich mache ein EKG • Damit wird der Sauerstoff im Blut gemessen • Mit offenem Mund tief atmen • Können Sie mir diese Bewegung nachmachen? • Spüren Sie, wenn ich Sie hier kneife?
La prise des mesures	**Maßnahmen**
• N'ayez pas peur/N'aie pas peur • Cela ne fait pas mal • C'est de l'oxygène • Je vais faire une injection • Je vous fais une piqûre avec un médicament • Il est nécessaire que l'on vous amène (que l'on amène l'enfant) à l'hôpital • Faut-il informer quelqu'un?	• Keine Angst • Das tut nicht weh • Das ist Sauerstoff • Ich lege eine Infusion • Ich spritze ein Medikament • Wir müssen Sie (das Kind) in ein Krankenhaus mitnehmen • Sollen wir jemanden benachrichtigen?

Deutsch	Italienisch
Vorstellung	**Presentazione**
• Guten Tag, mein Name ist Dr. XY. Ich bin Arzt. • Wir sind gekommen, um zu helfen • Kann jemand dolmetschen?	• Buon Giorno, sono il dottor XY. Sono medico. • Siamo venuti per soccorrervi. • C'è qualcuno che può tradurre?
Allgemeine Anamese	**Anamnesi generale**
• Haben Sie (das Kind) Schmerzen ? • Wo haben Sie (das Kind) Schmerzen? • Seit wievielen Stunden / Tagen haben Sie (das Kind) diese Beschwerden? • Haben Sie (das Kind) in den letzten Tagen / Wochen Medikamente eingenommen? • Zeigen Sie mir diese Medikamente • Nehmen Sie Drogen? • Ist Ihnen (dem Kind) schwindelig? • Waren Sie (das Kind) bewußtlos? • Haben Sie (das Kind) eine Allergie? • Sind Sie (das Kind) zuckerkrank?	• Ha dolori? / Il bambino ha dolori? • Dove Lei (il bambino) ha dolori? • Da quante ore/quanti giorni Lei (il bambino) ha questi disturbi? • Ha preso medicine negli ultimi giorni/nelle ultime settimane? • Mi faccia vedere queste medicine. • Prende droghe? • Le (al bambino) gira la testa? • Lei (il bambino) era svenuto? • Lei (il bambino) ha allergie? • Lei (il bambino) è diabetico/a?
Schwangerschaft	**Gravidanza**
• Sind Sie schwanger? • Zeigen Sie mir den Mutterpaß	• Lei è incinta? • Mi può dare i dati medici della sua gravidanza.
Atmung	**Respirazione**
• Haben Sie (das Kind) eine Lungenkrankheit? • Asthma, chron. Bronchitis, Lungenentzündung, Pseudo-Krupp • Haben Sie (das Kind) Luftnot?	• Lei (il bambino) ha un malattie polmonari? • Asma, bronchite cronica, polmonite, pertosse (Pseudo-Krupp)? • Lei (il bambino) ha qualche difficoltà di respirazione?
Herz-Kreislauf	**Cuore/circolazione**
• Haben Sie (das Kind) eine Herzkrankheit? • Herzinfarkt, Herzrhythmusstörungen, Herzfehler, Herzmuskelentzündung, Angina pectoris • Ist der Blutdruck hoch / niedrig? • Haben Sie (das Kind) Luftnot beim Treppensteigen / bei Anstrengung?	• (Il bambino) Soffre di cuore? • Infarto, aritmia cardiaca, difetti cardiaci, miocardite, angina pectoris? • Ha la pressione è alta o bassa? • Fare le scale / Faticare Le da l'affanno? (Fare scale / Faticare da l'affanno al bambino?)?
Urogenital	**Reni**
• Haben Sie eine Nierenkrankheit? • Nierensteine, Nierenentzündung, Dialysepflicht • Haben Sie (das Kind) Schmerzen beim Wasserlassen? • Haben Sie (das Kind) roten / braunen Urin?	• (Il bambino) Ha malatie renali? • Calcoli renali, infiammazione ai reni (nefrite), È costretto/a alla dialisi? • Lei (il bambino) ha dolori urinando? • Di che colore è l'urina, rossa o scura?
Gastrointestinal	**Gastroenterico**
• Ist Ihnen (dem Kind) übel? • Haben Sie (das Kind) erbrochen? • Vor wievielen Tagen hatten Sie (das Kind) das letzte Mal Stuhlgang? • Haben Sie (das Kind) Durchfall? • Haben Sie (das Kind) Blut im Stuhl? • Haben Sie (das Kind) eine Magen- oder Darmerkrankung? • Magengeschwür, Gallensteine, Darmentzündung	• Lei (il bambino) ha nausea? • Lei (il bambino) ha vomitato? • Quando è andato di corpo l'ultima volta? • Lei (il bambino) ha la diarrea? • Lei (il bambino) ha sangue nelle feci? • Lei (il bambino) ha qualche malattia allo stomaco o all'intestino? • Ulcera, calcoli biliari, infiammazioni intestinali (enterite)?
Untersuchung	**Visita**
• Ich untersuche Sie (das Kind) • Ich messe den Blutdruck • Ich mache ein EKG • Damit wird der Sauerstoff im Blut gemessen • Mit offenem Mund tief atmen • Können Sie mir diese Bewegung nachmachen? • Spüren Sie, wenn ich Sie hier kneife?	• Adesso La visito (visito il bambino). • Adesso misuro la pressione del sangue. • Le faccio un'elettrocardiogramma (ECG). • Con questo viene misurato l'ossigeno nel sangue. • Respiri profondamente a bocca aperta. • Riesce a fare questo movimento? • Sente qualcosa se la pizzico qui?
Maßnahmen	**Provvedimenti**
• Keine Angst • Das tut nicht weh • Das ist Sauerstoff • Ich lege eine Infusion • Ich spritze ein Medikament • Wir müssen Sie (das Kind) in ein Krankenhaus mitnehmen • Sollen wir jemanden benachrichtigen?	• Niente paura! • Non fa male! • Questo è ossigeno • Le faccio una flebo (Faccio una flebo al bambino). • Le faccio un'iniezione (Faccio un'iniezione al bambino). • La dobbiamo portare all'ospedale. / Dobbiamo portare il bambino all'ospedale. • Dobbiamo avvertire qualcuno?

Polnisch	Deutsch
Przedstawienie się	**Vorstellung**
· Dzień dobry, jestem lekarzem, nazywam się xy i chcę Pani/Panu pomóc.	· Guten Tag, mein Name ist Dr. XY. Ich bin Arzt.
· Przyszliśmy tutaj żeby pomóc	· Wir sind gekommen, um zu helfen
· Czy jest tutaj ktoś, kto mógłby tłumaczyć?	· Kann jemand dolmetschen?
Wywiad ogólny	**Allgemeine Anamese**
· Czy Pana/Panią (dziecko) coś boli?	· Haben Sie (das Kind) Schmerzen?
· Gdzie ma Pan/Pani (dziecko) bóle?	· Wo haben Sie (das Kind) Schmerzen?
· Od ilu godzin/dni ma Pan/Pani (dziecko) te dolegliwości?	· Seit wievielen Stunden / Tagen haben Sie (das Kind) diese Beschwerden?
· Czy zażywał/a Pan/Pani (dziecko) w ostatnich dniach/tygodniach jakieś lekarstwa?	· Haben Sie (das Kind) in den letzten Tagen / Wochen Medikamente eingenommen?
· Proszę mi je pokazać.	· Zeigen Sie mir diese Medikamente
· Czy zażywa Pan/Pani jakieś narkotyki?	· Nehmen Sie Drogen?
· Czy ma Pan/Pani (dziecko) zawroty głowy?	· Ist Ihnen (dem Kind) schwindelig?
· Czy stracił/a Pan/Pani (dziecko) przytomność?	· Waren Sie (das Kind) bewußtlos?
· Czy jest Pan/Pani (dziecko) na coś uczulony/a?	· Haben Sie (das Kind) eine Allergie?
· Czy jest Pan/Pani (dziecko) chory/a na cukrzycę?	· Sind Sie (das Kind) zuckerkrank?
Ciąża	**Schwangerschaft**
· Czy jest Pani w ciąży?	· Sind Sie schwanger?
· Proszę mi pokazać kartę przebiegu ciąży.	· Zeigen Sie mir den Mutterpaß
Układ oddechowy	**Atmung**
· Czy choruje Pan/Pani (dziecko) na płuca lub oskrzela?	· Haben Sie (das Kind) eine Lungenkrankheit?
· Astma, przewlekłe zapalenie oskrzeli, zapalenie płuc, krztusiec.	· Asthma, chron. Bronchitis, Lungenentzündung, Pseudo-Krupp
· Czy ma Pan/Pani (dziecko) duszności?	· Haben Sie (das Kind) Luftnot?
Serce i układ krążenia	**Herz-Kreislauf**
· Czy ma Pan/Pani (dziecko) jakąś chorobę serca?	· Haben Sie (das Kind) eine Herzkrankheit?
· Zawał serca, zaburzenie rytmu serca, wada serca, choroba wieńcowa serca.	· Herzinfarkt, Herzrhythmusstörungen, Herzfehler, Herzmuskelentzündung, Angina pectoris
· Czy choruje Pan/Pani (dziecko) na nadciśnienie/ niedociśnienie krwi?	· Ist der Blutdruck hoch / niedrig?
· Czy ma Pan/Pani (dziecko) duszność przy wchodzeniu po schodach/wysiłku?	· Haben Sie (das Kind) Luftnot beim Treppensteigen / bei Anstrengung?
Układ moczowy	**Urogenital**
· Czy choruje Pan/Pani (dziecko) na nerki?	· Haben Sie eine Nierenkrankheit?
· Kamica nerkowa, zapalenie nerek, leczenie dializą.	· Nierensteine, Nierenentzündung, Dialysepflicht
· Czy ma Pan/Pani (dziecko) bóle przy oddawaniu moczu?	· Haben Sie (das Kind) Schmerzen beim Wasserlassen?
· Czy Pana/Pani (dziecka) mocz jest zabarwiony na czerwono/ brązowo?	· Haben Sie (das Kind) roten / braunen Urin?
Układ pokarmowy	**Gastrointestinal**
· Czy ma Pan/Pani (dziecko) nudności?	· Ist Ihnen (dem Kind) übel?
· Czy Pan/Pani (dziecko) wymiotował/a?	· Haben Sie (das Kind) erbrochen?
· Przed ilu dniami miał/a Pan/Pani (dziecko) ostatni stolec?	· Vor wievielen Tagen hatten Sie (das Kind) das letzte Mal Stuhlgang?
· Czy ma Pan/Pani (dziecko) biegunkę?	· Haben Sie (das Kind) Durchfall?
· Czy ma Pan/Pani (dziecko) krew w stolcu?	· Haben Sie (das Kind) Blut im Stuhl?
· Czy choruje Pan/Pani (dziecko) na jakąś chorobę żołądka albo jelit?	· Haben Sie (das Kind) eine Magen- oder Darmerkrankung?
· Choroba wrzodowa żołądka, kamienie zółciowe, zapalenie jelit.	· Magengeschwür, Gallensteine, Darmentzündung
Badanie	**Untersuchung**
· Chciałbym teraz Pana/Panią (dziecko) zbadać.	· Ich untersuche Sie (das Kind)
· Zmierzę teraz ciśnienie krwi.	· Ich messe den Blutdruck
· Zrobię EKG.	· Ich mache ein EKG
· Przy pomocy tego jest mierzona zawartość tlenu we krwi.	· Damit wird der Sauerstoff im Blut gemessen
· Proszę głęboko oddychać przez usta.	· Mit offenem Mund tief atmen
· Proszę naśladować moje ruchy.	· Können Sie mir diese Bewegung nachmachen?
· Czy czuje Pan/Pani jeśli tu uszczypnę?	· Spüren Sie, wenn ich Sie hier kneife?
Czynności	**Maßnahmen**
· Proszę się nie bać.	· Keine Angst
· To nie boli.	· Das tut nicht weh
· To jest tlen.	· Das ist Sauerstoff
· Podłączę teraz kroplówkę.	· Ich lege eine Infusion
· Teraz wstrzykuję lekarstwo.	· Ich spritze ein Medikament
· Muszę Pana/Panią (dziecko) zabrać do szpitala.	· Wir müssen Sie (das Kind) in ein Krankenhaus mitnehmen
· Czy mam kogoś zawiadomić?	· Sollen wir jemanden benachrichtigen?

Deutsch	Serbokroatisch
Vorstellung	**Predstavljanje**
• Guten Tag, mein Name ist Dr. XY. Ich bin Arzt. • Wir sind gekommen, um zu helfen • Kann jemand dolmetschen?	• Dobar dan, ja sam XY, doktor • Mi smo vam došli pomoći. • Može li netko prevoditi?
Allgemeine Anamese	**Opća anamneza**
• Haben Sie (das Kind) Schmerzen ? • Wo haben Sie (das Kind) Schmerzen? • Seit wievielen Stunden / Tagen haben Sie (das Kind) diese Beschwerden? • Haben Sie (das Kind) in den letzten Tagen / Wochen Medikamente eingenommen? • Zeigen Sie mir diese Medikamente • Nehmen Sie Drogen? • Ist Ihnen (dem Kind) schwindelig? • Waren Sie (das Kind) bewußtlos? • Haben Sie (das Kind) eine Allergie? • Sind Sie (das Kind) zuckerkrank?	• Imate li bolove? (Ima li dijete bolove?) • Gdje vas (dijete) boli? • Koliko sati /dana imate (ima dijete) tegobe? • Jeste li uzimali (Je li dijete uzimalo) lijekove proteklih dana / tjedana? • Pokažite mi te lijekove. • Uzimate li drogu? • Hvata li vas (dijete) vrtoglavica? • Jeste li bili bez svijesti? (Je li dijete bilo bez svijesti?) • Imate li (Ima li dijete) alergiju? • Imate li (Ima li dijete) šećernu bolest?
Schwangerschaft	**Trudnoća**
• Sind Sie schwanger? • Zeigen Sie mir den Mutterpaß	• Jeste li trudni (Jeste li u drugom stanju)? • Pokažite mi trudničku knjižicu.
Atmung	**Disanje**
• Haben Sie (das Kind) eine Lungenkrankheit? • Asthma, chron. Bronchitis, Lungenentzündung, Pseudo-Krupp • Haben Sie (das Kind) Luftnot?	• Imate li (Ima li dijete) neku plućnu bolest? • Astma; kronični bronhitis; upalu pluća; *pseudo-Krupp* • Da li vas (dijete) nešto guši?
Herz-Kreislauf	**Srce – Krvotok**
• Haben Sie (das Kind) eine Herzkrankheit? • Herzinfarkt, Herzrhythmusstörungen, Herzfehler, Herzmuskelentzündung, Angina pectoris • Ist der Blutdruck hoch / niedrig? • Haben Sie (das Kind) Luftnot beim Treppensteigen / bei Anstrengung?	• Imate li (Ima li dijete) neku srčanu bolest? • Srčani udar (infarkt); premećaj srčanog ritma (aritmiju); srčanu manu; upalu srčanog mišića; anginu pektoris • Imate li visoki / niski krvni tlak? • Da li (dijete) teško dišete / gušite se pri naporu / penjanju uza stepenice?
Urogenital	**Urogenitalno**
• Haben Sie eine Nierenkrankheit? • Nierensteine, Nierenentzündung, Dialysepflicht • Haben Sie (das Kind) Schmerzen beim Wasserlassen? • Haben Sie (das Kind) roten / braunen Urin?	• Imate li naku bubrežnu bolest? • Bubrežni kamenac; upala bubrega; morate li ići na dijalizu • Boli li vas (dijete) pri mokrenju? • Imate li (Ima li dijete) crvenu (smeđu) mokraću?
Gastrointestinal	**Probava**
• Ist Ihnen (dem Kind) übel? • Haben Sie (das Kind) erbrochen? • Vor wievielen Tagen hatten Sie (das Kind) das letzte Mal Stuhlgang? • Haben Sie (das Kind) Durchfall? • Haben Sie (das Kind) Blut im Stuhl? • Haben Sie (das Kind) eine Magen- oder Darmerkrankung? • Magengeschwür, Gallensteine, Darmentzündung	• Je li vam (djetetu) zlo? • Jeste li (je li dijete) povraćalo? • Prije koliko dana ste zadnji puta imali stolicu? • Imate li (Ima li dijete) proljev? • Imate li (Ima li dijete) krvi u stolici? • Imate li (Ima li dijete) neku želučanu ili crijevnu bolest? • Čir na želucu; žučni kamenac; crijevna upala
Untersuchung	**Pregled**
• Ich untersuche Sie (das Kind) • Ich messe den Blutdruck • Ich mache ein EKG • Damit wird der Sauerstoff im Blut gemessen • Mit offenem Mund tief atmen • Können Sie mir diese Bewegung nachmachen? • Spüren Sie, wenn ich Sie hier kneife?	• Ja ću vas pregledati • Mjerim krvni tlak • Radim EKG • Time mjerimo sadržaj kisika u krvi • Sa otvorenim ustima duboko disati • Možete li ovaj pokret ponoviti? • Osjećate li kada ovdje uhvatim?
Maßnahmen	**Mjere**
• Keine Angst • Das tut nicht weh • Das ist Sauerstoff • Ich lege eine Infusion • Ich spritze ein Medikament • Wir müssen Sie (das Kind) in ein Krankenhaus mitnehmen • Sollen wir jemanden benachrichtigen?	• Bez straha • To ništa ne boli • Ovo je kisik • Dajem infuziju • Dajem (Vam) injekciju • Moramo Vas (dijete) povesti u bolnicu • Trebamo li nekoga obavijestiti?

Spanisch	Deutsch
Introducción	**Vorstellung**
• Buenos dias, me llamo Dr. XY, soy médico	• Guten Tag, mein Name ist Dr. XY. Ich bin Arzt.
• Hemos venido para ayudarle	• Wir sind gekommen, um zu helfen
• ¿ Alguien puede hacer de intérprete?	• Kann jemand dolmetschen?
Anamnesis	**Allgemeine Anamese**
• ¿ Le duele algo?	• Haben Sie (das Kind) Schmerzen ?
• ¿ Donde le duele?	• Wo haben Sie (das Kind) Schmerzen?
• ¿ Hace cuantas horas/cuantos dias tiene estas molestias?	• Seit wievielen Stunden / Tagen haben Sie (das Kind) diese Beschwerden?
• ¿ Ha tomado algun medicamento en los ultimos dias/ semanas?	• Haben Sie (das Kind) in den letzten Tagen / Wochen Medikamente eingenommen?
• Enséñeme estos medicamentos	• Zeigen Sie mir diese Medikamente
• ¿ Toma drogas?	• Nehmen Sie Drogen?
• ¿ Tiene vértigos?	• Ist Ihnen (dem Kind) schwindelig?
• ¿ Ha estado sin conciencia?	• Waren Sie (das Kind) bewußtlos?
• ¿ Tiene alérgias?	• Haben Sie (das Kind) eine Allergie?
• ¿ Tiene problemas con el azucar?	• Sind Sie (das Kind) zuckerkrank?
Embarazo	**Schwangerschaft**
• ¿ Está embarazada?	• Sind Sie schwanger?
• Enséñeme la libreta del embarazo	• Zeigen Sie mir den Mutterpaß
Respiración	**Atmung**
• ¿ Tiene una enfermedad de los pulmones?	• Haben Sie (das Kind) eine Lungenkrankheit?
• ¿ Tiene asma, bronquitis crónica, pulmonia, pseudo croup?	• Asthma, chron. Bronchitis, Lungenentzündung, Pseudo-Krupp
• ¿ Tiene problemas de respiración?	• Haben Sie (das Kind) Luftnot?
Circulación	**Herz-Kreislauf**
• ¿ Tiene una enfermedad del corazon?	• Haben Sie (das Kind) eine Herzkrankheit?
• ¿ Tiene infarto, arritmias, enfermedad cardíaca, una inflamación del músculo cardíaco, una angina de pecho?	• Herzinfarkt, Herzrhythmusstörungen, Herzfehler, Herzmuskelentzündung, Angina pectoris
• ¿ Tiene la tension alta/baja?	• Ist der Blutdruck hoch / niedrig?
• ¿ Tiene problemas respiratorios al subir escalones, al esfuerzo?	• Haben Sie (das Kind) Luftnot beim Treppensteigen / bei Anstrengung?
Urogenital	**Urogenital**
• ¿ Tiene una enfermedad de los riñones?	• Haben Sie eine Nierenkrankheit?
• ¿ Tiene cálculos renales, una inflamación renal, tiene que ir a diálisis?	• Nierensteine, Nierenentzündung, Dialysepflicht
• ¿ Tiene dolores al urinar?	• Haben Sie (das Kind) Schmerzen beim Wasserlassen?
• ¿ Tiene la orina roja/marrón?	• Haben Sie (das Kind) roten / braunen Urin?
Gastrointestinal	**Gastrointestinal**
• ¿ Tiene náuseas?	• Ist Ihnen (dem Kind) übel?
• ¿ Ha vomitado?	• Haben Sie (das Kind) erbrochen?
• ¿ Hace cuantos dias ha tenido las ultimas deposiciones?	• Vor wievielen Tagen hatten Sie (das Kind) das letzte Mal Stuhlgang?
• ¿ Tiene diarreas?	• Haben Sie (das Kind) Durchfall?
• ¿ Tiene sangre en las heces?	• Haben Sie (das Kind) Blut im Stuhl?
• ¿ Tiene una enfermdad del estómago o del intestino?	• Haben Sie (das Kind) eine Magen- oder Darmerkrankung?
• Úlcera de estómago, cálculos biliares, inflamación intestinal	• Magengeschwür, Gallensteine, Darmentzündung
Exploracion	**Untersuchung**
• Le voy a explorar	• Ich untersuche Sie (das Kind)
• Voy a medir la tension arterial	• Ich messe den Blutdruck
• Voy a hacer un electrocardiograma	• Ich mache ein EKG
• Asi medimos el oxigeno en la sangre	• Damit wird der Sauerstoff im Blut gemessen
• Respirar con la boca abierta	• Mit offenem Mund tief atmen
• ¿ Puede hacer los mismos movimientos que yo?	• Können Sie mir diese Bewegung nachmachen?
• ¿ Lo nota si le pellizco?	• Spüren Sie, wenn ich Sie hier kneife?
Medidas	**Maßnahmen**
• No tenga miedo	• Keine Angst
• No va a doler	• Das tut nicht weh
• Esto es oxígeno	• Das ist Sauerstoff
• Voy a ponerle una cánula	• Ich lege eine Infusion
• Voy a inyectar un medicamento	• Ich spritze ein Medikament
• Le tenemos que llevar a un hospital	• Wir müssen Sie (das Kind) in ein Krankenhaus mitnehmen
• ¿ Quiere que informemos a álguien?	• Sollen wir jemanden benachrichtigen?

Deutsch	Russisch
Vorstellung	**Знакомство**
• Guten Tag, mein Name ist Dr. XY. Ich bin Arzt.	• Здравствуйте, меня зовут доктор . . ., я врач.
• Wir sind gekommen, um zu helfen	• Мы пришли для того, чтобы вам оказать помощь.
• Kann jemand dolmetschen?	• Может кто-нибудь переводить на немецкй язык?
Allgemeine Anamese	**Общй опрос**
• Haben Sie (das Kind) Schmerzen ?	• Что вас /вашего ребёнка/ беспокоит?
• Wo haben Sie (das Kind) Schmerzen?	• Где у вас /вашего ребёнка/ болит?
• Seit wievielen Stunden / Tagen haben Sie (das Kind) diese Beschwerden?	• Сколько часов или дней вы /ваш ребёнок/ болеете?
• Haben Sie (das Kind) in den letzten Tagen / Wochen Medikamente eingenommen?	• Принимали вы /ваш ребёнок/ в последние дни или недели таблетки?
• Zeigen Sie mir diese Medikamente	• Покажите мне эти таблетки.
• Nehmen Sie Drogen?	• Принимаете вы наркотики?
• Ist Ihnen (dem Kind) schwindelig?	• Кружится у вас /вашего ребёнка/ голова?
• Waren Sie (das Kind) bewußtlos?	• Теряли вы /ваш ребёнок/ сознание?
• Haben Sie (das Kind) eine Allergie?	• Страдаете вы /ваш ребёнок/ аллергией?
• Sind Sie (das Kind) zuckerkrank?	• Страдаете вы /ваш ребёнок/ сахарным диабетом?
Schwangerschaft	**Беременность**
• Sind Sie schwanger?	• Вы беременны?
• Zeigen Sie mir den Mutterpaß	• Покажите пожалуйста башу карту беременности.
Atmung	**Дыхание**
• Haben Sie (das Kind) eine Lungenkrankheit?	• Имеется у вас /вашего ребёнка/ заболевание лёгких?
• Asthma, chron. Bronchitis, Lungenentzündung, Pseudo-Krupp	• Такие как бронхиальная астма, бронхит, воспаление лёгких, удушье.
• Haben Sie (das Kind) Luftnot?	• Страдаете вы одышкой?
Herz-Kreislauf	**Сердце – Сосуды**
• Haben Sie (das Kind) eine Herzkrankheit?	• Имеется у вас /вашего ребёнка/ заболевание сердца?
• Herzinfarkt, Herzrhythmusstörungen, Herzfehler, Herzmuskelentzündung, Angina pectoris	• Инфаркт сердца, нарушение цердечного ритма, порок сердца, востамние сердечной мышцы-миокардита, или грудная таба-стенокардия.
• Ist der Blutdruck hoch / niedrig?	• У вас повышенноеое или понишенноеое давление?
• Haben Sie (das Kind) Luftnot beim Treppensteigen / bei Anstrengung?	• Имеется у вас /вашего ребёнка/ одышка при ходьбе по лестнеще вверх или при физической нагрузке?
Urogenital	**Мочеполовая система**
• Haben Sie eine Nierenkrankheit?	• Имеется у вас заболевание почек?
• Nierensteine, Nierenentzündung, Dialysepflicht	• Камни в почках, воспаление почек, необходимость в подключении к аппарату “искуственная почка“-диализу?
• Haben Sie (das Kind) Schmerzen beim Wasserlassen?	• Имеются у вас /вашего ребёнка/ боли при мочеиспускании?
• Haben Sie (das Kind) roten / braunen Urin?	• Имеете вы /ваш ребёнок/ мочу красноватого или коричневого увета?
Gastrointestinal	**Желудочно-кишечний тракт**
• Ist Ihnen (dem Kind) übel?	• Имеется у вас /вашего ребёнка/ тошнота?
• Haben Sie (das Kind) erbrochen?	• Была у вас /вашего ребёнка/ рвота?
• Vor wievielen Tagen hatten Sie (das Kind) das letzte Mal Stuhlgang?	• Когда в последний раз вы /ваш ребёнок/ ходили по большому в туалет?
• Haben Sie (das Kind) Durchfall?	• Был ли у вас /вашего ребёнка/ понос?
• Haben Sie (das Kind) Blut im Stuhl?	• Была ли у вас примесь крови в каловых массах?
• Haben Sie (das Kind) eine Magen- oder Darmerkrankung?	• Имеется у вас /вашего ребёнка/ заболевание желудка или кишечника?
• Magengeschwür, Gallensteine, Darmentzündung	• Язва желудка, камни в желчном пузыре, воспаление кишечника?
Untersuchung	**Обследование**
• Ich untersuche Sie (das Kind)	• Я осмотрю вас /вашего ребёнка/.
• Ich messe den Blutdruck	• Я измеряю артериальное давление.
• Ich mache ein EKG	• Я делаю електрокардиограмму сердца.
• Damit wird der Sauerstoff im Blut gemessen	• С помощью этого будет измеренно количество кислорода в крови.
• Mit offenem Mund tief atmen	• Дышите глубоко с открытым ртом.
• Können Sie mir diese Bewegung nachmachen?	• Можете вы эти движения за мной повторить?
• Spüren Sie, wenn ich Sie hier kneife?	• Чувствуете вы, если я вас здесь щипаю?
Maßnahmen	**Мероприятия**
• Keine Angst	• Не бойтесь.
• Das tut nicht weh	• Это не больно.
• Das ist Sauerstoff	• Это кислород.
• Ich lege eine Infusion	• Я подключу вам капельницу.
• Ich spritze ein Medikament	• Я делаю укол.
• Wir müssen Sie (das Kind) in ein Krankenhaus mitnehmen	• Мы должны вас /вашего ребёнка/ положить в больницу.
• Sollen wir jemanden benachrichtigen?	• Должны мы кого-нибудь поставить в известность?а

Russisch-„Lautschrift“	Deutsch
Snakomstwo	**Vorstellung**
• Sdrawstwuite menia sowut doktor . . ., ja wratsch. • Mi prischli dlja togo stobi okasat pomosch. • Moschet kto-nibut perewodit na nemezki jasik?	• Guten Tag, mein Name ist Dr. XY. Ich bin Arzt. • Wir sind gekommen, um zu helfen • Kann jemand dolmetschen?
Obschi opros	**Allgemeine Anamese**
• Sto was/waschego rebjonka/ bespokoit? • Gde u was/waschego rebjonka/ bolit? • Skolko tschasow ili dnei wi/wasch rebjonok/ boleete? • Prinimali wi/wasch rebjonok/ w poslednie dni ili nedeli tabletki? • Pokaschite mne eti tabletki. • Prinimaete wi narkotiki? • Kruschitsja u was/waschego rebjonka/ golowa? • Terjali wi/wasch rebjonok/ sosnanie? • Stradaete wi/wasch rebjonok/ allergiej? • Stradaete wi/wasch rebjonok/ sacharnim diabetom?	• Haben Sie (das Kind) Schmerzen ? • Wo haben Sie (das Kind) Schmerzen? • Seit wievielen Stunden / Tagen haben Sie (das Kind) diese Beschwerden? • Haben Sie (das Kind) in den letzten Tagen / Wochen Medikamente eingenommen? • Zeigen Sie mir diese Medikamente • Nehmen Sie Drogen? • Ist Ihnen (dem Kind) schwindelig? • Waren Sie (das Kind) bewußtlos? • Haben Sie (das Kind) eine Allergie? • Sind Sie (das Kind) zuckerkrank?
Beremennost	**Schwangerschaft**
• Wi beremenni? • Pokaschite poschaluista waschu kartu/pasport/ beremennoi materi.	• Sind Sie schwanger? • Zeigen Sie mir den Mutterpaß
Dichanie	**Atmung**
• Imeetsja u was/waschego rebjonka/ sabolewanie ljogkich? • Takie kak bronchialnaja astma, bronchit, wospalenie ljogkich, uduschje • Stradaete wi odischkoj?	• Haben Sie (das Kind) eine Lungenkrankheit? • Asthma, chron. Bronchitis, Lungenentzündung, Pseudo-Krupp • Haben Sie (das Kind) Luftnot?
Serdze-Sosudi	**Herz-Kreislauf**
• Imeetsja u was/waschego rebjonka/ sabolewanie serdza? • Infarkt serdza, naruscheni serdetschnogo ritma, porok serdza, wospalenie serdetschnoi mischzi-miokardit, grudnaja schaba-stenokardia • U was powischennoe ili ponischennnoe dawlenie? • Pojawljaetsja u was/waschego rebjonka/ odischka pri chodbe po lestnize werch ili pri fisitscheskoj nagruske?	• Haben Sie (das Kind) eine Herzkrankheit? • Herzinfarkt, Herzrhythmusstörungen, Herzfehler, Herzmuskelentzündung, Angina pectoris • Ist der Blutdruck hoch / niedrig? • Haben Sie (das Kind) Luftnot beim Treppensteigen / bei Anstrengung?
Motschepolowaja sistema	**Urogenital**
• Stradaete wi sabolewaniem potschek? • Kamni w potschkach, wospalenie potschek, neobchodimost w podklutschenii k apparatu „istkustwennaja potschka“-dialisu • Pojawlajutsja u was/waschego rebjonka/ boli pri motscheispukanii? • Ne okraschena u was/waschego rebjonka/ motscha w krasni ili koritschenewi zwet?	• Haben Sie eine Nierenkrankheit? • Nierensteine, Nierenentzündung, Dialysepflicht • Haben Sie (das Kind) Schmerzen beim Wasserlassen? • Haben Sie (das Kind) roten / braunen Urin?
Scheludotschno-kischetschni trakt	**Gastrointestinal**
• Imeetsa u was/waschego rebjonka/ toschnota? • Bila u was/waschego rebjonka/ rwota? • Kogda w posledni ras wi/wasch rebjonok/ chodili po bolschomu w tualet?? • Bil u was/waschego rebjonka/ ponos? • Bila primes krowi w kalowich massach? • Imeetsja u was/waschego rebjonka/ sabolewanie scheludka ili kischetschnika? • Jaswa scheludka, kamni w scheltschnom pusire, wospalenie kischetschnika?	• Ist Ihnen (dem Kind) übel? • Haben Sie (das Kind) erbrochen? • Vor wievielen Tagen hatten Sie (das Kind) das letzte Mal Stuhlgang? • Haben Sie (das Kind) Durchfall? • Haben Sie (das Kind) Blut im Stuhl? • Haben Sie (das Kind) eine Magen- oder Darmerkrankung? • Magengeschwür, Gallensteine, Darmentzündung
Obsledowanie	**Untersuchung**
• Ja osmotrju was /waschego rebjonka. • Ja ismerju arterialnoe dawlenie. • Ja delaju elektrokardiogrammu serdza. • Spomoschju etogo budet ismereno kolitschestwo kisloroda w krowi. • Dischite gluboko s otkritim rtom • Moschete wi eti dwischenija sa mnoi powtorit? • Tschuwstwuete wi, esli ja was sdes schipaju?	• Ich untersuche Sie (das Kind) • Ich messe den Blutdruck • Ich mache ein EKG • Damit wird der Sauerstoff im Blut gemessen • Mit offenem Mund tief atmen • Können Sie mir diese Bewegung nachmachen? • Spüren Sie, wenn ich Sie hier kneife?
Meroprijatia	**Maßnahmen**
• Ne boites • Eto ne bolno • Eto kislorod • Ja podklutschu wam kapelnizu • Ja delaju ukol • Mi dolschni was/waschego rebjonka/ poloschit w bolnizu • Dolschni mi kogo-nibut postawit w iswestnost?	• Keine Angst • Das tut nicht weh • Das ist Sauerstoff • Ich lege eine Infusion • Ich spritze ein Medikament • Wir müssen Sie (das Kind) in ein Krankenhaus mitnehmen • Sollen wir jemanden benachrichtigen?

Deutsch	Türkisch
Vorstellung	**Vorstellung**
• Guten Tag, mein Name ist Dr. XY. Ich bin Arzt. • Wir sind gekommen, um zu helfen • Kann jemand dolmetschen?	• Merhaba, ismim xy, ben Doktorum • Biz yardım etmek için geldik • Tercüman varmı?
Allgemeine Anamese	**Allgemeine Hinweise**
• Haben Sie (das Kind) Schmerzen ? • Wo haben Sie (das Kind) Schmerzen? • Seit wievielen Stunden / Tagen haben Sie (das Kind) diese Beschwerden? • Haben Sie (das Kind) in den letzten Tagen / Wochen Medikamente eingenommen? • Zeigen Sie mir diese Medikamente • Nehmen Sie Drogen? • Ist Ihnen (dem Kind) schwindelig? • Waren Sie (das Kind) bewußtlos? • Haben Sie (das Kind) eine Allergie? • Sind Sie (das Kind) zuckerkrank?	• Agrınız varmı? – Çocugun agrısı varmı? • Agrınız nerede? – Çocugun agrısı nerede? • Agriniza kaç saat oluyor? – Çocugun agrısına kaç saat oluyor? • Siz son günlerde/haftalarda ilaç kullandınızmı? – Çocuk son günlerde/haftalarda ilaç kullandımı? • Bana o ilaçları gösterin • Uyuşturucu kullaniyormusunuz? • Başınız dönüyormu? – Çocugun başı dönüyormu? • Siz bayıldınızmı? – Çocuk bayıldımı? • Alerjiniz varmi? Cocugun alerjisi varmi? • Şeker hastaliginiz varmı? – Çocugun Şeker hastalıgı varmı?
Schwangerschaft	**Schwangerschaft**
• Sind Sie schwanger? • Zeigen Sie mir den Mutterpaß	• Hamilemisiniz? • Bana Hamilelik Rehberini gösterin
Atmung	**Atmung**
• Haben Sie (das Kind) eine Lungenkrankheit? • Asthma, chron. Bronchitis, Lungenentzündung, Pseudo-Krupp • Haben Sie (das Kind) Luftnot?	• Akciger hastalıgınız varmı? • Astma, Bronşit, zatürree, kuşpalazi • Nefes darlıgı çekiyormusunuz? – Çocuk nefes darlıgı cekiyormu?
Herz-Kreislauf	**Herz-Kreislauf**
• Haben Sie (das Kind) eine Herzkrankheit? • Herzinfarkt, Herzrhythmusstörungen, Herzfehler, Herzmuskelentzündung, Angina pectoris • Ist der Blutdruck hoch / niedrig? • Haben Sie (das Kind) Luftnot beim Treppensteigen / bei Anstrengung?	• Kalp hastalıgınız varmı? – Çocugun kalp hastalıgı varmı? • Kalp krizi, ritim bozuklugu, kalp sakatligi, kalp angini • Tansiyon yüksekmi/düşükmü? • Siz (Çocuk) merdiven çikarken/yorucu bir işte nefes darlıgı çekiyormusunuz?
Urogenital	**Urogenital**
• Haben Sie eine Nierenkrankheit? • Nierensteine, Nierenentzündung, Dialysepflicht • Haben Sie (das Kind) Schmerzen beim Wasserlassen? • Haben Sie (das Kind) roten / braunen Urin?	• Böbrek hastalıgınız varmı? • Böbrek taşi, Böbrek ıltıhabı, dializ ihtiyaci • Idrar yaparken agrınız oluyormu? – Çocuk idrar yaparken agrısı oluyormu? • Sizin (Cocugun) idrar kırmızı/kahverengimi?
Gastrointestinal	**Gastrointestinal**
• Ist Ihnen (dem Kind) übel? • Haben Sie (das Kind) erbrochen? • Vor wievielen Tagen hatten Sie (das Kind) das letzte Mal Stuhlgang? • Haben Sie (das Kind) Durchfall? • Haben Sie (das Kind) Blut im Stuhl? • Haben Sie (das Kind) eine Magen- oder Darmerkrankung? • Magengeschwür, Gallensteine, Darmentzündung	• Siz bulanıyormusunuz? – Çocuk Bulanıyormu? • Siz istifrag ettinizmi? – Çocuk istifrag etti mi? • Siz son defa ne zaman büyük aptes aldınız? – Çocuk son defa ne zamen büyük aptes aldı • Sizde (Çocukda) ishal varmı? • Dıskınızda kan karışımı varmı? • Sizde (Çocukta) Migde-Bagırsak hastalıgı varmı? • Migde ünseri, Safra-kesesi taşi, baırsak iltihabi
Untersuchung	**Untersuchung**
• Ich untersuche Sie (das Kind) • Ich messe den Blutdruck • Ich mache ein EKG • Damit wird der Sauerstoff im Blut gemessen • Mit offenem Mund tief atmen • Können Sie mir diese Bewegung nachmachen? • Spüren Sie, wenn ich Sie hier kneife?	• Sizi (Çocugu) muayene ediyorum • Tansiyonu ölçüyorum • Ben bir EKG yapıyorum • Bunun ile kandaki oxijen ölçülüyor • Açık agız ile derin nefes alın • Benim bu yaptığım hareketi tekrarlarmısınız? • Sizi çimdikleyince hissediyormusunuz?
Maßnahmen	**Maßnahmen**
• Keine Angst • Das tut nicht weh • Das ist Sauerstoff • Ich lege eine Infusion • Ich spritze ein Medikament • Wir müssen Sie (das Kind) in ein Krankenhaus mitnehmen • Sollen wir jemanden benachrichtigen?	• Korkma • Bu acımıyor • Bu oxijen • Ben bir Serum takıyorum • Ben bir ilaç veriyorum • Biz sizi (Çocugu) hastahaneye götürmeliyiz • Birine haber verelimmi?

W. Hetz, U. v. Hintzenstern

23 Abrechnung ärztlicher Leistungen im Notarztdienst

- Angestellte Ärzte (SR 2c BAT/BAT-O), bei denen die Notarzttätigkeit im NEF oder RTH zur Dienstaufgabe gehört (Kommune ist Träger des NA-Dienstes) erhalten pro Einsatz einen „Einsatzzuschlag“ von z.Zt. 26,39 DM (BAT-O 13,68 DM). Die Entwicklung dieses Betrages ist an Veränderungen der Stundenvergütung der Gruppe IIa bzw. II gekoppelt
- Für Notärzte mit Berechtigung zur Abrechnung nach Einzelleistungen sind folgende Gebührenordnungen maßgebend:
  - Bewertungsmaßstab Ärzte *(BMÄ)*
  - Ersatzkassengebührenordnung *(E-GO)*
  - Gebührenordnung für Ärzte *(GOÄ)*

Sämtliche darin enthaltenen Leistungen sind jeweils mit einer Nummer ausgezeichnet und mit einer Punktzahl bzw. einem Gebührenwert versehen.

Auch für die Notarzt-Abrechnung gilt prinzipiell:
Gebührenordnung korrekt einhalten, aber konsequent anwenden!

- Die Diagnoseverschlüsselung auf der Grundlage der ICD 10 wurde bis einschließlich 1997 ausgesetzt.

Tab. 23.1.: Abrechnungsgrundlagen

BMÄ	E-GO	GOÄ bzw. BG-GOÄ
Primärkassen: - Allgemeine Ortskrankenkassen (AOK) - Betriebskrankenkassen - Innungskrankenkassen (IKK) - Landwirtschaftliche Krankenkassen (LKK) - Seekasse - Bundesknappschaft	Ersatzkassen: Verband der Angestellten-Krankenkassen (VdAK) bzw. Arbeiter-Ersatz-Versicherungen (AEV); so z. B.: - Barmer Ersatzkasse (BEK) - Deutsche Angestellten Krankenkasse (DAK) - Techniker Krankenkasse (TKK)	Private Krankenversicherungen (PKV), so z. B.: - Hallesche Nationale - Vereinte - Continentale
Sozialhilfe	Bereitschaftspolizei	Berufsunfälle (BG)
	Bundeswehr	
	Bundesgrenzschutz	
	Zivildienst	

Einnahmen aus Notarzttätigkeiten müssen in der Steuererklärung angegeben werden. Beträge bis 2400 DM/Jahr sind dabei steuerfrei (Gemeinnütziger Zweck „Rettung aus Lebensgefahr“).

23.1 Abrechnung

23.1.1 BMÄ und E-GO

Zur Abrechnung nach BMÄ bzw. E-GO ist eine Ermächtigung zur Teilnahme an der ambulanten vertragsärztlichen Versorgung im Rahmen des NA-Dienstes erforderlich. Ein entsprechender Antrag muß an die zuständige *Bezirksstelle der Kassenärztlichen Vereinigung* gestellt werden, deren Anschrift man von der KV des jeweiligen Landes (☞ 21.7) erfahren kann. Von der Bezirksstelle erhält man eine Arztnummer sowie spezielle *Sonderabrechnungsscheine für Notarztwagen*. Die ausgefüllten Exemplare werden vierteljährlich gesammelt und unmittelbar nach dem Quartalsende an die zuständige Bezirksstelle der KV gesandt. Die Vergütung beträgt z. Zt. 0,10 DM/Punktwert. In manchen Bundesländern existieren abweichende Regelungen.

Gemeinsame Grundlage des BMÄ und der E-GO ist der Einheitliche Bewertungsmaßstab (EBM, ☞ Tab. 23.2).

Beim Ausfüllen des Personalienfeldes des Abrechnungsscheines sind folgende Angaben zwingend erforderlich:

- Bezeichnung und Ort der Krankenkasse
- Name, Vorname und Geburtsdatum des Versicherten (Pat.)
- Versichertenstatus (1 = Mitglied, 3 = Familienangehörige, 5 = Rentner und deren Angehörige).

Wenn möglich, die Krankenversichertennummer zusätzlich angeben.

Tab. 23.2: Abrechnungsnummern nach EBM im Notarztdienst

Nr.	Leistung	Punkte
1	Ordinationsgebühr. Summarisch für alle Leistungen, die nicht gesondert nach EBM abrechnungsfähig sind (z. B. Untersuchung, Verband, Stifneck®, Injektion, EKG während Narkose)	220
5	Zuschlag für Besuch werktags von 20–8 Uhr (Alarmierungszeit ausschlaggebend; bei der RLSt abfragbar), an Samstagen, Sonntagen, Feiertagen sowie am 24. und 31. Dezember.	300
21	Sofortige Intervention bei akuter psychischer Dekompensation (z. B. Suizidversuch), ggf. mit Einflußnahme auf das unmittelbare familiäre und soziale Umfeld des Pat.	800
25	*Ermächtigte* NA: Besuch von 8–20 Uhr (Alarmierungszeit ausschlaggebend; bei der RLSt abfragbar)	400
26	*Ermächtigte* NA: Besuch von 20–8 Uhr (Alarmierungszeit ausschlaggebend; bei der RLSt abfragbar) *Sonstige* NA: Besuch von 8–20 Uhr werktags (Alarmierungszeit ausschlaggebend; bei der RLSt abfragbar); Nachtbesuch (20–8 Uhr): Nrn. 26N + 5	600

Tab. 23.2: Fortsetzung

Nr.	Leistung	Punkte
32	Besuch eines weiteren Kranken derselben sozialen Gemeinschaft (z. B. Altenheim). Bei einem Verkehrsunfall ist dagegen bei jedem Verletzten ein voller Besuch abrechnungsfähig.	130
33	Transportbegleitung zur stationären Behandlung. Nr. 40 für die Transportzeit zusätzlich berechnungsfähig, sofern während der Fahrt keine abrechenbaren Leistungen erbracht wurden. Zur gesamten Verweilzeit gehört auch ggf. die Zeit für die Rückfahrt des NA vom Krankenhaus zum am Notfallort abgestellten NEF	600
40	Verweilen, ohne Erbringung berechnungsfähiger Leistungen, je vollendete halbe Stunde (Zeitangabe „von . . . bis . . .“). Die Anlage einer Infusion ist bereits eine ärztliche Leistung!	900
42	Konsiliarische Erörterung > 10 Min mit einem niedergelassenen Kollegen. Namen des Konsilpartners angeben („Konsil mit HA Dr. XY“)	80
140	Neugeborenen-Erstuntersuchung	200
212	Fixierender Verband mit Einschluß ≥ 2 großen Gelenken (Schulter-, Ellenbogen-, Hand-, Knie-, Fußgelenk) unter Verwendung wiederverwendbarer Materialien, z. B. Vakuummatratze, OS-, US-, OA-, UA-Schiene	180
260	ZVK einschließlich Fixation	200
273	I. v.-Zugang (auch intraossär) > 10 Min. Mehrfach abrechenbar, z. B. bei Polytrauma (Begründung, z. B. „Volumenzufuhr“ angeben)	130
332	Reanimation – einschließlich Beatmung, Herzdruckmassage, Intubation, Koniotomie, Narkose, Defibrillation, EKG, Infusion. Nicht kombinierbar mit Nr. 333, 335, 461, 602 u. 603	1800
333	Notfallnarkose – einschließlich Intubation, Beatmung, EKG, Pulsoxymetrie, Magensonde, Infusion(en). Nicht kombinierbar mit Nr. 332	1500
334	Magenspülung	250
335	Defibrillation, Kardioversion oder Schrittmacher. Nicht kombinierbar mit Nr. 332	500
336	Ösophaguskompressionssonde	500
418	Infusion von Analgetika, die unter die BtMVV fallen, in überwachungspflichtiger Konzentration > 30 Min. Nicht kombinierbar mit Nr. 40 u. 461	300

Tab. 23.2: Fortsetzung

Nr.	Leistung	Punkte
450	Dokumentierte Überwachung > 30 Min. im Anschluß an Nr. 418 – einschließlich kontinuierlichem EKG und Pulsoxymetrie	450
451	Lokalanästhesie	150
461	i. v.-, i. m.- oder rektale Narkose – einschließlich i. v.-Zugang mit Infusion(en), EKG, Pulsoximetrie, gesteuerte Blutdrucksenkung, Magensonde. Nicht kombinierbar mit Nr. 40 u. 418	350
602	EKG < 12 Ableitungen	100
603	EKG ≥ 12 Ableitungen	250
630	Messung des Arterien- oder zentralen Venendrucks, einschließlich Punktion und Kathetereinführung	350
720	Pulsoxymetrie	100
721	BGA	300
723	Kapnometrie	200
1022	Leitung einer Geburt	3000
1025	Leitung einer Geburt bei Beckenendlage oder Mehrlingen	3800
1040	Reanimation eines Neugeborenen – einschließlich Intubation, Beatmung, Herzdruckmassage	800
1278	Fremdkörperentfernung aus der Horn- oder Lederhaut	280
1403	Nasentamponade	200
1515	Fremdkörperentfernung aus dem Kehlkopf	600
1543	Fremdkörperentfernung aus dem Gehörgang	150
2300	Reposition Nasenfraktur – einschließlich Tamponade und Wundverband	300
2320	Reposition Oberarm-/schenkelfraktur	750
2321	Reposition Unterarm-/schenkelfraktur	750
2402	Reposition Hand- oder Fußgelenkluxation	400
2405	Reposition Ellenbogen-, Schulter-, Kniegelenksluxation	500
2619	Repositionsversuch eines eingeklemmtens Bruchs	250

Tab. 23.2: Fortsetzung

Nr.	Leistung	Punkte
2800	Pleuradrainage	1000
3513E	Hämoglobin	25
3661/3707	Glukose (beide Nrn. angeben)	40
3694/3707	Kalium (beide Nrn. angeben)	40
3696/3707	Natrium (beide Nrn. angeben)	40
9100	DIVI-Protokoll	3,40 DM

23.1.2 GOÄ

Bei *Privatpatienten* sowie bei der Abrechnung nach *Berufsunfällen* (Arbeits- und Wegeunfälle) mit den jeweils zuständigen Unfallversicherungsträgern *(Berufsgenossenschaften)* ist der Notarzt bei der Erstellung seiner Liquidation an die *GOÄ* (☞ Tab. 23.3) gebunden.

Privatpatienten

Nach der Notfallversorgung erhält der Patient eine *Privatrechnung* (☞ Abb. 23.1) unter Angabe von:

- Einsatzdatum
- Diagnose(n)
- GOÄ-Nummern mit Bezeichnung der einzelnen berechneten Leistungen
- dem jeweiligen Steigerungssatz (Multiplikator)
- dem daraus resultierenden Betrag.

Abrechnung:
Der Punktwert beträgt zur Zeit 11,4 Pfenninge, d. h. z. B. der 1 fache Wert einer Leistung, die in der GOÄ mit 100 Punkten festgelegt ist, beläuft sich auf 11,40 DM.

In den neuen Bundesländern beträgt z. Zt. der Punktwert 9,46 Pfennige, d. h. Abschlag von 17 % →Multiplikation der DM-Beträge mit dem Faktor 0,83.

- *„Übliche" Abrechnung:*
  Ärztliche Leistungen: 2,3 facher Satz
  Medizinisch-technische Leistungen (*): 1,8 facher Satz
  Laborleistungen (**): 1,15 facher Satz
- *„Erhöhte" Abrechnung:*
  Ärztliche Leistungen: 3,5 facher Satz
  Medizinisch-technische Leistungen (*): 2,5 facher Satz
  Laborleistungen (**): 1,3 facher Satz
- Bei erhöhter Abrechnung ist eine *Begründung* erforderlich, so z. B.:
  - „Leistung am Notfallort und im Rettungstransportwagen"
  - „Besondere Dringlichkeit des Einsatzes"
  - „Technische Schwierigkeit der Versorgung"
  - „Schwere des Notfalls"
  - „Erhöhter Zeitaufwand für Notfallbehandlung".

Unfallversicherungsträger (Arbeits-, Wege- und Schülerunfälle)

Nach der Unfallversorgung erhält die zuständige Berufsgenossenschaft (Adresse beim Hauptverband der gewerblichen Berufsgenossenschaften erfragen; ☞ 21.9.4) vom NA eine Rechnung unter Angabe von:

- Einsatzdatum
- Name und Geburtsdatum des verunfallten Patienten
- Einsatzort
- Diagnose(n)
- GOÄ-Nummern nach BG-GOÄ mit Bezeichnung der einzelnen berechneten Leistungen und dem jeweiligen Betrag („Allgemeine Heilbehandlung").

Abrechnung:

- Der Punktwert der BG-GOÄ beträgt 13,5 Pfennige
- Den Berufsgenossenschaften kann stets nur der 1fache Satz verrechnet werden.

Tab. 23.3 Abrechnungsnummern im Notarztdienst nach GOÄ bzw. BG-GOÄ

Nr. (BG)	Leistung	Punkte (BG)	Gebühr (DM) nach:			
			Steigerungssatz (GOÄ)			BG-GOÄ
			1	2,3/ 1,8*/ 1,15**	3,5/ 2,5*/ 1,3**	
4	Erhebung der Fremdanamnese über einen Pat. und/oder Unterweisung und Führung der Bezugsperson(en); nicht neben Nr. 801	220	25,08	57,68	87.78	–
7	Vollständige körperliche Untersuchung mindestens eines der folgenden Organsysteme: Stütz- und Bewegungsapparat (Inspektion, Palpation und orientierende Funktionsprüfung der Gelenke und der Wirbelsäule einschl. Prüfung der Reflexe), Brustorgane (Auskultation und Perkussion von Herz und Lunge sowie RR), Bauchorgane (Palpation, Perkussion und Auskultation einschl. palpatorischer Prüfung der Bruchpforten und Nierenlager)	160	18,24	41,95	63,84	–
25	Neugeborenenerstuntersuchung – einschließlich Beratung der Bezugsperson	200	22,80	52,44	79,80	–
50	Besuch einschl. Beratung und symptombezogene Untersuchung. Zusätzlich Zuschlag nach E – G (Alarmierungszeit ausschlaggebend; bei der RLSt abfragbar) sowie H und K2	320	36,48	83,90	127,68	–

Tab. 23.3 Fortsetzung

Nr. (BG)	Leistung	Punkte (BG)	Gebühr (DM) nach: Steigerungssatz (GOÄ) 1	2,3/ 1,8*/ 1,15**	3,5/ 2,5*/ 1,3**	BG-GOÄ
51	Mitbesuch in derselben häuslichen Gemeinschaft – einschließlich Beratung und symptombezogene Untersuchung. Zusätzlich Zuschlag nach E – K2 (E bis H nur mit dem halben Gebührensatz berechnungsfähig). Als soziale Gemeinschaft gilt z. B. ein Altenheim. Bei einem Verkehrsunfall ist dagegen bei jedem Verletzten ein voller Besuch abrechnungsfähig	250	28,50	65,55	99,75	–
55 (A 38)	Transportbegleitung zur stationären Behandlung. Nicht neben Nr. 56, 60 u. 833.	500 (285)	57,00	131,10	199,50	38,50
56	Verweilen, ohne Unterbrechung und ohne Erbringung anderer ärztlicher Leistungen – je angefangene halbe Stunde. Das Anlegen einer Infusion ist bereits eine ärztliche Leistung!	180	20,52*	36,94*	51,30*	–
60	Konsiliarische Erörterung zwischen zwei oder mehr liquidationsberechtigten Ärzten („Konsil mit Dr. XY")	120	13,68	31,46	47,88	–
E	Zuschlag für NA-Leistungen am Werktag zwischen 8–20 Uhr (mit Nr. 51)	160	18,24 (9,12)	–	–	–
F	Zuschlag für die in der Zeit zwischen 20–22 Uhr oder 6–8 Uhr erbrachte Leistungen (mit Nr. 51)	260	29,64 (14,82)	–	–	–
G	Zuschlag für in der Zeit zwischen 22–6 Uhr erbrachte Leistungen (mit Nr. 51)	450	51,30 (25,65)	–	–	–
H	Zuschlag für an Samstagen, Sonn- oder Feiertagen erbrachte Leistungen (mit Nr. 51)	340	38,76 (19,38)	–	–	–
K2	Zuschlag zu Nr. 50 oder 51 bei Kindern bis zum vollendeten 4. Lebensjahr	120	13,68	–	–	–
70	Kurze Bescheinigung. Z.B. DIVI-Protokoll	40	4,56	10,49	15,96	–
100	Untersuchung eines Toten – einschließlich Feststellung des Todes und Ausstellung eines Leichenschauscheines	250	28,50	65,55	99,75	–

Tab. 23.3 Fortsetzung

Nr. (BG)	Leistung	Punkte (BG)	Gebühr (DM) nach: Steigerungssatz (GOÄ) 1	2,3/ 1,8*/ 1,15**	3,5/ 2,5*/ 1,3**	BG-GOÄ
200 (200)	Verband, ausgenommen Schnell- und Sprühverbände, Augen-, Ohrenklappen oder Dreiecktücher. Mehrfach abrechenbar	45 (47)	5,13	11,80	17,96	6,40
204 (204)	Zirkulärer Verband des Kopfes oder Rumpfes, stabilisierender Verband des Halses (z. B. Stifneck®), des Schulter- oder Hüftgelenks oder einer Extremität über mindestens 2 große Gelenke, Kompressionsverband	95 (95)	10,83	24,91	37,91	12,90
210	Kleiner Schienenverband, auch als Notverband bei Frakturen	75	8,55	19,67	29,93	–
212 (212)	Schienenverband mit Einschluß von mindestens 2 großen Gelenken (Schulter-, Ellenbogen-, Hand-, Knie-, Fußgelenk)	160 (158)	18,24	41,95	63,84	21,40
250 (250)	Blutentnahme aus der Vene (Laborblut für Klinik)	40 (40)	4,56*	8,21*	11,40*	5,40
252 (252)	Injektion: s. c., i. c. oder i. m. Nur 1x abrechenbar	40 (41)	4,56	10,49	15,96	5,60
253 (253)	Injektion: i. v. Nur 1x abrechenbar	70 (67)	7,98	18,35	27,93	9,10
260	Legen eines arteriellen Katheters oder eines ZVK – einschließlich Fixation	200	22,80	52,44	79,80	–
261 (257)	Medikamenteninjektion in einen i. v.-Zugang. Im Zusammenhang mit einer Narkose nicht berechnungsfähig für Anästhesiemedikamente aber für Medikamente anderer Gruppen (Medikament angeben)	30 (30)	3,42	7,87	11,97	4,10
271	I. v. -Infusion < 30 Min. Mehrfach abrechenbar, z. B. bei Polytrauma (Begründung, z. B. „Volumenzufuhr" angeben). Im Zusammenhang mit einer Narkose nicht berechnungsfähig für Anästhesiemedikamente aber für Medikamente anderer Gruppen (Medikament angeben)	120	13,68	31,46	47,88	–

Tab. 23.3 Fortsetzung

Nr. (BG)	Leistung	Punkte (BG)	Gebühr (DM) nach: Steigerungssatz (GOÄ) 1	2,3/ 1,8*/ 1,15**	3,5/ 2,5*/ 1,3**	BG-GOÄ
272	I. v.- Infusion > 30 Min. Mehrfach abrechenbar, z. B. bei Polytrauma (Begründung, z. B. „Volumenzufuhr" angeben). Im Zusammenhang mit einer Narkose nicht berechnungsfähig für Anästhesiemedikamente aber für Medikamente anderer Gruppen (Medikament angeben)	180	20,52	47,20	71,82	–
273	I. v.-Infusion bei einem Kind bis zum vollendeten 4. LJ. Mehrfach abrechenbar, z. B. bei Polytrauma (Begründung, z. B. „Volumenzufuhr" angeben). Im Zusammenhang mit einer Narkose nicht berechnungsfähig für Anästhesiemedikamente aber für Medikamente anderer Gruppen (Medikament angeben)	180	20,52	47,20	71,82	–
307	Punktion des Pleuraraums	250	28,50	65,55	99,75	–
427 (414)	Assistierte oder kontrollierte apparative Beatmung	150 (100)	17,10	39,33	59,85	13,50
429 (416)	Wiederbelebungsversuch – einschließlich Intubation, Beatmung und Herzdruckmassage	400 (325)	45,60	104,88	159,60	43,90
430 (417)	Defibrillation oder elektrische Stimulation des Herzens/auch bei mehrfacher Defibrillation nur 1 x berechnungsfähig	400 (273)	45,60	104,88	159,60	36,90
431	Elektrokardioskopie	100	11,40	26,22	39,90	–
433 (423)	Magenspülung	140 (121)	15,96	36,71	55,86	16,40
451 (451)	I. v.-Kurznarkose	121 (121)	13,79	31,73	48,28	16,40
452 (452)	I. v.-Narkose (mehrmalige Verabreichung des Narkotikums). Nicht neben Nr. 451	190 (190)	21,66	49,82	75,81	25,70
460 (460)	Kombinationsnarkose mit Maske, Gerät – bis zu einer Stunde. Nicht neben Nr. 451 und 452	404 (404)	46,06	105,93	161,20	54,60
461 (461)	Kombinationsnarkose mit Maske, Gerät – jede weitere angefangene halbe Stunde	202 (202)	23,03	52,96	80,60	27,30

Tab. 23.3 Fortsetzung

Nr. (BG)	Leistung	Punkte (BG)	Gebühr (DM) nach:			
			Steigerungssatz (GOÄ)			BG-GOÄ
			1	2,3/ 1,8*/ 1,15**	3,5/ 2,5*/ 1,3**	
462 (462)	Kombinationsnarkose mit Intubation – bis zu einer Stunde. Nicht neben Nr. 451, 452 und 460	510 (510)	58,14	133,72	203,49	68,90
463 (463)	Kombinationsnarkose mit Intubation – jede weitere angefangene halbe Stunde	348 (348)	39,67	91,25	138,85	47,00
480 (480)	Kontrollierte Blutdrucksenkung während der Narkose	222 (222)	25,31	58,21	88,58	30,00
490	Infiltrationsanästhesie kleiner Bezirke	61	6,95	15,99	24,34	–
500 (500)	Inhalationstherapie. Z.B. O_2-Gabe über Nasensonde, Nitro-Spray oder Suprarenin®-Applikation über den Tubus	38 (38)	4,33*	7,80*	10,83*	5,20
602 (602)	Pulsoximetrie	152 (152)	17,33*	31,19*	43,32*	20,60
617 (617)	Kapnometrie	341 (341)	38,87*	69,97*	97,19*	46,10
631 (631)	Transvenöser Schrittmacher	1110 (1110)	126,54	291,04	442,89	149,90
648	Messung des zentralen Venen- oder Arteriendrucks – einschließlich Gefäßpunktion und Kathetereinführung	605	68,97	158,63	241,40	–
650 (650)	EKG < 9 Ableitungen (BG: ≤ 11 Abl.)	152 (152)	17,33*	31,19*	43,32*	20,60
651	EKG ≥ 9 Ableitungen	253	28,84*	51,92*	72,11*	–
670 (419)	Magensonde	120 (120)	13,68	31,46	47,88	16,20
703 (680)	Ösophaguskompressionssonde	500 (550)	57,00	131,10	199,50	74,30
800	Eingehende neurologische Untersuchung	195	22,23	51,13	77,81	–
801	Eingehende psychiatrische Untersuchung – ggf. unter Einschaltung der Bezugs- oder Kontaktperson. Nicht neben Nr. 4	250	28,50	65,55	99,75	–

Tab. 23.3 Fortsetzung

Nr. (BG)	Leistung	Punkte (BG)	Gebühr (DM) nach:			
			Steigerungssatz (GOÄ)			BG-GOÄ
			1	2,3/ 1,8*/ 1,15**	3,5/ 2,5*/ 1,3**	
812 (812)	Psychiatrische Notfallbehandlung bei Suizidversuch oder psychischer Dekompensation durch Intervention und eingehendes Gespräch	500 (500)	57,00	131,10	199,50	67,50
833	Begleitung eines psychisch Kranken in die Klinik – einschließlich Ausstellung der notwendigen Bescheinigungen. Nach Ablauf einer halben Stunde zusätzlich Verweilgebühren berechnungsfähig	285	32,49	74,73	113,72	–
836 (836)	I. v.-Konvulsionstherapie	190 (190)	21,66	49,82	75,81	25,70
1022 (1022)	Beistand bei einer Geburt	1300 (1300)	148,20	340,86	518,70	175,50
1025	Entbindung durch Manualextraktion am Beckenende	554	63,16	145,26	221,05	–
1040 (1040)	Reanimation eines asphyktischen Neugeborenen – einschließlich Intubation, Beatmung und Herzdruckmassage	350 (350)	39,90	91,77	139,65	47,30
1051	Beistand bei einer Fehlgeburt	185	21,09	48,51	73,82	–
1081 (1081)	Scheidentamponade	59 (59)	6,73	15,47	23,54	8,00
1275 (1275)	Entfernung von Oberflächenfremdkörpern von der Binde- und/oder Hornhaut	37 (37)	4,22	9,70	14,76	5,00
1276	Instrumentelle Entferung von Fremdkörpern von der Hornhautoberfläche	74	8,44	19,40	29,53	–
1427 (1427)	Entfernung von Fremdkörpern aus dem Naseninnern	95 (95)	10,83	24,91	37,91	12,90
1435 (1435)	Stillung von Nasenbluten mittels Tamponade	91 (91)	10,37	23,86	36,31	12,30
1508 (1508)	Entfernung von eingespießten Fremdkörpern aus Rachen oder Mund	93 (93)	10,60	24,38	37,11	12,60
1528 (1528)	Fremdkörperentfernung aus dem Kehlkopf	554 (554)	63,16	145,26	221,05	74,80
1529 (1529)	Intubation als selbständige Leistung	152 (152)	17,33	39,85	60,65	20,60

23

Tab. 23.3 Fortsetzung

Nr. (BG)	Leistung	Punkte (BG)	Gebühr (DM) nach:			
			Steigerungssatz (GOÄ)			BG-GOÄ
			1	2,3/ 1,8*/ 1,15**	3,5/ 2,5*/ 1,3**	
1530 (1530)	Untersuchung des Kehlkopfes mit dem Laryngoskop. Nicht gleichzeitig mit Intubation	182 (182)	20,75	47,72	72,62	24,60
1532 (1532)	Endobronchiale Absaugung. Nicht bei Nr. 462 und 463	182 (182)	20,75	47,72	72,62	24,60
1569	Entfernung eines nicht festsitzenden Fremdkörpers aus dem Gehörgang	74	8,44	19,40	29,53	–
1570	Entfernung eines festsitzenden Fremdkörpers aus dem Gehörgang	148	16,87	38,81	59,05	–
1728	Katheterisierung der Harnblase beim Mann	59	6,73	15,47	23,54	–
1730	Katheterisierung der Harnblase bei der Frau	37	4,22	9,70	14,76	–
1732	Einlegung eines Harnblasenkatheters – ggf. einschließlich Katheterisierung	74	8,44	19,40	29,53	–
2000 (2000)	Erstversorgung einer kleinen Wunde	70 (70)	7,98	18,35	27,93	9,50
2003 (2003)	Erstversorgung einer großen oder stark verunreinigten Wunde	130 (130)	14,82	34,09	51,87	17,60
2009 (2009)	Entfernung eines unter der Haut oder Schleimhaut gelegenen Fremdkörpers	100 (100)	11,40	26,22	39,90	13,50
2029 (2029)	Anlegen einer Blutsperre an einer Extremität	50 (50)	5,70	13,11	19,95	6,80
2205	Einrenkung der Luxation eines Finger- oder Zehengelenks	93	10,60	24,38	37,11	–
2207	Einrenkung der Luxation eines Daumengelenks	148	16,87	38,81	59,05	–
2211 (2211)	Einrenkung der Luxation eines Hand- oder Fußgelenks	278 (278)	31,69	72,89	110,92	37,60
2214 (2214)	Einrenkung der Luxation eines Ellenbogen- oder Kniegelenks	370 (370)	42,18	97,01	147,63	50,00
2217 (2217)	Einrenkung der Luxation eines Schultergelenks	370 (370)	42,18	97,01	147,63	50,00
2221	Einrenkung der Luxation eines Schlüsselbeingelenks oder einer Kniescheibe	111	12,65	29,10	44,29	–

Tab. 23.3 Fortsetzung

Nr. (BG)	Leistung	Punkte (BG)	Gebühr (DM) nach:			
			Steigerungssatz (GOÄ)			BG-GOÄ
			1	2,3/ 1,8*/ 1,15**	3,5/ 2,5*/ 1,3**	
2320 (2320)	Einrichtung der gebrochenen knöchernen Nase einschl. Tamponade und Wundverband	189 (189)	21,55	49,56	75,41	25,60
2327 (2327)	Einrichtung eines gebrochenen OA-Knochens	473 (473)	53,92	124,02	188,73	63,90
2328 (2328)	Einrichtung eines gebrochenen UA-Knochens	341 (341)	38,87	89,41	136,06	46,10
2330 (2330)	Einrichtung eines gebrochenen OS-Knochens	757 (757)	86,30	198,49	302,04	102,20
2335 (2335)	Einrichtung eines gebrochenen US-Knochens oder einer gebrochenen Kniescheibe	473 (473)	53,92	124,02	188,73	63,90
2337	Einrichtung gebrochener Fingerendglieder oder Zehenknochen	76	8,66	19,93	30,32	–
2338	Einrichtung gebrochener Fingergrund- oder -mittelglieder oder des Großzehenknochens	152	17,33	39,85	60,65	–
2680	Einrenkung der Luxation des Unterkiefers	100	11,40	26,22	39,90	–
2801	Freilegung oder Unterbindung eines Gefäßes an den Gliedmaßen	463	52,78	121,40	184,74	–
2803	Freilegung oder Unterbindung eines Blutgefäßes am Hals	1480	168,72	388,06	590,52	–
2970 (2970)	Pleuradrainage	554 (554)	63,16	145,26	221,05	74,80
2991	Druckmassage am offenen Herzen	1480	168,72	388,06	590,52	–
3282 (3282)	Repositionsversuch eines eingeklemmten Bruches	222 (222)	25,31	58,21	88,58	30,00
3514	Glukose	70	7,98**	9,18**	10,37**	–
3517 (3625)	Hämoglobin	70 (40)	6,84**	9,18**	10,37**	5,40
3519 (3682)	Kalium	70 (80)	7,98**	9,18**	10,37**	10,80
(6)	Besuch (8.00–20.00)	(330)	–	–	–	44,60
(7)	Besuch (6.00–8.00 oder 20.00–22.00)	(450)	–	–	–	60,80
(7 a)	Besuch (22.00–6.00)	(620)	–	–	–	83,70

23

Tab. 23.3 Fortsetzung

Nr. (BG)	Leistung	Punkte (BG)	Gebühr (DM) nach:			
			Steigerungssatz (GOÄ)			BG-GOÄ
			1	2,3/ 1,8*/ 1,15**	3,5/ 2,5*/ 1,3**	
(9 a)	Verweilgebühr (8.00–20.00) je angebrochene 1/2 h	(95)	–	–	–	12,90
(9 b)	Verweilgebühr (20.00–8.00) je angebrochene 1/2 h	(190)	–	–	–	25,70
(10 a)	Patientenübergabe (8.00–20.00) („Übergabe an Dr. XY")	(111)	–	–	–	15,00
(10 b)	Patientenübergabe (20.00–8.00) („Übergabe an Dr. XY")	(238)	–	–	–	32.20
(65)	Untersuchung	(106)	–	–	–	14,40
(65 a)	Untersuchung eines Kindes bis zum 4. Lebensjahr	(140)	–	–	–	18,90
(202)	Halskrause	(95)	–	–	–	12,90
(203)	Druckverband	(95)	–	–	–	12,90
(283)	Infusion, arterielle Kanüle	(152)	–	–	–	20,60
(284)	Infusion in Vena cava	(270)	–	–	–	36,50
(287)	Infusion bei Neugeborenen	(363)	–	–	–	49,10
(310)	Perikardpunktion	(379)	–	–	–	51,20
(410)	Rektale Untersuchung	(46)	–	–	–	6,30
(530)	Kältebehandlung eines Körperteils (z. B. bei Verbrennung)	(35)	–	–	–	4,80
(681)	Fremdkörperentfernung aus Ösophagus	(825)	–	–	–	111,40
(835)	Erhebung der Fremdanamnese über einen psychisch Kranken	(64)	–	–	–	8,70
(3012)	Kollare Mediastinotomie	(554)	–	–	–	74,80
(3500)	Glukotest (Stix)	(826)	–	–	–	3,60
(3601)	Glukotest (Reflo)	(52)	–	–	–	7,10

Wegegeld (GOÄ):
Das Wegegeld (DM) ist abhängig von dem Radius (km) um den NEF-Standort und der Tageszeit (8.00–20.00 h: Tag, 20.00–8.00 h: Nacht).

Tab. 23.4: Wegegeld bei Abrechnung nach GOÄ

km	< 2	2–5	5–10	10–25
Tag	7	13	20	30
Nacht	14	20	30	50

Unfälle ausländischer Arbeitnehmer:

- Aufnahme von Name, Geburtsname, Geburtsdatum, Heimatanschrift, Herkunftsland, Anschrift des *dortigen* Arbeitgebers; nach Möglichkeit Fotokopie der vom jeweiligen ausländischen zuständigen Träger ausgestellten Anspruchsbescheinigung (E 101/111/110/123, D/ISR 101, D/PL 101/123), notfalls vom Ersatzkrankenschein, Sozialversicherungsausweis oder einem personenbezogenen Dokument (z. B. Paß)
- Die zuständige Verbindungsstellen-Berufsgenossenschaft erfährt man beim Hauptverband der gewerblichen Berufsgenossenschaften (☞ 21.9.4)
- Ggf. Privatabrechnung erforderlich.

23.1.3 Besondere Kostenträger

Sozialhilfeverwaltung

Bei mittellosen Patienten (Sozialhilfeempfänger, Asylanten), die keiner Krankenkasse angehören, muß baldmöglichst überprüft werden, bei welchem Sozialamt der Pat. geführt wird. Der Abrechnungsschein muß dann unter Angabe des zuständigen Sozialamts bei der Abrechnungsstelle der KV eingereicht werden. Abrechnung nach BMÄ.

Bundesversorgungsgesetz

Bei Pat., die unter dieses Gesetz fallen (z. B. Kriegsopfer), muß der Abrechnungsvordruck zusätzlich mit dem Kürzel „BVG“ gekennzeichnet werden. Die Abrechnung erfolgt dann je nach zuständigem Kostenträger nach BMÄ oder E-GO.

Bundeswehr/ Bundesgrenzschutz/ Bereitschaftspolizei

Bei Pat. dieser Organisationen müssen unbedingt folgende Angaben erfragt und festgehalten werden, damit vom zuständigen (Truppen-)Arzt ein Überweisungsschein (Ausstellungsdatum muß mit Behandlungsdatum identisch sein!) angefordert werden kann, der dann an den Abrechnungsschein geheftet wird:

- Dienststelle mit Anschrift
- Personenkennziffer
- (Truppen-) Standortarzt
- Abrechnung nach E-GO.

Besucher aus dem Ausland

Bei Pat., die unter das Sozialversicherungsabkommen fallen, muß dem Abrechnungsvordruck ein Berechtigungsschein („Aushilfskrankenschein“ z. B. bei der AOK erhältlich) beigefügt werden. Andere Pat. erhalten eine Privatrechnung.

Postbeamte

Postbeamtenkrankenkasse A

Abrechnung über die Kassenärztliche Vereinigung mit Abrechnungsschein (E GO).

Postbeamtenkrankenkasse B

- Abrechnung nach GOÄ:
- Ärztliche Leistungen: 1,9facher Satz
- Medizinisch-technische Leistungen: 1,5facher Satz
- Labor: 1,15facher Satz.

Private Studenten-Krankenversicherung (PSKV)

- Abrechnung nach GOÄ:
- Ärztliche Leistungen: 1,7 facher Satz
- Medizinisch-technische Leistungen: 1,3 facher Satz
- Labor: 1,15 facher Satz.

Bundesbahnbeamte

- Beitragsklasse I, II und III:
  - Abrechnung nach GOÄ:
  - Ärztliche Leistungen: 2,2 facher Satz
  - Medizinisch-technische Leistungen: 1,8 facher Satz
  - Labor: 1,15 facher Satz.
- Beitragsklasse IV:
  - Abrechnung nach GOÄ („volle" Privatpatienten).

23.1.4 Leichenschau

Die **Liquidation der Leichenschau** (☞ 23.2: „Beispiel 2: „Reanimation") erfolgt mittels **Privatrechnung** (GOÄ-Ziffer 100) **an die Angehörigen** (Adresse bereits am Notfallort notieren, bei unbekannter Leiche oder z.B. bei Verkehrsunfällen von der Polizei ermitteln lassen).

23.2 Beispiele

Beispiel 1: „Polytrauma"

Alarm: Samstag, 7.56 Uhr

Meldebild: „VU, Bundesstraße xy"

Ankunftszeit am Unfallort: 8.12 Uhr

Lagebild: PKW gegen Baum geprallt, ein eingeklemmter Insasse

Medizinischer Erstbefund: jüngerer männlicher Patient, blaß, ansprechbar, klagt über starke Schmerzen am Thorax und an beiden unteren Extremitäten, zusätzlich stark blutende Kopfplatzwunde.

Medizinische Erstmaßnahmen:
Diagnostik: RR = 90/ 60, Pulsfrequenz = 120

Therapie: Druckverband am Kopf, Anlage zweier großlumiger venöser Zugänge am rechten Handrücken und in der linken Ellenbeuge, schnelle Infusion von 1000 ml HÄS, Gabe von 0,05 mg Fentanyl® i. v., Anlegen einer Halskrause.

Technische Rettung: Befreiung des Patienten durch Feuerwehr mittels Rettungsschere und -spreizer. Es zeigt sich eine massive Einklemmung des Patienten v. a. im Bereich der unteren Extremitäten. Bereits jetzt sind eine dislozierte, offene Unterschenkelfraktur links sowie eine geschlossene Oberschenkelfraktur rechts erkennbar.

Weitere medizinische Versorgung:
Nach Befreiung aus PKW zunächst Lagerung des Pat. auf einer Vakuummatratze. Im NAW dann EKG, O_2-Gabe über Maske, körperliche Untersuchung mit Auskultation von Herz und Lunge sowie kurze Erhebung eines neurologischen Status. Instabiler Thorax links, Hautemphysem, Krepitationen, Bauch hart und gespannt. RR jetzt 80/ 50, Pulsfrequenz 130. Entschluß zur Intubation. I. v.-Injektion von 100 mg Ketanest® und 80 mg Lysthenon®. Intubation um 8.30 Uhr. Endotracheale Absaugung, danach Beatmung mittels Oxylog® mit 9 l O_2/Min. Pulsoxymeter-Monitoring. Vorsichtige Sedierung mit 5 mg Dormicum® und 0,2 mg Fentanyl®, Relaxierung mit 6 mg Pancuronium®. Anlage eines weiteren großlumigen Zugangs am linken Handrücken, Infusion von Ringer-Lösung. Hautdesinfektion und steriles Abdecken im Bereich der linken Thoraxseite. Anlegen einer Thoraxdrainage und Anbringen eines Heimlich-Ventils. Steriles Abdecken der offenen Unterschenkelfraktur, Reposition und Versorgung mit pneumatischer Schiene. Sicherung des Zugangs in der Ellenbeuge durch Anlegen einer Infusionsschiene. Transport des Pat. in eine weiter entfernte Großklinik. Währenddessen Infusion von 2 l Kristalloiden. Ankunft und Übergabe des Pat. inklusive Durchschlag des NA-Einsatzprotokolls an den diensthabenden Chirurgen um 9.50 Uhr.

Dr. med. Kurt Knete
Notarzt

98765 Samariterstadt
Johann-Selbstlos-Str. 11
☏ 01243/567 89

An ...

Notarzteinsatz am: ...

Für ärztliche Bemühungen erlaube ich mir laut untenstehender Aufstellung

DM ...

zu berechnen.

Diagnosen: ...

GOÄ-Nr.	Leistung	Steigerungssatz	DM
...	...	...	...

Kurzbegründung bei Überschreiten des 2,3- bzw. 1,8fachen Steigerungssatzes:
* Leistung am Unfallort und im Rettungswagen
** Besondere Dringlichkeit des Einsatzes

Um Überweisung des Betrages innerhalb von 30 Tagen wird gebeten.
Bankverbindung: Raffeisenbank Samariterstadt (BLZ 111 007 00), Kto.-Nr. 6121824

Abb. 23.1: Beispiel eines Privatrechnungsvordrucks

23

Ausfüllen des Abrechnungsvordrucks:
Ordinationsgebühr-Notfall: Nr. 1, Nachtbesuch 20 bis 8 Uhr: Nr. 26N + 5

Begleitung des Pat. ins Krankenhaus Nr. 33

Weitere Leistungen: 3* x 212, 2** x 273, 461, 2321, 2800, 9100"
(Erläuterungen für den Leser: *Infusionsschiene, Vakuumbett, pneumatische Schiene; **1 Infusion bereits in Ziffer 461 enthalten

Diagnose: Schweres Polytrauma

Bemerkungen: aggressive Volumenzufuhr; Infusionsschiene, Vakuumbett, pneumatische Schiene

Abrechnungsziffern nach GOÄ:
7, 50FH, 55, 70, 200, 2* x 204, 3** x 212, 3 x 272, 427, 462, 463, 500, 602, 650, 2970, 2335; Wegegeld
(Erläuterungen für den Leser: *Halskrause, Druckverband am Kopf; **Infusionsschiene, Vakuumbett, pneumatische Schiene).

Beispiel 2: „Reanimation"

Alarm: Mittwoch 16.12 Uhr

Meldebild: „bewußtlose Person im Haus, bereits zyanotisch"

Eintreffen am Notfallort: 16.23 Uhr

Lagebild: ca. 70 Jahre alter Pat., zusammengekauert auf Lehnstuhl, bewußtlos. Die Angehörigen berichten, er habe beim Zeitungslesen plötzlich keine Luft mehr bekommen, danach „komisch geröchelt" und dann „nichts mehr gesagt". Vor 3 Jahren habe er einen Herzinfarkt erlitten.

Vorgehen: nach kurzer Untersuchung Diagnose eines Kreislauf-/Atemstillstands. Lagerung des Pat. auf dem Fußboden. Herzdruckmassage durch einen RA, Beatmung mit Ambu-Beutel und Maske bei 10 l O_2 durch den NA. Vorbereitung des Intubationsmaterials durch den zweiten RA. Intubation, endotracheale Absaugung, maschinelle Beatmung. EKG-Schnellableitung über Defibrillator-Elektroden: Kammerflimmern → Defibrillation um 16.35 Uhr → bradykarder Kammerrhythmus ohne Karotispuls. Anbringen von Klebeelektroden und Monitor-EKG. Fortführung der Herzdruckmassage, Applikation von 2 mg Suprarenin® und 8 ml NaCl endotracheal. Erneut Kammerflimmern → Defibrillationen um 16.40, 16.42 und 16.44 Uhr, Flimmern bleibt jedoch bestehen. Vergebliche Versuche, eine periphere Venenverweilkanüle zu plazieren. Anlegen eines ZVK über die V. subclavia rechts, Anhängen einer Ringer-Laktat-Lösung und Injektion von 100 mg Xylocain® i.v. Erneute Defibrillation um 16.56 wegen fortbestehendem Kammmerflimmern. Jetzt im EKG Bild eines AV-Blocks III°, kein Karotispuls. Injektion von 2 mg Suprarenin® i.v. ohne Zustandsänderung. Anbringen großer Schrittmacherelektroden und transkutane Stimulation, dennoch keine hämodynamische Besserung. Erneut 2 mg Suprarenin® i.v. Bei Abschalten des Schrittmachers im EKG jetzt Asystolie. Fortführen der Herzdruckmassage, nach 5 Minuten Injektion von 5 mg Suprarenin®, weiterhin Asystolie. Fortführung der Reanimation über weitere 20 Minuten. Abbruch um 17.25 Uhr.

Die Angehörigen fragen, „wie es denn jetzt weitergeht". Der NA erklärt Ihnen, daß zum Abtransport der Leiche durch ein Bestattungsunternehmen ein Totenschein erforderlich sei. Diesen könne der Hausarzt oder der NA ausstellen, sofern kein weiterer Einsatz folge. Auf ausdrücklichen Wunsch der Angehörigen wird die Leichenschau durchgeführt und die *Todesbescheinigung* ausgefüllt:
Zeitpunkt des Todes: Zeitpunkt des Reanimationsabbruchs = 17.25 Uhr

Todesart: natürlicher Tod

Todesursache: a) akutes Linksherzversagen (als Folge von:)
b) V.a. Myokardinfarkt (als Folge von:)
c) koronare Herzkrankheit (Grundleiden)

Übergabe des verschlossenen Scheines an die Angehörigen mit der Bitte um Aushändigung an den Bestatter.

Ausfüllen des Abrechnungsvordrucks:
Ordinationsgebühr-Notfall: Nr. 1, an Werktagen: Nr. 26

Weitere Leistungen: 332, 260

Diagnose: Herz-Kreislaufstillstand

Abrechnungsziffern nach GOÄ:
50, 100, 260, 261, 272, 429, 2* x 430, 2** x 500, 650, 1532; Wegegeld (Erläuterungen für den Leser: *Defibrillation und transkutaner Schrittmacher, **O_2 und Suprarenin® endotracheal).

Ca. 2 Wochen nach dem NA-Einsatz (aus Pietätsgründen möglichst nicht vor der Beerdigung) schickt der NA bei Kassenpat. eine Privatrechnung für die Leichenschau an einen Angehörigen des verstorbenen Patienten:

Notarzteinsatz am: „1.2.93; Patient Konsul, Hugo, geb. am 7.6.1921“

Diagnose: „Exitus; erfolglose Reanimation“

„Leichenschau einschließlich Ausstellung des Leichenschauscheins“

War der Patient privatversichert, so schickt der NA erst ca. nach Ablauf einer weiteren Woche eine Rechnung über die von ihm erbrachten Leistungen an die Angehörigen (☞ Abb. 23.1).

Beispiel 3: „Hyperventilationstetanie“

Alarm: Freitag 22.48 Uhr

Meldebild: „unklarer Anfall in Diskothek“

Eintreffen am Notfallort: 23.01 Uhr

Situation: auf einer Bank in der Diskothek liegt ein jüngeres Mädchen, schreiend, wild gestikulierend, umringt von 4 Personen, die das Mädchen an Händen und Füßen festhalten. Zusätzlich zahlreiche Schaulustige.

Vorgehen: Herantreten an das Mädchen. Aufforderung an die Umstehenden, Arme und Beine loszulassen bzw. an die Schaulustigen, weiterzugehen. Eigene Vorstellung. Frage an das Mädchen nach dem Namen sowie erster Versuch einer Beruhigung. Ausfindigmachen eines Bekannten des Mädchens unter den Umstehenden. Es ist u. a. zu eruieren, daß das Mädchen bereits an gleicher Stelle mehrmals solche Zustandsbilder geboten habe und deswegen auch in ärztlicher Behandlung sei. Dem Mädchen wird angeboten, in ruhiger Atmosphäre im RTW ein Gespräch zu führen. Das Mädchen willigt ein und wird schon spürbar ruhiger. Im RTW erfolgen dann Blutdruck- und Pulskontrolle sowie Auskultation von Herz und Lunge. Das Mädchen erzählt, daß derartige Zustände immer mit Kribbeln in den Fingern begännen. Dann käme Atemnot hinzu, woraufhin sie immer völlig ausraste. Diesen Zustand könne sie dann überhaupt nicht mehr kontrollieren. Die Pat. wird informiert, daß solch ein Zustand eigentlich harmlos sei und psychische, aber keine organischen Ursachen habe. Die Pat. ist jetzt völlig ruhig und möchte auch nicht mit ins Krankenhaus genommen werden. Dieser Wunsch wird respektiert. Anschließend wird für den Transport der Pat. nach Hause durch den Bekannten gesorgt. Abfahrt von der Diskothek um 23.40 Uhr.

Ausfüllen des Abrechnungsvordrucks:
Ordinationsgebühr-Notfall Nr. 1, Nachtbesuch 20 bis 8 Uhr Nr. 26N + 5

Weitere Leistungen: 21, 40 (23.01–23.40)

Diagnose: Hyperventilationstetanie mit akutem Erregungszustand

Abrechnungsziffern nach GOÄ:
7, 50G, 56, 812, Wegegeld.

Index

A

B

C

24

D

E

F

G

24

H

L

M

N

O

P

Q

R

S

T

U

V

falls alleine: am Ort → Reanimation:
2 Mal Einatmen + 15 Mal Drücken

zur zweit: Thoraxmassage li (immer in Kontakt bleiben)
Einatmen re.

1 x Einatm + 5 x Drücken

1-5-1-5

→ im Kinderkoffer: obligat
→ intraossäre Nadel!

Wie im Schlaf!

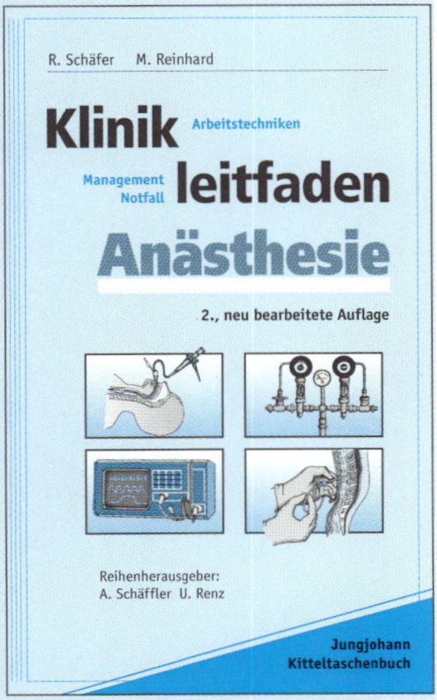

2. neu bearb. Aufl. 1996. 626 S.,
DM 68,– / ÖS 496,– / SFr 65,50
ISBN 3-8243-1604-8

Alle wichtigen anästhesiologischen Informationen auf einen Blick.

- Anleitung und Illustration wichtiger Arbeitstechniken
- Darstellung der Allgemein- und Regionalanästhesieverfahren
- Beschreibung der Narkoseführung in allen medizinischen Disziplinen
- Richtlinien zur Bewältigung von Komplikationen und Notfallsituationen

GUSTAV FISCHER

Medikamente (Erwachsene)						
Freiname	**Präparatebeispiel**	**Ampulleninhalt (mg/ml)**	**Ampullenkonzentration (mg/ml)**	**Dosierung (mg/kg KG)**	**mg/70 kg KG**	**ml/70 kg KG**
Adenosin	Adrekar	6/2	3	–	3/6/9/12	1/2/3/4
Adrenalin	Suprarenin	1/1	1	–	1	1
Atropin	Atropin	0,5/1	0,5	–	0,5 – 1	1 – 2
Diazepam	Valium	10/2	5	**sedierend:** 0,07 – 0,14 **antikonvulsiv:** 0,14 – 0,3	5 – 10 10 – 20	1 – 2 2 – 4
Etomidat	Hypnomidate	20/10	2	0,2	14	7
Fentanyl	Fentanyl	0,1/2 0,5/10	0,05	**initial:** 0,0015 – 0,003 **Nachinjektion:** 0,0015	0,1 – 0,2 0,1	2 – 4 2
Ketamin	Ketanest 10	50/5 200/20	10	**analgetisch:** 0,25 – 0,5 **narkotisch:** 1 – 2	20 – 35 70 – 150	2 – 3,5 7 – 15
Ketamin	Ketanest 50	100/2 500/10	50	**analgetisch:** 0,25 – 0,5 **narkotisch:** 1 – 2	20 – 35 70 – 150	0,4 – 0,7 1,5 – 3
Lidocain	Xylocain 2%	100/5	20	1,5	100	5
Midazolam	Dormicum	15/3 5/1	5	0,035	2,5	0,5
Midazolam	Dormicum V	5/5	1	0,035	2,5	2,5
Succinylcholin	Lysthenon 2%	100/5	20	1	70	3,5
Thiopental	Trapanal	500/20	25	3 – 5	200 – 350	8 – 12
Urapidil	Ebrantil	25/5 50/10	5	0,35	25	5
Vecuronium	Norcuron	4/1	4	**Präcurarisierung:** 0,015 **initial:** 0,1 **Nachinjektion:** 0,03	1 7 2	0.25 1,75 0,5
Verapamil	Isoptin	5/2	2,5	0,035 – 0,07	2,5 – 5	1 – 2

Alle Dosierungsangaben in ml beziehen sich auf die in Spalte 4 angegebene Präparatekonzentration

Unter Zeitdruck ...

, neubearb. Aufl. 1995. 654 S.,
M 68,– / ÖS 496,– / SFr 65,50
BN 3-437-41200-0

Das praktische Kitteltaschenbuch für die Tätigkeit in der Intensivmedizin und Intensivpflege:

- Alle häufigen Leiterkrankungen der internistischen und operativen Intensivmedizin
- Detaillierte Beschreibung ärztlicher Arbeitstechniken wie Pulmonaliskatheter, Schrittmacher, Hämodialyse
- Über 150 Pharmaprofile mit allen Daten.

GUSTAV FISCHER